ISBN 978-0-484-97819-4
PIBN 10353695

DIE EVANGELISCHEN

KIRCHENORDNUNGEN

DES XVI. JAHRHUNDERTS.

ERSTE ABTHEILUNG.

SACHSEN UND THÜRINGEN, NEBST ANGRENZENDEN GEBIETEN.

v. 2

ZWEITE HÄLFTE.

DIE VIER GEISTLICHEN GEBIETE (MERSEBURG, MEISSEN, NAUMBURG-ZEITZ, WURZEN), AMT STOLPEN MIT STADT BISCHOFSWERDA, HERRSCHAFT UND STADT PLAUEN, DIE HERRSCHAFT RONNEBURG, DIE SCHWARZBURGISCHEN HERRSCHAFTEN, DIE REUSSISCHEN HERRSCHAFTEN, DIE SCHÖNBURGISCHEN HERRSCHAFTEN, DIE VIER HARZGRAFSCHAFTEN: MANSFELD, STOLBERG, HOHENSTEIN, REGENSTEIN, UND STIFT UND STADT QUEDLINBURG, DIE GRAFSCHAFT HENNEBERG, DIE MAINZISCHEN BESITZUNGEN (EICHSFELD, ERFURT). DIE REICHSSTÄDTE MÜHLHAUSEN UND NORDHAUSEN, DAS ERZBISTHUM MAGDEBURG UND DAS BISTHUM HALBERSTADT, DAS FÜRSTENTHUM ANHALT.

LEIPZIG,

O. R. REISLAND.

1904.

Vorwort.

Mit dem vorliegenden zweiten Bande gelangt die Abtheilung: „Sachsen und Thüringen nebst angrenzenden Gebieten" zum Abschlusse. Der Band umfasst die vier geistlichen Gebiete: Merseburg, Meissen, Naumburg-Zeitz, Wurzen, das Amt Stolpen und die Stadt Bischofswerda, die Stadt und die Herrschaft Plauen, die Herrschaft Ronneburg, die Schwarzburgischen Herrschaften, die Reussischen Herrschaften, die Schönburgischen Herrschaften, die vier Harzgrafschaften Mansfeld, Stolberg, Hohenstein, Regenstein, und Stift und Stadt Quedlinburg, die Grafschaft Henneberg, die Mainzischen Besitzungen (Eichsfeld, Erfurt), die Reichsstädte Mühlhausen und Nordhausen, das Erzbisthum Magdeburg, das Bisthum Halberstadt, das Fürstenthum Anhalt.

Es gelangen zum Abdruck 153 Aktenstücke. Von diesen werden 108 überhaupt zum ersten Male nach handschriftlichen Vorlagen gedruckt, 6 nach den Originaldrucken erstmalig wieder abgedruckt, für 39 liegen schon moderne Drucke vor.

Von den in diesem Bande abgedruckten 153 Ordnungen enthält die bekannte Ausgabe der Kirchen-Ordnungen von Richter nur vier, und auch diese zum Theil nur im Auszuge, eine fünfte hat Richter citirt, die anderen Ordnungen nicht einmal erwähnt.

Dem Vorstehenden entsprechend sind bei den meisten Gebieten die Einleitungen unmittelbar aus den Quellen herausgearbeitet worden.

Plan und Anlage der Ausgabe sind dieselben wie im ersten Band. (Einige Verbesserungsvorschläge, die in der Kritik laut geworden sind, und für welche ich besten Dank sage, konnten bei diesem bereits im Drucke begriffen gewesenen Bande nicht mehr!)Berücksichtigung finden.) Insbesondere ist die Sammlung nicht auf Auszüge und nicht auf die Wiedergabe der grossen, berühmten Landes-Ordnungen beschränkt geblieben. Wer das Kirchenrecht und die Kirche des 16. Jahrhunderts in ihrem stetigen, langsamen Wachsthum verstehen will, kann unmöglich sich mit jenen begnügen; er muss hinabsteigen auch in die Geschichte kleinerer Territorien, ja er wird auch die kirchliche Kleinarbeit in den Städten und auch auf dem platten Lande berücksichtigen müssen. Eine wahre Erkenntnis des Entwicklungsganges der evangelischen Kirche ist ohne dieses Material, meiner Ansicht nach, nicht denkbar. Die jetzt abgeschlossen vorliegende Erste Abtheilung der Sammlung bietet wenigstens für das Stammland der Reformation und die angrenzenden Gebiete dieses Material in wohl ausreichendem Umfange. Für die weiteren Gebiete des deutschen Vaterlandes und für das evangelische Ausland war aus praktischen Gründen von Hause aus schon eine grössere Zurückhaltung geplant. Der Herausgeber würde es im Interesse der Kirche und der Wissenschaft lebhaft bedauern, wenn die dem Verleger erwachsenen grossen Opfer (vgl. auch Deutsche Zeitschrift für Kirchenrecht 12, 271) es unmöglich machten, den Plan auch in der ebenerwähnten Beschränkung zur Durchführung zu bringen.

Nicht hinausgehen darf dieser Band, ohne dass ich den Gefühlen des aufrichtigen Dankes Ausdruck verleihe, welchen ich schulde den Verwaltungen

des Königlichen Staats-Archivs zu Magdeburg,

des Regierungs-Archivs zu Merseburg,

des Haupt-Staats-Archivs zu Dresden,

des Ernestinischen Gesammt-Archivs zu Weimar,

des Hennebergischen gemeinschaftlichen Archivs zu Meiningen,

des Herzoglichen Staats-Archivs zu Meiningen,

des Haus- und Staats-Archivs zu Coburg,

des Haus- und Staats-Archivs zu Gotha,

des Herzoglichen Staats-Archivs zu Zerbst,

des Fürstlichen Archivs zu Rudolstadt,

des Fürstlichen Landes-Archivs zu Sondershausen,

des Fürstlichen Haus-Archivs zu Schleiz,

des Fürstlichen Regierungs-Archivs zu Gera,

der Fürstlichen Archive zu Stolberg, zu Wernigerode,

des Fürstlichen Archivs zu Waldenburg,

des Gräflich Wintzingerodischen Gesammt-Archivs zu Bodenstein,

der Raths-Archive zu Halle, Erfurt, Mühlhausen, Nordhausen,

des Ephoral-Archivs zu Glauchau,

der Superintendentur-Archive zu Zerbst, Dessau, Cöthen,

des Pfarr-Archivs zu Eisleben,

der Königlichen Bibliotheken Berlin, Dresden,

der Herzog Georg's-Bibliothek zu Dessau,

der Ministerial-Bibliothek zu Sondershausen,

der Universitäts-Bibliotheken Halle, Jena,

der Rathsschul-Bibliothek zu Zwickau,

der Stifts-Bibliothek zu Zeitz,

der Kirchen-Bibliothek zu Calbe a. d. Milde.

Zu ganz besonderem Danke verpflichtet bin ich den hochverehrten Herren Vorständen des Königlichen Staats-Archivs zu Magdeburg (Herrn Archivrath Dr. Ausfeld), des Ernestinischen Gesammt-Archivs zu Weimar (Herrn Geh. Archivrath Dr. Burkhardt), des Herzoglichen Staats-Archivs zu Zerbst (Herrn Archivrath Professor Dr. Wäschke) und des Gemeinschaftlichen Archivs zu Henneberg (Herrn Professor Dr. Koch).

Erlangen, im October 1903.

Emil Sehling.

Inhaltsübersicht.

MERSEBURG, MEISSEN, NAUMBURG-ZEITZ, WURZEN.

I. Das Bisthum Merseburg.

Hilfsmittel: F r a u s t a d t , Einführung der Reformation in Merseburg. 1843; S t e f f e n - h a g e n , Georg von Anhalt, der Reformator des Bisthums Merseburg. 1893; E r h a r d , Georg von Anhalt und die Reformation in Merseburg, in E r h a r d 's Überlieferungen zur vaterländischen Geschichte. I, 2. 1827. S. 1 ff.; S e h l i n g , Die Kirchengesetzgebung unter Moritz von Sachsen und Georg von Anhalt. Leipzig 1899; J o ë l , Übersicht über die kirchlichen Verhältnisse im Küchenamt Merseburg zur Zeit der Visitation von 1544 u. s. w., in Neue Mittheilungen aus dem Gebiete historisch-antiquarischer Forschungen. (Thüring.-Sächs. Verein.) 20. (1899.) S. 19 ff.

Staats-Archive zu Z e r b s t , D r e s d e n , M a g d e b u r g , M e r s e b u r g . Superintendentur-Archiv zu Zerbst.

I. Als Herzog Moritz für seinen Bruder Augustus die Administration über das Stift erlangt hatte, wurde die Verwaltung des Episkopates Georg von Anhalt angeboten, der nach einigem Zögern annahm. Die Urkunde vom 16. Mai 1544, in welcher Augustus die Bestellung Georg's zum Bischof anzeigt, ist in vielen Exemplaren vorhanden, so z. B. in Zerbst, Staats-Archiv, Vol. V, fol. 213, Nr. 20 und 21; mehrfach in Dresden, H.St.A., Loc. 10 737, Zellische Ordnung, Loc. 7429, Rath zu Leipzig contra Consistorium und Ministerium daselbst 1599, 1. B., Bl. 77. Ein Auszug daraus findet sich unter dem Titel „Auszug etlicher artikel aus dem bestellungsbrief des bischoflichen ampts" in Zerbst, Herzogl. Staats-Archiv, Vol. V, fol. 213, Nr. 20. Eine Inhaltsangabe findet man in meiner Schrift „Die Kirchengesetzgebung unter Moritz von Sachsen (1544—1549) und Georg von Anhalt." Leipzig 1899. S. 22 ff.

Diese Urkunde vom 16. Mai 1544 wird häufig als die Bestallung des Consistorii zu Merseburg betrachtet. Aber noch Ende des Jahres 1544 waren die Competenzen des Bischofs im Einzelnen nicht festgestellt. Hierüber und über die landesfürstliche Verordnung, durch welche die Competenzen des Bischofs — erst Ende 1544 nahm Georg von Anhalt den Titel Coadjutor in geistlichen Sachen an — und des Consistoriums in materieller und räumlicher Beziehung geregelt wurden, siehe meine vorhin citirte Schrift. Die Verordnung Herzogs Moritz ist dortselbst S. 32 abgedruckt. Sie wird hier nicht wiedergegeben.

Dem Consistorium zu Merseburg waren unterstellt: die Superintendenturen Leipzig, Weissenfels, Eckartsberga, Langensalza, Weissensee und Sangerhausen.

Die formelle Bestallung des Consistoriums erfolgte erst durch die fürstliche Verordnung vom 11. Februar 1545. Dieselbe gelangt hier erstmalig aus dem Zerbster Herzogl. Staats-Archiv, Vol. V, fol. 213, Nr. 20 zum Abdruck. (Eine weitere Abschrift, ebenda fol. 216ᵇ, Nr. 36.)

Ein systematisch gehaltener Auszug daraus findet sich in Zerbst, St.A., Vol. V, fol. 213, Nr. 21. (Nr. 1.)

II. Unter dem 9. September 1544 verkündigten die „verordneten rethe" des Administrators Augustus allen Unterthanen des Stifts, dass Fürst Georg das bischöfliche Amt übernommen habe und seinen Befehlen williglich Folge zu leisten sei. (Vgl. den Befehl in Zerbst, Herzogl. Staats-Archiv, Vol. V, fol. 213, Nr. 20.) Ein ähnliches Schreiben der Räthe zu Merseburg vom 13. September 1544 an Lorenz von Walchhausen (Zerbst, ebenda) bezieht sich schon auf die bevorstehende Visitation.

III. Georg nahm seine Aufgabe als Bischof sehr ernst. Er veranstaltete sofort eine gründliche Visitation zur Einführung der Reformation im Stifte.

Zu diesem Zwecke verfasste er eine Visitations-Instruktion (vgl. sofort) und begann im September 1544 mit der Visitation von Amt und Stadt Merseburg; im nächsten Jahre folgten die Ämter Lützen, Lauchstädt und Schkeuditz. Vgl. Zeibich, in Historische Landesbeschreibung der Stiftssuperintendenten in Merseburg. Leipzig 1732; vgl. auch Joël, in Neue Mittheilungen aus dem Gebiet historisch-antiquarischer Forschungen, herausgegeben vom Thüring.- sächs. Verein, 20 (1899), S. 19 ff.; Burkhardt, Kirchenvisitationen, S. 291 ff. Vgl. auch Magdeburger Staats-Archiv, Rep. LIV. A. Tit. 4, 66.

Durch wiederholte Visitationen verbesserte er die kirchlichen Zustände und namentlich die Verhältnisse der Geistlichkeit. Die Visitations-Ordnung, nach der von 1544—1550 in Merseburg die Visitationen abgehalten wurden, findet sich in Zerbst, St.A., Vol. V. 213, Nr. 20° und wird darnach hier erstmalig abgedruckt. (Nr. 2.)

IV. Besonders bekannt wurden die Synoden, die er mit der ihm unterstellten Geistlichkeit veranstaltete. Hier hielt er die berühmten Synodalreden, zu deren Abfassung Melanchthon Entwürfe schickte (Fraustadt, a. a. O. S. 187 ff.; Stier, Die 11 Synodalreden Fürst Georg's. Dessau 1895). Hier hielt er seinen Pfarrern ihre Pflichten vor. Über die auf der ersten Visitation geschehene Vorhaltung, welche dann nach der Leipziger Conferenz 1545 von Georg zu einer Superintendenten-Instruktion für ganz Sachsen umgearbeitet wurde, vgl. meine oben citirte Schrift S. 68 ff., 148 ff. Auch auf den folgenden Synoden wurden den Pfarrern Instruktionen vorgelesen. Diese stellen die Fortbildung des Kirchenrechts in Merseburg dar. Im Zerbster St.A., Vol. V, fol. 213, Nr. 20ᵈ finden sich die Vorhaltungen von 1544—1549. Diejenigen von 1548 und 1549 sind lateinisch verfasst. Mit dem Weggange Georg's kamen die von ihm getroffenen Einrichtungen: General-Visitationen, Partikular-Visitationen, mit vorangegangenem Synodus in Abgang.

Es sollen hier zwei Synodal-Vorhaltungen Abdruck finden: Die von Georg verfasste von 1544 (mit den von Georg für die allgemeine sächsische Superintendenten-Instruktion von 1545 getroffenen Abänderungen in Anmerkungen [vgl. das Nähere bei Sehling, Kirchengesetzgebung unter Moritz von Sachsen, S. 69 ff.]) (Nr. 3) und die 1545 von Georg Major „gestellte". (Nr. 4.)

V. In welchem Maasse Georg, dessen bischöfliche Gerechtsame ja auf die ganze frühere Diöcese Merseburg ausgedehnt worden waren, von Herzog Moritz für die allgemeinen sächsischen Kirchenangelegenheiten verwendet wurde, und welche grossen Verdienste er sich dabei erworben hat, ist hier nicht zu schildern. Es lag in der Natur der Dinge, dass in Folge dessen auch die sächsischen Ordnungen Eingang in Merseburg fanden, so die Heinrich's-Agende, die Cellischen Ordnungen von 1545, und dass umgekehrt Merseburger Ordnungen von Georg für Sachsen verwendet wurden, wie z. B. die Merseburger Buss-Ordnung für die Interims-Kirchen-Ordnung.

In erster Linie war Georg auf die Ausgestaltung seines Consistoriums bedacht. Nachdem dessen Verfassung nothdürftig geordnet war (vgl. meine oben citirte Schrift S. 64 ff.), brachte er von den „in der Celle" 1545 beschlossenen Ordnungen die Consistorial-Ordnung und die Ehe-

Ordnung zur praktischen Geltung. Auch dem dritten Theil jener Beschlüsse — der Agende — hat er wohl thatsächlich (wenigstens zum Theil) zur Anerkennung verholfen. Diese drei Ordnungen sind im ersten Bande dieser Sammlung S. 291 ff. abgedruckt.

Über die Thätigkeit des Consistoriums, zumal über seine Ehe-Rechtsprechung, habe ich in der oben genannten Schrift manches beigebracht, auch gezeigt, wie Georg's Bestreben, die Competenz des geistlichen Gerichts auszudehnen, auf den Widerstand des Fürsten und der Stände stiess.

Einen weiteren Einblick in die rührige Thätigkeit des Consistoriums und in die Schwierigkeiten, mit denen dasselbe zu kämpfen hatte, giebt uns eine Zusammenstellung von Beschwerden und Anregungen des Consistoriums, die sich in Zerbst, St.A., Vol. V, fol. 213, Nr. 20, erhalten hat und den Titel führt: „Notwendigste artikel, so bisher im consistorio zu Merseburg vorgefallen und derhalben viel sachen gehindert und sonst in iren unrichtigkeiten verblieben." Hier wird namentlich über die weltliche Obrigkeit geklagt, sie exekutire die Urtheile des Consistoriums in Ehesachen nicht; Amtleute und Schösser hätten Sachen, die vor.das Consistorium gehörten, in eigener Machtvollkommenheit erledigt; der Adel habe trotz der Befehle des Consistoriums nichts für die Erhaltung der Pfarrgebäude, auch den Pfarrern in ihren Einkünften mancherlei Abbruch gethan, ja eigenmächtig Pfarrer eingesetzt. Verlobung mit Zweien werde für eine geringe Sache gehalten. Weglaufen werde „sehr gemein". Die Jahre, nach denen Geschiedene eine andere Ehe eingehen könnten, müssten fixirt werden, jetzt stelle man Anträge auf Gestattung der Wiederverehelichung nach drei, vier Jahren. Die Obrigkeit sei lässig in Bestrafung der Desertionen. Die, welche andere zum „ehelichen gelubnus" betrüglich beredeten, müssten bestraft werden, ebenso die „trotz zusammentheidigung wieder von einander laufen". Eine Jungfrau habe sich mit zweien verlobt, sei dem ersten durch Urtheil und Rechte öffentlich zugetheilt worden, habe sich aber an den zweiten gehangen und den Befehlen des Consistoriums die Antwort entgegengesetzt, dass sie sich lieber ersäufen wollten. Wie solle solcher Ungehorsam gegen Befehle des Consistoriums bestraft werden? „Das iuramentum calumniae ist nach äusserung der Cellischen ordnung nicht mehr in ubung gehalten." Es komme vor, dass Männer Jungfrauen wegen Ehegelöbnisses verklagten, keinen Calumnieneid leisteten, sich auf falsche Zeugen beriefen, während sich hinterher herausstelle, dass alles nur Verleumdung gewesen und die Kläger auch sogleich im ersten Verhöre von der Klage abständen. Wie seien solche Übelthäter zu bestrafen?

VI. Georg fasste seine Stellung als Bischof wesentlich im katholischen Sinne auf. Hierüber und über die kirchenrechtlichen Anschauungen Georg's habe ich mich ausführlich in mehr genannter Schrift verbreitet. Es sei auf dieselbe verwiesen.

Georg's Thätigkeit erstreckte sich auf alle Zweige des kirchlichen Lebens. Auch das Schulwesen wurde gefördert. Die Domschule zu Merseburg, welche 1544 neu eingerichtet wurde, gelangte zu hoher Blüthe.

Seine Gehülfen waren in erster Linie Antonius Musa, nach dessen Tode Georg Major, und nach dessen Fortgang Johann Forster.

Als Bischof hielt sich Georg für berechtigt, selbständig für sein Stift Verordnungen zu erlassen.

Mit Georg von Anhalt beginnt eine Periode fruchtbarster Initiative. Seine Anordnungen sind aber nicht nur für das engere Merseburger Kirchenwesen massgebend gewesen, sondern haben weit über dessen Grenzen hinaus anregend gewirkt; sie wurden nicht nur im Anhaltischen zum Theil in Geltung gesetzt, auch im Kurfürstenthum Sachsen, im Erzstifte Magdeburg sind sie vorbildlich geworden. Ja, die von Georg geschaffenen Vorbilder haben einen derartig tiefen Eindruck hinterlassen, dass man sich noch lange nach seinem Tode an dieselben erinnerte. So z. B. im Erzstifte Magdeburg. In Kursachsen wusste man im Jahre 1578, als der Synodus eingeführt werden sollte, nichts Besseres als Einrichtungen Georg's in Vorschlag zu bringen (Dresden, H.St.A., Loc. 10 600, Synodi und Visitationssachen 1578/81, Bl. 5—37).

Es soll in diesem Rahmen die Mitwirkung Georg's an der Gesetzgebung Kursachsens (man denke an die Celler Verhandlungen) nicht behandelt werden. Davon ist in Band I an der entsprechenden Stelle die Rede gewesen. Ebenso wenig soll hier sein Verdienst um Anhalt geschildert werden. Es ist überhaupt nicht unsere Aufgabe, ein Lebensbild dieses grossen Mannes zu geben, (welches er längst verdient hätte!), sondern es sollen nur seine gesetzgeberischen Massnahmen für das Bisthum Merseburg hier kurz zusammengestellt werden.

Ausser der Visitations-Ordnung von 1544 und den Vorhaltungen auf den Synoden (s. oben) sind dies namentlich:

1. Ehe-Ordnungen. Die Cellische Ehe-Ordnung ist schon erwähnt. Aber damit war die Noth in Ehesachen nicht gehoben. Man vergleiche das auf der vorstehenden Seite skizzirte Bedenken.

Auf Anregung Georg's publicirte Brotauf, der Protonotarius des Consistoriums, den Schossern am 12. December 1545 eine Verordnung, welche hauptsächlich eherechtliche Punkte betrifft. Dieselbe gelangt erstmalig aus Zerbst, Herzogl. St.A., Vol. V, fol. 213, Nr. 20, zum Abdruck. (Nr. 5.)

[Das Datum 12. December 1545 wurde angenommen, obwohl das Aktenstück selbst nur „Sonnabend nach Nicolai" datirt. Es kann darunter nicht der 12. December 1544 verstanden sein, weil der Sonnabend nach Nicolai in diesem Jahre auf den Tag Lucia fiel, also anders genannt worden wäre. Später als 1545 kann aber die Verordnung unter Georg nicht erlassen sein.]

Georg von Anhalt publicirte endlich für Merseburg eine umfassende Ehe-Ordnung und liess dieselbe 1548 im Drucke erscheinen. Sie führt den Titel „Einfeltiger unterricht von verbotenen personen und graden, und wes sie sich in ehesachen halten sollen, vornehmlich vor die superattendenten und pfarrherrn im stift Merseburg, danach auch anderen pfarrherrn zu christlichem dienst und nutz gestelt anno 1548". (Gedruckt zu Leipzig durch Jacobum Berwaldt.) Ein schön gedrucktes Exemplar findet sich im Zerbster Superintendentur-Archiv Nr. 14, ein weiteres Druckexemplar ebenda Nr. XXIX.

Bei der grossen Codification, welche in Anhalt im Jahre 1599 vorgenommen wurde, wurde dieser Unterricht Georg's, der wohl auch schon in Anhalt Geltung erlangt hatte, als ein Bestandtheil aufgenommen und zu diesem Zweck etwas abgeändert.

Wir geben den für Merseburg bestimmten Druck wieder, die Anhaltiner Veränderungen von 1599 in Anmerkungen unter A. (Nr. 6.)

2. Ordinations-Ordnung. Als Luther 1545 in Merseburg anwesend war, arbeitete Georg eine Form der Ordination aus. Diese Ausarbeitung befindet sich auf 3¼ Bl. sehr schön geschrieben in Zerbst, St.A., Vol. V, fol. 213, Nr. 20. „Auf volgende form solt uf vorbesserung d. doktoris Martini und der anderen herrn das ampt sampt der ordination in dem namen des almechtigen furgenomen werden."

Wir haben es hier zu thun mit dem Entwurfe der Form für die erstmalige Feier einer evangelischen Ordination in Merseburg und deshalb ist die ganze Fassung konkret gehalten. Das Formular lautet im Auszuge:

„Erstlich hora septima soll der herr licentiat Musa, (do es der herr doctor selber nicht thun kont) ein vermahnung thun, und daneben dem volk die ordination verkündigen und ercleren etc.

Weil auch das volk von der ordination albier noch nicht berichtet, einen kurzen unterricht thun wolte von der ordination und manuum impositione, und warumb die anderen unnotigen missbreuchischen ceremonien, als anziehung der kleider, und unction etc. verbliebe, so zur weihe nichts theten.

Nach der predigt soll man das ampt anfahen, erst singen die antiphonam veni sancte spiritus, cum collecta deus qui corda, so der herr doctor Pfeffinger celebrans singen solt, volgende der introitus: Benedicta sit sancta trinitas, kyrie eleison, gloria in excelsis, et in terra auf der orgel und chor.

Darnach soll der celebrans ein deutsch collecta singen (Gebet für den Ordinanden: „wie der herr doctor solche collecta zu stellen sich nicht beschweren wolt").

Darauf die Epistel ad Ephes. 4: Einem Jeglichen aber unter uns ist gegeben, Vers 7. Nach der Epistel folgt wie früher das scrutinium. Der Herr Doctor und Ordinator fragt nach dem Glauben. [Folgen Frage über Stellungnahme zu Ketzereien, sodann Versprechen, Wandel und Amt gut zu führen.]

Hierauf singt der chor: Alleluja, benedictus, o adoranda trinitas. Folgt evangelium Johannis am letzten. Credo in unum. Populus: wir glauben. Chor: Veni creator, unter dem der herr ordinator sampt dem ordinanden fur den altar zugleich niederknien solten, dem dan die ordination, wie zu Wittenberg und Leipzig gewonlich, volgen solt; wolt auch der herr doctor fur der ordination aufm stul sitzend ein klein vermahnung thun, wer sehr gut.

Und der ordinator neben dem celebranten und einem andern ex superintendentibus treten fur den altar und der ordinandus neben den andern bliebe dafur knieend, sampt den andern priestern. Ordinator liest text Thimo. 3. 1 und si placet spruch Johannes cap. 20. Und Jesus sprach zu seinen Jüngern: Friede sei etc.

„Hierauf befel der ordinator ministerium verbi et administrationem sacramentorum, usum clavium (etiam si placet) autoritatem alios ordinandi expresse propter astantes." (Auflegung der Hände durch Ordinator und alle Priester der Reihe nach.) Collecte: Barmherziger gott, himlischer vater, du hast durch den mund [mit kleinen Abweichungen nach dem d. Exemplar, wie es Rietschel, Luther und die Ordination S. 14 abdruckt; nicht nach dem Culmbacher Exemplar; nicht nach Rietschel's Druck in Theol. Studien und Kritiken 1895, S. 172. Vgl. Bd. I dieser Sammlung, S. 25].

Hierauf Ordinator 1. Petri 5: „So gehet nu hin" u. s. w. (Sodann empfängt Ordinatus kniend die Benediktion unter Kreuzeszeichen.)

„Hierauf procedirt der celebrans im ampt.

Prefatio. Dominus vobiscum. Sursum corda. Sanctus. Vater unser. Consekration nach gewonlicher weise.

Dann sol der ordinatus sampt andern, so wollen, ad sanctam communionem gehen.

Sub communicatoria solt man singen: Responsoria. Ite in orbem, oder Jesus Christus unser heiland, und do der ceremoniarum viel, das agnus dei mit beschluss gewonlicher collekten.

Zum beschluss do man weggehet: Te deum laudamus. Dises alles wirt in des hern doctoris bedenken gestellt."

Vorstehender Entwurf ist aus verschiedenen Gründen interessant. Er zeigt, wie Georg sich die Ordination vorstellte. Er ist der erste evangelische Ordinationsversuch in Merseburg, daher die starke Bezugnahme auf das bisherige Recht. Als Ordinator ist kein Geringerer als Luther gedacht, oder der neben ihm das Amt celebrirende Pfeffinger. Benutzt ist die Wittenberger Formula Luther's, und zwar steht die von Rietschel, Luther und die Ordination, S. 14 ff. abgedruckte wohl am nächsten. Für die Frage des Alters der verschiedenen Formulare Luther's liefert das Merseburger keine Entscheidung, da es ja erst 1545 ausgearbeitet wurde.

Wir haben ein Bedenken vor uns, einen Vorschlag, den Luther ändern sollte. Ob und was Luther geändert hat, ist nicht zu ermitteln. Jedenfalls ist das auf Grund dieses Vorschlags von Georg endgültig ausgearbeitete und in Gebrauch gekommene Formular viel reichhaltiger und entnimmt mehr aus den Formularen Luther's, als der Vorschlag.

Von dieser definitiven Ordnung findet sich ein Exemplar, auf Pergament, sehr schön, mit grossen Lettern geschrieben, offenbar zum Kirchengebrauche bestimmt, in Zerbst, Staatsarchiv, a. XXVII, in einem pergamentenen Umschlag, welcher die Aufschrift trägt: Ritus ordinationis ministrorum evangelii Jesu Christi, in eccles. Merseburgens. a principe Georgio in Anhalt usurpat. Darnach geschieht hier erstmalig der Abdruck. (Nr. 7.) Bekanntlich liess sich Georg von Anhalt am 2. August 1545 zum Bischofe weihen. Darnach nahm er persönlich die Ordinationen vor. Im Ganzen hat er 81 Prediger ordinirt.

3. Eine Buss-Ordnung. Georg hatte für Merseburg eine Buss-Ordnung verfasst: „Mit den penitentibus soll es auf volgende weise im stift Merseburg gehalten werden,“ und thatsächlich in Geltung gesetzt, wie daraus hervorgeht, dass in dem Exemplar (Zerbst, St.A., Vol. V, fol. 213, Nr. 20ᵃ) die Namen von Pönitenten offenbar zum Gebrauche an den Rand geschrieben und auch diesbezüg- liche Textänderungen vorgenommen sind. Diese Ordnung hat Georg bei Gelegenheit der Be- rathungen über die Interims-Kirchen-Ordnung in Sachsen 1548 benutzt. In der Berathung zu Celle am 18. November 1548 (vgl. meine oft citirte Schrift S. 99) wurden als drei Abschnitte für die Interims-Ordnung eine Confirmations-Ordnung, eine Ordnung „De publica poenitentia“, und die soeben citirte Merseburger Form festgesetzt. Letztere wurde in die Interims-Kirchen-Ord- nung fast wörtlich aufgenommen (vgl. den Druck bei F r i e d b e r g , Agenda wie es in Sachsen u. s. w. gehalten wird. Halle 1869. S. 36 ff.), unter Fortlassung der Worte „im stift Merseburg“ im Titel, und unter Veränderung von „Coadjutor“ in „Superintendent“ oder „Pfarrherr“. Diese drei Ordnungen finden sich schön geschrieben in einem Fascikel in Zerbst, St.A., Vol. V, fol. 213, Nr. 20ᵃ vereinigt. (Äusserer Titel „De confirmatione. De publica poenitentia.“ Cella anno 1548.) Ob auch die beiden ersten Theile alte Merseburger Ordnungen sind oder später in Merseburg in Kraft gesetzt wurden, ist zweifelhaft, daher wird hier nur die dritte Ordnung abgedruckt und zwar nach einem andern in Zerbst, St.A., Vol. V, fol. 213, Nr. 20ᵈ erhaltenen Exemplare. In letzterem ist die Fassung nicht, wie im ersteren, für einen speciellen Fall abgeändert. Diese Änderungen im Vol. V, fol. 213, Nr. 20ᵃ geben wir in Anmerkungen. Im Kurfürstenthum Sachsen ist diese Buss-Ordnung (wie die ganze Interims-Kirchen-Ordnung) natürlich nicht zur Geltung gelangt. (Nr. 8.)

VII. In meiner öfter citirten Schrift habe ich die Ordnungen Georg's charakterisirt. (Georg war mehr Theologe als Jurist. Mit besonderer Liebe hing er an einer reichen liturgischen Ausgestaltung des Gottesdienstes.) Die agendarischen Normen, welche er für Sachsen und Anhalt ausarbeitete, sind dortselbst an entsprechender Stelle behandelt. Hier sei eine speciell für Merseburg erlassene Verfügung wenigstens erwähnt: „Georg's, Fürsten zu Anhalt, coadjutorn in geistlichen sachen zu Merseburg etc., thum-probsts zu Magdeburg, unterricht wie die pfarrherrn das volk in diesen geschwinden und gefährlichen zeiten zu buss und gebet ermahnen sollen. 1546. Gegeben Merseburg, dienstag nach visitationis Mariae. Gedruckt 1546 zu Leipzig durch Valentin Papst.“ 14 Druckseiten. Grosser Druck, 4°. (Ein Exemplar in Zwickau, Raths-Bibliothek XX. VIII. 12.)

Seine Vorliebe für die alten Formen und seine Anhänglichkeit an alte Gebräuche (Chor- rock, Elevation, alte lateinische Hymnen u. s. w.) hatte ihm unter den strengeren Lutheranern den Verdacht des Papismus zugezogen, ein Verdacht, der sich zu heftigen Anfeindungen bei Gelegenheit seiner sehr nachgiebigen Haltung in der Zeit des Interims und seiner führenden Stellung bei der Ausarbeitung der Interims-Kirchen-Ordnung für Sachsen steigerte (vgl. meine oft citirte Schrift S. 114 ff.).

Was man in Sachsen und in Merseburg an diesem evangelischen Bischof besessen hatte, zeigte sich deutlich bei seinem Fortgange. Als Herzog August auf Drängen des Kaisers am 27. September 1548 auf die Administration des Stiftes verzichtete, legte auch Georg sein Amt als Coadjutor nieder, hielt noch einige Synoden mit seinen Geistlichen ab, suchte überhaupt das von ihm Begründete, so weit als möglich, zu schützen, verlegte aber im Jahre 1552 seine Residenz dauernd nach Anhalt, wo er schon 1553 starb.

VIII. Karl V. setzte wieder einen römisch-gesinnten Bischof ein. Moritz vereinte das Consistorium 1550 mit demjenigen zu Leipzig. Nach dem Tode des katholischen Bischofs

Michael (1561) wurde zunächst der 7jährige Sohn des Kurfürsten August, Alexander, zum Administrator gewählt, und nach dessen Tode (1565) erlangte Kurfürst August in einer Capitulation auf 20 Jahre die Regierung des Stiftes, und durch besondere Verträge wurde festgestellt, dass dasselbe stets bei dem Kurhause verbleiben sollte. Damit war die Reformation in diesen Landen sicher gestellt.

Es fanden noch wiederholt Visitationen des Stiftsgebietes statt, so 1562 durch die Visitatoren Pfeffinger, Bartholomäus Rünbaum, Heinrich Kommerstedt und Wolf von Dostitz, so 1578 und 1599.

Die Nachrichten über diese drei weiteren Visitationen des Stiftes mit seinen vier Ämtern (Lauchstädt, Lützen, Merseburg, Schkeuditz) liefert uns das Staatsarchiv zu Merseburg, Repert. 44, Cap. 9, Nr. 2, 3.

Bei der Visitation von 1562 erklärte u. A. der Stadtpfarrer zu Merseburg, dass an Fürst Georg's zu Anhalt Kirchen-Ordnung nichts geändert sei.

Auf der Visitation von 1578 wird bei Merseburg berichtet, die Kinderlehre sei erstlich von Antonius Musa angestellt und etliche Male neu angerichtet, wegen schlechten Besuches aber wieder eingestellt worden. Die Verlesung des Katechismi solle hinfort nach der Vesperpredigt gehalten werden; die Kinderlehre von dem Diakonus der betreffenden Woche. Fastenexamen sei nie gebräuchlich gewesen. Ein Kirchenverzeichniss sei seit vier Jahren angelegt. Die deutsche Mädchenschule solle eingerichtet werden. Der Rath solle den Pfarrer zur Kirchenrechnung ziehen. Ein „verstockter Papist" solle vor den Syndikus gebracht und es sollen alle gradus admonitionum mit ihm abgehalten werden. Man sieht, die Einrichtungen Georg's leben weiter fort! Schkeuditz überreichte seine Schul-Ordnung.

Sonst bieten die Visitationsakten nichts Bemerkenswerthes. Zu den Schul-Ordnungen von Merseburg, Lützen, Schkeuditz vgl. auch Block, Geschichte des städtischen Schulwesens zu Merseburg. Merseburg 1885.

Auf der von Georg geschaffenen Grundlage ruhte das Kirchenwesen sicher; seine Ordnungen reichten im Wesentlichen für das Reformations-Jahrhundert aus.

1. Bestellung des Consistorium zu Merseburg. Vom 11. Februar 1545.
[Aus Zerbst, St.A., Vol. V, fol. 213, Nr. 20.]

Von gotts genaden wir Moritz und von demselben gnaden, wir Augustus administrator des stifts Merseburg gebruder, beide herzogen zu Sachsen, landgrafen in Duringen, und marggrafen zu Meissen, bekennen und thun kunt, mit diesem unserm briefe kegen menniglich: Nachdem wir herzog Augustus, als wir zu einem administratorn des stifts Merseburg postuliret, dem hochgebornen und ehrwirdigen hern Georgen, fursten zu Anhald, grafen zu Askanien und hern zu Bernburg, unserm lieben ohemen die versorgung und versehung in allen geistlich sachen des bischoflichen ampts in dem stift Merseburg und unserm zugetheilten erblande zugestellet, auf die meinung, wie wir uns des mit seiner liebden verglichen, und wir herzog Moritz seiner liebden in gleichnis solch bischoflich ampt in geistlichen sachen in unserm lande zu Duringen in alle desselben ampten, stedten, clostern, dorfern, auch allerer unserer unterthanen, was standes die seint und so weit sich vor dieser zeit das bistum Mersburg

in unser lande erstreckt, eingeraumet, und aber die notturf furdert, das zu den geistlichen sachen consistoria verordent, davor die vorfallenden der unterthanen sachen, in die geistlickeit und vor das bischofliche ampt aus unserm nachlassen gehorend, mogen entscheiden und geortert werden, haben wir herzog Augustus ein consistorium zu Merseburg verordent, darinne sollen sein zwene gelerten der heiligen schrift, zwene doctores der rechte, ein protonotarius, ein substitutus notarius und ein laufender bote, die sollen bis uf weitere versehung mit drittehalb hundert gulden aus dem closter zu Sanct Peter vor Merseburg jerlich besoldet und underhalten werden, wie wir unserm ohemen dem von Auhalt schriftlich zugestellt, und sollen vor solchen consistorio geordert, rechtlich entscheiden, auch zum theile nachvolgende felle gestraft werden, nemlich alle ehegelubnis, wie die vorfallen mugen, item wan ehliche personen einander nicht beiwonen, wucher, gotslesterung, trunkenheit.

Item was belanget die lare, sacramenta, ceremonien, ketzereien und desselben anhanget, item die zwispalt zwischen den pfarhern, schulen und kirchendienern, wan die nicht peinlich seint, desgleichen ehebruch, jungfrau schwechen und alle offentliche laster, darin die weltliche obrickeit sich der strafe halben binnen einem halben jare nicht eingelassen und was wir dergleichen sachen mer an solch consistorium weisen werden. Welcher gestalt aber in ehe und derselben scheidung sachen, auch sonst von dem consistorio sol procediert, gesprochen, gestraft, auch appellirt werden, das haben wir unserm ohemen, deme von Anhalt, eine sonderliche besigelte schrift zugestelt, darnach sich alle unser underthanen in dem stift, zugetheilten ampten und clostern, sollen richten und halten, wie wir inen dan solchs wollen bevelen und gebieten lassen.   Desgleichen wir herzog Moritz unsern underthanen, wie obgemelt zuthun auch geneigt sein.

Wan auch wir gebrudere, oder unser underthanen, was standes die seind, pfar lehen in obgemelten stifte und lande verleihen, so sol die investitur bei unserm ohemen gesucht, und die presentirte person, ob sie zu dem kirchendienst tuglich, examinirt werden. Wurde sie ungeschickt befunden, sol es sein liebe dem lehen hern solchs vermelden, eine andere und tuchtigere zu presentiren, oder in mangel des und do der lehen herr uber einen manat seumig, soll auf ansuchen der pfarkinder seine liebe einen tuchtigen kirchendiener in des lehen hern negligenz zu verorden haben und sol seine liebe von einer investitur uber funf groschen nicht nehmen lassen. Es soll auch sein liebde den superadtendenten und pfarhern in sonderheit bevelen und daruber halten, das die leute in der beichte zu bereuung irer sunde, zu gutem vorsatz, sunde zu hassen und meiden, und zu wahrer rechter busse vleissig ermanet, mit historien des alten testaments und sonst gotlicher schrift, darzugehalten, und dan durch das

evangelium mit vergebung der sunde getrost werden, und das die prediger das volg, den armen hulflich zu sein, desgleichen zu dem gebet und den fasten, mit historien des alten testaments aus den geschichten der apostel und sonst gotlicher schrift vleissig und ofte ermanen und fast in allen predigen das unzuchtige leben, auch die trunkenheit, und betrug des nechsten, item des schendlichen gotslestern, fluchen und schweren, das leider fast bei allen gemeine ist, zudem vleissigst anzeigen, mit bitten vermanen und strafen, das volg davon ableiten.   Es sol auch seine liebe uf der kirchendiener wandel, lar und leben achtung geben, aus irem ampt im fal der notturft wider sie procediren, und die geburliche strafe verwenden, und sollen sein liebden, mit dem ban, suspension, privacion, und deposition, auch dem gefengnis die priester und kirchendiener nach gelegenheit irer gebrechen zustrafen haben, und der kirchendiener ausserhalb handhaftiger that und peinlicher sachen mit dem gefengnis durch die leien nicht eingezogen werden, es wurde dan vermargt, das sein liebe, oder weme solch ampt bevolen wurde, mit der straf nachlessig und seumig.

Da sich auch zutruge, das sich kirchendiener in irem ampt treulich vleissig erzeigten, und alters oder sunst unvermugens halben dem ampte nicht mer vorsein konten, wie dan bei uns der halben ansuchung geschehe, wollen wir uns mit verleihung einer vicareien, auf ir leben, oder in ander wegen kegen inen gnedig erzeigen.

Zu urkunde, mit unsern anhangenden insigeln, wissentlich besigelt und uns mit eigenen handen underschrieben.   Geschehen zu Dresden mittewochen nach Apolonie den eilften tag februarii nach Christi unsers lieben hern und seligmachers geburt funfzehen hundert und im funf und vierzigsten.

Moritz h. z. Sachsen.
                Augustus herzog zu Sachsen.

2. Visitation ordnunge im stift Merseburck gehalten anno domini 1544 angefangen XXIII septembris.

[Aus Zerbst, St.A., V. 213, Nr. 20ᵉ. Der Titel auf dem Umschlage, von anderer Hand geschrieben, lautet: Visitation ordnung so im stift Merseburg gehalten worden anno 1544 usq. ad annum 1550.]

Vorrede.

Nach dem der barmherzige got im himmel sein heiliges gotlichs wort in disen letzten zeiten der welt durch Christum Jesum gnediglich hat wider erscheinen lassen, und uns teglich ufs treulichste ermant, dass wir seine gnade nicht sollen vergeblich empfahen, so ists christlich und billich, dass man solch worte ergreife und also fasse, dass man es behalten und auf die nachkommende auch erben und bringen moge, solchs aber kan durch keinen andern weg fuglicher und bequemlicher geschehen, den durch eigne, freie, offenbare, christliche visitation. Derhalben fur christlich und notig geachtet, dass die selbe zum schirsten fur-

genommen und gehalten wurde, auf dass, das ungotlich wesen abgethan, und das reich Christi gepflanzt, aufgericht, ausgebreitet und erhalten mocht werden zu ehre, lob, und preis, got dem vater schepfer aller ding, und Jesu Christo seinem sone unserm erloser und heilande sampt dem heiligen geiste in ewickeit. Amen.

Vom befehel zu visitiren.

Als aber der hochwurdige in got durchlauchte hochgeborne furste und herre, herr Georgius furst zu Anhalt, graf zu Ascanien, thumbprobst zu Magdeburg, coadjutor des stifts Merseburck, herr zu Bernburck cet., mein gnediger furst und her, gnediclichen befunden, dass in den kirchen s. f. g. empfangenen ampt zugethan, vil greulicher unchristlicher misbreuche, so zur erschrecklichen smahe got und unserm lieben hern Jesu Christo und vieler einfeltiger gewissen verfurunge gereichen, nach in der ubunge und im brauch gehen, als seint s. f. g. aus christlicher, dringender unmeidlicher not, hochlichen geursacht, ein christliche visitation furzunemen, solche greuel ahzuschaffen, den rechten gottes dinst wider auf zu richten und den armen gewissen zum wege der selickeit zu helfen, haben derhalben christlicher wolmeinunge ein visitation furzunemen gnediclichen befolen, durch nachfolgende personen, uf forme und weise, wie hernach verzeichnet, zu halten.

Von personen und gewalt der visitation.

Weil aber die visitation ein bischoflich und furstlich amt ist, erkennen s. f. g., dass es ihnen fur got geburen wil, selbst einsehen zu haben, derhalben s. f. g. gnediclichen gesinnet, bei der visitation selbst eigner person zu sein, auch folgende personen neben s. f. g. zugebrauchen:

Aus furstlichem zu Sachsen hofe den ehrnvesten gestrengen hern Christof von Wertern zu Merseburgk, heubtman.

Von s. f. g. hofe den ehrnvesten und gestrengen Oswalt Röder.

Von der lantschaft den ehrnvesten und gestrengen Lorenzen von Walthausen zu Tendiz.

Von der geistlickeit den ehrnwirdigen und achbarn hern Antonius Musam, der heiligen schrift licentiatum.

Von den stedten den erbarn und namhaftigen Ernesten Brotauf zu Merseburck burger.

Ob auch angesagter personen eine, (durch wasserlei weise es were) wurde abgehen, sol durch hochgedachten unsern g. f. und hern ein andere person an ihre stat geordnet werden.

Was nun durch obgezeigte hern in geistlichen, und zu denselben gehorenden sachen erkant, beslossen, constituirt, gesetzt und geordnet wirt, das sol volkomlichen, kreftig, mechtig und durch menniclich unwandelbar sein, und gehalten werden, beide, geistliche und weltliche personen belangende, es fiele den solche ursache fur, das etzliche ding zu endern die not erfordern wolte, so sol dasselbe durch die furgenanten hern visitatores nach befindunge durch furgehende gnugsame beratslahunge zum besten geendert werden und sunst nicht.

Von Malsteten, da man visitiren sol.

Nachdem auch alle sachen, an den örtern da sie gelegen, am besten zu erforschen seint, wils

not sein, an etzliche malstete sich zubegeben, wie hernach verzeichnet:
1. Merseburk,
2. Lauchstedt,
3. Skeudiz,
4. Lützen.

An diese örter aber sollen berufen werden alle dorfschaften, so an einen ieden ort gehoren.

Von ausschreiben in gemein.

Es muss auch zuerst aus furstlicher canzlei ein gemeine ausschreiben in alle emter und an den adel geschehen, darinnen sie an hochgedachten, meinen gnedigen hern fursten Georgen zu Anhalt etc. geweist werden, dass uf s. f. g. schriftlich erfordern sie alle gehorsamclich erscheinen, s. f. g. ordnungen und satzunge in geistlichen sachen zuerhalten, wie dan die ehrnvesten gestrengen erbarn, achtbar hochgelarten, furstliche zu Sachsen etc. heim verordnete rethe zu Merseburk folgender gestalt solch ausschreiben gethan.

Von ausschreiben der hern visitatoren.

Wen man nun des tages zu visitiren, eins ist, so muss m. g. her furst Georgius zu Anhalt cet., ein acht tage zuvor ein gnedige schrift lassen ausgehen, darinnen stedt und dorfer zur visitation zu erfordern, ungeferlich solcher gestalt, dass s. f. g. ein christliche visitation hetten gnediclichen lassen furnemen, gott zu ehren, und den christlichen kirchen zu gute cet., darzu erfordern wir euch uf den und den tag fur uns zu erscheinen, nemlich den pfarher, custer, baurmeister, kirchveter, zwene aus der gemeine cet., mit gnugsamer unterricht aller guter des pfarherhauses, kirchenrechnunge und anders, auch vicarien, spenden, bruderschaften, so der bei auch weren cet., weiter unsers bescheits zu gewarten cet.

Item auch die edelleute im selben kirchspiel zu erfordern.

Vom examine der priester.

Zuerst sollen die pfarhern nachfolgende stucke aus der heiligen schrift befragt werden:

Was ihre predigt sei, wovon sie pflegen das volk zu leren:
1. De poenitencia,
2. De remissione peccatorum,
3. De lege,
4. De evangelio,
5. De justificatione,
6. De numero sacramentorum,
7. De baptismo,
8. De cena domini tam publice quam privatim,
9. De oracione,
10. De bonis operibus,
11. De magistratu,
12. De deo quod sit unusdeus et tres personae,

2*

13. De confessione item qua utantur forma
    absolutionis,
14. De potestate ecclesiastica,
15. De cruce,
16. De spe,
17. De resurrectione mortuorum et extremo
    judicio,
18. De ecclesia.
In disen sollen die priester nach notdorft verhort werden.

Die pfarhern auch zu fragen

Item ab sie auch den catechismum leren,
Item ab auch die letaniam singen,
Item ab sie die kranken fleissig visitiren,
Item wer der collator der pfarren sei,
Item wer der archidiacon sei,
Item der pfarrer sol warnen für den heim-
lichen gelubden,
Item zu fragen was der pfarren für ceremonien
halte in der kirchen, des sontages, ob er die
woche uber auch predige.

Was man die bauern fragen solle.

Die baurmeister, alterleute und zwene eltesten
aus der gemeine sollen zusammen gefragt werden,
1. Erstlich van der predigt ihres pfarhers,
was er sie lere.
2. Item was der pfarrer fur ein leben füre,
ab er ein seufer oder scortator oder usurarius
cet. sei.
3. Item was sie die bauern aus seiner lere
gemarkt haben.
4. Item ab sie auch die zehen gebot, den
glauben, und vater unser können und recht können.
5. Item die bauern sollen zehen gebot,
glauben und vater unser her sagen.

Die bauern sollen auch weiter gefragt
werden:

Wie es ein gestalt um die pfarguter habe,
wie vil ecker, wisen, holz er habe.
Item ab die ecker auch in beulichem wesen
gehalten werden.
Item ab auch imandes etwas davon entzogen.
Item zu stellen und zu forschen nach dem
inventario der pfarre.
Item ab die pfar habe ewige kue, ader des etwas.
Item ab das pfarhaus auch in beulichen wesen sei.

Von der kirchen.

Die bauern sol man auch fragen, was ihr
gots haus einzukomen habe an allem einkomen.
Item ab auch vicarien, spenden, bruderschaften
bei inen sei.
Item was das gots haus an gelde im vorrat
an patenen, monstranzen, kilchen, und anderen
silberwert habe, und wie vil am löte ongeferlich.
Item ab im gots hause auch gestifte messen sein.
Item ab sie schul haben und wie es umb
dieselbe gelegen.
Item es sol der pfarrer ein volstendig verzeichnis ubergeben alle seiner zugehorigen guter
und einkommens.
Item es sollen die alterleute rechnunge thun
uber das einkomen der kirchen.
Item die kirchveter sollen ein verzeichnis
ein legen von allem einkomen der kirchen.
Item anzeigen, wofur es werde ausgegeben,
und wer schuldig dazu ist, und wie vil schult
und retardat vorhanden.

Vom custer.

Der custer sol auch befragt werden um sein
einkommen und desselben ein verzeichnis einlegen.
Item zu forschen, ab der custer dem evangelio
auch anhengig, und dem pfarrer gehorsam sei
und was lebens er fure.

**8. Der Merseburger Synodalunterricht 1544, mit den Abänderungen der allgemeinen sächsischen Super-
intendenteninstruktion 1545.**

[Nach Zerbst, St.-A., Vol. V, fol. 213, Nr. 20⁴. Wo der ursprüngliche Text in diesem abgeändert worden, wird
dies in Anmerkungen unter „Merseburger Ex." hervorgehoben. Unter A. sind die Abweichungen hervorgehoben,
in denen sich der Luther vorgelegte Text von dem Merseburger Texte unterscheidet. Unter B. endlich die Verbesserungen für die allgemeine sächsische Superintendenteninstruktion 1545. Vgl. im Einzelnen Sehling,
Kirchengesetzgebung unter Moritz von Sachsen, S. 69 ff.]

Was den pfarhern des stifts Merseburg
in der ersten convocation furgehalten.

Das sie gehorsam angelobt[1]).

Nach dem nicht allein von edel und un-
edelen vielfeltig geclaget wirt, auch solches mehr

mals von rethen der landesfürsten an uns gelanget,
sondern leider das werk ausweiset, wir wir auch
in der visitation und sunst teglich erfaren, das

---

[1]) In dem Exemplare Zerbst, St.-A., Vol. V., fol. 213,
Nr. 21 (vgl. Sehling, Moritz von Sachsen, S. 69, 70)
ist dieser Titel durchstrichen und statt desselben von
Dr. Fachs auf den Umschlag geschrieben worden:
„Was ein jeder superintendent in der g. f. und h. h.

Augusti administratoris zu Merseburg, beider herzogen
zu Sachsen, landgraven in Düringen und marggraven
zu Meissen, fürstenthumen, auch in beiden stiften Merseburg und Meissen den befolenen pfarhern in synodo
vorzuhalten." Der Satz „das sie gehorsam angelobt"
fehlt übrigens in A und B. Bei Beginn des Textes hat
Dr. Fachs am Rande annotiert: „Dies exemplar hat
dr. Martinus gesehen."

die selsorger und pfarhern, sonderlich auf den dörfern, in der lahr gotliches wortes ganz nachlessig, und das auch viel erger ist, den rechten grunt der christlichen lahr nicht wissen noch lernen wollen, und also das arme volk ubel vorseumen und vorfuren, dergleichen auch in reichunge der hochwirdigen sacrament fast unvleissig und vorseumlich sein, auch dieselben mit geburlicher reverenz, ehrerbietung, und andacht nicht handeln, noch die leute darzu halten, oder von rechtem gebrauch treulich unterweisen, und also disen hohen reichen schatz gotlicher gnaden unwert und vorechtlich machen.

Zum andern, das es auch ein ider in ceremonien und kirchenubunge mache, wie er woll, und unnötige anderung und ungleicheit furnehmen, dadurch der gemeine man nicht wenig geergert wirt, zu dem das auch ezliche keinen rechten unterschied der ceremonien wissen, noch die leute darvon unterrichten, darzu ezliche halten nach papistische ceremonien, ezliche vorwerfen oder vorachten auch ganz und gar, auch gute christliche und leidliche[1]) ceremonien.

Zum dritten, das sie auch einen unerbarn, ergerlichen wandel furen, dadurch die leute nicht allein boese exempel nehmen, sondern auch die heilsame lahr, sampt ihren stand und personen vorachtet, ja auch die heilige wort, und namen gottes bei den widersachern gelestert, und viel guter herzen betrübet, und auch von dem heiligen evangelio abgewand werden.

Hirumb, ob wol sich die vorstendige und christliche selsorger hir inne wol wissen zuhalten, haben wir doch bedacht, die pfarher unser jurisdiction[2]) desselben etlicher nothwendiger artikel zum teil zuerinnern, solchen gebrechen, durch gotliche vorleihe. bis auf weiter visitation und reformation[3]) etlicher masse abzuhelfen,

Und[4]) erstlich und fur allen dingen, dieweil alle lahr und gottesdinst wider die heilige schrift eingefurt gotteslesterung und abgotterei ist, wollen wir das die pfarher die bebstischen missbreuche, als falsche lahr, auf vortrauen eigne werk, opfer messe, eine gestalt des sacraments, heiligendinst, wasser, salz, licht, und wurzweihen und dergleichen dem gotlichen wort offentlich entkegen, do die noch weren, abstellen. Und wer das nicht thun wolt, auch sich nicht unterweisen lassen wil,

den[1]) wollen wir fur keinen pfarher wissen noch dulden.

Ferner[2]) auch, weil wir befinden, das sich wol etliche vielleicht umbs bauches willen zum evangelio begeben, ader auch custer und hantwerger aus geauch und eignem nutz mehr, dan der leut selichkeit zusuchen, sich in die pfarambt zum teil auch selber eingedrungen, und darneben von der heilsamen lahr wenig, auch wol gar nichts wissen, zu dem das auch etliche, die nur der furnemisten punct der christlichen lahr ein wenig aus dem kleinen catechismo und sunst berichtet, und darfür es achten, es sei an dem genung, studiren nicht weiter, und so sie einen artikel aus der schrift bewehren sollen, wissen sie darzu den geringsten spruch aus der gotlichen schrift des alten und neuen testaments nicht anzuzeigen, und dieweil sie nun der burde der horarum canonicarum entlediget, meinen, sie dürfen furder wider beten noch lesen, gehen die ganze woche mussig, ader warten der narung, und des sontages vorlassen sie sich auf die deuzsche postil, die sie auch noch wol zuvor, ehr sie die lesen, nie angesehen,

und wiewol fromme, gotfürchtige prister zu lesung der heiligen biblia sich selber treiben, so aber bei dem grossen haufen solcher unvleis vormarkt, sol nu hinfurder izlichen pfarher (welcher dan seinen namen angeben sol) in sonderheit auferlegt werden, was er zwuschen hir und kunftiger vorhoer aus dem alten und neuen testament lesen solle, daraus ein ider, unter andern, sol vleissig examinirt werden. Und welcher befunden, der sich in der lahr nicht bessert, soll gestrafet ader auch wol gar von seiner pfarren entsazt werden.

So ists auch nicht genung, das man alleine vleissig lese und studire, sondern es ist auch am emsigen gebet am höchsten gelegen, das der almechtige seinen gnedigen segen und gedeien darzu geben wolle. Darumb sollen die pfarher ernstlich zum vleissigen teglichen gebet erinnert sein, dan so sie solches vorseumen, werden sie dem teufel raum lassen, und gottes und der obrickeit straf nicht empfliehen. In sonderheit aber wollen sie sich im heiligen psalter vleissig uben, und den so vorechtlichen nicht liegen lassen.

Wir haben auch in examine befunden, das etliche pfarher von dem hohen artikel des heiligen christlichen glaubens, der heiligen gotlichen dreifaltickeit gar wenig gewust. Darumb sollen sie die symbola, sonderlich Athanasii mit vleis lesen, auch sich des bei denen, die es wissen, unterrichten lassen, und darüber doctoris Martini schrift uber die symbola, welche man in den betbüchlein

---

[1]) „und leidliche" ist im Merseburger Exemplar hinzugeschrieben, in A. in den Text aufgenommen worden.
[2]) B.: die ganze priesterschaft in hochgedachten fürsten landen und genannten zweien bisthumben.
[3]) B.: statt „bis auf weiter — reformation": „so vil möchlich".
[4]) B.: Überschrift: Von missbreuchen.

[1]) B.: das solle für keinen pfarher geduldet werden.
[2]) B.: Überschrift: Von christlicher lere.

findet, (die izlicher pfarher billich haben solt)
auch mit vleis uberlesen, und testimonia aus dem
alten und neuen testament fassen, dan sie des
artikels halben in künftiger vorheer vleissig sollen
examinirt werden, und welche in dem nicht christlich antwort geben konnen, sollen im pfarambt
nicht geduldet werden.

Weiter befinden wir auch, das etliche nicht
wissen den unterscheid des gesetz und evangelii,
des glaubens und guter werk, mengen eins in das
ander, verstehen auch nicht den rechten gebrauch,
ader was der hochwirdigen sacrament, ader was
christliche freiheit, unchristliche ader christliche
ceremonien sein, und wie man der gebrauchen
moge, daraus aller irsal entstanden. Darumb
sollen sie aus den schriften der lieben, von got
erleuchten lehrern, d. Martini und anderer, so zu
unser zeit solch artikel aus der gotlichen schrift
wider an tag gebracht, dasselbige vleissig lesen,
und zum wenigsten die locos communes domini
Philippi, auch confessionem und apologiam, sampt
den grossen und kleinen catechismo, und ob-
berarten betbuchlein d. Martini inen ganz gemein
machen, in welchen dan obbemelte artikel zum
mehrern theil berurt, darvon sie aus der gotlichen schrift die irthumb
nicht, lehren also das volk nichts, daraus sie gebessert, sondern an den ortern, do die leute des
evangelii noch nicht notturftig berichtet, ergern
und stossen sie damit zuritcke, wie wir das in erfarung haben, auch namhaftige leute dartiber
klagen.

Hierumb ist auch unser begehr, sie wollen
sich solches unmessigen scheltens eussern, sondern
do es die noth fodert, mit mass strafen, und vielmehr die leute aus grunt gotlicher schrift unterweisen, was irthumb ist, und wurumb es irthumb
ist, und welchs die reine lahr ist, damit man die
leute gewinne und nicht abwendig mache.

Es sollen sich auch die pfarher bevleissigen,
das sie bekommen mogen das buchlein Urbani
Regii, da er guten unterricht gibt, von den artikeln
fursichtiglich und ane ergerniss zureden, dan do
wir glaublich berichtet, das etliche mit solchen
unbescheiden worten die leute ergern, ader vor-
irren wurden, die sollen darfur rechenschaft zugeben fürgefodert, und nach befindunge gestrafet
werden.

Zuvorderst aber sollen die pfarher den cate-

chismum mit vleis uben mit der jugent, darzu sie
eine gewisse zeit, idrem ort gelegen, nehmen sollen,
wie dan in der visitation weiter soll vorordenet
werden, uud in dem einerlei und keine andere
form und weise der wort, dan doctoris Martini,
gebrauchen, damit es an einen ort wie an dem
andern gelehret und soviel bass gefasset, und die
leute durch mancherlei form, nicht vorwirret
werden [1]).

Darneben sollen sie [2]) das gotlich gesetz, in
den zehen geboten gefasset, bei dem volk vleissig
treiben, und stückweis auslegen, wie got derselben
haltung von uns fodert, auch wie die innerlich
und eusserlich ubertreten werden, und daraus ihnen
gottes zorn wider die sunde zeigen, und sie zu
rechter gottesfurcht führen, und zu rechter buess
fodern.

Und das man darbei das volk wol unterrichte,
wie wir solche schult und sunde nicht durch unser
werk und wirdickeit tilgen noch bezalen mogen,
und die ursach anzeige, wie wir durch die erbsunde vorterbt, und unser werk zugeringe, zu
schwach, uud unvolkommen sein.

Als sich auch darneben gepurt, mit vleis zupredigen den erschreckten gewissen die gnade
und vorgebung der sünde, so wir aus lautern
gnaden allein, durch den glauben, auf die er-
loesung und blutvorgissung unsers herren Christi
erlangen, so sollen sie auch die leute vleissig
unterrichten, welchs der wahre glaube sei, damit
nicht die leut die blosse wissenschaft der historien
ader kalten wahn im herzen vorstehen und aufnehmen fur den lebendigen glauben, durch den
wir solcher hohen gnad empfenglich werden, durch
welchen misvorstand viel leut sich selber verfueren und andere ergern.

Das sie auch die exclusivam allein der glaube,
ader gratis u. s. w. wol deuten, das es die leut
nicht dohin vorstehen, als solten die guten werk
also darmit ausgeschlossen sein, das man die nicht
thun dorfe, sondern das sie fur gottes gericht zugeringe und nicht bestehen mogen, darumb die
vergebung der sunde und unser selickeit allein
auf gnade und barmherzickeit stehe, der wir allein
empfenglich werden durch den glauben, welcher
nicht auf eigne wirdickeit stehet und gegründet,
sondern auf gottes barmherzickeit und gnedige
zusage.

Darbei auch die ursachen anzuzeigen, das
damit gott die ehre gegeben, als der warhaftig
und es allein thue, erkant und gegleubt wirt, und
wir unserer selickeit dadurch gewisser werden,
weil sie nicht auf uns, sondern gottes warhaftige
zusage gegrundet ad Röm. 4. So aber die selickeit

---

[1]) und [2]) B.: vorwirret werden und das gotliche
gesetz, in den zehen geboten u. s. w.

auf unser wirdickeit und vordinst der werke stunde, als dan wurde die ehr gotte entzogen und den werken zugelegt, welchs ein warhaftige abgötterei ist[1]). Und dieweil doch darzu solche werk nicht vorbracht, und wo sie gleich geschehen unvolkommen seint, so wurde man der selickeit ungewiss, als die nicht auf gottes blosse warhaftige zusage ruhet, sondern daran gezweifelt, dadurch gotte, als der für unwarhaftig gehalten, die hoheste unehr zugefugt wurde, aus dem nicht anders dan entliche verzweifelunge erfolgen mttse.

Gleichwol aber, das sie dem volke vleissig unterricht thun, wie solcher lebendiger glaube nicht kalt und mussig, und das der an unterlass wtirke durch die liebe[2]) wie auch das exempel des schechers am creuze anzeiget, do Paulus nicht sagt, das der glaube rechtfertige durch die liebe, vielweniger die liebe und werk rechtfertigen, sondern das der glaube, durch den wir gerechtfertigt, nicht mussig, sondern thetig sei, und durch die liebe wirke, wie dan der heilige Paulus die ganze summa dieser heilsamen lahr zusammen fasset, do er spricht, ad Ephe. 2[3]): Aus gnaden seit ihr selig worden durch den glauben und dasselbe nicht aus euch, gots gabe ist es, nicht aus den werken, auf das sich nimand rüme, den wir sind sein werk geschaffen in Christi Jesu zu guten werken, zu welchen uns got zuvor bereitet hat, das wir darinnen wandeln sollen. Sagt aldar auch nicht, das sie durch die werk selig werden, sondern durch den glauben, aber das wir in werken, so gott in uns[4]) bereitet, wandeln sollen.

Darumb aldieweil das volk rohe, und zu allem guten lass, ist von noten, das man sie vleissig zu rechten guten werken und christlichem wandel mahne, wie Paulus ad Titum lehret[5]), ut discant bonis operibus preesse qui crediderunt deo Tit. 3.

Demnach so ists auch vonnoten, dem volk claren unterricht zuthun, welchs rechte gute werk sein, als die der heilige geist in den gleubigen wirkt von got geboten, und sollen demnach die pfarher aus den zehen geboten den leuten[6]) und andern gotlichen schriften, do auch moralia gelert, furhalten, und aus der schrift ihnen des

gute exempel furbilden, und wie der almechtig die aus gnaden und nicht vordinst belohnen wil, doch das man allewege mit anhange, das wir dardurch die vorgebung der stünde, und ewige selickeit nicht vordienen, sondern dieselbe durch den glauben allein aus lauter gnade erlangen, aber das sie die guten werk got zugehorsam und lob, zu beweisung des glaubens, dem negsten zu nutz und gutem exempel thun sollen.

Und wie die umb des glaubens willen an Christum got angenehm sein, wie auch gute werke, ausser dem glauben nicht gut, noch got angenehm sei (Rom. 14).

Und wie S. Paulus ad Titum einen christlichen wandel in ein fein kurz summa fasset, in disen worten (Tit. 2): Es ist erschinen die heilsame gnod gottes unsers heilandes, und zuchtiget uns, das wir sollen vorleuknen das gottlos wesen und die weltliche lusten, und zuchtig und gerecht und gotselig leben in diser welt etc. Und wie der psalmist sagt declina a malo et fac bonum, also sollen die frommen getreuen pfarher ihr befolen volk, sonderlich weil das arme paurvolk nicht weis, was gut oder boese ist, mit vleis in specie unterweisen, was sie flihen und meiden sollen, dan sie suust nimandes, dan die pfarher haben, von denen sie des mochten gelert werden.

Darumb sollen sie auch die innerlichen und eusserlichen laster, wie obenberurt, als unglauben, got von herzen nicht furchten, nicht lieben und vortrauen,[1]) gottes lestern, fluchen, abgotterei, zeuberei, ehebruch, hurerei, wucher, betrug, fressen, saufen, und dergleichen, wie die schrift die fructus carnis beschreibet, in catechismo und sunst, do es die gelegenheit gibt, mit ernst strafen, mit anzeigung, wu got in der schrift solche sunde vorboten, und gestraft habe. In strafung aber der laster sollen sie in genere reden, und nimande in specie angreifen, wil sich aber imandes an solch gemein vormahnung nicht keren, sol der pfarher denselben gutlich vormahnen, und do sich der daran nicht keren wil, sol der pfarher, so er es fuglich thun kan, mehr leute, durch die er vormant werden mag, nach der regel des evangelii zu sich nehmen, wo aber alsdan besserung nicht volget, es[2]) anher, weil es in diser superattendenz gelegen, gelangen. Und, so der nach weiter vormahnung sich nicht bessern wil, sol alsdan durch das consistorium derselbe in ban gethan[3]) werden, solchs die pfarher, ihren pfarleuten, das sie es wissenschaft tragen, anzeigen

---

[1]) „welchs — abgötterei ist" ist im Merseburger Exemplar hinzugeschrieben, bei A. im Text enthalten.
[2]) Im Merseburger Exemplar am Rande geschrieben „als Paulus ad Gal. zeigt". In A. in den Text aufgenommen.
[3]) Die folgende Stelle ist im Merseburger Exemplar an den Rand hinzugeschrieben, in A. in den Text aufgenommen worden.
[4]) Im Merseburger Exemplar verbessert „zu welchen uns gott bereitet" u. s. w. So in A.
[5]) B.: „Das die so an got gläubig sint werden sich vleissigen in guten werken fürtrefflich zu sein."
[6]) In B. sind die Worte „den leuten" hinter „do auch moralia gelert" gestellt worden.

[1]) Diese vorhergehenden Laster sind im Merseburger Exemplar nachträglich hinzugeschrieben. In A. stehen sie im Text.
[2]) B.: statt „es anher—gelangen": sol an ides orts superattendenten gelanget werden.
[3]) Zusatz in B.: oder sonst nach gelegenheit gestraft werden.

sollen. Sunst sollen sich die pfarher imandes offentlich anzugreifen ader von der kirchen zu sondern, ader in bau zu thun nicht understehen, dan solches mus mit genungsamer erkentnus geschehen. Wollen sich auch dafur hueten, zwischen leuten zu mengen, ader was heimlich und sonderlich in der beichte ihnen vortrauet, nicht offenbaren, sondern wie ihrem ambt geburt, durch gotliche schrift, wie oben gesagt, die laster strafen, und gottes zorn exempla anzeigen und die, so zu christlicher erkentnus kommen, dieselben hinfurder nicht allein ex timore servili sed filiali[1]) zu meiden, lehren.

Und wen sie also das unkraut, das ist boese laster auswurzeln, sollen sie nicht allein in strafung der laster vorharren, sondern auch dargegen zu tugent und sitten (davon sonderlich die armen pauren nichts ·wissen, so es ihnen die pfarher nicht lehren) pflanzen, als rechtschaffene frucht der busfertigen und gläubigen leute.

Und dieweil die ganze schrift, und S. Paulus ad Galatos 5, die frucht des geistes beschreibet, ists ahne noth, darvon izo sonderliche erzehlung zuthun. Allein furnemlich die leute zu zuchtigem wandel, nüchternheit, messigkeit, et ad mortificationem carnis anhalten, welchs das vornunftige opfer und gottesdinst ist, so wir gotte thun sollen. Ad. Ro. 12.

Derhalben sie auch mit gedult das heilige creuz zutragen vleissig erinnern, und des nicht allein exempla aus dem alten testament, sondern auch von den lieben heiligen und mertern, was man der in bewerten historien der schrift gemess allerlei schone exempel des glaubens, und liebe, und bestendickeit in bekentnis unsers lieben herren Christi befindet, als von S. Agatha, Agnete, Laurentio, Mauritio, und dergleichen mehr furbilden. Dan ob wol der abgottische heiligen dinst und falsch vortrauen auf ihre vorbit etc. zuvorwerfen, so sol man doch von ihnen ehrlich reden und halten, sonderlich auch von der gebenedeieten mutter gottes, und ihr gedechtnus, und christliche exempel und werk, so der heilig geist durch sie gewirket, hochhalten und zur ehr gottes und unser besserung gebrauchen. Wie dann auch der liebe Petrus die jenigen, so widerwertickeit leiden, unter andern mit dem exempel der andern bruder, so gleiches leiden ertragen mussen, sterket, auch Christus der herr die junger trostet, also spricht er, haben sie vorvolget die propheten, so für euch gewesen sein. Zuvorderst aber sol man das exempel unsers lieben herrn Christi vorbilden, wie der liebe Petrus thut auch Paulus ad Philip. 2.

Und wil vonnoten sein, die leute ofte zu bestendig bekentnus christliches glaubens zuermahnen,

ob ein mal der herr umb der stünde willen und zur probe ein vorvolgung vorhengen wurde, da man bekennen müsse, das sie als dan so viel darzu getroster sein.

Auch[1]) dem negsten durch die liebe zu dienen und zu helfen, und was man den obrickeiten gleichmessigen und unterthanen zu thun schuldig, zu pflegen, und mit vleis zu almosen sie zu reizen, durch gnedige vorheischung von unsern herrn Christum vielfeltig in der schrift gethan.

Auch selber sich der armen treulichen annehmen, wie auch die hohen apostel S. Peter, Jacobus und Johannes Paulo und Barrabe nicht anders aufgelegt ad Gal. 2.

Und erstlich und letzlich zu rechter gotselickeit innerlich und eusserlich vormahnen und halten[2]).

Sonderlich aber das gebet und danksagung mit vleis treiben und fodern. Und darumb auch nach der predigt für das gotliche wort, die diener, alle stende, obrigkeit, kais. majestät landesfürsten und gegenwertige noth und alle betrübte herzen und gefangene unter dem türken vleissig bitten lassen. Und in allewege im ende das vater unser fürsprechen von wort zu worte, und darneben sunst, wie etliche pflegen, alle neue zeitung in der nachpredigt auf den predigstul zu bringen unterlassen[3]).   .

Von[4]) ceremonien.

Von[5]) ceremonien oder eusserlichen kirchen gebreuchen ist auch noth, die leute recht zuunterrichten. Erstlich von ceremonien, die got selbs eingesazt hat, als die hochwirdigen sacrament. Die seint unvoranderlich, und sollen nicht anders, den Christus vorordent, gehandelt werden, unangesehen was menschen ader vormeinte concilia darinnen zu ordenen sich wider gottes befel einlassen. Darnach von ceremonien von menschen eingesazt. Der sein etliche wider gottes wort, als im anfange

---

[1]) B.: aus knechtischer sondern kintlicher furcht.

berurt, die sol man nicht leiden. Etliche aber seint nicht wider gottes gebot, sondern zu guter zucht und ordnung aufgerichtet, als feiertage,[1] singen, lesen, orgeln, und anders, so per se adiaphora und freiwillig[2] sein. Und wo man die als nothwendig zur selickeit halten wil, seint sie auch schedlich, und werden durch solche meinung vorterbt und gotlos gemacht, do sie aber als adiaphora umb guter ordnung, zucht, und anreizung der andacht und eintracht willen gehalten werden, seint sie auch dinstlich, und die mutwillig mit ergernis und zuruckung und guter ordnung abzuwerfen, ist keineswegs zu dulden. Sondern auch die freventlich in dem unordenunge anrichten, seint so wol, als Turbatores eciam politice tranquillitatis zu strafen.

Es[3] wollen sich aber die pfarher gleichformig inhalts der agenden, so zu herzogs Heinrichs zeit seligen gestalt,[4] in gotlichen emptern halten bis auf fernern beschied, und in dem propria autoritate nichts verandern, ader neues, ader sonderlichs an unser[5] vorwissen[6] furnehmen. Do aber aus furwitz jemandes solches sich understehen wurde, sol darumb gestraft werden.

Sie sollen auch nicht ihres gefallens allerlei deutsche lieder in kirchen singen lassen, nachdem die nicht gleich rein, und zum teil von widerteufern und sacramentirern gemacht, sondern bei den bleiben, die in doctoris Martini sangbüchlein stehen ader zuvor von uns übersehen und zugelassen. Und[7] in stedten und flecken, do schulen sein, sollen sie auch die reinen lateinischen alten schone gesenge antiphonas, responsoria, himnos, sequentien und andere de tempore et festis umb der jungen willen halten und nicht genzlich fallen lassen, wie denn das in der agenda auch vormeldet, und do es ihnen an solchen büchern mangelt, mochten sie Spangenbergii ausgegeben lateinisch und deutsch canciones ecclesiasticas für die kirchen kaufen.

In kirchen ampten und sonderlichen in reichung der hochwirdigen sacrament, wollen sich auch die pfarhern nicht leichtfertig und rohe, sondern ehr-

lich und tapfer erzeigen, und die mit allem ernst, demuth, andacht, und ehrerbietung, auch reiniglich und vorsichtig handeln und reichen, auch die leute zu innerlicher und eusserlicher andacht, zucht und reverenz gegen die hochwirdigen sacrament sich zuerzeigen, vleissig ermahnen, dan sie nicht allein ihre pfarher, sondern auch schul und zuchtmeister sein mussen.

Sie[1] sollen vorzeichenen, alle die sie taufen, copuliren und begraben allerlei ursach halben. Die[2] tauf sollen sie auch erlich halten und papistische, darbei ungehert misbrauch unterlassen, sondern, wie es die agende mit bringet, auch das volk vormanen, darbei zu sein und was sie darbei lehren und betrachten sollen[3]).

---

[1]) B. Überschrift: Taufe.
[2]) Dieser Schlusspassus ist im Merseburger Exemplar nachträglich hinzugeschrieben. In A. findet er sich im Text.
[3]) In B. folgt hier:
Es sollen auch die pfarhern ides ortes das volk treulich vermanen, dass sie zu ihrer kinder tauf nicht gotlose und verechter der religion sondern fromm christliche leute bitten wollen, und sollen für die taufe alwege diese folgende fragen gehalten werden.
Frage für der tauf[4]).
Lieben freunde, gleubt ihr auch und bekennet, das unser lehrampt, sacrament und teufampt sei gottes ordnung und recht?
Zum andern, das dis kindlein in sunden empfangen und geboren an sel und leib vorterbet, das ihme selbst noch kein creatur daraus kan helfen, ihr bringet es aber izo unserm lieben hern Christo, (nach seinem bevehlich), derhalben zu bitten das durch das heilige sacrament der taufe und glauben, dem reich Christi Jesu eingeleitet, aller seiner guter und vordinst theilhaftig werde und bleibe etc.? Ja.
Dan gibt man dem kinde seinen namen.
Wo nun der, so zur taufe stehet, ja antwortet, wie oben vormeldet, mag er bei geduldet werden. Wo er aber darauf nicht christlich antwort gebe oder sonst im offentlichen banne were, sal er nicht zugelassen werden.
Über dis sollen sie sich bei der taufe ader sonst in andern gotlichen emptern mit nimandes in ungute einlassen, sondern was desfals die notturft erfordert zu anderer gelegenen zeit sparen.
Sie sollen auch den unehelichen kindern die taufe nicht weigern, oder fragen, wer der kinder vater sei, sondern die nach der mutter namen, do man nicht weis, wer der vater sei, anschreiben.
Die frauen und wehemutter sollen sie auch vleissig unterrichten, wie sie sich in der nottaufe halten sollen, und das in der taufe kein ander dan die wort, so uns Jesus gelernt hat, gebraucht wert, als ich teufe dich im namen des vaters und des sohns und des heiligen geistes.
Auch kein anderes, dan das element des wassers gebrauchen, nicht kofent, malvasier, milch, wie an etzlichen orten geschehen; dan wo das geschege, sol es vor keine taufe gehalten und christlich getauft werden.
Es soll das kind aus den windeln ausgewickelt, auf die blosse haut und nicht auf die windeln getauft werden, wie an etlichen orten geschiehet.
Zur taufe sol man ausserhalber nothfelle, eine ge-

---

[1]) „Feiertage" im Merseburger Exemplar hinzugeschrieben, steht in A. im Text.
[2]) „und freiwillig" im Merseburger Ex., aber auch in A. hinzugeschrieben.
[3]) B. Überschrift: Agenda.
[4]) Im Merseburger Exemplar von Major hinzugeschrieben und in A. in den Text aufgenommen: „durch herrn d. Jonam und andere visitatoren gestelt, auch in diesem stift wie im fürstenthumb". In B. sind die letzten Worte „auch in diesem stift" u. s. w. verbessert in: In fürstenthum und beiden stift.
[5]) B.: allerseits.
[6]) B. Zusatz: und samptlichen beschlus.
[7]) Dieser Satz ist im Merseburger Exemplar am Rande hinzugeschrieben. In A. und B. steht er nicht im Text, sondern liegt auf einem Zettel bei.

[4]) Entnommen aus den Leipziger Beschlüssen von 1544.

Vom hochwirdigen sacrament des leibs und bluts unsers lieben herren Jesu Christi sollen sie [fehlt: das] volk nach gewisser schrift lehren[1] und einfeltig unterrichten, das das brot auch der wein im[2] kelch, so durch das wort unsers lieben herren Jesu Christi auf sein befehel[3] gesegnet, sein wahrer leib, und sein wahres blut sei, so er für uns gegeben und für unsere stünde vorgossen[4]), und von Christo selbst gegenwertig uns zu essen, und zu trinken, durch pristers hand dar gereicht werde, das wir darbei seins todes sollen gedenken, wie die worte Christi von den evangelisten und Paulo erzelt mit bringen, und die leut nicht auf die wirdickeit des pristers sondern Christi almechtigkeit weisen; ipse enim dixit et facta sunt. Und dar neben kein weiter[5]) disputation von disem hochwirdigen sacrament für dem volk furbringen, sondern vilmehr von dem rechten nutz und gebrauch desselben die leute unterweisen. Und nicht die leute dohin führen, wie etliche unvorstendige, als erlangeten sie vorgebung der stünde durch die entpfahung, als ihr[6]) eigen werk, welchs ein grosser und gemeiner[7]) irthumb ist, sondern das unser glaube, welcher die vorgebung der stünde erlanget, durch solch hochwirdig sacrament gosterket und befestiget wirt.

Sollen auch das hochwirdig sacrament ausser der institution Christi nicht in andere wege gebrauchen, umbdragen noch einsetzen[8]).

Wan auch etwas von particuln ader im kelch ubrig bleibt, sol nicht bei gesetzt ader weggossen[9]), sondern vom pristern oder communicanten, so des mahls des sacrament genossen, vollent absumirt werden. Es sollen sich auch die prister, so sie das hochwirdig sacrament reichen, von genissung desselben sich selbst nicht ahne

sondere ursache, entziehen, wie etliche thun, nicht ahne geringe ergernis der leute.

In[1]) beichthoren sollen sie auch nicht uber hin geben, sondern mit ernstem vleisse die leute vor horen, und zu gottes furcht und glauben fuhren, und ihre gewissen trosten nach gelegenheit ider person. Auch die leute lehren, aus den zehen geboten die sunde zuerkennen[2]) und zu beichten. In der absolution sollen sie dr. Martini forma im kleinen catechismo gebrauchen. Und dem beichtkinde die hand auflegen, welchs ein alter christlicher gebrauch ist, damit gezeugt wirt, das die vorgebung der sunde derselben person in sunderheit zugeeignet sei.

Sie[3]) wollen ihnen auch die kranken zubesuchen treulich lassen befolen sein, und auf der canzel sich anbieten, damit man sie so viel lieber fodere. Und in communion derselben sollen sie sich nach der obangezeigt agenda halten, und alles cum reverentia und reinlich vorbringen, auch nicht mehr weins in den kelch nehmen, dan der kranke genissen moge, ergernis zuvermeiden. Und so sie gefodert, wollen sie es nicht genung sein lassen, das sie zu ihnen, wen sie die communiciret, kommen, sondern auch oft mals besuchen, und sie unterrichten und trosten. Da sie auch gleich nicht gefodert, sollen sie occasionem suchen, damit sie fuglich zu ihnen kommen und geistlichen trost mittheilen mogen, wie auch unser lieber herr Christus umb des einigen schwachgleubenden Thome willen, zu den aposteln wider gekommen.

Sollen auch auf die kranken gut achtung geben, wie sie in ihrem gewissen geschickt sein, damit, so sie zuvor erschrocken, nicht weiter erschrecken, sondern vilmehr getrost werden, dan die leute nicht einerlei weise sollen vormahnet werden. Dan anders sol man vormahnen die ihre sunde erkennen und bereuen, anders aber, die ihre sunde nicht erkennen, ungedultig und rohe seint. Also mussen sie sich in anderen vormanung der personen auch halten, nach gelegenheit der personen, wie ein vorstendiger arzt. Als dan der heilig Paulus anders die alten, anders die jungen, anders die frauen, anders die menner, anders die eltern, anders die kinder zuvermahnen lehret, wie das dan S. Gregorius in suo pastorali feine formen solcher manchfeltigen vormahnung beschreibet, die nicht zuvorachten.

Und[4]) hirbei wollen wir auch zufellig erinnert haben, das die pfarher (wiewol von etlichen

---

wisse stunde haben und mit der glocken ein zeichen geben, damit die leute darzu kommen und unter dem gesange. In der messen oder vesper soll man nicht teufen, sondern zuvor ader hernachen, nach gelegenheit, damit man die gebet und wort bei der tauf horen und vorstehen kann.

[1] „Nach gewisser schrift lehren", ist im Merseburger Exemplar hinzugeschrieben. In A. steht es im Text.

[2] „Wein im" im Merseburger Exemplar hinzugeschrieben; A. im Text.

[3] „auf sein befehl" wie Anm. [2].

[4] Ursprünglich im Merseburger Exemplar „und vergossen". Verbessert in „und fur unsere sünde vergossen". A. im Text.

[5] „weiter" in Merseburg hinzugeschrieben. A. im Text.

[6] B. corrigirt: irs eigen werks.

[7] „und gemeiner" Zusatz im Merseburger Exemplar. A. im Text

[8] Dieser Passus im Merseburger Exemplar hinzugeschrieben. A. im Text.

[9] Statt „beigesetzt oder weggegossen" hatte die Merseburger Fassung ursprünglich „aufgehoben".

---

[1] B. Überschrift: Von der beichte.

[2] „Die sunde zu erkennen" ist im Merseburger Exemplar Zusatz.

[3] B. Überschrift: Besuchung der kranken.

[4] Von „und hierbei — ehrlich reden" ist im Merseburger Exemplar unterstrichen und in A. durchstrichen worden.

vormessen hin und wider geschehen) die alten
lehrer, die sie villeicht zum teil nicht gesehen,
ane unterschid für dem gemeinen man, nicht
schimpflich vorachten wollen, dadurch vil leute
geergert. Dan ob wol da sie der schrift nicht zu
weilen gemes gelert, sie nicht zuhalten seint,
sondern ihren schriften die gotliche schrift weit
für zu sezen, wie auch S. Augustinus der furnemist
lehrer sein schrift weit unter die heilige schrift
geworfen und gehalten haben, so haben sie doch
viel guts und nützliches geschrieben, das keins
weges zuvorachten. Dartümb sol man von ihnen
auch nicht schimpflich sondern ehrlich reden.

Wurden auch etliche, so gleich in ihrem leben
rohe, und der hochwirdigen sacrament nicht gebraucht, in ihrem lezten desselbig begehren, soll
ihnen nicht vorsagt werden. Wie wol die pfarher
mit vleis die leut ermahnen sollen, das sie ihre
busse bis ins lezte nicht sparen, und weil sie noch
gesunt, der hochwirdigen sacrament oft gebrauchen
wollen.

Wo[1]) sie noch papisten haben, sollen sie sich
bevleissigen, die von ihrem irthumb abzuwenden,
und das mit allem glimpf und gütickeit und grunt
der heiligen schrift, und sie sonderlich erst dahin
bringen, das sie der schrift glauben geben, dan
sein sie fast gewonnen.

Und sollen sie sunst in ungut mit ihnen
ader andern nicht ergern ader einlegen, sondern
die uns[2]) anzeigen; sol als dan was noth vor-
mittels gotlicher hulf weiter bedacht werden.   .

Vormerken sie auch schwermer, widerteufer[3]),
ander sectarier, auch von ihren mitbrudern den
pfarhern (da für gott sei) solche oder dergleichen
ader auch papistische falsche lehr, sollen sie die
bei ihren pflichten keins weges uns[4]) vorhalten.

Doch[5]) wie obenberurt sollen sie nimands
selbst zubannen sich anmassen, dan solches gehort
dem consistorio, nach auch nimandes an unser[6])
vorwissen[7]) ecclesiasticam sepulturam denegiren,
es sein dan offentlich felle, da[8]) offentlich
ergernis inne stunde[9]).

Sie wollen auch mit den kranken wegen
ihrer testament nicht sonderlich practiken machen,
damit die freunde hin furder sich scheuen nicht,
sie zu fodern, noch auch sonderliche neue eigne
aufsetze in accidentalibus anrichten, sondern es
bei den vorigen, bis es in der visitation besser
vorordent, bleiben lassen. Welche auch mehr dan
ein dorf zuversorgen, das sie der keins vorseumen,
und, wie es verordent, der leute mit predigen und
sacrament reichen vleissig pflegen. Wirdet aber
der vorseumlickeit halben clage kommen, sol es
mit ernste gestrafet werden.

In summa wollen sich die pfarher kegen ihren
befolenen scheflein als getreuen hirten erzeigen,
nicht mit ihnen zanken, hadern, noch die leute
stormig anfahren, oder abweisen, sondern freuntlich und gutlich, damit sie vormerken, das sie
geliebt, und das man nicht das ihre, sondern ihre
selickeit suche. Ane zweifel, wo sich die pfarher
selber in der lahr und gotlichem ampt gebürlich
erzeigen, got auch zuvoderst umb gnade bitten,
so wirt der almechtige sein gnad und gedeien
geben, das sich das volk so viel bass darzu schicke,
und abgotwil viel gewunnen werden, die izo noch
widersacher sein, und dan mehr gegen ihnen aus
liebe thun, dan sie pflichtig, ader durch zwang
genotiget. Wurde auch gleich imand undankpar
sein, ader sich nicht bessern wollen, wie auch die
liebe apostel und Christus selber die viel erduldet,
musten sie es gotte befelen, und sich des freuen, das
der mangel bei ihnen nicht gewesen, und gleichwol ihr muhe und arbeit bei vilen fruchtbar, und
nicht vorgeblich, des ihnen am jüngsten tage ihr
preise, ehr und corona sein sol[1]).

---

[1]) B. Titel: Wies mit den widersachern zu handeln.
[2]) B.: einem jeden superattendenten anzeigen, nicht
welche und ihre zugeordnete, do es von nothen, an das
consistorium zu gelangen.
[3]) B. Zusatz: Sacramentirer oder.
[4]) B.: „uns“ ist gestrichen.
[5]) B. Titel: Von der begrebnus und verbanten.
[6]) B.: „unser“ gestrichen.
[7]) B. Zusatz: der superintendenten.
[8]) B.: von da — stunde in B. gestrichen.
[9]) B. Zusatz: Als do imandes von wegen der lahr
ader unbusfertigen leben in offentlichen ban gethan
und ohne absolution darinnen versterben wurde, und
einen solchen solt man auch gar nicht under den andern
christen, sondern ausserhalb des kirchhofes ader gots-
ackers begraben.   Welcher aber ahne empfahung
des hochwirdigen sacraments vorschieden, und wislich

wer, das er es lange zeit aus verachtung underlassen
und doch noch nicht in offentlichen ban gethan were,
denselben mochten seine freunde und nachparn, wohin
sie wolten, auch auf den gotsacker legen, aber dabei
solten die kirchendiener und schule nicht erscheinen
noch einige gewonliche solemnitet gehalten werden.

Wurde aber imandes so in offentlichem ban were
fur seinem letzten von seinem pfarher absolutionem begehren, sol sie ihn sampt dem sacrament und christlichen begrebnis auf den fal nicht vorsaget werden.
Aber ausserhalb desfals sol sich kein pfarher oder
superattendent imands von dem ban zuabsolviren einlassen ahne erkentnus und befel des consistorii. Wurde
auch imant so verbannet, absolutionem begehren aber
auch ein ander so die gotliche lehr vorachtet und lengst
nicht communicirt, in seinem letzten nicht erkennen und
gleichwol den priester nicht haben konte und darauf
mit anrufung des namen unsers herren Jesu Christi
abscheiden und des gezeugnis haben wurdet, demselben
solt man auch die begrebnus christlicher weise mittheilen, dan je der herr den schecher am creuz nicht
vorachtet, und sonst sollen die pfarher das begrebnus
mit gewonlichen leuten und singen vormuge der agenda
ehrlich halten und die leute von der auferstehung der
todten und evigen leben oftmals vleissig unterrichten.
[1]) Hier folgt in B. (vgl. die Cellische Kirchen-
ordnung und die Leipziger Beschlüsse von 1545):

3*

Vom ehestand und ehsachen.

Vom heiligen ehestand sollen sie die leute auch ofte unterrichten. Sonderlich auch die eltern

Von feirtagen.

Dise volgende feirtage (so auch in der agenda auf herzog Heinrichs loblicher gedechtnus befel ausgegangen vormeldet) solten gleichformig uberall gehalten und dem volk zu jeder zeit verkundigt werden.

Den ganzen tag zu feiren fur und nachmittage zu predigen:

Alle sontage und volgende evangelische festa: nativitas Christi sampt dem andern auch dem dritten tage, so man daran communicanten hat, wo aber nicht communicanten weren, solte man gleichwol predigen und es mit dem ampt halten wie auf ander feirtage, do man nicht communikanten hat.

der tag circumcisionis ader beschneidung Christi

der tag epiphanie Christi

der tag der opferung Christi in tempel purificationis Marie genant

der tag anuntiationis seu conceptionis Christi, da Christus in der junkfrauen Marien leib entpfangen ist

der ostertag sampt den zwei folgenden tagen als in weinachten

der tag der himmelfart Christi

der pfingsttag mit den zwei folgenden wie zu weinachten

der tag der heiligen dreifaltickeit, so auf negsten sontag nach pfingsten gehalten

Hiruber sollen dise feirtage gehalten werden:

der tag S. Johannis des teufers zu ehren dem heiligen predigtampt des evangelii von Christo

der tag visitationis, da die junkfrau Maria ihre muhme Elisabet heimgesucht hat von wegen der feinen historien des evangelii

der tag Michaelis dar von den lieben engeln zu predigen.

An volgenden tagen solle fur mittage predigt und communion, do es fur fiele, gehalten und die dem volk auf den sontag zuvor doch ahne gebotene feir vorkundiget werdeu. Als nemlich der tag cene domini, so man den grunen donnerstag nennet, daran von dem abentmahl und hochwirdigen sacrament zu predigen

der tag des leidens Christi, so der karfreitag genennet wirt, dar man die ganz historia des leidens Christi dem volk furtragen solt

der tag Petri und Pauli und aller apostel zu ehren des heiligen apostelampts und damit solches die jugent und einfeltige leut in gedechtnus behalten, welche unser lieber herr Christus zu solchem ampt erwehlet und durch die sein wort ausgebreitet.

Dergleichen mit den festen S. Pauli bekerung, Marie Magdalene, S. Johannis enthau,tung zu halten, weil die schenen historien mit exempel im evangelio beschrieben.

Gefielen aber solche fest auf einen sonnabent, als dan solten die historien derselben auf den nechstvolgenden sontag nachmittag gehandelt werden.

M,t verlegung aber der fest, das annunciationis Marie, do dis in der marterwoche gefiele, auf den palmabent gelegt wurde. Der andern feste verlegunge solle durch das consistorium bestimbt und idem superattendenten den pfarhern in synodis angezeigt werden.

Sollen auch das volk vleissig vormahnen, das sie dieselbigen feirtage nicht mit schentlichen fressen und folsaufen, auch anderer unfug zubringen, auch under den predigen sich in den. schenken und bierheusern nicht finden lassen wolten, mit vorwarnung, das solches got und die ubrikeit strafen wurde.

und jugent, mit was gottes furcht und bescheidenheit derselbe soll furgenommen werden.

Sollen auch alle quartal auf der canzel dem volk anzeigen die vorbotene grad inhaldes furstlichen ausschreibens [1]).

Item das sich nimandes ane vorwissen seiner eltern vorheiraten solle, welchs wider gotlich, natürlich, und keiserlich recht und nicht zuzulassen ist [2]), und wer das mit fodert sol hertiglich gestrafet werden.

Dergleichen sollen sie die eltern vormahnen, ihr kinder zu gebürlicher zeit zuberathen, und da sie nicht neigung haben, mit gewalt nicht zu zwingen, und wo sie des vormanet durch die pfarhern uf ansuchen der kinder, neben andern freunden, und sich daran nicht keren wollen, sollen sie darumb für dem consistorio zur antwort stehen.

Item das nimandes sich heimlich verloben, und solche heimliche vorlobnus nicht zugelassen, sondern gestraft werden sollen.

Item das nimant sein ehegemahl vorlassen solle und die do weglaufen sollen gestrafet werden.

Item dergleichen sol der ehebruch, auch junkfrauen schender durch geistlich und weltlich obrickeit hertiglich gestraft werden.

Item es sol auch nimant zusammen geben werden der frombde ist ahne gnungsam gezeugnis, damit man wisse das er ledig [3]).

Item man sol auch nimandes zusammen geben er sei dan drei sontage zuvor aufgeboten. Und dieses wie vormeldet sol auf der canzel angezeigt werden, damit sich nimandes edel ader unedel zuentschuldigen. Und wirdet sich darüber imandes ehe wirtschaft zubestellen, unterwinden, der mag den schaden des uncostens tragen. Dan derhalben sol kein nachlassung geschehen. Es truge sich dan ein solcher fall zu, do durchs consistorium hirinne etwas nachgegeben [4]).

---

[1]) B. Zusatz: von graden darinen die ehe verboten wie wol die bebstliche rechte die ehe in dem vierten grade der blutfreundschaft vorbieten, so sol doch die ehe in diesen landen und stiften hinfurder nicht weiter dan im dritten grade ungleicher linien des gebluts und schwegerschaft verboten und in dem dritten gleicher linien und dem vierden grade erleubet und nachgelassen sein.

[2]) „und nicht zuzulassen" ist Zusatz im Merseburger Ex. In A. im Text.

[3]) B. Zusatz: und da sich hierinnen alwas bedenken zu truge sollen die pfarhern ane vorwissen ihres superattendenten ader do es von noten auch des consistorii nichts fornemen noch slissen.

[4]) B. Zusatz: Es wollen auch die pfarher vom adel vormahnen das sie sich nicht wollen beschweren, so sie ader ihre kinder zur ehe greifen wollen, aufbieten zu lassen, dan ob sie wol sich in dem fal vorzusehen wusten, das darinnen nicht einsprach oder hinderung furfallen dorfte, so ist doch ihnen so wol als andern

Würden sich aber aus oberzelten wegen ehebruchs, weglaufens, vorlubde [1]) oder ander fellen irrige ehesachen zutragen, darinnen sollen sich die pfarher wider zuscheiden, noch ichtes darinnen zu erlauben propria autoritate bei grosser strafe nicht unterwinden. Sondern sollen dieselben sachen fur das bischofliche consistorium anher weisen, da sie geburlicher orterung gewarten sollen. Wollen auch ihren volk anzeigen, wer in solchen sachen ichtes an das consistorium zugelangen, das er es am montag, mitwoch und freitag thun soll, und in ehesachen die supplication Ernsten Brothuf, als protonotario consistorii [2]) uberantworten ader wer sunst darzu geordent wird werden [3]), der es furder an die herren tragen, und den parten wider bescheid geben solle.

Mit den ehesachen aber sollen sich die pfarher, wie gesacht, nicht weiter einlassen, dan das sie die eheleut, do sie uneinig oder aus andern ursachen, dan den ehebruch [4]), nicht bei einander sein gutlich vortragen und zusammen bringen, wo sie aber das nicht erhalten konnen, sollen sie das mit genungsamen bericht an das consistorium gelangen.

Sollen auch dem volk vorkunden, wo eheleut einander nicht beiwonnen, das sie sich wider zusammen vorfügen, ader sollen durch den ban dohin getrieben werden.

Dergleichen [5]), wie auch obenberurt, sollen, die in offentlichen lastern vorharren, und sich nach guter vormahnung nicht bessern wollen, durchs consistorium in ban gethan werden, welchen ban die landesfürsten hanthaben wollen [6]).

Darneben sollen sie den leuten die schwere des bannes aus der epistel zum Corintern und ad Timotheum anzeigen, und wie ferlich es sei, von der gemeine gottes einen zusondern, damit die leute nicht den ban, allein umb eusserlicher straf willen, sondern auch zuvorderst umb gotlicher straf willen furchten, scheuen, und vormeiden. Wurde [1]) auch imands gebannet werden sol der bei keinen gotlichen ampten dann allein bei der predigt geduldet werden. Es sollen auch sunst die pfarher in allen grossen sachen die lahr, ceremonien, ehe, ader ander furfellender hendel, propria autoritate nichts furnehmen, sondern sich allewege alhier bei uns, dem herrn lic. Musa und dem consistorio, so es die noth erfordert [2]) rats und entscheids erholen, und je sich vor neuen opinion hueten, und do sie der vornehmen, des nicht vorschweigen.

— — — —

dries, ader eigene rachseligkeit und anderm misbrauch, sondern zu abwendung und strafe offentlicher laster im fall der unvormeidlichen, noch gewand werden als nemlich dieser heubtlaster

Offentliche kezerei, davon man nicht wil abstehen

Zeuberei, warsagen und ander superstioion der schrift entkegen,

Meineid, gotslesterung wider got und sein heiliges wort

Kirchenraub und unrechtlich entziehung der kirchen gueter und die ihre hand freventlich an prister und andere kirchendiener legen,

Item die die predigt und gotlichen empter vorachten und zum sacrament nicht gahen.

Item welche ihre eltern schmehen.

Item mort, reuberei, todtschlag, tyrannei und gewalt

Item ehebruch und die in unehe sizen und sunst allerlei offentliche unzucht, auch denen die do rath und hulfe darzuthun oder vorhengen, die es wol wehren konten

Item die junkfrau witwen und ehefrauen schenden, welchs dan ehebruch ist

Item blutschande und furgenommene ehe in verbotenen graden

Item schentliche und epicureische wort mit ergernis der jugent

Item stete sauferei und schwelgerei

Item so frauen ihr kinder aus folheit oder unachtsamkeit erdrucken

Item die ihnen die frucht abtreiben ader darfur, das sie nicht schwanger werden konnen, arznei gebrauchen

Item diebstal

Item der schentliche judische wucher und geiz, welchen S. Paul abgotterei nennet

Item falsch gezeugnis vorleumbdung der leute

Und was sunst dem heilsamen worte und geboten gots entkegen, darin man noch notturftig vormahnung halstarrig und unbusfertig vorharret.

---

das gemeine gebet nuzlich und notig, welchs auch an vielen furstenhöfen gehalten wirdet.

Begebe sichs aber, das etwan wichtige ursachen denen vom adel furfielen, das die vorlobnis nicht zu offenbaren oder mit der copulation nicht zu vorzihen were, mochten sie zu verantworten und dem pfarherrn anzeigen; alsdan werden sich die pfarherrn gegen denen vom adel oder do es von noten mit rath der superattendenten ader consistorii der gebur vorhalten und damit gedult tragen, doch das dadurch ausserhalb bewegenden ursachen keine einfurung gemacht und so vil immer moglich umbgangen werde.

[1]) „wegen ehebruchs, weglaufens verlubde“ Zusatz im Merseburger Ex., steht in A. im Text.

[2]) B.: „Ernsten Brothuf, als“ gestrichen; „dem“ eingesetzt.

[3]) Im Merseburger Ex. am Rande geschrieben „ader wer sunst darzu geordent wird werden“. In A. im Text.

[4]) „aus andern ursachen, dan den ehebruch“ Zusatz im Merseburger Ex., in A. in den Text aufgenommen.

[5]) B. Überschrift: Von dem ban und straf offentlicher laster.

[6]) Im Merseburger Exemplar ist hier ein Zeichen „q“ angebracht. Unter diesem Zeichen findet sich in A. ein eingelegtes Blatt mit folgendem für B. bestimmten Zusatze:

Es solt aber der ban nicht wie vor alters in weltlichen sachen ader sunst ex pravis affectibus und vor-

[1]) Dieser Satz ist im Merseburger Ex. hinzugeschrieben. In A. steht er im Text.

[2]) Ähnlich hat A.: „allhier bei uns dem herrn licentiaten Musa und den consistorien, so es die noth erfordert“. Diese Fassung ist dann im Merseburger Exemplar und in A. verbessert in: „bei dem superattendenten und do es von noten furder bei den consistorien“ . . .

Vom eusserlichen wandel der prister[1]).

Als auch im anfang fur den dritten artikel angezeigt[2]), welcher gestalt durch den ungebürlichen wandel der pristerschaft gros ergernis erreget, auch derhalben der name gottes geunehret, und was mit der lahr gebauet durchs leben wider zubrochen wirt,

So wollen[3]) wir euch auch durch Christum unsern herrn mit recht vermahnet haben, wollet euren wandel nach dem gotlichen worte richten, und nicht allein mit der zunge sondern auch mit dem leben lehren, wie von Christo unserm herren geschriben cepit Jesus facere et docere, und wollet, wie der heilig Petrus sagt, exemplaria und gut furbilde euer[4]) befoleneu herd und scheflein sein, die so sehr aufs leben als die lehr acht haben.

Und wiewol die fromme gotfurchtige pastoren wissen sich das aus der heiligen schrift selber zuweisen, wie dan der heilig Paulus zu Timotheo und Tito den rechten wandel christlicher bischof und kirchendiener, auch wie sie ihre weiber und hausgesinde halten sollen, beschreibet, dohin wir[5]) auch allesampt sollen remittirt haben[6]). Doch weil von etlichen solche ungeschicklickeit vil furgenomen wirt, wollen wir auch[7]) etlicher artikel deshalben erinnert sein. Und erstlichen fur allen dingen sollen ihnen mit ernst vorboten sein, in die schenken und kreczschmer zugehen, darinne mit den bauren zuzechen, daraus allerlei böses und vorachtung ervolget, und wo sie darinne ergriffen, sollen sie gewertig sein, das man sie auf einen wagen setze und in das pfaffenloch anher bringe[8]). Sollen aber in ihren heusern daheim trinken, und so sie zu gaste zur hochzeit, oder sonsten bei ehrlichen leuten sein, das sie sich erbar halten, und zeitlich heim gehen, und nicht der letzten kandel warten[9]).

---

[1]) B.: und ander kirchendiener.

[2]) A.: ursprünglich: „proponiert", B.: angezeiget.

[3]) Grundtext im Merseburger Exemplar: „So wollen wir euch auch durch Christum unsern herrn mit ernst vermahnet haben, wollet euren wandel", ist in „Sollen die pfarher ermahnet sein, das sie ihren wandel nach dem gottlichen worte richten wollen" korrigirt. A. hat den Merseburger Grundtext, B. den veränderten Text im Merseburger Exemplar.

[4]) Dieses „euer", ist dann korrigirt in „der". So A.

[5]) Merseburger Grundtext „wir", korr.girt „sie". A.: wir. B.: sie.

[6]) Merseburger Grundtext „haben", korrigirt „werden". A.: haben, B.: werden.

[7]) Merseburger Grundtext „wollen wir auch", A.: „wollen wir euch", korrigirt „sollen sie auch", B.: „sollen sie auch".

[8]) Ebenso A.: „in das pfaffenloch anher brenge". Im Merseburger Ex. dann verändert in: „an die orte der consistorien in die pristerliche verwarung fuhre oder sonsten ernstlichen strafe". Ebenso B.

[9]) Hier ist dem Merseburger Grundtext von schwer leserlicher Hand hinzugefügt worden: „Desgleichen

Dergleichen sol ihnen das toppelspiel bei voriger poen auch vorboten sein. So sollen sie sich auch untereinander, ader mit ihren kirchendienern in der kirchen ader sunst, mit den bauern und nachparn nicht hadern, ader ihren weibern das gestaten. Wo aber solches an uns gelangen[1]) wirdet, sollen die schuldigen und ursacher, auch wol beide theil, in gebürliche straf genomen werden.

Dergleichen sollen sie sich schentliches fluchens und gotslesterns bei harter straf, nach befindung enthalten.

Unzuchtige, ergerliche wort sollen sie meiden, auch auf den predigstulen nicht unvorschampt reden, wie von etlichen gesagt wirt, sondern sunst die sachen mit bescheidenheit anzeigen.

Dergleichen sollen sie unerbare, unehrliche hantirung und wucher hendel oder betrug der leute meiden. Wo sie in dem bruchfellig gefunden, sollen sie herter dan die leihen gestraft werden.

Sollen sich auch procurirens und regiments in stedten ader dorfern, do sie kein, eussern, ader wein und bierschenkens und gastgebens enthalten, und ihres ampts vleissig warten, damit sie nicht wie S. Peter sagt, als alienarum rerum curiosi[2]) strafbar werden.

Weil es auch got lob dahin gebracht, das sie den heiligen ehestand widerumb erlanget, wollen sie in sonderheit ermahnet sein, sich in den stand christlich, ehrlich, und ahne ergernis zuhalten. So aber erfaren, das sie den uberschreiten wurden, (da got fur sei) sollen sie deshalben viel herter dan die leien gestraft werden[3]). So[4]) wollen wir auch derjenigen unser jurisdiktion zugethan, so im ehestand nicht sein, ihren ungeburlichen concubinat nicht dulden, sondern auch mit ernste hirmit dieselben concubinen zuvorlassen auferlegt haben.

Es ergern sich auch vil an etlicher habit, tracht und kleidung als der ihren ampt ubel an-

---

sollen sich auch halten ihre weiber, redlich sein, nicht lesterinen, nuchtern, einer gotseligen geberde und wandel, treu in allen dingen, I. Tim. 3." In A. in den Text aufgenommen.

[1]) Ebenso in A.: „an uns gelangen wirdet". Merseburger Grundtext dann korrigirt in „erfaren". B.: „erfaren".

[2]) Im Merseburger Grundtext und A.: als alienarum rerum curiosi. Im Merseburger Text dann verbessert in „als die do in fremdde amt griffen". So auch B.

[3]) Hier ist im Merseburger Exemplar folgender Satz hinzugeschrieben: „Welche auch noch im concubinat weren sol denselbigen himit zuvorlassen auferlegt sein." Ebenso B. Fehlt in A.

[4]) „So wollen — auferlegt haben" stand im Merseburger Grundtext und in A., ist dann im Merseburger Ex. unter- und in B. durchstrichen.

stehet, auch zum theil leichtfertig angesehen.
Nach dem dan der heilige Petrus und Paulus
wollen, das die weiber christliche erbare tracht
gebrauchen sollen, so sich zimet denen, die do gotselickeit beweisen, mit guten werken, wil sich solches
vielmehr gebüren den pastoren und ihren ehegenossen, welche die andern umb leichtfertige,
ergerliche kleidung strafen sollen. Demnach,
wollen sie hinfurder pristerliche, erbare cleidung
und tracht gebrauchen, nicht zerschnitten, vor-
bremet, ader bunt, dergleichen auch nicht aus-
geschnitten, breite, hornige schuch, sonderlich in
kirchen ampten.

Dergleichen [1]) so je erliche berte zeugen
wollen, das sie die nicht wie landesknechte auf
den seiten tragen breit ausgezogen, und unden
schentlich vorschnitten, sondern wie die natur die
wachsen lesset, auch das sie die uber den munt
abnehmen lassen. Dan so sie die in den kelch
des bluts Christi hengen, machen sie den andern
ein grauen und vielen ergernis. Welchs sie auch
solten den leien nicht gestatten, dan ich selbs von
dr. Martino mit meinen ohren habe gehört, das
doktor Martinus solche grobe leute offentlich und
heftiglich gestrafet [2]). Begehren auch [3]) das die
prister in kirchen ampten der gewonlichen ornat
gebrauchen, wie der fast allenthalben ublich, [4]) und
in predigen und reichung des sacrament, auch bei
den kranken des chorrocks [5]), wie dan die hern
theologi zu Leipzick vor gut angesehn,
auch andern viel ortern, do das evangelium gepredigt, in ubung und gebrauch ist, und es noch
diser orter am mehrern theil gehalten wirdet. Dan
dieweil es res adiaphora ist, so ist uns je so wil-
korig ane beschwerung der gewissen zu behalten
und [6]) zugebrauchen, als das man es abthue

ader [1]) unterlasse. Ane allein weil es zum wolstand dinet, auch die prister zugleich nicht wol
bekleidet, und [2]) vielfeltig furgebracht, wie etlich
in handlung der gotlichen ampt solcher bekleidung
gebrauchen fur die gemeine fraue und junkfraue,
das sich die leute nicht wenig daran ergern. So
ist im besten bedacht, solche gewonliche cleidung
unvorbintlich [3]) zubehalten. Und ist auch der
fürsten gemüth, [4]) das in irem lande in dem gleichformickeit so wol moglich gehalten werde. Doch
das sie in allewege die leute unterrichten, das an
dem die selickeit nicht gelegen noch darumb als
notig gebraucht werde, auch das sie sich an den
ortern, do es nicht gebreuchlich, nicht ergern
sollen [5]).

Was aber sunst weiter die gelegenheit geben
wirdet, den pfarhern ferner an zu zeigen, werden
sie in künftigen visitationen und synodis vornehmen, und sich geschickt machen dan zum
examen, wie sie sich in der lahr gebessert, und
sich in christlichem wandel halden, und sollen
wissen, welche, wie sichs nicht geburt, befunden,
sollen nichts anders dan geburlicher straf zu-
gewerten haben.

Und [6]) damit sie auch der strafen halben
wissenschaft tragen, sollen die nach gelegenheit
der vorwirkung und erkentnus des consistorium in

---

[1]) Der Passus „Dergleichen so — nicht gestatten"
steht in A. hinter dem Passus „Sondern das die priester — gebreuchlich nicht ergern sollten". Diese Um-
stellung ist im Merseburger Exemplar durch die Buchstaben A und B erfolgt.
[2]) Dieser Passus „Dan ich selbs von dr. Martino
mit meinen ohren habe gehört, das doktor Martinus
solche grobe leute, offentlich und heftiglich gestrafet",
ist im Merseburger Grundtext und in A. durchstrichen,
und dafür in A. gesetzt: „Und was all hie von wandel
der pfarhern gesagt, sol auch von den diaconis oder
caplan verstanden werden, welche auch in allwege irem
pfarhern sollen gehorsam sein und one ire wissen in der
kirchen nichts predigen singen und lesen nichts sonderlichs furnehmen und den kranken dienstlich sein."
[3]) Merseburger Grundtext „Begehren auch" verbessert in „Sondern". So A. im Text.
[4]) „wie dann" u. s. w. Zusatz im Merseburger Ex.
A. im Text.
[5]) B.: gestrichen, dafür: gebrauchen doch mit der
massen wie die hern theologi zu Leipzig sampt etlichen
superattendenten im colloquio zu Leipzig anno 44 fur
gut angesehen wie den an.
[6]) „ane beschwerung — behalten und" im Merseburger Zusatz, in A. im Text.

[1]) „abthue und" ebenso.
[2]) Der folgende Satz — „daran ergern" ebenso.
[3]) „unvorbintlich" desgleichen.
[4]) Der Merseburger Grundtext „so auch des fürsten
gemüth das in dem gleichformickeit gehalten werde" ist
verbessert in „wolten die fürsten gerne".
[5]) Hier wird in dem Merseburger Exemplar durch
das Zeichen Θ ein Zusatz angedeutet, welcher sich in
A. auf einem besonderen Blatt findet:
In stedten ader flecken, do schulen seint, sollen
die pfarher auf dieselbigen auch gut anfachtung haben,
das die schuldiener die jugent in guten kunsten treulich instituiren auch zu gottesfurcht und guten sitten
halten und erziehen.
Es sollen auch die schuldiener zuchtigen und ehelichen wandel furen und erbare kleidung tragen.
Die pfarhern sollen auch die leut mit vleis vormahnen, ihre kinder zur schulen zu halten, mit anzeigung des grossen nutzes und frucht, so es geschicht,
und schaden, so es vorbleibet.
Wan auch schuldiener mangeln, dieweil der leb-
liche landesfurst ezliche stipendia fur studenten, so zu
solchen dinsten zugebrauchen, vorordnen, sollen zu
Leipzik bei dem hern rektor und anderen, so des befehlich haben, gesucht und fur frombde, so die vorhanden, angenommen werden.
Die custer sollen auch ihren pfarhern gehorsam
sein und ane ihr wissen und willen nichts in der kirchen
furnehmen, auch die leute von den pfarhern nicht
abwenden, auch fur schreiben, so zu feuden [*]) ader
sonsten weiterung gereichen mochten, sich hueten und
sonst ein christlichen und ehrlichen wandel und hantirung treiben bei vormeidung geburlicher strafe.
[6]) B. Uberschrift: Strafe der kirchendiener.

---

[*]) feuden wohl = feiden = Fehden, Streitigkeiten.

sonderlichen fellen angestalt werden, als den gehorsam an einem vorordenten ort zu halten, auch
genzliche beraubung des lehns und amptes, und
darnach das delictum sein wurde, wie in etlichen
artikeln droben vormeldet, auch incarceratio und
excommunicatio, auch lezlich relegatio ex territorio.
Wollen aber durch die gnade unsers lieben herren
Jesu Christi vorhoffen, sie sollen nicht so sehr die
eusserliche strafe ansehen, als gottes unsers herren
und obersten hirten befel, und sich ane einige
strafe in ihrem ampt mit reiner christlicher lahr
und gutem wandel geburlich halten. Darinnen
sie uns nicht angenehmer gefallen thun konnen.

Und[1] wie den vorechtern guter vormanung
die straf furgelegt, also sollen auch wissen, das
die sich christlich und gehorsamlich halten werden,
und ihren ampt treulich furstehen, das sie nach
dem spruch S. Pauli zweifacher ehr sollen wert
gehalten werden, dan uber das sie gotte dem
almechtigen, welchs das aller hohest ist, und allein
genungsam, dadurch den angenemsten dinst erzeigen, und hir und dort sie gnediglichen belohnen wil, so haben auch die loblichen landesfursten sie allesampt in gnedigem schutz zu haben
sich erboten. Wollen sie auch bei allen privilegien, freiheiten, und gerechtickeiten, so in ordentlichen rechten kirchen und ihren dienern gegeben[2]
bleiben lassen dabei schützen und handhaben.
Furnemlich sollen sie fur keinen weltlichen richter
gezogen werden, sondern wer sie zubeclagen hat,
sol fur uns oder unserm consistorio[3] geschehen.
Wurden sie aber de facto fur einig weltlich gericht gezogen, sollen sie sich auf uns[4] zu berufen
haben. Es were dan (darfur got sei) ein pein-
liche sache.

So sollen sie auch sampt ihren weibern und
kindern aller exaction, steur und volge, und ander
burgerlicher pflicht frei sein. Es were dan das
sie erbgueter an sich brachten, davon sie was ein
ander thun müssten.

Was ihnen auch entzogen, ader imandes
pflichtig ader schuldig, darüber sol ihnen auch
geburlich vorholfen werden. Und was sie des
mangel haben, sollen sie an das consistorium[5]
gelangen, darinnen ihnen weiter rath, hulf, und
beistand sol mitgeteilt werden.

---

[1] B. Überschrift: Privilegia der kirchendiener.
[2] „gegeben" Zusatz im Merseburger Exemplar.
A. im Text.
[3] Merseburger Grundtext und A.: „fur uns oder
unserm consistorio". Verbesserung im Merseburger Ex.
und B.: „für den superattendenten ader consistorium".
[4] Merseburger Grundtext und A.: „auf uns". Verbesserung im Merseburger Ex. und B.: „auf die consistoria".
[5] Merseburger Grundtext und A : „das Consistorium", Verbesserung im Merseburger und B.: „die Consistoria".

Wurde auch inen imandes sunst gewalt thun
wollen, die sollen auch geburlich gestrafet werden,
in den ihnen das consistorium[1] allezeit beistand
leisten wölle.

Was auch widerumb durch uns oder unser
consistorium[2] ihnen auferlegt, das sollen sie gehorsamlich exequiren. Werden sie auch bericht
eins handels, die lahr, ceremonien, ehesachen, ader
offentlicher laster zum synodo oder visitation vor
uns[3] oder dem consistorio erfordert, sollen sie
ohne aussenbleiben, bei vermeidung gebürlicher
straf unwegerlich erscheinen. Sie hetten dan
hochnotige ehehaft, das sie sich als dan glaubhaftig
entschuldigen musten, und sollen sich allewege an
unser und des[4] consistorii erkentnis be-
gnugen lassen[5].

Wie[6] auch die andere cirkel und orter
dieser unser zugethanen jurisdiction besondere
superattendenten haben, nach dem uns weniger
dan Moisi moglich alle sachen selbst zuhoren, und
derhalben die supattendenten unser mitgehulfen
sein, und erstlich die sachen (ausgenommen die
unser ampt und consistorium furnemlich betreffen)
fur sie zuentscheiden gelangen sollen, und dan so
es die noth erfordert, an uns geweiset werden
sollen,

---

[1] Merseburger Grundtext und A.: „das Consistorium", Verbesserung im Merseburger und B.: „die Consistorien".
[2] Merseburger Grundtext und A.: „durch uns oder
unser Consistorium". Verbesserung im Merseburger
und B.: „die Consistoria".
[3] Merseburger Grundtext und A.: „uns oder dem
Consistorio", Merseburger Verbesserung und B.: „den
Consistorien".
[4] Merseburger Grundtext und A. hat: „unser und
des consistorii", Merseburger Verbesserung und B.: „an
unser und der consistorien".
[5] B. hat hier folgenden Zusatz: „Es haben sich
auch hochgedachter furst George von Anhalt etc. coadjutor in geistlichen sachen zu Merseburg etc. mit dem
gedachten hern superattendenten ferrer verglichen, das
ein ider superattendens des jares einmal die pfarkirchen
seiner superattendenz zugethan, selbst besuchen und
zur stedte eines iden pfarhers und gemeine gelegenheit
der lehre, ceremonien, lebens und kirchengueter vleissig
erkunden und darob sein wolle, das diesen artikeln
vleissig nach gegangen werde und zu solcher visitation
wollen die landesfursten notturftige zerung gnediglichen
vorschaffen, und sol auch kein superattendent in einer
superattendenz ahne unser allerseits vorwissen und bedenken nichts besonders furnehmen oder abethun, unnotige ungleicheit, und ergerliche disputation zu vor-
huten.
Bitten und wunschen" etc. (Vgl. die folgende Anm.)
[6] Beide Handschriften haben von hier ab bis zum
Schlussabschnitt „Bitten und wunschen" einen fort-
laufenden Strich am Rande, um offenbar anzudeuten,
dass soweit der Merseburger Grundtext nicht mehr
gelten solle. Die Schlussworte des Zusatzes in B. (vgl.
vorhergehende Anm.) „Bitten und wunschen" etc. sind
die Anfangsworte des letzten Passus der Instruktion.
Dieser folgt also unmittelbar auf diesen Zusatz.

Also haben wir auch den erwürdigen und hochgelarten ern Antonium Musam zum superattendenten der pfarrer in diesem stift[1] verordent, wie wir ihnen euch hirmit angezeigt und angegeben haben wollen. Sonder zweifel wirdet sich nach christlicher liebe und derselben erforderunge gegen iderm nach gelegenheit gutlich und der gebuer wissen zuerzeigen, darauf begehrend, was ihr in gemeinen kirchen sachen mangel habet, das an ihnen zugelangen, und beschides von ihm zugewarten, und was er also von unsernt wegen euch befelen wirdet, das ihr in deme ihme volstendigen gehorsam leisten, das auch in unser jegenwertickeit ihme zusagen wolt.

Wo er auch imand von euch anher bescheiden wirdet, wollet ahne aussenbleiben, wie ihr bescheiden, und sonderlich des morgens umb sieben hor gehorsamlich erscheinen. Wolt sich aber in dem jemandes ihme widersetzig machen, der soll auch gebürlicher strafe gewertig sein.

Dieses haben wir euch zum anfang bis auf

_____

[1] Der Merseburger Grundtext lautete: „zum sup. der pfarher in diesem stift". Das ist am Rande verbessert „zu dem stift Merseburg sampt den zugehörenden ampten". Das ist nun in A. gedankenlos abgeschrieben „zum sup. der pfarren zu dem ampt Mersburg sampt den zugehorenden ampten, diesem stift".

weiter visitation und bescheid gnediglichen wollen anzeigen, zuversichtig, ihr werdet in disem allen eur ampt mit vleis bedenken, und euch auch geburliches und zugesagten gehorsams erzeigen.

Widerumb erbieten wir uns alle gnedigen willens gegen euch, und wo ihr semptlich ader imandes von euch sonderlich, etwan mangel ader gebrechen haben, was sie des an uns zugelangen, wollen wir sie zu ider zeit gnediglich horen, und so weit sich unser vormugen erstreckt, durch gotliche vorleihe bei deme, was er befugt, furderlich und hulflich erscheinen. Und thun damit uns, unser kirchen und die ganze gemeine christenheit in euer gebet treulich empfelen.

Bitten und wunschen auch von Christo Jesu unserm obersten hirten und einigen bischof unser selen, so er mit seinem theuren blut erloeset hat, der uns alle zu disem ampt, einen iden nach seinem zugeordenten antheil, durch seinen heiligen geist gesagt, sein heilige gemeine zu regiren, wolle uns sein gnad vorleihen, das wir unser ampt treulich ausrichten mochten, das wir fur seinen richterstul nicht allein fur uns, sondern auch die uns befolen, mit freuden rechenschaft geben mogen. Welchem mit dem vater und heiligen geist, dem einigen ewigen wahren lebendigen got, sei ewig lob, ehr und danksagung, von nun an bis in ewigkeit amen.

4. Was den pfarhern auf itztkünftigen synodo, an dem montag nach trinitatis (1545) solle angezeigt werden.

[Aus Zerbst, St.A., Vol. V, fol. 213, Nr. 20⁴.]

Erstlich.

Das sich die pfarher jungst geschener vorhaltung erinnern sollen, wie sie sich in der lahr, handlung und reichung der hochwirdigen sacrament, auch in eusserlichem christlichen wandel halten sollen.

Und do auch imandes solches von seinen nachbarn ubergangen wuste, daraus irthumb und ergernis ervolgen mochte, das ein ider solches bei seinen pflichten anzeigen solle, damit demselben furgekommen, und wo es die noch erfordert gebürliche strafe hirin furgenommen werde.

Desgleichen was für laster in ihren pfarren vorhanden oder sunst schwermerei (dafür got sei) fürfiele, solches eroffenen.

Solle ihnen aufgelegt sein zu lesen genesim, Matheum, epistolam ad Romanos et symbolum Athanasii.

Damit sie die text wissen, und die heilsame lahr des heiligen evangelii so viel reiner behalten, und darvon in futura synodo, welches sein wirt alhier am tage Luce evangeliste, in dem sie bei der straf erscheinen sollen, ferner examinirt werden.

Sollen dem volk alle feiertage für der predigt

die zehen gebot, den glauben, das vater unser von der tauf und sacrament von worte zu worte, den text aus doctoris Martini catechismo langsam vorlesen, das es die leute bei sich nachsprechen, und so viel bass lernen mogen.

Desgleichen sollen in der wochen selbst mit den kindern den catechismum uben, und welche mehr dan ein dorf haben sollen umbwechseln, das gleichwol in iderm dorfe einen tag zum wenigsten in der woche der catechismus mit der jugent geübet. Und alsdan sollen sie den kindern auch die geistliche lieder lehren, und die leute vermahnen, die kinder in die kirchen zu bringen, und welche hirin seumig oder verechtlich sich erzeigen, und nicht bessern wollen, die sollen sie anzeigen.

Sollen auch das volk vleissig zum gebet vormahnen, und in der wochen die litanias halten, vormoge des ausschreibens.

Auch die leute für das tegliche zechen in bier und weinheusern, und dergleichen toppelspiel vorwarnen, daraus gotteslesterung, verseumnis der dinste, hader, todtschlag, ehebruch, vorterb des gesundes, verseumnis und schade der narung,

und ander laster, dardurch der zorn gottes uber
uns erwecket wirdet, erfolgen, und dargegen zu
christlichen guten werken und wandel vormahnen,
auch die laster in genere strafen durch die heilige
schrift und exempel derselben, aber nimandes
specifice angreifen, ader in ban zuthun sich understehen, und lestern und unartiges scheltens auf
der canzel und sünst sich enthalten. Wo sich aber
imandes durch sonderliche vormahnung nicht
bessern wolt, sollen sie das alhier anzeigen, als
dan durch uns ader das consistorium gebürlich
einsehen beschehen solle. Und was ihr eigne
person betrift, sollen sie auf den predigstulen
nicht anregen, sondern sol ihnen auf ihr anzeigen
allezeit die billickeit widerfaren.

In handlung, reichung der hochwirdigen
sacrament und andern ceremonien sollen sie sich
mit aller ehrerbietung und inhalts der agenden
halten, und keiner etwas sunderlichs furnemen.

·   In beichthoren und besuchung der kranken
sollen sie vleissig sein.

Dise volgende feirtage sollen sie den leuten
vorkundigen, nemlich alle sontage und evangelische
fest, als circumcisionis, epiphanie domini, purificationis, annunciationis und visitationis der reinen
junkfrauen Marien, Ostern mit zweien volgenden
tagen, anffartstag Christi, pfingsten mit zweien
volgenden tagen. Sanct Johannis Baptiste, Petri
Pauli, Magdalene, Michaelis, der christtag,
Sanct Stephans tag, Sanct Johannes evangelisten
tag, conversionis Pauli, decollationis Johannis und
alle andere aposteltage hirmit ausgedruckt vormittage zu predigen.

Die ehe belangent sollen sie sich voriger anzeigung haben.

Vom heiligen ehestand sollen sie die leute
auch ofte unterrichten, sonderlich auch die eltern
und jugent, mit was gottes furcht und bescheidenheit derselbe solle furgenommen werden.

Sollen auch alle quartal auf der canzel dem
volk anzeigen, die verbotene grade inhalts furstlichen ausschreibens.

Item das sich nimandes ane vorwissen seiner
eltern verheiraten solle, welchs wider gotlich,
naturlich und keiserlich recht ist, und wer das
mit fodert, sol hertiglich gestrafet werden.

Desgleichen sollen sie die eltern vermahnen,
ihre kinder zu gebürlicher zeit zuberaten, und da
sie nicht neigunge haben, mit gewalt nicht zu
zwingen, und wo sie des vormahnet, durch die
pfarher und ansuchen der kinder, neben andern
freuuden, und sich daran nicht keren wollen,
sollen sie darumb für dem consistorio zur antwort
stehen.

Item das nimandes sich heimlich vorloben,
und solche heimliche vorlobnus nicht zugelassen,
sondern gestrafet sollen werden.

Item das nimand das sein ehegemahl vorlassen solle, und die do weglaufen sollen gestrafet
werden.

Item dergleichen sol der ehebruch, auch
jungfrau schenden durch geistlich und weltlich
abrickeit hertiglich gestrafet werden.

Item es sol auch nimant zusammen gegeben
werden, der frombde ist ahne genungsam gezeugnis, damit man wisse das er ledig.

Item man sol auch nimandes zusammen geben,
er sei dan drei sontage zuvor aufgeboten, und
dises wie vermeldet sol auf der canzel angezeigt
werden, damit sich nimandes edel oder unedel
zuentschuldigen. Und wirdet sich darüber imandes,
ehr wirtschaft zubestellen, unterwinden, der mag
den schaden des uncostens tragen, dan derhalben
sol kein nachlassung geschehen, es truge sich dan
ein solcher fall zu, dadurch das consistorium hirinne etwas nachgegeben.

Wurden sich aber aus oberzelten oder andern
fellen irrige ehesachen zutragen, darinnen sollen
sich die pfarher, wider zuscheiden, noch ichtes
darinnen zuerleuben, propria autoritate bei grosser
strafe nicht unterwinden, sondern sollen dieselbe
sachen fur das bischofliche consistorium anher
weisen, da sie gebürlicher orterunge gewarten
sollen.

Wollen auch ihrem volk anzeigen, wer ′in
solchen sachen ichtes an das consistorium zugelangen,
das er es am montag, mitwoch, und freitag, thun
sol, und in ehesachen die supplication Ernsten
Brothuf ader wer ferner darzu wirdet geordent
werden, uberantworten, der es furder an die hern
tragen, und den parten wider bescheid geben solle.

Mit den ehesachen aber sollen sich die pfarher wie gesagt nicht weiter einlassen, dan das sie
die eheleut do sie uneinig, ader aus andern ursachen des ehebruchs nicht beieinander sein, gutlich vertragen und zusammen bringen. Wo sie aber
das nicht erhalten konnen, sollen sie das mit genungsam bericht an das consistorium gelangen.

Sollen auch dem volke verkunden, wo eheleut einander nicht beiwohnen, das sie sich wider
zusammen verfugen, ader sollen durch den ban
dohen getriben werden.

Dergleichen sollen sie sich in ihrem wandel
und pristerlicher tracht, vorigen anzeigung nach,
auch christlich erzeigen, die schenken, offene
bierheuser, spiel, leichtfertige tenze meiden bei
angehafter strafe.

Wan sie auch zur wochen herein kommen,
sollen sie den hern licenciaten, als ihren superattendenten ersuchen, und sich der lahr und ander
mengel bei ihme befragen, ader vernehmen, ab
von ihnen ichtes soll ausgerichtet werden, in dem
allen sie geburlichen und gütlichen beschieds,
nach dem sie sich auch halten, den ihr viel un-

bescheidener seint, dan die bauren selbst, sollen gewarten.

Es sollen auch sunst die pfarhern in allen grossen sachen, die lahr, ceremonien, ehe und andere furfallende hendel propria autoritate nichts furnehmen, sondern sich alwege bei uns, dem hern licenciaten und superattendenten, und dem consistorio, so es die noth erfordert, raths und entschieds erholen, und fur neuen opinien hueten, und do sie der vornehmen, nicht vorschweigen.

Letztlich wollen sie sampt ihren pfarkindern, vor die vorstehende noth der christenheit, lauts jungsten ausschreibens auch fur uns treulich bitten.

Unser lieber herr Christus, der einige hirte und bischof unser selen, vorleihe uns seinen dienern allerseits sein gnade, vorstand und vormogen, den befohlenen scheflein treulich vorzustehen, zu seinem ewigen lobe, amen.

5. Merseburger Artikel vom 12. December 1545.

[Aus Zerbst, St.-A., Vol. V., fol. 218, Nr. 20.]

Auf anregen meins genedigen fürsten und hern zu Anhalt, als in geistlichen sachen unser geistlicher her vater, werden euch nachfolgende artikel vorgehalten und geboten, die ich euch von ampts wegen alhir also eingebunden und verboten haben wil, nemlich:

Das sie gottes wort vleissig horen, ihr weib und gesinde treulich darzu halten, sonderlich den catechismum ader die heuptstuck christlicher lar zu lernen.

Das sie bei der hochsten strafe zeuberei, warsagern und dergleichen teuflische kunste, sie werden gebraucht in was schein sie wollen, nicht uben, gebrauchen, leren, ader dulden, und so sie es erfaren, der obrigkeit nicht vorschweigen.

Gleicher gestalt, das sie sich der bepstischen misbreuche und abgottischer superstition eussern und zu den niemands bereden ader halten.

Item gottslesterung bei hoher strafe flihen und so jemand von dem heiligen evangelio und hochwirdigen sacrament spotlich und vorechtlich reden wurde, das die auch, so es wissen und vorschweigen, sollen gestrafet werden.

Das sie die absolution und hochwirdigen sacrament als christen ehr gebrauchen und die ihren darzu halten, die in allen ehren zu halten.

Auch die schentliche unordnung und leichtfertigkeit bei der heiligen taufe und hochzeiten abgestelt werden.

Das an den feiertagen fur mittage unter der nachmittags predigt nicht geschenkt, spiel ader andere leichtfertigkeit sollen gestattet werden.

Das sie auch ihren pfarhern was sie schuldig, villig reichen und sie in ehren halten, auch sich an ihnen mit worten und werken nicht vorgreiffen, sondern so sie mangel an ihnen haben an ler und leben ader ichtes ungebuerlichs, so nicht zuvorschweigen, erfuren, solchs sollen sie an das consistorium gelangen, auch in den und andern sachen, so die geistligkeit ader ehe belanget, gegen ihnen gehorsamlich vorhalten.

Und auf das sich ein jeder in ehesachen wisse zu halten, damit sie sich selber nicht in beschwer und schimpf thuen, sollen sie allewege,

so sie vorlöbnis wollen halten, sich der vorwandten freuntschaft ader schwegerschaft erstlichen befragen, und so sie vormerken, das sie etwas nahe, sollen sie sich bei dem pfarhern, oder so sie die nicht genugsam zu entscheiden wusten, beim consistorio erkunden, ob die personen nach gotlichen und furstlichen ordnungen einander haben muegen, auf das sie nicht hernach nach geschenen vorlöbnis dorfen mit grosser muhe, unkost und schimpf von einander gesprochen werden.

Desgleichen sollen sie auch anderer hinderunge, sonderlich ob die person ledig und nicht jemands anders unentscheiden behaftet, befragen, ehe die gelubnis volnzogen werden.

Item das sich niemands ahne vorwissen seiner eltern vorheiraten solle, welches wider gottliche, naturlich, keiserliche recht und der chur und furstlichen ordnung ist, und nicht zuzulassen, und wer das mit fördert, sol hertiglich gestrafet werden.

Desgleichen sollen die eltern vormanet sein, ihre kinder zu gepuerlicher zeit zu beraten und do sie nicht neigung haben, mit gewalt nicht zu zwingen, und wo sie des vormanet durch die pfarher uf ansuchen der kinder, neben andern freunden, und sich daran nicht keren wollen, sollen sie darumb vorm consistorio zur antwort stehen.

Item das niemands sich heimlich vorloben und solche heimliche vorlöbnis nicht zugelassen, sondern gestrafet werden sollen.

Item das niemand sein ehegemael verlassen sol und die da weglaufen, sollen gestrafet werden.

Item wo in dorfern und stedten man und weib unehelich beieinander woneten, das sollen die nachtpar nicht leiden, sondern im consistorio ader im ampte ansagen.

Item dergleichen sol der ehebruch, auch junkfrauschenden durch geistlich und weltlich obrigkeit hertiglich gestrafet werden.

Item es sol auch niemands zusammen geben werden, der frembde ist, ahne genugsam gezeugnis, damit man wisse, das er ledig sei, und do sich hirinnen etwas bedenken zutruege, sollen die pfar-

4*

hern mit vorwissen ihres superattendenten, ader do es vonnothen, auch des consistorii, nichts furnemen noch schliessen.

Item man sol auch niemands zusammengeben, er sei dan drei sontage zuvor aufgeboten, und dieses, wie vormeldet, sol auf der canzel angezeigt werden, damit sich niemands edel ader unedel zuentschuldigen, und wird sich daruber jemands ehe wirtschaft zu bestellen underwinden, der mag den schaden des uncostens tragen, dan derhalben sol keine nachlassunge geschehen.

Es truege sich dan ein solcher fal zu, das durchs consistorium hirinne etwas nachgegeben, desgleichen sollen alle andere offentliche laster nicht geduldet, sondern der billigkeit nach gestraft werden, darnach sich ein jeder wisse zu richten.

Sonnabent nach Nicolai im ampte Merseburg durch Ernsten Brotuf schossern publicirt und den ampt sassen vorlesen.

6. Einfeltiger unterricht von verbotenen personen und graden, und wes sie sich in ehesachen halten sollen, vornehmlich vor die superattendenten und pfarrherrn im stift Merseburg, darnach auch anderen pfarrherrn zu christlichem dienst und nutz gestalt. Anno 1548 *).

[Nach einem Originaldruck im Zerbster Superintendentur-Archiv, A. Nr. 14. Die Abweichungen der Anhaltiner Ordnung von 1599 sind in Anmerkungen unter A. wiedergegeben.]

Von gottes gnaden, Wir, Georg, fürst zu Anhalt, coadjutor in geistlichen sachen zu Merseburg, graf zu Ascanien, herr zu Bernburg und tumprobst zu Magdeburg.

Wunschen euch, erwirdigen, achtbarn, hochgelerten, und wirdigen, unsern besundern und geliebten allen superattendenten, pfarherrn, und predigern, so unserm ampt und jurisdiction vorwandt, gnad und fried von gott dem vater und reiche erkenntnis unsers lieben heilandes Jesu Christi.

Wes wir euch zu jeder zeit in allen synodis, und sunsten zum oftern maln, veterlichen, eurs ampts halben erinnert, demselbigen treulichen und mit hohem fleis nachzukommen und obzuligen, haben wir keinen zweifel, ir werdet solchs alles zu guter mas in frischem gedechtnis tragen, dann ob wir wol alle zu diesem schweren und hohen ampt, in welchs uns Jesus Christus gesetzt hat, viel zu gering und ungeschickt, idoch (wie S. Paulus spricht[1])) suchet man nicht mehr an den dienern des herrn Christi und gottes haushaltern, denn das sie treu erfunden werden.

Nachdeme aber zu dieser bösen zeit, da das gottlos wesen sehr gewaltiglichen überhand nimpt, das kirchen regiment zu füren und zu üben ganz schwer und ferlich, und uns schier teglich viel unrichtigkeit und ergernissen fürfallen, wil uns, und euch allen gebüren, mit höchstem fleis auf unser ampt achtung zu geben, das rechte christliche lahre, rechter gebrauch der hochwirdigen

sacramenten, und rechter göttlicher (in der heiligen schrift gegrünter) gottesdienst werde erhalten, auf das wir uns (wie 2. Cor. 4 geboten) wol beweisen, gegen aller menschen gewissen für gott.

Derhalben wir euch, als unsere liebe brüder, und mitgehülfen in Christo Jesu, abermals vermanen, das ihr auf euer ampt achtung gebet, darin fleissig und wacker seid, und die treue und herrliche vermanung des lieben apostoli Pauli, so er act. 20 an uns alle gethan, gar oft und mit allem fleis betrachtet, denn, wie das ampt ganz schwer und hoch ist, so ist auch diese seine vermanung ganz hoch, hitzig und brünstig, da er also spricht:

So habt nun acht auf euch selbst, und auf die ganze herde, unter welche euch der heilige geist gesetzt hat, zu bischofen, zu weiden die gemeine gottes, welche er durch sein eigen blut erworben hat, etc.

Was künt doch heftigers gesagt werden, denn das, welcher die gemeine gottes verseumet, oder verfüret, der mache sich schüldig des bluts gottes, unsers lieben herrn Jesu Christi, durch welches er seine gemeine habe erworben. Item, Ezech. 33,[2]) ich wil ihr blut von euern henden fordern.

Widerumb aber, do wir die herde Christi, treulich weiden werden, haben wir den trost, wenn unser erzhirte erscheinen wird, das wir die unverwelkliche krone der ehren empfangen werden[3]).

Weiter auch, was kegenwertige sache und schrift belanget, werdet ihr euch auch wol zum

---

[1]) A. giebt hier und im Folgenden stets die Stellen aus der Bibel an: 1. Cor. 4, V. 2.

[1]) A.: Act. 20, V. 28.
[2]) A.: V. 8.
[3]) A.: 1. Petri 5, V. 4.

---

*) A.: Einfeltiger unterricht von verbotenen personen und geraden etc. Genommen aus Vorordnung weiland herrn Georgen fürsten zu Anhalt hochlöblicher christlicher gedechtnus.

theil wissen zuerinnern, was wir in allen synodis (die ehesachen belangende) euch unterrichtet, und zu thun bevolen. Dieweil aber derselbigen gar viel, mancherlei und schwere felle fast teglich fürfallen, und aus unverstand des gemeinen mans in den graden zu nahent gegriffen, auch oftmals beide wider göttlich und der obrigkeit gebot groblichen gehandelt, das auch incestus und blutschanden begangen werden, von welcher wegen wir sehen, das gott der herr oftmals ganze königreich und fürstenthumb, land und leut gar erschrecklichen hat lassen vorwüsten, wie der text Leviticus 18 spricht, darumb haltet meine satzung und rechte, und thut dieser greul keinen, auf das euch nicht auch das land ausspeie, wenn ihr es verunreiniget, gleich wie es die heiden hat ausgespeiet, die vor euch waren.

Diese sünde und den zorn gottes zuvermeiden, haben wir für gut angesehen, das die grad und personen, so verboten, auf das einfeldigest, dieweil nicht jederman die rechnung nach den graden verstehet, dem gemeinen man in volgender schrift vorgestalt, und von euch superattendenten und pfarherrn allen auf ein itzlich quartal der ganzen gemein, wie sie alhie begriffen, sampt den andern zu rücke angehefteten artikeln und vermanungen, von wort zu worte, vorgelesen werden, damit sie dardurch unterrichtet nicht wider göttliche und der oberkeit verbot in ehestiftungen, zu irer und auch ander leut schaden und verderb, sich vorgreifen, verhoffend, das solcher einfeltiger bericht, furderlichen zu gotts ehre, zu nutz der gemein Christi, und zu rug der regierung fast nützlich, auch zu den kirchen regiment (desselbigen deste vleissiger und bekuemer zu warten) dienen werde.

Denn was vor beschwerung und unrichtigkeit der ehesachen halben furfallen, dadurch denn die pfarherrn zum oftern mal an ihrem kirchenampt und notwendigern werken verhindert, erfarn wir teglich.

Wir wissen auch wol, das die gelerten viel kurzere und richtigere regel und weis haben, durch welche die verbotenen grad und person, werden angezeigt. Dieweil aber solche in deutscher sprach nicht wol verstendlich und deutlich mögen gegeben werden, ist solchs auf das einfeltigst zu ungelerten und dem gemeinen man, so nicht gediret, zu unterrichten begriffen, denn den gelerten, welchen (wie das sprichwort lautet) gut zu predigen, dieses unterrichts nicht von nöten.

Zum letzten, wollen wir euch hirneben vermanet haben, das ihr gleichwol, und nichts deste weniger wie zuvor, die irrigen ehesachen an unser consistorium weisen, und desselbigen erkenntnis

daruber gewarten, auch keinerlei weise darinne zu transigiren, oder auch andere orterung vorzunehmen, euch unterwinden wollet.

Unser lieber herr Christus Jesus verleihe uns allen seine gnade, das wir ihm zu ehren und zu ausbreitung seines reichs und zu seligkeit seiner lieben gemeine unser ampt füren mögen.

Geben zu Merseburg, am tag conversionis Pauli anno 1548.

Die ehe wird vornemlich von wegen der blutfreuntschaft, darnach auch von wegen der schwegerschaft, wie volgend zu sehen, verboten.

Blutfreuntschaft.

Person, so von wegen der blutfreuntschaft in der rechten und geraden linien (hinaufwarts zu rechnen) zu ehelichen, verboten, denn solche person in der zal der eltern, als nemlich der müttern befunden werden [1]).

IIII.

Der grosmutter, mutter mutter, und volgend hinauf zu rechnen, sind alle verboten.

III.

Der grosmutter mutter.

II.

Die grosmutter, weder des vaters, noch der mutter mutter.

I.

Seine mutter.

Der son soll nicht nemen hinaufwarts zu rechnen.

Regula.

Es wird kein ehe zugelassen zwischen kindern und eltern, sie sind nahe oder ferne, aneinander verwandt, und wenn sie auch tausent glied voneinander weren.

Blutfreuntschaft.

Person, so von wegen der blutfreuntschaft in der rechten und geraden linien (hinaufwarts zu rechnen) zu ehelichen verboten, denn solche persone in der zal der eltern, als nemlich der veter befunden werden.

IIII.

Des Grosvaters vaters vater, und volgend hinauf zu rechnen, sind alle verboten.

III.

Des Grosvaters vater.

---

[1]) Am Rande: Die zelung und rechnung der personen und graden sol unten, an der ersten zal, angefangen werden.

II.

Den grosvater, er sei des vaters oder der mutter vater.

I.

Den vater.
Die tochter sol nicht nemen hinaufwarts zu rechnen.

Regula.

Diese bisheran erzelte personen sind alle unsere liebe vetere und müttere. Derhalben sol sich kein kind mit derselben einem verehelichen oder berüren, wie denn gott genesis 2 verboten: Darumb wirt ein man sein vater und sein mutter verlassen, und an seinem weibe hangen, und sie werden sein ein fleisch.

Blutfreuntschaft.

Person, so von wegen der blutfreuntschaft in der rechten und geraden linien (herunterwarts zu rechnen) zu ehelichen verboten, dann solche personen in der zal der kinder, als nemlich der tochteren befunden werden.
Der vater sol nicht nemen

I.

Seine tochter, auch die nicht, so er etwan ausserhalb der ehe gezeuget hat.

II.

Der tochter tochter, noch seines sohns tochter.

III.

Der tochter tochter tochter, noch seines sons tochter tochter.

IIII.

Der tochter tochter tochter tochter, noch seines sons tochter tochter tochter.
Und volgend hinab zu zelen, sind alle verboten.

Regula.

Alle ehestiftung und vermischung zwischen eltern und kindern ist durch göttlich und natürlich recht, bei grossen zeitlichen und ewigen strafen und peenen, verboten.

Blutfreuntschaft.

Personen, so von wegen der blutfreuntschaft in der rechten und geraden linien (hinunterwarts zu rechnen) zu ehelichen verboten, denn solche personen in der zal der kinder, als nemlich der sohnen, befunden werden.
Die mutter sol nicht nemen

I.

Den sohn, auch nicht den, so sie etwan ausserhalb der ehe gezeuget möcht haben.

II.

Des sohns sohn, noch der tochter sohn.

III.

Des sohns sohns sohn, noch der tochter sohns sohn.

IIII.

Des sohns sohns sohns sohn, noch der tochter sohns sohns sohn.
Und volgend hinab zu zelen, sind alle verboten.

Regula.

Welche unter diesen bisheran erzelten personen sich mit einander vorehelichen oder berüren, die haben eine blutschand begangen, darüber gott und alle creatum ein greul haben.
Item diese erzelte personen sind alle unsere liebe sohne und töchtere, derhalben sol man sich von diesen allen enthalten.

Blutfreuntschaft.

Personen, so von wegen der blutfreuntschaft in der seitwarts linien (hinaufwarts zu rechnen) zu ehlichen verboten, denn solche personen an stat unserer mütter geachtet werden.

IIII.

Des grosvaters vaters schwester, noch der grosmutter mutter schwester.

III.

Des grosvaters, noch der grosmutter schwester.

II.

Des vaters noch der mutter schwester.
Der sohn soll nicht nehmen hinaufwarts.

Regula.

Diese hinaufwarts erzelte personen werden an stat unserer müttere geacht, derhalben wil gott und das natürliche recht, das man sich von denselbigen enthalte.

Blutfreuntschaft.

Personen, so von wegen der blutfreuntschaft in der seitswartlinien (hinaufwarts zu rechnen) zu ehelichen verboten, denn solche person an stad unserer veter geacht werden.

IIII.

Des grosvaters vaters bruder, noch der grosmutter mutter bruder.

III.

Des grosvaters noch der grosmutter bruder.

II.

Des vaters noch der mutter bruder.
Die tochter sol nicht nemen hinaufwarts.

Regula.

Diese hinaufwarts erzelte personen sind als vor unsere vetere zu achten, derhalben ist verboten, sich mit denselbigen in ehestand einzulassen.

Blutfreuntschaft.

Personen, so von wegen der blutfreundschaft in der seitwarts linien (hinunterwarts zu rechnen) zu ehelichen verboten, denn solche personen an stat unserer töchter geacht werden.

Der bruder sol nicht nemen hinabwarts

II.

Des bruders, noch der schwester tochter.

III.

Des bruders tochter tochter, noch der schwester tochter tochter, noch des bruders sohns tochter, noch der schwester sohns tochter.

IIII.

Des bruders, noch der schwester tochter tochter tochter, noch des bruders sohns sohns tochter, noch der schwester sohns sohns tochter etc.

Regula.

Welchs tochter ich nicht darf nemen, desselbigen tochter tochter ist mir auch verboten, ja auch desselbigen tochter tochter tochter.

Blutfreuntschaft.

Personen, so von wegen der blutfreundschaft in der seitwarts linien (hinunterwarts zu rechnen) zu ehelichen verboten, denn solche personen als vor unsere söhne geacht werden.

Die schwester soll nicht nemen hinabwarts

II.

Des bruders sohn, noch der schwester sohn.

III.

Des bruders sohns sohn, noch der schwester sons son, noch des bruders tochter sohn, noch der schwester tochter sohn.

IIII.

Des bruders sohns sohns sohn, noch der schwester sohns sohns sohn, noch des bruders tochter tochter sohn, noch der schwester tochter tochter sohn.

Erinnerung.

Das vierde gebot gottes spricht, du solt vater und mutter ehren, es kan aber kein grösser und erschrecklichere unehre vater und mutter und allen denen, so an stat unserer veter und mütter geacht werden, von den kindern widerfahren, denn so sie von inen durch blutschande geschendet, und verunreiniget werden, welche stünde, wie hart sie gott strafe, ist an Ruben, Absalon, und andern mehr zu sehen.

Blutfreuntschaft.

Personen, so von wegen der blutfreundschaft in der seitwarts linien sich mit einander zuvorehelichen verboten, als nemlich bruder und schwester, ihre kinder und kinds kind.

I.

Brüdern und schwestern, sich mit einander zuvorehelichen oder zu bertiren, ist von göttlichem, natürlichem, und allen rechten und gesetzen verboten, sie sind von voller oder halber geburt, das ist, von einem vater und einer mutter, oder allein von der beiden einen, ja auch die nicht, so etwan ausserhalb der ehe dein vater oder mutter erzeuget hat.

II.

Bruder und schwester kinder.

III.

Brüder und schwester kinds kind, idoch sol solchs allhie nach ordnung und befel unser gnedigsten und gnedigen herrn, der chur, oder fürsten zu Sachsen, auf volgende weise, verstanden werden, nemlich also, das die ehe im dritten grad (ungleicher linien) verboten sei, wie in volgender figur angezeigt.

Blutfreuntschaft.

Johans der vater.

I.		I.
Paulus,		Petrus, brüdere,
II.		II.
Henrich,		Catharina, beide brüder kinder.
III.		
Herman.		

Dieser Herman sol Catharinam, seines grosvaters bruders tochter nicht nemen, dieweil sie im dritten glied oder grad, ungleicher linien, ihm vorwandt ist.

Im dritten gliede aber (gleicher linien), dergleichen im vierden glied, wird die ehe in diesem chur und fürstenthumb aus beweglichen ursachen, weil es in göttlichem, natürlichen und keiserlichen rechten, nicht verboten, nach gelassen, als, mir wird erleubt, meines grosvaters bruders tochter tochter zu ehelichen, aber nicht seine tochter, welche mir im dritten glied ungleicher linien vorwand.

Volget nun von personen und graden, so von wegen der schwägerschaft, zu ehelichen verboten.

Schwegerschaft[1]).

Personen, so von wegen der schwegerschaft, in der rechten linien (hinaufwarts zu rechnen) zu

---

[1]) Am Rande: Die erzelung der personen sol unten angefangen werden an der ersten zal.

Von schwegerschaft prima regula.

Alle meines weibes blutsfreunde seind mir geschwegert, dergestalt, in welchem glied der blutfreuntschaft sie meinem weibe vorwandt, im selben glied sein sie mir schwegerschaft halben zugethan.

ehelichen verboten, denn solche personen vor
unsere müttere gehalten werden.

III.

6. Des grosvaters vatern weib, das ist, des
grosvaters stiefmutter.

5. Der grosmutter vaters weib, das ist, der
grosmutter stiefmutter.

4. Seines weibes grosvaters mutter.

3. Seines weibes grosmutter mutter.

2. Seines stiefvaters grosmutter.

1. Seiner stiefmutter grosmutter.

II.

4. Des grosvaters weib, das ist, seines vaters
oder seiner mutter stiefmutter.

3. Seines weibs grosmutter, sie sei des vaters
oder der mutter mutter.

2. Seines stiefvaters mutter.

1. Seiner stiefmutter mutter.

I.

5. Seiner braut mutter, das ist die, mit
welcher tochter er sich zuvor verlobet, und doch
nicht hochzeit mit ir gehalten hat.

4. Seines vaters braut, oder vertraute, welche
seine stiefmutter solt geworden sein.

3. Seine schwieger, das ist, seines weibs mutter.

2. Seines weibes stiefmutter, welche ihr vater
nach im gelassen.

1. Seine stiefmutter, es sei die erste, andere
oder die dritte, welche sein vater zur ehe gehabt.

Der son sol nicht nemen, hinaufwarts zu
rechnen.

Schwegerschaft.

Personen, so von wegen der schwegerschaft
in der rechten linien (hinaufwarts zu rechnen) zu
ehelichen verboten, denn solche personen vor
unsere vetere gehalten werden.

III.

6. Ires grosvaters mutterman, das ist ires
grosvaters stiefvater.

5. Irer grosmutter mutterman, das ist, ihrer
grosmutter stiefvater.

4. Ires mannes grosvaters vater.

3. Ires mannes grosmutter vater.

2. Ires stiefvaters grosvater.

1. Irer stiefmutter grosvater.

Secunda regula.

Alle blutfreunde des mannes seind seinem
weibe geschwegert, dergestalt, in welchem grade der
blutfreundschaft sie dem manne zugethan, im selben
grad seind sie dem weibe mit schwegerschaft verwandt.

Und demnach, wie weit sich die prohibition in blutfreundschaft erstreckt, also weit erstrecket sie sich auch
in der schwegerschaft. Denn gleicher gestalt, wie sich
einer von seinen blutsfründen enthalten sol, also ist er
sich auch schüldig. von seins weibes freunden zu enthalten, und in solcher massen das weib von ires mannes
freunden.

II.

4. Irer grosmutter man, das ist, ires vaters
oder irer mutter stiefvater.

3. Ires mannes grosvater, er sei des vaters,
oder der mutter vater.

2. Ires stiefvaters vater.

1. Irer stiefmutter vater.

I.

5. Ires breutgams vater, das ist der, mit
welchs sone sie sich zuvor verlobet und doch
nicht hochzeit mit ime gehalten.

4. Irer mutter breutigam, oder vertraueten,
welcher ir stiefvater solt geworden sein.

3. Iren schweher, das ist ires mannes vater.

2. Ires mannes stiefvater, welchen seine
mutter nach ir gelassen.

1. Iren stiefvater, er sei der erste, andere,
oder dritte, welchen ire mutter zur ehe gehabt hat.

Die tochter sol nicht nemen hinaufwarts.

Erinnerung.

Allhie in diesen personen, ist auch das vierde
gebot gottes zu bedenken, du solt vater und mutter
ehren.

Schwegerschaft.

Personen, so von wegen der schwegerschaft
in der rechten linien (herunterwarts zu rechnen)
zu ehelichen verboten, denn solche personen vor
unsere töchtere gehalten werden.

Der vater oder stiefvater sol nicht nemen

I.

1. Die stieftochter.

2. Des stiefsohns weib.

3. Die schnur (das ist seines sohns weib).

4. Des sohns verlobte braut.

II.

1. Der stieftochter tochter.

2. Des stiefsohns tochter.

3. Des sohns sohn weib.

4. Seiner tochter, sohn weib.

III.

1. Der stieftochter tochter tochter.

2. Des stiefsohns tochter tochter.

3. Des sohns sohn sohn weib.

4. Seiner tochter, sohns sohn weib.

Eine gemeine regel, welche in der blutfreundschaft und schwegerschaft stad hat.

Wenn des breutgams und der braut grosvater und grosmutter schwester oder brüder kinder
gewesen, so ist die ehe, beide von wegen der blutfreuntschaft und der schwegerschaft halben verboten, nach gemeinen und üblichen rechten.

Schwegerschaft.

Personen, so von wegen der schwegerschaft
in der rechten linien (herunterwarts zu rechnen)

m ehelichen verboten, denn solche personen vor unsere söhne gerechnet werden.

Die mutter oder stiefmutter sol nicht nemen

I.

1. Den stief sohn.
2. Der stieftochter man.
3. Der tochter man.
4. Der tochter verlobten breutigam.

II.

1. Des stief sohns sohn.
2. Der stieftochter sohn.
3. Des sohns tochter man.
4. Der tochter tochter man.

III.

1. Des stief sohns sons son.
2. Der stieftochter tochter son.
3. Des sohns sohns tochter man.
4. Ihrer tochter tochter tochter man.

Erinnerung.

Diese itzt erzelte personen sind alle an stat unserer lieben töchteren und söhnen, vor welchen, das vater und mutter oder auch stiefvater und stiefmuttere eine scheu haben und sie nicht be- rtiren, noch schenden, sondern mit zucht ehren sollen, leret beide götlich und beschrieben, ja auch das natürliche recht, und alle menschliche vernunft, derhalben wisse sich jederman darnach zu halten.

Schwegerschaft.

Personen, so von wegen der schwegerschaft (in der seitwarts linien) zu ehelichen verboten.

III.

1. Des grosvaters bruders weib.

II.

2. Seines vettern weib, das ist, seines vaters bruders weib.
1. Seines ohems weib, das ist, seiner mutter bruders weib.

I.

2. Seines schwehers schwester, das ist, seines weibes vaters schwester.
1. Seiner schwiger schwester, das ist, seines weibes mutter schwester.

Der bruder sol nicht hinaufwarts nemen.
Der bruder sol nicht hinunterwarts nemen.

I.

1. Seines bruders weib.
2. Seines weibes schwester.

II.

1. Seines bruders sohns weib.
2. Seiner schwester sohns weib.
3. Seines weibs bruders tochter.
4. Seines weibs schwester tochter.

III.

1. Seines bruders sohns sohns weib.
2. Seines brudern tochter sohns weib.

3. Seiner schwester sohns sohns weib.
4. Seines weibs bruders tochter tochter.
5. Seines weibs schwester tochter tochter.

Schwegerschaft.

Personen, so von wegen der schwegerschaft (in der seitwarts linien) zu ehelichen verboten.

III.

1. Des grosvaters schwester man.

II.

2. Irer basen man, das ist, ires vaters schwester man.
1. Irer mumen man, das ist, irer mutter schwester man.

I.

2. Ires mannes vaters bruder.
1. Ires mannes mutter bruder.

Die schwester sol nicht hinaufwarts nemen.
Die schwester sol nicht hinabwarts nemen

I.

1. Irer verstorbnen schwester man.
2. Ires verstorbnen mannes bruder.

II.

1. Ires bruders tochter man.
2. Irer schwester tochter man.
3. Ires mannes bruders son.
4. Ires mannes schwester son.

III.

1. Ires brudern sohns tochter man.
2. Ires bruders tochter tochter man.
3. Irer schwester tochter tochter man.
4. Ires mannes bruders sohns sohn.
5. Ires mannes schwester sohns son.

Vom breutigam und der braut, das ist, die sich mit einander öffentlich verlobet, und doch das eine vorstirbt, ehr die hochzeit oder beilager gehalten.

Der sohn sol nicht nemen seiner braut mutter, item er sol nicht nemen seines vaters braut oder vertraute, welche seine stiefmutter solte worden sein.

Also ist auch von der tochter zu sagen, nemlichen:

Die tochter sol nicht nemen irer mutter breutigam, oder vertraueten, welcher ir stiefvater solt geworden sein.

Item sie sol nicht nemen ires breutigams vater, das ist der, mit welchs sohne sie sich zuvor verlobet, und doch mit ime nicht hochzeit gehalten.

Der vater sol nicht nemen seines sohns verlobte braut.

Die mutter sol nicht nemen irer tochter verlobten breutigam.

Erinnerung und unterricht.

Dieweil mann und weib ein leib und ein fleisch durch die ehe worden, sol ein itzlichs theil sich von des andern blutfreunde enthalten. Es werden aber nicht allein blutfreund genant, welche von ganzer geburt, als von einem vater und von einer mutter, sondern auch, welche von halber geburt, als von dieser einem, ja auch welche etwan ausserhalb der ehe gezeuget, und des geblüts halben, durch das natürlich recht, mit einander verwand sind, unter welchen personen keine eheverbindung, noch vermischung geschehen solle, wie denn im dritten buch Mose[1]), am achtzehenden capitel, verboten wird, und welcher dieser personen eine, so ime mit blut verwand und verboten, berüret, der hat eine blutschande begangen.

Beschlus.

Dieses sind die personen, und gelide, welche zum theil von gott selbst, etzliche aber durch das natürliche recht und die oberkeit bei schwerer peenen und strafen, als der geistlichen oberkeit des bannes und abschneidung von der gemeinschaft der christlichen kirchen, auch solcher verbotener personen von einander scheidung, und der weltlichen oberkeit straf, als des feuers und schwerts und anderer mehr, zu ehelichen oder zu bertiren verboten seind.

Derhalben wolle sich jederman davor hüten, das er nicht sich selbst, noch auch andere leut mit blutschanden verunreinige, und nicht mit verboten personen sich zu verehlichen oder vermischung und unzucht zu treiben, unterstehe noch einlasse, damit er ein rein christlich gewissen haben müge, auch göttlicher maiestet und weltlicher oberkeit zorn und ernstliche strafe nicht auf sich lade, ja auch land und leute solcher sunden halben nicht verunreinige, in jammer und not füre, wie uns denn die erschrecklichen exempel in der heiligen schrift werden vorgehalten, daran zu sehen, wie hart gott die blutschanden und unzucht zu allen zeiten pflege zu strafen, wie solchs die strafe der sindflut bezeuget, der stet Sodoma und Gomorra[2]), der Sichimiter, do umb eines mannes unzucht willen eine ganze stadt vorwüst und verhert wurden, item Numeri 25. da umb der hurerei willen vier und zwenzig tausent, item Judicum 20. fünf und zwenzig tausent aus dem einigen stam Beniamin, ja auch so viel völker im land Canaan erschlagen und aus dem land vertrieben wurden.

Darumb (spricht gott der herr, im dritten buch Mosi[3]), am achtzehenden capitel) haltet meine satzung und rechte, und thut dieser greul keinen, auf das euch das land nicht auch anspeie, wenn

ir es verunreiniget, gleich wie es die heiden hat ausgespeiet, die vor euch waren, denn das ist der wille gottes (spricht Sanct Paulus)[1]) eur heiligung, das ir meidet die hurerei, und ein iglicher unter euch wisse sein fas (das ist seinen leib) zu behalten in heiligung und ehren, nicht in der lustseuche, wie die heiden, die von gott nichts wissen, das helfe uns gott vater, sohn, und heiliger geist, amen.

Wir wollen auch, das diese nachvolgende artikel, neben der oben angezeigten erinnerung, auch von wort zu wort auf den sontag, so jedem quartal des jars volget, gelesen werden.

Und auf das sich ein jeder in ehesachen wisse zu halten, damit sie sich selber nicht in beschwer und schimpf füren, sollen sie alle wege, so sie verlöbnis wollen halten, sich der verwanten freuntschaft oder schwegerschaft erstlich befragen, und so sie merken, das sie etwas nahe, sollen sie sich bei den pfarherrn, oder so sie die des nicht genugsam zu entscheiden wüsten, beim consistorio erkunden, ob die personen nach göttlicher und der oberkeit ordnungen einander haben mügen, auf das sie nicht hernach, nach geschehenem verlöbnis, dörfen mit grosser mühe, unkost, und schimpf von einander gesprochen werden.

Desgleichen sollen sie sich anderer hinderunge, sonderlich, ob die personen ledig und nicht jemands anders unentscheiden behaftet, befragen, ehe die gelöbnis volnzogen werden.

Item, das sich niemands ane vorwissen seiner eltern vorheiraten solle, welchs wider götliche, natürliche, keiserliche recht, und chur und fürstliche ordnunge ist, und nicht zuzulassen, und wer das mit fördert, sol hertiglichen gestraft werden, idoch das die eltern irer gewalt nicht misbrauchen und ob sich derhalben irrung zutrügen, sol es bei dem consistorio geortert werden.

Desgleichen sollen die eltern vermanet sein, ire kinder zu gebürlicher zeit zu berathen, und do hin sie nicht neigung haben, mit gewalt nicht zu zwingen, und wo sie des vermanet durch die pfarherr, auf ansuchen der kinder, neben andern freunden, und sich daran nicht keren wollen, sollen sie darumb vorm consistorio zu antwort stehen.

Item das niemand sich heimlich zu einer schlieslichen ehe verlobe, und solche heimliche verlöbnis nicht zugelassen, sondern gestraft werden sollen.

Item das niemand sein ehegemahl verlassen sol, und die da weglaufen, sollen gestraft werden.

Item wo in dörfern und steten, man und weib, unehelich bei einander woneten, das sollen die

---

[1]) A.: Leviticus 18, V. 6.
[2]) A.: Gen. 7, 19, 34.
[3]) A.: V. 25 u. 28.

[1]) A.: 1. Thess. 4, V. 3 ff.

nachbarn nicht leiden, sondern im consistorio, oder im ampt ansagen.

Item dergleichen sol der ehebruch, auch jungfrauschender, durch geistlich und weltliche obrigkeit hertiglich gestraft werden.

Item, so jemands ehegenosse in ehebruch, das gott abwende, fiele, oder weglief, oder sich in ehesachen, oder verlöbnis halben, irrung zu tragen würden, sol niemands ungeortert der sachen anderswo zuverheiraten, sich unterstehen, noch die pfarherr sie zusammengeben, bei vermeidung grosser strafen etc.

Item, es sol auch niemands zusammen geben werden, der frembde ist, one gnugsam gezeugnis, damit man wisse, das er ledig sei, und do sich hirinne etwas bedenken zu trüge, sollen die pfarherrn one vorwissen ihres superattendenten, oder da es von nöten, auch des consistorii nichts vernemen oder schliessen.

Und dieweil sich viel irrung und unrats, sonderlich jetzt nach diesen kriegsleuften zu tragen, das viel weiber, welcher menner im krieg, oder sonst ander ursachen halben, an frembde ort gezogen, sie aber, entweder aus vorwitz, oder auf schlechte, ungegründte, frembder leut ansage, (als ob sie umbkomen, oder sonst verstorben, oder aber anderswo mit weibern verhaft) sich mit andern manspersonen verloben, und ire pfarherr etwa ubel oder ungleich berichten und bereden, damit sie auf gebotten, und den andern kirchgang erlangen mögen,

volgents aber, wie die erfarung mermals gibt, dieselbige ire vorige menner noch bei leben, entwedern sich anderswo züchtig erhalten, oder sich mit andern weibern wider einlassen, oder aber viderkomen, der zuversicht und meinung, sie wollen mit iren eheweibern wie vor eheliche beiwonung und bleibens haben, sie aber die weiber finden, das sie in irem abwesen sich mit andern verlobt und gesetzt, daraus denn stünd und schande, widerville, gezenke, ergernis, zerrüttung, und allerlei ander unrat und schaden entspringt, und volgen thut,

damit nun solchem allem vorkomen werde, ist hoch und ser vonnöten, das die pfarherr ein ganz fleissig aufsehen haben, und ohn vorgehende, gewisse kundschaft oder gezeugnis, so in schriften oder sonst fur der weltlichen (desselben orts) oberkeit aufgelegt und dargethan werden sol, vider ausrufen noch einsegnen, sondern sie gütiglich abweisen, und im fall aber, das sie sich nicht wölten in gutem abweisen lassen, sollen sie solche personen an das consistorium weisen.

Es sollen auch die pfarherr offentlich von der canzel irem volk verkündigen, das die personen, so sich wöllen lassen aufbieten, nicht allein, sondern da sie jung weren, ihren beiderseits eltern,

oder so sie nicht mehr eltern hetten, ire neheste freunde, oder curatoren, oder wo sie deren auch nicht hetten, ehrliche nachbarn, die bei iren verlöbnis gewest, zum pfarherr komen, und umb das auf gebot bitten sollen, welche die pfarherrn auf nach volgender weise fragen sollen.

Die erste frage.

Ob sie zuvor mit keinen andern sich verwortet, verlobet, oder verehelichet haben, etc. Darnach sich die pfarherr haben zu richten.

Die ander frage.

Ob solch ir verlöbnis offentlich, und mit vorwissen und verwilligung der eltern, oder da sie nicht mehr elter, der nehisten freunde oder curatoren, oder ob sie solche auch nicht hetten, in beiwesen erbarer leute, beschehen, denn heimliche und meuchlische verlöbnis wider ausgerufen, noch zu gelassen werden sollen.

Die dritte frage.

Ob sie gegen einander mit blutfreundschaft, oder schwegerschaft nicht vorwandt, und wo sache, das sie etwa einander vorwandt, sollen sie sich aus diesem büchlin de gradibus consanguinitatis et affinitatis ersehen und erlernen, ob sie zum ehestand zuzelassen, oder nicht. Do aber etliche casus also irrig oder zweifelhaft, das die gemeinen pfarherr sich nicht wüsten draus zurichten und richtigen bescheid zu geben, sollen sie dieselbigen felle an ire verordnete superattendenten-gelangen lassen und bei inen bescheid erholen, und im fall, das etwa die casus alle zu verwirret und strittig, sollen solche die superattendenten an das consistorium weisen.

So sichs aber zu trüge, das entweder die eine person, oder aber beide ganz frembde und unbekand, sollen die pfarherr fragen, von wan sie sein, warumb sie in irer pfarr, da sie einander gefreiet, sich nicht haben aufbieten und einsegnen lassen, was ir thun und gewerbe, obs hantwerks leut oder land farer etc. und sich aus allen umbstenden deste besser wissen zu richten.

Es sollen aber keine frembde und sonderlich landfarer auf gebotten, noch eingesegnet, oder zum ehestand gelassen werden, ohne gewisse und gnugsame zeugnis, und erfarung, wie obstehet, das sie sonst nirgent mit andern personen durch verlöbnis, oder ehelichem leben, verhaftet, damit gefahr und ergernis verhütet, das evangelion nicht verlestert, noch der einwohner und pfarrleut kinder betrogen oder verfüret werden.

Und als denn, da die pfarherr nach fleissiger und gnugsamer erforschung befunden, das zwischen den zweien personen kein irrung oder bindernis,

5*

sollen sie beider tauf und zunamen, von inen verzeichnet, nemen, und sie drei sontag nach einander vom predigstul ausrufen, und so als denn kein einspruch beschehen, inen gestatten, zu kirchen zu gehen, und hochzeit zu haben, wie denn am selben ort gebreuchlich ist.

Es sollen aber alle pfarherr ein register im sacrario ligen haben (und bewaren, das allezeit bei der kirchen bleibe) darein sie verzeichnen die namen deren personen, so nach christlichem gebrauch, ordentlich und recht, ausgerufen, zu stras und kirchen gegangen, hochzeit gehabt, und ehelich beilager gehalten haben, mit vorzeichnis des jares und tages, darin solches beschehen, damit deste gewisser gezeugnis solchen personen möge gegeben werden, so sie oder ihre kinder der geburts briefe von nöten.

Also sol es auch gehalten werden mit der verzeichnis der kinder, in welchem jar, monat und tage sie getauft, denn solche verzeichnis nützlich und gut, das sie irer tauf halben versichert, darinnen sie Christo eingeleibet und ein glied der christlichen kirchen worden sind, auch ir alter aus diesem register lernen rechnen, das sonst aus tod und absterben oder hinlesigkeit der elter leichtlich vergessen wird.

Desgleichen sollen auch aller verstorbenen, es sei der eingebornen, oder frembdlingen namen, in welchem jar, monat und tag sie begraben, eingeschrieben und aufgezeichnet werden, welches dazu dienet, das man den verlassenen widwen, beide mans oder weibspersonen, so sich mitler zeit anderswo wider verheiraten wolten, deste statlicher gezeugnis geben könde, das sie von dem vorigen verbündnis, durch desselbigen todes und begrebnis, frei und ledig worden.

Item man sol auch niemands zusammen geben, er sei denn drei sontage zuvor aufgeboten, und dieses, wie vormeldet, sol auf der canzel angezeigt werden, damit sich niemands, edel oder unedel, zuentschuldigen, und wird sich darüber jemands, ehr wirtschaft zubestellen, unterwinden, der mag den schaden den unkostens tragen, denn derhalben sol keine nachlassung geschehen.

Es trüge sich denn ein solcher fall zu, das es aus ansehenlichen, beweglichen ursachen durchs consistorium hirinne nachgegeben, desgleichen sollen alle andere öffentliche laster nicht geduldet, sondern der billigkeit nach gestrafet werden, darnach sich ein jeder wisse zu richten.

Gedruckt zu Leipzig, durch Jakobum Berwaldt.

7. Ordnung der Ordination.

[Aus Zerbst, St.A. XXVII, Vol. V, fol. 222 b; Nr. 53.]

Almechtiger gott und vater, der du durch den tod deines sohns unsers herren Jesu Christi die sünde und tod zu nichte gemacht, und durch seine froliche auferstehung unschult und ewiges leben herwider gebracht hast, auf das wir von der gewalt des teufels erloeset, in deinem reiche leben, vorleihe uns gnediglich, das wir solches von ganzen herzen glauben, und in solchem glauben, bestendig dich allezeit loben, und dir danken, durch denselbigen deinen sohn Jesum Christum unsern herren.

Wir danken dir almechtiger herr gott, das du uns durch diese heilsame gabe hast erquicket, und bitten deine barmherzigkeit, das du uns solches gedeien lassest, zu starkem glauben gegen dir, und zu brünstiger liebe unter uns allen durch Jesum Christum deinen sohn unsern herren.

Post lectam epistolam.

Die fragen so den ordinanden sollen furgehalten werden.

Gleubet ihr auch[1]) den glauben, den die ganze christliche kirche gleubet. Nemlich an gott

den vater almechtigen schepfer himels und der erden.

Resp.: Ja ich gleubes.

Gleubet ihr auch an Jesum Christum, seinen einigen sohn, unsern hern, der empfangen ist, vom heiligen geist, geboren von der jungfrauen Maria, gelitten unter Pontio Pilato, gecreuciget, gestorben und begraben, nidergefaren zur hellen, am dritten tage auferstanden von den todten, aufgefaren gen himel, sizend zur rechten gottes des almechtigen vaters, von dannen er komen wirt, zu richten die lebendigen und die todten.

Resp.: Ja.

Gleubet ihr auch an den heiligen geist eine heilige christliche kirche, die gemeine der heiligen, vergebunge der sünden, auferstehunge des fleisches und ein ewiges leben. Amen.

Resp.: Ja.

Gleubet ihr auch den heiligen gottlichen prophetischen und apostolischen schriften, und wollet inhalts derselben und vermöge der heiligen symbolen die mit vleis und unvorfelscht euerm volk treulich furtragen, predigen und lehren, auch die hochwirdigen sacrament nach einsezunge unsers lieben hern Jesu Christi, mit aller andacht, und ehrerbieten handeln, und euerm bevolenem volke treulich reichen.   Ja.

---

[1]) Hineinkorrigirt: und bekennet,

Verdammet und widersprecht ihr auch allen irthumen und kezereien, durch die heilige schrift in christlichen conciliis und sunst verdampt, desgleichen des babsts falsche lehre und missbreuche, wider gotliche ordenunge eingefürt, und wollet das bevolene volk treulich darfür verwarnen und dawider lehren.

Resp.: Ja.

Wollet ihr auch einen christlichen gueten eusserlichen wandel fuhren.

Resp.: Ja.

Und unser lieber herr Jesus Christus der oberste hirte und bischof unser selen wolle euch in solchem glauben und bekentnus und christlichem vorsaz gnediglich sterken und erhalten. Amen.

Quo facto cantabitur alleluia, et prosa de sancta trinitate, o adoranda, vel de foesto, vel etiam si placet germanica cantilena[1].

Postea evangelium de dominica vel de tempore potest etiam quandoque legi evangelium Joannis ultimo, dixit Symoni Petro Jesus, Simon Johannis diligis me plus his etc.

Credo in unum deum, patrem, deinde populus cantet vulgari lingua:

Wir gleuben.

Sequitur sacra concio.

Qua finita cantabitur hymnus, veni creator spiritus. Interim ordinator cum ordinandis ac reliquis presbyteris astantibus ante altare procumbent ad genua.

Postea procedatur ad ordinationem.

Finito himno surgant ministri et ordinator ascendat gradum, et primo legat textum Pauli si placet sedendo ante altare.

Horet an euer ampt.

So spricht Sanct Pauel zu seinem junger Timotheo.

Das ist je gewisslich war, so imand ein bischofsampt begert, der begert ein kostlich werk. Es soll aber ein bischof unstreflich sein, eines weibes man, nuchtern, messig, sittig, gastfrei, lehrhaftig, nicht ein weinseufer, nicht bochen, nicht unerliche hantierunge treiben, sondern gelinde, nicht haderhaftig, nicht geizig; der seinem eigen hause woll furstehe, der gehorsame kinder habe, mit aller erbarkeit, so aber imant seinem eigen hause nicht weis furzustehen, wie wirt er die gemeine gottes versorgen. Nicht ein neuling, auf das er sich nicht aufblase, und dem lesterer ins urtel falle, er mus aber auch ein gut zeugnis haben, von denen, die draussen sint, auf das er nicht falle dem lesterer in die schmach und strick.

Postea addatur textus actorum 20.

Und zu den bischoven und eltesten zu Epheso und Mileto spricht S. Pauel auch also.

---

[1] Hineinkorrigirt „vel litania".

So habt nu acht auf euch selbst und auf die ganze herde, under welche euch der heilige geist gesezt hat zu bischoven, zu weiden die gemeine gottes, welche er durch sein eigen blut erworben hat. Denn das weis ich das nach meinem abschied werden under euch komen greuliche wolfe, die der herde nicht verschonen werden. Auch aus euch selbst werden aufstehen menner, die da verkerete lehre reden, die junger an sich zuziehn. Darumb seid wacker.

Sequatur brevis admonitio.

Alhier horen wir lieben freunde, was uns, die wir bischove, pfarher und selsorger seint, von gott bevolen wirt, beide wie wir für unser person sein sollen, und auch was wir in unserm ampt thuu sollen nemlich

Zum ersten,

Das wir wissen, das unser ampt gottes des heiligen geistes ambt ist, und er uns in solch ambt sezet und von uns fodert, das wir in solchem ambt sollen vleissig aufsehen und acht haben, beide auf uns und auf die gemeine, der wir zugeordnet werden zu dienern.

Und wissen, das uns bevolen sint, nicht gense, schweine oder schaf[1] zu hueten und weiden, sondern die gemeine gottes, die er hat teuer, nemlich durch sein blut, erworben und erkauft.

Und das wir sollen wacker mit sorgen und allem treuen vleis zu sehen, das nicht etwo unter sie einreissen schwere wolfe, das ist falsche lerer, als izt sint papisten, widerteufer, sacramentirer, und andere rottengeister, so die selen von dem hern, der sie erkauft und erloeset hat, abwenden und an sich selber zihen, und also jemmerlich verfueren und verderben.

Zum andern

Horen wir, wie wir uns fur unser person und an unserm leben halten sollen, nemlich das wir fur den leuten unstreflich leben, züchtig, keusch erbarlich wandeln und handeln, den unsern wol fürstehen etc. und mit solchem leben unser ampt und guttes wort ehren, zieren, und schmücken und die andern mit guetem exempel auch dazu reizen und vermahnen.

So ir nu solches alles thun wollet, so gebt des euer bekentnus für dieser gemeine und sprechet Ja.

Ordinator stans dicat:

Jesus Christus sprach zu seinen jungern, fride sei mit euch; gleich wie mich der vater gesant hat,

---

[1] Die Worte „gense, schweine oder schaf" sind im Original unterstrichen und am Rande vermerkt: „unvernunftig vihe".

so sende ich euch, und do er das gesaget, blies er sie an und sprach: Nemet hin den heiligen geist, welchen ir die stünde erlasset, den sint sie erlassen und welchen ir sie behaltet den sint sie behalten.

Hic ordinator primo, deinde singuli sacerdotes astantes singulis ordinandis manus imponent. Postea dicatur expressis verbis pater noster flexis genibus.

Vater unser, der du bist in den himeln, geheiliget werde dein name. Zukom dein reich, dein wille geschehe wie im himel also auch auf erden. Unser teglich brot gib uns heute und verlasse uns unsere schult, als wir verlassen unsern schuldigern und fure uns nicht in versuchunge, sondern erlose uns von dem ubel. Amen.

Deinde. Last uns beten.

Barmherziger gott, himlischer vater, du hast durch den munt deines lieben sons unsers hern Jesu Christi zu uns gesagt, die ernte ist gros und wenig ist der erbeiter. Darumb bittet den hern der ernte, das er erbeiter in seine ernde sende.

Auf solchen deinem gottlichem bevelich bitten wir von herzen, du wollest diese deine berufene diener sampt uns und allen, so zu deinem wort berufen sint, deinen heiligen geist reichlich geben, das wir mit grossem haufen deine evangelisten sein, treu und veste bleiben wider den teufel, welt und fleisch. Damit dein name geheiliget, dein reich gemeret, dein wille volbracht werde.

Wollest auch dem leidigen greuel des babsts und Machomets und aller secten und rotten, so deinen namen schenden, dein reich zustoren, deinen willen hindern, endlich steuren und ein mal ein ende machen. Und solch unser arm gebet, weil du es selbs bevolen und geheissen hast, wollestu gnediglich erhoren, und thuen, wie wir trauen und gleuben. Durch deinen lieben sohn, unsern hern Jesum Christ, der mit dir und dem heiligen geist lebt und regirt ewiglich, amen.

Deinde dicat ordinator ad ordinandos.

Und nachdem wir an gottes stat euern beruf durch gebet und auflegunge unser hende für dieser heiligen gemeine bestetigt haben, so bevelen

wir euch das ampt und predigt gottliches wortes, auch die gewalt der schlüssel, die stünde zubinden und zuloesen und die hochwirdigen sacramenta nach einsetzunge unsers lieben hern Jesu Christi zuhandeln und zureichen und alles, was euerm ampt zusteht zuvorbringen, im namen gottes des vaters und des sons und des heiligen geistes.

So geht nu hin (spricht S. Petrus) und weidet die herde, die bei euch ist, und sehet auf sie nicht als gezwungen, sondern freiwillig, nicht umb schendlichs gewins willen sondern aus gutem willen, nicht als die uber das volk herschen, sondern werdet fürbilde der herde. So werdet ir, wen erscheinen wirt der erzhirte Jesus Christus, die unverwirgliche krone der ehren empfahen.

Benedictio.

Dominus benedicat tibi et custodiat te † dominus ostendat faciem suam tibi et misereatur tui † dominus convertat vultum suum super te et det tibi pacem †.

Et benedictio vel dei patris et filii et spiritus sancti descendat super vos et maneat semper.

Sequuntur responsoria ite in orbem vel Petre amas me.

[Es folgen im Manuskript auf besonderen Blättern einige Praefationes mit Noten, welche aus irgend einem Grunde hineingeheftet sind, aber offenbar nicht zur Ordinations-Ordnung gehören.]

Sodann:

Wir danken dir almechtiger herr gott, das du uns durch diese heilsame gabe hast erquicket. Und bitten deine barmherzigkeit, das du uns solchs gedeien lassest zu starkem glauben gegen dir und zu brunstiger liebe unter uns allen durch Jesum Christum, deinen son unsern hern.

Resp.: Amen.

Benedictio.

Der herr segene dich, und behute dich. Der herr erleuchte sein angesicht auf dich und sei dir guedig. Der herr erhebe sein angesicht auf dich, und gebe dir friede. †

Resp.: Amen.

8. Ordnung der öffentlichen Busse.

[Aus Zerbst, St.A., Vol. V, fol. 213, Nr. 20ᵈ. Die zu einem speciellen Gebrauche in Zerbst, Vol. V, fol. 213, Nr. 20ᵃ vorgenommenen Zusätze und Veränderungen stehen in Amerkungen.]

Mit den penitentibus soll es auf volgende weise im stift Merseburg gehalten werden.

Proclamatio.

Erstlich, soll der pfarrher auf der canzel öffentlich vorkundigen:

Nachdeme N.[1]) öffentlichen gesundigt, einen todtschlag, diese oder jene sunde begangen, und dadurch die christliche gemeine schwerlichen be-

---

[1]) In Zerbst, Vol. V, fol. 213, Nr. 20ᵃ mit rother Tinte verbessert: Caspar Schilta und Catherina seine hausfraue ein arms ziehe kind durch entziehung notturftiger unterhaltung, und ungeburlicher zuchtigung vorwarloset, und zum tod vorursachet.

trubet, und geergert, das derselbe [1]) izt sich mit gotte, und der christlichen gemeine willens were zuvorsunen, und seine sunde offentlichen zubekennen, und umb die absolution zubitten, derhalben wir dan gott vor solchen [2]) sonder [3]) treulich bitten sollen, das gott ihme [4]) und uns allen unsere sunde umb Jesu Christi willen gnediglichen wolte vorgeben, ihme [5]) auch und uns allen gnade vorleien, das wir unser leben mugen bessern,

item das izt derselbige [6]) vor den altar wurde [7]) offentlichen vorgestelt werden, daselbst seine [8]) sunde zubekennen, und umb die absolution zubitten, derhalben solte das volk in den chor [9]) sich nach der predigt finden, und doselbst alles anhoren, und fur den [10]) armen sunder helfen bitten.

Wen nun die predigt geschehen, und das das volk in den chor [11]) sich vorsamlet, soll der [12]), so offentliche busse thun will [13]), fur den altar nider knien.

Als den sol der schulmeister, custos und pfarherr sampt der ganzen gemeine den psalm 51 miserere mei deus etc., erbarm dich mein o herre gott, nach deiner grossen barmherzigkeit, oder den 130. psalm, aus tiefer noth etc. vom anfang bis an das ende singen.

Nach solchem psalm sol der superattendens oder pfarrher solche oder dergleichen wort und vermanung zu dem volg sagen:

Lieben freund Christi, ihr wisset das dieser N. N. durch seine begangene sunde, des todtschlags oder offentlichen ehebruchs [14]) gott den herrn hart erzurnet, und unsere christliche gemeine betrubet und geergert, derhalben er [15]) dan sich der gemeinschaft der heiligen und gemein gotts und des gebrauchs der hochwirdigen sacrament unwirdig und unentpfehig, auch des zorn gotts, und der ewigen verdamnus schuldig gemacht hat [16]), auch durch solchen fal von Christo und seinem heiligen leibe abgeschnitten und ein glied des teufels worden ist [17]), welchs dan erschrecklich zu horen,

Dieweil aber gott ein solcher got ist, der da nicht lust hat an des sunders tod, sonderu das er sich bekere und lebe, und got uns selbst vormanet, das wir uns zu ihme sollen bekeren, so wolle er sich auch zu uns wenden, das ist, unsere sunde uns nicht zurechnen und uns gnade und barmherzigkeit erzeigen,

Dieser aber kegenwertiger N. N. [1]) sich alhie vor got und dieser christlichen gemeine eingestalt, sich zu got zubekeren, und durch vorgehende absolution und entpindung seiner [2]) sunden der gemeine Christi widerumb begeret [3]) eingeleibt zu werden,

Unser lieber herr Christus aber uns, seiner lieben kirchen, offentlichen bevolen, das wir unserm bruder, so oft er sundigt und busse thut und umb vorgebung der sunden bittet, dieselbe an gots stat ihme mitzutheilen, und durch die craft der schlussel des reichs gots ime die thuer zum himmelreich widerumb offnen sollen, so mussen wir solchem bevehl unsers lieben hern Jesu Christi nachkommen und gehorsam sein.

Postea addat:

So frage ich dich nun, ob du solchen todtschlak oder ebbruch etc. begangen [4]) und da du [5]) solchs gethan, das du [6]) dieselbe sunde vor got und dieser gemein offentlichen wollest [7]) bekennen, wie David, Ezechias, Manasse, Paulus, der schecher am creuz, und andere mehr heiligen ihre sunde offentlichen bekant, und vorgebunge der sunden aus gnaden, durch Christum, erlanget haben, darum sage und bekenne, ob du [8]) es gethan hast [9]).

Da er [10]) nun sagen wurde [11]), ja, ich habs gethan, so spreche der pfarrher ferner: Ist dir [12]) dan auch solche sunde von herzen leid, dadurch du [13]) gott erzurnest [14]), und die heilige gemeine betrubet und geergert hast [15])? Da er spricht [16]), ja, sie ist mir [17]) von herzen leit, so frage er dan weiter: Begerestu [18]) dan auch von herzen

---

[1]) Mit rother Tinte: dieselben.
[2]) Verbessert in: solche.
[3]) Verbessert in: sunder.
[4]) Desgl.: ihnen.
[5]) Desgl.: ihnen.
[6]) Desgl.: dieselbigen.
[7]) Desgl.: wurden.
[8]) Desgl.: ihre.
[9]) Desgl.: fur disen altar nach der predigt sich finden.
[10]) Desgl.: die.
[11]) Desgl.: fur den altar.
[12]) Desgl.: solle die.
[13]) Desgl.: wollen.
[14]) Diese zwai eheleut als nemlich Caspar Schilta und Catherina seine hausfrau durch ihre begangene sunde.
[15]) sie.
[16]) haben.
[17]) sind.

---

[1]) Dise aber gegenwertigen Jacob Schiltau und Catherina seine hausfrau.
[2]) ihrer.
[3]) begeren.
[4]) euch nun beide ob ihr solche obgedachte mishandlung an dem armen kindlin begangen habt.
[5]) Vergessen zu korrigiren.
[6]) ihr.
[7]) wollet.
[8]) ihr.
[9]) habt.
[10]) sie.
[11]) wurden.
[12]) euch.
[13]) ihr.
[14]) erzurnet.
[15]) habt.
[16]) sie sprechen.
[17]) uns.
[18]) begert ihr.

vorgebunge dieser und aller und anderer deiner[1]) sunden durch Christum Jesum?

Da er antwortet, ja ich begere sie von herzen, so frage er dan weiter: Gedenkestu[2]) den auch, dein[3]) leben mit gotts hulfe zu bessern und nicht ferner also zu sundigen?

Da er sagen wurde, er wolde sich mit gotts hulf bessern, alsdan spreche der pfarrer:

Wolan lieben freund Christi, ihr habt itzt dieses N. N.[4]) offentlichen bekentnis selbst angehoret,

Ich will euch aber vormanet haben, das ihr diese offentliche busse und erkentnus der sunden nicht vor vorgeblich spektakel, sondern vor ein gross herlich werk achten und halten wollet, daranne die gottliche majestat und die lieben engel im himmel eine herzliche freude und wolgefallen haben, wie Christus Luce am 15. spricht: Ich sage euch, das im himmel wird freude sein fur den engeln gotts uber einen sunder, der busse thut, fur neun und neunzig gerechten, die der busse nicht bedurfen.

Widerumb aber muss auch das volgen, das alle teufel in der hellen, auch die auf erden, auch die in der luft sint, sich freuen mussen uber einen sunder, welcher nicht busse thut, sundern in seinem sundlichen leben mutwilliglichen vorharret, gottes wort, die predigt von der busse, von erkentnus und vorgebunge der sunden vorachtet.

Darumb last es euch keinen schimpf sein, besser ein iglicher sein leben, thue busse, erkenne seine sunde, und gleube, das er vorgebung der sunden aus gnaden durch Jesum Christum habe.

Zum letzten, wil ich euch vormanet haben, das ihr in sonderheit auch vor diesen N. N.[5]) wollet diese acht[6]) tage gott den herrn fleissig bitten, das er ihme seine[7]) sunde, und zwar uns allen auch unsere sunde umb Jesu Christi willen gnediglichen wolle vergeben.

Kniet derhalben nieder und sprecht ein andechtig vater unser.

Nach solchem gebete singe der pastor oder caplan diesen vers:

Wir haben gesundiget mit unsern vetern etc., wir haben missgehandelt und seint gottlos gewesen.

Darauf lese man diese volgende und gemeine collecta:

Her got himlischer vater, der du nicht lust hast an der armen sunder tod, lessest sie auch nicht gern verderben, sondern wilt, das sie bekert werden und leben, wir bitten dich herzlich, du wollest die wolvordinte strafe unserer sunde gnediglich abwenden und uns hinfort zubessern,

deine barmherzigkeit mildiglich vorleihen, umb Jesus Christus unsers herrn willen. Amen.

Nach solchem gebet sol der pfarrher den penitenten heissen aufstehen, und also zu ihm sprechen: Lieber N. N., nachdem du itzunt offentlich vor dieser heiligen gemeine deine sunde bekant, und daruber die absolution gebeten, so wollen wir dir dieselbige herzlich gerne mittheilen, und seint dieser deiner busse halben hoch mit den engeln im himmel erfreuet.

Auf das aber zuvor, eher du von solcher schweren sunde des todtschlags[1]) und allen andern etc., los gesprochen, deine bestendigkeit in der busse dieser christlichen gemeine kunt und offenbar werde, so soltu uber acht tage[2]) nach der predigt, wider alhir her vor den altar kommen, alsdan solstu von solcher deiner sunde, und allen andern los gezelt werden, und die absolution entpfangen, und dem leibe Christi wider eingeleibt, auch zu dem gebrauch der hochwirdigen sacramenten wider zugelassen werden,

Derhalben wollest diese acht[3]) tage gedult tragen, und solch zeit uber got den herrn umb vorgebung der sunden bitten, das wollen wir auch fur dich fleissig thun. Wollest auch diese acht[4]) tage ein nuchternes leben und christlichen wandel furen, dich aller guten werk befleissigen, damit wir mugen spuren, das es dein ernst sei, dan wo es dein ernst nicht sein wurde, wurden wir auch nicht, wie Christus bevohlen, die perlen fur die seue werfen. Zu letzt spreche er: Gehe hin, (und mache ein creuze und spreche:) Der herr sei mit dir, amen.

Nach solchem fahe man den das officium coenae dominicae an, der penitens sol auf das mahl nicht zugelassen werden.

Wie der ander actus mit den penitenten solle gehalten werden.

Das auf der canzel wurde nach der predigt kurzlich dem volke angezeigt, wie das der offentliche sunder N.[5]) sich widerumb als gehorsam erzeige[6]), und sich[7]) mit der christlichen kirchen vorsunen und absolution begere[8]). Demnach vormane ich euch, wollet gott getreulich fur in[9]) helfen bitten, und anrufen, das er ime[10]) warhaftige erkentnis und bekentnis, auch herzliche reu vorleihen wolle, damit er[11]) sich sönnen moge[12]) nach der gnaden gotts, und durch den glauben an Christum vorgebung der sunden und den heiligen

---

[1]) und mishandlung.   [2]) auf zukunftigen donnerstag.   [3])[4]) „acht" durchstrichen.
[5]) In Zerbst, Vol. V, fol. 213, Nr. 20ᵃ lautet der Text: „die zwoen offentlichen sunder".   [6]) erzeigen.
[7]) und sich.   [8]) begeren wollen.
[9]) sie.   [10]) inen.   [11]) sie.   [12]) mogen.

geist entpfangen moge ¹), derwegen wollet bei dieser handlung unvordrossen sein zuvorharren.

Darauf hebe der cantor das misere an zu sagen teutsch, und ende desselben singe der priester den versikel und collecta.

Nach der collecta frage der superintendens, ob sunder ²) auch nach wie zuvor solche eine ³) sunde und missethat bekenne ⁴),

Item, ob ime ⁵) solche sunde herzlichen leid sei und die absolution bitte ⁶), item ob er ⁷) auch furter und willens sein ⁸) leben forthin zubessern, und so er ⁹) auf solche fragen, ja, gesagt, soll er alsdan die vormanung thun.

Mein liebsten in Christo Jesu, wir haben gehört, das dieser ¹⁰) arme sunder itzund abermals vor got und dieser heiligen gemeine sein ¹¹) sunde offentlichen bekant, umb die absolution gebeten, auch zusagung gethan, hinfurt sein ¹²) leben zu bessern, so wollen wir nun, den bevehl unsers lieben herrn Jesu Christi horen, welchen er Matthei am 18. thut, und also lautet,

Sundigt dein bruder an dir, so gehe hin und strafe ihn zwuschen dir und ihme alleine, horet er dich, so hastu deinen bruder gewonnen, horet er dich nicht, so nim noch einen oder zweie zu dir. auf das alle sache bestehe, auf zweier oder dreier zeugen munde, horet er dich nicht, so sage es der gemeine, horet er die gemeine nicht, so halte ihnen als einen zolner und heiden. Warlich, ich sage euch, was ihr auf erden binden werdet, soll auch im himmel gebunden sein, und was ihr auf erden losen werdet, soll auch im himmel los sein. Weiter sage ich euch, wo zwene unter euch eins werden auf erden, warumb es ist, das sie bitten wollen, das soll ihnen widerfaren von meinem vater im himmel, dan wo zwene oder drei vorsamlet sint in meinem namen, da bin ich mitten unter inen. Da trat Petrus zu ihm und sprach, herr, wie ofte muss ich dan meinem bruder, der an mir gesundigt, vergeben? Ists gnug sieben mal? Jesus sprach zu ihm, ich sage dir nicht sieben mal, sondern siebenzig mal sieben mal,

Da heren wir, was wir uns kegen die unbussfertigen und halsstarrigen, nemlich sie als die beiden halten, und keine gemeinschaft mit ihnen haben sollen, widerumb aber, welche mit sunden und den banden des todes und stricken des teufels gebunden und gefangen sint, und von solchen erschrecklichen banden und stricken gerne wolten erlediget und losgemacht werden, das wir dieselbige durch die schlussel der kirchen sollen los und ledig machen, und wirt uns alhier eine herliche vorheischunge und gotliche macht gegeben, das der herre mit hochen worten spricht und

uns vorheisset, ja, auch mit seinem schwur bestetiget und saget, warlich, ich sage euch, was ihr auf erden binden werdet, soll auch im himel gebunden sein, und was ihr auf erden losen werdet, soll auch im himel los sein, wie hette uns doch gott grosser gewalt können geben.

Zuletzt will Christus auch, das wir unserm bruder, so gesundigt, und seine sunde erkennet, so oft er die absolution oder die losbindunge begeret, so oft sollen wir auch inen von den erschrecklichen banden und stricken der sunden, des ewigen tods und des teufels, darein er gefallen, durch die absolution los und ledig machen, dan Christus spricht, das wir unserm bruder, so gesundiget, nicht allein sieben mal, sondern siebenzig mal siebenmal, seine sunde erlassen sollen.

So spricht auch S. Paulus zu den Galatern am sechsten, also:

Lieben bruder, so ein mensch etwo von einem fehl ubereilet wurde, so helft im wider zu recht mit sanftmutigem geist, die ir geistlich seit, und sie auf dich selbst, das du nicht auch vorsuchet werdest; einer trage des andern last, so werdet ihr das gesetz Christi erfullen.

Wan diese wort gelesen, so fordere der coadjutor den superintendenten und die andern kirchendiener zu sich, das sie neben ihme stehen, und spreche alsdan die volgenden wort:

Aus craft des bevehlichs unsers lieben herrn Jesu Christi, und durch das vordinst seines heiligen leidens und sterbens, und nach vormahnung des lieben S. Pauli wollen wir an gotts stat diesen armen sunder N. ¹) von iren begangenen offentlichen sunden absolviren und loszehlen, und von den stricken des teufels und des ewigen tods, darein er ²) gefallen, erledigen und losmachen.

Darnach frage er den ³) penitenten:

Gleubstu ⁴), das Jesus Christus gotts sohn in die welt kommen sei, die sunder selig zumachen?

Wan er ⁵) nun, ja, darauf geantwortet, so spreche er ferner:

Gleubstu ⁶) auch, das Jesus Christus gotts sohn vor dich ⁷) gelidden habe, und gestorben sei, uf das du ⁸) durch solch sein leiden und sterben, vorgebunge dieser deiner ⁹) offentlichen sunden und missethat, und aller anderer sunden, und darnach das ewige leben haben mugest ¹⁰)?

Da er antwortet ¹¹), ja,

So frage er dan weiter:

Gleubstu ¹²) auch, das ich und die gemeine gotts aus diesem bevehl unsers herrn Christi Jesu, was ihr auf erden losen werdet, soll auch

---

¹) mogen.   ²) die zween sunder.   ³) ire.   ⁴) bekennen.   ⁵) ihn.   ⁶) bitten.   ⁷) sie.   ⁸) ihr.   ⁹) er.   ¹⁰) diese.   ¹¹) ire.   ¹²) ihr.

Sehling, Kirchenordnungen. Bd. II.

¹) diese armen sunder Jacob und Katharina.   ²) sie.   ³) die.   ⁴) Gleubt ihr.   ⁵) sie.   ⁶) Gleubt ihr.   ⁷) euch.   ⁸) ir.   ⁹) euer.   ¹⁰) moget.   ¹¹) sie antworten.   ¹²) Gleubt ihr.

im himel los sein, an gotts stat macht haben, dir[1]) und andern die sunde zuvorgeben,

Da er[2]) nun ja darzu spricht[3]), so sage er: Dir[4]) geschehe wie du gleubst[5]).

Und spreche der coadjutor die wort der absolution uber in[6]) wie volget:

Der almechtige gott und vater unsers herrn Jesu Christi will dir[7]) gnedig und barmherzig sein, und will dir[8]) diese begangene missethat und alle andere deine[9]) sunde vorgeben, umb deswillen, das sein lieber sohn Jesus Christus dafur gelitten hat, und gestorben ist.

Und im namen desselbigen unsers herrn Jesu Christi, auf seinen bevehl und in kraft seiner wort, da er saget, welchen ir die sunde erlasset, den sint sie erlassen etc., spreche ich dich[10]) von diesen offentlichen sunden und missethate und von allen deinen[11]) sunden frei, ledig und loss, das sie dir[12]) allzumal sollen vorgeben sein, so reichlich und volkommen, als Jesus Christus dasselbige durch sein leiden und sterben vordient und durchs evangelion in alle welt zu predigen bevohlen.

Und dieser trostlichen zusage, die ich dir[13]) itzt im namen des herrn Christi gethan, wolle dich[14]) trostlich annehmen, dein[15]) gewissen darauf zu frieden stellen, und festiglich gleuben, deine[16]) sunde sint dir[17]) gewisslich vorgeben, im namen des vaters und des sohns und des heiligen geists, amen.

Und alsden lege der coadjutor die hende auf sie.

Dornach heisse er sie aufstehen und spreche diese wort etc.,

Nachdeme dir[1]) gott diese offentliche und alle andere deine[2]) sunde vorgeben, und dich[3]) zu gnaden und zu seinem kint und erben wider angenomen, so will ich dich[4]) an stat dieser heiligen gemeine auch wider zum gliede des heiligen leibes unsers herrn Jesu Christi hirmit angenomen, und dir[5]) widerumb den gebrauch der hochwirdigen sacrament Christi erleubt haben, auf das du[6]) aller wolthaten des herrn Christi, auch des gebets und aller gaben der christlichen gemeine theilhaftig werdest[7]),

Idoch mit dem bescheit, das du[8]) zuvor alhie uns offentlichen zusagest[9]), dein leben[10]) mit gotts hulf zubessern, und hinfort nicht solche erschreckliche und ergerliche sunde zubegehen.

Da er antwortet[11]), ja, ich will mein leben mit gotts hulf bessern, und hinfort der gleichen sunde nicht thun,

Da spreche dann er:

Da helfe dir[12]) und uns allen gott zu, gehe[13]) hin im friede des herrn, und sundige[14]) nicht mehr, das dir[15]) nicht ergers widerfare.

Nach solchem solle er vor dem altar wider nider knien, und wan die verba consecrationis gescheen, soll er der erste[16]) sein, so das sacrament nimpt[17]).

---

[1]) euch. [2]) sie. [3]) sprechen. [4]) Euch. [5]) ir gleubet. [6]) sie. [7]) euch. [8]) euch. [9]) eure. [10]) euch. [11]) euren. [12]) euch. [13]) euch. [14]) wollet euch. [15]) euer. [16]) eure. [17]) euch.

[1]) euch. [2]) eure. [3]) euch. [4]) euch. [5]) euch. [6]) ir. [7]) werdet. [8]) ir. [9]) zusaget. [10]) euer. [11]) sie antworten. [12]) euch. [13]) gehet. [14]) sundiget. [15]) euch. [16]) sollen sie die ersten sein. [17]) nehmen.

II. Das Bisthum Meissen.

a) Das Bisthum.

Hilfsmittel: S. unter Stadt Meissen.

Archive: Dresden, H.St.A. Zerbst, Superintendentur-Archiv. Meissen, Stadtarchiv.

Über die Anfänge der Reformation im Stiftsgebiet Meissen vgl. die Litteratur unter Stadt Meissen. In der Stadt Meissen fand die Reformation ihre erste Stütze. Für das Bisthum selbst entfaltete sich ein eigenes evangelisch-kirchenrechtliches Leben erst mit der Errichtung eines Consistoriums zu Meissen. In meinem Buche „Die Kirchengesetzgebung unter Moritz von Sachsen und Georg von Anhalt. Leipzig 1899" habe ich die bischöfliche Periode in der Kirchenverfassung Sachsens ausführlich zu schildern gesucht. Mit ihr hängt die Errichtung eines Consistoriums in Meissen auf das Engste zusammen. Die Verfassung sollte die der alten Kirche bleiben; die beiden Bisthümer Merseburg und Meissen sollten die Pfeiler der neuen Kirche bilden. Deshalb wurde von der ursprünglich geplanten Errichtung eines Consistoriums zu Leipzig Abstand genommen, obwohl Georg von Anhalt gerade hierzu gerathen hatte. In dem Antwortschreiben Herzogs Moritz auf ein Gutachten Georg's vom 27. November 1544 ist die Frage bereits entschieden. Auf den Conferenzen in Altenzelle (vgl. Sehling, Kirchengesetzgebung unter Moritz von Sachsen, S. 39 ff.) wurden die Verordnungen für die Consistorien zu

Merseburg und Meissen berathen. Und am 16. Februar 1545 wurden die Mitglieder des Consistoriums zu Meissen ernannt. (Vgl. dazu Georg Müller, in Neue Beiträge zur sächsischen Kirchengeschichte 9, 115.) Der Bischof von Meissen blieb jedoch der alten Lehre treu, und es fehlte an den äusseren Umständen, ähnlich wie in Merseburg, so auch hier die episkopale Spitze für die neue Lehre zu gewinnen. So blieb denn dem Consistorium die Leitung der Dinge allein überlassen.

Über die Thätigkeit des Consistoriums sind wir durch die Akten des H.St.A. zu Dresden, z. B. Loc. 7418, „Des consistorii zu Meissen schriften undhendel", ausreichend unterrichtet. Auch das Rathsarchiv zu Chemnitz, Cap. IV, Sect. I, Nr. 56 bietet einige Ausbeute (s. Bd. I dieser Sammlung, S. 543). Vor allen Dingen aber liefert uns ein Band des Superintendentur-Archivs zu Zerbst, Nr. XV, das werthvollste Material. Hier finden wir die vom Consistorium beobachteten Ordnungen, sowie Formulare und Vorgänge für die Handhabung der consistorialen Praxis.

Es sei daher gestattet, diesen Band ausführlich zu beschreiben und zu excerpiren.

Derselbe trägt die moderne Aufschrift: „Manuskript von dem consistorio zu Meissen, wie es 1545 vom herzog Moritz bestellt worden, nach seinen superintenduren, pfarreien, gerechtsamen, sitten und gebreuchen" und enthält durchweg von einer Hand des 16. Jahrhunderts geschrieben die wichtigsten Urkunden aus dem Consistorium zu Meissen und dem Stift zu Meissen nach Einführung der Reformation. Die späteste aufgenommene Urkunde stammt aus dem Jahre 1580.

Vor allen Dingen wichtig ist die Ordnung, mit welcher der Band beginnt, „Ordnung des ehrwirdigen consistorii zu Meissen, wie es anfenglich vom herzog Moritzen daselbst bestellet worden. Anno 1545".

Diese Ordnung des Consistoriums zu Meissen stellt sich dar als eine theils wörtliche, theils auszugsweise vorgenommene, theils veränderte Wiedergabe der Cellischen Ordnung, und zwar aller drei Theile der Cellischen Ordnung. Da nun kein Grund vorhanden ist, anzunehmen, dass diese ausdrücklich als „Ordnung des consistorii zu Meissen bezeichnete" Ordnung dort nicht gegolten haben, im Gegentheil aus den sonst zur Ordnung hinzugeschriebenen Aktenstücken, namentlich Formularen und Präjudizien, zu entnehmen ist, dass dieselbe praktisch verwerthet worden ist, so ergiebt sich 1. dass die Cellischen Ordnungen — und zwar nicht bloss „Das bedenken in ehesachen" — faktisch die Richtschnur auch für das Meissener Consistorium gebildet haben, und 2. — was schon bekannt war —, dass Meissen sich nie strikte nach der Cellischen Ordnung gerichtet hat. [Hierzu vgl. Bd. I S. 98 ff.]

Was uns der Zerbster Band bietet, ist keine vom Landesherrn erlassene Ordnung (denn diesen Charakter hat die Cellische Ordnung überhaupt nie erhalten), sondern ist die für das Consistorium bestimmte Überarbeitung der Cellischen Ordnung, welche dieses faktisch beobachtet hat. Von wem und wann diese Überarbeitung vorgenommen ist, steht nicht fest Wahrscheinlich ist, dass sich das Consistorium selbst, und zwar im Jahre 1545 (wie die Aufschrift besagt), die Cellischen Beschlüsse zurechtgestellt hat.

Die Ordnung zerfällt in drei Theile, denn der angehängte vierte Theil ist nur eine Zusammenstellung der dem Consistorium unterworfenen Superintenduren und Ortschaften.

Der erste theil.

Von ehesachen.

Hier haben wir eine freie Umgestaltung des Cellischen Ehe-Bedenkens vor uns. „Die ehesachen sollen vor die bischofliche ampt und consistoria gehören, zu erkennen und zu bescheiden, was zwischen streitigen parteien rechte ehe sein, und aus was ursachen die ehe zu scheiden, es sollen aber solche consistoria richten und urtheilen nach beschriebenen rechten wo sie dem göttlichen wort nicht zuwider und sovern sie widerwertig, sollen sie sich nach gottes wort halten, und ir urteil und recht darnach richten."

6*

Von ehegelübden on bewilligung der Eltern.

[Ist ein Auszug aus dem entsprechenden Abschnitte der Cellischen Ordnung (vgl. Bd. I
S. 292), gelangt jedoch als besonders charakteristisch für die Art, wie sich das Meissener Consistorium die Cellische Ordnung zurecht gestutzt hat, zum Abdruck. Man beachte den Aus-
zugs-Charakter.] (Nr. 9ᵃ.)

Heimliche verlöbnisse.

[Ist, abgesehen von der Orthographie, wörtlich gleich der Cellischen Ordnung. Nur wird
der erste Satz der Cellischen Ordnung „so sol doch sölches nit binden—freistehen" ersetzt
durch das einfache „sollen sie frei stehen".]

Processe der ehegelubnisse.

[Ist wörtlich gleich der Cellischen Ordnung. Dass die Meissener Ordnung im zweiten
Satze „ob jener das ander" statt „ob ihme das ander" liest, beruht offenbar auf einem
Schreibfehler.]

Vom ehescheiden.

[Wörtlich gleich der Cellischen Ordnung.]

Der sich mit zweien verlobet.

[Wörtlich gleich der Cellischen Ordnung. Nur heisst es in Folge eines Schreibfehlers
„oder vor menniglich mit ihr ehelich beiliegt" anstatt „oder vermeinlich" u. s. w.].

Vom weglaufen und nicht beiwohnen der eheleute.

[Wörtlich gleich der Cellischen Ordnung. Nur hat die Meissener Ordnung hinter „denn
do das verlassene in dem seinen vleis nicht gethan, soll es mit seiner bitte nicht gehöret werden"
einen Zusatz, in welchem die abweichende Praxis des Merseburgers Consistoriums hervorgehoben
wird: „Mulier quae recessit a viro, si reversa fuerit, debet marito restitui, nisi constaret ipsam
adulterium commisisse. C. Signifi. casu de divort.: ubi m. g. in verbo materiam adulterandi
qu. n. mulier ad virum revertitur idem matrimonium est[1]). L. de ritu nupt.[2]). Si inter moras
ipsa non alteri nupserit, nec ipse aliam duxerit. Et consuluerunt consistoriani in Mersenburg
etiam post latam sententiam divortii, uxorem restituendam."]

Von graden darinnen die ehe verboten.

[Wörtlich gleich der Cellischen Ordnung, aber mit folgendem Zusatz: „Glossa. Am ende
des Sachsenspiegels findestu ein urteil der verordneten des churfürstl. hofgerichts zu Wittenberg, das sie zu recht sprechen, do sich etliche in verbotenen graden zusammen verheiraten,
das ihre kinder vor unehelich und der erbschaft unempfenglich geacht, auch sonst die eltern
zu strafen."]

Der ander theil.

Vom priester ampt.

Hier finden wir die Cellische „Kirchen-Ordnung" (Bd. I S. 297) und zwar zunächst den
Abschnitt „Straf der ubertreter". (Alle vorhergehenden Abschnitte der Cellischen „Kirchen-
Ordnung" fehlen.) Mit folgenden Abweichungen: Anstatt „Straf der ubertreter" hat die
Meissener Ordnung „Strafe der priester so ubertretene". In dem Satze „Soll sein, wo es be-
quem ist" u. s. w. fehlt „nach befindung".

Der folgende Abschnitt „Die freiheit der priester dargegen" ist gleich der
Cellischen Ordnung (Bd. I S. 303).

Hierauf folgt in der Cellischen Ordnung ein Stück, überschrieben „Conceptum
Musae". Aus demselben hat Meissen die Sätze „Die prediger sollen sich darumb auf der canzel
nicht annehmen—und nicht verletzt oder geergert werde" entnommen und unter einen eigenen
Titel „Die prediger belangende" gestellt.

---

[1]) c. 4 X. 4, 19 und Glosse ad verbum „materiam adulterandi".   [2]) Wohl die in der Glosse
(Anm. ¹) citirte l. 48 § 4 D. 23, 2.

Der Abschnitt „Von verbotener zeit" entspricht der Cellischen Ordnung (Bd. I S. 303 ff.). Ebenso der Abschnitt „Gotteslesterung in bierheusern — ire narung lest verschwinden". Die drei letzten Absätze der Cellischen Ordnung (Bd. I S. 304) „Wann eins ehebruchs — soll er mit dem banne darzu gedrungen werden" hat Meissen ebenfalls wörtlich aufgenommen, denselben aber eine eigene Überschrift gegeben „Von inquisitionen" und einige Randnoten,

so an der Spitze „Wo ehebruchs oder anderer laster halben indicia vorhanden": comprehenditur etiam incestus;

ferner bei den Worten „Inquisitio denn consistoriis": Inquisitio, offentliche pönitenz;

ferner bei „Würde sie aber ein virtel jars": N. wo die weltliche oberkeit laster nit straft. Nota infra. In der confirmation steht ein halb jar;

ferner bei „Und wan also das consistorium": De publica poenitentia supra, fol. 7 [ist ein leeres, numerirtes Blatt, welches offenbar noch beschrieben werden sollte];

ferner bei „dergleichen, wo die weltliche oberkeit": wan sich die weltliche oberkeit in offenen lastern mit der straf eingelassen sol das consistorium stil stehen;

ferner bei „absolution bitten": Die absolution vom pfarherrn bitten, das mus verstanden werden de publica absolutione, also das sie offenlich von dem pfarhern gebeten werde, wie könte man sonst des wissens haben, wen in privato in einem winkel, do sonst niemands verhanden, die absolution gebeten würde.

Ausserdem ist in den Text hinter „und mit offentlicher poenitenz strafen" eingeschoben: „Von der inquisition siehe im richterlichen clagespiegel folio 126; speculatorem parte tertio, sub titulo de inquisitione; Bartho. l. 1 ff. quaesti.", und am Schlusse: „die auferlegte publica poenitentia soll in einem viertel jahr geschehen".

Dass gerade dieser Passus der Kirchenordnung so stark mit Anmerkungen und Verbesserungen versehen ist, beweist einmal, dass er viel benutzt wurde, und weiter, dass die Bestimmungen nicht genügend erschienen.

Charakteristisch ist den Meissnischen Zusätzen das breite Heranziehen des geschriebenen Rechts.

Während also das Ehebedenken, wie wir sahen, ziemlich ganz, wenn auch mit Änderungen, in Meissen Benutzung fand, hat die Kirchenordnung nur zum kleinen Theil Aufnahme gefunden. Allerdings gehörten auch die Abschnitte über Lehre und Ceremonien nicht gerade in eine Consistorial-Ordnung. Dies ist möglicher Weise der Grund gewesen, weshalb man bloss die das Consistorium direkt betreffenden Abschnitte aus diesem Theile der Cellischen Ordnung entnommen hat.

Der dritte Theil der Meissener Ordnung stimmt mit dem dritten Theile der Cellischen Ordnung, „Ordnung des consistorii", überein. (Mit der einen Ausnahme, dass dort, wo die Merseburger Ordnung auf die Mitwirkung des Consistoriums zu Meissen verweist, dieses umgekehrt „Merseburg" nennt.)

Zuvor aber bringt die Meissener Zusammenstellung eine Copie des Schreibens Herzog Moritzens vom 17. Februar 1545 an Georg von Anhalt, in welchem die Abschrift der „jüngst in der Cellen verglichenen Artikel" und die Ordnung des Consistorii wieder zugesendet und die Einrichtung des Consistoriums angeordnet wird. (Abgedruckt bei Sehling, Kirchengesetzgebung unter Moritz von Sachsen, S. 41 Anm.)

Offenbar betrachtete das Meissener Consistorium dieses landesherrliche Schreiben als eine Bestätigung oder wenigstens stillschweigende Genehmigung der Consistorial-Ordnung und stellte dasselbe daher vor die Ordnung. Die Abschrift des herzoglichen Schreibens hört übrigens dort auf, wo der Passus von der Elevation beginnt. Dieser war ja für eine Consistorial-Ordnung gleichgültig. In der Meissener Handschrift folgt weiter ein offenbar zur praktischen Handhabung angefertigter „Auszug der ordnung des consistorii". (Nr. 9ᵇ.)

Hierauf finden wir eine Verordnung des Herzogs Moritz vom 10. Februar 1545: „Von heimlichen verlöbnissen und ungeschicklichkeit der pfarrherrn, auch vom weglaufen der eheleute", in einem „Unserm amptmann zu Meissen, rathe und lieben getreuen Heinrichen von Bühnau" adressirten Exemplare. Dieselbe stimmt wörtlich überein mit dem Ausschreiben des Herzogs Augustus, Administrators des Stifts Merseburg, welches wir Bd. I S. 304 aus Zerbst, St.A., Vol. V, fol. 213, Nr. 20 abgedruckt haben. Herzog Augustus konnte natürlich nicht für Meissen Verordnungen erlassen.

Hierauf folgen verschiedene F o r m u l a r e : „Notulae canzliae Dresdensis: So die parth uf eröffnung eines gezeugnus verfest werden" [von 1551]; sodann „Formulae diversarum literarum consistorialium"; so eine „Forma investiturae post examinationem et ordinationem Lipsien." vom 16. September 1552 (Mittheilung an den Superintendenten, dass, nach dem N. N. nach Examination und Ordination zu Leipzig für würdig erachtet sei zur Übernahme der und der Pfarrstelle, das Consistorium ihm Investitur hierzu ertheilt habe); „Alia forma ad missionem principis electoris"; „Forma quod nemo debeat gregi dominico praefici sine approbatione et investitura consistorii" (27. October 1552); „Inhibitio investiturae"; „Monitorium aggravationis" [Schreiben des Consistoriums, dass, da C. S. in der Excommunication hartnäckig verharre, öffentlich an alle und insonderheit die Eltern der Befehl zu ergehen habe, dass sie keinen Verkehr mit ihm unterhielten, bei Strafe der Excommunication, insbesondere für die Eltern, wenn sie ihn über drei Tage noch weiter im Hause behielten]; „De examine ante ordinationem et investituram" [Mittheilung, dass einer, der zum Zwecke der Investitur nach Meissen geschickt war, als untüchtig befunden worden sei]; „Exemplum investiturae pastoris in Hirsfeldt" [24. Januar 1577]. — Nach einigen leeren, aber von derselben Hand numerirten Blättern folgen Formulare für die Ehe-Jurisdiction des Consistoriums: „Forma primi edicti" [in Desertionsfällen]; „Forma secundi edicti, tertii edicti" [wenn die Frau im ersten Termin „eine rechtschaffene Kundschaft ihres ehrlichen und Wohlverhaltens bringt", ergeht das Urtheil, welches ihr eine neue Ehe erlaubt, und es bedarf keines zweiten oder dritten Edicts]; „Forma eines steck- oder haftbriefes [weil A. B. auf zwei Vorladungen nicht erschienen, wird er wegen Ungehorsam in öffentlichen Bann gethan und alle Gerichte, welche Rechtshilfe zu leisten schuldig sind, werden gebeten, ihn gefänglich einzuziehen]; „Forma purgationis cum purgatoribus" [ein beschuldigter Pfarrer soll sich von einem Gerücht reinigen durch Eid „beineben etlichen compurgatoribus", „die compurgatores schweren, das sie es davor halten, das der berüchtigte der that unschuldig sei"]. Es folgt ein Formular für einen Pfarrer, der sich purgirt hat.

Den Schluss bildet eine Verordnung Moritzens an das Consistorium zu Meissen wegen der Rechtsmittel, vom 9. Juli 1548. Dieselbe wird hier erstmalig zum Abdruck gebracht. (Nr. 9 c.)

Der vierte Theil, Bl. 23 ff. enthält eine Zusammenstellung der unter der Jurisdiction Meissen stehenden Orte, welche „die investituren bei dem consistorium zu holen schuldig", geordnet nach den Superattendenzen Meissen, Dresden, Pirna, Hain, Freiberg, Annaberg, Chemnitz, Oschatz, Bischofswerda, Colditz, Leisnig.

Verblieb der Bischof Johann IX. auch in der alten Kirche, so vermochte er doch den Fortgang der Reformation nicht zu verhindern. Immerhin stand seit 1565 Meissen als einziges katholisches, geistliches Gebiet im Kurfürstenthum da. Johann IX. trat aber 1579 über und 1581 schloss der Kurfürst eine Capitulation ab, die als Schlusspunkt der Reformation in den sächsischen Landen bezeichnet werden kann. Die grosse Kirchen-Ordnung von 1580 fand damit auch in dem Stiftsgebiete Eingang. Das Consistorium wurde 1580 nach Dresden verlegt, 1588 aber zurückverlegt, wo es bis 1606 verblieb. —

Von Ordnungen ist mir ausser den vorstehend genannten nur noch die folgende bekannt geworden.

Der Band Nr. XV des Superintendentur-Archives zu Zerbst enthält auf Bl. 27 ff. interessante Nachrichten über eine Predigerunterstützungs-, Pfarrwittwen- und Waisenkasse, welche die sämmtlichen Pfarrer der Superintendenz Meissen zu eigener Unterstützung in Nothfällen, namentlich aber auch zur Unterstützung der Wittwen und Waisen, errichtet hatten. Aus der Einleitung ersehen wir, dass die Noth die Pfarrer im September 1559 veranlasst hatte „einen fiscum oder gemeinen kasten, dorein sie jerlichen etwas legten, aufzurichten, und also eine gemeine fraternitet oder brüderschaft mit göttlichem segen anzufangen." Diese Ordnung habe eine Zeit lang bestanden, sei dann aber in Verfall gerathen, deswegen sei auf dem Synodus 1570 beschlossen worden, den fiscum wieder aufzurichten. Die noch nicht eingetretenen Brüder sollten ein Eintrittsgeld zahlen und jedes Mitglied sollte jährliche Beiträge leisten.

Die Ordnung dieser Predigerunterstützungs-, Pfarrwittwen- und Pfarrwaisen-Kasse vom Jahre 1570 gelangt hier erstmalig zum Abdruck. (Nr. 10.)

Nach dieser Ordnung wurde in der That verfahren. Es finden sich regelmässig Einnahmen und Ausgaben verzeichnet, so auf den Synoden 1570, 1573, 1577. Wegen der Veränderungen in der Superintendentur wurden 1574 und 1575 keine synodi gehalten; „der Superintendent Jagenteufel sei über ein Jahr wegen der General-Visitation abwesend gewesen, und dann sei ein grosses Sterben in Meissen gewesen."

Superintendent Jagenteufel gab sich redliche Mühe, die Kasse zu erhalten, hatte aber mit Säumigkeit der Zahlenden und mit Schwierigkeiten bei der Geldanlage und der Vertheilung zu kämpfen, so dass er den Vorschlag machte, in Zukunft „wie in anderen wenigen superintendenzen gebräuchlich", stets nur noch eine einmalige Summe (etwa 30 fl.) an die Wittwen und Waisen zu vertheilen. Das habe zwar, so wird berichtet, anfänglich den Brüdern gefallen, schliesslich seien aber doch so viele tergiversationes eingetreten, dass kein erspriesslicher Fortgang zu erhoffen gewesen sei, zumal „die synodi abgeschafft und keine zusammenkunft der fratrum wie zuvor gehalten werden sol" (vgl. Bd. I S. 113); deshalb sei am 14. November 1580 beschlossen worden, die Kasse aufzuheben, das vorhandene Geld nach dem Verhältniss, in welchem jeder conferirt habe, zu vertheilen; jeder Bruder habe sich verpflichtet, den Wittwen und Waisen eines verstorbenen Bruders seinerzeit auf Erfordern des Superintendenten eine freiwillige Unterstützung nach seinem Vermögen zu gewähren.

b) Die Stadt Meissen.

Hilfsmittel: Rüling, Geschichte der Reformation in Meissen. Meissen 1839. S. 60 ff.; Loose, Reformationsurkunden der Stadt Meissen, in Mittheilungen des Vereins für die Geschichte der Stadt Meissen 2 (1891), S. 357 ff.; Derselbe, Beiträge zur kirchlichen Zucht und Sitte in der Stadt Meissen, in Beiträge zur sächsischen Kirchengeschichte 6, 85 ff.; Codex diplom. Saxoniae regiae. Zweiter Haupttheil. Bd. III und IV.

Archive: Stadtarchiv Meissen. Superintendentur-Archiv Zerbst.

Über die Anfänge der Reformation in der Stadt vgl. Loose, in Mittheilungen zur Geschichte der Stadt Meissen 2, 357 ff. Die erste Visitation fand vom 15.—17. Juli 1539 statt, die zweite Visitation 1540. Die Ordnung, welche die Visitatoren am 19. Januar 1540 publicirten, ist zum ersten Male aus dem Meissener Stadtarchiv (Kirchensachen Nr. 1, Bl. 32 ff.) abgedruckt, von Loose, in Beiträge zur Geschichte der Stadt Meissen, Bd. 2, S. 395 ff. Darnach geschieht hier der Abdruck. (Nr. 11.)

Wegen Übereinstimmung mit den gleichzeitigen Abschieden vgl. Bd. I S. 91.

Über die Klöster in Meissen s. Codex diplom. Saxoniae regiae. Zweiter Haupttheil. Bd. 4. (Augustiner-Chorherrnstift zu St. Afra, Franziskaner-Kloster St. Petri et Pauli, Benediktiner-Kloster zum heiligen Kreuz.)

Der Sammelband XV des Zerbster Superintendentur-Archives enthält Bl. 62 ff. einen Auszug aus der Visitation des Jahres 1575 für Meissen. Bei dieser Gelegenheit wurde den Visitatoren überreicht: „Forma disciplinae et administrationis scholae institutae ab illustriss. principe Mauricio, duce Saxoniae etc., in oppido Misena", Bl. 79—84 (vgl. Vormbaum, Evangelische Schulordnungen 1, 411). „Der abschied bei der pfarrkirche und kirchenbestallung zu S. Afra zu Meissen anno 1575 den 27. Juli von den kurfürstl. visitatoribus zuhalten geordnet", cit. loco, Bl. 85, betrifft fast nur finanzielle und bauliche Dinge. Hervorgehoben sei, dass dem Diaconus „das privat examen catechismi uf den dörfern anempfohlen wird; er solle nicht mehr 4—5 dörfer auf einmal zusammenfordern, sondern höchstens zwei, wozu dann alle hauswirthe, mit weibern, kindern und gesinde zu erscheinen hätten; wer ohne wichtige Ursachen ausbleibe, solle gestraft werden.

Zur Geschichte des Volksschulwesens vgl. N i t z s c h , in Mittheilungen des Vereins für Geschichte der Stadt Meissen 3, 382 ff. Zur Geschichte der Lateinschule vgl. H e y d e n , in Mittheilungen des Vereins für die Geschichte der Stadt Meissen 5, 265 ff.

9. Bruchstücke aus den Ordnungen des Consistoriums zu Meissen.

[Aus Zerbst, Superintendentur-Archiv XV. Vgl. S. 43.]

a) Von ehegelübden ohne bewilligung der eltern.
1545.

1.

Desponsationes sine consensu parentum irritae ac nullae in liberis minoribus.

Die verpflichtung und verlöbnüssen, so ohn vorwissen, begrüssung und bewilligung der eltern geschehen, sollen nach göttlicher satzung, kaiserlicher ordnung, und erforderung bürgerlicher erbarkeit unkreftig und unbündig erkant werden. Ob auch gleich die eltern keine ursach ihrer nicht bewilligung fürzuwenden hatten gegen denen kindern, so noch unter ihrem gewalt und gehorsam sind.

2.

Aetas liberorum sub patria potestate.

Nemlich, so der sohn unter 20 und die tochter unter 18 iahren ihres alters sein in zeit der eheverpflichtung.

3.

Exceptio de injusticia parentum.

So aber die kinder das angezeigte alter in zeit ihrer verlöbnüs erreicht hetten, so soll ein unterschied gehalten werden, damit die eheverbietung und kindlicher gehorsam durch die eltern zu keiner tirannei und gottlosikeit gebraucht werde.

4.

Exemplum seu figuratio casus.

Als im fall, das ein sohn oder tochter sein rechtes alter erreichet, und ihrer eltern bewilligung mehrmals kindlich ersuechet zu ehrlichen personen sich zuverehelichen, und die eltern hetten solches abgeschlagen, und weren sonst auch seumig sie durch andere gelegenheit zuverehelichen, und also ihren nutz mehr dan der kinder schwacheit betrachten, so soll solch verlöbnis, so darüber die kinder gethan, kreftig erkant werden.

5.

Causa retractationis promissi coniugii.

Es were dan sach, das die eltern oder kinder redliche ursach fürwendeten, warumb solche ver-

heiratung nit erlich oder rathsam, als wan einer der jungfrauen vater nach seinem leben oder ehren gestanden, oder verthulich prodigus were, oder mit ketzerei befleckt, oder ein offentlicher bevehder oder landbeschediger were etc.

Und ob aber solche ursachen genugsam oder nicht, das soll durch das consistorium stadlich bewogen, und disfals ohne wichtige ursachen solche ehegelübnüs, es sei auf der eltern oder der kinder ansuchen nicht hinderzogen werden.

Hinwider aber wo sich ein sohn oder tochter, wie alt auch die weren, zur ehe verpflichten, ehe dan sie ihre eltern mehr dan eines drumb ersucht, wie oben gemeldet, und ehe dan sie von ihren eltern antwort bekommen, oder domit geferlich in die lenge, als ungeferlich ein viertel iar verzogen, und die eltern, nach dem sie solches erfahren, wollten das verlöbnüs nit verwilligen, so soll dasselbe ehegelübnüs unkreftig erkant werden, ob auch die eltern dawider kein erholiche ursach anzuzeigen wüsten.

6.

Qui nomine parentum comprehendantur.

Es soll aber unter dem namen eltern verstanden werden der vater, und wo der nicht verhanden der grossvater und mutter, und wo der keines verhanden die grossmutter.

7.

Promissiones conditionales.

Dieser unterscheide beide mit dem alter und anderen soll auch gehalten werden in ehegelübden, die conditionaliter, sovern die eltern darin verwilligen werden, geschehen.

8.

Curatorum consensus.

Und so den iungen leuten die eltern tödlich abgangen, und ein iungesell unter 20, oder eine jungfrau unter 18 iaren ihres alters, und also noch unter der verwaltung ihrer curatoren weren, und wolten sich verheiraten, darumb sollen sie ihre curatores zu rath nemen. So sie aber das unterliessen und sich hinter vorwissen und bewilligung derselben in ehestand verpflichteten, und weren darein hinter listig geführet, und betrogen, oder cupplerischer weise aus unverstand darein beredt und verführet worden, und begerten desselben erledigung, so sollen die consistoriales darinnen nach gestalt des handels billichen bescheid geben, und wo sie obberürte ungöttliche oder unerbarliche mittel finden, sie davon erledigen.

9.

Edictum principis.

Und were hierin nutz und guet, das solche ordnung auch durch ein offentliche ausschreibung vom landsfürsten becreftiget würde, wie auch zuvor oft geschehen.

10.

Officium pastorum.

Dergleichen soll auch den pfarhern bevehlich geschehen, das sie von diesem allen beide eltern und kinder aus gottes wort christlich unterrichten und vermanen. Und ob sichs begebe, das über solche erinnerung und verbot eins das ander ohne wissen und willen der eltern zur ehe neme, soll der pfarrer solche ehe nicht bestetigen noch zusammen geben.

11.

Extra territorium copulati.

Und ob sie sich darüber an andern orten trauen liessen, sollen sie nicht wider eingelassen noch aufgenommen werden.

So wird die obrikeit die coppler und copplerinne, welche die jungen leute hinter ihrer eltern wissen und willen also verpflichten helfen, auch andere die dabei sein, und das nicht wehren, sondern wissentlich verhengen und fürdern, in gebührliche straf zu nemen lassen wissen. Und in mangel des soll sie das consistorium mit dem bann zur poenitenz treiben.

12.

Extranei non copulandi absque testimonio.

Hierbei wird bedacht, das kein pfarer frembde zur ehe trauen solle, sie brechten dan das von ihrem pfarhern, unter dem sie sich verlobet, eine kundschaft, dass sie sich mit ihrer eltern willen öffentlich verlobet hetten.

b) Auszug der ordnung des consistorii. 1545.

1. Nach beschriebenem rechte zuerkennen, wo es dem göttlichen rechte nicht zuwider.
2. Ehegelübde ohne bewilligung der eltern unkreftig.
3. Alter des sohnes 20 jar und der tochter 18 jar.

Sehling, Kirchenordnungen. Bd. II.

4. Ehegelübde ohne rath der curatoren ist kreftig, es weren dan die kinder hinderlistiger oder koplischer weise darein geführet.
5. Man soll die parten an frembden orten nicht vertrauen.
6. Kuppereien mit dem bann zur poenitenz zu treiben.
7. Den ehebrecher zur poenitenz zu dringen.
8. Publicum matrimonium praefertur clandestino etiam confessato.
9. Juramentum non habet locum in clandestino matrimonio.
10. An parti sit deferendum juramentum, est in arbitrio judicis.
11. In ehegelübden ohne weitleuftikeit zuverfahren.
12. Die part abgesondert ohne aid zu hören.
13. Terminus ad probandum est peremptorius.
14. Clage und antwort in beider part gegenwertikeit zuverlesen.
15. Die gezeugen sollen schweren in der sachen gezeugnis zugeben soviel ihnen wisslich.
16. Von jedem part mögen zwene setze einbracht werden.
17. Wo die weltliche obrikeit mit strafe des ehebruchs seumig, oder das brüchige teil wer flüchtig, mit rechtlicher citation zuverfahren.
18. Ex officio sich der ursachen des ehebruchs zuerkunden.
19. Das clagende teil soll unschüldig sein.
20. Keinem zuerleuben, ein ander ehegemahl zu nehmen, es sei dan zuvor sententia divortii gegeben.
21. Weglaufunge ist gottes einsetzung eben zuwider als der leibliche ehebruch.
22. Von wegen des weglaufens zuvergönnen ein ander ehegemahl zunemen.
23. Es ist gleich das weglaufend sei ehelich, oder habe sich verlobet.
24. Wo ein ander ehegemahl erleubet, soll die wirtschaft ohne geprenge gehalten werden.
25. Wan das abtrünnige auf ausgegangene citation nicht erscheinet, soll es im lande nit wider eingelassen werden.
26. So oft es die not erfordert, sich mit dem consistorio zue Mersenburg zuvergleichen.
27. Von wegen der laster soll man der inquisition gebrauchen, und publicam poenitentiam auflegen, es weren dan crimina notoria, die gebühren der weltlichen obrikeit zustrafen, do sie aber ein viertel oder halb iar seumig, hat das consistorium zustrafen.
28. In inquisitionibus ordine juris zu prociediren, et debet praecedere admonitio.
29. Appellationes von urtheln sollen an die decanos theologiae und juris gegen Leipzig geschehen.

30. Vor das consistorium gehören ehegelübtnüs, wucher, trunkenheit, gotteslesterung von der lähre, sacramenten, ceremonien, ketzereien, und die pfarhern, schul und kirchendiener und dergleichen. Ehebrüche, jungfraun schmehen [Schreibfehler für „schwächen"], raptus, incestus, und andere offentliche laster, darein sich die weltliche öbrikeit in einem halben jahre nicht gelassen.

c) Verordnung des Herzogs Moritz an das Consistorium Meissen, betr. die Rechtsmittel vom 9. Juli 1548.

Von gottes genaden Moritz herzog zu Sachsen und churfürst.

Wirdigen, hochgelarten, lieben, andechtigen räthe und getreuen. Nach dem ihr uns angezeiget wie des unsers consistorii ordnunge vermag, und ihr das auch also bisanher gehalten, das über die von euch gesprochene urteil vermöge der recht keine leuterung angenommen, und aber die part oft bei euch gesucht, leuterung einzubringen, damit die von den sachen abgeholfen werden möchte, so lassen wir uns gefallen, in massen wir dan euch und euren nachkommenden am consistorio verordneten es hinfüro also stetig und unverbrüchlich zu halten hiermit empfolen haben wollen, das es in der part wolgefallen stehen solle zu appelliren oder eine leuterung in vim appellationis einzubringen. Also wan ein part leuteren würde,

so soll vor euch uf dieselbige leuterung bis zum beschlus von beiden theilen vorsetzet, und die acta an die facultet theologorum und juris consultorum .kegen Leipzig, an die man apelliren sollte, geschickt, und das urteil, das sie daselbst begreifen, durch euch eröffnet werden. Und welchs theil also geleutert hat, demselben soll zu appelliren nicht zugelassen werden, welchs ir dan allwege dem part, das die leuterung einbringet, werdet anzeigen und zuverwarnen wissen. Und wan sich nun dergleichen fall zwischen List kirchnern und seinem weibe zutregt, und ir sie uf ihre eingebrachte leuterung albereit zu einem urtel vorbescheiden, so wollet den parteien anzeigen, so sie die appellation fallen lassen, und es bei der leuterung bleiben lassen wollen, sollen sie darmit gehöret werden, und darauf vor euch versetzet, und die acta wie obgemelt an die orte zu vorsprechen geschickt werden, dahin sie appelliren müsten. Do sie aber zu appelliren bedacht, möchten sie das auch thuen, aber die eingebrachte leuterung nicht angesehen werden, das also in diesem falle dem vorangezeigten unsern decret auch nachgegangen werde, doran beschiet unsere meinung.

Datum Meissen den 9. tag des monats julii, anno etc. 48.

Den wirdigen hochgelarten unsern lieben andechtigen rethen und getreuen, den verordneten unsers consistorii zue Meissen etc.

10. Ordnung der Predigerunterstützungs-, Pfarrwittwen- und -Waisen-Kasse für die Superintendenz Meissen. Vom 10. September 1570.

[Aus Zerbst, Superintendentur-Archiv Nr. XV, Bl. 27 ff.]

Auch haben die herren pastores und diaconi ihnen solches gefallen lassen, und sich folgender puncten, welche stett und fest von einem jedern unwegerlichen sollen gehalten werden, verglichen und dieselben aufs papier bringen und in ihr neues fundation buch und register einschreiben lassen, darmit jedermann sehe, wie mit dieser einlage umbgangen sei.

I.

Soll der synodus dieser superintendenz nach gelegenheit des herren superintendenten jerlichen auf einen montag celebrirt und gehalten werden.

II.

Soll ein jeder pfarrer oder diacon, so dieser superintendenz verwandt und incorporirt ist, alsbald zum anfang und zur neuen aufrichtung des kastens 4 groschen einlegen, wie es dan auch von einem jedern in der fraternitet gewilliget, und forthin jerlichen auf den tag des synodi, ehe er noch angefangen wird, das quartalgelt einlegen, ein jeder quartal 3 groschen. Im fall aber do

der herr superintendens den synodum zu halten verhindert würde, soll gleichwol ein jeder sein quartalgelt von verlaufnen jahr, wans die prefecti bei ihnen fordern werden, unstümlichen zustellen. Da sich aber aus der fraternitet einer seumlichen befinden würde lassen, und sein quartalgelt nicht von sich geben, und meuterei anrichten wolte, sol er zum ersten mal 6 groschen aufn synodum der fraternitet in kasten zur strafe geben. Würde er aber zum andern mal gleichesfals befunden, sol er 12 groschen zur straf geben. Da aber zum dritten mal ungehorsamlich befunden, soll er von dieser fraternitet ausgestossen, aller forderung sich nichten zu trösten, und darnach einem ehrwirdigen consistorio oder dem hern superintendenten solche contumacia vermeldet werden.

III.

Sein zu solcher ufrichtung vier pastores verordnet, beneben der inspection, die ihnen vom herrn superintendenten aufgetragen, zu prefectis

aerarii verordnet, dieselben der ganzen fraternitet **zum besten** die mühe der einnahme und ausgabe **auf sich** nemen, und weil albereit ein sonderliches **schwarzes** ledlein, und ein register in grün perga**ment** von sechs büchern papier verhanden und **eingebunden**, darein die collecte eingelegt und **geschrieben**, als soll ein jeder prefectus einen **schlüssel** hierzu haben, das keiner ohne den andern **zu dem** vorrath und register nicht kommen, und **ohne** des andern vorwissen etwas ausgeben könne, **und soll** solches ledlein in die sacristei der stadt**kirchen** zu Meissen gesetzt und dem custodi da**selbst** zu verwahren bevohlen worden. Und sind **diese** 4 folgende pastores hierzu verordnet.

[Folgen die Namen mit den dazu gehörigen **Pfarreien.**]

Und diese herren prefecti haben zugesagt, das sie den fratribus treulich vorstehen wollen, auch das sie aller armen pastoren hinterlassenen wittwen und waisen tutores und vormünder sein wollen, dieselbigen in vorfallenden nöten mit rath und that müglichen, nach gehaltener vleisiger nachforschung, ob es bewandt sei, nicht lassen. Wo dieselben den herren superintendenten und die prefectos hierumb ersuchen und anlangen werden, und dorauf ein gewiss unterpfand, oder in mangel des eine gewisse caution den prefectis aerarii darthun, welche ins ledlein beigelegt werden soll.

Es soll aber die hülfe aus dem fisco folgender gestalt geschehen:

I.

Wan ein pastor oder diaconus zu seiner neuen anfangenden haushaltung geldes benötigte, dem sol nach gelegenheit gedienet werden mit 5 oder 6 thalern, darmit einem nicht zu viel und dem andern zu wenig fürderung geschee.

II.

So einer einen brand oder wetter schaden (do gott vor sei) erlitte, diesem soll aus dem kasten geholfen werden.

III.

So einer mit langwiriger krankheit überfallen und mangel leiden würde, dem sol hieraus etwas vorgesatzt werden.

IIII.

Wan ein pastor oder diacon verstürbe, und ein arme wittwe und waislein hinter sich verlassen würde, denen soll nach erkundigung ihres mangels geholfen werden.

V.

Do eines verstorbenen bruders wittwe widerumb heiraten und freien würde, sol ihr ferner nichts aus diesem kasten folgen, im fall aber do sie die prefectos umb eine beisteuer zur hochzeit anlangen würde, soll ihr nach erkundigung ihrer notturft hieraus etwas geholfen werden.

VI.

So eine mutter, so zur andern ehe gegriffen, sich ganz unmütterlich und vergesslich kegen ihre kinder erzeigen würde, und derhalben an die prefectos klage gebracht, sollen sie auf wege gedenken, wie die unmündigen erzogen, und ihnen hieraus ein beisteuer zu kleidung und andern mehr gefallen mächte.

VII.

Wo ein verstorbener bruder söhne hinter ihm verlassen wurde, und unter denen einer zur schuelen geschickt, und darneben zum studio lustig und vleissig sich befinden liesse, der soll mit zimlicher beisteuer versehen, und do er zu seinen jahren kömpt, zum heiligen ministerio oder schuelendienst tüchtig ist, soll er vor einem frembden gefördert werden, welchen die prefecti bei einem ehrwirdigen consistorio neben ihme zu verbitten verpflicht sein sollen.

VIII.

Wo eines verstorbenen pastoris tochter manbar und sich in den ehestand begeben würde, derselben soll uf anregung von den praefectis eine beisteuer, oder zu einem ehrenkleid etwas mitgeteilet werden.

IX.

Wo eines verstorbenen pastoris wittwen und waisen sich müssiggangs bevleissen, die almosen übel anlegen, oder (do gott vor sei) dem heiligen ampt zu unehren allerlei stünde begingen, sollen die vorsteher, do sie dessen gewisse kundschaft hetten, sie hierumb mit ernst anreden und strafen, und do keine besserung vermerkt, ihnen ferner zu helfen die hand abziehen.

X.

Do ein pastor dieser fraternitet seiner gelegenheit nach locum mutiren, oder gar aus dieser superintendenz, ja gar aus diesem lande ziehen, er aber bestendiglich bei der waren lähr der augspurgischen confession etc. verharren, jerlichen auch die einlage übersenden würde, demselben, oder ihren wittwen und waisen, soll müglicher dienst und hülfe widerfahren.

Actum Misenae 10 septemb.
Anno 1570.

11. Ordnung der Visitatoren für die Stadt Meissen, vom 19. Januar 1540.

[Nach L o o s e, in Beiträge zur Geschichte der Stadt Meissen 2, 395 ff.]

Vom opfergelde.

Alle quartal sol von den eingepfarrten personen, die 12 jar erlangt haben, sie haben das sacrament empfangen oder nicht, ein neuer pfennig zum opfergeld gegeben werden. Solches geld nimbt zu sich der rat zu Meissen neben andern kirchenguetern, die im sein eingethan, davou sie dan die kirchendiener besolden sollen.

Vom ausbieten und copuliren.

4 groschen sollen gegeben werden dergestalt: 3 groschen dem prediger und diacono zugleich zu geben, 1 fur die copulatio, 1 fur das ausbieten und einen fur die benedictio: der vierte grosch dem kirchner oder wer anstad des kirchners ist, anstad des evangelii, wie etwan ist gehalten worden.

Es sol auch der pfarrer dreimal als in virzehen tagen die, so sich vorehlichen wollen, offentlich ausbieten, auch niemand zur ehe zulassen, so die freundschaft unter dem vierten grad ist.

Vom leuten, so jemand gestorben ist.

Es sol den toten geleutet werden, auf das die lebendigen auch bedenken die stund und zeit ires sterbens und ir leben besseren etc. Dieses anzeigen mit dem geleut sol bald nach irem sterben geschehen.

Es sol auch forthin frue und des abends, wie bisher auch geschehen, pro pace geleutet werden, auf das das volk erinnert werde fur einen gemeinen fried der christenheit zu bitten.

Leutgeld von toten.

Es sol dem kirchner das leutgeld, wie fur lange gegeben ist, folgen.

Vom begrebnis.

Alle leichen sol man ehrlich zur erden bestatten mit einem tuch bedeckt, auch die verstorbenen nicht so bald begraben, sondern ein weil liegen lassen, hernach ehrlich zur erden bestatten etc.

Item es sol einem jeden priester, der zum begrebnis gefodert wird, von einem alten 1 groschen gegeben werden, von einem kinde aber jedem $\frac{1}{2}$ groschen.

Desgleichen auch den schuldienern, so dazu gefodert werden, auch jedem von einem alten 1 groschen, von einem kinde aber jedem $\frac{1}{2}$ groschen.

Des schulmeisters und seiner collaboratoren ampt.

Der schulmeister mit seinen gesellen sollen der schulen mit treu und sorgen furstehen, auch soviel sich leiden und schicken wil, die schuler in classes einteilen, auf das ordentliche unterweisung gehalten werde, wie in anderen steten und schulen dieses furstenthumbs geordenet ist.

Von der beicht.

Es sol der pfarrer keinem das sacrament des abendmals reichen, derselbe habe dann zuvor seine beicht, dorinnen die absolution deuzsch geschehen soll, gethan etc.

Von den h. sacramenten.

Die pfarrkinder sollen fur die hochwirdigen sacrament des waren leibs und bluts Christi, auch fur die heilige tauf nichts geben; caplan und kirchner sollen auch nichts davon fodern.

Wurde aber jemand etwas gutwilliglich geben, sol ime ungewert sein. Es sollen auch die pfarrer keinem frembden pfarrkinde das h. sacrament des waren leibs und bluts Christi ane sunderliche ursach reichen, auf das ein jeglicher pfarrer selbst seiner scheflin warneme und das er sie, ob sie auch tuchtig oder nicht zu dieser empfahung, aus irem bekentnis habe zuerkennen.

Item es sollen die pfarrer gewarnet sein, das sie keinen frembden ausserhalb ires kirchspiels ehelich zusammen geben, sondern ein jegliche person genugsam verhoeren, auf das sie ane hinderung zum stand der h. ehe kommen moegen.

Welche fest zuhalten.

Diese 3 fest ostern, pfingsten und weihnachten sollen dermassen gehalten werden, das man 3 tag nach einander feierlich halte, je auf einen tag zwo predig thu mit messhaltung, so communicantes vorhanden, auch drei fest beate virginis, als purificationis, annunciationis und visitationis. Item festum Joannis Baptiste, Michaelis, Marie Magdalene, trium regum, circumcisionis und ascensionis domini sol man feiern und zwo predig daran thun etc.

Vom ehstand der priester.

Alle priester, so nicht keusch konnen leben, sollen sich vorehlichen. Es sol auch keinem zugelassen werden, bei einer verdechtigen personen zu wonen.

Von einigkeit der ceremonien.

Es sollen sich die pfarrer gleich und einformig halten in allen ceremonien nach anleitung der buecher, unterricht der visitatorn und kirchenordenung.

Von den gebeuen der kirchen- und schuldienern.

Es sol dem rat und gemeine befohlen sein, das sie die gebeu der pfarren und anderer kirchen- und schuldiener besseren und in beulichen wesen erhalten.

Auf das auch ein geistlich und erbar leben bei dem gemeinen man, soviel moeglich moecht erhalten werden, sol einem erbarn rat und gemeine mit ernst aus befehl u. g. h. vor-gehalten und auferlegt sein, sich got und seinem h. evangelio zu ehren und inen selbst zum besten aller gotteslesterung, fluchens, schwerens, ehbrechens, vollerei und anderer ubel zu enthalten, treulich und fleisig gottes wort zu jeder zeit besuchen und nicht auf den kirch[h]ofen oder sonst, weil man predigt, in unnuzen gesprech stehen oder spaciren, auch nicht ergerlich noch schimpflich von gottes wort und dieser visitation zu reden bei vermeidung gottlicher straf und des landesfursten ungenad. Daruber der herr amptmann und ein erbar rat zu halten schuldig sein.

Gegeben zu Meissen aufm schloss dinstags nach Antoni im 1500 und 40. jar.

[Von anderer Hand]: Es haben auch die furstliche visitatores auf heutigen tag die schule auf dem thumb gar abgeworfen und dem schulmeister Jacoben Breittenbach befohlen den schulern iren bescheid zegeben mit anzeige, das u. g. h. uber die aufgerichte schule in der stadt keine andere schule weder auf dem thumb noch zu Sant Afran leiden wil, dorumb sie auch dem hauptman zu Meissen, das dem also nachgesazt werde, befel gethan haben. Actum in beisein Wolfen Behrs und Val. Schein stadtschreibers als geschickten des rats zu Meissen. Die et anno ut supra.

III. Das Bisthum Naumburg-Zeitz.

Litteratur: Jansen, Julius Pflug, in Neue Mittheilungen des thüring.-sächs. Vereins 10 (1863); Holstein, Medler und die Reformation in Naumburg, Ztschr. f. preuss. Gesch. (1867) 4, 279 ff.; Mitzschke, Luther und die Reformation (Naumburg 1885); Georg Müller, in Beiträge zur sächs. Kirchengeschichte 10, 66; Gebhardt, Thüring. Kirchengeschichte, Bd. 1; Köster, in Neue Mittheilungen des thüring.-sächs. Vereins 19, 497 ff., und in Monatsschrift für Gottesdienst und kirchliche Kunst 2 (1897), 361 ff.; Albrecht, Bemerkungen zu Medler's Naumburg. Kirchen-Ordnung vom Jahre 1537, in Neue Mittheilungen des thüring.-sächs. Vereins 19, 570 ff.; Sixt Braun, Naumburg. Annalen, ed. Köster. Naumburg 1892; Schöppe, Zur Geschichte der Reformation in Naumburg, in Neue Mittheilungen des thüring.-sächs. Vereins 20, 297 ff.; Albrecht, Nachwort zu den Neuen Mittheilungen über die Reformationsgeschichte Naumburgs, in Neue Mittheilungen des thüring.-sächs. Vereins 20, 433 ff.; Derselbe, in Monatsschrift für Gottesdienst und kirchliche Kunst 3 (1898), 57, 81 ff., 139 ff.; Derselbe, in Theolog. Studien und Kritiken. 1898. S. 486 ff.; Borkowsky, in drei Schulprogrammen, „Aus der Vergangenheit der Stadt Naumburg", 1893—1895; Trübenbach, Beiträge zur Geschichte des Zeitzer Kreises. Abthl. 6. Die Einführung der Reformation im Stifte Naumburg-Zeitz. Abschnitt 7. Ein Blick in die Kirchenvisitation der Reformationszeit. (Abgedruckt in: Chronik von Zeitz und den Dörfern des Zeitzer Kreises, von Ernst Zerrgiebel. Zeitz 1896, Bd. I, S. 57—68. [Dort auch ältere Litteratur.]; Philipp, Geschichte des Stifts Naumburg-Zeitz, bei Zerrgiebel, ebenda. Theil II, S. 202—234 (Die Reformation); Rosenfeld, in Zeitschrift für Kirchengeschichte 19, 155—178; Hoffmann, Naumburg a./S. im Zeitalter der Reformation, in Leipziger Studien aus dem Gebiete der Geschichte. Bd. 7. Heft 1. Leipzig 1901.

Archive: Naumburg, Rathsarchiv. Dresden, H.St.A. Zerbst, St.A. Merseburg, St.A. Magdeburg, St.A. Weimar, Ernestin. Gesammtarchiv. Gotha, Haus- und Staatsarchiv.

I. Das Hochstift Naumburg-Zeitz wurde zu Beginn der Reformation von Philipp, Pfalzgraf in Bayern, regiert, der zugleich Bischof von Freising war und die Regierung im Bisthum Naumburg einer Stiftsregierung in Zeitz überliess.

Der Geist der Reformation regte sich in der Stadt Naumburg schon frühzeitig. Schon 1520 traten dort evangelische Prediger auf, unter dem Schutze des Kurfürsten von Sachsen, welcher über das Stift die Vogtei besass. (Das seit dem 15. Jahrhundert hervortretende Streben der Stifte nach Reichsunmittelbarkeit war von den sächsischen Fürsten mit Erfolg bekämpft worden.) Der Rath der Stadt, welchem das Patronat über die Kirche zu St. Wenzel zustand, besetzte, weil der Dompropst, Graf Wolfgang zu Stolberg, seine Collationspflicht vernachlässigte, die Kirche am 10. October 1525 mit einem lutherischen Pfarrer, M. Joh. Langer von Bolkenhain, der schon seit 1520 oder 1521 im Domstift gepredigt hatte. (Zu diesen Daten vgl. Albrecht, in Neue Mittheilungen des thüring.-sächs. Vereins 20 (1900), S. 439.) Das Domkapitel widersetzte sich der Berufung und der Rath wandte sich beschwerend an seinen Bischof. Von Freising aus wurde aber das Vorgehen des Rathes nicht gebilligt. Der Bischof tadelte namentlich, dass der Rath sich unterstehe, die Priesterschaft zu vermögen, die Messe deutsch zu singen. Der Rath schickte deshalb am 21. December 1527 einen Bericht zur Rechtfertigung ein und fügte diesem Berichte die beobachtete Ordnung der Messe bei.

Diesen Bericht haben Köster, in Monatsschrift für Gottesdienst und kirchliche Kunst 2, 361 ff., und Schöppe, in Neue Mittheilungen des thüring.-sächs. Vereins 20 (1900), S. 313 ff. aus dem Rathscopialbuche publicirt. Wir drucken denselben nach Köster's Druck ab. (Nr. 12.)

Zur Geschichte dieses Berichtes vgl. namentlich Schöppe, a. a. O. und zur Charakterisirung dieser noch auf dem vermittelnden Standpunkte stehenden Messe s. den gründlichen Aufsatz von Albrecht, in Monatsschrift für Gottesdienst und kirchliche Kunst 3, 88. — Über Langer vgl. Albrecht, in Neue Mittheilungen des thüring.-sächs. Vereins 20 (1900), S. 436 ff. und die dort Citirten.

Eine rechtliche Grundlage für sein Vorgehen erblickte der Rath in einem Schreiben der bischöflichen Regierung, welches in der Zeit des Bauernaufruhrs die Anstellung eines evangelischen Predigers gestattet hatte, und in dem gleichzeitigen Versprechen der Regierung, dass etwaige neue Ordnungen, die im Kurfürstenthum eingeführt würden, auch im Stifte Geltung erlangen sollten. (Vgl. Schöppe, in Neue Mittheilungen des thüring. Vereins 20, 304, 311 ff., 330 ff., 342 ff.; Albrecht, in Neue Mittheilungen des thüring.-sächs. Vereins 20, 443. Zur richtigen Werthschätzung dieses Schreibens vgl. auch Hoffmann, a. a. O. S. 59.) — So schreibt der Rath einmal in dem Streite, den er um den evangelischen Pfarrer und um den evangelischen Gottesdienst mit der bischöflichen Regierung führte, am 12. November 1528: „So seind wir dieser ganzer unterthäniger hoffnung und tröstlicher zuversicht, e. f. g. werden uns als ein christlicher fürst in dem, daran das heil und verdamnus unser armen seelen gelegen, gnädiglich versehen helfen, und dass wir die ordnung und ceremonien, welche durch hochgedachten unsern gn. herrn den kurfürsten zu Sachsen in sr. kurf. gn. fürstenthume, auch sunst in viel andern landen und steten dem göttlichen ewigen worte gemäss aufgericht und gehalten wird, bei uns in der pfarrkirche zu St. Wenzel dermassen auch halten möchten, genädig gestatten und nachlassen, damit also dem allm. gotte und seinem h. worte gefolget . . . . . .“

Der Kampf um den evangelischen Pfarrer fand aber durch den freiwilligen Fortgang Langer's 1529 vorübergehend ein Ende. Langer liess noch in demselben Jahre eine Recht-

fertigungsschrift in Wittenberg bei Georg Rau erscheinen, von welcher ich ein vorzüglich erhaltenes Exemplar in der Rathsschulbibliothek zu Zwickau XVI, 19 gesehen habe. [Vgl. im
Übrigen Albrecht, in Neue Mittheilungen des thüring.-sächs. Vereins 20, 437.) Und die Stadt
war ohne einen evangelischen Prediger. Aus einer Denkschrift des Rathes an den Kurfürsten
von Sachsen vom 20. Februar 1532 (Schöppe, a. a. O. S. 367 ff.) erfahren wir, dass „in
etlichen umliegenden dörfern die dritthalb jahr lang, so wir ohne prediger gewest, und sonderlich itziger zeit etzliche evangelische prediger verordnet, dahin dann eine grosse mennige aus
unser stadt zu laufen untersteht ....."

Endlich nahm der Rath im Jahre 1532 wieder selbständig einen evangelischen Prediger
in der Person des M. Gallus aus Eisenberg an; dieser war als Prädikant für Eisenberg bestimmt und wurde vom Schösser zu Eisenberg zunächst nur aushilfsweise den Naumburgern
zur Verfügung gestellt, blieb dann aber dauernd in Naumburg, wenn auch unter beständigen
Kämpfen mit der bischöflichen Regierung, im Amte bis zu seinem im Februar 1536 erfolgten Tode.

In einem Schreiben vom 5. April 1536 wandte sich der Rath an Luther um Zusendung
eines neuen Predigers. Es übernahm zunächst Jonas die Versorgung der Pfarrei. (Der von ihm
versuchsweise mitgebrachte Dr. Hieronymus Weller wurde vom Rathe nicht angenommen.) Verhandlungen mit dem ersten evangelischen Pfarrer Naumburgs, Mag. Langer, der nunmehr in
Coburg wirkte, zerschlugen sich. Der Kurfürst empfahl dem Rathe Dr. Nicolaus Medler. Und
nach vierteljährlicher, von Jonas versehener Vakanz erhielt die Gemeinde in Medler einen
neuen Pfarrer.

Am 4. Januar 1537 schrieb der Naumburger Rath an die Wittenberger wegen eines
Helfers. Ein solcher wurde Mag. Benedikt Schumann.

II. Medler's Anstellung bedeutete den endlichen Sieg der Reformation. Medler im
Bunde mit Hilfskräften dehnte nicht nur die Reformation aus, sondern gab auch durch Ordnungen
dem Werke eine sichere Basis. Zu den Lebensschicksalen Medler's vgl. Schöppe, in Neue
Mittheilungen des thüring.-sächs. Vereins 20 (1900), S. 410 ff.; Albrecht, in Neue Mittheil-
lungen des thüring.-sächs. Vereins 19, 570 ff. (und die dort Citirten), 20 (1900), S. 436; Derselbe, in Monatsschrift für Gottesdienst und kirchliche Kunst 3 (1898), 57 ff., 81 ff.

Ein bleibendes Denkmal setzte sich Medler in seiner ausführlichen Kirchen-Ordnung.

Über die äussere Geschichte derselben erfahren wir Genaueres aus dem am Ende der
Kasten-Ordnung stehenden „Beschlus" der Bürgermeister und drei Räthe vom Tage Walpurgis
1537 (1. Mai), richtiger wohl 1538; s. Albrecht, in Neue Mittheilungen 19, 578. Der Rath
erklärte, er habe die drei zur Religion gehörigen Stücke (Kirchen-Ordnung, welche die Predigt,
Sacramente und Ceremonien betreffe; Schul-Ordnung; gemeine Kasten-Ordnung) „mit rat und
unterweisung" Medler's „also wie ein jedes an seinem orte begriffen ist, geordnet und auf
vorgehent erkenntnus und approbirung des durchl. hochgeb. furstens und herrn, herrn
Johann Friedrichen, herzogen u. s. w. unsers gnedigsten herrn und seiner churf. g. gelerten und
visitatorn zu Wittenberg bestetigt".

Medler war also der Verfasser; der Rath holte vor förmlicher Publication die Genehmigung des Kurfürsten und der Wittenberger ein. (Das Gutachten Lyncker's über die
rechtliche Grundlage dieser Ordnung, welches Böhmer, Jus ecclesiasticum prot. I, tit. II,
§ 87 abdruckt, geht demnach von ungenügenden Voraussetzungen aus.) Das zustimmende
Schreiben dieser letzteren vom 14. October 1537, unterschrieben von Luther, Jonas und Melanchthon, ist an der Spitze der Ordnung abgedruckt. (Abdruck bei Köster, in Neue Mittheilungen 19, 498.)

Es folgt in der Handschrift der Naumburger Stadtbibliothek, auch derjenigen der königl. Bibliothek Dresden, ein Vorwort Medler's, welches dieser für seine Nachfolger im Amte (wohl später) beigefügt hat, und in welchem er sich ganz im Sinne Luther's über den nicht verpflichtenden Charakter von Ceremonienordnungen ausspricht und hervorhebt, dass Luther, Jonas, Bugenhagen, Creuziger, Melanchthon und Rörer die Ordnung übersehen und approbirt hätten. — Uber die Datirungsfrage vgl. die scharfsinnigen Untersuchungen von Albrecht, in Neue Mittheilungen 19, 577 ff. und in Monatsschrift für Gottesdienst u. s. w. 3, 58 ff.

Zu den Quellen vgl. die gründlichen Untersuchungen von Albrecht, in Neue Mittheilungen des thüring.-sächs. Vereins 19, 593 ff., 606 ff., 613—620, und in Monatsschrift für Gottesdienst 3, 84 ff. Hierdurch ist es wahrscheinlich gemacht, dass für die Naumburger wie für die Löner'sche Ordnung für Nördlingen 1544 als (gemeinsame) Quelle die von Löner und Medler gestellte Hofer Ordnung von 1529 zu betrachten ist.

Für die Kasten-Ordnung ist natürlich das Leisniger Vorbild maassgebend gewesen. Und dass die grundlegenden Schriften Luther's, der Unterricht der Visitatoren 1528 und andere bekannte Ordnungen, wie die Wittenberger von 1533, benutzt sein werden, ist ohne Weiteres anzunehmen.

Die Ordnung ist in folgenden Exemplaren vorhanden:

a) Handschrift in der Naumburger Stadtbibliothek (beschrieben von Köster, in Neue Mittheilungen 19, 497 ff.).

b) Handschrift in Dresden, königl. öffentliche Bibliothek Mss. K. 50. Das ist eine gleichzeitige Abschrift einer vom Notar Monnich (1538) beglaubigten Copie des Originals. Der Beglaubigungsvermerk Monnich's ist von derselben Hand mit abgeschrieben. Die Citate und Lieder sind häufig nur in den Anfängen wiedergegeben, die Noten zum Theil weggelassen.

c) Eine dritte Abschrift soll sich in Hof befinden (vgl. Seidemann, in Theolog. Studien und Kritiken. 1878. S. 708) ist dort aber nicht aufzufinden.

d) Aus einem vierten, von dem Notar Monnich (1538) beglaubigten (aber zur Zeit nicht mehr vorhandenen) Exemplar des Naumburger Rathsarchivs ist 1864 von Neumüller der Abschnitt über das Schulwesen zu einer nicht in den Buchhandel gelangten Gratulationsschrift verwendet worden. Ob der Beglaubigungsvermerk Monnich's in dieser Handschrift originaliter oder nur wie in Dresden abschriftlich steht, also von dem Schreiber der Handschrift nach der Originalvorlage mit kopirt ist, ist mangels einer Angabe Neumüller's nicht zu ermitteln. Ein zweites, im Naumburger Rathsarchiv erhaltenes, auf Pergament sorgfältig geschriebenes Exemplar enthält auch den Beglaubigungsvermerk Monnich's, aber nur abschriftlich. Dieses Exemplar ist vorübergehend aufgetaucht (vgl. Albrecht, in Monatsschr. für Gottesdienst, 1898, S. 140, Abs. 2), zur Zeit aber nicht mehr aufzufinden. Vielleicht ist dieses das von Neumüller seinerzeit benutzte Exemplar.

Eine Inhaltsübersicht giebt Albrecht, in Neue Mittheilungen des thüring.-sächs. Vereins 19, 592 ff.; Monatsschrift für Gottesdienst u. s. w. 3, 57 ff.

Zur Würdigung der Ordnung im Allgemeinen vgl. Albrecht, in Neue Mittheilungen des thüring.-sächs. Vereins 19, 512 ff.; Hoffmann, a. a. O. S. 78 ff.

Zur liturgischen und hymnologischen Würdigung im Besonderen vgl. Albrecht, in Monatsschrift für Gottesdienst 3, 58 ff., 81, 139 ff.; Derselbe, in Theolog. Studien und Kritiken. 1898. S. 486 ff.

Der von Köster, in Neue Mittheilungen 19, 497 ff. veröffentlichte Text bietet nun zwar nicht diejenige weitere Form, welche spätere Berichterstatter (Schamel, Bürger) nach einem Exemplar im Rathhause zu Naumburg beschrieben haben. Dieselbe enthielt im zweiten Theil z. B. noch Abschnitte über Confirmation, Ordination, Friedhofsweihe, Begräbniss, Bittgänge zur Pestzeit. Diese weitere Form ist nicht mehr vorhanden.

Über das Verhältniss der beiden Gestaltungen hat Albrecht scharfsinnige Hypothesen aufgestellt (Monatsschrift für Gottesdienst 3, 61).

Die Handschrift, nach welcher Köster abdruckt, ist eine Abschrift, welche nach einer vom Rathsschreiber Monnich, der 1538 als Notar diente, beglaubigten Abschrift genau gefertigt worden ist.

Ich habe den Köster'schen Druck mit dem Dresdener Exemplar verglichen. Die wenigen Abweichungen des letzteren gebe ich in Anmerkung, soweit es sich nicht um einfache orthographische Verschiedenheiten handelt, die auf Rechnung des Schreibers zu setzen sind. Ebenso stelle ich die Abweichungen des Neumüller'schen Druckes auf Grund von Albrecht (Neue Mittheilungen des thüring.-sächs. Vereins 19, 572) in Anmerkung.

Über die Weiterentwickelung der Medler'schen Einrichtungen s. Hoffmann, a. a. O. S. 142.

III. Über die Schwierigkeiten, welche die St. Othmars-Gemeinde bei der Einführung der Reformation zu überwinden hatte, vgl. Hoffmann, a. a. O. S. 85 ff. Erst Ende Juli 1538 erhielt die Gemeinde in Kaspar Hecht einen evangelischen Pfarrer, und erst 1540 kann dort der Bestand der neuen Lehre durch Einführung einer Kirchen-Ordnung als gesichert betrachtet werden. Diese Kirchen-Ordnung ist bis jetzt noch nicht aufgefunden. Vgl. Hoffmann, a. a. O. S. 87, Anm. 4.

IV. Gleichzeitig mit der ersten Stadt scheint die Reformation auch in den weiteren Ortschaften des Bisthums Eingang gefunden zu haben, worüber schon oben Einiges bemerkt wurde. Insbesondere auch an dem Sitze der bischöflichen Regierung in Zeitz. Hier wirkten als evangelische Pfarrer Johann Kramer und seit 1539 Eberhard Brissger, der von Altenburg zur Einführung der Reformation berufen wurde (vgl. Jansen, a. a. O. S. 98 ff.; Schöppe, in Neue Mittheilungen des thüring.-sächs. Vereins 20, 414; Zerrgiebel, Chronik von Zeitz und den Dörfern des Zeitzer Kreises. Zeitz 1896. 1, 207 ff.). Über Kämpfe des Zeitzer Rathes mit dem Domcapitel zu Naumburg s. Schöppe, ebenda S. 426. Der Tod des Bischofs Philipp 1542 bedeutete einen Wendepunkt. Jetzt glaubte Kurfürst Johann Friedrich die Zeit gekommen, die Reformation im ganzen Lande durchführen und wohl auch seine Ansprüche auf das Bisthum durchsetzen zu können. Das Domcapitel wählte Julius Pflug zum Bischof. Der Kurfürst, der auf Grund eines Gutachtens der Wittenberger Juristen die Landeshoheit behauptete, protestirte dagegen. Karl V. befahl dem Kurfürsten, die Wahl des Capitels zu beachten, sprach die Reichsunmittelbarkeit des Stifts aus und wies die Städte Naumburg und Zeitz an, dem Bischof Pflug zu huldigen. Der Kurfürst besetzte hierauf das Schloss Zeitz, und auf seinen Befehl übernahm Nikolaus von Amsdorf die Bischofswürde. Luther weihte ihn zu dem neuen Amte (vgl. Jansen, a. a. O. 10 [2. Hälfte], 1 ff.; Hoffmann, a. a. O. S. 126 ff.). Über die vorangegangenen Verhandlungen vgl. Hoffmann, a. a. O. S. 101 ff. Von besonderem Interesse sind diejenigen zu Torgau (November 1541) über die Competenzen des Bischofs und das Consistorium, zu welchem man das Domcapitel umzugestalten gedachte. Über den Torgauer Entwurf vgl. Hoffmann, S. 123 ff.

Die Regierung Amsdorf's, die vom vertriebenen Bischof Pflug, sowie vom Kaiser und von Herzog Moritz nicht anerkannt war, dauerte bis zum schmalkaldischen Kriege 1546. Dann musste er, von Moritz verdrängt, das Land verlassen. Einen Einblick in die kirchlichen Verhältnisse um diese Zeit gewährt das „Gebrechenbuch des stiftes Naumburg und Zeitz gehaltener visitation, 1545",

im Staatsarchiv Magdeburg, A. 59, A. 2172.   Über die Thätigkeit Amsdorf's und seine unklare
Rechtsstellung vgl. Hoffmann S. 129 ff.   In seine Regierung, die durch Differenzen, z. B. mit
dem Superintendenten Medler von Naumburg (vgl. auch Hoffmann S. 143), getrübt war (auch
mit Georg von Anhalt, dem Coadjutor von Merseburg, stand er nicht besonders), fallen einige
anerkennenswerthe Maassnahmen, so eine Kirchen-Ordnung, die in zwei Handschriften des
16. Jahrhunderts erhalten ist, in Zerbst, St.A., Vol. V, fol. 213, Nr. 21 und ebenda Vol. V,
fol. 213, Nr. 20.   Hiernach gelangt dieselbe erstmalig zum Abdruck. (Nr. 14.)   Diese Kirchen-
Ordnung hängt, wie aus ihrem Inhalte zu schliessen, mit der sogleich zu nennenden Visitation
von 1545 zusammen.   Ich setzte sie daher in dieses Jahr.   Bemerkenswerth ist in dieser Ordnung das Bestreben des Bischofs, einen massgebenden Einfluss auf die Besetzung der kirchlichen
Stellen seiner Diöcese zu gewinnen, und auch sonstige Rechte des Ordinarius für sich in Anspruch zu nehmen — zugleich aber auch die schwächliche Form, in welcher sich dieses Bestreben äussert und sich ganz die unsichere und unbedeutende Stellung Amsdorfs' wiederspiegelt,
der eigentlich nur nominell der Oberhirte seiner Diöcese war.

Auch eine Visitation wurde im Januar und Februar 1545 vorgenommen.   In der Stadt
visitirten Amsdorf, Justus Menius und Herr v. Einsiedel.   Vgl. Hoffmann, S. 145 ff.

Für das Bisthum wurde eine eigene Ausgabe des „Unterricht der Visitatoren" in der
Form der Ausgabe von 1538 veranstaltet und erschien unter dem Titel „Unterricht der visitatoren an die pfarrherrn im bisthumb Naumburg, gleicher form der visitatoren im kurfürstenthum zu Sachsen gestellet" in Wittenberg 1545 im Drucke.   (Ein Exemplar in Gotha, Haus- und
Staatsarchiv, K.K. 2 [Vol. 1], Nr. 108.   Vgl. Bd. I S. 40.)

Im Dom zu Naumburg hatte Medler am 11. September 1541 die erste evangelische
Predigt gehalten und seitdem an der Reformirung des katholischen Cultus dortselbst bedächtig
weiter gearbeitet. — Man beachte die Ceremonien-Ordnung, welche das Capitel am 13. November
dem Kurfürsten übersandte und in welcher Spuren des Torgauer Entwurfes nachweisbar sein
sollen. (So Hoffmann, a. a. O. S. 134—135.)   Ja, der Domdechant Günther von Bünau
näherte sich selbst den kirchlichen Reformen und berieth im Mai 1543 mit Medler über eine
Kirchen-Ordnung für den Dom.   Über das Resultat dieser Verhandlungen sind wir nicht unterrichtet. (S. Hoffmann, a. a. O. S. 135 ff.)

V. Julius Pflug war ein Vertreter der vermittelnden Richtung und spielte in den Zeiten
der Interimsverhandlungen auf der katholischen Seite eine führende Rolle (vgl. Sehling,
Kirchengesetzgebung unter Moritz von Sachsen und Georg von Anhalt, S. 93, 94).

Über seine Bemühungen zur Einführung des Interims in Sachsen und besonders auch
im Stifte Zeitz-Naumburg vgl. Jansen, a. a. O. 10 (2. Hälfte), 86 ff.   Mit seinem 1564 erfolgten Tode endigte die katholische Regierung.   Kurfürst August wandte seinem Sohne Alexander
die Administration des Stiftes zu und schloss 1565 mit dem Capitel eine ähnliche Capitulation
ab wie mit Merseburg. (Vgl. im Einzelnen Hoffmann, a. a. O. S. 160.)   Hierdurch und
durch weitere Abmachungen wurde der Besitz des Stifts dauernd an Kursachsen geknüpft, und
damit folgt die kirchenrechtliche Entwickelung des Stiftes derjenigen Kursachsens.

Über Visitationen von 1565, 1566 vgl. Magdeburg, St.A., A. 59, A. Nr. 371, „die bei
der im stifte Naumburg gnädigst anbefohlenen kirchen und schul-visitationen vorgefundenen
gebrechen betr."

Der Rath der Stadt Naumburg erwies sich nach wie vor als ein eifriger Förderer der
Reformation.   Unter dem 23. Februar 1565 richtet er ein Schreiben an die kurfürstlichen Visitatoren.   Dass der Kurfürst eine Visitation verordnet habe, werde ihm Gott lohnen.   Der Rath
erwarte, dass der Kurfürst seine (des Raths) Kirchen mit einer christlichen approbirten Ordnung, auch einer Schul-Ordnung, versehen werde.   Der Rath trägt zugleich einige Gebrechen
vor (Magdeburg, St.A., Repert. A. 59, A. Nr. 371, Cop. 1017 e).

Über die Visitationen von 1578, 1589, 1592 ff. vgl. das Staatsarchiv zu Merseburg, Repert. 43, Thl. I Nr. 2, Thl. VII Nr. 3. Über eine Visitation von 1585 vgl. das Staatsarchiv zu Magdeburg, Rep. A. 59, 2173 (Cop. 1017 g), „Acta visitationis autumn. im stift Naumburg und Zeitz".

Zu der Visitation von 1592 vgl. auch Bd. I S. 343 und das Staatsarchiv zu Magdeburg, A. 59, A. 1205. Zerrgiebel, a. a. O. S. 67.

Über General- und Lokal-Visitationen aus den Anfängen des 17. Jahrhunderts vgl. Dresden, H.St.A., Loc. 8999, „General und lokalvisitationen der drei stifter Meissen, Naumburg und Merseburg, wie es bisher damit gehalten worden. Anno 1612—1617".

VI. Das Stift Naumburg-Zeitz genoss übrigens auch nach der Vereinigung mit Sachsen eine gewisse kirchliche Selbständigkeit, wie es auch politisch nach dem Vertrage vom 5. December 1565 ein gesondertes Gebiet im Kurfürstenthum unter einer eigenen Regierungsbehörde bildete. Deshalb besass es auch ein eigenes Consistorium am Sitze der früheren bischöflichen Regierung, in Zeitz. Viel ist über dieses Consistorium nicht bekannt. Die grosse Kirchen-Ordnung von 1580 erwähnt dasselbe nicht. Aus Magdeburg, St.A., Rep. A. 59, 2173 (Cop. 1017 g) erfahren wir Einiges von seiner Existenz und Thätigkeit. Das Consistorium ernannte am 11. August 1585 den Prediger Apelius zum Visitator, der dann auch in Naumburg eine Visitation abhielt. Das Oberconsistorium zu Dresden rescribirte unter dem 22. Mai 1585 an die verordneten Herrn Commissarien des Consistorii zu Zeitz: Der Herr Superintendent habe mehrere Male um die Resolution auf die eingeschickten Visitationsakten und um Bericht gebeten, wie es mit der Visitation gehalten werden solle. Die Verordneten des Oberconsistorii hielten es für besser, dass der Superintendent oder wem es sonst gebühre, die Visitation zu Naumburg und Zeitz ferner verrichte, und dass dann Dr. Selnekker erfordert und ein Synodus gehalten werde, in welchem über die Abstellung der Gebrechen zu berathen wäre. Die Acten und Decrete sollten aber jedes Mal an das Oberconsistorium zur Kenntnissnahme gesandt werden.

Die Unterordnung unter das Oberconsistorium scheint mehr eine freiwillige als eine rechtlich geregelte gewesen zu sein.

Diese Selbständigkeit offenbart sich namentlich auch in einem eigenen Synodus. Von dessen Thätigkeit giebt uns Dresden, H.St.A., Loc. 10 000, „Synodi und Visitationssachen", Bl. 102 ff. Nachricht. Der Synodus fand am 18. September 1580 statt. Über einen weiteren Synodus von 1585 vgl. Magdeburg, St.A., Rep. A. 59, 2173, Cap. 1017 g. (Vgl. Bd. I S. 118.)

12. Die Kirchen-Ordnung für die St. Wenzelskirche in Naumburg. 1527.

[Nach dem Abdruck von Köster, in Monatsschrift für Gottesdienst und kirchliche Kunst 2, 361 ff., verglichen mit dem Abdruck von Schöppe, in Neue Mittheilungen des thüring.-sächs. Vereins 20, 313 ff.]

Diser form wird die messe in Sanct Wenzels pfarrkirchen in eurer fürstlichen genaden stadt Neunburg zu itziger zeit alleine an heiligen sonntagen und sonst zur feier gebotenen tagen mit singen und lesen gehalten, aber doch aus nimandes gebot, sundern das es also von umbligender stete ubung dermass auch sich zugetragen hat und in gebrauch komen ist.

Anfangs wirt die messe mit dem alma redemptoris mater etc. und zu ider zeit geburlichen introitu, lateinisch angefangen, das kyrie eleison sampt dem gloria in excelsis und dem et in terra pax hominibus etc. wie es vorlangst in ubung gewesen, bis auf die epistel und derselbigen vorgehende collecta lateinisch gesungen.

Dorauf list der prister, der celebrirt, die epistel, so sich zu einer iden zeit geburt, auch lateinisch, und wenn die gelesen wird, dorauf wie es sich nach der zeit geburt, das alleluia oder gradual sampt dem gehorigen sequens, auch nach der zeit, ader dem heiligen tage und feste, so vorhanden ist und des tags gehalten wird, lateinisch gesungen. Alsdanne list und singt der prister, welcher celebrirt, das evangelium auch lateinisch.

Nach dem evangelio hebt der prister an und singt credo in unum deum. Alsobalde hebet

8*

darauf an die ganze kirche und vorsamelung von mannen, junkfrauen und frauen, wer es kan und singen will, den glauben zu deutsch zu singen, und nemlich dise drei nochfolgende gesetze. Also:

Wir gleuben alle in einen gott, u. s. w. [vgl. Wackernagel, Kirchenlied III, Nr. 23. Str. 1, Zeile 1 in statt an; Z. 3 hot st. hat; Z. 9 vor st. fur. Str. 2, Z. 1 in st. an; Z. 6 er st. ein; Z. 8 vor st. für. Str. 3, Z. 1 in st. an].

Wenn diser glaube also gesungen ist, so ruft man den heiligen geist an mit disem gesange also: Nuhe bitten wir den heiligen geist, u. s. w. [Wackernagel, III, Nr. 28, nur St. 1. — 1. Z.: Nuhe st. Nu].

Herre Christ, gottes son, durch deiner marter willen, so bedenk aller christenheit not, denn du uns lieber herr an dem creuze hast erlost. Kirieleis.

Hirnach so geht der prediger auf die canzel und nach anrufung der genaden gottes sagt er erstlich den text des heiligen evangelii, wie es nach ider zeit geburt zu lesen und predigen und legt es dornach recht, reine und wol aus mit guten, treuen leren und underricht, das man dem ewigen worte gottes treulich gleuben, daran hangen und bleiben soll, demselbigen folgen und in der forchte gottes leben, inen alleine lieben, die gerechtigkeit thuen und unsern nechsten als wir uns wollen gethan haben, dinen, und inen als uns selbst lieben; und nach volendter predig spricht er der gemeine vorsamlung vor das rechte gebet unsers erlosers Christi Jesu, das vater unser, mit lieblicher und christlicher auslegung und vorclarung desselbigen, und thut dornach christliche und fleissige erinnerung ins volk: got den allmechtigen von herzen anzurufen und zubitten, vor alle oberkeit und christliche stende, das inen der allmechtige gott seine genade vorleihen und den heiligen geist geben wolde, den waren christlichen gelauben zubekennen und dem worte gottes treulich zugeleben, damit sein gotlicher name bekant und allezeit unsers lebens geert, dem nechsten fleissig gedinet werde, und der armen nicht vergessen, frid und einigkeit alhie auf erden gewirkt und erhalten und darnach uns der ewige fride durch gottes barmherzigkeit vorlihen muge werden. Spricht dornach, dieweile das folk in solcher andacht kniende vorhanden ist, die offenbare schuld und beicht mit folgender absolucion wie geburlich. Dordurch das folk, wie got hab lob vormarkt, zu guter andacht und besserung irs lebens gereizt und gebracht ist wurden, mehr und besser dan in vorigen zeiten, da solche ermanungen nicht geschehen seind. Und alsbalde, nachdem dis alles

dermas geschehen ist, hebt man an durch die ganze kirche zusingen den psalm Davidis: Deus misereatur nostri etc. vordeutscht also:

Es wolt uns got genedig sein, u. s. w. [Wackernagel, III, Nr. 7, Str. 1, 5 wege st. werk. Str. 3, 7 thut st. thun, Z. 8 furchtet st. furchte].

Hirnach procedirt der prister in der messen mit dem dominus vobiscum, wie geburlich, und wenn der chor et cum spiritu suo geantwurt hat, so hebt man an in stat des offertoriumbs zu singen durch die ganze kirche den vordeutschten psalm Davids de profundis clamavi ad te etc. also wie folget:

Aus tiefer not schrei ich zu dir, u. s. w. [Wackernagel, III, Nr. 6. Str. 1, 5 wo st. so. Str. 2, 2 sunde st. sunden; 6 Es st. Des. Str. 3, 6 teuer st. treuer. Str. 4, 8 Noch st. doch; 5 thue st. thut; 7 deines st. seines].

Nach disem gesange an stat des offertorii und so der prister uber den altar bis auf das sanctus procedirt hat, so hebt der chor an zu singen: Sanctus, sanctus, sanctus dominus deus sabaoth, pleni sunt celi et terra gloria tua, osanna in excelsis, benedictus qui venit in nomine domini, osanna in excelsis. Und hirauf singt alsbalde die ganze kirche das Jesus Christus etc. in form wie nachfolget:

Jesus Christus unser heiland, der von uns den gottes zorn wandt u. s. w. [Wackernagel, III, Nr. 10. Nr. 1, 2 gottes zorn st. zorn gottis. 2, 3 vorborgen in dem st. verborgen im. 3, 1 hie zum st. zu dem; 3, 4 hinter leben: „er". 4, 2 thut st. wolt; 4, 4 gegeben st. geben. 5, 2: das es sei ein speis der kranken. 6, 1 genade st. gnad; 6, 4 erkrigest st. krigst. 7, 4 ime st. ihm. 9, 2 bekennest es; 9, 4 deine st. dein].

Hirnach und under des wirt der prister mit der messen bereit bis auf das dominus vobiscum; damitte und mit der antwurt des chors et cum spiritu suo wirt die messe beschlossen.

Und also hat der prister bis anher in dem ampt der messen gar kein deutsch wort gesungen, singet es auch noch nicht, sondern allenthalb lateinisch. Hirzue, so werden diese angezeigte deutsche gesenge und psalmen nicht mehr dann an den sontagen und an den festen und feirtagen, so man zu predigen und das wort gottes zuvorkundigen pflegt, gesungen. Aber sunsten alle anderen tage, die wochen und das jar uber wirt die messe gesungen, gelesen und gehalten lateinisch, und wie bisanher etwa lange geschehen ist.

Sonnabend den tag des lieben aposteln Sanct Thomas anno domini 1527.

13. Kirchen-Ordnung für die St. Wenzelskirche zu Naumburg von 1537/1538.

[Nach dem Abdruck von Köster, in Neue Mittheilungen des thüring.-sächs. Vereins 19, 497 ff., von Wort zu Wort verglichen mit der Handschrift in der Königl. öffentlichen Bibliothek Dresden, Mss. K. 50, sowie unter Hervorhebung der Varianten der von Neumüller benutzten Handschrift nach Albrecht, in Neue Mittheilungen des thüring.-sächs. Vereins 19, 572.]

Im namen des vaters, sohns und heiligen
geists, amen[1]).

Ordenung des gemeinen gotteskasten der stadt Neunburg
in der pfarkirchen zu Sanct Wenzel daselbst.

Es haben alle kluge, weise, gelerte leute[2]) und regenten in allen regimenten und reichen von

---

[1]) Das Vorwort Medler's lautet: Nicolaus Medeler der heiligen schrift doctor, pfarrer und superattendent zur Neunburg, wünscht allen seinen nachkommen gnad und fried von Jesu Christo unsern herrn und heilant.
Dieweil ceremonien in der kirchen anderst nichts seind, den feine christliche ordnung aus der heiligen schrift und derselben gemess nach gelegenheit der zeit und des christlichen volks an einem jedem orte von frommen treuen seelsorgern gestellet, dardurch das junge und unvorstendige gemeine volk zur andacht, das ist gotteswort mit lust zuehören und mit vleiss zue beten gereizet wird, so sollen dieselben aus liebe und des volkes besserung werden, domit niemend geergert werde und uf das es in einer christlichen gemeine nach der regel des heiligen apostels S. Pauls (1. Corinth. 14)[*]) alles ördentlich zuegehe, und nicht aus zwang als man dardurch selig werden könte, oder muss gehalten werden etc. Derowegen es auch wol billich were, das dieselben ein jeden pfarrer zuehalten und zueordnen nach seiner kirchen zur jeden zeit gelegenheit frei heimgestellet wurden, dieweil aber gleichwol nicht alle pfarrer solche ordenung zuestellen gleich gesinnet oder geschickt seind, und es aber dem volke nicht zuetreglich oft und viel neue verenderung in der kirchen zuemachen, dieweil ein regiment oder ordnung wol leichtlich geendert und schwerlich gebessert wird, also hab ich mit vleis dieser Neunburgischen kirchen und des ganzen volks gelegenheit die zeit, so ich ihr unwirdiger pastor gewesen, betrachtet und ihr zue gut diese nachfolgende kirchenordnung gestellet, welche die ehrnwirdigen und hochgelarten herrn visitatores zue Wittenberg die zeit doctor Martinus Lutter, doctor Justus Jonas, doctor Johannes Bugenhagen Pomeranus, doctor Caspar Creuziger, magister Philippus Melanchton und magister George Róter[**]) wissentlichen hier einem erbarn rath mit vleiss uebersehen und allerding approbirt und bestetiget haben.
Derowegen diese ordenung nicht leichtlich von einem jedem geendert werden soll, will aber gleichwol frommen, gelerten und vorstendigen pfarrern, so nach mir kommen werden, hiermit kein gesetz, als ob dis alles von punct zue punct zu notig gehalten werden muss, besondern dis allein ihnen zue einem exempel christlicher ceremonien vorgestellet haben und einem jedem, der es mit rath und vorwissen seiner maiorn[***]) oder christlichen geistlichen obrigkeit thut, dieselben cere-

---

[*]) Im Köster'schen Abdruck steht dieses Citat hinter „aus zwang“. In der Dresdener Abschrift steht es am Rande. Es gehört zweifellos zu „St. Pauls“.
[**]) Dresden: Georg Róter.
[***]) Neumüller und Dresden: maiores.

---

anfang der welt her zur jeden zeit, wie dan solches allein am besten auch die heilige götliche schrift lehret und gebeut, rempublicam, das ist ein gemeinen nutz, in zwei geordnet und getheilet, deren keiner ohn den andern sein aufenthaltung haben, noch bestendig bleiben mag, als nemblich in religionem et politiam, das ist in das kirchen und in das gemein bürgerlich regiment, welche beide allezeit mit vleiss von den regenten im volke wahrgenommen und versorget werden sollen.

Das kirchen regiment aber, so man etwa das geistliche nennet, ist der kirchen zuegehörig, mit bestellung und aufenthaltung der heiligen und götlichen ämpter, so der kirchen vorwandt sein, welches fürnemblich in drei haubtstuck, nemblich in die gemeine kasten, kirch und schulordnung getheilet, und das bürgerliche regiment trifft die obrigkeit und gericht an, welches aufs rathaus gehöret, davon wier hier nichts, besondern alleine von der religion, und erstlich von der gemeinenkasten ordnungen[1]) handlen wollen.

Von den emptern der kirchen.

Die empter aber der kirchen zuerhalten und zuvorsorgen die drei haubtartikel der religion, als gemeine[2]) kasten, kirchen und schulordnung, sein fürnemblich das pfar, predigt, lehr, und darnach[3]) das diacon ampt. Solche empter erstlichen mit personen zuebestellen und zuebesolden, geburt

---

monien nach gelegenheit der zeit, wie es des volks notturft am bequemsten erfordert, zue endern, mehren und mindern heimgestellet und dardurch ganz vleissig geboten haben, hierinnen nichts dan alleine gottes ehre und des armen volks besserung und seligkeit zuesuchen, und wahr zuenehmen.

Der einige und warhaftige bischof und hirt unser selen, der herr Jesus Christus, wolle dieser gemeinen seinen heiligen geist geben und sie vor allen irthumb behueten und in der reinen lehr seines heiligen evangelii bis auf den tag seiner herlichen zukunft bestendig erhalten, auf das sie ihme hie zeitlich durch sein erkentnus in einem wahren christlichen glauben, in fried und einigkeit dienen, und dort in seinem[*]) reich mit allen auserwelten für alle seine gaben, gnaden und woltat immer und ewiglich preis, lob und dank sagen möge[**]). Amen.

[2]) Dresden: leut.
[1]) Neumüller und Dresden: kastenordnung.
[2]) Dresden: gemein.
[3]) Neumüller: „darnach“ fehlt.

---

[*]) Dresden: seinem.
[**]) Dresden: mögen.

dem ganzen gemeinen kirchen regiment in einer jeden stadt und gemein besonder, wie hernach weiter darvon gesaget wird, derowegen wir auch von bestellung der ämpter und aufnehmung derselben person hie erstlich in der gemeinen kastenordnung [1]) von eim jeden wie volgen wirdet, insonderheit sagen wollen.

Das pfarampt.

Die kirchen ämpter aber darnach weiter zue regiren und zue ordenen ist dem pfarrern eines jeden orts besonder, als einem aufseher und pastorn der ganzen gemein in geistlichen sachen zuestendig. Darneben geburt ihme auch das predigampt, welches er zue gewonlichen tagen vleissig treiben und auch auf die andern, so neben ihme predigen, ein treulich aufsehen haben soll, das allenthalben recht gelert und nirgent kein falsche lehr eingefurt, das almosen den armen leuten recht ausgetheilet, und die rechnung des gemeinen kastens, wie sichs geburt, zur jeden zeit gehalten werde, zue welchem ampt ein ganzer erbar rath zue Neunburg, zue der zeit, da diese ordnung gestellet ist worden, durch gnedige foderung des durchlauchtigsten hochgebornen fürsten und herrn, herrn Johann Friedrichen, des heiligen römischen reichs erzmarschalln und churfürsten, herzogen zue Sachsen, landgraven in Duringen, marggrafen zue Meissen und burggrafen zue Magdeburg, unsers gnedigsten herrn, einen doctorn der heiligen schrift, mit namen Nicolaum Medelern von Wittenberg gefodert und ihme dasselbige bevohlen hat, und wero billich und noth, das zue diesem ampt hinfurder allezeit ein doctor, oder zuwenigsten ein licentiatus theologiae gebrauchet wurde.

Das predig ampt.

Dem predig ampt aber, so ferne dasselb, ausserhalb des pfarrers person weiter zue füren und zuetreiben noth ist, werden die reichung der sacrament zuegewandt, darzue dan zue diesem mal von einem erbarn rathe mit wissen rath und forderung des herrn pfarrers zwo personen verordenet und bestalt sein, nemblich ein magister von Wittenberg und sonst ein ehrlicher priester, welcher zuvorn auch lange jar dieser christlicher gemein kirchendiener gewesen ist. — Was aber nun die empter dieser dreier personen, des doctors, als eines pfarrern, des magisters, als eines predigers, und des andern herrn diaconi auszurichten weiter betreffen ist, findet man in des pfarrers kirchenordenung, als in dem andern theil, und zum theil in der schulordnunge, als in dem dritten theil der religion, so hernach volgen wird.

Das lehrampt aber ferner, welches umb unterschiedes wegen also genant und vom predigtampt in dem geschieden wird, das es allein in die schulen gehoret, ist zue diesem mal mit dreien personen, als einem schulmeister, baccalaureo und cantore bestellet. Was aber derselben ampt antrifft, ist auch in einer eigenen schulordnung beschrieben und ausgedrückt, welche als das dritte theil der religion am ende volgen wirdet. Darnach heissen wir weiter das diacon ampt aller der jenigen, so weiter mit dienst der kirchen verhaft sein, als die da die güter der kirchen einnehmen und ausgeben, auch den armen leuten das almosen samlen und austheilen, die mögen in gemein castenherrn genennet werden, welcher namen doch auch von wegen irer unterschiedlichen empter unterschieden sein, und werden nach einander also genennet: die obersten castenherrn, spitalherrn, bithern, kirchveter, der schulherr und kirchner, von denen emptern einem jedem insonderheit folgen wirdet.

Von besoldung der kirchen und schuldienern.

Nachdem das einkommen des gemeinen gotteskasten zu itziger zeit gering und ungewiss, auch die personen in solchen kirchen und schulemptern an vorstand und geschicklichkeit, desgleichen mit ihrer haushaltung ungleich sein, so mag denselben zue iziger zeit keine gewisse besoldung allhier in dieser ordnung benennet und bestetiget werden, besondern es muss zur jeden zeit, so eine person aufgenommen wirdet, derselben geschicklichkeit und des gemeinen kastens vormugen mit vleiss betracht und angesehen werden. Wen aber eines gemeinen kastens vormugen gute besoldung zuegeben sein wurde, so möcht man alsdan auch zur jeden zeit, als der geschicktere person zu solchen amptern bekommen. Dieweil aber zue dieser zeit nicht mehr dan drei personen in der kirchen und drei in der schulen zu dienern verordnet seind, so wollte der noturft dieser kirchen und schulen umb der menge des volkes und grossen jugendwillen, an jedem ort[1]) auch die vierde person erfordern, wo es in des gemeinen kasten, dieselbe zue besolden vermögen sein möcht.

Vom organisten.

Nachdem aber des gemeinen kastens vormugen nicht ist, ei .an organisten nach noturft alleine zuebesolden soll allezeit nach einen getrachtet werden, der neben der orgel auch die jungfrauschul vorstehen[2]) kann, und so er dan von der jungfrauschul seine besoldung hat, mag man ihme

---

nach gelegenheit seiner person oder geschicklichkeit von wegen der orgel aus dem gemeinen casten jerlich eine zuelage thun.

Vom kirchner.

Dieweil der kirchener von alters hero etzliche gestifte zinsen hat, davon man etwa vor zeiten im jar zue vielmalen dem caplan, kirchnern und chorschülern als von etzlichen anniversariis hat ihre präsenz geben müssen, so sollen auch hin fürder vom selben einkommen und der kirchen• zuegenge die kirchveter zue Sanct Wenzel dem kirchnern doselbst seine besoldung entrichten un l von der ubermass die kirchen in baulichen wesen erhalten.

Welcher gestalt uber solche personen alle ein aufmerken geschehen soll.

Aufs erste, so soll der pfarrer ja allezeit mit hohem vleiss daraufsehen, das nicht ungeschickte personen zue solchen emptern aufgenommen werden Zum andern soll ein pfarrer auf die personen, welche neben ihme in der kirchen oder in der schulen dienen, ein vleissig aufmerken haben, das sich dieselben allesambt mit ihren wandel, leben und wesen rechtschaffen, redlich und aufrichtig halten, und das sie auch ihr ambt treulich und vleissig ausrichten.

Würde aber derselben einer oder mehr in seinem ampte oder leben streflich befunden, so soll der pfarrer dieselben darumb strafen, und soviel muglich sie zur besserung bringen. Wo er aber vor seine person solchen gebrechen weder mit gut oder ernst nicht ablehnen konte, und das sie ihn aus vorachtung oder mutwillen nicht hören, noch ihme volgen wolten, so soll er dasselbe einem erbarn rath anzeigen, der es alsdan entweder mit ernst strafen und abschaffen, oder aber mit rath des pfarrers solche unvleissige oder ungehorsame person ihres ampts entsetzen und dasselbe durch andere vleissigere und geschicktere personen mit rath des pfarrers bestellen soll.

Wo sich aber zuetrüge, das etwan die kirchen und schuldiener mit pfarrern zwiespeltig wurden, das sie vormeinten, der pfarrer legte es ihnen ungleich für, oder aber richtet sein ambt selbst nicht treulich gnug aus, so sollen sie es einem erbarn rath anzeigen, der sich alsdan bevleissigen soll, solche zwiespaltung oder gebrechen mit gutlicher vorhör und underhandlung abzuelehnen. — Im fall aber, das es nicht geschehen köute, und das aber ein erbar rath auch selbst fehel an einem pfarrer hette, so soll er dasselbe mit grundlichen bericht an den herrn bischof, so fern derselbe dem heiligem evangelio und dieser kirchenordnunge nicht zuewider ist, gelangen lassen, das er uber

solche zwiespalt oder fel erkennen und denselben ablehnen möchte, oder aber mit seinem rath, vorwissen und bevehl der pfarrer, wo er streflich befunden und sich nicht bessern wolte, abgesezt, und ein ander an seine stat verordnet werden möchte. Dann wie ohne willen und wissen einer christlichen gemeine kein pfarrer ab- noch aufgesezt, viel weniger eingedrungen werden sol, also soll auch nimmermehr ohne rath und hulf der verordenten gelerten oder geistlichen obrigkeit keins orts kein pfarrer auf oder abgesezet werden, wie dan solches das naturliche recht, auch alle alte gute ordnung disfals gemacht, und die historia ecclesiastica von den rechtschaffenen alten bischofen und pfarrern, auch das heilige götliche wort mit sich bringet. Dann darumb liess der heilige apostel Paulus Titum seinen jünger in Creta hin und her die stedte mit eltesten, das ist mit bischoven und pfarherrn besetzen, gab auch solches seinem junger Timotheo zuethun bevehl. 1. Thimoth. 5.

Von den obersten zweien casten herrn.

Zu solchem ampt seind erstlich zweene herrn, einer des raths, und der ander aus der gemeine verordnet, welche aufseher und regenten der andern nachfolgenden kirchendienern und subdiacon sein sollen, also, das sie erstlich alle zins der lehen, so der kirchen zuestendig sein, vleissig einmahnen, einbringen und darüber eigene register halten sollen.

Zum andern allen andern kirchendienern ihre besoldung, wie dieselbe einem jedem von einem erbarn rathe bestimbt und versprochen ist, zue jeder zeit darvon entrichten.

Zum dritten von den andern subdiaconis oder mit dienern des gemeinen castens rechnung empfahen, und derselben jeden einnahme und ausgabe, wie sie die von ihren subdiaconis in der rechnung empfangen und selbst eingenommen, eigene titel und rechenbücher halten, dieselbe rechnung alle alsdann jerlich zu zweien malen vor einem erbarn rath, den eltesten und den pfarrern[1]), in beisein derselben ihren mitdienern des gemeinen kasten bringen, und doselbst rechnung thun. Darumb sollen sie auch derhalben alles einnehmens und ausgebens, was diese empter alle betrifft, wissen haben.

Von den spitalherrn.

Dieweil nun bei dieser stadt Neunburg zwei spital gelegen, der ein jedes sein sonderlich ausgabe und einnahme hat, sollen dieselben spital bei den vorigen ihren zuegehorungen und ordnungen, wie sie die bishero gehabt und gehalten,

---

[1]) Dresden: pfarner.

bleiben, dozu dann von einem erbarn rath zue einem jeden spital zweene spitalherrn vorordnet worden sein, einer aus den räthen, der ander aus der gemeine, die dieselbigen nach alter stiftung und ordnung treulichen und vleissig versorgen und auf den spitalmeister, der im spital under den armen leuten zue einem aufseher gesezt ist, und auf die armen leute und ander gesinde, so dem spital zugehörig, ein vleissig sorge und aufsehen haben und alle ding ordentlich und wohl regiren sollen, auf das dem spital am bare[1] zinsen oder einnahme nirgent kein abbruch geschehe oder schaden zuegefuget werde, dadurch das spital in einig abnehmen kommen möchte. Darneben sollen sie allen vleis vorwenden, das die armen leute, so darinnen sein, nach irer noturft zum besten versorget werden, und diese spitalherrn sollen ihrer einnahme und ausgabe alle jar zwier, als ungevehrlich vierzehen tage vor Walpurgis und vierzehen tage vor Michaelis den zweien obersten kastenherrn rechnung thun und ihre rechenregister ihnen ubarantworten, auf das die obersten zweene castenherrn dieselben rechnung neben den andern weiter an einen erbarn rath, wie gemeldet, mögen gelangen lassen. Und sollen die spittelherrn ihnen derselben rechnung ihrer rechnung copien bei sich uf eine vorsorge und zuekünftige jar behalten, das ihre kinder und nachkommen auch menniglich, den sie vorkommen, daraus ihren treuen vleis gegen den armen leuten erkennen mögen. Und dieselben ihre copien, so sie bei sich behalten, sollen zum zeugnus ihrer rechnung mit der obersten castenherrn handschrift und pezschier vorzeichnet werden.

Wer die armen leute in die spital und zum almosen aufnehmen soll.

Und in diese spital sollen nicht mehr dan ein anzahl armer leute, wie bishero der gebrauch geweseu ist, so viel dieselbige zuegehör erleiden mag, genommen werden, auf das dieselben desto statlicher erhalten und vorsorget werden mugen. Und so eine person in dem spital mit tode abgehen oder sonst herauskommen wurde, sollen die castenherrn mit rath und vorbewust des pfarrers und der andern castenherrn, eine person, die es am notigsten bedarf, erwehlen, vor den rath bringen und sie darzue angeben, welche dan ein erbar rath, wo derselbe nicht sonderliche und grosse ursach solche person zuverwerfen hette, annehmen, bestetigen und in das spital verschaffen soll. Dergleichen soll os auch mit den andern armen leuten, die zum almosen in der kirchen angenommen werden sollen, gehalten werden.

Von den bitthern.

Darnach sollen zwölf subdiaconi oder bittherrn, drei aus dem rathe, sieben aus der gemeine verordnet werden, under welchen alle feiertage sechse für der kirchenthür, so balde die predigt aus ist, vor jeder thuer einer mit einer tafel stehen und den armen leuten das almosen bitten, welche sie alsdan nach dem ampt, so in der kirchen zuhalten, zuesammen thun, und ihr drei aus den vieren so gebeten haben, in den kasten, der vor dem crucifix in der kirchen stehet, schutten sollen. Die andern drei aber sollen das almosen zuerichten und austheilen, also, das einer die armen leute ein jede person insonderheit mit namen, auch wie viel einer jeden zuegeben geburet, herlese, der ander aber ihnen das almosen ubarantworte und darreiche, der dritte achtung auf die armen leute gebe, das sich nicht frembde eindringen, und wo der vorhanden, die beiseits abwiese, und ob ezliche notturftig, denselben etwas von almosen nach erkentnus der andern herrn, so darbei sein, gebe. Und solches sollen die sechs bis auf nebeste ausnehmen thun, und darnach soll alle mal von einem ausnehmen bis zum andern abgewechselt werden, also, das allewegen der bittherrn sechs das almosen ungevehrlich acht wochen samlen und ausgeben, und die andern sechs dieweil frei sein, ob einer bisweilen mit gescheften verhindert wurde, das er von den andern sechsen einen an seine stat bestellen möchte.

Die austheilung aber soll dergestalt gehalten werden, nemblich zwier in der wochen, als sontag und donnerstag nach geschehenem ampte offentlich in der kirchen, damit jederman sehen muge, wie sein almos angelegt und den armen leuten damit in die kirche zuegehen ursach gegeben werde. Und sollen zum wenigsten ezliche mal im jar der pfarrer oder prediger die armen leute ermahnen, das sie ja solch almosen nicht vorgeblich nehmen, besondern stetiglich vleissig in ihrem gebete für erhaltung gotliches worts und gemeinen fried, für unser obrigkeit, die regenten und ganze gemein, und endlichen für alle die, durch welcher almosen sie erhalten werden, zue bitten anhalten wollen.

Das geld aber, das man also mit bitten in der kirchen samlet, soll ungevehrlich zue sechs malen im jar aus dem kasten genommen und den acht bittherrn, wie gemeldet, uberantwortet und auszuetheilen bevohlen werden, als nemblich Michaelis, Martini, weinachten, purificationis Mariae, ostern, pfingsten, visitationis Mariae und Laurenti, bei welchen ausnehmen allewegen der pfarrer die zween obersten kastenherrn und die zwölf bitherrn sein sollen. Der kasten aber soll mit vier guten schlössern vorwaret werden, darzue der pfarrer einen schlüssel, die obersten zween kastenherrn den andern und die zwolf bitherrn den dritten und vierten haben sollen, die alsdan allewegen sembtlich das geld, so man heraus nimbt, zahlen, und vier bittherrn, welche die zuekunftige zeit bis auf das neheste aufnemen, darvon den armen leuten das almosen geben und austheilen, uberantworten sollen.

Und wen dann zue eim jedenmal die zwölf bittherrn das einnehmen und ausgeben dieses almosen vleissig verzeichen und aufschreiben werden, so wird man daraus wissen mugen, ob man den armen leuten ihr almosen je bisweilen bessern oder mindern, desgleichen, ob man frembden bettlern was darvon geben, und endlich von dem uberlauf, ob einer vorhanden, den armen leuten, so es am nötigsten bedurfen, jerlich im winter kleidung oder andere noturft erkaufen möchte. Wie dan von diesem erbetenem gelde kein sonder vorrath, ohne was man zue jerlicher zuebuss bedurfe, behalten werden soll, auf das mit der zeit nicht ein geiz daraus erwachsen möchte, dardurch die armen leute vorseumet wurden, besondern das auch der spruch Christi albier vleissig gehalten werde, do er sagt Luca am 6. gebet so wird euch[1]) gegeben werden, dan wird reichlich und viel gefallen, so soll auch wiederumb reichlich und viel ausgetheilet werden. Wan aber der pfarrer uf der canzel allezeit solch werk treulich und vleissig promoviren und fördern wird, desgleichen die armen leute treulich zue gott bitten und rufen werden, so wird ohne allen zweifel desto mehr almosen gefallen, und das werk allenthalben desto bass von statten gehen.

Von brot kasten.

Es soll auch bei jeder thür in der kirchen ein kasten stehen, darein man brot, kese oder anderes den armen leuten zue gut legen mag, ob jemand dasselbe bass den geld zuegeben vermochte, welches dan, so etwas alda gefunden wirdet, den armen leuten und sonderlich den noturftigsten zue ihren gewönlichen almosen, das man ihnen sonst pfleget zuegeben, zuegeleget soll werden. Und soll auch ein sonder kast in die kirche gesazt werden, darein man das brot, so von den becken zur buss genommen wird, legen soll.

Von frembden betlern.

Von dem almosen, so in der kirchen gesamlet wird, mag man auch zueweilen frembden personen, so des noturftig und begehren, ein zehrung geben, damit sie weiter kommen können. Derhalber aber sonst keinem frembden[2]) betler

in der stadt oder so weit sich eins erbarn raths gebiet erstrecket, das almosen zue bitten zuegelassen werden soll, darzue dan zue jeder zeit ein bettelvoigt geordnet werden soll, der ein frommer, armer und gotfurchtiger man sei, welcher keinem betler in der stadt, auch keinem knaben oder mägdlein auf der gassen nach dem almosen zue singen oder dasselbe zuebitten gestatten soll, es sei dan, das dieselben knaben oder mägdlein in die schul gehen, von denen mit der zeit zue hoffen were, das sie gemeiner christenheit nuze mochten werden.

Von den spitaln.

Desgleichen wo der spital einkommen, die armen leute, so darinnen sind, noturftiglich zueerhalten zue gering were, mag man auch, so es vorhanden ist, aus diesen gesamleten almosen in der kirchen den spitaln wöchlich eine steuer thun nach erkentnus der obersten castenherren.

Die spital aber und ein jedes insonderheit sollen bei allen ihren alten gebrauch und gerechtigkeiten bleiben, wie sie dieselben bishero gehabt, sollen auch alle wegen wie zuvor die wochen uber das almosen in der stadt bitten und winterzeit ihren trank in den brauheusern samlen lassen und auf das den armen leuten alles dasjenige,[1]) so ihnen verordnet zuegeben ist, recht treulich und wol gericht werde, so sollen die obersten zwene castenherrn des jares zum wenigsten viermal, ein jedes spital insonderheit besuchen und sich do an den armen leuten erkundigen, wie es allenthalben mit ihnen gehalten werde. Und ob aldan[2]) die armen leute beschweret werden, abbruch oder noth leiden wurden, das sollen die obersten castenherrn nach ihrem erkentnus wenden und abschaffen; wo sie es aber vor ihre person nicht abschaffen konten, so sollen sie es ferner an einen erbarn rath gelangen lassen.

Von armen leuten, welche man in die spital nehmen oder sonst das almosen geben soll.

Bishero hat menniglich erfahren, das gemeiniglich diese leute an den bettelstab gerathen sind, die ihr leben zuvor unordentlich zuebracht haben. Dieweil dan dieses des heiligen geistes meinung nicht ist, das man solche unordentliche leute, wie der heilige apostel Paulus 2. Thessal. 3 lehret, in einer christlichen gemeine leiden oder dulden, vielweniger das man dieselben von der kirchenguter ernehren solde, wie auch Paulus weiter 1. Thimo. 5 gebeut und lehret, das man

---

[1]) Dresden: „euch" fehlt.
[2]) Dresden: kein fremder.
Sehling, Kirchenordnungen. Bd. II.

denen alleine das almosen[1]) geben soll, die sich[2])
redlich und wol gehalten haben, und zuefoderst
wahre mitgenossen des christlichen glaubens sein,
zue den Galath. am 6. So soll man nun hinfurder
ein aufsehen haben, das man niemand das almosen
gebe, oder in die spital aufnehme, es sein dan
mitbürgere oder unter einem erbarn rathe ge-
sessene leute, oder die sonst bei den burgern an
ihren dienst durch krankheit verarmet sein, dan
eine jede christliche gemeine ihre armen zuvorsorgen schuldig ist, damit sie dann auch genug
zueschaffen hat. Darzue soll man auch nicht einen
jeden leichtfertigen und unglaubigen menschen,
der sein leben unordentlich zuebracht hat, von
dem gemeinem casten ernehren, besondern allein
die jenigen, welche von menniglich zeugnus haben,
das sie alle ihre tage gottes wort gerne und vleissig
gehöret, in ihrem beruf treulich und vleissig gearbeitet und das ihre nicht unordentlich oder ubel
zuebracht haben, auch in keinem bösen geschrei
als saufens, spielens, diebstal, hurerei oder dergleichen gewesen, besondern die ihnen es allezeit
haben sauer lassen werden, und etwan aus sonderlichen götlichen verhengnus durch krankheit oder
andern verfall[3]) in ihr armuth gefallen sein, damit
dem dienstvolke, tagelöhnern oder andern leichtfertigen leuten zue ihrer fauligkeit und unordentlichen wesen nicht ursach gegeben werde.

Welches der pfarrer also öffentlich auf der
canzel im jar ezlich mal vormelden und vorkundigen
soll, so soll es ein erbar rath auch in ein statutum
vorfassen und den casteuherrn uberantworten, die
es mit vorwissen und erlaubnus des pfarrern durch
den kirchner an einer tafel alle drei hohefest im
jar, als weinachten, ostern und pfingsten an zwo
kirchthuer sollen hangen lassen, auf das hinfurder
niemand, der das seine zuvorn es sei gut oder
gesundheit ubel zuebracht hette, sich mit seiner
unwissenheit zuentschuldigen oder des gemeinen
casten zuvorträsten habe, besondern allein die
frommen treuen arbeiter und christen, welche den
trost bei einer christlichen gemeine allein haben
sollen, das sie in ihrem armuth und alter nicht
vorlassen sein, auf das das gemeine almosen alsdan so viel desto bass angelegt und unartigem
leben ein wenig gesteuert und die rechten armen
desto bass versorget mögen werden.

Von testamenten und donationibus.

So sich aber zuetragen würde, das etzliche
fromme leute, durch das heilige götliche wort erleuchtet, umb gottes wegen den armen leuten
entweder an ihrem letzten ende oder sonst an

ihrem leben freiwillig und gerne ichtes bescheiden
stiften oder geben wurden, dasselbe sollen die
zweene oberste castenherrn einnehmen und berechnen, und alles in ein sonder register vorfassen,
darvon hausarmen und handwergsleuten helfen
und rathen, also das wo derselbigen fromme und
redliche leute befunden wurden, die ihr handwerg gerne treiben wollten, und es doch nicht zu-
vorlegen hetten, denselben nach gelegenheit ihres
wandels darvon leihen, keine zinse noch wucher
ader ichtes von ihnen nehmen. Jedoch das sie
die heubtsum[1]) zue bequemen tagzeiten und fristen
wiedergeben, auf das man auch andern armen
leuten oder ihnen selbst, wo sie es wieder bedürfen und zuvor glauben gehalten hetten, auf
ein andermal auch wiederumb davon helfen und
leihen könte, doch bescheidlich ob einer etwan
einmal die heubtsumma nicht gutlichen wieder
geben wurde, das er an diesem orte umb leihung
nicht mehr ansuchen dürfe, und gleichwol nichts
desto minder durchs regiment zur zahlung so ferne
er es vermöchte, mit ernst gehalten werden soll.
Wo aber jemand eine stiftung oder gabung in
seinem testament oder sonst zue einem besondern
ort bescheiden oder gegeben, und dasselbe warzue
er lust hette, vormelden und ausdrücken wurde,
es were zue den spitaln, zuerhaltung[2]) des ge-
beudes der kirchen oder der kirchendiener, des
predigtuls oder anders, das solches in eines jeden
gefallen und letzten willen stehen, durch die
castenherrn angelegt in seinen ordentlichen titel
gebracht und in der rechnung vorrechnet und
also eines jeden lezter will unvorruckt gehalten
werden soll.

Von innungen und zonften der hand-
werker.

Dieweil auch vor zeiten ein jedes handwerk
seine innung oder zunft gehabt, mit denen es von
den alten also geordnet worden, das etlich gerechtigkeit oder geld, so von den lehrjungen,
neuen meistern, oder von denen so uf ihren handwergen gestraft worden sein, gefallen, in die
kirchen zue aufenthaltung des gottesdiensts freiwillig gegeben worden ist, darzue dan auch bisweilen von andern frommen leuten stiftung geschehen sein, alles darumb, das der gottesdienst
in der kirchen desto ehrlicher und bass gehalten
werden und got alsdan wiederumb auch desto
gnediger uber ihrem ganzen handwerg halten
möchte; dieweiln dan nun solches eine rechte gute
meinung der alten gewesen ist, die es zue gottes
lob geordnet und gestiftet haben, und nun aber
durch das heilige evangelium offenbar worden,

---

das derselbe gottesdienst, den man an kerzen, wachs, bilder, altar, messstiften und anders dergleichen mehr gewandt, falsch gewesen und oft ubel angeleget worden, nachdem es die jenigen, so es am wenigsten bedurft, gemeiniglich am meisten genossen, und dardurch den armen entzogen worden ist, dieses aber ein rechter, wahrer und guter, allein[1]) got neben der predigt seines heiligen worts und reichung der sacrament allein gefelliger gottesdienst ist, wo die armen in einer christlichen gemein wohl versorget werden, so soll hinfurder alles das jenige, das zuvorn von einer jeden handwergszunft[2]) oder innunge in die kirchen verordnet und gegeben worden, es sei vor wachs, kerzen, bilde, altar, messstiftung, vigil und jarbegengnus, spend, seelbad, oder wie das namen haben mag, in den gemeinen casten gewendet und zue einem jedem quartal den obersten zweien kastenherrn uberantwortet werden, die dan derselben einnahm auch einen sondern titel in ihren registern halten und solche einnahme an hausarme leute, die sonst offentlich nicht das almosen nehmen, entweder mitgeben oder leihen wenden, damit also der wahre und rechte gottesdienst domit auch erhalten, und der stifter und geber will volnbracht und die handwerg dardurch gebessert mögen werden, auf das alsdan unser lieber gott wiederumb allenthalben in allen handwergen ein gnediges einsehen zue haben vorursacht, und domit es allenthalben in den handwergen und sonst in einer gemeinen desto glücklicher und bass zuegehe, seine gnade desto lieber darzue vorleihen möchte.

Warvon man den kirchen und schuldienern ihre besoldung geben soll.

Desgleichen, dieweil gottlob vor zeiten etzliche lehen zum gottesdienst in die kirchen gestiftet sein, und nun durch das heilige evangelium kund und offenbar ist, das predigen, das[3]) heilige götliche wort neben reichung der sacrament nach ordenung und einsezung Christi der rechte und oberste gottesdienst in der kirchen ist, so sollen hinfurder solche lehen, so in die kirchen Sanct Wenzel gestift sein, so viel derselbigen izunt vorfallen und ledig worden, und mit der zeit noch vorfallen und ledig werden möchten, zuesammen geschlagen und den pfarrern, predigern und diacon, auch dem schulmeister, baccalaureo und cantori, auch dem organisten ihre besoldung darvon gegeben werden. Darumb sollen solche lehen auch die obersten zweene castenherrn under ihren henden haben und dieselben zins treulich

und vleissig einmahnen, auf das sie darvon einem jedem obgenantem dienern der kirchen zue bequemer zeit seine besoldung geben und derselben lehen zins und einnahme eigene register, dargegen auch des ausgebens was auf die diener der kirchen ein jeden sonderlich gewant wirdet, halten, auf das sie solches des jares zue zweien malen auch vor einem erbarn rathe berechnen mögen. Dieweil aber alle gutere der pfarren S. Wenzel der thumb-probst hat, ist derselbige schuldig die religion zuebestellen oder eine statliche hulf und steuer darzu zuegeben, wie dann vleissig darumb bei ihme angehalten werden soll.

Von den schulhern.

Dieweil aber noch zur zeit solche lehen sich so weit nicht erstrecken, das allen obgenanten dienern darvon ihre besoldung kont oder mochte gereichet werden, so hat ein erbar rath ein jargelt auf die jugent, so in die schul gehen, geschlagen, und soll darüber einen herrn des raths oder einen von den schuldienern, so am tuglichsten darzue dasselbe einzuemahnen, setzen, welcher solch geld mit ernst und treuen einmahnen und des jars zue zweien malen als ungevehrlich vierzehen tage vor Walpurgis und vierzehen tage vor Michaelis den obersten zweien kastenherrn uberantworten und berechnen soll, die es alsdan weiter mit einem eigenen titel in ihre rechnung auch bringen und solch geld zue der besoldung der kirchendiener, wie obbemelt, gebrauchen und ausgeben und dem rathe ferner neben andern verrechnen sollen.

Vom ubermass groschen.

So aber dis alles, so von den lehen und schulgeld[1]) gefelt, sich noch zur zeit nicht so weit erstreckt, das obgemeldte kirchendiener alle davon besoldet werden möchten, also haben die drei räthe zue diesem mal vor gut angesehen, das ein jeder, so da brauet, vom einem viertel bier einen silberngroschen hierzue geben soll, welches auch eine ganze gemeine gerne eingangen und gutwillig bewilligt hat. Also sollen die cammerherrn solch geld, wan sie des raths geschoss einmahnen, mit einnehmen, und alsdan den obersten zweien castenherrn Walpurgis uberantworten, die es alsodan auch in ihr register mit einem eigenem titel verfassen, davon sie dan so viel weiter an der kirchendiener besoldung mangelt, erstatten sollen.

Dieweil aber auch sonst viel volks als burger ohne heuser, hausgenossen, tagelöhner und gesinde in der stadt sein und eines theils auf der pfarren wohnen, desgleichen viel einwohner in den vor-

---

[1]) Dresden statt „allein": auch.
[2]) Dresden: von eines jeden handwergs zunft.
[3]) Dresden: das reine.

[1]) So Dresden: Köster liest „schuldgeld". S. den nächsten Absatz dieses Abschnittes.

steten, und von Grochlitz herein pfarren, welche alle den gemeinen gottesdienst kirchenordnung der predigt und sacrament, desgleichen begrebnus zuegleich mit theilhaftig sein und mitgeniessen, aber doch wie die jenigen, so da brauen, zue solchem allem kein steuer geben, also haben drei räthe vor gut angesehen, verordnet und beschlossen, das hinfurder eine jede person, nemblich ein burger so nicht brauet, einwohner oder hausgenoss ein jar einen groschen, halb Walpurgis und halb Michaelis jedesmal einen halben groschen, ein knecht aber acht pfenning, halb jar vier, eine magd vier pfenning, zue jedem mal zweene zue aufenthaltung oft gedachtes gottesdiensts geben sollen, welch geld die chemmerer als von burgern ohne heuser, hausgenossen und gesinde wie gemeldet einmahnen sollen, das ander aber ein jede gemein als die auf der pfarre, in vorstetten und zue Grochlitz under ihnen selbst durch ihre obersten einmahnen und samlen, den obersten kastenherrn, dahin man sie weisen soll, fürder zuvorrechnen und zuezuestellen, die einen sonderlichen titel darzue halten sollen; das also beide diener der kirchen und schul, von diesen vier stucken, als von den lehen der kirchen, vom schulgelde, vom gemeinen groschen, der uf ein jeder viertel bier geschlagen ist, und von dem gesinde pfennige besoldet werden sollen. Wo sich aber auch dis alles so weit nicht erstreckt, soll man dan von den testamenten und was von der handwerg innungen gefallen, zuebussen.

Jedoch wo gott der almechtige mit der zeit ferner seine gnade gebe, das mehr lehen und stiftung vorfallen und zum gemeinen kasten gewendet wurden oder aber der thumb-probst, so der pfarren gutere hat, statliche handreichung zuerhalten den gottesdienst in der kirchen thun wurde, wie er dan pfarherr ist und von alters hero das pfarambt hat bestellen müssen, und also die kirchendiener notturftig darvon mochten versorget werden, so soll dieser grosche, so izund uf ein viertel bier, desgleichen das jenige, was uf die andere izo gemelten personen geschlagen ist, nach gefallen des raths abgethan und der gemeine und burgern zue gut nachgelassen werden.

Wie man einem erbarn rath rechnung thun solle.

Die rechnung aber uber solches alles so vorgemeldet sol alsdan, wan solches wie oben gesaget, treulich und vleissig ausgerichtet und der kirchengut dohin es gehöret, ausgegeben wird, des jars zu zweien malen als dienstag oder dornstag nach Walpurgis und nach oder vor Michaelis, durch die obersten zweene castenherrn in beisein aller andern ihren mitvorordenten[1] herrn, als der

vier spital herrn, der zwolf bittherrn und dem schulherrn einem erbarn rath geschehen; darbei auch der pfarrer insonderheit und die eltesten von dreien räthen sein sollen, bescheidentlich also das solche rechnung denselben sontag zuvorn des morgens nach der predigt zuvorn von dem pfarrern uf der canzel jeder menuiglich vorkundiget und angezeiget werde, ob jemand nemblich zue wissen begehret, wie es mit den kirchengutern gehalten wurde, und sonderlich ob jemand etwas in den gemeinen kasten testirt oder gegeben hette, und er oder die seinen wissen wolten, ob es in die rechnung und in welchen titel gebracht sei worden, der möchte an diesem orte derohalben ansuchung thun, dem soll guter bescheid gegeben werden, auf das also menniglich hören und erfahren muge, wie solche kirchenguter ausgegeben und berechnet werden. Die rechnung aber soll auf dem rathause in einem gemach von einem erbarn rathe darzue verordnet, gehalten werden.

Aldo sollen anfangs die obersten zweene kastenherrn alle rechnung einem erbarn rathe und andern so darzue verordnet sein, vorlegen und an den spitaln anheben, bei welcher spitalrechnung die spitalherrn selbst wie gemeldet[1] auch sein und alda anhören sollen, das solche ihre rechnung durch die zweene castenherrn dermassen furbracht werde, wie sie dieselben ihnen uberantwortet haben, und weiter ob jemand darein oder darwider zuereden, das solches in ihrem beisein geschehe und uf ihrer vorantwortung stehen muge.

Darnach zum andern soll durch sie aufgeleget werden die rechnung das almosen belangend, das in der kirchen gefallen und ausgegeben worden ist, darbei auch die zwölf bithern sein, aldo warten und anhoren sollen, ob ein erbar rath oder jemand anders darein zue reden hette.

Zum dritten soll auch durch sie aufgeleget werden eine ordentliche rechnung der testament und donationen, darneben auch, was von den innungen oder zunften gefallen und darvon wieder ausgegeben ist.

Zum vierten sollen sie erstlichen die einnahme aller zinsen zu einem jeden lehen, sonderlich von namen zue namen vorrechnen, die andern jar aber hernach sollen sie mit solcher sonderlichen und stuckweisischen[2] rechnung verschont bleiben, sondern allein die summen eines jeden lehens, die man aus den ersten ubergebenen registern haben mag, auflegen und anzeigen, in ansehen, das es eine vorgebene mühe und nur eine verlengerung der zeit were. Es were dann, das sich enderung der heubtsummen und personen zuegetragen hetten, die sollen sie sonderlich an-

---

[1] So Dresden: Köster: mitvorwanten.

[1] Dresden: obbemelt.
[2] Dresden: stuckweisen.

geben, damit solche anderung zue jeder rechnung mit vleis in die erste ubergebene register gebracht werden mugen, auf das nicht alleine die obersten kastenherrn solche voranderung, sondern auch die andern wissen und sie alle mal in gotskasten und seinen registern befunden werden mugen.

Zum funften sollen sie das schulgeld vorgemeldtermass in beisein des schulherrn, der es eingemanet, ordentlich auch vorrechnen.

Endlich aber soll durch sie auch die summa, wie viel der grosche getragen, der auf jedes viertel bier und die ubermass, so auf das gesinde und andere geschlagen ist, zuegleich auch vorrechnet und darnach allenthalben volnstendige rechnung und summa summarum dieser vier einnahmen gemacht, dargegen auch alle ausgabe, so auf die kirchen und schuldiener gangen, darvon abgezogen werden.

Und so dan solche rechnung allenthalben geschehen ist, soll dieselbe rechnung in ein buch geschrieben, von den obersten castenherrn ubergeben und bei einem erbarn rath hinderleget werden, welches alsdan ein erbar rath weiter neben andern seinen buchern und sonderlich bei den vorigen des gemeinen castens rechnungen vorwahren und aufheben soll. Jedoch mögen die obersten zweene castenherrn derselben rechnung copei und abschrift behalten, die soll der stadtschreiber von eines erbarn raths wegen unterschreiben und mit eines erbarn raths und gemeiner stadt siegel vorsiegeln und sie der gethanen rechnung quittiren, zum zeugnus das uf dieselbe zeit solche rechnung gehalten worden, und die obersten castenherrn ehrlich und wohl damit bestanden seind, auf das sie vor ihre grosse müh und arbeit ein gutes gezeugnus vor sich, ihre erben und nachkommen ihres treuen vleis haben und auf zuekunftige zeit von jedermenniglichen unangesprochen ungetadelt und ungeschumpfirt bleiben mugen.

Von den kirchvetern oder gotteshausdienern zue S. Wenzel.

Dieweil aber zuvorn bishero das gotteshaus auch sein einkommen gehabt und darzue allewegen zweene gottes väter verordnet worden sein, die dasselbige versorget, so soll es noch bei derselben ordnung bleiben, das zweene besondere herrn von einem erbarn rath darzue erwehlet und bestetiget werden, die das gotteshaus allenthalben vorstehen, jedoch sollen dieselben zweene gottesväter auch im jar einmal, als nemblich Walpurgis alle jar, so man von des gemeinen kastens wegen rechnung thut, vorhanden sein, und ihre rechnung aldo zue jedem mal auch thun, in beiwesen und anhören aller der personen, so die rechnung des gemeinen kastens angehöret haben,

Von den kirchvetern zu[1]) S. Maria Magdalena.

Nachdem das gotteshaus zu S. Maria Magdalena auch von alters hero zwene kirchveter gehabt, die zue jedem mal dieselbige pfarreng under ihnen erwelet hat, also sollen dieselben auch jerlich Walpurgis vierzehen tage zuvor den obersten kastenherrn ihre rechnung gleich den spitalherrn thun und ubergeben, die alsdan auch bei dieser ganzen castenrechnung Walpurgis sein und dieselben mit anhören sollen.

Von den kirchvetern zue S. Othmar.

Und dieweil auch von altersher ein erbar rath die kirchveter zue S. Othmar zuesezen und zueentsezen, auch die rechnung von ihnen zuenehmen recht und in brauchlicher ubung gehabt, also sollen auch diese zweene kirchveter zue S. Uthmar gleich denen zue S. Maria Magdalena vierzehen tage vor Walpurgis den obersten zweien castenherrn ihre rechnung thun, die alsdan aldo in der ganzen gemeinen kastenrechnung mit eingebracht und von ihnen den kirchvetern zue St. Uthmar gleich den anderen angehöret werden soll.

Von allen personen, so der kirchen dienen und wie dieselben alle und eine jede insonderheit gewehlet und aufgenommen werden soll.

Aus dieser kastenordnung finden sich nun diese personen, so man jerlichen zue den emptern in die kirchen zuebestellen haben mus, als nemblich

der pfarrer,
der prediger,
der diaconus oder caplan,
der schulmeister,
der baccalaureus,
der cantor,
zweene oberste castenherrn,
vier spitalherrn,
zwolf bitherrn,
zweene kirchveter zu S. Wenzel,
zweene kirchveter zu S. Maria Magdalena,
zweene kirchveter zu S. Othmar,
der schulherr,
der kirchner,
der organist.

Der seind in summa drei und dreissig, die man alle haben muss und deren keinen entbehren kann.

Von aufnemung dieser personen.

Diese personen sollen alle von dreien räthen berufen, aufgenommen und bestetiget werden,

---

[1]) Dresden: „zu" fehlt.

waner[1]) aber die person des predigers, diaconi, schulmeisters, baccalaurei, cantoris, organisten oder des kirchners betroffen[2]) ist, so sollen dieselben mit rath und bewilligung des pfarrers aufgenommen werden, dem auch sonderlich geburen will, zue einem jedem mal, wan der personen ein mangel ist, darauf zuedenken, wie und wo man andere rechtschaffene, geschickte und tugliche leute zue solchen emptern bekommen möge. Dan weil ihme sonderlich die kirche zue regiren und auf die schul zuesehen bevohlen ist, soll er auch hie[3]) ein vleissig aufsehen haben, das nicht irgent eine person aus andern ursachen dan umb ihrer geschicklichkeit wegen zue solchen emptern aufgenommen und zuegelassen werde.

Was aber die andern personen, als casten, spital und bithern, auch gottes vetere betreffen ist, die soll und mag ein erbar rath wohl ohne zuerathen des pfarrers ordnen und bestetigen, allein das in denselben die regel S. Petri, die er in den geschichten der apostel am 6. cap. derhalben gibt, gehalten werde, da er befilt, man soll menner zue solchen emptern nehmen, die ein gut gerucht haben, und voll heiligen geistes und weisheit sein. Wo aber diese regel nicht gehalten besondern offentlich darwider gehandelt wurde, hette ein pfarrer wohl macht, solchen beruf zuewiedersprechen und zuehindern, sonderlich wo er irgent von einer person einem erbarn rath gut ursach anzuezeigen wuest, warumb dieselbe zum kirchenamptnicht billich solte zuegelassen werden.— Dan dieweil er der pfarrer das almosen uf der canzel am meisten durch die predigt und vormanung erbettelt, will ihme auch geburen in demselben ein sonderlich einsehen zuehaben, das es durch fromme menner treulich wiederumb ausgetheilet werde.

Von einnahme.

Aus dieser ordnung findet sich nun, das mehr dan einerlei einnahm ist, als des gotteshauses, spitalguter, almosen in der kirchen, testament, item was von zonften gefelt, lehenzins, schulgelt, und der grosch ubermas und opfergelt, welches uf die geschlagen ist, so nicht brauen, der ein jedes in seinen eigen titel des rechenbuchs[4]) vorfasset, vorzeichnet und an seinen ort gewant und ausgegeben werden soll.

Ausgabe.

Also theilet sich nun auch die ausgabe in ihre sondere titel, als nemblich ausgabe auf die

---

[1]) Dresden: wann es.
[2]) Dresden: betreffen.
[3]) Dresden: „hie" fehlt.
[4]) Dresden: der rechenbücher.

armen leute im spital, auf die armen leute, so das almosen in der kirchen nehmen und frembde betler, auf die hausarmen leute, darnach uf die kirchen und schuldiener und was uf die gebeude der gottesheuser gehet.

Auf das aber nun solche kastenordnung desto bass in schwange gehen und auch bestendig erhalten werden und darum menniglich wissen tragen mag, wie es darmit gehalten wird, zuvorstopfen der unnuzen cleffer meuler, die ubel darvon reden möchten, und auf das sich auch ein jeder desto bass darnach zuerichten wisse, — so soll diese kastenordnung alle jar ein mal als ungeverhlich den dritten feiertag in pfingsten durch den pfarrern oder predigern also viel menniglich davon zuewissen vonnöthen ist, von der canzel offentlich in der kirchen verkündiget werden.

Beschlus.

Dieses ist nun ein stück von der kirchenordnung, so viel den gemeinen kasten belangt und gehört zue der religion in einen gemeinen nuz, nachdem dieselbige religion in drei theil getheilet mag werden, als in eine kirchenordnung, welche die predigt, sacramenta und ceremonien betreffen ist. Das ander eine schulordnung, darinnen auf die jugent neben der kirchen zue gottesfurcht und guten kunsten und tugenden erzogen wird. Das dritte ist, wie gemeldet, die gemeine kastenordnung. Und nachdem wir die burgermeister und drei räthe diese zeit alhier zur Naumburg durch das heilige wort erkant, das ohne die religion oder diese drei stuck kein gemeiner nuz noch unser stadt lange in friedlichen regiment und glückseligem stand erhalten mag werden, dieweil in der religion erstlich die jugent, nachfolgent der gemeine mann und wir alle zue tugenden, gehorsam gegen gott und unser obrigkeit, und zueförderst zue unser selen heil gezogen werden, dardurch dan auch gott der almechtige gelobet und gepreiset und unserm regiment und gemeiner stadt mit barmberzigkeit gnediglich beizuesein vorursacht wird, so haben wir alle obgenante drei stuck, so zur religion gehörig, mit rathe und underweisung des ehrwirdigen und hochgelarten herrn Nicolai Medlers, der heiligen schrift doctorn, diese zeit unseres pfarrers und seelsorgers, also wie ein jedes an seinem orte begriffen ist, geordnet, und auf vorgehent erkentnus und approbirung des durchlauchtigsten hochgebornen fursten und herrn, herrn Johan Friedrichen, herzogen zue Sachsen, des heiligen römischen reichs erzmarschalchen, churfursten, burggraven zue Magdeburg, landgraven in Duringen und marggrafen zue Meissen, unsers gnedigsten herrn und seiner churf. g. gelerten und visitatorn zue Wittenberg bestetiget, welches[1]) auch also durch unser nachkommen treulich und vleissig gehalten soll werden, in betrachtung, das dieses ein aufrichtiger gottseliger wandel und weg zue all userm heil und seelenseligkeit aus der heiligen schrift gegrundet ist, dardurch gott der almechtige gelobet, geehret und gepreiset wird, unser jugent und gemeine zue allem besten underweiset, unser arme leute treulich und vleissig vorsorget werden, daraus dan ohn allen zweifel unser aller gedeien, gottes lob und unser stadt ehre und nuz erfolgen wird. Datum under unserm der stadt insiegel am tage Walpurgis, nach Christi unsers lieben herrn geburt, im funfzehen hundert und sieben und dreissigsten jare.

Volget der ander theil der religion, welches die ceremonien in der kirchen belanget[2]).

Ordenung der ceremonien in der pfarkirchen zu Sanct Wenzel zu Neunburg gestelt durch doctorem Nicolaum Medlern pastorem doselbsten im 1538. jare.

Ordenung der ceremonien in der pfarkirchen zue S. Wenzel zur Neunburg, gestellet durch doctorem Nicolaum Medern pastorem doselbst im 1538. jare.

An den feiertagen zur frue predigt an stat der metten.

1. Singet man erstlich einen deuzschen psalm, wie den die zeit mit sich bringet oder: Kom heiliger geist, und Nun bitten wir den heiligen geist, einen sontag umb den andern.

2. Darauf predigt man vor das gesinde den kleinen catechismum d. Martini Lutheri, in welchen er die artikel des christlichen glaubens vorcleret hat.

3. Nach der predigt singet man das deuzsche te deum laudamus, wie das doctor Martinus gemachet hat, oder das benedictus, canticum Zachariae deuzsch einen freitag umb den andern.

4. Darauf list der priester die collecten, alsdan concludirt man mit dem benedicamus.

An den festen zur frue predigt von wegen des gesindes.

1. Singet man einen lateinischen psalm cum antiphona vom fest.

Darnach ein responsorium dorauf, und zue weihnachten list man drei lectiones und singt drei responsoria. Die erste lectio ist Esa. 9. Puer natus est nobis etc. Das ander evangelium Johannis, die dritte, liber generationis.

3. Alsdan thut man ein predigt vom fest, als zue

Weinachten.

Ex evangelio Luc. 2.

Ostern.

Ex evangelio Marci ult.

Pfingsten.

Ex evangelio actorum secundo.

4. Nach der predigt singet man das deuzsche te deum laudamus.

5. Darnach concludirt man mit der collecten und dem benedicamus.

Zum tag ampt wan man das abentmal Christi helt.

1. Für den introitum singet man einen sontag umb den andern: Kom heiliger geist etc. Erbarm dich mein etc. Aus tiefer noth etc.

An den hohen festen aber singt man in mensuris als zu

Weinachten.

Den introitum puer natus oder dies est laetitiae etc.

Palmarum.

Gloria, laus et honor.

Ostern.

Salve festa dies etc.

Pfingsten.

Introitum de sancto spiritu.

Trinitatis.

Introitum de trinitate.

Annunciationis Mariae.

Haec est dies etc.

2. Vermanung zum gemeinen gebet, beicht und absolution.

3. Die kyrie deuzsch nach gelegenheit der zeit, der wir zue diesem mal drei haben, als

Paschale
Fons bonitatis
Magnus deus.

4. Das deuzsche et in terra, wie es doctor Martinus Luther gemacht hat.

5. Collecta nach gelegenheit der zeit.

6. Epistola dominicalis.

7. Ein deusscher psalm nach der zeitgelegenheit oder der sich mit dem evangelio reimet, an den hohen festen, wenn man mensur singet, mag der cantor wol bisweilen vor das et in terra etc. item für dem psalm, so man nach der epistel singet, eine gute lateinische muteten und bisweilen, wan ein schöner introitus ist, denselben vor das Kom heiliger geist singen.

---

[1]) Dresden: welche.
[2]) Dresden: Dieser Satz fehlt. Es ist vielmehr, nachdem Bl. 36[b] leer gelassen ist, auf Bl. 37[a] der Titel geschrieben, und auf Bl. 38[a] unter Wiederholung des Titels (wie bei Köster) mit dem Texte begonnen.

8. Evangelium dominicale.

9. Den glauben deuzsch, alle drei geseze.

10. Nun bitten wir den heiligen geist, zwei geseze.

11. Die predigt aus den evangeliis dominicalibus.

12. Darauf ein kurzer psalm nach der zeit, oder
       Vorleih uns frieden gnediglich,
       Es wolt uns got gnedig sein,
Die lezten drei gesetz, im Nun bitten wir den heiligen geist,
Und die andern hohen fest de tempore, item
       Behalt uns herr bei deinem wort,
Die lezten sechs gesez im vater unser, so man vor der predigt die ersten drei gesungen hat.

13. Vormanung an die communicanten.

14. Das sanctus aus dem Esaia.

15. Alsdan singet der priester das vater unser.

16. Darnach die wort des abentmals.

17. Darauf singet der chor Jesus Christus unser heiland, oder Gott sei gelobet etc. Dieweil das volk communicirt, und wan des volkes viel ist bisweilen auch ein deuzsch agnus dei oder den psalm Danket dem herrn dan er ist freundlich oder Mit fried und freud etc. oder einen vers oder zweene aus dem lateinischen hymno: Pange lingua gloriosi corporis misterium.

18. Darauf singet der priester die collecten.

19. Und concludirt mit dem segen numeri 6.

Zur vesper.

1. Erstlich singet man das te deum laudamus deuzsch oder sonst einen hymnum oder psalm nach der zeit.

2. Darnach lesen zwe ene knaben das capitel aus den episteln Pauli, e[']ner deuzsch der ander lateinisch.

3. Alsdan recitirt ein knab auswendig die fünf heubtstück des catechismi.

4. Darauf singet man Nun bitten wir den heiligen geist, zwei geseze.

5. Darauf volget die predigt, ein jar umbs ander, das eine jar der kleine catechismus Lutheri, das ander die epistolae dominicales.

6. Das magnificat mit seiner antiphon, Christus unser heiland, oder sonst ein kurz gsang nach der zeit und haben zue diesem mal drei ton sextum, septimum et peregrinum.

7. Darnach concludirt man mit der collecten und benedicamus.

Und solche gesang alle die deuzsch sein, wen das volk versamlet ist, werden ein chor umb den andern gesungen, also der schüler chor ein gesetz singet und anhebt, darnach das volk den andern chor helt, welches auch seinen eigenen cantorem hat. Wan man aber orgel schlegt, werden drei chor gehalten, und hebt die orgel alwegen an,

ausgenommen zum et in terra heben die knaben an und darnach die orgel, darauf der chor und dan das volk. Wan aber auch die jungfrauen zu chor singen, so werden vier chor gehalten, und singen die drei chor alle gesetz der deuzschen geseng, einen vers umb den andern, und schlegt der organist ad tonum darein.

An den werken tagen zum frue ampt.

Erstlich singet man einen deuzschen psalm nach gelegenheit der zeit oder gemeiniglich feria: wie volget.

Feria.
{
2. Ach gott vom himmel.
3. Es spricht der unweisen.
4. Wo gott zum haus.
5. Wo gott der herr.
6. Erbarm dich mein.
7. Ein feste burg etc.
}

Darnach list man ein ganz capitel aus dem alten und neuen testament ordentlich nach einander und vorcleret aufs kurzest einen punct daraus und vormahnet dan das volk zum gemeinen gebete.

Darnach singet man den gesang Zachariae oder das da pacem deussch, einen tag umb den andern, oder sonst einen kurzen gesang von der zeit, als zue weinachten, Dank sagen wir alle etc., zue ostern, Jesus Christus unser heiland, zue pfingsten, Nun bitten wir den heiligen geist etc. Darnach list man die collecten und concludirt mit dem benedicamus oder mit dem segen num. 6.

Zum tagampt, so man nicht predigt, als am
Montag
Mitwoch
Freitag
Sonnabent.

1. Singet man erstlich einen psalm cum antiphona.

2. Darauf lesen zweene knaben ein capitel oder ein stück davon aus den vier evangelisten und apostel geschicht, einer lateinisch, der ander deuzsch ordentlich nach einander.

Darauf so singet man dan wieder am
Montag.
Canticum Zachariae benedictus.
Mitwoch.
Canticum Athanasii: Quicunque vult salvus, die helfte einen eine mitwoch umb die ander.
Freitag.
Symbolum Nicenum.
Sonnabent.
Canticum Ambrosii et Augustini. Te deum laudamus.

Am freitage aber, wen man will, mag man auch bisweilen die litanei halten, so singt man erstlichen einen psalm, entweder

>   Erbarm dich mein o herre gott, oder
>   Mitten wir im leben, oder
>   Gott der vater wohn uns bei, oder
>   O gott vater due hast etc.

Litaniam.
Collectam.

Alle freitag aber nachmittag umb zwolf hora singet man das tenebrae und helt die litaniam darauf.

Zum tag ampt wan man predigt, als am Dienstag und Donnerstag.

Singet man erstlich einen psalm, wie es die zeit oder predigt mit sich bringet,

Darnach Nun bitten wir den heiligen geist, zwei geseze. Darauf volget die predigt, am dienstage aus einer epistel Pauli oder Petri, dornstag aus dem psalterio.

Nach der predigt, was man am sontage nach der predigt gesungen hat oder was die zeit mit sich bringet.

Alsdan concludirt man mit der collecten.

Am dienstage mag man nach der predigt, so nicht hochzeite vorhanden sein, auch die litanei halten.

Wan hochzeite sein, wie gemeiniglich am dienstage geschicht, so singet man.

Komm heiliger geist etc.
Alsdan den glauben.
Darnach gibt man braut und breutigam [1] zusammen.
Nun bitten wir den etc.
Darnach predigt man.
Nach der predigt singet man Wol dem der etc.
Collecta.
Der segen num. 6. Domit concludirt man.

Aber wan man figurirt, singet man erstlich das nuptiae oder das te deum laudamus oder andere muteten ante copulam und nach der predigt Wohl dem der in gottes furcht.

Wan aber de tempore christliche prosen oder sequenz sein, so lest man an den tagen, da man nicht predigt, die symbola aussen und singt die prosen eine zeitlang, item in der fasten die guten tract, und montag und dienstag nach palmarum

dieselbe historiam zwischen ostern und ascension [1], victimae paschal.[2]) Cum rex gloriae etc. Haec est dies, einen tag umb den andern.

Zur vesper.

Psalmus cum antiphona.
Responsorium et hymnum de tempore vel alternatim vel simul.
Duo pueri legunt caput quoddam ex epistolis Pauli, alter latine alter germanice.
Unus puerorum recitat caput quoddam catechismi cum interpretatione Lutheri.

Die {
Lunae decalogum praeceptorum
Martis symbolum apostolorum
Mercurii orationem dominicam
Jovis verba utriusque sacramenti.
Veneris orationis circa mensam
Saturni orationem matutinam et vespertinam.
}

Versiculus de tempore.
Magnificat cum antiphona.
Collecta.

Post collectam die { Mercurii / Saturni } { da pacem latine cum sua collecta, vel contere domine. }

Wan man aber den catechismum helt, als am montag und freitag, im sommer.

1. Psalmus cum antiphona.
2. Vater unser gesungen, wie es doctor Martinus gemacht hat.
3. Die predigt des catechismi, die wird also gehalten, das man erstlich den kindern das vater unser laut furspricht und sie alle sembtlich von wort zue wort nachsprechen lest. Alsdan spricht man ingleicher weiss auch allemal ein fragstuck und antwort zum ofternmal vor und examinirt alsdan ezliche, ob sie auch die vorigen stuck gelernet haben. Nach dem examen spricht ihnen wieder entweder die zehen gebot, den glauben oder das stucke, so man ihnen aufgeben hat, fur, das sie dan auch nachsprechen.
4. Darnach singet man entweder den glauben, von der taufe oder die zehen gebot, darnach man an einem jedem [3] orte in catechismo ist, mit der predigt,
5. Darauf singet man die collecten und beschleust mit dem benedicamus.

Ut sibi psalmos quosdam peculiares faciant adolescentes, visum est aliquot praecipuos illis ostendere, in quibus per anni spacium potissimum se cantando exerceant.

---

[1]) Dresden: ascensionis.
[2]) Dresden: paschali.
[3]) Dresden: „jedem" fehlt.

[1]) Dresden: breutigam und braut.

Diebus igitur Lunae, Mercurii, Veneris et Saturni ad actum diurnum cantabunt psalmos sequentes.

In adventu domini usque ad festum nativitatis Christi de justificatione.

Domine ne in furore tuo ps. 6.
Beati quorum remissae sunt. Ps. 31.
Domine ne in furore tuo ps. 37.
Quemadmodum desiderat. Ps. 41.

A nativitate Christi usque ad festum purificationis Mariae de regno Christi.

Quare fremuerunt gentes ps. 2.
Eructavit cor meum ps. 45.
Deus judicium tuum regi da ps. 71.
Cantate domino canticum novum ps. 95.

A festo purificationis usque ad dominicam laetare de justificatione.

Miserere mei deus ps. 50.
Miserere mei deus ps. 55 et sequens ps. 56.
Domine exaudi orationem meam ps. 101.
Domine deus salutis meae ps. 87.

A dominica laetare usque ad festum paschae, de passione Christi.

Deus deus meus respice in me ps. 22.
Judica domine nocentes me ps. 34.
Beatus qui intelligit super egenum ps. 41.
Deus laudem meam.   Ps. 108.

Eosdem psalmos cantabunt pueri ad vespertinas preces in hebdomada passionis domini.

A festo paschae usque ad festum ascensionis domini, de resurrectione domini et regno Christi.

Conserva me ps. 15.
Dominus illuminatio mea. Ps. 26.
Expectans expectavi dominum ps. 39.
Paratum cor meum deus. Ps. 107.

A festo ascensionis domini usque ad visitationis Mariae festum de ascensione Christi.

Exaltabo te domine Ps. 29.
Omnes gentes plaudite manibus ps. 46.
Exurgat deus et dissipentur[1]) ps. 67.
Dominus regnavit, exultet terra. Ps. 96.

A festo visitationis Mariae usque ad festum Laurenti contra scandalum crucis.

Noli aemulari in malignantibus ps. 36.
Deus auribus nostris audivimus ps. 43.
Quid gloriaris in malitia. Ps. 52.
Quam bonus Israel deus. Ps. 73.

A festo Laurenti usque ad festum Matthaei de calamitate generis humani et vanitate mundi.

Dixi custodiam vias meas. Ps. 38.
Audite haec omnes gentes. Ps. 48.
Exaudi deus orationem meam. Ps. 54.
Dominus refugium factus es nob. Ps. 89.

A festo Matthaei usque ad festum Simonis et Judae, de afflictionibus ecclesiae.

Exaudi domine iusticiam meam. Ps. 16.
In te domine speravi.   Ps. 30.
Deus auribus nostris audivimus ps. 43.
Inclina domine aurem tuam. Ps. 85.

A festo Simonis et Judae usque ad adventum domini, de gratiarum actione et consolatione ecclesiae.

Exultate justi in domino ps. 32.
Benedicam dominum in omni tempore ps. 33.
Qui habitat.   Ps. 90.
Benedic anima mea domino. Ps. 101.

A psalmo dixit dominus usque ad finem psalterii in vespertinis precibus omnes psalmos ordine cantabunt pueri, quotiescunque per anni circulum repetitio postulaverit, aliquando unum, aliquando duos aut tres psalmos, prout breviores aut longiores fuerint. Dabit etiam cantor operam, ut eos psalmos potissimum in mensuris cantet, quos hic non comprehendimus, nempe deus venerunt gentes. Ad te levavi oculos, aut alios.

Quos hymnos tanquam praecipuos in vespertinis precibus pueri frequenter cantando sibi familiares reddere debent.

Dominica I. adventus.
Veni redemtor gentium.
Dominica tertia.
Conditor alme siderum.
Nativitatis Christi.
A solis ortu.

Epiphaniae.
Hostis Herodes.
Dominica II. post Epiphan.
Corde natus ex parentis.
Dominica septuagesimae.
Ex more docti mystico.
Dominica estomihi.
Christe qui lux.

Reminiscere.
Vexilla regis prodeunt.

Laetare.
Rex Christe factor omnium.

Paschae.
Vita sanctorum.

Jubilate.
Ad coenam agni providi[1]).
Ascensionis domini.
Festum nunc celebre.

Pentecostes.
Veni creator spiritus.

Trinitatis.
O lux beata trinitas [1]).
Dom. III. post trinit.
Jam lucis orto sidere [2]).
Domin. V.
Nunc sancte nobis spiritus.
Domin. VII.
Rector potens verax deus.
Domin. IX.
Rerum deus.
Dominica XI.
Te lucis ante terminum.
Domin. XIII.
Jesu nostra redemtio.
Michaelis.
Christe sanctorum.
Dominica XVII.
Lucis creator optime.
Dominica XIX.
Verbum procedens a patre.
Dominica XXI.
Jesu redemtor seculi.
Dominica XXIII.
Vox clara ecce intonat.

Praecipua quaedam responsoria in
vespertinis precibus cantanda.

Dominica I. adventus.
Missus et Gabriel.
Dominica III.
Rex noster Christus.
Nativitatis Christi.
Verbum caro factum est.
Epiphaniae domini.
Illuminare.
Domin. II. post epi.
Deus qui sedes.
Domin. septuage.
Formavit igitur.
Sexagesima.
Ubi est Abel.
[3]) Esto mihi.
Caecus sedebat.
Dominica quadrag.
Ductus est Jesus.
Reminiscere.
Vidi dominum facie.
Oculi.
Videns Jacob.
Laetare.
Audi Israel.
Judica.
Circumdederunt.

Palmarum.
Ingressus Pilatus.
Tempore passionis.
Tenebrae factae sunt.
Paschae.
Christus resurgens.
Misericordias domini.
Immolabit sedum [1]).
Cantate.
Gaudete justi.
Ascensionis domini.
Ite in orbem universum.
Pentecostes.
Apparuerunt.
[2]) Trinitatis.
Summae trinitati.
Dominica II. post trin.
Audi domine hymnum.
Joannis bapt.
Inter natos mulierum.
In festo Petri et Pauli.
Petre amas me.
Dominica II. post Pet. et Pa.
Recordare domine testamenti tui.
In festo Mariae Magd.
Accessit ad pedes.
Domin. post Abdon vel Jacobi.
Super salutem.
In die Laurenti.
Levita Laurentius.
Domin. post Ruffi, vel Barthol.
Si bona suscepimus.
[3]) Post nativitatis Mariae.
Domine rex omnipotens.
[4]) Post Lamperti.
Nos alium deum.
In festo Michaelis.
Te sanctum dominum.
Dom. post Remigii.
Tua est potentia.
Dom. ante Simonis et Judae.
In hymnis.
[5]) Post omnium sanctorum.
Laudabilis populus.
In festo Martini.
Martinus Abrahc. [6]).
Dom. ante Catharinae festum
Benedic domine.

Quibus festis sint cantandi sequentes
vel prosae ut vocant.

[7]) Nativitatis Christi.
Grates nunc omnes.

---

[1]) Dresden: „trinitas" fehlt.
[2]) Dresden: „sidere" fehlt.
[3]) Dresden: Dominica Esto mihi.

---

[1]) Dresden: „hedum".   [2]) Dresden: Dominica
Trinitatis.   [3]) [4]) [5]) Dresden hat überall „Dominica"
vorgesetzt.   [6]) Dresden: Abrahae.   [7]) Dresden:
In festo.

10*

Epiphaniae.
Festa Christi omnis christianus.
Paschae.
Victimae paschali.
Ascensionis.
Summi triumphi regis.
Pentecostes.
Veni sancte spiritus.
Trinitatis.
Benedicta semper, item dominicis diebus.
Coenae domini.
Interdum dominicis diebus, lauda Sion salvatorem.
Conversionis Pauli.
Dixit dominus ex Basan.
Purificationis Mariae.
Concentu parili.
Johannis baptistae.
Psallite regi nostro.
Mariae Magdalenae.
Laus tibi Christe.
De apostolis.
Caeli enarrant gloriam.

An den hohen festen werden die gesenge
nach der zeit gesungen.

Zue weinachten.

Der introitus, oder an stat desselben Dies est
laeticiae, einen vers umb den andern lateinisch
und deuzsch.

Nach der epistel, Gelobet seistue Jesus Christ,
zum anfang der predigt, Ein kindelein so löblich.
Nach der predigt, Danksagen wir alle.

Zur vesper.

Christum wir sollen loben schon, vor der
predigt.

Magnificat sexti toni nach der predigt.

Auf das magnificat, In dulci jubilo oder Vom
himmel hoch oder Puer natus in Bethlehem.

Dergleichen helt man es auch circumcisionis,
epiphanae und purificationis. Allein purificationis
singet man nach der predigt und nach dem magnificat, Mit fried und freud, bis auf den sontag
invocavit singet man anders.

Zu ostern.

Für den introitum Salve festa dies und, Also
heilig ist der tag, einen vers umb den andern.

Nach der epistel, Christ lag in todes banden,
oder, Frölich wollen wir.

Die predigt fehet man an mit, Christ ist erstanden.

Nach der predigt singet man, Jesus Christus
unser heiland.

Zur vesper.

Für der predigt, Ich dank dem herrn von
ganzen etc.

Nach der predigt magnificat peregrini toni.

Aufs magnificat, Jesus Christus unser heiland,
und also mag es gehalten werden bis auf pfingsten.

Zue pfingsten.

Den introitum oder Kom heiliger geist.

Nach der epistel, Veni sancte spiritus, oder
Nun bitten etc. Nach der predigt, Nun bitten
wir, so man zuvorn die prosam gesungen hat.

Zur vesper.

Kom gott schopfer heiliger geist, vor der predigt.

Magnificat sexti toni nach der predigt.

In festis beatae virginis.

mag man singen.

Nun freuet euch, für den introitum.

Es ist das heil uns kommen her, nach der
epistel.

Herr Christ, der einig gottes sohn, nach der
predigt.

In festis apostolorum et Johan. baptistae.

O herre gott dein gotlich wort, nach der
epistel.

Wer gott nicht mit uns diese zeit, nach der
predigt.

Wan man aber mensur singet, mag der cantor
zur jeden zeit die introitus oder andere muteten,
die sich ufs fest reumen und gut sein, nach gelegenheit derselben singen. Dan solche ceremonien
sollen ohne das dem pfarrern, dieselben nach des
volks bequemheit zu endern alle zeit freistehen.

Was man an einem jedem sontage gemeiniglich vor einen psalm nach der
epistel singen soll.

Post trinitatis.

Dominica.

1. Ach gott vom himmel sieh darein.
2. Es spricht der unweisen mund wohl.
3. Ich rufe sue dir herr Jesu Christ.
4. Es ist das heil uns kommen her.
5. Vorgebens ist all mth und kost.
6. Mensch wiltue leben seliglich.
7. Wo got zum haus nicht gibt sein gunst.
8. Herr wer wird wohnen in deiner huet.
9. Dis seind die heiligen zehen gebot.
10. Hilf got, wie ist der menschen noth so gross.
11. Erbarm dich mein o herre gott.
12. Mitten wir im leben sind.

13. Mensch wiltue leben seliglich.
14. Es spricht der unweisen mund wohl.
15. Ach gott vom himmel sich darein.
16. Mitten wir im leben seind.
17. Ach hilf mich leid und sehnlich clag.
18. Ein feste burg ist unser gott.
19. Ich ruf zue dir herr Jesu Christ.
20. Mag ich unglück nicht widerstahn.
21. O got vater due hast gewalt.
22. Aus tiefer noth schrei ich zue dir.
23. Wo gott der herr nicht bei uns helt.
24. Ach hilf mich leid.
25. Wer got nicht mit uns diese zeit.
26. Vorgebens ist all müh und kost.
27. Wo gott der herr nicht bei uns helt.

In adventu dominica.

1. Durch Adams fall.
2. Hilf gott, wie ist der menschen noth so gros.
3. O gott vater, due hast gewalt.
4. Ach hilf mich leid.
Dominica septuagesima.
Mag ich unglück nicht widerstan.
Sexagesima.
Wo gott zum haus nicht gibt sein gunst.
Quinquagesima.
Wo gott der herr nicht bei uns helt
Quadragesima.
Mitten wir im leben seind.
Reminiscere.
Durch Adams fall.
Oculi.
Hilf gott wie ist der menschen noth [1]).
Laetare.
O gott vater due hast gewalt.
Judica.
Hilf gott wie geht das immar zue.
Palmarum. Idem.

Nach gelegenheit der zeit nachdem es in der christenheit zuestehet, mag man wol andere die bequemer sich zur jeden zeit schicken, an dieser stat bisweilen nehmen, desgleichen auch wan man mensur singet.

Das magnificat mag man singen von

Weinachten bis uf fastnacht	6.	
Fastnacht bis auf ostern	7.	
Ostern bis auf pfingsten	peregrino	
Pfingsten bis uf Petri Pauli	6.	
Petri Pauli bis auf Bartholom.	in 7.	tono.
Bartholomaei bis auf Michaelis	peregrino	
Michaelis bis uf Martini	6.	
Martini bis uf weinachten.	7.	

---

[1]) Dresden: noth so gross.

Ordenung des hohen ampts am feiertage, wan man das abentmal Christi in der christlichen gemeine zu halten pfleget [1]),

Das hohe ampt am pfingsttage.

Erstlich singet der ganze chor das gsang, Kom heiliger geist, alle drei gesetz aus.

[2]) Kom heiliger geist herre gott, erfull mit deiner gnaden gut, deiner gleubigen herz mut und sin, dein brünstig lieb entzind in ihn, o herr durch deines lichtesglanz, zue dem glauben versamlet hast, das volk aus aller welt zungen, das sei dir herr zue lob gesungen haleluia, haleluia.

Due heiliges licht, edler hort, lass uns leuchten des lebens wort, und lehr uns gott recht erkennen, von herzen vater ihn nennen, o herr behuet vor frembder lehr, das wir nicht meister suchen mehr den Jesum Christ mit rechtem glauben und ihm aus ganzer macht vertrauen, haleluia, haleluia.

Due heilige brunst, susser trost, nun hilf uns frölich und getrost, in deim dienst bestendig bleiben, die trubsal uns nicht abtreiben, o herr durch dein craft uns bereit, und sterk des fleisches blodigkeit, das wir hie ritterlich ringen durch tod und leben zue dir dringen, haleluia, haleluia.

Darauf list der priester das confiteor zum volk wie volget.

Lieben freunde, dieweil wir itzunt alle in dem dienst gottes des almechtigen zu hören sein heiliges gotliches wort vorsamlet sein, so wollen wir [3]) erstlichen den herrn umb seine gnade anrufen und bitten, das er uns unsere herzen zu dem warhaftigem vorstand seines gotlichen worts eröffnen wolle, auf das wir dasselbe mit lust und freude unseres herzen hören vornehmen und auch behalten mugen. Und das er uns auch gnade vorleihen wolle, das wir ihme umb alle seine gnaden und gaben leibliche und geistliche danken und seinen heiligen namen hie in dieser christlichen gemeine und in seinem reich mit allen auserwelten ewiglich loben und preisen mugen. Weiter wollen wir auch unserm lieben herrn Christo in dieser vorsamlung alle noth und anliegen der ganzen christenheit in unserm gebet vortragen, dieweil er selbst uns zuerhoren sich so

---

[1]) Dresden: Dieser Titel fehlt. Das vorhergehende Blatt ist aber leer gelassen; offenbar sollte dort dieser Titel geschrieben werden.
[2]) Die Noten zu dem folgenden Text s. in Neue Mittheilungen des thüring.-sächs. Vereins 19, Anhang S. 1—32. In Dresden fehlen sowohl die Noten wie der Text und stehen nur die Anfangsworte: Kom heiliger geist u. s. w.
[3]) Dresden: „wir" fehlt.

gnediglich erboten hat, Matth. am 18., da er spricht: Wo ihr zween unter euch eins werden auf erden, warumb es ist das sie bitten wollen, das sol ihnen widerfaren von meinem vater im himmel.

Dieweil wir aber alle sunder sein, so last uns erstlichen unsere sunde bekennen und dieselben gott dem almechtigen abbitten und sprecht.

Ich armer sunder bekenne dir o almechtiger gott und barmherziger vater fur dieser ganzen gemein alle meine sunde und missethat, dardurch ich dich so mannichfeltig zu zorn vorursacht und bit dich durch deine grundlose barmherzigkeit, und durch das bittere leiden und sterben deines lieben sohns JESU CHRISTI du wollest gnedig sein mir armen sundern.

Absolutio.

Auf solch euer bekentnus aus bevel des herrn Jesu Christi anstat der heiligen christlichen kirchen vorgebe ich euch all eure sunde im namen des vaters und des sons und des heiligen geistes. Amen.

Der fried des herrn Jesu Christi sei mit euch allen. Amen.

Hierauf singt der ganze chor das kyrie eleison wie volget.

Kyrie sumum.

[1])Kyrie got vater in ewigkeit, gross ist dein barmherzigkeit, aller ding ein schopfer und regirer eleison. Christe aller welt trost und sunder allein due hast erlost, o Jesu gottes sohn unser mitler bist in dem hochstem thron, zu dir schreien wir aus herzen begier eleison, kyrie got heiliger geist trost sterk uns im glauben alle zeit, das wir am letzten end frolich uns scheiden aus diesem elend, eleison.

Kyrie paschale.

[2])O herre gott, vater in ewigkeit bis uns sundern gnedig, Christe der werlet heilant und ihr trost mach uns allen von sunden los. O gott heiliger geist, theil uns mit weisheit lieb und glauben allermeist, bring gotlich gerechtigkeit.

Kyrie magne deus.

[3])O vater almechtiger gott zu dir schreien wir in der noth, durch dein gross barmherzigkeit erbarme dich uber uns. Christe wolst uns horen, fur uns bistue geboren von Maria, erbarm dich uber uns.

Herr vorgib uns unser sunde, hilf uns in der letzten stunde, der due für uns bist gestorben, erbarme dich uber uns.

---

[1]) Die Noten, die hier auch in Dresden stehen, s. in Neue Mittheilungen des thüring.-sächs. Alterthumsvereins 19, Anhang S. 1—32.
[2]) S. vorstehende Anm.

Darauf singet der priester das Gloria in excelsis deutsch, wie volget.
[1])Ehr sei got, in der hohe.

Antiphona angelorum.

[2])All ehr und lob sol gottes sein, er ist und heist der hochst allein. Sein zorn auf erden hab ein end, sein fried und gnad sich zu ihr wend, den menschen das gefalle wohl, dafür man herzlich danken soll. O lieber gott dich loben wir, und preisen dich mit ganzer bgier, auch knient wir anbeten dich, dein ehr wir ruhmen stetiglich, wir danken dir zu aller zeit, umb deine grosse herligkeit, herr gott im himmel könig due bist ein vater der almechtig ist, due gottes sohn vom vater bist einig geborn herr Jesu Christ. Her got due zartes gottes lamb, ein sohn aus gott des vaters stam der due der welt sund tregst allein, wolst uns gnedig barmherzig sein, der due der welt sund tregst allein, las dir unser bit gefellig sein, der du gleich sitzt dem vater ein, wolst uns gnedig barmherzig sein. Due bist und bleibst heilig allein, uber alles der herr allein. Der aller höchst allein du bist, due lieber heilant Jesu Christ, sambt dem vater und h. geist, in gotlicher majestet gleich, amen das ist gewisslich wahr, das bekent aller engel schar, und alle welt so weit und breit, von anfang bis in ewigkeit.

Nach dem Et in terra wendet sich der priester zum volk und singt.

Der herr sei mit euch.

Darauf antwortet der chor
Und mit seinem geist.

So singet dan der priester die Collecten, wie volget.

Last uns beten.

O almechtiger ewiger gott und himlischer vater, wir bitten dich in ganzer zuversicht deiner gottlichen gute, due wollest deiner ganzen christenheit und uns allen deinen heiligen götlichen geist in unsere herzen senden gleich wie uns dein lieber sohn vorheischen[3]) und due denselben deinen heiligen aposteln am pfingsttage gegeben hast, auf das er uns in unserm elend tröste und alzeit beistehe, auch uns in deiner gotlichen warheit und erkentnus in einem rechtem glauben bestendig erhalte durch Jestum Christum deinen lieben sohn unsern herrn, der mit dir und dem heiligem geist wahrer gott lebet und regiret in ewigkeit.

Darauf antwortet der ganze chor.

Amen.

---

[1]) [2]) S. auf dieser Seite Spalte 1 Note [1].
[3]) Dresden: vorheissen.

Alsdan list der priester die epistel
zum volk wie volget.

Die historia an diesem heiligem fest am
pfingsttage geschehen, list man heut anstat der
epistel wie dieselbige der evangelist Lucas am
andern capitel der apostelgeschicht beschreibet
und lautet also.

Und als der tag der pfingsten erfullet war,
waren sie alle einmutig bei einander[1]), und es
geschah schnell ein brausen vom himmel als eines
gewaltigen windes und erfüllet das ganze haus,
da sie sassen, und man sahe an ihnen die zungen
zertheilet, als weren sie feurig und er sazte sich
uf einen jeglichen unter ihn, und wurden alle voll
des heiligen geistes und fingen an zue predigen
mit andern zungen nach dem der geist ihn gab
auszusprechen. Es waren aber juden zu Hierusalem wohnend, die waren gotfurchtige menner
aus allerlei volk, das unter den himmel ist. Da
nun diese stimme geschach, kam die menge zuesammen und wurden besttirzt, dann es höret ein
jeglicher, das sie mit seiner sprache redeten. Sie
entsezten sich aber alle, verwunderten sich und
sprachen undereinander, sihe, seind nicht diese
alle, die da reden, aus Gallilaa? Wie hören wir
dann ein jeglicher seine sprache darinnen wir geboren seind? Parther und Meder, und Elamiter
und die wir wohnen in Mesopotamia und Judaea
und Cappadocia, Ponto und Asia, Phrygia und
Pamphilia, Aegypten und an den enden der Libien
bei Cyrenen und auslender von Rom, juden und
judengenossen, Creter und Araber, wir hören sie
mit unsern zungen die grosse thaten gottes reden.
Sie entsazten sich alle und wurden irre und
sprachen einer zue dem andern, Was will das
werden, die andern aber hattens ihren spot und
sprachen, sie seind voll susses weins.

Hierauf singt der chor, Nun bitten wir
den heiligen geist.

[1]) Nun bitten wir den heiligen geist umb den
rechten glauben allermeist, das er uns behuete
am unserm ende, wan wir heimfarn aus diesem
elende, kyrieleison.

Due werdes licht, gib uns deinen schein, lehr
uns Jesum Christ erkennen allein, dass wir an
ihm bleiben dem treuen heilant der uns bracht
hat zum rechten vaterland, kyrieleison.

Due susse lieb, schenk uns deine gunst, lass
uns empfinden der liebe brunst, das wir uns von
herzen einander lieben und im friede uf einem
sinne bleiben, kyrieleison.

Due höchster tröster in aller noth, hilf das

wir nicht furchten schande noch tod, dass in uns
die sinne nicht vorzagen, wan der feind wird das
leben verclagen, kyrieleison.

Alsdan list der priester das evangelium zum
volk in massen wie volget.

Das heilige evangelium, welches man am
pfingstage zuelesen pfleget, schreibt der evangelist
Johannes am 14. capit. und lautet also.

Wer mich liebet, der wird meine wort halten
und mein vater wird ihn lieben, und wir werden
zue ihm kommen und wonung bei ihm machen[1]),
wer aber mich nicht liebet, der helt meine wort
nicht, und das wort, das ihr höret, ist nicht mein,
sondern des vaters, der mich gesant hat. Solches
habe ich zue euch geredt, weil ich bei euch gewesen bin. Aber der tröster, der heilige geist,
welchen mein vater senden wird in meinem namen,
derselbige wirds euch alles lehren und euch erinnern
alles des, das ich euch gesaget habe. Den
frieden lass ich euch, meinen frieden geb ich euch,
nicht geb ich euch wie die welt giebet. Euer
herz erschrecke nicht und furchte sich nicht, ihr
habt gehöret, das ich euch gesaget habe, ich gehe
hin und komme wieder zu euch, hettet ihr mich
lieb, so wurdet ihr euch freuen, dass ich gesaget
habe, ich gehe zum vater, dann der vater ist
grösser dan ich. Und nun habe ichs euch gesaget,
ehe dann es geschicht, auf das, wan es nun geschehen wird, das ihr gleubet, ich werde fort mehr
nicht viel mit euch reden, es kompt der furst
dieser welt, und hat nichts an mir, aber auf das
die welt erkenne, das ich den vater liebe und
ich also thue, wie mir der vater geboten hat.

Darauf singet der ganze chor
den glauben, wie volget.

[2]) Wir gleuben all an einen gott, schöpfer
himmels und der erden, der sich zum vater geben
hat, das wir seine kinder werden, er wil uns alzeit ernehren, leib und sel auch wohl bewahren,
allen unfall will er wehren, kein leid soll uns
widerfahren, er sorget fur uns hut und wacht es
steht alles in seiner macht.

Wir gleuben auch an Jesum Christ, seinen
sohn und unsern herrn, der ewig bei seim vater
ist, gleicher gott von macht und ehren, von Maria
der jungfrauen, ist ein wahrer mensch geboren,
durch den heiligen geist im glauben fur uns, die
wir waren verloren, am creuz gestorben und vom
tod wieder auferstanden durch gott.

Wir gleuben an den heiligen geist, gott mit
vater und dem sohne, der aller blöden tröster heist,
und mit gaben zieret schone, die ganze christen-

---

[1]) Dresden: von „und es geschah" bis „sie sind
voll susses weins" fehlt.
[2]) S. S. 77 Spalte 1 Note [1]. In Dresden fehlen die
Noten und stehen nur die Anfangsworte des Liedes:
„Nu bitten wir den heiligen geist."

[1]) Dresden: machen etc. Das Weitere fehlt.
[2]) Vgl. S. 77 Spalte 2 Note [2]. In Dresden fehlen die
Noten und stehen nur die Sätze „Wir gleuben all an
einen gott etc., Wir gleuben auch an Jesum Christ etc.,
Wir gleuben an den heiligen geist" etc.

heit auf erden, helt in einem sinne gar eben hie alle sund vorgeben werden. Das fleisch soll auch wiederleben nach diesem elend, ist bereit uns ein leben in ewigkeit, amen.

Nach dem glauben gehet der priester auf den predigtul und vermahnet das volk den heiligen geist umb gnade anzurufen, also:

Lieben freunde, auf das wir das heilige gotliche wort seliglichen handeln mögen, so wollen wir sembtlich gott den heiligen geist umb gnad anrufen und singen, Nun bitten wir den heiligen geist.

Nun bitten wir den heiligen geist umb den rechten glauben allermeist, das er uns behuete, an unserm ende, wan wir heimfaren aus diesem elende, kyrieleis.

Herr Christ, gottes sohn, durch deiner marter willen so gedenk aller christenheit noth, wann due uns lieber herr an dem creuze hast erlöst, kyrieleis.

Alsdan geschicht die predigt.

Nach der predigt pfleget man das volk zum gebet zuvormahnen ungeverlich diese weis.

Lieben freunde, ich vormahne euch, dass ihr mit grossem vleis vor alle noth der ganzen christenheit bitten wollet, nemblich das uns unser lieber herr gott bei seinem heiligem gottlichen wort gnediglich erhalten und uns hie und anderswo treue pfarrer und prediger geben wolle, die uns das heilige evangelium rein und lauter zue unser seelen seligkeit, heil und trost, und zue seinem gottlichen lob und ehren vor kundigen, und wolle dieselbigen sterken und ihnen ihr leben fristen, den falschen lehrern aber und rottengeistern wehren, auf das sein heiliges wort nicht gehindert, besondern ausgebreitet, sein name geheiliget, sein reich gemehret und des teufels reich zuestöret werde. Darnach bittet auch vor alle zeitliche noth, für alle ordentliche obrigkeit, für unsern lieben herrn den kaiser, für unsern lieben schutzherrn, den churfursten zue Sachsen, für unsern lieben erbherrn, den bischof zur Neunburg, fur einen erbarn rath und ganzes regiment dieser löblichen stadt Neunburg, das unser lieber herre gott ihme dieselbigen alle gnediglich wolle bevohlen lassen sein, ihnen ihr leben fristen und sie nach seinem götlichen willen selbst leiten und regiren, auf das sie alle sambt mögen denken, was zue einem friedlichen regiment gehöret, das wir under ihren schuz sein heiliges gottliches wort hören und unser teglich brot im friede geniessen mögen und wolle uns auch für krieg und blutvergiessen, für teurer zeit, pestilenz, ungewitter und allem unglück durch seinen lieben sohn Jesum Christum behüten und bewaren. Amen.

Zum dritten bittet auch für alle betrübte und angefochtene herzen, für alle schwangere weiber, für alle gefangene und kranke personen, sie sein hie oder anderswo, dass sich unser lieber herre gott ihr gnediglich erbarmen und sie durch sein heiliges wort trösten, in einem warhaftigem glauben erhalten, und ihnen aus allen ihren engsten und nöthen gnediglichen helfen wolle.

Für diese und alle andere noth, wie dieselbigen ein jeder bei sich selbst erkennet und für uns selber auch, wollen wir zuesammen thun und mit andacht sprechen ein vaterunser. —

Wo aber irgent ein sondere noth furfiel, es were ein gemeine plage, krankheit oder krieg oder das von nothen were zu bitten umb regen, schon wetter oder für die fruchte uf dem felde, oder das etzliche sonderliche kranke oder angefochtene personen vorhanden, so soll derselben noth zur jeden zeit auch mit sondern vleis gedacht werden.

Und wan dan also das volk ein vater unser gesprochen und der prediger die gebenedeiung darauf gegeben hat, so soll der ganze chor singen.

Christ für zue himmel, was sandt er uns herwider,

Er sand uns seinen heiligen geist zue trost seiner armen christenheit, kyrieleis.

Alleluia :,: alleluia, des sollen wir alle froh sein,

Christ, der will unser trost sein, kyrieleis.

Kyrieleison, Christeleison, kyrieleison, des sollen wir alle froh sein, christ der will unser trost sein, kyrioleis.

Und dieweil der ganze chor also singet, sollen sich die communicanten in den chor vorsamlen, so soll der priester eine vormanung an sie thun wie volget.

Lieben freunde, dieweil ihr itzund das testament unsers lieben herrn Jesu Christi zu halten und empfahen vorsamlet seit, so vormane ich euch, das ihr der teuren gaben und gnaden, die uns unser lieber herr Jesus Christus hierinnen bescheiden und geschenket hat, eben warnehmen woltet, dieselben mit hohem vleis betrachten und ihme darumb danken, und ein jeder wolle sich selber hierinnen briefen, auf das er wirdig von dem brot und kelch, welches ist des herrn leib und blut, esse und trinke, also das er wisse, das ihme dis zu vorgebung seiner sunden zu trost und sterk seines glaubens vom herrn gegeben sei, uud darnach auch hingehe und Christo unserm lieben herrn und gott zue lob und dank, seinem nehestem in warhaftiger lieb und treu nach allem vermugen diene, gleich wie uns Christus hiemit gedienet hat, das er uns durch sein heiliges bitteres leiden und sterben vom ewigem tode erloset und kinder des ewigen lebens gemacht hat.

Auf diese vormanung
singet der ganze chor das sanctus wie volget.

[1])Jesaia dem propheten das geschach, das er im geist dem hern sizen sach auf einem hohen thron in hellem glanz, seines kleides saum den chor füllet ganz. Es stunden zween seraph bei ihm daran, sechs flugel sach er einen jeden han. Mit zweien verborgen sie ihr antliz clar, mit zwen bedeckten sie die fusse gar. Und mit den andern zween sie flogen frei, gen ander ruften sie mit grossem geschrei. Heilig ist got der herre Zebaoth, heilig ist got der herre Zebaoth. Heilig ist gott der herre zebaoth, sein ehr die ganze welt erfullet hat. Von dem gschrei zittert schwel und balken gar, das haus auch ganz voll rauchs und nebels war.

Darauf singet der priester das vater unser.

[2])Erhebet euer herzen zu gott und last uns beten wie Christus auf erden seine jüngern geleret hat. Vater unser der du bist im himmel, geheiligt werd dein nam, zu kom dein reich, dein will gescheh als im himmel, so auch auf erden, unser teglich brot gib uns heut, vorgib uns unser schulde als wir vorgeben unsern schuldigern, und nicht einfür uns in vorsuchung, sondern erlos uns vom ubel.

Chorus
A m e n.

[3])Unser herr Jesus Christ, in der nacht da er vorrathen wart, nam er das brot, dankt und brachs und gabs seinen jungern und sprach, nembt hin und esset, das ist mein leib, der fur euch gegeben wird, solchs thut so oft ihrs t h u t zue meinem gedechtnus.

Desselbigen gleichen auch den kelch nach dem abentmahl und sprach, nembt hin und trinkt alle draus, das ist der kelch ein neu testament in meinem blut das für euch vergossen wird zu vorgebung der sunden, solchs thut so ofts ihrs trinkt zu meinem gedechtnus.

Wan er dan diese wort gesungen, darzue erstlich panem, darnach calicem consecrirt hat, so gehen dan die leute hin zu empfahen erstlich den leib, darnach das blut des herrn. Dieweil singet der ganze chor diese hernach geschriebene gesenge bis das volk alles berichtet wird.

[4])Jesus Christus unser heilant, der von uns den gottes zorn wandt durch das bitter leiden sein half er uns aus der hellen pein[5]).

---

[1]) Dresden hat hier keine Noten und der Text lautet nur: Jesaia dem propheten das geschach etc.
[2]) und [3]) Die Noten in Neue Mittheilungen des thüring.-sächs. Vereins 19, Anhang. Dresden hat hier ebenfalls die Noten.
[4]) Die Noten in Neue Mittheilungen des thüring.-sächs. Vereins 19, Anhang. In Dresden fehlen die Noten.
[5]) Dresden schliesst hier mit etc. und alles Weitere fehlt bis zum Abschnitt „Gott sei gelobet und gebenedeiet."

Das wir nimmer des vorgessen, gab er uns
            sein leib zu essen
Verborgen im brot so klein und zue trinken sein
            blut in wein.
Wer sich wil zue tisch machen, der hab wol acht
            auf sein sachen,
Wer unwirdig hinzue geht, fur das leben den tod
            empfeht.
Due solt got den vater preisen, das er dich so
            wohl wolt speisen,
Und für deine missethat in den tod sein sohn ge-
            geben hat.
Due solt gleuben und nicht wanken, das es sei
            ein speis der kranken,
Den ihr herz von sunden schwer, und für angst
            ist betrubet sehr.
Solch gross gnad und barmherzigkeit sucht ein
            herz in grosser arbeit,
Ist dir wohl so bleib darvon, das due nicht kriegest
            bösen lohn.
Er spricht selber kombt ihr armen, last mich uber
            euch erbarmen,
Kein arzt ist dem starken noth, sein kunst wird
            an ihm gar ein spott.
Hetstue dir was kunt erwerben, was durft ich den
            fur dich sterben?
Dieser tisch auch dir nicht gilt, so due selber dir
            helfen wilt.
Gleubstue das vom herzengrunde und bekennest
            mit dem munde,
So bistue recht wol geschickt und die speis dir
            dein seel erquickt.
Die frucht soll auch nicht ausbleiben, deinen
            nechsten soltue lieben,
Das er dein geniessen kann, wie dein gott hat an
            dir gethan.

Gott sei gelobet.

[1])Gott sei gelobet und gebenedeiet, der uns selber hat gespeiset mit seinem fleische und mit seinem blute, das gib uns herr gott zu gute. Kyrieleison. Herr durch deinen heiligen leichnam, der von deiner mutter Maria kam und das heilige blut, hilf uns herr aus aus aller noth, kyrieleison.

Der heilige leichnam ist fur uns gegeben[2]) zum tod, das wir dardurch leben, nicht grösser gute kont er uns geschenken, darbei wir sein solln gedenken, kyrieleison. Herr dein lieb so gross dich zwungen hat, das dein blut an uns gross wunder that und bezalt unser schuld, das uns gott ist worden holt, kyrieleison.

Gott geb uns allen seiner gnaden segen[3]),

---

[1]) Die Noten in Neue Mittheilungen des thüring.-sächs. Vereins. Dresden hat keine Noten und nur die Worte „Gott sei gelobet und gebenedeiet etc."
[2]) Dresden: gegeben u. s. w. Das Weitere fehlt.
[3]) Dresden: segen u. s. w. Das Weitere fehlt — Kyrieleison.

dass wir gern auf seinen wegen, in rechter lieb und bruderlicher treue das uns die speis nicht gereue, kyrieleison. Herr dein heiligen geist uns immer lass, der uns geb zue halten rechte mass, das dein arme christenheit, leb in fried und einigkeit, kyrieleison.

So singet dan der priester zum volke.
Der herr sei mit euch.
Das volk antwortet,
Und mit deinem geist.

Alsdan list der priester die collecten wie volget.

Wir danken dir almechtiger gott, das due uns durch diese heilsame gabe deines leibes und bluts hast erquicket[1]) und bitten dein barmherzigkeit, das due uns solches gedeien last zue starken glauben gegen dir und zue brunstiger lieb unter uns allen durch Jesum Christum deinen lieben sohn unsern herrn, der mit dir und dem heiligem geiste lebet und regirt wahrer gott in ewigkeit.

Darauf singt der ganze chor:
A m e n.

Alsdan segnet der priester das volk wie num. 6 geschrieben stehet:
Der herr segne dich und behuete dich,
Der herr lass sein angesicht leichten uber dir,
und sei dir gnedig.
Der herr erhebe sein angesicht uber dich
Und geb dir friede.
Singet der chor dorauf:
A m e n.

Am andern pfingsttage:

Versicul:

Due hochster tröster in aller noth
Hilf das wir nicht furchten schande noch tod.

Collecta.

Herr gott lieber vater, der due deiner gleubigen herzen durch deinen heiligen geist erleuchtet und gelehret hast, gib uns, das wir auch durch deuselbigen geist rechten vorstand haben, und zue aller zeit seines trosts und craft uns freuen umb etc.

Epistola.

Die historia von diesem heiligem fest list man heute an stat der epistel wie dieselbe der evangelist Lucas am 10. cap. in der apostel geschicht beschreibet und lautet also:

Und der herr hat uns geboten zue predigen dem volk, und zeugen, das er ist verordnet von gott ein richter der lebendigen und der todten[2]).

---

[1]) Dresden: „erquicket u. s. w." Das Weitere — in ewigkeit fehlt.
[2]) Dresden: das Weitere aus Lucas 10 fehlt.

Von diesem zeugen alle propheten, das durch seinen namen alle, die an ihn gleuben, vorgebung der sunden empfahen sollen. Da Petrus noch diese wort redet, fiel der heilig geist auf alle, die dem wort zuehöreten, und die gleubigen aus der beschneidung, die mit Petro kommen waren, entsazten sich, das auch auf die heiden die gabe des heiligen geistes ausgegossen wart, dan sie höreten, das sie mit zungen redeten und gott hoch preiseten, da antwortet Petrus, mag auch jemand das wasser wehren, dass diese nicht getauft werden, die den heiligen geist empfangen haben, gleich wie auch wir, und befahl sie zue teufen in dem namen des herrn.

Evangelium Joan. 3.

Also hat got die welt geliebet, dass er seinen einzigen sohn gab, auf das alle, die an ihn gleuben[1]), nicht verloren werden, sondern das ewige leben haben, dann got hat seinen sohn nicht gesant in die welt, das er die welt richte, sondern das die welt durch ihn selig werde. Wer an ihn gleubet, der wird nicht gericht, wer aber nicht gleubet, der ist schon gerichtet, den er gleubt nicht an den namen des eingeborenen sohn gottes. Das ist aber das gericht, das das licht in die welt kommen ist, und die menschen liebeten die finsternus mehr, dan das licht, dan ihre werk waren böse. Wer arges thut, der hasset das licht und kombt nicht an das licht, auf das seine werk nicht gestrafet werden. Wer aber die warheit thut, der kombt an das licht, das seine werk offenbar werden, dan sie seind in gott gethan.

Am dritten pfingsttage,

Epistola actorum 8.

Da aber die apostel höreten zue Hierusalem das Samaria das wort gottes angenommen hatte[2]), santen sie zue ihn Petrum und Johannem, welche da sie hinabkamen, beten sie uber sie, das sie den heiligen geist empfingen, dan er war noch auf keinen gefallen, sondern waren allein getauft in dem namen Jesu Christi. Da legten sie die hende auf sie und sie empfingen den heiligen geist.

Evangelium Joan. 10.

Warlich warlich ich sage euch, wer nicht zur thuer hinein gehet in den schafstall, sondern steiget anders wo hinein, der ist ein dieb und mörder[3]). Der aber zur thuer hineingehet, der ist ein hirt der schafe, demselbigen thut der thuerhueter auf, und die schafe hören seine stimme

---

[1]) Das Weitere aus Ev. Joan. fehlt.
[2]) Das Weitere aus Act. c. 8 fehlt in Dresden.
[3]) Das Weitere aus Ev. Joan. 10 fehlt in Dresden.

und er rufet seinen schafen mit namen und furet sie aus, und wan er seine schafe hat ausgelassen, gehet er fur ihn hin, und die schafe volgen ihme nach, dan sie kennen seine stimme. Einem frembden aber folgen sie nicht nach sondern flihen vor ihme, dan sie kennen der frembden stimme nicht. Diesen spruch saget Jesus zue ihnen, sie vernahmen aber nicht, was es war, dass er zue ihnen saget. Da sprach Jesus wieder zue ihn, warlich, warlich, ich sage euch, ich bin die thuer zu den schafen, alle die vor mir kommen seind, die seind diebe und mörder gewesen, aber die schafe haben ihn nicht zuegehöret. Ich bin die thuer, so jemand durch mich eingehet, der wird selig werden und wird ein und ausgehen und wird finden, ein dieb kömbt nicht, dan das er stele, wurge und umbbringe, ich bin kommen, das sie das leben und volle gnuge haben sollen. —

Sonst wird es alles, wie am pfingsttage gehalten, und man soll an den hohen drei festen, als weinachten, ostern und pfingsten alle drei tage uber nichts, dan allein vom fest die historien predigen und zu jedem mal den artikel des glaubens wol treiben und dem volk einbilden. Als zu weinachten: Ich gleube an Jesum Christum, seinen sohn, unsern herrn, der geborn ist von der jungfrauen Maria. Zus ostern aber: Auferstanden von den todten, und do sol man die historia, am ostertage geschehen wol treiben. Zu pfingsten dieselbe historia am pfingsttage geschehen, uud aldo den artikel: Ich gleub an den heiligen geist, ein heilig christliche kirche etc. mit einfüren. Also sol man auch an den andern festen, die in der heiligen schrift gegründet seind, ihre historien dem volk vleissig fürtragen und welche einen artikel des glaubens mitbringet, als in festo anunciationis Mariae, der empfangen ist vom heiligem geist, sol man zu einem jedem mal ja dem volk vleissig vormelden und anzeigen.

De sancta trinitate introitus.

[1]) Benedicta sit sancta trinitas atque indivisa unitas. Confitebimur ei quia fecit nobiscum misericordiam suam. Benedicamus patrem et filium cum sancto spiritu, evovae.

Collecta.

Wir loben gott den vater, sohn und den heiligen geist, Und preisen ihn von nu an bis in ewigkeit.

---

[1]) Die Noten hierzu s. in Neue Mittheilungen u. s. w., Bd. 19, Anhang. In Dresden fehlen die Noten in diesem Abschnitt vollständig und der Text enthält nur die Anfangsworte der Citate und Lieder.

Almechtiger ewiger gott, der due uns gelehret hast, in rechtem glauben zue wissen und bekennen, ein einiger ewiger gott und dafür anzuebeten bist, wir bitten dich, du wollest uns bei solchem glauben allezeit feste erhalten wider alles, das da gegen uns mag anfechten, der due lebest und regirest von ewigkeit zue ewigkeit. Amen.

Epistel zum Römern am 11. cap.:

Lieben brueder, o welch eine tiefe des reichthumbs, beides der weisheit und erkentnus gottes, wie gar unbegreiflich sind seine gerichte und unerforschlich seine wege, dann wer hat des herrn sinn erkant? oder wer ist sein rathgeber gewesen? oder wer hat ihme etwas gegeben, dass ihme werde wieder vergolten? dan von ihm und durch ihn und in ihme seind alle ding, ihme sei ehr in ewigkeit. Amen.

Prosa.

Benedicta semper sit trinitas.

oder

Gott der vater wohn uns bei.

[1]) Benedicta sancta semper sit trinitas deitas scilicet unitas coequalis gloria, pater filius sanctus spiritus, tria sunt nomina omnia eadem substantia, deus genitor, deus genitor in utroque, sacer spiritus deitate socius, non tres tamen dii sunt, deus verus unus est, sic pater dominus filius spiritusque sanctus, proprietas in personis unitas est et in essentia majestas par et potestas decus honor aeque per omnia sidera, maria, continens arva simul et universa condita, quem tremunt impia tartara colit quoque quem et abyssus infima, nunc omnis vox atque lingua fateatur hunc laude debita, quem laudant sol atque luna dignitas adorat angelica, et nos voce praecelsa omnes modulemur organica cantica dulci melodia, eya et eya nunc simul jubilemus alti throno domino laudes in excelsis, o veneranda trinitas, o adoranda unitas, per te sumus creati, vera aeternitas, per te sumus redemti, summa tu charitas, populum cunctum tu protege, salva, libera, eripe et emunda, te adoramus omnipotens, tibi canimus, tibi laus et gloria. Per infinita secula seculorum.

Evangelium Joannis 3.

Es war aber ein mensch unter den Phariseern, mit namen Nicodemus, ein oberster unter den Juden, der kam zue Jesu bei der nacht und sprach zue ihme: Meister, wir wissen das due bist ein lehrer von gott kommen, dan niemand kann die zeichen thun, die due thust, es sei dan gott mit ihme. Jesus antwortet und sprach zue

---

[1]) S. die vorhergehende Note.

11*

ihme: Warlich, warlich, ich sage dir, es sei dan, das jemand von neuen geboren werde, kan er das reich gottes nicht sehen. Nicodemus spricht zue ihme: Wie kan ein mensch geborn werden, wan er alt ist? kan er auch wiederumb in seiner mutter leib gehen, und geborn werden? Jesus antwortet: Warlich, warlich, ich sage dir, es sei dan, das jemand geborn werde aus dem wasser und geist, so kan er nicht in das reich gottes kommen. Was vom fleisch geborn wird, das ist fleisch, und was vom geist geborn wird, das ist geist. Lass dichs nicht wundern, das ich dir gesaget habe, ihr musset von neuen geborn werden. Der wind bleset wo er will, und due hörest sein sausen wol, aber due weist nicht, von wannen er kombt und wo er hinfehret. Also ist ein jeglicher, der aus dem geist geboren ist. Nicodemus antwortet und sprach zue ihme: Wie mag solches zuegehen? Jesus antwortet und sprach zue ihme: Bistue ein meister in Israel und weissest das nicht? Warlich, warlich ich sage dir, wir reden, das wir wissen, und zeugen, das wir gesehen haben, und ihr nehmet unser zeugnus nicht an. Gleubet ihr nicht, wen ich euch von irdischen dingen sage, wie wurdet ihr gleuben, wan ich euch von himlischen dingen sagen wurde. Und niemand fehret gen himmel, dan der vom himmel wieder kommen ist, nemblich des menschen sohn, der im himmel ist, und wie Moses in der wuesten eine schlange erhöhet hat, also mus des menschen sohn erhöhet werden, auf das alle, die an ihn gleuben, nicht verloren werden, sondern das ewige leben haben.

Nach der predigt singet man
Gott der vater wohn uns bei etc.

Oder

Es wolt uns gott gnedig sein.
Gott der vater wohn uns bei und lass uns
nicht vorderben.

Gott der vater wohn uns bei, und lass uns nicht vorderben, mach uns aller stünden frei und hilf uns selig sterben, fur den teufel uns bewahr, halt uns bei vestem glauben, und auf dich lass uns bauen aus herzen grund vortrauen, dir uns lassen ganz und gar, mit allen rechten christen, entfliehn des teufels listen, mit wafn gotts uns fristen, amen, amen, das sei wahr, so singen wir alleluia.

Jesus Christus, wohn uns bei, etc.
Heilig geist, der wohn uns bei etc.

SEQUITUR TERTIA RELIGIONIS PARS
de institutione scholastica [1]).

Lectori salutem.

Licet nunquam certa regendarum scholarum formula, quae singulis temporibus aeque servanda esset propter frequentem tum praeceptorum, tum discipulorum variationem praescribi possit, tamen ut aliquod exemplum, quo modo nostris temporibus scholam instituimus posteris relinquamus, hoc loco brevem quasi indicem, pro tertia religionis parte subjicere voluimus, nam et hanc scholasticam institutionem proprie ad religionem pertinere judicamus. Precamur autem successores nostros, ut istam quantulamcunque operam nostram boni consulant. bene vale lector.

[1]) In Dresden auf einem besonderen Blatte.

INSTITUTIO SCHOlae Neunburgensis apud diuum Wenceslaum per aestatem.

In prima classe cui praeest
magister ludi.

| Hora 6. | Die | Martis / Lunae | legit magister ludi | orthographiam / ethimologiam / et syntaxin | ordine |
| | | Jovis / Veneris | examinat idem rem grammaticam ex Terentio. | | |

Subdividitur autem iterum haec
classis in duos choros primum
et secundum.

| Hora 7. | Die | Lunae / Mercurii / Veneris / Saturni | repetit infimus lectionem Virgilianam et praecepta grammaticae [2]) cum pueris secundi chori, reliqui ingrediuntur sacram aedem. |
| | | Martis / Jovis | omnes simul ingrediuntur conciones. |

[2]) Neumüller: grammatica. Dresden: grammatice.

Sub hac hora audit magister ludi
legentes et syllabicantes.

Hora 8. Die $\left\{\begin{array}{l}\text{Lunae} \\ \text{Martis} \\ \text{Jovis} \\ \text{Veneris}\end{array}\right\}$ legit magister ludi Terentium per universam classem.

Hora 9. Die $\left\{\begin{array}{l}\left.\begin{array}{l}\text{Lunae} \\ \text{Martis}\end{array}\right\} \text{grammaticam hebraeam} \\[1ex] \left.\begin{array}{l}\text{Jovis} \\ \text{Veneris}\end{array}\right\} \text{genesin hebraice} \\[1ex] \left.\begin{array}{l}\text{Mercurii} \\ \text{Saturni}\end{array}\right\} \text{psalterium hebraice}\end{array}\right\}$ legit pastor.

Et has diversas lectiones propter diversitatem ingeniorum praelegit et simul etiam phrases hebraicas et rem theologicam excutit.

Post prandium.

Sub hora duodecima audit magister
ludi syllabicantes et legentes.

Hora 12. Die $\left\{\begin{array}{l}\left.\begin{array}{l}\text{Lunae} \\ \text{Martis}\end{array}\right\} \text{supremus arithmeticam} \\[1ex] \left.\begin{array}{l}\text{Jovis} \\ \text{Veneris}\end{array}\right\} \text{cantor musicam}\end{array}\right\}$ docet adjuvante infimo.

Hora 1. Legit magister ludi Virgilium, interim audit cantor legentes et syllabicantes.

Hora 2. Die $\left\{\begin{array}{l}\left.\begin{array}{l}\text{Lunae} \\ \text{Martis}\end{array}\right\} \text{dialecticam} \\[1ex] \left.\begin{array}{l}\text{Jovis} \\ \text{Veneris}\end{array}\right\} \text{rhetoricam}\end{array}\right\}$ legit alter diaconus magister Johannes Streitperger[1]) primi chor pueris.

Secundus chorus ingreditur sacram aedem.

Hora 3. Die $\left\{\begin{array}{l}\left.\begin{array}{l}\text{Lunae} \\ \text{Martis}\end{array}\right\} \text{acta apostolorum} \\[1ex] \left.\begin{array}{l}\text{Jovis} \\ \text{Veneris}\end{array}\right\} \text{grammaticam} \\[1ex] \left.\begin{array}{l}\text{Mercurii} \\ \text{Saturni}\end{array}\right\} \text{Homerum}\end{array}\right\}$ graece legit primus diaconus magister Michael Denschman[2]).

Hora 4. Die $\left\{\begin{array}{l}\text{Lunae} \\ \text{Martis}\end{array}\right\}$ legit physicus dominus doctor Johannes Steinhoff compendium physices.

Diebus Mercurii et Saturni.

Hora 6. Die $\left\{\begin{array}{l}\text{Mercurii} \\ \text{Saturni}\end{array}\right\}$ legit magister ludi $\left\{\begin{array}{l}\text{epistolam Ciceronis} \\ \text{sphaeram materialem.}\end{array}\right.$

Hora 7. $\left\{\begin{array}{l}\text{Primus chorus ingreditur sacram aedem.} \\ \text{Secundus chorus repetit Virgilium.}\end{array}\right.$

Hora 8. Die $\left\{\begin{array}{l}\text{Mercurii examinat magister ludi scripta adjuvante infimo.} \\ \text{Saturni legit ludi magister Lupum.}\end{array}\right.$

Hora 9. Legitur psalterium hebraicum.

---

[1]) Dresden: Streitberger.   [2]) Neumüller: Deutschmann. Dresden: Denschman.

Post prandium.

Hora 12. Recitant pueri comoediam ex Terentio, quae tunc temporis praelegitur, animadvertente infimo, die Mercurii et die Saturni magistro ludi.

Hora 1. Legit magister Johannes Streitperger, secundus diaconus rationem conscribendorum versuum.

Hora 2. Ingrediuntur omnes chorum, et finitis vespertinis precibus exercent cantum Gregorianum usque ad horam tertiam.

Hora 3. Legitur graece.

Diebus festis.

Ingreditur ludi magister una cum omnibus pueris in chorum. Finitis vespertinis precibus, dominica die, instituit ludi magister declamationem vel disputationem alternatim et simul clam constituit in prima classe Lupum.

Horae ludi magistri diebus Lunae, Martis, Jovis et Veneris.

Sunt ante prandium $\begin{Bmatrix} 6 \\ 7 \\ 8 \end{Bmatrix}$ post prandium $\begin{Bmatrix} 12 \\ 1 \end{Bmatrix}$

Diebus Mercurii et Saturni.

Ante prandium $\begin{Bmatrix} 6 \\ 7 \\ 8 \end{Bmatrix}$ post prandium 12.

Lectiones primae classis sunt:

- artes
  - grammatica — latina, graeca, hebraea
  - dialectica
  - rhetorica
  - musica
  - arithmetica
  - sphaera
  - physica
- autores
  - Terentius
  - Virglius
  - Cicero
- in linguis
  - Homerus, acta apostolorum — graece
  - genesis, psalterium — hebraice

Secundi chori pueri, dialecticam, rhetoricam, physicam et hebraeam linguam non audiunt, caeteras autem omnes lectiones habent cum pueris primi chori communes.

In secunda classe, cui praeest supremus diebus Lunae, Martis, Jovis et Veneris.

Hora 6. Examinat supremus rem grammaticam ex bucolicis Virgilii.

Hora 7. Visitant pueri chorum quibus statim deinde interpretatur grammaticam Philippi supremus ordine.

Hora 8. Legit supremus Terentium.

Post prandium.

Hora 12. Die $\begin{Bmatrix} \text{Lunae} \\ \text{Martis} \\ \text{Jovis} \\ \text{Veneris} \end{Bmatrix}$ $\begin{Bmatrix} \text{supremus} \\ \text{cantor} \end{Bmatrix}$ legit $\begin{Bmatrix} \text{arithmeticam} \\ \text{musicam} \end{Bmatrix}$ adjuvante infimo.

Hora 1. Die $\left\{\begin{array}{l}\text{Lunae}\\\text{Martis}\\\text{Jovis}\\\text{Veneris}\end{array}\right\}$ $\left.\begin{array}{l}\text{legit fabulas Aesopi}\\\\\text{examinat orthographiam}\end{array}\right\}$ supremus.

Hora 2. Ingrediuntur pueri chorum, interim audit supremus legentes et dat eis vocabula rerum et finitis vespertinis precibus, interpretatur bucolica Virgilii.

Diebus Mercurii et Saturni.

Hora 6. Die Mercurii emendat supremus scripta adjuvante infimo, Saturni legit supremus colloquia sacra.

Hora 7. Ingrediuntur pueri chorum. Deinde exercet eos cantor in cantu Gregoriano usque ad octavam.

Hora 8. Die $\left\{\begin{array}{l}\text{Mercurii}\\\text{Saturni}\end{array}\right\}$ supremus legit $\left\{\begin{array}{l}\text{epistolas Ciceronis}\\\text{Lupum.}\end{array}\right.$

Post prandium.

Hora 12. Recitant memoriter comoediam Terentii, in die Saturni, quae tunc temporis eis interpretatur animadvertente supremo.

Hora 2. Ingrediuntur chorum, et finitis vespertinis precibus exercentur in cantu Gregoriano per infimum.

Horae supremi diebus Lunae, Martis, Jovis et Veneris.

Ante prandium $\left\{\begin{array}{l}6\\7\\8\end{array}\right\}$ post prandium $\left\{\begin{array}{l}12\\1\\2.\end{array}\right.$

Diebus Mercurii et Saturni ante $\left\{\begin{array}{l}6\\8\end{array}\right.$ post prandium 12.

Puerorum secundae classis lectiones sunt $\left\{\begin{array}{l}\text{artes}\left\{\begin{array}{l}\text{grammatica}\\\text{musica}\\\text{arithmetica}\end{array}\right.\\\\\text{autores}\left\{\begin{array}{l}\text{fabulae Aesopi}\\\text{Terentius}\\\text{Cicero}\\\text{bucolica Virgilii}\\\text{colloquia sacra.}\end{array}\right.\end{array}\right.$

In tertia classe, cui praeest infimus diebus Lunae, Martis, Jovis et Veneris.

Hora 6. Infimus exponit fabulas Aesopi, quas dum pueri repetunt, audit legentes et syllabicantes.

Hora 7. Visitant chorum pueri, deinde statim interpretatur eis infimus regulam quandam in compendio grammatices.

Hora 8. Examinat infimus rem grammaticam ex bucolicis Virgilii.

Post prandium.

Hora 12. Die $\left\{\begin{array}{l}\text{Lunae}\\\text{Martis}\\\text{Jovis}\\\text{Veneris}\end{array}\right\}$ $\left.\begin{array}{l}\text{audiunt pueri}\\\text{cum caeteris}\end{array}\right\}$ $\left\{\begin{array}{l}\text{arithmeticam}\\\text{musicam.}\end{array}\right.$

In principio audit infimus legentes et syllabicantes: deinde juvat supremum et cantorem in hac sua classe, repetendo cum pueris et arithmeticam et musicam.

Hora 1. Die $\left\{\begin{array}{l}\text{Lunae}\\\text{Jovis}\\\text{Martis}\\\text{Veneris}\end{array}\right\}$ examinat infimus $\left\{\begin{array}{l}\text{ethimologiam}\\\text{orthographiam.}\end{array}\right.$

Hora 2. Ingrediuntur pueri chorum, quibus finitis vespertinis precibus exponit infimus bucolica Virgilii.

Diebus Mercurii et Saturni.

Hora 6. Die $\begin{Bmatrix} \text{Mercurii} \\ \text{Saturni} \end{Bmatrix}$ legit infimus $\begin{Bmatrix} \text{colloquia sacra} \\ \text{catechismum.} \end{Bmatrix}$

Hora 7. Ingrediuntur pueri chorum
Die $\begin{Bmatrix} \text{Mercurii, emendat scripta} \\ \text{Saturni legit Lupum} \end{Bmatrix}$ infimus.

· Post prandium.

Hora 12. Audit infimus die Mercurii pueris in prima classe recitantes memoriter aliquam comoediam ex Terentio.

Hora 2. Finitis vespertinis precibus exercet cum pueris cantum Gregorianum infimus.

Horae infimi diebus Lunae, Martis, Jovis et Veneris.

Ante prandium $\begin{Bmatrix} 6 \\ 7 \\ 8 \end{Bmatrix}$ post prandium $\begin{Bmatrix} 12 \\ 1 \\ 2. \end{Bmatrix}$

Die Mercurii et Saturni ante prandium $\begin{Bmatrix} 6 \\ 7. \end{Bmatrix}$

Post prandium $\begin{Bmatrix} 12 \\ 2. \end{Bmatrix}$

Lectiones puerorum in tertia classe sunt $\begin{cases} \text{artes} \begin{cases} \text{grammatica} \\ \text{arithmetica} \\ \text{musica} \end{cases} \\ \text{autores} \begin{cases} \text{bucolica Virgilii} \\ \text{fabulae Aesopi} \\ \text{colloquia sacra} \\ \text{catechismus.} \end{cases} \end{cases}$

In quarta classe, cui praeest cantor diebus Lunae, Martis, Jovis et Veneris.

Hora 6. Exercet cum pueris quartae classis declinationes cantor.

Hora 7. Ingrediuntur pueri chorum.

Hora 8. Statim cum ex choro egressi sunt, exponit eis cantor Catonem, quem dum repetunt, audit cantor legentes et syllabicantes.

Post prandium.

Hora 12. Audiunt arithmeticam et musicam cum caeteris.

Hora 1. Die $\begin{Bmatrix} \text{Lunae} \\ \text{Martis} \\ \text{Jovis} \\ \text{Veneris} \end{Bmatrix} \begin{Bmatrix} \text{ethimologiam} \\ \text{orthographiam} \end{Bmatrix} \begin{Bmatrix} \text{examinat cantor et} \\ \text{audit primum legentes} \\ \text{et syllabicantes.} \end{Bmatrix}$

Hora 2. Ingrediuntur pueri chorum, deinde exponit eis cantor colloquia Haedionis.

Diebus Mercuri et Saturni.

Hora 6. Ordine repetunt Catonem.

Hora 7. Ingrediuntur chorum.

Hora 8. Exponit eis cantor catechismum.

Post prandium.

Hora 2. Ingrediuntur chorum.

Cantoris horae, diebus Lunae, Martis, Jovis et Veneris.

Ante prandium $\begin{Bmatrix} 6 \\ 7 \\ 8 \end{Bmatrix}$ post prandium $\begin{Bmatrix} 1 \\ 2 \end{Bmatrix}$ et diebus $\begin{Bmatrix} \text{Jovis} \\ \text{Veneris} \end{Bmatrix}$ 12.

Die Mercurii et Saturni $\left\{\begin{array}{c} 6 \\ 7 \\ 8 \end{array}\right\}$ ante et 2 post prandium.

Lectiones quartae [1]) classis $\left\{\begin{array}{l} \text{artes} \left\{\begin{array}{l} \text{grammatica} \\ \text{arithmetica} \\ \text{musica} \end{array}\right. \\ \text{autores} \left\{\begin{array}{l} \text{Cato} \\ \text{colloquia Haedionis} \\ \text{catechismus.} \end{array}\right. \end{array}\right.$

Restant adhuc aliae quatuor classes postremae.

$\left.\begin{array}{l} \text{Quinta} \\ \text{Sexta} \\ \text{Septima} \\ \text{Octava} \end{array}\right\}$ est $\left\{\begin{array}{l} \text{legentium latine} \\ \text{legentium germanice} \\ \text{syllabicantium} \\ \text{elementariorum.} \end{array}\right.$

Quae omnes sexies
audiuntur die $\left\{\begin{array}{l} \text{Lunae} \\ \text{Martis} \\ \text{Jovis} \\ \text{Veneris} \end{array}\right\}$ ter ante et ter post
meridiem.

Diebus vero Mercurii et Saturni ante prandium semel tantum audiuntur, postea exercentur in catechismo, post meridiem vero habent remissionem.

Diebus $\left\{\begin{array}{l} \text{Lunae} \\ \text{Martis} \\ \text{Jovis} \\ \text{Veneris} \end{array}\right\}$ audiuntur $\left\{\begin{array}{rl} 6 & \text{infimo} \\ 7 & \text{ludimagistro} \\ 8 & \text{cantore} \\ 12 & \text{ludimagistro} \\ 1 & \text{cantore} \\ 2 & \text{supremo.} \end{array}\right.$

Sabbatho post vespertinas preces cantor constituit custodes lectores, catechistas, versiculantes et intonantes.

Quilibet praelector in sua classe constituit Lupum.

Infimus ad pulsum campanulae statim adest recludens scholam, quam deinde iterum claudit, sed in principio horae canit cum pueris hymnum de tempore.

Cantor dimittit e schola pueros, ita ut primum recitent exeuntes partem aliquam ex catechismo et versum ex Cisioiano, istius scilicet mensis, qui est de tempore.

Die $\left\{\begin{array}{l} \text{Lunae} \\ \text{Martis} \\ \text{Mercurii} \\ \text{Jovis} \\ \text{Veneris} \\ \text{Saturni} \end{array}\right\}$ recitant latine $\left\{\begin{array}{l} \text{decalogum praeceptorum} \\ \text{symbolum apostolorum} \\ \text{orationem dominicam} \\ \text{sacramentum baptismi} \\ \text{sacramentum altaris} \\ \text{orationem matutinam.} \end{array}\right.$

Inprimis dent operam praeceptores, ne multum legendo gravent pueros, sed bene eos exerceant repetendo singulas lectiones. Deinde diligenter in puerorum mores et sermonem animadvertant, ne aliter invicem quam latine loquantur.

Diversitatis ingeniorum diligenter habenda ratio est, ut dura durius et mitia ingenia mitius tractentur. Et si qui pueri omnino hebetis fuerint ingenii, hos [2]) temspestive praeceptores eorum parentibus indicent, ne postea, si pueri neglecti fuerint, culpa in praeceptores redundet.

Prorsus non concedatur pueris, ut in schola comedant quicunque, ne discant domi furari et furtum postea in schola cum sociis dividere.

Haec autem omnia praecepta in praceptorum fidem committimus, qui sciant officium suum, deo gratum, et ecclesiae necessarium esse.

In hieme.

Variantur horae in classibus inferioribus, qui tum septima hora mane pueri ingrediuntur scholam, in qua versantur usque ad decimam. Sed primae classis retinent horas suas immutatas, et non tam in aestate, quam in hieme, hora sexta mane ludum ingrediuntur.

---

[1]) Dresden: hujus.   [2]) Dresden: hoc.

Epilogus.

Hanc institutionem scholasticam nostra aetate diligenter nos ita servavimus, sed tamen in posterum eam piis et prudentibus animarum pastoribus et eruditis puerorum praeceptoribus pro discipulorum ratione quolibet tempore variandam libere relinquimus. Precamur autem, ut deus huic ecclesiae et scholae propicius per suum filium Jesum Christum incrementum dare velit. Amen.

14. Kirchen-Ordnung des Bischofs von Naumburg-Zeitz. 1545.

[Aus Zerbst, St.A., Vol. V, fol. 213, Nr. 21; verglichen mit einer weiteren Abschrift in Zerbst, St.A., Vol. V, fol. 213, Nr. 20.]

Des bischofs zu Zeitz ordnunge.

Die pfarher, denen das amt der seelsorge eines iden orts des stifts Naunburg vertrauet und bevolen ist, sollen den leuten die heilige christliche lahr, nach inhalt prophetischer und apostolischer heiliger schrift mit ernstem vleiss predigen und insonderheit den catechismum dem jungen und einfeltigem volke fur und fur ahne aufhoren wol einbilden, die heiligen hochwirdigen sacramenta nach unsers lieben hern und heilandes Jesu Christi einsatzung und ordnung handeln und reichen, und allerlei ceremonien dem heiligen gotlichen wort und evangelio gemess einhellig und gleichformig pflegen und halten.

Dabeneben auch einen ehrlichen und unstreflichen wandel furen, das sie mit offenbarlichen lastern dem heiligen evangelio und gotlichen menschen nicht ergerlich sein. Welche aber in dem allen sich ungeburlich halten, sollen nach gelegenheit von unsern gnedigen hern dem bischof in geburliche straf genommen, oder ires ampts genzlich entsatzt werden.

Und nachdem die pfarren im stift mit tuglichen pfarhern und selsorgern eines iden orts notturftiglichen bestalt und versehen, so soll an keinem ort verstattet, sondern mit allem vleiss verhutet werden, unberufnen und unverordenten personen, heimlichen oder offentlichen zu predigen und zu leren.

So oft aber sichs begebe, das etlicher pfarhern absterben, oder von iren pfarren sich anderswohin verwenden wurden an deren stat andere zuverordenen die notturft erfordern wolte, so sol derwegen bei hochgedachten unserm gnedigen herrn dem bischof angesucht und so oft solche verledigte pfarren zuverleihen imands anders dan sein gnade insonderheit zustendig, von demselbigen nichts destoweniger solche personen, so do beide lahr und lebens halben zum ampte wol tuglich, seiner gnade, als dem ordinario personirt und vorgestelt, von demselbigen mit vleiss examiniret, und nach befindung irer geschicklichkeit zu solchem ampt auf die pfarren confirmirt oder regicirt werden.

Und wen die pfarren dermassen allenthalben

versehen, sollen die eingepfarten eines iden kirchspiels ein ider in seiner ordentlicher pfarren mit kirchgang erhaltung der heiligen sacramenta und andern geburlichen seelrechten sich gehalten, nimant von seiner ordentlichen pfarren in keinerlei weise oder wege sich absondern, diejenigen aber so sich absondern, kirchganges und der heiligen sacramenta zueussern, understehen wurden, die sollen erstlichen von den pfarhern, sich christlicher ordnung mit der andern gemein eintrechtig und gleichformig zu halten, einst und anderweit erinnert und do sie sich daran nicht keren oder[1]) bessern, sondern in irem ergerlichen vornehmen verfaren wurden, alsdan unserm gnedigen herrn dem bischofe durch dem pfarher und gemeine angegeben werden, gegen dem s. g. geburlicher weise sich werden zuerzeigen wissen.

Unter den gotlichen ampten in der kirchen sol nimandes verstatet werden, zeche, tenze, spiel, oder ander leichtfertickeit zutreiben, auch nicht auf kirchhofen und gassen samlung und gespreche zuhalten, sondern es sol ein ider hausvater darob sein, und mit allem ernst verfügen, das seine kinder und gesint zu geburlichen zeiten, sonderlich auf dem sontag und ander fest, daran man das gotliche wort zu predigen pflegt, zur predigt, auch allermeist aber zu dem catechismo gehalten und die dorinne seumig und ires pfarhers vermahnung verachten wurden, dieselben sollen unserm gnedigen herrn dem bischofe auch angegeben und geburlicher weise gestraft werden.

Es sol auch das greulich gotteslestern mit leichtfertigem schweren und fluchen bei der gotlichen majestet, heiligen namen, unsers lieben hern und heilants Jesu Christi leiden und marter etc. beide von der obrickeit und hauswirten mit hochstem ernst und vleisse verboten und die ubertreter mit ernst gestraft werden.

Und nachdem unser hergot ernstlich geboten, das ein ider sein vater und mutter ehren soll, demnach so sollen die kinder zu geburlichen gehorsam kegen iren eltern zum vleissigsten vermahnet und angehalten, darkegen aber aller offentlicher, mutwilliger ungehorsam insonderheit do die

---

[1]) Zerbst Nr. 20: noch

kinder ahne und wider irer eltern wissen und willen sich heimlich und leichtfertig in ehestand verloben, gestraft werden.

Allerlei offentliche laster als ehbruch, hurerei, armer gesunder leute mussiggang, wucher, doppelspiel, und dergleichen sollen auch in keiner christlichen gemeine geduldet werden.

Was den pfarhern, kirchendienern und gotsheusern ein ider schuldig und pflichtig zu geben, solchs sol, wen es vertaget und fellig worden, in einer zimlichen zeit, als ungeverlich, vier oder sechs wochen aufs lengste auf einen bestimpten tag den pfarhern und dienern zu nutz und guten, getreidich, und sunsten weltlichen bezalung, erlegt und gereicht werden, und nimand verstatet, denselbigen an iren zustendigen gutern, einkommen und besoldungen etwas abzubrechen, welche aber die bestimpte zeit an der bezalung seumig und sie darzu durch geburliche hulfe der obrickeit zubefugen, ursach geben wurden, dieselben sollen auch die aufgewante kosten erlegen.

Einem idem pfarher und kirchendiener sol sein kirchspiel seine behausung mit aller zugehorungen notturftiglichen erbauen und anrichten, das daran kein mangel sei, und welchem pfarher solchs zu einem mal dermassen noturftiglichen angerichtet und eingereumet wirdet, der sol es, soviel die tegliche besserung in dachungen, ofen, fenstern sampt anderm flickwerg betrift, von dem seinen fortan erhalten, so ofte aber und wen es die notturft erfordert haus und erbgebeu zuthun, oder etwas von neuen zuerheben, solchs sollen zu allen zeiten die kirchspiel zuthun verpflichtet [sein].

An welchen enden die pfar zu unterhaltung vom ackerbau das mererteil haben mussen, da sol dieselbige gemeine durch die kirchveter und andere darzu insonderheit verordenten zu ider zeit dem pfarhern raten und helfen, damit solcher ackerbau zu geburlicher zeit die notturft gebauet und bestalt werden, auf das die pfarhern in dem nicht gemuhget und die pfarren verwustet werden. Do aber solchs von den kirchvetern und andern dazuverordenten seumlich nachbliebe, welchs ein ides jar in der kirchenrechnung angezeiget werden soll, so sollen umb solche seumnis und nachlessigkeit dieselben kirchveter oder andern darzugeordenten mit ernst gestraft werden, wurde aber die ganze gemeine in demselben seumig erfunden, und irenthalben die pfarguter verderben, und wuste werden lassen, als dan sol die gemein den pfarlehen dargegen gleichmessige erstatung zuthun gewiesen werden.

Ein ides kirchspiel sol ein deutsche biblia,

die postillen, catechismum gross und klein, gesangbuchlein und heuptarticel d. Martini, locos comunes d. Philippi, die wittembergische agenda und die summarien Viti Theodori uber das alte und neu testament keufen und bei den pfarhern fur und fur erhalten werden.

Allerlei ehesachen, es sei das ehegelubde, verbotene gelied oder anderlei gefel halben sollen die gemeinen pfarhern sich entschlahen und dieselben an die verordenten superattendenten weisen, die es dan furder im fal der notturft an unsern gnedigen hern dem bischof sollen gelangen lassen.

Desgleichen sollen die pfarhern auch allerlei anderer weltlichen hadersachen sich enthalten, die laster auf der canzel vermoge des heiligen gotlichen worts in gemeine und alleine zur besserung strafen nicht aus eigener und eiler[1]) zanksucht die leute mit ausgedrückten namen schmehen und hohnen, es weren dan die laster so gar offentlich am tage, das sie auch ahne des pfarners rugen iderman kuntlich, so die pfarher in irem predigen die laster dergestalt, wie itzt gemelt, strafen, derwegen sol sie niemants anfechten oder beleidigen.

Do aber daruber imands seinen pfarhern mit worten oder thetlich beschweren wurde, der sol nach gelegenheit seiner verwirkung mit ernst am leibe und guete gestraft werden.

Die kirchendiener eines iden orts sol die gemeine mit rath und zuthun der pfarhern annehmen und erlauben, und allewege aufsehen, das zu solchen ampt erliche und tuchtliche personen gebraucht werden. Denen sol man auch iren lohn, wie vor alters gehabt, und inen itzt weiter verordent worden, ahne abbruch vollig reichen und pflegen.

Von einkommen und vorath der gotsheuser sollen die kirchveter eines iden jars in beisein irer ordenlichen obrickeit und des pfarhers rechnung thun und mit nichte verstattet werden, die kirchguter zu entwenden, und an andere wege dan zu der kirchen noturft zugebrauchen.

Was die kirchen aussenstehende schult haben, sollen eingebracht und do sich dieselbigen in etwas tapfer summa erstrecken, der kirchen zugut auf ein jerliche nutzung angelegt werden, darzu die ubrigen unnotigen ornaten und kleinoten mit rath und wissen der obrickeit und pfarhers auch verkeufen und das gelt den gotsheusern zu nutze ausgewant werden sol.

---

[1]) Zerbst Nr. 20: eitler ("eiler" ist offenbar Schreibfehler).

IV. Das Stift Wurzen.

Hilfsmittel: Schöttgen, Historie der Stiftsstadt Wurzen; v. Stieglitz, Das Recht des Hochstifts Meissen und des Collegiatsstifts Wurzen auf ungehindertes Fortbestehen; Burkhardt, in: Archiv für sächsische Geschichte 4, 57 ff.; Derselbe, Geschichte der sächsischen Kirchen- und Schul-Visitationen, S. 208 ff.

Archive: Weimar, Ernest. Gesammt-Archiv. Dresden, H.St.A.

Das Stift Wurzen, ein Collegiatstift des Hochstifts Meissen, stand unter gemeinsamer Hoheit der Ernestiner und Albertiner. Das Domstift war, gestützt durch den Bischof von Meissen, eine Hochburg der alten Lehre. Im Jahre 1540 forderte Kurfürst Johann Friedrich den Magistrat zu Wurzen zur Einführung der Reformation auf und besetzte im Jahre 1542 die Stiftsstadt Wurzen. Herzog Moritz betrachtete dies als eine Verletzung seiner Rechte.

.Die Verwickelungen wurden aber beigelegt. Am 10. April 1542 vereinbarten Kurfürst Johann Friedrich und Herzog Moritz, dass im Schloss, Amt und Stadt Wurzen Johann Friedrich's, in den anderen Theilen des Stiftes aber Herzog Moritz' Visitations-Ordnung gelten solle.

Johann Friedrich führte nun durch Visitationen die Reformation in Wurzen ein. Vgl. Burkhardt, Geschichte der sächsischen Kirchen- und Schulvisitationen, S. 208 ff.

Unter dem Datum Torgau 19. April 1542 (Mittwochs nach Quasimodo) erfolgte die Ernennung der Visitatoren „in amt, stadt und thum zu Wurzen" (Dresden, H.St.A., Loc. 9004, Visitation zu Wurzen, Bl. 1.). Ernannt wurden: Asmus Spiegel, Dietrich von Starschedel, Georg Spalatin und Johann Schreiner, Pfarrer und Superintendent zu Grimma. Eine Instruktion für die Visitatoren (Dresden, H.St.A., Loc. 9004, Visit. zu Wurzen anno 1542, Bl. 5—20), bei deren Ausarbeitung die Visitations-Instruktion von 1527, bezw. 1532 zu Grunde gelegt, ja stellenweise wörtlich wiederholt wurde, erwähnt als Zweck der Visitation die Einführung der reinen Lehre im Schutzgebiet. „Und wiewol wir uns zu erinnern, das rat und gemeine zu nutzen desgleichen etzliche dorfgemeinen und kirchspil bei einem bischof zu Meissen umb christliche evangelische pfarrer und prediger demütiglich angesucht und gebeten, so weren sie doch damit unvorsehen pliben .... das wir als der lands- und mitschutzfürst, darein gesehen .... weil uns dann des amts der visitation, und onrichtung der wahren christlichen religion, vermoge des jungsten aufgerichten vertrages, wie in andern unsern landen, im ampt, schloss, und stadt Wurzen, desgleichen in der thumkirchen daselbst, zustet und geburet ......"

Die Visitation soll sich, so besagt die Instruction, zunächst auf die Kirchen- und Schuldiener erstrecken. Die ungeschickten, alten Pfarrer, welche nicht etwa halsstarrig sind, erhalten eine Abfindung oder „eine jerliche pension". Alle haben sich nach dem „Unterricht der Visitatoren" zu halten. Es folgt die Inquisition der Laien: wer sich nicht bekehren will, soll dem Fürsten angezeigt werden [nach dem ursprünglichen Entwurf der Instruktion sollte er „in furderlicher zeit zu verkaufen, und sich sodannen aus unsern landen zu wenden gezwungen werden" (wie in der Visitations-Instruktion von 1527)]. Es folgen sodann Anweisungen über Inventarisirung des Kirchenguts; es ist zu ermitteln, ob Jemand sich Kirchengut angeeignet hat. Diejenigen, welche früher Lehen und Stiftungen zu verleihen hatten, sollen vertröstet werden auf eine weitere fürstliche Ordnung, wonach ihnen und ihren Kindern im Nothfalle ein Vorzugsrecht gewährt werden solle. Als Superintendent soll der Pfarrer zu Wurzen bestellt werden. Das Leben der Pfarrer und der Laien wird gründlich erörtert. Über Schule und namentlich finanzielle Dinge enthält die Instruktion eingehende Weisungen. Hier besteht, worauf Spalatin in einem Bericht vom 23. Mai 1542 den Kurfürsten aufmerksam macht, eine interessante Abweichung von der Visitations-Instruktion von 1532. Letztere überträgt die „tägliche zufällige notdurft und die gemeine besserung als an ofen fenstern thuren dachung" den Pfarrern, „die Wurzische Instruktion" dagegen wie die grossen Baufälle dem Rath in der Stadt, und den Gemeinen in den Dörfern.

Über die Thätigkeit der Visitatoren vgl. Burkhardt, a. a. O. S. 209 ff. Interessante Aufschlüsse bietet uns der Bericht der Visitatoren an den Kurfürsten, vom Donnerstag Christi Himmelfahrt (18. Mai) 1542, (Dresden, a. a. O. Bl. 29 ff.).

Unter dem 23. Mai 1542 erstattete Spalatin nach erfolgter Heimkehr einen Sonderbericht, da dem Kurfürsten in dem ersten eilenden Bericht wohl nicht alles Nothwendige mitgetheilt worden sei. Dieser Bericht liefert wieder einen ausgezeichneten Beleg für die treue Amtsführung dieses unermüdlichen Visitators und für seine hohen Verdienste um die Durchführung der Reformation.

Das Protokoll („die Registration") der Visitation findet sich in Dresden, a. a. O. Bl. 43 bis 178, von den vier Visitatoren am 28. November 1542 untersiegelt. Aus der grossen Masse der (zumeist ganz concreten) Anordnungen hebe ich hervor:

1. Die Ordnung des Domstifts. Bl. 85—88.
2. Wie man den gemeinen kasten halten mochte. Bl. 106—108ª.
3. Gemeine Artikel.
    a) Des amtmanns und schossers auch der vom adel und des raths zu Wurzen befehl. Bl. 109—114.
    b) Wes sich die pfarrer, kirchner, gemein mann und pauern zu Wurzen und in demselben ampt halten sollen. Bl. 115—121.
    c) Wes sich der knabenschulmeister halten soll. Bl. 123.
    d) Wie man die megdlein schul sol halten. Bl. 124—126.
    e) Wie man die christliche mess halten soll. Bl. 127—128ª.

Alles Andere aus der Registration gehört nicht hierher. Es betrifft vorwiegend die Einkommensverhältnisse.

Dieselben Verordnungen befinden sich auch in Weimar, Ernest. Gesammtarchiv, Ji. Nr. 10, während Ji. Nr. 1643 für uns nichts enthält. Nämlich:
    a) Kasten-Ordnung. Bl. 58—60ª.
    b) Wurzener gemeine artikel, des amtmanns und schössers, auch der vom adel und des amts zu Wurzen befehl. Bl. 61—66ᵇ.
    c) Wes sich die pfarrer, kirchner, gemeine mann und bauern zu Wurzen, und in demselben ambt halten sollen. Bl. 67—74.
    d) Wie sich der schulmeister halten soll. Bl. 74.
    e) Wie man die megdlein schul halten soll. Bl. 75—77.
    f) Wie man die christliche messe soll halden. Bl. 78.

Wir drucken (erstmalig) ab:
1. Die Kasten-Ordnung „Wie man den gemeinen kasten halten soll." Bei dieser sind die kursächsischen Visitationsartikel von 1533 benutzt. (Nr. 15.)
2. Gemeine Artikel. (Nr. 16.)
    a) „Des amtmanns und schossers auch der vom adel und des raths zu Wurzen befehl." Derselbe ist aus den kursächsischen Visitationsartikeln von 1533, zum grössten Theil wörtlich, entlehnt. Die Abweichungen für Wurzen wurden daher Bd. I S. 187 als Anmerkungen zu den Artikeln von 1533 abgedruckt.
    b) „Wes sich die pfarrer, kirchner, gemeine mann und pauern zu Wurzen und in demselben ampt halten sollen." Hier sind die Visitationsartikel von 1533

ebenfalls benutzt, aber nicht wörtlich wiederholt; daher wird dieser Abschnitt abgedruckt.

c) Das Gleiche gilt für den Abschnitt „Wes sich der knaben schulmeister halten soll."

d) „Wie man die megdlein schul sol halten." Dieser Theil stimmt fast wörtlich mit dem betr. Abschnitt in den kursächsischen Artikeln von 1533 überein. Die Wurzener Abweichungen s. Bd. I S. 193 ff. in Anmerkungen.

e) „Wie man die christliche mess halten soll." Dieser Abschnitt wird abgedruckt, weil er die Artikel von 1533 nur frei benutzt hat.

Die Anordnungen der Visitatoren wurden vom Kurfürsten Johann Friedrich durch einen Erlass vom 13. October genehmigt, und Asmus Spiegel, Christoph von Minkwitz und Eberhard von Lindenau wurden zu Executoren der Visitation ernannt. Dresden, H.St.A., Loc. 9004, Bl. 181 ff. Vgl. Weimar, Ji. Nr. 10, Bl. 126 ff. Über den Zustand nach beendeter Visitation liegt ein Bericht des Pfarrers Hofmann an Spalatin vor. Weimar, Ji. Nr. 1654. Dass die Durchführung der Visitation auf den Widerstand des Domstiftes stiess, liegt auf der Hand. Hierhin müssen wir auch das Beschwerde rechnen, welche das Capitel zu Wurzen 1543 über einige Anordnungen der Visitatoren, insbesondere den dem Capitel und dem gemeinen Kasten auferlegten Schulbau führte (Weimar, Ji. Nr. 1646). Im Übrigen nahm der Widerstand nicht immer diese milde Form an und es bedurfte noch schwerer Kämpfe, bis die alte Lehre ganz überwunden war (Burkhardt, S. 213).

Über eine in den Jahren 1578/1579 im Amte Wurzen und Mügeln abgehaltene Visitation erhalten wir Aufschluss durch das in Dresden, H.St.A., Loc. 1978, „Visitation im Amte Wurzen und Mügeln", aufbewahrte Aktenstück.

Dortselbst befinden sich Bl. 1—2 die „Artikel, worauf die pfarrherren und custodes antworten sollen". Es wird also eine schriftliche Berichtserstattung zu Visitationszwecken angeordnet. Die Pfarrberichte sind in zwei Exemplaren einzuliefern, von welchen das eine bei der „bischöflichen Meissnischen Canzlei" und das andere bei dem Superintendenten hinterlegt wird. Diese Artikel werden aus Dresden, a. a. O. erstmalig abgedruckt. (Nr. 17.)

Die Verordnungen der Visitatoren entziehen sich hier der Behandlung. Bei Wurzen wird die Führung von Registern über „Teufen, absterben, eheleute und namen der gevatter" anbefohlen.

15. Wie man den gemeinen kasten halten mochte. 1542.

[Aus Dresden, H.St.A., Loc. 9004, Bl. 106—108ᵃ. Weimar, Ji. Nr. 10, Bl. 58.]

In macht empfangenen churfürstlichen bevels thun wir verordente visitatores hiemit gegenwertiglichen einen gemeinen kasten aufrichten. Darein sollen nachvorzeichente zinse, einkomen, güter, heuser, gefelle, nutzungen, gerechtigkeiten, barschaft, ausstehende schulde, cleiner silberwerg, zinn werg, metall, bücher, kirchengerethe, gemeiner vorrath und alles was zur ehr gottes gemeint, so nit barschaft ist, und furthin werden mag geschlagen sein und bleiben.

Die vorwaltung des gemeinen kastens sol auch also bestalt werden, wie hernach volget.

Ein amptman oder schosser, der regirende rath, der pfarher, vier viertel meister und vier personen aus den eingepfarten dorfern, welche sie des adels oder pauerschaft furstellen werden, sollen alle jar jerlich den nechsten sontag fur Michaelis fünf fürsteher zum gemeinen kasten, welche redlich, gottfürchtig und warhaftig, nemlich einen des regierenden rats, zwen bürger aus der gemeine, zwen aus den dorfschaften, erwelen und zu notturft ires ampts sonderlich voreiden, und die alden vorsteher sollen als balde auf Sant Michelis tag volgende den neuerwelten anweisung und uberantwortung thun, aller und itzlicher stuck an brieven, erbregistern, heubt vorschreibungen, vorrath, barschaft, kirchgerethe, braupfannen des haus und vorrats in der badstuben, zu sampt den schlusseln, und gegen einander glaubwirdigen inventarien aufrichten, und die alten fursteer sollen auf den dritten sontag nach S. Michels tag vor dem amptmann oder schosser, pfarrer, rat, viertel meistern und vier personen aus den dorfern volstendige jarrechnung irer verwaltung aller einnamen und ausgabn, auch von mehrung und minderung des inventarii thun und fürwenden,

und sollen sonst den neuen furstehern allen notturftigen bericht treulich thun, damit schaden und vorseumnis vorhütet bleibe.

Wir verordente visitatores haben auch auf dismal zum anfang funf fürsteher auf fürgeende karre [kehre?], wie dermassen, wie oben bescheen, vormittelst gebürlicher aidsbeladung bestätigt, und zur verweisung bis auf Michaelis des folgenden jars verordent, und alsbald durch dieser visitation zugeordenten notarien glaubwirdige inventarien aufrichten, auch die barschaft bar über zu zelen lassen.

Man sol auch den wolbeschlagen kasten mit etzlichen schlossen und schlüsseln miten in die kirchen verordenen, das erbeten gelt darein zuverwaren.

Unter allen predigen sol der vorsteher einer, denn es bevolen, mit dem betsecklin oder schellensack das almusen von den leuten sameln, und was gott gibt alleweg nach der predigt neben ein andern vorsteer in den verschlossenen kasten werfen.

Von demselbigen erbeten gelde sol man rechten noth und hausarmen leuten alle wochen jedem etlich groschen alle freitag reichen, an welchem tag auch alle vorsteer zusammen sollen kommen und von notturftigen artikeln sich mit einander unterreden.

Die vorsteer sollen auch niemants one vorwissen willen und bevehl des rats jemants almusen geben oder verordenen.

Sie sollen auch ein ordentliche vorzeichnüs aller der personen, den man das almusen gibt, halten.

Man sol auch das almusen niemants aus gunst sondern den notturftigen reichen und nicht nach gunst und eigennutz gelt oder almusen jemants aus dem gemeine kasten geben.

Sie sollen auch ein ordentlich register aller einnamen und ausgabe halten.

Auch sollen die vorsteher gemeinen kastens alle jar vor irem abtritt [fehlt: in] gegenwart der pfarrer aller rethe und der gemeine auf dem rathaus aller einname und ausgabe desselbigen jares [fehlt etwa: rechnung] thun.

Sie sollen auch keine heubtsumma on vorwissen des sitzenden rats austhun oder einnemen, und allenthalben mit solchen treuen und ernst und vleis handeln, das sie bedenken, das sie nicht allein den armen, sondern auch unserm lieben hern Jesu Christo selber dienen, der da gesagt hat: warlich ich sage euch, das alles, das ir meiner wenigsten kinder einem thut, mir selber gethan hat.

Man soll auch hinfürder kein heubtsummam austhun oder geben, desgleichen auch sunst nicht on vorwissen des hern pfarrers superattendenten und rats.

Man soll auch die jarrechnung des gemeinen kastens jerlich in beisein des rats und superattendenten halten.

16. Gemeine Artikel. 1542.

[Aus Dresden, H.St.A., Loc. 9004, Visitation zu Wurzen, Bl. 85 ff. Weimar, Ji. Nr. 10, Bl. 61 ff.]

a) „Des amtmanns und schossers, auch der vom adel und des raths zu Wurzen befehl." Vgl. Bd. I S. 187.

b) Wes sich die pfarrer, kirchner, gemein mann und pauern zu Wurzen und in demselben ampt halten sollen.

Wes sich die pfarrer sollen halten.

Erstlich soll die superattendenz im tumbstift, stadt und ampt Wurzen bis auf weitern bescheid und befehl der pfarrer zu Wurzen verwalten und haben fleissig aufzusehen, das man der visitation im stift, stadt und dorf pfarrern des ampts Wurzen allenthalben gehorsamlich und treulich gelebe,

das auch die pfarrer sich mit der lehr und leben halten und erzeigen,

auch das die knaben und meidlein schul wol erhalten werden, lauts der visitatoren zu Sachsen underricht, von den knaben schulen.

Am sontag und festen im jar sol der pfarrer das evangelion nach ordenung der postillen doctoris Martini frue predigen, nachmittag ein ort aus dem catechismo dem volk mit vleis vorleren.

In der wochen sol er aufm mitwoch die episteln dominicalem auch nach anleitung der postillen predigen, ufn freitag den evangelisten Mattheum, und den catechismum ein woch umb die ander. Uber das sol im und dem diacon heimgestelt sein, ob sie unterweilen einen psalm oder sunst etwas nutzlichs an stat des catechismi zu trost und ergetzung der gewissen dem volk lesen wollen.

Die pfarrer sollen ie zu hand von dem hochwürdigen sacrament des leibs und bluts Christi treulich predigen, und das volk zu gottes wort, forcht zum sacrament und aller erbarkeit mit vleis weisen, halten und vermanen, desgleichen dem rechten armut gutig veig und behulflich zu sein.

Die hohe fest und alle sontag sollen sie vor

und nachmittag das evangelion vom fest oder sontag treulich fuhren und predigen, wen sie schon
kein comunicanten hetten.

Die pfarrer und caplan sollen auch alleweg,
wen sie das abentmal Christi halten mit und neben
den comunicanten comuniciren, und das hochwirdig
sacrament empfahen.

Sie sollen das liebe gebet umb friede wider
den Turken, für unsere gnedigste und gnedige
landsfursten, und alle furfallende noth mit vleis
treiben.

Sie sollen auch niemands on vorgeende beicht
das hochwirdig sacrament reichen.

Sie sollen auch ein itzliche person in sonderheit und nicht bei haufen beicht horen und absolviren, und sie in der beicht treulich vermanen,
und wie sie vom sacrament und andern christlichen stucken bericht fragen.

Sie sollen die kranken von inen selbs besuchen und trosten.

Sie sollen jerlich zu vier malen die jugend
und kinder verhoren und sie das vater unser, den
glauben und zehen gebot leren, und den catechismum und die kinderlere einfeltiglich handeln.

Sie sollen die feste Christi als weinachten,
neuen jarstag, epiphanie, purificationis, annuntia-
cionis, ostern, ascensionis, pfingsten, Johannis
baptiste im sommer visitationis Michaelis feierlich
halten, und sonderlich weinachten, ostern und
pfingsten zwen ganze tage gar feirlich, den dritten
frue vor mittag predigen.

An aposteltagen sollen die pfarrer frue das
evangelium von den aposteln predigen, darnach
mügen die leut wol arbeiten.

Sie sollen sich auch mit lehr und ceremonien
sich allenthalben mit der christlichen kirchen zu
Wittemberg vorgleichen, und sich mit keiner
frembden neuen und schwermerischen lehr und
opinion nicht verwirren noch beschmetzen.

Sie sollen auch von der visitatorn verordenung
nicht ubel reden.

Sie sollen auch bei dem begrebnüs sein.

Sie sollen auch die leut auf der canzel treulich verwarnen, das man die, so nie oder in vil
jaren nicht nach christlicher einsetzung nicht
hetten, on kreuz pfarrer und cristlich lieder und
geseng und process bis auf weiter verordnung
herter straf, auch on glocken und geleut, den
andern zu einer scheu, schlechts hin in aller stil,
auch nicht neben den die christlich vorschieden
begraben soll.

Sie sollen sich auch allenthalben nach der
visitatoren zu Sachsen deutschen gedruckten underricht, und zum fürderlichsten nach den ceremonien zu Wittenberg richten, und sich sonst
aller andern fremden und neuen kirchen ordenung gesenge und ceremonien genzlich enthalten.

Sie sollen die heimliche verlübnis treulich vorbieten,

Sie sollen sich der irrigen ehesachen nicht
understehen, sondern dieselben an den hern pfarrer
und superattendenten zu Wurzen weisen, endlich
durch das consistoriumb zu Wittemberg zuvorsprechen.

Sie sollen das sacrament im sacrament heus-
lain nicht verspert halten.

Die letanei sol man halten, also das knaben
und meidlein schulmeister und meisterinne, sampt
beiden schulen kindern dorbei sein.

Sie sollen auch keine mess anders denn im
mess gewand halten.

Sie sollen sich auch der kretzschmar, schwelgerei, leichtfertiger cleidung, spielen und doppelns
enthalten, und sich mit gottes hulf mit lehr ceremonien und leben christlich, pristerlich und friedlich halten.

Alle pfarrer sollen auch vleissig vor allen
dingen der lehre und ires pfar ampts und selsorg
warten, und dasselbige durch die predige der buss,
des gesetz und evangelii, glauben und liebe, gedult und auch die gute werk von got geboten mit
allen treuen vleis treiben, one welchs kein sel-
wartung oder recht christlich gemein bestehen
kann. Sie sollen auch mit hochstem vleis in der
bibel und heiligen schrift sich on unterlass uben,
damit sie das heilig wort gottes mit furcht handeln
mügen und teglich zunemen, wie Sant Paul zu
Timotheo schreibt: Lass dein zunemen ider man
kund werden, und das sie ob der reinen lehr des
heiligen evangelii wider alle rotten fest handeln.

Die pfarrer sollen auch sampt den predigern
und caplanen also handeln das ir keiner den
andern zu hoch beschwert oder uberschütt.

Die pfarrer sollen auch den gemeinen kasten
und recht armut, auch beide schulen auf der
canzeln treulich furdern.

Die pfarrer sollen auch vleissig achtung darauf
haben, das nicht irrige lehr und streiten erwachsen,
und do dergleichen umstunde die leut darvon
weisen, do es aber nicht helfen würde, dem ampt
oder rat wo ein ider hingehert anzeigen, denselben
in einer benenten zeit zuvorkeufen zugebiten, und
sich ander wohin zuwenden.

Die pfarrer sollen auch drob sein, das die
armen in spiteln, desgleichen die aus schwacheit
oder vor alders in die kirchen nicht konnen
kommen, besucht und mit gottes wort getrost werden.

Wen auch die pfarheuser in beulich wesen
gebracht und aufgericht, so sollens die pfarrer in
beulichem wesen erhalden.

Sie sollen auch die pfarrer und diacon die
gedruckte ordenung der visitatoren zu Sachsen,
zum fordersten die lateinisch, auch deutsch biblien
des hern doctoris Martini Lutheri, desgleichen

sein postillen, sein psalter mit den sumarien, andere seine bucher lateinisch und deutsch, locos communes, confessionem und apologiam des hern Philippi Melanchthonis, doctoris Pomerani, doctoris Creutziger und dergleichen nien zeugen, fleissig lesen und oft lesen, und do sie zu arm und so vil bücher zu kaufen nicht vormechten, so sollen solche bucher von ider kirchen einkomen erkauft werden, und bei einer jeden pfar neben dem inventario allewege bleiben.

Die irrige ehesachen soll der herr pfarrer und superattendent zu Wurzen neben dem burgermeister und zween rathern, so das jar nicht sitzen, verhören, und wo dieselbe unrichtig und schwer sind, beider theil fürbringen kuntschaft und beweisung eigentlich aufzeichen lassen, und durch das consistorium zu Wittemberg zuvorsprechen.

Wie man die kranken communiciren soll.

Erstlich soll man den kranken befragen umb bericht ires glaubens. Wo er nun den weis zu geben, so soll man im in gottes namen das hochwirdig sacrament reichen; wo nicht so sol man in solang unterweisen, bis er des bericht, und darnach das heilig sacrament reichen.

Wenn man nun den kranken das sacrament reichen wil, so sol man im erstlich die offen beicht vorsprechen, und darnach sprechen die absolution und trost durch die wort des heiligen sacraments mit vleis furhalden. Darnach sol man im den glauben und das vater unser fursprechen. Darnach sol man die wort des sacraments knient mit allen ehren und zucht sprechen, und darnach dem kranken erstlich den leib und darnach das werde blut Christi unsers lieben hern und heilands reichen, und im darnach den segen aus dem vierten buch Mosi geben: Der herr segene dich und behute dich, der herr erleuchte sein angesicht uber dir und sei dir gnedig, der herr erhebe sein angesicht uber dich, und gebe dir fride, amen, und darnach in gottes gnaden und schutz befelen.

Entlich sollen in allewege alle und jede pfarrer prediger und caplan, mit allem vleis ires ampts und studiums gott zu ehren und inen selbs zum besten warten, und sich in gericht schreiben und andere weltsachen keins wegs flechten, in ansehung das allerlei faren und beschwerung darauf steen.

Die pfarrer sollen auch in keinem wege die holzer verwusten, sondern so sie bauholz dorfen, mit wissen der oberkeit und des superattendenten hauen, auch feuerholz uber sein notturft on vorwissen der oberkeit nicht hauen.

Wes sich die kirchner halten sollend.

Die kirchner sollen in etlichem gehorsam gegen iren pfarrer sein, und kein verbetzung

oder meuterei mit den paurn oder andern wider sie machen.

Sie sollen alzeit mit den pfarrern zu den kranken und in die filial geen.

Sie sollen sich in iren heusern lassen finden, und in irem dinste vleissig sein.

Sie sollen die kinder beten leren, und die so geschickt sein, auch den cleinen catechismum treiben.

Sie sollen kein sacrament reichen.

Sie sollen die deutsche christliche gesenge und lieder, die inen die pfarrer anzeigen, den leien und kindern fursingen, und dieselben sie lehren.

Sie sollen von den visitatorn und iren pfarrern nicht ubel und schmelich reden.

Sie sollen one vorwissen und erleubnüs irer pfarrer nicht weg geen, damit niemants an den gottlichen sacramenten oder sunst verseumpt werde.

Wes sich der gemein man und die pauern halten sollen.

Der gemein man und die paurn sollen gottes wort vleissig horen, und oft zum hochwirdigsten sacrament geen, auch ire kinder und gesinde treulich darzuhalten und weisen.

Sie sollen unter den predigten im kretzschmar nicht trinken oder tanzen.

Sie sollen etliche als richter in der stadt und auf den dorfern verordenen, den pfarrern ir opfer treulich nutzlich und furderlich einzubringen.

Sie sollen den pfarrern ire zins, dezem und zehende, und anders nicht zum ergsten, und wie oft und dick geschickt, nicht drespen[1]) sondern so guts in gott gibt nutzlich und unvorzuglich reichen.

Sie sollen ire pfarrer mit der viehut nicht beschweren, wie dan leider an viel enden ein böser missbrauch gewest ist.

Ein itzlich kirchspiel soll des pfarrers und kirchners haus auf der eingepfarten unkosten erbauen, und in beulich wesen bringen.

Die kirchner sollen die todten on beisein und wissen des pfarrers nicht begraben.

Die heimliche verlubnus sollen sie an geburlichen enden anzeigen und nicht vorschweigen.

Idermann sol auch mit vleis drob sein, das er und sein kint und gesind in gottes furcht und erlich lebe.

Man sol auch die kirchhof und begrebnus erlich und wol mit dem creuz und christlichen gesengen halten.

Niemands sol auch die kirchner on vorwissen und willen des superattendenten, und eines iden orts pfarrern, ungehorsam und andere unrichtigkeit zuvorhüten, annemen oder unterlauben, setzen oder entsetzen.

----

[1]) drepe, trespe — Schwindelhafer.

c) **Wes sich der knaben schulmeister halten soll.**

Die knaben schul sol in drei classes oder haufen abgeteilt, und mit der lehre und zucht allenthalben nach der visitatorn zu Sachsen unterricht in 28., 38. oder 39. jar gedruckt ausgangen gehalten werden,

Und sonderlich dieser gestalt, das vor allen dingen die knaben zu gottes wort und forcht, auch aller erbarkeit treulich gezogen, und gewiesen werden, das man auch sie in der grammatica nur aufs vleissigist unterweise, dieselbigen wol zulernen,

das man auch sie mit buchern und lection keinswegs uberschütte.

In allewege sollen auch die schulmeister sampt iren bacclariis, die knaben zu gotts forcht, wort und erbarkeit, mit allem getreuen vleis ziehen, weisen und halten,

sonderlich auch den cleinen catechismum lateinisch und deutschen sie wol und fleissig bilden, angesehen das der ganzen christenheit daran nur viel gelegen, das die knaben so wol als die meidlein christlich wol und erlich erzogen werden.

Es sol auch kein schulmeister bacclarius oder cantor, so wenig als der kirchner, on des superattendenten und pfarrers wissen willens und zuthun angenomen oder entsetzt werden.

Es sollen auch der schulmeister und seine bacclarien so wol als die caplan und kirchner in des hern superattendenten zu Wurzen billichen gehorsam in allewege steen.

d) „**Wie man die megdlein schul sol halten.**"
(Vgl. Bd. I S. 193 Anm.)

e) **Wie man die christliche mess halten soll.**

One comnicanten sol man nimer kein mess halten, wen man aber communicanten hat, so soll man die communion und mess halten in massen wie volget.

Erstlich sol ein lateinisch oder deutsch gesang pro introitu gesungen werden, durch den magister und schuler, wie gewonlich,

Darnach kyrieleison dreimal, auf das sol der prister gloria in excelsis deo singen, folget darauf et in terra pax hominibus bone voluntatis, darnach wirt gelesen die epistel aus S. Paul oder der andern aposteln schrift einer deutsch im tono und accent wie zu Wittemberg üblich auch Torgau, Dresden oder Leipzig, darnach ein rein sequenz oder geistlich lied, darnach wirt gelesen das

evangelion, deutsch ime tono und accent wie zu Wittemberg.

Nach dem evangelio singet das volk und die ganze kirche der apostel simbolum, deutsch, wir glauben all an einen gott,

Alsbald auf das simbolum oder den glauben geschicht die predigt des heiligen evangelii des sontags wie die zeit tregt.

Nach der predigt lieset der pfarrer oder diacon das vater unser deutsch, und thut vermanung vom heiligen hochwürdigen sacrament, bald darauf singet der prister laut die wort des herrn Christi, verba consecrationis In der nacht da er verrathen ward etc. und bald darauf communicirt das volk, und zubeschlus singet der prister die collecten und benediction uber das volk aus dem buch numeri.

In dieser form der communion und christlichen messe sollen die pfarrer bleiben, und allezeit aufsehen haben, das sie sich mit dem pfarrer zu Wurzen in dem und andern vorgleichen,

auch die dorf pfarrer ahier ins ampt und in die nehe gehörend, dahin halten, das sie sich hirinnen auch gleichformig mit ceremonien der messe halten, dan die ungleichet bringt vil ergernis und scandala.

In andern aber ceremonien, gottesdinst und gesengen als mit der psalmodia frue morgens und zu vesper sollen sich die pfarrer halten allenthalben nach der form, welche in dem buch der visitation des churfürstenthumbs zu Sachsen etc. vorfast, anno etc. im 38 im druck ausgangen und allezeit in allen solchen dingen sich mit den negsten superattendenten alles in christlicher zucht und ordnung zu halten vorgleichen.

Man soll auch die messen in gewonlichen und gebürlichen ornat und messgewant, nicht in schlechter leichter cleidung, noch nicht in knechtischen misgeschniten schuen halten.

Uber das so sollen auch hinfurder der gross und clein canon in der messe, auch die vigilien, seelmessen, alle andere privat und winkel messen, alles was auf die anrufung der heiligen geet, und alle gesenge, lection und vermeinte gottes dinste, die in gottes wort nicht gegrunt noch vorfast abgethan sein, angesehen das gott selber sagt Esaie am 29. und Christus Matthei am 15. und Marci am 7. vergeblich ists das sie mir dienen, dieweil sie lehren solche lere, die nichts ist denn menschen gebot, so streiten auch beide canon zum hochsten, lesterlichsten und greulichsten wider das einige sunopfer fur unser und der ganzen welt sünde gethan am stammen des lieben creuz, den werden tod unsers lieben hern und heilands Jesu Christi.

17. Articul, worauf die pfarhern und custodes antworden sollen. 1578.

[Aus Dresden, H.St.A., Loc. 1978, „Visitation im ampt Wurzen und Mugeln, anno etc. 78 et 79 gehalten", Bl. 1 ff.]

Die pfarhern im stift, sowol als auch ihre kirchenschreiber sollen auf nachvolgende articul in zweien unterschidlichen schriften mit ihren eigenen handen vorfertiget den bischoflichen meissnischen vorordenten visitatorn auf die zeit, wan sie fur dieselben erfordert werden, richtige antwort ubergeben, domit die eine bei der bischoflichen meissnischen canzlei und die andere beim hern superattendenten hinterlegt werden möge.

1. Wer ihm die pfar doselbst conferirt und vorlihen,

2. Wo er ordinirt, darneben auch das testimonium ordinationis vorzulegen,

3. Wie lang er des orts pfarher gewesen,

4. Wivil dörfer, und wivil edelleute in seine pfar gehören,

5. Ob er auch ein filial zu vorsorgen habe,

6. Ob er in vorrichtung seines ampts mit taufen, beichtsitzen, reichung des hochwurdigen sacraments des altars, besuchung der kranken, trauung der eheleut, und andern die ordenung habe, wie die agenda, so bei herzog Heinrichs löblicher gedechtnus zeiten ausgangen, besaget und mitbringet,

7. Was fur ordenung er halte mit den sontags predigten, desgleichen auch denen, so in der wochen zu geschehen pflegen, und was er ihm die wochen zu handeln vorgenommen,

8. Was er fur einen catechismum brauche, und wan und auf was massen er denselben treibe und lehre, item ob er auch seine pfarkinder zu geistlichen liedern gewehne,

9. Was er neben der heiligen biblien fur bucher zu seinem studiren brauche,

10. Ob sich auch seine kirchkinder vleissig zu gottes wort halten, und dem heiligen ministerio schuldigen gehorsamb leisten,

11. Ob auch arme, kranke, gebrechliche, voralte leute in seinem kirchspiel vorhanden, wie sie vorsorget werden, und ob ihnen auch zu gut das gemeine almusen in der kirchen gesammlet werde,

12. Wie es allenthalben um die pfargebeude und derselben zugehörung an ackern, wiesen, gärten, gehölz und anderm geschaffen, item wie sichs umb das einkommen derselben am gelde, getreidicht, garben, präsenz aus der kirchen, brot, kese, eiern, hunern, opfergeld, desgleichen auch umb die accidentalia von hochzeiten und leichen vorhalte,

13. Wieviel rindshaupt er halten könne,

14. Wie es allenthalben umb das inventarium bewant,

15. Umb welche zeit des jahrs er angezogen, und ob und was bei seiner zeit entweder durch ihn, oder die kirchfart an der pfar gebessert,

16. Was die pfar für onera und beschwerung habe, ob etwan was darvon kommen, und ob was streitig sei.

17. Ob auch, und was fur clagen er uber seine pfarkinder habe.

Wegen seines bevohlenen gotteshauses soll er ferner berichten.

1. Wer itziger zeit die kirchväter sein, und wie sie sich in ihrem ampt vorhalten,

2. Wie es umb der kirchen inventarium allenthalben geschaffen. Nemblichen, wieviel ornat und messgewand, kelch, pacifical, bucher, glocken, leuchter etc. vorhanden.

3. Ob und wieviel parschaft im vorrath sei,

4. Ob und wieviel es vormöge, an acker, wiesen, geholzen, gärten, getreidicht an körnern und garben, huner, eier und wachszinse, desgleichen auch an eisern kuhen, schafen, bienen und anderm,

6. Ob auch etwan lehn darzu gehören, wer dieselbe gestiftet und itzt braucht.

Der custos oder kirchenschreiber soll auch fur seine person zwei unterschidliche vorzeichnus mit eigener hand geschrieben mit ubergeben, dorinnen zu befinden:

1. Wie es umb seine behausung, scheun, ställe etc. geschaffen,

2. Wieviel acker, wiesenwachs, holz, garten, zins am gelde, getreidicht an körnern und garben, hunern, eiern, präsenz aus der kirchen, schafen und andermer habe, und wer und wieviel ein itzlicher zu geben schuldig sei.

3. Was und wieviel accidentia er habe von taufen, leichen und anderem,

4. Zu welcher zeit des jahrs er angezogen und wie er die schreiberei allenthalben funden,

5. Wieviel rindshaupt halten könne,

6. Wie er sich mit seinem pfarhern, und der ganzen gemeine und kirchfart vortreget,

7. Ob und wan er in der woche den catechismum zu treiben pfleget, das volk auch teutsche geistliche lieder lehre,

8. Ob und was er fur gebrechen habe, et cætera.

Auf dieses und anders werden pfarherr und kirchenschreiber ein jeder seine antwort gezwiefacht zu vorfertigen wissen etc.

AMT STOLPEN MIT STADT BISCHOFSWERDA.

Amt Stolpen mit Stadt Bischofswerda.

I. Amt Stolpen.

Hilfsmittel: Vgl. Dinter, Parochie und Stadt Stolpen bis zur Reformation. Stolpen 1899, sowie die Litteratur unter Bischofswerda.

Archive: Dresden, H.St.A.

Über den Erwerb des bischöflichen Amtes Stolpen durch Kursachsen im Jahre 1559 vgl. Böttger-Flathe, Geschichte des Kurstaates und des Königreichs Sachsen. Gotha 1870. II², 36. Durch eine Visitation vom December 1558 und Januar 1559 wurde hier die neue Lehre eingeführt.

In Dresden, Hauptstaatsarchiv, Loc. 7431, „Stolpisch und bischofswerdische und gödische visitation in denen kirchen", 1559, Bl. 1 ff., lesen wir einen Bericht der Visitatoren an den Kurfürsten, dass sie — die Visitatoren — „in den Städten Bischofswerda und Stolpen die Missbräuche abgethan" und Bl. 9 ff. eine ausführliche Visitations-Instruktion mit Verbesserungen von der Hand des Verfassers, des Kanzlers Hieronymus Kiesewetter. Dieselbe wird nicht abgedruckt. Über spätere Visitationen vgl. Dresden, H.St.A., Loc. 1999, „Visitationsakte der Superintendentur Bischofswerda 1568—1580"; Müller, in: Beitr. zur sächs. Kirchengeschichte 10, 288. Vgl. im Übrigen unter Bischofswerda.

II. Bischofswerda.

Hilfsmittel: Senff, Kirchen-, Reformations- und Jubel-Geschichte des Amts Stolpen. Budissin 1719; Heckel, Historische Beschreibung der Stadt Bischofswerda. Dresden 1713; Johann Christian Stern, Lebensbeschreibungen derer Herren Pastoren und Superintendenten der Stadt und Diöces Bischofswerda. 1754; Mittag, Chronik der kgl. sächs. Stadt Bischofswerda. Bischofswerda 1861; Evangelische Bruderliebe, 4. Bd., 5. Heft: Die Bischofswerdaer Reformation 1559 von Johannes Scheuffler. 1882; Wetzel, Einführung der Reformation in Bischofswerda im Jahre 1559, in: Beiträge zur sächsischen Kirchengeschichte 5, 1 ff. (1889); Georg Müller, Quellenstudien zur Geschichte der sächsischen Hofprediger, in: Zeitschrift für kirchliche Wissenschaft und kirchliches Leben. VII. (1886) S. 518 ff., 624 ff.; G. Müller, in: Beiträge zur sächs. Kirchengeschichte 9, 167 ff., 10, 288 ff.

Archive: Dresden, H.St.A. Pfarrarchiv zu Bischofswerda.

Am 22. Januar 1559 trat der letzte Bischof von Meissen, Johann von Haugwitz, das bischöfliche Amt Stolpen mit der Stadt Bischofswerda an Kurfürst August von Sachsen ab. Aber schon am 28. December 1558 hatte der Kurfürst Visitatoren zur Durchführung der Reformation erhannt. Dieselben erhielten eine specielle Instruktion (Hauptstaatsarchiv Dresden, Acta, „Stolpische und Bischofwerdische und Gödische Visitation", 1599, Loc. 7431, Bl. 9—22) und begannen ihr Werk noch im December 1558. Von ihrer Thätigkeit giebt der Visitations-Recess vom 4. Januar 1559 Zeugniss. Derselbe ist aus einem Sammelbande des Pfarrarchivs Bischofswerda von Georg Müller in: Zeitschrift für kirchliche Wissenschaft und kirchliches Leben VII (1886), S. 629 abgedruckt. Er wird hiernach abgedruckt. (Nr. 18.)

Wetzel druckt (in: Beiträge zur sächsischen Kirchengeschichte 5, 8 ff.) eine Gottesdienst-Ordnung ab, welche offenbar der Reformationszeit angehört, und welche in einer Zuschrift des Rathes an den Cantor vom 16. November 1676 erhalten ist: „Weil von undenklichen jahren her dergleichen aufgesatzte ordnunge auch gewesen, als bleibet es billig dabei und wird dem jetzigen herrn cantori diese ordnung ausgeantwortet." Genaueres ist nicht zu ermitteln. Immerhin verdient die Ordnung den Abdruck. (Nr. 19.)

Eine Charakterisirung des Inhalts bei Wetzel, a. a. O. S. 1 ff.

Eine fernere Visitation fand 1575 statt. „Die Abschiede bei der Stadt Bischofswerda", d. h. die Anordnungen, welche die Visitatoren in Vereinbarung mit dem Rathe trafen, sind in einem Bande des Pfarrarchivs zu Bischofswerda erhalten. Nach einer ganz detaillirten Beschreibung des Inhalts, die mir Herr Oberpfarrer Dr. Wetzel zusandte, enthält dieser Band zwar sehr interessante Einzelheiten über Einkommens- und Vermögensverhältnisse, aber keine Ordnungen, die in unsere Sammlung Aufnahme finden müssten. Ebenso werden nicht aufgenommen: „Weitere Abschiede bei der Stadt Bischofswerda", die sich in Dresden, Hauptstaatsarchiv, Loc. 2003, Act. der Meissn. Visitation vom Jahre 1577, Bl. 85 finden.

18. Visitations-Recess für die Stadt Bischofswerda. Vom 4. Januar 1559.

[Nach einer Abschrift in einem Sammelbande des Pfarrarchives zu Bischofswerda abgedruckt von Georg Müller in: Zeitschrift für kirchliche Wissenschaft und kirchliches Leben 7, 629 ff.]

Nach gehaltener visitation haben die visitatores mit e. e. rath zu Bischofswerda sich dieser nachfolgenden articul verglichen, welche auch e. e. rath angenommen, und denenselben gebührliche folge zuthun, und sie zuhalten eingangen und bewilliget.

1. Als unser gnädigster herr seiner churfürstl. gnad. landen in vormals gehaltener visitation etliche general articul, belangend unsere christliche religion und was der administration derselben anhängig, gnädigst hat vortragen, und die zuhalten befehlen lassen; als haben die visitatores auch dem rathe zu Bischofswerda nach gelegenheit ihrer kirchen und derselben christlichen gemeinde, nach denen general-articuln sich zu verhalten, auferlegt, und befehl gethan.

2. Und weil in itzo gehaltener visitation in amt Stolpen des stifts Meissen nach der augspurgischen confession erstlich reformiret sein worden, als soll zu Bischofswerda allewege ein superintendens, welcher die umliegende kirchen auf dem lande zu visitiren, und derselben superintendens zu sein befehl hat, seine residenz haben. Derohalben demselbigen superintendenten in vorfallender nothdurft ein erbarer rath zu visitiren vergönnen, und nicht währen soll; doch, dass der superintendens, so viel möglich, sich nicht absentire, sondern

vor allen andern kirchen ihm die zu Bischofswerda zu versorgen angelegen sein lasse.

3. Alle casus matrimoniales, so vorfallen, die sollen auf churfürstl. sächs. befehl vermöge der instruction dieser visitation an das consistorium zu Meissen und sonst nirgend, nicht in Stolpen bei den bischofe, geörtert werden, das sich der superintendens in seiner ganzen ihm befohlenen inspection also verhalten soll.

4. So sich zuträgt, dass ein diaconus, schulmeister oder cantor anzunehmen, oder abzusetzen sein würde; als sollen e. e. rath und der superintendens sich des sämmtlichen vereinigen und entschliessen, und ein theil ohne das andern wissen und bewilligung nichts vornehmen.

5. Den pfarr-herrn und diaconum, so zu dieser kirchen verwaltung berufen und genommen werden, sollen die eingepfarrten auf ihre unkosten holen und ihnen fuhre verschaffen, oder darum sich mit ihnen vergleichen.

6. Die heiligen ämpter in der kirchen sollen gehalten werden mit vesper, metten, communiciren, übung die catechismi, wie in reformirten kirchen der städte gebräuchlich. Sonderlich soll hier gemerkt werden, dass der cantor mit denen knaben alle tage morgens um 7 uhr nach anstellung der superintendenten eine metten halte, welche vom

caplan mit einer collecte beschlossen soll werden. Darneben soll man in der woche über die sonntagspredigten zwo predigten, eine mittwochs, die andere freitags zu morgen thun, darum sich der pfarrherr und diaconus vergleichen mögen.

7. Die leichen oder todte sollen belautet und begraben werden auf die werkel tage des morgens um 9, nachmittage um 3 uhr, den sonntag aber nach der vesper allezeit.

8. In vorfallenden sterbenszeiten soll e. e. rath die armen alten weiber, welchen man die wöchentliche almosen aus dem gottes kasten giebt, darzu anhalten, dass sie die kranken um eine ziemliche belonung warten helfen und, damit solche weiber ihre herberge haben mögen, sollen die herren zum förderlichsten das hospital wieder erbauen.

9. Auch hat sich e. e. rath erboten, aufs erste, als möglich und da gott der herr das gemeine gut segnen und vermehren würde, dass sie wollen eine mägdlein schule anrichten, auch einen stipendiaten halten, und den mit einen ziemlichen stipendio versehen, und in unsers gnädigsten herrn, des churfürsten zu Sachsen universitäten eine schicken.

10. Was belanget die accidentia, so von aufbieten, trauen, todten beläuten, und dergleichen, das soll e. e. rath dem pfarrherrn, diacono, schulmeister und cantori ohne entgeld folgen lassen, unangesehen, dass dem rath alles einkommen der kirchen und anderes aufgetragen und einzunehmen eingeräumt ist worden.

11. Es soll auch alle halbe jahr ein examen in der schule gehalten werden, dazu sich der pfarrherr, caplan und etliche der gelehrtesten in rath, welche dazu verordnet werden, sollen gebrauchen lassen.

12. Nachdem auch bis daher hie in der kirchen kein gottes kasten, daraus denen armen könnte geholfen werden, angerichtet gewesen ist; als soll nun hinfüro ein gottes kasten angerichtet werden, und soll der superintendens das volk fleissig vermahnen, dass sie ihre milde hand aufthun und dermassen almosen geben wollten, dass man die armen dieser stadt daraus nothdürftiglich erhalten möge. Und da die almosen bis daher von denen kirch-vätern gebeten, und doch von denen collectibus denen armen nichts gegeben haben, als soll nun hinfüro derer kirchväter amt und das amt des gottes kasten der armen ein amt sein, und sollen zugleich von den kirchvätern, und wen e. e. rath mehr dazu verordnet wird, verwaltet werden. Was auch die fabrica und kirche einkommen hat, soll hierein nicht fallen und in die rechnung kommen.

13. Als auch zu verhoffen, dass unser gnädigster herr der churfürst denen zu Bischofswerda

einen oder mehr knaben in die churfürstl. schulen gleich anderen seiner churfürstl. gnad. unterthanen einzunehmen gnädigst bewilligen werde; als soll der, oder die, folgenden gestalt gewehlet und in die schule befördert werden: der schul meister soll etliche der gelehrtesten knaben aus der schule e. e. rath und dem pfarr-herrn und superintendenten vorstellen, und die in dererselben gegenwart examiniren, darauf denn der pfarr-herr und alle personen e. e. raths, so allda vorhanden, von den bürger-meister befragt werden sollen, welcher, oder welche knaben sie in die schule zu schicken an tüchtigsten ansehen; als soll ein jeder bei seinen gewissen den, oder die knaben, so hingeschickt sollen werden, nehmen und anzeigen, und soll keiner dem andern aus gunst vorgezogen, noch aus neid verdrungen und verstossen werden. Welcher denn die meisten stimmen und vota, oder suffragia haben wird, denen oder dieselben soll e. e. rath an den verwalter der schulen verschreiben, und also den, oder die in die schule verschicken.

14. Auch hat e. e. rath bewilliget, dass der pfarr herr und diaconus ein jeder ein halb bier zubrauen und das nicht zu verpachten, sondern vor sein haus zu gebrauchen, macht haben solle.

15. Nachdem auch das pfarr gebäude sehr böse, und kein diacon-haus vorhanden, als hat e. e. rath bewilliget, dem pfarr herrn und diacono, jedem ein neu haus auf die stelle, da itzo das pfarr haus stehet, innerhalb eines jahres mit rath des pfarr herrns zu bauen. Weil aber der platz und raum weit, also, dass ein pfarr herr des nicht alles bedarf, so mag e. e. rath des gartens hinter hauses dem diacono so viel zutheilen, als des diaconi haus betreffen wird. Und da noch mehr raum nach denen erbauten zweien pfarrherrns und diaconi häusern überbleiben kann, als mag e. e. rath von dem ganzen raum den vierten theil verkaufen, damit sie das bauen so viel desto leichter ankomme.

16. Als auch Goldbach ein filial der kirche zu Bischofswerda incorporirt, und kein eigener pfarrherr des orts vorhanden, und die von Goldbach einen stattlichen decem nach Bischofswerda geben, sollen sie von den diacono zu Bischofswerda folgender gestalt besorget werden. Nemlich, es soll ein diacon zu Bischofswerda schuldig sein, alle kinder des orts zu Goldbach zu taufen, braut und bräutigam allda in der kirche zu copuliren und die kranken zu besuchen. Auch soll der diaconus alle vierzehen tage einmal zu Goldbach, wie folget, predigen, und des herrn nachtmahl halten. Nemlich er soll den ersten sonntag, so er anfängt sie zu besuchen, des morgens früh sich nach Goldbach verfügen, und allda, wie ihm der superintendens befehlen wird, sich mit singen,

lesen und predigen verhalten. Sonderlich soll er des herrn nachtmahl den ersten sonntag halten und denen, so es begehren, nach gehörter beichte, die communion mittheilen. Darnach, über 14 tage soll sich der diaconus auf den sonntag nach mittage wieder dahin verfügen, und der gemeine nach gehaltenen gesängen das evangelium desselbigen sonntags kurz predigen, darnach den catechismum vorsprechen und daraus examiniren, und die gottesdienste, so ohne die communion geschehen sollen, mit einem psalmen uud endlich dem segen Aaronis beschliessen. Uber dis halte man ihnen auf die drei hohen feste auf den dritten tag eine predigt vom feste und das abendmahl, und auf hochzeiten und bisweilen bei dem begräbnisse eine kleine predigt. It. der custos, so auch schule hält, der handele alle sonntage den catechismum mit den schülern in der kirche, und habe deutsche gesänge nach anstellung des superintendenten.

Nachdem wir uns aber von wegen der vielen und nöthigen geschäfte auf dieses mal nicht alles nach nothdurft haben besichtigen, ändern, schaffen und verordnen können, so haben wir dem superintendenten befehl gegeben, wie er in anfange und hernach in allen vorfallenden sachen die kirchen nach der augsburgischen confession reformiren, bestellen, christlich ordnen, und allezeit erhalten soll; in derselben ordnung e. e. rath ihm gehorchen, und zu aller christlichen disciplin behülflich und förderlich sein sollen, wie sie denn also in alle wege zu thun, sich freundlich und willig erboten.

Da aber irrung und gebrechen oder wegerung in billigen sachen vorfallen möchte, soll der superintendens dasselbe an den gnädigsten herrn, den churfürsten von Sachsen berichten, und daselbst ferner bescheides, hülfe, schutz, und einsehung erwarten.

Zu urkund haben die visitatores solche abschrift und recess in eigentliche verzeichniss gebracht und zu ewigem gedächtniss, auch steten schutz und erhaltung dieser abhandlung in die churfürstl. canzlei überantwortet, auch dem rath zu Bischofswerda eine glaubwürdige copiam derselben unter denen gewöhnlichen petschieren versiegelt zugeschickt, welches alles geschehen und gegeben nach Christi unsers heilandes geburt 1559 den 4. tag des januarii welcher war mittwochs nach circumcisionis domini.

19. Gottesdienst-Ordnung für die Stadt Bischofswerda.

[Nach einer im Pfarrarchive zu Bischofswerda erhaltenen Zuschrift des Raths an den Cantor von 1676 abgedruckt von Wetzel, in: Beiträge zur sächsischen Kirchengeschichte 5, 8 ff.]

Ordnung, wie der gottesdienst allhier gehalten werden könnte.

Frühe: Wenn der gottesdienst angehet, soll am sonntage allezeit gesungen werden:

1. Zum introitu im advent: Nun komm' der heiden heiland. Weihnacht: Puer natus in Bethlehem. Fastnacht: Christus, der uns etc. Ostern: Surrexit Christus etc. Pfingsten: Spiritus s. gratia. Trinitatis: Gott der vater wohn etc.

2. präambuliret der organist.

3. Kyrie, choraliter und figuraliter per vices.

4. singet der diaconus: Gloria in excelsis deo.

Wofern nun das kyrie choraliter gesungen worden, so folget: Allein gott in der höh sei etc. Ist's aber figuraliter geschehn, so wird continuiret: Et in terra pax etc.

5. wird die epistel verlesen.

6. präambuliret der organist.

7. wenn figurirt wird, folget eine moteta, ist's aber choral, so wird flugs das deutsche lied gesungen.

8. wird der katechismus mit dem evangelio verlesen.

9. präambuliret der organist.

10. wird eine moteta allezeit gesungen.

11. der glaube.

12. die predigt gehalten.

13. Ist's figural, wird nach der predigt eine concerta, ist's aber choral, ein deutsch lied gesungen.

14. gehet die communion an.

15. Unter der messe, wenn's figural oder sonst extraordinär ist, eine moteta, wenn's aber choral ist, das deutsche lied.

16. präambuliret der organist.

17. Der kirchen segen fürm altar.

18. Gott sei uns gnädig und barmherzig.

Zu mittags:

1. Deus in adjutorium meum.

2. ein lateinischer psalm choraliter.

3. präambuliret der organist.

4. Es wolle gott uns gnädig sein.

5. Verliest der knabe das evangelium oder wird der katechismus gebetet.

6. präambuliret der organist.

7. an hohen festen eine concerta, bei figural ordinär eine moteta, aber choral flugs das deutsche lied.

8. die predigt.

9. präambuliret der organist.

10. Die betstunde. An hohen festen wird die betstunde eingestellt, an derselben statt eine vollstimmige concerta.

HERRSCHAFT UND STADT PLAUEN.

14*

Herrschaft und Stadt Plauen.

Hilfsmittel: Oertel, Zuverlässige Historie aller Herren Pastoren und Superintendenten der kurfürstl. sächs. Stadt Plauen i. V. seit der Reformation. Schneeberg 1747. 8°; Falke, Die Erwerbung der Voigtlande durch Kurfürst August. Archiv für sächs. Gesch. 3 (1865), S. 137 ff.; Burkhardt, Geschichte der Kirchen-Visitationen; Gebhardt, Thüring. Kirchengeschichte; Johann Müller, in Mittheilungen des Alterthumsvereins zu Plauen i. V. Plauen 1880, 1882, 1887; Derselbe, Historische Wanderungen durch Plauen, in Voigtländ. Anzeiger und Tageblatt. 1880. Nr. 146 und 147.

Archive: Ernestinisches Gesammtarchiv zu Weimar; Fürstliches Archiv zu Gera.

I. Der Theil des Vogtlandes, welcher jetzt zum Königreich Sachsen gehört, bildete ursprünglich unter böhmischer Lehnshoheit das Stammland der Vögte von Plauen. Diese erwarben 1426 den Titel der Burggrafen zu Meissen. Einen Theil ihres Gebietes erwarb Friedrich der Strenge 1357, ein anderer Theil wurde 1466 den sächsischen Kurlanden einverleibt. 1543 belehnte der römische König Ferdinand den Kurfürsten Johann Friedrich mit der vogtländischen Stadt und Herrschaft Plauen (in Gesammtbelehnung mit Herzog Moritz). In Folge der Niederlage des Kurfürsten Johann Friedrich erklärte Karl V. die vogtländischen Herrschaften: Plauen, Pausa, Voigtsberg, Oelsnitz, Adorf, Neukirchen, Schöneck und Mühltroff für heimgefallene Lehen Böhmens, und König Ferdinand belehnte 1549 damit den böhmischen Oberkanzler Heinrich IV., Burggrafen von Meissen, welcher somit die vogtländischen Herrschaften seinem Hause zurückerwarb. Herzog, jetzt Kurfürst Moritz, begnügte sich mit der Anwartschaft auf die etwa ledig fallenden Reussischen Lehen. Heinrich IV. starb 1554. Seine Söhne, Heinrich V. und VI., regierten gemeinsam, ersterer in Gera, letzterer in Plauen residirend. Heinrich VI. schloss am 13. März 1556 mit Kurfürst August einen Vertrag zu Annaberg ab, der den Verlust des Vogtlande einleitete. Vgl. das Nähere bei Falke, a. a. O. S. 141 ff., 241 ff.

II. Die kursächsischen Visitatoren visitirten im Anfange des Jahres 1529 die Ämter Voigtsberg, Plauen, Weida und die Herrschaft Ronneburg. Burkhardt S. 158 ff. Abdruck der Protokolle aus Weimar, Ernestin. Ges.-Arch., Ji, Nr. 2 durch Joh. Müller, in: Mittheilungen des Alterthumsvereins für Plauen. 1887. S. 1 ff. Unter den Protokollen der Visitation im Archiv zu Weimar befindet sich auch ein Bericht über die in Plauen eingehaltene Ordnung der Ceremonien (vgl. Bd. I, S. 47), die offenbar von den Visitatoren nicht beanstandet wurde. Dieselbe ist zum ersten Mal abgedruckt von Joh. Müller in den Mittheilungen des Alterthumsvereins zu Plauen, II (Plauen 1882), S. 78 ff. Angehängt ist dieser Ordnung ein Catalogus lectionum scholae, welcher von Joh. Müller, a. a. O., 1880, S. 39 publicirt ist. (Zur Geschichte der Schulen in

Plauen vgl. ausserdem Fiedler, Programm des Gymnasiums Plauen, 1855, und Derselbe, Beiträge zur Geschichte der Stadt Plauen. 1876.) Wir drucken die Kirchen-Ordnung nach Weimar, Ji. Nr. 2. (Nr. 20.) Über die Einrichtung des gemeinen Kastens vgl. Joh. Müller, in: Voigtländ. Anzeiger. 1880, Nr. 146.

III. Über kirchliche Ordnungen Plauens unter der Herrschaft Heinrich's IV. von Reuss vgl. unten unter Reuss.

IV. In der Visitation von 1533 ist in Plauen am Ostertage (13. April 1533) „mit dem pfarrer, prediger, rat, caplan, schulmeister u. s. w. zu Plauen gehandelt worden und der abschied inen gegeben, sampt etlichen artikeln doselbst sonderlich vor andern entschlossen, auch die superattendentz befoln worden dem pfarrer und prediger zu Plauen, aber die obersuperattendentz im Voitland und dem oberkreis in Meissen dem prediger zu Plauen . . . .“. So lautet der Bericht der Visitatoren. Genauer verhält es sich damit folgendermaassen. Es wurde zunächst dieselbe allgemeine Verordnung publicirt, welche die Visitatoren für viele Städte, insbesondere auch für die reussischen, erlassen hatten, nämlich die „Gemeine verordnung und artikel“, welche wir in Bd. I S. 187 ff. abgedruckt haben. (Vgl. auch Bd. I S. 51—53, sowie Bd. II unter Reuss.) Die Verordnung für Plauen stimmt mit dieser „Gemeinen verordnung“ bis zum Abschnitt „Des kirchners bevehl“ einschliesslich wörtlich überein und weist nur folgende Abweichungen auf:

Bd. I S. 187 Sp. 2 Z. 8 im Texte „die opfergroschen—pfingsten“ fehlt.

Bd. I S. 190 Sp. 1 Z. 13 „nach der ordnung zu Wittenberg“ fehlt.

Bd. I S. 190 Sp. 2 Z. 15 ff. „die pfarrer—unbeleut begraben werde“ fehlt.

Bd. I S. 191 Sp. 1 Z. 9 „kein kirchner on wissen und willen ires pfarrers anzunehmen“ fehlt.

Der Schluss lautet: Und sind die vorordenten exekutoren in der voitland Günther von Bünau zu Elsterberg in Frankenhof und Joseph Lewin Metzsch auf Mila.

Darauf folgte dann eine specielle Verordnung für den Rath zu Plauen. Wir drucken diese nach Weimar, Ji. Nr. 7 ab und geben die Varianten der (ebenfalls gleichzeitigen) Handschrift im Fürstl. Regierungs-Archiv zu Gera, Pⁿ/I. in Anmerkungen. (Nr. 21.)

V. Über die Verfassung dieser Herrschaft hat Johannes Müller im Vogtländischen Anzeiger, 1880, Nr. 146 und 147 noch Weiteres mitgetheilt. Bei der Visitation von 1533 wurde dem Prediger zu Plauen die Obersuperattendenz im Voigtlande und dem Oberkreis zu Meissen übertragen. Am 9. Februar 1548 bestimmte der neue Landesherr, Burggraf Heinrich IV. von Meissen, „Anlangende das consistorium oder jurisdiktion wollen wir, dass dasselbige wie bisher erhalten werden soll, und sind nit bedacht, dass wir uns solcher herlickeit wolten begeben und einem andern zustellen . . . . darum soll sich der pastor zu Plauen als der oberste superattendent des wie zuvor derselbigen örter gebrauchen und verhalten.“ Da das Gerichtssiegel des Consistoriums in den Kriegszeiten verloren war, erhielt das Consistorium auf Befehl des Burggrafen ein neues. Dem Oelsnitzer Superattendenten Crato wurde unter dem 3. Juli 1552 bei Strafe auferlegt „den superattendenten und pastoren zu Plauen vor den obersten superattendenten zu achten, in allen geistlichen sachen, auch sich mit allen seinen zugehörigen pfarrherrn an den letzteren und das consistorium zu Plauen zu halten und sonsten an keinen andern.“

Das Ehegericht zu Plauen war unter dem Vorsitz des Pfarrers zu Plauen aus fünf Geistlichen und drei Mitgliedern des Rathes der Stadt zusammengesetzt. Nach der Visitation von 1582, genauer durch Befehl des Kurfürsten August vom 6. Juli 1583, wurde das Consistorium zu Plauen aufgehoben und dem Consistorium zu Leipzig unterstellt.

Einen sehr interessanten Einblick in die kirchlichen Verhältnisse der Herrschaft gewährt ein Bericht des Superintendenten Corbinianus Hendel zu Plauen vom 7. September 1551, der dabei auf die Verordnungen von 1533 zurückgeht und im Einzelnen zeigt, wie weit dieselben ausgeführt worden sind (Fürstliches Archiv zu Gera, Pᶜ/I).

20. Ordnung der Ceremonien zu Plauen. 1529.

[Aus Weimar, Ji. Nr. 2.]

Am sontage und hoen festen, wie sie in den ordnungen vorzeichnet,

helt man frue metten, erstlich das „Venite etc.", darnach einen psalm mit einer antiphon, darnach eine lection ausin alten testament, volgends das „Te deum laudamus" und so es die zeit leidet, das „Benedictus" mit einer antiphon und collecta, alles deutsch.

Das hoe ampt,

Nachdem etwa teutz gesungen ist worden vor der mess und das volk, sonderlich die vom land, darnach gerichtet haben; wir mussen darfur einen psalm mit einem stuck des catechismi aus dem betbuchlein dr. M. Lutheri an stat einer lection halten.

Darnach fahen wir das ampt des testaments ader nachtmahls Christi an mit dem gesange „Kom heiliger geist etc.", darnach den introit „Kyrieleison" et „In terra" einen sontag deutsch den andern latinisch; dan list man uber dem altar die collecta deutsch und nach ausgang derselben list man die epistel, darauf singet das volk ein deutsch lobgesang unterweilen die schuler einen reinen sequenz; darnach wird das evangelium gelesen, das credo „Wir glauben alle an einen gott" gesungen; so dass aus ist, predigt man und list die paraphrase des „Vater unsers". Nach der predigt feht man an die praefacion und die wort des testaments mit aufhebung des sacraments zu singen; darauf hebt der chor das „Sanctus" an, folgends der minister list das „Vater unser"; darnach communirt man das volk und singet „Gott sei gelobet" ader „Jesus Christus etc." beschleusst das ampt mit der collecte und segen.

Zwischen eilfen und zwelfen zu mittage predigt man von den zehen gepoten, glauben und „Vater unser" wie man jetzund das „Vater unser" furhat, das thut der pastor. Hetten gerne gesehen, das es bas zur vesper vorschoben were wurden mit solcher predigt, hat aber bishero nit geschen mugen; biten nachmals, so es euer (d. i. der visitatoren) achtbaren wirden meinung were, solchs zuvorordnen.

Man helt auch am sontag umb 2 hor vesper mit etlichen psalmen und antiphon mit einer lection, mit [magnificat?] und einer collecta alles deutsch.

Ufn abend umb 5 ader 6 hor singen die knaben alle tage das „Salve Jesu Christe" mit dem „Da pacem" latinisch und einer deutschen collecta, davon ist zureden.

An werktagen.

Helt man frue einen hymnum mit einer antiphona und einem psalm, darauf list man dem volk fur eine apostolsche lectionem und darauf das gemein gepet vor allerlei stend, jedes tages eine sonderliche red, beschleust mit einem lobgesang.

Mittwoch und freitag predigt man vor die lection und postillirung.

Umb acht hor leutet man, wie etwa zur hormessen und singet den psalm aus dr. Martini ordnung ader einen introit gewonlich latinisch, list die epistel mit einem kurzen scopo und argumentlein, singt einen gesang, darnach list man das evangelium auch also, darnach singt man etwas kurzes und beschleust mit einer collecta.

Ufn abend umb 2 hora singen die knaben latinisch vesper, list ein knab eine lection latinisch der ander dieselb deutsch, darnach beschleust man die vesper mit einer collecta; der psalm ist gemeiniglich „Beati immaculati"; ufn abend singt man das „Salve" ut supra und in der fasten helt man den kindern den catechismum fur.

An aposteltagen

predigt man frue, darnach ist einem jeden zu feiren ader arbeiten frei gelassen.

(Folgt von anderer Hand geschrieben: Catalogus lectionum scholae.)

21. Visitations-Verordnung von 1533.

[Nach Weimar, Ji. Nr. 7 und Gera, Fürstl. Archiv Pᶜ/I.]

Uber[1]) gemeine verordnung sind hie zu Plauen im Voitland auch hernachfolgende ding in itziger visitation dieses[1]) nach Christi geburt 1533. jares angeschafft und verordent[2]):

---

[1]) Gera: Uber berurte.

[1]) Gera: „dieses" fehlt.

[2]) Gera: verordent und angeschafft worden.

Das die offen beicht, absolution und das vater unser mit anhengender auslegung des herrn doctoris Martini Luthers und seiner erinnerung von [1]) der entpfahung des hochwirdigen sacraments soll gelesen werden,

Das zuverhütttung bisher ergangener unordnung und unrichtickeit die capell am chor zur linken hand soll vermacht werden,

Das man den chor soll zumachen domit allein die communicanten mit gutem raum drinnen steen mogen,

Das man den schüler chor soll in der capelln am chor zur rechten hand verordnen, domit sie unbedrangt mogen steen,

Das man des folks nicht sovil auf ein mal soll lassen zum hochwirdigen sacrament geen, in [2]) dester fuglicher und bass auszuwarten.

Das man hinfurder kein weltlich gebot oder verpot mehr durch den puttel in der kirchen thun soll.

---

[1]) Gera: vor.
[2]) Gera: irer.

Das ein erbar rath soll und will, so bald es fuglich bescheen mag, allerlei unrichtickeit zuverhuten, zwo begrebnis vor der stat aufrichten.

Das man die todten vom land nicht mehr under, sondern vor oder nach der predigt begraben soll.

Weil man auch zu wenig caplan auf dem land gehabt heuer den catechismum zu leren, als hat man er Alexander Preter darzu verordnet, welchem auch der rath derhalb bewilligt hat, zur jerlichen zulage 5 fl. aus dem gemeinen kasten zugeben. Desgleichen hat auch der rath gewilligt, er Niclas Tusemer, organisten und altaristen, 2 fl. jerlich zugeben aus dem gemeinen kasten in ansehung seiner not und das er sol den catechismus wochentlich auf den negsten dreien dorfern in die pfarr gehörig, predigen.

So sollen ihm 10 gulden, so von seinem lehen in der visitation im 29. jahr in gemeinen kasten geschlagen, ganz und unvormindert volgen.

[Es folgen weitere finanzielle Anordnungen. Ein dritter Schullehrer wird angenommen. Eine Mägdleinschule soll errichtet werden.]

DIE HERRSCHAFT RONNEBURG.

Die Herrschaft Ronneburg.

Hilfsmittel: L ö b e r, Historie von Ronneburg. Altenburg 1722, 8°; dazu: Auserlesene theologische Bibliothek 13—24 (Leipzig 1725—1727), S. 382 ff.; B u r k h a r d t, Geschichte der sächsischen Kirchen - und Schul -Visitationen, S. 69 ff., 158 ff., 169 ff. Über die Anfänge der Reformation vgl. L ö b e r, a. a. O. S. 240 ff.

Archive: Weimar, Ernestinisches Gesammt-Archiv. Pfarrarchiv zu Ronneburg.

Die kursächsischen Visitatoren visitirten 1529 auch die Herrschaft Ronneburg (B u r k - h a r d t, a. a. O. S. 69 ff.). Die erste Ordnung für Ronneburg — wahrscheinlich von den Visitatoren erlassen — hat L ö b e r aus dem Pfarrarchive zu Ronneburg zum Abdruck gebracht. Davon findet sich ein wortgetreuer Abdruck in der Auserlesenen theologischen Bibliothek 13—24 (Leipzig 1725—1727), S. 386 ff. Wir drucken nach L ö b e r.

Eine zweite Visitation fand von Sonnabend nach Mauritii bis Sonntag Wenceslai, d. i. den 27. und 28. September 1533, durch die kursächsischen Visitatoren statt und vollendete die Reformation. Besondere Artikel wurden von den Visitatoren dem Herrn v. Wildenfels und dem Rathe zu Ronneburg zur Ausführung empfohlen. (B u r k h a r d t, a. a. O. S. 69 ff., 158, 169.) Doch gehören dieselben nicht in die Sammlung; sie sind im Übrigen denjenigen ähnlich, welche die Visitatoren (es waren dieselben Persönlichkeiten) für Gera, Schleiz und Greiz 1534 getroffen hatten (Weimar, Ji. Nr. 9).

Bei den synergistischen Streitigkeiten überreichte die Ronneburgische Priesterschaft 1562 den Visitatoren eine eigene Confession, „De peccato originis et libero arbitrio. Confessio superintendentis Ronnebergensis et caeterorum in eadem ephoria exhibita dominis visitatoribus in arce Jenensi quarto die mensis Augusti 1562." (L ö b e r, a. a. O. S. 279 ff. Auserlesene theologische Bibliothek, a. a. O. S. 392.) Zur Geschichte der Lehrstreitigkeiten und der mit diesen in Verbindung stehenden weiteren Visitationen in Ronneburg vgl. überhaupt L ö b e r, a. a. O. S. 266 ff. (Auserlesene theologische Bibliothek, a. a. O. S. 393.) Über die Visitation, welche Herzog Friedrich Wilhelm (der für sich und seinen Bruder Herzog Johann 1584 die Herrschaft Ronneburg von Anarg Friedrich, Herrn zu Wildenfels, käuflich erworben hatte) 1586 veranstaltete, vgl. L ö b e r, a. a. O. S. 293 ff. Alle diese Visitationen bieten für unseren Zweck nichts Bemerkenswerthes.

22. Ordnung der Visitationen. 1529.

[Aus dem Pfarrarchiv zu Ronneburg abgedruckt von L ö b e r, a. a. O. S. 247.]

Zum ersten, nachdem das wort gottes nicht kann leiden zusatz oder abbruch, so ist eintregtiglich beschlossen, bewilliget und vorgenommen, das hinfurt in unser pfarmesse nach einsatzunge Jesu Cristi und nach evangelischer lehre sol gehalten werden, auf das dasselbige testament dem crist-

15 *

lichem volk, die solchs begirlich seinde, vom pfarrer
oder. seinem mithelfer muge verricht werden, in
zweierlei gestalt an (ohn) allen menschlichen zusatze und abbruch, die der heiligen schrift nicht
gemessig.

Zum andern, volget aus diesem vorigen artikel,
dieweil die messe kein opfer ist, wie bishero
felschlich gehalten ist worden, sondern ein testament Jesu Cristi, im welchem er uns beschieden
hat, vergebung aller unser sunde, das hero uns
erworben und beweist hat mit seinem edlem blut
und bitteren tode, darumb sollen aufhoren, die
viel messen, wie bishere felschlich gebraucht und
gehalten, angesehen das die priester solche messe
halten mehr aus gezwang und gedrang on alles
begirde und bequemer von gott geforderten ge-
schikligkeit, dann von Christus mehr geunehrt und
vorlestert, und sein wolthat uns allen zu gut gegeben gemissbraucht wirt, an [ohne] allen nutz
und frommen.

Zum dritten, sollen der pfarrer oder pastor
und sein mithelfer freilaub haben (nach erforderunge
gottlicher gnade) messe zu halten, wenn sie wollen·
und sich geschikt befinden, an [ohne] am sontage
und andern vornemlichon festen, so in der wochen
gefallen, sol ir einer mese halten, vor das ander
solle er alle dinstage und donnerstage, wu nicht
feiertage in der wochen, predigen, und am sontage
zweimal.

Zum vierden, sollen furthin kein vigilien, kein
seelmesse, ingedechtnus, testament vor die toden
gehalten werden, und ire fundacion stiftunge ge-
summirt in ein summa geschlagen, und in den
gemeinen kasten, den notturftigen zu gut gewendt
werden, das also der meinunge der verstorbenden
stifter nicht nachgelassen, und alle andere unkost,
zuvorten den falschen vermeinten gotsdienst gewandt, nun zum rechten gotesdinst, welcher ist
die hulfe der notturftigen, sol verordnet werden.

Zum funften, nachdem erkant aus dem gotlichen wort, das got den eusserlichen dinst gottes
und eusserlich geschrei nicht wil an [ohne] das
herz und vormerkt, das wenig oder nimants zu
der vesper an werktagen kombt, auch der schulmeister mit den schulern etwas gros gehindert
an der lere, an [ohne] das geschrei und singen
nichts nutzet, ja mehr gotslesterlich und verfurisch
under dem schein des guten, darumb sol hinfurt
kein vesper an werkentagen gehalten werden,
sonder an festlichen tagen und sontagen sol die
vesper in beiwesens des pfarrers, seines mithelfers
und capellans, und so gegeuwertig wurden sein,
die vicarii in iren coroken mit vleis gehalten
werden, desgleichens die metten wie bishere,
doch also dass die lection zu der metten deutsch
gelesen werden.

Zum sechsten, sol allen vicarien, die nicht

residiren, oder besitzen ire lehen geschrieben
werden, das sie kommen, und residiren oder besitzen personlich, wu das nicht, soll im kein absent gegeben werden, auch furthin, nach der
vicarien absterben, sollen die lehen nimande geliehen werden, angesehen das sie allein auf messhalten ewig mussiggenger zu halten gestift seinde,
sonder die absent und der absterbenden lehen
sollen in den gemeinen kasten gewandt werden.

Zum siebenden, ist ein gemeiner kasten vor
die armen und notturftigen aufgericht, darzu alle
freitage mit vleis in der kirchen von zweien aus
der gemein darzu verordnet und erwelet gebeten
werden sol, und in den gemeinen kasten sol gewandt werden, erstlich der kalend bruderschaft
mit allen zinsen haubtsummen und zugehorunge,
und einem der bruder und schwester, die bishere
darinne gewest seind, in allermasen wie sie vor
darein gegeben, alle viertel jar ein person zwen
alde pfennige, doch darbei allen vleis vorzuwenden
den wucherzins abzustellen, und die haubsummen
in gemeinen kasten zu wenden.

Zum achten, sollen aus diesem gemeinen kasten
versorgt werden alle armen und notturftige, so
in unser eingepfarten vorsamlunge und kirchspiel beide in der stadt und in darzu eingepfarten
dorfern, welche aus zufellen bei uns verarmen,
von iren freunden mit hilf verlassen werden, auch
welche aus krankheit oder alder nicht arbeiten
konnen, und notturftig arm werden, sollen durch
die zwene, so durch die gemein erwelet, mit vleis,
so viel muglich und verhanden ist, geholfen
werden und mildiglich vorgestreckt.

Zum neunden, auf das sich nimands aus
unser eingepfarten gemein auf solche hülfe und
barmherzige vorstreckunge vorlass, und darumb
ziemliche und vleissige, sich und die seinen zu
neren, arbeit nachzulassen, das sein unnützlich zu-
verzeren mussig zu gehen so andere arbeiten
understehen, auch die unbarmherzigen zustillen,
die da sagen, zu einer ausrede und entschuldi-
gunge, soll ich denn andern vorarbeiten, ich wolt
das mein auch vorthun, oder mussig gehen, und
mich mit ander leut arbeit und gut nehren lassen,
darumb ist eintrechtiglich beschlossen, das keinem
in unser gemein gestat soll werden, mussig zu
gehen, so die andern arbeiten, oder das sein mit
seuferei und schwelgerei unnützlichen zu verzeren,
angesehen und bewogen eines jeglichen standes
und vermogen, darauf sollen die drei von der
gemein, und zwene vom rath darzu sonderlich erwelet vleissig aufsehen haben, und wu ein solcher
erfunden, sol er zum ersten und zum andern
mal bruderlich angeredt und vermant werden,
solchs nachzulassen, und in stillen sein brot erwerben und arbeiten, sein weibe und kindlein
das ire nicht vorthun, wu er aber sich nicht will

bessern, sol ein solcher nach rade und willen der oberkeit zimlich gestraft werden, und wu sich gar keine besserunge zu vermuthen, soll er ganz aus unser gemein verstossen und vorweist werden.

Zum zehenden, sollen in unser gemein nicht gestatt oder zugelassen werden unehelich leut beisammen in der unehe zu wohnen, die ehebrecher und ehebrecherin, so offentlichen uberkommen oder uberweist, sollen mit willen und rade unser oberkeit schwerlich gestraft werden. Es sei man oder weib, die sich solcher unzucht befleissigen, sollen mit nichten unter uns geliden werden, wu keine besserunge zugewarten, sollen solche leute ganz und jar aus unser gemein vorweist werden.

Zum eilften, an sontagen und andern festlichen tagen, so man mess helt und prediget, es sei vor oder nachmittags, soll keinem vom unser gemein eingepfarten, er sei jung oder alt, zugelassen werden und gestatt werden, im bierheuser, gemeinen tabernen, oder weinkeller zu sitzen und zu trinken, oder an andern gemein spielstatten zu spielen, und zu verharren; so aber die mess oder predig des wort gottes, es sei vor oder nachmittag, geendet, mag ein jederman gehen und thun, nachdem das er cristlich und gut vormeinet zu sein, und das der artikel gehalten werde, sollen beide der obrigkeit und radsdiener fleissig acht und aufmerkung haben, und wer darinnen streflich befunden, sol nach rath und willen der oberkeit gestraft werden.

Zum zwelften, sol ein fromer, zuchtiger, gelehrter schulmeister verordnet und gesetzt werden, als einem hochnotigem ambt die jugend in zucht, lere aufzuziehen, darbei ein erwelter selsorger allen moglichen vleis verwenden sol, das das wol ausricht und die jugent nicht verseumbt werde, welcher schulmeister sol von dem pfarner oder seelsorger versorget werden, inmassen wie droben im fünften artikel angezeiget, mit zuthun des stadtschreibers ambt, wu er darzu tüchtig und geschikt erkannt, und ob es von noten und die muhe erfordert, etwas mehr aus dem gemeinen kasten zuzulegen vorwilliget, auf das er von den eingepfarten kindern nichts zu fordern habe, es were im dan etwas von den eltern aus guten willen gegeben und zugeleget.

DIE SCHWARZBURG'schen HERRSCHAFTEN.

Die Schwarzburg'schen Herrschaften.

Hilfsmittel: S c h e i b e, Drei Reden von denen grossen Verdiensten des Hauses Schwarzburg um Religion und Gelehrsamkeit. Rudolstadt 1737; W a l t h e r, Grundlage zu einer Schwarzburg. Reformations-Geschichte, 1788 (dortselbst ältere Litteratur S. 12, 27); J. C h r. J u n g h a n s, Geschichte der Schwarzburger Regenten. Leipzig 1821; B o z e n's Kirchenhistorie von Rudolstadt, im Manuscript im Rudolstadter Archiv; A p f e l s t e d t, Die Einführung der Reformation Luther's in den Schwarzburg. Landen. Sondershausen 1841; D e r s e l b e, Heimathskunde für die Bewohner des Fürstenthums Schwarzburg-Sondershausen. Sondershausen 1854; S i g i s m u n d, Landeskunde von Schwarzburg-Rudolstadt. Rudolstadt 1862; B u r k h a r d t, Geschichte der Kirchen-Visitationen. S. 154 ff.; G e b h a r d t, Thüringische Kirchengeschichte. *Bd.* 2; E i n e r t, Graf Günther der Reiche von Schwarzburg, in: Zeitschrift des Vereins für Thüringische Geschichte und Alterthumskunde, N. F. 8, 1 ff. (Jena 1893); G e o r g M ü l l e r, Beiträge zur sächsischen Kirchengeschichte 9, 163 ff. In Vorbereitung: Pfarrer E i n i c k e, Reformations-Geschichte von Schwarzburg. 1521—1539.

Archive: Fürstl. Archiv, Fürstl. Bibliothek zu Rudolstadt. Fürstl. Landesarchiv, Ministerial-Bibliothek zu Sondershausen. Ernestin. Gesammt-Archiv Weimar. H.St.A. Dresden. St.A. zu Magdeburg. St.A. zu Zerbst.

I. Die Reformation hatte in der Schwarzburg'schen Oberherrschaft vereinzelt früh Eingang gefunden, so in Blankenburg, in Rudolstadt, in Ehrenstein 1527 (vgl. die handschriftliche Notiz im Ehrensteiner Messbuch, jetzt in der Rudolstädter Fürstl. Bibliothek), in Ort und Amt Könitz 1524. Graf Günther XXXIX. von Arnstadt (1455—1531) verhinderte aber die officielle Einführung. Als 1529 die kursächsische Visitations-Commission an der Saale in Thätigkeit war, hatte Graf Günther XXXIX. gegen eine Ausdehnung des Visitationswerkes auf seine Lande protestirt. Erst sein Nachfolger, Graf Heinrich XXII. (1499—1538), liess 1533 eine Visitation vornehmen. Dieselbe erfolgte aber nicht durch die kursächsischen Visitatoren und nach der kursächsischen Instruktion, sondern durch eigens bestellte Visitatoren, nämlich den von Erfurt zu diesem Zwecke erbetenen Dr. Lange, den Pfarrer zu Liebringen Bonifacius Rempe, Lutz von Wollersleben, Amtmann zu Arnstadt, Johann Zwister, Kanzler in Arnstadt, und Christoph Zwister.

Die Visitation dauerte von Mai bis Juni 1533. Vgl. Burkhardt S. 154 ff.; G e b h a r d t 2, 132 ff. Das Original der Visitations-Akten befindet sich im Fürstl. Archiv zu Sondershausen (in einem Bande F 71/e), gleichzeitige Abschriften davon liegen im Fürstl. Archiv zu Rudolstadt, A. V, 4ª, Bl. 11 ff. Auszüge aus den Protokollen und moderne Abschriften finden sich in der Ministerial-Bibliothek Sondershausen, Schwarzburgica II, 48, S. 2 ff. und in der Grossherzoglichen Bibliothek zu Weimar in einem Quartbande, „Historica et geographica varii argu- menti", Q. 266, Bl. 117 ff.: „Collectanea ex veteri protocollo einer Kirchen-Visitation in der Obergrafschaft Schwarzburg anno 1533." Diese letzteren Auszüge stammen von der Hand des Schwarzburger Rathes und Historiographen Rühlmann. Die ebenda als abgeschrieben bezeichneten „Artikel den priestern von dorfern im amt Arnstadt furgehalten" waren nicht aufzufinden. Vielleicht sind sie identisch mit den unter 1533 publicirten Artikeln. Eine Copie hiervon steht in den Documenta Schwarzburg., Vol. III, p. 37—68 (Fürstl. Bibliothek Rudolstadt, A. VIII, 3 c, Nr. 1).

Aus dieser Visitation seien zwei Anordnungen der Visitatoren mitgetheilt. Nämlich erstens. „Visitation und ordnung" etc., aus dem Rudolstädter Archiv, a. a. O. Bl. 11—15 — das Sondershausener Archiv besitzt diese Verordnung nicht. Leider ist der Text der Rudolstädter Handschrift nicht ganz correct und vollständig. (**Nr. 23.**) Und zweitens die „Artikel den priestern von dorfern im amt Arnstadt furgehalten", welche zumeist in das Jahr 1539/40 ge- setzt werden, so auch im Fürstl. Archiv zu Rudolstadt, A. V, 4ᵃ, Bl. 84 ff., Ministerial-Bibl. Sondershausen, Schwarzburg II, 48, S. 116. An letzterem Orte ist aber das Richtige schon hervorgehoben. Inhaltlich können diese Artikel nur in die erste Visitation fallen; sie stimmen auch sachlich mit Nr. 23 völlig überein. Im Sondershausener Landesarchiv, welches das Originalprotokoll enthält, stehen sie auch richtig unter 1533. Wir drucken sie aus Sonders- hausen, a. a. O., F 71/e, Bl. 37ᵇ ab. (**Nr. 24.**)

Offenbar in diese Visitation fallen die „Artikel zu anfenglicher reformation in schulen, kirchen und ehesachen notwendig zu erwegen und schleunig zu verordnen", also Vorschläge zur Durchführung der Reformation. (Eine Abschrift davon findet sich im Rudolstädter Archiv, A. V, 4ᵃ, Bl. 32ᵃ — 39ᵇ.) Ich kann nicht genau feststellen, von wem sie ausgehen (wahrscheinlich von den Visitatoren), und ebenso wenig ob sie ausgeführt worden sind. Immerhin seien die wichtigsten erwähnt: Ein Consistorium ist einzurichten; dasselbe soll aus vier oder acht Personen, je zur Hälfte Theologen und politici, bestehen und alle Vierteljahre an einem noch zu bestimmenden Ort zusammentreten. Seine Competenz ist noch zu bestimmen. Seine Urtheile haben die Räthe und Amtleute zu vollstrecken. Superintendent und Coadjutor dürfen stets nur zusammen eine Sache verhören. Die Exekution steht beim Consistorium oder bei der Regierung. Die Schul- Ordnung ist zu verbessern. Die beiden Pfarren in Arnstadt sind zusammenzulegen, denn „viel hirten, ubel gehut". Der eine Diaconus ist überflüssig. (Folgen Vorschläge zur Ver- theilung der Kirchen und der Predigten in Arnstadt.)

II. Nach dem Tode des Grafen Heinrich XXII. von Arnstadt (1538) fiel das Land an seine Vettern in Sondershausen. Von diesen überlebte Günther XL. seine Brüder. Er ver- einigte unter seiner Regierung die ganze Grafschaft Blankenburg'scher Linie, bis auf die Herr- schaft Leutenberg, welche erst seinen Söhnen zufiel. (Über die Einführung der Reformation in dieser Herrschaft 1530 vgl. W a l t h e r , S. 10 ff.; G e b h a r d t , Thüring. Kirchengeschichte 2, 133.) Man gab ihm deshalb den Beinamen „der Reiche". Günther XL. regierte bis 1552. Er erklärte sich offen für die lutherische Lehre und führte dieselbe nunmehr auch in der schwarzburgischen Unterherrschaft ein. (Vgl. A p f e l s t e d t , S. 43 ff. Während Greussen, Frankenhausen schon früher der neuen Lehre zugethan waren, wurde Königssee dies erst durch das Vorgehen des Grafen Günther, das Domstift Jechaburg sogar erst 1572. G e b h a r d t , S. 143; W a l t h e r , S. 21.) Unter ihm wurden auch 1539 Visitationen vorgenommen.

Im Catalog des Ernestinischen Gesammtarchivs zu Weimar, Ji. Bl. 134 findet sich ein Aktenstück verzeichnet, welches verschiedene Urkunden aus der „Visitation der Herrschaft Schwarzburg" enthalten soll, nämlich 1. „Bevel an die visitatorn zu Duringen und Hermann vom Hoff, dass sie die visitation zu Arnstadt furnehmen sollen 1539"; 2. „Offener bevel an die vom adel in der herrschaft Schwarzburg der visitation halben 1539"; 3. „Bevel und schriften grafen Günthern von Schwarzburg der visitation halben in der herrschaft Arnstadt 1539", und endlich „Bevehlich an grafen Günthern von Schwarzburg, dass er der visitationordnung nach verhalten soll und den pfarrherrn, kirchen- und schuldiener zulage thun soll 1540". Dieses Aktenstück ist nach einem Randvermerk nach Gotha zu den Gleichischen Akten gekommen. Im Consistorial-Archiv zu Gotha aber war es nicht mehr aufzufinden; allerdings waren auch die Gleichischen Visitationsakten, die dort Loc. 19ᵃ, Nr. 1 sich finden sollten, nicht mehr vorhanden.

Im Jahre 1540, in der Pfingstwoche und später wurden das Amt Käfernburg, Arnstadt und das Stift Ilmen durch Dr. Benedikt Reinhardi, Kanzler, Dr. Johann Lange, Lutzen von Wüllersleben und Sigismund Witzleben visitirt. (Vgl. Fürstl. Archiv zu Rudolstadt, A. V, 4ᵃ, Bl. 84 ff.) Die Verhandlungen betreffen zumeist nur finanzielle Fragen. Auch die Visitation des Amtes Blankenburg (ebenda Bl. 117 ff.) enthält nur finanzielle Regelungen.

Da die Schwarzburg'schen Herrschaften sächsische Schutzgebiete waren, so beauftragte Herzog Moritz von Sachsen Anfang 1542 Hartmann Goldacker, Amtmann zu Salza, und Friedrich v. Hayn zu Altengottern mit Visitationshandlungen in den Gebieten der Grafen Schwarzburg, Stolberg und Hohnstein. In der Grafschaft Schwarzburg hielt man sich nicht, wie Moritz es wünschte, nach der Herzog Heinrich's-Agende. Die Visitatoren vermochten aber nicht viel zu erreichen, weshalb der Herzog am 18. April 1542 eine Verwarnung ergehen liess. Vgl. Georg Müller, in: Beiträge zur sächsischen Kirchengeschichte 9, 163 ff.; Dresden, H.St.A., Loc. 10599, „Visitationsakta der Kirchen und Schulen in Thüringen und Meissen betr."

Herzog Moritz hielt, wie bekannt, Gleichförmigkeit der Ceremonien für durchaus geboten (vgl. Bd. I unter Sachsen). Kein Wunder, dass er diese, wie in seinen Hauptlanden, so auch in den Schutzgebieten durchsetzen wollte. Vgl. wegen solcher Verhandlungen unter Hohnstein.

In die Zeit des Grafen Günther fallen auch die Interims-Verhandlungen. Hier liess sich der Graf von seinen Theologen ein Gutachten erstatten. Die schwarzburgischen Geistlichen vereinigten sich mit denen von Stolberg und Mansfeld zu Eisleben und dort wurde am 16. Jan. 1549 ein Schriftstück ausgearbeitet, welches die Punkte aufzählt, in denen die Theilnehmer glaubten nachgeben oder nicht nachgeben zu können. Dieses Aktenstück befindet sich im Herzogl. Staatsarchiv zu Zerbst, zu V, 209ᵇ, 9ᵃ; für Schwarzburg angepasst in Rudolstadt, Fürstl. Archiv A. V, 4ᵃ, Bl. 4—27ᵇ. Nachdem die katholischen Missbräuche und Irrlehren aufgezählt, heisst es: „Dieweil unter allen eusserlichen gaben gottes keine grössere ist, als frieden und Jesus selbs sagt, selig seind die friedfertigen, den sie sollen gottes kinder heissen, so sind auch die theologen zu nichts mehr denn zum frieden geneigt, begeren und bitten denselben alle zeit von got durch Christum seinen lieben son, erbieten sich auch ein jeder gegen seiner von got geordenten obrikeit und sie alle gegen kaiserl. maj. mit lere und ceremonien zu halten, was mit gutem gewissen immer geschehen kann und dieweil sie von ihren herren erfordert sein anzuzeigen, wie es bishero in ihrer g. herrschaft in kirchen gehalten und welcher gestalt wiederum mochten aufgerichtet werden, so ist dies aufs einfeltigst in aller unterthenigkeit ihr bericht." (Folgen Auseinandersetzungen über Rechtfertigung durch den Glauben, von Gewalt und Autorität der Kirche, von Kirchendienern, von der Taufe, vom Sakrament des Abendmahls, von Behandlung der Kranken und Sterbenden, von Ordinirung der Kirchendiener, vom Ehestande, von der Messe, von Bildern, von Gesängen, von Feiertagen, vom Fleischessen.)

Im Verfolge dieser Verhandlungen liessen die Grafen von Schwarzburg und Stolberg auf einem Convente der Pfarrer 1549 eine Ordnung zusammenstellen, „Ordenung der religion wie es in den grafschaften Schwarzburg und Stolberg soll gehalten werden". Sie findet sich in Abschrift im Fürstlichen Archive zu Rudolstadt, A. V, 4ᵃ, Bl. 27ᵇ—32ᵃ, und wird darnach hier abgedruckt. (Nr. 25.) Vgl. Fortgesetzte Samml. 1724, p. 379, Num. 313. Dortselbst wird bemerkt, dass in Lyncker's Repons. s. Consil. Resp. 146, § 20, p. 993, § 46, p. 996 und mehr angeführt werde „D. Leucker's Concept der Schwarzburgischen Kirchen-Ordnung von etlichen Capiteln". Was es damit für eine Bewandtniss hat, konnte ich nicht ermitteln.

Die Zeit des Interims wurde glücklich überwunden. In Schwarzburg-Rudolstadt war es Gräfin Katharina, Wittwe des Grafen Heinrich (deren energisches Auftreten gegen Herzog Alba bekannt ist; vgl. Hesse, Katharina die Heldenmüthige, in: Neue Mittheilungen aus dem Gebiete historisch-antiquarischer Forschungen [Thüring.-Sächs. Verein] 10 [Halle 1863] S. 111 ff.), welche den neuen Cultus aufrecht erhielt, auch nach dem Interim nur einige alte Bräuche wiederherstellte (Gebhardt, a. a. O. 1, 162, 166).

III. Graf Günther starb 1552. Nach dem Tode seines ältesten Sohnes, Günther's des Streitbaren, 1584 theilten sich die jüngeren Söhne, Johann Günther I., Wilhelm und Albrecht VII. in das Land. Wilhelm starb 1597 kinderlos. Johann Günther gründete die sondershausensche und Albrecht VII. die rudolstädtische Linie. Die sondershausensche oder arnstädtische Linie theilte sich später wieder in mehrere Linien.

In diese Periode fällt der Ausbau der Kirche. So wurden 1552 in Rudolstadt eine Superintendentur und ein Consistorium eingerichtet und seit 1552 dortselbst theologische Prüfungen abgehalten (Gebhardt 2, 201). Auch in Arnstadt und Sondershausen waren Consistorien errichtet worden (vgl. Apfelstedt, Heimathskunde. Sondershausen 1854. 2, 85). Genaueres vermochte ich darüber nicht zu ermitteln. Die im Sondershausener Landesarchiv erhaltenen zahlreichen Consistorialakten fallen sämmtlich in das 17. Jahrhundert.

Insbesondere sind aber mehrere Visitationen hervorzuheben. Wie uns die Agenda Schwarzburgica (Arnstadt 1675) in der Vorrede erzählt, fanden solche in den Jahren 1553, 1575, 1587 und 1618 statt. Sie berichtet weiter, dass 1555 Dr. Zipser, Superintendent zu Arnstadt, eine Schrift von Ordnung und Process solcher Visitationen veröffentlicht habe. Eine im Jahre 1717 genommene und beglaubigte Abschrift dieser Schrift findet sich im Fürstl. Landesarchiv Sondershausen, im Akt „Die Kirchen- und Schul-Visitation der Unterherrschaft Schwarzburg, anno 1556". Sie führt den Titel „Ordnung und process einer christlichen visitation für die christlichen kirchen und pfarrherrn der edlen, wolgebornen grafen zu Schwarzburg u. s. w. in sechs kurzen unterscheid begriffen, gestellet durch Nicolaum Herco Zipser D., pfarrherrn und superintendent zu Arnstadt. 1555".

Ähnliche Zwecke verfolgt ein nicht datirter und nicht näher bezeichneter Aufsatz im Sondershausener Landes-Archiv, Akt „Kirchen- und Schul-Visitationen betr." Er enthält eine „Forma, wie eine localis visitatio furzunemen, gestellet aus gnedigem befehl des herrn etc., hern Günthers, der viergrafen des reichs, grafen zu Schwarzburg u. s. w. uf ihrer gnaden verbesserung". In kleinerem Format sind Fragebogen für die Visitationen beigefügt, die in die üblichen drei Capiteln (Fragen an Pfarrherrn, Kirchner und Gemeinden) eingetheilt und sehr eingehend und instruktiv sind.

Ob dieser Entwurf publicirt wurde, steht dahin. Vielleicht ist er eine Vorarbeit Zipser's, der sich überhaupt um Lokal-Visitationen und Synodi stark bemühte. Aber Eines ergiebt sich auch noch nach dem heutigen Stande der Archive: dass neben grossen Landes-Visitationen auch Lokal-Visitationen der Superintendenten und Synodi derselben zu Visitationszwecken vorgenommen wurden. Man sieht, nach berühmtem sächsischem Vorbilde (vgl. Bd. I S. 70 ff.) kam der ganze Visitations-Apparat auch im Schwarzburgischen in Bewegung.

Überhaupt liessen sich die Landesherren das Visitationswesen besonders angelegen sein. Ausser den in der Agende von 1675 genannten Visitationen finden wir weitere von Archivalien bezeugte Visitationen. So schreibt in einem im Sondershausener Landesarchiv im Original erhaltenen Briefe von 1568 Hans Günther an seinen Bruder Albrecht: Er habe den „Dr. Hercken" abgesandt, damit er in der Unterherrschaft visitire. Albrecht möge ihm noch einige Räthe zuordnen und dafür sorgen, dass die Visitation ungehindert durch einige Adlige, besonders in Almenhausen und Schlochheim, von statten gehen könne. Er möge sich auch nicht durch Winkelzüge Bruder Wilhelm's aufhalten lassen. Namentlich solle er darauf sehen, dass die Lehre der Mansfeld'schen und Nordhausener Prädikanten nicht einreisse.

Von Lokal-Visitationen und Synoden des Superintendenten Dr. Nicolaus Herco Zipser hören wir ebenfalls. So liegen im Sondershausener Archiv: „Acta betreffend den gehaltenen Synodus oder vielmehr Visitation zu Frankenhausen, so von dem Superintendenten zu Arnstadt D. Nicolao Herco 1560 angesetzt", auf welchem Synodus alle Kirchen- und Schuldiener dieser Superintendenz erschienen.

Die Pfarrer der Unterherrschaft beschwerten sich in einem im Original im Fürstl. Landesarchiv zu Sondershausen erhaltenen Schreiben an die Gräfin Katharina, von Mittwoch nach Egidii (d. i. den 4. September) 1560 über den ihnen zum Superintendenten Bestellten. Sie hätten zwar den Befehl zur demnächst stattfindenden Visitation wohl vernommen, bäten aber, dass der Superintendent angewiesen würde, ihnen in den Punkten, in denen er von Gottes Wort abwiche, besonders in Bezug auf die Behandlung der wucherischen Contracte, nichts zuzumuthen, was gegen ihr Gewissen ginge. Dieses interessante Schreiben ist unterfertigt von Bartholomäus Gernhart zu Rudolstadt, Andreas Brother, Hofprediger zu Rudolstadt, Simon Apelles, Diakon zu Rudolstadt, Liborius Ulrich, Subdiakon zu Rudolstadt, sodann von den Pfarrern zu Tuchel, Teichroda, Kirchhasel, Eigenfels, Blankenburg, Schwarza, Braunsdorf, Dollendorf, Knittelsdorf, Legerheim.

Besser sind wir unterrichtet über die Visitationen von 1553 ff., 1575, 1587. Die Akten dieser Visitationen von 1553 ff., 1575 und 1587 befinden sich im Fürstl. Archive zu Sondershausen, in Abschrift auch im Fürstl. Archive zu Rudolstadt, A.V, 4ᵃ, und es sei Folgendes hieraus für unsere Zwecke entnommen.

Die Visitation von 1553 scheint sich vorwiegend auf finanzielle Verhältnisse der Gemeinden bezogen zu haben. So finden wir in Sondershausen, Landesarchiv F. 71/2 (auch in Rudolstadt, Fürstl. Archiv A. V, 4ᵃ, Bl. 123 ff.) eine Vorstellung vom „Bürgermeister, samt dreien rethen und ganzer gemein der stadt Ilmen", betr. Pfarr-, Kirchen- und Schulen-Empter-Bestellung, d. d. Dienstags nach Reminiscere (d. i. den 20. Februar) 1554, ferner in Sondershausen, Landesarchiv F. 71/2, und in Rudolstadt, Fürstl. Archiv A. V, 4ᵃ, Bl. 149 ff., eine „Visitations-Verordnung und Abschied wegen Erhaltung der Kirchen-, Pfarr- und Schul-Gebäude anno 1555" [beide Urkunden in moderner Abschrift in Ministerial-Bibliothek Sondershausen, II, 48, S. 134, 148 ff.]. Aus letzterer Ordnung theile ich Folgendes mit: Die Visitatoren haben die Zustände der Gebäude zu untersuchen. Nach ihnen werden noch zwei weltliche Exekutoren für jeden Landkreis durch den Landesherrn und die Landstände verordnet werden, „die auch solches zu verschaffen und zu verfolgen haben". In erster Linie sind die Pfarrleute jedes Spiels baupflichtig. Subsidiär sind die Mittel zu entnehmen „aus der pfarren und gemeinen kasten besunder einkommen oder der pfarren und gemeinen kirchspiels zugehörig geholz". Reicht auch dieses nicht aus, so sollen die Sequestratores „nach gelegenheit zu bedenken und zu suchen, damit ein notdurftig und ziemlich mithulf am gelde, an der geistlichen hinderlegung desselbigen landkreis, auf ihren entpfangenen bericht durch die bevelhaber auf gute rechnung verordnet und verschafft" werde. Die kleineren Baufälle, „zuvellige notdurft und die gemeine besserung" hat aber in Zukunft jeder Pfarrer selbst zu tragen.

Die Bedeutung der Visitation von 1575 erhellt am deutlichsten aus der Instruktion für die Visitatoren, wie sie für das Amt Rudolstadt unter dem 10. Januar 1575 ertheilt wurde. Dieselbe soll hier nach der gleichzeitigen Abschrift im Sondershausener Archiv P. 71/2 und im Rudolstädter Archive A. V, 4ᵃ, wiedergegeben werden. [Moderne Abschrift in der Ministerial-Bibliothek Sondershausen II, 48, Bl. 163 ff.] (Nr. 26.)

Bei Gelegenheit dieser Visitation wurde auch eine lateinische Schul-Ordnung für Rudolstadt überreicht, welche aus dem Sondershausener und dem Rudolstädter Archive hier abgedruckt werden soll. [Moderne Abschrift in der Ministerial-Bibliothek Sondershausen II, 48, Bl. 168.]

(Nr. 27.) Ein „Ordo Blanckebergensis scholae, quam brevissime comprehensus" (Sondershausen, Regierungsarchiv F. 71/2, Rudolstadt, Archiv, A. V, 4ª, Bl. 1—4) gehört wohl auch in diesen Rahmen, wird aber nicht abgedruckt.

Sehr beachtenswerth ist auch ein „Verzeichnis etzlicher beschwernuss articul und vorbrachter klagepunkte, welche sich in vorstehender visitation alhier in der stadt Sondershausen befunden und unserm gnädigen herrn darin geburlichen einsehen zu haben, vorgetragen werden sollen", wohl ein Bericht der Visitatoren an den Landesherrn. Es wird hier geklagt über Bettlerunwesen, über die Höhe des Schulgeldes, Noth im Spital, schlechte Besoldung der Schullehrer, über Sünder in der Gemeinde (Einer ist des Flacianismus verdächtig, ein Anderer hat sich „öffentlich verehelicht, will seine frau nicht zur kirche fuhren", „ein vater hat seine tochter offentlich verlobt, will sie nun nicht zur frau geben"). [Vgl. die Akten im Sondershausener Archiv F. 71/2 und in Rudolstadt a. a. O.]

Ehe wir zur grossen Visitation von 1587 übergehen, müssen wir noch einer kleinen Agende gedenken, welche im Jahre 1574 für die Oberherrschaft erlassen wurde: „Kirchenordnung wie dieselbe in Ober-Schwarzburgischer herrschaft mit ceremoniis in stedten und dorfern eintrechtig gehalten werden". Dieselbe liegt, von einer Hand des 16. Jahrhunderts geschrieben, im Fürstl. Landesarchiv Sondershausen F. 643, 6 Lagen, 12 Blätter, erste Lage Umschlag, von welchem das erste Blatt auf der Aussenseite die gleichzeitige Aufschrift trägt „Kirchenordnung anno 1574" und auf der inneren Seite das Inhaltsverzeichniss enthält. Eine moderne Abschrift in der Ministerial-Bibliothek Sondershausen, Schwarzburg. II, 45ª. Die Ordnung gelangt hier erstmalig nach Sondershausen F. 643 zum Abdruck. (Nr. 28.)

In der sogleich zu nennenden Visitation von 1587 wird auf diese Agende von 1574 Bezug genommen.

Von besonderer Bedeutung war die grosse Visitation von 1587. Es findet sich ein umfangreiches „Bedenken auf was form und weise eine visitation anzustellen anno 1587" in dem Rudolstädter Archiv, A. V, 4ª, Bl. 181—220, auch (sehr schön geschrieben) im Sondershausener Archiv, Schwarzburg. Visitationsakten 1587, Bl. 1 ff. [Moderne Abschrift in der Ministerial-Bibliothek Sondershausen II, 48, Bl. 171 ff.] Es ist nicht ersichtlich, von wem dieses Gutachten herrührt. Dasselbe giebt die leitenden Grundgedanken der folgenden Visitation an und gewährt auch einen guten Einblick in die herrschenden kirchlichen Zustände. Daher sei eine kurze Inhaltsangabe gestattet. Die Visitation hat sich zu erstrecken: auf reine Lehre, auf Sonntagsheiligung, auf Unterdrückung von Zauberei und Wahrsagerei, auf die Dauer der Predigt, darauf, ob der Prediger die Predigt aus dem Buche oderdem Concept ablese, ob er die Sakramente und Ceremonien „der kirchenordnung dieser herrschaft ebenmächtig" halte, „ob er in der kirche oder zu hause beicht sitze, mehr dan eine person auf einmal absolvire", „ob er aus eigener erkenntnis und vorsatz ohne bevehl seines inspectoris jemanden die absolution und heilige abendmal versage"; auf Sorge für das Einkommen, für die Schulen (ob diese der Visitations-Ordnung Herzog Heinrich's von Sachsen und der Kirchen- und Schul-Ordnung Kurfürst August's gemäss eingerichtet sind; folgt eine Ordnung des Schulwesens); der Figuralgesang soll eingeschränkt werden, „damit der gemeine mann auch diesfalls in seiner andacht nicht gehindert werde" u. s. w.

Zu Visitatoren wurden von den Vormündern der Kinder des Grafen Hans Günther, den Gebrüdern Grafen Johann Antonius zu Oldenburg und Delmenhorst, Herrn zu Jever u. s. w. bestellt: der Superintendent und Pfarrer in Arnstadt, Josua Loner; Andreas Hunolt, Pfarrer zu Sondershausen; Bastian von Germar, Hauptmann; Jobst von Heiligen; Dr. Daniel Gutentheter, Kanzler; M. Johann Börner; Christoph Kirchberger. Vgl. die Vollmacht vom 15. Juli 1587 in dem Rudolstädter Archiv, a. a. O. Bl. 220 ff., auch in Sondershausen, a. a. O.

Aus dieser Visitation ist hervorzuheben eine Ordnung der Fest- und Feiertage, auf die auch in dem sogleich zu nennenden Abschiede unter XV Bezug genommen wird. Dieselbe wird aus dem Rudolstädter Archive, Bl. 226—229ᵃ und dem Sondershausener Landesarchiv, Schwarzburgische Visitationsakten 1587 hier erstmalig abgedruckt. **(Nr. 29.)**

Zum Schlusse der Sondershausen'schen Visitation in der oberen und unteren Grafschaft von 1587 wurde ein Abschied publicirt: „Folgen etliche punkte deren man sich endlich einmütiglich mit gehabter deliberation verglichen." [Auch in Sondershausen, Landesarchiv, Acta visit. 1587 am Schluss.]

Diese Vergleichung betrifft zumeist finanzielle Punkte. Hervorgehoben seien folgende Anordnungen:

XIII. Wittwen erhalten das Sterbe-Quartal.

XIV. Für die folgende Zeit wollen dann die Pastores freiwillig etwas den Wittwen geben. Die Visitatoren hoffen, auch der Fürst werde mit der Zeit etwas darbei thun.

XV. Ordnung der Feiertage. (S. die vorstehend erwähnte Ordnung.)

XVI. Behandlung der bussfertigen sünder, und öffentlich abbitte derselben, „wen sie die weltliche oberkeit leiden kann". „Forma deprecationis der ergerlichen und strafwürdigen personen, so mit ehebruch, todtschlag und anderen grossen lastern befleckt seind" (Bl. 246—252, a. a. O.; die weltliche Strafe geht vorher), und die „andere form auf leidenlichere imbezillitäten und verbrechungen gestellt und zu gebrauchen" (Bl. 252—254).

XVII. Gemeines Gebet für die gnädige Herrschaft. Nachdem der Stände des Reiches im gemeinen Gebet gedacht, folgt die besondere Fürbitte für „Die vier grafen des reiches, grafen zu Schwarzburg, gebrüdern, fürnemlich aber für unsere gnädigen jungen herrn und fräulein und deren vormundschaft."

XIX. Kleinere Baufälle (z. B. Schäden an den Dächern) trägt zu ¹/₃ der Pfarrer, zu ²/₃ die Gemeinde. Für das Ausbessern der Öfen, Fenster u. s. w. soll ein jeder Pfarrer einen halben Gulden „bessern helfen."

XX. Jeder anzustellende Pfarrer soll vorher vom Superintendenten oder decano examinirt werden.

XXI. Jeder Pfarrer hat sich durch einen Revers auf die Augsburgische Confession und die Concordienformel zu verpflichten.

XXII. Überall sind Geburts-, Heiraths- und Sterbe-Register zu führen.

XXIII. Hochzeiten sollen am Montag angefangen werden.

XXIV. Es soll nichts gedruckt werden, es sei denn zuvorhin dem Superintendenten präsentirt und von ihm approbirt.

Die Ordnung von 1587 ist erweitert in die Agende von 1618 übergegangen. Vgl. die Einleitung der von Günther, Anton Heinrich, Hans Günther und Christian Günther vom 23. Januar 1618 zu Sondershausen erlassenen neuen Agende. [Handschrift im Fürstl. Landesarchiv Sondershausen F. 643, Ministerial-Bibliothek Sondershausen, Schwarzburg. II, 45ᵇ, in moderner Abschrift Ministerial-Bibliothek II, 45ᶜ.] Diese Agende handelt namentlich von Sabbathfeier und Feier der hohen Festtage. Die Sonntagsheiligung bildet überhaupt ein Capitel, welches den Schwarzburger Fürsten, nach vielen Ordnungen des 17. Jahrhunderts zu schliessen, besonders am Herzen gelegen haben muss. Ausserdem sind es Verordnungen gegen den Luxus bei Hochzeiten und Taufen, sowie Kirchstuhl-Ordnungen, mit denen sich die Landesherrn im 17. Jahrhundert in zahlreichen, (im Landesarchiv und der Ministerial-Bibliothek zu Sondershausen erhaltenen) Erlassen beschäftigten.

Solche Hochzeits-Ordnungen finden wir aber auch schon im 16. Jahrhundert. So erliess Hans Günther zu Schwarzburg am 6. Januar 1578 zu Sondershausen eine Ordnung der Hochzeiten (Landesarchiv zu Sondershausen F. 643). Eine Ordnung der Wirthschaften bei Hochzeiten und Kindtaufen erliess der Rath von Greussen 1597 und der Landesherr konfirmirte sie. (Landesarchiv Sondershausen F. 643.) Diese Ordnungen haben rein luxuspolizeilichen Charakter.

Zum Schlusse mag noch erwähnt sein, dass Herzog Friedrich Wilhelm zu Sachsen, als Administrator von Kursachsen, seine grosse Visitation von 1592 (die wir in Bd. I S. 138 ff. geschildert haben) auch auf die schwarzburgischen Lande ausdehnte. Die darauf bezüglichen Ausschreiben und Akten sind im Fürstl. Landesarchiv zu Sondershausen erhalten.

23. Ordnung der Visitatoren. 1533.

[Aus dem Fürstl. Archiv Rudolstadt, A. V, 4ᵃ, Bl. 11 ff.]

Visitatio und ordnung der pfarhern, wie sie hinfüro ihr pfarvolk christlich regiren und sich selbst auch halten soln, zusamt dem vorzeichnus, was eine ide pfarr einkommens hat, geschehn im jahr tausend fünfhundert und drei und dreissig durch doctorem Johannem Lange, ministerii Erfurt. seniorem vormals augustiner münch etc. Lotz von Wollersleben, amptmann zu Arnstadt, Johann Zwister daselbst, canzler, Bonifacius Remp, Christoph Zwister.

Erstlich

Sollen die pfarhern keine menschen alt adder junge zum sacrament zulassen ane vorhorunge des abents zuvor oder aber des morgens, so es ursache hette, ohn besondere absolution und desselbige sal in der kirchen gescheen, zum heiligen sacrament des leibs und bluts unsers heilants Christi unserer auspurgischen confession nach art. XI und art. XXV.

Pars ander,

Sollen die pfarhern mit grossem vleiss anhalten den catechismum adder kinderlehre zu treiben und einzublauen, nicht allein beider jugent, die den namen haben soll, sondern auch den alten zu gute, die noch fern von ihrn zehn gepoten, ihrm glauben und vater unser seint, nemlichen, im rechten vorstand, so doch von vielen nachgelassen adder selten gepredigt ist wurden, derwegen auch unser gnediger herre vorschaffen hat, das man unter solcher zeit des catechismi allenthaben in der [Abschrift unvollständig und überhaupt ungenau].

Zum dritten,

Es sollen auch die pfarhern, so sie in der gemeine das ampt adder testament Christi halten, messgewand, in teufen aber, predigen und begraben chorrocks als ehrlicher und unbeschwerlicher ceremonien, von erbarkeit wegen gebrauchen.

Zum vierden,

Es sollen auch die pfarher bei den kranken, so sie wollen des leibs und bluts des hern geniessen, ein tisch ehrlich bedecken, lichte anzünden, ein chorrock anlegen, ein vormanung thun, und das heilige sakrament mit grosser reverenz handeln und die reliquias des kelchs nicht zu grossem ergerniss hinweck schenken.

Zum fünften,

Es sollen sich auch die pfarher allenthalben in ceremoniis im teufen und abentmal des heren halten, wie es im chur und furstenthum zu Sachsen im brauch ist und in buchern verordnet.

Zum sechsten,

Es sollen auch die pfarhern die feiertage adder feste, wie im chur und furstenthumb zu Sachsen gehalten werden, begehen mit predigen, und testament halten, als nemlich wie gemachten, Sanct Stefans und Sanct Johannistag, den neuen jarstag Epiphanie, charfreitag vor essens, ostern mit den negst volgende tage, himelfart Christi, pfingsten, mit dem negst volgende tage, die feste purificationis, annunciationis, visitationis, so in der schrift gegründet, das fest Johannis Baptiste, alle sonntage, aller aposteln tage samt Michaelistag.

24. Visitations-Artikel von 1533.

[Aus den Fürstl. Archiven zu Sondershausen F. 71/⁰, und Rudolstadt, A. V, 4ᵃ, Bl. 84 ff., verglichen mit Ministerial-Bibliothek Sondershausen II, 48, S. 116.]

Artikel den pristern von dorfern im ampt Arnstadt furgehalten.

1. Das sie sollen das heilige evangelium lauter und rein furtragen und predigen und allein auf Christum weisen.

2. Das sie sollen den catechismum oder kinder lere anheben und fleissig treiben.

3. Die kinder deutsch, gleichformig und

mit andacht teufen, die beistehende zum gebet vermanen.

4. Sie sollen das hochwirdige sacrament, den leib und blut unsers herrn Christ nimand in einer gestalt und stuckweis, sondern nach der einsatzung unsers hern Christus unter beider gestalt reichen.

5. Zum hochwirdigen sacrament sollen sie

nimand zulassen, oder imanden reichen, sie haben denn seinen glauben und verstand gehöret und ihm die absolution mitgeteilet.

6. Die beicht sollen sie nicht abgehen lassen, sondern als notdorftig erhalten, nicht aber auf papistische weise, sondern wie im catechismo angezeigt.

7. Den canonem majorem und minorem in der messen wollen sie nicht lesen, sondern ganz abthun.

Der gesenge salve regina, regina celi, königin in den himmel sollen sie sich in der kirchen enthalten, die weil sie der schrift nicht gemess und lesterlich sein.

9. Es soll kein priester irget ein unzüchtige, verdechtige person, oder kochin bei sich haben, sondern dieselbige oder ein andere ledige inwendig sechs wochen zur ee nehmen, so er ohn weib nicht sein wil adder kan, bei straf unseres gnedigen herrn und verlirung seiner pfar.

10. Es soll auch kein pfarher das heilige sacrament reichen imanden, so in ehbruch oder unzüchtigem leben liegt, bis er das abstelle.

11. Es sollen die pfarhern und priester nicht allein sich vordechtiger ceremonien enthalten, sondern auch alles anhangs und zugangs berüchtigter personen, bei ernster straf unseres gnedigen herrn.

12. Man soll braut und breutigam, so wirtschaft vorhanden, auf den ersten abend copuliren und zusamen geben, und nicht bis auf den morgen vorziehen.

13. Es sollen sich die priester der tabern und schenken enthalten, nicht sich mit den bauern zu halben und ganzen vol trinken, dadurch sie und das heilige evangelium verachtet werden.

14. Desgleichen sollen sich die priester alles leichtfertigs spielen unter den leuten messigen und enthalten bei straf von unserm gnedigen hern.

15. Auch sollen die pfarherrn zun teufeten und begrebnus do zu essen trinken und setzen nicht gehen, sie wurden den sonderlich dazu gebeten oder gefordert, den leuten zu beschwerung.

16. Es soll der pfarer das volk alt und jung oft und fleissig vermanen, das sie wollen das heilige sacrament des leibs und bluts entpfahen im jar ein mal, zween oder wens ihm not, so aber imand sich davon entzihen und als unchristlich dahingehen wurde, dem wird man in seiner krankheit und letzten ende dasselbig versagen und straf gewertig sein.

17. Die pfarhern sollen auch, wan sie zu kranken gehen und sie mit dem sacrament des leibs und bluts Christi versehen wollen, brot und wein mit ihn zum kranken nehmen, desgleichen einen kilch und im haus für den kranken wein und brot mit den offentlichen worten Christi zu teutsch consecriren und das sacrament aufs allererwirdigst handeln, mit gedecktem tisch und licht darauf.

---

25. Ordenunge der religion, wie es in grafschaften Schwarzpurg und Stalberg sall gehalten werden. 1549.

[Nach dem Fürstl. Archiv zu Rudolstadt, A. V, 4, Bl. 27 b ff.]

Von der predigte und lare.

Es sollen die pfarhern und prediger ob allen dingen das heilige evangelium nach inhalt und vormöge gottlicher schrift treulich und vleissig predigen und leren, das volk zun glauben, gottlicher liebe und forcht, zu gehorsam der oberkeit, liebe des nechsten und aller gottseligkeit vormanen, sünde, laster, und boshait strafen, und sich ungeburliches schentens und scheltens enthalten.

Auf die sonntag und festa sie zweie predigen, vormittage das gewonliche evangelium, nach mittage den catechismum ader die epistel.

In den steten sollen sie die wochen zwene tage als mitwochen und freitag, zum wenigsten einen tag auch predigen, und mag der prediger darzu etwas aus der schrift für sich nemen, dadurch das volk zur besserunge gereizet werde.

Vom reichunge der sacrament.

Erstlich sollen die pfarhern das heilige sacrament des waren leibs und bluts Christi in beider gestalt, nach des herrn einsetzunge ministriren reichen und geben, und in deutzer sprach taufen, damit das volk mit sovil grosser andacht derselbigen geniessen, entpfahe, und dabei vorharre.

Von ceremonien und kirchen-ordnungen.

Erstlich wie es auf die feiertage soll gehalten werden. In steten, da schulen sein soll, auf ein sonntag ein metten des morgens mit drei psalmen, lection aus der biblien und responsorien, darauf singen das te deum laudamus deutsch ader lateinisch, ader den simbolum Athanasi quicumque vult salvus etc., und darauf das benedictus mit einer antiphon, und mit einer deutschen collecten gewonlich beschliessen. Alzo das das alles aus den heiligen schrift sein ader selbigen gemess. Ordenunge des ampts der messe. Erstlich soll man lateinisch singen introitum, kyrieleison, gloria in excelsis, et in terra, darnach soll der priester die collecten deutsch lesen und beschliessen durch Jesum Christum, darauf antworten amen, darnach die epistola lateinisch lesen und darnach sich zu volk keren und deutsch sagen, nach der epistel das gradual, agnus, die der schrift nicht zuwider, ader wen nit schuler sein, mach man singen ein deutschen leisen. Folget darauf das evangelium, welchs der priester lateinisch lesen mag, weil man das auf deutsch prediget. Auf das evangelium soll man singen: Credo in unum deum, das symbolum zu deutsch: Wir glauben.

Darnach volget die gewonliche predigte. Nach der predigte soll der pfarher das volk zu gemeinem gebet aufs vleissigste vermanen vor alle stend der cristenheit und allerlei notturft, auch die so communiciren wollen, erinnern, das sie das sacrament in erkentnis irer stünde und zu sterke irens glaubens und besserung ires lebens, auf das sie dasselbige nit nehmen zun gericht zur ewigene vordammung. Auch sollen die pfarhern aufsehunge haben, domit sie nimants ungebeicht oder onvörhort lassen zugehen.

Darnach singt der pfarher prefacion, die findt man in der deutsch kirchen ampt etc. — Item nach der predigte mach man singen: Gott der wan uns bei, ader: Es walt uns gott gnedig etc., ader: Lasst uns nu alle dank sagen.

Nach der prefacion singt der chor sanctus ader volk: Esaiam den propheten. Darnach singt der pfarher die wort des nachtmahls andechtig nemlich: Unser herr etc.

Nach der elevacio singt der pfarher das vater unser, nemlich dieser gestalt: Lasst uns beten, als in der deutschen kirche ampt stedt. Wan nicht schuler sein, mach das valch selbs singen das vater unser, darnach geschicht di communio des volk etc. — Mach das volk singen: Gott sei gelobet und gebenedeit. Ader ander schone gesang.

Hirauf beschliesse der priester mit einer oder zwen deutschen collecten und gebe dem volk den segen, numeri: der herre gebenedeie dich und behüte dich, der herr erleucht sein angesicht uber dich und sei dir genedig, der herr hebe sein angesicht auf dich und gebe dir den fried. Solche ordenunge der messe soll man halten, da man communicanten hat, sunst da man nicht communication hat, macht der introitus et in terra, wo schuler das deutsche collecten, die epistola deutsche, darnach eine deutschen leisen singen und das evangelium. Nach dem evang.: Wir glauben etc. Finito sermone singt man te deum laudamus,

ader die letanei, ader sunst eine gute leison, darauf mit der collecten und segen ut sup. beschliessen.

Von der vesper.

Zu der vesper soll man halten gewonliche psalm, und rechtschaffene hymnos, und an stat des capitels, so volk vorhanden, mag man vor sich nemen aus der epistel, aber etwas anders aus dem alten oder neuen testament deutsch lesen, darnach ein versikel aus der schrift und ein antiphon, darauf singen magnificat zu zeiten lateinisch ader deutsch, darauf die antiphon und mit einer collecten beschliessen. Auf den dorfern, do keine schulen sein, kan man nicht so vill lateinisch singen, der halben mag man so vil mer deutscher leisen anrichten.

Von vortraunge der person, so zu der ehe greifen.

Es sollen keine person zusamme gegeben werden, sie sein dan zuvor in offentliche predige aufgeboten, damit sie nit zusamme gegeben werden in vorbotenen graden. Es soll dem volk angezeit werden von der canzel, das sich die kinder an wissen und willen irer eltern nit heimlich vorloben sollen, und die solchs theten, sollen nicht zusamme gegeben noch vor ehliche gehalten werden.

Von dem begrebnus.

Do man die vorstorbene zur der erden bestettet, soll man vor den haus anheben die antiphona media vita, und das benedictus, nach dem benedictus media vita ganz singen kyrieleison, christe eleison, kyrie-leison, pater noster, mit einer lateinischen ader deutschen collecten beschliessen. Darnach hebt der pfarher ader schulmeister: Aus tiefer not bis zu den precibus singen. Darnach: Miten wir im leben sin.

Wan man in die kirchen geht, hebt man an mit frid und freud etc. mit einer collecta, die in der agende steht etc., darauf soll der pfarher eine kurze erinnerung thun von der kurze des menschen lebens, unser harn des todes, von der auferstehung oder von den jungsten gericht, damit das volk zu gottlicher forcht und besserunge des lebens gereizet werde etc.

26. Form und mass der visitation im ampt Rudelstadt anno Christi 1575 den 10. januarii.

[Nach dem Fürstl. Regierungsarchiv Sondershausen F. 71/2 und dem Fürstl. Archiv zu Rudolstadt, A. V, 4ª.]

Des wohlgebornen und edlen instructio und versiegelte volmacht.

I.

Vollkomm commission, und instruction, von dem wohlgebornen edlen herrn, herrn Alberto

grafen zu Schwarzburg den visitatoribus (den kirchen gebrechen dieses ampts nach hochsten treuen und vermögen abzuhelfen und was kirchen und schulen erbaulich und nutzlich ist, anzuordnen gegeben und bekreftigt.

II.

Was für personen zur visitation deputiert sein sollen. Der superintendens, zween aus den greflichen rethen, der pfarrer zu Rudelstatt und des amts schösser, ein schreiber.

III.

Wer zur visitation vorbeschieden sol werden? In stedten die kirchen und schuldiener, der rath, die vorsteher des gemeinen kastens, altarleute, und die viermenner aus der gemeine, welche von den mengeln der kirchen und schulen, sonderlich und semptlich, auf ihre pflichten die warheit auszusagen, sollen befragt werden.

Auf den dörfern sollen vorbeschieden werden der pfarrer, schulmeister, kirchner, altarleute, heimburge, und die vier eltisten aus der gemeinde. Hierüber sollen auch diejenigen in stetten und dorfern erfordert werden, wider die der pfarrer und rath in kirchen und geistlichen sachen zu klagen und fur zubringen haben, als do etliche in der burgerschaft und gemeinden weren, die in offentlichen sunden lebten als gottes lesterer verseum und verechter gottliches worts, und der heiligen sacrament, oder lebten in offentlichen sunden, gottes gebot zuwider, welche die pastores zuvorn etlich mal ermanet, und doch von sunden nicht abstehen, noch sich bessern wollen, sollen alsbald durch die bevehlhaber fur die visitatores gestellt werden.

IIII.

Artikel und interrogatoria solcher visitation.

1. Ob das heilige gottes wort bei ihnen nach der propheten und aposteln schriften nach dem symboln, augspurgischen confession, apologia, schmalkaldischen artikeln und Lutheri schriften, reine und unvorfalscht geleret und gepredigt werde.

2. Ob die hochwirdigen sacramenta, wie sie Christus unser herr eingesetzt und zu gebrauchen bevoln gelert, gehandelt und gebraucht werden.

3. Ob der catechismus in kirchen und schulen auch vleissig und recht getrieben und die kinder lehr wochentlich gehalten werde.

4. Ob in ceremoniis, wie dieselbe in schwarzburgischer herschaft bishero gehalten, auch gleichformickeit gehalten werden.

5. Ob jemants unter den lehrern oder zuhörern der papistischen, calvinischen, flaccianischen oder anderen schedlichen secten anhengig oder damit beschmeist were.

6. Ob der schul und kirchendiener ire besoldung auch ganghaftig, und ire lendereien in baulichen wesen gehalten werden.

7. Ob die gemeine kirchen, pfarr- und schulgebeu auch in beulickeit gehalten werden.

8. Ob die liebe jugent in schulen mit den lectionibus und disciplina auch wol versorget sei.

9. Ob auch der kirchen und schuldiener einer in verseumnis seines ampts, oder in ergerlichen leben erfunden werde.

10. Ob auch mit dem gottes kasten und almosen recht gehandelt und umbgangen werde.

11. Ob auch der neuen unversuchten und unberufnen prediger, one furwissen des superintendenten auf die canzel gelassen werden.

12. Ob die kirchen und schuldiener, mit iren eingepfarten, auch in christlichem friede und eintrechtickeit leben.

13. Ober uber dis jemants zu erinnern einige beschwerungen, die wol ein ider getreulich anzeigen.

V.

Examen der angegebenen faccinorosarum personarum und ihr abschied.

VI.

Uebergebung des protocols, unterthenige relation der gepflogenen handlung an wolgedachten unsern gnedigen herrn, und irer guaden, geburliche und bestendige execution.

---

27. Ordo lectionum scholae nostrae Rudolstadiensis. 1575.

[Nach den Fürstl. Archiven zu Sondershausen F. 71/2 und Rudolstadt, A. V, 4ª, Bl. 178 ff.]

Die lunae a 6. hora usque ad 7. repetitur summa cum dispositione evangelii dominicalis.

Hora 7.

Legitur latina gram. Philipp. M. idem servatur diebus Martis et Jovis.

Hora 8.

Exponuntur familiares Ciceronis epistolae, sic in diebus Martis et Jovis.

Hora 9. Remittuntur.

Hora 12.

Exercetur musica singulis diebus.

Hora 1.

Exponitur Philipp. Mel. syntax. Die Martis et Jovis.

Hora 2.

Legitur Terentii Comedia Adelphorum diebus Martis Jovis et Veneris.

Die Martis Hor. 6.

Recitant pueri memoria Donatum. Postea exponitur fabula ex Aesopo. Sic diebus Jovis et Veneris.

Die Mercurii.

Emendantur scripta vel argumenta. Deinde auditur concio. Habent remissionem a studiis.

Die Veneris.

Hora 7.

Legitur compendium grammaticum graecae linguae.

17 *

Hora 1.
Legitur prosodia Philip. M.
Die Saturni.   Hora 6.
Recitatur catechismus M. L. latine et germanice.
Hora 7.   Exponitur evangelium dominicale.

Hora 8.   Praecanuntur cantilenae dominicales, ut introitus, responsorium, antiphonae, et hujusmodi.
Lectiones secundae et tertiae classis quotidie audiuntur.

28. Gräflich Schwarzburg'sche Kirchen-Ordnung anno 1574.
[Nach dem Fürstl. Archiv zu Sondershausen F. 643.]

Register und inhalt der ordnung.

1. Von der vesper auf die heilig abent.
2. Vom amt der sontag und hohen festa.
3. Von der vesper auf die sontage und festa.
4. Von wochentlichen predigten am werkeltage.
5. Von der kinderlere.
6. Von der kindtaufe.
7. Von der nottaufe.
8. Von den sündern und denen so busse thun.
9. Von den kranken und sterbenden.
10. Vom einsegen breutigams und braut.
11. Vom ornat der kirchen.
12. Vom begrebnis der verstorbenen christen.

Kirchenordnung.

Wie dieselbe im ober-schwarzburgischen herrschaft mit caeremoniis, beide in stedten und dörfern eintrechtig gehalten werden. Auf das in der kirchen Christi dieser lande mit dem heiligen gottes dienst alles ordentlich, christlich und ehrlich gehalten werde, so haben die wolgeborne und edle grafen und herrn zu Schwarzburg in kirchen ihrer herrschaften diese richtige ordnung, wie dieselbe von dem man gottes, weiland d. M. Luthero, heiliger gedechtnis, für die beste und den gemeinen man nützlich zu sein erachtet und wie die in chur- und fürstlichen sechsischen agendis verfasset, bis dahero bestendig und mit guter eintrechtigkeit der kirchendiener erhalten, darbei sie denn auch hinfort neben der reinen lehre des seligmachenden gottes worts, dem rechten gebrauch der hochwirdigen sakramenten, mit göttlicher hülfe zu bleiben und zu verharren, bedacht sind, wie volgt:

Vesper auf die heiligen abent.

Die hohen feste und heiligen sontage werden umb der confitenten und communikanten willen uf den abend zuvorn, mit der vesper angefangen.

Als sonabents und andern heilige abent wird zur rechten zeit geleutet. Unter den geleute versamlen sich die schul und kirchen diener in die kirche und wen das geleut volendet, wird die vesper mit einem oder zween psalmen, nach ordnung des psalterii angefangen, darauf die antiphona, so aus dem evangelio des volgenden sontages oder fests genommen, gesungen wird; nach

der antiphona volget das responsorium, welches dieselbe zeit zu singen gebreuchlich ist. Auf dieses singet der schulknaben einer das h. evangelium lateinisch, ein ander knab lieset das deutsch, hierauf wird der hymnus de tempore, nach dem hymno das magnificat, mit der antiphona aus dem evangelio gesungen. Darauf lieset der priester ein collecte, auf welche der chor amen singet, und wird die vesper mit dem benedicamus und deo gratias beschlossen.

Wenn die vesper volendet, stellet sich der pfarrer und seine diaconi an bequemen ort und hören das volg, ein jede person in sonderheit ire bekentnis und beichte. Darauf geschicht einem jedern nach seinem sünde, sein lehr, ermahnunge und trost, samt der heiligen absolution. Also wird die vesper volendet.

Vom ampt des sontags und der hohen feste.

Am heiligen sontag oder am tage der hohen fest für mittage um 7 hora, wenn das geleute geschehen ist, und die schuldiener mit ihren knaben zu chor sind, gehet der pfarrer oder capellan in geburlichen ornat angethan, für den altar, die knaben stehen auf und singen veni sancte spiritus, welches auch der priester für dem altar bei sich selbst andechtig betet. Auf den dörfern aber, und wo nicht schulen sind, singt mans deutsch, Kom heiliger geist etc. Darnach schlaget der organist, und der chor singet den introitum de tempore, darauf die kyrie gloria in excelsis und das et in terra lateinisch oder deutsch figuraliter oder choraliter, nach eines iden orts gelegenheit gesungen wird. Auf dieses liest der priester furm altar eine collecta, wie dieselbige in den agendis verzeichnet ist. Wen das amen gesungen, wendet sich der priester gegen dem volg und singet die epistel, so auf derselben sontag oder fest geordnet. Auf die epistel wird der sequenz lateinisch oder dafur ein deutscher psalm aus dr. M. Lutheri gesangbuch, welcher sich auf dieselbige zeit schickt, gesungen.

Wen solches aus ist, kehret sich der priester zum volg, und singt das evangelium nach der melodia in den agendis verzeichnet, alsden wendet er sich zum altar und singt das credo in unum deum, der chor aber singet das patrem oder das volg den glauben deutsch nach gelegenheit des orts, da man knaben hat. Hierauf gehet der pfarrer auf die canzel angethan mit einem chorrock und fehet die predigt an mit dem andechtigen gebet des heiligen vater unsers. Auf die hohen festa aber singt er von der canzel mit dem ganzen volk ein kurzes lied, welches uf solches fest verordnet ist, als uf weihnachten: Ein kindelein so löbelich, uf ostern: Christ ist erstanden, uf pfingsten: Nun bitten wir den heiligen geist, uf trinitatis: Gott der vater wohn uns bei. Dorauf list der pfarrer mit vorstendlichen worten den text des h. evangelii, davon thut er seine predigt, aus welcher das volg einen klaren, gründlichen und gesunden unterricht, lehre, trost und vermahnung zu gottes ehre und seiner seelen selickeit, auch besserung seines lebens fassen, und mit sich nehmen möge, welche predigt keinmal über eine stunde lang sich erstrecken soll. Nach der predigt wird das volk zu herzlichen danksagung und christlichem gebet ermahnet und solche predigt mit dem heiligen vater unser und mit dem segen S. Pauli, mit welchem er seine epistel an die Corinther [fehlt etwa: schliesst, geschlossen].

Weil der pfarrer von der pfarrer fur dem altar gehet, wird ein kurz christliches lied als da ist: Danksagen wir alle gott unsern herrn Christo oder ein anderes gesungen.

Fur der communion auf die hohen festa singt der pfarrer die lateinische praefation und darauf das deutsche vater unser; wenn das amen gesungen, nimpt er die paten des brots, dorin alsoviel partikel, soviel als communicanten vorhanden sind, und singt oder spricht dorüber die worte des herrn Jesu Christi, die seine göttliche majestet über das brot in seiner einsetzung selbst gesprochen, desselbigen gleichen nimt der priester auch den kelch, dorin so viel weins, das er jederm person beteilen kan, die zum heiligen sacrament gehen und spricht dorüber die wort der einsetzung Christi, dorauf fengt er an den wahren leib Christi (und darnach das blut des herrn) den communicanten zu reichen, und auszuteilen, wie denn das volg ordentlich in christlicher zucht und andacht, eines nach dem andern, zuersten die junge manspersonen, darnach auch die alten menner, entlich das junge und alte weibs volg zuerst den leib Christi, darnach sein teueres blut mit mund und herzen im rechten glauben empfehet.

Unter der communion singt der chor christliche reine psalmen oder das ganze volg singet: Jesus Christus unser heiland oder Gott sei gelobet und gebenedeiet, Esaia dem propheten das geschah, oder den III. psalm und dergleichen.

Sobald nu das volg mit dem h. sakrament alles gespeiset, so singt oder list der pfarrer eine collekte, dorin ein herzliche danksagung gott dem herrn für seine gnadenreiche wolthat verfasset ist, und wird also das heilige amt mit der benediction, welche der almechtige gott seinem volg im 4. buch Mose am 6. cap. ,selbst furgeschrieben hat, beschlossen.

Von der vesper des sontags und festa.

Auf die sontage und an den tagen der hohen festa wird nach mittage um 12 hora zur vesper geleutet, dormit kirchen- und schuel-diener, auch das volg zur rechten zeit in die kirchen vorsamlet werden, die vesper wird angefangen, wen das geleute aus ist, mit einem psalmen figuraliter oder choraliter nach gelegenheit des orts, oder mit einem organisten do der furhanden, darnach singet man das responsorium, so auf dasselbe fest geordnet, oder an statt desselben ein deutsch lied aus Lutheri gesangbuch. Auf dieses list ein knabe von chor ein lektion lateinisch aus dem alten oder neuen testament, oder von dem text der zur vesper soll gepredigt werden, ein anderer knab liest denselben text deuzsch, hierauf wird der hymnus de tempore lateinisch oder deutsch gesungen, und mag der organist einen versch um den andern schlagen. Wenn der hymnus aus ist, so gehet der pfarrer oder diacon auf die canzel, thut die vormanung zum gebet, wie furmittag geschehen. Ist es ein hohes fest, so nimmt er zu predigen für sich die epistel, so auf dasselbe geordnet. Auf die gemeinen sontag aber wird ein stück aus dem h. catechismo gehandelt, und werden zuvorn die sechs heuptstücke christlicher lehr ordentlich und vorstendlich erzehlet. Darauf volget die predigt, welche beschlossen wird, mit der christlichen danksagung und gemeinem gebet. Nach der predigt singt man das magnificat lateinisch oder deuzsch mit der antiphona, so darzu dem tono nach geordent. An den orten aber, do megdlein schulen seind, singt man die deuzschen psalmos, und das magnificat, einen versch die knaben, den andern die megdlein, den dritten schleget der organist. Darnach list der priester fur dem altar eine collect und wird mit dem benedicamus beschlossen. Auf die gemeinen sontag aber, wen die predigt zur vesper vollendet ist, so reciteren die knaben aus dem stuck aus dem catechismo, mit der auslegung Lutheri, also das einer fragt, der ander knabe antwortet, samt den gemeinen fragen und unterricht, was ein christ wissen und können soll, der zur beicht und heiligen sacrament gehen will. Den andern sontag uber acht tage reciteren die schul megdlein gleicher gestalt das volgende hauptstuck des catechismi mit den angehengten fragen, wie itzt erzehlet. Dorauf volget das magnificat, antiphona, collect und das benedicamus.

Vom wochentlichen predigten am werkeltage.

Domit das volg in stetiger christlicher ubunge bleibe, so werden in der wochen aufs wenigst zwo predigten gethan, als dienstags und dornstags in etlichen stetten, auch wol drei, als freitags darzu.

Auf den dörfern aber, da viel teglich arbeit geschehen müssen, lest mans bei einer predigt bleiben.

Und wird auf die dinstage zur predigt gehandelt ein textus aus dem alten testament, als ein lection aus den propheten, oder büchern Mose; dornstags aus dem neuen testament, als eines evangelisten historia, oder eines apostels epistel, freitags wird gehandelt die epistel, so am negst vergangenen sontag zum amt verlesen worden. Und werden in solchen wochen predigten sünderlich die stucke mit allem ernst und vleis getrieben, die grund des glaubens an Jesum Christum führen und zu einem gotfürchtigen, erbaren, christlichen leben und wandel vermanen. Solche predigt wird furmittage desto früer und kürzer gehalten, dormit das gemeine volg, auch andern an ihren emptern und beruf nicht mögen vorhindert und auf gehalten werden. Zuerst wird ein psalm lateinisch oder deutsch gesungen, dorauf der glaube, nach dem glauben geschicht die predigt, wie itzt erzelet. Nach der predigt singet man ein kurzen gesang, als: Erhalt uns herr bei deinem wort, Es wolt uns gott gnedig sein, Danksagen wir alle gott.

Auf dieser tage einem in der wochen, wen die predigt aus ist, pflegt man die litanei zu singen, das ist gemeine gebet für allerlei not und für alle stende des ganzen christenthums. Drei knaben sind mit weissen chorröcken angethan, knien für dem altar und singen den ersten chor. Die schulknaben und die gemein versamlung antworten und singen den andern chor. Darauf list der capellan ein collect, und beschleust mit dem segen, wie oben gemeldet, oder mit den worten: der name des herrn sei gebenedeiet, dorauf die kirche antwortet: von nun an bis in ewigkeit.

Von der kinder lehre.

Auf das auch die liebe jugent in den heuptstucken christlicher lehre und aller gotseligkeit unterricht, getübet und auferzogen werde, so ist geordnet, das auf die mitwoch im mittage, umb 12 hora die kinderlehre gehalten wird, volgender gestalt, es geschicht ein pulsus mit einer oder zween glocken. Indes versamlen sich die schüler, kneblein und megdlein, in stedten und auf den dörfern in die kirchen. Gottfürchtige eltern schicken ire kinder und gesinde auch hinein. Da fenget man erstlich an zu singen: Kom heiliger geist erfülle die herzen deiner gleubigen etc.

Darnach singt man das stück des catechismi, welchs man den kindern fursagen wil, als die zehen gebot, den glauben, vater unser u. s. w. Wen dieser gesang aus ist, so treten zweene knaben auf, uber acht tage zween meglein und fraget eines das andere fein, züchtig und mit gefaldenen henden, ein stücke des catechismi, durch alle fragen; das antwortet mit aller andacht und vernünftig. Wenn solches stück vollendet, so fragen sie einander die gemeinen fragen, was ein jeder christ glauben und wissen sol, der da wil zur beicht und sakrament gehen. Wen solche fragen geschehen seind, so werden alsden die kinder eines nach dem andern alle examinirt und befraget. Die praeceptores und schuldiener fragen ihre discipulos, die predicanten aber fragen ire gemein, schüler und bürger oder bauers kinder. knechte oder megde. Welches unter ihnen nicht antworten kan, das lehret und unterrichtet man mit sanftmütigen worten, bis sie es alle gelernet haben. Wen solches geschehen, singt man: Erhalt uns herr bei deinem wort. Dorauf lieset der prediger die collect und wird mit dem benedicamus volendet.

Von der kinder taufe.

Die kindertaufe in dieser grafschaft wird nach der form und gestalt gehalten, wie es in dr. M. Lutheri taufbüchlein verzeichnet und geordnet ist. Die veter ersuchen und bitten zu gevattern und pathen eine oder drei gotfürchtiger personen, die unser christlichen religion verwandt und geordent sind.

Wen aber solche leute gebeten werden, die do gottlose feinde unserer religion, verechter und spotter der heiligen sacramenten sind, oder ein lesterliches, sündhaftes leben führen, die lassen wir mit nichte zu gevatterschaft stehen, bis so lange sie sich von ihrem gottlosen wesen bekeret, und busse gethan haben. Wir vermanen auch von der canzel und warnen alle gottfürchtige eheleut, so oft wir gelegenheit haben, das ein jeder zu seines kindes taufe solche pathen suche und bitte nicht, die da viel können einbinden, und andere zeitliche geniess darreichen, sondern die des kindes noth und das hohe werg gottes in der heiligen taufe erkennen, die do beten können und welcher gebet dem lieben gott annemlich ist und erhöret wird, inmassen wir auch keinen gottlosen, verruchten, offentlichen sünder zum tisch des herrn kommen lassen, er bekere sich denn von seinem bösen wesen und sorge zur besserung seines lebens.

Von der nothtaufe.

Wen die lieben kindlein aus mutter leibe in sölcher schwachheit geboren werden, das sie, wie oft geschicht, verscheiden wollen, oder zu besorgen, das sie so lange nicht möchten lebendig bleiben, bis einer der kirchendiener hierzu könte erfordert werden, und müsste in solcher noth dem kindlein die götlich wolthat der heiligen tauf durch einen laien, es were gleich ein man oder weibs person ausgeteilet werden, so erkennen wir solche taufe für göttlich, christlich und recht, nemlich, wo das kind nach der forma und einsetzung Christi mit dem element des wassers, und im namen gottes, des vaters, sohns und heiligen geistes getauft ist worden, ein solches kindlein soll von uns als ein getaufter christ gehalten und nicht noch einmal wieder getauft werden.

Were es aber das die personen, so in der noth taufe solches kindlein gegenwertig gewesen, bericht wurden, als sie hetten das kindlein getauft, aber um der noth willen wusten sie nicht in welchs namen, mit was worten, oder womit sie es getauft hetten, und wurde in solchem fal bei uns um die heilige taufe angesucht, so nemen wir ein solches kindlein als ungetauft an und taufen es nach einsetzung und bevehl unseres herrn Jesu Christi.

Hierbei aber werden die weemutter und jedermann ermanet und gewarnet, das sie ja der kinder keins, die noch in mutterleibe verschlossen, oder allein mit einem hendelein, füsselein, oder haupt geboren sind, mit nichte taufen wollen, sondern mit der nottaufe warten, bis das kind von mutterleibe zur welt geboren sei, denn die heilige taufe ist ein bad der wiedergeburt, wie S. Paulus sagt zum Tito am 3. capitel. Soll es nun ein wiedergeburt sein, so muss ja das kind zuvor auch geboren und in diese welt kommen sein. Derhalben soll niemands hierinne zu schnell fahren, sondern auf gottes wort achtung geben. Wurde aber ein kindlein, welches durch gebet im mutterleibe gott wird furgetragen, todt geboren, ein solches kind leutet man mit der kleinen glocke und tregets mit etlichen schülern zu grabe.

Von den bussfertigen sündern, wie die gehalten werden.

Wenn ein gefallender, verirrter und sündhaftiger mensch für den kirchen dienern mit gründlicher offentlicher warheit beruhiget, so wird er für die diener der kirchen erfordert, die besprechen sich mit ime, nach laut des bevehls Christi Math. am 18. alleine, geben ime seinen fall und sünde, darzu auch den zorn gottes, sein urtel, gericht und strafe zu erkennen, vermane in, von seinem laster abzustehen, und gebe ihme zeit zur busse. Do er aber nach zween oder dreien vermanungen nicht abstehet und busse thut, halten wir in für denen, als der sich selbst göttlicher

gnaden und der ewigen seligkeit nicht wert noch teilhaftig achtet.

Lassen einen solchen zu keinen christlichen ehrenwerken, als zur gevatterschaft und andern kommen; stirbt er also one buss, so werden ihme keine coeremonia als das geloute, schüler, oder kirchendiener, wie andere christen mit geteilet. Bekeret sich aber ein solcher offenbarlicher sünder von seinem bösen leben, bekennet seine sünde gott dem herrn und trostet sich der verdienste Jesu Christi und versönet sich durch abbitte mit der kirchen, welche er mit seinen sünden geergert, verheisset und saget zu, sein leben hinfurt zu bessern, ein solcher wird wieder aufgenommen, und werden in die heilige sacrament samt der absolution mitgeteilet.

Die aber, so um irer misshandlunge willen in der weltlichen oberkeit banden verhaftet sein und fur peinlich gerichte sollen gestelt und zum tode verurteilt werden, und solches zuvor drei oder vier tage aufs kurzte den kirchendienern angezeiget wird, lassen ihnen dieselben einen solchen armen menschen treulich bevohlen sein, der wird mit gottes wort vleissig ersucht und ermanet, seine misshandlung zu erkennen, wie er beide gott seinem herren, die weltlich oberkeit und seinen nechsten beleidiget und erzörnet und nicht allein zur zeitlichen strafe und verlust seines leibs und lebens, sondern vielmehr zu seiner seelen ewigen tod und verdamnis mit seinen begangenen thaten und misshandlunge habe ursach gegeben. Wenn er nu solchs erkennt und bekennt, mit bussvertigen herzen und ergibt sich in gottes willen, und zeitliche strafe der oberkeit, so wird er mit dem evangelio Jesu Christi, mit der absolution und hochwirdigen sacrament des leibs und bluts Christi gespeiset und getrostet, das er mit gedult seine seele in gottes hende bevehle und sein zeitlich schmach und leiden sei als ein exempel und busspredigt, dadurch die jugent und jederman erinnert und gewarnt werde, von misshandlung abzustehen, und fur sünden sich zu hüten.

Von den kranken und sterbenden.

Dieweil der almechtige gott nach seinem veterlichen willen von wegen unser vielstaltigen sünde mit mancherlei leibes schwachheit viel mensche darnider legt und heimsucht, das sie zur kirchen nicht kommen können, wen sölches die diener des worts berichtet werden, es sei zu tag oder nacht, es sei gleich arm oder reich, so gehen sie unbeschwerlich zum kranken in sein haus, erkunden sich aller gelegenheit, wie sein herz und seele mit gott, seinem herrn stehe, und wenn sie befinden, das lehre, strafe, vermanung oder trost von noth, so wissen sie solches aus gottes wort und heiliger schrift zu des kranken besten, nutzs

und seiner seelen trost und seligkeit furzutragen,
zur christlichen gedult und bestendigen glauben
an seinen erlöser, Jesum Christum, zu ermanen
und mit dem seligen trost der absolution und
heiligen sacrament zu sterken.

Lassen es auch dabei nicht wenden, das sie
zu einemmal bei den kranken gewesen, sondern
dieweil sie spüren, das er trost und ermahnung
bedarf bis an sein ende, so ersuchen sie solchen
kranken, so oft als es von ihnen begehret wird.
Do es auch die noth erfordert, des kranken anliegen, anfechtung, langwiriges creuz, der kirchen
gottes von der canzel anzuzeigen, und das gemeine
gebet für sie zu thun, so sind sie willig und
schuldig in iren und der kirchen gebet, dem lieben
got herzlich furzutragen, wie sie denn auch bereit
sind, für die veterliche hülf und gnedige erhörunge
auf eines jedern begere gott dem allmechtigen
danksagung zu thun.

Vom einsegnen breutgams und braut.

Zum heiligen ehestand in stedten und dörfern
wird niemand eingesegnet, er sei den zuvor drei
sontage nach einander proclamirt und verkündigt,
auf das man mitter zeit erfahren möge, ob dieselben personen beide oder eins der inen auch
mit andern in eheberedunge gestanden, oder ver-
knüpft sind. Item ob jemands einspruch zu thun
hette, und solche ehe nicht gestehen wollte. Item,
ob die contrahirende personen mit blutfreundschaft oder schwegerschaft einander dermassen
verwandt, das sie nach gottes gebot und geschriebenen rechten zu ehestand nicht könten zugelassen
werden.

Geschieht nun einige einrede oder wird rechtmessige verhindernuss gespürt, so halten die kirchendiener mit der copulation stille und weisen die
parteien an die weltliche oberkeit oder an das
consistorium, von deme sie beschieds erwarten,
und sich darnach verner richten.

Do aber keine einrede geschicht, und keine
verhinderunge furfelt die zeit, weil sie aufge-
kündigt worden sein, so lest man sie offentlich
kirchgang halten, und segnet sie mit gottes wort
und dem gebet zu ehestande ein, wie in dr. M.
Lutheri traubüchlein die messe und forma begriffen ist.

Vom ornat der kirchen.

Der ornat und geschmuck, welchen der mann
gottes d. M. Lutherus nicht verworfen, und bishero in der zeit des evangelii in übung und brauch
blieben ist, als der priesterliche ornatus, der chor-

rock, altar, liechter, tafeln, biblisch figuren und
gemelde, werden noch erhalten, dieweil das volg
unterrichtet ist, solchen dingen keinen gottes dienst,
oder einigen missbrauch und abgötterei anzulegen,
sondern nur ein eusserliche zierde und wolstand
sei, dodurch das volg zu mehrer andacht bewogen
werde, wie dan solche breuchliche und übliche
dinge viel ein grosser ergernis gemeinem volg und
einfaltigen laien geben wurden, wenn man sie aus
der kirchen wegreumen und wie ein weldlich
theatrum zurichten soll.

Vom begrebnus der verstorbenen christen.

Um der auferstehung unseres fleisches am
jüngsten tag wird das begrebniss der verstorbenen
christen ehrlich gehalten, wie auch bei den heiligen
gottes jederzeit geschehen. Drumb wenn jemands
in gott entschlafen ist, so wird mit einer glocken
oder zween ein zeichen gegeben, domit von den
verstorbenen christen nachfrage geschehen, wer
und wie er von uns abgeschieden sei. Wenn den
die ordentliche stunde kompt, seinen leib zu begraben, wird aber nicht geleutet. Als dan gehen
der kirchendiener und schüler, so viel derer hierzu erfordert werden, fur des verstorbenen haus,
alda sich den gotselige freunde und nachbarn versamlet, die der leiche das geleit zum grabe geben.
Unter der procession singt die schuel lateinisch
oder deuzsch reine und schöne psalmen als:
Credo quod redemtor meus etc., Si bona suscepimus, Media vita, Jam maesta quiesce etc. oder
Aus tiefer noth, Erbarm dich mein o herre gott,
Durch Adams fall, Mitten wir im leben sind, und
dergleichen andechtige gesenge; bei dem grabe
aber auf dem gemeinen gottes acker und ruhe-
garten der lieben christen geschicht (so oft es begert wird) eine christliche erinnerung und er-
manunge aus gottes wort von dem trübsal und
elend dieses müheseligen ärgerlichen lebens, von
zubereitunge zu einem seligen abschiede und von
dem gnadenreichen trost der auferstehung des
fleisches und des zukünftigen gerichts gottes, und
von der seligkeit und ewigen lebens aller die im
glauben an Christo entschlafen sind.

Als dan wird der cörper in die erde begraben, die schul knaben singen, weil man be-
grebt, den gesang Lutheri: Nu last uns den leib
begraben, darnach liest der pfarrer oder diacon
eine collecte von dem sieg und überwindung Christi
wider den tod, sünd und helle, und von der auferstehung aller menschen am jüngsten tag und
beschleust mit der gemeinen benediktion: Der
name des herrn sei gebenedeiet von nu an bis in
ewigkeit. Amen.

29. Ordnung der fest und feiertage durchs jahr wie dieselben eintrechtig gehalten werden sollen. 1587.

[Aus Rudolstadt, Fürstl. Archiv, A. Vª, Bl. 226 ff., und Sondershausen, Fürstl. Landesarchiv, Schwarzburg. Visitations-Akten, 1587.]

Die drei hauptfeste weihenachten, ostern und pfingsten sollen drei tage feierlich gehalten werden, die ersten zween tage vor und nachmittage, der dritte aber allein vormittag mit predigten und do communicanten vorhanden, sollten alle drei tage das ampt gehalten werden.

Gleichfalls sollen vor und nachmittag feierlich gehalten und solenniter celebriert werden, diese nechst folgende fest, als:

Circumcisionis, Trium regum oder Epiphaniae,
Purificationis ⎫
Adnunciationis ⎬ Mariae Virginis,
Visitationis ⎭
Johannis Baptistae, S. Michaelis.

Wenn aber das fest Adnunciationis, wie bisweil geschicht, in die marter wochen gefiel, soll er auf den sontag palmarum gelegt und vormittag solenniter gehalten, das evangelium aber desselben sontags nachmittag geprediget werden, die festa der aposteln, sollen ohne unterlassung und ohne einige vorlegung auf den tag, do sie gefallen, feierlich gehalten werden, vormittag dan auch die orgeln, wo man sie hat, gebraucht werden sollen, und do communicanten vorhanden soll das ampt wie gebreuchlich gehalten werden, und soll unter andern Petri und Pauli, desgleichen das fest Pauli bekehrung nicht unterlassen, sondern ebenermassen vormittage gefeiert werden, doch wan ein solch apostel fest auf einen sonnabend gefellet, soll es den sonntag hernach zur vesper volgen und gehalten werden,

Das fest aber oder der tag Mariae Magdalenae, item decollationis Baptistae und dergleichen, die konnen eingestellet und ihre evangelische historien auf die gewonlichen wochen predigten vorleget werden.

Auch sollen die evangelia und epistolae dominicales alweg gesungen werden, damit also auch disfals correspondenz und gleichformigkeit gehalten werde,

Wan wir gern theten was gott wollte,
So thet er willig was er sollte.

DIE REUSSISCHEN HERRSCHAFTEN.

18*

Reuss.

Hilfsmittel: M a j e r, Chronik des fürstl. Hauses der Reussen von Plauen. Weimar und Leipzig 1811; K l o t z, Kurze Übersicht einer reussischen Religions- und Reformationsgeschichte. Ronneburg 1818; L i m m e r, Entwurf einer urkundlichen Geschichte des gesammten Voigtlandes. Bd. 3. Gera 1827; D e r s e l b e, Kurze Übersicht der Geschichte des hoch-fürstl. Hauses Reuss. Ronneburg 1829; Heinrich XXVI., Kirchengeschichte der gesammten Herrschaft Lobenstein, in: Lobensteiner Intelligenzblatt, 1787, S. 145 ff.; V o c k e, Vaterlandskunde von Reuss, 1852; Lobensteiner Intelligenzblatt 1788, 1801, 1803, 1804; Acta historico-ecclesiastica 10, 405 ff.; B u r k h a r d t, Geschichte der sächsischen Kirchen- und Schul-Visitationen. Leipzig 1879; B e r t h o l d S c h m i d t, Burggraf Heinrich IV. zu Meissen. Gera 1888; O. B u r k h a r d t, Einführung der Reformation in den reussischen Ländern. Leipzig 1894; M e u s e l, Die reussische oder reussisch-schönburgische Confession von 1567, in: Beiträge zur sächsischen Kirchengeschichte, 1899, S. 149 ff.

Archive: Fürstl. Haus-Archiv Schleiz. Fürstl. Regierungs-Archiv Gera. Ernestin. Gesammt-Archiv Weimar.

Es sind für unsere Zeit [für welche die Weidaer Linie fortfällt] zu unterscheiden:

1. Die Gera'sche Linie. Heinrich der Mittlere hinterliess sein Gebiet seinen Söhnen, so zwar, dass Heinrich der Ältere, der Privilegator, Gera mit einem Theile von Schleiz erhielt (Residenz Gera), der jüngere Sohn, Heinrich der Beharrliche, Schleiz (Residenz Schleiz). Die Brüder wurden 1502 von König Wladislaw mit der Herrschaft Lobenstein und den Höfer-Lehnen belehnt (in Gesammtbelehnung mit den Plauen beider Linien und den Weidaern). Heinrich der Ältere starb 1538 kinderlos. Seine Lande erbte sein Bruder Heinrich der Beharrliche. Derselbe starb 1550 kinderlos.

2. Die ältere oder burggräfliche Linie Plauen. Auf Heinrich III. († 1520) folgte Heinrich IV., Burggraf (1520—1554). In Folge der Betheiligung der jüngeren Plauen'-schen Linie an dem Schmalkaldischen Kriege gegen den Kaiser wurden dieser ihre Lande abgesprochen und Heinrich IV., welcher, obwohl eifriger Protestant, auf des Kaisers Seite gestanden hatte, zugesprochen, und auch Heinrich der Beharrliche wurde 1548 gezwungen, Stadt und Herrschaft Gera an Heinrich IV. abzutreten. Im Jahre 1549 wurde die jüngere Reuss-Plauen'sche Linie aber wieder restituirt. Als 1550 Heinrich der Beharrliche von der Geraer Linie kinderlos starb, nahm Heinrich IV. dessen übrigen Besitz für sich in Anspruch, gerieth aber darüber in Streit mit der jüngeren Reuss-Plauen'schen Linie. Er starb 1554. Ihm folgten seine Söhne Heinrich V. und VI., bis 1563 gemeinschaftlich regierend. 1562 mussten sie aus der von ihrem Vater occupirten Geraer Hinterlassenschaft Stadt und Herrschaft Gera an die jüngere Linie Reuss-

Plauen abtreten und behielten aus dieser Gera'schen Erbschaft nur Lobenstein, Schleiz, Saalburg, Burg, Tanna und die Pflege Reichenfels. 1563 nahmen die beiden Brüder eine Theilung vor, in der Weise, dass von den deutschen Besitzungen Burggraf Heinrich V., der Ältere die Ämter Plauen und Voigtsberg, Burggraf Heinrich VI., der Jüngere Schleiz, Saalburg und Burg, Lobenstein und Paussa erhielt. Heinrich V. musste wegen Schulden sein Land räumen und verstarb 1568 kinderlos. Heinrich VI. verkaufte 1569 Plauen an den Kurfürsten von Sachsen. Er starb 1572 kinderlos. Seine (übrigens theils verschuldeten, theils sogar verpfändeten) Güter fielen damit an die jüngere Reuss-Plauen'sche Linie. Wegen des Erwerbes und Verlustes der alten Stammlande im Vogtlande vgl. oben S. 109 unter Plauen.

3. Die jüngere oder Reuss-Plauen'sche Linie bestand seit 1528 nur noch aus Heinrich dem Jüngeren, dem Friedsamen, welcher die sämmtlichen Güter dieser Linie (die Herrschaften Greiz und Kranichfeld) wieder vereinigt hatte. Nach seinem Tode (1533) regierten seine drei Söhne zunächst gemeinschaftlich. Aus dem Gera'schen Nachlasse erbten sie die Herrschaft Gera 1562 und theilten sich seit 1564 in drei Linien, in die ältere, ursprünglich auf Unter-Greiz, die mittlere auf Ober-Greiz und die jüngere Linie zu Gera. Jeder Linie gehörte ein Drittel der Herrschaft Kranichfeld. Die Herrschaft Lobenstein fiel ihnen 1572 zu.

a) Die Linie Heinrich's des Älteren, des Botschafters, auf Unter-Greiz. Heinrich der Ältere, der Stifter, starb 1572. Seine drei Söhne, Heinrich II., III., V., regierten bis 1583 gemeinschaftlich auf Unter-Greiz. Heinrich III. starb 1582 unverheirathet. Seine beiden Brüder theilten das Land unter sich. 1596 verkaufte Heinrich II. seinen Antheil an Greiz an seinen Bruder und behielt nur seinen Antheil an Schleiz, nämlich die Herrschaft Burg. Heinrich II. starb 1608, Heinrich V. 1604.

b) Die mittlere Linie auf Ober-Greiz. Der Stifter Heinrich der Mittlere starb 1578. Seine drei Söhne regierten zunächst gemeinschaftlich. Als der mittlere Bruder unverehelicht 1580 verstarb, theilten die beiden Brüder 1597 das Land. Heinrich der Ältere nahm Ober-Greiz oder die halbe Herrschaft Greiz, Heinrich der Jüngere, der Rothbart die Stadt Schleiz nebst der Pflege Reichenfels. Ersterer starb 1607, letzterer 1616.

c) Die jüngere Linie zu Gera. Heinrich der Jüngere hinterliess bei seinem Tode 1572 nur Töchter. Doch wurde ihm ein Sohn nachgeboren. Dieser, Heinrich der Nachgeborene, regierte bis 1633 und wurde der Gründer der jüngeren Linie Reuss. Die für ihn eingesetzte Vormundschaft brachte durch Kauf und Pfandnahme von den beiden anderen Linien deren Antheile an Kranichfeld und Lobenstein an sich. Seit 1595 führte Heinrich der Nachgeborene die Regierung selbständig.

Aus der Reformationsgeschichte dieser Gebiete ist Folgendes hier hervorzuheben:

I. Die Gera'sche Linie. Über die Schwierigkeiten, welche der kursächsischen Visitation in den beiden reussischen Linien, die Vasallen Kursachsens waren, entgegengestellt wurden, vgl. Limmer, Entwurf einer Geschichte des gesammten Vogtlandes, 3 (Gera 1827), 879 ff.; Burkhardt, S. 158 ff.; Gebhardt, Thüring. Kirchengeschichte 2, 129 ff.; O. Burkhardt, a. a. O. S. 13 ff.

Die erste Visitation der reussischen Länder fand vom 2. bis 21. September 1533 statt und erstreckte sich auf die Herrschaften Gera (Heinrich der Ältere), Schleiz (Heinrich der Jüngere), Greiz (Heinrich der Friedsame, s. oben unter 3) und Lobenstein. Visitatoren waren Spalatin, Asmus Spiegel, Joseph Lewin Metzsch, Johannes Reymann, Pfarrer zu Werdau, Michel Alber, Bürgermeister zu Altenburg.

Die Visitationsartikel, nach denen die Visitatoren verfahren sollten, hat O. Burkhardt, Einführung der Reformation etc., S. 16 abgedruckt. Sie betrafen die Einkünfte der Geistlichen („zu gedenken, das opfergeld zur besserung des pfarrers jährlich auf zwei tageszeiten, als nämlich zu weihnachten und pfingsten ordentlich einzubringen und zu sammeln"),

Einrichtung des gemeinen Kastens, eines Friedhofes vor der Stadt, Trennung der Geschlechter bei der Abendmahlsfeier, Abhaltung der Litanei am Mittwoch und Freitag, Sorge für reine Lehre, Abschaffung der Verkündigung der weltlichen Händel durch den Pfarrer. Die Visitatoren haben diese Artikel überall durchgesetzt und publicirt.

Die Anordnungen, welche die Visitatoren auf dieser ersten Visitatoren trafen, finden sich in Weimar, Ji. Nr. 9 und Gera, Fürstl. Regierungs-Archiv P°/I, Nr. 1.

Hieraus ersehen wir, dass die Visitatoren zunächst als eine allgemeine Anordnung die „gemeine verordnung und artikel" publicirten, welche Bd. I S. 187 abgedruckt worden ist. Denn im Fürstl. Regierungs-Archiv zu Gera P°/I. finden wir eine gleichlautende Abschrift dieser allgemeinen Verordnung sowohl für Gera, als auch für Plauen. Dieser allgemeinen Verordnung fügten dann die Visitatoren noch S_{pecial}-Anordnungen hinzu, und zwar erstens solche für die Hauptleute (solche finden wir z. B. für die Hauptleute zu Gera, Schleiz und Greiz, in: Weimar, Ernestin. Gesammt-Archiv, Ji. Nr. 9), sodann für die Räthe in Städten, z. B. in Gera, Schleiz und Greiz. Es sei auch auf Plauen verwiesen. Wir drucken als Beispiele die beiden Special-Verordnungen für Gera ab (Nr. 30 und Nr. 31), und zwar diejenige für die Hauptleute nach Weimar, Ji. Nr. 9, und diejenige für den Rath nach Gera, Fürstl. Regierungs-Archiv, P°/I. und Weimar, Ji. Nr. 9 (die Ordnung für die Hauptleute fehlt in Gera).

Für den Rath zu Schleiz wird u. A. Folgendes bestimmt:

„Die verkündigung der weltlichen hendel vor dem heiligen amt der predigten am sonntag in der kirchen abzuschaffen und auf oder vorm rathhaus zu thun.

8. Das zum ersten die mansbilder und hernach die weibsbilder zum sakrament vorgehen, und nicht durcheinander laufen, solches zu verhüten ein geschrenk um den altar zu machen.

12. In alle wege die litanei auf mittwochs und freitags zu halten."

Endlich soll hier genannt werden eine „Kurze christliche ordnung in das junkfrauen kloster zum heiligen kreuz bei Saalburg in der herrschaft des älteren herren von Gera", in 17 Punkten. — Dieselbe ist abgedruckt im Lobenstein'schen Intelligenzblatt, 1803, S. 204 ff. Sie stimmt fast wörtlich mit der für das Kloster Remse erlassenen Ordnung überein (vgl. Bd. I S. 651 ff.). Abgesehen von der Orthographie finden sich nur folgende Abweichungen. Im 6. Punkte heisst es für Saalburg statt priorin: „eptissin". Punkt 15 lautet für Saalburg: „Zum funfzehnten. So sol den jungfrauen hinfür der probst weder mess halten noch predigen, noch beicht hören, in ansehung, dass er in der visitation darzu gar ungeschickt befunden ist, zudem, dass er auch alters halber auszurichten nicht vermag, dass auch pebstische mess zum höchsten wider gottes wort sind." Der 16. Punkt von Remse fehlt ganz; in Folge dessen tritt am Schlusse eine ganz andere Nummerirung für Saalburg ein.

Eine zweite Visitation fand 1534 durch Kursachsen statt. Vgl. Burkhardt, a. a. O. S. 176 ff.; O. Burkhardt, S. 37 ff. Das Visitationsprotokoll, soweit es Saalburg betrifft, ist gedruckt im Lobensteiner Intelligenzblatt, 1803, S. 179 ff., 1804, S. 79 ff. S. auch die Articuli in „Erläutertes Voigtland", Greiz 1726, erstes Stück, S. 86 ff.

Die Anordnungen der zweiten Visitation sind zumeist sehr speciellen Inhalts. Einige allgemeinerer Natur betreffen das Abstellen katholischer Bräuche, so das Verbot des Salz- und Wasserweihens, der Winkelmesse u. s. w.

In Schleiz wird unter Punkt 20 verfügt: „so soll der pfarrer und prediger an sonntag und festen, wo er zur frühepredigt das evangelion nicht alwegen zum ende füret, nachmittag zur nachmittagspredigt dasselbe auspredigen und verbringen." (Weimar, Ji. Nr. 9.)

Als ein Beispiel soll die Verordnung für Gera aus dem Fürstl. Regierungs-Archiv zu Gera P°/I (auch in Weimar, Ji. Nr. 9) abgedruckt werden. (Nr. 32.) Für Gera war schon in der ersten Visitations-Ordnung die Errichtung eines gemeinen Kastens vorgesehen worden. In der zweiten Visitation wurde dann auch eine Kasten-Ordnung publicirt (Gera, Fürstl. Regierungs-Archiv

P°/I.) Dieselbe stimmt wörtlich mit der in Bd. I S. 192 abgedruckten ‚Verordnung, wie mans mit dem gemeinen kasten halten sol" überein. Nur findet sich noch Bd. I, S. 193, Spalte 1, 3. Zeile von unten hinter „seiner gehülfen" noch „kirchner".

Die kurfürstlichen Visitatoren behielten auch nach beendeter Visitation die Verhältnisse im Auge. So findet sich im Fürstl. Archiv Gera P°/I. ein Schreiben Spalatin's an den Oberhauptmann zu Gera vom 9. Januar 1538, welches eine Neuregelung der Einkommensverhältnisse und die Verwendung freigewordenen geistlichen Vermögens betrifft. [Im Original wie in gleichzeitiger Abschrift.]

Wie ernst es dem Kurfürsten mit seinen Visitationen war, und wie wenig ihn offenbar die Zustände befriedigten, möge ein Rescript des Kurfürsten an Herrn Heinrich den Jüngeren zu Gera, Schleiz und Lobenstein darthun, welches sich im Original im Fürstl. Regierungs-Archiv zu Gera befindet. Dasselbe scheint noch nicht publicirt zu sein. Es lautet:

„Von gots gnaden Johann Fridrich, herzog zu Sachsen und churfürst.

Unseren gruss zuvor, edler lieber, getreuer.

Wie wol wir in euer herschaft zu zweien malen haben visitiren lassen, so werden wir doch glaublich bericht, als solt man ob derselben visitation wenig halden. Wo nu dem also, befremdet uns solchs, und inne sonderheit das man in diesen zwo so wichtigsten sachen, welche gottes ehr, wort und dienst, auch der selen hail und selickeit belangen, so geringen vleis furwend, nit wenig. Derhalben ist unser gnediges begern, ir wollet bei euer ritterschaft, geistlichen, reten und burgern der stete, auch denen pauern mit vleis darob sein, das beruert visitation in allen artikeln aigentlich und ernstlich gelebt, und nachgegangen werde. Dan solt es hieruber nicht beschehen, so wurd ir uns vorursachen, die wege fur zu nehmen, domit oben angezaigter visitation sonder wegerung gelebt und volg gethan werde. Das haben wir euch darnach zu richten nit wollen vorhalten und geschit daran unser ernste mainung. Datum im Buchholz, montags nach Viti anno 1534." [Das Datum ist wohl nicht richtig, denn 1534 fiel Veit auf den Montag, nämlich den 15. Juni.]

Während so in den Herrschaften Gera, Schleiz, Greiz die Reformation eingeführt war, war dies in der Herrschaft Lobenstein noch nicht der Fall. Hier vermochte Heinrich der Ältere dem Andringen Sachsens Widerstand zu leisten, weil diese Herrschaft nicht, wie die drei genannten, sächsisches Lehen, sondern böhmisches Afterlehen war. Nach dem Tode Heinrich's des Älteren zeigte sich Heinrich der Jüngere zur Duldung der Visitation bereit. Dieselbe fand vom 20.—24. September 1543 statt. Visitatoren waren von der Seite des Kurfürsten Wolf von Gräfendorf, Amtmann zu Voigtsberg und Plauen, Georg Rauth, Pfarrer und Superintendent von Plauen, Superintendent Paul Rephun aus Ölsnitz; letzterer wurde für den ursprünglich zugeordneten Pfarrer zu Schleiz, Mag. Spies, welcher erkrankt war, zugezogen (Weimar, Ji. Nr. 12); auf Seiten des Herrn Heinrich des Jüngeren von Gera Heinz von Watzdorf und Karl von Kospoth zu Schildbach. Vgl. Kirchengeschichte der gesammten Herrschaft Lobenstein, im Lobensteiner Intelligenzblatt S. 145 ff.; dortselbst S. 169 ff. ein Abdruck der Visitationsprotokolle im Auszuge. Vgl. ferner Burkhardt, Geschichte der sächsischen Kirchenvisitationen, S. 214 ff.; O. Burkhardt, S. 42 ff.

Interessant ist der Bericht des Visitators Rauth über seine „Visitation in der Herrschaft Lobenstein zur Ausrottung dort herrschender Ceremonien und päpstlichen Unwesens". (Weimar, Ji. Nr. 1673.) Aus den Anordnungen der Visitatoren seien die für die Stadt Lobenstein aus Weimar, Ji. Nr. 12 abgedruckt. Ein Abdruck steht auch im Lobensteiner Intelligenzblatt, 1787, S. 177. (Nr. 33.)

Ein allgemeiner Abschied, den die Visitatoren publicirten, ist im Auszuge im Lobensteiner Intelligenzblatt, 1787, Blatt 179, mitgetheilt. Er wird nicht abgedruckt.

Wenn auch durch diese Visitationen das Reformationswerk in den reussischen Landen begründet und befestigt war, so bedurfte es doch beständiger Aufsicht und schirmender Pflege, namentlich so lange Heinrich der Ältere lebte. In dieser Beziehung hat sich insbesondere Spalatin grosse Verdienste erworben.

Erst Heinrich der Beharrliche, der zu seinen Herrschaften Schleiz und Lobenstein nach dem Tode des Herrn von Gera auch dieses Gebiet erhielt, vollendete das Reformationswerk.

Eigene landesherrliche oder städtische Kirchen-Ordnungen sind mir nicht bekannt geworden. Dagegen eine Kirchen-Ordnung des Superintendenten zu Gera.

Dass die Anordnungen der Visitatoren nicht ausreichten, war klar. So vereinigten sich denn die Superintendenten des vogtländischen Kreises im Jahre 1552 zu Plauen, beriethen und beschlossen eine gemeine Kirchen-Ordnung, die sogenannte burggräfliche Kirchen-Ordnung, welche unter II. näher behandelt und unter **Nr. 34** abgedruckt wird.

Superintendent Wolfgang Grabus zu Gera fertigte aus dieser Kirchen-Ordnung einen „Auszug" an, wie er selbst sagt, in Wahrheit stellte er nach ihrem Vorbilde eine selbständige Ordnung zusammen, und publicirte dieselbe seinen Pfarrern auf einer Synode zu Gera am 6. Mai 1556. Stillschweigende Genehmigung des Landesherrn ist hier ähnlich wie bei der burggräflichen Ordnung zu präsumiren (vgl. unter II). Diese Kirchen-Ordnung befindet sich im Original, von Grabus unterzeichnet und untersiegelt, im Fürstl. Regierungs-Archiv zu Gera, Pᶜ/I. und gelangt danach erstmalig zum Abdruck. (Wir stellen sie hinter **Nr. 34** als **Nr. 35**.) Die Handschrift besteht aus 4 Blättern, die letzte Seite ist unbeschrieben. Am Kopfe der Ordnung steht neben dem eigentlichen Titel noch am Rande: „Extract der plauischen kirchenordnung zu Gera durch die superattendenten des voigtländischen kreises."

Es fanden später noch verschiedene Visitationen in der Herrschaft Gera statt. Die Akten befinden sich im Fürstlichen Archiv zu Gera Pᶜ/I, so namentlich aus den Visitationen von 1567—1569. Dieselben bieten jedoch für unsere Zwecke keine Ausbeute.

II. **Die ältere oder burggräfliche Linie Plauen.** Hier tritt uns Burggraf Heinrich IV. [nicht, wie gewöhnlich citirt wird, Heinrich V.; vgl. S c h m i d t, Burggraf Heinrich IV. zu Meissen, Oberstkanzler der Krone Böhmen und seine Regierung im Vogtland, Gera 1888] als Organisator entgegen. Unter seiner Regierung erging am 30. August 1552 auch eine eigene, die sogenannte „burggräfliche" Kirchen-Ordnung. Verfasser derselben war der Ober-Superattendent Corbinianus Hendel in Plauen, der dabei den Rath sämmtlicher Superattendenten des Landes benutzte. Die Ordnung wurde von sämmtlichen Superintendenten am 30. August 1552 in Plauen angenommen und durch Verlesen in den Kirchen publicirt.

Wie J o h. M ü l l e r in Mittheilungen des Alterthumsvereins zu Plauen, II (1882), 78 ff. ausführt, steht diese Kirchen-Ordnung in geschichtlichem Zusammenhang „mit der Errichtung des Consistoriums bezw. der Wiederaufrichtung des am Ende des 15. Jahrhunderts dem Plauenschen Pfarrer und deutschen Ordenscomthur ertheilten Archidiakonats im Bezirk des alten Gaues Dobna (archidiaconatus Dobnensis) und mit der Bestätigung der dem Prediger zu Plauen schon am ersten Ostertage 1533 von den sächsischen Visitatoren zugesprochenen Obersuperattendenz im Voigtlande, durch den Burggrafen Heinrich IV. am 9. Februar 1548". Denn am 9. Februar 1548 bestimmte Heinrich IV.: „Anlangende das consistorium oder jurisdiktion wollen wir, dass dasselbige wie bisher gehalten werden soll und sind nit bedacht, dass wir uns solcher herlickeit wolten begeben und einem andern zustellen ... darumb soll sich der pastor zu Plauen als der oberste superattendent thun wie zuvor derselbigen örter gebrauchen und verhalten." Das Siegel des Consistoriums zu Plauen führte die Umschrift „Archidiaconatus Dobnensis" und zeigte die Figur Johannis des Täufers, darunter das Wappen des deutschen Ordens. Das Consistorium, welches unter dem Vorsitze des Pfarrers zu Plauen aus fünf geistlichen und drei weltlichen Verordneten bestand, existirte bis zum 6. Juli 1583, an welchem Tage es aufgehoben und dem Consistorium Leipzig eingegliedert wurde (vgl. den Aufsatz von J o h. M ü l l e r, im Vogtländischen Anzeiger und Tageblatt, 1880, Nr. 147). Zur weiteren Geschichte der reussischen Consistorien vgl. III.

Nicht ganz klar ist die formelle Betheiligung des Landesherrn an der Abfassung und Publikation dieser Ordnung. Eine stillschweigende Billigung des Landesherrn ist aber um diese Zeit mit voller innerer Berechtigung zu construiren, eine vorherige Billigung immerhin nicht unwahrscheinlich. So viel gegen Druffel's Bemerkungen in seiner Kritik über Berthold Schmidt, Burggraf Heinrich IV. zu Meissen, Gera 1888, im Neuen Archiv für sächsische Geschichte 10, 165. Bezüglich der Liturgie schliesst sie sich an die Plauen'sche Ordnung von 1529 an (vgl. unter Plauen).

Eine kurze Skizzirung des Inhalts der Kirchen-Ordnung findet sich bei Gebhardt, a. a. O. 2, 203 ff. Einen Abdruck hat Heinrich XXVI. von Reuss-Ebersdorf im Lobensteiner Intelligenzblatte von 1788, S. 193 ff., veranstaltet nach einer vom Archivar Gottlieb Wilhelm Bretschneider am 24. März 1763 beglaubigten Abschrift der Originalhandschrift im Archive zu Gera. Diese letztere befindet sich in dem Fürstl. Archiv zu Gera. (P. Ib, Nr. 1, Bl. 1 ff. 8 Blätter, letztes Blatt unbeschrieben. Nicht unterschrieben.) Unmittelbar darauf folgt aber ebendaselbst eine — von einer Hand des 17. Jahrhunderts herrührende — Abschrift derselben Ordnung, mit der Überschrift „Burggräfliche kirchenordnung, welche die superintendenten des Voigtlandes anno 1552 berathschlaget und angenommen", und mit dem Schlusspassus „Zur urkund habe ich Corbinianus Hendel magister, der zeit pfarrer zu Plauen, und superintendens im Voigtlande, diese obbeschriebene artikel mit meiner eigenen hand unterschrieben und den vielgemeldten herrn superintendenten auf ihr bitte jedem ein abschrift unter meinem befohlenen amtsinsiegel mitgetheilet. Actum Plauen anno et die ut supra." Offenbar ist diese letztere Abschrift nach einem (nicht mehr vorhandenen) von Hendel unterschriebenen Exemplare angefertigt. Die vorhergehende Handschrift [nach welcher Bretschneider die Copie genommen und beglaubigt hat] ist also nicht das eigentliche officielle Exemplar, aber es ist mit diesem, nach der Handschrift zu schliessen, gleichzeitig. Wir drucken nach ihm. (Nr. 34.)

Man ersieht aus dieser Kirchen-Ordnung, dass in diesem Theile der reussischen Lande ein reges, kirchliches Leben herrschte. Man begnügte sich nicht mit der durch die kursächsischen Visitatoren geschaffenen Grundlage, sondern baute selbständig vorgehend auf derselben weiter. Zwar wird noch in der Kirchen-Ordnung von 1552 wiederholt auf die Ordnung der Visitatoren verwiesen, aber wir erfahren auch aus der Ordnung von 1552, dass die reussischen Superattendenten sich zu Synoden vereinigten, um die Weiterbildung des Kirchenrechtes zu berathen und zu beschliessen. So z. B. in Schleiz zur Ausgestaltung des evangelischen Kultus. An der Zusammenkunft in Plauen, aus welcher die Kirchen-Ordnung von 1552 hervorgegangen ist, nahmen sämmtliche Superintendenten des voigtländischen Kreises Theil. Vgl. auch oben unter I.

III. Die jüngere Reuss-Plauen'sche Linie. Es ist hier nur ein Akt landesherrlicher Gesetzgebung zu nennen. Als der synergistische Streit entbrannte, benutzten zwei von den Söhnen Heinrich's des Friedsamen, Heinrich der Mittlere und der Jüngere, die Gelegenheit, ihre Episkopalrechte in der erlangten Unabhängigkeit von der sächsischen Lehnsherrlichkeit zu betonen. Sie traten der von Sachsen verfolgten flacianischen Richtung bei (ihr Bruder Heinrich der Ältere blieb ein heftiger Gegner), setzten daher Geistliche ab und beriefen hingegen Musäus aus Jena, sowie andere wegen des Flacianismus aus Sachsen vertriebene Prediger. In Folge der Angriffe der Strigel'schen Partei in Weimar verfassten im Auftrage ihrer Herren, der Brüder Reuss und des Wolfgang, Herrn von Schönburg auf Glauchau, die Superintendenten Musäus in Gera, Autumnus in Greiz und Rosinus in Waldenburg (auch der Superintendent Tettelbach in Chemnitz scheint mitgewirkt zu haben) eine „Confessionsschrift etlicher prädicanten in der herrschaft Obergreiz, Gerau, und Schönburg u. s. w. ..... gewidmet den herren

Reussen, Heinrich dem mittleren und Heinrich dem jüngeren, und dem herrn Wolf von Schönburg". Diese Confessionsschrift wurde 1567 gedruckt und von Heinrich dem Mittleren und
Heinrich dem Jüngeren, Herren von Plauen (beide besassen zusammen die Herrschaft Ober-
Greiz, letzterer auch Gera), und Wolfgang Herrn von Schönburg in ihren Landen publicirt.
Sie ist übrigens nicht streng flacianisch, sondern vermittelnd. Vgl. H e r z o g , Realencyklopädie,
unter „Thüringen", 15, 650 Anm. Vgl. auch unter „Schönburg". Wegen neuerer Angriffe wurde
die Confessionsschrift 1597 und 1598 auf Befehl des Herrn Heinrich Posthumus den theologischen
Facultäten Jena und Wittenberg und dem Hofprediger Leyser in Torgau übersendet. Von diesen
wurde sie gelobt und daher 1599 erneut gedruckt mit einer Erklärung im Namen der d r e i
Herren Reussen, dass sie sich zu dieser von ihren Vätern publicirten Confession, welche auch
mit der in neuerer Zeit erschienenen Concordienformel übereinstimme, bekennten. Sie wurde
unterschrieben von den Superintendenten in Ober-Greiz, Schleiz, Gera, Lobenstein und Kranichfeld, und von 61 Archidiaconen, Pfarrern und Diaconen, d. h. von sämmtlichen Geistlichen der
mittleren und jüngeren Linie. Endlich wurde sie 1616 auch in den Herrschaften der älteren
Linie Unter-Greiz und Burgk eingeführt und war nunmehr Symbol der gesammten reussischen
Landeskirche. — Im Jahre 1699 wurde auf Befehl der sämmtlichen Herren Reuss eine dritte
Auflage veranstaltet. Zur Geschichte und den Auflagen der Confession vgl.: Erläutertes Voigtland, 4. Stück, Greiz 1727, S. 295 ff.; Lobensteiner Intelligenzblatt 2, 90 ff., 5, 202 ff.; M e u s e l ,
in: Beiträge zur sächsischen Kirchengeschichte, 1899, S. 149 ff.

Eine Visitation fand seit der Visitation von 1534 erst wieder im Jahre 1600 statt. Die Vorbereitungen dazu fallen aber noch in das vorhergehende Jahrhundert. Heinrich Posthumus liess
Visitationsartikel aufsetzen, von sämmtlichen Geistlichen begutachten, veranstaltete 1596 auch
einen Convent zu Schleiz und ordnete daraufhin die Visitation an, welche von 1600 an in Greiz,
Schleiz, Lobenstein und Gera vor sich ging (Lobensteiner Intelligenzblatt 1788, 5,205 ff., 209,
213, 217, 221, 225; 21 (1804) S. 88 ª.

Im Zusammenhang damit steht die Wiedereinrichtung eines Consistoriums und die Abfassung einer Consistorial - Ordnung. Im Archive zu Gera, P. I/b, Nr. 1, findet sich ein von
Bartholomäus Hörel, der 1616 Mitglied des Consistoriums wurde, verfasster „Bericht, welcher
massen das reusisch - plauische consistorium zu Gerau bestellet gewesen". Hieraus erfahren
wir, dass von 1590 bis 1600 „wie auch vorhero" ein Consistorium nicht bestanden, sondern vielmehr der Superintendent Esaias Krüger die Ehesachen „mehrentheils" allein erledigt hat. Erst
im Jahre 1600, „weil domals die visitation vorgangen und viel, wie auch folgende jahr zu verrichten gewesen", sind ihm Hofprediger Friedrich Glaser, Mag. Johann Volkmar und Archi-
diaconus Nikolaus Heider beigeordnet worden, ohne dass jedoch den Genannten ein förmlicher
„Bestellungsbrief" gegeben worden wäre. Ein solcher ist erst vom 13. October 1608 erhalten.

Über die Thätigkeit dieser Behörde geben uns die Protokolle der „Ratschläge in Consistorialsachen" im Fürstl. Archive zu Gera, P. I/b, Nr. 2, Bl. 5 ff. Aufschluss. Am 23. März
1603 z. B. beriethen im Beisein des Landesherrn der Kanzler Johann Hofmann und der Hofprediger Friedrich Glaser; als Secretär fungirte Mag. Johann Volkmar. Sie resolvirten auf
eingelaufene Special - Visitations - Berichte, auf Anfragen des „Vicesuperintendentis zum
Lobenstein", des Superintendenten zu Kranichfeld u. s. w. Der Landesherr stellte selbst die
Frage der Errichtung einer Partikularschule zu Gera zur Diskussion. — Ähnliche Protokolle
finden sich auch aus späteren Jahren. Die Mitglieder wechselten. Das gab zu Differenzen Anlass, so dass 1608 ausdrücklich entschieden wurde, wer eigentlich „Consistorialis" sei. [Fürstl.
Archiv Gera, P. I/b, Nr. 2, Bl. 47 ff.] Unter eifriger persönlicher Mitwirkung des Landesherrn
(wenn dieser sich auch nicht, wie in der Schönburg'schen Consistorial-Ordnung [nach 1606], zum
Consistorial-Präsidenten ernannte), erledigte dieses „Consistorium" die Verwaltungsgeschäfte der
Landeskirche.

Aus der ersten Zeit des neuen Consistoriums zu Gera ist eine Urkunde erhalten, welche für die Entstehung des landesherrlichen Kirchenregiments und die Geschichte der Consistorien von grossem Interesse ist. Der Adel bestritt dem neuen Consistorium das Recht, seine Hintersassen direct vor das Consistorium zu citiren, das Consistorium sei nur auf den Weg der Rechtshilfe angewiesen. In für die ganze Zeit charakteristischer Weise wandte sich das Consistorium nicht an seinen Herrn, sondern erbat ein Rechtsgutachten von dem Consistorium zu Wittenberg.

Das Gutachten des letzteren ist im besiegelten Original im Fürstl. Regierungs - Archiv zu Gera (P. I/b, Nr. 1) erhalten. Die äussere Adresse des mit dem Präsentatum 4. November 1600 versehenen Schreibens heisst: „Den ehrwürdigen ehrnvesten und hochgelerten verordenten des reusischen plauischen consistorii zu Gerau unsern gueten freunden." Das Schreiben lautet: „Unsere freundliche dinste zuvor. Ehrwürdige ehrnveste und hochgelerte, guete freunde. Auf euere an uns gethane frage daruber ihr unser bedenken und rechtsbelehrung gebeten, unterrichten wir verordente des churfürstlichen sechsischen consistorii zu Wittenberg vor recht. Hat der wohlgeborene und edele herr, herr Heinrich Reusse, herr von Plauen euch die cognition und erörterung der ehe und anderer geistlichen sachen in ihr. gn. herschaft befohlen und aufgetragen, derowegen ihr derer vom adel bauern, und unterthanen in solchen sachen immediate vor das consistorium citirt und vorgeladen. Ob nun wol ermelte die vom adel vermeinen, das dieses von euch in subsidium iuris zu bescheen, in erwegung, das von wolermeltem e. g. herrn sie zum theil mit dem erb-, zum theil auch mit öber und erbgerichten zugleich beliehen, dennoch und woferne es an deme, dass wolgedachtem e. g. herren die geistliche jurisdictio derer örter, da sie und ihre unterthanen sesshaftig, wie auch die hohe öberbotmessigkeit, herligkeit und superioritet zustendig, und dohero in ehe und anderen christlichen sachen, vor i. gn. oder derselben consistorio im rechten still zu stehen schuldig. So seid ihr die vom adel und ihre unterthanen im namen des consistorii vorzuladen, die vorladung durch den pfarherrn jedes orts, oder durch die zu dem consistorio verordente und geschworne boten ankündigen zu lassen, und dann solche ehe und andere sachen, so von den öbern und niedergerichten abgesondert, und in die iurisdictionem ecclesiasticam gehören und euch zu verrichten befohlen uf vorgehende verhör zu entscheiden wolbefugt. Von rechts wegen. Urkuntlichen mit unseren des consistorii insiegel versiegelt."

Es ist hier nicht unsere Aufgabe, die Geschichte dieses Consistoriums darzustellen, wie insbesondere die unerquicklichen Streitigkeiten zwischen den Geistlichen und den „Politici". [Vgl. darüber Fürstl. Archiv Gera, P. I/b, Nr. 2, 45 ff.] Eine förmliche Organisation und eine Consistorial - Ordnung fehlte. Am 29. April 1619 gab Heinrich der Jüngere und Älteste eine „Verordnung welcher massen es bei itziger vacanz in consistorial- und ministerialsachen gehalten werden soll". (Unterschriebenes Original im Fürstl. Archiv zu Gera, P. I/b, Nr. 1.) Hiernach wird der Kanzler zum „praeses oder director" bestellt.

In diesen Rahmen gehören auch die Berathungen über eine Consistorial-Ordnung. Die Vorarbeiten fallen schon sehr früh. Schon 1608 wird angeregt, die vor etlichen Jahren verfasste Consistorial-Ordnung wieder vor die Hand zu nehmen, 1610 erinnert der Fürst die Verordneten des Consistoriums daran [Fürstl. Archiv, P. I/b, Nr. 2, Bl. 72]. Vom Jahre 1616 finden wir im Fürstl. Regierungs - Archiv zu Gera, P. I/b, Nr. 1, einen Entwurf: „Ohngefehrliche begriff einer reuss - plauischen gemeinen consistorial - ordnung". Heinrich hoffte eine gemeinsame Consistorial-Ordnung für das ganze reussische Geschlecht zusammenzubringen, fand jedoch bei den Verwandten kein Entgegenkommen (vgl. z. B. das ablehnende Schreiben von Reuss-Greiz von 1624 in denselben Akten). Und so musste sich Heinrich mit seinem eigenen Lande begnügen. Man lese das Ausschreiben vom 28. Juni 1625, in welchem er das Scheitern seiner Pläne tief beklagt, aber anordnet, dass nunmehr energisch an die Abfassung der eigenen Ordnung gegangen werde. Die Berathungen zogen sich aber noch lange hin. Schwierigkeit machte namentlich die Abgrenzung der Competenzen der Kanzlei und des Consistoriums. Vgl. auch das gedruckte Ausschreiben vom 2. Januar 1617 im Fürstl. Archiv Gera, P. I/b, Nr. 2, Bl. 88.

Über dieselben Berathungen giebt uns das Archiv P. I/b, Nr. 1 und 2 Aufschluss. Ein fertig gestellter Entwurf datirt vom 1. Mai 1625. Aber die Berathungen gingen weiter. Man liess sich auch von auswärts Vorlagen kommen, so die Schönburg'sche Consistorial-Ordnung für das Consistorium zu Waldenburg. Gutachten wurden von allen Seiten eingeholt, so von den Consistorien zu Leipzig und Wittenberg.

Endlich waren alle Bedenken beseitigt, und unter dem 21. Mai 1635 erfolgte die Publication. Die Söhne Heinrich's des Jüngeren und Ältesten, nämlich Heinrich der andere Jüngere und Heinrich der dritte Jüngere, unterschrieben die Ordnung am 10. Juni 1635, für den Überlebensfall, und unter dem 1. September 1647 erkannten sie die Ordnung noch einmal ausdrücklich als bindend an. Ein Abdruck der Ordnung steht im Lobensteiner Intelligenzblatt 18 (1801), S. 175 ff.

30. Verordnung der Visitatoren für den Hauptmann zu Gera. 1533.

[Nach Weimar, Ji. Nr. 9.]

Uber die gemein artikel dem hern hauptman zn Gera uberantwort.

Zu gedenken auch, das unser gnediger herr hie zu Gera wolle sich bevleissen, zu fürderung gottes wort und beide der herrschaft und unterthanen heil und selickeit das inventarium bei allen pfarren, wo keins nicht ist, aufzurichten.

Zum andern jerlich von allen kirchvetern rechnung zu nehmen der schuld und einnahme.

Zum dritten. Nachmals vleis zu haben, das die ritterschaft und erbar manschaft der herrschaft Gerau eigentliche vorzeichnüs irer pfarrkirchen und capellen einkommen, schtild und cleinod einzubrengen, alle begern gros aufgezeichnet, und unsers gnedigen hern zu Gera des eldern oberm hauptman zu handen stellen und folgend den visitatorn in Meissen und Voitland zufertigen.

Zum vierden. Gott zu ehren darob zu sein, das in allewege alles, das so den pfarrern, vicarien, caplanen und kirchnern entzogen, inen widerümb anzuschaffen.

Zum fünften. Ob dem pfarrer zu Gerau als superattendenten und andern christlichen pfarrern, predigern und caplanen in der ganzen herrschaft genotich zu halten, damit die christliche ordenung mit verkündigung gottes wort lauter und rein, auch mit gleichformigen ceremonien gottes wort gemes und mit gutem leben unverbruchlich gehalden werde.

Zum sechsten. Die irrigen eesachen neben dem pfarrer zu Gerau und etlichen vom ampt, wo sie aufm lande, oder etlichen vom rat, so sie in der stat Gerau erwachsen, treulich zu handeln, wo aber nichts fruchtbars zu erheben, dieselben

sachen kegen Wittenberg an die verordenten doctores des sechsischen hofgerichts mit genugsamen bericht des handels zu fertigen.

Zum sibenden. Ein sonderlich auge auf die sacramentirer, widerteufer und andere schwermer zu haben. Demselben unglück gott zu ehren und zu erhaltung gemeinen landfridens zu begegen.

Zum achten. Treulich zu helfen, gute pfarrer an stat der entsetzten ungeschickten zu schaffen, als nemlich herr Ulrich von Walthurn und grossen Aga und herr Chilian Bornichen gen Sara, doch durch die visitatorn zuvor zuverhören.

Zum neunden. Darob zu sein, das, wo herr Simon Karl, der aldo priester bei Götzen von Wolferstorf sich wider erougen wurde, im anzuzeigen, vermoge churfürstlichen bevehls der papistischen unchristlichen mess und anderer gotslesterung im fürstenthumb und diser herrschaft zu enthalden.

Zum zehenden. Bei unserm gnedigen hern unterthenigen vleis für zu wenden, den zehenden und anders, so seine gnad von den pfarrern und andern geistlichen gutern zu sich gezogen, darzu zu folgen zu lassen, als nemlich das hohenlehngeld, item 6 scheffel getreide vom schlos zu Gerau dem pfarrer zu Frankental und was dergleichen mer von solchen gutern anderswohin gezogen, dan die churfürstliche instruction bringts mit claren worten mit, solchs alles wieder zu den pfarrern und andern geistlichen lehen on alle vorminderung zu schaffen und verordnen.

Zum eilften. Das den pfarrer zu Crassdorf die 3 groschen, im etlich jar von Peter Scharlach fuerenthalden wider ganghaftig gemacht werden, desgleichen das der garte zu derselben pfarr gehorig, so Franz Gotteberger inhat widerumb zur pfarr bracht werde.

Zum zwelften. Auf die wege zu gedenken, wie der arm pfarr Frankental ein jerliche zulage gemacht mocht werden und sich das dester bas zu erhalden.

Zum dreizehenden. Sonst auch in gemein vleis zu haben, den andern armen pfarrern so viel immer ertreglich ein zulage zu machen, als mit ein groschen vom haus oder sonst sich dester bas zu underhalden, damit man wol berichte leute müge bekommen.

Zum vierzehenden. Das auch die kirchveter die buecher zun pfarren, darbei zu pleiben, lassen erkeufen, damit die pfarrer dester weniger ursach haben, die leute zuverseumen.

Zum funfzehenden. So viel auch gott geben wil, vleis zu haben, damit die in alle wege unser gn. herr von Gerau der alde sampt seinem ehelichen gemahel und andern den iren inen allen selbst zu ewigem trost und guten, zu gottes wort

kommen mogen und inen zu furderung solchen grossen schatzes ein frommer, christlicher gelerter priester entweder am churfürstl. hof zu Sachsen oder durch die visitatores verhort examinirt zugelassen zugeordnet werde, diser erlichen herrschaft mit gottes gnade und hülf, wie es dan zum treulichsten von unserm gnedigsten hern dem churfürsten zu Sachsen gemeint, damit auch zu helfen.

Zum sechzehenden. Das auch dem pfarrer zu Pirnau das wasser zu seiner besserung möge geschafft werden, nicht allein im, sondern auch allen volgenden pfarrern und selsorgern desselben orts zu gut.

Zum sibenzehenden. Auch sonst allenthalben guten vleis zu haben, das dise dinge alle zum besten gott zu ehren und zu heil der untersessen gefürdert und nicht gestopft und verhindert werden.

Zum achtzehenden die 36 scheffel halb korn, halb habern bei beiden Gerharden von Lubschitz gebrüdern dem pfarrer hie zu Gerau in etlich jare furenthalden wider ganghaftig zu machen.

31. Verordnung der Visitatoren für den Rath der Stadt Gera. Vom 9. September 1533.

[Nach Gera, Fürstl. Regierungs-Archiv, Pᶜ/I und Weimar, Ji. Nr. 9.]

Artikel und ordenunge von den visitatoren aus bevelch unsers gnedigsten herrn des churfürsten in Sachsen etc.

Darnach sich graven, herren, heubt- und ambtleut, schosser, die von der ritterschaft, pfarrer und der stedt fleck und paurschaft richten und halten sollen, unverbrechlich geordent und gegeben 1533.

Stadt Gerau.

[Es folgen „Gemeine verordnung und artikel der visitation in Meissen und der Voitland", von 1533, welche in Bd. I S. 187—191 abgedruckt ist.] Die Verordnung für Gera hat nur folgende Abweichungen:

Bd. I S. 187 Spalte 2 Z. 8 des Textes: „Die opfergroschen — pfingsten" fehlt [1]).

Bd. I S. 189 Spalte 1 Z. 19 statt „nicht mehr": nicht mehr beschweren [2]).

Bd. I S. 190 Spalte 1 Z. 13 statt: „nach der ordnung zu Wittenberg": nach der Wittenbergischen ordnung [3]).

Bd. I S. 190 Spalte 2 Z. 15 ff.: „Die pfarrer" bis „unbeleut begraben werden" fehlt [4]).

Bd. I S. 191 Spalte 1 Z. 9: „kein kirchner on wissen und willen irers pfarrers anzunehmen" steht am Schlusse des Capitels [5]).

[1]) Ebenso für Plauen.
[2]) Plauen wie Bd. I S. 187.
[3]) Plauen: fehlt diese Bemerkung ganz.
[4]) Plauen: ebenso.
[5]) Plauen: fehlt ganz.

Der Schluss lautet: Nemlich sind die verordenten exekutoren in der Voitland Günther von Bünau zu Elsterberg in Frankenhof und Joseph Lewin Metzsch auf Mila [1]).

Die Verordnung schliesst mit dem Capitel „Der kirchner bevelch" (Bd. I S. 191) ab und fährt dann fort:

Ferner zu gedenken, das man das opfergeld zu pesserung der pfarren jerlich uf zwue zeit als nemlich zu weinachten und pfingsten ordentlich einzubringen und zu sammeln.

Zum andern dem schulmeister noch etlich clafter holz jerlich zu geben, pis man in ein bessere zulage moge thun.

Item seinem des schulmeisters mitgesellen auch eine jerliche besserung zu machen.

Zum dritten, dem kirchner alles das von broten, taufpfennig und anderem, wie vor alters verbreuchlich zu geben, vorschaffen und auch etlich clafter holz zuzulegen jerlich zu thun.

Zum 4. die verkündigung der weltlichen hendel vor dem heiligen amt der predigten am sontag in der kirchen abzuschaffen und auf ader vorm radhaus zu thun, dan es saget unser lieber got und Christus: Mein haus soll ein bethaus heissen.

Zum 5. in allewege treulich ob der christlichen ordnung zu halden und allen muglichen vleis vorwenden, kein secten, weder die sacramentirer, noch widerteufer, noch andere einzureissen

[1]) Plauen ebenso: Und sind u. s. w.

zu lassen, gott zu ehren, auch pillichen gehorsam und gemeinen friden dester ehrlicher zu erhalten.

Zum 6. dem prediger und caplan auch etlich clafter holz als sonderlich dem prediger vir claftern jerlichen zu geben, das sie dan gewilligt.

Zum 7. den mittleren altar bas zuvorrücken, auch die kerzen und die bretter daran weg zu thun, domit die communicanten desto mehr raumes haben.

Zum 8. das hinfur zum ersten die manspilde und darnach die weibspilde zum sacrament furgehen und nicht durch einander laufen, solches auch zu verhüten ein geschrenk um den altar zu machen.

Zum 9. mit der zeit einen gemeinen kasten vor die haus und ander arme leit aufzurichten, darzu man uf ansuchen ein ordenung geben sol.

Zum 10. das die alten vicarien, so sie in der zeit in gots wort berichtet, die sollen den pfarrer im besuchen der kranken und in andere wege hülflich erscheinen.

Zum 11. uf weg und stell zu gedenken, wie ein gots acker oder kirchhof vor der stad hinaus möchte geordent werden.

Zum 12. in allewege die litanei uf mitwoch und freitags zu halden.

Item der rat will auch dem schulmeister zu den vir lachtern [= claftern] holz, die sie im reichen wollen, einen iglichen knaben, so zu schul gehet, 1 groschen holzgelt geben lassen.

Es hat auch der rat gewilligt, das ror wasser dem herrn pfarrer wider auf die pfarre folgen zu lassen.

Beschliesslich dem neuen pfarrer und prediger ire underhaltung und besoldung angezeigt: Als nemlich diser gestalt, das der pfarrer sol haben, alles das der vorige gehabt, und domit dem prediger geben jerlich 20 gulden, sonst sol er dem schulmeister den tisch geben wie vor, pis er im zu seiner gelegenheit auch ein gelt darvor vermachen kan.

Der prediger soll jerlich haben 80 gulden, als nemlich 20 vom pfarrer und 60 vom rat und soll im in die vir quartal des jares geteilt und gegeben werden.

Und die übrigen sechsthalben gulden, domit es die sechsthalben und sechzig gulden erreicht, soll der rat vir gulden dem schulmeister und 2 gulden dem kirchner pis uf weiteren beschid geben und reichen.

Es sol auch der itzig prediger Gregorius Voit, magister, ein superattendent über die andern prister und sachen sein und in der termini wonen.

Der caplan soll haben jerlich zu besoldung 40 gulden für alles und was im zu aufbot, copulation gelde oder dergleichen verehrung mag werden, auch mit abteilung alle vierteljahr wie dem prediger, und die 40 gulden soll im der pfarrer reichen und geben.

Dergleichen so soll auch der caplan im furhaus an der pfarren wonen.

Dagegen sollen pfarrer, prediger und caplan das volk treulich mit gottes wort vorsorgen; dergleichen mit besuchung und trostung der kranken, auch alle drei einander helfen, so es die nothdurft erheischet, die communicanten zu verhoren.

Sonderlich soll auch der caplan, wie bisher bescheen, auch die ufm laude vorsorgen.

Der prediger sol des sontags frue, der pfarrer nach mittag den grossen catechismum treulich predigen, es were den ein fest Christi, so soll man vom feste predigen.

Am montags der prediger.

Am dinstag der pfarrer.

Am mittwoch sol der caplan den clein catechismum treulich halden, allwege ein halbe stunde.

Am dornstag der pfarrer.

Am freitag soll abermal der caplan den clein catechismum treulich halden.

Am sonnabent der pfarrer.

Der caplan soll auch sonderlich die dorfschaften in die pfarr gehorig mit dem sacrament treulich vorsorgen.

Dergleichen mag der pfarrer zu Gerau die dorfschaft Politz mit dem pfarrer zu Costritz um geburliche vergleichung vorsorgen.

Das alles zu urkunt und mehrer beglaubigung haben wir, des durchleuchtigsten hochgeborenen fursten und herrn, herrn Johann Friedrichen, herzogen zu Sachsen und churfürst, unseres gnedigsten herren verordente visitatoren in Meissen und der Voitland unser angeborene und gewonliche petschaft hierunden aufgedruckt. Abschiedlichen bescheen nach nativitatis Mariae anno domini 1500 und im drei und dreissigsten jar. [Folgen 5 Siegel.]

32. Verordnung der Visitatoren für Gera. 1534.
[Nach dem Fürstl. Regierungs-Archiv Gera, P^e/I, und Weimar, Ji. Nr. 9.]

In der andern visitation zu Gera seint unter andern folgende verordenung gemacht:

1. Zum ersten, nach dem man ein merglich anzal volks in und neben der stad ob XI dorfer hat mit der seelsorge zu bestellen, so haben die visitatores neben den vorigen caplan noch einen vorordent, bis man mit der zeit den dritten auch moge erheben, dergestalt das der pfarher prediger

mit sei, damitte beide dem pfarher den pfarleuten und eingepfarrten dessder steticher mit
gottis hulf geraten moge werden.

2. Zum andern dieweil der pfarher zu Gera
zu hoch beschwert mit der ausgab gewest, so hat
man ime diese linderung gemacht, das er hinfür
dem 20 gulden auch dem schulmeister cantori uud
kirchner den tisch unde kost nicht mehr geben sol.

3. Zum dritten so sol der pfarher zu Gera
dem ersten caplan 40 alde schock jerlich geben,
demselben caplan sal man auch noch jerlich
10 gulden aus dem gemeinen casteu zugeleget
werden, domit er jerlich 50 gulden haben.

4. Zum vierden sol der ander caplan zu
seiner besoldung auch jerlich 50 gulden haben.

5. [Der schulmeister erhält an stelle des
tisches 15 gulden.]

6. [Der cantor desgleichen 12 gulden.]

7. [Der kirchner desgleichen 6 gulden.]

8—10. [Regelung der Einkünfte und Ausgaben des gemeinen Kastens. Der Pfarrer bezieht,
wie in der ersten Visitation angeordnet, 80 Gulden.]

11. [Tinz wird nach Gera eingepfarrt.]

12. Zum zwelften, so sollen die zwen caplan,
desgleichen auch der dritte, wo derselbige verordent, ir amt und dienst also mit wissen und
zuthun des pfarhers abteilen, das alle eingepfarte

in der stadt und ufm lande allenthalben versorget
sei mit gottis wort und handreichung der gottlichen sacrament und gotlicher christlicher trostung,
in gesund und krankheit.

13. Zum 13. das in alleweg der catechismus
in den wochen und sonst überal in der staet und
ufm land treulich getrieben werde.

14. Zum 14. sollen alle caplan, vicarien,
schulmeister, cantor und kirchner den pfarher in
allen billichen christlichen sachen zu gehorsam
stehen.

15. Zum 15. so sollen der pfarher, prediger
und caplan den altar, dorauf man itzo zu Gera
mess helt und das [hochwirdige sacrament reicht,
also zurichten lassen, das man mit mehrem raum
darzu und damit kommen mag. Das man auch
ein geschrenk um denselben altar mache, damit
die so zum hochw. sacrament gehen unbedrengt
bleiben. Obgleich auch ein beialtar ader zweene
solden derwege nach anweisung des pfarhers und
predigers solden abgebrochen werden, desgleichen
sal man auch uf ein por kirchen gedenken, domit
das volk desto bas horen kan.

16. Zum 16. so sol man alwege allenthalben
uber der visitation gnediglich und ernstlich halten
und derselben zuwider nirgent noch nichts vorordenen.

33. Kirchen-Ordnung für die Stadt Lobenstein. 1543.

[Nach Weimar, Ji. Nr. 12. Abdruck im Lobenstein'schen Intelligenzblatt, 1787, Bl. 177 ff.]

Was dem rat zum Lobenstein bevolen worden:

1. Erstlich sollen die altaria ane der hohe
altar aus der kirchen gethan werden.

2. Zum andern soll ein gitter fur den chor
für die communicanten gemacht und das creuz
darin stehen bleiben darunter ein pult gemacht
werden.

3. Die schuler sollen auf der seiten im chor
stehen, damit sie die communicanten nicht hindern.

4. Der rat soll ernstlich darob sein, das die
kinder zum katechismo gehalten werden.

5. Die opferpfennige sollen dem pfarrer halb
Walpurgis und halb Michaelis durch zwen so der
rat darzu verordnet von einen menschen der zum
sacrament geht, ader der über 12 jar ist des jars
vier pfennige eingemant und dem pfarrer gereicht
werden.

6. Die fanen und kerzen, desgleichen die
abgottischen bilder aus der kirchen zu thun.

7. Es solle nichts von der kirchen verkauft
werden ane vorwilligung des pfarrers als super-
attendeuten und des amtmanns.

8. Das begrebnis sol hinder der kirchen mit
einen schrank oder zaun gemacht und unterschie den
werden nach dem des orts raum genug.

9. Das bitt heuslein auf dem kirchhof sol

man des stanks halben hinweg schaffen. Sonst
sollen sie sich allenthalben der visitation ordnung
im curfürstenthum im 33. jar gehalten, welche in
schriftlich zugestelt und der ganzen gemein vorlesen worden, gehorsamlich halten, wie sie solchs
zu thun zugesagt.

10. Den armen leuten sol das almusen mit
der tafel und secklein in der kirchen alle fest
und sontag gesamelt und nach nodturft wider ausgeteilt werden, dieweil armuth halben und das
gar kein vorrat bei der hand gewest kein gemeiner
kasten hat konnen aufgericht werden.

11. Weiter ist vorschaft, das nach dem das
pfarhaus vor einen jar abgebrant, dem neuen
pfarrer noch vor winters anzufahen und auf den
frueling volend zu bauen, wie sie dan zu thun
gewilligt.

12. Dieweil er Johan Schefer, ein alter papistischer pfaff, einen zettel so in jar tausend funfhundert und funf geschriben ubergegeben hat, auf
welchen alles einkommen sich nicht viel uber
14 ass erstreckt, und doch das lehen 25 ass
einkommens sol haben, sol der rat neben dem
pastor zum Lobenstein mit gedachten hern Schefer
reden, und ein recht vorzeichnis alles einkommens
vom im fordern, und mit des ambtmans daselbst

gewalt in vall, das er sichs widern wurde darzu dringen.

13. Es sol etwan ein inventarium bei der pfar zum Lobenstein gewest sein, welches mit der pfare vorbrent sein sol, dieweil dan, Lorenzius Schneider nicht gestehen will, das er etwas in seinen anzug funden, alleine 3 widen kue, die er bekende und doch etlich getreid merer viechs funden haben, soll der rat und der neue pastor sich das alles mit vleiss erkundigen, und solchs den visitatoren aufs fürderlichst zu erkennen geben.

14. Do sich auch gedachter herr Lorenz und andre priester mit gots wort und seinen diacon ambt seiner zusag nach nicht cristlich und rechtschaffen wurde halten ader heimliche meuterei wurd anrichten, sol er nicht allein im ampt, sondern auch nicht in der stadt geliden werden.

15. Desgleichen ist den superattendenten sonderlich bevolen, achtung zu geben wie sich er Wolfgang Werner zum Lobenstein, und furder zum heiligen creuz werde halten, sindemal er zugesagt, und sich mit eigner hand vorschriben, das evangelion anzunemen, wie oben vormeldt.

16. Der superattendent soll sonderlichen vleiss haben, dass die jugent zur schul und christlicher zucht gehalten werde, auch die pfarren in der superattendenz in gelegener zeit zu visitiren, und sich zu erkundigen, wie es ein itzlicher pfarrer in seiner kirchen halte und vorordnen, dass sie sich nach seiner kirchenordnung richten und uber churfürstlicher visitationordnung halten, das derselben nachgegangen werde. So soll er auch jährlich ein synodum mit seinen bevolen pristern auf einen sonderlichen tag halten, und die priester in solchem synodo gehorsamlich erscheinen, in demselbigen von der ler, ceremonien, irem leben und gebrechen, mit inen zu handeln, wie im kurfürstenthum in den superattendenzen der gebrauch ist.

Es ist auch den ambtmann, und schossern bevolen worden, den armen priestern zu helfen, und sie zu schutzen, auch zuverschaffen, das in die pfarheuser, denen es von noten, gepaut, und ir einkommen gereicht werde lauts der visitation, ordnung welchs sie auch zu thun zugesagt.

Die haubt register und verzeichnuss einer jeden pfarr, gotshaus und kirchnerei einkommen sind im ambt Plauen, wie sie uberantwort worden, beigelegt bis uf weiter verschaffung.

34. Kirchen-Ordnung Heinrich's IV. vom 30. August 1552.

[Nach der gleichzeitigen Handschrift im Fürstl. Archiv zu Gera, Pars I/b, Nr. 1, Bl. 1 ff.]

Nachvolgende artikel seint durch die superattendenten des Voitlandes berathschlaget und angenommen, sich sampt ihren bevoblenen pfarrern eintrechtiglich darnach zu halten. Act. zu Plauen in der pfarr dinstags nach Bartholomei anno domini 1552.

Gemeine kirchenordnung am sontage.

Die sontage frue sol in allen stedten und flecken ein actus gehalten werden, dergestalt, das man nach der gewöhnlichen intonation eine antiphonam und einen psalmen deutsch darauf singe, ausgangs des psalmen die antiphon widerumb repetire.

Darauf das responsorium de tempore lateinisch. Nach demselben sol man lesen ein capitel aus dem alten testament, mit den summarien M. Viti Theodorici, damit die zuhörer den verlesenen text desto besser verstehen mögen.

Auf solche lection sol gesungen werden te deum laudamus, das canticum Zachariae deutsch mit einer antiphon, einen chor umb den andern, darauf die collecten von derselben dominica, wie die in der kirche Planen gebräuchlich, und zum beschluss das benedicamus, alles deutsch.

Ceremonien bei dem nachtmal des herrn Christi.

Das confiteor oder publica confessio vor dem altar soll frei gelassen sein, doch möchte man unser kirchen mit demselben nachvolgen, oder der priester einen psalm, als miserere mei deus, de profundis clamavi, oder dergleichen etwas vor dem altar kniend beten.

Der chor sol den introitum, kyrie eleison und et in terra de tempore alles lateinisch, so ferne es allenthalben rein, singen, darauf das gloria in excelsis deo deutsch nach den noten de tempore. Do man aber lateinische messen helt, mag mans auch latein singen.

Die collecten von der dominica mit ihrer melodia nach unserer kirchen.

Die epistel deutsch gegen dem volk gelesen, daraufein deutsch psalm-lied mit der ganzen kirchen.

Alsdann das evangelion gegen dem volk, und darauf den glauben, den singen etzliche in vier gesetzen, darinnen mag eine igliche kirche ihre ordnung behalten.

Sequitur concio.

Nach der predigt sol man allezeit uf der canzel einen gesang anfahen umb gemeinen friede, als: Erhalt uns herr bei deinem etc., Verlei uns frieden etc., O herr gott gib uns dein fried etc.

Darauf die praefationem deutsch, bis auf die verba coenae dominicae. Alsdann adhortatio ad communicantes.

Die verba coenae sollen billich uberal in einer melodien gesungen werden.

Ezliche nehmen ein gros partikel, brechen dasselbig von einander, und halten es mit beiden henden entpor.

Solche gewohnheit sol abgethan werden, denn sie jo so arg, als die elevation selber.

Das vater unser mag nach der communion auch gesungen oder unterlassen werden.

Die complenda nach unserer kirchen, und darauf benedictio finalis, die singt man gegen dem volk.

Man mag auch unter der communion singen das sanctus, agnus dei etc., item Esaia dem propheten etc., Jesus Christus etc., Gott sei gelobet etc.

Zu der vesper.

Es sollen in allen kirchen alle sontage vesper gesungen werden.

In den stedten möchte man dieselbe der Plauischen kirchen nach figuriren, mit ihren psalmen, magnificat, und andern.

Darzumal sol die predigt des catechismi uf der canzel nachvolgendes auch herniden mit der jugent ufs treulichst gehandelt werden, und so oft der ausgepredigt, wider fornen angefangen werden, wie denn solches die churfürstliche visitation ordnung klar mitbringt.

Es sol auch in den stedten die wochen über teglich vesper gehalten werden, were auch gut, dass solchs der schüler halber lateinisch gescheh, mit einer deutschen lection, so auch die knaben exercitii gratia thun sollen.

Wochentliche predigten.

Die wöchentlichen predigten sollen in den stedten an der mitwochen und freitage gehalten, und sollen dieselben nicht aufgezogen werden, sondern winter und sommer ihren fortgang haben. Es sollen sich auch die pfarher bevleissigen, dem volk was nützliches vorzunehmen, und sich wissen in die zeit zu richten.

Desgleichen sollen die superattendenten ihren pfarhern uf den dörfern, sonderlich wo grosse mengen und kirchspiel sein, alle die wochen, darinnen kein fest, noch aposteltag gefelt, am freitag eine predigt zu thun auferlegen, doch möchten sie zur zeit der ernte und des schnits, do die erbeit ufm felde so gar nötig, damit innehalten.

Montag, dinstag, donnerstag und sonnabent sol man in den stedten nach der ordnung der Plauischen kirchen das gemeine früegebet halten.

Erstlich einen deutschen hymnum singen, darnach eine antiphon und deutschen psalm darauf, nach dem psalm die antiphon wider repetiren.

Alsdenn eine lection aus dem neuen testament, mit einer kurzen summen aus den observationibus B. Rutae, Ditterichs oder Linckens, endlich eine vermahnung zu bitten vor allerlei noth, darauf einen gesang umb gemeinen friede. Da pacem deutsch, oder was man wil, sampt einer collecten und gewönlichen segen.

Die litaniam sol man allerwege am montage zum gemeinen gebet halten, oder den 79. psalm, deus venerunt gentes, deutsch wider papst, Türken und teufel singen. In allen predigten sollen sich die diener worts bevleissigen, dass sie gottes wort lauter und rein handeln und ihre eigene affecten nicht mit einmengen oder die leute schmehen, denn Christus bevihlt: inter te et illum solum etc.

Beruf.

Vocation und beruf der pfarherrn, kirchen und schuldiener sol einer jeglichen gemeine freistehen, auch derselben patronen, doch sol sölche vocation mit rath vorwissen und bedenken des superattendenten und anders nicht vorgenommen werden.

Und ob wol solche vocation penes ecclesiam steht, so sol doch solche macht nicht einem jeden pauren eingereumbt werden, quia corruptum iudicium vulgi.

Es soll auch keiner, der sich zum ampt dringt, lauft oder rennet, dazu berufen werden; offerre operam suam ecclesiae hat eine andere meinung.

Desgleichen sol man auch so gar junge leut nicht zulassen, denn derselben viele so geschickt, do sie ein jar caplan gewest, so laufen sie alsdann, flicken sich dort und da zu, bis sie pfaren kriegen, richten alsdenn wenig guts aus.

Es sol auch keine gemein wider in stedten noch dörfern ihre kirchen oder schuldiener one vorwissen der superattendenten zu enturlauben macht haben.

So viel immer müglich, sol man auf den dörfern eigne kirchner haben, und nicht solch amt den seuhirten befehlen. Were auch gut, das dieselben kirchner, weil sie gemeiniglich schulmeister genannt werden, solchem titel nachsetzten, schul hielten, und die jugent mit lesen und anderm unterweisen, wie dann in etzlichen dörfern geschicht, und können aus solchen armen schulen zu zeiten auch leute kommen, so der kirchen Christi viel nuz bringen etc.

Ordination.

Diejenigen, so zum predigamt berufen, sollen an keinem ort, dann zu Wittenberg ordinirt werden, und das bis auf weitern bescheid der hohen öbrigkeit.

Es sollen aber die superattendenten dieselben ordinandos zuvor wohl üben, exerciren, unterrichten, auch mit predigen versuchen, damit sie nicht mit schanden bestehen, und sol der keiner von seinem superattendenten zur ordination gefördert werden, er habe denn zuvor aufs wenigste eine eigne deutsche biblia und postillen d. Mart. Luth. seligen, über das auch eine ehrliche kleidung seinem stande gemes, daran sich billich niemand ergern möge.

Einweisung.

Wenn sölche die ordinatur nu erlangt haben, so sollen sie durch die superattendenten jedes orts alsdann eingeweiset, investirt, und dem volk vorgestellet und commendiret werden, nach ordnung und weise unserer kirchen, und gebürt sich von solcher einweisung von einem superattendenten 2 gulden von einem pfarher 1 gulden und von eim caplan 1 gulden. Also haben es die vorigen superattendenten zu Plauen gehalten.

Sonsten sollen die superattendenten kein geschenk nehmen, und solche personen zum ampt fördern, die dazu nicht tüchtig seind, und wird solches einem iglichen sein eigen gewissen auch wohl lehren.

Absolution.

Absolutio privata ist bisher an vielen enden gar abgethan wider die ordnung der visitation, die sol bei allen pfarhern widerumb aufgerichtet und umb vieler wichtiger ursachen willen von den superattendenten treulich darüber gehalten werden. Und das man damit deste statlicher müge umbgehen, sol man die confitenten vermanen, das sie allzeit den abend zuvor sich finden, rationem fidei geben, und alsdann absolution empfahen.

Verechter der sacrament.

Alle die jenigen, so das nachtmal des herrn Christi verachten und nicht empfahen, sollen zur gevatterschaft nicht zugelassen, sie sollen aber uf der canzel zum oftermale verwarnet werden, und do sie sich nicht bessern, sol man ihnen das hochwirdige sacrament am todpette (wo sie sich nicht augenscheinliche anzeigung einer rechtschaffenen, ernstlichen busse von sich geben) auch nicht reichen, und ob sie also versterben, neben andern christen nit begraben.

Do pestis oder andere ferliche seuchen vorfielen, sollen die leute uf der canzel vermanet werden, bei gesundem leibe das hochwirdige sacrament in der kirchen zu empfahen, damit es nicht von nöthen, einem iglichen in solcher gefehrlichkeit vor das siechpette nachzugehen, dann es oft erfahren, do der kirchendiener also vergiftet, das alsdann ihr viel ohne sakrament haben sterben müssen.

Apostelfest.

Die festa der apostel sollen feierlich gehalten werden, und vormittags das evangelion, nach mittag das exercitium mit der jugent im catechismo vorgenommen werden, wie dann solchs zuvor von uns allen zu Schlaiz vor gut angesehen und beschlossen worden, desgleichen der dritte ostertag, pfingst und christtag. Auch die festa Mariae Magdalenae und conversionis Pauli sollen sonderlich von wegen der schönen historien, so daran gefallen, hinförder eintrechtig feierlich gehalten werden, angesehen, das diese festa in der visitation ordnung ausdrücklich benümpt, auch zu Wittemberg und in andern stedten gefeiert werden.

Man sol au diesen tagen nicht leichtlich jemandes zu arbeiten erlauben, dann obwohl hierinnen unterscheid zu halten, und noch kein gesetze hat, so gehet doch solch arbeiten auch ohne ergernis nicht abe, darum sollen auch die leute ob der canzel vleissig vermanet werden, sich vor schaden zu hüten.

Gefielen aber solche festa uf die wöchentlichen markttage, sol man vor dem göttlichen ampt nicht lassen verkaufen, und sich nach verlofenem markte widerumb zur vesper versamlen.

Do sie aber uf die jahrmarkte gefielen, pflege man (wie auch sonsten, so auf die sonntage jahrmarkt kommen) alsdann früe ein predigt zu thun, nach mittag aber keine predigt noch vesper zu halten.

In der marterwochen sol man den donnerstag predigen de coena domiui, am freitag de passione Christi und sonnabent de sepultura, doch werden donnerstag und freitag allein vormittag feierlich gehalten.

Evangelia.

Den nechsten sonntag nach trinitatis variiren die evangelia, de divite et Lazaro, und de coena magna, desgleichen die überleien sonntage des advents. Hierinnen ist beschlossen, das den nechsten sonntag nach trinitatis allzeit das evangelion de divite et Lazaro, das andere über acht tage hernach und an den überleien sonntagen vor dem advent von der letzten zukunft Christi sol gepredigt, und von keinem nichts anders vorgenommen werden.

20*

Catechismus.

Der grosse catechismus soll in allen kirchen die sonntage nach mittag gepredigt, und ausgangs der vesper die jugent mit dem kleinen exercirt werden, auch sonsten über dienstag und donnerstag, und sollen die superattendenten sonderlich darauf achtung geben, das solchs an keinem ort vorlasset werde, und so oft der catechismus ausgepredigt, von vorne widerumb angefangen werden, wie oben vermeldet.

Visitatio hiemalis.

Alle pfarher und superattendenten sollen den winter ihre eingepfarte kirchkinder ufm lande visitiren, ihnen die summa der christlichen religion und des catechismi anzeigen, darauf die fünf stücke desselben nach dem text etzlichmal erzelen, und alsdann die jugent mit vleis verhören, sie zu gottes forcht und aller zucht und erbarkeit vermanen.

Es sollen auch die superattendenten ihre bevohlene pfarher visitiren, ihnen heimlich nachschleichen, und sich ihrer lehr und lebens mit allem vleis erkundigen.

Desgleichen sollen sie auch dieselben ihre pfarher nit allein itzunder, sondern alle jar einmal zu sich erfordern, und alsdann vor gebrechen mugen sie sich freuntlich vergleichen, do aber etwas vorfiele, das so wichtig were, und im synodo nicht könte vertragen werden, mag man solches anher gen Plauen gelangen lassen.

Confirmation.

An stat der confirmation sol man die jugent allenthalben die fasten uber sonderlich im catechismo vleissig üben, und den jenigen, so das hochwirdige sacrament des nachtmals Christi zu empfahen tüchtig und geschickt, am grünen donnerstag dasselbige reichen, und alsdann vor confirmirte christen achten.

Ehesachen.

Wo strittige ehe sachen seind, sollen die superatttendenten vor sich erfordern und mit vleis darinne handeln, ob sie die in der güte möchten beilegen; do aber die guete entstehet, mügen sie dieselben hieher gen Plauen an das consistorium weisen, da sol einem iglichen, wes er befuget, verholfen werden.

Würde sich aber jemands uber unsere gesprochene urtheil beschweren, so stehet einem jeden die apellation an unsern gnedigen fürsten und herrn, den burggrafen zu Meissen etc., oder derselben rethe offen.

Was die superattendenten vertragen, so ferne sie erkennen, das es keine ehe, mügen sie als die geistliche richter Arram vor sich behalten.

Auf die sippschaft sollen die pastores vleissig achtung geben, und do sie befinden, das die personen etwas nahe verwandt, ohne vorwissen der superattendenten nicht ausgebiten, viel weniger zur ehe geben.

Tertius gradus ist je und allezeit verboten gewest, sol derwegen noch nicht zugelassen werden, da sichs aber zutrüge, dass ein teil in tertio und der ander in quarto were, denen sol zu contrahiren unverboten sein. Es sollen auch die personen, so contrahiren, nicht ehser zur ehe gegeben werden, sie sei dann zuvor dreimal öffentlich ausgeboten.

Alle missbräuche bei den hochzeiten sollen abgethan werden, wie man der uf den dörfern viel hat, die selten ohne zauberei abgehen.

An etzlichen kirchen pflegt man den armen zu opfern, an den andern samlet man solch almosen uber tische mit einer aufgesatzten und verschlossenen büchsen, hierinne mag ein jeder seine gewohnheit behalten, doch das in alwege ergernis vermieden werde.

Man pflegt auch an etzlichen orten die wöchnerin, so aus den sechs wochen gehen, in die kirche einzuleiten, scheint ein stück vom pabstthumb sein, soll derwegen billig abgethan werden.

Funera.

Die leichen sollen ehrlich deducirt und begraben werden, mit einer kurzen vermanung, wie allhier bei uns zu Plauen. One priester und schüler (wo die vorhanden) sol man nit gestatten jemands zu begraben, es were dann, das pestis oder andere gefehrliche seuchen einfielen, da hette es sein sondere meinung.

Vor den heusern zu singen, collecten zu lesen, und die toten, gleich als mit urtel und recht herauszunehmen, soll auch abgethan werden.

Wetterleuten.

Von diesem artikel ist sonderlich gehandelt, und eintrechtiglich beschlossen, weil das leuten an vielen orten unrichtigkeit gebirt, das solchs auch allenthalben sol abgethan sein und bleiben, doch sol solches mit vleis uf den canzeln praecavirt, und das volk one das zum gebet allezeit treulich vermanet werden.

Das leuten am sonnabent allen gleubigen seelen soll auch abgeschafft werden, dann es ergerlich, und stinkt nach dem pabstumb.

Lichte.

Die lichte uf dem altar sind zuvor gewilliget und angenommen, doch soll man dieselben allein,

wenn man coenam domini helt, und so lange derselbe actus weret, angezündet werden (sic!).

Kein pfarher sol keinen frembden unbekanten
prediger ohne vorwissen des superattendenten uf
die canzel lassen, denn daraus vielmals grosser
unrath entstanden.

Sie sollen auch niemands frembdes, da man
nit gewisse kuntschaft vor hat, ausgebiten, viel
weniger zur ehe geben.

So kindlein geboren, sollen die veter die
pfarher umb die taufe begrüssen, und ihnen die
gevattern namhaftig machen.

Es sollen auch die superattendenten uf ihre
bevohlene pfarher vleissig achtung geben, damit
sie nicht allein in der lehre unstreflich, sondern
das sie auch einen christlichen und göttlichen
wandel führen, in massen zuvor auch zum teil
vermeldet, sich aller pierhäuser, tabernen und
loser gesellschaft, auch des kugelplatzes und anderer
leichtfertigkeit genzlichen enthalten.

In sonderheit aber sollen sie sich hüten vor
vollsaufen, damit sie ihr bevohlen ampt mit
kindertaufen, den schwachen das hochwirdige
sacrament reichen etc., desto statlicher ausrichten
können.

Do nun ein pfarher in diesen oder dergleichen
lastern würde befunden, der auch über treue verwarnung nicht wolte davon abstehen, den soll der
superattendens zu gebührlicher straf nehmen, so
das auch nit wil helfen, ihn von der pfar entsetzen, doch sol solche entsetzung in alle wege
mit vorwissen des öber-superattendenten geschehen.

Kirchenrechnung.

Die kirchen, auch des gemeinen kastens rechnunge, sollen in stedten und flecken zusammengezogen, auch jerlich uf einen tag mit einander
gehalten, und durch die pfarher, burgermeister,
oder wer sonsten dazu verordnet, angehört, mit
vleis verzeichnet und verpitschirt dem superatten-
denti zu Plauen überschickt werden, soll auch
von solchem einkommen der kirchen und gemeinen kastens one vorwissen der pfarher keine
hauptsumme, wider klein noch gros, hingeliehen
werden.

Weiter sollen die superattendenten neben
dem schösser ader richter jedes ortes jerlichen
von allen kirchen ufm lande rechnung erfordern,
solche rechnung sol geschehen in beisein eines
jeden pfarhers neben den zweien kirchvetern desselben dorfes.

In solcher rechnung sol alles einkommen und
ausgeben der kirchen fein unterschiedlich verzeichnet, und auf grossen modum gezwiefacht, dem
superattendenten zugestellt werden, welcher alsdann derselben exemplar eines unter seinem petschaft verwart dem öber superattendenten anher

gen Plauen übersenden, und das ander bei sich
behalten sol.

Alle retardata und was den kirchen entzogen,
sol mit vleis verzeichnet und allzeit neben der
rechnung überschickt werden, desgleichen sol forthin auch was von parschaft und hauptsummen
vorhanden, anders nicht dann mit rath und vorwissen des pfarhers an einem jeden ort ausgethan,
oder auch abgefordert werden, der dann billich
wie mit dem gemeinen kirchengut umbgangen
werde, wissenschaft tragen soll. Endlich sol auch
bei einer iglichen rechnung der baufelligen pfaren,
kirchen und schulen gedacht, und dasselb, so viel
immer müglich in richtigkeit gebracht werden.

Alda sol der superattendens neben dem schösser
ernstlich befehlen, das die eingepfarten solche
paufellige gepeude unverzüglich bessern, und so
es von nöten, von neuen erpauen, vermüge der
visitation ordnung, auch unsers gnädigen fürsten
und herrn, des burggraven zu Meissen etc. ernsten
befehls; denn do solches nicht geschehe, müssen
in kürzen alle kirchen, pfarren und schulen einfallen, in grund verwüstet, und ein neue heidenschaft angerichtet werden.

Wiedembuch.

Und weil das wiedembuch im Voigtlande
nichts specificiret, noch namhaftig machet, so sollen
alle pfarher ihre und andere ihren zugehörigen
kirchen und schuldiener besoldung und einkommen,
unterschiedlichen, als was von gelde, getreide
und andern, einem jeden jerlichen gefellet, speci-
ficieren und dem superattendenten zustellen; auch
ein jeder seine retardata, und was ihm sonsten
entzogen, hinten hernach setzen, auf gross modum,
alles fleissig zwier umschreiben lassen, und ferner
der superattendens derselben abschrift eine unter
seinem petschaft anher gen Plauen überschicken,
damit man das einkommen aller pfarren beisammen
zu befinden, auch den dürftigen deste besser rath
schaffen müge.

Es sollen auch die superattendenten vleis
vorwenden, damit den armen priestern der pfaffen-
scheffel rein und tüchtig, in massen der einem
jeden erwachsen, gegeben werde; wo die pauern
nicht wollen, sollen sie die amptleute zu hülfe
nehmen, dann solchs ist unsers gnedigen fürsten
und herrn ernster befehl.

Die superattendenten sollen ihren pfarhern
mit ernst einbinden, das uf reine und steine der
pfarren vleissig achtung geben, domit von denselben gütern nichts entzogen werde.

Und do es von nöten, sollen die superattendenten neben den schössern oder richtern be-
sichtigung fürnehmen und die billigkeit darinne
verschaffen.

Sie sollen auch die retardata so viel müglich

helfen einbringen und ganghaftig machen, damit
die pfarren nicht mit neuen retardaten beschwert
werden.

Kein pfarher sol macht haben, one vorwissen
des superattendenten von seiner pfarre etwas zu
versetzen, vielweniger zu verkaufen.

Ihnen soll auch nicht verstatt werden, mit
den pfarren umbzuwechseln, und daraus eine
kramerei zu machen.

Was die priester sonsten allenthalben vor beschwerung, sollen sie lassen an die superattendenten schriftlich gelangen.

Do ihnen dieselben nicht konnen rath schaffen,
so fern es anher gen Plauen gereicht, sollen ihnen
ihre sachen, so viel müglich, gefördert werden.

Letzlich sollen die superattendenten vor sich
und alle ihre bevohlene pfarher in den stedtlin
und flecken mit fleis auf die schulen achtung geben,
damit die jugent treulich unterweiset werde,
sonderlich in pietate, grammatica und musica.
Wie solches alles die visitation-ordnung mit sich
bringt, und klar ausweiset.

85. Kirchen-Ordnung für die Pfarrer der Superintendenz Gera vom 6. Mai 1556.

[Nach dem Original im Fürstl. Regierungs-Archiv zu Gera, Pc/I.]

Auszug gemeiner kirchenordenunge anno 52
zu Plauen durch die superattendenten des voit-
ländischen kreises beschlossen, in welchem, was
die priester ufne lande insonderheit angehen thuet,
begriffen und den pfarherrn der superattendenz
Gerau zustendig mittwochen nach cantate anno
1556 im synodo vorgehalten ist, darnach sie sich,
damit allenthalben ein eintrechtigkeit gehalten
werde und nach der lere S. Pauli alles fein
ordentlich zugehe, in ihren bevolenen kirchen zurichten schuldig sein sollen.

I. Bevel und ampt der priester.

Nach deme etziger zeit der gemeine mann ja
so ser uf das leben ihrer pfarherr und seelsorger,
als uf ihre lere achtung gibet, so sollen die diener
des göttlichen worts in allwege neben dem, das
sie ihrem studiren vleissig obliegen und das rechtschaffene evangelion Jesu Christi von buss und
vergebung der sünden, lauter und clar one allen
menschlichen zusatz treulich predigen, auch durchaus eines guten gotseligen erbarn, christlichen
unstreflichen wandels gevlissen sein, damit sie
recht, wie Petrus nennet, vorbilde der herde
werden, und demnach sich aller bierheuser,
tabernen und anderer leichtfertiger geselschaft,
auch des kugelplatzs und dergleichen unzimlichen
spiel genzlich eussern und entschlagen, uf den
wirtschaften, kindtaufen und wo sie sonst bei leuten
seint, sich züchtig stille und eingezogen halten,
insonderheit vor vollsaufen sich hüten, damit sie
ihr bevolen ampt, mit kindertaufen, den kranken
sacrament raichen etc. zu jeder zeit christlicher auszurichten geschickt sein mügen.

Do aber ihr einer hierinnen sträflich befunden,
soll er durch den superattendenz zum ersten gütlich ermanet und davon abgeweiset, sofern er aber
sich ernstlich nicht bessert, mit hülf der weltlichen
oberkeit von der pfarren entsetzt und getriben
werden.

II. Beruf der pfarherr.

Die pfarherr, so im ampt seint, sollen nicht
nach andern diensten sich selbs einzudringen,
rennen und laufen, und also leichtfertig one
sonderliche noth und ursach alleine umb geizs
und eigennutzs willen ihre berufene schäflin verlassen und übergeben, noch auch selbs unternander
durch leut (sic!) und wechsel die pfarren practiciren und permutieren, sondern ein jeder bei seinen
pfarrkindern bleiben, dieselben als die herde
Christi, uber die er vom heiligen geist gesetzt ist,
weiden und versorgen, bis er ordentlicher weise
von gott anders wohin gefordert und berufen
werde, damit man hierinnen nicht des bapsts
simonei gleichförmig handele. Item es soll auch
ihr keiner keinen andern ausländischen frembden
unbekanten prediger one vorwissen des superattendenten uf die canzel lassen, denn solchs vielmals
zu grossem irthumb und unrath ursach geben.

III. Festa und feiertage.

Neben den gewönlichen sonntag sollen die
feste Christi und der heiligen apostel, so evangelia
und historien in der schrift geben, in allen gemeinen feierlich gehalten, daran gottes wort mit
vleis gepredigt, auch das göttlich ampt mit reichung
der sacrament, do communicanten vorhanden, und
sonderlich der catechismus nachmittage stets getrieben werden.

Es sollen aber damit diese nachvolgende und
keine andere der heiligen oder sonsten papistische
feste gemeint sein.

Als da sind:

Der christtag mit den zweien volgenden S. Stephans
und Johannes des evangelisten tage

Das fest
{
circumcisionis,
epiphaniae,
purificationis Mariae,
conversionis Pauli,
Matthiae apostoli,

Der christag mit den zweien volgenden S. Stephans und Johannes des evangelisten tage

Das fest {
anunciat. Mariae,
ostertag mit dem andern und dritten feiertage
Philippi et Jacobi.
}

Der pfingstag sambt andern und drittem tage

Das fest {
Johannis Baptistae,
Petri et Pauli,
visitationis Mariae,
Mariae Magdalenae,
Jacobi,
Bartholomaei,
Matthaei,
Michaelis,
Simonis et Judae,
Andreae,
Thomae.
}

An diesen feirtagen, vielweniger an sonntagen soll kein pfarher den leuten ufne felde oder sonsten zu arbeiten zu erlauben macht haben, damit nicht neue unordenung draus erwachse.

Soll sich auch keiner ausserhalb der obbenempten feste andere sonderliche feiertage seines gefallens zuerwelen und zugebieten unterwinden, sonst aber soll in jeder ganze jahr und zuforderst im winter, da die leute müssig sein, alle wochen, darinne kein namhaftiges fest gefellet, zum wenigsten ein mal am mittwochen oder freitage eine predigt thuen, oder je mit der jugent catechismum halten und darinnen sie treulich uben und unterrichten.

IIII. Ungleicheit der evangelia.

Weil auch die rubrica in den evangelien uf etzliche sonntage variirt, so ist eintrechtig beschlossen, damit hierinnen gleichheit gehalten, das allwege den nechsten sonntag nach trinitatis das evangelium Luc. 16 de divite et Lazaro und den andern hernach das de coena magna Luc. 14, desgleichen uf die uberleien sonntage vor dem advent, wo die einfallen, aus dem vier und fünf und zwanzigsten capitel Matthei von der letzten zukunft des herrn und dem jüngsten gericht soll in allen kirchen gepredigt und von keinem one sonderliche grosse ursachen nichts anders vorgenommen werden.

V. Kindertaufe.

Mit dem taufen sollen sie allesambt den process und die ceremonien, wie im cleinen catechismo d. Lutheri oder in der Meissnischen agenden zur zeit herzog Heinrichs zu Sachsen in druck ausgangen, verordnet, eintrechtig halten und nicht nach ihrem gutdünken neue zusätze machen.

Item. Sie sollen zu jedem kinde uber drei taufbaten oder gevattern nicht zulassen, vermüge der aufgerichteten gedruckten policei und landesordnung unserer gnedigen fürsten und herren der burggrafen zu Meissen, darinne solchs einem jeden hohes und nidriges standes ernstlich bei funfzig gulden verpeent.

Desgleichen, do ein kindlin in der noth gejachtauft, sollen hernach im einlauten oder einsegnen keine andern gevattern oder taufzeugen dann die personen, so bei solcher jachtauf selbs gewest, angenommen werden, angesehen, das niemands auch one dieselben alleine hievon der warheit zeugnis geben können.

VI. Ehegabe.

Alle missbrauche und papistische oder heidnische ceremonien bei den hochzeiten und ehestiftung sollen abgeschafft, und dagegen der ordenung, wie im gedruckten traubüchlein Martini vermeldet, one mittel nachgangen werden.

Auch sollen die pfarher keine par ehevolks copuliren oder zusamengeben, sie seint dann zuvor, wie gebürlich an gehörigen orten in der kirchen und ob der canzel zu dreien malen und uf drei sonntage öffentlich und one meniglichs ein und widerrede ausgerufen.

Dergleichen sollen sie niemand frembdes oder unbekantes, da sie nicht wichtige, gewisse, gnugsame, schriftliche besiegelte kuntschaft von haben, das es freie und ledige personen, weder aufbieten noch zur ehe geben.

Hirinnen auch keiner dem andern in seine bevolene pfarre oder jurisdiction unbefragt seiner und wider seinen willen mit mancherlei actu eingreifen.

Darüber sollen sie uf die sipschaften der contrahenten mit vleis achtung geben und do sie befinden, dass die personen, so contrahirt, des gebluts oder schwegerschaft halben etwas nahe einander verwandt, one rath und vorwissen des superattendenten sie nicht proclamieren noch zur ehe bestetigen.

Und nachdeme tertius gradus aequalis lineae beides in consanguinitate et affinitate bishero in diesen landen allwege verboten gewest, soll derselbe auch nicht zugelassen werden. Do sichs aber zutrüge, dass uf einem theil tertius und uf dem andern quartus gradus were, dann soll die ehe unwegerlich concedirt und verstattet werden.

Es soll auch zu jeder proclamation beider part bewilligung und verjawortung vorhanden sein.

VII. Sacrament.

Das sacrament coenae domini soll mit aller reverenz und christlichem ernst nach anweisung der meissnischen agende one elevation und andere papistische ceremonien celebrirt und denjenigen, so zuvorhin gebeichtet und absolution empfangen, nach der einsetzung Christi unter brot und wein mitgeteilt werden. Aber alle diejenigen, so es lange zeit mutwillig verachten und nit järlich einmal oder etzlichs empfahen, oder auch sonsten in öffentlichen ärgerlichen lastern liegen, die sollen weder bei dem nachtmal Christi noch bei der tauf gelitten und zur gevatterschaft keins weges zugelassen, sondern ob der canzel und so oft es die gelegenheit gibt, zur besserung erinnert und vermanet werden. Und do die nicht zeitlich und ernstlich volget, soll man inen am siechpette das hochwirdige sacrament, es sei denn das sie ernstliche augenscheinliche anzeigung rechtschaffener herzlicher buss von sich geben, auch nicht reichen, und ob sie also versterben, neben andern christen nit begraben.

VIII. Begrebnis der leichen.

Ane priester und kirchendiener (oder schüler, wo die vorhanden) soll man nicht gestatten, einen getauften christen zu begraben, und sollen die leichen der verstorbenen mit feinen christlichen ceremonien uf den kirchhof oder gotsacker deducirt und beleitet, dazu geleutet und gesungen werden, derhalben man auch, soviel müglich, uf den dörfern geleute kirchner oder custor haben und solch ampt nicht den seu oder kuehirten bevelen soll. Dieselben sollen mit willen und wissen eines pfarers angenomen und dazu gebraucht werden, das sie nicht allein mit leuten und singen, sondern auch mit der lere des catechismi unter der jugent bei den umbliegenden eingepfarten dörfern ihre gehülfen sein, auch wo sichs leiden wil, schuel halten, und die knaben im lesen und schreiben instituiren und unterweisen, und sonst in ihrem dienst allenthalben gegen ihren pfarhern sich gehorsamlich und friedfertig verhalten.

IX. Kirchenrechnung.

Es soll ein jeder pfarher mit ernst drob sten, das müglich umb lichtmess in seiner bevolenen pfarre und zugehörigen filialen ordentliche kirchrechnung mit den gotshausvetern in beisein der gemeine gehalten werde. Darüber soll er die register stellen, und darinne alles einkomen und ausgaben der kirchen fein unterschidlich nach einander verzeichnen, und dann uf einen bestimpten tag neben den eltisten oder kirchvetern damit vor dem superattendenten und schosser im ampt erscheinen und denselben solcher rechnung alle jahre ein glaubwirdige copei oder abschrift zu henden stellen, die es bei sich behalten sollen, damit sie wissenschaft haben, wie mit den kirchengütern umbgangen werde und do unrichtigkeit befunden dieselbe abwenden helfen. Alda soll allwege auch der baufelligen kirchen und pfarrheuser gedacht und so viel thunlich dieselben in besserung gerichtet werden, alles vermuge der alten churfürstlichen sächsischen visitationordnunge, darauf sich diese unsere gestalte artikel allesambt referiren thuen.

Beschliesslich.

Dieweil in dieser superattendenz Gerau kein widembuch der pfarren befunden, so soll ein jeder pfarher darin gehörig, förderlich seines ganzen järlichen einkomens ein unterschidlich und specificirt verzeichnis oder register machen, darinne erstlich vermeldet, wem das jus patronatus oder lehen zustendig, zum andern, was vor zinse und opfergelt, zum dritten, wieviel decem und zehenten järlich gefalle, zum vierten zu wiviel scheffel felds, zum fünften wieviel fuder heu, wieswachs, und zum sechsten was vor holz eigentlich zur pfarre gehöre, als namhaftig und ausdrücklich anzeigen und dem superattendenten doselbst unverstüglich uberantworten, damit solchs in ein gewiss und richtig widembuch gebracht und fortan der hap und wirderung einer jeden pfarren bei ime zu befinden sei.

Sonsten sollen die pfarher auch uf raine und steine der pfarrgueter vleissig achtung geben, denselben nichts entziehen noch entfrembden lassen, auch nicht macht haben, vor sich und one vorwissen des superattendenten etwas davon zu versetzen, zu verleuten, zu verschenken, zu verkaufen oder mancherlei weise dieselben zu schwechen, zu geringern oder zu verwüsten, sondern vielmehr solche zu besser und in allwege in ihrem esse zu erhalten schuldig sein. Urkundlich mit meinem des superattendenten hand, namen und petschaft vermarkt. Actum Gerau mitwochn nach Cantate, welcher war der 6. tag des monats mai anno 1556.

Wolfgang Grabus,
pfarher und superattendent zu Gerau.

Zugedenken.

Nachdeme das fest Matthiä apostoli in der fasten wenn annus bisextilis eintritt von etzlichen mathematicis uf den 24., von etzlichen aber uf den 25. februarii und also ungleich im calender oder almanach gesagt wirt, so soll hinfuro dasselbe fest in den kirchen dieser superattendenz allwege uf den 24. des monats und alsbald den 3. tag nach cathedre Petri wie es gemeiniglich in den festafeln zu Erfurt gedruckt befunden, eintrechtig gehalten werden.

DIE SCHÖNBURG'SCHEN HERRSCHAFTEN.

Die Schönburg'schen Herrschaften.

Hilfsmittel: D ö r f e l , Schönburgisches Evangelisches Jubelgedächtniss u. s. w., 1717. Waldenburg 1717 (eine Reformationsgeschichte in V e r s e n , mit guten Anmerkungen); D i e t - m a n n , Kirchen- und Schulgeschichte der Hochreichsgräflichen Schönburgischen Länder. Breslau, Brieg und Leipzig 1787; E c k a r d t , Beiträge zur Geschichte der kirchlichen Zustände in den Schönburgischen Recessherrschaften bis zur Einführung der Reformation in denselben, 1542. Waldenburg 1842; T o b i a s , Die ersten Superintendenten in Glauchau. Schönburg. Anzeiger 1856; Beiträge zur sächsischen Kirchengeschichte. Heft 12/13; Schönburgische Geschichtsblätter, namentlich 2, 117 ff., 177 ff. (S c h ö n , Herr Wolf von Schönburg, der treue Freund und Ver- theidiger der Peniger lutherischen Geistlichkeit); 6 (1900), Bl. 161 ff., 224 ff. (H o f m a n n , Bei- träge zur Schönburgischen Kirchen- und Schulgeschichte); O t t o , Die Kämpfe um das lutherische Bekenntniss unter Kurfürst August mit besonderer Bezugnahme auf die kirchlichen Ereignisse in den Schönburgischen Herrschaften, in Sächsisches Kirchen- und Schulblatt, 1881, S. 301 ff.; S e y f e r t , Kirchliche Zustände im Gebiete der Schönburgischen Recessherrschaften bis zur Ein- führung der Reformation. Gedenkbüchlein zur 350jährigen Jubelfeier, am 18. October 1892.

Archive: Ephoralarchiv Glauchau. Fürstl. Archiv zu Waldenburg.

Ernst der Jüngere von Schönburg besass die Graf- und Herrschaften Glauchau, Walden- burg, Lichtenstein, Hartenstein, Hohnstein und Lohmen. Anfänglich nahm er eine feindselige Stellung gegen Luther's Lehre ein. Gegen Ende seines Lebens wurde er aber der Reformation zugeneigt und starb für die neue Lehre gewonnen 1534 in Glauchau.

Über diesen merkwürdigen Fürsten, den Ahnherrn des gesammten Hauses Schönburg, vgl. D i e t m a n n , a. a. O. S. 12 ff.; E c k a r d t , a. a. O., S. 48 ff.

Zur wirklichen Einführung der Reformation kam es erst unter seinen Söhnen: Hans Ernst (geb. 1527, gest. 1545), Georg (geb. 1529), Hugo I. (geb. 1530) und Wolf oder Wolfgang (geb. 1532).

Zwar nicht unmittelbar nach dem Tode des Vaters, denn die Vormünder der Söhne, die Herzöge Georg der Bärtige und Johannes Friedrich von Sachsen und der Burggraf Hugo von Leisnig (der letzte Burggraf von Leisnig) waren strenge Bekenner der katholischen Kirche. Nach deren Tode traten aber acht lutherisch gesinnte Männer an ihre Stelle, unter ihnen der Bürgermeister von Leipzig, Dr. Ludwig Fachs, und Graf Georg von Mansfeld. Über die acht Vormünder s. E c k a r d t , S. 67. Die Schönburg'schen Beamten trugen 1539 darauf an, „dass in Betreff der Religion eine Änderung eintreten möge, da die Herrschaften Glauchau und Waldenburg nebst dem Amte Hohnstein in der Mitte der lutherischen Secte lägen." Aber erst 1541 waren die Verhältnisse zu dieser Veränderung reif geworden.

Die Vormünder der unmündigen Brüder richteten an den Rath der Stadt Leipzig das Gesuch, ihnen zur Einrichtung der Reformation den Superintendenten Dr. Joh. Pfeffinger zuzusenden. Das Nähere s. Zeitschr. f. sächs. Kirchengesch., Heft 3, S. 82. Über Pfeffinger vgl. Seifert, in Zeitschr. f. sächs. Kirchengesch., Heft 3, S. 33 ff. Der Leipziger Bürgermeister Dr. Fachs (selbst einer der Vormünder der Unmündigen) schickte Pfeffinger alsbald ab. Vgl. auch den Brief Pfeffinger's an Wolf von Schönburg vom Jahre 1556 bei Dietmann, a. a. O. S. 25 Anm. Pfeffinger hielt am 18. October 1542 die erste evangelische Predigt in der Stadtkirche zu St. Georg in Glauchau.

Pfeffinger entwarf auch eine Kirchen-Ordnung. Dieselbe erstreckte sich auf die sämmtlichen Schönburg'schen Herrschaften, da damals Glauchau, Waldenburg, Lichtenstein und Hartenstein noch nicht getheilt waren. (Die Theilung erfolgte 1556 nach dem Tode des ältesten Bruders Hans Ernst. 1543 hatten die Herzöge, nacherigen Kurfürsten zu Sachsen Moritz und August mit den [durch ihre Vormünder vertretenen] vier Brüdern einen Tausch der Ämter Hohenstein, Lohmen und Wehlen gegen die Herrschaft Penig und Kloster Tschillen [seitdem Wechselburg genannt] vorgenommen. Vgl. Dietmann, S. 15.) Vgl. auch II.

Das Original dieser von Pfeffinger verfassten Ordnung ist nicht aufzufinden. Doch befindet sich eine („zwar beglaubigte, aber offenbar bezüglich der Sprache und Interpunktion nicht immer ganz treue") Abschrift vom Jahre 1721 im fürstlichen Archiv zu Waldenburg. Hiernach hat Eckardt, a. a. O. Beilage C, zuerst den Inhalt wiedergegeben, sodann Consistorialrath Dr. Otto die Kirchen-Ordnung selbst zum Abdruck gebracht im Sächsischen Kirchen- und Schulblatt, 1864, S. 117, 125, 133 ff. Darnach geschieht der Abdruck. (Nr. 36.) Dörffel scheint das Original vor Augen gehabt zu haben, denn der von ihm mitgetheilte Titel und Schluss der Ordnung sind correcter und ausführlicher als in dem Otto'schen Druck. Wir geben daher diese nach Dörffel wieder.

Aus der Feder des Pastor Eckardt befindet sich ferner auf dem Ephoralarchive zu Glauchau [wie mir Herr Superintendent Weidauer so gütig war mitzutheilen], diesem Archive 1862 vom Verfasser überlassen, ein Fascikel „Geschichtliche Bemerkungen über die Schlosskapelle zu Glauchau". In diesem theilt Eckardt auch die Ordnung Pfeffinger's für die Schlosskapelle zu Glauchau mit.

Man hat daraus geschlossen (s. Seifert, a. a. O. S. 84), dass wir es mit einer eigenen Schlosskirchen-Ordnung zu thun hätten. Das ist jedoch nicht der Fall. Wie sich bei näherer Vergleichung zeigt, hat Eckardt nur den betreffenden Abschnitt in der grossen Kirchen-Ordnung im Sinne gehabt.

Durch Visitationen erfolgte die Durchführung der Reformation in den übrigen Orten. (Eckardt, a. a. O. S. 70; Seifert, a. a. O. S. 30, 31.) Die Schönburger hielten dabei streng auf ihre Unabhängigkeit. Über ihre Stellung zu den kursächsischen Visitationen vgl. Eckardt, S. 70; Schön, a. a. O. 2, 117 ff., 177 ff. Über weitere Kirchen-Ordnungen berichtet Eckardt, a. a. O. S. 71, dass Herzog Georg von Schönburg 1549 die sächsische Kirchen-Ordnung mit Bewilligung Kaiser Karl's V. angenommen habe, „weil sie dem heiligen göttlichen Worte Gottes gemäss sei, und mit der seinen, welche er zu Leipzig überantworten, lassen fast vergleichen thue". In seiner ungedruckten, oben näher bezeichneten Arbeit erzählt Eckardt weiter, dass Georg 1556 eine neue, mehr dem lutherischen Cultus entsprechende Schlosskirchen-Ordnung habe aufrichten lassen. Genaueres vermag aber auch Eckardt in beiden Beziehungen nicht beizubringen, Unter der „sächsischen Kirchen-Ordnung" von 1549 ist übrigens wohl nur die von Georg von Anhalt, Pfeffinger und Anderen ausgearbeitete Interims-Kirchen-Ordnung zu verstehen. Vgl. S e h l i n g, Kirchengesetzgebung unter Moritz von Sachsen und Georg von Anhalt. Leipzig 1899. S. 91 ff.

Zur Geschichte der confessionellen Streitigkeiten, die Herrn Wolf von Schönburg in einen schweren Conflict mit Kurfürst August, ja zu langjähriger Gefangenschaft brachten, vgl. S c h ö n, a. a. O., in Schönburg. Geschichtsblätter 2, 117 ff., 177 ff.; O t t o, in Sächs. Kirchen- und Schulblatt 1881, S. 301 ff., 325 ff., 337 ff.

Am 2. März 1567 erschien die „Confessionsschrift etlicher Prädikanten in den Herr- schaften Greiz, Gera, Schönburg, gewidmet Herrn Heinrich dem Mittleren und Heinrich dem Jüngeren, Reussen, Gebrüdern, Herrn von Plauen und Herrn zu Greiz, Kranichfeld und Gera, und Wolf, Herrn von Schönburg, Glauchau und Waldenburg," unterzeichnet von 13 Geistlichen aus der Herrschaft Gera, 8 Geistlichen aus der Herrschaft Greiz und von 9 Geistlichen aus der Herrschaft Schönburg, sowie von 4 Geistlichen aus Chemnitz und Mittweida. Superintendent Rosinus in Waldenburg war. Mitverfasser. Vgl. D i e t m a n n, a. a. O. S. 43, 44. Vgl. auch unter Reuss. — Vgl. H i e r o n y m u s, Das gute Bekenntniss des Grafen Wolf von Schönburg, vom Jahre 1566. (Auch unter dem Titel: Altes und Neues aus der lutherischen Kirche, Bd. 7. Elberfeld, Luther. Bücherverein. 1897. IV, 56.) Vgl. D i s t e l, Der Flacianismus und die Schönburgische Landesschule zu Geringswalde.

Eine Polizei-Verordnung: „Georgen Herrn von Schönburg errichtete Polizei-Ordnung in der Herrschaft Glauchau 1558" (Schönburg. Geschichtsblätter 4, 232 ff.) enthält u. A. Bestim- mungen über Sonntagsheiligung, Gotteslästerung u. s. w., ist aber ganz überwiegend polizei- lichen Charakters.

II. Was die Verfassung anlangt, so war zunächst für die ungetheilte Herrschaft ein Superintendent zu Glauchau bestellt. Als erster Superintendent wirkte M. Jacob Tham. Bei der ersten Theilung, bei welcher Georg die Glauchauische, Hugo die Waldenburgische und Wolf die Penig'sche Linie bildeten, wurde in dem Erbvertrage vom 1. Mai 1556 Art. 23 die Ver- fassung aller Herrschaften einheitlich geregelt. Es wurde kein Consistorium eingerichtet (also irrig die Nachricht von G ö b e l, Ursprung, Geschichte und Verfassung der Consistorien in den kursächsischen Landen. Freiburg 1794), sondern der Superintendent zu Glauchau erhielt die Ober-Inspection und Jurisdiction über die gesammten Lande. In zweifelhaften Fällen sollte er sich an denjenigen Herrn von Schönburg wenden, in dessen Gebiet die streitige Angelegenheit vorgekommen sei, und dieser sollte dann einen seiner Pfarrer dem Superintendenten zur Ent- scheidung hinzu deputiren.

Der Artikel 23 des Erbvertrages lautete nach einer mir von der fürstlich Schönburgi- schen Canzlei freundlichst gewährten Copie:

„Zum dreiunzwanzigsten. Nachdeme wir auch aus cristlichen guten vorpflichten gewissen zuforderst zu gottes ehr, und der menschen selickeit, und hail, die cristliche jurisdiction also zu- bestellen schuldig, domit in diesen sachen, was darinnen vorfallen mocht, ein ehrlichs und villichs aufsehen geschehen mag, hierumbn haben wir gewilligt, das der itzige und kunftige superattendent zu Glauchau alle geistliche hendel in unser aller herschaften soll zuvorwalten und auszurichten haben und die visitationes sampt den sinodis, wies zuvor verordent herbracht, und nuemals gehalten, das die auch iderzeit also mugen gehalten werden, und das auch er der superattendent uf cristliche gute mittel gedenken wolt, zu waser zeit solche visitation und sinodi in unsern herschaften an gelegenen und bequemen orten mugen gehalten, in solcher visitation oder sinodis gut acht zu haben, wie sich unsere belehnte pfarhern darinnen mit irem pfar und seelsorg ampte, als sonderlich mit der reinen unvorfelchsten rechten lere des gotlichen worts, und dan ires lebens und wandels halben geburlichen halten, und do bei denselben unsern pfar- hern einem oder mer zubefinden das sie solchem irem befolenen pfar und seelsorgampte nicht vleissig und getreulich vor sein wurden, noch konnten, so soll der superattendens derselben ungeschickten pfarhern gelegenheit, und wies mit inen gewant, gruntlichen berichten, uf das mit desselben hern vorwissen, under welchen solche pfarhern wonen und belehent seint, das einsehen und vorschaffung geschehe, das solche mengel geendert und abgethan werden mugen, und do es auch sogar unrichtig und ungeschickt ding mit solchen pfarhern were, denselben sein pfarampts zu entsetzen, und einen andern tüchtigen, und bequemen an seine stat zuvorordenen, das es also nicht alleine uf die visitation, sondern auch uf alle geistliche hendel, die sich in unsern herschaften zutragen mochten, es were in ehe oder andern sachen den gotlichen und cristlichen rechten gemess, gemeint und gehalten werden soll; do aber sach das er der superattendent die zuentscheiden sich nicht alleine zu unterstehen wuste oder konte, so soll er uns den hern, an welchem orte solche gaistliche sachen vorfallen, und was dieselben betreffen thuet, einem idern vormelten und anzeigen, und wann solchs geschieht, alsdann soll unser jeder einen unsern belehnten pfarrer, der gelert und darzu tüchtig, auch darzu schicken, und solche hendel mit denselben zugleich vorhören, und die auf rechte pilliche masse richten und hinlegen lassen."

Lange hatte aber diese brüderliche Eintracht nicht Bestand. So wurde denn ein Zusatz zu dem Art. 23 des Erbvertrages vereinbart:

„Dieser artikel ist aus eingefallenen ursachen geandert, dero wegen soll es nun in unsern willen und gefallen stehen, wie ein ider herr seine visitation und vorsehung seiner pfarrer, und andere gaistlichen sachen bestellen soll und will."

Und in Waldenburg errichtete man eine eigene Superintendentur.

Hugo I. von der Waldenburgischen Linie hinterliess drei Söhne: Georg den Jüngeren, Hugo und Veit. Diese nahmen unter dem 21. November 1582 eine Theilung ihres Landes in drei Theile: Waldenburg, Hartenstein und Lichtenstein, vor.

In dem Waldenburgischen Hausvertrage vom 21. November 1582 wurde auch die kirchliche Verfassung vorgesehen: Während im Übrigen jeder Herr in seinem Theile vollkommen selbständig war, sollte der Superintendent zu Waldenburg auch für die zwei anderen Linien die Inspection und Jurisdiction führen.

Der Abschnitt über die Kirchenverfassung lautete nach einer mir von der fürstlich Schönburg'schen Canzlei zur Verfügung gestellten Abschrift von dem Original des Hauptvertrags zwischen den Gebrüdern Georg dem Jüngeren, Hugo und Veit Herren von Schönburg, die Gütervertheilung nach Ableben Hugo's I. Herrn von Schönburg betreffend, vom 21. November 1582, folgendermaassen:

„Zum vierden, nachdeme beileben wolgedachts unsers geliebten herrn vatern seligen, auch zum theil in unsern unmündigen jahrn, die geistlichen und kirchendiener, aus sundern gnaden, uber ihre geburliche und ordentliche besoldunge mit etzlichen geld, getreide, kese, butter, wein und holz jehrlichen begnadet, und ihnen bishero gereicht worden, ob nun wohl solche begnadunge nicht erblichen bewidembt, jedoch weil die iczigen seelsorger und kirchendiener darauf angenomen, und ihnen die zu ihrem unterhalt zugesagt und vorsprochen worden, so haben wir uns dessen voreinigt, solche begnadung, solange die iczigen seelsorgere und kirchendiener am leben, oder an ihren diensten alhier pleiben, nachmals zu reichen, dergestalt, das die zwene brudere, welche kegen Lichtenstein und Hartenstein kommen, jehrlichen das geld, welchs sich uf einhundert und vier gulden erstrekt, der dritte bruder aber, welcher alhier zu Waldenburg bleibt, das getreide, kese, butter, wein und holz reichen und geben sollen und wollen; wen aber nach dem willen gottes die iczigen seelsorger und kirchendiener mit tode abgehen, oder sunsten ihrer besserung halben sich von dannen begeben möchten, uf den fall, sollen die beiden brudere zum Lichtenstein und Hartenstein zu dieser begnadunge etwas ferner zu geben, nicht schuldig noch vorbunden sein, sundern der, so zu Waldenburg bleibt, wird seiner gelegenheit nach, andere seelsorger und kirchendienere anzunehmen, zu unterhalten und zu besolden wissen, jedoch haben wir uns dessen vorglichen, das der iczige und künftige pfarher zu Waldenburg in allen dreien auftrag sowohl auch zu Geringswalde superintendens sein und pleiben soll, und do der iczige superintendens mit tode abgehen oder sunsten sich von hinnen begeben würde, so soll alsdan, mit vorbewust und bewilligunge unserer aller dreier, ein anderer pfarherr und superintendens, auf und angenommen werden, do auch in deme wir gebruedere nicht alle einstimmig sein möchten, so soll doch der dritte den andern beiden diesfals folgen, und ihme derselbten willen und meinunge belieben und gefallen lassen, sunsten soll unserm jedern die vocation und berufung der priester und kirchendiener in seinem ampte freistehen, und in denselbten kein herr dem andern einigen einhalt thun." —

Es ist bemerkenswerth, dass man mit dieser primitiven Superintendential-Verfassung das ganze 16. Jahrhundert auskam. Erst am Beginne des 17. Jahrhunderts begegnen wir Bestrebungen nach Errichtung eines Consistoriums. Hier erinnerten sich die verschiedenen Linien des Hauses an ihr einmüthiges Vorgehen in der Vergangenheit; sie dachten an ein gemeinsames Consistorium für das ganze Schönburg'sche Haus zu Glauchau. In einem von den Schönburg'schen Räthen erstatteten Gutachten (wahrscheinlich vom Jahre 1604) wurde dieser Gedanke mit guten historischen und politischen Gründen vertreten. Aber ohne Erfolg. Die Trennung blieb bestehen. Eine Consistorial-Ordnung, welche Herr Veit von Waldenburg für die Herrschaften Waldenburg, Lichtenstein und Hartenstein (die ihm nach dem Tode seiner Brüder allein zugefallen waren), nach 1606 errichten liess, werde ich an einer anderen Stelle publiciren.

36. Kirchen-Ordnung in der edlen wohlgeb. herrn, Hans Ernsten von Schönburg und ar. gnaden gebrüdern herrschaft und gebieten auf derselben ihr. gn. verbesserung durch Johann Pfeffinger gestellet. Anno 1542 den 18. October.

[Abgedruckt in Sächsisches Kirchen- und Schulblatt, 1864, Nr. 14, S. 117 ff.]

1.

Muss gedacht werden auf die personen zum kirchendienst nöthig, wie viel man der muss haben, was ihre arbeit, behausung und belohnung.

Dienstpersonen in der stadt Glauchau.

Einen geschickten verständigen mann, der in Christo gelehrt sei und andere könne regieren zum pfarrherrn und superintend über andere ministros und pfarrherren des ganzen landes m. g. herrn. Ein prediger, ein caplan, ein schulmeister, cantor, minor, vicarius oder locat., organista, kirchner.

Mit weniger personen wird mans nicht können bestreiten noch recht ausrichten. Summa 8 personen.

Dass sie pfarrherr, prediger, caplan das liebe und heilige wort gottes recht lauter und rein predigen, die hochwürdigen sacramenta nach ordnung, einsetzung und befehl unseres herrn Jesu Christi distribuiren und reichen und bedenken, dass sie gesetzt sein nicht über gänse, schweine oder schafe zu weiden, sondern die seelen, die Christus theuer durch sein blut erworben und erkauft hat, welche auch mit keiner andern weide, das ist lehre, denn mit rechtschaffener predigt des heil. evangelii und rechten brauch des hochwürdigen sacraments geweidet werden können.

2.

Austheilung und dienst der arbeit.

1. Es soll des pfarrherrn oder superint. arbeit sein, auf alle ministros verbi und ministeria achtung zu haben, auf die personen, dass ein jeder seines dienstes und amtes recht gebührlich und getreulich pflege.

2. Soll er in der wochen alle donnerstage ein lection oder predigt thun aus denen evangelisten, und erstlich den Matthäum für sich nehmen, darnach Lucam, dann Marcum, zuletzt Johannem.

3. Soll er alle sonn- fest- und feiertage und morgens die hochpredigt, auch an hohen festen die communion oder officium halten.

4. Desgleichen wenn es nöthig oder weil volkes vorhanden, soll er auf die feiertage und sonnabende helfen beichte hören und ob jemand krankes seiner, des pfarrherrn, sonderlich begehret, soll er zu denen kranken gehen, sie unterrichten, beichte hören, communiciren; sonst soll er des freiet sein.

Des predigers arbeit.

1. Soll er alle sonntage und feiertage auch mittags unter vesper den catechismum sammt der haustafel fleissig predigen, und wenn der catechism. aus ist, soll er ihn wieder anheben, denn je keine nützere und heilsamere lehre dem armen völklein möge vorgetragen, auch nicht genug ein ding gesagt und eingebildet werden. Aber an den hohen festen mag er nachmittags die epistel oder sonst de festo predigen nach gelegenheit der zeit.

2. Soll er auch in der woche alle dienstage seine ordentliche lection oder predigt thun; eine epistel S. Pauli für sich nehmen mit rath des pfarrherrns.

3. Soll er alle zeit sonnabends und an den feier abenden helfen beichte hören; am sonntage und gemeinen feiertag communion halten, und solches abwechselsweise mit dem caplan einen sonntag um den andern.

4. Auch soll er wöchentlich eine woche um die andere mit dem caplan der hochzeittrauen, taufe, catechismi, wie nachher vermeldet, die kranken warten, die beichte hören, communiciren also auch dieser gestalt; wenn diese woche der caplan auf der tauf- und hochzeiten wartet, soll der prediger der communion mit den kranken warten und ad infirmos gehen; wiederum wenn der prediger der taufe und trauen wartet, soll der caplan ad infirmos gehen; würde aber jemands von den kranken insonderheit des predigers oder caplans begehren, soll er vorgehen, ungeachtet obgleich die woche nicht an ihm wäre.

Des caplans arbeit.

1. Soll alle feiertage und morgens umb gewöhnliche stunde eine kurze predigt thun, aus einer epistel S. Pauli, nach des pfarrherrn rath, wie droben vom prediger vermeldet.

2. Soll alle sonn- und feier-abends der beicht warten, desgleichen wöchentlich der tauf, trauens, communion, catechismi abwechselsweise als vorhin angezeiget.

3. Aber die eingepfarrten dörfer (wo die vorhanden) soll er alleine warten, und im fall, wenn der caplan in pfarr-ämbtern auf den dörfern, soll ihn der prediger in der statt vertreten wo es noth, ungeachtet ob die woche nicht an ihm wäre.

4. Item ob auch der eine unter ihnen, pfarrherr, prediger, caplan, krank und mit schwachheit beladen würde, sollen ihn die andern gesunden übertragen und sein amt dieweil an seiner stelle vertreten.

Des schulmeisters, cantoris und baccalaurii arbeit

Soll aber dahin gerichtet werden, dass es diene zur besserung rechter gründlicher geistlicher zucht und unterweisung der lieben jugend, dass sie nie versäumet werde; darauf der pfarr als superint. auch fleissig achtung haben soll; item, dass classes gemacht, nach gelegenheit und geschicklichkeit der knaben; item, dass die knaben sonderlich in grammatica instituiret, alle wochen mit exemplis zu schreiben exerciret werden und mit latein reden; item, dass man bei einer reinen grammatic bleibe, nicht heut auf diese, übers jahr auf eine andere falle, denn das bringet schaden und hindert im anfange sehr die knaben. Derohalben soll der schulmeister eine gewisse grammatic erwehlen, als Philipp Melancht. und dabei bleiben; item, dass auch die knaben treulich in pietate et vera religione und catechismo aufgerichtet werden. Wie ferner die stunden zu halten mit lesen und singen, auch was für lection, zu welcher stunde, und welchen knaben schulmeister, cantor und baccalaureus lehren soll, wird der pfarrherr wohl zu ordnen wissen.

Summa es ist an der schulen sehr viel gelegen, denn will man der welt helfen, ja unserm herrn gott sein regiment, das heilige predigt amt und das leibliche reich, gute ordnung und sitten erhalten, so muss man es nirgend, denn aus der schulen nehmen. Darum sollen die, so es zu thun haben und zustehet, die schulen mit gelehrten, frommen und gottesfürchtigen gesellen versehen. Item mit den gesängen zu morgens und vesper zeit soll es gehalten werden in der kirchen wie hernach verzeichnet, doch mag mans mit gelegenheit ändern mit vorwissen des pfarrherrns. Sollen auch zu St. Anna im spital zu gewöhnlichen zeiten einen teutschen gesang oder 2 singen, darnach 1 vers und collecten.

Des organisten arbeit.

Soll alle sonn-, feier- und hohen fest tage in organis zur messen oder ambt auch zur vesper spielen, doch dass ers nicht so lange mache, dass die collecta mit ihren gemeinen gesängen teutschen psalmen nicht verhindert werde, auch soll er nicht unzüchtige und leichtfertige carmina, sondern feine psalmen, teutsche christliche lieder schlagen. Item, wo eine hochzeit ist und seiner des organisten zu schlagen in organis begehret, desgleichen des cantoris zu singen in figuris und ihnen ihr gebühr darum geben, mögen sie auch das thun. Item dem organisten von einer hochzeit 2 gr., dem calcanten 6 pf. sambt der suppen, dem cantori 4 gr. sambt der suppen. Darüber soll dem organisten folgen alles sein voriges einkommen, und habe namen auch wie es wolle, wie von des schulmeisters und custodis wegen angezeiget.

Des custodis arbeit.

Dass er der kirchen ornaten, lauten, taufen und communion fleissig warte. Soll auch allezeit mit dem priester in der stadt und vorstadt zu den kranken gehen, den kelch und ein wachslicht tragen, welches er in dem hause, wo der kranke liegt anstecken, den tisch bedecken, kelch, hostie und wein zu der communion drauf setzen soll. Item soll auch der kirchner die kirche fein rein halten. Hierüber soll auch dem kirchner sein lohn gelassen werden; weder vom tenebrae, salve, bet-glocken, adventus, alma haec dies läuten, noch allen andern, wie sie namen haben etwas entzogen werden, es sei denn, dass man ihn in andern wege contentire und vergnüge.

3.

Muss auch der belohnung und behausung für die kirchen-diener bedacht werden, denn will man rechtschaffene, fromme und zum reich gottes gelehrte leute haben, auch in die schulen geschickte gesellen, die die knaben und juventutem können und mögen rechtschaffen instituiren (wie hoch von nöthen), so muss man allen ministris ehrliche besoldung ordnen und machen.

1. Und ist zu bedenken, dass sie sonst keinen zugang mehr haben, denn die accidentia, so unterm papstthum gewesen, sind gefallen, und taugen nicht mehr dergestalt.

2. Auch, dass die ministri mit sonderlicher behausung ein jeglicher versorget werde, weil zank, ärgerniss und uneinigkeit zwischen ihnen vorfallen könnte, wo sie beisammen in einer behausung ohne unterscheiden sein sollten. So mögen sich etliche, die nicht haben die gabe ewiger keuschheit, in den heil. ehestand (wie sie zu thun schuldig) begeben.

3. Ist zu bedenken, dass es ja unbillig, dass die so uns geistliche, ewige güter mittheilen, sollen mangel leiden, und nicht mehr vor ihre grosse mühe, sorg und fleiss und arbeit haben, denn was die hand ins maul trägt.

4. Muss bedacht werden für die meritirten ministros, welche nun lange zeit treulich im dienst des evangelii gearbeitet, dass dieselben in ihrem alter und unvermögen unterhalten, und nicht verstossen werden; item für die armen weiber und kinder, als die rechten witben und weisen (von denen die schrift sagt) sie zu schützen, fördern, helfen und geniessen lassen des treuen dienstes und der gnaden gottes, die gott durch ihren verstorbenen herrn und vater im predigt amt gewürket und gegeben hat.

5. Zuletzt muss bedacht werden, wie viel man einem jedem ministero geben soll, wer es geben soll, zu welcher zeit des jahres, ob man ihm auch holz und korn ordnen könnte?

6. Wo es sein könnte, wäre gut, dass auch eine jungfern schule würde aufgerichtet, da etwan eine ehrliche matrona die jungfräulein lehrete schreiben und lesen, auch pietatem oeconomicam,

catechismum und dass die jungfräulein auch zum gemeinen catechis. gingen, item, was auch der schulmeister oder seine gesellen haben vorhin gehabt vom salve, tenebrae, gaude dei genetricis, alma haec est dies, o crux und andern, soll ihnen nach wie vormals an statt mit andern geistlichen ceremoniis und catechismo müssen belassen sein.

Von den geistlichen leben, wo die vorhanden.

Nachdem jedem stiftern christliche treue ernste meinung gewesen, mit diesen ihren stiftungen die ehre gottes fürnehmlich und der gemeinen christenheit heil. nutz und gedeihen im reiche Christi zu fördern, bisher aber durch gottes von uns wohlverdienten zorn zur strafe unserer sünden und undankbarkeit der welt zum missbrauch gerathen; soll doch mit höchstem fleiss darauf gedacht und ernstlich verhofft und darob gehalten werden,

1. dass alle geistlichen stiftungen und lehen bei ihrem wesen und einkommen erhalten und nicht zu privatis commodis und eigen nutz gezogen, sondern der erstern stiftern christlicher meinung nach zu unterhalten, zu förderung der rechten ehre gottes, die lieben heiligen predigtamts, schulen oder jugend und des lieben armuths gebraucht und gezogen werden; niemand andern gestattet werden, etwas von den pfarr gütern, geistlichen lehen und stiftungen, wenig oder viel, zu entziehen und zu zwacken, dass auch die itzigen possessores nichts davon entwenden, noch in verwüstung kommen lassen, und da sie sich zum dienst des evangelii willig gebrauchen lassen, sich in allen punkten und clausuln auch articuln göttlichen worts Augspurg. confession und apologie mit lehr, leben, wesen und wandel gemäss halten. Wo sie das willigen und thun, sollen sie bei ihren lehnen und possession bleiben und geduldet werden, wo sie aber das nicht thun wollten, soll man ihnen nichts geben, und ihren gang Belial nachlaufen lassen.

Von almosen.

Muss gedacht werden, dass keine collecta kann recht constituiret sein, wo man sich nicht mit ernstem fleiss des lieben armuths animbt, nach dem befehl gottes: Frange esuriendi panem tuum et carnem tuam non despexeris, und seel. im psalmen wird gepreiset, der sich des dürftigen und armen animbt, ja Christus sich selbst darzu bekennet und ihme gethan haben auch herrl. an jenem tage in seinen gläubigen bekennen will, was den armen und dürftigen geschieht, gethan und erzeigt wird, und kann wider solchen grund keine ausrede noch entschuldigung eingewendet werden.

Derohalben zu bedenken,

1. Wie in pfarr kirchen das almosen und von wem es soll gesammelt werden,

2. Wie es soll ausgetheilt werden und wenn,

3. Wenn testamenta gefallen, oder wo zunften und bruderschaften vorhanden, so sollen sie auch an diesen gebrauch zu unterhaltung des armuths und dürftigen gewandt werden und wie das geschehen soll.

4. Dass hierinnen auch treulich gehandelt werde, sollen fromme, gottesfürchtige leute anbefohlen werden, die rechenschaft zu gelegener zeit zu thun. Man nenne solch christlich werk das almosen gemeinen kastens, oder wie man will, allein, dass man sich der dürftigen und armen, allermeist aber deren die da seind hausgenossen des glaubens treulich und christlich annehme.

Wo hospitale vorhanden und einen stipendiaten oder priester haben, soll derselbige alle sonntage und feste im hospital den kranken frühe vor der hohen messe der pfarr-kirchen das evangelium sagen, in der wochen aber am dienstage und freitage den catechismum fürbeten, zehen gebote, glauben, vater unser, taufe, absolution, sacrament des altars, darnach die kurze auslegung, wie die im kleinem catechismo dr. Martini stehet.

Nun folget ordnung, wie man sich in kirchen mit den ceremoniis halten soll.

Zum 1. Die horas priester (weil die vorhanden) sollen im schloss anstatt der messe und für die frühe, horas und messen alle tage ordentlich und fein langsam deutlich singen, um gewöhnliche zeit, wiewohl ich lieber wollte rathen, dass man frühe und statt solcher horas singen, dieweil sich niemand oder gar wenig daraus bessert, auf dem schloss eine oder zwei predigten hette gethan.

Zur metten.

1. Deus in adjutorium ⎱ lateinisch, 2, 3 oder
2. Venite ⎰ 4 psalmen deutsch.

Den psalterium forne anheben und gar hinaus ordentlich wie die psalmen nach einander gehen, und wenn es finiret wiederum anheben.

3. Sollen auch die tonos ändern, also dass sie heut primum tonum halten, zu metten und vesper morgen secundum tonum und sofort, an einem tag umb den andern.

4. Darauf sollen sie singen ein lateinisch responsorium de tempore et festo, das nur recht und mit der heil. schrift übereinkommt.

5. Sollen alle wege zwei darnach lesen eine lat. und teutsch lect. alle zeit aus dem alten testament zur metten, und am ersten buch Mosis anheben bis zum ende veteris testamenti, und wenn es aus ist, von vorn wieder anheben.

6. Der erste lector lieset ein ganzes capitel lateinisch, darnach das capitel lang oder kurz ist, in tono wie vormals die lect. in der messe gelesen worden. Darauf lieset der lector eben denselben text und so viel teutsch in unisono.

7. Darnach die sonn-fest- und feier-tage das teutsch te deum laudamus wie es dr. Martinus verteutschet hat.

8. Montag und dienstag das lateinisch te deum.

Mittwoch	Benedictus, canticum Zachariae,
Donnerstag	lateinisch,
Freitag	quicunque vult salvus etc.,
Sonnabend	lateinisch.

Danach flexis genibus juxta rationem temporis contra paganos et Turcas etc., da pacem domine etc., item preces pro serenitate, item pro pluvia, darauf einen versic. mit collect. de tempore oder de festo die rein sein; man mag auch zuweilen 2 collecten halten, doch sub una conclusione etc., benedicamus domino.

9. Jetzt aber zur zeit, da grosse noth, zorn und strafe über unsere sünden vorhanden; sollen sie alle montage, mittwochen, freitage die teutsche litanei fein langsam singen; nach der lect. mit vers. und collecten pro peccatis et benedictione, wie in der vesper verzeichnet, beschliessen.

Zur vesper und completen sollen sie singen:

1. Deus in adjutorium und 1 hymnum lateinisch,

2. 2 oder 3 psalmen teutsch,

3. Ein responsorium,

4. Zwei lect. aus dem neuen testament thun, eine lateinische und teutsche, ferner das neue testament anfangen am evangel. Matthei bis zum ende, wie droben vermeldet in der metten.

5. An sonn- fest- und feiertagen das teutsche magnificat in tono peregrino. Die woche hierumb das lateinisch mit einer christlichen antiphonia. Vers., collect., benedict.

Benedicat tibi dominus et custodiat te, ostendat dominus faciem suam tibi et misereatur tui, convertat dominus oculum suum ad te et det tibi pacem.

Wie es in der pfarr kirchen mit denen ceremoniis soll gehalten werden.

1. Auf die sonntage und festa zur messe, wo communion vorhanden, den lateinischen introitum nach gelegenheit der zeit, je zuweilen de sancta trinitate, spiritu, passione domini. Tonum autem de tempore, so er rein ist.

Mag man auch zu zeiten einen teutschen psalm oder sonsten ein christlich lied singen. Vor dem introita kyrie eleison, soll der chor ein kyrie, ein christe und wiederum ein kyrie singen und der organista dazu schlagen. An oder für das letzte mag er auch ein gut kurz stücklein schlagen etc.

Et in terra.

2. Die collecten mag man zu zeiten teutsch, zu zeiten lateinisch halten, episteln aber und evangelien sollen allezeit in angezeigter melodia gesungen werden.

3. Nach der epistel schlägt der organist, darauf singt der chor das alleluja, zuweilen den sequenz, so fern der rein und christlich ist, darauf die ganze ecclesia einen teutschen psalmen oder christlich lied, was man will, wie im gesang-büchlein zu finden.

4. Nach dem evangelisten, dem patrem etc. lateinisch schlägt der organist, singet die kirche: Wir glauben etc.

5. Nach der predigt schlägt der organista etwas, bis der priester über den altar kommt, praeparavitque panem et calicem offerendum.

Wenn aber anbeiende noth vorhanden, als leider zu diesen letzten zeiten, soll alle wege nach ausgang der predigt der schulmeister anheben zu singen mit der ganzen ecclesia: Erhalt uns herr bei deinem wort etc.

Verleih uns frieden etc.

6. Singet der priester das vater unser teutsch, oder lieset die paraphrases etc., darnach singet er verba cönae. Man mag auch an hohen festen die praefationem singen und darnach das vater unser und die verba testamenti.

7. Sub communione mag man abwechselsweise singen das teutsche santus etc., als Jesus Christus, zuweilen das lateinische sanctus oder agnus dei novi testamenti. Der organista soll sub communione nicht schlagen, es sei denn an hohen festen; aber nach gehaltener communion mag er ein gut stücke schlagen.

8. Nach beschluss der collecten und benedict. soll man sagen:

Es woll uns gott gnädig sein, oder
Gott sei gelobet und gebenedeiet.

Zur vesper an sonntagen und festen soll es also gehalten werden:

1. Deus in adjutorium etc., antiphona, ein psalm, responsorium und hymnus lateinisch.

2. Darauf ein teutscher psalm oder an den festen so man hat einen teutschen hymnum.

3. Predigt, so über eine halbe stunde nicht wehren soll.

4. Nach der predigt singet man zuweilen (und wenn anliegende noth vorhanden kurz) die teutsche litaniam, zuweilen das teutsche magnificat am sonntage. Der schulmeister soll alle wege 2 verse singen mit den knaben wenn man das teutsche magnificat singet und der organist soll einen schlagen; aber an hohen festen singe man das lateinische magnificat, einen vers umb den andern mit der orgel; darauf vers, collecte, bene-

dicamus etc. Man soll auch zuweilen das teutsche te deum singen, wie es dr. Mart. verteutscht hat.

In der wochen an den tagen, da man nicht prediget, soll es kurz zugehen, damit die jugend an ihren studiren nicht versäumet werde.

1. Umb gelegene stunde, der man sich nach gelegenheit des orts vergleichen soll, einen lat. psalmen mit der antiphonia, respons. oder hymnum; alles lateinisch,

2. Darnach sollen 2 knaben lesen ex nov. test. fein unterschiedlich und langsam, einer lat., der andre teutsch; auch sollen gedachte der knaben lectiones nicht so lang sein über 2 oder 3 paragraphos.

3. Ob viel volk in der kirchen wäre, soll auf die lection der priester einer aus den altaristen (als so lang die vorhandenen, darnach solchen wöchentlichen dienst thun um einander, prediger und caplan) die paraphrases Dr. Martini lesen für den altar bis auf die worte: Zum andern vermahne ich euch in Christo.

4. Das benedictus, versic., collecte, benedicamus.

Wie es gehalten werden soll an den tagen da man predigt hat:

1. Einen lateinischen psalmen mit einer antiphonia, darnach einen teutschen psalm, oder geistlich lied.

2. Nach der predigt ein litaniam, einen tag lat., den andern tag teutsch mit einem vers; singen auch die knaben. Darauf soll der prediger oder caplan, welcher nun wöchner ist, für den altar die collecten lesen und benedic. geben, der herr segne dich. Man mag es auch zur zeit ändern und für die litanei singen: da pacem etc. Darnach verleih uns frieden u. s. w. mit dem vers., collect. und benedic. beschliessen.

Summa, dass allezeit in der wochen, an werktagen alles singen und predigen in einer stunde geschehen und nicht darüber. So behält man das volk willig zur predigt gehen und kan auch anheimb kommen zur arbeit.

Zur vesper an allen werktagen soll es gehalten werden:

1. Zwei psalmen mit einer antiphonia, responsorio oder hymno lateinisch.

2. Zwei lect. ex v. test., die erste lat., die andere teutsch, wie droben von der metten lect. gesagt. Welche tage man aber den catechism. hält, sollen die lect. bleiben anstehen, darauf soll man singen ad placitum, entweder das magnificat, oder Benedictus, oder da pacem etc., vers., collect: Benedicamus.

Es soll auch der schulmeister mit den knaben den psalterium forne anfangen und also darinnen fortfahren zur metten und vesper, und wenn er aus ist, wieder von forn anheben.

Im fall an feiertagen und festen nicht communicanten vorhanden, soll man es also halten anstatt der messe:

3. Bei leibe keine messe gehalten, es sei denn communicanten da. 1. Deus in adjutorium etc., 2. Venite, 3, Tres psalmos cum antiphonia, 4. Responsorium, 5. soll ein priester das evangelium lesen de tempore oder festo, wie eine lection in der metten eben in derselben melodie, darnach der andere priester teutsch, 6. Te deum laudamus teutsch cum organis einen vers umb den andern, 7. Wir glauben, 8. Predigt, 9. nach der predigt ein teutsch psalmen oder hymnum, zu zeiten: da pacem und das teutsche magnificat, darauf cum vers. collect., 10. Benedict., 11. Es woll uns gott gnädig sein etc. Wo aber ein organist vorhanden, soll er darunter wie gewöhnlich schlagen und die gesänge desto kürzer abgebrochen sein, damit es nicht zu lang werde.

Kirchenordnung auf den dörfern zu halten.

Sonnabends zu bequemer stunde am abend soll man lauten lassen, und ob sich das volk, jung oder alt samlet, etliche teutsche psalmen singen und mit dem gebet und benediction beschliessen. Darnach soll der pfarrer die leute verhören, so folgenden sonntag zum sacrament wollen gehen, unterrichten und absolviren.

Forma absolutionis.

Und ich als ein verordneter diener göttlichen wortes und dieser gemein allhier, aus dem befehl unseres herrn Jesu Christi anstatt und von wegen seiner lieben christenheit, vergeb ich dir alle deine sünden, im namen gottes des vaters, des sohnes und des heil. geistes. Amen. Gehe hin in frieden und sündige nicht mehr.

Wenn man communion hat auf die sonn- und fest-tage

Soll man pro introitu einen feinen teutschen psalmen singen, darauf, so ferner ein custos ecclesiae vorhanden, der singen und dem pfarrer helfen kann, drei kyrie eleison. Im fall, wo kein kirchner vorhanden, soll der pfarrherr auf den teutschen psalmen, wenn das volk pro introitu gesungen hat, eine collecte lesen und die epistel gegen das volk singen in eadem melodia wie zu Glaucha angerichtet. Darnach singet man abermals einen teutschen psalmen oder gut christlich lied. Darauf soll der pfarrer das evangelium von der zeit oder fest, auch in der melodia wie zu Glaucha gegen das volk singen, und danach wir

glauben u. s. w. Dann predigt der pfarrherr das evangelium, welches der sonntag und festtag mit sich bringet und soll alle wege vor oder nach der predigt dem volk fein langsam und deutlich vorbeten die 6 hauptstücke der christlichen lehre, wie hernach verzeichnet. Nach der predigt soll der priester für dem altar dem volk paraphrasin des vaterunsers mit der vermahnung zum sacrament fürsprechen, zuweilen auch das vaterunser singen, alsdann die verba testamenti fein deutlich und langsam teutsch singen, darauf soll das volk singen: Jesus Christus unser heiland, oder gott sei gelobet, oder das teutsche sanctus, Jesaia dem propheten etc. Dieweil man also singet soll der priester sub utraque specie communiciren und cum benedictione beschliessen. Darauf mag man singen: Es woll uns gott etc. etc.

Wenn aber keine communicanten sein, soll mans also halten. Das volk soll singen 2 psalmen oder geistliche lieder; darauf singet der pfarrherr das evangelium gegen das volk teutsch, darnach singet man: Wir glauben u. s. w. und hält die predigt darauf. Nach der predigt soll man abermal einen teutschen psalmen oder 2 singen, und mit der collecten und benediction beschliessen.

Der kirchneramt auf den dörfern.

Man soll nach gelehrten kirchnern, die doch aufs wenigste schreiben und lesen können, trachten, ihnen auch belohnung machen, dass sie sich mögen erhalten. Diese sollen ihrem pfarrherrn gehorsam sein, auch die kirchen sollen sie rein halten, was ihnen für kleinodien überantwortet, treulich bewahren, zur zeit lauten, brod und wein auf den altar setzen. Auch sollen sie alle wochen einen oder 2 tage umb gelegene stunde (darzu man lauten soll), den knaben in der kirchen fürbeten die 6 hauptstücke der christlichen lehre mit samt der auslegung wie im kleinen catechismo stehet dr. Martini, und zu zeiten die kinder verhören, dass sie es lernen. Es wäre auch gut, dass etliche knaben zum kirchner insonderheit gingen zur schulen und lernten doch schreiben und lesen. Aber von solcher arbeit sollen ihm dem kirchner lohnen die knaben, die er instruiret. Er soll auch alle wege mit dem pfarrherrn ad infirmos gehen, den kelch und wachs licht tragen und in des kranken haus alsdann anstecken, das man das testamentum halten kann.

Wie man es halten soll mit der noth taufe.

Item hochzeit trauen, ohne dass man keine trauen soll, sie sein denn 3 sonntage oder 2 auf das wenigste öffentlich auf der canzeln aufgeboten,

Item, festhalten, dass, welche nicht der

beichte und absolution mitbrächten, nicht communicirten,

Item trösten der kranken,

Item begräbniss und wer mitgehen soll, das alles ist fein angezeiget in der agenda durch m. g. h. herzog Heinrichen zu Sachsen seel. und hochlöb. gedächtniss.

Kurzer, einfältiger und christl. unterricht vom hochwürdigen sacrament würdig und christl. zu empfangen.

Vier stücklein sind zu wissen und zu glauben von nöthen, das hochwürdige sacrament würdig und christl. zu empfangen.

1. Das erste, die ursache, die dich bewegt, das heil. sacrament zu empfangen, nemlich deine sünden und gottes gebot. Deine sünden, dass du ein armer sünder bist, gottes gebot übertreten, solches von herzen erkennest, und suchest und begehrest gnade, dich gedenkest zu bessern. Gottes gebot, dass Christus nicht den heiden und ungläubigen, sondern seinen lieben, solchen betrübten christen das sacrament eingesetzet, und gebeut zu nehmen oder zu empfangen; denn er spricht: nehmet, esset; nehmet hin und trinket alle daraus, das thut, so oft ihrs thut. Welches wort, damit Christus gebietet seinen jüngern, nicht gar vom sacr. zu bleiben, sondern oftmals zu empfahen.

2. Warum du es empfangen willst. Unter brodes gestalt, darum, dass also recht ist, Jesus Christus selbst also geredet und eingesetzet hat, und eingesetzt den kelch zu seinem blut, trinket alle daraus, und meinet diese ganze ordnung des sacr., darinnen er vergebung der sünden schenket, sein testament, dass sie ihm unverrückt und ungetrennt bleiben sollen.

3. Was du allda nimmst und empfängst. Im Brod den leib Christi, im wein das blut Christi eben denselben leib und blut, welche er einmal am kreuz für deine und unsere aller sünden gegeben und vergossen, wie die worte Christi anzeigen: das ist mein leib, das ist mein blut.

4. Wozu es nützet, wozu du es empfähest. Zur vergebung der sünden, versicherung göttlichen, gnädigen wollens gegen dich und stärkung und trost deines glaubens, als die worte ausweisen, für euch gegeben und für euch vergossen zur vergebung der sünden. Wo auch auf die form und weis soll man dem volk nachfolgende 6 stück der christlichen lehre vorbeten und nur auf diese weise, bei leib nicht ändern, noch eine silbe davon verrücken, damit das arme völklein und jugend eine stete, gewisse form zu beten habe.

Hauptstücke.

1. Das erste seind die zehen gebote gottes und lauten also: Du sollst nicht andere götter etc. et hic usque ad decimum, weib — was sein ist.

2. Das andere seind die drei haupt articul unseres christlichen glaubens, der 1. artikel von der schöpfung u. s. w. — ewiges leben. Amen.

3. Das dritte ist das heil. vaterunser.

4. Das vierte ist das heil. sacrament der taufe. Jesus Christus sprach zu seinen jüngern: Gehet hin in alle welt u. s. w., wer glaubet und getauft wird u. s. w.

5. Das fünfte ist das heil. amt der schlüssel; Jesus Christus bliess seine jünger an und sprach: Nehmet hin etc.

6. Das sechste ist das hochwürdige heil. sacrament des leibes und blutes Jesu Christi unseres herrn und lautet also: Unser herr Jesus Christ u. s. w.

Wie eine schwangere frau christlich zu trösten, und wie man sich in der zeit der geburt und darnach verhalten soll.

1. Zum ersten ist das dein trost liebe tochter, dass du weisst und glaubest, dass du in einem heil. stande bist, den gott selber eingesetzt und eben des mannes weib, welchen gott durch seine ordentlichen mittel zugeeignet, denn gott ja der rechte freier (wie Christus spricht, was gott zusammenfüget u. s. w.). Derselbige dein gott hat dich auch mit frucht des leibes gesegnet, dass du nun schwanger gehest, und ob zwar mit schmerzen schwanger gehen und kinder gebären ein stücklein des heil. creuzes, so gott auf den heil. ehestand aufgeleget, so ist doch das ein trost, dass du weisst und glaubest, dass Jesus Christus für alle deine sünde gestorben ist und es dahin bracht, dass du hast um Christi willen, vergebung deiner sünden.

2. Zum andern, dass Christus dein herr ist worden, nicht ein solcher herr, dass du dich für ihn fürchten und entsetzen sollst, bei leib nicht, sondern, dass du nicht mehr der sünden und des todes und des teufels eigen, sondern Christi eigen bist, der dich ihm selbst zu eigen gemacht, und theuer um sein blut erkaufet, dass du ihm und er in dir lebet.

3. Zum dritten hat dich Christus durch sein creuz und leiden also geheiliget, dass dir nichts schaden kann und nicht zeichen eines unguadigen, sondern eines gnädigen gottes sein. Zu dem tröste dich auch dies, dass dir dein lieber gott und vater befohlen (denn solch gebot über alle christen gehet), in allen deinen anliegenden nöthen um hülfe, beistand und errettung ihn anzurufen und die erhörung tröstlich zugesaget hat und sonder-

lich auch befohlen, dass man ihm die kindlein
sollte zubringen, welcher er ein herzliches wohlgefallen, und die kindlein gerne aufnimbt, ihre
stünden vergiebt und ewiges leben mittheilet; derohalben liebe tochter wollest dich in dir selbst
nicht fressen und schwere gedanken machen,
o, wie wird es nun gehen u. s. w., sondern
schreien zu gott um hülfe, er will dir umb Christi
seines sohnes willen helfen, an dir zu keinem
lügner werden, wie er selbst saget: rufe mich an
in der noth etc.; und bete vors ersten ein vater
unser, darnach magst du diese oder dergleichen
worte brauchen:

Mein lieber gott und vater, du hast mich
zum weibe im ehestand verordnet, und mit frucht
des leibes gesegnet, die trage und bringe ich dir
in meinem leibe, und bitte dich herzlich, du
wollest das theure leiden und sterben deines lieben
sohnes Jesu Christi meines herrn auch an ihr
nicht lassen verloren werden, sondern um Christi
willen in die zahl der auserwehlten annehmen.
Amen.

Ob es sich nun wohl ohnedem [des weibes]
schuld anders zuträge mit der frucht, so befiehl
die sorge gott und zweifle nicht, dein gebet sei
erhöret und gott habe dein kindlein auch im
mutter leibe gesegnet, das ist, ihme seine stünden
vergeben, denn er ist ein gott, der nicht lust am
verderben hat, sondern am leben.

Zum andern. Wenn nun die zeit vorhanden,
dass man zur sache oder geburt greifen soll, so
soll die schwangere frau, wehe-mutter und andere,
so alda versammelt, getrost sein, gott umb gnaden
anrufen mit solchen oder dergleichen worten:

Lieber herr gott und vater, wir sind allhier
in deinem namen und werke versammelt, wollen
dir ein kindlein durch die geburt zubringen und
bitten deine barmherzigkeit, du wollest das theure
leiden und sterben Jesu Christi, deines lieben
sohnes unseres herrn an diesem kindlein auch
nicht lassen verloren und umbsonst sein und in
diesem werk deine hülfe und gnade geben, dass
es allenthalben damit recht zugehe durch denselben deinen lieben sohn Jesum Christum unsern
herrn. Amen.

Und solch gebet alle wege mit deinem vater
unser fleissig gründe auf gottes gebot, verheissung
und den befehl, dass man ihm die kindlein solle
fürbringen und nicht zweifeln, solch gebet sei erhöret. Und ob folgendes die sache anders zu-
ginge (doch ohne schuld und verwahrlosung der
frauen), soll man dennoch festiglich glauben. das
kindlein sei von gott zum erben und miterben
Christi angenommen, aus obangezeigter ursachen,
dass man in gottes namen und worte versammelt,
einmüthig umb hülf und gnad gott angerufen hat, und
solch gebet auf sein göttl. gebot und verheissung

gegründet, und dass er ein solcher gott ist, der
nicht lust hat am verderben, sondern zu gnaden
um Christi willen gern annimbt.

Zum dritten. Wenn das kindlein nun vom
mutterleibe geboren, soll man es Christo durch
das heil. und hochwürd. sacrament der taufe auch
zubringen, und wenn das kindlein zu seinen jahren
kommt, soll man ihm den ganzen handel und was
es gott in der heil. taufe angelobet zeigen. Darob
sei mit höchstem fleiss, dass es in göttl. furcht,
christl. glauben und tugend leben werde auferzogen,
fleissig lerne die 6 hauptstücke der christl. lehre
u. s. w.

Ordnung des catechismi, wie man darmit der jugend in der kirchen auf bequemen tag, da man zu morgends nicht
predigt, als mittwochen, halten soll.

1. Umb 2 uhr nachmittag soll man an mittwochen einen guten puls mit der grossen glocken
lauten, der schulmeister mit denen knaben einen
lateinischen psalm mit einer reinen antiphona
singen, als: Viro ego, dicit dominus, oder dergl.

2. Darnach die teutschen 10 gebote. Tritt
der priester für den altar und betet die 6 hauptstücke der christl. lehre, wie droben geschrieben
vom wort zu wort, und alle, so in der kirchen sind.

3. Darnach treten 3 knaben und 3 gegen
einander über ins gesichte etwas höher denn die
andern und fragen einander dialogen weise. Die
ersten zwei haben den dialogum von den 10 geboten und articuln des glaubens, die andern zwei
vom vater unser und taufen, die drei letzten von
dem amt der schlüssel und sacr. des altars.

Der erste (als Petrus) fraget: Wie viel sind
hauptstücke der christl. lehre? Darauf antwortt
der andere knabe (als Paulus), so gegen über
stehet, 6 hauptstücke. Weiter fragt Petrus, welche?
resp. Paulus, das erste die heil. zehen gebot gottes.
Petrus, wie lautet das erste gebot? Paulus, du
sollst nicht ander götter u. s. w. — bis zum ende.

Wenn das alles, nemlich das beten der 6 hauptstücke, welches die thun müssen, ausgerichtet und
behalten ist worden, so tritt der priester wieder
vor das altar und betet die 6 hauptstücke noch
einmal nach dem text den kindlein für, fein langsam und deutlich, und vermahnet der priester die
kindlein und das volk, dass sie die erzehlten
stücke und von den knaben sprechweise fein
lernen wollen, auch in gottes furcht, christl.
glauben und liebe gottes und des nächsten wollten
wachsen und zunehmen. So wird ihnen gott seinen
segen, gnade, zeitl. und ewiges leben geben, das
ist gewisslich wahr! Amen.

Darauf mag man einen kurzen teutschen
psalmen oder das lateinische oder teutsche da pacem

mit einem versicul und collecten und benediction beschliessen.

Nun folget etliches, darnach sich die ministri verbi halten sollen.

1. Es sollen alle pfarrherren und ministri das reine, lautere gottes wort ganz treulich und fleissig lehren und predigen, die hochwürdigen sacramenta nicht anders, denn nach ordnung Christi reichen und geben, allen falschen gottesdienst und greuel, als die papistische mess, invocationes sanctorum, abusum sacramenti abthun.

2. Sie sollen sich auch für ihre person christlich und wohl halten mit lehr und leben, kleidung und geberden, andern ein gut exempel geben und ihr amt damit schmücken und zieren, andere zur besserung anreizen.

3. Sie sollen auch fleissig und stets gedenken, dass sie der heil. geist durch seine mittel zu pfarr herren und predigern, seelsorgern gesetzt hat nicht über gänse, kühe, schafe oder schweine zu weiden, sondern über die seelen, welche Christus theuer, neml. mit seinem blute erkauft und erworben hat, darumb wie sie denen vorstehen wegen lernen und unterrichten, sie gott für die seelen grosse rechenschaft geben müssen, wo sie aber ihres amts recht warten und nach gottes wort und befehl recht weiden, so werden sie auch, wenn erscheinen wird der erz-hirt und bischof unserer seelen Jesus Christus (wie St. Paulus sagt) die ewige krone der herrlichkeit empfahn. Amen.

4. Niemand sollen sie ohne vorhergehenden beichtunterricht und absolution zum sacr. lassen.

5. Wo sie auch rohe, freche und unbussfertige leute, die sich nicht wollen bessern erfinden, oder die das liebe evangelium, die hochwürd. sacr. lästerten, schändeten oder verachteten, die sollen zur gevatterschaft stehen nicht zugelassen werden, auch ob solche also hinstürben, sollen sie nicht mit christl. ceremoniis, wie andere christen, weder mit läuten, noch gesängen, creuztragen, mitgehen oder processionibus zur erden bestattet werden.

6. Welche priester ehrl. weiber haben, sollen sich ehrlich und wohl mit ihnen begehen und christl. halten, welche aber nicht ehrlich, und doch das donum perpetuae castitatis nicht haben, die sollen sich nach göttl. befehl in den ehestand begeben.

7. Allezeit, wenn sie keine communicanten haben oder communion, sollen sie mit communiciren kein kirchen messe halten noch verkündigen.

8. Darum, dass sie vom bischof geweihet, denn wo gottes wort rein und recht geprediget, auch die sacramenta juxta institutionem test. distribuiret werden, da ist wahrhaftig ein tempel gottes und heil. stadt, da gott wohnet.

9. Sie sollen kein sacrament noch crysma oder dergl. in dem sacrament häuslein halten, noch brennende lampen dafür leiden.

10. Man soll auch mit vorwissen der ordentlichen obrigkeit die übrigen altaria und ungeschickten oder ärgerlichen götzen aus den kirchen thun.

11. Es soll sich auch keiner ohne vorwissen seiner obrigkeit und des superintendens von seiner pfarr begeben oder permutiren mit einer andern, auch keine absens von dem pfarrherr ohne befehl der obrigkeit geben.

12. Wenn casus fürfallen, daran sie sich nicht wissen zu richten, sollen sie darum andere, die lange im ministerio evangelii gewesen, befragen. Wo sie da nicht genugsam bericht erlangen, an den superint. gelangen lassen.

13. Dass alle altaristen, beneficiaten ihrem pfarrherrn auch unterthan, und wo er ihrer im ministerio bedarf, willig helfen.

14. Aber alle pfarrherren, prediger, diaconi, altaristen, alle ministeria, so zum kirchen amte gehören, sollen ihrem superintendenten in allen dingen, die nicht wider gottes ordnung, gehorsam sein.

15. Dass sie das volk zur christl. busse und gebet vermahnen und da sie ja ihr gebet fein auf gottes gebot, verheissung und würdigkeit Jesu Christi gründen und nicht gering halten noch verachten.

16. Es sollen auch die ministri verbi fleissig studiren, in gottes wort sich üben, die bibel alt und neu testaments, locos communes Philippi, conf. August. et apologiam fleissig lesen, item annotata dr. Martini in epistol. ad Galatas und andere seiner sermones und streit bücher.

17. Den kleinen und grossen catechismum dr. Martini für sich nehmen und denselben dem volk predigen und dabei bleiben und sich hierinnen und in allen so zu ausbreitung gottes ehre, heil der seelen nützlich als getreue diener und ausspänder derer geheimnisse gottes erzeigen, fein unterschiedlich vom gesetz gottes und evangelio, vom glauben und werken reden. Denn gott an seinen haushaltern nicht mehr begehret, denn dass sie getreu im dienste des evangelii erfunden werden.

Accidentia in der stadt Glaucha.

Man soll von conduciren der leichen oder funerum, will man, dass der pfarrherr mitgehe, alle wege 2 gr., dem caplan 1 gr., dem schulmeister 2 gr., dem cantori und locaten auch jeden 1 gr. geben. Dem kirchner 2 gr. fürs lauten, und soll nicht verbunden sein, zu allen leichen zu lauten, sondern die es begehren und ihm sein genannt geld darum geben. Es soll auch dem kirchner sein gewöhnl. tauf pfennig, von hochzeiten, sechswöchnerinnen kirchgang gebührend gegeben werden. Es soll hinfüro kein kirchner um, oder für sein geld wein zuzuschicken zur communion verpflichtet sein, sondern die kirche soll das geld geben, und die kirchner darnach den wein verschaffen. Item man soll dem pfarrherr und predigern von den hochzeiten und aufbieten, auch trauung ihr gewöhnlich geld geben, nemlich 2 gr. Item es soll dem organisten nichts entzogen werden, und ihm nichts von seinen einkünften schmälern, sondern locupletiren und machen, dass man gelehrte gesellen erhalten möge.

[Angehängt ist ein Verzeichniss von lateinischen Gesängen, Responsorien und den für die Kirchen anzuschaffenden Büchern.]

Actum Glaucha den 18. October 1542. Diese ganze Kirchen-Ordnung, wie droben im Anfang vermeldet und hiermit mit meiner Handschrift bekenne, ist auf Verbesserung meines gnädigen Herrn gestellet.   Johann Pfeffinger.

DIE VIER HARZGRAFSCHAFTEN:

MANSFELD, STOLBERG, HOHENSTEIN, REGENSTEIN

UND

STIFT UND STADT QUEDLINBURG.

Die Grafschaft Mansfeld.

Hilfsmittel: E r d m a n n B i e c k i u s, De agendis ecclesiasticis et in specie de agendis ecclesiasticis Mansfeldensibus, in: Miscellan. Lipsiensia. Tom. VIII. Lips. 1718. S. 35 ff.; E n g e l h a r d t, Erasmus Sarcerius, in: Ztschr. für historische Theologie. 1850. Heft 1. S. 70 bis 142; G. K a w e r a u, Caspar Güttel, in: Ztschr. des Harzvereins 14, 33 ff. (1881); H e r z o g's Encyclop. 13, 399 ff. (2. Aufl.); K r u m h a a r, Margarethe, Gräfin von Mansfeld. Eisleben (ohne Jahr); D e r s e l b e, Die Grafschaft Mansfeld im Reformationszeitalter. Eisleben 1855; K ö n n e c k e, Die evangelischen Kirchenvisitationen des 16. Jahrh. in der Grafschaft Mansfeld, in: „Mansfelder Blätter" 11 (1897), 53 ff., 12 (1898), 54 ff., 14 (1900), S. 36 ff., 15 (1901), S. 29 ff.; M e n c e l, Narratio historica de statu ecclesiae in comitatu Mansfeldensi a tempore revelati evangelii. Abgedruckt durch G r ö s s l e r, in: Ztschr. des Harzvereins. 1883. S. 83 ff.; G r ö s s l e r, Albrecht IV. von Mansfeld, in: Ztschr. des Harzvereins. 1885. S. 365 ff.; R e m b e, Der Briefwechsel Spangenberg's, in: „Mansfelder Blätter" 1 (1887), S. 53 ff.; H e i n e, Beiträge zur Geschichte des Dorfes Ober-Rissdorf im Mansfelder Seekreise. („Mansfelder Blätter" 12 [1898], 117 ff.) Eine sehr gründliche Zusammenstellung der gesammten kirchlichen Litteratur liefert G r ö s s l e r, in: Schriftennachweis zur Mansfeldischen Geschichte, Beilage zum 11. Jahrgang der „Mansfelder Blätter". Eisleben 1898. S. 32 ff. Vgl. auch S c h u l z e, Geschichtsquellen der Provinz Sachsen. Halle 1893, unter: Mansfeld und Eisleben.

Archive: Staatsarchiv zu Magdeburg. Superintendentur- und St. Andreas Pfarrarchiv zu Eisleben. Pfarrarchiv zu Calbe a./Milde.

1. Die Grafschaft Mansfeld, zu welcher neun Städte (Eisleben, Mansfeld, Hettstedt, Gerbstedt, Artern, Schraplau, Alstet, Heldrungen, Wippra) und 150 Dörfer gehörten[1], zerfiel zur Reformationszeit in drei Theile: Vorder-, Mittel-, Hinter-Ort[2]. Der Vorderort, zu welchem zwei Fünftel der Grafschaft gehörten, war dreimal getheilt und wurde regiert von den Brüdern Günther IV. († 1526), Ernst II. († 1531) und Hoier VI. († 1540). Den Mittelort regierte Graf Gebhard (1486—1558), den Hinterort Graf Albrecht VII. (1486—1560).

Die Linien des Vorderortes blieben katholisch; namentlich Graf Hoier war ein Gegner der neuen Bewegung. Das Eindringen derselben vermochte er aber nicht aufzuhalten. Die

---

[1] So K r u m h a a r, a. a. O. Eine andere Zählung bei J a c o b s, Geschichte der in der preussischen Provinz Sachsen vereinigten Gebiete. Gotha 1883. S. 326.

[2] Vgl. über die Besitzverhältnisse im Einzelnen K ö n n e c k e, a. a. O. 11, 54 ff. Die Städte Eisleben, Mansfeld und Hettstedt gehörten allen Linien gemeinsam.

Grafen von Mittelort und Hinterort waren dagegen schon 1525 der neuen Lehre beigetreten; insonderheit war Graf Albrecht VII. ein eifriger Förderer des Lutherthums[1]). In Eisleben wirkten in diesem Sinne Caspar Güttel und Johann Agrikola, in Mansfeld Seligmann, Stiefel, Michael Cölius[2]). In den den katholischen Grafen allein gehörenden Städten Artern, Heldrungen und Gerbstedt wurde die Reformation zurückgehalten bis nach dem Tode des Grafen Hoier.

Graf Hoier starb 1540 unbeerbt; Günther IV. war bereits 1526 gestorben; die Regierung über den Vorderort übernahmen die Söhne Ernst' II. Dadurch zerfiel der Vorderort in sechs Linien[3]). An deren Nachkommen, die zumeist der neuen Lehre beitraten, ging nach dem Aussterben des Mittel- und Hinterorts die ganze Grafschaft über. Am längsten widerstanden der Reformation die Klöster. Über die Reformation des Klosters Gerbstedt, welches die letzte Stütze der alten Lehre unter den Grafen Hans Georg und Peter Ernst geblieben war, vgl. Magdeburger Staatsarchiv, Erzstift Magdeburg II, Nr. 333.

Im Jahre 1570 erfolgte wegen Schuldenüberlastung die Sequestration durch Kursachsen, Magdeburg, Halberstadt, und gegen Ende des 16. Jahrhunderts verlor die Grafschaft ihre territoriale Unabhängigkeit. Über Zerwürfnisse, die wegen der Besetzung von Pfarrstellen, namentlich der Superintendentur, durch die Grafen mit Sachsen entstanden, vgl. die interessanten Akten im Eislebener Andreas-Archiv, Loc. 1, Ad. 23 ad communia. Immerhin konnten die Grafen noch eine gewisse kirchliche Hoheit behaupten, wie sie denn noch 1586 eine Consistorial-Ordnung erliessen.

2. Über die Anfänge der Reformation in Mittel- und Hinterort sind wir nur dürftig unterrichtet. Über eine Visitation des Amtes Eisleben, das zum Hinterorte gehörte, vom Jahre 1526 sind einige Nachrichten im Superintendentur-Archiv zu Eisleben erhalten, welche Könnecke, a. a. O. 11, 58 ff. mittheilt.

Die erste Visitation, welche im Vorderort stattfand, führte die Reformation dortselbst ein. Die sechs Söhne Ernst's II., welche nach Graf Hoier's Tode (1540) die Regierung im Vorderort übernahmen, ordneten diese Visitation 1542 an. Als Visitatoren fungirten, wie erzählt wird, Caspar Güttel von Eisleben und Michael Cölius von Mansfeld. Wahrscheinlich wird nach sächsischem Muster visitirt worden sein. Die vorhandenen Visitationsprotokolle bieten für uns keine Ausbeute; sie betreffen fast nur finanzielle Dinge. Vgl. darüber Könnecke, a. a. O. 11, 69 ff.

Aus demselben Bande des Eislebener Archivs publicirt Könnecke, a. a. O. 11, 90 ff. die Protokolle einer zweiten, in dem Mansfelder Vorderort vorgenommenen Visitation vom Jahre 1545. Diese Visitation bietet interessante Einblicke in die kirchlich-sittlichen Verhältnisse der Gemeinden. Für unsere Sammlung enthält sie nichts.

Das Visitationswesen gewann einen bedeutenden Aufschwung durch den dritten Generalsuperintendenten Erasmus Sarcerius.

Wie unten zu zeigen, hatten die Grafen ein Consistorium eingerichtet und bestellten einen Generalsuperintendenten. Der Erste, der diese Function bekleidete, war Johannes Spangenberg (1546—1550). Ihm folgte 1552 Georg Major, der sein Amt aber noch in demselben Jahre verliess. Von 1553—1559 bekleidete Erasmus dieses Amt und von 1560—1590 Hieronymus Mencel.

Erasmus Sarcerius[4]) erwarb sich um die Hebung der kirchlichen Verhältnisse die grössten Verdienste. Er hielt drei Visitationen ab, die sich allerdings nur auf Mansfeld-Vorderort erstreckten. Von der ersten Visitation, die im Sommer 1554 stattfand, ist das Protokoll erhalten, aber zur Zeit nicht mehr aufzufinden.

[1]) Vgl. Grössler, Graf Albrecht VII. von Mansfeld, in: Ztschr. des Harzvereins, 1885, S. 365 ff.

[2]) Vgl. hierzu Könnecke, a. a. O. 11, 56; Gustav Kawerau, Kaspar Güttel. Halle 1882; Derselbe, Johann Agrikola von Eisleben. Berlin 1881.

[3]) Vgl. über die sechs Linien des Vorderorts im Einzelnen Könnecke, a. a. O. 11, 68 ff.

[4]) Litteratur über Sarcerius s. Zusammenstellung von Könnecke, „Mansfelder Blätter" 12, 55.

Die Visitation gab Sarcerius Veranlassung zur Ausarbeitung einer Visitations-Ordnung. Dieselbe erschien unter dem Titel „Form und weise einer visitation für die graf- und herrschaft Mansfelt", 1554, 23 S., 4°, zu Eisleben bei Jacob Berwald im Drucke.

Ein Exemplar dieses Druckes besitzt Jena, Univ.-Bibl. Bud. Var. 9, 302. Offenbar wurde Sarcerius wegen dieser seiner Schrift angegriffen, und so publicirte er im Jahre 1555 eine Recht. fertigungsschrift: „Von jerlicher visitation, und was hierdurch fur mengel, und gebrechen, fast an allen orten mögen befunden werden, und wie diese beides durch weltliche obrigkeit und die kirchendiener in gemein sollen gebessert werden. Für diese, welche die jerliche visitation auf. ziehen, verhindern und es für unnötig achten, geschrieben zur beförderung einer disciplin durch Erasmus Sarcerius superintendenten der alten und löblichen grafschaft Mansfelt. 1555. Eisleben. Gedruckt durch Urbanum Kaubisch in Eisleben."

Exemplare des Drucks liegen in der gräflichen Bibliothek zu Wernigerode, in der Pfarr. bibliothek in Calbe a. d. Milde, im Pfarrarchiv zu Nachterstedt und in der Kirchenbibliothek zu Nördlingen. Über diese Schrift verbreiten sich ausführlich Rosenburg, in zwei im Selbst. verlage des Verfassers erschienenen Vorträgen, Neumeister, in Zeitschrift des Harzvereins 20 (1887), S. 518 ff. und Könnecke, a. a. O., S. 12, 55 ff. Der Letztere giebt eine genaue Analyse des Inhalts (a. a. O. 12, 55—80).

Das Buch zerfällt in drei Theile. Der erste ist die oben erwähnte „Form und weise einer visitation für die graf- und herrschaft Mansfeld". Der zweite Theil enthält unter dem Titel „Von gemeinen gebrechen, so in allen visitationen gefunden werden", eine Rechtfertigung der Visitationen und den Nachweis ihrer Nothwendigkeit. In 46 Artikeln werden nach dem Schema der zehn Gebote die Gebrechen der Gemeinden nachgewiesen. Der dritte Theil, „Wie nun obgesetzte artikel, mängel und fehle durch die visitation und deren exekution sollen ge. bessert werden", enthält Vorschläge, wie die durch die Visitationen hervorgetretenen Mängel ab. zustellen seien.

Für uns kommt lediglich die „Form und weise der visitation" in Betracht. Sie ist zwar von Hause aus nur eine Privatarbeit. Aber einmal giebt sie die vortrefflichsten Einblicke in die kirchlichen Verhältnisse der Grafschaft, und zum anderen hat sie thatsächlich als Richtschnur für die folgenden Visitationen gedient; sie hat die Grundlage abgegeben für manche Einrichtungen des Landes, wie z. B. für die Einführung der vier Sentschöffen, die dem Visitator die in der Gemeinde vorgefallenen Delikte anzuzeigen hatten.

Eine dritte Ausgabe der „Form und weise" erschien 1562 als Anhang zu der vom Sohne des Sarcerius besorgten Ausgabe von Sarcerius' „Pastorale oder hirtenbuch". Ein Neudruck findet sich bei Richter 2, 141. Wir drucken nach dem Originaldruck 1554. (Nr. 38.)

Sarcerius entwickelte überhaupt eine reiche litterarische Thätigkeit; er suchte auch durch diese seiner Kirche zu nützen und Reformen die Wege zu weisen. Von seinen Schriften seien hier genannt: „Einer christlichen ordination form und weise. Eisleben 1554"; „Ein büchlein vom banne. Eisleben 1555"; „Vorschlag einer kirchenagende oder processbüchlein, die kirchenstraf zu üben. Eisleben 1556" [über diese beiden Bücher vgl. unten]; „Von christlichen nötigen und nützlichen konsistorien oder geistlichen gerichten. Eisleben 1555"; „Büchlein von der rechten und wahren bekenntniss der wahrheit. Eisleben 1557"; „Pastorale oder hirtenbuch von amt, wesen und disciplin der pastoren. Eisleben 1559".

Diese Schriften haben zwar alle mehr oder weniger Einfluss auf die Gestaltung der Dinge gehabt (vgl. auch unten bei der Agende von 1580), sie sollen jedoch hier nicht abgedruckt werden. —

Nach seiner Visitations-Ordnung nahm Sarcerius in Mansfeld-Vorderort zwei Visi. tationen vor. Die eine (es war die zweite des Sarcerius) fand im October 1556 auf Befehl des Grafen Hans Georg statt. Visitatoren waren Sarcerius, der Amtmann Hans Laue und der Mag.

Andreas Theobaldus. Das Protokoll hat K ö n n e c k e, a. a. O. 12, 86 ff. wortgetreu abgedruckt. Bei dieser Visitation traten für jede Gemeinde die vier Sendschöffen auf, welche Sarcerius in seiner „Form und weise" 1554 gefordert hatte. Die Ordnung war also in Kraft gesetzt. Dementsprechend hatte diese Visitation namentlich die Rüge von Vergehen im Gefolge. Für unsere Sammlung enthalten die Protokolle nichts. Wie die entdeckten Vergehen zu bestrafen seien, giebt ein „Radschlag und bedenken, wie die exekution am bequemsten fur zu nemen durch etliche hofrethe des wolgeboren und edlen herrn, herrn Hans Georgen, grafen und hern zu Mansfelt u. s. w. diener gestellet" an die Hand. (Abgedruckt von K ö n n e c k e, a. a. O. 12, 84.)

Weitere Visitationen fanden 1558, 1561 ff., 1570, 1578 ff., 1588 statt. (Visitationsbuch anno 1570 und 1579—1588, Akten im Superindenturarchiv zu Eisleben.) Auch hier fungirten die vier Sendschöffen noch. Vgl. die Mittheilungen von H e i n e, Beiträge zur Geschichte des Dorfes Ober-Rissdorf im Mansfelder Seekreise, in „Mansfelder Blätter" 12, 128 ff. Visitator war der Superintendent Mencel, der von 1560—1590 in diesem Amte wirkte.

Aus der Visitation von 1570, für welche K ö n n e c k e die Protokolle in „Mansfelder Blätter" 15 (1901) herausgegeben hat, seien einige Anordnungen des Superintendenten mitgetheilt, welche uns den Gang des Visitationsgeschäftes trefflich veranschaulichen:

So für das Amt L e i n u n g e n (Könnecke, a. a. O. 15, 247): „Den 22. mai ist der montag nach trinitatis fahe ich zu Leinungen an, also 1. sol der pfarher zu rechter zeit leuten lassen und ein psalm oder zwene singen lassen; 2. darnach sol er predigen, ungeferlich ein halbe stund und sol aus dem furgehenden sontags-evangelion die lere von der heiligen dreifaltigkeit erkleren; 3. sol die visitation in ihrer ordnung furgenommen werden. Der superintendens helt die umfrage, magister Bieber examiniret den catechismum. Nach vollendung dieses allen wird der beschluss gemacht, wie breuchlich ist."

Für das Amt Rammelburg erging folgende Ankündigung (K ö n n e c k e, a. a. O. 15, 248): „Nota. 1. den sontag fur der visitation, welches ist der sontag trinitatis, sollen alle pfarher im amte Rammelburg, ein jeder an seinem orte, die visitation verkündigen und die leute vermanen, das sie zur selben zeit einheimisch sein, ir gesinde und kinder zur visitation kommen lassen, das sie im catechismo mugen verhoret werden. 2. Den altarleuten sollen sie sunderlich anzeigen, das sie mit iren kirchrechnungen fertig sein, damit man dieselben übersehen, und, da was darinnen mangelt, richtig machen konne. 3. So auch imands etwas von ehesachen oder der kirchengüter halben für den herrn visitatoribus anzubringen hette, sol es schriftlichen geschehen, oder dem hern pfarhern an einem idern orte angezeiget werden, das es derselbe furbringen muge. 4. Sie, die hern pfarhern, ein idern an seinem orte, sambt iren schulmeistern sollen ire gebrechen, und was sie notwendig uber ungehorsame personen zu clagen haben, ordentlich aufzeichnen und dem superintendenten in seiner ankunft ubergeben, darmit man sich darnach richten konne. 5. Wo es auch der inventarien halber mit den anzügen und abzügen der pfarhern unrichtig were, sol man solchs den hern visitatoribus nicht verschweigen, sondern auch vleis ankeren, das solchs, woferne es muglich ist, richtig gemacht werde, noch fur der visitation, damit's hernach ins visitirbuch brachte, confirmiret und bestetigt werden moge. 6. Ein jeder pfarher und schulmeister sol an einem idern ort sein ganzes einkomen an allem, was er hat und jerlich empfahet von seiner besoldung, deutlich ufzeichnen und ubergeben, das es auch ins visitirbuch verleibt und hernach nichts verrucket oder entwendet werden moge."

An der Visitation von 1588, welche auf Befehl der Gräfin Margarethe stattfand, nahmen Theil: Georg Autumnus, Decan zu Mansfeld, Friedrich Roth, Pfarrer zu St. Petri in Eisleben, Ph. Crusius, Pfarrer zu St. Annen in Eisleben, Secretär Wolff, Schösser Joachim Tempel. Die Visitationsprotokolle werden von Herrn Pfarrer K ö n n e c k e nach und nach herausgegeben werden, enthalten aber nach gütiger Mittheilung sämmtlich keinerlei Ordnungen, die für uns in Betracht kämen. Vgl. auch Könnecke, in: „Mansfelder Blätter" 14 (1900), S. 59 ff., 15 (1901) S. 29 ff.

3. Als die Nöthe des Interims hereinbrachen, beriefen die Grafen von Mansfeld, Schwarzburg und Stolberg eine Synode von Geistlichen nach Eisleben und liessen sich von denselben ein Gutachten erstatten über die Punkte, in denen man nachgeben könne. Dieses Gutachten, welches mit den Worten: „Dieweil unter allen eusserlichen gottesgaben keine grösser ist als der friede" beginnt, findet sich im Zerbster Staatsarchiv zu V, 209 b, Nr. 9 (auch im Fürstl. Archiv zu Rudolstadt, V, 4 a. S. unter Schwarzburg). Wie ernst gerade auch in Mansfeld die Interims-Angelegenheit genommen wurde, beweisen die Briefe Melanchthon's an Spangenberg vom 13. Januar 1549, von Spangenberg an Melanchthon vom 11. Januar 1549, und des Pfarrers Mohn von Hettstedt an seinen Schosser, Sonnabend nach Dorothea 1549, in demselben Fascikel zu Zerbst.

Die Grafschaften waren wie wenige von confessionellen Streitigkeiten heimgesucht. Zahlreiche Druckschriften beziehen sich hierauf. Es seien nur einige, als mehr oder weniger officielle Aktenstücke hervorgehoben: „Bekenntniss der prediger in der grafschaft Mansfeld, unter den jungen herren gesessen. Wider alle secten, rotten und falsche leren, wider gottes wort, die reine lere d. Luthers seligen und der Augsburgischen confession, an etlichen orten eingeschlichen, mit notwendiger widerlegunge derselbigen. Gedruckt im schloss zu Eisleben durch Urban Gaubisch", 1560, 4 0, 342 Seiten; „Kurzer bericht, wess sich die prediger in der graf- und herrschaft Mansfeld, in dem synodo zu Eisleben den 21. februar für zwei jahren in deutscher und lateinischer sprache ausgegebenen confession halben wider alle secten verglichen haben." Eisleben 1563. Über die flacianischen Unruhen in Mansfeld vgl. Meyer, Flacianismus in der Grafschaft Mansfeld. 1874. Halle 1873; G. Müller, in: Zeitschrift für kirchliche Wissenschaft und kirchliches Leben, 9 (1888), S. 622 ff. Man vergleiche auch die Ausführungen von Sarcerius in seiner Schrift „Von jehrlicher visitation", Könnecke, a. a. O. 12, 60, 76. Über den Spangenbergischen Streit vgl. Könnecke, „Mansfelder Blätter" 14 (1900), S. 42 ff.

Einen eigenthümlich kirchlichen Gebrauch, der mit diesen Unruhen im Zusammenhange stand, berichtet Leopold, Kirchen-, Pfarr- und Schulchronik der Gemeinschaftsämter Heringen und Kelbra, der Grafschaft Hohnstein, der Stadt Nordhausen und der Grafschaften Stolberg-Rossla und Stolberg-Stolberg. Nordhausen 1817, S. 41: In der Stadt- und Schlosskirche zu Mansfeld mussten zu einem „verwerfenden Andenken des Flacianischen Irrthums, welchem sich der Generaldekan der Grafschaft, Cyriacus Spangenberg, ergeben hatte", während des Credo vier Chorknaben vor dem Altar knieen, ohne Begleitung die Worte „ist ein wahrer .Mensch geboren" singen, und dabei mit ihren Stirnen die Stufen des Altars berühren. Dieser Gebrauch soll bis weit in das 18. Jahrhundert bestanden haben.

4. Von den Generalsynoden, die von dem Jahre 1554 an stattfanden, hebe ich folgende hervor:

Die erste Synode fand am 13. Februar 1554 zu Eisleben statt. Die Verhandlungen dieser Synode erschienen 1554 zu Eisleben im Drucke unter dem Titel „Acta oder handlungen des löblichen synodi in stad zu Eisleben in der graf- und herrschaft Mansfeld, den 13. februar des jars 1554 versamlet, wider etliche falsche leren, darinnen verdammet. Gedruckt zu Eisleben, durch Jacob Berwalt, anno 1554 den vierden tag aprilis". Das von mir eingesehene Exemplar in der Universitäts-Bibliothek zu Halle (Ponickau'sche Bibliothek) behandelt nur die Lehre Major's von der Nothwendigkeit der guten Werke.

An der Synode des Jahres 1557 nahmen nur Geistliche des Vorderorts Theil.

Auf der Synode von 1562 wurde eine Regelung der Kirchenzucht beschlossen, die Agende Mencel's (s. unten) angenommen und Beschlüsse zur Reinhaltung der Lehre gefasst. Auch berieth man über eine Pfarrwittwen- und Waisenkasse.

Die späteren Synoden hatten es fast nur mit Fragen der Lehre zu thun, so die vierte Synode von 1564, die fünfte von 1568 (gegen Major und die Kryptocalvinisten), die sechste von 1576 (gegen Spangenberg's Lehre von der Erbsünde). Eine Synode von 1580 regelte die Kirchenzucht. Auf die Beschlüsse der Synoden von 1562 und 1580 wurden die Pfarrer in der Consistorial-Ordnung von 1586, Cap. 10 ausdrücklich hingewiesen. Die Beschlüsse der Synoden von 1562 und 1580 finden wir in der Agende Mencel's von 1562 bezw. 1580 wieder. (Vgl. auch die Consistorial-Ordnung von 1586, Cap. 10.) Es ist daher auf diese Synoden nicht näher einzugehen. Drucke der Synoden von 1562 und 1568 befinden sich übrigens in der Kirchenbibliothek zu Calbe a. d. Milde.

· 5. Luther hatte schon im Jahre 1542 (durch Brief vom 22. Juni) einen Streit der Herren Albrecht, Philipp und Johann Georg über das jus patronatus an Pfarre und Schulen zu St. Andreas schlichten müssen. Das Patronat stand eigentlich dem Bischof von Halberstadt zu; dieser hatte aber für seine Person auf die Ausübung verzichtet, so dass nach seinem Ableben das streitige Recht sowieso wieder an Halberstadt zurückfiel. Damit operirte Luther in seinem Schreiben recht geschickt.

In den Akten des Pfarrarchivs zu Eisleben, Loc. 1, Ad. 23 ad communia befindet sich dieser Brief in Abschrift des 17. Jahrhunderts, und daran anschliessend ein Bericht von unbekannter Seite (wohl einem Pfarrer zu Eisleben), dass das Original des Briefes von einem ungetreuen Mansfelder dem Kurfürsten von Sachsen in die Hände gespielt worden sei, als Letzterer im Jahre 1590 durch seinen Oberaufseher Georg Vizthum von Eckstedt den Grafen von Mansfeld das Patronat und die Bestellung eines Generalsuperintendenten streitig machen liess.

Luther musste noch einmal die gleiche Irrung unter den Grafen schlichten. Zu diesem Zwecke war er persönlich mit Jonas in Eisleben thätig. Beide erstatteten zunächst ein Gutachten, ein „Bedenken" [abgedruckt bei de Wette 5, 793] und brachten auf dessen Grundlage einen Vergleich unter den streitenden Parteien zu Stande, welchen diese unterzeichneten.

Dieser Vertrag vom 16. Februar 1546 bildete die erste eigentliche Ordnung der kirchlichen Verfassung der Grafschaft und soll daher nach der Aufzeichnung Luther's [wiederholt abgedruckt, u. A. „Symbola Islebiens." Eisleben 1883. S. 42; bei de Wette 7, 794] abgedruckt werden. (Nr. 37.)

Vgl. auch Krumhaar, a. a. O. S. 330. Die von Kawerau, Caspar Güttel in: Zeitschrift des Harzvereins 14, 88 erwähnte „Kirchen-Ordnung" Güttel's kann sich also auf diese rechtlichen Verhältnisse nicht bezogen haben, und ist wohl überhaupt keine „Ordnung" im formellen Sinne gewesen.

In einem Aktenstücke des Magdeburger Staatsarchivs, Grafschaft Mansfeld XI, A. 3 findet sich eine von einer Hand des 17. Jahrhunderts herrührende Abschrift der Consistorial-Ordnung von 1586. Diesem Exemplar der Consistorial-Ordnung von 1586 ist aber als Einleitung vorangestellt eine wegen ihrer Aufnahme in die Consistorial-Ordnung als officiell zu betrachtende Darstellung der Geschichte des Consistoriums in Mansfeld, und dahinter das Mandat vom 29. Mai 1560, welches als Grundlage für die Consistorial-Ordnung von 1586 benutzt worden ist. Der Eingang der Magdeburger Abschrift lautet: „Wir Peter Ernst, Christoff, Carl der ältere und Bruno vor uns unsere freundlich liebe vettern, grafen und herren zu Mansfeld, edle herren zu Heldrungen, von gottes gnaden, wir Margaretha, geborne herzogin zu Braunschweig und Lüneburg, gräfin und frau zu Mansfeld, witbe, in curatel der wolgeborenen unsern auslendischen und zum theil minderjährigen söhnen, herren Ernsten und herrn Friederichen Christoff, grafen und herren zu Mansfeld u. s. w., entbieten allen unseren pastoren" u. s. w.

Unmittelbar auf diese Einleitung folgt ein „Bericht der jetzo noch anwesenden alten kirchendienern von dem anfang und fortsetzung des consistorii in der grafschaft Mansfeld zu Eisleben".

Nach dem Vergleiche Luther's vom 16. Februar 1546, so erzählt dieser Bericht, sollte ein Superintendent für die ganze Grafschaft bestellt werden. Vor diesen sollten auch die Ehesachen gebracht werden, und er sollte in jedem einzelnen Falle die zugeordneten Räthe (welche bei gemeinsamen Unterthanen von allen Grafen, bei den Unterthanen eines einzelnen Grafen von diesem zuzuordnen waren) zusammenbitten. Diese sollten „nach göttlichen rechten und zugestalter ordnung" entscheiden. Vor Johann Spangenberg, der 1546 als der erste Superintendent berufen wurde, fehlte es an einer Inspection. Ein eigentliches Consistorium fehlte ebenfalls. Der Superintendent erkundigte sich nach der Landeszugehörigkeit der Partei, erbat je nachdem von den Grafen Zusendung von Räthen, zog auch noch einige Pastoren hinzu und entschied „nach göttlichen rechten und zugestalter ordnunge der schriften Lutheri, so von ehesachen in offenem druck sein, und nach gemeinen keiserl. und geistl. rechten, wofern die zuvorgesetzten göttlichen rechte und d. Luthers schriften nicht zuwiderlaufen". Die Execution stand bei der Obrigkeit. Nach Spangenberg's Tode 1554 wurde Erasmus Sarcerius zum „Generalsuperintendenten" ernannt. [Diese Nachricht ist nicht genau: Spangenberg starb 1550. Ihm folgte 1552 Georg Major, der allerdings noch in demselben Jahre seine Stellung aufgeben musste. Ihm folgte Sarcerius (1553—1559), und diesem Hieronymus Mencel (1560—1590) als Generalsuperintendent.] Sarcerius hat sofort auf die Klausel in Luther's Vertrag gesehen, wonach die Grafen zusagten, über Ehesachen, Gradus und Bann eine Ordnung ausarbeiten zu lassen, und hat beständig um vier Punkte angehalten:

1. Um Errichtung eines ordentlichen Consistoriums mit ständigen Mitgliedern;
2. Um klare Consistorial-Ordnung;
3. Regelung der materia graduum;
4. Regelung des Bannes.

Im ersten Punkte erreichte er, dass ein ständiger Kanzler und ein Secretär verordnet wurden, auch wurden einige politische Räthe niedergesetzt und der Dekan und die Pfarrer zu Eisleben ihm zugeordnet. Betreffend Punkt 2 und 3 blieb es zwar im Wesentlichen beim Alten. Der Secretär hatte sich aber in seinem „Ehebuche" aus Luther's und anderer Lehrer Schriften Auszüge gemacht; darnach wurde verfahren. Über den vierten Punkt hat Sarcerius 1556 das Büchlein „Vorschlag einer kirchen-agende oder prozessbüchlein der kirchenstrafen zu üben" gedruckt. Darüber wurde Bischof Amsdorf von Graf Albrecht nach Eisleben erbeten. Man hat mit ihm berathschlagt und die Ordnung beschlossen, „wie dieselbe hernach in unser kirchenagenda gebracht und etzlichen synodis erkläret ist".

[Genauer steht es damit folgendermassen: Sarcerius betrieb mit besonderer Energie die Aufrichtung der Zucht. Er publicirte: „Ein büchlein von dem banne und anderen kirchenstrafen, aus gottes wort, aus apostolischer lere, und thaten, aus der väter bücher, und aus unserer furnehmsten theologen schriften zusammengezogen, für diese, so uns itzigen kirchendiener beschuldigen, als solten wir dieselbige anzurichten und zu üben nicht befuget sein." Gedruckt zu Eisleben durch Urbanus Raubisch, 1555", und weiter: „Vorschlag einer kirchen-agenda, oder processbüchlein, die kirchenstrafe zu üben, wider sünde und laster, auf verbesserung verstendiger leute, zur erhaltung einer disciplin geschrieben." Eisleben (Urban Raubisch) 1556. Die erste, 124 Seiten starke Schrift vertheidigt die Einrichtung des Bannes. Die zweite macht die näheren Vorschläge zur Einrichtung selbst. (Exemplare beider Schriften sind in Jena, Universitätsbibliothek, Bud. Var. 9, 302.) Als reine Privatarbeiten oder genauer private Gutachten werden sie hier nicht abgedruckt. Wie wir aus der Kirchen-Agende von 1586, Cap. 10 (Bl. 114) entnehmen, wurde auf einer Synode von 1562 mit Zustimmung der Landesherrn eine Ordnung des Bannes beschlossen und in die Agende von 1562 und 1580 aufgenommen.]

Der Bericht erzählt weiter:

„Sarcerius' Nachfolger war Mencel. Er wollte das Consistorium wiederum aufrichten.

Deswegen erging 1560 ein Mandat aller regierenden Grafen in Druck und wurde durch Anschlag bekannt gegeben. Hiernach hat sich bisher der Superintendent mit seinen Assessores gehalten. Weil dieses Mandat aber in allen Punkten sehr kurz gefasst, ist von allen Assessoren für nöthig befunden, diese Punkte weiter zu erklären, die ganze Consistorial-Ordnung in gewisse Capitel zu fassen. Dieses ist in nachfolgender Schrift geschehen, welche den Grafen hiermit zur Bescheidung übergeben wird."

Es ist also die Erweiterung des Mandats von den Consistorialen, das heisst wohl von den Pfarrern zu Eisleben, und insbesondere von Mencel, ausgearbeitet worden. Die Grafen genehmigten den Entwurf und stellten, wie bereits oben bemerkt, der Publication der verbesserten Ordnung voran 1. „Bericht der jetzo noch anwesenden alten kirchendiener u. s. w." und 2. „Erst unser mandat und consistorial-ordnung im offenen druck 1560 den 29. mai ausgangen, deren am eingange dieser repetition erwehnunge geschehen". c. L Bl. 9ᵇ—13ᵃ. Bl. 13—50 folgt dann die Consistorial-Ordnung unter dem Titel: „Die wiederholung und verbesserung unserer gräflichen mansfeldischen consistorial-ordnung zu Eisleben."

Wir haben in dieser Magdeburger Handschrift, abgesehen von dem „Berichte der .... kirchendiener", eine von den sämmtlichen Grafenlinien veranstaltete Codification vor uns, und zwar im Einzelnen zwei officielle Ordnungen:

1. Das „Mandat und consistorialordnung" vom 29. Mai 1560, welches von sämmtlichen drei Grafenlinien ausging und im Druck publicirt wurde. Ein Druck ist mir nicht zu Gesicht gekommen. Ich drucke nach der Magdeburger Handschrift. (**Nr. 39.**)

2. „Wiederholung und verbesserung unserer gräflichen mansfeldischen consistorialordnung zu Eisleben. 1586." Von dieser Ordnung wird erzählt, dass sie 1587 in Druck gegangen sei. Ein solcher Druck sollte nach dem Kataloge in der Universitätsbibliothek zu Jena liegen, war aber nicht zu finden. Ein handschriftliches Exemplar soll (nach K r u m h a a r) das Pfarrarchiv zu Helbra besitzen. Wahrscheinlich handelt es sich hier aber um eine ähnliche Abschrift wie die Magdeburger, oder wie die weitere, von K ö n n e c k e in „Mansfelder Blätter", 1900, S. 46 ff. beschriebene Abschrift im Superintendentur-Archiv zu Eisleben. (Acta loc. 1, Nr. 23, ad communia.)

Letztere konnte ich ebenfalls benutzen. Sie ist eine Handschrift des 17. Jahrhunderts (Pfarrarchiv Eisleben, Loc. 1, ad. 23, ad communia) und stimmt im Wesentlichen mit der Magdeburger überein. Letztere ist vielleicht als die correctere zu bezeichnen, obschon die Eislebener Handschrift noch Correcturen von einer späteren Hand aufweist. Wir legen unserem Drucke die Magdeburger Handschrift zu Grunde und geben die Abweichungen der Eislebener in Anmerkungen, mit Ausnahme der rein orthographischen.

Die Handschrift zu Eisleben enthält übrigens noch eine Beschreibung der Eidesformalitäten, welche mit abgedruckt werden soll, als ein Beispiel, wie ausserordentlich ernst man es mit der Eidesleistung nahm. Es ist wohl verständlich, dass laut einer Aktennotiz nach dieser Form von 1585—1606 nur vier Mal geschworen ist, also in 21 Jahren gerichtlicher Praxis nur vier Eide geleistet wurden! (**Nr. 40.**)

6. Von kirchlichen Ordnungen der Grafschaft ist endlich noch zu nennen:

Die K i r c h e n a g e n d e. (Über Verhandlungen mit Kurfürst Moritz von Sachsen wegen gemeinsamer Agende s. unter Hohenstein.) Die erste Agende wurde von Caspar Güttel in Eisleben entworfen und von Luther 1546 kurz vor seinem Ablehen in Eisleben durchgesehen und gebilligt. Nach Mencel's Bemerkung in der Vorrede zur ersten Ausgabe (s. u.) enthielt die Ordnung neben den lutherischen Formularen einige neue Gebete. Superintendent M. J. Spangenberg hat nach diesem Güttel'schen Aufsatz Ceremonien und Disciplin eingerichtet. Der dritte Eisleben'sche Superintendent, Erasmus Sarcerius, hat dieses Manuscript verbessert und ergänzt. Sein Nachfolger, Hieronymus Mencel (von welchem G r ö s s l e r in: Zeitschrift des Harzvereins,

1883, S. 79 ff. ein interessantes Circularschreiben über die Handhabung des Katechismusunter-
richts vom März 1571 abdruckt, welches im Auszuge in der Agende von 1580 wiederkehrt), legte
1562 diese Agende einer Generalsynode der mansfeldischen Geistlichkeit vor. Die Agende
wurde angenommen und darauf von Mencel 1562 in Druck gegeben, unter dem Titel eines
„Manualis oder handbüchleins". Darüber, dass dieses Manuale in der Tauffliturgie eine Mittel-
stellung zwischen den beiden Taufbüchlein Luther's von 1523 und 1526 einnimmt, s. Kawerau,
in: Zeitschrift für kirchliche Wissenschaft und kirchliches Leben 10, 477. Im Jahre 1580 wurde
das Manual von Neuem gedruckt, von Mencel mit einer Reihe von Stücken, „welche stets im
Brauch gewesen", vermehrt. Hinzugefügt wurde namentlich ein Tractat, ob und inwiefern ein
Prediger sich fremder Beichtkinder anzunehmen habe. Aus der Ausgabe von 1562 ist die Vorrede hineingenommen. Offenbar wurde auch diese 2. Auflage einer Synode vorgelegt und von
dieser angenommen. Vgl. Consistorial-Ordnung von 1586, Cap. 10. Sie stellte nunmehr eine
vollständige Kirchenagende dar.

1718 erschien eine weitere Auflage. Aus der Vorrede des Superintendenten Deyling
zu dieser dritten Ausgabe, sowie aus der Vorrede zur 2. Ausgabe von 1580 sind vorstehende
Notizen entnommen. Vgl. im Übrigen: Miscellan. Lip. Tom. 8, Observ. 165; Feuerlin 296;
König S. 87, 188. Richter giebt 2, 452 die Capitelüberschriften; Könnecke in: „Maus-
felder Blätter" 14 (1900), S. 54 eine Inhaltsübersicht und die beiden Capitel „Vom bann" und
„Von der öffentlichen busse". Wir drucken die Ordnung, die trotz ihres grossen Umfangs
keine eigentliche Liturgie für den Gottesdienst bietet, nach einem Originaldruck der Jenaer
Universitätsbibliothek, Thl. XXXVII, q. 73 (ein Exemplar besitzt auch die Kieler Universitäts-
bibliothek) ganz ab. (Nr. 41.) Hierbei können wir vielfach auf die wörtlich benutzten Quellen,
wie das Taufbüchlein Luther's, die Herzog Heinrich's-Agende, den „Einfeltigen unterricht von
verbotenen graden Georg's von Anhalt" verweisen. Nicht mit abgedruckt werden der Katechismus Luther's, eine Reihe von Präfationes, sowie die Abhandlung Mencel's „Von der behandlung
fremder beichtkinder". Davon abgesehen ist die Wiedergabe vollständig.

Der Druck selbst ist mit schönen Holzschnitten versehen, von denen derjenige, der die
Einzelbeichte illustrirt, von besonderem Interesse ist. Der Drucker Kaubisch hat am Schlusse
sein Porträt abdrucken lassen. —

In einem Originalschreiben des Superintendenten Georgius Autumnus vom 24. September
1591 (Pfarrarchiv zu Eisleben, Loc. 1, Ad 23) finden wir folgende „Form des gemeinen gebets,
wie sie bishero für die widerbestellung der superintendenz und gemeine wolfart unserer kirchen
und schulen in dieser grafschaft im thal Mansfeld nach der predigt ist über jahresfrist gebraucht worden":

Lieben christen, ihr wollet den lieben got auch von herzen und mit ernst anrufen und
bitten, das er den eingefallenen geferlichen streit mit wiederbestellung der superintendenz mit
gnaden selbst regieren und zum besten wenden wolle, zu seiner ehre, erhaltung und ausbreitung
seiner lieben warheit und das unsere kirchen und schulen in geruglichem und friedlichem
stande bleiben mögen um seines lieben sohns Jesu Christi unsers hern willen. Amen.

37. Vertrag zwischen den Grafen Gebhard, Albrecht, Philipp und Hans Georg von Mansfeld, vermittelt durch Luther und Jonas. Vom 16. Februar 1546.

[Nach dem Abdruck bei de Wette 5, 794—798.]

Ich Martinus Luther, der heiligen schrift
doctor, thue kund mit diesem offenen briefe, das
die wohlgebornen und edle herren, herr Gebhart,
herr Albrecht, herr Philipps, und herr Hans
George, gebrüdere und vettern, grafen und herren
zu Mansfeld etc., und nächst gemeldte beide
grafen, für sich und i. gn. jungen und unmündigen
brüdere, auf mein, auch des ehrwürdigen, meines
lieben freundes, d. Jonä gepflogene unterrede,
gott zu ehren, und um beförderung willen gemeines

24 *

nutzes, nachfolgender artikeln ordnung halben der kirchen, schulen, spitalen, ehesachen und des geistlichen bannes endlich und freundlich mit einander verglichen haben.

Nämlich es sollen und wollen i. g. in der kirchen zu Eisleben, St. Andreä, die fürnehmste person, welche pfarrer und superintendentens sein, und von wohlgemeldetem grafen, i. g. erben und nachkommen berufen und angenommen werden soll, hinfort unterhalten. Demselbigen superintendenten soll jährlich funfhundert gülden zu besoldung, dadurch er sich stattlich und wohl erhalten möge, gegeben werden. Ihm soll auch die behausung, da etwan die schule St. Andreä gewesen ist, samt dem hause, darinnen jetzo herr Clemen wohnet, dadurch er sich stattlich und wohl seinem stande nach erhalten kann, zugericht und erbauet werden. Was nun auf den bau gehet, dazu wollen graf Albrecht zwei fünftheil, und die andern grafen drei fünftheil entrichten. Aber die andern personen in der kirchen St. Andreä, ausserhalb die schulpersonen, sollen graf Philipps und graf Hans George zu bestellen haben. Graf Albrecht aber soll die personen in St. Niclas und Peter pfarrkirchen, als patron zu berufen und zu bestellen haben. Derselbe superattendens soll auf alle pfarrherren und prädicanten dieser grafschaft lehre und sitten acht geben, sie zu erfordern und in beisein zugeordneter personen anzureden und zu strafen haben. Und im fall, da sie nicht gehorsam sein wollten, dem herrn, unter welchem sie gesessen, angezeigt, und von ihm zu christlichem und gebührlichem gehorsam gedrungen werden.

Es sollen auch die streitigen ehesachen in der ganzen herrschaft vor diesen superintendenten gebracht werden, welcher denn die zugeordneten, als oft als eine ehesache vorfallen wird, erfordern soll, auch den grafen, wo die sachen gemeiner herrschaft, oder aber eines alleine zuständige unterthanen belangend, schreiben; so wollen i. g. alsdenn, da es gemeine unterthanen belangend, ihre sämtliche räthe, oder, da es eines grafen unterthanen allein belangend, alsdenn derselbige grafe seine räthe zu solcher handlung schicken. Würden aber i. g. sämtlich, da es gemeiner herrschaft unterthanen belangete, oder ihr einer, da es i. g. eines einigen unterthanen berührete, räthe nicht schicken: so soll gleichwohl der superintendens, neben den zugeordneten, die billigkeit nach göttlichen rechten und zugestalter ordnung zu verfügen haben.

Der schulen halben ist förder abgeredt, dass die zwo schulen, welche i. g. hart bei St. Andres kirchen gehalten, sollen zusammen geschlagen werden: also dass allhie zu Eisleben eine fürnehme lateinische schule sein soll, welche i. g.

stattlich unterhalten wollen, nämlich dem schulmeister 200 gülden, dem andern nach ihm 100 gülden, dem dritten 90 gülden, dem vierten 80 gülden, dem fünften 50 gülden und dem sechsten 40 gülden, dem siebenten auch 40 gülden, und dem achten 30 gülden geben.

I. g. sollen auch dieselben schulpersonen im fall der nothdurft zu entsetzen und von neuem anzunehmen haben.

Dieweil denn nun auf den superintendenten und die schulpersonen 1130 gülden gehen wird, an welcher summa graf Albrechten 452 gülden auf zwei fünftheil, und den andern grafen 678 gülden auf drei fünftheil gebühren wird: so soll solche summa durch die dazu geordneten jedes quartal den vierten theil jeder person nach seiner anzahl ausgetheilet werden. Und sollen an allen feiertagen, oder so man predigen wird, aus dieser zusammengeschlagenen schule beide kirchen St. Andreä und Nicolai mit collaboratoren und schülern versorget werden. Aber die kinderschule zu St. Peter in der stadt Eisleben soll auch nichts destoweniger bleiben.

Förder ist abgeredt, dass die häuser, so jetzo an kirchen und schulen gebracht worden, sie gehören welchem herrn sie wollen, forthin bei den schulen und kirchen bleiben sollen.

Vergleichung der dechanei aufm schloss und der pfarre im thal Mansfeld ist abgeredt, verhandelt, und von beiderseits grafen verwilliget, dass der vertrag, so in neulichkeit aufgerichtet, welcher gibt, dass graf Hoier und seine jungen vettern die dechanei, graf Gebhart und Albrecht die pfarr im thal hinfort sollen zu verleihen haben, in diesem punct nichtig und absein soll, dergestalt, dass hinfort die dechanei aufm schloss und die pfarre im thal von allen grafen sollen zur lehen gehen. Und nachdem ausserhalb der dechanei fünf lehen in der kirche aufm schlosse gewesen, welche getheilet, also dass jedem herrn eine lehen zu verleihen zugefallen ist: so sollen nun hinfort die nutzung derselben fünf lehen, dergleichen was dem dechant, caplan, sangmeister, chorschülern, organisten, vier knaben und küster zu unterhalt und belohnung gemacht, zu unterhalt des dechants und der kirchenpersonen auf dem schlosse gebraucht werden. Nämlich, so ist dem dechant jährlich hinfort 200 gülden zu geben verordnet worden. Derselbe dechant soll einen capellan, so auch zu predigen geschickt, auch den sangmeister, und die zweene chorschüler und vier knaben, doch alles mit rath der grafen, amtleute oder befehlichhaber anzunehmen haben.

Es soll auch der dechant sonntags, mittwochs und freitags, wo ers leibes halber thun kann, predigen: der capellan soll die sacrament handeln, auch den montag, dienstag, donnerstag und sonnabend eine deutsche lection aus den predigten d. Luthers thun, und 100 gülden jährlich zu seiner besoldung haben. Der cantor beneben den zweien choralen sollen der kirchen und gesang fleissig warten. Und soll dem cantor 40 gülden, und jedem choralen 32 gülden zu lohn gegeben werden.

Die chorales aber sollen alle tage zwo stunden in der schule im thal zu lesen, und wozu der schulmeister ihrer bedarf, zu helfen schuldig sein. Hierüber so sollen vier knaben gehalten werden, so den gesang helfen vollbringen: denen soll jährlich jedem 8 gülden, und ein rock auf Michaelis gereichet werden. Dem küster soll 30 gülden, und dem organisten 40 gülden jährlich zu lohn gegeben werden. Thut also dasjenige, das auf die dechanei und kirchendiener des schlosses gehet, 506 gülden, ohne die kleidung der vier knaben.

Nachdem nun nicht mehr, wie im erbregister hieneben verzeichnet, vorhanden, so wollen bemeldte grafen dasjenige, so mangelt, nämlich graf Albrecht zwei fünftheil, und die andern grafen, als graf Philipps und graf Hans Georg samt i. g. brüdern, drei fünftheil an gewissen renten ordnen, und also verschaffen, dass solche 560 gülden, mit dem, so bereit vorhanden, ganghaftig gemacht und auf. ostern gewisslich ganghaftig sein.

Und dieweil graf Albrecht das einkommen des lehens, so man der vierzehen nothhelfer geheissen hat, und ihm zuständig gewesen, eine zeitlang dem rath zu Heckstädt hat folgen lassen, so will er solch einkommen wieder ganghaftig machen, oder ander ende versichern. So viel es aber die pfarr belanget, dieweil dieselbige, als der die bürger im thal Mansfeld wenig zur erhaltung geben, nicht über 52 gülden einkommen haben, so soll mit den bürgern dermassen geredet werden, den pfarrer also zu unterhalten, dass der zum wenigsten anderthalb hundert gülden haben wird. Und so ihm die grafen solches bei der gemeine nicht verschaffen könnten, was alsdenn daran mangelt, das wollen die grafen erstatten, und verschaffen, dass der pfarrer anderthalb hundert gülden haben soll. Der dechant aber soll seine behausung hinfort auf dem kirchhofe, da der jetzige dechant, herr Michael, innen ist, haben und behalten. Und sollen in den dreien häusern daneben pfarrer, prediger und capellan, wie die ausgeordnet worden, wohnen. Und damit einigkeit in beiden kirchen gehalten werde, soll der

dechant ein aufsehen haben, dass, wie eine gemeine kirchenordnung, von mir d. Martino gemacht, dieselbe ordentlich gehalten werde. Doch soll der dechant, pfarrer und andere diener dem superintendenten zu Eisleben unterworfen sein.

Damit auch die schule zu Mansfeld desto stattlicher erhalten (werde): so wollen die grafen von jedem fünftheil 15 gülden für die kost, wie denn bis anhero der gebrauch ist, geben, und der ende, da der andern unterhalt verordnet, zu empfahen gewiss machen und versorgung thun.

Die beiden hospital zu Eisleben, als zum heiligen geist und St. Catharina, sollen mit aller nutzunge und bestallung zusammen geschlagen, aber die gesunden in unterschiedliche gemach von den unreiuen und gebrechlichen abgesondert werden. Und wollen i. g. acht personen von ihren fürnehmlichen bürgern, so am dienstlichsten sein, samt einem spitalmeister verordnen, den armen leuten zum treulichsten vorstehen, und die zu versorgen, auch den lichtschiefer, dergleichen alles dasjenige, was die spital zu Erfurt und andere ende ausstehend haben, wiederum ganghaftig machen. Wäre auch sache, dass dem spital anliegende gründe, oder sonst etwas entwendet, wollen i. g. dran sein, dass solche hinwiederum hinzu bracht werden.

So viel aber die ehesachen und gradus, auch den geistlichen bann belanget, wollen i. g. samt ihren räthen, superintendenten und gelahrten, in der grafschaft eine christliche ordnung begreifen, und alsdenn dieselbe nach Christus wort und ordnung aufrichten und publiciren lassen.

Zu urkund und steter, fester haltung haben wohlgedachte grafen für sich i. g. erben, junge brüdere und nachkommn, diese handlung unverbrüchlich zu halten, uns d. Martino Luthero und d. Justo Jonä zugesagt: darauf denn wir jetzt gemeldte und beide doctores diesen vertrag und bewilligung gezwiefacht, mit unsern aushängenden petschaften bekräftiget, mit eigener hand unterschrieben, den einen graf Albrechten, und den andern dem andern grafen zugestellet. Geschehen zu Eisleben am dienstage den 16. monats februarii, nach Christi unsers lieben herrn geburt im funfzehen hundert und sechs und vierzigsten jahre.

Martinus Luther d.
Justus Jonas d.

38. Form und weise einer visitation far die graf und herschaft Mansfelt. Durch Erasmum Sarcerium, superintendenten zu Eisleben, gestellet des jars 1554.

[Nach dem ersten Druck: Eisleben 1554 durch Jacob Berwald.]

Form und weise einer visitation fur die graf und herrschaft Mansfelt, des jars 1554.

Erstlich so ist zu visitiren keine bequemre zeit, als die zeit nechst nach pfingsten, und im herbest nach der einernung. Denn sonst sein die dorfleute mit irer haushaltung beschweret, das sie solchem christlichem, nötigem, und gutem werke nicht können on schaden auswarten.

Zum andern sollen die visitatores nicht allein von superintendenten oder geistlichen, sondern auch von weltlichen personen genommen werden. Denn in der visitation nicht allein geistliche, sondern auch weltliche sachen vorfallen, die doch an den andern hengen. Item, sein viel dinge von der weltlichen obrigkeit wegen zugebiten, und zuverbiten. Item, die laster ruge zuüben. Item, in etlichen dingen execution zu thuen, one aufzug und weiter zu rucke bringen.

Zum dritten, ehe man zu visitiren anhebet, ist von nöten, das man eines jeden ampts pastorn und seelsorger an einen gewissen ort verschreibe, einen particular synodum oder versamlunge mit inen halte, darinnen man sich erstlich erkündige, wie es eine gestalt habe umb die pastorn, so das kirchenampt tragen; item, wie es gelegen sei umb ire lere, leben, haushaltung, kirchenordenungen, wie sie sich in irem ganzen ampte verhalten, und wie sie mit den geistlichen und pfargütern umbgehen. Und solch zeugnis und kundschaft sol erstlich uber einen jeden pastor und kirchendiener gehen von seinen nechsten nachbaren, so in gleichem ampte sein. Weiter so ist in solchem synodo den pastorn anzuzeigen, das sie sich auf ein examen schicken wollen in bei sein der visitatoren. Denn die erfarung ausweiset, welche nicht liegen kan, das hin und wider sehr ungeschickte leute eingeschlichen sein, und auch zum theil aus dem bapsthumb verblieben, damit die scheflin Christi sehr ubel versorget (wie ich denn wuste etliche schreckliche exempel zuerzelen) item auf eine kurze predigte, damit man wisse ob sie gottes gabe zu predigen haben, oder nicht, welche gelert oder ungelert und zuverrichtung irer ampte geschickt oder ungeschickt sein.

Item, sol einem jeden in solcher priesterlichen versamlung oder synodo befohlen werden, das er sich in des bedenke und was er vermeinet, das bei seinen pfarkindern zubessern, das er solchs auf der visitatorn ankunft wisse zuvermelden.

Und das ein jeder pastor also viel deste besser ein nachdenken haben möge, sol man als balde einem jeden ein gedruckt exemplar der visitation zustellen.

Item, sol man sich als denn auch vergleichen, welchen tag man an einem jeden orte visitiren wolle, als wo vor mittag und wo nach mittag, wenn die pfarren nicht weit von einander gelegen.

Es sol auch den abend zuvorn an einem jeden orte, da man folgenden tag visitiren wird, mit allen glocken geleutet werden, nicht anders denn auf einen heiligen oder feierabend, damit die pfarverwandten sich wissen einheimisch zuhalten. Uber das so sol ein jeder pastor den sontag zuvorn den bestimmeten tag der visitation verkündigen, und die pfarkinder, in gemein jung und alt, man und weib, zur gegenwertigkeit vermanen, und mit ernst bei strafe der busse anhalten.

Zum vierden, wo man nun zu visitiren hinkömpt, da sol der pastor für das erste examinirt werden, und ein kurze predigte thun uber den text, der im im synodo auszulegen ist befohlen worden. Nach solcher predigte sol der superintendens aufstehen, oder wo es im zuviel würde, ein ander prediger, der im mag zuverordenet werden, der sol nun von der visitation predigen, diese loben, erheben, und als nötig dargeben, mit anzeigung, woher sie kome, wer sie eingesetzet, was die alten zur einsetzunge beweget, und warzu sie nütze und gut sei.

Item, was man auch alhie an diesem orte durch die visitation gedenke auszurichten, und uber wen sie gehen soll, nicht allein uber die pastorn, wie sie sich in lere und leben, in irem kirchen ampte und in irer ganzen haushaltung halten, sondern auch wie sich die pfarkinder erzeigen bei der waren religion, und in einem gotfürchtigen, züchtigen und erbaren leben. Voraus aber soll das anderteil der predigte auf die auslegung der heiligen zehen gebote gerichtet werden, und was für vornemliche offentliche laster (der man sich denn mit vleis erkündigen sol) an einem jeden orte im schwang und teglichem gebrauch gehen, die sol man alda zum heftigsten anziehen und strafen, desgleichen auch gottes zorn und strafen, hie zeitlich und dort ewiglich, darüber vermelden, wo sich die ubertreter und schuldige personen nicht bessern werden. .

Zum fünften, nach gehaltner predigte, sol man weib und kinder lassen heimgehen, und als denn ein zeugnis und kundschaft von der ganzen gemeine uber den pastor erfordern. Und ob etwas hierinnen angezeiget würde, das da streflich were, oder sonst unterhandlung bedürfte, das sol man sich als denn zu schlichten unterstehen, wo aber die sachen wichtig, in das visitir buch ein geschrieben werden, bis auf weitern bescheid und execution unserer g. h. durch ire rethe und den superintendenten, welche denn auch als balde erfolgen sol, auf gehaltene visitation, damit einem jeden seine gebürliche strafe widerfare.

Artikel aber, darauf das zeugnis uber den pastor stehen sol, sein dieso.

Wie er sich halte in seiner lere.

Item, in ausspendung der hochwirdigen sacramente.

Item, in ubung des rechten gottesdiensts.

Item, in ubergebener kirchenordenung.

Item, in seinem ganzen kirchenampt.

Item, im catechismo, oder kinder lere bei den kranken etc.

Item, in seinem leben und haushaltung, ob er auch sein weib, kinder, und gesinde zu gottesfurcht, zucht, tugend, und erbarkeit aufziehe, andern leuten zum ehrlichen exempel, und löblichen nachfolge.

Item, bei den pfargütern, die in gutem bau und wesen halte, nicht verwüste, verkaufe, versetze, beschwere, und abhendig mache. Und sol das gefallene zeugnis gut oder bös in das visitirbuch eingeschrieben werden; item, was sich sonsten fur irrung des pastors halben zutragen und nicht mögen als balde beigeleget und geschlichtet werden.

Zum sechsten, sol das zeugnis ergehen uber die pfarkinder, niemand ausgeschlossen, uber weib und man, uber jung und alt, von wegen folgender und anderer offentlicher laster. Solch zeugnis aber oder ruge sollen die weltlichen visitatores von wegen unserer g. h. fördern: Als offentliche verachtung und lesterung gottes, seines wortes, des rechten gottesdiensts, der hochwirdigen sacramente, und was sonst mehr zur waren religion, und zur rechten gottseligkeit gehöret. Gottes wort nicht wollen hören, und das zu hören verhindern, oder leuten die gottes wort hören, ergerlich sein mit spacieren gehen, spielen, zech halten, kremerei, brantenwein saufen, offentliche spiele, fechtschulen, tenze etc. Item, der sacramente nimmer oder gar selten gebrauchen.

Abgötterei treiben.

Falsche lere unter die leute tragen.

Fluchen, schelten, schweren, gottes namen lestern, warsagen, zeubern.

Mit teuflischen und abgöttischem segen umbgehen, hierdurch menschen und vihe, fur unglück zuerretten.

Walfarten gehen.

Teufelfenger suchen und rath fragen.

Gottlose procession halten umb das getreide auf dem felde. Denn sich solcher dinge etliche widerumb, wo nicht so gar offentlich, doch heimlich und mit wenig personen unterstehen.

Bilder umb die früchte tragen.

Ketzer und falsche lerer, als widerteufer, Zwinglianer, David Joris brüder, Osiandrische, und Stanckarische verfürer hausen und herbergen und sich derer anhengig machen.

Seine kinder nicht teufen lassen, oder zu teufen aufziehen, umb fressens und saufens willen.

Vollsaufen und zutrinken in gemein.

Volsaufen oder in die schenken und krüge gehen, oder andere leichtfertigkeit, und uppigkeit treiben, an dem tag, daran einer zum hochwirdigen sacrament gangen.

Gebotene feiertage freventlich und mutwillig ubertreten, wie denn deshalben ein grosser mangel in diesen landen sein sol, das etliche weder charfreitag, ostertage, pfingstage, und dergleichen feste feiern, mit grossem und schrecklichem ergernis, vieler frommer und einfeltiger christen.

Seine eltern verunehren oder ubel halten.

Welche zu nahe in blut und freundschaft sich verehelichen, und verehelicht haben.

Mehr denn ein weib oder man zugleich zur ehe haben.

Welche ire eheliche weiber freventlich und mutwilliger weise ubel halten, verlassen, und verlassen haben.

Hurerei treiben.

Ehebrechen.

Nacht tenze und sonst unordentliche, und schendliche tenze treiben, ausserhalb hochzeiten, welche zu nichts anders dienen, denn zum untergang aller zucht, tugend, und erbarkeit.

Unchristliche wucher und contract, in göttlichen, keiserlichen rechten und sonst verboten. Denn heutiges tages des wucherns und aussaugens weder ziel noch mass ist, nicht allein bei hohen und reichen personen, sondern auch bei geringen leuten, also das schier kein dienstbot ist, der nicht sein dienstlohn auf wucher austhue.

Meineid oder falscher eid.

Und was der offentlichen laster mehr sein, die die weltliche obrigkeit bisher nicht geachtet oder gestrafet, ja damit man den hohn und spot getrieben, und solche laster nicht fur streflich geschetzet, welcher nach gelegenheit mehr in den rugezedel mögen gesetzet werden.

Und nach dem auch hernach gesetzte laster in diesen landen sehr gemein sein, daraus denn allerlei ubels erfolget, und zuvorn nicht verboten und gestrafet, die sollen in dieser visitation, durch die verordente visitatores verboten, die schüldiger hernach gerüget und gestrafet werden. Als, sich on wissen und willen der eltern, der freundschaft, und vormünder verehelichen, daraus denn greuliche und schreckliche handlungen sich in diesem lande zutragen.

Mit verlöbnissen scherzen, und sich mehr als mit einer person verloben.

Sich nicht aufbieten lassen, oder ausrufen von der canzel.

Nicht mehr denn 6. tisch auf eine hochzeit laden. Und das solche nur einen tag were, den nechsten nachtag zu mittag nicht mehr denn zween tische, und den abend einen haben, und als denn die hochzeit dabei wenden lassen.

Keine pfingstbier einlegen und saufen. Daher denn viel todschlege, jammers und elend entsprungen. Ich wil geschweigen, das in etlichen jaren, umb des pfingstbiers willen, keine communicanten die pfingstfeiertage in viel jaren gewesen, und sehr wenig leute zu der kirchen gangen.

Nicht mehr denn drei gefattern zum kindtauf bitten.

Das nicht mehr denn acht weiber bei dem kindtauf essen sollen.

Das keine menner in die kindtaufe gehen, alda zu essen oder zu trinken.

Das den weibern die offentlichen wirtsheuser zur zeche verboten werden, desgleichen auch das volsaufen.

Das den schenken und wirten auf den dörfern verboten werde, das sie den weibern zu zechen nicht gestatten, oder zur zeche sie nider sitzen lassen. Ausgenomen weiber so uber felt reisen.

Das die wirte und schenken, keine huren und lose belge herbergen und aufhalten, ir bier damit zuvertreiben.

Das alle spinstuben abgeschaffet werden, denn die megde und junge gesellen alle schand und untugend darinnen uben und treiben, und das die halter und aufhalter gestraft werden. Was auch weiter hernach billich sol verboten und gerüget werden, und das hierinnen auf dismal nicht begriffen, das werden folgende järliche visitationes leren und nachweisen.

Die ruge aber uber die laster der pfarkinder sol ordentlich also gehalten werden, das einer iden gemeine, eines jeden dorfs, so viel der dörfer in ein pfarkirche gehören, auf einmal oder tragt, vier artikel von obgeschriebenen lastern aufgegeben werden. Darnach widerumb viere, und also forthin bis zum ende. Damit auch durch das ganze jar bis auf ein ide visitation gottesfurcht, zucht, tugend und erbarkeit erhalten werde, so mus man in dieser visitation vier senschepfen in einer jeden gemeine verordenen (welche fur zeiten zum latein scabini synodales genent wurden) die auch sollen vereidet werden, und derer ampt sein sol, das sie

das ganze jar uber, neben irem pastor, auf alle schand, laster, und untugend, mit vleis und ernst sehen sollen, die leute davon abhalten, und auf das sie in der folgende visitation, oder sonst in der obrigkeit ruge, und fur einem consistorio unverschwiegen bleiben.

Was aber von erzelten lastern gerüget, das sol mit den personen und allen umbstenden in das visitirbuch geschrieben werden, auf weitere erkentnis, der gütlichen unterweisung des superintendenten, voraus in kirchen und ganz geistlichen sollen, die peen und strafen unserer g. h., so als denn in der execution nach gehaltener visitation folgen werden. Welche in keinem wege darnach aufzuziehen ist. Denn eine visitation on eine execution ist mehr schedlicher denn nütze. Wie solchs die erfarung mit sich bringt.

Form und weise aber der execution, ist diese, das unsere g. h. persönlich mit iren rethen nach gehaltner visitation sich nidersetzen, alle mangel, fehl, ubertretung, und gebrechen anhören, und hierauf stückweise bescheid geben, strafen und peen verordenen, und alle sachen helfen in besserung stellen. Was aber kirchen und ganz geistliche sachen sein, hiervon mögen die geistlichen visitatores befraget werden, und neben den andern executoren zur gebürlichen execution gerathen sein. Und wenn das geschehen, das als denn an alle amptleute und schösser geschrieben werde, einem jeden in sein ampt, das sie in einer bestimmeten zeit exequiren. Doch las ich mir gefallen, das man mehr thurn als gelt strafen ordene, damit die armen weiber und kinder durch die geltstrafen nicht beschweret werden, die an der verbrechung irer menner und väter etwa kein schuld haben. Im falle auch, das etliche gleich umb irer schweren und ergerlichen verwirkung willen von der obrigkeit würden gestraft werden, so sollen doch dieselbige gleichfals durch die offentliche busse und absolution mit der kirchen versönet, damit das ergernis aufgehaben und andere leute von den lastern abgeschrecket werden. Und das nach der form und weise der versönung im büchlein des geistlichen gerichts, in diesen landen verleibet.

Item, damit sich niemand verwunder, warumb wir eben alle strafen der oberzelten laster der weltlichen obrigkeit zu strafen, heimgestellet haben, ist solchs on ursache nicht geschehen, damit uns geistliche die höfischen nicht aufrücken dürfen, wir greifen widerumb nach dem weltlichen schwerd, und unterfangen uns viel regierens und herschens. Denn uns wenig dran gelegen, wer schand und laster strafet, wenn sie allein gestrafet. Und werden aber gleichwol dem consistorio hiermit seine strafen nicht benomen, und bleiben auch der kirchen strafen. Damit also samptlich und eintrechtiglich allen schanden uud lastern gesteuert werde, in dem die weltliche obrigkeit das ihre thuet, desgleichen auch die geistliche.

Nach entpfangenen zeugnis uber die pastoren und kirchverwandten, so sollen hernach die visitatores, die pastorn irer ampte ermanen, das sie ire scheflein treulich und vleissig leren, die hochwirdigen sacrament inen nach dem rechten gebrauch, wie dieser vom herrn selbst eingesetzt, vortragen, und zu warem gottesdienst unterweisen, ir befohlen kirchenampt treulich ausrichten, den catechismum bei jung und alt mit steter anhaltung treiben, die kranken und trostlosen heimsuchen und sie trösten, ein gottfürchtig, züchtig und erbar leben, iren scheflin zum exempel der nachfolge uben, und endlich das sie ire pfargüter in gutem baue und besserung halten und hiermit treulich handlen und umbgehen. Gleichfals sollen sie auch die pfarkinder mit ernst vermanen und anhalten, das sie vleissig zur kirchen gehen, gottes wort gerne hören, das in ehren halten, der hochwirdige sacrament oft gebrauchen, sich im waren gottesdienst mit andacht uben, und ein gottfürchtig, züchtig und erbar leben anfahen und volziehen, als denn werde auch gott inen gnedig und barmherzig sein, und sie reichlich segen, und fur allem unglück, zeitlichem und ewigem behüten. Widerumb aber, wo sie gottes wort, der hochwirdigen sacrament, des rechten gottesdiensts, und eines gotfürchtigen lebens und wandels nicht werden achten, so wird sie gott hie zeitlich und dort ewiglich züchtigen und strafen, wie denn bereit gottes zorn und strafen vorhanden sein, mehr denn es leider gut ist.

Endlich aber dieweil etliche pastores sein, die nicht gern studieren, mehr des zeitlichen als des ewigen warnemen, wenig achten, ob sie on allen bedacht auf die predigtstülle laufen, oder was sie sagen oder predigen, denn (wie etliche sagen) es gild den bauren alles gleich, sie verstehens nicht etc. Darumb sol einem jeden pastor und prediger in sonderheit eingebunden werden auf der visitation, das alle predigten, die sie ein ganz jar thuen werden, in ein buch zusamen schreiben, damit man auf nachfolgender visitation sehen möge, was sie studieret und geprediget haben, und hier durch zum studiren etlicher massen gedrungen und befordert werden.

Von gemeinen sachen und dingen, die man in dieser visitation vornemlich ausrichten soll.

Erstlich, das man aller pfarren geistliche güter und einkomens unterschidlich aufzeichne, und das solches einkomens zwei register gemacht werden, und das eins der canzelei, das ander dem superintendenten zugestellet werde. Damit aber die

pfargüter einer jeden pfar deste gewisser unverruckt bleiben, so sollen sie durch die pfarverwandten in beiwesen ires schössers und schulteissen ausgegangen werden, mit volliger anzeigung, wo sie ligen, keren, und wenden, sonst verlieren sich die güter, wie wir durch die erfarung guten bescheid wissen. Item, so ist auch solche verzeichnis darzu gut, auf das man den pastorn, so sich nicht erhalten können, sonst von geistlichen gütern etwas zulege, das sie sich und die iren mit ehren aufbringen mögen.

Zum andern, das man alle lehnherren der pfarren gewislich aufschreibe, welche das ius patronatus haben, die pfarren zuverlehnen, auf das man in der canzelei wisse, desgleichen auch der superintendens, wenn sich die pfarren erledigen, wo man umb die lehnschaft und bestellung der pfarherrn ansuchen soll.

Es habe nu aber das ius patronatus wer da wil, so sol doch niemand gestattet werden in diesen landen, an vorwissen unserer g. h. und des superintendenten, pastorn und kirchendiener einzusetzen one examen und verhöre.

Zum dritten, ist auch mit vleis achtung zu geben in dieser visitation auf das einkomen der kirchbeue, damit die kirche in wesentlichem baue erhalten und das järliche einkomen nicht unnützlich umbbracht werde, wie denn zum öftermal geschicht. Darumb sol man alle visitationes hierüber scharfe und ordentliche rechnunge halten. Und wo die kirchen auch ligende güter haben, sollen sie (wie zuvor von den pfargütern gemeldet) ausgangen werden, und unterschidlich aufgezeichnet, wer sie innen hat, wo sie ligen, mit wem sie anstossen, und wo sie keren und wenden. Hirüber sollen denn abermals zwei register gemacht werden, darvon man eins in der canzelei behalten soll, und das ander der superintendens verwaren.

Es sollen auch alle recess, so von den järlichen rechnungen ubrig, vleissig aufgeschrieben und eingebracht werden. Und im fall das die kirchbeue ein reichlich einkommen hetten, und das zu unterhaltung nicht alles järlich bedürften, so kan man hiervon järlich etwas nemen zu anstellung und erhaltung etlicher stipendiaten, die hernach einem ganzen lande in kirchenemptern dienen mügen.

Zum vierden, dieweil auch das einkomen der küster durch nachlessigkeit und unachtsamheit abnimpt, geschmelert, und verloren wird, wil von nöten sein, dasselbige einkomen gleichfals aufzuschreiben, und das man solche aufzeichnis in der canzelei, und bei dem superintendenten verware.

Zum fünften, nach dem auch etliche pfarren sein, welche an farender habe und beweglichen gütern einen steten und werenden vorrat haben,

den man nach absterben oder abscheid eines pfar-
herrns bei der pfarren lassen mus, so gut man
diesen befunden, so erheischet auch die not, das
man gemelte güter aufzeichne, und das hiervon
die canzelei ein register habe, desgleichen auch
der superintendens.

Zum sechsten, dieweil auch den pfarr und
geistlichen gütern viel nachteils hieraus entstehet,
das man solche güter etwa leuten auslehnet und
hierinnen weiter keine lehnzeit helt, das sie die
geistlichen und pfarrgüter zulehen entpfahen, daher
denn weiter gemelte güter die lehenleute fur ire
eigene güter anziehen und gebrauchen, so ist es
zum höchsten von nöten, das man eine gewisse
zeit solcher lehenschaft halte, als nemlich ein
jedes sechste jahr. Wo aber ein pastor stirbt,
da stirbt zugleich die lehenschaft auch mit. Und
sollen die verlehenen güter von den neuen pfarherrn widerumb auf das neue zu lehen entpfangen
werden. Es sollen auch zu allen zeiten uber die
lehenschaften brief und siegel aufgerichtet werden,
darinnen alle umbstende des lehens sollen verfasset sein. Und wie auch derhalben den pastorn
ein formular die geistliche güter aus zuleihen, sol
zugestellet werden.

Zum siebenden, mus man auch in dieser
visitation ein vleissiges nachfragen haben, wo etwa
geistliche güter den pfarren weren entwendet
und abhendig gemacht worden, das man diese
durch hülfe und beistand unser g. h. widerumb
herzu bringe.

Zum achten, nach dem auch hin und wider
die pfarhöfe ganz und gar verfallen, und niemand
diese zu unterhalten, etwas thuet, mus man ein
einsehen haben, das die pfarrheuser, so in bau
und wesen stehen, durch die pastores beulich erhalten werden, die verfallene aber durch hülf
und beistand der jenigen, so das ius patronatus
haben, und mit hülfe der gemeinen und pfarherrn in besserung gestelt werden.

Zum neunden, dieweil am tage ist, das auch
etliche alte pastores, so aus dem bapsthumb verblieben, keine agenda oder kirchenordnung haben,
fragen auch nach keiner, sondern in den wind
hin ires eigenen gefallens mit den sacramenten
und kirchenübungen umbgehen, und sich mit andern
im lande nicht gleichförmich halten, daher denn
ergernis und anderer unrath entstehet, darumb
sollen die visitatores auch hierinen nachforschung,
und ein einsehen haben, damit ein gleicheit im
lande gehalten werde, und abgöttische, nerrische,
und unnütze ceremonien verhütet.

Zum zehenden, wil sichs auch gebüren, wo
schulen und spital sein, das die visitatores sich
erkündigen, wie es hierumb eine gelegenheit habe,
und wie inen vorgestanden wird, damit die schüler

recht geleret und auferzogen werden, und die
arme leute nottürftiglich unterhalten.

Zum eilften, das auch die clinodia und kirchen
geschmeide besichtiget und aufgeschrieben werden,
was noch vorhanden, und das dieselbige, so man
nicht bedarf, den kirchen zum besten verkauft und
angeleget werden. Doch zubesorgen, das der merer
teil hiervon fast hinweg sei.

Zum zwelften, dieweil denn viel der pastoren
auf den dörfern sehr arm sein, und etwa nicht
vermügen auch die nötigsten bücher zu keufen,
derer sie nicht gerathen können, so wil die not
erfordern, das die kirch oder baumeister von dem
einkomen des kirchenbaus folgende bücher mit
der zeit keufen, die fur und fur bei iren pfarkirchen bleiben sollen.

Als da sein.
Ein lateinische biblia.
Item, eine deutsche.
Item, eine agenda oder kirchenordnung.
Item, des herrn Lutheri seligen, und der
Nürnberger catechismus.
Item, die augspurgische confession sampt der
apologia.
Item, die locos communes des herrn Philippi,
lateinisch und deutsch.
Item, das büchlein Urbani Regii, wie man
vorsichtiglich predigen soll.

Zum dreizehenden, nach dem auch den einfeltigen leuten und der jungen jugend an der
predigt des catechismi sehr viel gelegen ist, sollen
sich die visitatores befragen, wie ein jeder pastor
den catechismum lere, und was er fur form und
weise den zu gebrauche.

Zum vierzehenden, so soll auf dieser visitation
allen pfarherrn zum vleissigsten eingebunden
werden, und bei höchster straf verboten, das sie
in iren kirchen keine neurunge, weder bei der
lere, noch bei den sacramenten, noch in den ceremonien furnemen, on wissen und willen des superintendenten, consistorii, und vorgehendes synodi,
sich auch der lere halben, und was der anhengig,
mit niemand offentlich auf dem predigtstuel einlegen, derhalben zank und hader zurichten, mit
grossem ergernis der kirchen, sondern hat jemand
derwegen etwas zuthuen, das er es zuvorn fur
dem consistorio, superintendenten oder synodo
austrage.

Item, sollen auch die visitatores allen pfarherrn und pastorn verbieten, das sie in ihren
pfarheusern kein bier oder wein schenken, keine
zechleute setzen, oder zechereien zuhalten gestatten.
Item, sie selbst in keine schenken und offentliche
zechheuser gehen. Desgleichen auch zu keinem
kindtauf mehr, alda zu fressen und zu saufen.

Item, das sie sich volsaufens, ehebruchs,
hurerei, spielens, und aller uppigkeit, und un-

ordentlichs wesens enthalten, bei höchster peen und strafe, geistlicher und weltlicher.

Item, sol inen auch angezeiget werden, das sie fur sich und die iren nicht mehr denn sechs tische zu einer hochzeit anstellen sollen. Welche denn auch nicht lenger, denn einen tag weren sol. Den nechsten nachtag zu mittage wider zwen tische. Und den abend einen, und hernach den kessel abhauen. Und das sie sich auch an gemeiner ordenung unserer g. h. vom kindtauf begnügen lassen.

Anhang.

Was bisher von dieser visitation geschrieben, betrifft vornemlich die landschaft an, als flecken und dörfer. Doch reimet sich dieselbige auch des mehren theils auf die stedte, wenig ding ausgenomen, die nach gelegenheit der stedte wollen anders gehalten werden. Nemlich, das man das zeugnis uber pfarrherren und kirchendiener von einem rath einer jeden stadt erforder. Doch ist es billich, das der stedte rethe die kirchmeister und etliche von den eltesten aus der gemeine zu sich ziehen. Doch sol auch vom predigstuel abgekündiget werden, wo jemand von der gemeine were, der etwas wider die pfarherren und kirchendiener vorzubringen hette in gemeinen oder in seinen eigenen sachen, das er solchs einem erbaren rath, den kirchenmeistern und den eltesten anzeige, welche denn weiter was anbracht den visitatorn vermelden und, wo es möglich, mit hülfe eines erbaren raths vergleichen sollen, wo nicht, in das visitierbuch aufzeichnen, und hierüber unserer gnedigen herren bescheid erwarten.

Mit dem zeugnis aber uber schand und laster mag es in den stedten also gehalten werden, das an einem jeden orte ein erbarer rath järlich seine bürgerliche rnge halte auf dem rathause, von laster zu laster, wie droben vermeldet. Das also ihre bürger bei ihren eidspflichten die lesterer zu rügen angehalten und vermanet werden. Und nach gehaltener ruge, einem jeden seine gebürliche strafe verordene. Und wo die verbrechungen sehr gros und ergerlich, das auch derhalben durch offentliche busse und absolution, der kirchen gnug geschehe, als, da etwa todschleger, ehebrecher etc. von der obrigkeit mit dem leben begnadet würden.

Item, damit auch das ganze jar uber den reten der stedte die offentliche laster mögen anbracht und gestrafet werden, so können die rethe hierinnen irer fronen und stadknechte gebrauchen, das sie ein vleissiges nachforschen haben, nach allen offentlichen schanden und lastern. Und damit diese an irem vleis und arbeit nichts erwinnen lassen, kan man inen von den bussen und strafen iren lohn machen, verordenen, und geben.

Item, dieweil auch viel unordnung und ungeschicktes wesens in den stedten ist, mit ehesachen, hochzeiten, kindtaufen, saufen und fressens, und was der dinge mehr sein, die einer ordenunge und besserung bedürften, so sollen sich die visitatores derhalben vleissig erkündigen, die rethe der stedte zur guten policei und ordenung vermanen, das sie solche anstellen, und in das werk bringen, diese von unsern g. h. besichtigen und bestetigen lassen, oder derhalben an unsere g. h. ansuchung thuen, das ire g. h. hierinnen policei und ordnung stellen.

Ein ander anhang, von wegen der edelleute, so eigene gerichte haben.

Wir edelleute, oder andere sein, die ire eigene gerichte haben, denen kan die execution der gehaltenen visitation zugestellet werden, das sie das jenige bei den iren, was strafens wirdig, strafen, und in besserung stellen helfen.

Gedruckt zu Eisleben, durch Jacobum Berwald.

---

39. Mandat und Consistorial-Ordnung vom 29. Mai 1560.

[Aus Magdeburg, St.A., XI, A. 3, Bl. 9—13, verglichen mit Pfarrarchiv Eisleben, Loc. 1 ad 23 ad communia.]

Wir Hans George, Christof, Volrad und Hans, gefettere und brüdere, grafen und herren zu Mansfeld, edle herren zu Heldrungen etc. entbieten allen unseren pastoren und kirchendienern, dergleichen allen unsern amptleuten, stadtvoigten, bürgemeistern, richtern, rathmannen und gemeinden, und sonsten allen unsern unterthanen unsern gruss und geneigten willen zuvor, ehrwürdige, hochgelahrte, gestrenge, veste, ehrsame, liebe, andächtige und getreue;

Wir fügen euch hirmit zu wissen, nachdem, und als wir nicht allein aus unserer eines theils albereit verordneten und gehaltenen visitationen sondern auch sonsten sämplichen aus täglicher erfahrunge so viel vermerken und befinden, dass die greulichen sündigen[1] laster in ehesachen und andern untugenden und unerbarkeiten ungeachtet, fast in allen unsern pfarr kirchen, täglicher[2] christlicher vermahnunge beides gegen gott, sein h. wort, auch einsezunge der sacramenta und anderer rechtschaffenen christlichen lehre[3], und religion überhand nehmen, dadurch so vielmehr gottes zorn und strafe auf uns erreget, so haben

---

[1] Eisleben: sündliche.   [2] E.: täglich.
[3] E.: lehren.

wir aus schuldiger, von gott verliehener obrigkeit nicht ümbgehen können, zu erhaltunge erbarer zucht und wandels, und denn zum abscheu und strafe des übels unser consistorium und geistlich gerichte zu Eisleben wieder [1]) zu verneuern, anzustellen und dasselbige [2]) nicht allein mit geistlichen gelehrten leuten [3]) oder personen, sondern auch [4]) unsern hierzu [5]) weltlichen verordneten räthen stattlichen zu besezen, auf das vornemblichen gottes ehre und wille, sampt einer guten disciplin, gottes furcht, zucht, tugend und erbarkeit gepflanzet, seinen gebührlichen fortgang haben, und das wir also einmal durch besserunge unsers sündlichen lebens, gottes grimmigen zorn, und seinen schrecklichen gegenwertigen und zukünftigen [6]) strafen entrinnen mügen, und wiederümb einen gnedigen und barmherzigen gott überkommen.

Ordnen derhalben und sezen, confirmiren und bestetigen dasselbe auch hiermit kräftiglichen hiermit [7]) also und dergestalt, dass solch unser geistliches gerichte und consistorium auf befehl und bitte derjenigen, so das jus patronatus zustehet, pastoren und kirchendiener bestellen, oder die [8]) selbst bestellet, nach überschickunge und ihrer verwilligung, examiniren, ordiniren und investiren sollen, auch in religion sachen, und was diesen anhenget, als lehre, sacramenta, gottes dienste und kirchen ordnunge, und derer dinge halber zwiespalt nach dem richtscheit göttlichen wortes verhören und erkennen, dergleichen eine geistliche [9]) disciplin unter den pastoren und andern kirchendienern mit treuen fleiss erhalten, diejenigen, welche [10]) in öffentlichen unnachlessigen lastern hausen und leben, nach gelegenheit der sünden mit der kirchenstrafe und absezunge ihres ampts, wo es die noth erfodert, und keine besserunge ist, strafen.

Ob auch jemands were, der über pastoren und kirchen diener ausserhalb weltlicher sachen, so in unserer jurisdiction und obrigkeit und nicht für das geistliche gerichte gehöret, zu klagen hette, sich alda seines rechtens und bescheides zu erholen, sonderlich auch in ehesachen auf der parteien ansuchen für zu bescheiden, darinnen erstlich gütlicher verhör und fleissige underhandlunge zupflegen, und da nicht statt haben möchte, nach recht zuerkennen und zusprechen, und hierinne allenthalben, wie sich nach übung eines jeglichen rechtschaffenen christlichen consistorii, eignet und gebühret, ordentlich zu verfahren, darzu auch [11])

allen öffentlichen und peinlichen lastern nach gnugsamer verhör und erkäntniss durch den bann und anderer kirchen strafen zu steuern und zu wehren, da auch einige weitere irrungen der geistlichen und kirchen gütere halber vorfallen würden, sol solches mit unsern vorwissen vorgenommen, und zur billigkeit behandelt [1]) werden. Und auf dass sich ein jeglicher, so für dem consistorio in geistlichen sachen zu schaffen, so viel bequemer darnach zu richten, so haben wir verordnet, dass solch geistlich gerichte zu Eisleben, da ein sonderlicher ort dazu geschaffet, auf den 1. monatstag [2]) julii dieses 60. jahres sich anzufahen [3]), und alle wege an dem ersten tage eines jeden angehenden monats soll gehalten werden.

Were es aber sache, dass derselbe tag auf einen feiertag gefiele, soll es den nechsten hernach [4]) gehalten werden, wo er aber auf einen feier abend eines grossen festes verfiele, soll es acht tage verschoben werden, wie den auch deshalben zu derzeit verkündigunge von der canzel geschehen soll.

Begebe sich aber dass sachen vorfielen, die aus noth diesen verzug eines jeden monats nicht leiden können, sollen die beisizer in demselben wochen, darinne ein solcher fall angezeiget, auf mittewochen oder freitag zusammen kommen und sich befleissige, demselbigen masse zu finden, und wer derhalben in oberzehlten articuln etwas für dem consistorio oder geistlichen gerichte vorzubringen hette, der soll solches schriftlichen thun, und unser gemeiner herrschaft secretario überantworten, der denn dem consistorio des geistlichen gerichts zu jederzeit der besizunge desselben [5]) fideliter referiren und übergeben soll, und also die consistorialsachen unter henden haben soll [6]), zu registriren und zu verwahren [7]). Befehlen demnach hiermit allen unsern amptleuten, stadtvoigten, burgemeistern, richtern, rathmannen, schössern, schultheissen und allen [8]) andern befehlhabern und wollen ernstlichen, welcher unter euch von gemelten unsern consistorio in subsidium, eines oder mehr seines befohlenen ampts oder gerichts zwangs unterthanen oder inwohnern schriftlich ersuchet wird, den oder dieselben [9]) also bald lauts obberührten citation dafür zubescheiden, damit er gehöret und auf beider theile klage und antwort oder [10]) nach gelegenheit der entschuldigung [11]), wo es durch das [12]) consistorium geschehen würde, auf seinen eigenen bericht nach befindunge und gelegenheit der sachen erkant

---

[1]) E.: wiederumb.   [2]) E.: dasselbe.
[3]) E.: personen.   [4]) E.: auch hierzu mit.
[5]) E.: „hierzu“ fehlt, steht vorher.
[6]) E.: „und zukünftigen“ fehlt.   [7]) E.: „hiermit“ fehlt.   [8]) E.: die sie.   [9]) E.: christliche.
[10]) E.: so.   [11]) E.: „auch“ fehlt.

[1]) E.: geordnet und gehandelt.   [2]) E.: 1. montag.
[3]) E.: anfangen.   [4]) E.: darnach.   [5]) E.: dasselbige.   [6]) E.: „soll“ fehlt.   [7]) E.: bewahren.
[8]) E.: „allen“ fehlt.   [9]) E.: dieselbigen.
[10]) E: und.   [11]) E.: schuldigung.
[12]) E.: wo das auf das.

und verfüget werde, was christlich billig und
recht ist.

Was [1]) auch also ordentlicher weise, nach
recht auf eingebrachte klage und antwort [2]),
oder eigener beschuldigunge darauf erfolgeter
bekäntnüss oder ungehorsamblichen aussenbleiben
einiges partes erkant und gesprochen, welchen
unsern gerichts verwaltern solches vermeldet
und ümb execution ersuchet würde, dass der
oder dieselben solche execution und hülfe
wieder denjenigen [3]), so deren [4]) ordentlich vertheilet und unter seinen befohlenen ampte gesessen, würklichen und ohne allen verzug leiste,
und sie [5]) dahin halte, dem geschehenen erkäntnüss unweigerlich folge zu thun. Würde sich aber
jemandes unserer amptleute, stadt vöigte, burge-
meistere, richtern, rathmannen, schössern und be-
fehlsleuten, solche execution zu thun weigern, oder
jemandes deroselben befohlenen gerichts zwangs
unterthanen und verwandte, deme zu pariren und

zu geloben, ungehorsam befunden, gegen denen
wollen wir uns mit endlicher unnachlessiger strafe
zu verhalten wissen, und das consistorium in
sachen, wie obgemeldet, gegen denen, so uns ohne
mittel unterworfen, nach unsern besten vermügen
schützen und handhaben.

Da [1]) sich aber jemand dessen, so durch die
consistoria, wie obberührt, erkant und verordnet,
beschwert befinde, so soll ihme der weg der appellation an uns ordentlicher und rechtmessiger weise
zu thun, nicht verschlossen, sondern offen sein.

Wir wollen uns auch hiermit vorbehalten haben,
diese unsere ordnunge zu jederzeit und gelegenheit zu bessern und zu endern,

und haben euch solches alles [2]), sich ein
jeder bei vermeidunge unserer ernstlichen strafe
darnach zu richten habe, nicht vorhalten wollen,
und geschieht hieran unsere gänzliche zuverlässige
und endliche [3]) meinunge in gnaden [4]) zuerkennen.

Datum Eisleben den 29. maii anno 1560.

---

[1]) E.: wann es.   [2]) E.: „und antwort“
fehlen.   [3]) E.: diejenigen.   [4]) E.: darin.
[5]) E.: sich.

[1]) E.: Dieser ganze Abschnitt fehlt.   [2]) E.:
alles, das.   [3]) E.: „und entliche“ fehlt.
[4]) E.: „in gnaden“ fehlt.

40. Gräflich mansfeldische geistliche consistorial ordnung, aus bewegenden und richtigen ursachen aus deme im druck anno 1560 publicirten patent aufs neue repetiret, auch in etlichen puncten verbessert und gemehret. Anno 1586.

[Nach Magdeburg, St.A., XI, A. 3; verglichen mit Eisleben, Pfarrarchiv, Loc. 1 ad 23 ad communia.]

Wir Peter, Ernst, Christoph, Carl, der ältere
und Bruno vor uns, unsere freundliche liebe
vettern, grafen und herren zu Mansfeld, edle
herren zu Heldrungen und von gottes gnaden wir
Margaretha geborne herzogin zu Braunschweig und
Lüneburg, gräfin und frau zu Mansfeld witbe, in
curatel der wohlgebornen unserer auslendischen
und zum theil minderjährigen söhne, herren
Ernsten und herren Friederich Christophen, grafen
und herren zu Mansfeld, entbieten allen unsern
pastorn und kirchendienern, dergleichen allen
unsern amptleuten, statsvöigten, burgemeistern,
richtern, rathmannen und gemeinden und sonst
allen unsern unterthanen unsern gruss und geneigten willen zuvor. Ehrwürdige, hochgelehrte,
gestrenge veste, ehrsame, liebe, andächtige, und
getreue, ihr traget sonder zweifel gut wissen,
welcher gestalt die auch wohlgeborne, unsere
freundliche liebe brüder, gevattern, schwäger und
geliebter herren gemahl, herr Hans Georg, herr
Volrad und herr Hans, gevetter und bruder, grafen
und herren zur Mansfeld, edle herren zu Heldrungen, seliger gedächtnüss und wir graf Christof
zur Eisleben, neben den ordentlichen visitationibus,
welche von unseren darzu verordneten, so oft es
die notturft erheischet, treulich gehalten, und von
uns als der weltlichen obrigkeit mit gebührenden

fleiss und ernst exequirt worden) auch ein christlich consistorium angerichtet und bestetiget, auch
ein mandat und ordnung in offenem druck, wie
hernacher folget, ausgehen haben lassen, welches
wir auch noch hiermit wiederholen, bestätigen und
craftiglich bestätiget haben wolten; wann aber
seit der zeit der ersten stiftung, welches hoch zu
beklagen, beide in der lehre, ceremonien und
ander wichtigen sachen mehr dermassen unrichtigkeit entstanden und vorgelaufen ist, das einsehens
und verbesserens hoch von nöthen, dahero denn
etliche hohes und niedriges christliches standes
unserer wahren augsburgischen confession zugethan
verursacht worden sind, ihre consistorial ordnung
auch zu revidiren, zu wiederholen, zu vermehren
und zu mündern, auch, wo es noth ist, ganz neue
constitutiones zu setzen und zu machen, damit
dem ärgerniss und ubel dester stattlicher begegnet
und gewehret und hirgegen nutzliche ordnungen
und gute nothwendige disciplin erhalten werden
möge, und wir uns aber eben dasselbige recht,
wie sichs gebühret und die nothdurft erfodert,
mit unserer consistorial ordnung, welche ohnedas
anfänglich sehr kurz verfasst ist, dergleichen auch
vorzunehmen und zu thun, auch jeder zeit vorbehalten haben, als haben wir mit zeitigen reifen
rath und guten bedacht mehr gedachte unsere

consistorial ordnung auch wiederholen, mit etlichen nothwendigen puncten bessern, vermehren und in richtige unterschiedene articul bringen und fassen lassen, an euch gnädiglich begehrend und befehlende, dem allem mit thun und lassen treulich also nachzukommen und zu geleben.

[Es folgt nunmehr der „Bericht der itzo noch anwesenden alten kirchendienern von dem anfange und fortsetzung des consistorii in der grafschaft Mansfeld zu Eisleben," welcher oben in der Einleitung verwerthet ist. Sodann folgt „Erst unser Mandat und consistorialordnung in offenem druck anno 1560 den 29. mai ausgangen, derer im eingange dieser repetition erwehnung geschehen," und dann:

Wiederholung und Verbesserung unserer Gräflichen Mansfeldischen Consistorial-Ordnung zu Eisleben.]

Das erste capitel.

Von ort und stelle, wo das consistorium sol gehalten werden.

Weil vormal zum consistorio benimbt gewesen sind[1]), unsere stadt Eisleben, und der pfarr-hof zum S. Andreas daselbst und an diesen orte dasselbige bishero auch stetig gehalten worden ist, also dass derselbige ort nunmehr[2]) männiglich wolbekant ist, als lassen wir es dabei auch nochmals bewenden.

Das andere capitel.

Von der zeit, wenu das consistorium sol gehalten werden.

1. Wir lassen es auch ferner mit diesen stück bei voriger unserer ordnung bleiben, dass nemblich das consistorium, wo es sein kan[3]), den ersten tag eines jeden angehenden monats gehalten werden,

2. Were es aber sache, dass derselbige tag auf einen fest tag, feiertag oder sonsten auf einen feier abend[4]) gefiele, da es die geistlichen assessores ihres studierens und predigens halber nicht wohl abwarten könten, auch wo der sachen viel vorfallen würden, dieselbigen desto geraumer und mit mehrern fleiss abgewartet und entschieden werden mügen, so sollen die consistoriales macht haben, das consistorium ümb etliche tage, nach gelegenheit der zeit und erheischunge der notturft zu verlegen.

3. Doch soll solches allewege den parteien, so für dem consistorio zu thun haben, angemeldet werden, damit niemand in vergebliche verseumnüss, mühe und unkosten geführet werde.

4. Trüge sichs auch zu, dass sachen unversehens vorfielen, welche keinen verzug haben, und ohne gefahr des consistorii nicht wol erwarten könten, als denn sollen unsere consistoriales, so viel deren zu Eisleben in loco bei der hand sein, in solchen nothfällen auch zwischen den ordentlichen consistoriis förderlich zusammen kommen, die sache in verhör nehmen, und so viel mtiglich zur billigkeit verrichten, und wo solches geschicht, soll es nicht weniger stat haben und dabei bleiben, als ob alle personen zum consistorio gehörig gegenwertig darbei gewesen weren, und mit[1]) geschlossen hetten, und soll solches von niemand propter defectum vel absentiam aliquorum delegatorum oder andern schein wider fochten werden.

Das dritte capitel.

Vom präsidenten und assessoren unsers consistorii.

Ob wol auch dies ein geistlich consistorium sein soll, jedoch weil auch ofte sachen für laufen, darzu man der politischen räthe hülfe und bedenken auch bedarf, als soll dasselbige auch hinfürder, voriger unser beschehener anordnunge[2]) nach, auch[3]) inmaassen es auch sonsten allenthalben[4]) gebreuchlich, nicht alleine mit geistlichen sondern auch mit politischen oder weltlichen personen zur notturft[5]) besezet werden.

2. Es sollen auch darzu nicht allein gelehrte und erfahrne, sondern auch ehrliche, unverdächtige leute, die einen guten namen haben, gebrauchet werden, sintemal sie nicht allein überschwere wichtige sachen, darzu ein judicium und gute erfahrunge von nöthen ist, zu urtheilen, sondern auch zuerhaltunge und beförderunge nothwendiger christlicher zucht und tugent niedergesezet werden.

3. Wir haben aber anfangs sambt unsern vorfahren zu consistorialen verordnet unsern gemeinen cantzler, unsere politische räthe, dass von wegen der dreier fünf theile die zweene[6]), von den andern beiden fünf theilen, von einen jedern einer niedergesezet sei, den general superattendenten, den decanum zu Mansfeldt und die pfarrherren in der stadt[7]) Eisleben sambt dem archidiacono zu S. Andreae, welchen allen ein gemeiner secretarius zugegeben ist, durch welchen die eingebrachten schriften angenommen, verwahret, die assessores zum consistorio erfodert, und ihnen die eingegebenen schriften vorgetragen, alle sachen ordentlich registriret werden sollen. Bei solcher verordnunge lassen wir es auch nachmals bleiben.

---

[1]) Eisleben: benennet sind.   [2]) E.: „nunmehr" fehlt.   [3]) E.: kann allewege.
[4]) E.: freitag.

[1]) E.: nicht.   [2]) E.: ordnung. und.   [3]) E.: [4]) E.: „allenthalben" fehlt. zu gnuge.   [5]) E.: zweene und.   pfarrherrn zu Eisleben.   [3]) E.: [5]) E.: [7]) E.:

4. Damit aber auch unter solchen unsern des consistorii assessoren richtige ordnunge sei und gehalten werde, so wollen wir, dass nach d. Luthers aufgerichteten vertrage jezt und künftig unser gemeiner superattendens des consistorii praeses und director sei uud bleibe, der zu bestimbter zeit durch den secretarium die assessoren erfordern lasse, die sachen, so zu handeln für fallen, proponire, darauf umbfrage, die vota colligire und kegen den parteien das wort führe, und endlich auch bescheid gebe.

5. Da sich zutrüge, dass etwa ein neuer assessor dem consistorio solte zugeordnet werden, so soll derselbige mit vorwissen und rath des herrn superattendenten, als des präsidenten und directoris[1]) erwehlet und dan ferner von dem theil der herrschaft, so ihme in consistorio niedersezen will, den superattendenten schriftlich vorgestellet und befohlen werden, dass er von ihm[2]) wie bishero üblich und gebreuchlich gewesen, in derselbigen theils herrschaft namen investiret, angewiesen und an seinem gebührlichen ort niedergesezet werde.

6. Weil auch die sachen, so ins consistorium gehören, und darinnen gehandelt und tractiret werden[3]), sehr wichtig sind, gottes ehre und die gewissen belangen und dero wegen gottesfurcht, treue, fleiss, vorsichtigkeit und verschwiegenheit erfodern, so wollen wir, dass die consistorialen uns und dem consistorio gebührlicher weise verpflichtet sein, und ein jeder neuer assessor, wenn er investiret und niedergesezet ist, die pflicht mit folgenden worden leisten soll.

Forma des eides der assessoren.

Ich schwere, dass ich in allen und jeden dieses consistorii fürfallenden sachen, beneben den andern hierzu verordneten assessoren, getreulich und fleissig nach meinem besten verstande und vermögen rathen, thaten und bedenken, suchen und in dem allem der grafen und herren zu Mansfeld ihre gräfl. und wolhergebrachte regalien in acht haben und befödern helfen wolle, was sonderlich den seligmachenden göttlichen worte, unserer kirchen christlichen einhelligen bekäntnüss, der erbarkeit und beschriebnen rechten gemess, auch zu heiligung und ausbreitung der hohen göttlichen majestät, namens und wortes, und denn zu pflanzung und erhaltunge gottes furcht, ettsserlicher zucht, friede, ruhe und einigkeit in den kirchen und ganzen christlichen gemeine gereichen, fruchtbar, nuz und dienstlich sein mag, und solches umb keiner eigennützigen, ehrengeuzigen oder

sonsten eigen willigen vortheiligen affecten willen thun und lassen; auch mit nichten von einiger berathschlagunge, votirten stimmen, suffragien, verordnungen und verschaffungen aller derer händel, so in dem consistorio fürfallen werden, jemandes mündlich, oder schriftlich, heimlich, oder öffentlich, etwas so zu helen ist, offenbaren, und dass ich denen personen, so für dem consistorio zu schaffen haben, weder heimlich noch öffentlich dienen wolle, als mir gott helfe durch Jesum Christum seinen sohn unsern herrn.

Das vierde capitel.

Vom secretario oder notario des consistorii.

Weil wir auch unsern consistorio, welches denn die nothdürft erfodert, einen secretarium, welcher publicus notarius ist, zugeordnet haben, auch kunftiger zeit, wenn und so oft es von nöthen sein wird, zu ordnen wollen, und oben summarie erwehnet ist, was sein ampt sein solle, so wollen wir ferner auch, dass er gleich den assessoren, gottfürchtig, treu, fleissig, verschwiegen und mit gehorsamb den präsidenten und den andern assessoren soll willig zugethan und verpflichtet sein, niemand zur ungebühr beschweren, noch[1]) übernehmen, auch mit gift, gabe, und geschenke, keine sache den parteien, oder jemande anders, ohne vorwissen des präsidenten und assessoren offenbaren noch mit theilen, ·und dass er zu[2]) solchen allen uns und dem consistorio verpflichtet sein solle, wie folget.

Eid des secretarii[3]).

Ich gerede und gelobe, dass ich meinem ampte mit ganzen treuen und fleiss wolle abwarten, dem herrn präsidenten und assessoren getreulich und gehorsamb sein, mit schreiben, lesen und allen, so mir gebühret und zustehet, auch die händel und acten fleissig registriren, und die briefe und urkund, so in dem consistorio einbracht werden, will bewahren, und dieselbe[4]), und was in sachen jederzeit berathschlaget und gehandelt, niemands eröffnen, noch einige copei ohne erlaubnuss und erkäntnuss des consistorii den parteien oder jemands anders umb geschenk und gaben davon mittheilen, die parteien auch mit dem abschieden und andern, was ihnen mitgetheilet werden soll, zur ungebühr und ihren nachtheil nicht auf ziehen, sie darinnen auch meines eigenen gefallens nicht schätzen noch übernehmen,

---

[1]) E.: superintendenten und directorm.
[2]) E.: der ihn wie bishero.   [3]) E.: werden sollen

[1]) E.: noch zu.   [2]) E.: sich.
[3]) E.: Forma des eides so der secretarius oder notarius consistorialis leisten mus.
[4]) E.: dieselbigen.

sondern mich an meiner besoldunge und gesetzten
taxe begnügen lassen wolte.

Alles treulich und gefehrlich [1]), als mir gott
helfe, durch Jesum Christum seinen sohn unsern
herrn.

Es soll aber auch der notarius des consistorii
alle und jede consistoria, wenn eins geschlossen
wird, dem herrn superattendenten, als den präsidenten ein verzeichnuss und gedenkzettel machen
und überantworten, was auf diesesmal verab-
schiedet ist, und was an tagezeddeln, citationen,
abschieden, missiven, urtheilen und andern zu
verfertigen sei, darmit er seinem ampte nach
darauf achtunge geben und nachforschen könne,
wie es gefertiget worden, dass er ferner auch
schuldig sei, dieselbigen sachen also balde und
für allen andern zu verfertigen; was er hernach
vor übrige zeit hat, mag er zu seinen besten gebrauchen. Damit auch der secretarius allen sachen,
so im consistorio und gemeiner herrschaftsregie-
runge gehandelt werden, desto besser abwarten
und mit mehreren fleiss selbst, was jedesmal vor-
leuft, registriren, protocolliren könte, so soll dem
präsidenten und seinen assessoren zugelassen sein,
ihme einen substituten anzunehmen, welcher nicht
allein im consistorio, sondern auch, wenn in gemeiner herrschafts regierung audienz gehalten wird,
aufwarten, und die parteien, zeugen und andere,
so [2]) man in [3]) consistorial und gemeiner herrschaft
audientien bedürfen wird, erfordern, und anders
was ihme befohlen wird, mit verschickung und [4])
sonsten verrichten könne, und soll demselben substituten aus unsern geistlichen kupper geldern,
davor jährlich zehen thaler in vier quartal ein-
getheilet gereicht, auch er in unsere pflicht genommen werden.

Das fünfte capitel.

**Was für sachen ins consistorium ge-
hören, und darinnen tractiret werden
sollen.**

1. Zu diesen sollen unsere consistoriales gute
achtung darauf geben, und die sachen mit besten
fleiss unterscheiden, dass sie nichts für das consistorium ziehen, was nicht eigentlich und ohne
mittel vor dasselbige, sondern für uns, weil es
politische händel als die weltliche obrigkeit gehöret. Derowegen wo solche sachen vorlaufen,
sollen sie dieselbigen ohne mittel von sich an uns
oder da sie sonsten hingehören, weisen, damit
also alle gefehrliche confusion der geistlichen und
weltlichen obrigkeit und gerichte sambt andern
weitleuftigen disputationen, so daraus erfolgen

könten, so viel müglich mit fleiss verhütet und
umbgangen werde.

2. Es sollen aber vermöge unser und unserer
löblichen lieben vorfahren hiebevorn beschehenen au-
ordnunge für das consistorium diese nachfolgende
sachen gehören, und darinnen tractiret werden.

I.

1. Wo etwa streit vorfelt von der lehre und
administration der h. hochwürdigen sacramenten,
über den ceremonien gebräuchen und andern
kirchen.

2. Alle sachen der pfarrherrn und schuldiener,
ordination [1]), investituren, suspension und handlungen und verbrechungen belangende, und trans-
locationes, translationes oder dimissiones der pfarrherren und kirchen oder schuldiener fürfielen,
dass mit fürwissen des theils der herrschaft, welche
das jus patronatus darüber hat, solches fürgenommen, angestellet und durch sie ins werk und
execution gerichtet werde, wo aber die person
unter gemeiner herrschaft gehöret, dass es dergleichen mit aller herren grafen willen geschehe.

3. Aller zwiespalt und irrunge zwischen dem
pfarrherrn und ihren pfarrkindern, sonderlich in
religions sachen.

4. Der küster, oder anderer meudereien oder
unordentliche ungebührliche sachen wider die
pfarr herren und kirchendiener.

5. Alle sachen, so der kirchen, schulen, hospitalen und gemeiner kasten güter lehen, einkommen,
nuzunge, gebeude und besserungen, darzu der
kirchen und schuldiener besoldunge belanget.

6. Ehesachen, wie die auch namen haben
und beschaffen sein mögen.

7. Alle ärgerliche sünde, und laster, an
lehrern, kirchen und schuldienern, und sonsten
gemeinen zuhörern, jungen und alten, beides wider
die erste und andere tafel.

8. Sonderlich, wo jemand unter denuselbigen
mit ungebührlicher trunkenheit, gottes lästerunge,
unzucht, zauberei, wucher und dergleichen lastern
beruchtiget oder beladen were, oder da die kinder
verhanden, so den eltern ungehorsamb weren,
die selbigen schlügen, schmeheten, oder sonst mit
ungehorsamb oder andern zur ungebühr betrübten,
die sollen fürgefodert, gehöret, ermahnet, davon
abgewiesen, oder auch im fall der noth mit gebührlichen und billigen strafen beleget werden.

9. Den christlichen bann schuldigen personen
zu erkennen, und maasse zugeben, dass derselbe
ordentlich, und nach gottes worte muge gebrauchet
und geübet werden.

10. Die inspection über die druckereien, dass
dieselbigen allein gott zu ehren, und beförderunge

---

[1]) E.: ungevehrlich.   [2]) E : derer.
[3]) E.: mit.   [4]) E.: oder.

[1]) E.: Die folgenden Beispiele sind von späterer
Hand hineincorrigirt.

der warheit und zu keiner rotterei, leichtfertig-keit, oder sonsten einigerlei weise, uns oder unsern nachkommen, zu verursachunge gefehrlicher ein-griffe, müge gemissbrauchet werden.

Das sechste capitel.

Von der norma judicii, wornach in unsern consistorio solle erkant gesprochen und mit gebührlicher execution ver-fahren werden.

Es erheischet auch der sachen notturft, dass man in einem jeden wolbestalten consistorio eine gewisse normam und richtschnure habe, darnach alle sachen erkant, geurtheilet, endlich auch ver-abschiedet und darauf ferner exequiret werden möchte. Dieweil aber die consistorial sachen un-gleich sind, soll es in unserm consistorio diesfals gehalten werden wie folget.

1. Wann[1]) etwa in unsern kirchen zwischen den predigern selbst oder zwischen ihnen und ihren schuldienern oder sonst auch andern ge-meinen zuhörern streit fürfüle von der lehre und[2]) rechten gebrauch der hochwürdigen sacra-menta, von den kirchen ceremonien, oder von andern dergleichen sachen[3]), so soll derselbige aus der h. bibel, den schriften der propheten und aposteln, aus den symbolis und erkäntnüssen[4]) der wahren kirchen, aus der augspurgischen con-fession und apologia, aus d. Luthers schriften und catechismis, aus unserer kirchen anno 1565 aus-gegangenen[5]) bekäntnüss geortert und entschieden werden.

Weil auch das anno 1585[6]) in druck aus-gegangene concordien buch jeztgedachter und er-zehlter norma einstimmet, und wir dasselbige in allen unsern kirchen durch die ganze grafschaft haben deponiren, niederlegen und den pfarr herren darnach zu lehren lassen, als wollen wir auch, dass nach desselbigen anleitunge die dar-innen entschiedene streite und ausgesezte un-richtige lehren entschieden, widerleget und aus unsern kirchen ausgesezet sein und bleiben sollen.

Wir befehlen auch ernstlich und wollen, dass unsere consistoriales, geistlich und weltlich, ob solcher norma steif und feste halten, auch die-selbigen[7]) für sich selbst zugethan und verwandt sein, und zu jederzeit von derselbigen ihr deut-lich und richtig bekäntnüss, wann[8]) es von ihnen erfodert würde, schriftlich und mündlich thun können, den sollen sie zwischen andern, in den streitigen religions sachen nach gemelder norma richten und erkennen, so vil es die unvermeid-liche notturft sein, dass sie selbst in derselbigen wol erfahren und einig sein, und also in gleicher einträchtiger göttlicher lehre und warheit zu-sammen stimmen, dero wegen wir auch keinen bei unserm consistorio wissen können noch wollen, der in so wichtigen sachen etwas sonderliches haben, und in vielgedachter norma des h. gött-lichen wortes, augspurgischer confession und apo-logia d. Luthers büchern, unserer kirchen be-käntnüss und des concordien buchs mit den andern nicht einig sein will.

Demnach befehlen wir auch, dass unsere con-sistoriales auf dieser unser anordnunge mit allen fleiss genaues aufsehen haben, dass nichts, weder heimlich noch öffentlich dawider gehandelt werde, und da sie das geringste davon vermerken, dem-selbigen mit zeitigen rathe vorkommen, und da es die noth erfodert, an uns gelangen lassen, da-mit in der zeit dem aufgehenden feuer gewehret werden müge.

In[1]) ehesachen aber, wann und wo die vor-fallen, soll nach keiserl. und geistl. rechte, wo es gottes wort gemess und nicht zuwider, erkant, ge-sprochen und ferner auch mit der execution ver-fahren werden. Dieweil auch ehesachen zum mehrern theilen das gewissen betreffen, sollen, neben den gemeinen üblichen rechten, auch etlicher vornehmer theologen bücher, consilia und decisiones (darinnen sie etliche opiniones, so sich mit dem gemeinen rechten nicht durch aus ver-gleichen, aus h. göttl. schrift richtig erklären, und die gewissen appliciren), auch mit fleiss in acht nehmen, sonderlich in denen fällen, darinnen sie durch gebrauch der consistorien angenommen sind, und also urtheile und abschiede darnach richten und fassen, als da sind des mannes gottes d. Luthers, herrn Philippi Melanchthonis, herrn Johannis Brentii, herrn Erasmi Sarcerii ehebuchs oder corporis juris matrimonialis, darinnen der-gleichen consilia und bedenken viel zusammen gezogen und einverleibet sind,

3[2]). Also soll auch mit[3]) erörterunge anderer mehr sachen, so für das consistorium gehören und kommen, auf gottes wort, d. Luthers schriften und[4]) übliche rechte, die ehrbarkeit und bewerte gebräuche gesehen werden, damit also in allen, so viel müglich, einem jeden die billigkeit wider-fahren, und sich mit füge niemands, als ob er wieder recht beschweret würde, zu klagen haben müge.

---

¹) E.: wo etwan.   ²) E.: vom.   ³) E.: kirchensachen.   ⁴) E.: bekantnüssen.
⁵) E.: ausgezogenen.   ⁶) E.: 1580.   ⁷) E.: derselben.   ⁸) E.: wie.

---

¹) E.: Zum andern in ehesachen.
²) E.: 3. fehlt.
³) E.: in.
⁴) E.: die.

Das siebende capitel.

Von process, so im consistorio soll gehalten werden.

1. Wer im consistorio zu klagen und zu schaffen hat, der soll seine notturft schriftlich fassen und dem consistorial secretario überantworten, der denn dasselbige jederzeit dem herren präsidenten treulich referiren und vorbringen soll.

2. Wenn die sachen auch nur ein wenig wichtig sind, soll der präses durchaus die umbfrage gehen lassen, damit ein jeder assessor darnach[1]) gehöret werden, und seine meinung anzeihen, und seine pflichten und gewissen verwahren könne.

3. Seind die sachen garwichtig und gefehrlich, den sollen sie auch desto mehr und[2]) fleissiger bedacht und erwogen werden, damit ein desto mehr[3]) gründlicher und bestendiger abschied darinnen könne gegeben werden.

4. Es sollen in schweren fällen, sonderlich wenn es die gewissen betrifft, den parteien auch wohl ein monat, von einem consistorio bis zum andern, bedenkzeit gegeben werden, mit genugsamer verwarnunge der gefahr, so die sachen auf sich haben, damit also kein theil zum schaden möchten übereilet werden.

5. Was die parteien mündlich gegen ein ander reden und einbringen, das soll nicht allein von dem consistorial notario, sondern auch von den assessoribus selbst mit fleiss aufgezeichnet und protocolliret werden, auf das auf den nothfall die protocolla conferiret werden, und man sich der sachen, wie sie zu beiten theilen vorbracht und vorgelaufen seind, erinnern könne.

6. Es sollen auch, wo die sachen ein wenig wichtig sein, die urtheile und abschiede schriftlich gegeben, und doch derselbigen aller abschrift bei den klagen und andern darzu gehörigen actis im consistorio behalten werden. Weren aber gleich die sachen der wichtigkeit nicht, dass schriftliche abschiede und urtheil nötig, sollen die abschiede doch zum wenigsten mit fleiss registriret werden, damit also unsere consistoriales von allen und jeden sachen, so oft und wenn es noth ist, bescheid und rechenschaft geben, und desto weniger einiges unfleiss, parteiligkeit, oder anders können beschuldiget werden.

7. Mit allen fleiss soll auch dafür getrachtet werden, dass die parteien nicht zu lange aufgezogen, in weitleuftigkeit, schaden, unkosten[4]) und andere gefehrlichkeiten möchten geführet werden, sonderlich in sachen, so ehre und gewissen anlangen, sondern nützlichen fleiss anwenden, dass sie dieselbigen aufs ehste vergleichen mögen.

8. Wann die sachen auch etwas wichtig, sonderlich aber wenn es ehesachen sind, soll denen parteien nicht so bald auf ihre blosse aussage geglaubet, sondern sie sollen mit dem eide der warheit beleget werden, sintemal öffentlich am tage ist, wie gar gewissenlos die leute seind, und zu ihren vortheil oft reden dürfen, mehr und auch wohl anders, denn sie wissen, und jemals geschehen ist, und mag derselbige eid ungefehr diesergestalt gefasset und von den parteien genommen werden[1]): Ich schwere, dass ich auf das alles, so mir vorgehalten und ich befragot werde, die reine, lautere, einfältige und ganze warheit sagen, berichten und bekennen, und die keiner ursachen halber verhalten wolle, ohne alles gefehrde und argelist, als mir gott helfe durch Christum Jesum seinen lieben[2]) sohn unsern herrn.

9. Da[3]) auch sonsten sachen vorlaufen, die anders nicht entschieden werden können, denn durch einen leiblichen eid der parteien eines oder des andern theils und dies ein mittel göttlichen und weltlichen rechten, irrige sachen zu entscheiden, gemäss ist, sollen unsere consistoriales sich solches weges zugebrauchen auch macht haben.

10. Doch sollen zuvor alle andere gebürliche und rechtmessige mittel versuchet und zu diesen nicht ehe geschritten werden, den auf den eussersten und unvermeidlichen noth fall.

11. Es sollen auch in diesen die verordnunge der rechte mit fleiss in acht genommen werden, wenn und wie solcher eid deferiret und genommen werden soll, damit in einer so wichtigen sache wider recht niemand beschwevet, und andere gefehrliche disputationes und weitleuftigkeiten mögen verhütet bleiben.

12. Wenn aber dieser weg soll und muss für die hand genommen werden, denn soll der theil, welchen das eid auferleget und zuerkant würd, zuvor mit allen fleiss berichtet werden, dass wer recht schwere (wenn er dazu erfodert und[4]) ihme auferleget wird) nicht allein nicht sündige, sondern auch vermöge des andern gebots unserm herren gotte einem angenehmen dienst leiste, und dagegen hinwiederümb auch was meineid[5]) und wissentlich falsch schweren[6]) für eine grosse gefährliche sei[7]), item, dass ihme auch die forma juramenti vorgelesen, und ihme[8]) darauf geraume bedenkliche zeit, sich selbst notttürftig zu prüfen und zu bedenken, was er mit guten gewissen, ohne verlezung seiner seelen thun könne, den eid entweder zu leisten, oder demselben abzuschlagen, und sonst zu thun, was recht ist, und

---

---

[1]) E.: darauf.   [2]) E.: „und“ fehlt.
[3]) E.: „mehr“ fehlt.   [4]) E.: und kosten.

sich gebühret, sintemal wenig leute für sich selbst solche wichtige sachen verstehen, und der wegen balde auf ungewissheit[1]) und unversichtigkeit ihre gewissen beschweren können.

13. Diejenigen, so sich selbst freiwillig zum eide erbieten, sollen gar nicht, oder ja nicht leichtlich darmit zugelassen werden, sintemal solch erbieten einen grossen verdacht der leichtfertigkeit in sich hat, daraus beschwerung der gewissen und ander unrath erfolgen könte, derwegen soll auch der[2]) parteien die freiheit nicht gelassen noch eingereumet werden, sich selbst ihres gefallens von einander zu schweren, ohne ordentliche erkäntnuss, processanordnunge des consistorii.

14. Man soll auch nicht beider theil (ausserhalb der fälle, darinnen beiden theilen zu schweren die rechte verordnen, als da seind die eid vorgefehrde, juramentum calumnie item juramentum de dicenda veritate) schweren lassen, welches gefehrlich ist und ohne schaden nicht abgehet, sondern dem theil allein, der solches von rechts wegen zu thun schuldig ist.

15. Wann jemand auf eine ehe beklaget, und das ehegelöbnüss nicht gestendig sein würde, aber dem kläger solches mit seinem eide zu bekreftigen heimscheibet, würde denn der clagende theil solchen eid auf sich nehmen und leisten, so soll es vor eine ehe gehalten und beclagtes theil zu vollziehung der ehe ernst gewiesen und angehalten werden, doch soll auf klägers erfordern von[3]) beclagten der eid malitiae genannt, dass er klägern nicht zu solchen eide gefährlicher weise nötige, zuvor erstattet werden.

Würde darauf klägere solchen eid zu leisten sich weigern, und seiner weigerung keine rechtmessige ursach vorzuwenden haben, so soll der beklagte absolviret und klägern ein ewig still schweigen mit erstattunge der gerichts kosten auf vorgehende moderation auferleget werden; aber beklagten theile soll solchen heimgeschobenen eid zu schweren, noch sich dadurch des beschuldigten ehegelöbnüss zuenthrechen nicht gestattet werden.

Also soll auch juramentum necessarium in supplementum probationis in ehesachen nicht stat haben, es habe den klagenden theil über einen halben beweis eine gute starke vormuthung vor sich, und soll solches bei ermessung des consistorii, als der eherichter stehen.

16. Wie denn auch zu derselbigen ermessenheit gestellet wird, ob das beklagte theil mit dem juramento purgationis zubelegen oder nicht sei, den wo kläger gar nichts[4]) erweisen, auch keine sonderliche vermuthunge versprochener ehe vor

sich hette, so soll beklagtes theil mit solchem eide nicht beleget werden.

17[1]). Dispensationes sollen durch aus in gradibus prohibitis[2]) aufgehaben sein, und es bei der in der kirchen agenda angestelten sazung bleiben, und keine so darwider contrahiren getrauet[3]), sondern stracks unserer grafschaft und gebieten verwiesen, und darin zu wohnen nicht gelitten werden.

Das achte capitel.

Wann die parteien das consistorium verdachtig halten, von ihme an das recht sich berufen, oder sonst appelliren wollen, wie es als dann solle gehalten werden.

1. Nach deme sichs auch ofte pfleget zu begeben, wen man im consistorio nicht einen jeden ein urtheil spricht, wie ers gerne haben wolte, dass solche parteien über gewalt schreien, und dasselbige gern einer parteiligkeit verdächtig machen wolten, soll solches niemand andergestalt zugelassen und verstattet werden, er zeige denn dessen zuvor klare, richtige und genugsame ursachen an, thut es aber jemand aus frevel und übermuth, der soll in gebührliche strafe genommen werden.

2. Wenn die parteien einer oder beide sich zu rechte erbieten und darümb[4]) anhalten und bitten thun, soll dem theil, so darumb bittet, derowegen dasselbige sofern und dergestalt eröffnet werden, dass er darzu gnugsame und erhebliche ursachen habe, und nicht darunter gesuchet werde, den andern theil mit unkosten, schaden und verseumntiss auszumatten und müde zu machen und zu seiner fristunge die sache auf die lange bank zu spielen, den solches heisset nicht das recht zu rettunge seiner unschuld und gerechten brauchen, sondern zu seinen muthwillen und des nechsten schaden, wider die liebe des nechsten missbrauchen, die also arglistiger weise sich aufs recht berufen, die sollen darzu keineswegs gelassen werden, sondern ihnen an unserer consistoriale erörterunge und ausspruch, wo der nicht den rechten und gebräuchen anderer ansehenlicher consistorien zu widerleuft gnügen lasse.

3. Wann aber gnugsame ursachen des rechten sich zugobrauchen verhanden sind und erscheinen, und denen parteien rechtlich erkäntniss nicht kan versaget werden, sollen doch alle unnötige dilationes gänzlich abgeschnitten[5]), und die parteien zum schleinigen recht, und summarie als kürzeste, als es müglich sein und[6]) geschehen kan, verfasset

---

[1]) E.: unwissenheit. sollen auch den. [2]) E.: derowegen [3]) E.: und. [4]) E.: es.

[1]) E.: „17." fehlt. [2]) E.: „prohibitis" fehlt. [3]) E.: getrennt. [4]) E.: da viel. [5]) E.: abgeschafft. [6]) E.: oder.

werden, welches unsere consistoriales jederzeit, nach gestalt der personen und sachen, werden zu bedenken und zu thun wissen.

4. Was die parteien gegen einander einbringen, soll mit beider theilen wissen und willen, in ihrer beider gegenwart[1]), verpizschiret und auf beider theilen unkosten verschicket werden.

5. Nach dem erlaugeten urtheil, sollen sie zu publicirunge von beiden theilen bescheiden, und dasselbige in ihrer gegenwart auch eröffnet verlesen werden.

6. Da auch sonst jemand sich unterstünde, von unsern consistorio zu appelliren, soll ihme solches an niemand anders, denn an uns, die grafen zu Mansfeld sämptlichen, auch andergestalt nicht, denn aus gnugsamen erheblichen ursachen, auch auf form und maasse, wie sichs zu rechte gebühret, zugelassen noch verstattet werden.

Es sollen auch die appellationes, so an unser einen allein oder ezliche grafen in sonderheit erhoben, nicht angenommen, auch die inhibitiones oder compulsoriales darauf von einen oder ezlichen aus unsern mittel und nicht uns allen sämbtlichen ausgebracht weren, dieselbigen vor nüchtig und unkräftig gehalten, und von unserm consistorio daran sich nicht gekehret werden, bei solcher verordnung lassen wir es auch nochmals bleiben.

Das neunte capitel.

Von ehesachen, und wie damit soll verfahren werden.

Dieweil ehesachen, wie Lutherus saget, weitleuftige und verwirrete sachen seind, und zugleich das gewissen und ehre betreffen, so sollen unsere consistoriales auch desto mehr fleiss anwenden, dass niemand darinnen zur ungebühr weder beschweret noch verkürzt werden möge.

Es soll aber in den gemeinsten und vornembsten fällen damit gehalten werden, wie folget.

I.

Von blutfreundschaft und schwägerschaft.

Mit den zugelassenen und verbotenen gradibus in der blutfreundschaft und schwägerschaft soll es gehalten werden nach dem gemeinen tafeln und verzeichnüssen, maassen[2]) dieselbige[3]) auch in unser grafschaft kirchen agenda verleibet sind, in maassen oben gemeldet worden.

II.

Von ehegelobten[4]).

Erstlich es sollen die leute allenthalben mit fleiss berichtet werden, dass heimlich gelübnüss

aus vielen ursachen, so von d. Luthern und andern erzehlet worden, unrecht und gar gefehrlich sind, dero wegen sollen eltern und freunde mit ernst ermahnet werden, dass sie die jugend dafür fleissig warnen und davon abhalten, also sollen auch die jungen leute durch ihre pastores oftmals erinnert werden, dass sie sich selbst dafür auch hüten, und ihren eltern und freunden hierinnen folgen sollen.

2. Die vorsezlich und wissentlich solcher ordnunge und verwarnunge zu wider handeln, sollen noch gestalt der sachen und personen in die strafe vertheilet werden.

3. Und damit man die leute desto besser und leichter berichten könne, was heimliche gelübte sind, so soll diese nachfolgende erklärunge Lutheri behalden werden, da er also spricht: Das heisse ich heimliche verlöbnüss, das da geschiehet hinter wissen und willen der jenigen, so die überhand haben[1]), als vater, mutter und wer an ihrer stat sein möge, denn ob gleich tausent zeugen bei einem heimlichen verlöbnüss sind, so es doch hinter wissen und willen der eltern geschehen, sollen[2]) sie alle tausent nur für einen mund gerechnet sein, als die ohne zuthun ordentlicher und öffentlicher macht solches mauchlings und in finstern helfen anfahen, und nicht in lichte handeln; hactenus Lutherus.

4. Wenn aber heimliche gelübnüss sich zutragen, sollen sie bald doch nicht für nüchtig erkant und zurissen werden, sondern es soll zuvor mit fleiss achtung darauf gegeben werden, ob die kinder auch noch pure und simpliciter unter der eltern gewalt sind oder nicht, item ob die verlobten personen beiderseits ehrlich und einander ebenbürtig sind, befindet sich nun, dass die kinder nicht so gar mehr unter der väterlichen gewalt, oder sonst beiderseits ehrlichen herkommens geschlechtes und namens, und sonsten auch an geburt und stande gleich sind, so soll für die ehe gehandelt und fleiss angewendet werden, dass die eltern darein verwilligen, sintemal es gleich gilt, der eltern consens folge dem gelübnüss oder gehe vorhero, und dass solche gelübnüss auch selten ohne gefahr der gewissen verhindert und zerrissen werden.

5. Heimliche verlöbnüss sollen den öffentlichen weichen, sonderlich wo es ohne hinterlist und betrug zugehet, und nicht das gesuchet wird, dass man sich durch öffentliche verlöbnüss aus dem heimlichen würken, und den andern theil zu spott und schaden will sezen lassen, auf diesen fall müste gleichwohl der unschuldige theil auch so viel[3]) bedacht und in acht genommen werden,

---

[1]) E.: gegenwart eingemacht.   [2]) E.: in massen.
[3]) E.: dieselben.   [4]) E.: Von ehe und gelöbten.

[1]) E. hat weiter: und die ehe zu stiften recht und macht haben.   [2]) E.: wann.   [3]) E.: viel muglich.

und soll die person, so [1]) von erst mit einen heimlich, darnach mit einen oder einer andern öffentlich sich verlobet hat, von der obrigkeit entweder
an gelde, oder in mangel des geldes mit gefängnüss, welches bei unsers consistorii ermässen stehen
soll, gestrafet werden.

6. Unter zweien öffentlichen verlöbnüssen soll
das andere dem ersten weichen und gestrafet
werden.

7. Wer nach einen öffentlichen verlöbnüss
eine andere berühret, als dadurch sie zu ehelichen,
und das erste verlöbnüss zu zerreissen, das soll
ein ehebruch gehalten[2]) werden.

8. Ein öffentlich verlöbnüss ohne beischlaf
soll dem heimlichen mit dem beischlaf weichen.

9. Den verlobten personen soll nicht freistehen, noch verstattet werden, dass wenn sie uneinig werden, sie einander die verlöbnüss selbst
wieder aufsagen, sondern die sache soll im consistorio erkant und ordentlicher weise den rechten
und der ehrbarkeit und billigkeit nach entschieden
werden.

10. Also sollen sich auch die pastores oder
ampt leute keiner scheidung unterfangen, sondern
solche sachen an das consistorium weisen.

11. Wo verlobte personen uneins werden, da
soll mit allen fleiss zwischen ihnen zur söhne und
einigkeit gehandelt werden, wo aber die verbitterunge so gross und die sachen erheblich weren,
dass einer bösen ehe und ander unrath zu be-
fürchten were, soll den rechten und der notturft
nach milderunge getroffen werden.

12. Wann einer auf eine ehegelübte beschuldiget und vorwenden würde, er hette der klägerin
allein die ehe conditionaliter zugesaget, so soll er
solche seine angezogene condition wie recht erweisen, oder[3]) in mangel des beweises, wofern
ziemliche praesumptiones verklagenden[4]) theil
pure zugesogter ehe mit bestande vorgebracht und
vorhanden sein möchten, mit einem leiblichen eide
zu beteuren, und sich also, dass er nicht pure,
sondern conditionaliter gehandelt, zu purgiren
schuldig sein, und darauf ferner was recht ist erkennet werden.

13. Die copler und coplerinnen, welche andern
leuten ihre kinder an sich in ihre heuser ziehen,
darinnen aufhalten, zur löffelei und geseufe ver-
sterken, daraus hernach winkelgelübde, auch wohl
hurerei und unzucht zu entspringen pfleget, wo
sie erfahren werden, sollen sie gefodert, darümb
ernstlich besprochen, auch dergleichen[5]) ungelegenheit sonsten gestrafet werden.

---

[1]) E.: so sich von erst mit einem andern oder
einer andern öffentlich verlobet hat.
[2]) E.: geachtet.   [3]) E.: und.
[4]) E.: von klagenden.   [5]) E.: auch nach
der gelegenheit.

III.
Von consens der eltern und ihrer gewalt über ihre kinder in ehesachen.

Nach dem oft und viel klage kömpt und erfahren wird, dass die kinder dem vierten gebot
zu wider ihre eltern verachten, hindansezen, und
mit troz wider[1]) ihren wissen und willen freien,
sich verloben und verehelichen, auch dass hin
wieder die eltern ihres gewalts sehr übel und
missbrauchen, die kinder über die zeit vom ehestande aufhalten, sie zu solchen personen, dahin
sie nicht lust haben, zu zwingen, auch von personen, dahin sie liebe haben, zu reissen, und ob-
zuhalten, oder sonst oftmals ungebührlicher weise
zu verstarken, so erheischet die hohe notturft,
dass auch in diesen stücke vorsichtiglich gefahren
und das rechte mittel getroffen werde, derowegen
soll es in diesen gehalten werden, wie folget.

1. Weil es recht[2]) und billig ist, dass die
kinder ihre eltern ehren, und also auch mit ihren
vorwissen, rath und willen freien sollen, und die
eltern diese ehre auch von ihren kindern haben
wollen, so sollen sie auch dieselbigen darzue selbst
mit fleiss ziehen, dass sie solche ehrerbietung
und gehorsamb bei ihnen desto mehr haben mügen,
wo aber bisweilen das widerspiel ihnen begegnet,
mögen sie auch bedenken, dass es ihre eigene
schuld sei, und dass sie durch unfleiss und unzeitige gelindigkeit darzu selbst haben ursach gegeben, und desto weniger auch hernach solches
ihres gewalts sich anmaassen.

2. Wann nun also die kinder bisweilen ohne
vorwissen und willen der eltern sich verloben,
doch mit solchen personen, die gutes geschlechtes
und namens seind, und bleiben in solcher liebe
bestendig, dass sie ohne gefahr der gewissen nicht
wol können getrennet werden, denn sollen die
eltern sich behandeln und bewegen lassen, nachmals darein zu consentiren und bewilligen, damit
nicht allein der jungen leute gewissen unbeschweret
bleiben, sondern auch dem andern theil, so verlassen werden und sizen bleiben soll, nicht möge
an ehren oder sonsten verdacht und schmach zugezogen werden.

3. Und damit die eltern desto eher zu solcher
einwilligung mögen bewogen werden, so sollen
die jungen leute schuldig sein, und darzu auch
durch unsere consistoriales mit ernst angehalten
werden, dass[3]) sie sich für den eltern demütigen
und erkennen, dass sie unrecht gethan, dass sie
sich hinter ihr wissen und willen, und ihren rath
verlobet, und es ihnen abbitten und nachmals
ümb gunst und einwilligung bitten sollen.

4. Würden aber die eltern auch gar zu hals-
starrich sein, und sich gar nicht behandeln lassen

---

[1]) E.: hinter.   [2]) E.: noth.
[3]) E.: „dass sie sich—unrecht gethan" fehlt.

wollen, auf diesen fall sollen sie mit ihren nicht-
wollen andergestalt und ferner nicht gehöret
werden, denn sofern[1]) sie dessen gnugsame und
erhebliche ursachen anziehen, sonsten ausser dem
soll es bei d. Luthers rath und ausspruch wenden
und bleiben, da er also spricht[2]):

Bekennet der geselle, dass er der magd die
ehe zugesaget und gelobet hat, so soll man mit
des gesellen vater dieser gestalt handeln und reden,
dass sein sohn, wie die rede gehet, habe die magd
an einer andern ehe gehindert, denn sie hette
sonsten einen andern zur ehe genommen, würde
nun der seine väterliche ehre und gewalt fürwenden, so hat man ihme anzuzeihen, dass ihme
hette gebühret, dieselbige väterliche macht zu beweisen, seinen sohn also zu regiren, halten und
ziehen, dass er einen andern keinen schaden zugewendet, als nemblich hinderniss eines heiraths,
darümb sei er schuldig, der magd wandel und
wiederstattunge[3]) zu thun, denn die väterliche
macht soll nicht wieder sondern für die christl.
liebe statt und kraft haben, weil denn der vater
in einem stücke das nicht gethan hat, das ihme
als einen vater zugestanden, dardurch auch der
nechste beleidiget ist worden, so soll auch der
vater im ondern stücke weichen, und seiner väterlichen macht beraubt werden.

Es were ein fein ding, väterliche obrigkeit
meines gefallens zugebrauchen und lassen gehen[4]),
denn väterliche obrigkeit soll man allein verstehen,
da es alles recht zugehet, als nemblich, da die
dritte person mit dem dinge nicht beleidiget wird,
darümb soll man den vater dieser meinunge dringen,
denn warumb hat er[5]) seinen sohn nicht also gezogen, dass er der magd nicht zu schaden und
nachtheil handelt.

5. Würden aber unsere consistoriales befinden, dass die eltern gar nicht folgen und ihres
väterlichen gewalts nur missbrauchen wollen, sollen
sie uns solches berichten, damit wir von obrigkeit
wegen die eltern dahin zuweisen und zudringen.

6. Denen eltern soll nicht verstattet werden,
ümb einigen nuzes oder ander willen ihre kinder
über die zeit mit dem ehestande aufzuhalten,
sondern sie vielmehr mit besten fleiss darzu befördern, darmit sie nicht dardurch in gefahr ihrer
ehren und gewissens gerathen mögen.

7. Also sollen sie auch nicht macht haben, ihre
kinder zu denen personen mit gewalt zu zwingen,
zu welchen sie weder lust noch willen haben,
sintemal in anfahunge des ehestandes allezeit mehr
auf den consens und willen der jenigen, so ehelich werden wollen, als der eltern zu sehen ist,

denn beides ist es ein schändlicher und gefährlicher missbrauch der väterlichen gewalt und
rechten.

8. Es soll die väterliche gewalt auch allezeit
mehr statthaben und angesehen werden, für das
weibliche (beide jungfrauen und jungwitben)[1])
als für das mänliche geschlechte, die weil weibes
bilder schwache werkzeuge seind und leichtlich
können hintergangen und betrogen werden.

9. Wiewohl auch mann und weib gegen ihren
kindern vermöge des vierten gebots in gleicher
ehre und gewalt sind und geachtet werden sollen,
so soll doch bei des mannes leben des weibes
willen in diesen, so viel als sonst in andern, des
mannes willen unterworfen sein, nach seinem tode
aber der väterlichen gewalt auch nicht aller dinge
gleich geachtet werden, sondern (wie etliche vornehme rechts verständige sagen) quando mater
dissentit judex magis suum judicium interponere
debet, propter inconstantiam mulierum et matrum,
quia varium et mutabile semper testimonium foe-
minae producit, ut dicitur in C. forus extra de
verb. signifi. [c. 10 X. 5, 40].

IV.

Von gewalt und consens der nechsten freunde
und vormunden sum ehe stande ihrer jungen
freunde und mündlin.

Ob wohl sich gebühret und wol anstehet,
dass junge leute ihre eltern, freunde und ver-
wanden[2]) ehren, desgleichen auch pflegsöhne und
pflegtöchter, ihre vormunden und ihres raths im
anfange des[3]) ehestandes, so wol als in andern
sachen gebrauchen, so ist doch wie die recht verstendigen berichten, ihre gewalt in diesen dem
väterlichen gewalt nicht gleich: quia non est
omnino similis ratio, inter patrem et tutorem secundum gloss. final. in L. si puellae ff. de sponsalibus praesertim[4]) [l. 6 D. 23, 1], quia illa
prohibitio est odiosa, ergo a patre ad tutorem
nutiquam extendenda, licet in aliis contractibus
pupillus et minor regulariter efficaciter non obli-
gentur sine autoritate tutorum, in copulandis tamen
nuptiis nec curatoris, quia solam rei familiaris
sustinet administrationem, nec cognatorum nec
affinium ulla autoritas intervenire potest. Sed
pectanda eius voluntas de cuius coniunctione trac-
tatur, ut sunt verba formalia text. in L. in copulandis C.[5]) eodem [l. 8 C. 5, 4] et L. sciendum D.
eodem [l. 20 D. 23, 2] ubi dicitur, ad officium
curatoris non pertinet pupilla nubat, annon, et suo
arbitrio pupilla nubere potest.

Derwegen wenn sich freunde und vormunden
diesen zuwider etwan mehr anmaassen wolten, den

---
[1]) E.: sofern dass.   [2]) E.: schreibet.
[3]) E.: widerstand.   [4]) E.: und lassen gehen,
meinen nechsten zu vertreiben.   [5]) E.: der vater.

[1]) E.: jung weibern.   [2]) E.: vormünde.
[3]) E.: in anfahung ihres.   [4]) E.: D. de
sponsal.   [5]) E.: C.

ihnen gebühret, und die notturft erfodert, sollen sie nicht zugelassen, sondern unterrichtet und abgewiesen werden.

Von jungfrau schänden.

Sintemal jezt auch unzucht allenthalben sehr gemein wird, also dass viel leichtfertige gesellen sind, welche tag und nacht darnach trachten, wie sie witfrauen und jungfrauen mögen schwechen, zu fall bringen, und zu schanden bringen, derwegen soll auf solche leute mit fleiss achtunge gegeben werden, und wo solche fälle vorlaufen, da sollen die thäter dahin gewiesen und gehalten werden, dass sie nach gestalt der sachen die geschwechten entweder ehelichen oder gebührlichen begaben, und dass ferner dieselbigen der obrigkeit auch heimgewiesen werden, und entweder mit gefängnüss, verweisung, oder einer geldbusse mügen gestrafet werden, damit doch der kirchen ihre strafe, wo sie nicht verwiesen werden, im wenigsten nicht soll benommen sein.

Von ehescheiden.

Wenn sich junge leute nun verlobet haben, und mit dem öffentlichen kirchgang und hochzeit ihre ehegelübde volziehen, den pflegen abermal viel schwere fälle mit einzufallen, die auch nothdurftig und bescheidentlich müssen erwogen und entschieden werden.

1. Trüge sich zu, dass einer klagte, er were betrogen worden, denn er hette vermeinet seine braut vermöchte viel, und were reich, welches sich aber nun anders befinde, solches weil es ein error fortunae ist und das wesen des ehestandes nicht angehet, sollen von ihrer klage abgewiesen werden.

2. Würde aber einer klagen, er finde seine braut, es geschehe auch gleich für oder nach der hochzeit, nicht jungfrau, sondern von einem andern verrücket und schwanger, derowegen wolle er sie nicht haben oder behalten, sondern von ihr geschieden sein;

Weil dieser fall sehr schwer und gefehrlich, und gelehrten theologen und anderen rathschläge und bedenken hiervon[1]) sein, sollen nach gelegenheit der fälle und personen dieselben in acht genommen und die abschiede und urtheil darnach gefasset und begriffen werden.

Doch soll und muss der sachen gewissheit und guter grund zuvor da sein, und nicht auf bloss hören sagen und muthwillige verleimbdunge böser leichtfertiger leute getrauet werden.

3. Etliche klagen zuweilen auch über täglichen zank, schelten und uneinigkeit und wollen derhalben auch geschieden werden.

---

1) E.: hiervon vorhanden.

Aber d. Luther erkennet solches für keine genugsame ursach zur scheidung, sondern nur[1]) für einen zu fälligen gebrächen wegen der verderbten menschlichen natur, der mit gebet und gedult müste überwunden und vertragen[2]) werden.

4. Ofte würd auch geklaget über grosse gefahr leibes und lebens, die ein ehegemahl vom andern zugewarten hat, item über[3]) gefährliche schwere krankheiten und gebrechen, damit der eine theil beladen ist, und wird darauf die ehescheidunge gesuchet.

In solchen fällen ist aber mal[4]) zu sehen auf alle umbstände der zeit personen, und ob solche mängel können geändert und gebessert werden, oder nicht, dass man sich nicht übereile. So sind auch abermal in allen diesen fällen gelehrter leute rathschläge und bedenken vorhanden, darnach man sich mit richten könne, und soll darauf verfahren.

5. Und in summa weil ehescheiden ein schwer und gefehrlich werk ist, soll darzu nicht geeilet, sondern zuvor wolbetrachtet werden, ob auch die rechten ursachen der scheidung vorhanden sind oder nicht; es soll auch mit fleiss versuchet werden die versöhnung, und allezeit lieber und mehr vor, denn wider den ehestand gehandelt werden, praesertim in matrimonio consummato.

6. Wenn eheleute ordentlicher weise und rechtmässig entschieden[5]) werden, denn soll dem unschuldigen theile, da ers bedarf und will, wieder zu freien erlaubet werden, es were denn sache, dass ihrer zwei von wegen des einen theils saevitia und grausamkeit auf eine anzahl jahr oder monat vom tische, bette, von einander gesondert werden, in welchen fall keinem theil, weil der andere ehegatte lebet, mittlerzeit wiederümb zu freien erlaubet sein soll.

Von[6]) weglaufen.

Weil auch in diesem fall der unterscheid inter matrimonium initiatum und consummatum zu bedenken ist, dass ezliche eheleute einander nach der verlöbnüss verlassen, ehe sie ihren kirchgang gehalten und das ehebette beschritten haben, etliche aber einander verlassen, wenn nun die ehe durch den kirchgang und ehelich bei wohnen vollenzogen, dass sie eine zeitlang beieinander gewohnet, hausgehalten und auch wohl kinder gezeiget haben, dass als denn uf solche unterschiedene fälle geschehen[7]), auch unterschiedliche zeit nach gemeinen rechten gesezet werden, wie lange ein

---

1) E.: „nur" fehlt.   2) E.: „und vertragen" fehlt.   3) E.: über schreckliche.   4) E.: abermal mit fleiss.   5) E.: rechtlich geschieden.   6) E.: Von desertionen und.   7) E.: gesehen.

theil dem andern noch warten solle, ehe man zu rechtlichen process schreite, und dem verlassenen theile citationes zuerkennet werden mügen, und hierinnen sollen unsere consistoriales also unterschiedlich verfahren.

Von desertion der verlobten.

Anfänglich sollen sie den parteien, die einander verlassen haben, es sei in welchen fall es wolle, inhibiren und verbieten, zu keiner andern ehe zu schreiten, bis zuvor das verlassene theil von dem ersten ehegatten durch urtheil und recht losgetheilet, würde aber[1] solch verbot überschritten[2]), so soll derselbige von uns derhalben ernstlich gestrafet werden.

Also auch, da ein kirchendiener in unser grafschaft und gebieten vor endlicher lostheilunge der verlassenen person dieselbige zu einer andern ehe wissentlich dieser unser ordnunge zu wider auf bieten oder copuliren würde, soll derselbige von seinem ampte und kirchen dienst abgesezet oder sonst nach gelegenheit und[3]) consistorii ermässigung ernstlich gestrafet werden.

2. Die entlaufene person soll nicht ehe condemniret, und die andere losgekant[4]) werden, sie sei denn zuvor ordentlicher weise durch öffentliche angeschlagene edicte citiret und (da man ihrer mächtig sein kan) gehöret, damit man eigentlich erfahren müge, welches theil an solcher trennunge schuldig und ursache habe;

3. Würde aber vorgewendet, sie sei todt, soll so viel müglich davon gute kundschaft gebracht werden;

4. Es sollen auch mit fleiss unterschieden werden die fälle, wenn eines hinter des andern wissen vom andern zeucht, oder wenn es mit beider wissen und willen geschiehet.

5. Also muss auch geschehen und bedacht werden, ob eines aus noth und erheblichen ursachen oder ohne noth, nur aus lauter leichtfertigkeit und troz von dem andern laufe und sei.

6. Aus dieser ungleichheit der fälle muss auch genomen werden und gesezet die zeit, wie lange eins dem andern nachzuwarten schuldig sei, und weil bei juristen und theologen hier ungleichheit vorfället, so ordnen, sezen und wollen wir, wann der breutigam die braut oder die braut den breutigam verliesse, und geschehe solches aus erheblichen nothwendigen und erheblichen ursachen, und würde daneben eine gewisse zeit bestimmt, zur wiederkunft und zu haltunge des ehelichen beilagers, so soll derselbigen zeit erwartet werden.

7. Wenn aber zur wiederkunft und haltunge des ehelichen beilagers keine zeit bestimmet, und der breutigam oder die braut bliebe über jahres frist aussen, erklärte sich auch nicht gegen den verlassenen theil durch schriftliche oder mündliche werbunge, so soll der anwesende theil nach verfliessunge eines jahres frist unserm consistorio solches supplicirende zuerkennen geben, darauf soll supplicanten citation mitgetheilet werden, entweder an die obrigkeit, darunter der deserirende theil sich verhielte, oder wann man, wo er anzutreffen were, nicht wüste, durch ein offen edict, welches in dreien benachbarten herrschaften öffentlich anzuschlagen, auch von der canzel abzulesen, und sollen darinnen dem abwesenden theile, drei monat zeit angesezet werden, vor unserm consistorio zuerscheinen, und seines absentirens redliche und erhebliche ursachen vorzubringen und auszuführen.

8. Bliebe er darüber auf den angesezten tag aussen, so soll auf beschuldigten ungehorsamb und des andern theils gehorsamb[1]) ansuchen der abwesende wiederümb durch ein offen angeschlagen edict an der kirchen alhier zu Eisleben peremptorie citiret werden, auf das nechste consistorium, so innerhalb monats frist darnach geholten wird, zuerscheinen[2]), seine ehehaft einzuwenden, und da die erheblich, nachmals auf die klage zu antworten, mit verwarnunge, wo er als dann abermals ungehorsamb aussen bleiben würde, dass alsdenn er für einen muthwilligen desertorem durch urtheil und recht erkant, und das gehorsame theil des versprochenen ehegelöbnüss von ihme losgesprochen werden solle;

9. Erscheinet er alsdann, und bringet seines vorigen aussenbleibens erhebliche ursachen und ehehaften vor, soll er mit seiner antwort auf die klage nachmals gehöret, und darauf ferner in güte verfahren oder in der sachen rechtlich bescheid gegeben werden;

10. Bliebe er aber als denn auch ungehorsamblich aussen, soll auf beschuldigten ungehorsam in der haubt sache geurtheilet, und er vor einen desertorem erkläret, und in der obrigkeit strafe als ein muthwilliger desertor seines ehegattens vertheilet, und den andern anwesenden gehorsamen theile, sich im namen gottes anderweit zu verehelichen nachgegeben werden.

Von desertion der eheleute.

11. Gleichergestalt soll es auch gehalten werden, wenn mann und weib, so albereit nachgehaltenen beilager eine zeitlang beieinander ge-

---

[1]) E.: es.   [2]) E.: überschreiten.
[3]) E.: und unseres consistorii ermessung.
[4]) E.: los erkant.

---

[1]) E.: des andern gehorsamen teils.
[2]) E.: „zu erscheinen" fehlt.

wohnet, einander verlassen hetten, allein[1] dass hierin dieser unterschied gehalten,

12. Wann der mann aus nothwendigen erheblichen ursachen mit vorwissen seines eheweibes aussen, ob gleich kein oder eine[2] gewisse zeit, zur wiederkunft bestimmet were, so soll sie seines wiederkommens ohne unterschied erwarten, es vierziehe sich gleich so lange als es wolle, es käme den glaubhafte[3] kundschaft ein, dass er verstorben were;

13. Hette er aber sein weib oder sie ihme muthwillig verlassen, und erhebliche nothwendige und bewegliche ursachen, und weren keine schriftliche oder mündliche kundschaften einkommen, wo er oder sie sich aufhielten und man sich seiner oder ihrer wiederkunft zugetrösten, so soll der anwesende theil nach verfliessunge dreier jahre, von zeit der desertion an zu rechnen, bei unsern consistorio umb citation wie obgemeldt ansuchen, die soll ihme auch erkennet und mitgetheilet werden, und darauf gleicherweise, wie im vorgesezten fällen, procediret, verfahren und geurtheilet werden. Und nach dem der ehefälle fast unzehlig viel seind, und täglich derselbigen mehr, auch wunderlich und selzam fürfallen, also, dass nicht wohl müglich, dass sie alle mit gesezen solten können gefasset werden, wo der einer oder mehr sich zutragen möchten, sollen unsere consistoriales in entscheidunge derselben sich nach dem beschriebenen rechten und gebräuchen anderer consistorien und rathschlägen verständiger theologen und anderer gelehrten, wo dieselben verhanden sind, richten, auch wo es noth ist, bei andern consistoriis oder hohen schulen sich raths und rechtens erholen.

Das zehende capitel.
Von christlichen bann und kirchen strafen.

Nach dem der theuere und hocherleuchte mann gottes Lutherus für nothwendig erachtet, dass nach gestalt dieser jezigen lezten argen welt der bann und kirchen strafe, wo sie gefallen sind, mit allem ernst und fleiss wieder erhoben und angerichtet werden sollen, ist vielmehr nothwendig und billig, dass sie in unserer grafschaft kirchen, darinnen sie vom anfang her nun viel jahr gebreuchlich und in schwang gewesen, zu stiftung und erhaltunge christlicher zucht auch ferner mit fleiss erhalten und auf die nachkommen gebracht werde.

1. Und soll den leuten oft und mit allem fleiss eingebildet werden, dass der bann kein neu menschen fündlein, sondern gottes befehl und ordnunge sei und guten bestendigen grund in h. schrift beides in alten und neuen testament habe, sonderlich aber in den worten Christi, vom ampt und gewalt der schlüssel Matth. 16, 18, Joh. 20.

2. Weil demnach[1] auch die alten weiland den bann nicht ohne sondere erhebliche ursachen haben pflegen zu theilen, und distinguiren in excommunicationem minorem et majorem, welche distinction auch zu unser zeit der liebe mann gottes[2] d. Luther, herr Philippus Melanchthon und andere vornehme lehrer in guter acht haben und brauchen, soll derselbige unterschied auch nicht allein umb des exempels willen dieser vortrefflicher männer, sondern auch wegen anderer erheblichen ursachen behalten[3] werden.

3. Durch den kleinen bann wird verstanden die gewalt, da erstlich ein kirchen diener einen unbussfertigen sünder, der auf gnugsame erinnerunge und verwarnunge seine sünde nicht erkennet, busse thun noch besserunge zusagen will, die absolution oder das heilige nachtmahl versaget, ihn auch nicht zu dem christlichen werke der gevatterschaft zulesset, sondern suspendiret und weiset ihn davon so lange abe, bis er busse thuet und sich bekehret.

Fürs andere, oder wenn ihme sonst ein schwerer casus und fall in der beichte vorkäme, den[4] er nicht gnugsam verstünde, sondern zweifelte dass er darinnen rathen, oder wie er sich mit der absolution oder sonsten einer solchen person halten solte, dass er ein solch pfarr kind so lange freindlich und bescheidentlich abweisen und aufhalten mag und soll, bis er das consistorium, superattendenten, oder in mangel dessen sonst einen gelahrten geübten und erfahrnen collegen vertraulichen und als berichtsweise zu rathe ziehen kan, damit er sich nicht übereile, und weder seinen eigenen gewissen, noch dem der rath bei ihm suchet zu nachtheil handele, dahero dann auch diese excommunicatio minor, suspensio und separatio genennet wird.

4. Die excommunicationem majorem aber nennen und verstehen wir von den actis[5], wenn man einen öffentlichen bekanten unbussfertigen sünder, wenn er nach anweisunge unsers lieben herrn Christi Matth 18 gnugsam erinnert und vermahnet ist, solenniter und öffentlich von der christlichen gemeine ausschlüsst, das er von allen andern christen als ein abgeschnitten glid der kirchen und für einen heiden und zöllner, bis er busse thue und sich bekere, gehalten und mit aller gemeinschaft vermieden werde.

---

[1] E.: „allein—gehalten" fehlt.
[2] E.: aussen were, ob keine, oder auch eine.
[3] E.: glaubiger dinge.

[1] E.: nachdem. [2] E.: „der liebe mann gottes" fehlt. [3] E.: erhalten. [4] E.: „den—zweifelte" fehlt. [5] E.: dem actu.

5. Gleich wie aber der kleine bann die suspensio oder separatio allen seelsorgern muss frei und gemein sein, und bleiben, (weil sie nach gottes wort keinen unbussfertigen sünder die absolution noch das nachtmahl mittheilen, auch weder ihnen selbst in schweren fällen noch andern zu schaden rathen sollen) also soll kein pfarr herr oder caplan sich die excommunicationem solennem wieder jemand zugebrauchen für sich selbst und aus eigener turst[1]) nicht unterstehen, sondern sie soll durch das consistorium, wo und wenn sie von nöthen ist, erkant und gebührlichen angeordnet werden, inmaassen wir denn hiebevor[2]) albereit auch anordnunge gethan haben.

6. Weil auch die[3]) major excommunicatio die höchste strafe der kirchen ist, soll darzu ohne sondere grosse noth nicht geeilet werden, wo man die aber brauchen muss, und es nicht ümbgang haben kann, soll ordentlicher weise wie oben erwehnet per gradus admonitionum darzu geschritten werden.

7. Diejenigen, so also solenniter und ordentlicher weise in bann gethan und erkläret werden, oder sonst de facto sich selbst mit ihren sünden und unbussfertigkeit in bann thun, und sich bekehren, sollen anders nicht den publica confessione et absolutione wieder angenommen werden.

8. Es soll auch allen pastoribus und kirchen dienern mit ernst und fleiss eingebunden und untersaget werden, dass sie auch den kleinen bann, oder[4]) die suspensionem nicht anders, den alleine im nothfall und zur besserunge und erbauunge mit aller bescheidenheit und sanften muthe brauchen, und nicht aus übermuth, leichtfertigkeit, oder zu eigener rache missbrauchen sollen.

9. Derowegen wenn die kirchen diener unter ihren pfarr kindern jemand[5]) haben, von dem sie wissen, dass sie die, wenn sie zur beichte kämen, nicht unbesprochen zulassen kösten, sollen sie so viel müglich solche besprechung und unterrede nicht sparen, bis in den beichtstuel, sondern zu vor nach selben personen schicken, ihnen die sachen vorhalten, und hören, ob sie die beschuldigung gestehen oder nicht, oder wie sie sich sonst erklären möchten, da sie aber mit solcher ihrer erklärunge nicht zufrieden sein können, können und sollen sie den herrn superattendenten zu rathe nehmen, da sie desto sicherer fahren mügen, solches geschiehet den pastoribus zum schuz und besten, und haben auch die pfarr kinder desto weniger zu klagen, dass ihnen die absolution und nachtmahl oder andere christliche freiheiten zur ungebühr versaget werden.

10. Und sollen die pastores auch in diesen auf die kirchen agenden auch etliche synodaldecret, sonderlich aber anno 1562 und ferner anno 1580 gestelt und gericht, mit fleiss gewiesen werden, und sich selbst auch daraus weiter berichts erholen.

11. Als auch wohl zu zeiten widerspänstige unchristliche leute befunden, welche sich an den grossen bann, so wenig als an den kleinen kehren, sondern einen weg wie den andern, darnach wie zuvorn in öffentlichen unbussfertigen leben, sünden und schanden fortfahren, auch von dem banne und kirchen strafen leichtfertig reden, und den kirchen dienern zu zeiten dreuen, fluchen und übel nochreden, so sezen ordnen und wollen wir, dass in städten ämptern und dörfern in unserer grafschaft Mansfeld darauf fleissig acht gehabt, und da solche rohe[1]) unchristliche leute entweder auf der pastoren und seelsorgern oder andern anzeige vorhanden weren und befunden würde, so sollen dieselbige vor jedes orts obrigkeit vorbeschieden, und derhalben besprochen werden und zu christlicher besserunge mit ernst angemahnet werden mit verwarnunge, da sie in solchen gottlosen wesen verharren und fortfahren würden, dass sie in unserer grafschaft nicht solten gelitten werden.

Würden denn sie sich hieran nicht kehren, so soll ihnen zuverkaufen und unsere grafschaft innerhalb monats frist zu reumen auf erleget, und da sie über solch gebot nicht reumen würden, sollen sie gefänglich eingezogen, durch den scharfrichter hinaus gewiesen[2]) und zu ewigen zeiten nicht wieder eingenommen werden, ohne unser aller sämbtlich vorwissen und ausdrückliche bewilligunge.

Das eilfte capitel.

Von der inspection über die buchdruckerei.

Nach dem auch besonders durch den druck, wo derselbige nicht der gebühr nach bestellet, in der kirchen gottes gross ärgernüss, zwietracht, und uneinigkeit angericht, falsche lehre leichtlich und mit grossen schaden der kirchen ausgebreitet werden kan, in dem, dass auch die druckere zuweilen pasquillen und andere leicht fertige lieder und gedichte zu drucken, und die ·edle kunst mehr zu ihren nuz als gottes ehre zugebrauchen pflegen, so sollen unsere consistoriales mit besondern[3]) fleiss ein gut aufsehen haben, sonderliche gelehrte und verständige inspectores darzu verordnen, die alle schriften, so gedruckt werden sollen und wollen, mit fleiss durch lesen, wo es

---

[1]) E.: durst.   [2]) E.: hiebei denn.
[3]) E.: diese.   [4]) E.: denn.   [5]) E.: etliche.

[1]) E.: rohe und unchristliche.   [2]) E.: gefuhret, verwiesen.   [3]) E.: allen.

theologische bücher, ob sie auch[1]) gottes worte und dem concordien buche gemäss, oder obs sonst auch gute und nützliche bücher sind, keine schmach bücher, getichte und lieder, die zu ärgerntiss, leichtfertigkeit, verbitterunge, und andere uneinigkeit anleitunge geben, sollen zu drucken verstattet werden.

2. Da nun die verordneten inspectores der[2]) druckerei etwas finden, dass ein nachdenken hette, sollen sie dasselbige dem superattendenten als dem praesidi fürbringen, dass ers, wo es nötig ist, für das ganze consistorium bringe, dass es nothdürftig berathschlaget und rectificiret werde.

3. Es sollen auch unsere consistoriales selbst, auch alle und jede unserer grafschaft theologen zu dieser unserer anordnunge, so wohl als andere verpflichtet sein, wo sie etwas wollen drucken und ausgehen lassen, dass sie andern zum exempel nichts, den was heilsam, gut, nuz, gottes worte, d. Luthers schriften und dem concordien buche gemess ist, von sich schreiben und drucken lassen.

4. Also sollen auch die drucker mit ernst verpflichtet sein, nichts auch das wenigste nicht ohne vorwissen und ohne censur der verordneten inspection aufzulegen, wo sie dem aber zuwider handeln, sollen sie mit ernste nach erkäntniss unsers consistorii gestrafet werden.

Das zwölfte capitel.

Vom tödlichen abgang der pfarrherren und kirchen diener, wie das ambt sede vacante jedes orts solle bestellet werden, von den hinterlassenen witben, und wieder bestellung der verledigten pfarren, und von den emeritis, das ist alten verlebten und sonst gebrechlichen pfarr herrn, die ihr ampt nicht mehr verrichten[3]) können.

1. Wenn ein pfarrherr stirbt, soll sein dienst ein halb jahr durch die benachbarten pastores nach verordnunge des consistorii oder des herrn superattendens versorget werden, dergleichen soll auch geschehen in städten zwischen pfarrherrn und diaconis; wo der zu wenig sind, und es nicht bestreiten können, sollen in der nachbarschaft pastores auf dem lande zu hülfe genommen werden.

2. Denen hinterlassenen witben soll ihr tempus gratiae mit wohnung und halben jahres einkommen steif und veste gehalten werden. Solches halbe jahr soll anfangen zu laufen bald nach absterben des kirchen dieners; darneben aber soll nicht gerechnet werden, ob vier wochen an den quartal, darinne er verstorben, mangelten, den solch quartal soll vor vollkömblich verdienet geachtet, und das halbe jahr mit dem nechst folgenden quartal angefangen werden, und soll hiermit die ordentliche besoldung allein, nicht aber die gemeinen accidentia von kindtaufen, begräbnüssen, braut opfer und beichtpfennigen gemeinet sein, sondern solches denen jenigen bleiben, die es verdienen.

3. Die witben sollen eher nicht zu weichen schuldig sein, auch kein successor oder neuer pastor eingewiesen werden, es sei den zuvor eine richtige transaction durch den herrn superattendenten, (oder wo von nöthen) die verordneten des consistorii, zwischen der witben und den neuen pastore, aufgerichtet, gänzlich bestetiget und vollzogen.

4. Ingleichnüss[1]) soll es auch gehalten werden in andern mutationibus und permutationibus, wo pastores an- und abziehen, oder sonst mit dienst, wie bisweilen zu geschehen pfleget, ümbwechseln, sintemal die erfahrung giebt, wo diese dinge nicht zu vor richtig werden, dass sie hernach viel zank und unwillen, und dem consistorio viel vergebliche mühe verursachen.

5. In solchen transactionibus sollen auch sonderlich die inventaria, wo die sind, mit fleiss in acht genommen, und dieselbigen jedesmal von den alten und neuen pastoren unterschrieben und besiegelt werden.

6. Nach dem sich auch des mistlass wegen, so der verstorbene oder abziehende pfarrherr nach sich im pfarrhofe verlassen, viel zwiespalt oftmals erreget, so ordnen und sezen[2]) wir, dass hinfüro derselbige mist den folgenden successoren soll ohne einige erstattunge bleiben, in erwegunge, dass derselbige mist von dem stroh und futter, so auf dem pfarr lande gewachsen, erzeuget worden; hette aber der vorige pfarr herr neben dem pfarrlande auch eigenthümbliche landerei gehabt, und das geströde davon ein pfarrhofe zu mist gemachet[3]), so soll pro rata der mist zwischen denen erben und den successoren auf der pfarr getheilet, und den erben dero antheil gefolget werden, und soll kein pfarrherr den mist, so von pfarr ackern gezeuget, verkaufen oder sonst vereussern, sondern denselben alleine zu besserunge der pfarräcker, und sonsten nirgent anders zugebrauchen. Item[4]) hette auch ein pfarrherr vor seinen absterben oder abzuge mist auf den pfarr acker gebracht, und dessen auch nicht genossen, soll ihme oder seinen erben dafür nach billigen erkäntnüss vor das fuhrlohn, aber nicht vor den mist von den successoren erstattunge widerfahren.

---

[1]) E.: auch mit.   [2]) E.: in der.
[3]) E.: verwalten.

[1]) E.: ingleichen.   [2]) E.: ordnen, setzen und wollen.   [3]) E.: mitgemacht.
[4]) E.: „item" fehlt.

27 *

7. Wir sezen, ordnen und wollen auch, dass in allen kirchspielen von den eingepfarten leuten ziembliche wohnheuslein aufgebauet werden, darinnen der verstorbenen praedicanten witben, so keine eigene wohnheuser hetten, auch so unvermöglich weren, dass sie sich selbst mit wohnunge nicht versorgen könten, nach verfliessunge des halben gnaden jahrs, die zeit ihres lebens, so lang sie ihren witbenstuel nicht verrücket, freie wohnunge haben und behalten könten, darneben sollen sie die witbe auch gleich andern nachbarn mit ihrem viehe, schafen und schweinen, da sie deren hette, der gemeinen trift, hute, weide, gräsereien, holzungen, fischereien und anderer gemeiner nuzungen, so lang sie darin wohnet, gleich den andern zugebrauchen haben, und ihr daran kein inhalt gethan werden.

Were aber keine witbe verhanden, oder am leben, so solche wohnunge zugebrauchen hette, so soll mit der zeit solch wohnhaus miethweise ausgethan, und das mieth geld in der kirchen nuz und bestes gewendet, auch die wohnunge davon in baulichen wesen erhalten werden, doch soll die miethunge dergestalt angestellet werden, dass man das wohnhaus jederzeit, auf der vorfallenden nothfall, zu dem ende darzu es angestellet, könne mächtig sein, und dass die wohnunge durch mietleute nicht verwüstet werde.

8. Es pfleget sich auch ofte zubegeben, dass prediger wegen hohen alters oder anderer zufelligen gebrechen ihr ampt nicht mehr versorgen können, da sie denn nicht leiden will, so gar verstossen, und an den bettelstab vertrieben werden, sondern es soll nach gelegenheit der person, der zeit, nach dem sie lange in der grafschaft oder an den orte gewesen sind und sich umb die grafschaft wol verdienet haben, auch nach gelegenheit der einkommen dem alten oder gebrechlichen pastor etwas ausgemachet und auf das andere übrige ihme ein adjunctus zugeordnet werden, damit die leute versorget, und nicht zu klagen, der alte oder gebrechliche pastor aber gleichwohl auch die zeit seines lebens oder gebrechens sein bleiben kan.

9. Die adjuncten sollen aber dahin auch gehalten werden, dass sie den alten pastoribus ehre erzeigen, dass ihre zu dank und rechter zeit reichen, auch ihre verkleinerunge und underdruckunge bei den pfarr kindern und sonsten bei verlust des pfarr ampts nicht suchen.

10. Die ordinaria successio der adjuncten und substituten nach der pastoren todtlichen abgange soll nicht verbündlich, sondern willkürlich sein, und bei des consistorii rathsamen bedenken stehen, nach dem sie sich gegen ihren senioribus und sonsten allent halben gebührlichen erweisen werden, sonderlich aber wofern sie auch sonsten

an lehre, leben und fleiss tüchtig erfunden werden.

11. Es soll auch vermöge unsers consistorii vereinigung, so den 3. octobris des nachstabgelaufenen[1] 86. jahres aus erheblichen ursachen beschlossen worden, hinfürder keiner zur probepredigt in der kirchen, dahin er zum pfarr ampt gerne befördert sein wolte, zugelassen werden, er sei denn zuvorn examiniret und darzu tüchtig befunden worden, als denn mag er die probepredigt thun, und was ihme von gott des ordentlichen berufs halber bescheret, ferner gewertig sein.

Das dreizehende capitel.

Von der jurisdiction des consistorii, und wer demselben unterworfen sein soll.

Alle und jede, wes würden oder standes die sind, so in unserer grafschaft sizen, und sich aufhalten, sollen diesen unserm consistorio in den hieroben aufgedruckten und dergleichen fällen und consistorial sachen unterworfen, und auf vorgehende gebührliche citationes und ladunge zuerscheinen, klägers und beklagten stat zuhalten, und daselbsten christliches rechtmessiges erkäntnüss und abscheids zugewarten schuldig sein, bei strafe, welche von dem consistorio den verbrechenden und ungehorsamen theile, zuerkant, und unnachlässiglich soll vonstrecket und exequiret werden.

Das vierzehende capitel.

Von besserunge der pfarr gebeude.

Die hauptgebeude in pfarren sollen die vorsteher in kirchspielen zu[2] erhalten, und darzu die einwohner der kirchspielen und filialen pro rata mit zu contribuiren schuldig sein, und soll zu haupt gebeuden gehören, alles was in tach und fach ohne verwarlosunge des einwohners und seiner kinder oder gesindes wandelbar wird, und besserens bedarf, was aber an fenster thüren und öfen wandelbar würd, so unter einen orts thaler kann wieder fertig gemachet werden, soll der einwohner selbst bezahlen.

Das funfzehende capitel.

Von den strafen, so das consistorium dem ungehorsamen oder schuldigen theil soll auf zu legen und zuerkennen macht haben.

1. Wann priester, kirchen und schuldiener und andere personen, so im consistorio zuhandeln,

---

[1]) E.: abgewichenen.   [2]) E.: „zu erhalten—der kirchspielen" fehlt, offenbar durch Nachlässigkeit des Abschreibers.

ungehorsamb oder sträflich befunden werden, soll denen selbigen nach gestalt der sachen und personen andern zum abscheu und allent halben gehorsamb und zucht zuerhalten, zuerkant werden.

1. Eine ernste wortstrafe, bedrauunge und verwarnung.

2. Suspensio, dass man einen nicht zur absolution, zur niessunge des h. nachtmals, zu gevatterschaften, oder andern christlichen freiheiten und werken zulasse.

3. Excommunicatio, dass man einen[1]) in bann thue, und von der christlichen gemeine absondert.

4. Suspensio ab officio, dass man einen eine zeitlang des ampts einlege.

5. Depositio, dass man ihn gar abseze;

6. Carcer, dass einer eine zeitlang mit gefängnüss gestrafet werde.

7. Vorweisunge, dass ein gottloser ärgerlicher mensch, bei welchem keine warnunge helfen will, durch die obrigkeit aus der stadt, dem ampte oder gerichte verwiesen und vertrieben werde.

8. Geld strafen, welche, so viel man deren zu behuf des consistorii und gemeiner herrschaft canzelei nicht benötigt, der kirchen oder hospitaln sollen zugewendet werden.

Was[2]) weldliche strafen sind, die sollen jederzeit bei der weltlichen obrigkeit jedes orts, so oft es nötig ist, gesuchet, und durch dieselbe auch mit allem ernste exequiret werden.

Das sechszehende capitel.
Von consistorial gebühren.

1. Mit den consistorial gebühren, damit niemand zur ungebühr beschweret werde, soll es gehalten werden, wie folget. Es sollen gegeben und genommen werden[3]):

3 g. von einer kleinen und ⎫
6 g. von einer grossen   ⎬ citation.

1 g. von einem blate zu copeien.

7 g. von einem edict.

1 thaler von einem urtheil.

1 g. von einem blate, wenns vom munde in die feder gesezet wird.

1 thaler von abhörunge eines zeugen [fehlt: welcher] auf artikel und fragstücke rechtlich abgehöret wird.

1 g. von einen zeugen, welcher summarie ohne artikel und fragestücke, alleine zur nachrichtunge umb gütlicher handlunge willen abgehöret wird.

3 g. von einer vorschrift.

1 thaler von einer kundschaft unter des consistorii insiegel, dass ihrer zwei ehelich zusammen

gegeben, oder mit rechte von einander geschieden sind, und dergleichen.

1 g. von einem tage zeddel oder andern memorial, so den parteien gegeben.

1 ortsthaler[1]) vor einen gemeinen abschied.

1 ortsthaler[2]) pro testimonio ordinationis mit des consistorii secret.

2. Was arme witben seind und sonsten miserabiles personae, denen soll nach befindung der sachen an solchen etwas erlassen werden.

3. Wenn personen einander ümb ein[3]) ehegelöbde ansprechen, und dieselbigen aber unbündig[4]) erkant, oder sonst aus erheblichen genugsamen ursachen gescheiden werden, den sollen die parteien die mahlschätze, wo die gegeben worden seind, dem consistorio verfallen sein, und nieder geleget werden, damit zu thun und zu schaffen nach seinen gefallen und bedenken.

Wo sie aber albereit ausgegeben sind, sollen sie ingleichen werth in andere wege wieder ersezet werden.

Beschluss.

Und ist demnach unser aller grafen zu Mansfeld ernster befehl wille und meinunge, dass solcher unserer anordnunge stracks in allen und jeden puncten nachgelebet werde, darüber wir denn auch bestes vermögens gebührlich halten wollen.

Jedoch wollen wir uns und unsern nachkommen, dieselbige noch vorfallender gelegenheit und erheischender notturft in einen oder mehr puncten zu verändern, zu vermehren und zu verbessern hiermit vorbehalten haben.

Zu urkunde haben wir unser secret zu ende dieser ordnunge wissentlich aufdrücken heissen, und mit unsern eignen händen unterschrieben, geschehen u. s. w.

[Es folgt in beiden Exemplaren eine Zusammenstellung der Capitel-Überschriften, sodann im Magdeburger Exemplar ein

Catalogus der Superintendenten in der Grafschaft:

1. Johann Spangenberg, 1546—1550,
2. Erasmus Sarcerius, 1554—1559,
3. Hieronymus Mencel, 1560—1590,
4. Phil. Seidler, 1590—1592,
5. Georgius Autumnus, 1592—1598,
6. Christof. Grunerus, 1599—1606,

u. s. w. Die Liste reicht bis 1681.

In dem Eislebener Exemplar folgt eine ausführliche Beschreibung der Formalitäten der Eidesleistung vor dem Consistorium. Dieselbe lautet:]

---

[1]) E.: einen gar.   [2]) E.: wenn es.   [3]) E.: „Es sollen gegeben und genommen werden" fehlt.

[1]) E.: 6 gr.   [2]) E.: 16 gr.   [3]) E.: die. [4]) E.: verbündig.

Form und weise, wie es in den gräfl.
mansfeld. consistorio mit den öffentlichen eidesleistungen gehalten wird.

1. Wenn ein urthel eröffnet wird, darinnen
einen die solennische eidleistung zuerkant wird,
wird juranten alsobald, was ein eid sei und in
sich habe, mit ernst erinnert, ihme auch einen
monat von einen consistorio zum andern frist und
bedenkzeit gegeben, mit angehefter ernster vermahnung und warnung, daz er sein gewissen und
seelen seligkeit ja wolte in gute acht nehmen,
sich auch selbst wohl fürsehen, ob er sicher
schweren, oder nicht schweren könte und sich
mit fleiss hüten für der gefahr des meineides.

2. Inmittels wird er zu solcher eidesleistung
ordentlicher und rechtlicher weise citiret und ihme
darzu ein gewisser tag und stunde ernennet, wenn
es geschehen sol.

3. Wird auch ingleichen dazu citiret der
clagende gegentheil, daz derselben eidesleistung
beiwohne und das eid von juranten annehme, und
alsdann neben ihme weiters bescheides erwarten soll.

4. Wird die person, die schweren soll, uf den
tag, wenn sie schweren will, zu vorher, ehe denn
sie zugelassen wird, ins consistorium erfordert,
und neben verlesung des juraments nochmals nach
nothdurft erinnert, da ihr etwas bewust, daz sie
mit guten gewissen nicht schweren könte, was ihr
für gefahr darauf stunde, da sie daruber wissentlich unrecht schweren wurde, dero wegen sie sich
wohl bedenken, ihr gewissen in acht haben und
viel lieber das schweren nachlassen, und sonsten
thun, was sich gebühret und recht were. Da aber
jurant noch auf des eidesleistung beruhet, und
damit verfahren wil, alsdenn wird er zugelassen.

5. Der eid wird geleistet offentlichen in der
grossen consistorien stuben, frühe umb 9 uhr, da
alle thuren geoffnet werden, und jedermann zu-
zuhören und zuzusehen vergönnet wird.

6. Wird ein tisch gesetzet gegen die hohen
fenster, so nach den kirchhofe gehen, der frei
stehet, daz man den auf allen seiten umbgehen
kann.

7. Wird der tisch gedecket mit einen
schwarzen sambten leichtuch, welches ein weiss
creuze hat.

8. Hinten auf den tische gegen dem hofe-
fenster werden gesetzt zwene grosse messingene
kirchenleuchter mit zwien brennenten wachs
kerzen, ferner auf dem tisch ein crucifix und die
bibel dabei gelegt.

9. Auf die eine seite neben dem tische gegen
den saal an der kleinen consistorien stuben trit
der herr superintendens mit seinen geistlichen
assessoribus, wie sie sonst in der ordnung zu sitzen
pflegen.

10. Auf die andere seite gegen dem schul-
gange stehet oben an gemeiner herrschaft canzler
mit andern politicis assessoribus auch in ihrer
ordnung, wie sie sitzen.

11. Vor dem tische in der mitten gegen dem
crucifit trit der jurant, zu seiner rechten stehet
ihme der consistorial notarius, welcher ihme den
eid vorlesen soll, zur linken aber das gegentheil,
welches dem eid von juranten anhört und an-
nimmet.

12. Ehe der jurant schweret, wiederholet der
herr superintendens kurz die occasion und ursach
dieser vorstehenden eidesleistung, darnach weiset
er den juranten auf die solennitates, deutet und
leget ihm dieselbige aus, was die bedeuten und
in sich haben, das aufgedeckte schwarze leichtuch, das weisse creuze, die brennenden kerzen,
das furgestelte crucifix, beigelegtes evangelium
buch, und was das auch sonderlich in sich habe,
wenn er seine ausgestreckte zwei finger darauf
leget, und schweret, daz er dis alles wohl in acht
haben und sein gewissen und seelen seligkeit
recht verwahren solle.

13. Wenn jurant auch noch uber das auf
den forsatz zu schweren verharre, so wird ihme
befohlen, seine drei finger an seiner rechten hand
aufs härteste zuzuziehen, die zwei aufgerolten aber
auf das crucifix zu legen und dem consistorien-
schreiber den eid, den er ihme fein langsam furlesen soll, fein deutlichen mit hellen klaren und
vernehmlichen worden nachzusprechen.

14. Hernacher, wenn jurant also seinen eid
geleistet hat, werden beide parteien wiederumb
ins consistorium furgefodert und wird erstlich dem
klagenden theil furgehalten, daz er nunmehro
selbst gesehen und gehöret hette, welcher gestalt
beklagter N. dem erlangten urthel folge gethan
und seinen zuerkanten eid auf vorgehende guugsame beschehene unterschiedliche ernste erinnerung
geleistet, da ihme nun das bewust gewesen, was
jurant jetzt mit einem cörperlichen eide besterket,
hette er es viel lieber bekennen, und zu dem ende
nicht ursach geben sollen, denn hette jurant recht
geschworen, so were es für ihm und ein gut werk
des andern gebots. Er aber klagender theil möchte
zusehen, wie er das verantworten wolte, dass er
ohne noth den eid verursachet hette, und den 2.
weil das urthel auch die clausul in sich hette, er
schwere gleich oder schwere nicht, so geschicht
ferner nichts ist. Derowegen musten die herren
urthelsverfasser des geleisteten eides wiederumb
berichtet und weiter befragt werden, wie es mit
beiden theilen nun ferner solle gehalten werden.
Solten derowegen entweder jezt alsobald oder
förderlich drumb anhalten, und urthelgeld und
botenlohn darlegen, damit sie endlich von der
sachen kommen und ein jeder theil erfahren und

wissen möchte, wessen er sich zu verhalten haben solle.

15. Die erklärung der solennitäten, so bei der eidesleistung gebraucht werden, und oben erzehlet sind, beruhet fürnemlich auf diesem:

1. Das aufgedeckte leichtuch bedeutet, wo er unrecht schweren wurde, daz er des ewigen lebens verlustig, und des ewigen todes schuldig sein wolle.

2. Die leuchter und brennende kerzen bedeuten das ewige licht, darinnen gott wohnet und gott selbst, der ein herzenkundiger ist, und alles siehet und weiss, der wird zum zeugen angerufen, daz wo jurant unrecht schweren werde, er dieses gottes seiner gnaden angesicht und ewigen lichtes beraubt sein und bleiben wolle.

3. Das crucifix und die h. darbeigelegte bibel bedeuten, das crucifix den hl. Christum samt den ganzen schatz seines verdienstes, die bibel alle gnaden verheissungen des hl. evangelii

und schwert jurant darauf dergestalt, wo er unrecht schweren werde, er des hl. Christi, seines verdienstes und aller gnädigen verheissungen des evangelii verlustig sein, und deren keinen theil in ewigkeit mehr haben wolle.

Da nun jurant uber dieses alles, wie oben erwehnet, noch uf den vorsatz zu schweren verharret, wird er auf gottes namen auf seine gefahr zugelassen. Auf diese weise und notul haben geschworen. Erasmus Schuling pfarrer zu Steuden den 3. mai anno 1585 mit den worten ut solet, und nach ihm Margaretha Röbnerss zu Hettstedt anno 1594.

Item mag. Balthasar Hortung pfarrer zu Rustorf im grunde 4. mai 1607.

Den 7. martii anno 1606 Wolf Gäntzer ein muller wider Christinane Jelobs, welche ihm der ehehaltung besprochen, und er sich von ihr losgeschworen.

---

41. Kirchen-agenda, darinnen tauf, einsegen, und traubüchlein, communion, sampt den teglichen collecten, welche in der kirchen gebraucht werden. Für die prediger der grafschaft Mansfeld. Gedruckt zu Eisleben bei Urban Gaubisch auf dem Graben 1580.

[Auszugsweise nach dem Originaldrucke Eisleben, durch Urban Gaubisch. 5. Mai 1580.]

Kurze erinnerunge an den christlichen leser.

Fur siebenzehen jahren haben wir ein kurzes büchlein zu teglichem gebrauch unserer kirchen zusammen drucken lassen, und haben im den titel gegeben, das es solte heissen Manuale, ein kurz handbüchlein, das wir zu verrichtung des heiligen kirchenampts stets zur hand haben, und brauchen könten. Wie denn solches bishero auch also geschehen ist. Weil aber die exemplar diese jar uber fast in allen kirchen abgegangen sein, das wirs aufs neue wider drucken lassen müssen, haben wir die ubrigen und die andern stücke, welche in dem kurzen büchlein zuvor sind aussen gelassen worden, und doch allzeit in unsern mansfeldischen kirchen im brauch gewesen, nu vollend darzu gethan. Wie dieselben tractatus, welche itzt darzu komen sind, im register dieser erinnerung ordentlich verzeichnet sind, das es also, so viel die ceremonien und was denselben anhenget, belanget, (denn von der lere, schul, und kastenordnungen, und was dergleichen ist, sind sonsten der unsern, und anderer nützliche schriften verhanden) eine völlige, und ganze kirchen-agenda sein mag. Aus welcher zu ersehen ist, wie wir es bishero, neben der reinen heilsamen lere des göttlichen worts, auch mit der ubung des heiligen catechismi, christlicher disciplin und gottseligen ceremonien gehalten haben, und noch halten. Und hoffen, weil wir hiemit niemanden an unser

exempel verbinden, auch nichts halten, oder furnemen, darzu wir nicht grund aus gottes wort haben, es werde uns auch niemand in ungutem verdenken, noch hiervon anders, den christen gebüret, urteilen und richten.

Was aber gleichwol die lere anlanget, so bezeugen wir auch hiemit kürzlich und offentlich, das wir durch gottes gnade bei der waren und richtigen einhelligkeit der rechtgleubigen christlichen kirchen gottes bestendiglich verharren, wie dieselbige in gottes des allmechtigen unwandelbaren worte der heiligen schrift, als in den büchern der heiligen propheten und aposteln, in den allgemeinen symbolis apostolico, Athanasiano, und Niceno, in der ersten reinen, unverenderten augspurgischen confession, wie die anno 1530. weiland keiser Carolo dem fünften etc. zu Augspurg ubergeben, derselben apologia, in den schmalkaldischen artikeln, den beiden catechismis, grossen und kleinen, und in den andern schriften des teuren mannes gottes Lutheri, auch in unsern, in offenem druck, sonderlich des 1565. jars, ausgegangenen bekentnissen, begriffen und verfasset ist. Wir verwerfen auch noch, wie zuvor, mit ganzem ernst und herzen alle und jede corruptelen, so hiewider streiten, die zum theil auch in itzt gedachtem unserem gemeinen bekentnis angezogen, aus bemelter norma des heiligen göttlichen worts und d. Luthers schriften gründlich widerleget, und verworfen wurden sind.

In sonderheit bezeugen wir auch, das wir

uns semptlich und sonderlich zu der formula concordiae, (welche von den reinen kirchen der augspurgischen confession verwandt, angenommen und
von chur und fürsten und andern stenden des
heiligen römischen reichs mit einhelligem gemüthe
unterschrieben) bekennen, auch die ware lere,
so darinnen begriffen ist, treulich leren, und aus-
breiten, und dagegen die mit namen ausgesetzten
irrthumbe in allen puncten und artikeln impro-
biren und verwerfen. Bitten darauf alle und jede
fromme christen, sie wolten sich von uns durch
unsere missgünstigen, sonderlich die neuen manicheer, als des illyrischen und spangenbergischen
anhanges ausgesprengete, ertichte auflagen, calum-
nien und lügen, keines andern bereden, sondern
diese unsere bestendige ware erklerung bei inen
stat haben und finden lassen. Der gnedige und
barmherzige gott, vater unsers herrn Jesu Christi,
regire und richte alles zu seines heiligen namens
ehre und zu nützlicher und friedlicher erbauung
seiner lieben kirchen, amen.

Bericht an den christlichen leser aus
dem alten manuale.

Dis büchlein ist nicht der meinung zusammen
bracht, das man neue agenda stellen, etwas sonderlichs für andern haben, oder die wolgestelleten
nicht gebrauchen wolte, sondern es ist allein darumb geschehen, das man dieses büchlein als einen
kurzen auszug der gebete, die man zu teglichem
dienste der kirchen haben muss, zu einem manual
und handbüchlein bereit hette.

Nach dem aber, sonderlich in dem taufbüchlein, etliche wenig gebet gesetzt werden, die im
alten zu erst verdeutschtem taufbüchlein auch
stehen, ist solches auch gar keiner bösen meinung
geschehen. Und sol dahin nicht verstanden noch
gedeutet werden, als wolte man die ordnunge,
die der heilige man gottes d. Luther seligen mit
christlichem rath anderer gottseliger lerer furgeschrieben, zubrechen, verandern oder gleich verbessern, sondern es hat damit diese ursachen:
Erstlich ist es allhie zu Eisleben von anfang des
heiligen evangelii in allen kirchen stets also gehalten worden, das man dieselbigen gebete aus
dem alten taufbüchlein bei der taufe gebraucht
hat. Zum andern, so sind auch unser leutlein
solcher gebete also leufig und gewohnet, das es
one ergernis der einfeltigen schier nicht wol könte
geendert werden. Zum dritten, so gebraucht man
doch nur die, in welchen nichts unchristliches,
das wider die analogiam fidei stritte, zu finden ist.
Zum vierden, hat gedachter man gottes, d. Luther,
als er anno 1546. fur seinem seligen abschiede
etliche wochen alhie zu Eisleben gepredigt, kirchen
und schulen reformiret, und die ordnung der ceremonien allenthalben besehen, solchen unsern brauch
zu teufen lassen bleiben, und unser ganze kirchenordnunge als christlich und wolgestellet approbiret und also zu halten befohlen. Er hat auch
treulich darzu gerathen und anweisung gethan,
das in sein liebes vaterland der ehrwirdige herr
m. Johan Spangenberg zu einem superintendenten
berufen worden ist, welchem das aufsehen und
die gubernation der kirchen also befohlen und zugestellet worden, das durch seinen getreuen vleis
ware einigkeit der lere, fried und liebe zwischen
den dienern gute ordnunge der ceremonien erhalten würde, und das nicht einem jeden seines
gefallens etwas in den kirchen anzurichten frei
stünde. Derselbe hat durch gottes gnade diese
ding also löblich erhalten und sampt den nachfolgenden superintendenten, auch aus oben angezeigten ursachen, diese unsere ordnung bleiben
lassen.

Noch haben wir gleichwol dieselben gebete
mit diesem gemerke gezeichnet. Ob sie jemand
umb kürze oder anderer ursachen willen aussen
lassen wil, das er solches wol thun und dis
büchlein so wol als die gemeinen agenden brauchen
kan.

Eben diese meinung hat es auch mit dem
trau büchlein. Welcher die kurze vermanung zum
eingang solches christlichen werks und die erinnerung an die eheleute bei der copulation, so aus
gottes wort genommen, und wie sich eines gegen
dem andern halten sol, berichtet, nicht gebrauchen
wil, der kan sie stehen lassen, und sonst nach
der forme der agenden sein ampt ausrichten. Wir
Sehling, Kirchenordnungen. Bd. II.

habens also im brauch und also funden, darumb
lassens wirs auch also und können noch sollen
niemand daran binden. Verhoffen aber auch genzlich, es werde uns niemand, der es sonst christlich verstehen und bedenken wil, darüber zu rede
setzen. Gott der vater aller gnade helfe uns
durch seinen heiligen geist, das wir alle thun,
was im zu ehren und seiner kirchen zur wolfart
gereichen möge, amen. Datum Eisleben den ersten
novemb. anno 1562.

M. Hieronymus Mencelius, superintendens
der grafschaft Mansfelt.

I.

Erinnerung der gevattern, oder der paten halben.

Es ist frommen christen unverborgen, das
man zu der jungen kinderlein taufe die gevattern
umb dreierlei ursachen willen zu bitten pfleget.

Zum ersten, das sie den lieben kinderlein
irer taufe zeugen sein, damit sie nicht durch
widerteufer oder andere schwermer in zweifel
geführet werden, ob sie getauft sein oder nicht.

Zum andern, das sie den lieben kinderlein
mit irem gebete neben iren eltern dienen und
sie durch dasselbe zu dem herrn Christo tragen
und führen, das er sie in sein gnadenreich aufnemen und mit seinem blut von sünden reinigen
und in seine gerechtigkeit schmücken und kleiden
wolle, und bei solchem gebete müssen auch die
paten an der kindlein stat dem teufel, alle seinen
werken und wesen absagen, und dargegen den
glauben an gott den vater, den son, und den
heiligen geist bekennen und zusagen.

Zum dritten, das sie auch die kinder neben
den eltern und an stat der eltern (wo inen dieselben mit tode abgangen weren) wenn sie zu
iren jaren komen sein, irer taufe erinnern, das
sie wissen, wie sie durch dieselbige in den heiligen
bund gottes gesetzt sein, zugesagt haben, gott gehorsam zu sein, und als gottes kinder nach seinen
geboten zu leben, das sie ja desselben nicht vergessen. Und weil diese hohe heilige werke von
keinen epicurern und unchristen verrichtet werden
können, so sollen christliche eltern wol zusehen,
was sie iren lieben kinderlein für paten bitten,
die inen nützlich dienen und sie auch zur gottseligkeit vermanen können. Denn es ist auch
frommen christen one das wol bekant, das in
gottes wort ernstlich geboten ist, das man mit denen,
so nicht unsers glaubens oder sonst mit offentlichen ergerlichen lastern beladen sind, und die
in unversöhnlichem hass und feindschaft leben,
nicht gemeinschaft haben kan, und können auch
solche leute, so lange sie halstarrig in iren sünden
bleiben, zu den hochwirdigen sacramenten keines

28

weges gelassen werden, denn der herr Christus spricht mit ernsten worten, Matth. am 7. capitel: Ir sollet das heiligthumb nicht den hunden geben, und eure perlen solt ir nicht für die seue werfen, auf das sie dieselben nicht zutreten mit iren füssen, und sich wenden und euch zerreissen. Dergleichen vermanet S. Paulus 2. Corinth. am 6. capit.: Ziehet nicht am frembden joch mit den ungleubigen, denn was hat die gerechtigkeit fur gemeinschaft mit der ungerechtigkeit? Was hat das licht fur gemeinschaft mit der finsternis? Wie stimmet Christus und Belial? Oder was fur ein theil hat der gleubige mit dem ungleubigen? Was hat der tempel gottes fur eine gleiche mit den götzen? Auch spricht gott der herr psalm 50 zum gottlosen: Was verkündigestu meine rechte, und nimmest meinen bund in deinen mund, so du doch zucht hassest und wirfest meine worte hinder dich? Wenn du einen dieb siehest, so leufestu mit ihm und hast gemeinschaft mit den ehebrechern, dein maul lessestu böses reden, und deine zunge treibet falschheit etc.

Wie nu dieses klare zeugnis und ernste göttliche befehl sind, aus welchen, wie gesaget, folget, das man mit ketzern, falschen lerern, und denen so inen zugethan und verwand oder sonst in offentlichen ergerlichen lastern, in ehebruch, in unversöhnlichem hass, in jüdischem und unchristlichem wucher und andern sünden fursetziglich und trotzig verharren, nicht gemeinschaft haben, noch dieselben zu der brauch der hochwirdigen sacramenten nicht kommen lassen kan, damit man das heiligthumb nicht den hunden gebe, noch die perlen fur die seue werfe, also ist es auch gewis, das solche leute, wenn sie zur taufe stehen und gevattern sein sollen, mit irem gebete den armen kindlein gar nicht dienen können, denn ir gebete ist für gott ein greuel, weil gott der herr nicht leiden kan, das der gottlose seinen bund in den mund neme. So stehet auch ausdrücklich Johan. 9: Wir wissen, das gott die sünder nicht höret, sondern so jemand gottfürchtig ist und thut seinen willen, den höret er. Und Salomon sagt, proverb. am acht und zwanzigsten capitel: Wer sein ohr abwendet zu hören das gesetze, des gebet ist ein greuel. Warumb solte man denn solche leute zur gevatterschaft bitten? Ja warumb wil man die ehren, welche mit irem unbusfertigen ergerlichen leben den lieben gott verachten und unehren? Was sind auch solche leute bei der heiligen taufe nütze? Und mit was gewissen kan ein treuer prediger dieselben bei der taufe stehen lassen.

Aus diesem grunde schreibet und vermanet der selige mann gottes d. Lutherus, in der vorrede uber das taufbüchlein, tom. 2. fol. 238 des ersten drucks: Weil sich die paten sampt dem priester, so da teufet, einmütiglich und ernstlich des kind-

leins not annemen, dieselbe gott dem herrn fürtragen, und sich mit ganzem vermögen für das kind wider den teufel setzen, und wider in beten sollen, so sei es auch wol billich, das man nicht trunkene noch rohe pfaffen teufen lasse, auch nicht lose leute zu gevattern neme, sondern feine, ernste, sittige, fromme priester und gevattern, zu den man sich versehe, das sie die sache mit ernst und rechtem glauben handlen, damit man nicht dem teufel das hohe sacrament zum spott setze und gott verunehre, der darinnen so uberschwenglichen und grundlosen reichthumb seiner gnaden uber uns schüttet, das ers selbst eine neue geburt heisset, damit wir aller tyrannei des teufels ledig, von sünde, tod und helle los, kinder des lebens und erben aller güter gottes und gottes selbs kinder und Christus brüder werden. Ach lieben christen last uns nicht so unfleissig solche unaussprechliche gabe achten und handlen, ist doch die taufe unser einiger trost und eingang zu allen göttlichen gütern und aller heiligen gemeinschaft. Das helf uns gott, amen. Haec Lutherus.

Weil aber solches oftmals viel unwillens erreget, wenn man solche leute (wo sie schon zu gevattern gebeten sind) von der taufe abweiset, so ist von nöten, das es bei dem brauch unserer kirchen erhalten werde, das nemlich die eltern, welchen unser lieber herr gott kinder bescheret, vermanet werden, das sie als balde nach der geburt irer kinder, ehe sie noch gevattern bitten, zuvor zu iren kirchendienern gehen und am ersten die taufe bei inen bestellen, nachmals denselben auch vermelden, was sie für leute zu gevattern bitten wollen, auf das wo sie etwa solche leute angegeben, die mit obgedachten sünden und offentlichem ergernis beladen weren, das solche nicht zu bitten, vom prediger verwarnet werden. Wo denn darüber jemand mit trotz fortfahren und zu solchem unrath und unwillen, der da pfleget aus der abweisung ergerlicher leute zu folgen, ursach geben würde, so müste dennoch ein treuer prediger sein ampt nicht verlassen, sondern uber obgesetzten geboten gottes ernstlich halten, und gegen solchen eltern mit vorwissen des consistorii, der gebür nach, ernstlich verfahren. Solches aber sollen die pfarherren und kirchendiener iren zuhörern zum wenigsten im jar ein mal vom predigstuel offentlich verkündigen, damit sie sich darnach richten und sich mit unwissenheit nicht entschuldigen können.

II.

Das taufbüchlein.

Vermanunge an die, so die kinder zur taufe bringen.

Lieben freunde [folgt die Anrede, wie in der Herzog Heinrich's-Agende von 1539, in der Fassung der Ausgabe von 1540 ff. Vgl. Bd. I S. 266, bis zu den Worten: „und sie in sein reich aufzunemen verheissen hat"].

Nach geschehener vermanung sol der prister fragen:

Wie soll das kind heissen?

Antworten die paten: N. oder N.

Da wende sich der priester gegen dem kinde und spreche:

Fahr aus du unreiner geist und gib raum dem heiligen geist.

Widerumb spreche der priester: Nennet das kind.

Antwort: N.

Darauf mache er dem kinde ein creuze an die stirn, und brust, und spreche:

Nim das zeichen des heiligen creuzes, beide an der stirne † und an der brust †.

Last uns beten.

[Folgen zunächst die zwei Gebete des Taufbüchlein von 1523 (Bd. I S. 18): „O almechtiger ewiger gott" und „O gott du unsterblicher trost" [anstatt: „so reiche nu das lohn" heisst es für Mansfeld: „so reiche nu das gut"]. Unmittelbar darauf, also unter Fortlassung der Ceremonie des Salzeinlegens, folgt das dritte Gebet: „Almechtiger, ewiger gott, der du hast durch die sintflut — dem sinkenden Petro die hand reichet". [Bd. I S. 18,19. Dabei fehlen in Mansfeld die Sätze: „Und das du dis zeichen des heiligen creuzes — in seliger unsterblickeit." Der folgende Satz beginnt: „Las auch die ehre dem heiligen geist, der da kömpt." Anstatt: „Ich beschwere dich du unreiner geist" heisst es: „Darum gebiete ich dir"].

Lasset uns hören das heilige evangelium S. Marcus:

Und sie brachten kindlein u. s. w.

Hier lege der priester seine hende auf des kindes heubt und bete das vater unser, sampt den paten kniend.

[Folgt das Vaterunser.]

Nach diesem gebet mag man die gevattern also anreden, so man zeit darzu hat:

Lieben freunde [folgt Ansprache aus Herzog Heinrich's-Agende in der Fassung von 1540 ff., Bd. I, S. 266, Spalte 2, S. 5 von unten — mit seinen gnaden, das wir nicht vermögen.]

Darnach leite man das kind zur taufe und der priester spreche: Der herr behüte deinen eingang und ausgang, von nu an bis in ewigkeit.

Wenn nu das kind zur taufe ist bereitet wurden, so lasse der priester das kind durch seine paten dem teufel absagen und spreche:

[Folgt weiter die Herzog Heinrich's-Agende in der Fassung von 1540 ff., Bd. I, S. 267, Spalte 1, Z. 25 von unten: „N. Entsagestu dem teufel — zum ewigen leben, amen". Im 2. Glaubensartikel hat Mansfeld noch: der empfangen ist von dem heiligen geiste. Die Worte „weil er das westerhemd anzeucht" fehlen.]

Weil er das westerhembt anzeucht, spreche er:

Nimm hin das weisse, unbefleckte kleid, welches bedeutet deine heilige christliche taufe, das du sie one flecken bringen solt für den richterstul Christi, das du ewiges leben habest.

Friede sei mit dir. Antwort: Amen.

Nach vollendung der taufe, wenn man das kind wider einwindet, spreche der priester:

Unser herr Jesus Christus, welcher ist das warhaftige licht, in diese welt gekomen, sie zu erleuchten, der bewahre deine taufe unstreflich, auf das wenn der herre kömet zur hochzeit, du im mögst entgegen gehen, sampt den heiligen in den himlischen saal, und das ewige leben habest; amen.

Der herr segene dich, und behüte dich. Der herr erleuchte sein angesicht uber dich und sei dir gnedig. Der herr erhebe sein angesicht auf dich und gebe dir † friede. Amen.

III.
Von der nottauf.

Hiervon schreibet d. Luther tom. 8. Jenens. fol. 51 des ersten drucks, und fol. 46 also: Wenn ein kind im hause, in nöten, mit wasser, im namen des vaters, des sons und des heiligen geistes getauft ist, so sollen je die priester dasselbe nicht noch ein mal teufen, denn die rechte taufe ist dem kinde gefehen, nach Christi befehl. Sondern so das kind lebendig bleibet, wie es itzt bei uns bereit im werk ist, sollen gevattern gebeten werden, und das kind nach gewonheit zur taufe getragen. Da sol ein priester verhören und examiniren, wie das kind getauft sei. Ists recht, so sol er solche taufe bestetigen, und sagen, das sie recht sei, und den gevattern befehlen, das sie zeugen sein. Darnach führe er das kind mit den gevattern, frauen und andern, fur den hohen altar, und lese uber dem kinde den glauben, das evangelium Marci am zehenden capitel, bete niederkniend ein vater unser, darnach spreche er das letzte gebet aus dem taufbüchlein und lasse sie gehen. Solch kind soll man nicht exorcisiren, das wir nicht den heiligen geist, der gewislich bei dem kinde ist, bösen geist heissen.

Wirds aber anders befunden, das das kind nicht recht getauft ist, oder das die leute nichts gewisses können berichten, so teufe es der priester frölich. Denn es ist war, wie Augustinus saget: Non potest dici iteratum, quod ita nescitur esse factum. Wir müssen von dem sacrament, als von gottes wort gewis sein. Hie sollen sich auch die priester hüten, das sie nicht cum conditione: si tu non es baptisatus, teufen, denn es ist ein unleidlich missbrauch gewest, damit ungewis wird, beide die erste und die ander taufe, und heisst nicht mehr denn also: Ist die erste taufe recht, so ist diese unrecht. Sol diese recht sein und gelten, welche ists denn? Ich weis nicht. Wir lassens geschehen, das gott uns und denen die also getauft sein, solchen missbrauch zu gut halte. Aber nu die warheit so helle am tage ist, wollen wirs machen nach Christus befel, wie gesagt, damit unser glaube könne bestehen.

Von der nottaufe aus herzog Heinrichs agende.

[Folgt Herzog Heinrich's-Agende Bd. I, S. 267, Spalte 1, Z. 3 — Spalte 2, Z. 8 „und genugsam getauft". Mansfeld fährt darauf fort: und nicht sol anderweit in der kirchen oder sonst getauft werden.]

Nachmals aber schreibet Luth. tom. 8, fol. 50 b erstes Drucks: Wenn solch kind am leben bleibt, sollen sie es in die kirche tragen, das der pfarrherr die leute frage, ob sie auch gewis sein, das das kind [folgt wieder Herzog Heinrich's-Agende Bd. I, S. 267, Spalte 2, Z. 13 — S. 268, Spalte 1, Z. 37].

D. Luth. rath, wie es mit den kindlin der taufe halben zu halten, die nicht völlig von mutterleibe geboren sind, tom. 8, fol. 50 a ersten drucks.

Wenn sichs zutregt mit einer frauen, die in kindes nöten gehet, das die frucht nicht genzlich mag von ir kommen, sondern allein ein arm, oder ander glied erfur kömpt, so sol man dieselbe glied nicht teufen, in meinung als ob dadurch das ganze kindlein getauft sei. Viel weniger sol man ein kind, so noch in mutterleibe stecket, und von ir nicht komen mag, teufen. Also, das man wolte uber der mutter leib wasser giessen etc. Denn das solches unrecht und göttlicher schrift ungemess ist, erscheinet klerlich aus den worten Jesu Christi, Johan. 3, da er von der taufe also spricht: Es sei denn das der mensche anderweit geboren werde etc. Darumb sol nu ein kind getauft, und also anderweit geborn werden, so ist von nöten, das es vor ein mal geborn, und auf die welt kommen sei, welchs nicht geschiehet, so nur ein einiges glied aus der mutter herfür kömpt.

So sollen nu wir (die dabei sind) allwege die regel Christi halten: Es sei denn, das der mensch anderweit geboren werde etc. und niederknien, unser gebet im glauben sprechen, und unsern herrn gott bitten, das er wolle solch kind-

lein seines leidens und sterbens theilhaftig lassen werden, und also nicht zweifeln, er werde es nach seiner göttlichen gnade und barmherzigkeit wol wissen zu machen.

Darumb dieweil das kindlein, durch unser ernstlich gebete, zu Christo gebracht, und solch gebete im glauben gesprochen ist, so ist es bei gott gewiss und erhöret, was wir bitten, und er es gerne annimpt, wie er selbst Marci am zehenden capitel spricht: Lasset die kindlein zu mir komen, und weret inen nicht, denn solcher ist das himmelreich. So sollen wir es dafur halten, das das kindlein, ob es wol die rechte taufe nicht erlanget, darumb nicht verloren ist.

D. Luthers rath von der tauf der fündelkinder. Ibidem b.

Wenn man irgend ein kind auf der gassen oder sonst an einem ort findet, und nicht weis wem es zu gehörig, ob es getauft sei oder nicht, wenn es schon getauft were, doch dieweil kein offentlich zeugnis verhauden, sol mans noch ein mal in der kirchen lassen teufen. Und mag solche taufe fur keine widertaufe geachtet werden, denn die widerteufer fechten allein an die offentliche kinderteufe etc. Ists aber sache, das ein weib mit der geburt so gar unversehens ubereilet würde, und das kind so schwach were, das es verscheiden möchte, ehe sie jemand darzu könne rufen, in diesem fall mag sie das kind allein teufen, stirbt es als denn, so ist es wol gestorben, und hat die rechte taufe entpfangen, welches die mutter in keinen zweifel stellen sol.

So aber das kind am leben bleibt, sol die mutter von solcher irer taufe keinem menschen nichts vermelden, sondern sol schweigen, und nachmals das kind nach christlicher ordnung und gebrauch zur offentlichen tauf bringen, und diese andere taufe sol und kan fur keine widertauf gerechnet werden. Wie auch oben von den fündelkindern gesagt ist. Denn sie allein darumb geschicht, das der mutter, als einer einigen person, sonderlich umb solcher wichtigen sach, daran die seelenseligkeit gelegen, gar nicht gegleubet mag werden. Darumb der offentlichen taufe hoch von nöten.

D. Luthers rath, wie fromme gottselige frauen zu trösten, welchen es in kindes nöten unrichtig gegangen. Tom. 8, fol. 51 b.

Zuletzt, weil uns auch oft fur kömpt, und umb trost ersucht werden von etlichen frommen eltern, sonderlich von den frauen, so vorhin in kindsnöten, on iren willen, ja wider iren willen, und mit grossem leide ires herzen, haben leiden müssen, das inen missrathen und unrichtig mit der geburt gangen ist, also, das die frucht in der geburt gestorben, oder tod von inen kommen ist, solche müttere, weil es ir schuld nicht ist, noch durch ire verseumnis oder lessigkeit die frucht verwarloset ist, sol man nicht schrecken noch betrüben mit unbescheidenen worten, und hie ein unterscheid machen, zwischen den frauen oder weibesbilden, so die frucht ungerne tragen, mutwillens verwarlosen, oder zu letzt auch böslich erwürgen, und umbbringen, sondern also und dermassen mit inen reden.

Erstlich, wiewol man nicht wissen sol noch kan gottes heimlich gericht in solchem fall, warumb er solche kindlein, darbei aller müglicher vleis geschehen ist, nicht hat lassen lebendig geborn und getauft werden, so sollen sich die müttere des zu frieden geben und gleuben, das gottes wille allzeit besser sei, weder unser wille, obs uns nach fleischlichem dünkel vil anders ansihet, und zu förderst daran nicht zweifeln, das gott darumb weder uber die mutter, noch andere, so darzu gethan, erzörnet sei, sondern sei eine versuchung zur gedult, so wissen wir auch das solcher fall von anfang nicht seltzam gewest, also das auch die schrift solchs zum exempel braucht, als psal. 53 und S. Paulus sich selbs einen abortivum, eine missgeburt, oder unzeitige geburt nennet, 1. Cor. 15.

Zum andern, so ists auch zu hoffen, weil die mutter eine christin und gleubig ist, das ir herzlich seufzen und gründlich sehnen, das kind zur taufe zu bringen, für ein recht gebete für gott angenomen sei. Denn wie wol es war ist, das ein christ in seiner hohen not, die hülfe nicht nennen, noch wündschen, noch hoffen tharf, wie in dünket, die er doch so herzlich gern und mit eigenem leben mit höchster begir keufete, wo es müglich, und im da ein trost gegeben würde, so sol hie der spruch gelten Rom. 8: Der geist hilft unser schwacheit auf, denn wir wissen nicht, was wir beten sollen (das ist, wie droben gesagt, wir dürfen es nicht wündschen) wie sichs gebürt, sondern der geist selbs vertrit uns mechtiglich mit unaussprechlichem seufzen. Der aber die herzen forschet, der weiss was des geists sinn sei, denn er vertrit die heiligen, nach dem, das gott gefellet, oder wil etc. Item Ephe. 3. Der uberschwenglich thut uber alles, das wir bitten oder verstehen.

Ach man sol die christen menschen nicht so gering achten, wie einen türken, heiden, oder gottlosen menschen, er ist theuer für gott geacht und sein geist ein allmechtig gross ding. Denn er ist mit Christus blut geheiliget, und mit dem geist gottes gesalbet; was er ernstlich bittet, sonderlich mit dem unaussprechlichem seufzen seines herzens, das ist ein gros unleidlich geschrei für gottes ohren, er mus es hören, wie er zu Mose spricht Exod. 14: Was schreiestu zu mir? So doch Mose für sorgen

und zittern nicht wol konte zischen, denn er in der höhesten not war. Solch sein seufzen und seines herzens gründlich schreien zureis auch das rote meer, und machts trocken, füret die kinder Israel hindurch, und erseufet Pharao mit aller seiner macht. Das und noch mehr kan thun und thut ein recht geistlich seufzen, denn Mose wuste auch nicht, was und wie er bitten solt, denn er wuste nicht, wie die erlösung solt zugehen, und schrei doch von herzen.

Also thet Jesaia wider den könig Sanherib, und andere viel könige und propheten, die durch ir ernst gebet unbegreifliche unmügliche ding ausgericht haben, des sie sich hernach verwundert, aber zuvor nicht hetten gott anmuten oder wündschen dürfen. Das heist höher und mehr erlangen, weder wir beten, oder verstehen, wie S. Paulus sagt Eph. 3 etc. Also schreibt S. Augustinus von seiner mutter, das sie für in betet, seufzet, und weinet, doch nicht weiter begeret, denn das er möcht vom irthumb der Manicheer bekeret und ein christen werden. Da gab ir gott nicht allein, das sie begeret, sondern wie es S. Augustinus nennet, cardinem desiderii eius, das ist, was sie mit unaussprechlichem seufzen begeret, nemlich das Augustinus nicht allein ein christen, sondern ein lerer uber alle lerer der ganzen christenheit ward, also, das die christenheit nehest den aposteln keinen seines gleichen hat.

Und wer wil zweifeln, das die kinder Israel, so vor dem achten tage unbeschnitten gestorben, durch irer eltern gebet, auf die verheissung, das er ir gott hat sein wollen, selig worden sind. Auch spricht man, gott hat sich an seine sacrament nicht also verbunden (aber durch sein wort hat er sich mit uns verbunden) das er on dieselben auch auf ein ander weise, uns unbekand, die ungetauften kindlein nicht könne selig machen, wie er denn unter Mose gesetz viel (auch könige) on gesetze hat selig gemacht, als Hiob, Naeman, den könig zu Ninive, Babylon, Egypten etc. Gleichwol hat er darumb das gesetz öffentlich unveracht wollen haben, ja gehalten haben, mit drauung der strafe ewiges fluches.

Also halte und hoffe ich, das die gütige barmherzige gott etwas gutes denke auch uber diese kindlein, so on ire schuld und one verachtung seines öffentlichen befehls die taufe versaumet, doch das er umb der welt bosheit willen nicht wil noch hat gewolt, das solchs öffentlich hat solt geprediget oder gegleubt werden, auf das nicht alles, so er ordeuet und gebeut, von ir veracht würde. Denn wir sehen, das er viel gebeut umb der welt bosheit willen, dazu er die gottseligen nicht verbindet. Summa der geist wirket alles in denen, so gott fürchten, zum besten, bei den verkereten aber ist er verkeret.

Darumb sollen wir mit christen leuten anders und tröstlicher reden, denn mit den heiden, oder (das gleich viel ist) mit ruchlosen leuten, auch in den fellen, da wir seine heimliche gericht nicht wissen, denn er spricht und leuget nicht: Alle ding sind müglich denen, die da glauben, ob sie es schon nicht alles also gebetet, gedacht, oder gewündscht haben, wie sie es wol gerne gesehen hetten, wie jetzt gnug gesagt ist. Darumb solt man solche felle gott heimstellen und uns trösten, das er unser unaussprechlich seufzen gewislich erhöret, und alles besser gemacht habe, weder wirs haben mögen nennen. Summa, sihe du allermeist darauf, das du ein rechter christen seiest, und also im rechten glauben zu gott beten, und herzlich seufzen lernest, es sei in diesen oder andern nöten, als denn lass dir nicht leide sein und sorge nichts, weder für dein kind, noch für dich selbs, und wisse, das dein gebet angenem ist, und gott alles viel besser machen wird, weder du begreifen oder begeren kanst. Ruf mich an (spricht er) psalm 50 in der not, so wil ich dir helfen, das du mich loben und mir danken solt.

Darumb sol man solche kindlein, bei uud uber welchen solch seufzen, wündschen, beten von den christen oder gleubigen geschicht, nicht also dahin verdammen, gleich den andern, dabei kein glauben, gebet, noch seufzen von christlichen und gleubigen leuten geschicht. Denn er wil sein verheissen und unser gebet oder seufzen darauf gegründet, unveracht und unverworfen, sondern hoch und theuer gehalten haben.

So hab ich auch droben gesagt, gepredigt, und sonst gnugsam geschrieben, wie durch eines andern oder frembden glauben und seufzen gott viel thut, da noch kein eigen glaube ist, aber flugs durch andere furbit gegeben wird, wie im evangelio Christus der widwen son zu Nain, durch seiner mutter seufzen, on seinen eigen glauben vom tode erweckt, und des cananeischen weibs töchterlin vom teufel los macht, durch der mutter glauben on der tochter eigen glauben, also auch des königischen son Johan. 4 und den gichtbrüchtigen, und viel mehr, davon hie nicht lenger zu reden ist.

IIII.
Das einsegen büchlein.

Was man aus gottes wort uber die weiber zu lesen und beten pfleget, wenn sie die kinder nach den sechswochen in die kirche bringen.

Ir lieben weiber (oder da nur eine person sol eingesegnet werden, liebes weib) weil euch der liebe gott genediglich geholfen und zur geburt einen frölichen anblick gegeben, dem (oder den) kindlein die heilige taufe und uber das auch

euch einen frölichen kirchgang bescheret hat, so seid ir ime dafür zu danken schuldig und zu bitten, das er euch ferner sampt dem (oder den) kindlein an leib und seele sterken, in allem guten führen und leiten und für allem argen bewaren wolle. Demnach so betet mit mir also:

[Folgt das Vaterunser.]

Der 127. psalm [folgt der Psalm].
Der 128. psalm [folgt der Psalm].

Lasst uns beten.

O allmechtiger barmherziger gott, der du diesem weibe, in ihrer grossen angst (diesen weibern, in ihren grossen engsten) und kindes nöten gehulfen, und darzu fröliche frucht (früchte) bescheret, mit der taufe und heiligen geist begnadet hast, wir loben dich und danken dir ewiglich und bitten dich durch Jesum Christum deinen lieben son, du woltest dich uber dis (diese) kindlein erbarmen, das (die) auch behüten für allem ubel, sterken, mit deinem geist pflegen und warten, damit es (sie) in rechtem glauben erzogen, und bestendiglich dir allzeit gehorsam zu sein, dich lobe, ehre und preise, (loben, ehren und preisen), mit allen auserwehlten, hier und dort ewiglich, amen.

Und du (ir) kindlein, der herr gesegne dich, auf allen deinen (euch, auf allen euren) wegen, von nu an bis in ewigkeit, †. Amen.

V.
Wie es mit den kindern solle gehalten werden, welchen ire mütter vor dem kirchgang abgehen.

Wenn eine sechswochnerin stürbe, ehe sie aus den wochen keme, und das kindlein durch die wehemutter oder ein ander gottfürchtig weib in die kirchen bracht würde, mag man von ersten das heilige vater unser uber dem kindlein beten und darauf mit solchem nachfolgenden gebet fortfaren.

O allmechtiger barmherziger gott, nach dem du dieses kindleins leibliche mutter in irem auferlegtem beruf zu deinen gnaden genommen, welches wir nach deinem willen dir lassen befohlen sein, so loben wir und danken dir doch, das du diesem kindlein nicht allein zur leiblichen geburt, sondern auch zur geistlichen widergeburt der heiligen taufe gnediglich verholfen hast, und bitten dich durch Jesum Christum deinen lieben son, du wollest dich uber dieses kindlein erbarmen, das auch behüten für allem ubel, sterken, mit deinem geist seiner pflegen und warten, damit es im rechten glauben erzogen und zur aufzeit gehorsam zu sein, dich lobe, ehre und preise mit allen auserwelten, hie und dort ewiglich, amen.

Und du liebes kindlein, der herre beschere dir treue leute, und gesegne dich auf allen deinen wegen, von nu an bis in ewigkeit, †. Amen.

VI.

Wie man es halte, wenn einem weibe ir kindlein stirbet, ehe sie aus den sechswochen kömmet.

Wenn sich solche felle zutragen, das den müttern ire kindlein mit tode abgehen, ehe die zeit irer sechs wochen umb ist, so lesset mans mit dem kirchgange bleiben, das solche weiber nicht dürfen zum altar geleitet, und für den priester gestelt werden, sondern das dieselben (wenn sie zu irer gesundheit komen sind, und die zeit ires kirchganges verhanden ist) stillschweigend mit andern christen zur kirchen gehen und ir betrübnis, darinnen sie von wegen des tödlichen abgangs irer kinderlein sein, in warer demut unserem lieben herrn gotte fürtragen, im glauben umb gedult und trost und umb fernern segen nach gottes willen bitten. Denn das man sie ohne kinderlein solte heissen für deu priester zum altar des herrn treten, möchte sie vielleicht noch mehr und höher betrüben. Derwegen lest man es bei angezeigter weise in solchen fellen bleiben. Da sichs aber zutregt, das etwa an einem orte eine oder mehr weibs personen weren, welche die christlichen kirchgenge nach iren sechswochen nicht wie andere gottselige weiber halten, sondern dieselben aus keiner andern ursache denn nur aus trotz, und also das einsegenen und gebete uber sich und ire kinderlein verachten wolten, die kan der pfarherr desselben ortes darumb besprechen nach seinem ampte, von solchem mutwillen abweisen, zur einhelligkeit und gleichheit mit andern christlichen matronen zu halten, und die gebete nicht so leichtfertig auszuschlahen, noch genzlich zu verachten, vermanen, und anhalten, und da sie sich auf solche vermanungen nicht gebürlich würden erzeigen und vernemen lassen, solchs an den superintendenten, und das consistorium gelangen lassen.

VII.

Erinnerung für dem traubüchlein.

Weil viel leichtfertiger buben und bübin umbher laufen, ire ehegenossen verlassen und an unbekanten örtern inen andere geben lassen, und unvorsichtige pfarrherrn oftmals mit grossem ergerniss der kirchen betrogen werden, müssen wir derhalben für dem traubüchlein d. Luthers warnung und vermanung setzen, auf das sich die pfarherrn darnach zuhalten wissen.

Also aber schreibet doctor Martinus Luther tomo 5, Jenensi fol. 248.

Die pfarherrn sollen aufsehen und ir volk vermanen und solche fahr anzeigen, nemlich also, das kein bürger oder baur sein kind vergebe einem unbekanten gesellen oder man, das auch die oberkeit solcher hochzeit keine zulasse, und der pfarherr derselben keine aufbiete, vertraue noch segne. Sondern es sei man oder weib, so sie frembde und unbekant sein, sol man sie heissen gute kundschaft schriftlich und mündlich bringen, damit man gewiss werde, was sie für leute sein, ob sie ledig oder ehelich, redlich oder unredlich seind, wie etliche handwerks leute thun, die kuntschaft fordern von ires handwerks gnossen, wie die münche auch gethan haben, die keinen aufnahmen, sie wusten denn, das er frei und niemand mit verlöbnis oder schuld oder eigenthumb verpflichtet were, wie viel mehr solte man solche kundschaft fodern von fremden mans und weibes personen, so zur ehe greifen wollen etc. Denn wir sehens ja in der erfahrung, wie gesagt ist, das die buben und bübin hin und wider laufen, menner und weiber nehmen, allein das sie ire büberei aus richten, darnach alles stelen, was sie können und davon laufen und handlen mit der ehe, wie die tattern und zigeuner, welche immerdar hochzeit machen und taufe halten, wo sie hinkomen, das eine dirne wol zehen mal braut, und ein kind wol zehen mal getauft wird etc. Hactenus Lutherus.

Derwegen sollen die pfarherren mit allem vleiss drauf sehen, das sie umb die copulation nicht betrogen werden. Und da sie etwa an den eingebrachten kundschaften der frembden personen bedenken und zweifel hetten, sollen sie dieselben an den superintendenten und an das consistorium bringen und darüber iren rath suchen.

Wo auch etwa personen komen, die die ordentliche und gesetzte zeit des aufbietens nicht auswarten wollen, sondern darzu eilen, das sie, ehe denn breuchlich ist, zusammen gegeben werden, so sollen in solchen fellen die pfarherren vleissige erkundung nemen, aus was ursachen solch eilen begeret und furgenomen werde, denn weil solchs gemeiniglich verdacht hinder sich hat, nicht leichtlich darein willigen, sondern wo die ursachen erheblich und alles ohne verdacht ist, gleichwol inen nicht eher wilfaren, es geschehe denn mit des superintendenten und consistorii furwissen und dispensation.

Da auch von leichtfertigen und ganz unbekanten frembden leuten, als zigeuner, tattern, lansknechte, von den pfarherrn die copulation und kinder taufe begeret würde, sollen sie an obstehende d. Luthers worte gedenken, wie leichtfertig und betrieglich solche leute mit so hohen und wichtigen sachen umb gehen, das sie derwegen in ir suchen nicht leichtlich willigen, sondern die

obrigkeit des orts davon berichten und bei derselben suchen, das sie entweder solche leute gar
hinweg weisen, oder ja genugsame kundschaft von
inen nemen lassen, das man gewiss sei, man werde
nicht betrogen, und könne inen mit guten gewissen
mit unserm ampt gedienet werden.

Auch treget sich zu, das die personen, so
ehelich werden wollen, zu weilen ehe mit einander
zu bette gangen seind, denn sie den kirchgang
gehalten haben, darauf oftmals schwengerungen
erfolget sein. Da nun solches rüchtbar würde,
ehe sie umb das aufgebot und copulation ansuchen, kan inen solch aufgebot und gebete der
kirchen anderer gestalt nicht zugesagt und mit
getheilt werden, sie haben denn ire sünde, das sie
unrecht gethan, und andern ergernis gegeben
haben, erkennet, und lassen solches christlich abbitten. Als denn erginge mit dem ersten aufgebot
die abbitt, in den andern nachfolgenden aufgeboten
würde es geschwiegen. Bliebe aber solches für
dem aufgebot und copulation gar heimlich, und
würde erst hernach, wenn die weibes person zu
zeitlich in die wochen keme, offenbar, so lest man
es in honorem coniugii, bei der abbitt, (so doch
mit namen geschehen muss) bleiben.

VIII.
Das traubüchlein.

Lieben freunde in Christo, es sind diese gegenwertige personen, braut und breutigam, willens,
nach gottes gebot und ordnunge in den heiligen
ehestand zu treten, und haben sich nach löblicher gewohnheit unserer kirchen drei mal offentlich aufbieten und gott dem almechtigen für sich
anrufen lassen. Und ist solches darumb geschehen,
ob jemand hindernis zwischen ineu wüste, das sie
in solchem stande nach göttlichen, natürlichen,
und ordentlichen beschriebenen rechten, nicht bei
einander wohnen könten, das solches bei zeit angezeiget würde. Weil sich aber kein hindernis
befunden, auch inen selbst nichts bewust ist, das
sie hindern möchte, so erscheinen sie nu allhie
für gott und seiner heiligen christlichen kirche
und begeren, damit sie ehrlich für aller welt bei
einander wohnen und die zeit ires lebens christlich zubringen mögen, das solches ir angefangenes
ehelichs leben volzogen, und nach der heiligen
christlichen kirchen ordnung möge bestetiget
werden, welchs sie mit irem jawort also bekennen
werden.

Nach dem aber auch wissentlich ist, das der
satan als ein feind gottes dem heiligen ehestande
und christlichen eheleuten zum höchsten entgegen
ist und nach irem schaden und unglücke trachtet,
wo er kan,

so ist je in allewege von nöten, das wir für

diese personen auch itzundes, da wir zu iren
hochzeitlichen ehren, von in gebeten, zusammen
komen, den lieben und treuen gott mit ernst anrufen und für sie bitten.

1. Erstlich, das er nach seiner allmechtigen,
väterlichen, milden güte, inen einen glückseligen,
christlichen guten eingang zu solchem irem stande
verleihen wolte.

2. Das er auch seinen göttlichen segen,
welchen er uber diesen stand gesprochen, an in
erfüllen, mit leibes früchten begaben, und dieselben zu seinen ehren und allem guten erhalten
wolle.

3. Das sie denn auch weiter, durch seine
göttliche gnade, in herzlicher liebe und einigkeit,
in langwiriger gesundheit und gutem gedeien
die zeit ires lebens in solchem stande bei einander zubringen und für des giftigen satans bösen
anschlegen, trachten, und furnemen und allem
leide und ergernis verwaret und behütet werden.

Damit sie glücklich anfahen, christlich fortfahren, und seliglich beschliessen mögen.

Solche bitte, wie sie christlich ist und von
unserm lieben herrn Jesu Christo zusage hat, das
sie nicht vergebens geschehen, sondern in seinem
namen erhöret werden soll, wollen wir dem himlischen vater in den worten, die uns sein lieber
son geleret hat, furtragen, und also beten:
[Folgt das Vaterunser.]

Auf solchen eingang sollen braut und breutigam zusammen gegeben werden.

Erstlich fraget der priester den breutigam.

N. Ich frage euch an gottes stat, ob ir
gegenwertige N. zu einem ehelichen gemal begeret, und wo ir solches begeret, so sprechet ja.
Hernach frage er die braut.

N. Ich frage euch an gottes stat, ob ir gegenwertigen N. zu einem ehelichen gemal begeret,
und wo ir solches begeret, so sprecht ja.

Wenn nu braut und breutigam ja gesaget
haben, so lasse sie der priester einander die trauringe geben, und füge ire beide rechte hende zusammen, und spreche:

Weil denn diese gegenwertige personen, offentlich für gott und dieser versamlung bekennen, das
sie einander zur ehe begeren, auch darauf einander trauringe und hende gegeben,

so wil ich auf solch ir bekentnis, begeren
und willen sie ehelichen zusammen sprechen in
gottes namen.

Derhalben N. befehl ich euch an gotts stat,
diese N. zu einem christlichen lieben ehegemahl.
Also das ir dieselbe als von gott selbst gegebenes
und zugeordnetes ehegemahl annemen, erkennen
und halten wollet, bei ir mit vernunft wonen,
sie von herzen lieben, mit treuen meinen und

versorgen, und in keinem creuze, krankheit, und widerwertigkeit, wie es gott der allmechtige zuschicken möchte, nimmermehr verlassen, auch euch von ihr nicht scheiden, noch scheiden lassen, es sei denn das der liebe gott nach seinem willen euch beide, durch den zeitlichen und natürlichen tod, zu seiner zeit selbst scheide.

Herwiderumb befehle ich euch N. an gottes stat, diesen N. auch zu einem christlichen lieben ehegemahl, das ir denselben als von gott selbst gegebenen und zugeordneten herrn und heubt annemen, erkennen, und halten wollet, im untherthenig und gehorsam sein in allen göttlichen billichen und christlichen dingen, ihn von herzen lieben, mit allen treuen meinen, pflegen und warten, in keinem creuz, krankheit und widerwertigkeit, wie es gott der allmechtige zuschicken möchte, nimmermehr verlassen, auch von im nicht scheiden, noch scheiden lassen, es sei denn, das der liebe gott, durch den zeitlichen und natürlichen tod, euch beide, nach seinem willen, und zu seiner zeit, selbst scheiden möchte.

Diese von gott dem allmechtigen zwischen euch verfügte und geordente ehe bestetige ich als ein diener der kirchen an seiner stat und spreche euch allhier offentlich für dieser versamlunge ehelich zusammen:

Im namen des vaters, und des sons, und des heiligen geistes.

Was nu gott zusammen gefüget hat, das sol der mensch nicht scheiden.

Wo man im brauch hat, das die wirtschaften des abends anfahen, und braut und breutigam zur kirchen gehen, so pfleget man mit nachfolgendem gebetlein denselbigen actum zu beschliessen, und das ander auf folgenden morgen nach der brautpredigt zu sparen. Als denn wird uber braut und breutigam gelesen, wie nach dem gebetlein folget.

Sonst wo der kirchgang und brautpredigt auf den morgen gesparet und auf einmal alles verbracht wird, pfleget man dieses gebetlein aussen zu lassen und das ander zu lesen und mit dem letzten gebet zu beschliessen.

Lasst uns beten.

Herr gott himlischer vater, wir danken dir, das du uns deine gnade geben, und uns in den heiligen ehestand berufen hast, wir bitten dich, gib uns deinen heiligen geist, der uns also leite und führe, das wir in unserm ehestande einig sein, ein freundliches gottseliges leben führen mögen, und weil anfechtungen nicht aussen bleiben werden, wir dennoch deine hülfe spüren, unsere kindlein, die du geben möchtest, nach deinem willen ziehen, und in aller gottseligkeit, unter einander im friede leben, und endlich durch deinen son Jesum Christum ewig selig werden, amen.

Geliebten und auserwehleten in Christo, beide braut und breutigam, damit ir in euerem bestetigten ehestande also leben möget, das es gott gefellig, euch und menniglichen besserliche sein möge, so sollet ir aus gottes wort hören vier stücke, so eheleuten zu wissen von nöten sein.

Zum ersten, woher der stand der heiligen ehe kome. Wer denselben verordnet und eingesetzt habe. Nemlich, gott selbst. Denn also schreibet Moises in seinem ersten buch am andern capitel:

Und gott der herr sprach: Es ist nicht gut, das der mensch allein sei, ich wil im ein gehülfen machen, die sich zu im halte. Das lies gott der herr einen tiefen schlaf fallen auf den menschen, und er entschlief, und nam seiner rieben eine, und schlos die stete zu mit fleisch, und gott der herr bauet ein weib aus der riebe, die er von dem menschen nam, und bracht sie zu im. Da sprach der mensch: Das ist doch bein von meinen beinen, und fleisch von meinem fleisch, man wird sie männin heissen, darumb das sie vom manne genommen ist, darumb wird ein man seinen vater und mutter verlassen, und an seinem weibe hangen, und sie werden sein ein fleisch.

Da habt ir gehort, das der ehestand ein göttliche ordnung sei, und von gott herkomen. Nu höret ferner, und lernet zum andern, wie sich eines gegen dem andern nach gottes willen sol halten.

So spricht S. Paulus:

Ir menner liebet eure weiber, gleich wie Christus geliebet hat die gemeine und hat sich selbst für sie gegeben, auf das er sie heiliget, und hat sie gereiniget durch das wasserbad im wort, auf das er sie im selbst zurichtet, eine gemeine, die herrlich sei, die nicht habe einen flecken oder runzeln, oder des etwas, sondern das sie heilig sei und unstreflich.

Also sollen auch die menner ire weiber lieben, als ire eigene leibe. Wer sein weib liebet, der liebet sich selbst, denn niemand hat jemals sein eigen fleisch gehasset, sondern er nehret es und pfleget sein, gleich wie auch der herr die gemeine.

Die weiber sein unterthan iren mennern, als dem herrn, denn der man ist des weibes heubt, gleich wie auch Christus das heubt ist der gemeine, und er ist seines leibes heiland. Aber wie nu die gemeine Christo ist unterthan, also auch die weiber iren mennern, in allen dingen.

Zum dritten, höret auch das creuze, so gott auf diesen stand geleget hat.

So sprach gott zum weibe:

Ich wil dir viel schmerzen schaffen, wenn du schwanger wirst, du solt mit schmerzen kinder geberen, und dein wille sol deinem manne unterworfen sein, und er sol dein herr sein.

Und zum manne sprach gott:

Dieweil du hast gehorchet der stimme deines weibes und gessen von dem baum, davon ich dir gebot, und sprach: Du solt nicht davon essen, verflucht sei der acker umb deinet willen, mit kummer solt du dich darauf nehren dein lebenlang, dorn und disteln sol er dir tragen, und solt das kraut auf dem felde essen, im schweis deines angesichts solt du dein brot essen, bis das du wider zur erden werdest, darvon du genommen bist, denn du bist erde, und solt wider zur erde werden.

Zum vierden, so ist das euer trost, das ir wisset und gleubet, wie euer stand für gott angeneme und gesegnet ist.

Denn also stehet geschrieben:

Gott schuf den menschen im selbs zum bilde, ja zum bilde gottes schufe er in, er schuf sie ein menlein und freulein, und gott segenet sie und sprach zu inen: Seid fruchtbar und mehret euch, und erfüllet die erde und machet sie euch unterthan und herrschet uber fisch im meer und uber vogel unter dem himmel und uber alles thier, das auf erden kreucht, und gott sahe, alles was er gemacht hatte, und sihe da, es war alles sehr gut.

Drümb spricht auch Salomon: Wer eine ehefrau findet, der findet was gutes und schepfet segen vom herrn.

Hier recke die hende uber sie, und bete also:

Herr gott, der du man und weib geschaffen und zum ehestand verordnet hast, darzu mit früchten des leibes gesegenet, und das sacrament deines lieben sons Jesu Christi und der kirchen seiner braut darinnen bezeichnet, wir bitten deine grundlose güte, du wollest solch dein geschepf, ordnung und segen, nicht lassen verrücken noch verderben, sondern gnediglich in uns bewaren, durch Jesum Christum unsern herrn, amen.

Der herr segne euch und behüte euch.

Der herr erleuchte sein angesicht uber euch, und sei euch gnedig.

Der herr erhebe sein angesichte auf euch, und gebe euch friede. †. Amen.

IX.

Erinnerung der heimlichen verlöbnis halben.

Weil die heimlichen verlöbnisse, so hinder eltern und vormünden (auch deror personen so billich zu rathe gezogen werden solten) furwissen und willen zwischen jungen leuten geschehen, nach d. Luthers erinnerunge an inen selbs unrecht und hochstrafbar sein, sollen die pfarherren, so ofte sie darzu gelegenheit haben, ire pfarkinder vleissig dafür warnen und die eltern, vormünden,

und wer es sunst zu thun hat, ernstlich vermanen, das sie darinnen fürsichtig und vleissig sein wollen und ire kinder und mägdlein mit allen treuen von heimlichen verlöbnissen abhalten, auch mit nichten gestatten, das sie sich ires gefallens mit einander einlassen und verbinden.

Wie denn auch gleicher gestalt herwiderumb die pfarherren, eltern, und fürmünden darzu vermanen sollen, da in gott kinder oder mägdlein gegeben, die alters halben und sonst zum ehestande tüchtig sein, und die mittel und gelegenheit fürfallen, das sie zu ehren begeret und ausgestattet werden können, das sie die selben auch nicht uber gebür aus lauterem eigen sin, oder eigen nutz, oder aus anderm unzimlichen ursachen daran hindern und aufhalten. Denn solches ist auch unrecht, und gibt oft zu vielen und grossen unrath ursache.

Da sich aber hierüber solche felle zutragen, das sich junge persone mit einander heimlich verlobet hetten, sollen sie die pfarherren für sich fodern, mit allem vleisse erkunden, wie sie zu solchem verlöbnis komen, wie fern, und welcher gestalt sie sich verlobet haben. Und da sie die verbündnis etwas wichtig, auch ursachen derselben und andere einfelle befinden, sollen sie es nicht bei sich behalten, noch den entscheit unbedechtig auf sich one rath fürnemen, sondern alles treulich mit allen umbstenden aufzeichnen, dem consistorio und superintendenten fürbringen und darauf derselbigen rath und bedenken hören.

X.

Von den zugelassenen und verbotenen gradibus im ehestande.

Es treget sich oft viel fragens und mancherlei unrichtigkeit zu uber den ehe verlöbnissen, das sich die personen zusammen verheirathen wollen, welche näher verwandnis halben, nach göttlichem und ordentlichen rechten, nicht zusammen in ehestand gelassen werden können, so wissen auch oftmals die pfarherren selbst nicht, wie weit sie die ehe erleuben, oder nicht erleuben sollen, wie denn auch ire pfarkinder derohalben mit inen zank anfahen, wenn sie inen nicht erleuben wollen, sich ires gefallens mit nahen freunden zuverehelichen, meinen das es ir getrieb sei, das sie gehindert werden. Damit nu solchem unrath begegnet, und pfarherren und pfarleute bericht haben, wie sie sich beiderseits halten mögen, das sie nicht wider göttliche und ordentliche rechte handeln, haben wir dis verzeichnis der gemeinen regeln von den zugelassenen und verbotenen gradibus, wie in den benachbarten und andern chur und fürstenthumben der evangelischen kirchen breuchlich, aufs kürzte hierein bringen und setzen lassen, welches die pfarherren iren pfarkindern, sich darnach zu richten, etwan im jahr ein mal furlesen können. Wo aber darüber andere und schwerer felle für kommen, welche in diesem verzeichnis nicht zu finden weren, mögen sie dieselben ins consistorium weisen, und sich darauf ferners berichts daselbst erholen.

[Folgt wörtlich: „Einfeltiger unterricht von verbotenen graden". welchen Georg von Anhalt für Merseburg 1548 publicirt hatte, und welcher in diesem Bd. II, S. 28 ff. abgedruckt ist, von S. 29, Spalte 2, Z. 10 — S. 34, Spalte 2, Z. 9.]

XI.
Von der communion.

Nachfolgende vermanunge zum gebet für der communion ist darumb hierzu gesetzet, das sie brauchen möge, wer gerne wil. Wo es auch in den stedten zu weilen von wegen der gesenge und orgeln zu lang werden wolte, kan sie nachbleiben.

Vermanung zum gebet, für der communion.

Lieben freunde Christi, weil wir hie versamlet sind in dem namen des herrn, sein heiliges testament zu empfahen, so vermane ich euch aufs erste, das ir euer herz zu gott erhebet, mit mir zu beten das vater unser, wie uns Christus unser herr geleret, und erhörung tröstlich zugesagt hat:

Das gott, uuser vater im himmel, uns seine elende kinder auf sein barmherziglich ansehen wolte und gnade verleihen, das sein heiliger name unter uns und in aller welt geheiliget werde, durch reine rechtschaffene lere seines worts, und durch brünstige liebe unsers lebens wolt genediglich abwenden alle falsche lere und böses leben, darinne sein werder name gelestert und geschendet wird.

Das auch sein reich zukome und gemehret werde, alle sünder, verblendte, und vom teufel in sein reich gefangen zur erkentnis des rechten glaubens an Jesum Christum seinen son bringen und die zal der christen gross machen wolte.

Das wir auch mit seinem geist gesterket werden, seinen willen zu thun und zu leiden, beide im leben und sterben, im guten und bösen, allzeit unsern willen brechen, opfern und tödten.

Wolt uns auch unser teglich brot geben, für geiz und sorge des bauchs behüten, sondern uns alles guts gnung im versehen lassen.

Wolt uns auch unser schult vergeben, wie wir denn unsern schüldigern vergeben, das unser herz ein sicher frölich gewissen für im habe, und für keiner sünde uns nimmermehr fürchten noch erschrecken.

Wolt uns nicht einfüren in anfechtung,

sondern helfe uns durch seinen geist das fleisch zwingen, die welt mit irem wesen verachten und den teufel mit allen seinen tücken uberwinden.

Und zu letzt uns wolt erlösen von allem ubel, beide leiblich und geistlich, zeitlich und ewiglich. Welche das alles mit ernste begeren, sprechen von herzen amen, on allen zweifel glauben, es sei ja, und erhört im himel, wie uns Christus zusagt, was ir bittet, gleubet, das irs haben werdet, so sols geschehen.

Zum andern, vermane ich euch in Christo, das ir mit rechtem glauben des testaments Christi warnemet, und allermeist die wort, darinne uns Christus sein leib und blut zur vergebung schenket, im herzen feste fasset, das ir gedenket und danket der grundlosen liebe, die er uns bewiesen hat, da er uns durch sein blut von gottes zorn, sünde, tod und helle erlöset hat, und darauf eusserlich das brot und wein, das ist, seinen leib und blut, zur sicherung und pfand zu euch nemet. Demnach wollen wir in seinem namen, und aus seinem befehl, durch seine eigene wort, das testament also handeln und gebrauchen.

[Folgen „Vater unser" und die Einsetzungsworte mit Musiknoten.]

Folgend lese der priester diese collecten, zu beschluss der communion.

Wir danken dir allmechtiger herr gott, das du uns durch diese heilsame gabe hast erquicket, und bitten deine barmherzigkeit, das du uns solches gedeien lassest, zu starkem glauben gegen dir, und zu brünstiger liebe unter uns allen, durch Jesum Christum deinen son, unsern herrn, amen.

Oder diese.

Ach du lieber herr gott, der du uns bei diesem wunderbarlichen sacrament deines leidens zu gedenken und predigen befolen hast, verleihe uns, das wir solch deines leibs und bluts sacrament also mögen brauchen, das wir deiner erlösung in uns teglich fruchtbarlich empfinden, amen.

Der herr segne dich, und behüte dich.

Der herr erleuchte sein angesicht auf dich, und sei dir gnedig.

Der herr erhebe sein angesicht auf dich, und gebe dir friede. †.

XII.
Etliche collekten und gebete der kirchen auf die heubt und andere fest durchs ganze jar.

Im advent.

Lieber herr gott, wecke uns auf, das wir bereit sein, wenn dein son kömpt in mit freuden zu empfahen, und dir mit reinem herzen zu dienen, durch denselbigen deinen son Jesum Christum, unsern herrn, amen.

29*

Auf weinachten, von der geburt Christi.

Hilf, lieber herr gott, das wir der neuen leiblichen geburt deines lieben sons, theilhaftig werden und bleiben, und von unser alten sündlichen geburt erlediget werden, durch denselbigen deinen son, Jesum Christum, unsern herrn, amen.

Ein ander collecta.

O allmechtiger ewiger gott, wir bitten dich, verleihe uns, die wir mit dem gnadenreichen lichte deines neugebornen lieben sons, Jesu Christi, begnadet sind, das wir auch mit der that volbringen, was wir im herzen gleuben, und mit dem munde bekennen, durch denselbigen deinen lieben son, Jesum Christum unsern herren, amen.

Eine andere.

O allmechtiger gott, wir bitten dich, du wollest verleihen, das uns die neugeburt deines eingebornen sons erlöse, welche die alte dienstbarkeit unter dem joch der sünden gefangen helt, auf das wir in als einen erlöser mit freuden annemen, und wenn er zu gericht komen wird, sicher mögen anschauen Jesum Chrisum unsern herrn, amen.

Ein andere, nach der communion.

O gütiger barmherziger gott, der du das menschliche geschlecht nach dem erbermlichen fall widerumb aus der erbstinde erlöset hast, wir bitten dich, du wollest die jenigen, so du in der taufe widerumb neugeborn hast, auch im schutz deiner milden gnad und barmherzigkeit ewiglich erhalten, und uns diese heilsame gabe deines leibs und bluts gedeien lassen, zu starkem glauben gegen dir und zu brünstiger liebe unter uns allen und zu erneuerung unsers ganzen lebens, durch Jesum Christum deinen son unsern herrn, amen.

Am neuenjarstage.

Himlischer vater, der du deinen lieben son unter das gesetz hast gethan, auf das er die so unter dem gesetz waren, von der maledeiung erlösete, hilf das wir der erlösung theilhaftig werden und bleiben, durch denselbigen deinen lieben son, Jesum Christum unsern herrn, amen.

Am tage der heiligen drei könige.

Herr gott lieber vater, der du an diesem tage, deinen eingebornen son Jesum Christum, den heiden durch einen sternen offenbaret hast, verleihe uns gnediglich, auf das die wir dich durch den glauben erkant haben, auch zur beschauung deiner göttlichen maiestet und herligkeit geführt werden, durch denselbigen deinen lieben son unsern herrn, amen.

Am tage Marie reinigung.

Almechtiger ewiger gott, wir bitten dich herzlich, gib uns, das wir deinen lieben son erkennen und preisen, wie der heilige Simeon in leiblich in die arm genommen und geistlich gesehen und bekant hat, durch denselbigen deinen son Jesum Christum unsern herrn, amen.

Ein andere, nach der communion.

O lieber herr Jesu Christ, der du bist das ware licht, welches alle menschen erleuchtet, die in diese welt komen, wir bitten dich, erleuchte unsere herzen mit deiner gnaden, auf das wir dich mit dem heiligen Simeon, unsern heiland, in diesem seligen testament erkennen, und nach dieser welt dunkelheit bei dir in ewiger klarheit ewiglich bleiben, der du lebst und herrschest mit dem vater und dem heiligen geist, von welt zu welt, amen.

Am tage der verkündigung Marie.

Allmechtiger gott, der du gewolt hast, das nach anzeigung des engelischen gruss dein wort solt fleisch an sich nehmen, von dem leib der heiligen jungfrauen Marien, verleihe uns gnediglich, das wir von aller unser befleckung erlediget werde, durch denselbigen deinen son Jesum Christum unsern herrn, amen.

Von dem leiden Christi.

Barmherziger ewiger gott, der du deines einigen sons nicht verschonet hast, sondern für uns alle dahin gegeben, das er unsere sünde am creuze tragen solt, verleihe uns, das unser herz in solchem glauben nimmermehr erschrecke noch verzage, durch denselbigen deinen son Jesum Christum, amen.

Ein ander collecta.

Allmechtiger ewiger gott, der du für uns hast deinen son des creuzes pein lassen leiden, auf das du von uns des feindes gewalt treibest, verleihe uns also zu begehen und danken seinem leiden, das wir dadurch der sünden vergebung und vom ewigen tod erlösung erlangen, durch denselbigen deinen son Jesum Christum, amen.

Auf ostern, von der auferstehung Christi.

Allmechtiger gott, der du durch den tod deines sohns die sünde und tod zu nichte gemacht und durch sein auferstehung unschuld und ewiges leben widerbracht hast, auf das wir von der gewald des teufels erlöset, in deinem reich leben, verleihe uns, das wir solches von ganzem herzen gleuben, und in solchem glauben bestendig, dich allezeit loben und dir danken, durch denselbigen deinen son Jesum Christum unsern herrn, amen.

Ein ander.

Herr gott himlischer vater, der du deinen eingebornen son umb unserer sünde willen dahin gegeben und uns zur gerechtigkeit hast wider auferwecket, wir bitten deine barmherzigkeit, du wollest unsere herzen hier durch deinen geist zum neuen leben erwecken und unsere leibe dort mit Christo ewig selig machen, durch die kraft der auferstehung deines lieben sons Jesu Christi, unsers herrn, amen.

Ein ander, nach der communion.

O allmechtiger gott, der du durch deinen eingebornen son, unsern herrn Jesum Christum, uns nach uberwundenem tod, hast eröffnet den eingang zum ewigen leben, und durch sein auferstehunge der ganzen welt heil verliehen und ein bund unserer versönung darbei gemacht hast, wir bitten dich, du wollest unser begird zu solchem ewigen leben erwecken, und die himlische gabe der volkommenen freiheit verleihen, auch das wir im wandel führen, was wir im glauben empfangen haben, und das wir dem, so wir durch unsere bekentnis preisen, auch mit der that nachfolgen, durch denselbigen deinen son, unsern herrn Jesum Christum, amen.

Von der himelfart.

Allmechtiger herre gott, wir bitten dich, verleihe uns, das wir auch mit dem gemüth im himmel wohnen, was himlisch ist suchen, und gesinnet sein, wie wir gleuben, das dein eingeborner son unser seligmacher gen himmel gefahren, durch denselbigen deinen lieben son Jesum Christum, unsern herrn, amen.

Ein andere collecta.

Herr gott himlischer vater, wir bitten dich, du wollest uns der himmelfart deines sons gnediglich lassen geniessen, und umb seinet willen uns allerlei geistliche gaben widerfahren lassen, auf das wir im glauben immerdar zunehmen und nach diesem leben ewig bei dir bleiben mögen, durch denselbigen deinen son Jesum Christum, amen.

Ein andere.

Allmechtiger herr gott, verleihe uns, die wir gleuben, das dein einiger son unser heiland, sei heute gen himmel gefahren, das auch wir mit im geistlich, im geistlichen leben wandeln und wohnen, durch denselbigen deinen lieben son Jesum Christum unsern herrn, amen.

Collecta, nach der communion.

Allmechtiger gott, und ewiger vater, ein könig der ehren und ein herr himmels und der erden, dir sei lob, ehr und preis, das du uns wirdig geacht hast zu diesem reichthumb deiner gnaden und seligen speise zu komen, wir bitten dich lieber vater, du wollest uns deinen heiligen geist verleihen, auf das wir mit herz und gemüthe, was droben im himmel ist, suchen, und auch gnediglich finden, durch denselbigen deinen lieben son, Jesum Christum unsern herrn, amen.

Am pfingstage.

Herr gott lieber vater, der du an diesem tage deiner gleubigen herzen, durch deinen heiligen geist erleuchtet und geleret hast, gib uns, das wir

auch durch denselbigen geist rechten verstand haben und zu aller zeit seines trosts und kraft uns freuen, durch denselbigen deinen son, Jesum Christum, unsern herrn, der mit dir und dem heiligen geiste lebet und regieret, warer gott, von ewigkeit zu ewigkeit, amen.

Eine andere.

Herr gott himlischer vater, wir bitten dich, du wollest deinen heiligen geist in unsere herzen geben, und uns in deiner gnade ewig erhalten, und in aller anfechtung gnediglich behüten, auf das wir durch hülfe deines geistes in deinem willen wandeln, und in aller not uns deiner güte trösten mögen, durch Jesum Christum unsern herrn, amen.

Collecta, nach der communion.

O gütiger barmherziger gott, der du die herzen deiner gleubigen mit erleuchtung des heiligen geistes geleret und eine christliche gemeine versamlet hast, gib uns, das wir in dem selbigen geist recht gesinnet sein, und uns seiner tröstung allzeit freuen, das er durch seine kraft uns beistehe, unsere herzen gnediglich reinige, und für allem widerwertigen beschütze, auf das deine gemeine keinerlei weise durch anlaufen der feinde, bekümmert, sondern in alle warheit geleitet werde, als dein son unser lieber herr Jesus Christus verheissen hat, der mit dir in einigkeit des selben heiligen geists lebet und regieret, warer gott immer und ewiglich, amen.

Von der heiligen dreifaltigkeit.

Allmechtiger ewiger gott, der du uns geleret hast, im rechten glauben zu wissen und bekennen, das du in drei personen, gleicher macht und ehren, ein einiger ewiger gott, und dafur an zu beten bist, wir bitten dich, du wollest uns bei solchem glauben allzeit fest erhalten, wider alles, das dagegen uns mag anfechten, der du lebest und regierest, von ewigkeit zu ewigkeit, amen.

Eine andere.

O allmechtiger ewiger gott, der du uns deinen dienern aus gnaden geben hast, in bekentnis des waren glaubens, die herrligkeit der ewigen dreifaltigkeit zu erkennen, und die einigkeit gleiches gewalts und majestet anzubeten, wir bitten dich, verleihe das wir in solchem glauben bestendig bleiben, und in aller widerwertigkeit gnediglich behütet werden, durch Jesum Christum deinen einigen son, unsern herren, amen.

Ein andere, nach der communion.

O allmechtiger ewiger gott, der du uns deinen dienern aus gnaden geben hast, in bekentnis des waren glaubens die herrligkeit der einigen dreifaltigkeit zu erkennen und die einigkeit gleiches gewalts und majestet anzubeten, wir bitten dich, verleihe das wir durch bestendigkeit solchs glaubens allzeit befestiget werden in aller widerwertigkeit, durch Jesum Christum unsern herren, deinen son, welcher mit dir in einigkeit des heiligen geistes lebet und regieret, warer gott, immer und ewiglich, amen.

Am tage Johannis des teufers.

Allmechtiger, ewiger, barmherziger gott, verleihe gnediglich deinem volk, das sie den weg des heils mögen wandeln, welchen Johannes der teufer hat angezeigt Jesum Christum deinen son unsern herrn, amen.

Am tage Marie heimsuchung.

Allmechtiger, barmherziger vater, der du aus uberschwenglicher güte die jungfrau Mariam und mutter deines sones, Elisabeth zu grüssen, und Johannem den teufer noch in mutter leibe verschlossen, heimzusuchen bewegt hast, wir bitten dich, verleihe uns, das wir auch durch deine barmherzigkeit mit dem heiligen geist erfüllet, und von allem ubel erlöst, und deiner gnadenreichen heimsuchunge nimmermehr beraubt werden, durch denselbigen deinen lieben son Jesum Christum unsern herrn, amen.

Am tage Michaelis ein gebet von den engeln.

O allmechtiger, ewiger, barmherziger gott, der du wunderbarlicher weise der engel und menschen dienste verordnet hast, wir bitten dich, verleihe uns gnediglich, das unser leben hie auf erden behütet und beschirmet werde, von denen, die deiner göttlichen majestet allezeit beiwohnen im himmel, durch Jesum Christum deinen lieben son, unsern herrn, amen.

Ein andere, nach der communion.

O du allerliebster herr und heiland Jesu Christe, der du allein mit deiner göttlichen kraft zutreten hast den kopf der schlangen, und alleine gewaltig zubrochen und zurissen hast, das reich des teufels, wir bitten dich, du wollest uns arme schwache kleingleubigen wider alle listigen anlauf des bösen geistes, und seinem grimmigen zorn, damit er uns von deinem göttlichen worte gedenket abzuschrecken und abzuziehen, durch deine heilige engel gnediglich schützen und erhalten, also das wir in deinen göttlichen zusagen und worten bis ans ende unsers lebens, unverzagt, wider alle pforten der helle, in einem rechten warhaftigen christlichem glauben bleiben und beharren mögen, vereinige mich mit dir mein herr Christe, und wirke in mir alles gut, und bleib in solcher weise mit mir, auf das ich ewiglich bleibe in dir, der du mit dem vater und dem heiligen geist herrschest und lebest in ewigkeit, amen.

Von den aposteln.

O barmherziger herr Jesu Christe, der du nicht des sünders tod, sondern wilt das er sich beker und lebe, ja du wilt das alle menschen genesen, du bist derhalben vom himmel kommen, mensch worden, am creuz gestorben, und von den todten wider auferstanden, und gen himmel gefahren, und hast deine zwelfboten in alle welt abgefertiget, zu predigen das evangelium aller creaturen. Wir bitten dich, nach dem die ernde gros, und der arbeiter wenig sind, und dein arm elend volk zerstreuet gehet wie die irrenden schaf, du wollest aus milder güte, gnade und barmherzigkeit getreue arbeiter in die ernde senden, und deine zerstraueten schaf wider zusammen bringen, mit heilsamer weide, mit deinem göttlichen worte speisen und trösten, auf das alle menschen deinen heiligen namen loben, ehren und preisen, und dir fur solche güte und wolthat danken, der du mit dem vater und dem heiligen geiste herrschest und lebest, in ewigkeit, amen.

Collecta, nach der communion.

Herr Jesu Christ, der du zwölf auserwehlete baumeister in alle welt aus gesandt hast, dir eine feste bleibende stad und einen heiligen tempel zu bereiten, und durch die selbigen viel guts gewirket, beide Juden und heiden zu deinem reich gefordert, wir bitten dich barmherziger herr, wollest uns deine arme diener gnediglich erhören, und uns an deinem heiligen tempel auch lassen einen lebendigen stein sein und bleiben, und uns diese heilsame gabe deines heiligen leibs und bluts gedeien lassen, zu starkem glauben gegen dir, und zu brünstiger liebe unter uns allen, durch Jesum Christum deinen son unsern herrn, amen.

Gemeine collecten, die man nach der litanei oder auf das deutsche te deum laudamus kan gebrauchen, nach erförderung der zeit.

Im anfang des kirchenampts umb den heiligen geist und fur die gemeine christenheit zu bitten.

Allmechtiger herre gott, himlischer vater, von dem wir on unterlas allerlei guts gar uberflüssig empfahen, und teglich für allem ubel ganz gnediglich behütet werden, wir bitten dich, gib uns durch deinen geist solchs alles mit ganzem herzen im rechten glauben zu erkennen, auf das wir deiner milden güte und barmherzigkeit, hier und dort ewiglich danken und dich loben, durch Jesum Christum deinen son, unsern herrn, amen.

Ein ander collecta.

Allmechtiger, ewiger gott, der du durch deinen heiligen geist die ganze christenheit heiligest und regierest, erhör unser bitte, und gib uns gnediglich, das sie mit allen iren gliedern, in reinem glauben, durch deine gnade dir diene, durch Jesum Christum, deinen son, unsern herrn, der mit dir sampt dem heiligen geiste, herrschet und regieret, immer und ewiglich, amen.

Umb hülf und regierung, am sontage Septuagesima.

Allmechtiger herr gott, der du bist ein beschützer aller die auf dich hoffen, on welches gnade niemand ichts vermag, noch etwas für dir gilt, lass deine barmherzigkeit uns reichlich widerfaren, auf das' wir durch dein heiliges eingeben, gedenken was recht ist, und durch deine kraft auch dasselbige volbringen, umb Jesus Christus unsers herrn willen, amen.

Umb vergebung der sünden, und erlassung der verdienten straf, am sontage Invocavit.

O herr gott himlischer vater, der du nicht lust hast an der armen sünder tode, lessest sie auch nicht gerne verderben, sondern wilt das sie bekeret werden, und leben, wir bitten dich herzlich, du woltest die wol verdienete strafe unserer sünden gnediglich abwenden, und uns hinfurt zu bessern, deine barmherzigkeit miltiglich verleihen, umb Jesus Christus unsers herrn willen, amen.

Collecta, am sontage Judica, folget bald nach der communion.

Für allerlei not und anliegen.

Herr allmechtiger gott, der du der elenden seufzen nicht verschmehest, und der betrübten herzen verlangen nicht verachtest, sihe doch an unser gebet, welches wir zu dir in unser not fürbringen, und erhöre uns gnediglich, das alles, so beide vom teufel und menschen wider uns strebet, zu nichte und nach dem rath deiner güte zurtrennet werde, auf das wir von aller anfechtunge unversehret, dir in deiner gemeine danken, und dich allzeit loben, durch Jesus Christus deinen son unsern herrn, amen.

Umb sterke und kraft, in allerlei anfechtung.

Herr gott himlischer vater, du weissest, das wir in so mancher grosser gefahr für menschlicher schwacheit nicht mögen bleiben, verleihe uns beide an leib und seele kraft, das wir alles, so uns umb unserer sünde willen quelet und anfichtet, durch deine hülfe uberwinden, umb Jesus Christus deines sons, unsers herrn willen, amen.

Für die, so im irrthumb des glaubens sind.

O allmechtiger, barmherziger gütiger gott, wir bitten dich ernstlich und von ganzem herzen, du wollest alle die jenigen, so vom christlichen glauben abgewichen, oder sonst in etlichen stücken irrig, und mit falscher lere behaft und verführet sein, väterlich heimsuchen, und widerbringen zum erkentnis ires irrthumbs, das sie ein lust und gefallen gewinnen an deiner bestendigen ewigen warheit, durch Jesum Christum deinen son unsern herrn, amen.

Für die früchte der erden.

O allmechtiger gott, ewiger vater, der du durch dein ewiges göttliches wort alle ding erschaffen hast, segenest und erheltest, wir bitten dich, das du dein ewiges wort, unsern herrn Jesum Christum, uns wollest offenbaren, und in unsere herzen pflanzen, dadurch wir nach deiner gnaden wirdig werden, deinen göttlichen segen uber alle früchte der erden, und alles was zur leiblichen notdurft gehöret, zu empfahen, und solche gaben zum preis deines göttlichen namens, und unsers nehesten dienst zu gebrauchen, durch denselbigen deinen lieben son, Jesum Christum, unsern herrn, amen.

Umb regen, oder schön wetter.

Herr gott himlischer vater, der du gnedig und barmherzig bist, und uns durch deinen son verheischen hast, du wollest dich unser in allerlei noth gnediglich annehmen, wir bitten dich, sihe nicht an unsere missethat, sondern unser not und deine barmherzigkeit, und schicke einen gnedigen regen (oder eine gnedige sonne) auf das wir durch deine güte unser teglich brot haben, und dich als einen gnedigen gott erkennen und preisen mögen, durch Jesum Christum deinen son unsern herrn, amen.

Für alle betrübte und angefochtene.

O allmechtiger ewiger gott, ein trost der traurigen, eine sterke der schwachen, lass für dein angesicht gnediglich kumen, die bitte aller derer, so in bekümmernis und anfechtung zu dir seufzen und schreien, auf das menniglich in der not deine göttliche hülfe empfinde, und dich dafür in ewigkeit lobe und preise, durch Jesum Christum deinen son unsern herrn, amen.

Wider den Türken.

Herr gott himlischer vater, wir bekennen alle für dir, das wir durch unsere missethat und langen ungehorsam den Türken und allerlei unglück wol verdienet haben, aber doch bitten wir dich, du wollest umb' deines namens willen unser gnediglich verschonen, dem schedlichen feinde wehren und deine arme christenheit wider in beschützen, auf das dein wort im friede weiter ausgebreitet werde, und uns daraus bessern und im rechten gehorsam gegen dir wandeln mögen, durch Jesum Christum unsern herrn.

Pro pace, umb friede.

Herr gott himlischer vater, der du heiligen mut, guten rath, und rechte werke schaffest, gib deinen dienern friede, welchen die welt nicht kan geben, auf das unsere herzen an deinen geboten hangen, und wir unsere zeit durch deinen schutz,

still und sicher für feinden leben, durch Jesum
Christum deinen son unsern herrn, amen.

Ein ander.

O allmechtiger ewiger gott, ein könig der
ehren, und ein herr himels und der erden, durch
welches geist alle ding regieret, durch welches
versehung alle ding geordnet werden, der du bist
ein gott des friedes, von dem allein alle einigkeit
zu uns kömpt. Wir bitten dich, du wollest uns
unsere stünde vergeben, und mit deinem göttlichen
friede und einigkeit begnaden, damit wir in rechter
furcht dir dienen, zu lob und preis deines namens,
durch Jesum Christum unsern herrn.

Ein andere.

O gott du stifter des friedes, und liebhaber
der liebe, wer dich erkennet, der lebet, wer dir
dienet, der regieret. Beschütze deine demütigen,
behüte uns für allem anlaufen der feinde, auf das
wir kein waffen der feindschaft fürchten, die wir
uns auf deinen schutz verlassen, durch Jesum
Christum deinen lieben son, unsern herrn, der mit
dir in einigkeit des heiligen geistes lebet und
herschet, warer gott immer und ewiglich, amen.

Gott gib fried in deinem lande,
 Glück und heil zu allem stande.
Herr handel nicht mit uns nach unsern sünden,
Und vergelte uns nicht nach unser missethat.
Oder.
Wir haben gesündiget mit unsern vätern,
Wir haben missgehandelt, und sind gottlos
 gewesen.
Des herrn name sei gebenedeiet,
Von nu an bis in ewigkeit.

XIII.
Von der ubunge unsers heiligen
catechismi.

Weil gott der herr mit der offenbarung seines
heiligen worts uns auch den lieben catechismum
als den rechten kern und kurze summa der
ganzen biblia durch seinen auserwehlten rüstzeug, d. Mart. Lutherum gegeben, sol derselbe in
unsern kirchen, wie bishero geschehen, auch hinfüro mit höchstem vleis und treuen getibt, und
der jugend und einfeltigen leuten in schulen und
kirchen wol eingebildet werden.

Wir halten aber in unsern kirchen und
schulen keinen andern catechismum, denn den
kleinen catechismum Lutheri, und ist verordnet
beides in megdlein und knaben schulen, das derselbe mit seiner kurzen auslegung den kindern
in deutscher und lateinischer sprache zu lernen
aufgegeben wird.

Es ist auch verordnet, das die blossen stücke,
und worte des catechismi, alzeit für den catechismus predigten einfeltig, verstentlich, und unverendert, oder ohne zusatz, und abbruch aus dem
buche abgelesen werden.

Und damit ime nicht ein jeder ein besonders,
und dardurch die leute stützig und irrig mache,
sondern das durchaus gleicheit gehalten, und die
jungen, und einfeltigen leute an einerlei worte
gewenet werden, so lassen wir alhie in dis unser
kirchenbuch erstlich die blossen worte hernach
drucken, und setzen. Darauf sol der ganze kleine
catechismus Lutheri, mit seiner auslegung hernach
folgen.

XIIII.
Enchiridion.
Der kleine catechismus, für die ge-
meinen pfarherren und prediger.
D. Martini Luthers.
Anno 1529.
Aus dem 8. jenischen teil fol. 380 treulich nach-
gedruckt.
[Folgt der Catechismus.]

Nach dem wir auch für etlichen jaren den
kleinen catechismum Lutheri mit etlichen fragstücken m. Johan Spangenbergs haben drucken
lassen, und im drucke, was Lutheri ist, und was
Spangenbergs ist, unterscheiden lassen, dessen wir
auch damals etliche ursachen gehabt, so lassen
wirs itzt auch darbei bleiben, das desselben büch-
leins brauchen möge, wer da wil. Wer aber
Lutheri catechismum allein brauchen wil, der mag
es in gottes namen auch thun.

XVI.
Wie man auf den visitationibus den
catechismum zu uben, verordnet hat.

Es ist auch in den visitationibus allen pfarherren aufm lande eingebunden und ernstlich befohlen, ire pfarkinder mit getreuem vleisse iu
dem heiligen catechismo zu unterweisen, dazu ist
dieser christlicher und heilsamer zwank angestellet,
das allen pfarherren auferleget und verordnet,
das sie zusehen und niemands zum hochwirdigen
sacrament des altars zulassen oder zur gevatterschaft bei der heiligen taufe stehen lassen, der
nicht zum wenigsten die fragen von beiden sacramenten und den andern artikel des glaubens mit
der auslegung gelernet hat. Welche auch zur
ehe aufgeboten und zusammen gegeben werden
wollen, die sollen den ganzen catechismum Lutheri,
sambt der kurzen und herrlichen auslegung desselben, gelernet haben, und aufsagen können, oder
so lange aufgehalten und abgewiesen werden, bis
sie dieses wie itzt vermeldet, gelernet haben.

Denselben zwang sollen die diener der kirchen inen in den stedten nichts weniger befohlen sein lassen, als die aufm lande, von diesem aber sol allezeit, wenn man in der fasten oder sonst den catechismum zu predigen anfahen wil, den leuten bericht geschehen, damit sie sampt den iren vleissig zum catechismo kommen, und denselben lernen, und hernach keine entschüldigung für gewendet werden könne, wenn man sie oder die iren, die den catechismum nicht haben lernen wollen, von den hochwirdigen sacramenten, und wie itzt gemeldet, von der ehe suspendiret oder abweiset.

Es sollen aber zur warnung und vermanunge an die pfarleute, volgende oder dergleichen worte abgelesen werden.

Vermanung zum heiligen catechismo, welche für dem anfange desselben abgelesen werden sol.

Weil der theure man gottes Lutherus in der vorrede uber den kleinen catechismum, diese ernste worte setzet, nemlich: Welche den catechismum nicht lernen wollen, den sol man sagen, das sie Christum verleugnen, und keine christen seind, sollen auch nicht zum hochwirdigen sacrament gelassen werden, kein kind aus der taufe heben, auch kein stücke der christlichen freiheit brauchen, sondern schlechtes dem bapst und seinen officialen, ja dem teufel selbst heim geweiset sein, darzu sollen inen die eltern und hausherren essen und trinken versagen und anzeigen, das solche leute die obrigkeit aus dem lande jagen wolle, etc. so haben wir auch aus treuer heilsamer wolmeinung, diesen vom Luthero gewiesenen christlichen zwank für die hand zunehmen geschlossen, wie uns den auch ampts und gewissens halben anders nicht gebüret, das wir hinfürder niemand, sonderlich von jungen und hier erzogenen leuten, zur ehe aufbieten und zusamen geben wollen, da uns nicht bewust sein wird, das sie den kleinen catechismum Lutheri sampt seiner auslegung gelernet haben und aufsagen können, das wir auch aus denen, die zum hochwirdigen sacrament des altars gehen oder bei der heiligen taufe zu gevattern stehen wollen, niemand zulassen können, welche nicht zum wenigsten die blossen stücke des catechismi, die vier fragen vom hochwirdigen sacrament mit irer antwort, und den andern artikel des glaubens mit seiner auslegung gelernet haben und aufzusagen wissen, denn man je die zum brauch des sacraments nicht lassen sol, die gar nichts von denselben gelernet haben, und auch von den unaussprechlichen hohen wolthaten unsers erlösers Jesu Christi nichtes wissen, damit sie dasselbe nicht mit unserm wissen und verhengen zu irem verdamnis unwirdig empfahen und an dem leib und blut Christi schuldig werden.

Nach dem auch in unsern kirchen bis daher diese christliche gewonheit erhalten ist, das man die kinder, so zum ersten mal zum hochwirdigen sacrament gehen sollen, den nehesten tag zuvor, ehe denn es geschiehet, in der kirchen offentlich verhöret, und hierzu alle monat ein gewisser tag in jeder kirchen geordnet und benennet wird, das sie auch, wenn sie im catechismo verhöret und bestanden sind, alda nach altem und löblichen gebrauch der kirchen confirmiret, und uber sie gott der herr angerufen und gebetet wird, so ermanen wir alle christliche, gottfürchtige eltern und hausherren, auch schulmeister und schulmeisterin, das sie solche gewonheit erhalten helfen, und auf benente zeit ire kinder, gesind, schulkinder, den seelsorgern zuverhören selbst fürstellen, damit man hernach in der beichte mit inen nicht sonderlich zuschicken haben dürfte, und an andern ampts gescheften dardurch gehindert und auf gehalten werden.

Wir ermanen auch weiter alle christliche eltern, und hausherren, das sie in betrachtung oberzelter ernster worte Lutheri sich gegen ungehorsame kinder oder gesinde also verhalten, das sie inen essen, trinken und andern vorschub versagen, und uns hierinnen die handreichen, damit die iren an solcher heilsamer lere nicht verseumet, noch sie an irem verderben schuldig werden, welches der mal eines für dem gestrengen und ernsten gerichte gottes gar schwerlich zuverantworten sein würde.

Dieses soll menniglich zur christlichen nachrichtung angezeiget sein und wird gehofft, was christen und gottfürchtige leute sein, die werdens also verstehen, wie es gemeint ist, und sich in schuldigem gehorsam finden lassen. Der rochlose haufe, der alles verachtet und niemands unterworfen sein wil, wird sein urtheil und strafe zu seiner zeit finden und bekommen.

XVII.

Von der confirmation der kinder, die den catechismus aufgesaget und nu zum hochwirdigen sacrament sollen zugelassen werden.

Wenn die kinder, wie jetzt gedacht ist, es sind knäblein oder mägdlein, in den schulen oder bei iren eltern den catechismum mit der auslegung Lutheri gelernet haben, werden sie in der kirchen offentlich verhöret, und da sie denn bestanden sind, pfleget man solches der kirchen anzuzeigen, sie zu der communion zulassen und also uber sie gott anzurufen und zu beten.

Gebete für die kinder, so erstmals zum hochwirdigen sacrament gehen wollen.

Allmechtiger ewiger gott, schöpfer himels und der erden, ein vater unsers herrn und heilandes Jesu Christi, wir danken dir, das du dieses kind (diese kinder) durch die heilige taufe aufgenommen in deine heilige christliche kirche, und aus dem reiche des satans in das reich deines lieben sons versetzet, seine (ihre) stünden ihm (inen) vergeben, und durchs wasser und heiligen geist zum ewigen leben wider geboren und bisher in deinem heiligen bunde erhalten hast. Und nu aber von tag zu tage die angeborne neigung und lust zur stünde, je mehr und mehr sich in ihm (inen) regen werden, so bitten wir dich, du wollest ihm (inen) deinen heiligen geist gnediglich verleihen, durch welchen es (sie) gesterket solchen bösen zuneigungen absterbe, in deiner erkentnis durch Christum wachse und zuneme, in deiner furcht und rechtem glauben, liebe, hoffnung, gedult, und allen tugeuden, und in deinem gehorsam bestendig bis an sein (irer) ende verharren, und ewig selig werden, durch denselben deinen sohn Jesum Christum, unsern herrn und heiland, amen.

Ein ander gebet.

Allmechtiger ewiger gott, vater unsers herrn Jesu Christi, sampt dem heiligen geist, einiger und warhaftiger gott, wir danken dir von herzen, das du uns arme menschen, aus greulicher blindheit und verführung falscher lere durch deine unaussprechliche gnade erlöset, und deine lere, wie wir dich erkennen, vergebung der sünden uberkomen, und dir dienen sollen, so hell und klar offenbaret, das auch kleine kinder (knaben und megdlein) die fürnempsten stücke christlicher lere wissen und bekennen, welches ja eine reiche gnaden zeit billich zu achten und zu rümen ist. Wir bitten dich von grund unsers herzen, du wollest auch solche warhaftige, tröstliche und selige lere bei uns erhalten und für allem geschmeis falscher lere und des leidigen bapstumbs uns gnediglich behüten. Wollest auch dieses kind, welches (diese kinder, welche) die stücke christlicher lere itzund hat (haben) aufgesaget und bekennet, durch den heiligen geist noch mehr erleuchten, regieren, bekreftigen, das es (sie) in deiner erkentnis, rechtem glauben, bestendigkeit, und in einem gottseligen leben, hinfüro je lenger je mehr möge (mögen) zunemen und wachsen, wollest es (sie) behüten für irthumb, abfal, stünde und allem schaden an leib und seele, auf das es (sie) an sein (ihr) ende in dem christlichen glauben, welchen du in ime (inen) angefangen hast, und in rechtschaffenen früchten des glaubens möge (mögen) verharren, und endlich selig werden,

durch Jesum Christum deinen lieben son unsern herrn, amen.

Nach dieser gebete einem, leget man den kindern die hand auf, und betet ferner also.

Dieweil du (ihr) den catechismum gelernet und für dieser christlichen gemeine offentlich bekentnis deines (eures) glaubens gethan hast (habt), und zugesagt, dabei bestendig zuverharren, und begerest (begeret) hierauf die absolution und das hochwirdige sacrament zu entpfahen, so verleihe dir (euch) gott darzu den heiligen geist, der dich (euch) regiere, schütze, und zum ewigen leben im rechten glauben, und göttlichem gehorsam erhalte, durch Christum seinen son, amen.

Der segen gottes des vaters, und des sons, und des heiligen geists, komme auf dich (euch), und bleibe uber dir (euch) ewiglich, amen.

XVIII.

Von der ubung der geistlichen gesenge.

Wir befinden, das leider d. Luthers, des teuren mans gottes und letzten propheten deutsches landes schöne psalmen und anderer fürtrefflicher leute geistreiche deutsche lieder an vielen orten also in abfall und vergessen komen, das die jungen hernach wachsende leute wenig von denselbigen wissen.

Und kömpt solches daher, das dieselben gar wenig und selden oder etwa im anfange des ampts, ehe die leute zusamen komen, in der kirchen gesungen werden, oder auch das in den stedten am meisten die lateinischen gesenge und musica figuralis gehalten werden, darüber auch etliche ire entschüldigung haben wollen, das sie bei solchen gesengen, (weil sie dieselbe nicht verstehen, noch mit singen können) nichts nütze sein in den kirchen, denen denn andere bald folgen und auch davon bleiben, und also der deutschen psalmen und lieder entwonen und sie vergessen und verachten.

Nu ist aber solches kein geringer schade, denn das ist ja gewis, das gott der herr, da er in dieser letzten zeit der welt sein heiliges evangelium und seligmachendes wort herfür bringen und offenbaren wollen, das er zum fortgang desselben allerlei nützliche mittel gegeben und bescheret hat. Unter denselben ist nicht die geringste, das er neben itzt gedachtem unserm deutschen propheten Luthero auch andere gottselige menner erwecket und gegeben, die durch erleuchtung des heiligen geistes, beides alle stücke unsers heiligen catechismi, und die fürnempsten lerartikel, die zu unserm trost, heil und seligkeit dienen, in kurze, liebliche und kunstreiche gesenge gefasset und den gemeinen einfeltigen leien zu singen und zu lernen, für gegeben haben. Wie nu alle menschen natürlich zu singen geneiget sein und zur musica lust haben, also haben sie solche gesenge mit grosser begirde angenomen und aus denselben den grund der warheit fest und stark gefasset. Also ist die heilsame lere weit ausgebreitet und durch dis mittel ferne komen, auch dem leidigen satan hierdurch nicht geringer schade in seinem reiche zugefüget würden.

Weil er denn nu solchen schaden gerne damit rechen und abwenden wolte, das er nicht alleine die leute zum kirchen gehen verdrossen und unfleissig machet, das sie eins theils (unter vorgemeltem prætextu, schein und fürwendung langsam hinein komen, eins theils gar draussen bleiben, sondern inen auch durch solchen unfleiss die deutschen herrlichen lieder unangeneme und veracht machen, erkennen wir uns schuldig, so viel müglichen ist an unserm orte solchem schaden zu wehren, und haben demnach d. Luthers deutsches gesang büchlein für uns genomen, und dieselben gesenge so darinnen verfasset sein, auf die festa und gemeinen sontage und sonst auf andere tage abgetheilet, wie wir vermeinen nach unserem einfalde, das sie zu den bequemesten und den leuten aufs beste einzubilden sein solten. Weil aber in dem gesang büchlein Lutheri, auch anderer fürtrefflicher leute gute und geistreiche gesenge mit einverleibet seind, haben wir dieselben nicht aussen lassen wollen, sondern an gelegene orter mit hinzu gesetzet, und zum unterscheid von doct. Luthers gesengen mit diesem zeichen * notiren wollen. Und haben diese ordnung, beides auf die kirchen in den stedten und auf dem lande gerichtet, an welche wir andere ausser dieser grafschaft nicht verbinden, sondern sind zufrieden, das es ein jeder nach seinem besten also mache, das gott wol gedienet und die leute in seinem erkentnis und aller gottseligkeit gebessert werden mögen. Darzu der liebe gott seinen segen, und reiche gnade verleihe, in Christo Jesu, amen.

Ordnung gemeiner deutscher kirchen gesenge, wie dieselben durchs ganze jahr in den stedten und auf dem lande gehalten werden.

Bei der handlung des heiligen catechismi.

Der catechismus wird bei uns auf zweierlei weise getrieben. Zum ersten durch tegliche und wochentliche ubung, da man an einem jeden ort der jugent etliche stücke mit der kurzen auslegung Lutheri für gibet, und dieselben widerumb auf bestimpte tage von inen fodert.

Bei dieser ubung des heiligen catechismi sol im anfange allezeit etwas aus dem deutschen gesangbüchlein, das zur selben zeit gehöret, gesungen werden.

Im advent.

Der hymnus. Veni retemptor gentium. Nu kom der heiden heiland etc.

Oder.

Der himnus. A solis ortu etc. Christum wir sollen loben schon etc.

Oder.

* Gott durch deine güte etc.

Umb, und nach weinachten, bis auf festum purificationis.

Gelobet seistu Jesus Christ etc.
Von himel hoch da kome ich her etc.
Von himel kam der engel schar etc.
Der tag der ist so freuden reich etc.
In dulci jubilo, Nu singet und seid fro etc.
Ein kind geborn zu Betlehem etc.
Dank sagen wir alle etc.

Auf purificationis.

Der lobgesang Simeonis, Mit fried und freud ich fahr dahin etc.

In der fasten.

Christe der du bist tag und licht.
* Sei gegrüst Jesu, du einiger trost, J. S.

In der marterwoche.

* Ehre sei dir Christe, der du leidest not, J. S.

Umb und nach ostern.

Christ ist erstanden etc.
Christ lag in todes banden etc.
Jesus Christus unser heiland etc.
Also heilig ist der tag etc.

Umb, und nach pfingsten.

Der hymnus.

Veni creator spiritus etc.
Kom gott schöpfer heiliger geist.
Kom heiliger geist.
Nun bitten wir den heiligen geist.

Auf trinitatis.

Gott der vater wohne uns bei, etc.
Der du bist drei in einigkeit, etc.
* All ehr, und lob sol gottes sein, etc.

Auf die folgende sontage nach trinitatis, bis zum ende des jars, sol die ordnung der gesenge gehalten werden, wie hernach stückweise auf eine jede woche verzeichnet ist.

Zum andern, wird der catechismus bei uns sonderlich in den stedten also getrieben, das man des jars etwa ein mal in der fasten, etwa zu anderer gelegener zeit, den ganzen catechismum durchaus prediget, und nimpt darzu ein monat, oder 5 oder 6 wochen, das alle tage eine predigt geschiehet, und solches gemeiniglich umb vesper zeit.

Bei dieser handlung und ubung des heiligen catechismi können auch die obgesetzten gesenge, nach erheischunge der zeit, gebraucht werden.

Uber dieses aber, wenn in den stedten, da schulen sein, die vesper gehalten wird, für der predigt des catechismi, sol man die andern lateinischen gesenge abbrechen, und mehr nicht denn einen psalmen, und darauf das magnificat, oder das nunc dimittis singen, und darnach allezeit dasselbe stücke des catechismi singen lassen, davon geprediget werden soll. Als:

Wen die zehen gebot geprediget werden, sol man singen:
Das sind die heiligen zehen gebot.
Oder.
. Mensch wiltu leben seliglich etc.

Zum andern theil, wenn man von den artikeln des glaubens predigt, sol man singen:
Wir gleuben alle an einen gott.
Oder.
Es ist das heil uns komen her.
Oder.
* In gott gleub ich, das er hat aus nichts, etc.

Bei dem dritten theil, wenn man vom vater unser predigt, sol gesungen werden:
Vater unser im himmelreich, etc.
Item, zum beschluss der predigt.
* Sei lob und ehr mit hohem preis, etc.

Bei dem vierden theil, wenn man von der beichte predigt, sol gesungen werden.
* Ich ruf zu dir herr Jesu Christ, etc.
Oder.
Aus tiefer not, ruf ich zu dir.
Der busspsalm.
Erbarm dich mein o herre gott, etc.
Oder.
* O herre gott begnade mich, etc.
Oder.
* O gott vater du hast gewalt etc.
Oder.
* Allein zu dir herr Jesu Christ etc.
Oder.
Aus dem evangelio Luce 15.
* Ker umb, ker umb du junger son etc.

Bei dem fünften theil, wenn man von der heiligen taufe predigt, sol gesungen werden.
Christ unser herr zum Jordan kam etc.
Oder.
* Durch Adams fall ist ganz verderbt etc.

Bei dem letzten theil, wenn man vom hochwirdigen sacrament predigt, sol gesungen werden.

Jesus Christus unser heiland etc.
Oder psalm 111.
Ich dank dem herrn von ganzem herzen etc.
Oder der 103. psalm.
* Nu lobe mein seel den herrn etc.
Oder der 117. psalm.
Frölich wollen wir alleluia singen.
Oder.
* Mein zunge erklingt, und frölich singt etc.
Oder.
Gott sei gelobet und gebenedeiet.
Oder.
* O lamb gottes unschuldig etc.

Diese letzten zwene gesenge sollen auch gesungen werden, wenn man die communion helt. Item man pfleget auch unter der communion zu singen, Jesaia dem propheten das geschach.

II.

Folget die ordnung der gesenge, bei den andern gemeinen kirchendiensten.

Zu den brautmessen.

Herr gott dich loben wir etc.
Oder.
Aus dem evangelio Johan. 2.
* Am dritten tage eine hochzeit ward.
Oder der 127. psalm.
Vergebens ist alle mühe und kost etc.
* Wo gott zum haus nicht gibt sein gunst etc.
Wol dem der in gottes furcht stehet etc.

Bei der taufe pfleget man an etlichen orten auf dem lande zu singen.

Vater unser im himmelreich.
Oder.
Christ unser herr zum Jordan kam.
Oder.
Etliche vers aus dem gesange, Durch Adams fall ist ganz verderbt etc.

Bei den christlichen begrebnissen, singet man auf dem wege und bei den gräbern.

Mit fried und freud ich fahr dahin etc.
Oder.
Si bona suscepimus &c.
Oder.
Mitten wir im leben sind.
Oder.
Erbarm dich mein o herre gott etc.
Oder.
Aus tiefer not etc.

Oder.
* Nu last uns den leib begraben.
* Iam mœsta quiesce querela.
* Hör auf alles leid und klagen.

III.

Ordnung der gesenge auf die aposteltage, da man an stad des sequenz dieser lieder eins für der predigt singen kan.

* O herre gott dein göttlich wort etc.
Oder.
* Kompt her zu mir spricht gottes son etc.
Oder.
* Ich ruf zu dir herr Jesu Christ.
Oder.
Es spricht der unweisen mund wol etc.
Ach gott vom himel sich darein.
Oder.
* In dich hab ich gehoffet herr.
Oder.
* Mag ich unglück nicht widerstahn.
Oder.
* Hilf gott wie gehet das immer zu etc.
Oder.
Es wolt uns gott gnedig sein.
Oder.
Ein feste burg ist unser gott.

IIII.

Ordnung der gesenge auf die heuptfesta und gemeinen sontage.

Hievon sind oben die gemeinen und gebreuchlichen gesenge erzelet, welche man hieher setzen und widerholen kan.

Was aber anlangt die ordnung zum ampte, wird alhie nichts gesetzet, sondern bleibet bei den gewöhnlichen ordnungen, welche in des alten herrn Johan Spangenbergs kirchenbuche stehet.

Aufs heilige christfest.

Besiehe was oben vorzeichnet ist, und können dieselben gesenge gebraucht, und ausgeteilet werden, in alle nachfolgenden tage, bis auf den dritten sontag nach Epiphaniæ, da könte sonderlich zum sequenz gesungen werden.
* Es ist das heil uns komen her.
Do. 4. post Epiphan.
Ein feste burg ist unser gott etc.
Oder.
Were gott nicht mit uns diese zeit etc.
Oder.
Ach gott vom himel sich darein etc.
Oder.
Wo gott der herr nicht bei uns helt etc.

Oder.
* Mag ich unglück nicht widerstahn.
Dom. 5. post Epiphan.
Es spricht der unweisen mund wol.
* O gott verleihe mir deine gnad etc.
Purificationis Mariæ.
Mit fried und freud etc.
Oder.
Herr nu lessestu deinen diener etc.

Am sontage Septuagesima.
Ach gott von himel sich darein.
Oder.
Aus tiefer not schrei ich zu dir.

Am sontage Sexagesima.
* O herre gott, dein göttlich wort etc.
Oder.
Es wolt uns gott genedig sein.
Oder.
Ein feste burg ist unser gott etc.

Am sontag Quinquagesima, fastnachten.
Vater unser im himmel reich etc.
Oder.
Nu freud euch lieben christen gemein etc.

Die fasten uber erstlich in gemein.
Canticum Zachariæ.
Gelobet sei der herr, der gott Israel.
Oder.
Christe der du bist tag und licht.
Oder.
Nim von uns herr gott etc.

Am sontage Invocavit.
Gott der vater wohn uns bei.
* Ich ruf zu dir herr Jesu Christ.

Am sontag Reminiscere.
* Durch Adams fal ist ganz verderbt.
Oder.
Aus tiefer not schrei ich zu dir, herr gott etc.
Oder.
Erbarm dich mein o herre gott.
Oder.
Die drei letzten vers, ob sich anliss als wolt er nicht.

Am sontag Oculi.
Aus tiefer noth etc. Oder, Ein feste burg etc.
Oder.
* Mag ich unglück nicht widerstan.
Oder.
Allein zu dir herr Jesu Christ.

Hie sol auch die litanei gesungen werden, an stat des sequenz, wenn das volk zusammen komen ist.

Am sontag Laetare.
Vater unser im himmelreich.
* Nu lobe meine seel den herren.

Am sontag Judica.
* Hilf gott wie gehet das immer zu.

Oder.

Nu freuet euch lieben christen gemein.

Oder.

Es spricht der unweise mund wol.

Oder.

* Herr Jesu Christ war mensch und gott.

Am sontag Palmarum.
Nu freut euch lieben christen gemein.
* Des königs panier gehet herfur.
* Herr Jesu Christ etc.

Annunciationis.
Hat gar einen schönen sequenz, der kan behalten werden.

Item darzu kan man nehmen das erste theil des gesanges:
* Als Adam im paradeis, vergiftet durch die schlange etc.

Am heiligen osterfest.
Besihe oben gesetzte gesenge.

Am sontage Quasimodogeniti.
Singet man die gesenge des osterfests.

Misericordias domini.
Dergleichen. Oder.
Es spricht der unweisen mund wol.
* Der herr ist mein treuer hirt etc.

Jubilate.
* Allein zu dir herr Jesu Christ etc.
* Mag ich unglück nicht widerstahn.

Cantate.
* Hilf gott wie gehet das immer zu etc.
Christ unser herr zum Jordan kam etc.

Vocem Iucunditatis.
Vater unser im himmel reich etc.
Herr Christ der einig gottes son.
* Ich ruf zu dir herr Jesu Christ, etc.
Litanei wie oben für den seqenz.

Ascensionis.
Christ fuhr gen himmel.
Nu freuet euch gottes kinder alle, der herr fehrt auf mit grossem schalle.

Exaudi.
* Ich ruf zu dir, herr Jesu Christ.
Ein feste burg ist unser gott etc.
Wo gott der herr nicht bei uns helt etc.
Ach gott von himmel sich darein.

Pfingsten.
Besihe oben gesetzte gesenge.

Trinitatis.
Gott der vater wohn uns bei.
* In gott gleub ich, das er hat aus nichts, etc.
* Der du bist drei in einigkeit.
* All ehr und lob sol gottes sein, etc.

Domin. I. post trinitatis.
Gott der vater wohne uns bei, etc.
Ach gott von himel sich darein etc.
*Es war einmal ein reicher man.

Der ander sontag nach trinitatis.
Es ist das heil uns komen her.
Herr Christ der einig gottes son.
Nu freuet euch lieben christen gemein.

Der dritte sontag.
Erbarm dich mein o herre gott etc.
* O herre gott begnade mich, etc.
* Kompt her zu mir spricht gottes son etc.
* Ker umb, ker umb du junger son etc.

Der vierde sontag.
Frölich wollen wir alleluia singen.
Mensch wiltu leben seliglich etc.
Das sind die heiligen zehen gebot.

Der fünfte sontag.
* Wo gott zum haus nicht gibt sein gunst etc.
Vater unser im himmelreich.
Allein zu dir herr Jesu Christ.

Der sechste sontag.
Das sind die heiligen zehen ·gebot.
Es spricht der unweisen mund wol etc.
* Es ist das heil uns komen her.

Der siebende sontag.
Vater unser im himmelreich, etc.
Es wolt uns gott gnedig sein.
Litanei.

Der achte sontag.
Ach gott vom himel sich darein.
Es spricht der unweisen mund wol.
Eine feste burg ist unser gott etc.

Der neunde sontag.
* Ich ruf zu dir herr Jesu Christ.
Item aus dem vater unser der vers.
Führ uns herr in versuchung nicht.
Dis sind die heiligen zehen gebot.

Der zehende sontag.

* An wasserflüssen Babylon.
O herre gott, dein göttlich wort etc.
Nim von uns, herr gott etc.

Der eilfte sontag.

Vater unser im himmel reich.
Erbarm dich mein o herre gott, etc.
O herr gott begnade mich.
Aus tiefer not, schrei ich zu dir.

Der zwelfte sontag.

Es wolt uns gott genedig sein.
* O gott verleihe mir deine gnad etc.
* Durch Adams fall ist ganz verderbt etc.

Der dreizehende sontag.

Die zehen gebot lang und kurz.
* Durch Adams fal ist ganz verderbt.
Es ist das heil uns komen her etc.

Der vierzehende sontag.

* O herre gott dein göttlich wort etc.
Ach gott von himmel sieh darein.
Ich ruf zu dir herr Jesu Christ.

Der funfzehende sontag.

Wo gott zum haus nicht gibt etc.
Ich ruf zu dir herr Jesu Christ etc.
* Weltliche ehr und zeitlich gut.
Vater unser im himmel reich.

Der sechzehende sontag.

Allein zu dir herr Jesu Christ.
Mitten wir im leben sind.

Der siebenzehende.

Hilf gott wie gehet das immer zu?
Es spricht der unweisen mund wol.

Der achtzehende sontag.

Das sind die heiligen zehen gebot.
Ich ruf zu dir herr Jesu Christ.
Ein feste burg ist unser gott etc.
Es ist das heil uns komen her etc.

Der neunzehende sontag.

Aus tiefer not schrei ich zu dir.
* Mag ich unglück nicht widerstahn.

Der zwanzigste sontag.

Es ist das heil uns komen her.
Herr Christ der einig gottes son.

Der 21. sontag.

Kompt her zu mir spricht gottes son.
Ach gott von himmel sihe darein.
Ich ruf zu dir herr Jesu Christ.

Der 22. sontag.

Erbarm dich mein o herre gott etc.
Nim von uns herr gott etc.
Allein zu dir herr Jesu Christ.

Der 23. sontag nach trinitatis.

Hilf gott wie gehet das immer zu?
Wo gott der herr nicht bei uns helt.

Am 24. sontag nach trinitatis.

Mitten wir im leben sind.
Aus tiefer not etc.

Am 25. sontag nach trinitatis.

Were gott nicht mit uns diese zeit etc.
Allein zu dir herr Jesu Christ.
Litanei.

Am 26. sontag nach trinitatis.

An Wasserflüssen Babylon.
* Es wird schier der letzte tag herkomen.
* Ir lieben christen freuet euch nu.

Nota.

Mit allem vleiss sol man die deutsche litanei
in der kirche singen, und solchs oft und viel,
sonderlich auf die vier quatember, wenn das volk
beieinander ist.

Item.

Das erhalt uns herr bei deinem wort.

Aufs fest Michaelis.

Herr gott dich loben wir.
Nu lobe meine seele den herrn.
Gelobet sei der ewige gott.

Von gemeinen festen.

Weil auch aus ungleichem halten der festage,
viel unrichtigkeit einfellet, so sollen die pfarherren wissen, welche feiertage in dieser grafschaft ganz, welche aber nur halb gehalten werden.

Diese nachfolgende fest helt man den ganzen
tag durchaus feierlich.

Den christag, sampt den zweien folgenden
tagen, Stephani und Johannis.

Den neuen jars tag.
Den tag der offenbarung Christi, den man
den tag der heiligen drei könige nennet.
Den tag der reinigung Mariae.
Den tag der verkündigung Mariae.
Den ostertag, mit den zweien folgenden tagen.
Den tag der himmelfart Christi.
Den tag der heiligen pfingsten, mit den zweien
nechst folgenden tagen.
Den tag Johannis des teufers.
Den tag visitationis Mariæ.
Den tag Michaelis.

Nachfolgende tage werden nur halb gefeiret.

Der tag S. Andreæ.
Der tag des apostels S. Thomæ.
Der tag der bekerung S. Pauli.
Der tag des apostels Matthiæ.
Der grüne donnerstag.
Der charfreitag.
Der tag Philippi Jacobi.
Der tag Petri und Pauli.
S. Jacobus tag.
S. Laurentii tag.
Der tag Bartholomei.
Der tag Matthei.
Der tag Simonis und Judæ.

Was aber die haltung und verlegung der itzt erzelten apostel tage anlangt, ist für bequem angesehen wurden, das man damit folgende ordnung halte. Felt ein apostel tag auf einen sontag, so mag er gehalten werden wie er gefellet, doch das man in den stedten in den kirchen, da man des sontags zwei oder drei mal predigt, auf derselbigen predigt eine, das sontags evangelium auch auslege.

Felt ein apostel tag auf einen montag, dienstag, mitwoch, donnerstag, oder freitag, kan man in auf den tag, darauf er gefellet in den stedten, wie es gebreuchlich ist, halten, da es aber breuchlich ist, denselben auf den nechstfolgenden tag, darinne man sonst wochen predigten helt, zuverlegen, da mag es bei solcher gewonheit bleiben.

Felt aber ein aposteltag auf einen sonnabend, sol er auf den nechstfolgenden sontag verleget und gehalten werden.

Nach dem aber in der ernte zeit die tage Petri Pauli und Jacobi gefallen, und die leute in solcher zeit an der arbeit nicht gerne verhindert werden, so können dieselbigen evangelia obgetachter tage, auf den dörfern, ein jedes auf nehest folgenden sontag verleget werden. In stedten aber kan man sie halten auf den tag, darauf sie gefallen oder komen, wo sie auf einen sonnabend kemen, auch auf die nehesten sontag transferirt werden.

Von den hochzeiten auf die heuptfeste.

Weil es auf die heuptfest sehr unbequem ist, das in den selbigen wirtschaften gehalten werden, so sollen hinfurt dieselben auf solche feste genzlich ein gestellet sein, und auf weinachten acht tage zuvor, und für dem sontage nach trium regum, desgleichen in ostern, für dem sontage quasimodogeniti, auch in pfingsten, für dem sontage trinitatis keine hochzeit gestattet werden, welchs man den leuten also verkündigen, und ansagen sol. Denn es leider dahin komen, das die hochzeitleute auf solche feste, beide sich selbst, und andere, am predigt hören und kirchen gehen verhindern.

XIX.

Von der kirchen disciplin vom ban und offentlicher busse.

Weil neben der reinen lere auch christliche disciplin gehen und sein soll, und allen rechtschaffenen treuen predigern uber derselben nichts wenigers, als uber der lere selbst zuhalten und die leute darzu mit ernste zuvermanen, und auch davon rechten und gründlichen bericht aus gottes wort zuthun gebüret, so haben wir uns solchs zu gemüte gezogen und anno 1562 in einem christlichen synodo, welcher mit gnedigem rath und zuthun der wolgebornen und edlen, aller graven und herren zu Mansfelt, als unserer ordentlichen lieben obrigkeit, gehalten wurden ist, verglichen der gestalt, nemlich das wir mit göttlicher hülfe und beistand bei derselben christlichen disciplin, so aus gottes wort in dieser graf und herschaft kirchen nu viel jar hero ublich gewesen, aufgerichtet, erhalten, und auf uns bracht ist, mit treuen vleisse ohne ansehen der personen zu bleiben und zuverharren bedacht sein.

Nach dem aber von etlichen weltkindern, und fleischlichen menschen aus derselben kirchen disciplin und strafe am meisten der christliche ban und offentliche busse andern zu gefallen, dieselben in irem ergerlichen mutwillen zu sterken, angefochten, sind wir dadurch verursacht worden, uns selbst zu sterken und andern, so es begeren zum besten, davon nachfolgende gründliche erklerung und bericht zuthun.

Zum ersten, so viel den christlichen ban (das ist die offendliche absonderung von der christlichen gemeine und ubergebung dem satan, der unbussfertigen, und beharrlichen sünder) anlangt, so ist derselbe gegründet im worte des herrn Christi, Matth. am 18., da er also befihlet: Höret er dich nicht, so sage es der gemeine, höret er die gemeine nicht, so halt in als ein heiden und zölner. Warlich ich sage euch, was ir auf erden binden werdet, das sol auch im himmel gebunden sein.

Hie wird dreierlei angezeigt, zum ersten, das man die offentlichen und mutwilligen sünder, die keine vermanunge hören wollen, der kirche ansagen und iren ungehorsam und verachtung erzelen soll. Zum andern, sol man sie als denn hernach für heiden und zölner halten, als die von der kirchen und andern christen abgeschnitten und abgesondert sein, mit welchen man, nach der lere S. Pauli, nicht essen und gar nichts zu schaffen haben soll. Zum dritten, sol man inen die sünde für behalten und binden, so wil gott solch binden auch im himmel kreftig sein lassen. Mit was process und form aber die offentliche absonderung derer, die man von der christlichen gemeine durch den bann ausschliessen wil, geschehen solle, weiset das exempel S. Pauli, welcher den blutschender zu Corintho mit nachfolgenden worten in den bann gethan hat:

Ich zwar als der ich mit dem leibe nicht da bin, doch mit dem geist gegenwertig, habe schon alls gegenwertig beschlossen, uber den der solches gethan hat, in dem namen unsers herrn Jesu Christi, in eurer versamlung mit meinem geist, und mit der kraft unsers herrn Jesu Christi, in zu ubergeben dem satan zum verderben des fleisches, auf das der geist selig werde, am tage des herren Jesu.

Es ist auch in dieser hochwichtigen sache und grossem ernste von den wolgebornen unsern gnädigen herrn, den grafen und herren zu Mansfelt, unserer christlichen obrigkeit, diese versehung und ordenung aufgerichtet und ernstlich verschaffet, wo solche felle fürkomen, das man den ernst des bannes gegen jemands ergehen lassen sol, das es nicht bei einem jeden pfarherrn stehen, hierinnen nach seinem gutdünken zuzufaren, sondern es sol alles zuvor für das consistorium mit gründlichem unterricht aller umbstende bracht, auch von denselben mit höchstem vleiss erwogen werden, und wenn denn mit gemeinem rath aus gnugsamen ursachen dahin geschlossen ist, das der bann ins werk gerichtet werden soll, so sol als denn auch demselben pfarherrn, in welches kirchspiel der excommunicandus gehöret, committiret und schriftliche notel, nach welcher er solches verrichten sol, zugestellet werden, aus welcher der pfarherr nicht schreiten, noch in einigem weg seine affect ungebürlicher weise mit einmengen soll.

Zum andern, was die offentliche busse und wider aufnehmung zur christlichen kirchen anlanget, an denen, so etwan durch den bann, zuvor von derselben sind ausgeschlossen worden, so haben wir bisdaher, wie auch in andern vielen reinen evangelischen kirchen breuchlich ist, dieselben, wenn sie ire stünde erkennet und ware busse gethan, auch widerumb offentlich in irer gegenwertigkeit heraus gethan zur gemeinschaft der kirchen und dem brauch der hochwirdigen sacrament zugelassen.

Zum dritten, das aber etliche einen unterscheid machen und wollen die offene busse allein an denjenigen recht lassen, welche zuvor in den bann erkleret worden sind, und geben für, das denen, so noch nicht excommunicirt worden, keine offene busse angemutet werden könne, auf das solche nicht diffamiret, und in einen ewigen furworf gesetzt werden, solches sind adamischer und fleischlicher menschen ungegründte furwendung, und schmecken alle ire argumenta, mit welchen sie in dieser sachen fechten und streiten, durchaus nach der lieben antinomei und solcher fleischlicher freiheit, die nicht von gott ist.

Denn wir wissen sehr wol, das ein grosser unterscheid ist, zwischen peccatis et peccatoribus, notoriis et non notoriis, so redet man in solchem fall, da man den leuten offene busse anmutet, nicht von unversehenen unfellen und solchen thaten, da das ergernis nicht allenthalben erschollen und ausgebrochen ist. Denn mit denen weis man auch wol umbzugehen, das sie nicht zu klagen haben können. Viel weniger wird jemand sagen dürfen, das er in solchem falle zur diffamation und weiterer ausbreitung seines falls gedrungen werde. Man redet aber von solchen leuten, welche nicht unversehens gefallen, welcher stünden auch nicht bei wenigen und also heimlich blieben, sondern welche viel und ofte, darzu lange zeit freventlich gesündiget haben, welcher stünde auch durch offentlichen ausbruch einem ganzen dorfe, einer ganzen stad oder ganzem lande offenbar worden ist, da auch viel frommer herzen durch das greuliche ergernis beleidiget und schwerlich betrübt sind worden. Item da auch die that zu bösem exempel und verleitung anderer leute ursache gegeben. Da nu solchen leuten offentliche busse angemutet wird, ist gros wunder, mit was fugen gesagt werden kan, das man sie zu beschemen fürhabe. Und wie kan das beschemet heissen, so einer zu erkentnis der stünden, und abbitt des gegebenen ergernis gefördert wird? Das sich aber einer schemen wil, from zu werden, der sich zuvor nicht geschemet hat ubels zu thun, das ist der verkerten welt weise, welche sich schier aller von gott befohlenen werke, als zu dem hochwirdigen sacrament zu gehen, gottes wort zu hören, in der christlichen versamlung zu beten, mit zu singen, gott zu loben etc. zu schemen anfahen wird, wie denn solches bei vielen schon im werk ist, welche man viel mehr und ehe bei andern weltlichen, auch stündlichen dingen one scheu findet, denn in der kirchen und andern göttlichen sachen, wie denn gewislich auch das keine christen, sondern teufels gnossen und kinder sein, die einem seine bekerung zur schande aufrucken, darüber sich gott mit seinen engeln erfreuet, und alle rechte christen für die höchste ehre achten und halten.

Man sol aber auch das wissen, das gott in seiner schrift zwischen den offentlich verbanneten und anderen beharlichen und ergerlichen stündern keinen unterscheid machet, denn solche sind de facto im bann, ob sie schon die kirche noch nicht hat ausgeschlossen, zu deme so haben sich solche leute durch ire gegebene ergernis schon also von der kirchen abgerissen und ausgeschlossen, das der apostel ausdrücklich verbeut, das man mit solchen, die sich lassen brüder nennen, und sind gleichwol offentliche sünder, nichts zu schaffen haben sol. S. Johannes verbeut sie zu grüssen, welches ja so viel ist, als einen öffentlich für verbannet halten.

So wenig als nu die öffentliche busse unrecht ist an denen, so schon excommuniciret sind, so wenig kan sie bei solchen, die sich selbst one zuthun der kirchen und für gott de facto in bann gethan, für unrecht gehalten werden. Christus befihlet Matth. am 5. das man sich mit dem bruder, den man beleidiget hat, versöhnen solle, ehe denn man die gabe auf den altar opfert. Wenn nu aber eine ganze kirche und gemeine beleidiget und geergert ist durch öffentliche sünde und laster, wie kan denn die abbittung und versöhnung gegen dieselbe anders denn öffentlichen geschehen, was gegen allen öffentlich gestündiget worden, das muss je gegen allen öffentlich abgetragen werden, was ein solcher öffentlicher sünder der gemeine abbittet und er ime von der gemeine wil verziehen haben.

Es können die, so nach dem befehl Christi und S. Pauli für heiden und zölner gehalten, und gemieden werden sollen, das sie busse thun, und sich mit der kirchen widerumb versöhnen, und wie andere christen der kirchen recht gebrauchen wollen, auf keinem andern wege darzu komen, denn durch öffentliche abbitt, versöhnung und busse, das man ire augenscheinliche besserung, welche sie mit irer selbst gegenwertigkeit bezeugen, sehen möge.

Da sich der verlorne son wider findet, wird solchs dem eltern sone und dem ganzen hausgesinde verkündiget und nicht vom vater heimlich verschwiegen.

Auch wirds allen nachbarn und freunden angezeigt, da das verlorne schaf, und der verlorne grosche wider funden wird.

Die arme sünderin Luce am siebenden capitel thut auch öffentliche busse in des phariseers hause, und wird auch von Christo selbst publice und öffentlich für allen absolviret. So heisset Paulus diese für allen öffentlich strafen, die da öffentlich sündigen, wenn sie nu busse thun, und sich bessern, und solches ir ernst ist, solten sie je selbst begeren, (wo anders nur ehre in inen were) das solches auch öffentlich für allen angezeigt, und die gegebenen ergernis abgegeben würden.

Hieraus sehe nu wer da wil, ob die offene busse auch an denen, so von der kirchen nicht verbannet gewesen sein, nicht in gottes wort gegründet sei.

Was die ceremonia anlanget, mit dem fürstellen der personen, welche weder aus dem bann zur gemeinschaft der kirchen und öffentlichen brauch der hochwirdigen sacrament gesetzt und aufgenommen werden, haben wir darvon dieser kirchen gewonheit und meinung, nach obvermelten synodo, in offenem druck ausgehen lassen, darbei lassen wir es itzt wenden und weisen den christlichen leser daselbs hin.

XX.

Vom process, wie man die, so offene busse thun, wider zur gemeinschaft der kirchen aufzunehmen pfleget.

Erstlich pfleget man denen, welche entweder in den bann gethan wurden, oder sonst durch öffentliche laster de facto im bann sein, eine probzeit zustellen, darinne man sehe und erkenne, das inen ire bekerung und busse warer und rechter ernst sei. Und wenn mans also erfindet, das die person, so im bann ist, sich mit ernst bekeret und umb die wider aufnehmung zur christlichen kirchen ansuchet, und bittet, so ist das andere, das zu solchem eine gewisse zeit bestimmet und benennet wird, auf welche sich der, so absolvirt und aufgenommen werden sol, öffentlich für der kirchen einstelle, und nach gehaltener predigt durch den pfarherren oder kirchendiener seinen fall und sünde, auch seine bekerung und abbitte des gegebenen ergernis in seiner gegenwertigkeit mit namen vermelden und anzeigen lasse.

Zum dritten, wenn dieses also aufm predigstuel ausgerichtet ist, sol der, welcher mit der kirchen durch öffentliche busse ausgesöhnet werden wil, für den altar knien oder treten, da sol der kirchendiener öffentlich fragen.

Zum ersten, ob er bekenne, das er öffentlich gestündiget und mit seiner sünde gott erzörnet und viel christen geergert habe.

Zum andern, ob im solches von herzen leid sei und begere wider durch die offene busse mit gott und der verergerten gemeine versöhnet zu werden.

Zum dritten, ob er hinförder sich mit göttlicher hülfe ernstlich zu bessern gedenke und ob er warhaftig gleube, das ime umb Christus willen durch die heilige absolution, solche seine öffentliche und alle andere sünden vergeben werden.

Auf diese fragen sol mit ja geantwortet werden. Wenn solchs geschehen ist, sol der kirchendiener die absolution auch öffentlich ergehen lassen, und solches mit folgenden oder dergleichen worten.

Absolutio.

Gott der vater unsers herrn Jesu Christi, der dich zuerkentnis deiner sünden bracht hat, und geschworen: Als war ich lebe, ich wil nicht den tod des sünders, sondern das er sich bekere und lebe, der hat dir umb seines lieben sons willen alle deine sünde verziehen. Und ich, als ein unwirdiger diener, spreche dich an seiner stat, und in seinem namen, auch offentlich, und für dieser gemeine allhie von denselben los, und neme dich auf zu dieser seiner heiligen kirchen gemeinschaft, daraus du gefallen warest. Auf das du von im mit seinem heiligen geist regieret werdest, und mit uns andren seines heiligen sacraments nützlich und wirdiglich, zu sterkung deines glaubens und des lebens besserung brauchen, und ewig selig werden mögest. Im namen gottes des vaters, und des sons, und des heiligen geistes, † Amen.

Zum vierden, wenn also die absolution ergangen ist, sol der kirchendiener das volk ansprechen und also vermanen:

Das sie erstlich aus dieses menschen geschehenem fall auch ire schwacheit erkennen und bedenken sollen. Denn weil alle menschen ein verderbtes, schwaches und böses fleisch am halse tragen, und daneben in der welt und ins teufels reiche leben, so ist es leicht geschehen, wenn unser lieber herr gott die hand von uns abzeucht, das einer in dergleichen oder auch noch schwerer sünde falle. Darümb sol niemand sicher sein, sondern in gottes furchten vorsichtig wandeln. Und sol der worte S. Pauli eindenke sein, 1. Cor. 10: Wer da stehet, der sehe wol zu, das er nicht falle. Und folge der treuen vermanung des herrn Christi, der uns im vater unser teglich heisset mit allem ernste zu gott dem himlischen vater rufen und beten, führe uns nicht in versuchung. Item Matth. 26 spricht er zu seinen jüngern: Betet das ir nicht in versuchung fallet, denn euer widersacher der teufel (spricht S. Petrus) gehet umbher wie ein brüllender lawe, und suchet wen er verschlinge, dem widerstehet fest im glauben etc.

Zum andern, sollen alle christen vermanet werden, das sie mit diesem sünder, welcher sich durch gottes gnade bekeret hat, sich auch von herzen freuen, wie Christus leret am 15. capitel, das auch im himmel für den heiligen engeln eine freude ist, uber einem sünder der busse thut. Derwegen sollen sie mit ernst gott danken, das er die verlornen armen sünder durch seinen son Jesum Christum hat suchen lassen, und noch heute zu tage durch sein wort und heilige kirchenampt suchet und mit gnaden annimpt, und vleissig bitten, der liebe gott wolle ja solche seine allergrösseste wolthat bei uns hier auf erden lassen und uns allen zu trost gnediglich erhalten.

Zum dritten sollen alle christen verwarnet werden, das sie ja diesem nu mehr bekerten, und zu gnaden aufgenommenen sünder, seine busse und bekerung, in ungutem und zur schmach nicht aufrücken wollen. Wie hiervon die weise man Sirach am 8. capitel redet, und spricht: Rücke deme nicht auf seine sünde, der sich bessert, und gedenke das wir alle noch schuld auf uns haben.

Da auch jemand so vergessen, und unchristlich sein würde, der demselben bekarten und von unserem lieben herrn gott aufgenommenen sünder seine busse und bekerunge zur unehre ziehen, im dieselbe in ungutem aufrücken, und furwerfen wolte, der sol wissen, das er wider gott handele, und sol derwegen selbst in der kirchen ernste und unnachlässige strafen gefallen sein, und sollen sich dessen beides die weltliche obrigkeit und diener der kirchen mit allem ernst annemen, das solcher unchristlicher frevel nicht ungestraft hingehe.

XXI.

Von der ordination der kirchendiener.

Dis stück ist keiner andern ursachen halben mit in die agende verleibet, denn das es alle und jede pfarherren und prediger jederzeit bei der hand haben, oft durchlesen, darbei sich ires ampts und mit was massen in dieselbe vertrauet, auch was sie sich für gott und seiner christlichen gemeine verpflichtet, erinnern können.

Wenn diener der kirchen, so zuvor nicht im ampt gewesen sein, von der obrigkeit und kirch berufen sind, werden dieselben dem consistorio und darzu verordneten examinatoribus, nach altem christlichen gebrauch, der kirchen für gestellet. Da sie denn ires vorigen lebens und wandels richtig und gut gezeugnis haben und zu dem heiligen kirchen ampte tüchtig erkennet, und in gottes wort und reiner vleissig und erfahren befunden werden, wird inen die ordination mit ernstem gebete und auflegung der hende mit getheilet, und wird hierinnen diese ordnunge gehalten, und durch den superintendenten solche wort gebraucht:

Formula ordinationis.

Mein lieben christen nach dem sichs zu tregt, das dieser ort N. einen seelsorger bedarf, haben wir durch schickung gottes diesen man den wolgelarten und gottfürchtigen N. N. bekommen, welcher nach notdürftiger erkündigung, gott lob, also befunden, das er tüchtig und wirdig der gemeine gottes fürzustehen und das pfar und seelsorger ampt zuverwalten und zu führen.

Weil aber solch ampt gleich wol sehr hoch und gross ist, und nicht in menschlichen kreften und vermügen allein stehet, dasselbe also zu führen, das es nutz schaffe, gott zu ehren, und seiner kirchen erbauung diene,

und unser lieber herr Jesus Christus Matt. am 9. capitel selbst leret und befihlet, weil die ernde gross ist und der arbeiter wenig, das wir den herrn der ernte bitten sollen, das er arbeiter in seine ernde sende, mit welchem er beides verstanden haben wil, als das wir umb treue seel-

31*

sorger, und das sie gott mit tüglichen gaben versehen, und ir ampt wol zu führen geschickt mache, bitten sollen, so wollen wir solchem seinem befehl folgen, in in dieser unser versamlung demütiglich anrufen und bitten.

Erstlich, das er diesen man als einen zukünftigen seelsorger mit seinem heiligen geiste erleuchten und regieren wolle, das er in fürtragunge reiner, rechter und heilsamer lere sein ampt wol verrichte und seine schäflein treulich und fruchtbarlich weide.

Und das er auch mit gottseligem und christlichem wandel gute exempel der nachfolge von sich geben müge, derhalben so wollen wir mit eintrechtiger stimme, in rechtem glauben singen.

Kom heiliger geist etc.

Collecta.

O allmechtiger gott himlischer vater, wir bitten dich durch deinen lieben son Jesum Christum, du wollest deinen heiligen geist diesem deinem diener und zukünftigen seelsorger mit allerlei nötigen gaben zu volziehung seines amptes reichlich und guediglich ubergeben, auf das er in lere und leben sich unstreflich halten möge, dir zu ehren, und uns allen zur besserunge, umb Christi Jesu unsers herrn willen, amen.

Hie keret sich der superintendens zum ordinanden, und redet in also an:

Weil ir nu ein seelsorger und pfarherr sein sollet und wollet, so sollet ir auch bedenken und wissen, erstlich, was euer ampt sei, und wie ir dasselbe führen und uben sollet, zum andern, wie ir euch in eurem leben sollet verhalten. Zu eurem ampt aber kürzlich zu sagen, gehören diese drei punct.

Zum ersten, das ir treulich leret und prediget von der busse und vergebung der stünden, denn solche predigt hat unser lieber herr Jesus Christus allen seinen dienern befohlen und auferlegt Lucæ am letzten capitel, da er also spricht: Also ists geschrieben, und also muste Christus leiden und auferstehen von den todten am dritten tage, und predigen lassen in seinem namen busse und vergebunge der stünde unter allen völkern.

Zur busspredigt aber gehöret ernstliche strafe wider alle stünden, die wider das gesetze und gottes wort sind, zu welchem kein treuer prediger schweigen kan oder sol.

Denn also befihlet gott im propheten Esaia am 58. capit.: Rufe getrost, schone nicht, erhebe deine stimme wie eine posaun, und verkündige meinem volk ire ubertretung, und dem hause Jacob ire stünde.

Und in solcher straf und busspredigt sol und muss gottes zorn uber die, so beharlich in stünden

bleiben, also verkündiget werden, das die leute verstehen und wissen, das gott ernstlich uber dem ungehorsam kegen seine gebot und allem gottlosen wesen zürnet, und das er endlich die, so nicht busse thun, von der christlichen gemeine ausgeschlossen und abgesondert haben wil, das in ire stünde vorbehalten werden, und er sie mit ewiger verdamnis und hellischen feuer strafe.

Zu der predigt von der vergebung der stünden gehöret, das den erschrockenen und geengsten herzen der trost von gottes gnade, die er den bussfertigen und bekerenden stündern zugesaget, verkündiget werde, das sie auch mit der heiligen absolution und hochwirdigen sacramenten getröstet, und so sie aus der christlichen gemeine durch offentliche stünde gefallen, das sie widerumb darein aufgenomen, und inen die stünde aufgelöset und vergeben werden.

Das andere, das zu eurem ampte gehöret, ist, das ir auch die hochwirdigen sacramenta nach der ordnung und einsetzung unsers herrn Jesu Christi reichet und austeilet, davon denn der herr auch befohlen hat, Matth. am letzten capit. Mir ist gegeben (spricht er) alle gewalt im himmel und auf erden, darum gehet hin und leret alle völker und teufet sie im namen des vaters und des sons und des heiligen geists, und leret sie halten alles was ich euch befohlen habe.

Das dritte, das zu eurem ampte gehöret, ist, das ir das ampt der schlüssel, die Christus seiner kirchen und derselben diener verlassen und befohlen hat, treulich und ohne scheu oder ansehen der personen gleichmessig führet.

Und das irs auch nicht alleine bei dem löseschlüssel bleiben lasset, wie es denn itzt die welt und sonderlich die fürnembsten gerne haben wollen, sondern das irs auch bindet, wenn es die not erfordert. Denn unser lieber herr Jesus Christus wil einen so wol als den andern gebraucht haben.

Darumb redet er auch von beiden Matth. am 18. capitel. Da er also spricht: Warlich ich sage euch, was ir auf erden binden werdet, sol auch im himel gebunden sein, und was ir auf erden lösen werdet, sol auch im himel los sein.

Und Johannis am zwanzigsten capit. blies der herr Jesus seine jünger an und spricht zu inen: Nemet hin den heiligen geist, welchen ir die stünde erlasset, den sind sie erlassen, und welchen ir sie behaltet, denen sind sie behalten.

Diese erzelete stücke gehören zu euerem ampte. Wie ir aber euch in euerem leben sollet verhalten davon berichtet S. Paulus in der ersten epistel zu Timoth. am 3. capitel, und schreibet also:

Das ist je gewisslich war, so jemands eines bischofs ampt begeret, der begeret ein köstlich werk. Es sol aber ein bischof unstreflich sein, eines weibes man, nüchtern, messig, sittig, gastfrei, lehrhaftig, nicht ein weinseufer, nicht pochen, nicht unehrliche hantirung treiben, sondern gelinde, nicht haderhaftig, nicht geizig, der seinem eigenen hause wol fürstehe, der gehorsame kinder habe, mit aller erbarkeit (so aber jemand seinem eigenen hause nicht weiss fürzustehen, wie wird er die gemeine gottes versorgen) nicht ein neuling, auf das er sich nicht aufblase und dem lesterer ins urtheil falle, er mus aber auch ein gut zeugnis haben von denen die draussen sind, auf das er nicht falle dem lesterer in schmach und stricke.

Werdet ir nu also euer ampt treulich füren, und euch in euerem leben nach erzeltem bericht verhalten, so werdet ir den teufel mit seinem anhangenden haufen zornig machen und wider euch erregen, das ir von inen hass, feindschaft, creuz und verfolgung werdet empfinden, wie solches die exempla aller heiligen propheten, apostel, merterer und gottseliger lerer zu allen zeiten ausweisen.

Dagegen aber werdet ir von dem herrn Jesu Christo, unserm obersten bischof und erzhirten, trost und schutz, auch endlich die unverwelkliche kron der ehren in jenem leben zu lohn empfahen.

Da ir aber das gegenteil thun, in eurem ampt lessig, in euerem leben ergerlich sein, dem grossen haufen umb gunst und geniesses willen heucheln und die warheit verschwiegen werdet, so werdet ir wol etwa eine zeitlang bei der welt gunst haben, aber von unserm lieben herrn Jesu Christo und seinem himlischen vater zorn, ungnade und entliche strafe der ewigen verdamnis empfahen, von welcher strafe der herr Christus endlich dreuet und verkündiget Matth. am 24. und 25. cap. und anders wo, da er spricht: Das den untreuen knechten ir lohn mit den heuchlern gegeben werden sol, und werden in die euserste finsternis verstossen werden, da wird sein heulen und zehen klappern, dafür sich je billich ein jeder fürsehen und hüten sol.

So ir demnach bedacht seid mehr eueren lieben gott und unsern herrn Jesum Christum zu fürchten, denn euch der welt gunst belieben zu lassen, und wollet euch mit götlicher hülfe und beistand in eurem ampte, so euch befohlen werden sol, rechtschaffen und treulich verhalten, auch ein gottseliges christliches leben dabei führen, so sollet ir solches itzund alhie zu sagen, und euer ja wort von euch gegeben.

Wenn nu solch ja wort gefallen ist, spreche der superintendens.

Auf diese euere gethane zusage, bitten wir gott den vater unsers lieben herrn Jesu Christi, den einigen und waren herrn der ernte, das er euch, als von im ausgesendeten und ordentlich berufenen diener seiner kirchen, mit seiner gnaden durch den heiligen geist sterken und in euerem ampte regieren wolle. Und ich als der ordentliche superintendens dieses ortes nach meinem ampte, neben meinen mir zugeordenten mit gehülfen, befehlen euch an gottes stad das heilige kirchen ampt, das ir dasselbe in allen puncten und in aller masse, wie es zuvor aus gottes wort erzelet ist, durch gottes segen kreftiglich füren und treulich ausrichten möget. Und wir geben euch dessen hiemit öffentliches zeugnis, das ir darzu, nach apostolischem christlichen gebrauch der kirchen, durch auflegung der hende und ernstes gebete ordiniret, confirmiret, und bestetiget seiet. Im namen gottes des vaters, und des sons, und des heiligen geists, amen.

Last uns beten.

Vater unser der du bist im himmel etc.

O barmherziger gott himlischer vater, du hast . durch den mund deines lieben sons unsers herrn Jesu Christi zu uns gesagt, die ernde ist gros aber wenig sind der arbeiter, bittet den herrn der ernde, das er arbeiter in seine ernde sende, auf solchen deinen göttlichen befehl bitten wir von herzen, du wollest diesen deinen diener sambt uns und allen, die zu deinem wort berufen sind, deinen heiligen geist reichlich geben, das wir mit grossem haufen deine evangelisten sein, treu und fest bleiben wider den teufel welt und fleisch, damit dein name geheiliget, dein reich gemehret, dein wille verbracht werde. Wollest auch dem ledigen greuel des bapsts und Machomets sampt andern rotten, so deinen namen lestern, dein reich zerstören, deinem willen widerstreben, entlich steuren und ein ende machen, solch unser gebet (weil du es geheissen geleret, und vertröstet hast) wollestu gnediglich erhören, wie wir gleuben und trauen, durch deinen lieben son, unsern herrn Jesum Christum, der mit dir und dem heiligen geiste lebet und herschet in ewigkeit, amen.

So gehet nu hin und weidet die herde Christi, so euch befohlen ist, und sehet wol zu nicht gezwungen, sondern williglich, nicht umb schendliches gewins willen, sondern von herzen grund, nicht als die uber das volk herschen, sondern werdet fürbilde der herde, so werdet ir (wenn der erzhirte erscheinen wird) die unverwelkliche kron der ehren empfahen.

Benedicat vobis dominus, ut faciatis fructum multum. amen.

XXII.

Christlicher bericht, aus was ursachen, oder wie fern sich ein pfarherr anderer pfarkinder nicht annemen, auch ein pfarkind von seinem ordentlichen pfarherren zu einem andern sich nicht wenden sol.

Sampt der widerlegung etlicher einreden, so hiewider geführet werden.

Darin auch notwendig von dem ampt der kirchendiener, wie sie die sünden mit ernst strafen und uber christlicher disciplin halten sollen, gemeldet wird. Geschrieben im namen und zu dienst der kirchendiener in der alten und löblichen grafschaft Mansfelt.

Durch Hieronymum Mencelium, der grafschaft Mansfelt superintendenten.

[Diese Abhandlung Mencel's wird nicht abgedruckt.] Der Schluss lautet: Zu endlichem beschlus dieser ganzen schrift sol der christliche leser sich widerumb erinnern, das dis alles umb der mutwilligen und freventlich ungehorsamen leute willen geschrieben ist, die aus unzimlichen ursachen in den stücken, so zu dem gehorsam des ministerii und kirchenamptes furnemlich gehören verbrechen, ires gefallens leben, und wie, und wenn es in gefellet, sich von iren ordentlichen seelsorgern wenden, und sie also verlassen wollen, das sie keine nötige und christliche vermanunge von inen anhören, auch weder absolution oder sacrament begeren, noch suchen. Mit denselben kan man keines weges zu frieden sein, und ist gewis, das sie schwerlich sündigen. Was aber sonst die offentliche und gemeinen predigten anlanget, das einer bisweilen in andere kirchen gehet, und dieselben seelsorger auch höret, das wird so hoch nicht gestritten, und kan und sol solches so genau nicht genommen noch gesucht werden, viel weniger gebot oder verbot darüber geschehen. Allein das gleichwol ein jeder zusehe, das er mit seinem exempel nicht verachtunge und ergernis stifte, welches durch die genzliche abwendunge von den seinen zu geschehen pfleget. Unser lieber herr gott gebe, das ein jeglicher wol bedenke, was im gebüret, das er sich auch nach demselben richte, auf das gott in allen seinen willen haben und schaffen möge, amen.

XXIII.

[Folgen Praefationes auf die hauptfeste, mit Noten.]

XXIV.

Die deutsche litanei [mit Noten].

XXV.

Von den begrebnissen, derer, so etwa unsers glaubens gnossen nicht sein, oder sonst in unbussfertigkeit versterben.

Sirach sagt am 7. capitel: Beweise deine woltbat an den todten. Dieses leget der man gottes Lutherus also aus: Verhülle oder bekleide die todten, das sie ehrlich begraben werden, umb gottes und der auferstehung willen. Solches ist allein von den todten geredet, die in warem glauben und erkentnis Jesu Christi, als ware und rechtschaffene christen, verschieden sein, welche auch aus gottes gnedigen vertröstungen in seinem heiligen worte die zusage haben, das sie zu einem seligen und ewigen leben erwecket werden sollen. Die ist man schuldig umb gottes und der auferstehung willen zu ehren und inen ir gebürendes zeugnis, wie sie sich in irem leben gehalten und in was glauben und bekentnis sie ir ende beschlossen haben, zu geben und mit zu theilen.

Da aber leute sein, die mit falscher, ketzerischer und verdampter lere behaftet sein, die kirchen und sacramenta meiden, reine lere und lerer lestern und schenden, keine vermanung und weisung, zu irer bekerung annemen wollen, oder welche sonsten in einem offentlichen, ergerlichen und gottlosem leben und wandel sein, als verechter und ungehorsame wider die geistliche und weltliche obrigkeit, die in unversönlichem hass und neid, mord, unzucht, verleumdunge, unchristlichem wucher, geiz, und andern sünden, wider die heiligen zehen gebot funden werden, und darinne bleiben, und in solcher vorstockung one busse und erkentnis der sünden dahin fahren und sterben, solchen sind bis daher in dieser grafschaft Mansfelt nach gottes wort aus gnugsamen ursachen die christlichen ·begrebnis und gewönlichen ceremonien, das man sie nicht zu andern christen geleget und weder mit dem geleute oder mit gesengen beleitet hat, abgeschlagen und versaget wurden. Bei solchem brauche sol es auch nochmals erhalten werden.

Das man aber solchen leuten, so in uberwiesenem irrthumben und hartneckichter verstockung uber alle christliche vermanungen bleiben, oder sonst in unbusfertigem ergerlichem, sündlichem wesen und leben one alle bekerung versterben, nicht alleine die christlichen ceremonien der begrebnis sondern auch die gewönlichen ruhestetten, da man andere christen hin leget, nicht leisten und zulassen könne, zeigen gottes wort und vielfältige exempel der heiligen schrift gnungsam an, nach welchen man sich billich in diesem falle richten und halten soll.

Denn erstlich saget der herr Christus Matth.

am 18. capitel, und Luc. am 9. das man die, so die kirche und keine christlichen vermanungen annemen wollen, für heiden und zölner halten sol. Und weil sie schon noch am leben, in iren sünden tod sein. So sol man solche todten, ire todten, das ist, die so ires gleichen sein, und auch in irer verstockung und unbusfertigem verdamlichen leben sein, selbs begraben lassen. Andere rechtschaffene fromme gottfürchtige christen sollen mit inen nichts zu schaffen haben, viel weniger sie mit irer gegenwertigkeit ehren oder wider das achte gebot gut zeugnis geben.

Zum andern sagen S. Johannes und S. Paulus in der andern Johannis, und zu Tito am dritten capitel, das man die leute, welche von der reinen heilsamen lere abgewichen, zu ketzern und falschen lerern oder derselben anhenger und mitgenossen wurden, wenn sie davon abzustehen, vermanet worden sein, meiden, sie nicht zu hause nehmen, auch gar nicht grüssen solle, damit man sich irer sünden nicht theilhaftig mache. So stehet in der ersten zun Corinthiern am fünften capitel, das man mit denen, weil sie noch am leben sein, nichts zu schaffen haben sol, nemlich, die sich lassen brüder nennen, und sind gleichwol offentliche hurer, geizwenste, abgöttische, lesterer, trunkenbolde, oder reuber. Wie könte man denn solchen zu christlichen und ehrlichen begrebnissen dienen? Darauf gehet der funfzehende psalm, da er spricht, das alleine die auf gottes heiligem berge bleiben werden, welche die gottlosen nichts achten.

Zum dritten stehet das exempel des frommen gottseligen Tobie für augen, welcher darumb in der schrift gerümet wird, das er seines glaubens genossen und die todten begraben hat, welche uber der bekentnis der warheit getödtet und in gottseligem leben und wandel gestorben sein. Daraus folget das gegentheil, das die heilige schrift die straft, welche sich der gottlosen und in unbusfertigkeit verstorbenen todten annehmen wollen.

Darauf folgen nu, als der vierde grund, nemlich die exempel und historien in der bibel, die da weisen, wie man sich gegen den gottlosen nach irem tode halten solle.

1. Reg. 14 stehet geschrieben: Weil Jerobeam abgöttisch war, und thet das dem herrn ubel gefiel, dreuet gott der herr, das von seinem hause niemand solle zu grabe kommen, denn nur sein son Abia, die andern sollen die hunde und die vogel unter dem himmel fressen.

1. Reg. 21 dreuet gott der herr durch den propheten Eliam, das Iesabel nicht sol begraben werden, sondern die hunde sollen sie fressen, an den mauren Jesreel, und das geschicht also. Denn da sie Jehu, als eine königes tochter, wil ehrlich begraben lassen, 2. Reg. 9 wird nichts von ir

funden, denn der schedel, und füsse, und ire flache hende.

Jerem. 22 von dem Jojakim, dem gottlosen könige Juda, spricht der herr: Man wird in nicht klagen, ach bruder, ach schwester. Man wird in nicht klagen, ach herr, ach edler. Er sol wie ein esel begraben werden, zerschleift, und hinaus geworfen werden für die thor Jerusalem.

Esaie 14 saget der prophet von dem gottlosen tyrannen zu Babel, das unter andern auch das seine strafe sein solle, das er nicht werde wie andere begraben, sondern wie ein verachter zweig verworfen werden.

1. Reg. 13 strafet gott der herr den propheten, welcher mit dem falschen propheten wider gottes gebot isset und trinket, das er nicht mus in seines vaters grab begraben werden.

Jacob und Joseph wollen nicht bei den gottlosen leuten in Egypten ligen, Gen. 47, 49, Exod. 13. Wie kemen wir denn darzu, das wir auf unsere christliche begrebnis bringen oder legen lassen solten, die sich als unchristen in ihrem leben gehalten hetten? Und in endlicher unbusfertigkeit unbekeret dahin gestorben?

Weil nu aus angezogenen gründen klar und genugsam am tage ist, das man denen, die endweder unsers glaubens genossen nicht sein oder sonst in verdamlicher und offentlicher unbussfertigkeit verschieden sind, kein christlich begrebnis gestatten kan, so sollen sich auch alle ware rechtschaffene christen, welche der rechten kirchen gliedmasse sein wollen, mit inen (wo sie auch etwan hingelegt werden mögen) zu ihrer begrebnis zu gehen und inen nach zu folgen, enthalten, und sich hierinnen weder verwandschaft oder andere fürwendungen bewegen lassen, auf oben eingeführten spruch des 15. psalms stets gedenken, das ein christe die gottlosen nichts achten sol. So stehen auch da die eigendlichen, und ausdrücklichen wort des herrn Christi, Matth. 10. Wer vater und mutter mehr liebet denn mich, der ist mein nicht werd. Item, wer son, und tochter mehr liebet denn mich, der ist mein nicht wert. Wer auch mit solchen leuten zum begrebnis gehet und sie damit ehret und in also zeugnis gibet, als weren sie wie christen verschieden und hilft, das man sie ehre, der handelt wider das achte gebot, macht sich frembder sünden theilhaftig, 1. Timoth. 5. Meidet nicht bösen schein, 1. Thess. 2. Und ledet in summa auf sich des herrn Christi schweres urtheil. Matth. am 18. capitel: Wehe dem menschen der ergernis gibt etc. Denn es oue ergernis nicht geschehen kan, die ehren, welche gott, sein wort und diener nicht geehret haben wollen. Sintemal auch gott selbs einen klaren unterscheid machet, im propheten Malachia am dritten capitel, zwischen dem gerechten und gottlosen, zwischen dem der gott dienet und dem, der im nicht dienet, welchen unterscheid seine christliche kirche, derselben diener, und alle fromme christen, so viel das eusserliche belanget, auch billich halten sollen, und müssen.

1. Corinth. 15.

Gott sei lob und dank, der uns den sieg gegeben hat.

Hiob 19:

Ich weis das mein erlöser lebet.

Zu Eisleben in der alten und löblichen grafschaft Mansfelt gedruckt bei Urban Gaubisch, wonhaftig auf dem graben, den fünften mai. Anno 1580.

Die Grafschaften Stolberg.

Hilfsmittel: Acta historico-ecclesiastica. Bd. 5. (Theil 25—30.) S. 774 ff.; Zeitfuchs, Stolberger Kirchenhistorie. 1717; Delius, Einige Nachrichten über den Eintritt, Fortgang und die Wirkung der Reformation in der Grafschaft Wernigerode. Wernigeroder Intelligenzblatt 1817. S. 161; Leopold, Kirchen-, Pfarr- und Schulchronik der Gemeinschaftsämter Heringen, Kelbra, der Grafschaft Hohenstein, der Stadt Nordhausen und der Grafschaften Stolberg-Rossla und Stolberg-Stolberg seit der Reformation. Nordhausen 1817; E. Pfitzner, Tileman Platner oder die Reformation in der Stadt und Grafschaft Stolberg. Stolberg 1883; R. Pfitzner, in: Zeitschrift des Harzvereins 23, 292 ff.; Jacobs, in der Allgem. D. Biographie zu den Grafen Ludwig und Ernst, 36, 339, 345; Gess, in: Zeitschrift des Harzvereins 24, 454 ff.

Archiv: Fürstl. Archive zu Wernigerode, Stolberg, Rudolstadt. Dresden, H.St.A. Zerbst, St.A.

Wenngleich die Reformation in den Grafschaften Stolberg [Johann Spangenberg] und Wernigerode [Lampadius] noch zu Lebzeiten Georg's von Sachsen Eingang fand, so kam es zu einer eigentlichen Durchführung der Reformation in Stadt und Land doch erst 1539, denn Graf Botho schrieb noch am 22. Mai 1537 an seinen Lehnsherrn, Herzog Georg von Sachsen, dass er in Lehre und Ceremonien nichts habe ändern lassen (Ztschr. des Harzvereins 18, 484).

In dem Erbvergleich, in welchem die Söhne des Grafen Botho († 1538) dem ältesten Bruder Wolfgang die Gesammt-Regierung übertrugen, war die Vollmacht zur Kirchenverbesserung gegeben. Graf Wolfgang bestellte Tilemann Platner zum Superintendenten. Dieser führte durch Visitation das Werk durch.

Über die Verhandlungen der herzoglich sächsischen Visitation in Stolberg vom Jahre 1542 s. Dresden, H.St.A., Loc. 10599, „Visitations-Akte der Kirchen und Schulen im Lande zu Thüringen und Meissen betr.", 1542, 1559; Georg Müller, in: Beiträge zur Sächs. Kirchengeschichte 9, 164. Über Verhandlungen mit Kurfürst Moritz wegen gemeinsamer Gebräuche s. unter Hohenstein.

Wenn Göbel, Ursprung, Geschichte und Verfassung der Consistorien in den kursächsichen Landen, Freiburg 1794, S. 111, die Errichtung eines Consistoriums in das Jahr 1539 setzt, so erscheint ihm dieses Jahr selbst zweifelhaft. Die Notiz ist gewiss unrichtig. Erst recht natürlich die Nachricht von Leopold S. 56, der sogar im Jahre 1524 (!) von einem Consistorium in Stolberg spricht.

Als der Kaiser im Jahre 1548 das Interim publicirte, verbanden sich die stolbergischen, mansfeldischen und schwarzburgischen Grafen, „solche schrift aus gottes wort durch ihre theologos gründlich zu untersuchen, die irrthümer zu widerlegen und dem kaiser vorzustellen". S. unter Schwarzburg und unter Regenstein.

In Eisleben vereinigten sich die Theologen und arbeiteten am 16. Januar 1549 eine Erklärung aus über die Punkte, in denen man nachgeben könne und bei welchen dies nicht der Fall sei. Dieses Schriftstück befindet sich im herzoglichen Staatsarchive zu Zerbst (V, fol. 209ᵇ, 3) und für Schwarzburg angepasst in Rudolstadt, Fürstl. Archiv, A. V, 4ᵃ, Bl. 4—27ᵇ, wird aber nicht abgedruckt. Vgl. einen Auszug unter Schwarzburg.

Die enge Verbindung, die in kirchlicher Beziehung zwischen den Häusern Stolberg und Schwarzburg bestand und welche in der Interimszeit so schön hervorgetreten war, führte auch zu weiteren gemeinsamen Handlungen. Die Grafen von Schwarzburg und Stolberg liessen auf einem Convente der Pfarrer 1549 eine gemeinsame Ordnung zusammenstellen: „Ordnung, der religion wie es in den grafschaften Schwarzburg und Stolberg soll gehalten werden". Vgl. das Nähere unter Schwarzburg, woselbst die Ordnung auch abgedruckt ist.

Eine Visitation hielt im Jahre 1555 der Superintendent Georg Oemler („Emylius" in den Drucken genannt) ab. Oemler hat über dieselbe in der Vorrede zu seinem „Enchiridion, Gründliche und kurze lere oder summa gezogen aus den fünf stücken des heiligen catechismi, dem gemeinen man und einfeltigen pfarnern zum besten bestellet durch Georgium Emylium doctorem und pfarner zu Stolberg anno 1557 (ein Exemplar in der Fürstl. Stolberg. Bibliothek zu Wernigerode) Einiges mitgetheilt. Er bezeichnet dortselbst den Kernpunkt seiner Visitation: „.... welcher gestalt die nechste visitation in der löblichen herrschaft Wernigerode von mir angefangen und mit gottes hülfe volbracht ist, darin ich unter andern punkten fürnemlich die lere des heiligen catechismi getrieben, und auch sampt andern benachbarten pfarnern hinförter wöchentlich mit allem vleis und treuen zu üben und zu treiben, vermanet und befohlen habe ...... Damit aber die übung des heiligen catechismi ...... desto fruchtbarlicher getrieben werden und fortgehen möchte, habe ich in gehaltener visitation neben andern lehren und vermanungen, beide den pfarnern und auch den zuhörern angezeigt, was man für gemeine fürneme leren in jedem stücke des heiligen catechismi lernen und merken sollte." Diese „Erklärung" habe so gefallen, dass er sie auf Ansuchen ausgearbeitet habe und herausgebe. In demselben Jahre erschien von Oemler auch ein „Kurzer bericht von der christlichen kirchenbeicht" (Exemplar in der Fürstl. Bibliothek zu Wernigerode).

Von eigenen kirchlichen Ordnungen wissen wir nichts. Die Archive von Wernigerode und Stolberg bieten für das 16. Jahrhundert verschwindend wenig. Im Jahre 1592 wurde für Stolberg-Wernigerode der Entwurf einer Kirchen-Ordnung ausgearbeitet. Derselbe blieb aber nur Entwurf, kommt also hier weiter nicht in Betracht. (Er befindet sich im Fürstlichen Archive zu Wernigerode.)

Im Jahre 1563 publicirte Graf Ludwig zu Stolberg die Ordnung Wolfgang's von Zweibrücken von 1557 für seine wetterauischen Lande. Vgl. Jacobs, in der Allgem. D. Biographie 36, 341 unter Graf Ludwig.

Endlich seien noch erwähnt: „Die Statuten der Stadt Stolberg", welche Förstemann in: Neue Mittheilungen aus dem Bereiche historisch-antiquarischer Forschungen, Bd. 6, Heft 1, S. 62 ff. mittheilt. Dieselben gehören offenbar in den Rahmen der Ordnungen, wie sie im inneren Zusammenhange mit der Reformation Harzgrafen und Harzstädte um die Mitte des 16. Jahrhunderts mehrfach erliessen. So vgl. die Ordnung für Blankenburg nach 1545; vgl. Jacobs, in: Zeitschr. des Harzvereins, 1902, S. 286 (s. unten unter Regenstein) und die Hochzeits-Ordnungen (das sind Luxus-Ordnungen) von Stolberg und von Halberstadt in: Zeitschr. des Harzvereins, 1883, S. 370 ff. Graf Wolfgang von Stolberg sandte dem Rath der Stadt Wernigerode diese Hochzeits-Ordnung um 1544—1546 zu, „sich darnach zu richten oder auch abzuändern". Als Beispiel wollen wir aus der von Förstemann veröffentlichten Ordnung der Stadt Stolberg den ersten Artikel abdrucken. (Nr. 42.)

42. Statut der Stadt Stolberg a./Harz.

[Nach Förstemann, Neue Mittheilungen aus dem Bereiche historisch-antiquarischer Forschung, Bd. 6, Heft 1, S. 62 ff.]

Der erste articul.

Nachdeme die feste feir- und heiligen tag halber in gemeine eine grosse unordnung vormerkt und sich vil darinnen ergerlich halden und erzeigen, so haben sich unsre gnedige herrn und der rat voreiniget und gebieten hiemit in sonderm ernst, das man hinfurder nachfolgende tage ganz und uberall feierlich halden soll, sich aller leiblichen arbeit, handel und hantirung mit keufen und vor-keufen eussern und die laden zuhalden sollen. Nemlichen alle sontage, die drei weihnachten, ostern und pfingstfeiertage, den neuen jars tag, der heiligen drei köuig tag, lichtmessen, vorkündigung und heimsuchung Marie und das fest der himelfart Christi . . . . . . (Folgt Sonntags-Ordnung; „Gelobnüsse eines ehlichen lebens" ohne Zustimmung der Eltern bezw. Verwandten und Vormünder sind nichtig) . . . .

Die Grafschaft Hohenstein und das Gericht Wintzingerode oder Bodenstein.

Hilfsmittel: Wintzingerode-Knorr, in: Zeitschrift des Harzvereins, 24 (1891), S. 88 ff.; Leopold, Kirchenchronik (genauen Titel s. unter Stolberg). Nordhausen 1817; Reichhardt, Die Grafschaft Hohenstein im 16. und 17. Jahrhundert. Festschrift 1899. (Die dort citirte Litteratur zur Grafschaft Hohenstein bietet für unsere Zwecke nichts.) Vgl. auch die Litteratur zum Eichsfelde; insbesondere v. Wintzingerode, Kämpfe und Leiden der Evangelischen auf dem Eichsfelde (Schriften für Reformationsgeschichte. Halle 1892. Bd. I) und die dort citirte Litteratur.

Archive: Dresden, H.St.A. Wintzingerode'sches Gesammtarchiv zu Bodenstein.

I. Graf Ernst V. von Hohenstein, der seit dem Jahre 1530 alleiniger Regent der Gebiete Hohenstein, Lohra, Clettenberg, Scharzfeld, Allerberg und Bodenstein war, war kein Freund der Reformation. Ihr schrieb er die Bauernbewegung zu, der er selbst sich anzuschliessen gezwungen worden war. Immerhin verhinderte er nicht, dass die Mönche des Klosters Walkenried die neue Lehre verkündeten. Dagegen protestirte der Graf gegen die Vornahme der Visitation durch die Visitatoren Herzog Heinrich's von Sachsen. Allerdings, ebenso wie die Grafen von Schwarzburg, im Grunde nur in eifersüchtiger Wahrung seiner landesherrlichen Rechte.

So konnten im Jahre 1542 die herzoglich sächsischen Visitatoren berichten, dass noch in der ganzen Grafschaft, mit Ausnahme zweier Orte, das katholische Wesen herrsche. Vgl. Dresden, H.St.A., Loc. 10 599, Visitationsakte der Kirchen und Schulen im Lande zu Thüringen und Meissen betr., 1542, 1559; Georg Müller, Beitr. zur sächs. Kirchengeschichte 9, 163.

Die Bestrebungen des Herzogs Moritz auf das Kloster Walkenried veranlassten die Grafen im Verein mit den erbverbrüderten Grafen von Stolberg und Schwarzburg zu Reformen im Kloster Walkenried und Ilfeld. Sie wollten dem Herzog jeden Vorwand zu Eingriffen nehmen. Vgl. hierüber Reichhardt, a. a. O. S. 15 ff.; Pfitzner, Tileman Platner, S. 62 ff.

Über Verhandlungen des Kurfürsten Moritz 1547/48 wegen Einführung gemeinsamer Gebräuche giebt eine Erklärung Aufschluss, welche abgaben: Ernst Graf von Hohenstein, Gebhardt, Graf und Herr zu Mansfeld, Günther, Graf zu Schwarzburg, Wolfgang, Graf und Herr zu Barby, Albrecht, Graf und Herr zu Stolberg, Hans Georg, Graf und Herr zu Mansfeld, Georg, Herr von Schönburg, Hans, Schenk und Herr zu Tautenberg. Vgl. G. Müller, in: Beiträge zur sächs. Kirchengeschichte 10, 62.

Ernst V. starb 1552 als Katholik. Seine Söhne Ernst VI., Volkmar und Eberwein führten die Reformation ein. Vgl. Reichhardt, a. a. O. S. 16, 17; Wintzingerode, a. a. O. S. 1, 39.

Nachdem der Augsburger Religionsfriede die Existenz der neuen Lehre garantirt hatte, hielten die Brüder am 27. März 1556 mit ihren Ständen und Pfarrern eine Synode ab, in welcher das Festhalten an der Augsburger Confession beschlossen wurde.

Ernst VI. starb 1562, Eberwein 1568, Volkmar 1580. Als letzter Sprosse des Grafengeschlechts trat Graf Ernst VII., Volkmar's Sohn, die Regierung an. Er hielt 1583 in Walkenried eine Synode ab und theilte den Versammelten mit, dass er in Walkenried ein Consistorium eingerichtet habe. Dieses Consistorium war zusammengesetzt aus den Predigern zu Walkenried, Ellrich und einigen weiteren Predigern, und hatte die Befugniss, die anzustellenden Geistlichen zu examiniren und zu ordiniren.

Ernst VII. starb 1593 und mit ihm erlosch das Grafengeschlecht. Die weitere Territorialgeschichte interessirt hier nicht. Ordnungen sind mir für die Grafschaft Hohenstein selbst nicht bekannt geworden, dagegen wohl für ein Lehen der Grafen, nämlich das Gericht Wintzingerode oder Bodenstein.

Aus dieser sogleich zu nennenden Ordnung erfahren wir, dass in Hohenstein, wie das bei der territorialen Lage und den bestehenden staatsrechtlichen Verhältnissen auch erklärlich ist, die sächsische und die braunschweigische Agende im Gebrauche waren. Aber auch eine besondere Ordnung für die Grafschaft Hohenstein muss vorhanden gewesen sein, denn die Worte der Ordnung von Wintzingerode: „zum andern die kirchenceremonien eintrechtig, die ja gleichsam mehrentheils aus obbemelter unserer gnedigen herrschaft christlichen kirchenordnung contrahirt und auf unserer kirchen gelegenheit dirigirt und gerichtet" können wohl kaum in einem anderen Sinne gedeutet werden.

Näheres über diese Ordnung von Hohenstein ist nicht bekannt, um so werthvoller ist daher die Ordnung von Wintzingerode, weil sie uns auch zugleich ein getreues Bild der Hohenstein'schen Verhältnisse liefert.

Im Kloster Walkenried wurde auf Betreiben der Grafen von Hohenstein am 5. October 1557 eine evangelische Schule eingerichtet. Ihr erster Rector Johannes Mylius (1557—1584) verfasste eine lateinische Schul-Ordnung nach dem Vorbilde sächsischer und württembergischer Ordnungen. Dieselbe ist abgedruckt bei Vormbaum, Evangelische Schul-Ordnungen 1, 548 ff.

II. Das Gericht Wintzingerode oder Bodenstein umfasste fünf Dörfer: Kalt-Ohmfeld, Kirch-Ohmfeld, Tastungen, Wehnde und Wintzingerode und die einzelnen Höfe Adelsborn, Bodenstein, Segel, Wildungen. Die Herren von Wintzingerode waren seit 1337 von den Landesherren, den Grafen von Hohenstein, mit diesem Gebiete belehnt, welches nur im Osten an ihre eigenen Lande anstiess, sonst von den Mainzischen Besitzungen auf dem Eichsfelde umgeben war. Wenn auch die Grafen von Hohenstein seit der Mitte des 16. Jahrhunderts ihre Hoheit mehr als früher geltend zu machen suchten, so überliessen sie doch die Fürsorge für das Kirchen- und Schulwesen den Lehnsbesitzern selbst. [Vgl. v. Wintzingerode, in: Zeitschr. des Harzvereins, 24 (1891), S. 88 ff.].

Unter der Regierung des Grafen Ernst VII. von Hohenstein beschlossen die Herren von Wintzingerode eine Kirchen-Ordnung zu publiciren. Die Vormünder der Söhne Johann's von Wintzingerode, Friedrich und Wilke, nämlich Borchardt von Bodungen und Friedrich von Eschwege, sowie Johann Friedrich von Wintzingerode, zugleich für seinen unmündigen Bruder Heinrich, nennen sich in der Ordnung als die erlassenden Herren. Die genauere Jahreszahl ist nicht bekannt. Ebenso wenig der eigentliche Verfasser der Ordnung.

In dem nachher zu beschreibenden Original haben sich unterschrieben auf der linken Seite: „Friedrich von Wintzingerode, Hansens seliger sohn", „Hans Friedrich von Wintzingerode,

32*

Bertrams seliger sohn", sodann Dr. Jeremias Reichhelm von Göttingen; auf der rechten Seite: die drei evangelischen Geistlichen, Wolfgang Höhn von Tastungen, Conrad Schneegans von Kirch-Ohmfeld, Andreas Wacker von Wintzingerode. Von der Hand Reichhelm's finden sich in der Ordnung selbst verschiedene Correcturen und Zusätze [einige wenige übrigens auch von Höhn's Hand]; seiner durch ihren Platz besonders gekennzeichneten Unterschrift hat er die Worte beigefügt: In felix et faustum principium, felicius medium et felicissimum exitum rogatus libenter subscripti etc. Aus alle dem ist wohl zu schliessen, dass Reichhelm einen hervor-ragenden Antheil an der Abfassung der Agende gehabt hat. Nach den Unterschriften ist nicht anzunehmen, dass die Reichhelm'schen Correcturen erst in eine spätere Zeit fallen, sondern die Ordnung ist, wie sie uns jetzt noch vorliegt, mit den Correcturen und Zusätzen von oben Ge-nannten unterschrieben und ist so publicirt worden. Wir setzen diese Zusätze daher in den Text und heben in Anmerkungen ihren Charakter hervor.

Das Original im Wintzingerode'schen Gesammtarchiv zu Bodenstein IV, V, A. 2 [im Aufsatze von Wintzingerode, in: Zeitschrift des Harzvereins 24, 88 ff. unrichtig citirt: IV, 2. A.] besteht aus 12 Blättern; Bl. 1, Vorderseite enthält den Titel „Verordnung etzlicher notwendigen punkten, darnach sich derer von Wintzingerode prediger und pastores in ihrem gerichte Boden-stein eintrechtiglich zu vorhalten." Darunter zwei Bibelsprüche mit (übrigens unrichtigen) Citaten. Rückseite frei. Bl. 12 unbeschrieben. Zu Bl. 11 b ist ein Zettel eingelegt. Die Hand-schrift ist durchaus leserlich von einer Copistenhand geschrieben; über die Correcturen und Zu-sätze ist oben gesprochen. Die Unterschriften sind zum Theil mit Bemerkungen ausgestattet; Pastor Höhn hat dies sogar zweimal gethan.

Am Schlusse heisst es in der Ordnung, dass sie den Grafen von Hohenstein vorgelegt und von diesen besiegelt werden solle. Ein Siegel findet sich nicht vor. Dass aber die Grafen, als die Lehnsherren, die Ordnung gebilligt haben, ist anzunehmen. Als Quelle nennt die Ord-nung selbst die Hohenstein'sche Ordnung. Vgl. darüber I am Schlusse.

Diese Kirchen-Ordnung gelangt hier erstmalig nach dem Original zum Abdruck. (Nr. 43.)

43. Kirchen-Ordnung für das Gericht Wintzingerode oder Bodenstein.
[Nach dem Original im Wintzingerode'schen Gesammtarchiv zu Bodenstein, IV, V, A. 2.]

Vorordnung etzlicher notwendigen punkten, darnach sich derer von Win-tzingerode prediger und pastores in ihrem gericht Bodenstein eintrechtig-lich zu vorhalten.

Psal. 113 [1]).
Non nobis domine sed nomini tuo da gloriam.
Joh. 14 [2]).
Conserva et sanctifica nos domine in veritate tua, verbum tuum est veritas.

Demnach leider der satan aus vorhengnus gottes um unserer sünden willen mit allerhand eingestreueter falscher lehre, irrthum, auch sonsten mancherlei tücken hin und wider der christlichen kirchen und deroselbigen vorwanten zum heftig-sten zusetzet, dormit allerseits die christlich reine lehre des selig machenden worts gottes, dessen rechten heilsamen verstand und den seligen ge-

brauch der hochwirdigen sacramenten zu vor-dunkeln, wolangeordente eintrechtige ceremonien der kirchen zu zerrütten, auch das leben und wandel der pfarherrn und dienern des worts erger-lich und vordechtig zu machen, und nicht feiern wird in dem letzten dieser welt seine list und gift zu beweisen und auszuschütten, derohalben man sich allerhand ergerlichen unraths und ungleich-heit zu befahen,

deme durch verleiung hülf und beistand gottes des allmechtigen nach moglichen dingen vorzu-kommen, in betracht gottlichs befehlichs und worts (nach der lehre Pauli 1. Cor. 14: Godt ist nicht ein godt der unordnung, sondern des friedens, wie in allen gemeinen der heiligen. Item, lasset alles ehrlich und ordentlich zugehen) trefflich vil an einer richtigen und guten ordnung gelegen, merklicher nutz daraus entstehet und der zuhorer heilsamlich dardurch gebessert werden, als haben wir Borchardt von Bodungen, churf. amtmann zu Giebeldehausen, und Friedrich von Eschwege zu

---
[1]) Psalm 115 V. 1.   [2]) Joh. 17 V. 17.

Reichensaxen in vormundschaft Hansen von Wintzingerode godtseligen sohnen als Friedrichs und Wilkens, gebrüdern von Wintzingerode, dan ich Hans Friedrich von Wintzingerode wegen meines noch unmündigen brudern Henrich, aus anmanung gotliches befehlichs und der notturft in gottes namen uns einer christlichen wol meintlichen verordnung [corrigirt aus kirchenordnung] in unseren erblichen gerichte Bodenstein wegen obrigkeit und [1]) christlicher andacht unter einander einmütiglichen verglichen und vereinbart itzo und hinkünftig ewiglich also und dergestalt.

I. Erstlich das die lehr des heiligen evangelii rein, keine ergerliche neuerung eingeführt, besondern in einhelligem gleichen vorstande unserer gnedigen herrschaft Honstein inhalts der christlichen augspurgischen confession ohne einigen neuen anhang gepredigt und gehandelt,

2. Zum andern die kirchen ceremonien eintrechtig, die dan gleichsam mehrentheils aus obbemelter unserer gnedigen herrschaft christlichen kirchenordnung contrahirt und auf unserer kirchen gelegenheit dirigirt und gerichtet.

3. Zum dritten der predikanten und pfarhern leben und wandel ohn. ergernuss menniglich zu gutem exempel erhalten und volfurt mochte werden.

Alles zur ehre und preis gottes, seines heiligen namens, zur beforderung der christlichen kirchen des reichs Christi, zur vortpflanzung des selig machenden reinen worts gottes, zu trost und heilsamer andacht der zuhorer darnach sich auch die prediger und zuhorer in unserm gericht und jurisdiktion zu richten, in allwege schuldig sein sollen [2]).

I.

Von der lehre.

Die weil es gottes unser unwandelbar will und gebot ist, das die kirchendiener als seiner gotlichen majestät mundboten fleissig und treulich studiren, und als pastores auf ihre seele vertraute und anbefohlene scheflein mit gottes wort als auf der grünen auen weiden sollen, auch einen harten sentenz über die nachlessigen und untreuen hirten fellet Ezech. 33[3]) de manu tua requiram,

als wollen wir das unsere prediger mit herzlicher anrufung hulf und beistand des heiligen geistes (ohn welches kraft alle arbeit verloren) fleissig lesen und meditiren sollen, darzu sie dan, wie obgemelt, furnemlich der befehl gottes reizen und vormanen soll. Sirach. 39[4]). Wer die schrift lernen und sich darauf geben soll, das er das

gesetze des hochsten lerne, der muss in den propheten studiren, er muss die geschichte der berümten leute merken und denselbigen nachdenken, was sie bedeuten und leren. Joh. 5[1]): Forschet in der schrift der apostel; Pauli 1. Timoth. 4 V. 13: Haltet an mit lesen, mit vermanen, mit leren. 2. Timoth. 2 V. 15: Befleissige dich godt zu erzeigen einen rechtschaffenen und unstreflichen arbeiter, der da recht theile daz wort der warheit. Und sollen demnach unsere prediger ja vor allen dingen tegliches lesen und studiren die biblien, die prophetische und apostolische schriften als einer richtschnur stetz vor augen haben, darnach sie alle ihre predigten, fälle, juditia und ganzes ambt reguliren und anstellen sollen, auch ihre predigten methodice und richtig concipiren, dormit sie vornemlich auf daz subjectum prinzipalem propositionem und heuptlehr sehen, und dieselbe mit hellen claren sprüchen confirmiren nach dem heuptbuch der heiligen biblien.

Sollen auch ihre predigten und leren nach den treien bewerten symbolis, der reinen ungeenderten augspurgischen confession, wie sie tom. 6 Jenens.[2]) in ihrem rechten authentia originali zu befinden, deren apologia, schmalkaldischen articuln, beiden catechismis Lutheri und andern seinen bücher richten, alle ihre predigten vermittelst gottlicher hülfe zu dem ende dirigirn, das zue gottes ehren, zur besserung, zur erbauung gereichen mogen, damit die zuhorer ler, warnung[3]) und trost daraus schopfen und nemen konnen.

Es sollen auch unser pastores beide vornemste hauptstück der schrift, gesetz und evangelium mit gleichem ernst führen und treiben, zu deme ihre pfarrkinder mit allen treuen zue aller gottseligkeit, gottesforcht, gebet, christlichem wandel und billichem pflichtigen gehorsamb gegen ihre obrigkeit, respectu officii anhalten und vormanen, darneben in ihren predigten allerlei anliegende not der christlichen kirchen dem lieben gott in dem gemeinem gebet treulich vortragen, um abwendung seines gefasten zorns und bevorab, das der liebe gott uns und unsere nachkommen bei dem seligen licht seines lieben worts gnediglichen erhalten wolle, andechtig von herzen bitten und beten, darzu dann der apostel Paulus ernstlich vormanet 1. Tim. 2 [folgen 1. Tim. 2 V. 1—2].

2.

Von den ceremonien.

Darmit dem gemeinen man und volk kein ergernuss gegeben werden, und alles fein richtig und ortenlich zugehe, so sollen sich die prediger

---

[1]) Die Worte „und christlicher andacht" Zusatz von der Hand Reichhelm's.
[2]) „in allewege schuldig sein sollen" ebenso.
[3]) Ezech. 33 V. 8.   [4]) Cap. 38 V. 25.

[1]) Joh. 5 V. 39.   [2]) Ausgabe der Werke Luther's Jena 6, 387 ff.   [3]) „warnung" Zusatz Reichhelm's.

und kirchendiner, so viel immer muglich einerlei art und form in ceremonien befleissigen, sonderlich wie die undenkliche viel jahr hero bei unsern kirchen sein in christlichem ublichem gebrauch gewesen. Es solten auch die pastores und kirchendiener in verrichtung ihres ambts mit teufen, auspendung des heil. abendmals, kranken besuchen, copuliren, collecten zu lesen und was zum heil. predig ambt gehoret die sexische und braunschweigische, herzbergische agend und kirchenordnung, welche auch in dieserer loblichen herschaft Honstein breuchlich, und vor undenklichen jahren hero allhier gebraucht, folgn und nachmals gebräuchen. Do auch ein neuer pastor anhero vociret und bestediget wurde und einer gemeinde vorgesetzt, soll er seines gefallens keine neuerung oder änderung der ler oder ceremonien einfuren, sondern in altem gebrauch, art und form vormoge dieserer christlichen ordenung blieben lassen und sich derselben gemess nach den andern vicinis pastoribus dieses gerichts mit ihnen allerseits gleichförmig zu halten, richten, damit unordnung verhütet werde.

Von der heiligen taufe.

Ein kreftiger herzlicher trost ists, das wir wissen und glauben, das bei dem sacramente der heiligen taufe gegenwertig ist mit gnaden leben und segen die heilige hochwirdige dreifaltigkeit, godt vater, godt sohn, und godt, der heilige geist.

So soll demnach auch die heilige taufe nach der einsetzung unsres herrn Jesu Christi mit grosser reverenz, andacht und ernst, als fur dem angesicht gottes geschehen, und soll solch hohes tröstliches werk durch gottselige bescheidene und nüchterne personen, prediger und gevattern mit eivrigem gebet zu gott dem allmechtigem vorrichtet werden.

Es soll auch bei dem actu der heiligen taufe der exorcismus nicht ausgelassen werden, auch keine neue oder andere ceremonien gebraucht, dan welche nunhero dieses orts eintrechtiglich uber viele undenkliche jahr in christlichem brauch gewesen und soll ein prediger von dem anderen, ob er die gelegenheit nicht wuste[1]) guten bericht hierinnen bitten[2]) auch deshalb, so darumb angelangt worden, denselben unweigerlich mitteilen, endlich[3]) aber wollen wir das allzeit nach geendigter taufe ein vers oder etzliche zum beschluss gesungen werden solle, als „Sei lob und ehr“ oder dergleichen.

Diejenigen, so entweder mit falscher irriger

---

[1]) „ob er die gelegenheit nicht wuste“ an den Rand von der Hand Reichhelm's geschrieben.
[2]) „bitten — unweigerlich“, ebenso.
[3]) „endlich — dergleichen“, ebenso.

lehre verhaftet, gottlose epicurer sein, oder sonsten in offentlichen ergerlichen lastern, in ehebruch, unvorsonlichem hasse, in jüdischen, unchristlichen wucher und andern sünden fursetzlich und trotziglich vorharren, sollen zum gebrauch der heiligen sacrament nit zugelassen werden. Es solln auch die prediger mit solchen keine gemeinschaft haben, und sol sonderlich die hoheit und wirdigkeit dieses sacraments in acht genommen werden, dan uns darinnen so überschwenkliche und grundlose reichthumb der gnaden gottes mitgetheilet und darmit reichlich überschüttet, also das es Christus selbest eine neue geburt, oder widergeburt heisst, dardurch wir ihme dem herrn Christo incorporirt. der ganzen heiligen dreifaltigkeit huldigen und schweren, und einen ewigen bund aufrichten, darmit wir aller tyrannei des teufels ledig, von sünde, tod und helle los, kinder des lebens, neben aller güter gottes, gottes selbest kind und Christi bruder und miterben werden und ist die taufe unser einiger trost und eingang zu allen gottlichen und himlischen guetern und aller heiligen und auserwelten gemeinschaft.

Vom abendmal des herrn.

Als der ewige sohn gottes unser her und heiland Jesus Christus warer gott und mensch das hochste werk nemlich die erlösung des ganzen menschlichen geschlechts durch sein bitter leiden und sterben hat aufrichten und volbringen wollen, hat er zur unserem trost zur sterkung unseres glaubens und zur versicherung unserer seligkeit durch ihn erworben und uns geschenke aus genaden allen gleubigen und busfertigen selbsten gestiftet, geordnet und eingesetzet das heilige nechtmal welches wir das sacrament des altars nennen, zwarten nit derogestalt daz es alleine die zeit gelten sollte, sondern das sein gebrauch, wie er's eingesetzet unverendert bis an den jungsten tag bleiben und verharren solle. — Weil uns dan in dem heiligen hochwirdigen sacrament des altars ein solcher grosser teuerer schatz wird mitgetheilet: nemlich in unter und mit brot und wein, als sichtbaren elementen, der warhaftige wesentliche leib und blut unsers einigen erlösers und seligmachers Jesu Christi als ein gewiss pfand und sigel unserer seligkeit, so sollen auch die prediger und pastores, so oft communicanten vorhanden sein, solch testament Christi offentlich in der christlichen versamlung mit grosser reverenz und erbietung nach der einsetzung Christi administriren, ausspenden und nach dem vater unser die verba institutionis coenae ordentlich mit klaren und hellen worten ausreden, darmit die communicanten zu herzlicher andacht, glauben und eifer erwecket werden.

Es sollen auch die pastores nimandes zum

heiligen abendmal zulassen, er habe sich denn zuvor angeben in der beichte, seine stünde in demuth erkant, seines glaubens bekentnüs gethan, sein leben nach und mit gottes hülf zu bessern zugesaget.

Und soll sonderlich das junge volk nach der beicht und bekentnus der stünden mit allem vleiss examinirt werden in dem lieben catechismo, ob sie auch denselben konnen und wissen, sie für der absolution in ihrem christenthum und was zum ewigen leben und seligkeit zu wissen und zu glauben notig sein, bescheiden unterrichten, auch da notwendige straf zu gebrauchen, die gelegenheit erfordert, die privat affecten nicht mit einmengen (wie etzliche aus unzeitigem eifer pflegen), sondern treulich und brüderlich vormanen und zur besserung anhalten.

Ingleichen sollen auch unsere pastores ein gebürlich moderamen halten und gebrauchen gegen denjenigen, so ihrem anbefolenen amt und pfarrspiel nicht angehorig und zugethan sein, also[1]) da deren einer ob mehr ihres amts begehren, das oder die sollen sich zu ihnen in ihre kirchen oder pfarramt verfügen und daselbst ihres amts geniessen, nicht aber sie die pastores leichtlich und ohne unser vorwissen zu ihnen hin ausserhalb dieses gerichts laufen, darmit nicht darob ander unheil erfolge.

Weil dann auch leider die verstockung der leute gross und die vorachtung der hochwirdigen sacramente sehr uberhand nimmt, also das sich die leute ganz unfleissig und selten zum brauch des heiligen abendmals des herrn halten, sollen die pastores das volk in den predigten nach erforderung der notturft zum brauch des sacraments des altars treulich und fleissig vormanen, auch sie die pastores selbesten oft anderen ihren zuhorern zum gueten exempel und nachfolge dessen gebrauchen, 1. Cor. 11 (folgen 1. Cor. 11 V. 25, 26, 23).

Von der copulation der eheleute.

Und nachdem auch der ehestand ein sonderlicher heiliger und hoher stand ist, vom herrn selbst im paradis noch im stande der unschuld eingesetzet, ein öffentlicher ehrlicher und zuchtiger stand dienstlich zu aller zucht, tugend und erbarkeit, derhalben auch die kirchendiener sich dieses standes mit hochstem vleiss und ernst annemen

sollen, ihnen ehren, fordern und vortsetzen und was zur hinderung und unehren desselbigen gereichen mag, helfen abschaffen. Darmit nun braut und breutgam und junge leute, so sich durch schickung gottes des almechtigen in den ehestand begeben wollen, glücklich anfahen, christlich fortfahren und seliglich beschliessen mögen, so sollen die pastores solche leute trei sontage vor der copulation auf öffentlicher canzel proclamiren und aufbieten, sie in der christlichen gemeine gebet nemen und einschlissen, und soll hirinnen durchaus gleicheit gehalten werden. Es sollen sich auch die prediger ja fleissig fursehen und hueten, dass sie frembde leute, landstreicher und das unbekannte volk, da gemeinlich verdacht hinter ist und nit in ihr pfarspiel gehorig, nicht copuliren und ob sie wol anhalten doch in ihr suchen nicht willigen, sondern die obrigkeit darvon berichten in hochlicher und ernstlicher betrachtung, was jammers oftmals aus solcher unbedachtsamen copulation frembder unbekannter leute leider erfolget, auch das gemeine volk dardurch sehr geergert, das heilige predig ampt vorlesteret und in vorachtung gesetzet wirdet, dafur treulich warnet der apostel Pauli 2. Cor. 6[1]): Lasset uns aber niemand ein ergernusse geben, auf das unser amt nicht vorlestert werde, auch der obrickeit zu grossem nachtheil und verkleinerung gereichet.

Do auch fremde leute in ihrem pfarrspiel sich vorehelichen wollen und ihr vorhalten, zustand und christenthum unbekant ist, sollen die prediger solche leute nicht aufbieten, vortrauen, copuliren, oder einsegnen, es sei mann oder weib, sondern man soll sie heissen gute kundschaft schriftlich und mündlich bringen, wie hiervon gar treulich der selige man gottes d. Luther geschrieben und vorwarnet hat. Tom. 5 Jenens., pag. 248[2]).

Von den festtagen.

Weil dann auch, wie die erfarung bezeuget, aus ungleichem halten der festtage viel unrichtigkeit eingefallen, und die zuhorer dieses falls durch solche ungleichheit der feste trefflich geergert werden, so sollen solcher unrichtigkeit abzuhelfen und ergernis zu verhueten die pfarhern in diesem gerichte wissen, welche feiertage dieses orts ganz, welche aber nur halb gehalten werden. Diese nachfolgende feste soll man den ganzen

---

[1]) Von „also—unheil erfolge" von der Hand Reichhelm's an den Rand geschrieben. Darauf folgt von einer anderen Hand, wahrscheinlich derjenigen des Wolfgang Höhn, Pastor in Tastungen, welcher die Ordnung mit unterschrieben hat, am Rande: „Es soll sich ein pastor in eines papisten pfarrspiel nit eindringen. Tom. 5 Jenens., pag. 517."

[1]) 2. Cor. 6 V. 3.
[2]) Von der Hand Reichhelm's geschrieben steht hierzu am Rande noch Folgendes: Wir wollen auch endlich bei diesem punkt, das wenn die brautpredigten zu behuef der copulation gehalden werden, alsdan vor dem glauben eine lectio aus der bibel der predigt gemess gelesen werden solle, und sollen deshalb also unsere pastoren mit vleiss in acht nemen, damit desto bass allenthalben gerne eintrechtigkeit gehalten werde.

tag durchaus, inmassen auch in dieser loblichen herschaft Honstein geschiehet, hochfeierlich halten:

Den christtag, samt den zweien folgenden tagen Stephani· und Johannis.

Den neuen jarstag.

Den tag der offenbarung Christi, den man den tag der heiligen drei könige nennet.

Den tag der reinigung Mariae.

Den tag der verkündigung Mariae.

Der ostertag mit den zweien folgenden tagen.

Der tag der himmelfahrt Christi.

Der tag der heiligen pfingsten mit den zweien nachfolgenden tagen.

Der tag Johannis des teufers.

Der tag visitationis oder heimsuchung Mariae.

Der tag Michaelis des erzengels.

Und soll auf einen jeden tag zweimal geprediget und von allerhand arbeit denselben ganzen tag stille gehalten werden.

Auf den dritten tag der treien hauptfeste als auf Johannistag, in den heiligen weinachten, auf den oster und pfingst dinstag soll nur ein mal gepredigt werden.

Nachfolgende tage werden nur halb gefeiret:

Der tag des apostels S. Andreae.

Der tag des apostels S. Thomae.

Der tag der bekerung S. Pauli.

Der tag des apostels S. Matthiae.

Der grüne donnerstag.

Der charfreitag.

Der tag Philippi Jacobi.

Der tag Petri und Pauli.

Der tag Mariae Magdalenae.

Der tag S. Jacobi.

Der tag Bartholomaei.

Der tag Mathaei.

Der tag Simonis, und Judae.

Was nun die apostel tage anlanget, ist für rathsam angesehen worden, das man darmit folgende ordnung halte: fellet ein aposteltag auf einen sontag, so mag er gehalten werden, wie er fallet, doch das man das gewonliche evangelium vormittage predige, und das, so auf den aposteltag zu predigen vorordenet, nach mittage handele.

Fellet ein aposteltag auf einen montag, dinstag, mitwochen, donnerstag oder freitag, soll er auf denselbigen tag gehalten, und vor mittage gefeiret werden.

Fellet aber ein aposteltag auf einen sonabent, so soll er auf den nechst folgenden sontag vorleget und gehalten, und mit der predigt obgemelter ordenung nach gepflogen werden.

So das fest annunciationis Mariae in der marterwochen auf einen montag oder dienstag einfellet, so soll es auf dieselbigen gehalten werden. Fellet es aber auf den mittwochen, grünen

donnerstag, charfreitag oder oster abent, soll mans (wie es die alten nennen) per anticipationem zurück auf den palm-sontag feiern.

Es sollen auch allezeit die fest und aposteltage den sontag zuvor, darmit sich das volk darnach zu richten, vorkündiget und abgesaget, darneben vormelde, welche ganz und welche halb solen gefeiret werden. Weil es auch auf die hauptfeste sehr unbequem ist, das in denselbigen wirtschaften gehalten werden, so sollen hinfurt dieselben auf solche feste genzlichen eingestellet sein, und vom advent an bis auf den sontag nach trium regum, desgleichen von invocavit, desgleichen in ostern fur quasimodogeniti, auch in pfingsten fur den sontage trinitatis keine hochzeit gestattet werden, welches man den leuten also ansagen und verkündigen soll.

Von der kinderler.

Es ist offen und unleugbar, das grosser nutz und frucht, ja merkliche craft aus treuer ernster und fleissiger steter ubung des lieben heiligen catechismi, durch gottes gnade und wirkung des heiligen geistes geschaffet wirdet, beide bei alten und jungen leuten, und fur ein solches notwendiges und sonderlich gottes werk zu achten, und das die prediger fur die besten und nützlichsten lerer und ausbund zu halten, so den catechismum wol und fleissig treiben. Es ist nicht grosser schein noch ruhm bei solchen, aber doch grosser nutz und ist auch die notigste predigt, weil darinnen kurz begriffen ist die ganze schrift und kein evangelium, darinnen man solches nicht leren konte, Luth. tom. 4 Jen., pag. 234[1]) in pfat. sup. Zachariam.

Demnach sollen unser prediger alle sontage zue mittage den lieben catechismum selbst lehren, predigen und üben, und keinem kirchnern befelen oder vorrichten lassen; es sei dan, das es in einem filial geschehen müsse.

Derogestalt das alle sontage eine predigt des catechismi geschehe, erstlichen die zehen gebot und alle funf heuptstucke ordentlich und richtig nach einander traktiret und gehandelt werden, als auf jeden sontag ein gebot, einen artikul des glaubens, eine bitt des vater unsers, nach einander einfeltig, ehrlich, kuerzlich und bescheiden, damit[2]) die zuhorer daraus den rechten verstand fassen und die wirkung dermassen empfinden und in ihre herzen bilden können, damit sie sich dessen in allen nothen, sonderlich in ihrem letzten kreftig und bestendiglich zu trosten haben, auslegen und ercleren.

---

[1]) Ausg. Jen. 4, 233, 234.

[2]) „damit — zu trosten haben" von Reichhelm's Hand an den Rand geschrieben.

Im anfange des amts oder kinderlehre sollen die prediger singen von dem stück christlicher lehr, das gehandelt werden soll, allermassen [1]) sollich gesang in den psalmenbüchern herrn d. Lutheri und anderer gottseliger leute zu finden, darnach die blossen wort der funf hauptstucke, ohne abbruch und zusatz unvorendert ablesen, wie sie in der obenberurten agend stehen, und folgends die predigt furnemen und ofte in derselbigen die auslegung eines jeden stucks gehandelt wird, aus dem kleinen catechismi Lutheri repetiren und wiederholen, darmit also dem gemeinen volk beide die auslegung und der rechte verstand zu itzgemeltem ende [2]) wol bekand werde.

Es sollen auch die prediger alle ihre predigten auf den catechismum accomodiren und appliciren und nach vorrichter sontaglicher catechismus-predigt sollen sie das gehandelte evangelium, in welch' stuck es in sonderheit gehore, examiniren und die vornemsten heuptstucke und sprüche, so traktiret worden, von dem jungen volke erfragen und forschen, wie dan dessen (gott lob) an etzlichen orten fleissige ubung geschibet, wie wir desselben gewissen bericht haben, und daher [3]) um so viel desto ernster gemeint sein, das demselben ehe von allen unsern pastorn mit grossem ernst und vleiss gemess gelebet werden soll.

Nach deme auch leider wenig leute, sonderlich von den alten, den morgensegen konnen, soll derselbig hinfuro neben dem abentsegen den kindern und alten zuweilen des sontags, zuweilen in der wochen fleissig vorgesprochen und gelernet werden.

Es sollen auch keine leute copulirt oder zum brauch der heiligen sacramenten zugelassen werden, sie können dan fertig auswendig den catechismum mit der auslegung, die alten aber, so wege ihres unvermugens und schwachheit ihres heupts es nicht lernen können, sollen zum wenigsten die blossen wort der funf heuptstücke und den andern artikul unsers christlichen glaubens von der erlosung auswendig konnen oder aber sonsten auf unverhoffentlichen fall christlich, eiferig angelobnuss und bekantnuss thun, solches mit höchstem fleisse zu lernen, darmit hirinnen kundlich und nicht unbedachtsamb, sondern mit christlicher bescheidenheit dispensirt möge werden. Wir wollen auch, dass sich sowol die alten als die jungen zur predigt des catechismi unseumlich finden. Es sollen auch alle tenze und spielwerk und andere leichtfertigkeit, so zwischen den beiden sontags predigten

und auch zum oftermal unter dem catechismo pflegen geschehen, genzlich abgeschaffet und ernstlich bei vermeidung unnachlessiger straf verboten sein.

Auch sollen die prediger durchaus keine kinderler oder übung des catechismi vorseumen, sondern, wie oben gemelt, alle sontage vleissig treulich üben und denselbigen einbilden und alle ihre muhe dahin wenden, das godt dardurch geehret und geweiset werde, 1. Cor. 10 [1]): Thut alles zur gottes ehre.

Von der wochen predigt.

Darmit die zuhorer auch in den vornembsten articuln unserer christlichen und wahren religion recht und wol mögen geleret und unterrichtet werden, das sie eigentlich wissen, worinne die seligkeit stehe, welchs die rechte und wahre erkentnus gottes sei, so sollen die pastores wochentlich des sontags epistel fein richtig erkleren und auslegen, darzu sie dan vornemlich den donnerstag nemen und auf denselbigen die wochenpredigt vormittags [2]), nachmittags aber die kinderlehr allermassen im nehisten vorgehenden titul zu finden verrichten sollen.

Es soll auch furnemlich mit allem fleiss die litanei alle vier wochen einmal des donnerstags nach der wochenpredigt und dan alle quartal oder vierteljahrs des sontags nach gehaltener predigt offentlich in der versamlung des volks mit andechtigem herzen gesungen und nach der vermanung des apostels Pauli 1. Tim. 2 allerlei not und anliegen der christenheit dem lieben gott darin [3]) furgetragen werden.

In der fasten sol man die historiam des leidens und sterbens Christi zeitlich und den donnerstag nach invocavit anfahen, und anstatt der episteln in der wochenpredigt dem volk zu erkleren furnemen, und mit sonderlichem ernst dahin befleissigen, das dieselbe vor der marterwochen absolvirt und zum ende gebracht werde, und endlich auf den charfreitag wiederum ganz repetiren und widerholen, mit andacht laut und deutlich von nutz und brauch des leidens und todes Christi kurzliche trostliche erinnerung thun.

Auch soll man jerlich auf den grunen donnerstag die lere von dem heiligen abentmal vleissig einfeltig, richtig, sonderlich der schönen trostlichen erclerung d. Lutheri in seinem kleinen catechismo gleichformig, dormit es die zuhorer und kinder desto besser vornemen mögen, verlernen.

---

[1]) „allermassen—leute zu finden" von Reichhelm's Hand in den Text geschrieben.
[2]) „zu itzgemeltem ende" von derselben Hand an den Rand geschrieben.
[3]) „und daher—gelobet werden soll" von derselben Hand in den Text geschrieben.

[1]) 1. Cor. 10 V. 31.
[2]) „vormittags—verrichten sollen" von Reichhelm an den Rand geschrieben.
[3]) „darin" von derselben Hand in den Text geschrieben.

Zudem sollen die pastores in den fasten von invocavit an bis auf den grunen donnerstag alle tage, ausgenommen den donnerstag und sonnabend, zur vesperzeit (wie bishero in christlichem gebrauch gewesen) kinderler halten und den catechismum uben, auch die furnembsten hauptsprüche aus dem alten und neuen testament von dem unschuldigen leiden und sterben unsers hern und heilands Jesu Christi oftmals fursprechen und auswendig lernen lassen, inmassen wir auch, gott lob, mit ruhm erfahren, das an etzlichen orten mit grossem nutze der kinder geschehe[1]). In der ernde, darmit die leute den segen gottes einsammeln, auch ihren schuldigen froudienst verrichten mogen, sollen die pastores von Jacobi an bis auf Bartholomaei die erklerung der epistel, so des donnerstages in der wochen geschiehet, auf dem sontag nachmittage an statt des catechismi richtig und vorstendlich auslegen.

3.

Vom leben und wandel der pfarherrn.

Das leben und wandel der prediger, inmassen die lehre, soll nach der regel gottliches worts gericht und gefurt werdan, dan es ist nichts schedlicher in der kirchen gottes, dan ein boser seelsorger und prediger. Der ist aber ein böser prediger der da übel lehret und übel lebet, und der da wohl leret und übel lebet und der da übel lehret und doch fein lebet. Wiederumb ist der ein guter prediger, der rechtschaffen und wol lehret, auch heilig und recht lebet, dan ein solcher bauet das heilige Jerusalem, die christliche kirchen mit beiden henden, dan mit seiner lehre zeiget er an, was man thun solle, mit seinem exempel und gutem wandel zeiget er an, wie man thun und gottseeliglich leben solle, also dass lehr und leben fein übereintreffen. Sonderlich vormanet der h. apostel Paulus alle prediger zum unstreflichen wandel 1. Tim. 3, Tim. 1 (sic!), actor. 24 [folgt V. 16], 1. Tim. 4. Sei ein fürbild [folgt 1. Tim. 4, Vers 12].

Es sollen sich auch die prediger aller leichtfertigkeit, ergerlichen und vortechtigen wesens, haders, zankes, saufens, unehrlicher hantirung, auch sonsten alles unbescheidenen beginnens genzlich eussern und enthalten, und sich bei den zuhorern nicht zu gemein machen, darmit ihr heiliges ambt vorlesteret noch jemandes geergert werde, daneben ihnen alle schenken, tabernen, brantweinheuser und ander vordechtige orter und

geselschaften zur schmach und nachteil des heiligen ministerii ernstlich vorboten sein sollen.

Do auch die pastores wegen notwendiger erheblicher geschefte vorreisen musten, oder sonsten durch gottes almacht und schwachheit des leibes vorhindert ihr ambt nicht vorrichten konten, sollen sie die kirchner solches nicht vorrichten lassen (welches auch nicht vorstattet werden soll), sondern sollen den vicinum pastorem alhier dieses gerichts darumb bitten und bei zeit solches auftragen lassen, der[1]) alsdan auch des abwesenden oder schwachen stat zuvertreten in allwege schuldig sein soll. Weil dan ein pastor ein fleissiger aufseher uber seine scheflein sein soll, auch ein grosser unterschid ist zwischen den frommen und gottlosen, und demnach vermöge gottes worts gesetz und evangelium mit gleichem ernst muss und soll gepredigt werden, so sollen die pastores 2. Thess. 3[2]) register halten, darinnen sie verzeichnen, welche leute und wie viel sich zum abendmahl halten, welche auch gottes wort und sacrament verachten, wie viel sie teufen, zu welcher zeit, desgleichen mit der copulation und begrebnuss auch in acht haben, danach man sich eigentlich richten konne. Es sollen auch die pastores in schweren und bedenklichen fellen, seltzamen und irrigen sachen, wie dann auch in casibus matrimonialibus nichts decerniren, schliessen, vor sich etwas vornehmen oder vorrichten, sondern mit vorbewust und zuziehung unser als der obrigkeit erfahrne und gelehrte leute hierinnen consultiren, darmit sie weder in excessu noch in defectu pecciren mogen und sich sonsten allenthalben ihres berufes in ihrem anbefohlenen pfarspiel[3]) [und desssen zugehorige alleine und uber dieselbige und ausserhalb deme gar nicht] inmassen[4]) droben unter dem titul vom abendmahl des herrn X[5]) sic: Ingleichen sollen auch etc. christlich erbarlich und wol verhalten, inmassen einen jeden sollichs[6]) gottes ernsten gebots und tragenden amts halber geburt.

Alles bei vormeidung ernster[7]) straf und

[1]) Hier hat Reichhelm einen Zusatz beabsichtigt, von demselben aber nur folgende Worte auf den unteren Rand des Blattes geschrieben: „und derohalb es auch ehr von allen unsern predicanten".

[1]) Von „der — schuldig sein soll" ist von Reichhelm in den Text geschrieben.
[2]) 2. Thess. 3 V. 14.
[3]) Gegen den Schluss hin weist die Handschrift viele Correcturen und Zusätze auf, letztere zum Theil von der Copistenhand, welche das Ganze geschrieben hat, zum Theil von der Hand Reichhelm's. Die oben eingeklammerten Worte sind im Text durchstrichen.
[4]) „inmassen — sollen auch etc." Zusatz Reichhelm's.
[5]) An dieser Stelle steht ein Zeichen, welches ich als X deute, d. h. wohl S. 10 der Handschrift, auf welcher der Absatz „Ingleichen sollen auch etc." steht.
[6]) „sollichs — tragende" wie zu Anm. 4.
[7]) Dieser Absatz ist auf einen beigelegten Zettel von der Hand, welche die ganze Ordnung schrieb, geschrieben und als Zusatz zur Ordnung durch ein Zeichen

rache gottes, auch unser als der ordentlichen obrigkeit geburenden einsehens und nach gelegenheit der verschuldung bei der suspension oder genzliche entsetzung ihres ampts.

Wir[1] obbenannten wollen uns aber auch vorbehalten haben, diese vorordenung jeder zeit zur mindern und zuvermehren, doch alles nach erheischender nothurft nach inhalt heiliger göttlicher schrift und der rechten einen augspurgischen confession dabei[1] wir und unsere liebe nachkommen durch gottliche hilf und beistand des heiligen geistes steif und fest bis unsere grube zu verharren gemeint sein; und haben zu mehrer haltung dieser puncten mit besondern unterthenigem fleis den wolgebornen und edlen hern hern Ernsten grafen von Honstein hern zur Lhora und Clettenberg unserm gnedigen hern erbeten i. g. insigel beneben uns gnediglichen hiervor zu drucken, welches wir wolermelter Ernst graf von Honstein umb beschehener untertheniger bitt willen, auch

———

kenntlich gemacht. [Die Worte „ernster straf — obrigkeit", und „der verschuldung — genzliche" hat dann Reichhelm noch hinzugeschrieben.]
[1] Mit diesem Absatz steht es wie mit dem vorhergehenden. Die Worte „dabei wir und unsere — verharren gemeint sein" sind Zusatz von Reichhelm.

weil wir gesehen ihnen ein solches, als der obrigkeit, obgelegen und zur beforderung der ehre gottes geburt, vor uns und unsere nachkommen also gethan bekennen, doch uns, unserer herschaft und insigel in allewege onschedlich und onunachtheilig[1].

Damit nun also diese wohlgemeinte ordnung zum seligen ende, dem lieben gott zu ehren, zur beforderung der christlichen kirchen vortpflanzung des reichs Christi, aufnemung des heil. ministerii christlicher einigkeit und endlichen uns allen zu heil und ewiger seligkeit durch kraft des heil. geistes gereichen moge, das verleihe der himmlische barmherzige[2] gnedige vater durch Jesum Christum, seinen lieben sohn, unsern[3] einzigen rechten erlöser, mittler und erzhirten, unserer seelen heil und seligkeit[4], welchem sei lob, ehr und dank in ewigkeit. Amen.

———

[1] Die Rückseite des eingelegten Blattes trägt von der Hand, welche die ganze Ordnung schrieb, noch einen Vermerk: „Hie soll auch ein algemeine form eines gebets zur dem lieben godt gestellet werden, welches in allen predigten und kinderleren offentlich soll gesprochen werden."
[2] „barmherzige": Zusatz Reichhelm's.
[3] „unsern — mittler und" desgl.
[4] „heil und seligkeit" desgl.

[Folgen die Originalunterschriften:]

Friderich von Wintzingeroda,
Hansens seliger sohn, in nomine (?) domini.

Hans Friederich von Wintzingeroda,
Bertrams seliger son, meine handschrift.

Jeremias Richelm, J. U. D.
in felix et faustum principium, felicius medium et felicissimum exitum rogatus libenter subscripti et pium hoc nobilium propositum manus meae signo comprobavi.

Wolfgangus Höhn, P., Tastungen
mit dem Zusatz: Hanc formulam ecclesiasticam ut piam et consentientem cum verbo dei iudico, ita ei ex corde subscribo.
[Höhn hat auf einem beiliegenden kleinen Zettel seine Zustimmung nochmals bekräftigt, wie folgt:
Hanc formulam ecclesiasticam, ut piam et consentientem cum verbo dei conformemque verae ecclesiae iudico, ita ei, ut bene beateque cedat et fructum faciat multum, ex corde votisque subscribo manu propria, in honorem solius dei aedificationem coelestis Jerosolimae et multarum animarum salutem.]

Ich Conradus Schnegans,
pfarher zu kirch-ohmveld, bekenne mit meiner eigen hand, das dise ordnung christlich sei.

Andreas Wacker,
diener des gottlichen worts zu Wintzingerode, manu et corde subscripsit.

———

Die Grafschaft Regenstein.

Hilfsmittel: J a c o b s , Ulrich XI., Graf von Regenstein, in: Zeitschrift des Harzvereins 34 (1902), S. 1 ff. und die dort, namentlich S. 190 Anm. 3 und S. 192 Anm. 3 citirte Litteratur.

Es soll dieses Gebiet, obwohl nicht streng hierher gehörig, hier behandelt werden, einmal weil mancherlei Beziehungen zu Stolberg und Quedlinburg bestanden, und zum anderen, weil auf diese Weise die vier Harzgrafschaften, welche, wenn auch keine reichsrechtlich anerkannte Grafenbank, so doch immerhin eine Art politischen Körpers im Deutschen Reiche bildeten, zusammenhängend erledigt werden können. Viel ist allerdings nicht beizubringen.

Die Gebietshoheits-Verhältnisse dieses Geschlechts lagen überaus verwickelt. Die Grafen besassen halberstädtische, welfische, brandenburgische, quedlinburgisch-sächsische, gandersheimische und anhaltiner Lehen. Und über viele von diesen Lehen bestanden rechtliche Unklarheiten. Vgl. des Näheren bei J a c o b s , in: Zeitschrift des Harzvereins 34 (1902), 14 ff., namentlich S. 18.

Ulrich XI. übernahm 1535 die Hauptmannschaft im Stifte Quedlinburg. Damals muss er noch als Anhänger der alten Lehre betrachtet werden, weil der Erbvogt des Stiftes Georg von Sachsen war. Es ist also unrichtig, den Grafen von Anfang seiner Regierung an als reformatorisch gesinnt zu bezeichnen. Damit ist natürlich nicht ausgeschlossen, dass in seinem Lande die Reformation nicht schon früher Eingang gefunden hätte. Schon um 1526 verlangte Erzbischof Albrecht, Administrator von Halberstadt, von dem damals regierenden Grafen von Regenstein, dass er der Austheilung des Abendmahls in beiderlei Gestalt und der Änderung der Kirchenceremonien in seiner Grafschaft Einhalt thue (Zeitschr. des Harzvereins, 1885, S. 338).

Aber allmählich wurde auch Graf Ulrich XI. der neuen Lehre geneigter, und zwar jedenfalls noch zu Lebzeiten Georg's von Sachsen. (Vgl. im Einzelnen J a c o b s , S. 190—192.)

1537 gründete Graf Ulrich mit seinem Bruder Bernhard die evangelische Lateinschule zu Blankenburg. 1539 berief der Rath der Stadt einen evangelischen Pfarrer von Eimbeck.

Im Jahre 1546 hielten die Harzgrafen zur gemeinsamen Beschützung des reformatorischen Bekenntnisses einen Tag in Nordhausen ab. Der Graf von Regenstein liess sich durch seinen Rath Lunderstedt vertreten; ebenso auch auf einer im Jahre 1549 zu Eisleben des Interims wegen veranstalteten Synode. (So J a c o b s , in: Zeitschr. des Harzvereins, 1902, S. 215.)

Kirchliche Ordnungen sind nicht überliefert. Nur eine Gerichts- und Polizei-Ordnung wäre zu erwähnen, welche der Graf für die Stadt Blankenburg nach 1545 ergehen liess. Sie enthält u. A. Bussen für Störung des Gottesdienstes und Gotteslästerung. Sie ist erstmalig abgedruckt von J a c o b s , in: Zeitschr. des Harzvereins, 1902, S. 286. Diese Bestimmungen werden hier n i c h t abgedruckt.

Graf Ulrich starb im Jahre 1551. Ihm folgte sein Sohn Ernst, mit welchem das Grafengeschlecht erlosch.

––––––––––

Stift und Stadt Quedlinburg.

Hilfsmittel: K e t t n e r , Kirchen- und Reformationshistorie des Stiftes Quedlinburg. Quedlinburg 1710; V o i g t , Geschichte des Stifts Quedlinburg. Quedlinburg 1791, III; P f i t z - n e r , Tileman Platner, oder die Reformation in der Stadt und Grafschaft Stolberg. Stolberg 1883; L o r e n z , Alt-Quedlinburg, in: Neujahrsblätter, herausgegeben von der historischen Kommission der Provinz Sachsen. Halle 1900; B u r k h a r d t , Geschichte der sächsischen Kirchen- und Schulvisitationen. Leipzig 1879.

Archive: Dresden, H.St.A. Magdeburg, St.A.

Der Erbschutzherr des Stiftes, Georg von Sachsen, hinderte die Reformation im Gegensatze zu den Bestrebungen des Vaters der regierenden Fürstäbtissin Anna, des Grafen Botho von Stolberg. Namentlich seit 1539, dem Tode Herzog Georg's von Sachsen, nahm die Reformation einen raschen Fortgang. Graf Botho zu Stolberg entsandte seinen Superintendenten, Tileman Platner, zur Durchführung des neuen Kirchenwesens. Die Äbtissin besetzte die Kirchen mit evangelischen Predigern, richtete ein Consistorium ein und einen Gotteskasten. Von dieser Äbtissin rührt die erste Kirchen-Ordnung von 1539 her (1602 liess Äbtissin Marie eine Vermehrung derselben publiciren). — So weit Kettner S. 127, 215.

Und Lorenz berichtet auf Grund Quedlinburger Quellen, dass die Gräfin Anna alsbald nach dem Tode Georg's von Sachsen 1539 beschlossen habe, ein neues „Pauerding", d. h. eine Verordnung zu erlassen, um sowohl die Reformation einzuführen, als auch die bürgerlichen Verhältnisse neu zu regeln. Zu diesem Zwecke liess sie sich von einem „Ausschusse der drei pfarren der Altstadt", d. h. den Gemeindeältesten, ein Gutachten erstatten. Dieses Gutachten von 1540 betonte vor Allem die Nothwendigkeit einer Ordnung für den Gottesdienst und für die Spendung der Sakramente, der Errichtung eines grossen Gotteskastens, aus welchem Geistliche und Lehrer zu besolden seien, der Einführung einer allgemeinen Kirchensteuer (4 Pfennig vierteljährlich von allen Erwachsenen, bis der Gotteskasten ein gewisses Grundkapital aufzuweisen habe) sowie einer Schul-Ordnung. Die weiteren Punkte betrafen rein bürgerliche Angelegenheiten. Die Äbtissin kam diesen Wünschen nach. Sie stellte eine Kirchen-Ordnung auf. Diese ist leider nicht aufzufinden, doch ist höchst wahrscheinlich die noch vorhandene Kirchen-Ordnung von 1627 eine Überarbeitung derselben. (So Lorenz, a. a. O. S. 11.) Die bürgerlichen Verhältnisse regelte die Fürstin in der Reformations-Ordnung vom 15. September 1541 und in der daraus gezogenen Polizei-Ordnung von 1549. — Soweit Lorenz.

Im Gegensatze hierzu belehren uns die Akten des Dredener Archivs, dass die Äbtissin und der Magistrat der Reformirung energischen Widerstand entgegenstellten. So berichtet auch Burkhardt, Visitationen, S. 276. In Wahrheit richtete sich der Widerstand der Äbtissin nicht gegen die Reformation an sich, sondern vielmehr gegen das Einschreiten des Erbvogtes und seiner Visitatoren, welches sie als einen Eingriff in ihre Landeshoheit empfand. Und unter diesem Gesichtspunkt betrachtet, auf welchen speciell der ausgezeichnete Kenner der Stolberger Geschichte, Professor Jacobs in Wernigerode, hinwies, löst sich der Zwiespalt der Nachrichten. Dass die Äbtissin keine Gegnerin der Reformation war, erhellt schon aus Folgendem: Tilemann Platner, der Reformator Stolberg's, diente der Fürstäbtissin Anna schon im Jahre 1535 als stiftischer Rath. Vgl. Jacobs, in: Zeitschr. des Harzvereins 34 (1902), S. 165. Stiftshauptmann war seit 1535 Graf Ulrich von Regenstein, der bald darauf der neuen Lehre gewonnen wurde. (Vgl. unter Regenstein.)

Auch bei Gelegenheit der zweiten Visitation Herzog Heinrich's versuchten die sächsischen Visitatoren im Schutzgebiete, dem Stifte und der Stadt Quedlinburg, zu visitiren. Sie stiessen wiederum auf den heftigsten Widerstand der Äbtissin und des Rathes. Letzterer gab schliesslich den Visitatoren nach, versuchte sogar zwischen diesen und der Äbtissin zu vermitteln. (Vgl. Dresden, H.St.A., Loc. 10594, Bl. 361 ff. Vgl. auch Magdeburger Staatsarchiv, A. 59, A. 1022, Bl. 325 ff.) Die Äbtissin verblieb jedoch in ihrer ablehnenden Haltung (Burkhardt, S. 276). Für die Stadt erliessen die Visitatoren eine Ordnung, welche hier erstmalig aus Dresden, H.St.A., Loc. 10594, Registr. der Klöster, Bl. 350 ff., und Magdeburger Staatsarchiv, A. 59, A. 1022, Bl. 325 ff. zum Abdruck gelangt. (Nr. 44.)

Ob dieses die von Kettner und Lorenz der Äbtissin zugeschriebene Kirchen-Ordnung von 1539 bezw. 1540 ist, oder ob diese noch eine besondere Ordnung erlassen hat, ist nicht zu entscheiden, da weitere Quellen nicht zu Gebote stehen.

Die Streitigkeiten mit Sachsen wurden endlich beigelegt. Wie Kettner, a. a. O. S. 123 ff. berichtet, hatte die Äbtissin in dem Grundrecesse vom 17. August 1574 (welcher 1685 bestätigt wurde, vgl. Lünig, Deutsches Reichsarchiv, pars spec., I, S. 502, und pars spec. cont. II, Fortsetzung II, S. 894) versprochen, dass in Zukunft von den Äbtissinnen weder päpstliche Bestätigung nachgesucht, noch eine andere Religion als die evangelische im Stifte geduldet werden solle; gleichzeitig wurde in diesem Grundrecesse die Erhaltung des bisherigen Stiftsconsistoriums und die Bestellung der Pfarrer der Äbtissin zugestanden, wogegen diese versprach, sich nach der Kirchen-Ordnung der Kurfürsten von Sachsen zu richten. Damit gewannen die sächsischen Kirchen-Ordnungen Eingang in das Stiftsgebiet.

Von 1575—1584 regierte als Nachfolgerin Anna's II. von Stolberg: Elisabeth von Regenstein, von 1584—1601 Anna III. von Stolberg. Die „Pauerdings" von 1566 enthalten rein polizeiliche Anordnungen. Vgl. Lorenz, a. a. O. S. 13 ff.

Zur Geschichte des Gotteskastens oder grossen Kastens, der auf Verlangen der Schutzherrn aus einem Theile der von der Äbtissin Anna II., Gräfin zu Stolberg, eingezogenen Klostergüter begründet worden war, vgl. Voigt 3, 219, 256. (S. 256 Anm. giebt Voigt einen Ausblick auf die weitere Geschichte des 1791 noch in der alten Form functionirenden Gotteskastens.) Über die Bestellung der Kirchendiener herrschten anfänglich allerlei Wirrnisse. Der Erbvoigt, die Äbtissin, der Magistrat und die Gemeinde rangen um das Besetzungsrecht. Das Ergebniss war dieses, dass der Magistrat nach Vorstellung des Bewerbers bei der Gemeinde und nicht erfolgtem Widerspruche der letzteren die Zustimmung der Äbtissin zur Ernennung einholte und dann im eigenen Namen die Ernennung vollzog, wobei allerdings der erholten Genehmigung der Äbtissin in der Berufungsurkunde ausdrücklich Erwähnung geschah. Man vgl. das Einladungsschreiben zum Abhalten einer Probepredigt vom 9. September 1565 und die verschiedenen Bestallungsbriefe bei Voigt, a. a. O. 3, 263 ff.

44. Kirchen-Ordnung für Quedlinburg.   Vom Sonnabend nach . Exaltationis crucis (18. September) 1540.

[Aus Dresden, H.St A., Loc. 10 594, Registr. der Klöster, Bl. 350 ff., verglichen mit Magdeburg, St.A., A. 59, A. 1022, Bl. 325 ff.]

Auf sonderlichen gnedigen befehls des durchlauchten hochgebornen fursten und hern, hern Heinrich herzogen zu Sachsen, landgraven in Doringen und marggraven zu Meissen, unsers g. h. haben sein f. g. verordnete visitatores, wir Wolfgangus Fues, Wolfgangus Stein magistri und superattendentes zu Kemnitz und Weissenfels, Georg Goldacker zu Weberstedt, Fridrich von Hopfgarten zur Hainick, und Fridrich vom Hain zur Alden Guttern, uf freitag nach exaltationis crucis des 40. jars zu Quedelinburg wie es aldo mit predigen gottlichs worts, reichung der hochwirdigen sacrament und besoldung der kirchen und schuldiener zu ewigen zeiten sol gehalten werden, folgender gestalt geordent, und befehlen hiermit einem erbarn rat zu Quedlinburg, dieser unser ordenung stracks nachzugehen und diesem allewege folge thuen, daruber fon unserm g. f. und h. gnedigen schutz und schirm gewarten.

Erstlich sollen allerlei unchristliche und ergerliche missbreuch (und bevorn die privat messen), so unter dem wider christischen und verfluchten babstumb im predigt ampt reichung der hochwirdigen sacrament und andere gottes dinste und ceremonien eingefuret, in pfarren, clostern und kirchen rein abgeschafft sein, als do ist unter andern vornemlich der breute und sechswochnerin einleiten, sprengen, salz und wasser weihen far das wetter leuten, und dergleichen. Darzu soll ein rat alle altar und guter, so nicht von noten, kerzen, fahnen und ander hindernus aus allen kirchen ufs forderlichste reumen lassen und abbrechen und an derselbigen stat stule machen, darin die leut stehen und gottes wort dester bas horen mogen.

Zum andern, sol die heilsame lahr des gnadenreichens evangelions allenthalben inhalts der confession, so chur und fursten auch andere stende romischer kais. maiestät. zu Augspurg uberantwortet und ausgehen lassen, rein, lauter gepredigt, und die hochwirdige sacrament nach christlicher einsatzung und ordenung gehandelt und gebraucht, auch alle andere gottes dinst und ceremonien demselben gemess sol gehalten und gebraucht, auch alle widerwertige lehr hinfurder albier zu Quedlingburg, wie auch in s. f. g. ganzem lande und furstenthumb [fehlt etwa: fern] gehalten werden, wo aber etliche sich falsche unchristliche lehr zu predigen und zu halten unterstunden, sol man dieselbigen davon abzustehen vermanen, und wo sie solchs nicht thuen werden, durch unsern g. h. gestraft werden.

Zum dritten, sol den dienern der kirchen und schulen ernstlich befohlen sein, das sie ires ampts treulich warten, sich ergerlichs und unerbarlichs wandel enthalten, und sonderlich den catechismum beide in der kirchen und schulen lernen und handeln, auch die kinder in demselbigen examiniren und fragen, damit die jugent christlich· erzogen werde.

Zum vierten sollen die priester und andere, so bisher unterm bapstumb in vermeinten geistlichem stande ergerlich gelebet, davon abstehen und in gotlichem ehestand begeben.

Zum funften sol man die drei sontag nach einander die, so sich verehelichen wöllen, ofentlich aufbieten, auch niemand zur ehe zulassen, so die freundschaft unter dem vierten grad ist und sollen die winkel gelubde, so one vorwissen der eltern und vormunden gescheen, nichts gelten, sondern genzlich ufgehaben sein, auch sol man nit gestatten, das man am feiertagen hochzeit anrichte und seuferei treiben, wo aber sich irrige ehesachen wurden zutragen sol der superattendent dieselbige kegen Leipzig an die superattendenten zu weisen, bis die consistoria aufgericht werden.

Vom leuten so jemand gestorben.

Zum sechsten, so jemand gestorben ist sol man, wen man dieselbigen begraben wil, leuten, auf das die leut auch bedenken die stunde und zeit ires sterbens und ir leben bessern; dakegen sol man dem kirchner, wenn ein aldes gestorben ist 1 gr. geben von einem kinde aber $^1/_2$ gr.

So sollen auch die kirchner des morgens und abents pro pace leuten, uf das sich das volk erinnere, umb einen gemeinen friede zu bitten.

Was man geben soll vom begrebnüs.

Zum siebenden, den dienern der kirchen und schulen, so zum begrebnus verfordert, sol man jedem von einem alten 1 gr. geben, von einem kinde aber ein $^1/_2$ gr.

Von der beicht.

Zum achten, sollen die pfarrer und diacon keinem das h. sacrament des waren leibs und bluts Christi reichen, er habe dan zuvor seine beicht gethan, und so man [fehlt: ihn] im beten und andern notwendigen stucken geschickt befindet, sol im ein deutsche absolution gesprochen, und folgendes tages das h. sacrament nach christlichem einsatzung gereicht werden.

Von den h. sacramenten.

Zum neunden, zwei sacrament, als nemlich der tauf und des altars sollen gelert und gehandelt werden, stracks nach dem buchlin unterricht der visitatorn und ausgegangenen gedruckten agenden, darnach sie sich gleich und einformig in allen ceremonien halten sollen.

Es sollen aber die leut den pfarren, diacon und kirchnern von den h. sacramenten des waren leibes und bluts Christi und der tauf etwas von rechts wegen zu geben nicht vorpflichtet sein, sie sollen auch davon nichts fodern, wurde aber jemand etwas gutwilliglich geben, sol ime ungewert sein.

Von den festen.

Mit den festen und feiertagen sol mans halten, wie die agenda mit sich bringet, und je keinen heilichen halten, oder von denselbigen singen, es sei dan das sie in derselbigen vormeldet und nachgelassen weren.

Von den gebeuden der kirchen und schuldiener.

Zum zenden, ein erbarer rat zu Quedlingburg soll alle diener der kirchen und schulen mit genungsamen behausungen versehen und dieselbigen in beulichem wesen notturftiglichen erhalten.

Vom opfergelde.

Alle quartal sol von einer jeden person, die 12 jar erlanget, sie habe das h. sacrament entpfangen oder nicht, ein nauer pfennig zum opfergelde gegeben werden. Solch gelt sol ein rat einmanen von allen burgern, hausgesind und hausgenossen, und in die einname, davon ein erbar rat die kirchen und schuldiener, wie geordenet, sol besolden, ziehen, und sollen die leut der 16 pfennig, so sie bevorn dem rat gegeben furs opfer, entledigt sein.

Zum beschluss, auf das ein christlich und erbar leben soviel moglich mocht erhalten werden, sol dem gemeinen man mit ernst aus befehl unsers g. h. herzog Heinrichs zu Sachsen etc. auferleget sein, sich got und seinem h. evangelio zu ehren und inen selbst zum besten aller gottes lesterung, fluchens, schwerens, ehebrechens, vollerei, spiels und anderer ubel zu enthalten, auch nicht ergerlich noch schimpflich von gottes wort und dieser visitation zu reden, bei vermeidung harter straf und ungnad unsers g. h. herzog Heinrichs zu Sachsen etc.

Und sol ein erbar rat keins wegs gestatten, das man unter den predigten und gottlichen ampten auf den kirchofen und anders wo in unnutzem gesprech stehe, spacier, und leichtfertigkeit treibe. Item das man zu dem selben mal obs und anders nicht feil habe, bier und wein schenke, und seuferei, ein so gros schendlich laster, treibe. Wo aber jemand solchs ubertreten wurde, sol von einem erbaren rat ernstlich gestraft werden.

Folget was ein erbar rat zu Quedleng-
burg von den pfarren, vicareien kirchen
und anderm einzukommen und was ein
rat davon jerlich sol den kirchen und
schuldienern ausgeben.

Erstlich soll einem etc.
etc.   etc.

Dakegen sol ein erbar [fehlt: rat] zu
Quedlingburg den dienern der kirchen
und schulen wie folget zu besoldung
jerlich geben.

etc.   etc.

Weil aber noch etliche lehen verhanden,
welcher einkommen uf dismal nicht hat kont vor-
zechnet werden, so sol sich ein rat bei den
possessoribus fleissig erkunden, wes dieselben
vicarien entzukommen haben, und dasselbige sampt
den 8½ malder korn in die gemeinen kasten zu
erhaltung der gebeu, und fur das armut, folgen.

Desgleichen sollen die behausungen, so zu
den pfarren, clostern und vicareien gehort, welche
man zu unterhaltung der kirchen und schuldiener
zu irer wonung nicht bedorfen, verkauft, und das
geld dem gemeinen kasten zum besten und sonderlich das parfusser closter zur schulen und derselben
diener wonung gebraucht werden.

Nachdeme auch 2 hospitalia befunden, als zu
S. Joannes, und zum heilig geiste, welcher einkommen verzeichnet, so sol dasselbige
nochmals zu unterhaltung armer leut gebraucht
werden, davon den die vorsteher dem amptman
und rat in beisein des superattendenten, desgleichen auch die verwalter des gemeinen kastens
jerliche rechnung thuen sollen, damit es zu gottes
ehre und milden sachen und je nicht in andere
wege gebraucht werden.

Dieweil man nun einen superattendenten geordnet, welcher forthin allezeit, wie gemelt, von
unserm gnädigen herrn sol gesatzt werden, so sol
er wo sich die pfarren verledigt, diejenigen, so
man dohin zu ordnen im willens, examiniren und
alsdan inen die pfarren von den collatoribus
leihen lassen, domit niemands etwas an seiner
gerechtigkeit entzogen werde.

Man hat auch die pfarr Egidii zur pfarren
Benedicti geschlagen; derwegen sol man dieselbige
kirch vorschliessen und die leut sich zu S. Bene-
dicten ires pfarrechts erholen; denselben alten
pfarrer aber sol man nun vorthin zum diacon gebrauchen.

Wie zuvor berurt, so sollen die leut dem rate
nicht mehr denn die 16 pfennig fur die sacrament
geben, sonder uf alle quartal von jeder person
1 pfennig.

Ein erbarer rat sol nach einem gelegenen
platz fur [fehlt: der] stadt trachten die todten aldo
zu begraben.

Was in den kirchen an alten messgewantem,
caseln oder ornaten oder der man sonst geraten
kann, und unnotig wird befunden, das sol ein rat
dem gemein kasten zu gut verkaufen, oder armen
leuten geben, dazu wie forne berurt alle hinder-
liche altar, gitter, kerzen, fahnen, abgottische bild-
nusse und ander narrwerk aus allen kirchen
reumen; das silberwerg und clinodia sol ein
rat, dazu alle der vicarien und briefe, in treuer
fleisiger verwarunge halten.

Es befinden auch die hern der visitation, das
ein barfusser monnich Joann Bugenhagen den
leuten zu mehrem ergernus in seinem habit oder
kappen und erlichten kleidung gehe, derwegen sie
inen beschickt und furstlichen befehl vorgehalten,
die kappen auszuziehen, und sich in deme der
christlichen gemein zu vorgleichen, welchs er zu
thuen gewegert, darauf sie nun hinwider angezeigt,
wo er solchs nit in 14 tagen thuen wurde die stadt
und unsers g. h. furstenthumb zu reumen; sol derhalben einem erbarn rat befolen sein, wo genanter
monch in 14 tagen nach dato die kappen nicht
wirt ablegen, inen der stadt zu vorweisen. Weiter
werden sie bericht, als sol ein ander barfoth ab
und zugehen; mit demselbigen sollen sie eben sowol, wo er die kappe nicht ableget und dem h.
evangelio gemess verhelt, gleichsfals geparen, und
hinfurder keinen monich, er komme wan er wolle,
einlassen, den unser g. h. solche leut, die sich dem
h. evangelio nicht gemess verhalten, als widertaufer und sonst lauts s. f. g. instructionen nicht
gedenkt zu dulden.

Ob diesen ermelten artikeln befelen wir euch
an stat und von wegen des durchlauchten hochg.
fursten und hern h. Hainrichen herzogen zu Sachsen etc. unserm g. f. und herren nach vormoge
unser instruction und tragenden befels stet und
fest zu halten. Das dieser gestelter ordenung von
puncten und zu artikeln nachgegangen und gelebet
werden, solchs gereicht hochgedachtem furstem
unserm g. h. zu gnedigem gefallen. So seind wir
es zu vordienen erbötig. Zu urkunde mit unserm
angeborn und gewonlichen petschaften besigelt.
Datum Quedlingburg sonnabent nach exaltationis
crucis anno domini 1540.

DIE GRAFSCHAFT HENNEBERG.

Die Grafschaft Henneberg.

Hilfsmittel: Cyriacus Spangenberg, Hennebergische Chronika. Strassburg 1599; Geisshirt, Historia Schmalcaldica, herausgegeben vom Verein für hennebergische Geschichte und Landeskunde in: Zeitschr. dieses Vereins. II. Supplement-Heft. Schmalkalden und Leipzig 1883. S. 5 ff.; Dieselbe Zeitschrift. Heft 1 (1875), S. 48 ff.; Seckendorf, Hist. Luth. III, § 110, § 6 ff.; Weinrich, Henneberg. Kirchen- und Schulstaat. Lips. 1720; Walch, Kurzer Entwurf der Schleusingen'schen Reformationsgeschichte. Schleusingen 1744 (in: Reinhards, Sammlung seltener Schriften, welche die Historie Frankenlands erläutern. 2, 155 ff.); Urkunden zur schmalkaldischen Kirchen- und Reformationsgeschichte, Hesse, Denkw. III, 352, IV, 300; Juncker, Ehre der gefürsteten Grafschaft Henneberg. Handschrift. Vgl. zu den einzelnen Exemplaren dieser Handschrift Germann, in: Neue Beiträge zur Geschichte deutschen Alterthums, herausgegeben von dem hennebergischen alterthumsforschenden Verein zu Meiningen. Liefer. 15 (1900), S. 16 ff. (Ich benutze die Dresdener Handschrift.) — Dieselbe Zeitschrift, 2. Lieferung (Meiningen 1863); Sauer, Vorbereitung und Einführung der Kirchenreformation in der gefürsteten Grafschaft Henneberg. Schleusingen 1843; Gebhardt, Thüring. Kirchengeschichte; Schornbaum, Reformationsgeschichte von Unterfranken. Nördlingen 1880. S. 118 ff.; Höhn, Kurze Geschichte der Kirchenreformation in der gefürsteten Grafschaft Henneberg (Halle 1894, Verein für Reformationsgeschichte); Germann, D. Johann Forster, der hennebergische Reformator, Meiningen 1894.

Archive: Das hennebergische gemeinschaftliche Archiv zu Meiningen. Das herzogliche Staatsarchiv Meiningen. Dresden, H.St.A. Gotha, Haus- und Staatsarchiv.

Die Grafschaft Henneberg zerfiel seit 1274 in drei Linien, und seit 1378, als die dritte Linie ausstarb, in zwei Linien: Henneberg-Schleusingen und Henneberg-Römhild, von welchen die erstere 1310 gefürstet wurde. 1549 erbte Henneberg-Schleusingen einen Theil der anderen Linie [vgl. II], nämlich die Ämter und Schlösser Hallenberg, Kühndorf, Schwarza, die Hälfte des Gerichtes Benshausen, die Vogtei über das Kloster Rohr, die Kellereien zu Hentungen und Behrungen, die Hälfte des Dorfes Mehlis, den vierten Theil des Schlosses Henneberg u. s. w. Der übrige Theil fiel kraft Verschreibung an die Grafen von Mansfeld, aber 1555 durch Kauf an die Ernestiner. Als 1583 das hennebergische Haus erlosch, nahm Kurfürst August von Sachsen das Land auf Grund Erbvertrages von 1554 für sich und seine Mündel, die ernestinischen Herzoge, in Anspruch (mit Ausnahme eines kleinen Theils, der an Würzburg, und von Schmalkalden, welches an Hessen fiel). Das Land blieb bis 1660 im gemeinsamen Besitz der beiden sächsischen Hauptlinien. 1660 erfolgte eine Theilung. Kursachsen erhielt die Städte und Ämter Schleusingen, Suhl, Benshausen und Kühndorf; die Ernestiner die Ämter Themar, Meiningen,

Massfeld, die Kellerei Behrungen, den Hof zu Milz, das Kammergut Henneberg, die Ämter Ilmenau, Wasungen, Sand, Kaltennordheim und Frauenbreitungen. Die albertinischen Besitzungen wurden im Wiener Kongress Preussen zugesprochen, so dass die frühere Grafschaft Henneberg jetzt unter Preussen, Bayern (Niederfranken), Weimar, Meiningen und Coburg-Gotha vertheilt ist.

Für die Reformationszeit haben wir die beiden Linien Henneberg-Schleusingen und Henneberg-Römhild auseinanderzuhalten.

I.
Henneberg-Schleusingen.

I. Obwohl der Geist der Reformation auch in diese Lande schon früh eingedrungen war, so konnte es zunächst wegen der Gesinnungen des regierenden Grafen Wilhelm VI. (1495 bis 1559), der erst später sich der Reformation zuneigte, nicht zu einer allgemeinen Einführung derselben kommen. Erst als Graf Wilhelm die Regierung seinem Sohne, Georg Ernst, 1543 überlassen hatte (Graf Wilhelm starb erst 1559), änderten sich die Verhältnisse.

Georg Ernst berief im Jahre 1543 Johann Forster aus Nürnberg als Reformator nach Schleusingen und ernannte ihn zum Superintendenten über die Grafschaft (welche damals aus den Städten und Ämtern Schleusingen, Suhl, Themar, Massfeld, Meiningen, Wasungen, Sand, Kaltennordheim, Fischberg, dem halben Gericht Benshausen, der Hälfte der Herrschaft Schmalkalden und verschiedenen im Bisthum Würzburg liegenden Besitzungen bestand).

Über die Thätigkeit des Johann Forster vgl. jetzt namentlich Germann, a. a. O. S. 420 ff. Für uns ist von besonderer Bedeutung die grundlegende Visitation von 1544. Die Instruktion vom Jahre 1543, nach welcher die Visitation vorgenommen wurde, ist, wie schon Germann, a. a. O. S. 433 bemerkt, abgedruckt bei Schaubach (d. i. „Poligraphia Meiningensis, von M. Joh. Sebastian Güthen. Gotha 1676". Neudruck mit Anmerkungen und Zusätzen von Dr. Ed. Schaubach im Namen des hennebergischen alterthumsforschenden Vereins. Meiningen 1861.) Vgl.: Neue Beiträge zur Geschichte des deutschen Alterthums. Herausgegeben von der hennebergischen alterthumsforschenden Gesellschaft. 2. Lieferung, S. 12. (Visitation der Stadt Meiningen.) Höhn, a. a. O. S. 35 ff.

1546 unternahm Forster eine zweite Visitation durch das ganze Land. Er führte überall Veit Dietrich's 1543 gedruckte Agende, dessen Summarien und die Nürnberger Kirchen-Ordnung ein (Germann, a. a. O. S. 442). Im Jahre 1546 legte Forster sein Amt nieder. Die Anordnungen, die er in den einzelnen Pfarreien getroffen hatte, insbesondere seine Regelung des Gottesdienstes, bewährten sich auf das Beste, und so ist es nicht zu verwundern, wenn in den Berichten der Pfarrer vom Jahre 1566 wiederholt auf die Ordnung Forster's hingewiesen und berichtet wird, dass man sich noch beständig nach derselben richte. Wir verweisen in dieser Beziehung auf den unten Meiningen abgedruckten Bericht des Pfarrers Carolus.

In dem ritterschaftlichen Orte Bibra hat sich, in den Deckel eines alten Folianten eingeschrieben, eine Ordnung des evangelischen Gottesdienstes für die Ostermette 1544 erhalten, mit dem deutschen Te deum laudamus „Christ ist erstanden" und „Verleih uns Frieden gnädiglich". Germann S. 438 meint, dass der Schreiber sich diese Ordnung als Anhalt für sein Gedächtniss beim Abhalten des ersten Gottesdienstes notirt habe. Jedenfalls beruht sie auf einer Anordnung Forster's.

Eigene landesherrliche Ordnungen scheinen aus dieser ersten Periode der Schleusinger Reformationsgeschichte nicht vorzuliegen. Zwar schreibt Juncker, Ehre der gefürsteten Grafschaft Henneberg III, cap. 39 [Dresdener Handschrift Bl. 150]: „Anno 1542 ist ein modus zu besserer einrichtung der kirche nach dem exempel mehrer kirchen teutschlands ausgsburgischer confession auf gottseliger verständiger leute rat und bedenken in der gefürsteten grafschaft Henneberg angeordnet worden. Dieses sind die eigentlichen Worte aus der Präfation fol. 1

eines anno 1574 verfassten concepts von der hennebergischen Kirchen-Ordnung oder Norma consistorii, welches rare Scriptum in der hochfürstlichen Bibliotheque zu Gotha in Verwahrung liegt." [Vgl. unten zur Consistorial-Ordnung von 1574.]

Aber wahrscheinlich ist unter diesem „Modus" von 1542 kein eigentlich gesetzgeberischer Akt gemeint, sondern die thatsächlichen Änderungen und Verwaltungsmassregeln, welche 1542 zur Einführung der Reformation vorgenommen wurden. [Sollte übrigens Juncker obiges Citat aus der Consistorial-Ordnung von 1574 (s. unten) entnommen haben, so wäre nicht nur das Citat ungenau, sondern auch völlig missverstanden. Dort ist nämlich von der 1542 verfassten Wittenberger Consistorial-Ordnung die Rede.] Juncker fährt selbst a. a. O. fort: „Es kam aber diese Verbesserung oder Reformation der hennebergischen Kirchen zu ihrem rechten Effect und Ausführung anno 1543, jedoch allerdings mit christlicher Bescheidenheit."

Zu erwähnen ist ein Mandat gegen die Winkelehen, welches Graf Wilhelm 1545 im Drucke ausgehen liess. Ein Exemplar befindet sich in Gotha, Staatsarchiv, K. K. XX, Nr. 2. Wir drucken dasselbe erstmalig wieder ab. (Nr. 45.) Ein Mandat gegen die Wiedertäufer von 1545 steht in Abschrift bei Juncker, a. a. O.

Endlich ist noch ein Mandat des Grafen Georg Ernst vom Sonntag Reminiscere, d. i. 1. März 1545, zu nennen, welches die Ordnung im Gottesdienst und die Sonntagsheiligung betrifft. Dasselbe ist im Henneberg. Gem.-Archiv erhalten, zugleich mit einem Anschreiben des Fürsten an den Amtmann zu Massfeld und Meiningen, Wolf Mulig, in welchem der Fürst befiehlt, das mitgeschickte und bereits zu Schleusingen publicirte Mandat auch in Meiningen anschlagen und verkünden zu lassen. Diese Ordnung gelangt hier erstmalig zum Abdruck. (Nr. 46.)

Im Jahre 1551 erging eine Ordnung des Fürsten, datirt Massfeld, Dienstag nach Exaudi, d. i. 12. Mai. Dieselbe betrifft die Einkommensverhältnisse in Kirchen, Schulen und Hospitälern, die Verwaltung des Vermögens, welches nicht in profanum usum gezogen werden solle, ganz besonders aber die Rechnungsführung und Rechnungslegung. Sie ist erhalten im Henneberg. Gem.-Archiv IV, C. 1, Nr. 2, Bl. 109—114, wird hier aber nicht abgedruckt.

Im Schmalkaldischen Kriege blieb Henneberg zwar neutral, aber die Zeiten waren doch so gefahrdrohend, dass der Fürst ein allgemeines Landesgebet anordnete. Von diesem hat Juncker, Ehre, ein Stück (Dresdener Handschrift S. 153ᵇ) mitgetheilt.

II. In den Zeiten des Interims verhielten sich die Grafen — auch der alte Graf Wilhelm — dem neuen Glauben getreu, trotz mehrfacher Mandate des Kaisers (vgl. Juncker, Ehre, a. a. O.). Mancher Flüchtling fand in Henneberg Schutz. So Aquila, der sogar als Superintendent in Schmalkalden angestellt wurde. Aquila verfasste, als die Handhabung der Kirchenzucht ärgerliche Formen angenommen hatte, auf Wunsch des Fürsten eine Schrift: „Getreue unterweisung vor die jungen priester, wie sie sich in ihrem amte mit strafung der sünden rechtschaffen halten sollten." Diese Schrift wurde dann unter den Geistlichen herumgeschickt. Eine Ordnung des Landesherrn ist sie nicht, wie man nach Weinrich, a. a. O. S. 295 glauben sollte. Vgl. Gebhardt, Thüring. Kirchengeschichte 1, 201. Jedoch wurde die Stellung Aquila's zu den übrigen Pfarrern wegen dieser Vorhaltung so schwierig, dass er gerne bald darauf, 1552, einem Rufe nach Saalfeld folgte. (Vgl. Kawerau, in: Theol. Real-Encycl., 3. Aufl., 1, 760.)

III. Im Jahre 1555 liefs Georg mit Zustimmung seines Vaters eine weitere Visitation durch den inzwischen zum Superintendenten ernannten Christoph Fischer zu Schmalkalden veranstalten. Vor Anstellung der Visitation liess sich Fischer von Wittenberg ein Gutachten erstatten über die Frage, ob die von 1543—1552 in Henneberg ernannten Pfarrer, die zwar von denen, welche sie vociret, confirmirt, „aber doch nicht publice ordiniret worden, bei solchem amte zu belassen seien". Die lateinische Antwort Melanchthon's und Georg Major's lautete: „Si sunt idonei, id est si recte docent, valet eorum ministerium et non sunt cogendi ad reci-

piendum publicum ritum ordinationis, ne adducantur ecclesiae in dubitationem et eorum ministeria...... Sed cum ecclesiae vestrae iam habeant inspectionem deinceps nullus admittatur
sine examine et publica approbatione. Et hanc fieri decet usitato ritu, qui etiam fuit usitatus
apostolis et deinceps veteri ecclesiae. Immo credi, usitatum fuisse inde usque a primis patri-
bus et hic ritus sine superstitione servari potest." (Juncker, Ehre, a. a. O.)

    Deswegen wurde auch bei der Visitation an alle Pfarrer die Frage gerichtet, „wann,
wo und von wem sie ordinirt" seien. Im Übrigen erstreckte sich die Visitation namentlich
auf die Einkünfte der Kirche („oder, wie man es im Henneberger Lande zu nennen pflegt, der
Heilige"; Juncker, Ehre) und der Pfarrer. Auch der Rentmeister Johann Steitz war deshalb
bei der Visitation thätig. Statt der Accidenzien wurde das „Opfergeld" oder „Priestergeld" eingeführt, d. h. eine bestimmte Summe, die „von jedem eingepfarrten Hause" gegeben werden
sollte. Später aber musste die Annahme von Accidenzien, als „Erdgeld, Taufgeld, Ausrufgeld
u. dgl." neben dem Priestergeld wieder gestattet werden, da das Einkommen der Geistlichen
unzulänglich war (Juncker, Ehre).

    Vgl. im Einzelnen zu dieser Visitation ausser Juncker auch Geisshirt, a. a. O.
S. 7 ff., Weinrich, S. 297—435, Sauer, a. a. O. S. 168 ff.

    Die Visitation erstreckte sich auch auf die Herrschaft Schmalkalden. Diese gehörte
seit 1360 zur Hälfte dem Landgrafen von Hessen. Die Reformation fand dort früh Eingang.
Philipp von Hessen führte die Reformation schon im Jahre 1530 ein trotz des Widerspruchs
des damaligen Grafen von Henneberg, Wilhelm. Über die gemeinschaftliche Regierung von
Hessen und Henneberg, sowie über die kirchlichen Ordnungen vgl. Gerland, in: Zeitschrift des Vereins für hennebergische Geschichte u. s. w., Heft 1 (1875), S. 48 ff. Vgl. unter
Schmalkalden.

    Über die Visitation in der Herrschaft Schmalkalden vom Jahre 1555 sind wir unter-
richtet durch die im Staatsarchiv zu Meiningen aufbewahrten Visitationsakten. Die gemeinschaftlichen Visitatoren (vgl. die Namen am Schlusse der sofort zu nennenden Ordnung) erliessen Montags nach Egidii, d. i. am 2. September 1555, für den Rath der Stadt eine Ordnung, welche hier erstmalig aus Meiningen, St.A., Visitation von 1555, fol. 138 ff., unter
Schmalkalden abgedruckt werden soll.

    Von besonderer Bedeutung wurde eine Visitation, welche der Generalsuperintendent
Fischer 1562 im Auftrage des Landesherrn veranstaltete. Diese Visitation sollte namentlich in
Erfahrung bringen, „wie, wo und was die pfarrer auf die sontage und in der ganzen wochen
predigten".

    Christoph Fischer schreibt am Pfingstmontag 1562 an den Fürsten, dass er seinen Be-
fehl ausgeführt habe, dass aber durch Verschulden des beigeordneten Schreibers keine Aufzeichnungen gemacht worden seien; er habe deshalb an die Dekanate geschrieben, dass sie von
ihren sämmtlichen Pfarrern entsprechende Berichte einfordern möchten. Von den Dekanaten
Schmalkalden, Ros und Northeim seien dieselben schon eingelaufen, weshalb er sie dem Fürsten
gleich mitübersende. Letzterer möge auch dem Dekan zu Schleusingen ein Gleiches an-
befehlen. Im Henneberg. Gem.-Archiv sind erhalten die „Berichte über die Ordnungen: in
Schmalkalden und Filialen (vom Dekan Christoph Fischer), Meiningen (Verfasser nicht genannt),
Niedermassfeld (Schaller), Ritschenhausen (Hans Link), Vachdorf (Georg Gryphius; von diesem
stammen zwei Berichte, ein kurzer und ein ausführlicherer, in zwei verschiedenen Fascikeln des
Archivs), Solz und Memels (Nikolaus Schilter), Stepfershausen (Daniel Hauck), Sulzfeld (Georg
Hauck), Herpf (Georg Weithner), Ornschhausen (Bartholomäus Kell), Kalten-Northeim, Karza,
Ros, Niders und Bremershausen, Dermbach, Exdorf (Sigmund Rosshirt), Lenzfeld
(Caspar Motheus), Leutersdorf (Volkmar Wilhelm), Heinrichs (Jacob Hartmann), Dingsleben
(Johannes Völker), Reurieth (Nikolaus Langgut), der Goldlauter (Conrad Eberhard), Wichts-

hausen (Daniel Cordes), Themar (Lorenz Artopoeus oder Beck), Oberstadt (Petrus Zimmer), Küchdorf (Paulus Kawel, sonst Becker genannt), Rohr (Paulus Bauer), Belrieth und Einhausen (Pancratius Treutel), Obermassfeld (Nikolaus Heyden), Jüchsen (Johannes Walther), Walldorf (Laurentius Hupfauf), Hermansfeld (Bastian Kirchner), Mühlfeld (Jacob Leupold), Queienfeld (Oswald Bissander), Wiedersbach und Gerhardsgeruth (Verf. [?]), Suhl (Verf. [?]), Waldau (Heinrich Bader); von Konrad Salfelt apud colonos sylvanos, uf dem Walde, d. h. in der Nähe von Schmiedefeld. — Ich drucke als markante Beispiele ab: die Ordnungen für Schmalkalden, Ritschenhausen, Suhl, Vachdorf (s. unter den betreffenden Ortschaften).

Aus gleichem Anlasse und in gleicher Weise wurden noch einmal im Jahre 1566 von sämmtlichen Pfarrern Berichte über die von ihnen eingehaltene Gottesdienst-Ordnung erstattet. Hierbei nahmen einige Pfarrer auf ihren im Jahre 1562 erstatteten Bericht Bezug. Von neuen Berichten finden sich im Henneberg'schen Gem.-Archive vor:

Die Berichte von Andreas Merglet zu Behrungen und Sondheim im Grabfeld, Pancratius Treutel zu Belrieth, Wolfgang Rennewald zu Bettenhausen, Georg Plank zu Dingsleben, des Diakonus zu Meiningen als Geistlichen von Dreissigacker, von Philippus Grehle zu Ellingshausen, Johann Meimburger zu Exdorf, Johannes Kirchner zu Fambach, Johann Moller zu Frauenbreitungen, Nikolaus Marschalch zu Frauenwald, Konrad Eberhardt zu der Goldlauter, Sebastian Kirchner zu Hermansfeld, Georg Weithner zu Herpf, Johannes Walther zu Jüchsen und Neubrunn, Heinrich Zimmer zu Ilmenau, Paulus Kawel, sonst Becker genannt, zu Küchdorf, Johann Cöln zu Marisfeld, Mauritius Carolus zu Meiningen, Jacobus Liebhold zu Mühlfeld, Wolfgang Prasius zu Niederlauer, ? zu Niedermassfeld, Nikolaus Heyden zu Obermassfeld, Kaspar Otto zu Oberstadt, Oswald Wismann zu Queienfeld, Georgius Linck zu Ritschenhausen, Paulus Bauer zu Rohr, Johannes Schellenberger, Diakonus zu Wasungen, des Pfarrers von Schwallungen, Nikolaus Schicker zu Salz, ? zu Stedtlingen, Daniel Haugk zu Stepfershausen, Paulus Krauss zu Suhl, Kapar Engelhaubt zu Sulzfeld am Hassberg, Joachim Werner zu Themar, Nicolaus Gries zu Trusen, Georgius Gryphius zu Vachdorf, ? zu Waldau, Johann Steuerlin zu Walldorf, Martinus Keyser zu Wasungen, ? zu Wiedersbach.

Von diesen zahlreichen Kirchen-Ordnungen werden hier abgedruckt: die Ordnungen für Belrieth und Einhausen, Meiningen, Marisfeld, Dingsleben, Niederlauer, Goldlauter, Queienfeld, Herpf, Obermassfeld, Wasungen, Sulzfeld, Ritschenhausen. Vgl. unter den betreffenden Ortschaften.

Wenn in den Berichten von einer „Agende" ohne nähere Bezeichnung die Rede ist, ist Veit Dietrich's Nürnbergische Agende gemeint.

Recht interessant ist die Schilderung des Pfarrers Martinus Keyser zu Wasungen im Abschnitt „Von apostels feiertagen und dergleichen": „Wie wol diese feiertag an dieser pfarre weder halb oder gar abgeschaffet worden sein, sonder viel mer allwegen zu feiern und zu heiligen verkündiget, so hat mich doch die not und andere ungelegenheit gedrungen, auf solche festa und feiertag nur einmal vormittag zu predigen, da die ordnung gehalten, wie oben vermeldet. Dann dieweil man an andern orten diese feiertag zum theil abgeschaffet, und das geschrei gangen, sie sollen gar bald fallen, hat man auf solche feiertag, die der gemeine mann lose feiertag pfleget zu nennen, allerlei gemeine und eigene arbeit fürgenomen" (folgen Klagen über Arbeiten an diesen Tagen, überhaupt über Sonntagsarbeiten, Jahrmärkte etc.).

Bei der Visitation von 1554/1555 wurden auch die Klöster Frauenbreitungen, Wasungen und Crostedt, sowie die zwei Vicarien zum heiligen Grab in Schmalkalden säcularisirt und ihr Vermögen zu milden Stiftungen verwendet. Über die Verwendung liess Georg Ernst „unser gewissen somit zu reinigen" von den erwähnten Superintendenten und einigen weltlichen

Räthen eine Entscheidung treffen. Die betr., von den drei Geistlichen unterzeichnete Urkunde steht abschriftlich bei J u n c k e r. Zur Geschichte dieser Kloster-Sacularisirung s. auch noch J u n c k e r (Dresdener Handschrift, S. 253 ff.).

Im Jahre 1574 fanden eingehende Visitationen statt. Die Visitationsprotokolle der Dekanate Schleusingen, Ilmenau, Suhl, Northeim, Kundorf, Wasungen, Themar s. im Hennebergischen Gem.-Archiv IV, B. 2, Nr. 11ª.

IV. Die kirchliche Verfassung des Landes bestand ursprünglich lediglich in der Superintendentur. Eine höhere Instanz fehlte. Dieser Mangel hatte sich schon bald fühlbar gemacht, namentlich bei Ehestreitigkeiten. So hatte denn der Graf schon im Jahre 1551 Melanchthon um Rath gebeten. (Vgl. das Schreiben bei W e i n r i c h, a. a. O. S. 295.) Das Concept zu dem Schreiben des Fürsten an Melanchthon, in welchem er diesem zugleich die von Aquila ausgearbeitete „Getreue unterweisung vor die jungen priester wie sie sich in ihrem amte mit strafung der sünden rechtschaffen halten solten" zur Begutachtung überschickt, habe ich im Henneberg. Gem.-Archiv IV, B. 2, Nr. 1 gesehen.

Melanchthon empfahl als das Beste die Errichtung eines Consistoriums und wiederholte diesen Rath in einem weiteren, auch von Bugenhagen und Georg Major unterzeichneten Gutachten. Aber die Bedenken des Grafen waren nicht beschwichtigt, er fragte nochmals an, ob durch dergleichen Consistorium nicht etwas entstehe, das nach papistischem Sauerteige schmecke und ob nicht dadurch der Arm der Obrigkeit verkürzt werde. Die obigen Gutachter und auch Jonas beruhigten den Grafen.

Wann nun das Consistorium wirklich errichtet worden ist, ist bestritten. S p a n g e n - b e r g, Chronicon Hennebergense S. 273, schreibt: „Anno 1574 hat F. Georg Ernst in der grafschaft Henneberg im kirchenregiment etliche ding geändert, ein consistorium angestellet, gewisse kirchenräthe gesetzt, und dergleichen ordnunge gemacht und sonderlich verordnet, dass stetig 30 stipendiaten unterhalten werden sollen .... Item dass aus dem schulkasten (wie mans nennet) auch der verstorbenen wolverdienten pfarrhern und prediger nachgelassene arme wittfrauen ihre unterhaltung haben möchten ....."

Diese Nachricht stellt W e i n r i c h in Zweifel. Auf Grund der oben berichteten Correspondenz setzt er die Entstehung 15 Jahre früher an, meint aber auch, dass „es gleich nicht gar zum stand kommen"; 1574 seien nur einige Veränderungen vorgenommen worden. Ähnlich berichten die Neueren. Vgl. G e b h a r d t, Thüring. Kirchengeschichte 1, 201; B r ü c k n e r, in: Neue Beiträge zur Geschichte deutschen Alterthums, herausgegeben von dem henneberg. alterthumsforschenden Verein, 2. Lieferung (1863), S. 15 ff.

J u n c k e r erzählt: „Im Jahre 1571 wurden zwei Generalvisitationen angerichtet. Visitatoren waren Abel Schertiger, Thomas Schaller, M. Josua Lonerus und Peter Streck, Theologen und Kirchenräthe. Am 3. Mai 1571 war statt der bisherigen Manier, die Kirchen durch einen Generalsuperintendenten zu regieren, welcher bis dahin Fischer gewesen war, eine andere, bequeme Weise, durch einen Kirchenrath oder Consistorium, eingeführt und dazu vier Personen ernannt worden: Abel Schertiger, Hofprediger und Pfarrer zu Wasungen, Thomas Schaller, Pfarrer zu Massfeld, M. Josua Lonerus, Pfarrer zu Meiningen, und Petrus Streck, Pfarrer zu Suhla (weil M. Jacob Fohrmann, Pfarrer zu Schleusingen, nicht annahm), und ein Politicus, zuerst D. Wolfgang Röph, nebst einem Secretär. Die Besoldung geschah aus dem geistlichen und Schulkasten zu Schleusingen. Am deutlichsten erhellt die ganze Einrichtung aus der durch einen ausländischen vornehmen doctorem theologiae und einen ausschuss des ministerii der ganzen herrschaft Henneberg verfassten wie auch von allen weltlichen edlen und gelehrten hof- und landräthen wolzeitigen und stattlichen berathschlagungen gewilligten und aufgerichteten visitation- und consistorialordnung, wie dieselbe namentlich der hennebergische kirchenrath anno 1579 in einem gewissen responso, dem nachmaligen oberaufseher Veit von Goldritt betreffende, beschreibt. Von dieser consistorial-ordnung habe zwei manuscripte gesehen, eines de anno 1577 (da sie etwa vermehrt worden), und das andere in der fürstlichen bibliotheque zu Gotha, wie auch schon oben angeführet ist, und weil ich aus dem letzteren exemplar ein und anderes notirt, so kan solches dem leser zur nachricht dienen, wie folget." (Über diese Ordnung sogleich.)

Auf Grund des mir in liberalster Weise von Herrn Archivar Professor E. Koch zur Benutzung eröffneten, zur Zeit noch in der Ordnung begriffenen Henneberger Archives ist diese Frage folgendermassen zu lösen:

Die erste kirchliche Behörde ist wie in Kursachsen, so auch in Henneberg die Visitationscommission gewesen. Die Visitatoren fungirten auch nach beendeter Visitation weiter; sie traten zusammen, wenn etwas Besonderes zu berathschlagen oder zu entscheiden war, was der Landesherr nicht in anderer Weise erledigt sehen wollte. So entschieden Montag nach Cantate 1547 die „Visitatoren" zu Meiningen eine Ehesache (Henneberg. Gem.-Archiv IV, C. 1, Nr. 2).

Vom Jahre 1551 an fanden regelmässige Sessionen dieser Visitatoren statt. Die Registraturen sind vom Jahre 1551 an vollständig erhalten. Die Zusammensetzung der Behörde ersehen wir aus den Erkenntnissen. Hier heisst es entweder: „vor uns, superintendens und verordnete", „oder „visitatores und eherichter", oder „wir verordnete superintendens und visitatores", oder „hennebergische verordente eherichter", oder „hennebergische visitatores und rethe"; seit 1564 finden wir in den Protokollen den Ausdruck „consistorium und ehegericht". 1571 heisst es „eherichter und verordente des consistorii, des fürstlichen ehegerichts", aber noch am 29. März 1571 unterschrieben sich die Richter als „superintendens und visitatores" (Henneberg. Gem.-Archiv IV, C. 1, Nr. 6 ff.).

Wir haben also um diese Zeit kein besonders formirtes Consistorium vor uns, sondern die Funktionen eines solchen versieht der General-Superintendent, und ihm werden andere Geistliche und Räthe, die zugleich als Visitatoren fungiren, nach Gelegenheit beigeordnet.

Die Sitzungen fanden in Schleusingen oder in Massfeld statt, also offenbar an dem jeweiligen Aufenthaltsorte des Landesherrn, der oft persönlich angerufen wurde. In erster Linie beschäftigte sich diese Behörde mit Ehestreitigkeiten, aber auch Disciplinarfälle, Zuchtfälle, Injurien, Schwängerungsklagen, Vermögensangelegenheiten u. s. w. bildeten den Gegenstand ihrer Berathung. Mit Montag nach Viti 1551 beginnt die Registratur des „ersten ehegerichts"; anfänglich ziemlich formlos, wird das Verfahren später immer formeller.

Die Entscheidungen bieten ein reiches Material für die Entwicklung des Kirchenrechts, besonders des Eherechts. Ich behalte mir die Behandlung für eine andere Gelegenheit vor.

Aber dieses Organ genügte dem Bedürfniss bald nicht mehr. Zerwürfnisse mit dem Generalsuperintendenten Fischer machten ein Zusammenarbeiten mit demselben unmöglich. Was den Fürsten zur Errichtung eines ständigen Consistoriums oder, besser gesagt, zur Verwandlung der bisher als Consistorium betrachteten Commission in eine wirkliche Behörde, mit einer festen Organisation und einer genau umschriebenen Consistorial-Ordnung veranlasste, ersieht man am besten aus einem damals verfassten Ausschreiben.

Dasselbe befindet sich in zwei Exemplaren im Hennebergischen Gem.-Archiv IV, C. 2, Nr. 1. Einmal mit der gleichzeitigen Aufschrift auf dem Umschlage: „Herr Abel neuen consistorii halben." Der Hofprediger Abel Scherdinger ist also der Verfasser. Dieses Ausschreiben wurde als Einleitung zur Visitations- und Consistorial-Ordnung von 1574 verwendet (vgl. unten), also wohl nicht besonders herausgegeben. Bei Juncker, Ehre, findet sich eine Abschrift.

Im Jahre 1573 ging Georg Ernst energisch an die Einrichtung des Kirchenraths und die Ausarbeitung einer Consistorial-Ordnung. Die rechte Hand des Fürsten war dabei Jacob Andreae. Mit ihm hatte sich der Fürst bereits im Jahre 1572 im Wildbade mündlich berathen. (Vgl. Brief Georg's an Andreae vom 27. Januar 1573. Concept im Henneberg. Gem.-Archive.)

Ihn lud er wiederholt im Jahre 1573 ein, persönlich nach Henneberg zu kommen und den Kirchenrath einzurichten. Er möge auch gleich zwei tüchtige Personen mitbringen, von denen man den einen zum Probst, den anderen zum assessor consistorii befördern könne, am besten bisherige Mitglieder des Württemberger Kirchenraths. Man sieht, Georg Ernst hatte das württembergische Vorbild im Auge. So viel man weiss, kam Andreae (der übrigens um diese Zeit leidend gewesen sein muss) nicht persönlich, sondern begnügte sich mit schriftlichen Gutachten. Der Fürst constituirte schliesslich seinen Kirchenrath ausschliesslich aus heimischen Kräften.

Für die Geschichte des Kirchenraths liefert diese Correspondenz mit Andreae reiches Material. So schreibt der Fürst am 27. Januar 1573, er sei durch Krankheit bisher an der Errichtung des Kirchenraths verhindert worden; als Secretär des Consistorii und politischen Rath habe er Jacob Kindler in Aussicht genommen; am 27. März 1573 theilt der Fürst mit, dass Abel Scherdinger, sein Hofprediger, der ihn auf Reisen zu begleiten pflege, selbstverständlich Assessor werden solle; da er, der Fürst, aber nicht, wie der Herzog von Württemberg, zwei Hofprediger habe, müsse er noch einen weiteren Assessor ernennen; er leide so stark am Fieber, dass er an das Werk noch nicht gehen könne; Andreae möge mit Rath und That beistehen, am besten, wenn irgend möglich, selbst kommen.

Auch einen anderen Württemberger zog der Fürst zu Rathe. In einem vertraulichen Schreiben vom 24. Januar 1573 wandte er sich an Mag. Balthasar Bidembach, Propst zu Stuttgart, um Zusendung der württembergischen Kirchenraths-Ordnung. In dem im Henneberg. Gem.-Archiv IV, B. 2, Nr. 1 im Original erhaltenen Antwortschreiben Bidembach's bemerkt dieser: Er habe das fürstliche Schreiben am 14. Februar erhalten und daraus ersehen, dass der Fürst einen Kirchenrath bestellen und dazu die Kirchenraths-Ordnung seines Schwagers, des verstorbenen Herzogs Christoph, einsehen wolle. Er könne den Fürsten nur auf die gedruckte grosse Kirchen-Ordnung von 1559 verweisen, in welcher Bl. 258 ff. ein besonderer Abschnitt von „Verordnung des kirchenraths bei unserer canzlei auch expedition" handle. Ausser dieser gedruckten Ordnung existire noch eine ungedruckte Kanzlei-Ordnung, „darinnen den dreien unterschiedlichen expeditionibus bei der canzlei als den oberräthen, den cammerräthen und den kirchenräthen fürgeschrieben", und die jährlich ein- oder zweimal vorgelesen werde. Für den Kirchenrath fänden sich übrigens in der letzteren nur Bestimmungen über Finanzverwaltung und Rechnungsführung; was die eigentlichen geistlichen Angelegenheiten betreffe, so werde auf die gedruckte Kirchen-Ordnung verwiesen. Damit der Fürst aber sehe, wie diese Kirchen-Ordnung thatsächlich gehandhabt werde, wolle er ihm einen Bericht über die Praxis des Consistoriums erstatten. (Diesen Bericht werde ich an anderer Stelle publiciren.)

Darauf ertheilte der Fürst seinem Gesandten Melchior von der Thann den Auftrag, dem Propst für seine Auskunft zu danken und ihm 15 Thaler „zu einer geringen anzaig s. f. gn. dankbarkeit" zu überreichen, zugleich sich aber weiter über das Verfahren erkundigen, welches in Württemberg „gegen sektirer, widertäufer, Schwenkfelder, sakramentirer und andere so sich nicht weisen lassen wollen" gehandhabt werde.

Im Henneberg. Archiv findet sich noch eine weitere württembergische Verordnung in Handschrift vor, nämlich „Von gottes gnaden unser Christof herzogen zu Württemberg etc. manuduction und erklärung etlicher articul, in unser zuvor im truck publizirter kirchenordnung begriffen." Diese geheime Instruktion ist offenbar ebenfalls auf Ersuchen des Fürsten von Württemberg eingeschickt worden. Auf sie bezieht sich vielleicht ein Schreiben Bidembach's vom 15. April 1573 an den Fürsten, in welchem Bidembach mittheilt, dass er das Libell, welches recht gross sei, abschreiben lassen werde, nachdem sein Landesherr, der Herzog, die Erlaubniss dazu auf sein Ansuchen ertheilt habe. (Vgl. zum Vorstehenden Henneberg. Gem.-Archiv IV, B. 2, Nr. 1, 3.)

Ferner liess sich der Fürst die Wittenberger Consistorial-Ordnung von 1542 zusenden (liegt in Abschrift im Henneberg. Gem.-Archiv IV, B. 2, Nr. 3) und die Ordnung für das Consistorium zu Jena von 1574. Nach diesen Vorbildern wurden der Plan des Kirchenraths und die Consistorial-Ordnung berathen und endgültig festgestellt. Wie der Fürst aber überhaupt möglichst im Einklang mit seiner Geistlichkeit vorgehen wollte, so liess er auch in diesem Falle in der Woche nach Misericordias Domini [25.—30. April] 1574 eine Versammlung der Pfarrer zu Massfeld veranstalten, liess ihnen das Projekt des Kirchenraths „nochmals" vortragen und sie um Meinungsäusserung bitten. Die Theilnehmer wurden gleichzeitig aufgefordert, drei Pfarrer aus ihrer Mitte zu Kirchenräthen zu wählen, „wobei an Superintendent Fischer wegen des Zerwürfnisses mit dem Fürsten nicht zu denken sei". Vgl. hierzu Henneberg. Gem.-Archiv IV, B. 2, Nr. 11, woselbst auch die Äusserungen der einzelnen Pfarrer getreulich aufgezeichnet sind.

Auf diese Weise kam der erste Kirchenrath in der von J u n c k e r richtig angegebenen Zusammensetzung zu Stande. Durch ein Reskript vom 13. Mai 1574 wurde dann die Errichtung des Kirchenraths dem Lande mitgetheilt. Ich habe von diesem Ausschreiben einen Originaldruck in Gotha, St.A., K. K. XX, Nr. 4 gesehen und bringe dasselbe erstmalig wieder zum Abdruck. (Nr. 47.)

Dasselbe bestätigt durch seine Fassung das oben gewonnene Resultat, dass erst im Jahre 1574 der Kirchenrath an die Stelle des Superintendenten mit seinen Zugeordneten getreten ist. Das Datum bei J u n c k e r, 3. Mai 1571, dürfte also auf einem Irrthum beruhen.

Unter dem Kirchenrathe, als oberster Regierungsbehörde, standen nunmehr die neun Superintendenturen: Schleusingen, Ilmenau, Themar, Kühndorf, Obermassfeld (mit Meiningen), Schmalkalden, Wasungen, Kaltennordheim und Hentungen.

Gleichzeitig wurde eine Visitations- und Consistorial-Ordnung erlassen. Von dieser Ordnung hat J u n c k e r (in der Dresdener Handschrift) einen Auszug aus einem von ihm in Gotha eingesehenen Exemplare mitgetheilt. Ein anderes Manuskript aus dem Jahre 1577 („da sie etwa vermehret worden") habe er anderswo gesehen.

J u n c k e r betitelt seinen Auszug: „Excerpta aus der hennebergischen kirchenordnung oder Norma consistorii, welche in manuskripto in folio aus 74 pag. bestehet, eigentlich aber nur das Excerpt, auch um so viel rarer ist und von herrn Wilhelm Ernst Tenzeln mir communizirt worden." [Der ursprüngliche Text J u n c k e r's lautete: „und auf allergnädigsten befehl Sr. hochfürstlichen Durchl. zu Sachsen-Gotha Herrn Herzog Friedrichs, durch die gesamten Historiographen Herrn Wilhelm Ernst Tentzeln aus der fürstl. Bibliotheque zum Friedenstein mitgetheilt worden mense Junio 1701".] Am Rande bemerkt J u n c k e r: „Diese ist allem ansehen nach von Fürst Georg Ernst aufzusetzen befohlen worden zur selbigen zeit 1574, da man das consistorium angerichtet hat, und ist meines wissens noch nie gedruckt."

Im Hennebergischen Gem.-Archiv IV, C. 2 findet sich diese Visitations- und Consistorial-Ordnung auf 63 Folio-Blättern. Die Blätter 1—10 bilden das oben S. 273 Z. 39 näher beschriebene Ausschreiben, welches Abel Scherdinger verfasst hat. Dieses Ausschreiben diente also als Einleitung zur Ordnung, und ist in dem Henneberger Exemplar vorzüglich geschrieben. Dagegen ist die folgende Ordnung selbst stark durchcorrigirt. Die von J u n c k e r aus dem Gothaer Exemplar abgeschriebenen Stellen finden sich auch hier; aber sie sind vielfach durchgestrichen, wenn auch zum Theil dann wieder in Gültigkeit gesetzt. Vielleicht haben wir es dabei mit den Verbesserungen von 1577 zu thun; vielleicht liegt überhaupt das von J u n c k e r eingesehene, aber von ihm nicht näher beschriebene zweite Exemplar vor uns.

Wir drucken diese erste Visitations- und Consistorial-Ordnung, indem wir unentschieden lassen, in welche Jahre die Redaction im Einzelnen fällt, nach dem Exemplar im Hennebergischen Archiv, unter Vergleichung der Abschrift von J u n c k e r, dessen Vorbild in Gotha nicht aufzufinden war, (erstmalig) in einem A u s z u g e ab. (Nr. 48.)

Diese Ordnung ist in vielen Beziehungen höchst bemerkenswerth. Ich hebe Einiges hier kurz hervor. Die prinzipielle Stellung des Landesherrn zur Kirche und ihren Organen wird deutlich gekennzeichnet. Als praecipuum membrum hat der Fürst mitzuwirken, nicht als Haupt der Kirche. Fürst Georg Ernst zieht auch daraus die Consequenzen: er will sich für seine eigene Person dem Kirchenrath unterordnen; die betreffenden Stellen der Ordnung sind aber in der zweiten Redaktion bedeutend abgeschwächt. Die Abgrenzung der Competenzen des Consistoriums zu den weltlichen Behörden ist beachtenswerth. Nach kanonischem Vorbilde werden rein weltliche, rein geistliche und gemischte Angelegenheiten unterschieden [eine unklare Eintheilung, die bekanntlich bis auf unsere Tage weiter besteht]. Bei letzteren hat im Zweifel das Consistorium die Vorhand, — ein Grundsatz, der naturgemäss zu unerquicklichen Auseinandersetzungen führen musste.

Die Thätigkeit des Consistoriums wird sehr gut in richterliche und verwaltende eingetheilt. Recht interessant ist die Durchführung des Visitationsgedankens: jährliche Lokalvisitationen der Dekane und Synodus des Kirchenraths — ähnlich wie in Kursachsen, mit denselben Vorzügen, aber auch denselben Mängeln, wie wir sie in Bd. I S. 72 ff., 112 ff. entwickelt haben.

Auch die Regelung des kirchlichen Strafwesens mit seiner starken Anlehnung an das kanonische Recht bietet des Bemerkenswerthen so viel, dass der Abdruck gerechtfertigt erscheint, wenn wir auch über das officielle Schicksal des vor uns liegenden Ordnungsconceptes nicht genauer unterrichtet sind.

Durch dieses Consistorium war die Verfassung des hennebergischen Landes in die üblichen Bahnen lutherischer Kirchenverfassung eingelenkt und der äussere Organismus der Kirche im Allgemeinen festgelegt.

Aus der Zeit vor der Einführung des Kirchenraths sind auch noch verschiedene Verfügungen zu erwähnen, die vom Fürsten persönlich ausgingen. So z. B. die Verfügung von Mittwoch nach Exaudi, d. i. 6. Juni 1565 an den Pfarrer zu Frauenbreitungen, die Fahnen, Kerzen und Bilder, welche noch aus katholischer Zeit stammten, abzuschaffen. (Henneberg. Gem.-Archiv IV, B. 2, Nr. 1.) Vergessen sei auch nicht, dass der Fürst persönlich die Censur theologischer Schriften seiner Pfarrer handhabte. Man vergleiche die Correspondenz mit dem Superintendenten Christoph Fischer zu Schleusingen von 1562. (Henneberg. Gem.-Archiv IV, B. 2, Nr. 1.)

Das ausserordentliche Interesse des Fürsten für die Entwicklung des Protestantismus griff weit über seine Landesgrenzen hinaus. Über seine starke Betheiligung an der Festlegung eines gemeinsamen Bekenntnisses vgl. unten. Ich möchte hier nur noch die Correspondenz erwähnen, die er im Jahre 1563 mit Hans Ungnad in Urach und Primus Truber zu Laibach führte, betr. „die Übersetzung der heiligen Schrift in die kroatische und wendische Sprache, und die Bekehrung der Kroaten und angrenzenden Türken“. (Henneberg. Gem.-Archiv IV, B. 2, Nr. 3.)

V. Auf Reinheit und Einheit der Lehre war Georg am meisten bedacht. Verschiedene Ausschreiben an Fürsten (die Juncker in Abschrift mittheilt) sollten Zeugniss für die reine Lehre des Fürsten erbringen. Dafür wurden denn auch die hennebergischen Theologen wiederholt um Gutachten in Lehrfragen und theologischen Streitigkeiten ersucht (vgl. Juncker, a. a. O.). Wie weit der Nachweis Juncker's, dass Georg Ernst der erste Urheber der Concordienformel gewesen sei, gelungen ist, bleibe hier ununtersucht, jedenfalls standen er und seine Theologen den Verhandlungen sehr nahe. Juncker theilt a. a. O. (Dresdener Handschrift S. 169 ff.) die Namen aller hennebergischen Geistlichen, welche die Concordienformel unterschrieben haben, nach dem von ihm benutzten Original-Exemplare mit.

VI. Nachdem so durch die Unterschrift aller Geistlichen die Einheit der Lehre im Lande sichergestellt war, blieb dem kirchlichen Gemüthe des Landesherrn nur noch ein Wunsch übrig: auch Gleichheit in die Ceremonien zu bringen. Schon seit vielen Jahren trug sich Georg mit der Idee, eine einheitliche Agende für seine Landeskirche zu publiziren.

Die Entstehungsgeschichte der Agende ist aussergewöhnlich interessant, besonders durch die gutachtliche Betheiligung so vieler theologischer Grössen und durch die Art und Weise, mit welcher der Landesherr bei der Ausarbeitung und der endlichen Erledigung verfuhr. Die bisherigen Darstellungen sind widerspruchsvoll und ungenau. Es kommt dies daher, dass nicht genügende Archivstudien gemacht worden sind. Eine eingehende Darstellung würde uns aber weit über den Rahmen einer Einleitung hinausführen. Wir geben auf Grund der Akten des Henneberger Gem.-Archivs nur folgenden kurzen Abriss.

Im Henneberg. Gem.-Archiv IV, B. 2, Nr. 12 (abschriftlich auch in Juncker, Ehre) finden wir eine „Wahrhaftige und eigentliche erzählung wie es mit der kirchenagende procedirt und verfahren". Das ist eine officielle Darstellung von der Seite der Fürsten zu Zwecken der Rechtfertigung in den (gleich zu nennenden) Strecken'schen Wirren. Der Fürst habe, so heisst es hier, „vor etlichen Jahren" seinen Superintendenten und vornehmsten Theologen den Auftrag ertheilt, zwecks Vereinfachung und Vereinheitlichung der Ceremonien über eine Kirchen-Ordnung zu berathen. Den Theologen habe der Fürst seinen Bruder Poppo zugeordnet. Das Ergebniss sei aber ganz unbefriedigend gewesen, da der Ceremonien noch mehr geworden wären. Der Fürst habe sich nunmehr abgesondert. Die Theologen hätten aber weiter berathen und einen Entwurf überreicht. Derselbe habe aber dem Fürsten ebenfalls missfallen, weswegen die Theologen dem Fürsten das Weitere überlassen hätten. Nunmehr habe der Fürst „langer dann für etlich und zwanzig jahre" das Werk in die Hand genommen und einen Entwurf im Geheimen ausarbeiten und an auswärtige Theologen senden lassen. Zuerst im Geheimen, weil damals ein „Missverstand" zwischen ihm und dem Superintendenten Fischer gewesen sei. Dieser habe aber doch von der Sache erfahren und darum habe der Fürst ihm den Entwurf auch mitgetheilt; er habe auch thatsächlich Verbesserungen vorgenommen, nachher aber die Sache liegen lassen, ja sogar Verdächtigungen ausgestreut. Der Fürst habe deswegen auf Fischer ganz verzichtet und von auswärts Rath geholt. — (Soweit zunächst der officielle Bericht!)

Die Einzelheiten dieses zusammenfassenden Berichtes erhalten ihre Bestätigung durch die Akten des Archivs. So finden wir im Henneberg. Gem.-Archiv IV, B. 2, Nr. 2 ein Originalschreiben der Superintendenten Christoph Fischer, Mauricius Carolus, Basilius Unger von Freitag nach Vincula Petri (7. August) 1556, worin sie dem Fürsten anzeigen, dass sie den Befehl zur Publikation der Agende erhalten, auch ihren Pfarrern die Agende vorgelesen hätten, von jedem einzelnen Pfarrer schriftlichen Bericht darüber erwarteten, inzwischen aber sich als die drei Superintendenten zusammengethan hätten und nicht unterlassen wollten, ihre Bedenken geltend zu machen.

Der Fürst hatte unter dem 1. August 1556 einen klaren Befehl ergehen lassen, ohne Weiterungen die gestellte Agende von der Kanzel dem Volke zu verlesen. Von dieser fürstlichen Agende von 1556 weiss man sonst nichts. Jedenfalls stand der Fürst von seiner Agende zunächst ab und inscenirte neue Vorarbeiten.

Vom 6. Januar 1558 finden wir ein Schreiben des Fürsten an Mörlin in Coburg, worin er um Mittheilung der Kirchen-Ordnung des Herzogs von Sachsen bittet, weil er selbst eine Ordnung verfassen lassen wolle (Henneberg. Gem.-Archiv IV, B. 2, Nr. 2). Um diese Zeit muss der Fürst auch die später öfter von ihm erwähnten Gutachten von Brenz (der am 11. Sept. 1570 starb) und Anderen eingeholt haben. (Eine Skizze des Gutachtens von Brenz findet sich im Henneberg. Gem.-Archiv IV, B. 2, Nr. 2.)

Endlich ertheilte er seinem Superintendenten Fischer und einigen anderen Pfarrern den Auftrag, zu einer Synode in Schmalkalden sich zu versammeln und über eine Kirchen-Ordnung zu berathen. Als Versammlungstag wurde der 5. Juni 1560 angesetzt. Der Fürst ordnete seinen Bruder Poppo an seiner statt zu dieser Conferenz. Die darüber zwischen den fürstlichen Brüdern gewechselte Correspondenz findet sich im Henneberg. Gem.-Archiv.

Was dort in Schmalkalden beschlossen wurde, muss aber wegen der geplanten Weit-

läufigkeit der Ceremonien das Missfallen des Fürsten erregt haben, er rief seinen Bruder ab.
Die Theologen beriethen aber weiter und arbeiteten einen Entwurf aus.

In einem Schreiben vom 4. Juli 1560 überreichten die Theologen dem Fürsten ihren
Entwurf, indem sie zugleich Bedenken über die Idee der Agenden-Gesetzgebung überhaupt
äusserten. Auf Befehl des Fürsten hätten sie beständig über die Veränderung der Ceremonien
nachgedacht und ihre Gedanken jetzt zu Papier gebracht. Sie gaben aber zu bedenken, dass
jetzt eine Synode aller protestirenden Stände im Werke sei und dabei auch Gleichförmigkeit
der Ceremonien beschlossen werden solle; man möge lieber mit Sonderplänen bis dahin warten.
Wenn aber der Fürst auf seinem Plane beharre, schlügen sie ihm die von ihnen gestellte
Agende vor.

Schreiben und Agende finden sich im Original im Henneberg. Gem.-Archiv IV, B. 2,
Nr. 6. (Die Agende hat auch Juncker, Ehre schon benutzt, dagegen nicht das Schreiben.)
Das Schreiben ist unterfertigt von: M. Christophorus Vischer, Superintendent, M. Mauritius
Carolus, Pfarrer zu Meiningen, M. Basilius Unger, Pfarrer zu Schleusingen, Hieronymus Pfnorus,
Pfarrer zu Schmalkalden, Martinus Keyser (Caesar), Pfarrer zu Wasungen, Hieronymus Steiger,
Pfarrer zu Breitungen, Wilhelm Usleuber, Pfarrer zu Roes oder Rosa, Wolfgang Prasius, Pfarrer
zu Northeim. [Johann Holland, Pfarrer zu Sulzfeld, steht nicht unter dem Originalschreiben,
wohl aber unter der Kirchen-Ordnung selbst.]

Die Agende wurde aber vom Fürsten nicht beliebt. Er hatte allerlei auszusetzen.
Seine Bedenken sind in einem Akte des Henneberg. Gem.-Archivs aufgezeichnet. Er wünschte
Abschaffung der Vesper, des Gesanges der Einsetzungsworte, da Christus auch nicht gesungen
habe, des Exorcismus, der Chorröcke, Vereinfachung der Ceremonien und des Gottesdienstes;
auch möchten die Altäre dergestalt verändert werden, dass der Priester dem Volke nicht den
Rücken zuwende; alle heidnischen und papistischen Bilder sollten abgeschafft, nur biblische Bilder
geduldet werden. Also auch hier war es die vorgeschlagene Regelung der Ceremonien, welche
den Fürsten bestimmte, den Fischer'schen Entwurf zum zweiten Male abzulehnen. Fischer habe,
schreibt der Fürst einmal, „zu grossen hohen pompen jederzeit sonderlich lust gehabt“. Natürlich fühlte sich Fischer wegen dieser erneuten Ablehnung schwer verletzt und suchte aus Eifer-
sucht die weiteren Pläne des Fürsten zu durchkreuzen.

Dieser nahm zunächst von der Ausarbeitung der Agende Abstand. Er sammelte einstweilen
weiteres Material. So kam er zunächst auf die Idee, sich genau über die in seinem Lande ge-
handhabten gottesdienstlichen Formen zu unterrichten. Er liess deshalb im Jahre 1562 eine Visitation abhalten, in welcher jeder Pfarrer zu berichten hatte: wie, wo und was er predige. Die
Superintendenten liessen diese Berichte schriftlich erstatten und legten sie dem Fürsten vor.
Aus gleichem Anlasse und in gleicher Weise wurde zum zweiten Male im Jahre 1566 verfahren.
Dieses grosse Material befindet sich im Henneberg. Gem.-Archiv. Wir haben oben das Nöthige
daraus mitgetheilt. Für die Ausarbeitung seiner eigenen Agende hielt aber der Fürst die Zeit
immer noch nicht für gekommen.

Am 1. März 1568 schrieb er an seinen Bruder, Grafen Poppo von Henneberg auf Burg-
breitungen, dem er eine Bergwerks-Ordnung zur Begutachtung überschickt hatte und der darauf
in seiner Antwort neben einer Bergwerks-Ordnung auch die Abfassung einer Kirchen-Ordnung,
„nachdem man sich bishero mit andern fremden beholfen“, als dringend wünschenswerth bezeichnet hatte: „Wie dann e. l. wissen, dass wir vor der zeit auch einen ungefehrlichen begriff
einer kirchenordnung auf ferne berathschlagung zu verfassen und mit rath anzurichten allbereit
im werk gewesen. Es sind aber durch etlich personen mehr aus begirde, ihren eigenen glimpf
bei anderen leuten zu suchen und uns einen unglimpf aufzulegen, dann der sachen nothdurft
zu befördern, solche verhinderung eingeworfen worden,“ dass er — der Fürst — davon Abstand
genommen habe; die gegenwärtige Zeit mit ihren Streitigkeiten halte er nicht für geeignet,

das Werk in die Hand zu nehmen; es werde sich hoffentlich eine bessere Gelegenheit wieder finden.

Bald nachher muss der Fürst aber doch den Plan wieder aufgenommen haben. Jetzt beginnt die Periode der Ausarbeitung der Agende ohne den General-Superintendenten und unter Heranziehung auswärtiger Gutachter. Von allen Seiten holte man zunächst Kirchen-Ordnungen ein, z. B. die württembergische und die Kirchen-Ordnung von Hessen.

Ein Gutachten von Jacob Andreae, Propst zu Tübingen, vom Pfingsttag 1571 spricht sich über die übersandte Agende aus. (Original im Henneberg. Gem.-Archiv IV, B. 2, Nr. 7.) Wir finden dort weiter Gutachten vom Kirchenrathe Th. Schaller, der neben seinen Collegen im Kirchenrathe wohl als der Verfasser der verschiedenen Entwürfe anzusehen ist, vom 30. August 1579; ein Gutachten von Professor Egidius Hunnius, Marburg, vom 17. September 1578, liegt ebenda IV, B. 2, Nr. 3.

Ein Schreiben Georg Ernst's, d. d. Massfeld 28. Juli 1578 an unbekannten Adressaten (Henneberg. Gem.-Archiv IV, B. 2, Nr. 8) klagt, er hätte Osiander's, Brenz' und Anderer Gutachten gehört, „und sollte die merberurte ordnung vorlangst ins werk gericht worden sein, do nicht M. Vischer, der zu grossen hohen pompen jederzeit sonderlich lust gehabt, solches aus neid verhindert het". In einem Schreiben vom 24. März 1579 nennt er die Gutachten von Andreae, Osiander, Brenz und Hunnius. — Weiter finden wir ein Responsum der theologischen Facultät zu Wittenberg, d. d. 25. Mai 1579; dasselbe ist in Consilia theologica Witteberg., Frankfurt a./M. 1664, Thl. 3, p. 48 ff. abgedruckt. [Abschriftlich auch bei Juncker, Ehre.] Vgl. auch König 261. Streck nennt in einer gegen die Agende gerichteten Schrift vom 18. December 1580 (Original im Henneberger Archiv) noch als Gutachter Dr. Streitberg, markgräflich brandenburgischen Theologen, die Prediger zu Dresden und den Superintendenten zu Bischofswerda. Der Fürst hatte also keine Mühe gescheut, um ein nach allen Seiten hin befriedigendes Werk zu schaffen.

Jetzt trat der Fürst seiner Geistlichkeit und seinem Volke mit einem neuen, fertigen Entwurfe gegenüber. Und nunmehr begann eine wahrhaft rührende Thätigkeit des Fürsten, welche darauf hinzielte, sämmtlichen Pfarrern des Landes Gelegenheit zu geben, ihre Meinung zu äussern und ihre etwaigen Bedenken zu beseitigen. Sämmtlichen Pfarrern wurde die Ordnung auf einer Synode vorgelesen und zum Durchlesen ausgehändigt, damit sie sich schriftlich äussern könnten. Diese Äusserungen datiren zumeist vom Mai 1580 (Henneberg. Gem.-Arch. IV, B. 2, Nr. 11). Mehr als die Hälfte der Pfarrer approbirten ohne Weiteres, die anderen äusserten Wünsche. Der Fürst liess sich keine Mühe verdriessen, alle Wünsche zu berücksichtigen. Die Kirchenräthe Scherdinger, Schaller und der älteste Dekan Utzinger mussten das eingegangene Material verarbeiten und den Entwurf revidiren, wenn etwas Erhebliches, sei es auch „von dem allergeringsten dorfpfarrer", gerügt worden war.

Es wurde dann allen Pfarrern nochmals Gelegenheit gegeben, sich mündlich zu äussern. Auf zwei Synoden zu Obermassfeld wurde ihnen unter allerhand Cautelen für die Unbefangenheit und Unabhängigkeit des Urtheils und der Meinungsäusserung der Entwurf zur Begutachtung unterbreitet und die Differenzen verglichen. Mit Recht musste es hier auffallen, dass von den vier Kirchenräthen zwei sich von der Synode absonderten: M. Josua Loner und Peter Streck. Wegen Loner's konnte man die Pfarrer beruhigen; seine Bedenken beträfen Einzelheiten, die wohl noch beizulegen seien, in der That auch bald beigelegt wurden (vgl. die Fascikel im Henneberg. Gem.-Archiv IV, D. 2, Nr. 12). Streck habe principielle Bedenken wegen der Competenz des Fürsten, dieser könne aber wegen eines einzelnen Mannes nicht das Werk aufgeben.

Die auf diesen Synoden von den Pfarrern noch vorgebrachten und nicht „verglichenen" Wünsche wurden bei einer nochmaligen Revision berücksichtigt und damit die Agende zum Abschluss gebracht. Endlich wurde dann das grosse Werk von sämmtlichen Pfarrern —

darunter auch von Streck's eigenem Sohne — unterzeichnet. Die Original-Unterschriften stehen im Henneberg. Archiv IV, B. 2, Nr. 8.

Lediglich der Superintendent Streck verweigerte die Unterschrift. Er hatte principielle Bedenken. Der Fürst habe „zu diesem Werke weder für seine Person, noch von Obrigkeitswegen, weiter als ein gemeines Mitglied die Befugniss, im Geringsten nicht eine Änderung in der Kirchen-Ordnung oder Agenda zu machen, ingleichen, dass in diesen Dingen weder Ordnung noch Process gebraucht worden, so dazu gehörten". Daneben hatte er noch zahlreiche andere Bedenken.

Es waren rückständige Ideen, welche Streck vortrug. Das landesherrliche Gesetzgebungsrecht wurde doch schon zu Luther's Zeiten nicht mehr angezweifelt, und die freie Entwickelung, wie sie Luther als Ideal ursprünglich vorgeschwebt hatte, war doch schon von ihm selbst aufgegeben worden. Und wenn allerdings gerade bezüglich der Ceremonien Luther immer auf grösste Freiheit in äusseren Dingen gedrungen hatte, so war doch die Entwickelung in allen Ländern in andere Bahnen eingelenkt, andere Zeiten waren gekommen, Zeiten kleinlicher Hadersucht waren auf die Zeit geistiger Grösse gefolgt, Fürsten und Volk wollten Ruhe und Frieden haben und hielten dazu nicht nur Einheit in der Lehre, sondern auch Gleichheit in äusseren Dingen für geboten. Es ist wahrhaft rührend anzusehen, welche Mühe sich der Fürst gab, um seinen widerstrebenden Geistlichen auf seine Seite zu bringen. Mündliche Vorschläge, Schreiben der Amtsbrüder (so eines vom 13. August 1580, unterschrieben von den drei Kirchenräthen Scherdinger, Schaller, Loner, und den acht Dekanen Utzinger, Toman, Merkert, Moller, Haugk, Musäus, Leth, Friedrich, die ihn herzlich baten, kein Schisma zu machen), alles fruchtete nichts. (Es sei auf die officielle Darstellung in: „Wahrhaftige und gründliche Erzählung etc." verwiesen. Über letztere vgl. unten.)

In einer 134 Folioseiten starken Gegenschrift vom 18. December 1580 versuchte Streck, „fürstl. hennebergischer Kirchenrath und Pfarrherr zu Suhl", sein Verhalten (Henneberg. Archiv IV, B. 2, Nr. 11) zu rechtfertigen.

Der Fürst liess repliciren, schlug sogar einen Schiedsspruch einer Universität vor; Streck solle drei Universitäten benennen, der Fürst dann eine daraus erwählen. Streck lehnte ab, da er sich mit seinem Landesherrn doch in keinen Process einlassen könne. Zu überzeugen war er aber nicht. Diese ganzen Händel mit Streck bis zu diesem Zeitpunkte schildert ausführlich die officielle Darstellung „Wahrhaftige und eigentliche Erzählung wie mit der kirchenagende procedirt und verfahren" (Henneberg. Gem.-Archiv, Abschrift bei Juncker).

Am 5. Februar 1582 fand ein Colloquium zwischen Streck, Scherdinger und Schaller statt, dem die mit einer speciellen Instruktion (unterschriebenes Original vom 5. Februar 1582 im Henneberger Archiv) betrauten Kanzler und Räthe, Bernhard Marschalk von Ostheim, Caspar von Hanstein, Michael Straus und Valentin Bopfinger beiwohnten. Alle Mühe war vergeblich.

Der Widerstand Streck's hatte inzwischen auswärts Aufsehen gemacht und dem Grafen den Verdacht des Calvinismus zugezogen, so dass man bereits in den Nachbarländern auf den Kanzeln gegen ihn zu predigen begann. Streck war hieran wohl nicht unschuldig. Georg Ernst liess deshalb von Thomas Schaller eine Rechtfertigungsschrift ausarbeiten — ja, er betheiligte sich persönlich an der Arbeit — liess dieselbe in einer beschränkten Zahl Exemplare drucken und unter seinen Pfarrern und sonstigen Interessenten verbreiten. [Fürstliches Ausschreiben, d. d. Massfeld 30. August 1580. Zwei Exemplare im Henneberg. Gem.-Archiv, ein durchcorrigirtes Exemplar und eine Reinschrift. Abschriftlich bei Juncker, Ehre. (Dresden, Handschrift, S. 329)].

In dieser Schrift führt der Fürst aus: Ceremonien seien zwar nicht so wichtig als die reine Lehre, aber doch auch nothwendig. Man habe sich bisher mit der Nürnberger Ordnung begnügt. Diese sei aber doch für andere Verhältnisse geschaffen und andere Zeiten forderten andere

Gesetze. Deswegen seien in fast allen Herrschaften eigene Ordnungen entstanden. Deswegen habe auch er — der Fürst — schon seit mehr als 20 Jahren an eine solche Ordnung gedacht, viele Gutachten eingeholt, „das wir alsdan um so vil desto lieber unser leben mit gott im friede beschlissen wollten". Jetzt, nachdem so viele reine Lehrer sein Werk gebilligt hätten, nachdem dasselbe allen Pfarrern zur Begutachtung vorgelegen hätte, nachdem zwei Synoden deshalb stattgefunden hätten, müsse er den Verdacht des Calvinismi über sich ergehen lassen. Derselbe sei ganz unbegründet (wie dann näher ausgeführt wird).

Der gewissenhafte Fürst holte aber noch von dem Oberconsistorium zu Dresden ein Gutachten ein über die Kernfrage des Streites, ob er das Recht habe, eine Ordnung zu erlassen. Er hatte zuerst Kurfürst August um das Gutachten' seiner Theologen ersucht. Die Antwort des Kurfürsten datirt vom 27. Mai 1582 und das Gutachten des Oberconsistoriums vom 25. Mai 1582 (Henneberg. Gem.-Archiv IV, B. 2, Nr. 12).

Nachdem in der oben geschilderten Weise das Concept der Agende erneut revidirt und fertiggestellt war, schickte der Fürst dasselbe nochmals an auswärtige Gutachter, nämlich an Osiander und Andreae. Dieses Concept findet sich im Henneberg. Archiv IV, B. 2, Nr. 6. Die Antwort fiel nicht besonders günstig aus (Original, datirt Stuttgart 7. Juni 1581, im Henneberg. Archiv IV, B. 2, Nr. 7. Daselbst noch eine Copie). Das Gutachten tadelte namentlich, dass sich die Ordnung zu sehr von den üblichen brandenburgischen, nürnbergischen, sächsischen, württembergischen, pfälzischen, mecklenburgischen und anderen Kirchen-Ordnungen entferne, zu originell sei; so seien die Gebete ganz eigenartig, mit Ausnahme der zwei Gebete nach der Taufe, die übrigens auch erst durch eingelegte Zettel inserirt worden seien; überflüssig sei in der Vorrede „allerlei Entschuldigung", die Abhandlung über die Ceremonien, den Exorcismus bei der Taufe hielten sie für unnöthig, der Artikel über die Nothtaufe sei zu lang, die „Ohrenbeichte" missverständlich, der besondere Abschnitt über den Ehestand des Adels solle fallen u. s. w. [Der revidirte Entwurf enthielt nämlich ein besonderes Capitel über „Ordnung und weis, wie fürstliche oder sonst`adels personen zusammenzugeben". Sie erhielten das Vorrecht, Abends „vor dem Hochzeitentag in der Stuben zusammengegeben zu werden". „Am anderen Tage ist Gottesdienst, in welchem nur beim gemeinen Gebete ein besonderes Gebet für Bräutigam und Braut gesprochen wird."] —

Offenbar auf Grund dieses ausführlichen Gutachtens machte man sich an eine erneute Revision. Man kürzte, liess Manches fort und passte die Ordnung mehr an die württembergische an, wie z. B. gleich der Eingang nach der württembergischen gerichtet wurde.

(Es lässt sich vorstellen, dass zahlreiche Concepte von den verschiedenen Entwürfen angefertigt wurden. Diese sind theils vollständig, theils unvollständig im Henneberger Archiv erhalten. Ein Concept in der Osiander und Andreae 1581 vorgelegten Fassung ist in meinem Besitz.) Endlich war die Agende fertig. Im Jahre 1582 erschien sie im Druck. Und am 8. April 1582 wurde sie zum ersten Male in der Residenz Schleusingen in Gebrauch genommen. Zur Ordnung selbst vgl. Germann, a. a. O. S. 452; Sauer, a. a. O., der S. 190 eine Beschreibung der Ordnung giebt. Eine solche steht auch bei Juncker, Ehre. Vgl. auch Gebhardt, a. a. O. 2, 196 ff.

Druckexemplare sind mehrfach vorhanden, so z. B. in der herzoglichen Bibliothek zu Meiningen, in der Kirchenbibliothek zu Nördlingen, den Universitätsbibliotheken Bonn, Jena, München. Eine spätere Ausgabe von 1713 findet sich in den Universitätsbibliotheken Jena und Leipzig.

Richter 2, 460 giebt von der 173 Seiten starken Agende einen 1 Seite starken Auszug. Wir drucken diese originelle Ordnung, welche das Ergebniss so gründlicher Berathungen war, mit einigen Auslassungen ab. (Nr. 49.)

Mit Georg Ernst starb 1583 das gräfliche Haus Henneberg aus. Die weiteren Schicksale des Landes s. im Eingange.

VII. Das Consistorium zu Meiningen blieb auch unter kursächsischer Regierung bestehen. Im Jahre 1584 erhielt es eine neue Verfassung und Ordnung. Nach dieser richtete es sich bis zum Jahre 1635, auch noch weiter bis zur Landestheilung von 1660. Über diese Ordnung giebt uns ein Bericht des Consistoriums Meiningen vom 29. October 1635 Aufschluss, den Juncker, a. a. O. mittheilt. Da wir in diesem Bericht zugleich ein lebendiges Bild von der Thätigkeit des Consistoriums im 16. Jahrhundert erhalten, soll derselbe nach Juncker erstmalig abgedruckt werden. (Nr. 50.)

VIII. Während von Würzburg her die Wogen der fränkischen Gegenreformation gegen das Land schlugen, entstanden gleichzeitig von Hessen-Cassel her grosse Wirrnisse durch das Bestreben der hessischen Landesherrn, in den ihnen zugefallenen hennebergischen Gebietstheilen die hessische Agende einzuführen. Dieses seit 1603 erkenntliche Streben stiess auf heftigen Widerstand und mancher hennebergische Geistliche musste das Land verlassen, so z. B. Pfarrer Seling zu Fambach. Speciell in Schmalkalden hing man fest an der alten hennebergischen Agende. Das Weitere gehört nicht in diesen Rahmen.

II.
Henneberg-Römhild.

Die Durchführung der Reformation auf dem Schleusinger Gebiete scheint auch die beiden Grafen der Römhilder Linie zum Vorgehen veranlasst zu haben (vgl. Germann, a. a. O. S. 439). Doch fehlt es an genaueren Nachrichten über die Reformation in diesem Gebiete. Vgl. das Nähere bei Sauer, S. 174, 210 ff.

Als erster evangelischer Prediger wird Adam Rüdiger genannt, Superintendent zu Römhild seit 1546; dieser soll die Ceremonien geordnet haben.

Graf Berthold starb 1549. Stadt und Amt Römhild fielen zunächst an die Grafen von Mansfeld. Diese waren die Schwäger des letzten Grafen und hatten von diesem für gewährte Darlehen die Herrschaft verschrieben erhalten. Sie wollten eine Kirchenvisitation vornehmen lassen. Ob dies geschehen ist, steht nicht fest. Im Jahre 1555 wurde Stadt und Amt Römhild und Ostheim von den Mansfeldern an das sächsisch-ernestinische Haus verkauft bezw. vertauscht. Vgl. auch Binder, Das ehemalige Amt Lichtenberg vor der Rhön, in: Zeitschr. für thüring. Geschichts- und Alterthumskunde, N. F., Bd. 9 (Jena 1895), S. 78 ff.

Im Schwarza'schen Antheile führte Graf Albrecht die Reformation seit 1545 ein. Weiteres ist nicht bekannt. Er starb 1549. Sauer, a. a. O.; Weinrich S. 436 ff.

Zur Grafschaft Henneberg-Römhild gehörte auch die Hälfte der Stadt und des Amts Salzungen. (Die andere Hälfte gehörte zu Sachsen; s. Sauer S. 224.) Hier gewann die Reformation schon seit 1524 Eingang. Weinrich, a. a. O. S. 460.

Eigene Ordnungen sind nicht bekannt. Es scheint besonders die Agende Herzog Heinrich's von 1539 gegolten zu haben. Vgl. Germann, a. a. O., S. 401.

Im Jahre 1556 wurde im Auftrage des Herzogs Johann Friedrich des Mittleren in 'der Herrschaft Römhild durch Dr. Mörlein, Mag. Stossel und Amtmann Blümlein eine Visitation vorgenommen. Darauf bezügliche, recht interessante Aktenstücke befinden sich in grösserer Zahl im Ernestinischen Gesammtarchiv zu Weimar, Ji. Nr. 29. Wir drucken hier die Instruktion für die Visitatoren erstmalig ab, wie sie sich im Original, vom Herzog am 25. October 1556 unterschrieben, in Weimar a. a. O. befindet. (Nr. 51.) Dieselbe schliesst sich zum Theil wörtlich an die sächsische Visitation von 1555 (vgl. Bd. I S. 104 ff.) an.

Von den durch die Visitatoren getroffenen Abschieden sei derjenige für „die Superintendenz zu Römhild" vom 20. December 1556 aus Weimar, Ji. Nr. 29 erstmalig abgedruckt. (Nr. 52.)

45. Mandat Wilhelm's von Henneberg Sonntag nach Judica vom 29. März 1545.

[Aus Gotha, Haus- und Staatsarchiv, K. K. XX, Nr. 2.]

Von gottes gnaden wir Wilhelm grave und herr zu Henneberg,

entbieten allen und jeden unsern amptleuten, voigten, schultheissen, burgermeistern und allen andern gemeinen unsern unterthanen unsern grus, und fügen euch hiermit zu wissen: Nach dem wir hiebevorn zu mehrmaln aus christlichen guten und erbarn ursachen die heimliche und winkel ehe verboten, auch derhalben offentlich abtruck haben ausgehen, verkündigen und anschlagen lassen, der gnedigen guten hoffnung, es solt durch solch fursehung diesem laster gesteuert und genzlich abgeholfen worden sein, dieweil wir aber itzo und durch tegliche erfarung lauter befinden, das unbedacht solchs voriges unsers ausgektündigten gebots, die persone beider mans und weibs geschlechts sich heimlich, eins dem andern ehelich vertrauen, one irer elter, in derer gewalt sie sein, oder derselbigen blutsfreunde, oder irer vormunden vorwissen, rath, gehais, noch verwilligung, und aber solchs den göttlichen, natürlichen und völkerrecht, auch den alten canonischen und weltlichen, keiserlichen satzung stracks zuwider, daraus allerlei unrichtigkeit volget, als das eins dem andern darnach, obs ein missfallens wider das ander aus des teufels rath uud eingeistung gewinnet, nein saget, welchs leichtlich, geringlich, und wol zuthun, darumb das es verborgener, heimlicher, dieblicher weise, im winkel geschehen, kein zeug darbei gewest, daraus herkomen und fliessen falsche eide, schwure, viel gotts lesterung und entlichs verderben und verdamnus der seelen, darmit aber diesem so gar teufelischen und verdamlichem laster, und ubel mit noch sterkern hilfen und mitteln (durch verleihung des allmechtigen) begegnet, seint wir aus christlicher guter bewegung nottringlich zu nachvolgenden wegen und mitteln aus zulass obborurter recht verursacht wurden, dardurch solche heimliche und fast schedliche ehegelübnus in unser herrschaft zuverkommen und genzlich abzuthun. Demnach so gebieten wir hierauf allen und jeden unsern unterthanen, mans und weibs personen, hiermit ernstlich und wollen, das sich hinfurter keins one begrüssung, beschickung und vorwissen beider irer eltern, wo die im leben, oder an stat der eltern ire tutorn, vormunden, oder iren nechsten angebornen blutsfreunden, oder der oberkeit, darunter die freiende personen gesessen, zu dem andere sich verloben, noch hairaten sollen, sondern do eins gegen dem andern kunftiger ehegelübnus halb liebe und gefallens trüge, das sol durch obgenanten weg offentlich, ehrlich und redlich vorgenomen werden,

dormit keins dem andern, was derwegen gehandelt, zugesagt, oder bewilliget leichtlich abfallen kan. Doch sol inen den freienden personen darneben unbenomen sein, sich der ehehalb auf irer eltern nechsten gefreunden oder vormunder bewilligung notturftig zu unterreden, aber in keinen weg zu beschliessen. Were aber sach, das sich jemands wider diese unsere satzung heimlich und on vorwissen, willen und rath der eltern, nechst blutsfreunde oder vormunden, wie obstehet, verloben, und also ein heimliche und verbotene ehe schliessen würde, sol solch heimlich ehegelübnus dieser satzung zuwider gar nichtig und kraftlos sein, und auf der parteien anzeigen entlichs entscheids fur eins idern amptleuten, voigten oder amptsbevelhabern, zusehen und zuhören das also für nichtig und kraftlos erkant werden, und die ubertretene person, so solche heimliche, diebische ehe verursacht und gesucht, oder das ander derwegen beklagt und nicht beweisen kan, das es offentlich und der wege einen, wie obgemelt, geschehen, dieselb klagend person sol an leib und gut, nach gelegenheit und grösse der sachen gestraft werden. Do aber solche felle der sipschaft und plutsverwantnus halb vorfielen, daraus sich die amptleut und voigte oder ire bevelhabere nit richten konten, als dan sollen unsere amptleute die partei für unsere canzlei weisen und aldo entlichs bescheids gewarten. Und sollen in solchen fellen die eltern verwarnet sein, williger und geneigter zu sein, zu fürdern die ehe, dann iren eigen nutz zu suchen, darmit uns, als der oberkeit, nicht ursach gegeben werde, der eltern stat an uns zunemen, und do kuntlich und war, das die freiende person ires wesens, stands und lebens aufrichtig und from, und doch mehr der eigen nutz wolt angesehen, wollen wir an stat der eltern zu bewilligen haben, welchs wir uns in solchen fellen auch allwege wollen vorbehalten haben, und solchs darumb, wann sichs zutragen und begeben würde, das durch die freiende personen obgemelter unser ordenung gemess von dem ehegelubtnus geredt, auch solches volgend von inen beiden, oder einem, an ire oder seine eltern, vater oder mutter, nechste freuntschaft, oder vormunden gelangen würde, die den gesellen oder magd aus keinen erheblichen, erbarn ursachen zuverschlagen, auch vermeinliche ursach hetten, in solche beredte ehegelübnus nicht zubewilligen, des mögen dieselbig eltern von unsern pfarherrn und amptleuten, der ende sich die personen erhalten, umb bewilligung guetlich ersucht und ermanet werden, und do dieselbigen eltern durch solch gütlich ermanen der amptleute oder pfarherrn nicht zubewegen sein wollten, auch vor sich ansehenliche ursachen hetten, als das der gesell oder magd minderjerig, ungeübt, unerfarn und dergleichen, sollen die eltern nicht weiter gedrungen werden, und sol in solchen fellen den eltern frei stehen, zu bewilligen, oder nit zubewilligen; do aber die dochter oder son eins völligen alters, oder der vater und mutter sonsten vermerkt, als ob sie der heirath güter oder eins andern genis verschonen wolten, als denn wollen wir an stat derselbigen bewilligen, auf die heirats güter, als ob die eltern selbst darein bewilligt hetten, verholfen. Und sollen hiermit und in kraft dieser unser satzung alle und jede verordenung, so dieser stracks zugegen, und hiebevor durch uns in unser herrschaft der ehe halben eroffnet worden, genzlich aufgehaben sein. Des alles zu rechter urkund ist dis mandat mit unserm furgedruckten secret besiegelt, und geben zu Schleusingen am sontag Judica, anno domini, tausend fünfhundert, und im fünfundvierzigsten jare.

46. Mandat des Grafen Georg Ernst. Vom 1. März 1545.

[Aus Henneberg. Gem.-Archiv.]

Wir Georg Ernst von gots gnaden, grave und herr zu Hennenberg.

Dieweil der menschen leben uf erden nichts anders, dann ein pilgramschaft und sterblich, und also zum himelischen und ewigem mehr, dann zum zurgenklichen von gott geordent ist, und aber das inwendig mensch allein durch das wort gottes zum ewigen leben erbauen und erhalten wird, so hat menigliche zuerachten und zu gemütt zu füren, wie schedlich, ergerlich, verderblich es sei, an verkündigung, anhören und besuchung der predig, lere des heiligen evangelii und andern christlichen ubungen seumlich und hinlessig zu sein, das es auch zu einer sondern verachtung der gemein gottes reicht, davon ein ider hie und dort zu seiner zeit gar schwere rechenschaft geben muss. Dieweil aber itzo in diesen gnadenreichen letzten zeiten gott der almechtige (dem lob ehre und preis sei in ewigkeit) durch sein göttliche gnade und barmherzigkeit uns erschienen und an tag komen ist, der satanischen grossen untreglichen wider gottes wort menschlichen burden und satzungen des gewissens entlediget und in die christliche freiheit gesetzt, ja was hett mancher mensch für gut und gelt geben, das er hett können in seinem gewissen seiner stünden halber friede haben und gleichwol weder wort, trost noch rath hat können bekomen, mit gelt allein seinen vermeinten dinsten und guten werken erkeufen noch erlangen, welche reichthümer, wolthaten und schetz wir alle zu diesen unsern zeiten umbsonst und allein und anders durch nichts dann durch den glauben an Jesum Christum haben und erlangen mögen. Demnach erinnern und vermanen wir alle und jede unsere herschaft verwandte underthan und inwoner gnediglich mit ganzem ernst, das sie wöllen zu herzen und zu gemüth füren, wie vil gross und hoch an der predigt göttlichs worts und des heiligen evangelii gelegen, das uns christen das ewig leben dodurch verheissen und geschenkt ist, uns geburen wil, mit christlicher ernstlicher emsigkeit und fleis darinnen zu uben. Darumb so wölle ein ider sich selbst warnemen und ermanen, sollichs nit allein nicht verachten, sondern mit besuchung des wort gottes zuhören also erzeigen und erhalten, das er für christlich recht mitgelide des leibs Christi und der gemein gottes alhie erfunden und erkennet werde und sich selbst nicht verkürzen und am ewigen leben verhindern. Des wöllen wir uns bei menigliehen gnediglichen zu geschehen verlassen und versehen und sollichem desto stattlicher zu geleben und nachzukomen, so gebiten und bevehlen wir, obgenanter graf Georg Ernst ernstlichen, das sich menigliehen, alt und jung, mans oder weibs person, an den sontagen, fest oder feiertagen vor und unter dem lesen der epistel, evangelion auch messhalten und den predigen zu morgens uf den pletzen umb die kirchen in oder ausserhalb der statt, uf dem markt und gassen, auch in heusern, ohne nötige gescheft, auch alles stehens, spacirens, unnutzen geschwetz und fabilirens, zerens, zechens, spilens, ganz und gar sollen enthalten, auch kein wein bier noch speis die wirth sollen verkeufen noch geben, es weren denn fremde wegefertige leut, die sollen an irer notturft hirinnen unverhindert sein. Were oder welche sollichs uberfuren, sie weren jung oder alt, die sollen durch die land und stattknecht, auch andere darzu verordnet werden sollen, zu verhaft eingezogen und eingelegt werden, und aus verhaft nicht ausgelassen, dann ein ider hab funfzehen gnacken alsbalden unnachlessig erlegt und bezalt zu straf, so oft und vil er in uberdretung befunden alwegen gebüst werden. Ermelte buss sollen zwei theil in gemeinen kasten gefallen, armen leuten umb gottes willen gegeben und der dritt theil nemlich fünf gnacken den land und stattknechten gevolgt werden. Ferner gebieten wir und wöllen ernstlich gehabt haben, das alle inwoner in der statt und im ampt ihre hunde und koeder, wann man den gottesdinst in der kirchen mit messe halten, predigen und anderm pflegt zu halten, in iren heusern sollen anlegen und verwaren, das keiner in die kirchen laufe noch gehe, also unrugig mit bellen und keifen, als bisher geschehen, zusammen fallen, darüber die verordente knecht und diner sollen mit fleis achtung tragen, ob sie hunde in der kirchen wurden sehen und finden, mit gutem fleis darnach fragen, wes dieselbigen seind. Derselbigen hunde hern und frauen solle umb uberdretung dis gebots sechs gnacken, auch unnachlessig zu straf zu bezalen, so vil mals sich sollichs auch zutragen wird, sich verwirklich gemacht haben, drei gnacken armen leuten in gemeinen kasten gefallen, und die andern drei gnacken den knechten bezalt werden, und sollen die knecht, wo sie die personen, den die hund sind, nicht können bekommen, macht haben und ernstlich inen eingebunden sein, in derselbigen heuser zu gehen, pfand zu nemen, die gultiger dann ermelte buss sind. Dornach solle sich meniglichen haben und wissen zu richten und vor schaden zu hüten, und wöllen hirmit bei ernstlicher strafe allen unsern amptleuten, richtern, burgermeistern, schultheissen etc. haben eingebunden

und bevohleu, söllichen unsern bevel und gebot, für sich selbst ernstlichen zuvolstrecken, auch uf die knecht achtung zu haben, dem ohn mittel geleben und nachkomen, allerseits bei vermeidung unser ungnediger strafe zu entfliehen.

Geben unter unserm zu end ufgedrucktem secret, geschehen am montag nach dem sontag Reminiscere anno 1545.

[Das Anschreiben lautet:

Von gots gnaden Georg Ernst, grave und herr zu Hennenberg.

Unsern gruss zuvor. Lieber getreuer, wir haben alhie ein mandat anschlagen und verkünden lassen. Des schicken wir dir hiemit auch eins zu, wöllest solchs bei dir zu Meiningen, auch verkünden, anschlagen und darob halten lassen, domit in unsern steten gleicheit durchaus gehalten werde. An dem thustu unsern bevel, datum Schleusingen sonnabents nach Letare anno 1545.

Dem vesten unserm amptman zu Massfelt und Meiningen, rath und lieben getreuen

Wolfen Mulichen.]

47. Mandat Georg Ernst's zu Henneberg. Vom 13. Mai 1574.

[Aus Gotha, Haus- und Staatsarchiv, KK. XX, Nr. 4.]

Von gottes gnaden Georg Ernst, grave und herr zu Hennenberg, etc.

Unsern gruss zuvor, wirdiger lieber getreuer. Nach deme wir uns, als ein christlicher fürst, alles dasjenige, so zu erhaltung reiner lehr (in aller massen wie sie bishero in unserer herrschaft durch gottes gnad von vielen jaren hero getrieben) und dann auch zu christlichen zucht dinstlich, in unserer uns von gott befohlenen fürstlichen grafschaft getreulich zuverfügen und ins werk zu richten schuldig erkennen, und wir dann nicht unzeitig betrachtet, das der satan als ein feind alles guten, zu diesen letzten zeiten je lenger je mehr sich beides in der lehre (da es ime der allmechtig verhenget) zerrüttung und verfelschung, und dann im leben und wandel allerhand ergerntiss anzurichten bemühet und befleissiget, als haben wir, solchem ubel so viel an uns und auch möglich, zuvor kommen, mit zeitigem guten rath und nachlang gehabtem fleissigem bedenken dahin geschlossen, an stad des hiervor gebreuchlich gewesenen ehegerichts, einen kirchenrath von christlichen und wol qualificirten kirchen dienern und auch politischen personen anzurichten, darmit alle diejenige kirchen sachen, welche hiervor durch ein einige person verrichtet, jetzt von gedachtem kirchenrath beratschlaget und in allen fürfallenden

sachen, was zur ehre des allmechtigen und besserung der kirchen dinlich, fürgenommen werde, dar zu wir dann wochentlich einen tag oder zwen, nach deme es die notturft erfordern wirdet, verordnet, an welchen alles, was für den kirchenrath gebracht werden solle, vorrichtet werden möge.

Wie wir auch uber das, alle und jede kirchen unserer fürstlichen grafschaft Hennenberg, jerlich zu zweien malen visitiren zu lassen, und was in lehr oder leben vor maugel befunden, durch mehrgedachten kirchenrath vorbessern zu lassen entschlossen. Welches alles dahin gemeinet, damit so viel desto bestendiger die reine christliche lehr, so bishero in unserer herrschaft durch sondere gnade gottes rein erhalten worden, also vortgepflanzet und uf unsere nachkommen gebracht, auch allerhand ergernus abgeschafft werden möge.

Ist demnach unser gnediger befehl, ihr wollet fürderlich, und wie es die gelegenheit am besten geben kan, sölch unser christlich fürnemen in eurn predigten den zuhörern vermelden und erkleren mit fleissiger ermanung, gott den herrn eiferig anzurufen, das sein allmacht zu solchem unserm christlichem vorhaben seinen göttlichen segen und gedeien geben wölle. Daran thut ihr unsere gnedige meinung, und sind euch mit gnaden geneigt, etc.

Datum Masfeld den 13. mai, anno domini, 1574.

48. Visitations- und Consistorial-Ordnung. 1574. 1577.

[Nach dem Henneberg. Gem.-Archiv IV, C. 2 und der Abschrift von Juncker, Ehre (Dresdener Handschrift).]

Ausschreiben, in sich enthaltend die ursachen, warumb ein absonderlicher kirchen rath angeordnet worden.

Von gottes gnaden Georg Ernst etc.

Wiewohl wir uns aus gottes wort christlich und guter massen wohl zu bescheiden wissen, dass die weltliche obrigkeit selber zu lehren oder mit ihrem weltlichen regiment innerlich über die herzen oder gewissen zu herrschen mit nichten berechtigt, gleichwohl ist uns herwiederumb der wille des allmächtigen gottes auch unverborgen, dass sie von seines worts, reichs, kirchen und andern göttlichen sachen die hand auch nicht allerding abthun und an ihrer statt einem andern dieselben alleine befehlen solle.

Dann dieses ir wort des lebendigen gottes, allen regenten auf erden mit ernste gesagt, machet die thore weit, und die thüre in der welt hoch, das der könig der ehren einziehe, psalm 24, item huldet dem sohne, dass er nicht zürne und ihr umkommt auf dem wege, psalm 2, item die könige sollen der kirchen pfleger und die fürsten derselbigen säugammen seien, Esaias 49, item euch ist die obrikeit gegeben vom herrn und die gewalt vom höchsten, welcher wird fragen was ihr handelt und forschen, was ihr ordnet, denn ihr seid seines reichs ambtleute (Sap. 6). Welche und dergleichen mehr sprüche warlich einem regenten, dass er es in seinem regiment wohl treffe, auferlegen, wie sie desselben zur pflege der kirchen brauchen und derenwegen dem lebendigen gotte als seine beampten uf rechnung sitzen sollen. Zu deme leuchten uns auch hierinnen aller gottsfürchtigen weltlichen regiments personen manchfältige clare exempel vor, wie dieselbige von anbeginn der kirchen sich ihres ambts auch gegen derselben zu brauchen schuldig erkant und befunden.

Was David ampts halben in gottes und kirchensachen ihme hat angelegen sein lassen, sehet man im ersten buch der Chron.: am 7., 14., 16., 17., 24., 25. und anders wo mehr.

Wie herzlich und ernstlich auch Asa, Josaphat, Hiskia und Josia, gottes und seines worts oder dienstsachen gemeinet und was vor grosse geschäfte sie in denselbigen verrichtet, hat man lebendige spiegel und vorbilde, 2. Chron. 14. 15. 17. 19. 29. 30. 31. 34. 35. Nebucadnesar war eine heidenische obrikeit, doch gleich wohl do er zu wahrer erkäntnüss gottes kommt, stellet er kraft seines weltlichen regiments ordnung, wie sich seine unterthanen in äusserlichen dingen gegen dem wahren gott halten sollen (Daniel 3, v. 4).

Und dass man nicht vorwenden möchte, es hätte mit regiments personen im alten testament eine andere gelegenheit als im neuen, so ist in der kirchen des neuen testaments doch von anbeginn eben dasselbig also gehalten worden.

Das christliche obrikeiten in kirchen glaubens und christlicher policei sachen auch allewege das ihre darbei zuthun gehabt, synodos convociret, leute darzu deputirt, auch ihnen process und nothwendige fürsehung und verordnungen anstellen helfen, wie solches alle bewehrte historien nicht allein von denen grossen keisern Constantino, Theodosiis, Valentiniano, sondern auch ebener massen von nidern special-oberkeiten des ganzen alten recht heilgen reichs bis auf das babstum, welches alle kirchen vorsehung alleine zu sich gerissen, bezeuget.

Und ist hierüber auch dieses eben derjenigen wohlthaten eine, die itzo zu diesen letzten zeiten der allmechtige gott durch offenbarung seines lieben worts seiner kirchen bewiesen, dass er der geistlichen obrigkeit ihre von gott habende autorität, dass sie wissen, sie seien wohl keine weltliche bäbste, die sich mit Saul's und Usias handen an kirchen gescheften über das ziel vorgreifen solten, hergegen aber seien sie gleichwohl als vornehme mitglieder, ja pfleger der kirchen, von ihrer inspection und äusserlichen gubernation auch nicht auszuschliessen, sondern vielmehr zur selben aufs höchste verpflichtet, wie derenhalben in d. Luthers seligen und auch anderen christlichen lehrer schriften aus gottes wort gute bestimbte und unterschiedliche masse zu finden. Auch sich derselbigen alle christliche potentaten der augspurgischen confession in ihren gebieten gehalten.

Wir aber führen uns auch insonderheit zu müthe, dass unser getreuer gott dieser herrschaft bei regierung weiland des auch durchlauchtigen hochgebornen fürsten, unsers gnädigen lieben herrn vaters in gott seligen, das licht seines heilwertigen worts gleich eben in höchsten gefahr beschwerung und drangsal der armen und dermals hochbetrübten wahren kirchen aufgehen und scheinen hat lassen, dasselbige auch gleich mitten unter so vielen sturm wider allerlei falscher rings umb uns hero schwebender irrthumben, mehr aus besonderen und lautern gnaden als einigen menschlichen mitteln erhalten. Aber finden wir uns für gott und auch in unsere gewissen, bede amts und dankbarkeit halben, so viel desto mehr schuldig, bevorab, weil es immer je länger je erger zu werden beginnet, darnach auch nachmals unseren von gott befohlenen vleiss einsehen und christliche mittelung uf das beste so immer mehr möglich zu suchen und fürzuwenden, damit es bei alter und wohlanhero gebrachter reinikeit christlicher lehr, auch guter friede, zucht und aufnehmung unserer herrschaft kirchen, also durch gott und seine gnade erhalten werde.

Ob aber wohl gesagt werden möchte, dass eben dasjenige kirchen-regiment, welches bisher darzu gedienet, auch fürs beste zu solchen zu achten were, sagen wir doch hinwieder, dass wol nicht ahn soviel aus gnaden gottes an uns gewesen, hetten wir ir nichts gerne an unserem vleiss erwinden lassen wollen, und mag der superintendens auch seines teils etwas fleisses darbei gethan haben, welches denn zu seinem wort stehet. Aber doch gleichwohl der sachen im grunde nachzudenken ists nichts destoweniger misslich gnug gewagt gewesen.

Dann es nun bisanhero etwas glücklich und wohl gedieen, daher mögen wir unserem herren gott wohl sonderlich darumb danken.

Es ist aber mit nichten zu rathen, wir können uns auch gewissens halber als die wir für uns selbst redlich die strengeste rechenschaft geben müssen in keinem wege länger vertragen, dass wir es also und solcher gestalt gleich als auf ein gerathwohl ferner dahin wagen solten.

Derowegen wir gänzlich entschlossen kraft unsers ambts und der pflichten nach die wir unsern armen landsassen und unterthanen für gott dem allmächtigen schuldig, im namen desselbigen gottes nothdürftige visitationen und einen bestalten gefasten kirchen rath zuverordenen.

Und haben desselbigen diese nachfolgende uns zum höchsten ob- und anliegende ursachen als nemlichen:

Dass itzo gemelte göttliche majestet diese form, kirchen zu guberniren, selbst für die beste gehalten, ja mündlich durch Mosen befohlen und eingesetzt, auch mit wunderbarlicher darreichung seines heiligen geistes bekräftiget, wird von Mosen an bis auf Christum darüber gehalten, wie in vierten buch Mose am eilften und volgend durch das ganz alte testament klar zu sehen. So wenig aber nur ein mensch, wie weise klug oder vorsichtig derselbe auch immer mehr ist, in andern sachen den rath des allein weisen ewigen gottes verbessern kan, also wenig wird auch hierinnen von uns armen menschen ein besserer weg getroffen werden können.

Zum andern so hat auch Christus im anfange des neuen testaments solchen christlichen kirchenrath, so im alten verordnet gewesen, nicht alleine nicht abgestelt, sondern aufs neu privilegirt und bestetiget. Denn er je klärlich dasjenige, was ein christ in sonderheit oder in gegenwart eines oder zweien zeugen an seinem sündhaftigen bruder nicht ausrichten oder gewinnen kan, an die gemeine gelanget haben wil, welches je klärlich vom rath der eltesten, die der gemeine stim und stat halten, lautet, und anders mit grunde nicht kan vorstanden werden.

Fürs dritte haben die hocherleuchte treffliche leute Samuel, David, Josaphat und dergleichen im alten testament, item im neuen die apostel, heilige väter und christliche potentaten der ersten uralten kirchen in glaubens und geistlichen regimentssachen auch selbst keine andere form für bequemer, nützer und besser erachtet als eben diese, dass man die embter des aufsehens ausgetheilet, visitirt, synodos publicas und privatas, consistoria und dergleichen gerichte der kirchen durch anzehlige darzue deputirte und tägliche leute gehalten.

Zum vierten, obwohl der satan als ein gemeiner feind gottes und seiner kirchen in allen guten ordnungen, aus verhengnüss desselben unordnung gestiftet und untergemenget, jedoch bezeuget die allgemeine erfahrung, dass in der kirchen gottes nie keine form ihrer regierung besser gethan, als eben diejenige, wann dieselbe durch mehr als eine person mit gesambletem rath zugleich verwaltet worden, wie obererzehlte exempel und alle bewehrte kirchen historien klärlich ausweisen. Dargegen ist niemals keine gestalt der kirchenregierung schedlicher oder zu einführung eigenes gewalts, ehrgeizes, geltsucht, rachgierigkeit, simonei oder auch unreiner und falscher lehre bequemer gewesen, als eben die monarchei einzeler leute, wann alles auf einer person alleine gestanden, wie aus des babstumb exempel fast in die tausent jahr lang mit höchstem schaden befunden.

Zum fünften, wann wir nun über dis alles unserer kirchensachen also wie jetzund und demenach anders als gott der allmächtige selbst für's beste erkant, der herr Christus [fehlt: im] neuen testament sonderlich approbirt, alle gottselige fromme regenten, ein jeder an seinen ort, je und je gebraucht, auch allwege vor anbeginn das beste gethan, gleich widersinnisch anhin hangen liessen und würden darunter gotts, seines worts, kirchen und armer gewissen sachen, daran je mehr als an der welt hendeln gelegen, versäumet oder da auch gott sonst in gnaden vor sei, trüge sich etwa ein heimlich geschmeiss oder auch öffentlich zu, würde es niemands heftiger als uns von hoher obrigkeit wegen in unser gewissen rieren, als die wir hierinnen gott versucht und seiner von ihm selbst eingesatzten althergebrachten heilwertigen mittel nach unserem vermögen muthwillig nicht brauchen hetten wollen.

Zum sechsten sind mehrersteils aller der augspurgischen confession verwander frommer christlicher fürsten und herrn exempel hierinnen für augen, dass unsers wissens derselbigen keiner oder je gar des wenigsten theils bei zeiten Lutheri und erstmals angehendes lichts der reinen göttlichen warheit, alle seines grossen oder auch kleinen ort landes kirchen-regierung einem menschen alleine befohlen. Es hat sich auch deren keiner, wie hoch er sonsten begabt gewesen, damit alleine beladen lassen wollen, sondern es haben alwegen und meistes theils ihrer etliche nach-austheilung der örter mit und neben einander die bürde des aufsehens zugleich getragen, die kirchen visitirt. ihre conventus und kirchengerichte gehalten und also mit gleichgültigem gutem gesamletem rathe die gubernation itzo gemelter kirchen verwaltet, darmit Lutherus nicht allein wohl zufrieden gewesen, sondern dasselbig auch selbst befördern helfen, dess man denn viel in seinen missiven und schriften zufinden, ja auch davon ein ganzer vollkommener rathschlag vorhanden. Und ob es wohl etliche jahr daher hin und wieder generales gegeben, weiss man doch aus erfahrung, dass solches vielmehr unraths, verdachts und schadens gebracht, als jene gestalt der regierung, die aus vorordnung gottes und seines geliebten sohns wie oben nach länge vermelt hergeflossen.

Zum siebenden ist die gewalt der schlüssel aus bösem exempel des altbabstischen missbrauchs gänzlich in unordnung kommen. Etliche unterstehen sich deren mit unverstand, etliche lassen dieselben gar fallen. Dargegen wird von dem widerpart und auch unter den unsern selbst fürgeworfen, man habe itzt in den evangelischen kirchen nur ein halb predigambt, welches alleine zu lösen, nicht aber der ordnung Christi nach auch zu binden macht hätte, zudeme so könten gewissen hierüber in anfechtung und merklichen nachtheil kommen, dess etwa dieselben in letzten todeszügen gedächten. Gleichwie die eine gestalt des sacraments ohne die andere unbündig und keine gestalt, weil sie nicht beede als von dem herrn Christo zusammen geordenet zugleich gereicht würden, also were auch das halbe predigambt unbündig und kein predigambt, weil es nicht vollkommen nach unsers herrn Christi einsetzung im schwang ginge. Was aber hierdurch der teufel bei armen geengsten gewissen anfahen und stiften könne, wenn also aller trost durch das predigambt, beede im wort und sacramenten, mit gewalt hiedurch zweifelhaftig gemacht würde, hat menniglich dem sein eigen gewissen ein ernst leicht zu erachten.

Derowegen ein erhebliche hohe notturft, anstat der kirchen ein kirchengerichte zu setzen, das durch das predigambt völlig und gleichwohl auch ordentlich möge gehandhabet werden.

Zum achten ist männiglich unverborgen, mit was beschwerlichen irthumben wir dieses orts allenthalben umbgeben, die aber nicht alleine nicht

ab-, sondern je länger je mehr überhand nehmen. Und ob es wohl aus besonderen gnaden des treuen gottes bis an und unter die unsern noch nicht gelanget, jedoch leuget gottes wort nicht, welches solches verführische lehren, dem giftigen um sich fressenden krebse vergleichet (2. Tim. 2), und ist einem jeden, wenn seines nachbaurs haus brennet, des seinen wohl wahrzunehmen vonnöthen, wie Paulus sagt, Eph 5: Schicket euch in die zeit, denn es ist böse zeit, fordert derohalben unserer kirchen und kirchendiener hohe unvermeidliche notturft, dass man auf alle auswertige corruptelen wohl acht habe, dieselben aus gottes wort richten und bei den unseren treulich und fleissig zusehe, was sie zu jederzeit lesen, lehren oder von jeden articuln einfältig im ja und nein halten, dass wann vermerkt würde, dass einem etwas verdächtiges auch wohl ungewarnt eingeschlichen und anhinge, man ihme durch gottes gnade bei zeiten zu hülfe kommen und rath schaffen möge. Das ist nun eines mannes arbeit gar nicht, dieweil es unmöglich, dass einer auf allerlei corruptelen nottürftig aufmerken, dieselben für sich alleine richten und deme nach aller kirchendiener bekäntniss und lehre im jahr ein mal oder zwier erforschen und prüfen könne.

Dann einem nicht alles vorkommt, hat einer auch nicht zumal alle nothdürftige gaben, sondern wie gottes wort saget (1. Cor. 12): Ist diesem weissagung, einem anderen die geister zu unterscheiden, und aber einem andern ein anders dergleichen gegeben.

Derwegen do Paulus das aufsehen der kirchen zu Epheso, bede zu erhaltung der reinen lehre und zu abwendung der falschen bestellen wil, setzt er zu einer einigen stadt nicht nur allein einen als general superintendenten, sondern er fordert die eltesten von der gemeine zugleich und bindet ihnen sämtlich ein, dass sie mit einander acht haben sollen auf sich selbst und auf die ganze herde, über welche sie der heilige geist gesatzt habe zu bischofen, denn er wisse, dass nach seinem abscheide kommen werden greuliche wölfe, die der heerde mit nichten verschonen werden.

Derhalben wir ambts und gewissens halben keineswegen umbgehen können, die inspection unserer kirchen mit visitiren bequemer und müglicher auszutheilen, auch die gemeine und obern sorge des geistlichen regiments mit und mit mehren tüglichen treuen personen zu bestellen.

Zum neunden ist überdies unleugbar und leider am tage, dass hin und wieder an allen örtern dieser ende sowohl als allenthalben die dorf und gemeine landpfarher warlich den studiis göttlichen worts nicht alle mit schuldigem fleiss obliegen, ihren privat-sachen am meisten nachhangen, auch oft in ihrem ambt sich fahrlessig und saumlich erzeigen.

Darneben nehmen auch allerlei ärgernüss, schande und laster alltäglich je mehr und mehr überhand, so werden die sachen in eben und anderen vermischten händeln zusehentlich immer je seltzamer und verwirrter. Da ist nicht müglich, wie enge auch unsere herrschaft geacht werden möchte, dass einer alleine den ganzen umbkreis, als fast in die hundert pfarhern und diaconat noth- dürftiglich übersehen, der zustände allenthalben bericht und wissenschaft täglich oder zu einer jeden begebung einnehmen, geschweige an allen orten bequemen rath schaffen könte, es dürfte wohl einer einigen pfarren bestallung mehr als nur eines menschen vorsichtigkeit, raths und be- denkens, wollen geschweigen so vieler pfarren schul und anderer kirchendienste. Und sind hierwieder mit fuegen die decanat, wie dieselben bishero gestanden, nicht fürzuwenden, denn solche von wegen eines, der dieser ding aller allein zu walten gehabt, vielmehr vor überflüssig und un- nötig geachtet als rechtschaffen beamptet gewesen.

Zum zehenden dringet uns solche notwege des itzigen superintendenten gelegenheit selbst an die hand, dass ja jedermann offenbar, mit was hohen und wichtigen sachen sich der- selbige seins bücherschreibens und publicirens halben beladen und noch zu beladen im werk. Dieweil es denn nicht allein unsern, sondern der ganzen und allgemeinen kirchen zu nutz und allem besten (wie wir uns dann doch anders der heiligen schrift verständigen leute unvorgegriffen versehen wollen) gemainet, lassen wir uns dasselbige solchs fals (gleichwohl uns unser einfältig doch christ- lich bedenken und fernerer erfahrung vorbehalten) nicht alleine gar nicht missfallen, sondern wir sind auch gnädig gesinnet, dieweil es unmöglich ist, dass dasselbige werk nicht entweder unser kirchenverwaltungen oder die kirchenverwaltungen solchs werk hindern solten, zu förderung dessen ihnen seiner bürden zum theil zu entladen, damit er seiner befohlnen pfarrkirchen umb soviel desto gerthliger beiwohnen und seines von ihme nütz- lichen und wohlgemeinten werk desto bequemer abwarten könne, wie er denn zum öftermal sich bede gegen uns selber und gegen andere leute seiner obliegenden last beschweret und deren er- leichtert zu werden begehret.

Zum eilften, haben wir uns gemelten unseres itzigen superintendenten rath willen und zuthun einen druker zu uns bekomen und solchen aus allerhand ursachen gebührlich privilegirt und be- freiet. Dieweil aber ein itliche obrigkeit kraft des heiligen reichs ordnung für ihren drucker und durch denselben publicirte schriften zustehen und antwort zu geben schuldig, als lieget uns

unvermeidlich ob, auch desjenigen, was der super- intendens oder einander daselbst ausgehen lest, wissenschaft und obs räthlich bericht zu haben. Dieweil wir aber hierzu für unsere person als ein leie verständiger unparteiischer leute bedenkens und raths bedürftig, hierinnen aber der super- intendens besonders in seinen selbsteigenen schriften zu urtheilen und richter zu sein parteiisch, auch anderer leute schriften mehr als eines mannes getreues und ordentlichen übersehen noth thut, als wollen und müssen wir auch von deswegen ein ordentlich consistorium haben, do tugliche, treue, beeidete leute auf ihre pflicht sehen und rathen, was uns hierinnen verantwortlich oder nicht seie.

Zum zwölften, wenn ferner der superinten- dens oder sonst jemandes anders auch etwas ausserhalb unserer herrschaft drucken wolt lassen, welches wir ihnen nicht zu verbieten, und käme doch über kurz oder lang klage, das etwa nicht christlich und recht damit gebaret, oder auch sonsten verdächtige, irrige oder ärgerliche reden darinnen, damit das ganze ministerium dieser herr- schaft in argwohn kommen möchte, stunde solches wie billig zu seiner verantwortung. Auf das uns aber hierinnen, als ob wir durch die finger sehen, zu publicirten irrthümben stillschweigen oder auch jemand hierinnen den rucken zu halten gemeinet, mit keiner billigkeit zu verweisen, müsten wir warlich ein ordentlich einsehen, verhör und er- kentnuss ermelter sachen vorwenden und gehen lassen.

Do dienen aber nur nicht alleine politici zu, sondern die geister der propheten, spricht Paulus, die sind den propheten unterworfen (1. Cor. 14) und geistliche sachen mussen geistlich, das ist nach in- halt göttlichen worts gerichtet werden (1. Cor. 2).

Das ist aber dann gleich wohl mit leuten, die ungefehrlich, gleich über querfeld darzugezogen, auch nicht zu machen. Derwegen auch dieses fals nötig, gewisse personen mit einem geleisteten eide zu mehrerem ernst und ansehen hierzu zu ordnen, auf dass wir auf solchen begebenden noth- fall also gefast, dass er für gott, seiner kirchen und jedermänniglich statt habe und demnach zu verantworten sein.

Zum dreizehenden ist ein jeglicher böser schein auch in weltsachen, geschweige in sachen der kirchen regierung betreffend, laut göttliches worts zum höchsten zu meiden und bringt in welt- lichen regimenten nichts grössern schaden, als neben andern eben der eigen-nutz, schenk- nehmung und ansehung der personen, welches aber vielmehr in kirchen geschäften so arg als teufel selber. Nun wird aber schier allenthalben an allen örten nicht ohne beschwerliche grosse ergernuss leider im werk geprüstet, was kirchen

regierung, einem menschen alleine befohlen, bei
vielen auch ansehnlichen hohen leuten übels gethan
und noch thut. Es ist ein seltzamer vogel umb
einen general superintendenten zu pfarren, schulen
bestallungen. Gevatter, vettern, schwäger, eidame
und sonsten gute verdiente freunde, sie seien oft
wie sie wollen oder können, nicht mehr gelten,
als andere, wie täglich und füglich auch sonst
dieselbigen zu gebrauchen. Do es doch warlich
in gottes wort heist: Person ansehen im gericht
ist nicht gut (Proverb. 24), item so ihr die person
ansehet thut ihr sünde, und werdet gestraft von
dem gesetze als die übertreter (Jac. 2).

Desgleichen sind auch die einzele generales
dünne gesehet, die ihnen die hände mit gift und
gaben nicht schmieren lassen. Ihrer viel thun
auch wohl in guten sachen kein gut, sie seien
denn erst mit gaben und schenken berennet. So
lässt man sich auch in bösen sachen gar oft be-
stechen, heisst also, wie Moses sagt, die geschenke
machen die weisen blind und verkehren die sachen
der gerechten. Hierüber werden die pfarren und
dienstbeförderung feil; wer schmirt, der fehrt, dadurch erschreckliche simonei gestiftet und vielen
gewissen nicht ein geringer anstoss gegeben wird.
Ob nun schon nicht wenigers, das sie nicht alle
sambt eines schlagen, so bleibet doch gleichwohl
der schein, ansehen, vermutung und allerlei ärgerliche rede oder mummelung unter den leuten.

Demselbem allem sowohl als der that selber
nottürftiglich vorzubauen, ist besser auf erden
nicht, denn das etliche leute zu einem gefasten
consistorio eidhaftig verordnet werden, die dennoch
nicht alle vettern, freund und verwandte sein oder
bestochen werden können.

Zum vierzehenden tragen sich allerhand
sachen zu', do der superintendens, oder sonst
andere pfarher an unser person oder regierung
mangels haben oder haben wollen. Derogleichen
geschiehet auch wohl hirgegen vom superintendenten oder sonst pfarhern darinnen wir uns beschwert finden. Wo nun dasselbige in sühnlicher
unterrede, die wir einem jeden pfarhern freistellen,
auch uns hinwieder dergleichen freigestellt haben
wollen, nicht hingelegt werden möchte (wie doch
hiermit zu jeder zeit allerlei gutes und unsern
kirchen erbaulichs gestiftet worden), da könten
wir selbst nicht richter sein, unser superintendens
auch nicht, so wolte sich niemand der unsern
zwischen uns brauchen lassen, der nicht zuvor
oder sonst ordentlichen bede zu diesen und
andern dergleichen sachen bestallt und geschworen.
Von aussen hero leute zu holen und zwischen uns
niederzusetzen oder was zwischen uns streitig an
auswärtige universiteten oder dergleichen gelangen zu lassen, ist ärgerlich, unrümlich, vor-
bitterlich und uns allerhand ursachen halben,

soviel als ordentlich zu verkommen mueglich, allwegen gar nicht zu dulden.

Derowegen wir aus den unsern von kirchen
und weltlichen raths-personen etliche gottfürchtige
fromme, getreue und verständige leute zusammen
zu ordnen bedacht, die auf ihre eide pflichte und
gewissen ohne ansehung der person hierinnen erkennen mögen, immassen wir uns auch unsers
theils durch dieselbigen gnädiglichen aller billigkeit weisen lassen wollen, und zweifeln nicht,
unser superintendens oder sonsten ander pfarrer,
ja männiglich, der ihme guter sachen bewust, werde
sich dessen auch ungescheuet finden lassen.

Dargegen wir schliesslichen hiervon zu reden
nicht unterlassen können, was wir hierinnen gemeinet gemelten unsern superintendenten selbst
fürzuhalten und sein bedenken gnädig darnach
zu begehren. Wiewohl aber derselbige dis unser
vorhaben aus ursachen, die allesambt oder je
mehres theils anderst geschaffen, nicht rathen noch
widerrathen wollen, jedoch hat er auf anderer
pfarrer bedenken uns deren auch zu erholen gerathen; als wir nun demnach etlichen vornehmen
theologen unserer herrschaft ermeltes unser vorhaben eröffnet, auch jeden auf seine seel und gewissen bezeugt, uns ohne ansehung einiger menschen
allein, wie sie es am jüngsten tage für gott verantworten wolten, zu rathen, ob und wie solches
am christlichsten anzustellen, haben dieselben
unterschiedlich ein jeder sein bedenken, wie solche
bei handen, in schriften verfasset und uns geantwortet. Aus solchen sind zwene, die an ihm
selbst ein consistorium oder kirchen rath anzurichten nicht widerrathen, alleine sie führen gleichwohl aus guten treuen gemüthe allerlei vorsorge
und gefährlichkeit ein, die die wege, ob gott will,
nicht haben werden, auch oberzehlte ander wichtige
ursachen billig denselben befahrungen vorzusetzen.
Die andern aber, derer an der zahl sieben, lassen
es ihnen allesambt aus vielen bewegenden ursachen, die jeder nach seinen gewissen einführet,
herzlich treulich und wohlgefallen, dass uns demnach hierinnen mit grund und billigkeit nicht zu
verweisen, als ob es aus einen gefassten privat-
affect unser getrieb allein, dieweil es auch diese
leute, die der herrschaft kirchen gelegenheit
wissen, denen zum theil nun lang gedienet, auch
hiebevor uns in geistlichen sachen neben den superintendenten mehres theils räthlich gewesen und
noch diejenigen sind, die es sowohl als andere
unsere kirchendiener am meisten betreffen wird,
inhalts göttliches worts und desselben bewehrter
exempel, auch allen christlichen und vernünftigen
umständen nach auf so hohe bezeugung und ihr
selbsteigen gewissen als für dem angesichte gottes
beständig rathen.

Begehren derohalben gnädig, ihr wollet als

unsere liebe getreuen unserer gnädigen zuversicht nach euch die freundschaft und verwunderung einiger sonderbaren personen oder auch allerhand unzeitige vorsorgen, so dieses unser vornehmen zu praegraviren und difficultiren hin und wider ausgesprenget werden, nicht mehr bewegen lassen, als gottes selbst eigener rath, der heiligen christlichen kirchen steten und ewigen brauch, aller gottseliger exempel, auch so viel hochwichtiger nutzbarkeiten und nothdurften, wie solche bishero nach länge erzehlt worden, und demnach uns auch euer christliches treues bedenken hierauf kürzlich und einfältig eröffnen.

Einleitung. [Berufung auf Vorbilder, namentlich die Wittenberger Consistorial-Ordnung von 1542.]

Zum ersten sollen die pfaren und diaconat der ganzen herrschaft, so unserer visitation unterworfen, bei zehen und zehen, wie es ungefehrlich die gelegenheit erleiden mag, ausgeteilet und denselbigen tugliche leute, die ihnen gesessen und nahe, zu aufsehern und decanen geordent und vorgesetzt werden, denen der kirchenrath ihr hie unten beschrieben amt ernstlich, durch mittel eins angelobten juraments auftragen und solches aufs wunlichste und vleissigste zu verrichten bevohlen wird.

[Hauptaufgabe: Visitationen. Erstmalig sollte eine General-Visitation vorgenommen werden, d. h. zur ordentlichen Anrichtung des ganzen Visitationswesens sollten jedem Dekan etliche vornehme geistliche und politische Räthe vom Fürsten und Kirchenrathe beigeordnet werden. Dies wird im Texte dahin verbessert, dass diese General-Visitation aufgespart und zuerst mit den Special-Visitationen begonnen werden solle. Vgl. zu diesen Begriffen meinen Exkurs Bd. 1 S. 69 ff. Der erste Visitationspunkt betrifft die Lehre.]

Jedes orts pfarrherr ist erstlich zu befragen, ob sich derselbe mit seinem glauben, lehr und bekäntniss zu h. göttl. schrift, den drei haupt symbolis, augspurgischer confession, apologia, schmalkaldischen artikeln und catechismo Lutheri durchaus in ihrem rechten, natürlichen, klaren verstande gelassen beipflicht, und pro norma doctrinae halten, auch dabei beständig verharren, hingegen aber alle widrigen meinungen absagen wolle.

2. Untersuchung der Pfarrbibliothek.

3. Aushändigung einer Norm der Visitation, eines Auszuges aus dieser Visitations-Ordnung.

Damit er wisse, „was er für seine person zu thun, was er bei seinem decano, auch entlich, was jedermann bei dem kirchenrath oder synodis ansuchen habe, darneben auch sonderlich ime sagen, das er auf alle und itliche seiner predigten

solche concept mache, welche man einbinden und alle nachvolgende visitationes fein ordentlich (seinen profectum daraus zu spüren) durchsehen müge, dergleichen auch aller getauften kinder, deren eltern, namen, todten, item der hochzeiten jeder contrahirenden personen samt deren geburts ortern und eltern, item des absterbens und leichen seiner verschiedenen pfarrkinder oder auch anderer, so von ime bestattet, ein unterschiedlich register, alwege mit angezeigtem monatstage desselben jars, fürs dritte aber zugleich auch ein besondern papiern buch zu allerlei seinen vorfallenden pfarrsachen, dieselben darein zu registriren, zu richte und bei der hand habe, welche letztere zwei bei den pfaren bleiben sollen, sie sterben oder ziehen weg.

4. Einkommens-Registratur, 5. sollen die visitatores und amtmann oder bevehlhaber einem itlichen pfarherrn nach irer aller christlichen besten zuversicht aus der gemeine vier menner, die gottfürchtig, liebhaber des worts, auch sonsten eines redlichen, unverleumbden namens und wandels, auskiesen, und amtmann oder bevehlshaber dieselbigen mit einem eide beladen, was sie in sonderheit von eins jedem sein amt oder auch in gemein von eins jeden beginnen, worten und wirken erfahren, das an im selbst ungöttlich, unerbarlich und wider christliche zucht oder auch unsere billiche bevehl und ordnungen were, das sie dasselbige ungescheuet einiges menschen in acht nemen, merken, den pfarhern jeder besonder oder auch mehr mit einander anzeigen, wan pfarherr mit jemands amtshalben zu reden haben und sie dazu erfordert, solchem als zeugen beiwohnen und volgend bede für sich und neben dem pfarhern, decanum (sic!) in den visitationen gründlich aller mengel berichten sollen.

Zum 6. sollen sie gleicher massen, beneben dem pfarherr und eltesten, auch der ganzen gemein unsere christlichen kirchen und disciplin ordnungen verlesen, ...

Norma, regel und instruktion aller andern nachvolgenden visitationen, welche jerlich zwier, nemlich die eine nach Quasimodogeniti, eine nach Matthaei apostoli soll gehalten werden.

[Der Dekan revidirt Lehre, Studium, wissenschaftliche Fortschritte, Leben, Predigt (Durchsicht der Concepte), sonstige Amtsführung, Treiben des „Catechismus und kinderlere mit sampt der hauptafel“. Befragen nach den umliegenden Amtsbrüdern. Nach dieser „geheimen handlung“ werden die vier „geschworenen eltisten“ vorgefordert und nebst dem Pfarrer nach folgenden Punkten verhört:]

Visitations-puncten vom pfarhern und eltisten der beamten und anderer pfarleut halben ernstlich und vleissig zu fragen.

[Folgen 61 Punkte über Leben und Wandel; sodann sind Fragen zu stellen über die Thätigkeit der Schulmeister, der „heiligenmeister oder kirchenverwalter", das Verhalten der Unterthanen gegen die Obrigkeit, das Vorhandensein von Kurpfuschern u. s. w.]

Der dekan soll alles aufzeichnen, die gemeinde zusammenrufen lassen, inzwischen aber die schule revidiren, dann ohne pfarrer und elteste zur gemeinen versamlung gehen und dieser die visitations punkte nach ordnung der 10 gebote vorlesen, und entweder alle zusammen oder auch einen nach dem anderen befragen, was sie vorzubringen hätten.

Wie ferner auf solche inquisition von einem decano gehandelt werden soll.

[Nachdem der Dekan die Mängel erforscht, soll er dieselben abstellen, dabei mit dem Pfarrer wieder anfangen, dann die eltesten verhören u. s. w. „leichte vergehen selbst rügen, schwere fälle aber dem kirchenrath anzeigen und in den synodus gelangen lassen".

Eigentliche Strafen soll der Dekan nicht verhängen, sondern dem Kirchenrath oder Synodus überlassen, überhaupt schwierige Fälle „für den synodum bringen, damit durch unser und unseres consistorii rath und zuthun" das Nöthige angeordnet werde.

Alle Jahre in der ersten (Frühjahrs-)Visitation wird auch „in gegenwart eines decani die kirchen, heiligen, oder castenrechnung eines jeden dorfs nach unserer hiebevor ausgangener castenordnung gehalten".]

Was weiter hierüber eines jeden decani amt in specie sein und er zu verwalten haben solle.

[Bei Todesfall eines Pfarrherrn soll der Dekan für ein feierlichs Begräbniss sorgen, auch selbst die Leichenpredigt halten, „daneben es aber alsbalde dem secretario unseres kirchenraths weiter zu wissen machen, und wo die wittwin und weisen mangel, desgleichen auch die gemein auf einem andern tuglichen mann vorschlag hette, zugleich mitschreiben, und unter des die verledigte predicatur und kirchenverwaltung mit irem nechst benachbarten kirchendienern" [eventuell auch einem aus einem anderen Dekanatsbezirke] bestellen. Bei Resignation oder Abberufung eines Pfarrers soll er sofort Bericht erstatten.]

Zum dritten. Wan der kirchenrath an den ledigen ort einen anderen, so albereit von deuselbigen examinirt, in einer predigt gehort und zum minister taugenlich geachtet, absendet, soll der decanus ine mit einem schreiben an den vacirenden ort schicken, und den amtleuten oder schultheissen, auch burgermeister und rath oder den dorfsherren vermelden, ine predigen zu lassen, und was der gemeine urteil von ime, ob sie mit solchem ministro wol zufrieden und benügt, ime widerumb schriftlich zu erkennen zu geben, was ime dann also zugeschrieben, soll er zum vierden, wo nun der examinirte und in der predigt gehörte minister notturftig bestanden und düchtig erkaut, er auch solches dem kirchenrath berichtet und darauf die ordination ergangen, soll decano obliegen, denselben beneben zweien darzu erforderten andern pfarrherrn seiner gemeine vermittelst einer sonderlichen darzu angestalten predigt, gemeines christlichs gebets und gewonlicher formel zu praesentiren und also des gottlichen predigamts herrlichkeit, wie es der heilige geist nennet, auf ime zu legen.

[Regelung der Einkommens-Verhältnisse zwischen den alten und neuen Pfarrern. Eintragung dieser Regelung in das Visitationsbuch und Bericht an das Consistorium.]

Zum 6. was dorfschulen und kirchdienste belanget, soll jerlich ein jeder schul oder kirchendiener ein viertel jars vor Petri um seinen dienst wieder ansuchen oder denselbigen resigniren, do also dann pfarher mit samt den heiligenmeistern, schultheissen und gemeine denselben einhellig aufs neue zu dingen oder auf sein begeren zu dimittiren haben . . . . . .

[Lehrer-Vakanzen in Städten hat der Dekan anzuzeigen. Die Pfarrer haben sich in allen Zweifeln an ihren Dekan zu wenden.]

Was ferner des kirchenraths amt und bestallung.

Erstlich die personen anlangende.

Die personen betreffende sollen derselbigen ordinarie sieben sein, welche wir nicht, wie etwa befahret, von andern und frembden örtern, es könte denn allerding nicht anders sein, hierzu zu nehmen gemeinet, sondern so viel es müglich, wollen wir jederzeit aus den unsern hierzu deputiren und ordnen solche leute, die wir dem rath Jethro nach, unsers von dem allmächtigen gott erbetenes besten verstandes, für redlich, gottfürchtig, und den geiz entgegen erkaut und achten. [Alle sollen im Range gleich stehen.]

Aus solchen sieben sollen vier theologi sein, deren einer, so tüglich hierzu erachtet wird, von den andern sechsen die vota zu colligiren, auch seines anfänglich oder zuletzt darzu zu geben, und was beschlossen, von aller wegen als den gemeinen mund auszusprechen habe, denen wollen wir auch einen von adel zuordnen, der von unsertwegen, als auch eines mitgliedes der kirchen (doch gleichwohl in seinem gewissen zu allen pflichten eines beisitzers ganz ungehindert und frei) dem consistorio beiwohnung und mithülfe leiste. Zu diesen fünfen sollen auch zwei politici, welche neben dem göttlichen wort der christlichen und beschriebenen rechte verständig, in gleicher gestalt zu assessores und mitrichtern beigeordnet werden. [Diesen wird endlich auch ein Secretarius zugefügt. Consistorialen und Sekretär werden eidlich in Pflicht genommen.]

Wer für das kirchengerichte gehörig und sich daselbige entscheiden lassen soll.

[Alle Angehörigen der christlichen Kirche dieses Landes. Der folgende Absatz steht in der Henneberger Handschrift und wird auch von Juncker mitgetheilt; er ist zwar in der Henneberger Handschrift durchstrichen, aber so interessant, dass wir ihn abdrucken wollen:

Derwegen hieher gehörig, zum ersten alle unterthanen oder auch nur mitglieder unserer kirchen, sie seien edel oder unedel, beambtet an diensten, arbeiten oder sonst für sich selbst, wie, wo oder woher sie wollen. 2. Auch alle gemeine pfarrer, diacon, schul- und kirchendiener in städten und dörfern. 3. Alle decani. 4. Alle und jede assessoren und beisitzer des consistorii selbst; in erwegung [dieser Satz fehlt im Henneberg. Archiv, ein ähnlicher Gedanke steht am Schlusse], dass der herr Christus selbst sagt, so jemand die gemeine gottes nicht höret, die halte man als einen heiden und zöllner. Und ob 5. wir wohl auch für unser person einem jeden pfarrer freigestellet haben wollen, wo einer oder auch mehr austragenden amt an solcher unser person regimentsführung, wandel, oder leben, gebrechen, mangel oder fel hette, dass er uns solches, es sei gleich mündlich oder durch ein bescheidene schrift, insonderheit untersagen möge, doch gleichwol im fall, dass jemand auf sonderbare unterrede noch nicht befriediget, oder auch sonsten ein ander bedenken hette, mögen wir leiden, dass solches gebürlicher weise, für unser kirchengerichte gelange, do sind wir aus schuldiger demut und gehorsam gegen den allmechtigen gott und seiner wahren, heiligen, christlichen kirchen, die er in unserer herrschaft nicht weniger als an andern orten mit sondern gnaden gepflanzet, erbötig, auch selbst auf unterthänig begehren des consistorii für demselbigen fürzukommen, und was wir nicht christlich verantworten können, uns allezeit eines besseren weisen zu lassen ...."]

Wie die sachen zu unterscheiden und jede an ihren ort zu verordnen.

Nachdeme alle sachen, wie menniglich wissend, zum theil alleine geistlich, zum theil alleine weltlich, zum theil aber gemischt, und etlicher massen, als nemlich mit einem besonderen respectu geistlich, mit einem anderen respectu aber weltlich und widerumb, wollen wir, das die consistorialen alle mere politice stracks von sich an ire geburende end verweisen sollen, desgleichen wo etwa für unsere weltliche räthe oder amptleute mere ecclesiastice oder alleine geistliche kirchen und pfarrsache kemen, sollen sie auch also thun und solches an unser consistorium schaffen.

Was aber vermengte sachen antreffen thut, ab dergleichen hendel vorkemen, do sich bevehlhaber, amptleut oder auch unsere weltliche hof und canzleirethe bedunken liessen, oder desselben von jemand erinnert wurden, das solche zum theil die seel und gewissen belangeten, auch die kirchen gottes und deren wegen das ministerium interesse daran haben möchte, sollen sie solche vermengte hendel auch erst für das consistorium weisen, uf das unserem lieben gott, seiner kirchen und seelen notturften zun aller ehisten fürgenommen und christlich erörtert werden.

Wan solches geschehen und erst die seelen von inwendig gebessert, als dan sind eben darumb auch weltliche rechtsverstendige mit im consistorio, das sie dasjenige, was wir obrigkeit halben für interesse daran haben, oder sonst weltlich zu richten ist, entweder in einem actu örtern und abfertigen, oder, wo solches aus wichtigen umstenden nicht fuegsam, in ein besonder politisch erkenntnüs unser und unserer politischen räthe bestellen und remittiren sollen, dieweil aber auch weiter insonderheit zwischen den sachen ein unterschied, das derselbigen etliche in gestalt eines gerichts, etliche aber in form eines raths fürzunehmen und abgehandelt werden müssen, wollen wir solche beiderlei arten auch nach einander verordnen.

Was für sachen im consistorio in gestalt eines gerichts sollen gehandelt werden.

Was erstlich unserer selbst personen anlangen thut, hat ein jeder aus obberurten puncten von denen, so sich dieses gericht entscheiden lassen sollen, unser christlich und billich erbieten, on zweifel zur gentige verstanden ......

Zum andern, was gleichwol auch wir hiegegen für unsere person oder amtshalben mit einem pfarrherrn, decano, oder der consistorialen jemanden zu thun hetten, das wir mit solchem nicht selbst vertraulich oder erbaulich zwischen einander vor-

nemen, abhandeln und hinlegen könnten, do wollen
wir denselbigen für solchen rath zu erfordern, zu
beklagen und dessen gebürlich erkenntnüs auch
belieben lassen.

3. [Der Kirchenrath entscheidet Streitigkeiten
der Geistlichen unter einander.]

4. [Der Kirchenrath entscheidet in Disciplin-
und Zuchtfällen, die nicht bis auf die nächste
Visitation aufgespart werden können.]

5. [Der Kirchenrath entscheidet Händel der
Pfarrleute unter einander, welche nicht, oder
wenigstens nicht allein vor die weltliche Obrigkeit
oder den Richter gehören, und die der Pfarrer
nicht durch Vergleich beilegen kann.]

6. Was hir bevor einem generalsuperintendenten in unserer herrschaft
kirchen sachen befohlen gewesen, und obgelegen.
auch jeder zeit bei demselben gesucht, und durch
ihn ausgerichtet worden, das soll hinfürder
durch unsern kirchen rathe angenommen,
eintrechtiglich mit einander erwogen, bestellt, und
verrichtet werden; allein, was droben unter den
puncten einem decano zuständig, vermeldet worden.
das soll demselben gelassen, und damit, soviel
müglich und füglich, der kirchen rath unbeschweret
bleiben.

Was ferner rathsweise dem consistorio obliegen solle.

Sorge für interimistische Versorgung erledigter
Pfarreien, Diakonate und Schuldienste, sowie für
alsbaldige Wiederbesetzung: „Und ist dienstes in-
struktionsweise zu merken, das unsere kirchenräthe alwegen dahin am allermeisten gedenken
sollen, wo pfarrherr in visitationen und sonsten
auf schlechten geringen diensten erfaren oder befunden werden, die wol studirt und in fundamenta
linguarum, artium et doctrinae theologicae wol und
etwas für andern gefasset, auch nochmals teglich
zu proficiren und fortzufahren geflissen weren, das
solche für andern, nachlessigen, ungeschickten gefördert werden, damit junge menner exempel und
anreizung haben, die studia vocationis mit mehrerm
vleis zu meinen, als sonsten geschihet, wenn deren
in forderungsfellen nicht wahrgenommen, sondern
oft gunst vor kunst angesehen und fort geschoben
wird." Wenn Transferirung nicht möglich, so
sollen von auswärts erfahrene Personen berufen
werden. „Sonst sollen alwegen diejenigen, so im
predigamt vorhin nicht gewesen, uf erste zu dia-
conaten und dannen, wan sie in jar oder zwei
sich probiren lassen, uf pfaren gefördert werden."

3. Do nun ein diener entweder von einer
gemeine vorgeschlagen, oder die consistorialen
selbst einen mit unserm mitwissen und willen zur
hand gebracht hetten, sollen sie solche oder auch
gleich (do etwan der candidaten mehr weren) der-

selbigen zwen erstlich examiniren und eine predigt
(es sei nach irem gutdünken, besonders oder auch
schon für andern leuten) von im abhoren und do
er oder dieselben allbede für tuglich befunden,
alle dann sobald an den verledigten ort (doch do
ir zween, unterschiedlich nach einander) abfertigen
und mit schriften beid, an decanum, bevehlhaber
und eine gemeine desselben ende versehen. uf das
der abgesandt mit einer prob predig gehört und
wiederumb an den kirchenrath glaublich berichtet
werden, wie dem gemeinen pfarrvolk der zugeschickte man mit seiner person, ausrede, geberde, gerücht und anderm gefalle, dan wir mit
nichten gemeinet, den leuten zu solchen hohen
wichtigen dingen, die ire selbst eigene seelen betreffen, leut wider ihren willen zu pfarrverwal-
tungen aufzutringen, es weren dan ire ursachen
so ringschetzig und unerheblich, das deren wegen
ein tuglicher man unbillich verschlagen würde,
musste man solches mit glimpf ableinen und sie
zu consentiren in gute behandeln.

4. „Wan eine gemeine zu einer ir vorgestalten
und abgehorten personen gewilligt und solche zuvor ordinirt were", soll der Dekan sie einführen.

5. War er noch nicht ordinirt, soll der
Kirchenrath die Ordination anordnen.

6. Amtseinsetzung ist Sache des Kirchenraths.

7. Resignationen hat der Kirchenrath geeignet
zu behandeln.

8. Besetzung der Schuldienst-Stellen. 9. Aufsicht über das kirchliche Vermögenswesen. 10. Aufsicht über Ceremonien. 11. Aufsicht über Disciplin und Zucht. Anzeige an „die weltliche
obrigkeit als der kirchen und kirchenzucht
pflegerin".

12. Soll allerlei zukünftigen und befarenden
unrath vorzukommen in dieser herrschaft durch
unsere befreieten drucker von niemand der unsern
ichtes in geistlichen oder religions sachen publicirt
werden, es seie denn erst durch unseren kirchen
rath übersehen und in der christlichen lehr rein,
desgleichen auch sonst gemeinem nuz der kirchen
vortreglich erkand worden. Desgleichen so auch
von auswertigen in religions sachen etwas zu
drucken übergeben, sollte es auch der kirchen
rath erst zusehen zu approbirn oder zu reprobiren
macht haben.

13. Wenn auch jemand der unsern an andern
orten etwas im druck ausgehen liess, darinnen
hernacher etwas befunden, das etwa dem predigamt dieser herrschaft schimpflich, auch an ihme
selbst ergerlich, irrig, oder uns irrthums halber
verdechtig, da sollte dasselbige ein jeder, der es
innen würde, zu klagen und anzuzeigen, auch
unser kirchen rath ex officio selbst, nach gelegenheit gegen denselben gebürlich zu persequiren
bevehl und macht haben.

Es sollen auch unsere buchführer, so oft sie neue bücher bringen, selbige dem pfarherr des orts zu wissen machen, und ehe sie die verkaufen, zuvor besichtigen lassen, damit nicht sectirische oder sonsten schädliche bücher in unser fürstenthumb eingeschoben werden.

Zum letzten [wird weitere Regelung vorbehalten].

Von dem ort und zeit, wo und wan man kirchengericht oder rath halten soll.

Ort: „bei unserer hofhaltunge und wo die canzlei samt iren vornemen räthen in esse gehalten werde" . . . . .

[Es folgen 2 durchstrichene Seiten, dafür auf einem eingelegten Zettel folgender Satz, den auch Juncker, wenn auch nicht völlig übereinstimmend, mittheilt:]

Was die zeit betrifft, so wollen wir, dass alle wochen unsere verordnete kirchen räthe auf einen gewissen tag, vornemlich auf ziestag (oder mittwochen) zusammen kommen, und allda die händel, so die vergangene wochen einkommen, durch den secretarium des kirchen raths fürgetragen und verrichtet werde . . . .

[Bei Gefahr im Verzuge und nicht allzu grosser Wichtigkeit der Angelegenheit sollen die gerade anwesenden Mitglieder allein sofort entscheiden.]

Von den zweien synodis, die durch unsern kirchenrath jerlich gehalten werden sollen.

[Das Folgende ist auf einem eingelegten Blatte geschrieben, an Stelle des früheren Textes, der durchstrichen ist.]

Wenn dann die decani visitirt, sollen sie ir protokoll daheimen furderlich abschreiben und das ein exemplar bei sich behalten, damit sie selbigs in nechster visitation widerumb zugebrauchen und darinnen zusehen, was verbessert oder nicht verbessert sei. Das andere exemplar sollen sie ungefehrlich vierzehn tag vor dem synodo zur canzlei schicken, da dann die vier theologi, so zum kirchenrath verordnet, selbige under sich theilen und jeder aus seinem theil ein auszug machen deren hendel, so in den synodum gehörig, und der sachen wert, das der synodus damit bemühet werde, und soll nichts destoweniger des decani protocoll, daraus der auszug gemacht, auch bei der canzlei bleiben, damit man selbigs bei der hand habe und jeder zeit sich ferners berichts daraus erholen kann.

Was nun in dem auszug also abgelesen, darvon soll in synodo nach notturft berathschlagt

und des synodi undertheniges bedenken neben an rand verzeichnet werden.

So dann diser gestalt durch alle stett und flecken im synodo durchgangen, soll alsdann uns selbiger synodus zugestellt werden, uns darinnen zu versehen und gnedig zu approbiren, oder, da wir in einem oder dem andern eins sondern bedenkens, die verordente personen des kirchenraths ferner darüber zu hören und uns entlich darauf zu resolviren.

Welche decreta nun von uns approbirt, die soll der secretarius des kirchenraths fürderlich aufschreiben und uns oder unserem statthalter oder verordenten rethen zu underschreiben zufertigen, damit, was im synodo beschlossen, fürderlich ins werk gerichtet werde.

Norma, nach welcher im consistorio beide die lehr und äusserliche disciplin, samt der kirchen regierung angestellet und gerichtet werden soll.

Auf dass aber uns, oder auch unser consistorium niemand der billigkeit nach in dem verdacht haben möge, als ob wir neuerung oder zerrüttung der kirchen vorhetten und suchten, obligiren und referiren wir uns hiemit selber, in allen sachen, die christl. lehr und glauben betreffend, allein auf gottes wort, wie dasselbe in prophetischen, der aposteln und evangelisten schriften verfasset, desgleichen auf die drei uralten haupt symbola, augspurgische confession, apologia, schmalkaldische artikel, den kleinen und grossen catechismum Lutheri, als die dem göttlichen worte gemess, und aus demselbigen genommen. Wir wollen auch ernstlich und unnachlässig, dass unsre kirchenräthe eben dergleichen nach dieser norma die lehr unsrer herrschaft kirchen, inmassen sie auch aus gnaden des allmechtigen lieben gottes bisher einträchtig als im schwange gangen, nochmals anrichten, mit gleichen gnaden des treuen gottes und seines h. geistes erhalten und fortpflanzen, dargegen aber alles dasjenige, was innerhalb oder ausserhalb der herrschaft diesem expresse oder tacite in den buchstaben, verstand oder folge, zuwider, verwerfen und aus der kirchen unserer herrschaft durch kraft und gnade des heil. geistes mit höchsten ernst und eifer getreulich abschaffen sollen.

[Die äusserliche Zucht soll gehandhabt werden nach Gottes Wort, beschriebenen weltlichen Rechten, auch den speciellen landesfürstlichen Mandaten.

„Die gubernation" der Kirchen soll nach Gottes Wort, „erster und alter kirchen gebrauch" und nach den Ratschlägen Luther's geführt werden.

Formen und notel der eide, darmit die eltisten, pfarherrn, decani, kirchenräth, samt desselben secretario sollen verpflicht werden.

1. Eltisten.

Ir werdet geloben und schweren, das ir als sonderlich dazu auserkorne, verordnete aufseher und zuchthalter nach eurem besten verstand, wissen und vermugen auf aller euer nachbar und nachbarinnen, derselben kinder, gesind oder sonst hausgenossen und wer in euer gemeind ist, hoch oder niedrig, reich oder arm, geistlich oder weltlich, in einem amte oder nur für sich selber, getreulich, ernstlich und fleissig aufmerken, zusehen wollet, wo jemand derselbigen inhalts euch verlesener visitationsfragen mit worten oder mit werken zu einem oder mehr malen, es sei gleich heimlich oder auch offentlich, viel oder wenig verbreche, misshandele, oder sich einer misshandlung halben verdechtig machete, was ir also selber seher, höret oder glaubwirdig erfahrt, das wollet ir auf der stedte unverzüglich einer dem andern seinen gesellen anzeigen und keiner des andern anzeigung nachsagen sondern bis auf die visitation verschwiegen halten. Wan dan ir in volgenden visitationen nach ordnung der puncten befragt werdet, so wollet ir samptlich und sonders, ein jeder seines besten wissens gute zurichtige antwort nach allen umstenden geben, und dieses fals keines menschen .... verschonen. Alles getreulich und ohne geverde.

[Es folgen die übrigen Eide.]

Von büchern, die im consistorio stets beihanden gehalten werden sollen.

Zum ersten soll in dem consistorio von papier ein buch eingebunden vorhanden sein, dorein alle pfarren nach ordnung der dekanaten, sampt deren zugehörigen caplaneien, filialen, schuldiensten, spitalen, kirchen und anderm verzeichnet, was nemlich deren ein itliches für liegende gründe, gerechtigkeit, zugehörung, einkommen ....

2. Ein Buch mit den Personalien der Stelleninhaber; u. A. „wie mit der vorigen wittwen vertragen".

3. Ein Buch mit den sämmtlichen Anordnungen des Kirchenraths, „gleich als acta consistorii".

4. Ein Buch, in welchem die Urtheile anderer Consistorien, Gutachten Gelehrter u. s. w. gesammelt werden.

5. Die laufenden Akten des Kirchenraths (Klagen, Zeugenaussagen, Rathschläge, Urtheile).

6. Ein Buch mit allen Einläufen, Missiven.

7. Zwei Register, nach dem Alphabet geordnet; das eine mit den Namen der Pfarrer und Lehrer, das andere mit den Namen der Parteien, welche vor dem Kirchenrath processirt haben, unter Verweisung auf die Seiten, auf denen sie in den Büchern vorkommen.

Vom process, der in unserm kirchengericht oder rath soll gehalten werden.

[Zunächst soll, wenn einer aus dem Rathe den Anderen an Glauben oder Leben „verdechtig und tadelhaftig" erscheint, deswegen mit ihm verhandelt, gegebenenfalls Anzeige an den Fürsten erstattet, bis dahin aber seine Amtsthätigkeit im Kirchenrathe suspendirt werden.]

Zum andern, wan ferner die kirchenräthe streitige sachen, als klage und antwort annemen, do sollen sie zusehen, das ja in gottes, der kirchen, auch eines itlichen seines selbst glaubens, gewissens, leer oder lebenssachen keiner partei gestattet werde, sich mit wortredern und procuratoren vertreden zu lassen, sondern der kleger soll seine beschwerunge gereumlich, zuvor durch eine gezwifachte supplications- oder klagschrift in forma querelae simplicis unseres kirchenraths secretario überantworten, der soll es den kirchenräthen zustellen und aus derselben bedenken beklagten mit einschliessung der einen klagschriften (wo solchs verbitterung halben nicht bedenklich, sonst solches fals nur samt einem glimpflichen auszuge) citiren, do sollen sie auf ernenten termin alle bede, mund gegen mund, in der person furkommen und gegen einander gehöret werden. [Dieser Abschnitt war erst durchstrichen, wurde dann wieder für gültig erklärt, wie eine gleichzeitige Randbemerkung ausdrücklich betont.]

Von der kirchen censur.

[Ergiebt sich aus den Visitationen der Dekane, dass über einen speciellen Verstoss gegen christliche Zucht besonders zu inquiriren ist, so soll der Kirchenrath den Beschuldigten citiren und abhören.]

„Besonders aber, was anbelangt sachen, die in der visitation durch die geschworne rugen befunden und in den kirchenrath bracht, do sol dieselbige ruge für ein solche deunntiation gehalten werden, wie etwa für elters in der kirchen gebreuchlich gewesen, und auch zu Luthers zeiten also verordnet worden, das nemlich dem beruchtigten oder verdechtigen eine purgation auf seine verneinung auferlegt werden muge, doch nach ermessung der gelegenheit und grosse der ubertretungen, ob derhalben weiter inquisition zu thun oder ander beweisung von nöten, in welchem fall die denunttianten oder ruger alleine oder neben in andere zu dem zeugnus erfordert sollen werden, welches nach gelegenheit jeder hand sachen im

rathe durch genade des almechtigen gottes .....
zu bedenken. Denn unsere kirchenräthe wissen,
werden auch dessen mit ernste von uns gewarnet
sein sollen, das sie weder uf pfarrherr, noch andere
leut leichtlich einen verdacht schepfen und darauf
prociren, es seien dan die verbrechungen gnugsam beweislich, notori oder vom schuldigen theile
bekentlich, damit ja niemand in diesem fall ubereilet, aus neid, zorn, widerwillen, und andern
dergleichen bewegnissen, unbillich beschwert oder
benachtheilet wird."

[Die Abstimmung soll stets zu einhelligen
Beschlüssen führen. Wichtige Sachen sind mit
dem Erkenntnisse durch einen Theologen und
einen Juristen des Kirchenraths dem Landesherrn
einzuberichten, welcher dann das Nöthige anordnen wird.]

Es folgt hierauf eine Motivirung für dieses
fürstliche Eingreifen:

„Welchs wir aber mit nichten dahin gemeint
oder verstanden haben wollen, als ob wir mit
dieser bedingung' unsers mitwissens und zuthuns
den zugel eigens gefallens in unsern henden behalten. . . . .
Dann wir uns ja ;christlich und wohl zubescheiden wissen, dass w i r als eine weltliche
obrigkeit in der kirchen gottes, von welcher
wegen dann dieser rath angestellet, n i c h t d a s
h a u p t, sondern ein mitglied, item ein pfleger
und nicht ein herr oder beherrscher derselben
sein sollen, derowegen wir allen verdacht unchristliches suchens oder fürhabens zu decliniren
und abzuschneiden, hiermit bezeugen, dass unsre
kirchen räthe als für gott in ihrem befehl, amt
und gewissen frei, unverhindert gelassen sein,
und nicht gehen soll, wie Micheas über gottlose
gerichte klaget, was der fürst will, das spricht
der richter, auf dass er ihme wiederumb einen
dienst thuen soll, sondern was wir uns [bis hierhin ist der Text, den auch J u n c k e r abschreibt,
durchstrichen und durch Verbesserung folgender
neuer Satzanfang gebildet, den J u n c k e r nicht
hat:] Das wir uns auch dieses falls etwas vorbehalten, beschicht der meinung[1]), dieweil wir
dennoch von fürstlicher obrigkeit wegen ein vor-
nehmes mitglied der kirchen, dass demnach gottes
befehl und unsers amtes, was wir beneben dem
ministerio denen pflichten nach, die auch wir
seiner allmächtigkeit in der h. taufe geschworen,
zu seinen ehren, zu förderung seines worts, heil
der kirchen und anrichtung christlicher disciplin,
zucht, und unergerliches guten wandels und lebens
bei unsern unterthanen an userm orte selbst
auch mit rathen, helfen und fordern können, an

uns keinen müglichen treuen vleis erwinden und
mangeln zulassen, und soll nichts desto[1]) weniger
mit gesambleten und gemeinen, userm gnädigen
und der kirchenräthe pflichtigen treuen bedenken,
consens, willen, und wolmeinung geschlossen werden,
und fortgehen, was göttlich, christlich, erbarlich,
auch obangesetzter norma gleichförmig und eben-
mässig.

Von der exequition und volstreckung
dessen, was in dem kirchenrath de-
cernirt oder geurtheilet.

[Der Fürst bittet Gott um Gnade, dass er
die Exekution der Urtheile richtig vornehmen
lasse. Zunächst die Exekution der Urtheile gegen
irrlehrende Pfarrer: sie werden abgesetzt, dürfen
sich zwar als Privatleute im Lande aufhalten,
aber nur wenn sie ihre Irrlehren für sich behalten.
Daneben aber sind sie, wenn sie nicht Busse thun, in
den „göttlichen bann" zu erklären, und unter
Umständen sogar aus der Herrschaft zu entfernen.
Der Dekan hat der Gemeine in einer besonderen
Predigt Alles mitzutheilen, weil dieselbe vielleicht
schon von dem Irrthume angesteckt ist.

Bei sonstigen Verfehlungen der Pfarrer ist
mit Verweis, schlichter Suspensio oder Amts-
entsetzung, wenn nicht mit schwereren Strafen
vorzugehen. An Strafen gegen Laien verhängt der
Kirchenrath Verweise und Ermahnungen, Abbitten
vor .dem Kirchenrathe oder dem Pfarrer, Geldstrafen, Gefängniss. Mit der Geldstrafe, welche
in den Kirchenraths- oder auch den zuständigen
Kirchen - Kasten fliesst, soll dem Anspruche der
politischen Gemeinden nicht vorgegriffen werden.
Als schwerste Strafe wird der Bann verhängt und zwar
nur durch den gesammten Kirchenrath mit Billigung des Landesherrn. Schriftliches Erkenntniss.
Vollstreckung durch den Pfarrer in der Kirche
am Ende der Predigt vor Beginn des Abendmahls.
Der Excommunicirte wird an einen besonderen,
hierzu bestimmten Ort gestellt und sowohl an
diesem wie an den folgenden Sonntagen vor der
Abendmahlsfeier hinausgeführt. Dem Amtmann
wird befohlen, „das er die excommunicirten personen alle hochzeiten, wirthsheuser und andere
ehrliche geselschaften oder wolleben, auch wehre
zu tragen bei unserer ungnedigen strafe verbiete,
desgleichen den andern unsern unterthanen verkundige, wo sich einer oder mehr finden liesse,
die solche zu hochzeiten, wolleben und gastungen
lüden, oder mit deren in wirthsheusern und andern
dergleichen ehrlichen versamlungen zecheten,
oder auch sonst gemeinschaft hielten, das solche

---

[1]) Ursprünglicher Text (so auch bei J u n c k e r)
statt „beschicht der meinung": ist das.

[1]) Ursprüngliche Fassung: „zu lassen, soll gleichwohl nichts desto weniger". So auch J u n c k e r.

semptlich und sonders nach irer gebuer gestraft werden sollen.“

[Zum Besuche der Predigt ist der Excommunicirte durch „eusserliche disciplin“ anzuhalten. Auf Verlust der Ehrenämter als „heiligenmeister, dorfmeister, zwölfer, steinsetzer“, kann erkannt werden. Der Fürst behält sich vor, je nach dem Grade der Verstocktheit und der Sünde Geldstrafen, Gefängniss oder Leibesstrafen hinzuzufügen. Stirbt der Gebannte unversöhnt, so erhält er kein ehrliches Begräbniss.]

Von wider aufnehmung solcher personen, die excommunicirt und in bann gewesen, sich aber bekehren.

[Die Reue des Sünders ist durch den Pfarrer dem Dekan bei der nächsten Visitation zu berichten und durch diesen an den Synodus. Die Kirchenräthe citiren den Sünder, verhören, verwarnen und ertheilen ihm ein schriftliches Zeugniss an den Pfarrer, dass er wieder aufzunehmen sei.]

Wie wol wir aber die alten bepstischen satisfactiones, die eine nachvolgende genugthuung für die zuvorbegangnen stünden sein sollen, durchaus und allerding verwerfen, als die der ehre Christi, ja ganzer heiliger göttlicher schrift austrücklich und stracks zuwider, idoch soll gleichwol dem kirchenrath vorbehalten und unbegeben sein, wo die sachen darnach geschaffen mit unserem wissen und willen demjenigen, so bemelter massen der kirchen gottes widerumb eingeleibt und versonet sol werden, nach ordnung und brauch der uralten heiligen christlichen kirchen, desgleichen wie etwa mit rath und gutdünken Lutheri, Brentii und auch

anderer christlicher reinen theologen unserer zeit für gut angesehen, und in den fürstenthumen augspurgischer confession üblich gewesen, die ἐπιτίμια ecclesiastica, oder auch andere eusserliche busszeichen und strafen, als in die gemeinen almosen-kästen, wan wir es also für gut ansehen und uns gefallen liessen, zu erkennen und aufzulegen, damit der ernst solches poenitenten sich wiederumb mit der kirchen um seiner gegebenen ergernus zu verstünen gespürt, er selber aber und andere neben ime furter dergleichen zu ubertreten gewitziget, abgeschreckt, und verwarnet werden möge. Was also berurter massen von solchen personen de iure excommunicati gemeldet worden, das ist in gleicher gestalt auch von denjenigen zu verstehen, die mit der that oder de facto sich selbsten excommunicirt gemacht hetten, durch solche grobe verwirkungen, die uns weltlicher obrigkeit halben an leib und leben zu strafen gebuerten. Als nemlich, wo wir denselbigen aus bedenklichen ursachen das leben schenketen, oder die landshuldung widerumb gäben, unangesehen, das sie zuvor obrigkeit halben üm geld oder auch mit dem thurm und sonst andere weltlich gestraft worden, idoch die weil damit gleichwol die kirchen von wegen des zugefugten ergernus noch nicht vorsenet, uf das er aus gottes wort seiner misshandlung halben, zu rechter erkenntnus und reu seiner stünden, zu warer bekerung zu gott, auch eutlich zu abstellung und besserung seines lebens gewiesen werde, er selber sich auch gegen der kirchen um seine gegebene ergernus demütige, sol er dem kirchenrath auch vorstellig gemacht und also mit ihme wie sonst mit andern poenitenten oben beschriebener weise verfaren werden.

49. Des durchlauchtigen hochgebornen fürsten und herrn, herrn Georg Ernsten, graven und herrn zu Henneberg, etc. kirchen ordnung, wie es in s. f. g. fürstlicher graf- und herrschaft, beide mit lehr und ceremonien, christlich, und gottes wort ebenmessig, gehalten werden sol. 1582.
[Nach dem Originaldruck von Michel Schmuck, Schmalkalden 1582.]

Von gottes gnaden wir Georg Ernst, grave und herr zu Hennenberg, etc. entbieten allen und jeden unsern verwanten und unterthanen, geistliches und weltliches standes, unsern gruss und gnade, und geben euch darneben gnediglichen zuvernemen:

Nach dem wir uns aus gottes wort, befehl und exempeln gottseliger in heiliger schrift gerümbter regenten schuldig erkennen, in unserer von dem allmechtigen uns anbefohlener regierung zufürderst und vor allen dingen alles das jenige, was zur ehre gottes, zu fortpflanzung seines seligmachenden worts und heiligen evangelii, auch zu ewigem heil seiner geliebten kirchen, immer

dienstlich und beförderlich sein mag, höchstes unsers vermögens anzuordnen und zuverfügen, als haben wir numehr vor vielen jaren nach wider geoffenbarter reiner lehre des heiligen evangelii durch verleihung göttlicher gnaden diese anstellung gethan, das die heilsame reine lehre des allein seligmachenden worts gottes in unser fürstlichen grafschaft Hennenberg durch gelehrte gottselige diener der kirchen treulich gepflanzt und fortgesetzt, auch die heilige sacramenta nach der einsetzung und dem befehl des sons gottes administrirt und gereicht worden, wie wir denn auch nochmals bei solcher reiner lehre des heilwertigen evangelii und dem rechten gebrauch der hochwirdigen sacramenten nach ausweisung heiliger göttlicher schrift und der christlichen augspurgischen confession, mit verleihung göttlicher gnaden, bis an unser ende bestendig zuverharren gedenken.

Nach dem aber anfangs der vorgenommenen christlichen reformation etliche viel sonst unnötige und in gottes wort ungebotene ceremonien umb der schwachen blöden gewissen willen, so sich damals allererst zum evangelio begeben solten, geduldet worden, und aber, dem allmechtigen sei lob und dank, dieses licht des heiligen evangelii so herrlich aufgangen und durch den segen gottes soviel frucht geschafft, das bei unsern unterthanen dergleichen ceremonien ferner zu behalten keine notdurft, und uber das auch eine gute zeit hero in solchen eusserlichen kirchen gebreuchen in unserer fürstlichen grafschaft kirchen (wie denn auch wol durch gutherzige kirchendiener je zu zeiten zu geschehen pflegt) allerhand ungleicheit eingefüret und bisdahero gebraucht worden, dardurch wir bewogen vor einer guten anzahl jar mit dem damals darzu delegirten ministerio solcher unser fürstlichen grafschaft zu beratschlagen, wie solche unnötige ceremonien ab und sonsten der ungleicheit mit guter bequemligkeit rat zu schaffen, auch eine bestendige und gleichförmige, sonderlich aber auch unserer fürstlichen grafschaft und derselben inwonender unterthanen gelegenheit nach bequeme kirchenordnung in solchen eusserlichen kirchen gebreuchen anzustellen sein möchte, welche uns dann zur selbigen zeit, das wir selbsten, als dem die gelegenheit unsers ort landes und unserer unterthanen am besten bewust, dergleichen ordnung fassen und begreifen lassen, und ihnen als dem dieselbige ferner zu uberlesen und zu beratschlagen ubergeben wolten, unterthenig aufgetragen und heimgestellet, und wir solches demnach also gnedig und darauf eine kirchenordnung mit vieler reiner, gottseliger und hochgelarter auswertiger theologen rat und bedenken, welche auf fleissige erwegung derselbigen, das sie nichts unchristliches oder so wider gottes wort sein möchte darinnen befunden, uns ausdrücklich zugeschrieben und zu erkennen geben, stellen und verfassen, und fürter dieselbige gedachtem unserm ministerio vorlegen und ir iudicium und christlich bedenken darüber begeren und zur hand bringen lassen, uf welches gefolget, das auf gegenwertige ordnung geschlossen und sich der endlich verglichen worden, in welcher fur uemlich allein dahin gesehen, das das jenige, was etwan ubrig und unnötig von ceremonien und dadurch allein die zuhörer lang aufgehalten, auf das und damit die predigt des göttlichen worts, sampt dem gebrauch der heiligen hochwirdigen sacramenten, welches denn die furnembsten heuptstück sind, darinnen die seligkeit allein stehet, und darauf die christen furnemlich sehen sollen

und müssen, desto eiveriger und mit willigerm herzen besucht, betrachtet und demselben abgewartet, beigethan und abgeschafft werde, dieweil sonsten durch menge und viele der kirchengebreuche die leute gemeinglich dahin geraten, das sie mehr auf solche eusserliche sichtbarliche ceremonien, als der natur und vernunft, welche ohne das in gottes sachen ein thörin ist, annemlicher und anmutiger, denn uf die predigt, lehr und sacramenten selbsten ire andacht richten und achtung geben.

Wir wollen aber hierdurch andere kirchen und gemeine der christlichen augspurgischen confession verwandt und zugethan, das sie vieleicht andere und mehr ceremonien im brauch füren und haben, gar keines weges gestraft, noch denselben einige mass gegeben haben, denn wir, wie oben vermeldt, allein dahin gesehen, wie die kirchen gebreuche in unserer fürstlichen grafschaft, nach derselben allerhand gelegenheit, vermöge christlicher freiheit, damit sie dero kirchen am dienstlichsten und erbaulichsten seien, gerichtet und angestellet werden mögen.

Wann auch durch unserer religion der augspurgischen confession verwandte stende in eine durchaus gehende gleichförmige agend oder kirchenordnung, soviel die ceremonien anbelanget, künftig bewilliget werden solte, wollen wir uns demselben hierdurch gar nicht, so wenig als von dem bekentnus reiner einmütiger lehre, abgesondert haben; so wol als wir uns auch hingegen diese unsere ordnung nach gelegenheit der zeit, und wie es unserer fürstlichen grafschaft kirchen jederzeit am erbaulichsten sein möchte, ordentlicher weise zu endern und zuverbessern, hiermit vorbehalten haben wollen.

Und solchem allem nach wollen wir hiemit unsere verordnete kirchenräte und decanos, auch alle andere gemeine pfarrherrn und kirchendiener, unserer visitation unterworfen, gnediglichen erinnert haben, das sie solche unsere kirchenordnung, wie dieselbige, als obgemeldt, allein zu gottes ehren, fortpflanzung seines reinen heilwertigen worts und evangelii und seiner heiligen kirchen christlicher erbauung in dieser unserer fürstlichen grafschaft, wie gott weis, gemeinet und angestellet, also auch gleicher gestalt irem ampt nach treulich befördern und fortsetzen und sich derselben semptlich, allerlei ergernis und unordnung zuvermeiden, gemess erzeigen und christliche gleicheit halten wollen.

Nicht wenigers wollen wir auch alle unsere unterthanen, wes standes die sind, aus christlicher väterlicher vorsorge, als ihr von gott geordnete obrigkeit, gnediglichen vermanet und von ihnen begeret haben, das sie sich auch disfalls alles christlichen gehorsams gegen gott und seiner heiligen kirchen dienern, so wol auch uns, erzeigen und beweisen sollen. Und wie solches zu ihrem ewigen und zeitlichem heil und wolfahrt gereichen thut, also auch beschicht uns von ihnen hieran zu gnedigem gefallen und schuldigem billichem gehorsam.

Der allmechtige getreue liebe gott, als der vater aller gnaden und barmherzigkeit, wolle zu diesem und allem andern wolgemeintem christlichem vornemen seinen heiligen geist und segen, damit es zu seinen göttlichen ehren und seiner lieben kirchen heilsamer erbauung gereichen und gelangen möge, genediglichen und väterlichen bescheren und verleihen, amen.

Von eusserlicher administration und verrichtung der prediger, pfarrherrn und seelsorger ampt.

In der kirchen gottes ist vornemlich auf zweierlei ding mit allem vleis zu sehen: Furs erste, was gottes wort, sampt den heiligen sacramenten an ihnen selbst, anbelanget; furs andere, was dero notdürftigen solenniteten und eusserliche zierden betreffen thu.

Das erste, nemlich die lehr berürende, weis ein jeglicher christ, das alle predigten dem glauben ehnlich sein sollen, und ein jeder der da redet, reden sol als gottes wort, auch die scheflein Christi allein darbei erkennet werden, das sie die stimme ihres erzhirten, unsers herrn Jesu Christi, hören. So sollen demnach alle und jede pfarrherrn, prediger und seelsorger, in unserer fürstlichen grafschaft gesessen und unserer visitation unterworfen, bei der reinen biblischen, prophetischen und apostolischen lehre, auf welchen grund dann die christliche kirche allein erbauet, bestendiglich halten und darwider im wenigsten nichts weder lehren oder predigen.

Und nach deme solche heilsame lehre kurz und artig aller notdurft nach in den heiligen symbolis der aposteln, Niceno und Athanasii, desgleichen in der augspurgischen confession, wie dieselbige anno 1530 auf dem domals gehaltenen reichstage weiland keiser Carolo dem fünften hochlöblichster und mildester gedechtnis ubergeben worden, desgleichen in der apologia, folgends auch in den schmalkaldischen artikeln, grossem und kleinem catechismo Lutheri verfasset, gegründet und erholet, wir auch, sind der zeit das liebe evangelium durch gottes gnade in unser fürstliche herrschaft gebracht worden, solche bücher und schriften jederzeit für unserer kirchen normam gehalten, unsere kirchendiener auch darauf bestellen, examiniren, ordiniren, und unterschreiben lassen, als achten wir demnach unnötig, eine sonderliche confession davon zu stellen, sondern wir thun uns auf bemelte heilige schrift und

jetzterzelte bücher, dieweil dieselbige in gottes reinem wort gegründet und dadurch den rechten verstand haben, hiermit nochmals referiren und berufen, wie wir uns denn auch, sampt den kirchendienern unserer fürstlichen grafschaft, hiebevor neulich auf eben dieselbige normam in unterschreibung der gemeinen einungs und erklerungs notel, sonsten die formula concordiæ genant, als die aus solchem grund hergeflossen, gleichsfals referiret und gezogen.

Solchem nach wollen wir hiermit alle und jede unsere uns angehörige pfarrherrn und seelsorger in gnaden ernstlich erinnert haben, das sie in betrachtung inen für gott obligender schwerer rechenschaft die heilige biblien und jetztbemelte aus gottes wort bewerte bücher fleissig lesen und ihre zuhörer, die Christus mit seinem theuern blut erkauft, treulich darinnen unterweisen, sie auch zu schuldiger dankbarkeit gegen gott, der uns aus lautern gnaden von den greulichen finsternissen und schatten des todes errettet und sein wesen und willen allergnedigst offenbaret, vermanen, und ferner mit treuem vleis anweisen, das sie den vater aller barmherzigkeit im namen unsers einigen mittlers und gnadenstuels Jesu Christi embsiglichen anrufen, das er solch helles licht des lieben evangelii bei uns gnediglichen erhalten und unsern nachkomen auch reichlich scheinen lassen wolle.

Es sollen auch die prediger oftmals, sie werden darumb ersucht oder nicht, zu den armen gewissen, es sei in schwacheit oder andern anliegen, komen, dieselbigen unterweisen und trösten, auf das also hierdurch gottes wort allenthalben reichlich getrieben und die armen seelen nach notdurft versehen werden.

Nicht weniger sollen sie auch früe und nach mittage in allen predigten die zuhörer ernstlich vermanen, das die alten zur früepredigt, sonteglich und wochentlich, desgleichen auch auf die sontag nach mittag zur predigt und folgendem examen catechismi für sich selbst fleissig komen, und ire kinder und gesinde gleicher gestalt solche predigten unseumlich zu ersuchen ernstlich anhalten, dieselbigen auch jedesmals, was sie aus den predigten früe und nach mittags gelernet und behalten haben, mit vleis examiniren und befragen, darmit also die jugend für und für gottes wort fleissig zu merken, auch lieb und werth zu halten, gewehnet werde.

Item, sie sollen auch in iren predigten die obrigkeit, befehlhaber, und was zum regierstand verordnet, in gemein oftmals erinnern, das sie, neben der weltlichen regierung, auch die bücher heiliger schrift stetigs, wie die schrift davon redet, in henden haben, gottes wort selbst lesen oder inen lesen lassen, und hierdurch auch, so viel an inen ist, ire unterthauen, amptsbefohlene und gesinde fleissig darzu reizen, bewegen und anhalten, desgleichen die hausveter und hausmütter ermanen, das sie ihren kindern und gesinde ohn unterlas gottes wort, den catechismum Lutheri und die haustafel wol einbilden, und der jugend selbst mit gutem exempel vorgehen, auch sie dahin weisen, das wenn sie es im vermögen haben, obenbertirte bücher, wo nicht gar oder alle, doch neben den kurzen summarien über die sontags epistel und evangelia, den catechismum, gesangbüchlin Lutheri, und dergleichen, damit sie in der kirchen die psalmen mitsingen, gott loben und danken helfen mögen, keufen und zeugen.

Wir wollen auch, das man den catechismum Lutheri mit der kurzen auslegung, dieweil derselbige ein artiger auszug heiliger göttlicher schrift und ein begriff der notwendigsten heuptstücke, die einem christen zu wissen von nöten, in der kirchen und gemeine fleissig treibe, und das ein jede commun oder gemeine folgende bücher in ihre kirchen, wofern sie nicht zuvor verhanden, keufe und zeuge, nemlich:

Die biblien, wie sie weiland d. Luther seliger verdeutschet.

Die summarien Viti Dietrichs, uber das alte und neue testament.

Die augspurgische confession, apologiam, und schmalkaldische artikel.

Den catechismum Lutheri, klein und gros, wie solche in der einungs notel zusamen gedruckt zu befinden.

Desgleichen die hauspostill Lutheri, und sein teutsches gesangbüchlein.

Und damit auch soviel mehr einhelligkeit und eintracht in der lehre erhalten, und dargegen schedliche ergerliche gezenke in religions sachen, so viel müglich, verhütet werden mögen, so wollen und befehlen wir hiermit ernstlich, das kein gelehrter in unserer fürstlichen grafschaft gessessen oder darinnen wonhaft, ichtes von theologischen hendeln ohne unser und unserer kirchenräte vorwissen, bedenken und urteil schreiben oder in druck geben sol, damit, ob etwan in solchem verfastem und ubergebenem scripto was bedenklichs furfallen würde, gedachte unsere kirchenräte den autorem desselben aus gottes wort und unserer christlichen norma ihres habenden mangels notdürftig zu unterrichten und eines bessern zu weisen hetten, welches sie denn auch, uf jeden begebenden fall, unverzüglich und unbeschweret zu thun schuldig sein sollen.

Von ceremonien.

Auf das aber auch, was eusserliche solenniteten und kirchen ceremonien anbelanget, notdürftige und gebürliche ordnung beschehe, sollen dieselbigen vermittelst göttlicher gnaden dahin angestellet werden, damit sie gottes wort gemess und zu erbauung der kirchen, dienlich und dennoch auch dermassen eingezogen werden, das hierdurch die predigt göttliches worts und ausspendung der heiligen hochwirdigen sacramenten nicht gehindert, sondern vielmehr gefördert werden.

Dann ob wol die ceremonien bei einfeltigen leuten oder die sonsten zu hoher pomp und prechtigem, scheinbarlichem, eusserlichem ansehen, lust und neigung tragen, ein grosses ansehen haben wollen, so hat sich doch leider allzu grob befunden, das durch stetige heufung derselbigen, wie denn im babstumb geschehen, je mehr und mehr die predigt göttliches worts und ausspendung der h. sacramenten dermassen in abfall geraten, das endlich grosse finsternus in der christlichen kirchen und religion erfolget, welchen unrat dann zuverhüten, und damit die predigt des heilwertigen evangelii und der rechte gebrauch der heiligen hochwirdigen sacramenten (als an denen unser heil und seligkeit gelegen) iren unverhinderten fortgang und ubung desto besser haben, rein erhalten, mit gebürendem eiver besucht, gebraucht, und auf unsere nachkomen, vermittelst göttlicher hülfe, gebracht werden möge, sollen der ceremonien bei den predigten und sacramentreichen, so wenig als es sein kan, und sich ordnung und ehrliches wolstands halben gebüren wil, angeordnet und gebraucht werden.

Von der taufe.

Nach dem wir menschen, als von natur kinder des zorns gottes, die wir in stünden empfangen und geborn, durch die taufe dem herrn Christo incorporirt und eingeleibet werden, so erfordert die hohe notdurft, das die prediger ire pfarrkinder treulich ermahnen, ihre kindlein zum förderlichsten zur heiligen taufe zu tragen, und solches, soviel müglich, aus keinerlei ursachen, wie die sein mögen, zuverschieben, noch damit kinderspiel oder leichtfertigkeit zu treiben, mit ernstlicher erinnerung, wo sie die taufe verziehen, oder sonsten, das die kindlein darzu nicht komen möchten, seumig sein oder verlassen würden, das sie deswegen für gott schwere rechenschaft geben müssen, und am jüngsten tage derselbigen blut von iren henden würde erfordert werden. Für eins.

Zum andern, sollen pfarrherrn und prediger in predigten gleichfals bericht thun, und wenn bei ihnen umb die taufe angesucht wird, die leute vermanen und erinnern, das sie zu solchem hohen christlichen werk nicht leichtfertige oder gottlose, sondern christliche und gottsfürchtige personen zu gevattern bitten sollen, auf das und damit sie mit ihrem gebet, welches aus warem glauben und gnaden des heiligen geistes fliessen mus, dem kindlein desto ehe einen eigenen glauben, dardurch es denn allein lebt, bitten helfen mögen.

Da aber dessen ungeachtet, ein ergerliche person, welche mit groben lastern behaftet und one buss darinnen verharret, auch derselben gnugsam uberwiesen were, zu gevattern dem pfarrherrn benant und namhaftig gemacht würde, gebüret demselben, das er des kindes vater freundlich ermane, ein andere person zuverordnen und zu bitten. Gleichwol aber sollen die pfarrherrn sonsten fur sich selbsten niemand von der taufe abtreiben, noch ihre privat affect mit unterlaufen lassen.

Und do solche bedenken, wie obgemeldt, oder dergleichen furfallen würden, auch wenn der pfarrherr fur sich etwas, das zu anden nötig were, hette, oder auch mittler weile, ehe die taufe geschehe, im vorkeme, so sol doch solches alles, ehe man zur taufe kompt, erledigt, ausgeführt, und zuverhüttung ergerlichs gekeifs oder gezenks bis zum werk der taufe ja nicht verschoben oder aufgezogen werden.

Man sol auch hierinnen also gebahren, das das kindlein umb solches spahns oder irrung willen, ob der pfarrherr mit dem kindsvater, wie gemelt, oder aber auch mit dem erbetenen gevattern derer hette, und denn zumal gegen einander nicht erörtert werden könte, an der taufe, besonders wenn die not verhanden, keines weges verwarloset oder verhindert werde.

Da aber einem pfarrherrn in eile so balden bei der taufe eine solche person zu gevattern furgestellet würde, die er ampts und gewissens halben nicht zulassen könte, möchte er (der pfarrherr) doch hindan gesetzt aller privat affect, wie die auch sein möchten, und auf seine gnugsame verantwortung hernachmals an gebürenden orten zu thun, dieselbige abweisen, und einen andern zulessigen an dessen stat erbitten und herbei bringen lassen.

Zum dritten, sollen die kirchendiener, do sie darumb angelanget, die kindlein aufs schleunigste zu teufen bereit sein, damit man nicht mit gefahr derselben auf den pfarrherrn zu warten gemüssiget werde. Sie sollen auch ferner, wenn sie mit erlangtem erleubnus ihrer decanen oder inspectoren zuverreisen haben, ihr ampt mittler weile aufs fleissigst und gewiseste mit dem nechst benachbarten pfarrherrn bestellen, damit auch disfals die kindlein unversaumet und der heiligen taufe durch der pfarrherrn verzug oder nachlessigkeit nicht beraubt werden. In massen dann auch sonsten jeder pfarrherr in seinem abwesen die andere pfarrechte, ob deren notdurft oder gebrauch etwa vorfallen würde, seinem benachbarten aufs treulichste an seiner stat zuverrichten, einbinden und befehlen solle.

Forma bei der taufe.

Erstlich sol der kirchendiener fragen, wie man das kind nennen wolle, und ob es etwan genottauft worden. So es nu nicht genottauft ist, sol er ferner also sagen:

Lieben freund in Christo, wir hören alle tag aus gottes wort, erfarens auch beides am leben und sterben, das wir von Adam hero allesampt in stünden empfangen und geborn werden, derwegen wir von natur im reich und gewalt des teufels (der nemlich sein werk in den kindern des unglaubens hat, und wie der starke gewapnete sie als seinen palast innen hat und bewaret) zu seinem willen gefangen ligen, und demnach unter dem zorn gottes in ewigkeit verdampt und verloren sein müsten, wo uns nicht durch den eingebornen son gottes, unsern lieben herrn und heiland Jesum Christum, daraus geholfen würde.

Weil dann das gegenwertige kindlein in seiner natur mit gleichen stünden, in massen wie wir auch, verunreiniget, unter dem zorn gottes und des teufels gewalt ist, derwegen es auch des ewigen tods und verdamnis sein und bleiben müste, und aber gott, der vater aller gnaden und barmherzigkeit, seinen son Christum der ganzen welt und also demnach den kindlein nicht weniger als den alten verheissen und gesandt hat, welcher auch der ganzen welt sünde getragen, und die armen kinder gleich den alten zur seligkeit erlöset und ernstlich befihlet, man sol sie zu ihm bringen, das sie gesegnet werden, derhalben so wollen wir uns dieses gegenwertigen kindleins gegen gott mit ernst annemen, dasselbige dem herrn Christo furtragen und bitten, er wolle es durch die heilige taufe zu gnaden aufnemen, ihm seine stünde vergeben und zu einem miterben der himlischen güter machen, auch es durch seinen heiligen geist sterken, das es, wie wir denn alle thun müssen, in dem geistlichen kampf dem feind absagen, demselben im leben und sterben statlichen widerstand thun, und also mit einem seligen sieg wider die stünde, tod, teufel und helle, zum ewigen leben erhalten werden möge.

Damit wir aber bericht empfahen, aus was grunde göttliche schrift wir uns dieses kindleins annemen, und durch unser gebet dem angesicht gottes vorstellen, und umb gnad und gabe der taufe bitten, so lasset uns hören das heilige evangelium, wie es S. Marcus im zuhenden capitel beschrieben hat.

Und sie brachten kindlein zu Jesu, das er sie solt anrüren. Die jünger aber fuhren die an, die sie trugen. Da das Jesus sahe, ward er unwillig, und sprach zu inen: Lasset die kindlein zu mir kommen, und wehret inen nicht, denn solcher ist das himelreich. Warlich, warlich, ich sage euch , wer das reich gottes nicht empfehet, als ein kindlein, der wird nit hinein komen. Und er herzet sie , und leget die hende auf sie , und segnet sie.

Nach dieser vermanung und verlesenem evangelio sol die amme, so das kindlein bisdaher noch bei sich nebeu dem gevattern behalten, ihme dem gevattern dasselbige auf die arme geben, und wann solches geschehen. als denn der diener des worts also sagen:

Lieben freund in Christo, wir hören in diesem evangelio, wie freundlich sich der herr Christus der armen kindlein annimpt, als deme derselbigen jammer und not, darinnen sie ihrer angebornen sünd halben stecken, bekant, der sie auch aus unendlicher liebe von der sünde und des teufels gewalt mit seinem blut erlöset und aus gnaden zu erben des ewigen lebens aufnemen wil. Demnach lasset uns auf solche seine gnedige verheissung für dieses kindlein gott den allmechtigen demütiglich und von herzen anrufen, und sprechen:

O allmechtiger ewiger gott, vater unsers herrn Jesu Christi, ich rufe dich an, uber diesen N. deinen diener (deine dienerin), so deiner taufe gabe bittet und deine ewige gnade durch die geistliche widergeburt begeret. Nim ihn (oder sie) auf herr, und wie du gesagt hast, bittet, so werdet ihr nemen , suchet, so werdet ir finden, klopfet an, so wird euch eufgethan, so reiche nu das gute dem (oder der), so da bittet, und öffne die thür dem (oder der), so da anklopfet, das er (oder sie) den ewigen segen dieses himlischen bades erlange und das verheissen reich deiner gabe empfahe, durch Christum unsern herren, amen.

Oder aber:

O allmechtiger ewiger gott, der du hast durch die sindflut nach deinem gestrengen gericht die ungleubige welt verdampt und den gleubigen Nohe selb acht nach deiner grossen barmherzigkeit erhalten und den verstockten Pharao mit allen den seinen im roten meer erseufet, und dein volk Isrsel trocken durchhin geführet und das bad deiner heiligen taufe zukünftig bezeichnet und durch die taufe deines lieben kindes, unsers herrn Jesu Christi, den jordan und alle wasser zur seligen sindflut und reichlichen abwaschung der sünden geheiliget und eingesetzt hast, wir bitten dich durch dieselbe deine grundlose güte und barmherzigkeit, du wollest diesen (oder diese) N. guediglich ansehen und mit rechtem glauben im geist beseligen und sterken, das durch diese heilsame sindflut an ihm (oder ihr) ersaufe und untergehe, alles was im (oder ihr) von Adam angeborn ist, und er (oder sie) selbst darzu gethan

hat, das er (oder sie) aus der zal der ungleubigen gesondert, in der heiligen archa der christenheit trocken und sicher behalten, deinem namen allzeit brünstig im geist und frölich in hoffnung zu dienen, auf das er (oder sie) mit allen gleubigen deiner verheissung, ewiges leben zu erlangen, wirdig werde, durch Jesum Christum unsern herren, amen.

Sprechet auch hierauf, von grund euers herzens, mit andacht das heilige vater unser.

Nach gesprochenem gebet des vater unsers, sol der pfarrherr den gevattern also anreden:

Lieber freund in Christo, nach dem ihr von wegen dieses N. begeret, das er (oder sie) getauft und durch die taufe ein kind gottes, auch in die heilige gemeine seines volks eingeleibet werden möge, und euch aus christlicher liebe dessen so weit annemet, das ir ihn (oder sie) in dieser offentlichen christlichen handlung vertreten wolt, als werdet ihr mir auf meine frage antworten, damit jederman wissend werde, worauf solche taufe gesche.

N. Widersagstu dem teufel, und allen seinen werken, und allem seinem wesen?

Antwort: Ja, ich widersage.

Gleubstu an gott den vater, allmechtigen, schöpfer himels und der erden?

Antwort: Ja, ich gleube.

Gleubstu an Jesum Christum, seinen einigen son, unsern herrn, der empfangen ist vom heiligen geist, geborn aus Maria der jungfrauen, gelitten unter Pontio Pilato, gecreuziget, gestorben, und begraben, nidergefaren zur hellen, am dritten tage wider auferstanden von den todten, aufgefaren gen himel, sitzend zur rechten gottes, des allmechtigen vaters, von dannen er komen wird, zu richten die lebendigen und die todten?

Antwort: Ja, ich gleube.

Gleubstu an den heiligen geist, eine heilige christliche kirche, gemeinschaft der heiligen, vergebung der sünden, auferstehung des fleisches, und nach diesem leben ein ewiges leben?

Antwort: Ja, ich gleube.

N. Wiltu getauft sein?

Antwort: Ja, ich wil.

Dann neme der minister oder pfarrherr das kiudlein aufgewickelt blos in seine hand, und spreche mit klarer, lauter, und deutlicher stimme:

N. Ich teufe dich, aus befehl unsers herrn Jesu Christi, im namen des vaters, und des sons, und des heiligen geistes.

Und begiesse es also bald dreimal mit dem
wasser, also das die drei wort und giessen allwege
zugleich mit einander geschehen, und gebe so
bald dem gevatter das kindlein wider und spreche:

Der barmherzige gott und vater unsers herrn
Jesu Christi, der dich anderweit geborn, durchs
wasser und heiligen geist und dir alle deine
sünde vergeben hat, erhalte und sterke dich mit
seiner gnaden zum ewigen leben, amen.

Darnach gebe der gevatter der ammen das
kind wider, und ermane der pfarrherr das volk
zur danksagung und dem gebet, wie volget:

Ihr geliebten in Christo, dieweil der allmechtige gott dis kindlein zur taufe unsers herrn
Jesu Christi gnediglich kommen lassen, wollen
wir ihm auch dafur von herzen dank sagen und
bitten, das er im dasselbige in allen gnaden befohlen sein lassen wolle, und sprechet demnach also:

Allmechtiger ewiger gott, wir sagen dir lob,
ehr und dank, das du deine kirchen so gnediglich erheltest und mehrest, und diesem kindlein
verliehen hast, das es durch die heilige taufe
widergeborn und deinem lieben son unserm
einigen heiland Christo einverleibet, dein kind und
erbe deiner himlischen güter worden ist. Wir
bitten dich demütiglich, du wollest dis kindlein,
so nunmehr dein kind ist, bei solcher empfangenen
gutthat gnediglich bewaren, damit es nach allem
deinem wolgefallen, zu lob und preis deines
heiligen namens, ufs treulichst und gottseligste
auferzogen werde, und endlich das versprochene
erbteil im himel mit allen heiligen empfahen
möge, durch Jesum Christum unsern herrn, amen.

Nach vollendung dieses gebets sol der minister
die gevattern ermanen, also sagende:

Euch gevattern aber ermane ich hiermit, do
diesem kindlein, ehe es zu seinem verstand keme,
seine eltern abgehen, oder ir eltern ampt an demselbigen nicht gottselig und ihren pflichten nach
uben und ausrichten würden, das ihr euch dessen
aus christlicher liebe, soviel euch nach gelegenheit immer müglichen, mit allen christlichen
treuen ferner annemen, es mit den heiligen catechismo notdürftiglich unterrichten, zu gottes wort
ziehen, desgleichen vom bösen ab und zum guten
anhalten wollet, auf das es in rechter erkentnis,
anrufung und furcht gottes aufwachsen und letztlich das ende des glaubens, nemlich der seelen
seligkeit, sampt uns allen, davon bringen möge.
Daran geschicht dem ewigen son gottes, dessen
glied nu dis kind ist, zu schuldigem dinst und
wolgefallen, der euch und allen denen, die diesem
jetzt eingepflanztem neuen himmelsbürger, als
einem mitbeerbten aller auserwelten engel und
heiligen gottes, liebs und guts thun werden,

solches hie zeitlich, und dort in jener welt ewiglich zuvergelten verheisset.

Wir halten auch fur gut, wenn ein kindlein
umb die zeit, da man prediget, zu teufen verhanden, das der pfarrherr hiervon auf der canzel
meldung thue, und die zuhörer, solchem göttlichen
werk beizuwonen, erinnere, und teufe es als denn
uf beschehene communion, oder nach mittags nach
dem catechismo, ehe man mit der gemeinen collecten
beschleust.

Wie wir denn auch ferner fur nützlich erachten, das so ausserhalb der predigt oder kirchen-
versamlung ein kind getauft werden solle, so bald
der pfarrherr ersucht, und eine gewise zeit zum
teufen ernennet, zuvor ein zeichen mit einer
glocken gegeben, damit andere leute, so zu diesem
hohen werk der taufe auf Christi befehl komen
wollen, sich hinzu zu finden dardurch ermanet
werden.

Auf den fall aber, do ein kind zur taufe getragen würde, das schwach were, sollen die prediger ohne alle ceremonien, soviel immer müglich,
mit dem gebet zur taufe eilen, und nach der taufe,
wenn das kind lebend bleibet, die andern ceremonien gebrauchen, wie hernach bei der nottaufe
versehung geschehen.

Vom exorcismo.

Den exorcismum oder beschwerung des bösen
geistes anlangende, lassen wir wol dieselbige in
rechtem gesunden verstande fur ein bekentnis,
oder wie etliche wollen, fur eine art eines gebets,
bei iren wirden bleiben, verweisen es auch niemand,
der solche beschwerung aus christlicher freiheit,
so wol als dieselbige auch aus gleicher freiheit
unterlassen und abgethan werden mag, im brauch
behelt. Doch haben wir unsers orts, als an das
babstumb grenzend, im werk befunden, das solche
bei den leuten oftmals in aberglauben und missbrauch gedeien wollen.

Und dieweil es denn ein cerimonia, welche
zumal in dieser forma, wie etwa dergleichen mehr
aus dem babstumb herkomen, die aber fur sich
und an sich selbsten gar keine besondere wirkung,
ausser dem jenigen, was die heilige taufe auch
ohne das mit sich bringet, erweiset und ausrichtet,
als ist dieselbige in vorgeschriebener action der
heiligen taufe unterlassen und dahin geschlossen
worden, das solche beschwerung noch ein zeit-
weile, damit der gemeine mann der gelegenheit
derhalben desto besser und gründlicher in den
predigten unterrichtet, und als denn soviel mehr
ohne ergernus abgethan und unterlassen werden
möge, tolerirt und zugebrauchen nachgelassen
werden solle, jedoch an denen orten unserer
fürstlichen grafschaft allein, do dieselbige noch

im gebrauch, aber nicht, do sie allbereit vor dessen gefallen, und mit dieser fernern bescheidenheit, das alle und jede pfarrherrn ire pfarrkinder hiervon, was es nemlich fur eine gestalt mit dem exorcismo habe, welcher massen er gebraucht und auch unterlassen werden könne, und was fur missbrauch ob demselben an etlichen orten entstanden und noch im schwang gehen, mit allem treuem vleis zu unterrichten, pflichtig und schuldig sein sollen.

Damit sol aber gleichwol den zwinglianern und calvinisten im wenigsten nicht gratificieret, noch zu willen gelebt sein, in betrachtung wir von der erbsünde, schuld göttliches zorns, und gewalt des leidigen teufels, in unserer vorrede der heiligen taufe praemittiret, ausdrücklich und klerlich alles des erinnern lassen, was in der beschwerung oder exorcismo dunkel und dem gemeinen mann und leien unverstendlich begriffen sein mag.

Von der nottaufe.....

Von der beicht, und der sonn und hohen fest abend vesper.

Die seelsorger sollen ihre pfarrkinder treulich erinnern, das sie ja nicht in sicherheit leben oder ihre buss und bekerung zu gott, desgleichen die empfahung des herrn nachtmals, bis auf die letzte not oder todes stund verschieben, damit sie vom tode nicht plötzlich, als einem fallstricke, begriffen und uberfallen werden, wie jenem reichen manne, Luc. 12. und den fünf thörichten jungfrauen, Matth. 25. widerfuhre. Denn solche der buss verzügliche leute hernach mit engsten und schmerzen dermassen beladen sein möchten, das sie darüber der gnade und barmherzigkeit gottes vergessen und durch verzweifelung endlich in ewige pein gestürzt werden dürften. Und solche suchet zwar der erzseelmörder, der teufel, auf das der haufe der verdampten ja gros werden, und ihm viel in der hellen rachen nachfolgen möchten. Darumb sol ja meniglich bei der zeit und gesundem leibe, da nemlich der herr noch zu finden ist, sich zu ihm bekeren, auf das er sich auch wider zu ihnen kere und wende.

Do aber etliche leute vom teufel also geblendet, das sie nichts desto weniger uber solche vorgehende treuherzige warnung beides, absolution und des heiligen nachtmals niessung, ein jarlang oder wol lenger, auch etwa bis zu der eussersten not und todes gefahr aufziehen und etwa denn allererst solches begeren würden, da sol ein prediger durch notwendige scharfe gesetzpredigt, erinnerung und ermanung sich zuvor wol mit ihnen besprechen, als das sie nicht ihre pfarrherrn, sondern sich selbst und ihre eigene seele betriegen, wo

sie nicht herzliche busse thun, ihre stünde erkennen, und sich in warem glauben zu gott bekeren würden, auf das die seelsorger also mit dieser oder dergleichen erinnerung prüfen mögen, obs auch dem kranken zu herzen gehen, oder derselbige sich bussfertiger erzeigen wolle.

Hette aber sie nur etwas bussfertigkeit bei denselben gespüret, sie nicht zuviel oder lang, von wegen grosser gefahr, auf halten und seumen, sondern fragen, ob sie dem wort gottes und heiligen evangelio, welches ihnen albier verkündiget, und nachmals auch in der absolution mitgeteilet werden solt, einfeltiglich gleuben wolten, mit dieser anzeige, wann sie gleich nicht so gar engelrein oder von wegen der schwacheit des fleisches volkömlich, wie wol billich sein solte, gleuben könnten, das dennoch kleiner und schwacher glaube auch ein glaube sei, den gott der allmechtige nicht verschmehen werde, denn er, lauts seiner selbst eigenen wort, das zerstossen rohr nicht gar zerbrechen noch das glimmende dacht auslesschen wolle.

Do nu der kranke hierauf sich christlich erkennen oder darzu geneigt sein vernemen lassen würde, demselben im namen gottes die absolution sprechen und das nachtmal des herrn unwegerlich reichen.

Zum andern, ob wol die ohrenbeicht von gott nicht geboten, so halten wir doch dieselbige fur eine gar heilsame, gute und nützliche ordnung, dadurch die jenigen, so des herrn nachtmal brauchen wollen, zuvor irer stünden umb soviel desto besser erinnert, in gottes wort christlich und notdürftiglich unterwiesen, desgleichen zu besserung ires lebens auch desto fruchtbarlicher angereizet und ermanet werden mögen, zu deme, das es auch blöden gewissen one das sehr tröstlich, das sie bei iren seelsorgern gern in sonderheit rat zu suchen, sich von denselben aus gottes wort unterweisen, trösten und sterken zu lassen, fug und gelegenheit haben, am allermeisten aber zu der zeit, do die leute das heilige abendmal zu empfahen gedenken.

Was aber die form zu beichten anlangt, darmit dieselbige bequem, erbaulich, und gottes wort ebenmessig sei, sollen die pfarrherrn die leute solche aus dem kleinen catechismo Lutheri zu lernen anweisen.

Derwegen sollen seelsorger und pfarrherrn die personen, so beichten und zum abendmal gehen wollen, nicht allesampt auf einmal fur sich nemen, und durchgehen lassen, sondern einen jeden beiseits mit vleis verhören, ob nemlich dieselben auch die stücke des heiligen catechismi wissen und was fur einen grund und verstand sie in der christlichen lehre und bekentnis haben, dessen wegen auch die pfarrherrn beide mit lehren, ermanen und anhalten darob sein sollen, auf das die leute, sonderlich aber die jugend, die wort des catechismi, wie sie lauten, wol fassen und inen einbilden, also, das wenn sie von einem stücke gefragt oder in irem bekentnus und glaubens sachen rechenschaft oder bescheid von sich geben sollen, hierzu nicht ire eigene oder frembde wort, sondern so viel als müglich, wie sie im catechismo begriffen und lauten, brauchen mögen.

Dieweil es aber unmüglich, das alte, desgleichen auch sonst einfeltige leute, so etwan weder schreiben noch lesen gelernet, die stücke des catechismi von worten zu worten lernen und aufsagen können, als sollen die kirchendiener dieselbigen in der beicht, oder sousten, hiervon soviel desto fleissiger unterweisen, damit sie es dennoch aufs wenigst in einer summa verstehen und merken, auch ferner mit iren eigenen worten davon bescheid geben mögen, was christliche lehre und glauben sei. Sollen auch eben aus solcher ursachen dieselbige vermanen, das sie zur predigt und den kirchendienern umb unterricht oftmals komen, damit sie dieser gestalt von tag zu tage je lenger je besser, was einem christen zu wissen, zu thun und zu gleuben gebüret, unterwiesen, und also dadurch auch selbst ihre kinderlein und gesinde kraft ihrer pflichte zu unterrichten und anzuhalten, geschickt werden mögen.

Es sollen aber die pfarrherrn gleichwol hiermit verwarnet sein, das sie die leute nicht, unterm schein einer christlichen exploration oder erforschung, umb unnötige ding befragen, denn daher ist vor zeiten im babstumb allerlei missbrauch, schaden und ergernis eingerissen, auch wol noch die leute dadurch verwirret, erschreckt, oder trost bei der beicht zu suchen, verhindert und abgehalten werden möchten, welches denn gar nicht zu gestatten, sondern viel mehr zu strafen und abzuschaffen sein wil.

Wann nun das examen und unterricht christlicher lehre also notdürftig geschehen, sol ferner der pfarrherr solchen vorstehenden confitenten aus dem gesetz seiner sünd und schweren last göttliches zorns, auch wolverdienter ewiger strafen mit ernst erinnern und vleis anwenden, auf das derselbige aus gottes gnaden zu deren erkentnis und warer heilsamer reue komme, do solche vermerkt oder darfur gehalten, das er der gnaden begirig, ihn als denn ferner aus gottes wort und dem heiligen evangelio treulich und freundlich trösten, darneben auch von den heiligen sacramenten, wie solche zu sterkung unsers glaubens erspriesslich und dienlich, erinnern, auf das die arme blöde gewissen widerumb aufgericht, und die herzen fur gott durch waren, gerecht und seligmachenden glauben befriediget werden mögen.

Wenn auch dieselbige confitenten etwa besondere mengel oder anfechtunge hetten, als das sie sich schwach im glauben, kalt in der liebe oder dergleichen befünden, sol der pfarrherr hierauf gefast sein, auch mit getreuem vleis dahin arbeiten, auf das inen mit gottes wort wider daraus geholfen werde.

Nach solchem allem ist weiter auch einer getreuen vermanung von nöten, das sie gott fur seine wolthaten herzlich danken, den tod unsers herrn Christi mit andacht und vleis bedenken, sein wort gern hören, aus solchem erkentnis der sünden und ware bussfertigkeit schöpfen, den glauben sterken, das leben bessern, vergeben und lieben, auch gott umb gnade des heiligen geistes anrufen und anders thun wollen, was teglich aus gottes wort weiter gelehret und furgetragen wird. Als denn so solches verjahet, die absolution ohngefehrlich uf folgende weise sprechen:

Forma der absolution.

Der allmechtige gott hat sich deiner erbarmet, und durch das verdienst des allerheiligsten leidens, sterbens und auferstehens unsers herrn Jesu Christi, seines geliebten sons, vergibt dir alle deine missethat. Und ich, als ein verordneter diener der christlichen kirchen, verkündige dir aus befehl unsers herrn Jesu Christi dieselbe vergebung aller deiner sünden, im namen gottes des vaters, sons und heiligen geistes, amen. Gehe hin im friede des herren.

Es sol aber doch gleichwol ausserhalb leibs oder sonst anderer unvermeidlichen not, ermelte verhör und absolution nicht ins pfarrherrn oder diacons haus, sondern in der kirchen den abend zuvor, geschehen.

Auf das es aber auch der zeit halben seine gewise ordnung habe, sol man auf die sonn oder sonst anderer hoher fest abend umb drei uhr nach mittage zur vesper leuten, zum anfang einen psalm und gewöhnlichen hymnum deutsch singen, darauf eine lection und derselben summa aus Veit Dietrichs summarien lesen, nach solchem das stück aus dem catechismo, so des folgenden sontags examiniret werden sol, durch den pfarrherrn oder diaconum ein mal oder drei der gemeinen jugend vorgesprochen werden, damit sie also dasselbige desto besser fassen und ihnen einbilden und es also uf den sontag desto fertiger recitiren oder aufsagen könne. Und sollen demnach auch die pfarrherrn und kirchendiener in ihren predigten die leute und pfarrkinder erinnern und vermanen, ihre kinder zu solcher ubung ernstlich anzuhalten und in solcher stund zur kirchen zu schicken, als denn nach gesprochenem stücke des catechismi, als jetzt gemeldt, mit dem Erhalt uns herr, oder Verlei uns frieden, etc. sampt der collecta beschliessen, und förter die beichte nach oben erwehnter massen verrichten.

An denen orten aber, da es viel filial, so in der heupt pfarrkirchen ihre pfarrliche recht suchen müssen, und demnach auch viel communicanten hat, derwegen denn umb ein uhr bis daher zur beichte geleutet worden, sol und mag es, so wol auch an andern orten, do es gleichwol nicht gebreuchlich gewesen, jedoch wie erst gemeldt, viel communicanten gibt, welche, sonderlich zu winters zeiten, nach der vesper bei tage nicht alle verhört werden können, auch furter gelassen und solcher gestalt gehalten werden.

Wann aber die beicht von denen, so auf gemeine feiertage communiciren wollen, gehalten werden solle, wird hernacher seines orts sonderlich angemeldet.

Wie auch alle pfarrherrn und prediger auf dem lande, do nicht allzeit zween ministri neben einander verhanden sein können, sich dessen christlich zu bescheiden wissen werden, das sie des jars ein mal oder etlichs, nicht allein andern gemeinen leuten zum guten exempel, sondern auch ihnen selbst zu trost und besten, der heiligen absolution bei ihren benachbarten pfarrherrn, auf das und damit also darneben einer den andern seines ampts, und dessen fleissiger abwartung, zu reiner lehr und erbaulichem ordentlichem leben, zu ermanen und sonsten, wo von der not, von ergerlichen gebrechen, wo die etwa verhanden sein möchten oder würden, treulich, freundlich und brüderlich abzuweisen habe, darzu wir sie denn auch, so wol die in stedten und flecken, hiermit gnediglichen erinnert haben wollen.

Wie man das ampt der predigt, desgleichen die communion oder das abendmal Christi halten und verrichten solle.

Anfenglich sollen eine gute weile nacheinander zwei zeichen geleutet, und dann, wo mehr als eine glocken verhanden, zum dritten mal mit allen zusamen geschlagen werden, und sol als dann ein jeder, ehe zum dritten mal recht ausgeleutet, sich zur kirchen finden, und vom anfang bis zum ende der predigt und andern christlichen ubungen beiwonen.

Und wollen wir auch, das in allen kirchenversamlungen die manns personen uf einer, und dann die weibs personen auf der andern seiten oder stelle in der kirchen, unterschiedlich und ordentlich in iren stülen stehen oder sitzen sollen, und nach obvermeltem drifachen puls, sol erstlich ein stück oder moteten, nach gelegenheit der zeit oder sonst, gesungen, darnach, wo ein orgel verhanden, dasselbe oder ein anders geschlagen, oder aber erstlich auf der orgel geschlagen, und

darnach figuraliter gesungen, und nachmals ein deutscher gesang oder psalm, von der zeit, oder wie sichs sonsten schicken wird, mit der ganzen gemeine gesungen werden.

Wo aber keine orgel verhanden, sol, wie obberürt, ein stück von der zeit oder sonst nach gelegenheit, figurirt, und dann dasselbige deutsch, wofern es sein kan, oder sonsten ein ander geistlich lied oder psalm, gesungen werden.

Aber in den flecken, do weder cantor noch schüler, so figuriren können, zugegen, sol der schulmeister oder kirchner mit einem deutschen psalm den anfang machen, und mit der ganzen gemeine zugleich singen.

Nachfolgends sol die uf solche fest geordnete epistel und eine kurze summa davon (wie denn deren gewise summarien jedem pfarrherrn zugestellet werden sollen) an stat der gewöhnlichen vermanung durch den kirchendiener dem volk verstendiglich und wol vernemlich vorgelesen werden.

Nach verlesung der epistel und summarien aber, sol der cantor das symbolum (Wir gleuben) mit der ganzen gemein singen.

Wenn nu solcher gesang geendet, sol der kirchendiener auf den predigstuel treten, das volk mit verstendiglichen lauten worten, wie er sonst im predigen zu reden pflegt, zu dem gebet des lieben vater unsers bei sich selbst zu beten ermanen, nach gesprochenem vater unser den text des evangelii, so auf den selben tag verordnet, ablesen und furter zuerkleren anfahen, und mit derselbigen erklerung und dem gemeinen gebet ufs lengste ein stunde ohngefehrlich zubringen, wie denn d. Luther seliger selbs den predigern es dermassen zu halten geraten, aus der ursach, damit die leute nicht müde oder uberdrüssig gemacht und zur predigt soviel lieber und williger komen und sich einstellen, desgleichen auch, das sonderlich die gemeine schlechte leute und das junge gesindlein die predigt oder doch die furnembste sprüche daraus desto besser ins gedechtnis und zu herzen fassen und ihnen einbilden mögen.

Unter der predigt aber sol das klingelseccklein auf die sontag und hohe fest in der kirchen herumb getragen, den armen das almosen gesamlet und colligirt werden. Und sollen die einsamler desselben, darmit niemand, der darein geben wölte, ubersehen werde, sich befleissigen.

Nach der predigt sol der kirchendiener das volk zum gebet, für alle stende und not der christlichen kirchen vermittelst nachfolgender form mit vleis abermals ermanen.

39 *

Forma des gemeinen gebets.

Geliebten im herrn Christo, weil wir im namen unsers herren Christi jetzt alhie versamlet sind, göttlichen befehl und gebot haben, wir sollen beten, darzu verheissung, was wir im namen Jesu Christi bitten, das es unser gnediger vater im himel uns gern geben wolle.

So last uns nu erstlich bedenken die not der ganzen christenheit und bitten, das uns gott sein wort rein und lauter erhalten wolle wider alle rotten und ketzereien und seine arme christenheit gnediglich behüten widers furnemen des teufels und der tyrannen.

Darnach last uns auch bitten fur das zeitliche leben, das uns gott mit gnedigem fried und seligem wetter begnaden, fur theurung und pestilenz behüten und sonderlich dem Türken und allen feinden seines worts und kirchen wehren wolle, umb seines heiligen namens willen.

Bittet auch fur die obrigkeit der ganzen christenheit, das gott ire herzen durch sein wort und geist erleuchten wolle, auf das gottes wort und ehre durch sie gefördert und nicht gehindert, und wir desto mehr frieds bei irem regiment haben mögen.

In sonderheit aber bittet fur unsern landsfürsten zu Henneberg, unter welches schutz und schirm uns der liebe gott gesetzt hat, und seiner f. g. gemahl, auch ihrer bederseits f. g. blutsverwandten und sonsten angehörige, das sie gott semptlich in seiner furcht, bei langwiriger guter gesundheit erhalten und an leib und seel begnaden, auch alle seiner f. g. räte und amptleute regieren wolle, auf das gottes ehre und alle erbarkeit gefördert, allem ergernus gewehret, und die gemeine gottes wol und friedlich regieret werde.

Darnach bittet fur alle fürsten und stende, so bishero gottes wort bekennet haben, das sie gott in solchem erkentnis gnedig erhalten und andere mehr herzu bringen wolle, widerumb aber die es mutwillig verfolgt haben und noch nicht ablassen, in ihrem bösen furnemen hindern und seine kirche gnediglich wider sie schützen wolle.

Sonderlich auch, weil nun und wider in andern landen viel armer christen umb des worts willen verfolgt, verjagt, gefenglich eingezogen, elendiglich gemartert und erwürgt werden, sind wir schuldig fur sie zu bitten, das gott durch seinen heiligen geist ire herzen trösten und sterken, in bekentnis rechter lehr und glaubens sie fest erhalten, und inen an leib und seel seliglich helfen wolle.

Bittet auch fur alle betrübte, angefochtene, kranke, dürftige und notleidende christen, unsere arme brüder und schwestern, hie und in der ganzen welt, fur alle schwangere, sechswöchnerin und seugende, das sie gott mit gnaden erledigen, entbinden und erhalten wolle.

Letztlich bittet auch fur die arme leute, so noch unter dem babstumb in irrtumb und bösem gewissen ligen und die selige erkentnis des worts nicht haben, wie wir, das sie gott zu solchem licht seiner gnaden auch füren und sie mit uns durch rechten glauben an Christum wolle ewig selig machen.

In sonderheit wird ein gemeine vorbitte von euch begeret, fur N.

Solch alles zu erwerben, betet mit andacht das heilige vater unser.

Nach solcher vermanung und dem gesprochenen vater unser, sol der prediger nachfolgenden segen uber das volk sprechen:

Die gnade unsers herren Jesu Christi, die liebe gottes und die gemeinschaft des heiligen geistes sei mit euch allen, amen.

Wann denn die predigt also vollendet, und communicanten verbanden, sol der cantor das (Verlei uns frieden gnediglich) oder dergleichen gesetzlein, singen und unter dessen der kirchendiener, so das amt der communion helt, fur den altar treten, folgende ermanung von dem nachtmal mit gegen dem volk gekertem angesicht verstendlich und wol vernemlich verlesen:

Lieben freund in Christo, weil wir alhie im namen des herrn versamlet sind, das gnadenreiche abendmal unsers herrn Jesu Christi zu begehen und zu empfahen, so vermane ich euch, das ihr mit rechtem ernst und glauben des testaments Christi wol warnemet und allermeist die wort (Nemet hin, esset, das ist mein leib, trinket, das ist mein blut) darinnen uns Christus seinen warhaftigen leib zu einer speise und sein eigen blut zu einem trank verordnet, darmit vergebung der sünden schenket und reichet, im herzen wol bedenket, auch mit glauben fest fasset und demnach demütig und andechtig dem herrn Christo der grundlosen liebe, die er uns bewiesen hat, da er durch sein blutvergiesen und sterben von gottes zorn, sünd, tod und helle uns erlöset hat, danket und darauf das brod und wein, das ist, seinen leib und blut, zu gewiser versicherung, pfand und zeugnus empfahet, auf das also Christus in euch, und ihr in Christo ewiglich leben möget. Demnach wollen wir in seinem namen und aus seinem befehl durch seine eigene wort das testament also handeln und gebrauchen.

Und darauf sol der kirchendiener das vater unser lesen, und wenn dasselbige geschehen, ferner die wort von der einsetzung des nachtmals so bald nacheinander, uber brod und wein, wie volget, und dasselbige alles wol vernemlich und deutlich, sprechen:

Unser herr Jesus Christus, in der nacht, da er verraten ward, nam er das brod, danket und brachs und gabs seinen jüngern, und sprach: Nemet hin und esset, das ist mein leib, der fur euch gegeben wird, solches thut, zu meinem gedechtnus.

Desselben gleichen nam er auch den kelch, nach dem abendmal, danket, und gab ihn den, und sprach: Trinket alle daraus, das ist der kelch des neuen testaments, in meinem blut, das fur euch vergossen wird, zur vergebung der sünden, solches thut, so oft ihrs trinket, zu meinem gedechtnus.

Und soll der kirchendiener, der das ampt helt, wenn er die wort saget (Das ist mein leib) alzeit die paten mit don partikeln in der hand, desgleichen wenn er spricht (Das ist mein blut) den kelch haben und halten.

Do das beschehen, und die wort der einsetzung also gesprochen, sol ein jeglicher communicant nach seinem stand, person und alter, in dem sich dann ein jeder selbsten der gebür zu erweisen wissen wird, mit andacht aus seinem stuel oder sonst bequemen ort herbei komen und ordentlich nacheinander herzu treten, erstlich den leib und folgends umb den altar gehend auch das blut empfahen und nach solcher empfahung oder niessung wider in seinen stuel oder an einen andern ort treten und gott fur die empfangene wolthat von herzen danken.

Und wenn der kirchendiener den leib reichet, sol er dabei sagen:

Nim hin und iss, das ist der leib Jesu Christi, der fur dich gegeben ist.

Und bei der darreichung des bluts:

Nim hin und trink, das ist das blut Jesu Christi, das fur deine sünde vergossen ist.

Unter der communion sol man singen: Jesus Christus unser heiland, item, Gott sei gelobet, oder, Esaia dem propheten das geschach, oder was sonsten von geistlichen gesengen sein mag, so dieser action gemess und bequem und die notdurft nach anzal der communicanten erfordert.

Wann aber der communicanten so wenig, das auch obgemelter gesenge einer zu lang were, so sol darmit, so bald die communion geendet, auch aufgehört werden, und der kirchendiener mit nachfolgender collect und gebet singend beschliessen.

Las uns beten:

Wir danken dir herr Jesu Christ, das du uns mit deinem leib und blut so reichlich und veterlich gespeiset und getrenket hast, und bitten dich demütiglich, du wollest uns solches gedeien lassen zu einem starken glauben gegen dir und zu brünstiger liebe unter uns allen, der du mit dem vater und heiligen geist lebest und regierest von ewigkeit zu ewigkeit, amen.

Und spreche der diener ferner:

Der herr segne euch und behüte euch, der herr erleuchte sein angesicht uber euch und sei euch gnedig, der herr erhebe sein angesicht auf euch und gebe euch frieden, amen.

Oder:

Der friede des herren sei mit euch allen, amen.

Do aber keine communicanten verhanden, sol one einiges orgel schlagen oder figuriren, so balden der kirchendiener vom predigstuel abgehet, der cantor einen deutschen psalm oder sonsten reinen christlichen gesang, nach gelegenheit der zeit, anfahen, mit dem ganzen chor und der gemeine singen, und also darmit nach gesungener collecten und darauf erfolgtem amen, das ampt beschlossen werden.

Es sollen auch zu jeder gelegenheit die prediger ire zuhörer in den predigten vermanen, das hochwirdige abendmal unsers herrn Jesu Christi, das ist, seinen waren leib und sein wares blut, aus rechtem glauben, zu sterkung desselben und besserung ires sündlichen lebens oft zu gebrauchen, dargegen auch mit vleis und ernst erinnern, das sie ja nicht in gefastem neid oder bösem eigenwilligen vorsatz und beharrlichem sündlichem leben hierzu gehen, und also daran inen selbst das gericht essen und trinken. Und eben aus diesem grunde sol kein pfarrherr einem frembden pfarrkinde, ausserhalb der not, dieweil er dessen gelegenheit nicht wissen, und sich sonsten allerlei unrichtigkeit daraus begeben kan, das nachtmal des herrn reichen.

Und sollen die pfarrherrn in stedten und dörfern das hochwirdige sacrament auch selbest oft empfahen, und in stedten, da diaconi sind und umbgewechselt werden kan, wie andere, umb den altar gehen, und also iren pfarrkindern auch disfalls ein christlich gut exempel geben und sonsten mit aller ehrerbietung und reverenz solch hochwirdige sacrament handeln und austeilen.

Letztlich sollen sich alle und jede pfarrherrn darnach achten, das mit leuten in die kirchen, der predigt und communion, auch allen andern ceremonien es dahin gerichtet werde, damit allwegen im sommer ohngefehrlich ein viertel stund vor neun uhren, und im winter vor zehen uhren, es allerdings aus und zu ende gebracht sei.

**Von der mittags predigt, wie die auf
die vier hohe fest und die sontage gehalten werden sol.**

Anfenglich soll, wie am sontag frůe geordnet,
zum drittenmal geleutet werden, und dann auf die
hohe fest, als weinachten, das deutsche grates
nunc omnes, und, Gelobet seistu Jesu Christ, bis
ohngefehrlich umb purificationis, von dem sontage
nach purificationis an, das deutsche Nunc dimittis,
bis auf die fasten; durch die fasten bis auf ostern
Christe der du bist tag und licht; von ostern bis
zum auffarts tage Also heilig ist der tag, oder
Christ ist erstanden, oder Christ lag in todes
banden; vom auffarts tage an bis uf pfingsten,
Christ fuhr gen himel; von pfingsten an, vom
heiligen geist, bis aufs advent; im advent bis auf
weinachten, Nu kom der heiden heiland, alle sontage nach mittage auf der orgel, wo die verhanden,
geschlagen und darauf eben dasselbe als balden
figuriret, als dann das magnificat durch den cantor
und chor mit der ganzen gemeine gesungen werden.
Wo aber kein orgel und man doch figuriren kan,
sol der cantor obberůrte gesenge nach der ordnung
figuriren. Im fall aber auch zum figuriren nicht
gelegenheit, als denn eben diese voremelte gesenge zum anfang, und nachmals der chor, zu
sampt der ganzen gemeine, das deutsch magnificat,
wie auch hievor gemeldet, darauf singen.

Hiernach sol der predicant auf den predigstuel gehen, das volk, wie auch oben gemeldet,
mit lauten verstendlichen worten zum gebet ermanen, das vater unser bei sich, und ein jedes
auch fur sich, in geheim beten.

Nach gesprochenem vater unser, auf die vier
hohe fest, wann gleich nativitatis auf einen sontag
gefiele, eine predigt von der historien, nach der
zeit, thun. Auf die gemeinen sontag aber, do
man in der mittags predigt mit dem catechismo
zu thun, sol er, der prediger, nach dem magnificat auf die canzel treten, und das volk, wie oben
vermeldet, zum gebet ermanen, nachmals die sechs
heuptstůcke der christlichen lehre, wie sie im
kleinen catechismo Lutheri zu befinden, nach dem
text allein deutlich erzelen, fůrter von den sechs
heuptstůcken oder der haustafel des catechismi
das stůck, so von den knaben und der gemeinen
jugend recitiret und aufgesagt werden sol, durch
die predigt erkleren, soviel ohngefehrlich in einer
halben stunde geschehen mag.

Nach volendter predigt das volk mit einer
kurzen vermanung, ohngefehrlich folgender form,
fur alle not und stende dor christlichen kirchen
zum gebet ermanen und als dann mit dem vater
unser beschliessen.

**Forma des gemeinen gebets, nach der
mitags predigt.**

Geliebten in Christo, weil wir alle glieder
eines leibs sind, welcher heupt Christus ist, so
sol je ein glied des andern sich herzlich annemen
und fur dasselbige vorbitte thun, als wollen wir
demnach, vermöge Christi befehl, von herzen
bitten:

Erstlich, das der barmherzige fromme vater
unsers herrn Jesu Christi seine heilige kirche
mit ihren dienern und gliedmassen, bei der rechten
reinen lehre seines göttlichen worts, dardurch der
glaube gesterket und die liebe gegen gott und
dem menschen in uns zuneme und wachse, erhalten wolle.

Zum andern, das der liebe gott aller christlichen obrigkeit fried und einigkeit, in sonderheit
aber userm gnedigen lieben landsfürsten, und
s. f. g. gemahlin, auch dero beiderseits blut und
andern angewandten, langwirige gesundheit, auch
allerlei wolfart und segen an leib und seele, hie
zeitlich und dort ewiglich verleihen, desgleichen
ihrer f. g. hof räten und beampten und was zum
regiment gehöret, die unterthanen nach gottes
willen wol zu regieren, gerechtigkeit zu befördern
und die bosheit abzuschaffen und zu strafen, verstand und vermögen geben und darreichen wolle,
darmit die unterthanen in stille und ruhe ir leben
unter ihnen seliglich zubringen mögen.

Zum dritten, so wolle auch der liebe gott
den unterthanen gegen irer von gott geordneter
obrigkeit ein gehorsames herz, derselbigen willig
und gern zu dienen und zu folgen, verleihen.

Zum vierden, wolle der getreue gott alle die,
so in trübsal, armut oder krankheit ligen, item
die schwangers leibs sind, sampt irer frucht, und
die so in kindsbanden oder nöten, gnediglich
segnen, auch die so in anfechtungen sind, und
umb der warheit willen verfolgung leiden, mit dem
heiligen geist trösten, auf das sie seinen heiligen
willen erkennen, zur seligkeit und ewigem leben
erhalten werden.

Zum fünften, so wolle der liebe gott die früchte
auf dem lande, zu leiblicher notdurft und unterhaltung gehörig, mit bescherung gutes gesunden
zeitigen wetters, ihm in gnaden befohlen sein,
dieselbige fruchtbarlich geraten und gedeien lassen.

Zum sechsten, wolle auch der allmechtige
gott unsere widersacher bekeren, das sie von irrtumb und verfolgung ablassen, sich mit uns christlich vereinigen, und durch den glauben an den
herrn Christum zugleich mit uns selig werden.

Und in summa, der liebe gott wolle alles, so
uns beschwerlich anliegt, gnediglich wenden, und
was uns sonsten von nöten, durch das bitter leiden
und sterben unsers herrn und heilands Jesu Christi,
verleihen und geben, amen.

Darauf das heilige vater unser, wie oben gemeldt, gebetet werden sol.

Nach demselbigen sol der prediger oder kirchendiener die zuhörer (ob sie vieleicht pflegten so bald nach der predigt aus der kirchen zu laufen) oftmals vermanen, solches zu unterlassen und bei dem catechismo zu bleiben, auch ferner des segens und also des endes zu erwarten. Auf dieses vom predigstuel fur den altar gehen, und dann der schulmeister mit sampt dem chor oder der ganzen kirchen das letzte gesetze aus dem deutschen gesange Ein feste burg (Preis ehr und lob) singen, darunter denn die gemeine jugend aus irem orte, da sie zuvor gestanden, mitten in die kirchen, die knaben auf der menner, die megdlein aber auf der weiber seiten sich stellen.

Desgleichen vier schüler aus ihnen an einen bequemen ort, do sie von jederman wol gehöret werden können, beineben einem schuldiener, der achtung aufs recitiren und anders gibt, auftreten, und dann derer zween das ganze stück, aus deme ein teil gepredigt, und das die gemeine jugend die wochen uber gelernet, auch daraus examiniret werden sol, einander durchaus volkomenlich fragen und aufsagen.

Und wenn solches verrichtet, widerumb in züchtiger stille zum chor gehen, gegen welchen ein kirchendiener oder zween, nach gelegenheit des orts, heraus komen, unter die gemeine jugend treten, und sie ordentlich, manns und weibs personen, eins umbs ander umbgewechselt, vom selbigen stücke, welches ihnen, wie gemeldt, die wochen zu lernen und aufzusagen vorgegeben, mit gebürlicher sanftmütigkeit zum vleissigsten examiniren.

Und wann das examen auch geendet, mit der ganzen gemeine gesungen werden sol, Erhalt uns herr bei deinem wort, etc. wie dasselbige Lutherus gemacht hat. Und do die drei vers aus sind, sollen zween knaben, die vorhin durch den schulmeister oder cantor darzu verordnet worden, fein züchtig niderknien und das Verlei uns frieden gnediglich, und der chor als bald darauf Herr gott zu unsern zeiten, zum andern mal unterschiedlich, zum dritten mal aber widerumb, Verlei uns frieden gnediglich, Herr gott zu unsern zeiten, vorsingen, und dann der chor nachfolgend, Es ist doch ja kein ander nicht, etc. antworten, und es also beschliessen.

Darauf sol der kirchendiener die anhangende, oder sonst andere, wegen der zeit oder not angeordnete oder bequeme collectam singen, auch nach hiergegen gesungenem amen, den segen des herrn aus Mose mit folgenden worten sprechen:

Der herr segne euch und behüte euch, der herr erleuchte sein angesicht uber euch, und sei euch gnedig, der herr erhebe sein angesicht auf euch, und gebe euch frieden, amen.

Oder, wo dieser segen zur früepredigt etwa, von wegen der communicanten, gesprochen were worden, an stat desselbigen:

Der friede des herrn sei mit euch allen, amen.

Es sollen sich auch die kirchendiener mit leuten, singen, predigen, wie auch allen andern zugehörigen dingen, eigentlich darnach richten, auf das die mittags predigt im sommer und winter allwegen ohngefehrlich ein halbe stund nach ein uhr aus sei.

Dieweil es aber an etlichen orten, sonderlich in unser stadt Schleusingen, die gelegenheit hat, das viel dörfer als filial dahin gepfarrt, welche auch daselbsten die predigten und alle andere pfarrliche rechten, besuchen müssen, damit nu dieselben an dieser predigt nicht verhindert werden, dieweil solche dörfer zum teil etwas weit entlegen, so sol es solcher orten, wie bis dahero, bei ein uhr, das die mittags predigt als denn angefangen werde, und sonsten, wie obstehet, gehalten werden.

Von predigts tagen in der wochen, und früe-gebeten.

Aus sonderbaren beweglichen und unserer fürstlichen grafschaft und deren inwonender unterthanen gelegenheit nach gewisen ursachen, sol hinfurter auf den mitwochen vor mittage ein ordentlicher predigts tag, welcher durch alle die jenigen, beides in stedten und dörfern, so nicht notwendig auf dem felde, in weinbergen oder im holze zu schaffen und zu arbeiten, oder sonsten notwendig zuverreisen, mit einstellung aller anderer arbeit und geschefte, darob denn unsere amptleute und befehlhaber mit allem ernst und fleis sein und es dermassen handfesten sollen, gehalten, und darauf, wie am sontage, zu gleicher zeit und stunde zum dritten mal geleutet, und zum anfang, ohne orgeln und figuriren, die deutsche litanei, wie die in d. Luthers gesangbüchlein zu befinden, und wenn dieselbige geendet, als denn darauf das deutsche Kom heiliger geist, erfülle die herzen, etc. nach den noten des lateinischen Veni sancte spiritus gesungen werden, unter diesem gesang sol der prediger auf den predigstuel sich verfügen und mit predigen und gemeinem gebet in aller massen, wie oben vom sontage gemeldet worden, sich verhalten.

Zum ende der predigt sol der schulmeister oder cantor ein gesang anfahen, mit dem chor und ganzer gemeine singen, und mit einer collecten von der zeit oder sonsten der notdurft nach durch den prediger beschlossen werden.

Es sol auch nu hinfurter auf den freitag die predigt, so bishero umb acht uhr gehalten worden, aus beweglichen ursachen anticipiret und zur zeit und stunde des frügebets oder früpredigt volkomenlich verrichtet, jedoch dargegen die verlesung des capitels unterlassen, und sonsten mit dem leuten und singen, wie bei den frügebeten, gehalten werden, also und dergestalt, das solche freitags predigt mit singen, predigen, und gemeinem gebet in einer stund aus sei und lenger nicht verzogen werde, auf das und darmit die arbeitsame leute und taglöhner an irer arbeit und taglohn, so wol auch andere, ein jeder an seinem beruf, unverhindert bleiben mögen.

Zu den frügebeten aber sol man erstlich ein zimlich lang zeichen mit einer glocken allein leuten, und von lichtmess an bis auf den 13. aprilis ohngeferhlich die kirchendiener mit singen, lesen, und gemeinem gebet es also anstellen, das es in einer halben stund, und mit den angehenden tage, damit gleichwol der arme arbeitsame man an seinem taglohn, arbeit und narung dadurch unverhindert bleibe, sich ende.

Von solchem an bis auf Laurenti, sol man ein viertel stund nach drei uhren zu leuten anfahen, also und dermassen, das es nach dem leuten mit allem ein viertel stund vor vieren ohngefehrlich aus sei.

Von dannen bis uf Galli, sol es eben, wie von lichtmess an gemeldet, nach dem leuten mit anfang des gesangs, lesens und betens, gehalten werden, das es mit angehendem tage auch ein ende habe.

Von Galli an bis auf lichtmess, als zur winterzeit, sol widerumb jedes mal kurz vor sechs uhren geleutet, und dann, wie offt berüret, in einer halben stunde das frügebet in allem geendet werden.

Und sollen solche frügebet folgender gestalt gehalten werden: Nach dem leuten sol der schulmeister oder kirchner mit den schülern einen christlichen gesang, deutsch, von der zeit, oder sonst nach gewonheit, singen.

Do aber der gesang etwas lang, sol man in bis zum letzten schlussgesetze, welches gemeiniglich ein gebet oder danksagung, zum anfang singen, hernach der prediger ein capitel aus der biblien, halb oder ganz, nach gelegenheit des capitels, mit einer kurzen summarischen erklerung, lesen, und dann nachfolgend gemein gebet oder dessen inhalts drauf thun, und letztlich mit dem ubrigen gesetze, als obgedacht, beschlossen, auch hiervor angemeldte zeit jedesmals observiret und gehalten werden.

Form des gemeinen gebets.

Lieben christen, weil wir versamlet, dem allmechtigen treuen gott fur alle seine wolthat, an leib und seel uns erzeiget, zu danken, auch wegen aller christen not und anligen ihn zu bitten und anzurufen, als wollen wir unserm lieben herrn gott, das er uns neben der gnedigen und seligen bescherung seines waren und heiligen worts und teglicher unterhaltung und narung unsers leibs und lebens diese vergangene nacht sampt allen den unsern so gnediglich behütet hat, von herzen danksagen und bitten, das er uns auch hinfort bei seinem göttlichen wort, der predigt des heiligen evangelii, beneben dem rechten gebrauch der heiligen sacramenten, als der seelen speise, auch in rechtschaffenem glauben und warer liebe gegen sich und den menschen bis an unser ende gnediglich erhalten, auch diesen tag und fortbas, leib, leben, gut, ehre, man, weib, vater, mutter, kinder und gesinde, zu förderst aber unsere gnedige liebe obrigkeit und befehlhabere, den hausstand, und ein jeglichs, in seinem beruf, schuldigem gehorsam und arbeit gnediglichen bewaren, segnen und erhalten wolle, solches von gott dem vater aller gnaden und barmherzigkeit zu erlangen, wollen wir ein gleubiges vater unser beten.

Von den festen.

Uber die sontag sollen zu betrachtung der wolthaten Jesu Christi, unsers geliebten herrn und heilands, nachfolgende festtage feierlich gehalten, und darauf die gewönlichen evangelia mit den ceremonien, wie an den sontagen geordnet, gehandelt werden.

Erstlich die vier heupt fest, mit zweien predigten, vor und nach mittage, als:

Der erst und ander christag.
Der erst und ander ostertag.
Auffartstag.
Erst und ander pfingstag.
Desgleichen auch Circumcisionis.
Trium regum.
Purificationis oder lichtmess.
Zum andern die gewöhnliche andere festa, als:
Aller aposteltage.
Item: Pauli bekehrung.
Annunciationis.
Donnerstag und freitag in der palmwochen.
Johannis Baptistæ.
Visitationis.
Mariæ Magdalenæ.
Michaelis, von den engeln.

Diese alle sollen erstlich auf den sontag zuvor verkündiget, darnach wenn und wie sie gefallen, nachfolgender gestalt mit einer predigt gehalten werden.

Auf den abend zuvor, sol man mit dem beichtglöcklein umb ein uhr, als hieoben bei der hohen fest und sonnabents vesper auch vermeldet, ein zeichen leuten, ob jemand andacht hette, zum hochwirdigen sacrament des nachtmals des herrn Christi zu gehen, damit er sich zur verhörung in die kirchen zum pfarrherrn oder kirchendiener finden möge. Und sol als denn des folgenden morgends mit den ceremonien, wie auf die gemeine sontage, doch one orgeln, gehalten werden.

Wann nun solche predigt vor mittage volbracht ist, sol ein jeder an seine gebürende arbeit und beruf gehen. Wie denn auch die prediger nach der predigt solches gleichsfalls zuvermelden, und sie, die zuhörer, zu verrichtung ihres berufs und obligender arbeit, dagegen aber zu vermeidung müssiggangs und faulenzerei, dieweil dardurch gemeinlich allerhand laster und untugend zu entstehen pflegen, zuvermanen wissen werden. Und sol dargegen, do also ein apostel oder dergleichen feiertag, als obgemeldt, einfelt, die wochenpredigt auf den mitwochen unterlassen und eingestellet werden, welches dann den zuhörern jederzeit bei der verkündigung der fest auf die sontage auch angezeiget werden sol.

Wenn aber ein gemein fest auf einen sontag gefiele, sol desselbigen sontags verordnetes evangelium fort gepredigt, das fest verkündiget, und, das auf nechstfolgenden mitwochen die historien oder fests evangelium zu predigen verlegt sei, dem volk angezeiget werden.

So aber zwei oder mehr gemeine fest in eine wochen fielen, sol das erste auf den tag, darauf es gefellt, gehalten, des andern fests historia oder evangelium aber auf den folgenden mittwoch der andern wochen ordentlich gehandelt, und solches gleichwol allwege auf den sontag zuvor verkündiget werden.

Do auch ein fest nach dem mitwochen gefiele, sol dasselbige auch auf den sontag zuvor nichts desto weniger verkündiget und mit unterlassung der gewohnlichen mitwochspredigt auf denselbigen tag auch in derselbigen wochen, da es hin gefallen, gehalten werden.

Weil man auch sonsten das jar uber die ganze historiam des leidens und sterbens unsers herrn Christi fur andern notwendigen predigten nicht handeln oder hören kan, als sollen jerlich in der fasten von solcher historien sechs predigten folgender gestalt gehalten werden. Als nemlich und zum ersten, sol man auf den sontag Esto mihi, da one das das evangelium von der weissagung

vom leiden und sterben Christi zuverlesen und zu predigen verordnet, die passion also anfahen, das man in summa, was ohngefehrlich vom leiden und sterben Christi in den folgenden 6. passions predigten zu sampt dem nutz und frucht daraus, vorlaufen werde, anzeige, und furter der ordnung nach die bemelte sechs predigten auf die mitwochen, an stat der sonst gewöhnlichen wochen predigten, und auf den palmen sontag, alles nacheinander absolvire und verrichte.

Wo sichs aber zutrüge, das nicht allein das fest Matthiæ, sondern auch Annunciationis, (wie denn gemeinglich zu geschehen pflegt) in die fasten geraten würde, sol in der wochen, darein die festa gefallen, die mitwochentliche passions predigt nachbleiben, und hievoriger ordnung gemess die fests evangelia in derselbigen wochen, darein sie gefallen, und desselbigen tages gehandelt werden. Und sol solches, wie es mit den festen sich begeben thete und dieselbige gehalten, desgleichen auch die mitwochen, darauf die passions predigten verrichtet werden sollen, deren denn auf solchen fall nur viere ledig sein würden, auf den sontag Esto mihi zuvor, jedesmals so bald von der canzel verkündiget und benennet werden.

Damit aber gleichwol die zahle der sechs passions predigten auch erfüllet werden, sol man die zweene sontage Lætare und Palmarum, als do sich eben dieselbige lehren jedes jars noch einmal, als nemlich den siebenden sontag nach trinitatis und ersten des advents, widerumb zutragen, mit kurzer summarischer anzeige der furnembsten puncten hernacher hierzu gebrauchen, auf das also die geschicht der passion gleichwol ire continuation und notwendige ausfürung so viel müglich habe und erlange.

Den donnerstag in der palmwochen sol die historia von der einsetzung des allerheiligsten nachtmals Christi, welche anfangs der passions predigten eingestellet, gehandelt und gepredigt, den freitag aber hernach widerumb die ganze historia von dem leiden und sterben Christi nach einem oder allen vier evangelisten, wie solche d. Pommer seliger zusamen gezogen, damit dieselbige den einfeltigen leien und der jugend desto bekanter gemacht und in gutem gedechtnis bleibe, vom anfang bis zum ende, von wort zu wort nacheinander mit vleis vorgelesen, und damit neben kurzer bertürung des nutzes und der frucht derselben, jedoch das es uber die gewönliche zeit nicht verzogen, solche historia genzlich beschlossen werden.

Volget, wie ohngefehrlich der text des passions in obvermeldte sechs predigten auszuteilen.

Wann ein prediger die historien vom leiden Christi aus dem evangelisten Mattheo handeln wolte, als könte er zu der ersten predigt den anfang des texts im 26. cap. (Und es begab sich, da Jesus alle diese rede vollendet hatte) bis an den unterscheid (Und da sie den lobgesang gesprochen hatten) zuerkleren fur sich nemen. Die historien aber von der einsetzung des nachtmals müste er in der ersten predigt vom text der passion einstellen, weil sie auf den grünen donnerstag zuverhandeln verordnet.

Zur andern passions predigt neme er den unterscheid (Und da sie den lobgesang gesprochen hatten) mit dem volgenden text, bis an den unterscheid (Do sie Jesum gegriffen hatten).

Zum dritten, von dem unterscheid an (Do sie Jesum gegriffen hatten) erkleret er den volgenden text bis zum ende des capitels.

Zur vierden predigt fing er das 27. capitel an und berürte es mit der erklerung bis an den unterscheid (Und do sie in verspottet hatten).

Von dem unterscheid an, der da heist (Und da sie in verspottet hatten) legt er den text aus zur fünften predigt, als auf den palmtag frue, bis an den unterscheid (Und sihe, der vorhang im tempel zerreis). Aber von dem unterscheid (Und sihe, der vorhang etc.) als zur sechsten predigt verlese er den text bis zum ende des capitels.

Vom ehestande.

Auf die nechsten sontage nach jedem quatember sol allezeit eine halbe stund, ehe denn sonst gewöhnlich, damit neben denen auf die sontage geordneten ceremonien auch der pfarrherr zeit habe, das ehemandat zuverlesen, und gleichwol auch das ampt zu rechter zeit, wie oben vermeldt, geendet werde, geleutet werden, wie denn dasselbige ehemandat auch durch unsere beampten jerlich auf die petersgerichte abgelesen werden sol.

Es sollen auch alle, so zu der ehe greifen wollen, vermöge erstberürtes unsers ehemandats, drei sontage zuvor offentlich auf der canzel ausgerufen werden, dergestalt, das der prediger jedesmals ausdrücklich vermelde, wenn die ausrufung zum ersten, andern oder drittenmal geschehe, ohngefehrlich auf folgende masse:

N. und N. wollen nach göttlicher ordnung zum heiligen stande der ehe greifen, begeren zu solchem vorhaben ein gemein christlich gebet, auf das sie diesen göttlichen stand christlich anfahen und zu gottes lob, ehr und preis seliglich voll-

enden mögen. Wann auch jemands etwas darein zu sprechen hette, der sol es bei rechter zeit thun und an ordentlichen orten vorbringen oder sich nachmals etwas zu verhinderung darwider vorzunemen enthalten. Gott gebe ihnen seinen segen.

Die kirchendiener aber sollen niemand frembdes ohne gnugsam vorgehend zeugnis, das er sich anderswo nicht verehelicht habe und vermöge des ehemandats das verlöbnus in der blutsfreundschaft oder schwägerschaft nicht zu nahe sei, ausrufen, viel weniger in der kirchen zusamen geben.

Und nach deme, damit alle und jede vorlaufende hendel und geschefte in geistlichem und weltlichem regiment ohne beiderseits verhinderung desto bequemer verrichtet, auch umb handwerks und anderer arbeitsamer leut willen, das dieselbigen irer arbeit umb so viel desto besser abzuwarten haben, ein heuptpredig tag, neben der freitags predigt, wie hieroben vermeldet, und den andern frügebeten wochentlich verordnet, als sollen demnach alle hochzeit tage, damit keines andern tages verordnete geschefte und ubungen verwirret oder verhindert, und ein jeder seines ampts und standes werk ohne verhinderung der hochzeiten auswarten und verrichten möge, auch auf das die ubrige kosten und unnötige zehrung, sonderlich bei diesen ohne das schweren und theuern zeiten, nach laut unsers jüngst publicirten hochzeitmandats soviel mehr verkommen und abgeschafft werden, auf obberürten hauptpredigts tag als auf den mitwochen gelegt werden.

So dann breutgam und braut in die kirchen komen, sol man, wofern ein orgel verhanden, etwas zu schlagen anfahen, wo nicht, figuriren, oder sonst ein geistlich hochzeit lied singen.

Nach diesem sol der kirchendiener auf den predigstuel gehen, das volk mit verstendigen lauten worten, wie er sonsten im predigen zu reden pflegt, zum gebet ermanen und nach gesprochenem vater unser zu predigen anfahen.

Nach der predigt sol er das volk, wie auf die sontage und fest zum gebet wider ermanen, und beide eheleute, das sie solchen ihren angefangenen ehestand christlich fortsetzen und zu gottes lob, ehr und preis seliglichen vollenden mögen, ausdrücklich mit einverleiben und also darauf ein jeder das vater unser beten.

Darnach sol der kirchendiener, ehe er vom predigstuel gehet, das volk erinnern, das ein jeder, soviel ihm gefellig, aus christlicher liebe den armen ins klingelsecklein (welches herumb getragen werden sol) gott zu wolgefallen, dem ehestand zu ehren und den notdürftigen zu nutz und steuer geben und einlegen wolle.

Nach solchem sol das ampt, wie zuvor bei dem heuptpredigts tag geordnet, seinen fortgang haben und nach desselben endschaft folgender process mit der copulation und einsegnung der neuen eheleute gehalten werden.

Erstlich sol widerumb und sonderlich auf der orgel geschlagen, figuriret oder gesungen, und in mitler weile das klingelseckelein umbgetragen, auch mit dem orgeln oder singen es dermassen angestellet werden, das solches so lange continuiret, bis man damit herumber komen.

Nach diesem sollen breutgam und braut für den altar und kirchendiener nebeneinander treten, und der kirchendiener also sprechen:

Geliebten in Christo, gegenwertige zwo personen wollen sich miteinander in den stand der heiligen ehe begeben. Damit sie nun dasselbige nicht one verstand göttliches worts, wie die ungleubigen, anfahen mögen, so sollen sie zur ersten aus der heiligen schrift vernemen, wie der eheliche stand von gott eingesetzt worden.

Also stehet im buch der schöpfung am andern capitel geschrieben:

Es ist nicht gut, das der mensch allein sei, ich wil ihm ein gehülfen machen, die umb ihn sei. Da lies gott der herr einen tiefen schlaf fallen auf den menschen und er enschlief, und nam seiner riben eine und schlosse die stet zu mit fleisch. Und gott der herr baut ein weib aus der ribe, die er von dem menschen nam, und brachte sie zu ihm. Da sprach der mensch: Das ist doch bein von meinen beinen und fleisch von meinem fleische, man wird sie menin heissen, darumb das sie vom manne genomen ist. Darümb wird ein mann sein vater und muter lassen, und an seinem weibe hangen, und sie weren sein zwei ein fleisch.

Zum andern, so höret, wie ihr einander verpflichtet und verbunden sein und sich gegen einander halten sollet, und solches aus dem heiligen apostel Paulo zun Ephesern im fünen capitel.

Zum breutigam: Ir männer liebet eure weiber, gleich wie Christus geliebt hat die gemeine, und hat sich selbst fur sie gegeben, auf das er sie heiliget, und hat sie gereiniget durch das wasserbad im wort, auf das er sie im selbst darstellet eine gemeine, die herlich sei, die nicht habe einen flecken oder runzel, oder des etwas, sondern das sie heilig sei und unstreflich. Also sollen auch die menner ihre weiber lieben, als ihre eigene leibe, er sein weib liebet, der liebet sich selbs. denn niemand hat jemals sein eigen fleisch gehasset, sondern er nehret es und pfleget sein, gleich wie auch der herr die gemeine.

Zur braut: Die weiber seien unterthan ihren mennern, als dem herrn, denn der man ist des weibes heupt, gleich wie auch Christus das heupt ist der gemeine und er ist seines leibs heiland. Aber wie nu die gemeine Christo ist unterthan, also auch die weiber ihren mennern in allen dingen.

Zum dritten, so höret auch vom creuz, so gott auf diesen stand gelegt hat. Genesis am 3. capitel.

Zum breutigam: Gott sprach zu Adam: Dieweil du hast gehorcht der stimm deines weibes und gessen von dem baum, davon ich dir gebot, und sprach, du solt nicht davon essen, verflucht sei der acker umb deinet willen, mit kummer soltu dich darauf nehren dein lebenlang, dorn und disteln sol er dir tragen, und solt das kraut auf dem felde essen, im schweiss deines angesichts soltu dein brod essen, bis das du wider zu erden werdest, davon du genomen bist, denn du bist erden und solt zu erden werden.

Zur braut: So sprach gott zum weibe: Ich wil dir viel schmerzen schaffen, wenn du schwanger wirst, du solt deine kinder mit schmerzen geberen, und dein will sol deinem manne unterworfen sein, und er sol dein herr sein.

Zum vierden und letzten, so höret hiergegen den trost und segen gottes, dessen ihr euch in eurem creuz zu trösten. Also spricht gott, Genes. 1:

Gott schuf den menschen ihm selbst zum bilde, zum bilde gottes schuf er in und schuf sie ein mennlein und freulein und gott segnet sie und sprach zu ihnen: Seid fruchtbar und mehret euch und füllet die erden und machet sie euch unterthan und herrschet uber die fische im meer und uber vogel unter dem himmel und uber alles thier, das auf erden kreucht. Und gott sahe an alles was er gemacht hatte, und sihe da, es war sehr gut. So spricht auch Salomon Proverb. 18:

Wer ein ehefrau findet, der findet was guts, und kan guter ding sein im herrn.

Item, der königliche prophet David sagt, psalm 128.

Wol dem, der den herrn fürchtet und auf seinen wegen gehet. Du wirst dich nehren deiner hand arbeit, wol dir, du hast es gut. Dein weib wird sein wie ein fruchtbarer weinstock umb dein haus herum, deine kinder wie die ölzweige umb deinen tisch her. Sihe, also wird gesegnet der mann, der den herrn fürchtet. Der herr wird dich segnen aus Zion, das du sehest das glück der stadt Jerusalem dein lebenlang, und sehest deine kindes kinder. Friede uber Israel.

Nach solchem allem sol er breutgam und braut also anreden:

40*

Wollet ihr nun auf solchen aus heiliger göttlicher schrift euch vorgelesenen unterricht eure
eheliche pflicht einander halten und bestetigen
lassen, so frage ich dich (zum breutgam sprechend)
N. wiltu hie zu gegen N. zum ehelichen weib
haben, sie lieben und ehren, dich in keiner not
und widerwertigkeit von ihr scheiden, wie gotes
ordnung und befehl ist, so sprich ja.

(Zur braut aber) N. ich frage dich gleichsfalls, ob du hier zu gegen N. wollest zum ehelichen manne haben, ihn lieben, ehren und
gehorsam sein, und dich von ihm in keiner widerwertigkeit scheiden, wie gottes ordnung und befehl
ist, so sprich ja.

Darauf lasse er sie einander die hende geben,
und spreche:

Die eheliche pflicht, die ihr da fur gott und
seiner gemeine einander gelobet habt, bestetige
ich und spreche euch aus dem befehl der heiligen
christlichen kirchen, als ein verordneter diener
derselben, hiermit ehelich zusammen, und thue
das im namen des vaters und des sons und des
heiligen geistes, amen. Was gott zusamen gefüget hat, das sol der mensch nicht scheiden.

Darnach spreche er weiter:

Auf das nu diese eheliche verpflichtung also
in gottes namen angefangen und zu seinem lob,
ehr und preis seliglich vollendet werden möge,
so wollen wir einmütiglich miteinander niderknien und ein jeder von grund seines herzens
gott den allmechtigen umb seine gnad anrufen
und das heilige vater unser beten.

Nach gesprochenem vater unser sol der
kirchendiener, wie oben am ende auf die sontage
verordnet, uber die neue ehepersonen und das
ganze volk den gemeinen segen (der herr segne
euch etc.) sprechen, und also darmit schliessen.

Wie man kranke leut besuchen und
trösten solle.....

Wie man gefangene, so von missethat
wegen umb das leben gefangen ligen,
in ihrer verhaftung unterrichten sol.....

Wann nu die gefangene fur gericht zum
tode verurteilet, können sie die ministri nachfolgender massen trösten.....

Ordnung des begrebnus.

Christen, die im herrn entschlafen, sol man
zum zeugnis der auferstehung von den todten,
desgleichen zu unterweisung der noch lebendigen,
mit ehrlichen ceremonien, nicht so bald sie verscheiden, sondern auf wenigste nach 15 oder 16

oder nach gelegenheit mehr stunden, allerlei zu-
tragender unrichtigkeit vorzukomen, zur erden bestatten, und also derhalben, auf das die leute
dessen erinnert und zusamen berufen werden, zur
stund des begrebnus ein zeichen mit der glocken
leuten. Sonsten aber sol der gebrauch, das man
an etlichen orten, so bald einer verstorben, bäbst-
licher gewonheit nach im ausleuten lassen, hiermit abgeschaffet sein.

So man als dann die leiche ferner beleiten
wil, sol gesungen werden: Mitten wir im leben
ind, oder: Mit fried und freud, oder: Aus tiefer
nt, oder: Wir gleuben, etc. und was der christlichen gesenge, die hieher dienen, mehr sind, auf
den gottsacker aber, in dem man den cörper be-
greebt: Nu last uns den leib begraben, bis auf
die etzten zweene vers: Nu lassen wir ihn hie
schlafen, singen.

Vor diesen zweien versen sol der kirchendiener mitler weile kurz und aufs lengst ein
halbe unde von der sterbligkeit des menschen,
von der ursprung des todes, item, wie man sich
seliglich darzu bereiten sol, wie die stunde des
todes so ungewis sei, das sich ein jeder teglich
auf seine abschied gefast mache, wie weit man
umb die erfreunden trauren, und wie man die
nachgelassne freunde trösten, desgleichen von
der auferstehung der todten und ewigem leben,
und was dessen mehr sein mag, und also von der
stücke eine oder zweien predigen.

Und ob sichs zutrüge, das auch der todten
in solcher leichpredigt mit unter zu gedenken,
welches dem hiermit gar nicht aufgehoben, sol
man darumb nicht das mehrerteil darmit zubringen,
das andere nötigere oder erbaulichere aber dagegen verseumen, sondern dis allezeit, als das
vornemste und meiste, vorgeben lassen, darneben
auch gott vorkerzen bitten, das er uns andere,
die wir übrig, und noch, so lang er wil, am leben,
auch bis an unser ende beständig bei sich in
warem glauben und gutem gewissen erhalten, und
wenn uns unser stündlein auch kompt, ein seliges
ende beschere, nach als ein fröliche auferstehung
mit allen verstorbenen gleubigen christen am
jüngsten tag gnediglich verleihen wolle, etc.
demnach das vater unser beten, als denn
mit den letzten zweien versen (Nu lassen wir ihn
hie schlafen, etc.) beschliesse.

Weil auch an etlichen orten bisanhero der
brauch gehalten, das man die kindlein, so das
aber mal Christi noch nicht empfangen, nicht mit
den schülern, wie die alten, zur erde bestattet,
so sol doch hinfort hierinnen kein unterscheid gemacht, sondern die kinder weniger nicht, als die
alten, mit vorgesetzten ceremonien zum begrebnus
gebracht werden.

Eben also sol man auch die kindlein, wenn sie genottauft, und die, so in mutterleibe verschieden und tod auf die welt komen, mit den gewönlichen ceremonien, wie auch oben bei der nottaufe gedacht, zur erden bestatten, in ansehung, das dieselbigen kindlein mit dem gebet und gleubigen seufzen der eltern und anderer beiwesender christen, dem herrn Christo zugetragen worden, der sie auch sonder zweifel, dieweil sie noch in mutter leibe gelegen, mit seinem geist und blut, als hieroben auch gedacht worden, getaufet.

Und sollen die ministri kürzlich die leute berichten, das gleich wie gott der allmechtige durch den heiligen geist und neben der eusserlichen sichtbarlichen taufe durchs wort und wasser von Christo befohlen in den kindern den glauben wirket, also könne er auch ohne zweifel, vermöge seiner göttlichen allmacht, dieweil die kindlein zur taufe nach Christi ordnung und befehl nicht gebracht werden können, in den kindlein aus gnaden durch die kraft des heiligen geistes den glauben wol wirken und sie zu christen machen, auch ferner darneben anzeigen, das gleich wie die kindlein den tod, als der sünden sold, leiden, also geniessen sie auch des todes Christi, vermittelst des glaubens, zum ewigen leben.

Item, die ministri sollen auch die eltern vermanen, das sie mit irem andechtigen gebet gott dem allmechtigen ihre kindlein in mutterleibe befehlen und ihn umb ein selige geburt und frölichen anblick anrufen, desgleichen auch selbst die kinder durch unvorsichtigkeit oder dergleichen nicht verwarlosen.

Wann aber ein kindlein in filialen, da eigene begrebnussen sind, verschiede, sol es, da der pfarrherr aus erheblichen ursachen nicht selbst personlich dabei sein oder einen andern ministrum darzu erbitten könte, der kirchner desselbigen orts, doch mit des pfarrherrn vorwissen, wie hiebevor bei dem begrebnus gemeldet, mit gesengen und einer vorgeschriebenen exhortation, die denn durch einen jeden prediger dem kirchner so bald nach aurichtung dieser ordnung dem volk in solchen notfellen vorzulesen, fürgeschrieben werden sol, begraben.

Wir wollen auch hiermit und von obrigkeit wegen, das die jenigen, so verstockt und unbussfertig von hinnen geschieden, nicht mit gewöhnlichen ceremonien auf den gottsacker zur erden bestattet werden sollen, damit andere leut desto grösser abscheu darfur tragen und sich fur dergleichen lastern umb soviel desto mehr hüten mögen.

Endlich sollen die gottesäcker und kirchhöfe, darauf viel christen, als in einer schlafkammern versamlet ligen und ruhen, umb christliches wolstands willen ehrlich gehalten und also mit mauren oder anderm verwaret werden, damit nicht viehe oder anders darauf komen könne. Es sollen auch solche gottesäcker besonders, ausserhalb den stedten, flecken und dörfern, wofern es immer müglich, geordnet und angerichtet werden.

Volgen die collecten, nach ordnung der zeit und festen im jar.

Auf das die pfarrherrn und kirchendiener die versikel und reine collecten beisamen haben mögen, ist fur gut angesehen worden, dieselben hiernach zu setzen. Und sind solche gutes teils ausserhalb etlicher, welche zum teil nach gelegenheit dieser ordnung und dann auch sonsten von neuem hinzugesetzt worden, in unserer kirchen gebreuchlich gewesen, und erstlich die, so auf gewise fest und zeiten, volgends andere gemeine, so nach gelegenheit jeder vorfallender not und sonsten pflegen gesungen zu werden.

Im advent.

Ver. Bereitet den weg dem herrn, halleluja.
Res. Machet seine steige richtig, halleluja.

Last uns beten:

Lieber herre gott, wecke uns auf, das wir bereit sein, wenn dein son kompt, ihn mit freuden zu empfahen, und dir mit reinem herzen zu dienen, durch denselbigen deinen son Jesum Christum unsern herren, amen.

Auf das fest der geburt Christi.

Ver. Uns ist ein kind geboren, halleluja.
Res. Ein son ist uns gegeben, halleluja.

Oder:

Euch ist heut der heiland geborn, halleluja. Welcher ist Christus der herr in der stadt David, halleluja.

Last uns beten:

Hilf lieber herre gott, das wir der neuen leiblichen geburt deines sons teilhaftig werden und bleiben, und von unser alten stündlichen geburt erlediget werden, durch denselbigen deinen son Jesum Christum unsern herren, amen.

Oberstag oder Epiphanias.

Sie werden aus Saba alle komen, halleluja. Gold und weirauch werden sie bringen, und des herrn namen verkündigen, halleluja.

Allmechtiger herre gott, der du deinen eingebornen son den weisen durch den stern geoffenbaret hast, wir bitten, du wollest uns, die wir ihn durch den glauben erkant, deine göttliche gnade verleihen, das wir mit ganzem herzen an ihm, als unserm einigen heiland, hangen, durch denselbigen deinen son Jesum Christum unsern herren, amen.

Purificationis.

Nu lessestu deinen diener im friede faren,
halleluja.
Denn meine augen haben deinen heiland
gesehen, halleluja.

Allmechtiger ewiger gott, wir bitten dich herzlich, gib uns, das wir deinen lieben son erkennen
und preisen, wie der liebe Simeon ihn leiblich in
die arm genomen, auch geistlich gesehen und bekant hat, durch denselbigen deinen son Jesum
Christum unsern herren, amen.

Annunciationis Mariæ.

Sihe ein jungfrau ist schwanger, halleluja.
Und wird einen son geberen, den wird
sie heissen Immanuel, halleluja.

Wir danken dir himlischer vater, das du uns
armen sündern deinen son ins fleisch geschicket,
und umb unsert willen hast lassen mensch werden,
und bitten dich, du wollest durch deinen heiligen
geist unsere herzen erleuchten, das wir seiner
menschwerdung, leidens und sterbens uns trösten,
ihn für unsern herrn und ewigen könig erkennen
und annemen, auch durch ihn mit dir und dem
heiligen geist ewig leben und selig werden, durch
denselbigen deinen son Jesum Christum unsern
herren, amen.

Am karfreitage.

Christus ist umb unser missethat willen verwundet,
Und umb unser stünde willen zerschlaen.

Barmherziger ewiger gott, der du deines einigen
sons nicht verschonet hast, sondern hast ihn fur
uns alle dahin gegeben, das er unsere stünde am
creuz tragen solte, verleihe uns, das unsere herzen
in solchem glauben nimmermehr erschrecken noch
verzagen, durch denselbigen deinen son Jesum
Christum unsern herren, amen.

Ein anders.

Die strafe ligt auf ihm, auf das wir friede
haben,
Und durch seine wunden sind wir geheilet.

Allmechtiger ewiger herre gott, der du fur
uns deinen son des creuzes pein hast lassen leiden,
auf das du von uns des feindes gewalt triebest,
verleihe uns also zu begehen und zu danken seinem
leiden, das wir dardurch der stünden vergebung und
vom ewigen tod erlösung erlangen, durch denselbigen
deinen son Jesum Christum unsern herren, amen.

Aufs osterfest.

Christus von den todten erweckt, stirbt hinfort
nimmer, halleluja,
Der tod wird hinfort uber ihn nicht herrschen, halleluja,

Allmechtiger gott, der du durch den tod
deines sons die stünd und tod zu nicht gemacht,
und durch sein auferstehung unschuld und ewiges
leben widerbracht hast, auf das wir von der gewalt des teufels erlöset, in deinem reiche leben,
verleihe uns, das wir solches von ganzem herzen
gleuben und in solchem glauben bestendig dich
allezeit loben und dir danken, durch denselbigen
deinen son Jesum Christum unsern herren, amen.

Aufs fest der himelfahrt Christi.

Christus ist aufgefaren in die höhe, halleluja.
Und hat das gefengnis gefangen, halleluja.

Allmechtiger herre gott, verleihe uns, die wir
gleuben, das dein einiger son unser heiland sei
heut gen himel gefaren, das auch wir mit ihm
geistlich im geistlichem wesen wandeln und wonen,
durch denselbigen deinen son Jesum Christum
unsern herren, amen.

Aufs pfingstfest.

Schaffe in mir gott ein reines herz, halleluja.
Und gib mir einen neuen gewisen geist,
halleluja.

Herr gott lieber vater, der du (an diesem tage)
deiner gleubigen herzen durch deinen heiligen
geist erleuchtet und gelehret hast, gib uns, das
wir auch durch denselbigen geist rechten verstand
haben und zu aller zeit seines trosts und kraft
uns freuen, durch Jesum Christum deinen son
unsern herren, amen.

Aufs fest trinitatis.

Wir loben gott den vater, son, und heiligen
geist, halleluja,
Und preisen ihn, von nu an bis in ewigkeit, halleluja.

Allmechtiger ewiger gott, der du uns gelehret
hast, in rechtem glauben zu wissen und zu bekennen, das du in dreien personen gleicher
macht und ehren ein einiger ewiger gott und
darfür anzubeten bist, wir bitten dich, du wollest
uns bei solchem glauben allezeit fest erhalten,
wider alles das, das uns mag anfechten, der du
lebest und regierest von ewigkeit zu ewigkeit, amen.

Von den heiligen engeln.

Der herr hat seinen engeln befohlen uber
dir, halleluja,
Das sie dich behüten auf allen deinen
wegen, halleluja.

Allmechtiger ewiger und barmherziger gott,
der du wunderbarlicher weise die engel uns
menschen zum dienste verordnet hast, wir bitten
dich, verleihe uns gnediglich, das unser leben hie
auf erden behütet und beschirmet werde, von
denen, die deiner majestät allzeit beiwonen, durch

Jesum Christum deinen lieben son, unsern herren, amen.

Von den heiligen aposteln.

Seid frölich im herrn euerm gott, halleluja,
Der euch lehrer zur gerechtigkeit gibt, halleluja.

Wir danken dir allmechtiger gott, das du dein heiliges wort mit so grossen scharen der evangelisten gegeben, und bitten dich, sende noch allezeit weiter getreue hirten und lehrer, durch welcher ampt deine kirche, als der leib deines sons, zugericht und erbauet werde, bis das wir alle zu einerlei glauben und erkentnus desselbigen komen und selig werden mögen, der du mit im und dem heiligen geist lebest und herrschest, immer und ewiglich, amen.

Ein andere, gleiches inhalts, nemlich, um frome seelsorger und kirchendiener.

Bittet den herrn der ernten, halleluja,
Das er arbeiter in seine ernte sende, halleluja.

O allmechtiger gütiger gott, der du uns ernstlich umb rechtschaffene prediger deines worts zu bitten ermanet und befohlen hast, wir bitten dich, du wollest uns allezeit treue lehrer und diener desselben erwecken und zusenden, auch solche mit allerlei nützlichen gaben darzu notdürftiglich versehen, das durch dieselbige deine gemeine fruchtbarlich und gottseliglich mög erbauet werden, durch deinen son Jesum Christum unsern herren, amen.

Umb gedeien göttliches worts.

Das wort aus meinem munde (spricht gott der herr) sol nicht wider ler zu mir kommen, halleluja,
Sondern thun das mir gefellet, und sol ihm gelingen, darzu ichs sende, halleluja.

O allmechtiger ewiger gott, wir bitten dich, gib deiner gemeine deinen geist und göttliche weisheit, das dein wort unter uns laufe und wachse, mit aller freudigkeit, wie sichs gebüret, geprediget, und deine heilige christliche gemeine dardurch gebessert werde, auf das wir mit bestendigem glauben dir dienen, und im bekentnis deines namens bis ans ende verharren, durch unsern herrn Jesum Christum deinen son, der mit dir in einigkeit des heiligen geistes lebet und herrschet, immer und ewiglich, amen.

Fur die gemeine christenheit.

Ich wil in ihnen wonen, und in ihnen wandeln, halleluja,
Und wil ir gott sein, und sie sollen mein volk sein, halleluja.

Allmechtiger ewiger gott, der du durch deinen heiligen geist die ganze christenheit heiligest und regierest, erhör unsere bitte und gib gnediglich, das sie mit allen ihren gliedern in reinem glauben, durch deine gnade dir dienen, durch Jesum Christum deinen son unsern herren, amen.

Umb erkentnis der sünden, buss und bekerung.

Heile du mich herr, so werde ich heil, halleluja,
Hilf du mir, so ist mir geholfen, denn du bist mein rum, halleluja.

Oder:

Bekere du mich, herr mein gott, so werde ich bekeret, halleluja,
Da ich bekeret ward, thet ich busse, halleluja.

Allmechtiger und barmherziger ewiger gott, der du nicht wilt, das jemand verloren werde, sondern das sich jederman zur buss bekere, gib das wir aus deinem wort allezeit unsere manchfeltige sünde von herzen erkennen, auch in warhaftiger seliger reue den trost deines geistes und glaubens inniglich wider ergreifen, auf das wir in deinem sone gerecht und durch denselbigen selig werden, der du mit ihm und dem heiligen geist lebst und herrschest, immer und ewiglich, amen.

Umb abwendung wolverdienter strafen und besserung unsers lebens.

Herr handel nicht mit uns nach unsern sünden,
Und vergelte uns nicht nach unser missethat.

Oder:

Wir haben gesündiget mit unsern vetern,
Wir haben missgehandelt und sind gottlos gewesen.

Herr gott himlischer vater, der du nicht lust hast an der armen sünder tod, lessest sie auch nicht gern verderben, sondern wilt das sie bekeret werden und leben, wir bitten dich herzlich, du wollest die wolverdiente strafe unserer sünden gnediglich abwenden und uns hinfort zu bessern deine barmherzigkeit mildiglich verleihen, umb Jesus Christus unsers herren willen, amen.

Umb ein christliches wollen und thun.

Tröste mich mit deiner hülfe, halleluja,
Und der freudige geist enthalte mich, halleluja.

Allmechtiger herre gotte, der du bist ein beschützer aller derer, die auf dich hoffen, ohn welches gnad niemand ichts vermag, noch etwas fur dir gilt, las deine barmherzigkeit uns reichlich widerfaren, auf das wir durch dein heiliges eingeben denken was recht ist und durch deine kraft dasselbige volbringen, umb Jesus Christus unsers herren willlen, amen.

Ein andere, gleiches inhalts.

Weise mir herr deinen weg, halleluja,
   Das ich wandel in deiner warheit, halleluja.

O herr gott himlischer vater, wir bitten dich,
du wollest uns den geist der warheit und friedes
gnediglich verleihen, auf das wir von ganzem
herzen, was dir gefellet, erkennen und solchem
mit allen kreften allein nachfolgen mögen, durch
Jesum Christum deinen son unsern herrn, amen.

In allerlei fehrligkeit.

Das verlangen der elenden hörestu herr,
   halleluja,
   Ihr herz ist gewis, das dein ohr drauf
   merket, halleluja.

Oder:

Ehe sie rufen, wil ich antworten, halleluja,
   Wenn sie noch reden, wil ich hören,
   halleluja.

Herr gott himelischer vater, du weissest, das
wir in so mancher und grosser gefahr fur menschlicher schwachheit nicht mögen bleiben, verleihe
uns beide an leib und seel kraft, das wir alles,
so uns umb unserer stünden wilen quelet, durch
deine hülfe uberwinden, umb Jesus Christus
deines sons unsers herren willen, amen.

In anfechtung, widerwertigkeit, und verfolgung.

Rufe mich an in der not, halleluja,
   So wil ich dich erretten, so soltu mich
   preisen, halleluja.

Herr gott allmechtiger gott, der du der elenden
seufzen nicht verschmehest und der betrübten
herzen verlangen nicht verachtest, sihe doch an
unser gebet, welches wir in unsern grossen nöten
fur dich bringen, und erhöre uns gnediglich, das
alles, was beide von teufeln und menschen wider
uns strebet, zu nichte und durch den rat deiner
milden güte zertrennet werde, auf das wir von
aller anfechtung unversehret, dir in deiner gemeine
danken und dich allezeit loben, umb Jesu Christi
deines sons unsers herren willen, amen.

Umb zeitlichen friede.

Gott gib fried in deinem lande,
   Glück und heil zu allem stande.

Herr gott himlischer vater, der du heiligen
mut, guten rat und rechte werk schaffest, gib
deinen dienern friede, welchen die welt nicht kan
geben, auf das unsere herzen an deinen geboten
hangen und wir unsere zeit durch deinen schutz
still und sicher für feinden leben, durch Jesum
Christum deinen son unsern herren, amen.

Für und wider die feinde.

Deine hand schütze das volk deiner rechten,
   halleluja,
   Und die leute die du dir festiglich erwehlet hast, halleluja.

Oder:

Seid stille und erkennet, das ich gott bin,
   halleluja.
   Ich wil ehre einlegen unter den heiden,
   halleluja.

Allmechtiger ewiger gott, dem liebe und friede
wolgefellet, du wollest allen unsern feinden warhaftige liebe zum frieden verleihen, auch alles,
damit sie uns beleidigen, gnediglich verzeihen,
und uns fur ihrer macht und list gewaltiglich bewaren, durch Jesum Christum deinen son unsern
herren, amen.

Zur zeit der pestilenz und anderer schneller seuchen.

Das machet dein zorn, das wir so vergehen,
   Und dein grimm, das wir so plötzlich
   dahin müssen.

Oder:

Er sandte sein wort, und machte sie gesund,
   halleluja.
   Und errettet sie, das sie nicht sturben,
   halleluja.

O almechtiger und gerechter gott, himlischer
vater, der du uns umb unserer missethat willen
mit dieser seuchen billich daheim gesucht, doch
aber nicht wilt, das wir darinne verderben sondern
bekeret werden und leben, wir bitten dich herzlich umb gnad und vergebung all unserer stünden
und dann umb linderung und abwendung dieser
gerechten und schweren plagen, das wir dardurch
gebessert hinfurter in deiner furcht leben und
dir dienen, umb Jesu Christi deines sons unsers
herren willen, amen.

Für die gefangene christen.

Las fur dich komen das seufzen der gefangenen, halleluja,
   Behalte nach deinem grossen arm die
   kinder des todes, halleluja.

Allmechtiger herre gott, der du dem apostel
Petro gnedig aus seiner gefengnis geholfen, du
wollest dich deiner gefangenen diener auch noch
erbarmen und ire band auflösen, auf das wir uns
irer erlösung freuen, und dir darfür ewiglich
danken und dich allezeit loben, durch Jesum
Christum deinen son unsern herren, amen.

Um fruchtbar wetter.

Aller augen warten auf dich herre, halleluja,
Und du gibest ihnen ihre speise, halleluja.

Oder:

Du (gott) feuchtest die berge von oben her,
halleluja.
Du machest das land vol früchte, die du
schaffest, halleluja.

Herr allmechtiger gott, der du alles was da
ist, regierest und nehrest, ohn welches gnade
nichts geschehen kan: gib uns deinen kindern
ein gnedig und fruchtbar gewitter, das unser land
durch deinen segen mit seinen früchten erfüllet
werde, und wir dich in allen deinen wolthaten erkennen und loben, umb Jesus Christus unsers
herren willen, amen.

Danksagung für allerlei wolthaten gottes.

Danket dem herrn, denn er ist freundlich,
Und seine güte weret ewiglich.

Oder:

Opfere gott dank, halleluja,
Und bezale dem höchsten dein gelübd,
halleluja.

Herr gott himlischer vater, von dem wir ohn
unterlas allerlei guts ganz uberflüssig empfahen
und teglich für allem ubel ganz gnediglich behütet werden, wir bitten dich herzlich, gib uns
durch deinen geist solches alles mit ganzem herzen
in rechtem glauben zu erkennen, auf das wir
deiner milden güte und barmherzigkeit hie und
dort ewiglich danken und dich loben, durch
Jesum Christum deinen son unsern herren, amen.

Zum begrebnus.

Die gerechten werden weg gerafft vor dem
unglück, halleluja,
Und die richtig für sich gewandelt haben,
komen zum friede, halleluja.

Herr allmechtiger ewiger und barmherziger
gott, der du uns aus dieser sündlichen und verkerten welt zu dir forderst und hinweg nimpst,
auf das wir durch stetiges sündigen nicht verderben, sondern zum ewigen leben hindurch
dringen, wir bitten dich, du wollest uns solches
von herzen lassen erkennen und gleuben, auf das
wir uns unsers abschieds freuen und dem beruf
zu deinem reich willig und gerne folgen, durch
Jesum Christum deinen son unsern herren, amen.

Ein andere.

Ich bin die auferstehung und das leben,
halleluja.
Wer an mich gleubet, wird leben, ob er
gleich stürbe, halleluja.

Oder:

Ich weis das mein erlöser lebet, halleluja,
Der wird mich hernach aus der erden
auferwecken, halleluja.

Allmechtiger gott, der du durch den tod deines
sons die sünd und tod zu nicht gemacht und
durch sein heiliges auferstehen unschuld und
ewiges leben wider bracht hast, auf das wir von
der gewalt des teufels erlöset, und durch die kraft
deiner auferstehung auch unsere sterbliche leibe
von todten zum ewigen leben sollen auferwecket
werden, verleihe uns, das wir solches festiglich
und von ganzem herzen gleuben, auch in solchem
glauben allezeit bestendig bleiben und die fröliche
auferstehung unsers leibs sampt allen seligen erlangen mögen, durch denselbigen deinen son Jesum
Christum unsern herren, amen.

Von der berufung, ordination und bestetigung der kirchendiener.

Nachdem und dieweil auch unserer der christlichen augspurgischen confessions verwandten
kirchendiener und pfarrherrn, als ob dieselbigen
one unterscheid an und aufgenomen würden oder
auch von sich selbsten gelaufen kemen, von unsern
widersachern den papisten auf den canzeln, auch
in ihren schriften und sonsten vielfeltig pflegen
ausgeschrien und verlestert zu werden, welches
dann dem gemeinen manne allerhand nachdenkens
zu erwecken pfleget, als haben wir für eine notdurft erachtet, dieser unser kirchenordnung auch
die in unserer fürstlichen graf und herrschaft bisdahero im gebrauch gehaltene form der ordination
und bestetigung der diener göttliches worts, welche
dann nach dem alten apostolischem gebrauch angestellet ist sampt der form der investitur und
aufführung derselben zu subjungiren und beizu-
setzen, also und dergestalt, wie solche form und
process in gedachter unserer fürstlichen graf und
herrschaft kirchen bisdahero von zeit reformirter
religion in ubung gehalten worden, das also auch
hinfurter es dermassen observiret und gebraucht
werden solle.

Wann es dann an deme, das sich pfarren
oder caplan dienste verledigen, als wollen wir,
das die eingepfarrten solches aufs eheste den decanen oder special superintendenten, und ferner
dieselbigen es unsern kirchenräten anmelden, auf
das der abgelegte dienst bis uf wider bestellung
dessen mit dem nechsten genachbarten pfarrherrn
providiret und versorgt werden möge.

Auf solches wollen wir uns mit unsern kirchenräten zu jederzeit einer gewisen person, so reiner
lehr und untadelhaftiges lebens bekant oder mit
zeugnussen gnugsam begleubiget, zuvergleichen,
und also dann einer gemeine, so sich bemelte

vacanz erhalten thut, zur probpredigt ordentlich vorzustellen haben. Wann solches geschehen, sollen ermelte gemeine unsern kirchenrat widerumb schriftlich berichten, wess sie der vorgestellten person halben gefallens oder aus seinen gewisen namhaftigen und erheblichen ursachen missfallens tragen.

Wann also dann eine solche gehörte person von einer gemeine durch schrift, wie jetzt gemeldet ist, approbiret, oder umb sie gebeten, als denn sollen unsere kirchenräte solche fürderlich und zum ehesten vorbescheiden, fur ihnen auch predigen lassen und dann mit einem solchen ordinanden von allen artikeln heiliger christlicher lehre aus göttlicher schrift und den daraus gegründten andern stücken unserer waren christlichen norma brüderlich, treulich und fleissig conferiren, auf das sie ihren inhabenden pflichten nach wissen mögen, wie künftig seine gemeine mit ihm versorget.

Do solches geschehen, und er der christlichen lehre notdürftig und gnugsam bericht erfunden, sol von im unterschrift unserer christlichen norma, so wol als numehr des gemeinen concordiei werks erfordert, auch pflicht von ihm, das er darbei beharren, fleissig studieren, in seinem ampt treu sein, auch ein christliches, erbares, gottseliges und erbauliches leben füren wolle, genomen werden. Darauf wird ihm die condition oder verledigte dienst privatim zugesagt und versprochen.

Des volgenden morgens, do sonsten das ampt fur eine ganzen gemeine mit gottes wort und dem abendmal Christi gehalten wird, thut der ordinandus einem diener des worts seine christliche confession oder beicht und empfehet die heilige absolution oder vergebung seiner sünden.

Als denn wird ferner das ampt angefangen, und an stat der lection aus dem 20. capitel der apostel geschichte der text gelesen, der anfehet: Aber von Mileto sandte er (Paulus) gen Ephesum, etc. bis zum ende desselben.

Hierauf singet man das credo. Dann wird die predigt gehalten und in dem nachgebete die kirche fur diesen ordinandum zu bitten und volgendem actui betens und zeugnus halben beisuwonen, vermanet, auch nach des pfarrherrn absteigen das Veni sancte gesungen. Darauf gehet der ordinandus fur den altar, und welchen in unserm consistorio oder kirchenrat die ordnung betrifft, fehet an, uf nachfolgende dieses orts also hergebrachte breuchliche weise zu erinnern und zuvermanen.

Vermanung vor der ordination.

Geliebten in Christo, wiewol es nicht ohn, das die böse verkerte welt, aus anstiftung und eingebung ihres fürsten, des leidigen teufels, zumal spötlich und schmehlich vom heiligen predigampt zu halten pfleget, jedoch sollen alle rechtschaffene frome christen bedenken, das der allmechtige ewige gott dieses ampts selbst ein anfenger und stifter sei, der bald von anbegin solches selbst verwaltet und furter beide durch seine engel und auserwelte menschen, die heiligen patriarchen und propheten, bestalt, ja endlich seinen einigen allerliebsten son, unsern erlöser und seligmacher, Jesum Christum, gesandt, das er ermeltes ampts unter dem armen menschlichen geschlecht pflegen sollen, dem es dann auch ein solcher hochwichtiger theurer ernst gewest, das, ehe er in dasselbe getreten, durch mauchfeltige grosse versuchung eine lange zeit in der wüsten mit beten und kempfen wider den satan zugebracht, auch ehe denn er seine jünger zu solchem ampte berufen wollen, zuvor eine ganze nacht in der einöde mit seinem herzlichen innerlichem gebet fur gott seinem vater gelegen und in mit brennendeu seufzen ersucht und angelanget hat, das er zu der erforderung und aussendung seiner lieben apostel und prediger seinen heiligen geist und gnedigen segen geben wolle.

Dieweil auch neben und nach ihnen weiter heilsamer lehrer von nöten, damit seine geliebte kirche bis ans ende der welt fruchtbarlich und gedeilich erbauet werde, befihlet er ferner seinen domals berufenen jüngern, es sei die ernde gros und der arbeiter wenig sie sollen derhalben den herrn der ernden bitten, das er selbst treue arbeiter in dieselbige senden wolle. Ja da er mit seinem eusserlichen wandel schon jetzt aus dieser welt gehen und seine geliebte kirche dem vater gleich testaments weise bescheiden wil, bittet er herzlich, beide fur lehrer und zuhörer, wie seine worte lauten: Heilige sie vater in deiner warheit, dein wort ist die warheit. Gleich wie du mich gesandt hast in die welt, so sende ich sie auch in die welt. Ich heilige mich selbst fur sie, auf das auch sie heilig seien in der warheit. Ich bitte aber nicht allein fur sie, sondern auch fur die, so durch ihr wort an mich gleuben werden.

Welches uns alles darzu nützlich und notwendig zu bedenken, das wir nicht allein christlich und ehrlich von diesem ampt halten, sondern auch gott den allmechtigen, wo er uns treue lehrer bescheret hat, herzlich und inniglich danken, ja ferner bitten sollen, das er an diesen und andern enden seiner geliebten kirchen und unsern mitgliedern in Christo weiter rechtschaffene treue diener, lehrer und prediger geben, segnen und erhalten wolle.

Sonderlich aber, weil diese person, der gottfürchtige und wolgelarte N. N. von der weltlichen obrigkeit und der gemeine zu N. ordentlich zu einem pfarrherrn und seelsorger daselbst erwelet und berufen, auch vor uns, als den verordneten consistorialen und kirchenräten dieser fürstlichen graf und herrschaft examiniret und zu diesem ampt tüglich erkant worden, wollen wir ihn hiemit dem gebet fromer christen treulich befohlen haben.

Zum andern, ermanen wir auch euch selbst, domine N. N. das ihr euer in euerm angehenden ampte wol warnemet und denket, das euch der lebendige ware gott zu dem selben durch uns verordnet, und gibt euch Christus, der ewige son gottes, durch uns, als seine mittel personen, nicht hüner und gense, sondern sein theures und aller-liebstes eigenthumb, welches er mit seinem eigenen blute erarnet, zu weiden.

Und wie der son gottes vor seiner auffahrt gen himel dem lieben apostel Petro seine schef-lein nicht ehe zu weiden befohlen, ehe dann er ihm dreimal unterschiedlich bezeuget und zugesagt, das er den herrn Christum liebe, also sollet auch ir gedenken und wissen, das ir euch, eure be-fohlene scheflein heilsam und wol zu füren, so herzlich und treulich angelegen sein lassen sollet, so lieb euch euer erlöser Christus, als deren erz-hirte, selbst ist.

Und wenn ir, als ein wechter uber das volk, etwas an ihnen verschlafen, das ist, verunfleissen, verseumen oder verwarlosen werdet, so werdet ir es nicht menschen, sondern dem strengen und ernsten richter uber die lebendigen und die todten verwarlosen, welcher denn ihr blut end-lich mit ewigem seelen schmerzen von euren henden fordern wird, wie er euch ausdrücklich durch den propheten Ezechiel warnen lassen.

Derwegen auch betens und wachens von nöten sein wird, wie auch der auserwelte rüstzeug gottes in seinem betrüblichen letztem abschied von beiden seinen geliebten kirchen, Mileto und Epheso, den eltesten von der gemeine, das ist, ihren hirten und seelsorgern mit diesen worten ir ampt gar ernstlich und treulich befihlet, da er spricht:

So habt nu acht auf euch selbst und die ganze herde, unter welche euch der heilige geist gesetzt hat zu bischofen, zu weiden die gemeine gottes, welche er durch sein eigen blut erworben hat. Denn das weis ich (spricht er weiter) das nach meinem abschiede werden unter euch kommen greuliche wölfe, die der herde nicht verschonen werden. Auch aus euch selbst werden menner aufstehen, die da verkerte lehren reden, die jünger an sich zu ziehen. Darumb seid wacker und denket daran, das ich nicht abgelassen habe, drei jar, tag und nacht, (merket dieses exempel) einen jeglichen unter euch mit trehnen zu ermanen.

Wie ihr aber ermeltes euer ampt füren und wornach ihr euch in demselbigen richten sollet, lehret euch Christus, do er euch buss und ver-gebung der stünden predigen heist, das ist, ihr sollet euer scheflein und ihrer mängel warnemen, die stünde ungescheuet aller menschen nach gottes wort ernstlich und scharf strafen, zur abstellung und bekerung anmanen und sie der notwendigen stücke christliches glaubens berichten, sie lehren und trösten nach inhalt des heiligen evangeliums, auch mit worten und eurem guten exempel ihnen zu einem vorbilde christliches gutes wandels und lebens sein, wie der heilige Paulus an seinen Timotheum und uns allesampt schreibet, do er spricht:

Das ist je gewislich war, so jemand ein bischofs, das ist, eins pfarrherrns ampt begeret, der begeret ein köstlich werk. Es sol aber ein bischof unstreflich sein, eines weibes man, nüch-tern, messig, sittig, gastfrei, lehrhaftig, nicht ein weinseufer, nicht beissig, nicht unehrliche han-tierung treiben, sondern gelinde, nicht haderhaftig, nicht geizig, der seinem hause wol fürstehe, der gehorsame kinder habe, mit aller erbarkeit. So aber jemand seinem eigenen hause nicht weis fur-zustehen, wie wird er die gemeine versorgen? Er sol auch nicht sein ein neuling, das er sich nicht aufblase und dem lesterer ins urteil falle.

Item: Befleissige dich, gott zu erzeigen einen rechtschaffenen und unstreflichen arbeiter, der da recht teile das wort der warheit. Item: Sei ein furbilde den gleubigen, im wort, im wandel, in der liebe, im geist, im glauben, in der keuscheit; halt an mit lesen, mit ermanen, mit lehren, bis ich kome; las nicht aus der acht die gabe, die dir gegeben ist, durch die weissagung, mit hand auf legung der eltesten. Solches warte, damit gehe umb, auf das dein zunemen in allen dingen offenbar sei. Hab acht auf dich selbst und auf die lehre. Beharre in diesen stücken, denn wo du solches thust, wirstu dich selbst selig machen und die, so dich hören.

Item: Halt an dem furbilde der heilsamen wort, die du von mir gehöret hast, vom glauben und von der liebe, in Christo Jesu. Diesen guten beilag beware durch den heiligen geist, der in uns wonet. Item: So bezeuge ich nu fur gott, und dem herrn Jesu Christo, der da zukünftig ist, zu richten die lebendigen und die todten, mit seiner erscheinung, und mit seinem reich. Predige das wort, halte an, es sei zu rechter zeit oder zur unzeit. Strafe, dreue, ermane, mit aller gedult und lehre. Denn es wird eine zeit sein, da sie die heilsamen lehre nicht leiden werden, sondern nach ihren eigenen lüsten werden sie inen selbst lehrer aufladen, nach dem ihnen die ohren jücken, und werden die ohren von der warheit abwenden,

41 *

und sich zu den fabeln keren. Du aber sei
nüchtern allenthalben, leide dich, thue das werk
eines evangelischen predigers, richte dein ampt
redlich aus.

Ob ir aber wol für der welt in eurem ampte
verachtet und der gottlosen spottvogel sein müsset,
auch creuz und widerwertigkeit haben werdet,
wie allen auserwelten treuen dienern, propheten
und aposteln, ja Christo selbst, widerfaren, so habt
ihr doch diesen trost, das er, der son gottes, euch
darumb nicht waisen sein lassen wil, sondern er
wil bei euch im schiff sein und solches selbst
regieren. Er wil, wie Paulus sagt, euch erlösen
von allem ubel und aushelfen zu seinem himlischen reich. Stehet ihr gleich in der welt
todtenbuche, so ist aber doch euer name im himel,
sagt Christus und Paulus, angeschrieben im buche
des lebens. Ir werdet, wenn erscheinen wird der
erzhirte, die unverwelkliche krone der ehren
empfahen. Es ist durch den erzengel Gabriel im
propheten Daniel euch und allen treuen dienern
des heiligen evangelions diese botschaft aus dem
himel herbracht, das die lehrer an jenem tage
leuchten werden, wie des himels glanz, und die,
so viel zur gerechtigkeit weisen, wie die sternen
immer und ewiglich.

Wollet ihr nu, wie euch nach lenge aus
gottes wort vorgehalten, auch in demselbigen euch
in euerm ampt weiter mass gegeben, halten, besonders aber euren glauben und bekentnus richten
nach gottes wort, wie dasselbige in prophetischer
und apostolischer heiliger schrift verfasset, desgleichen nach den dreien haupt symbolis, auch
hieraus hergenomener, wolgegründter, warer
augspurgischen confession, apologia, schmalkaldischen artikeln, kleinem und grossem catechismo
Lutheri, sampt jetziger christlichen einigungs
formul, so saget es hiermit gott und seiner
heiligen christlichen kirchen, auch uns von ampts
wegen, zu.

Antwort: Ja.

So befelen wir euch das ampt des heiligen
evangeliums, in dem namen gottes des vaters,
sons, und heiligen geistes, amen.

Imponite manus.

Wird also damit vom ordinanten und andern
seinen collegen oder beistehenden pfarrherrn dem
ordinanden die hand aufgelegt, darauf ferner gesprochen:

Last uns beten:

Barmherziger gott, himelischer vater, du hast
durch den mund deines lieben sons, unsers herren
Jesu Christi, zu uns gesagt: Die ernde ist gros,
aber wenig sind der arbeiter, bittet den herrn der
ernde, das er arbeiter in seine ernde sende. Auf
solchen deinen göttlichen befehl bitten wir von
herzen, du wollest diesem deinem diener, sampt
uns und allen, die zu deinem wort berufen sind,
deinen heiligen geist reichlich geben, das wir mit
grossen haufen deine evangelisten sein, treu und
fest bleiben wider den teufel, welt und fleisch,
damit dein name geheiliget, dein reich gemehret,
dein will volbracht werde. Wollest auch dem
leidigen greuel des babsts und Mahometh, sampt
andern rotten, so deinen namen lestern, dein reich
zerstören, deinem willen widerstreben, endlich
steuren und ein ende machen. Solch unser gebet,
weil du es geheissen, gelehret und vertröstet hast,
wollestu gnediglich erhören, wie wir gleuben und
trauen. Durch deinen lieben son, unsern herrn
Jesum Christum, der mit dir und dem heiligen
geist lebet und herrschet in ewigkeit, amen.

Beschluss.

Also haben wir, mit der hülfe gottes, die
fürnemsten stücke, zu einer agend gehörig, mit
abschneidung der uberflüssigen, unnötigen und in
gottes wort ungebotenen ceremonien, wie solches
alles nach unserer fürstlichen grafschaft und derselben inwonenden unterthanen allerhand gelegenheit für bequem, nützlich und besserlich geachtet
worden, mit rat und bedenken, wie hieroben in
unser vorrede auch gemeldet, unser und anderer
in guter anzal auswertiger der augspurgischen
confession zugethaner gelehrter, erfahrner, gottseliger und reiner theologen, so jedes stück und
puncten zum fleissigsten ubersehen, betrachtet
und bewogen, aufs papier bringen und erkleren
lassen.

Der barmherzige, getreue, liebe gott verleihe, das, wie solche zu seines allerheiligsten
namens lob, ehr und preis und unserer kirchen
erbaulichen wolfahrt gemeinet, also auch zu fortpflanzung seines seligmachenden worts und unserer
allerseits seelen seligkeiten, bei seinem väterlichen
schutz und segen, gnediglich ins werk gesetzt und
gebraucht werden möge, amen.

50. Bericht, wie uf gnädigsten und gnädigen befehlich der chur- und fürsten zu Sachsen nach tödlichem hintritt des letzt gelebten fürsten zu Henneberg das consistorium in solcher fürstlichen grafschaft bestellet, und die für solches gehörige sachen bisanhero verrichtet worden. Vom 29. Oktober 1685.

[Nach der Abschrift in Juncker, Ehre der gefürsteten Grafschaft Henneberg. Handschrift in der Dresdener öffentlichen Bibliothek. Vgl. oben S. 282.]

1.

Sind hierzu verordnet 2 consiliarii, so ohne das bei der regierung die raths stelle haben, deren der eine ein praeses consistorii ist und das directorium führet; diesem sind zugeordnet die 3 superintendenten in dieser fürstlichen grafschaft Henneberg als der zu Meiningen, Schleusingen und Suhla samt einem consistorial secretario.

Diese personen werden uf gnädigsten und gnädigen befehl bei der wohllöbl. regierung in pflicht gegenomen, inmassen die formularia bei der canzelei zu finden.

2.

Von ihrem ambt und verrichtungen.

Vor diesen ist alle 8 wochen ein ehe-gericht angesetzt, solches ist folgendermassen ausgeschrieben worden. Entweder im beschluss des alten oder eingang eines neuen jahrs wird im namen wohlermelter regierung an alle hennebergische beamten und an einen insonderheit dieses geschrieben und zugleich ein abdruck der ehegerichts termin über schickt, mit befehl, dass der ambts verwalter mit zuthun des superintendenten oder decani oder pfarrs nach eines jeden orts gelegenheit, ob ein superintendens, decanus oder pfarrer in der stadt oder dorf wohnet, die ehe sachen in prima instantia zur verhör ziehen und versuchen sollen, ob sie pro matrimonio handeln können; geschiehet es, so bleibt es dabei, wollen sich aber die partes nicht weisen lassen, so müssen alsdann die beambten beneben dem superintendenten oder decano oder pfarrern pro ratione loci ihren gesamten bericht, was bei jahren vorgangen, schriftlich aufsetzen, zum consistorio uf dieser 4. termin einen benebenden parten, ihren eltern, vormünder und zeugen überschicken und weisen, denn sie nicht macht haben die ehe zu scheiden. Alsdann werden die partes, praecedente brevi narratione facti verhöret und entweder pro matrimonio gesprochen oder durch ein schriftlich definitivum separiret, dabei pflegt es zu bleiben, und wird davon keine appellation, dem herrkomen nach, verstattet.

Sind die partes straffällig, so werden sie nach inhalt des ehemandats gestraft, entweder an geld oder gefängnis oder kirchen-straf mit verbietung der gevatterschaften und hochzeiten; bei solchen ehe sachen wird kein weitläuftiger process verstattet, es sei dann, dass sich die partes auf zeugen berufen, alsdann muss der producent seine

articulos probatoriales, der product seine rechtmässige interrogatoria generalia et specialia übergeben; diese zeugen werden durch den consistorialsecretarium mediante juramento examiniret, das examen in ein richtiges rotul gebracht, denen herrn präsidenten und assessoren übergeben, worauf den parten angedeutet wird, dass sie in zwei schriften gegen einander verfahren und zum urtheil schliessen müssen; wann solches geschehen, werden die acten durch die herren selbst durchlesen oder aber auf eine juristen facultät oder schöppen stuhl überschicket, dieses urtheil wird im namen der herrn ehe richter und beisitzer publiciret, jedem theil mit gewöhnlicher subsignation zugestellet, dabei verbleibt es ohn alle provocation und appellation, und soviel von ehe sachen. Wenn aber salva rev. eine inprägnation dazu kömt, so werden zwar bede sachen conjunctim vor dem consistorio ventilirt, wenn man aber befindet, dass klagender theil in der eheklag nicht kan fortkommen mit dem beweis oder solche klage sponte fallen lässet und actionem ex stupro prosequiren will, alsdan wird der beklagte vor dem consistorio absolvirt, und mit der andern sache ratione imprägnationis ad forum politicum remittirt, da mag er seine sachen ausführen. Ingleichen wann es s. v. eine imprägnation absque dispensa betrifft, gehöret es ad forum politicum, und soviel von ehe sachen.

Ferner, so haben die herrn consistorialen in ihren ambts verrichtungen die general und special visitationes, das pflegt gemeiniglich einer ex consiliariis, so dem consistorio beiwohnen zu verrichten, auch auf der visitation mit herüm zu reisen; ist die visitation generalis, so ist vorgemeldter herr consiliarius beneben den 3 herrn superintendenten und dem consistorial secretario, so das protocoll hält, dabei und in einem jeden amt wird der amtsverwalter darzugenommen; ist die visitation specialis, wann ein jeder superintendens nur in seinem district visitiret, nimt er nur den ambtsverwalter in dem ambt zu sich, die unkosten gehen auf die gemeinde oder kirchenkästen zugleich. Gleichwie die wohllöbliche regierung beim beschluss des alten oder eingang des neuen jahres an alle beamte schreibet, wann sie mit dem verordneten superintendenten oder decano oder pfarrer pro matrimonio nichts werden verhandeln können, also wird ein offenes patent unter der herrn superintendenten subsignation und zwar ein oder zwei exemplaria, darnach eins seine inspection und district gross ist, an alle pastores herümbgeschickt, des inhalts, wann sie mit dem beambten pro matrimonio nichts verabhandelt hätten, dass sie neben gesamten bericht die partes, ihre eltern oder vormündere, beneben den zeugen auf den nechst angesetzten termin einen remittiren sollen.

Es wird auch diesem patent und ausschreiben inserirt, wie die feier-, buss- und bettage anzustellen, und was vor ratione temporis sie ambts halben zu erinnern schuldig sind. Bei diesem ausschreiben bekömpt ein jeder pastor ein gedrucktes exemplar der ehegerichts termin, dass er die parten darnach bescheiden kan.

Wann auch das jahr über etwas wichtiges vorfället, so uf der canzel zu verkündigen, wird solches consistorii wegen durch ein ausschreiben ihnen notificiret.

Es werden auch die decani und pastores an ihren superintendenten und special inspectorem, sich in casibus conscientiae und andern begebenden fällen raths bei ihm zu erholen, gewiesen und da die sache wichtig, wird sie bei der nächsten zusammenkunft abgehandelt. Die examinationes und ordinationes verrichten die herrn superintendenten ingesamt in beisein des präsidis, dafern er anderer geschäften halben abkommen kan.

Die kirchen-rechnungen in den städten und dörfern werden entweder in beisein der herrn superintendenten oder decanorum gehalten.

Wann ein neuer pfarr ordinirt oder einer translociret werden soll, muss er zuvor eine predigt zu Meinungen verrichten, alsdann bekömmt er von dem consistorio literas praesentationis an die beambten, schultheisen, bürgermeistere und rath in den städten, auf den dorfschaften aber an die schultheissen, vorstehern und gemeinde, bei denen er die prob predigt ablegt und eine schriftliche adprobation von ihnen an das consistorium bekömt, wie sie mit seiner lehr, person und qualitäten zufrieden. Eodem modo wird es mit den schul-collegen in den städten und schulmeistern auf den dörfern gehalten, dass ein jeder sein praesentation schreiben von dem consistorio, so

mit der herrn präsidenten und superintendenten petschaften bedrückt bekömt, das muss er bei dem consistorial secretario gegen der gebühr abfordern.

Wann nun ein pfarrer, diaconus in einer stadt oder dorf introduciret wird, geschiehet solches durch seinen special superintendenten, welcher des orts eine predigt verrichtet und nach derselben die einweisung vor dem altar in beisein der gemeinde und darzu gehörigen filialen zu werk setzet.

Wenn ein neue kirche oder predigt stuhl erbauet wird, geschiehet die einweihung durch den special superintendenten.

Das ehemandat wird von jedem superintendenten, decano und pfarrern in städten und dörfern alle quartal öffentlich von der canzel abgelesen.

Die ordnung der kirchen stühle wird nach dem gedruckten proscript observirt.

Es haben die herrn superintendenten macht, ein jeder in seiner inspection, seine untergebene pastores zusammen zu beschreiben und ein colloquium de praecipuis fidei articulis anzustellen.

Wenn ein superintendens, decanus oder pfarrer stirbt, müssen solches die diaconi oder vicini pastores auf ein viertel jahr, in welcher zeit der wittiben die besoldung zu gutgehet, versehen, bis es wieder bestellet wird.

Wenn ein maritus oder sponsus durch zwei citationes auf öffentl. canzel citiret worden, werden hernachher solche citationes an der kirchen thür öffentlich angeschlagen, und da desertor weder vor sich noch per mandatarium erscheinet, die obrigkeitl. strafe gegen ihm beklagten, da er wieder kommen solt, vorbehalten.

Des consistorial secretarii verrichtung ist, das protocoll und registratur zu halten, die bei dem consistorio vorhandene bücher, libell und andere acten fleissig zu verwahren, die citationes, urtheil, ausschreiben und präsentation schreiben zu verfertigen, von den acten niemand nichts ohne vorbewust der herrn superiorum zu communiciren, noch in copiis mitzutheilen.

Actum Meinungen am 29. octobris 1635.

---

51. Instruktion für die Visitatoren von Henneberg-Römhild vom 25. Oktober 1556.

[Aus Weimar, Ji. Nr. 29.]

Instruction unser von gottes gnaden Johans Friderichen des mitlern, Johans Wilhelmen und Johans Friderichen des jungern gebruder herzogen zu Sachsen landgrafen in Duringen und marggraven zu Meissen, was die wirdigen und hochgelarten unsere liebe andechtige er Maximilianus Mörlein doctor und Johan Stosser magister der heiligen schrift

pfarrer und superintendenten zu Coburg und Heltburg und Wolf Blumlein ambtman zu Romhilt in sachen die naue visitation belangende thun handelen und ausrichten sollen.

Erstlich geben wir inen himit und in craft dieser unser besigelten instruction vollkommenen gewalt und macht, das sie alle pfarre prediger und diaconi auch in der stadt und dorfer kirchen schuldiner unser herschaft Rommilt in der stadt doselbst und allen derselbigen auch unsers ambts Lichtenbergs dorfern nemlich zu Rommild in der stadt die pfarren, so dorein gehorig, und zu Osheim die pfarren der dorfer, so in bemelt ambts Lichtenberg gehoret, vor sich sampt den kirchvetern heimburgen und schultessen ides orts und etzliche aus den gemeinen erfordern und einem iden pfarren nachvolgende meinunge oder etwas denselben gemess furhalten und anzeigen sollen.

Von hier an f a s t wörtlich gleich der Visitations-Instruktion von 1 5 5 4 (s. Bd. I S. 222). Die Abweichungen sind ganz geringfügiger Natur. Zu erwähnen ist: Der Passus von der früheren Visitation fehlt. Wenn in der Instruktion von 1554 einfach auf die Einigung von 1537 (s. Bd. I. S. 224 Spalte 2 Zeile 80) verwiesen wird, heisst es hier „im 37. jahr zu Schmalkalden verglichen, welche die hofprediger im 53. jahr in druck haben ausgehen lassen und unsers gnedigen lieben herrn und vaters seliger gedechtnus ausgegangener kirchenordnung unter dem titel ,Unterricht der visitation an die pfarrer im churfurstenthumb zu Sachsen etc.‘, derer des ein exemplar zu ende dieser unser instruction zu befinden ist. Wo nu derselbigen kirchen ordenunge gemes die visitatorn dieselbigen in unser herschaft Rommild und ambt Lichtenberg vorordenen und ufrichten, dabei sol es auch gelassen und durch keinen pfarrer einiche voranderunge ane unser vorwissen zu machen gestatet werden.“

Der in der Instruktion von 1554 hierauf folgende Passus „Zum andern solle sich kein pfarrer in stedten die ceremonien zu endern anmassen“ bis „der sacrament raichung nachgelassen werden“ fehlt für Römhild; infolgedessen ist die Nummerirung um eine Zahl ärmer.

An den Satz der Visitations-Instruktion von 1554 (s. Bd. I S. 225 Zeile 50): „Demselbigen nach ist in der widumb unser furstenthumb und lande voordenet, das an denen orten, do die leut alberait gegen den alten zugengen oder opferpfennigen nichts zugebeu pflegen, ein ider wirt und wirtin ein quartal iren seelsorgern drei pfenninge und die andern, so uber zwolf jar alt, drei heller geben solten“ schliesst sich an: Als sollen es unsere vorordente visitatorn uf solche mass in der herschaft und ambt Lichtenberg auch richten. Domit in unsern landen furstenthumb und herschaft gleichheit gehalten werde, es were dann das die underthanen alberait etwas mehr jerlich

hetten und geben, dann obberurte vorordenunge austregt, auf den val sollen sie es auch dabei bleiben lassen. Doch das es in allewege nicht papistischer oder solcher weise genomen, so unser kirchenordenunge ungemes und ergerlichen. were.

Und nachdeme sich auch durch abesterben der alten pfarrer zwischen den nauen und der vorstorbenen weiber und kindern viel irrungen zutragen u. s. w. wie in der Instruktion von 1554 (s. Bd. I S. 226 Abs. 2).

Der Absatz der Instruktion von 1554: „Würden auch etliche pfarrher klagen“ bis „das er gnug hette und zuraichen konnte“ fehlt für Römhild. Statt dessen heisst es hier:

Und nachdeme wir albereit der pfarren einkommen erkundung und bericht genomen, auch der selbigen zulage erwogen und bedacht, was und wivil einem iden pfarrer in unser herrschaft Rommild und ambt Lichtenberg jerlich zu seinem underhalt allenthalben volgen als sollen (sie)[1] es dabei auch bleiben (lassen) dann wir albereit von den geistlichen guetern mehr vorordent, dan sie jerlich ertragen.

Die weil es auch von etzlichen vor rath sam und gut angesehen wirdet, das die superattendenten bisweilen die dorfpfarrer unvormarkt besuchen u. s. w. bis: Daran thun sie dem allemechtigen got sonder zweivel zu gefallen und geschiet daran unsere zuvorlessige ernste und gefellige meinung. Wörtlich aus der Instruktion von 1554.

Dann sind die folgenden Sätze der Instruktion von 1554 fortgelassen und beide Instruktionen schliessen im Wesentlichen gleichlautend:

Was auch bei einer iden schulen vor mengel befunden und was zu abwendung derselben durch die visitatores geschafft wirdet, das solle sonderlich vorzeichen werden.

Es sollen auch unsere visitatores an einem iden ort, dohin sie kommen werden, einen vom rath oder der gemein, den sie am tuglichsten sein erachten werden, neben und zu sich ziehen, domit von den stedten und gemeinden, wie zuvor geschehen, auch imand dabei sei und diese ding neben inen handeln und vorrichten helfe.

Zu urkund mit unserm hir aufgedruckten secret wissentlich besigelt und geben zu Weimar sontags noch Ursule 1556.

---

[1] „sie“ gestrichen.

52. Abschied der Visitatoren für die Superintendenz zu Römhild vom 20. Dezember 1556.
[Aus Weimar, Ji. Nr. 29.]

Gemeiner abschied uber die superintendenz zu Romhild.

Erstlich seine kirchen und derselben inspection zugewarten, unserer g. f. und h. ordnung
nach anzurichten und dran sein, das es alles sittlich ordenlich und mit gnugsamer vorgehender
ermahnung mehlich und sauberlich abgeschafft
werd, mit altern und bildern, auch die lestermans-
heuslin abthun.

Zum andern zum oftern mal jerlich die pfarhern seiner inspection besuchen und der lehre
catechismi schulen etc. vleissig erkundigung nemen
und erfaren, wie die leut beten lernen und die
zehrung, so darauf gehet, bei dem ambtmann verrechnen, der in wirt entrichten, also auch die
rechnung der zehrung bei dem superintendenten
zu Ostheim annemen und bei dem ambtmann er-
legung vorschaffen.

Zum dritten die ruchlose verachter nach genugsamer ermahnung mit zeitigem rat uf eine
gute lange zeit zu excommuniciren in irer kirchen
verordnen.

Zum virten die dorf schulen vleissig bestellen etc.

Zum funften in allen kirchen anschaffen, das
bei den hochzeiten ein ordenliche vorgehende
predig geschehe.

Zum sechsten kirchen register in allen kirchen
bestellen, darin vorzeichnet werd bei der tauf die
eltern und gevattern, item die privati und publici
communicantes, item die entschlafnen, hochzeit etc.

Zum sibenten in allen pfarkirchen verschaffen,
das man halte ein deutsche bibel d. Lutheri heilige
version[1]), hauspostill, confessionem Augustanam,
schmalkaldisch artikel, agenda, und zusehe, das
die bucher rein behalten und der kirchen nit
entwendet werden.

Zum achten, der pfarhern uf und abzug hat
er ein furstlichen bescheid, den er dem superintendenten zu Ostheim abgeschrieben soll mitteiln.

Zum neunten vleissig dran sein, das den
pfarhern ir pfarrecht treulich geraicht werd.

Zum zehenten bei gemeinen pfarhern abschaffen und verbitten alle schedliche unreine
autores papistisch, zwinglisch, calvinisch, wider-
teuferisch, schwenckfeldisch etc. und sie treiben
zu reinen gesunden buchern.

Zum eilften in allen kirchen von ornat lassen
schone deck machen umb den altar, predigstul,
taufstein, leichtuch, ein schön tauftuchlin fur die

communicantes und abschaffen, das die weiber hinfurt kein entschlafne zu grab tragen, sonder das
es durch menner geschehe.

Zum zwelften alle kasten oder kirchen rechnung vleissig anhören.

Zum dreizehend keinen kirchner noch schulmeister on sein vorwussen lassen auf nemen noch
absetzen.

. . . . .

Die kirchen und schule etc. Romheld belangend. Kirchen. Erstlich soll jeder superintendens sich der pfar unterfahen und hiemit bestetigter
pfarher sein.

Zum andern im sollen zwen diaconi untergeben sein, die im alle kirche arbeit helfen unterrichten.

Zum dritten denen sollen die gewohnlichen
accidentia tauf begrabens copulirens etc. volgen
dafur hat der pfarher das pfarrecht oder opfer
groschen.

Zum dritten [sic!] er soll den diaconis ire
predig distribuiren uf gleiche arbeit wochentlich,
auch das spital bevelen, davon sie 8 fl. jerlich haben.

Zum funften das man mit hochzeiten zur
ordenlicher zeit zu kirchen kum und dabei ein
predig von ehestand hab.

Zum sechsten das examen des catechismi
vleissig anrichten und halten.

Zum sibent die abgottische bilder lestermans
heuslein und dergleichen ergerniss abschaffen neben
einen erbarn burgermeister und rat.

Zum achten vleissig uf acht zuhaben, das die
armen kranken, auch die in spital und sich aus
wol versorgt und visitirt werden.

Zum neunten das man das stiftisch papistisch
lang geleut abschaffe, item das sturmen des nacht
und morgen puls.

Zum zehenten die librarii in wesen behalten
und dran sein, das jerlich reine autores darein geschafft werden.

Zum eilften mit den kirchen ornat die altar
tauf etc. richtig und unser christlich bekenntniss
herlichen bestellen.

Latinisch schule. Erstlich do diser schulmeister abzog dran sein, das wider ein gelarter
tuglicher berufen wird.

Zum andern die schul all halb jar mit seinen
diaconis examiniren und die classes versetzen.

Zum dritten oft erkunden uf die schul arbeit
und auf der collegien leben.

Zum virten das die mendicantes ordenlich
ausgeteilt etc.

Zum funften, das die knaben zu den stipendiis

---

[1]) Das Wort „version" von anderer Hand über der
Zeile eingefügt.

wol abgefertiget und recht unterrichtet, zu Jen examinirt werden.

Zum sechsten . . . . . .

Deudsche schule. Erstlich das die kindlin in catechismo vleissig unterrichtet werden.

Zum andern uf der canzel ermahnen, das man die kinder vleissig zur schule halt.

Zum dritten das dem schulmeister sein ordentlich quartal gelt treulich geraicht werd.

Zum vierten das die kindlein ordenlich zur kirchen gefurt und in examine catechismi andren furgesetzt werden.

Zum funften sein besoldung ist 25 fl. fur holz und alles, ausgenomen sein geburlich schuldebit von den kindern.

Gemein kasten. Erstlich das tuglich leut uber dem kasten verordnet, dem ire rechnung thuen in bei sein des superintendenten und ambtmans, rats, laut der landordnung.

Zum andern das man alle sontag und fest mit einen secklein den armen in der kirchen ein-

samle und dasselb, wo armen, kranke etc. sind, uf verrechnung treulich austeilt und wochenlich wie viel gefelt verzeichne.

Zum dritten die schussel, so wochentlich gereicht wird, niemand gegeben, es sei dan mit vorbewust eines superintendenten, burgermeisters und rats.

Zum funften virten [sic! „funften" leicht durchstrichen] 5 fl. von stiftverwalter jerlich fur haus arme leut.

Zum funften 6 fl. 14 gr. dem burgermeister von wegen der stiftung Meyersbach, 2 fl. 3 gr. den heiligen meister 2 fl. 6 gr. spend, so die heiligen meister austeilen.

Was an den vorschaften zulagen von stift Romhild uf lebenlang verschafft, soll nach abgang derselben personen sampt der pfrund Hain, so her Lorenz innen hat, der kirchen Romhild zu stipendiaten item sunsten an der kirchen schuldiner und armen leut notturft gewendet werden.

Städte und Ortschaften der Grafschaft Henneberg.

Belrieth und Einhausen.

Auf der Visitation des Jahres 1566 (vgl. oben S. 271) überreichte der Pfarrer Pancratius Treutel folgende Gottesdienst-Ordnung, welche hier erstmalig aus dem Henneberg. Gem. Archiv abgedruckt wird. (Nr. 53.)

53. Gottesdienst-Ordnung. 1566.

Verzeichnis des pfarherrn zu Belerith, wie ers halte, in seiner heuptpfarr zu Belerith und in seinem filial zu Einhausen mit allen ceremonien, gesengen und predigten auf alle sontag und furnembste festa. Anno 66.

Auf der durchleuchten hochgebornen fürsten und herrn, herrn Georgen Ernsten, graven und herrn zu Henneberg, meines gnedigen fürsten und herrn, ansuchen und begern, wie es ein jeder pfarherr halte in seiner pfar und filial mit allen ceremonien, gesengen und predigten geb ich seiner fürstlichen gnaden in aller unterthenigkeit zu erkennen, nachdem mir zwei dörfer, nemlich Belerith und Einhausen zu verwalten bevolen, das ichs bisanhero alle sontag und feiertag so gehalten, welches orts ich vor mittags geprediget habe, das ich eben desselbigen tags auch des andern orts nach mittag geprediget habe, und das darumb, das man an einem jedern ort allweg uber den andern sontag des herrn abendmal halten konte, wo communicanten da weren. Demnach so sich etliche personen anzeigen, die das heilige

abendmal begeren, so verhöre ich dieselbigen nach einander, weil man zu predigt leutet. Darnach wenn man zusammengeschlagen hat, heben wir an zu singen, erstlich ein deutsch kyrie mit sampt dem deutschen Et in terra, Allein uf der höhe sei ehr etc. Darauf folget ein gebet umb vergebung der sünden und um abwendung wolverdienter straf. Wenn nu dasselbig fur dem altar ist laut gesungen, wend ich mich alsbald zu dem volk und lese des sontags epistel fein deutlich, langsam und laut. Nach verlesener epistel singt der kircher mit den schülern ein deutschen psalm oder ein lobgesang de tempore. Auf denselbigen folget ein capitel aus der biblia mit den kurzen summarien m. Veit Dieterichs, oder wo das capitel wil zu lang sein, so teile ich dasselbige in zwen oder drei teil nach gelegenheit des texts, und weil sich das volk alsdann zimlich viel versamlet hat, sag ich inen drauf dreimal nacheinander fur ein stück, das man der jugent aus dem catechismo zu lernen aufgibt, das sie es deste besser einnemen und fein aufsagen können, nemlich wenn sie an einem sontag zu mittag oder an einem dienstag und freitag zu frue drumb gefragt werden. Denn

dieselbigen zwo zeit hab ich zum examen catechismi geordenet. So das also verrichtet, singen
wir den glauben mit sampt dem lobgesang Nu
bitten wir den heiligen geist. Bald darauf tret
ich in gottes namen auf den predigstuel, sag
nach geschehener vermanung zum gebet und nach
gesprochenen vater unser den text des sontags
evangelions und leg denselbigen den einfeltigen
leuten einfeltig aus, das sie wissen können, was
fur unterricht und trost sie draus empfahen und
mit heimnemen sollen. Solche predigt weret ungefehrlich ein halbe stunde oder aufs allerlengste
drei vierteil einer stunden. Auf gethane predigt
folget die vermanung zum gemeinen gebet, darnach
singt der kircher mit den schtilern Erhalt uns herr
bei deinem wort oder ein kurzen logesang de
tempore oder sunst ein kurzen psalm. Auf denselbigen lies ich die vermanung zu des herrn abendmal an die communicanten und sing drauf erstlich das vater unser, darnach die wort der
einsetzung des heiligen abendmals, alsdenn gehen
die leut fein ztichtig nach einander umb den altar
und empfahen mit dem brot und wein den leib
und das blut Christi zu vergebung irer stinden,
wie es von Christo selbs ist eingesetzt; unter
dessen weil sie communiciren, singt die kirch das
lied Johann Hussen: Jesus Christus unser heiland
oder do der communicanten nicht zuviel nur den
lobgesang: Got sei gelobet und gebenedeiet. So
denn die danksagung, wie sie im agendbtichlein
verorndet, geschehen und verbracht ist, so schick
ich die leut mit dem segen wider zu haus, das ist
der process, den ich halte, alle sontag und feiertag zu frue, wenn ich communicanten habe.

So aber keine communicanten furhanden sind,
las ich erstlich an stat des kyrie und Et in terra
ein psalm singen, das sich das volk in des zusamen bringe, darauf halt ich mit lesen und predigen eben die ordenung, wie jetzt vermelt, allein,
das ich nach verlesenen capitel die sechs heupt-
stttck unser christlichen lehr dem volk fursage
und insonderheit das sttick, das man den kindern
aus dem catechismo zu lernen aufgibt. Darauf
recitiren die schueler der heuptsttick eins, davon
man dieselbige zeit in der wochen uber predigt,
oder die fragesttick von den furnembsten festen
aus unserm catechismo, wie es die zeit nacheinander fordert und gibt. Nach geschehener predigt,
so die betfart umb erhaltung des worts und gemeinen frieden gehalten und verbracht ist mit
bitten und singen wird eine collecten oder zwo
nach erforderung der not mitsampt dem gewonlichen segen gesprochen uber die gemeine.

In gleicher masse halt ichs auch zu mittag
in beiden dörfern alleweg uber den sontag und
feiertag, allein weil ich alsdenn bessern raum habe,
so halt ich das examen catechismi, sobald, als die

knaben ir.furhabend heuptstuck aus dem catechismo
recitirt haben, und damit dasselbige examen deste
schleuniger von statten gehe, neme ich jedes orts
meine kirchner zu gehtilfen, die mussen mir unter
dem jungen volk umbfragen helfen.

Am freitag, wenn man zu Belerith zur predigt leutet, singt man erstlich ein langen psalm
oder di litanei, weil sich das volk samlet, darnach
list man in der biblia ein capitel oder ein sttick
draus, nemlich da mans am vergangen sontag hat
wenden lassen, mit den summarien m. Veit Dieterichs. Darauf sag ich die sechs heuptsttick
christlicher lehr, wie die einem jeden christen zu
wissen von nöten, mit sampt dem sttick insonderheit, das die kinder lernen sollen, und wenn die
schtiler ire fragstttick recitirt haben, halte ich
sampt dem kircher examen mit umbfragen und
vleissiger nachforschenung, was sie sie von dem
sttick, das man ihn aufgeben, gemerkt und behalten haben. So das examen geschehen, singt
man Nu bitten wir den heiligen geist u. s. w.
oder sunst der kurzen lobgesang einen de tempore.
Darauf folget ein predigt aus dem grossen mar-
grevischen und norisbergischen catechismo, eben
von dem sttick, davon man die kinder leret. Nach
verlesener predigt singt man das gesang Erhalt
uns herr bei deinem wort etc. sampt dem da
pacem und lieset fur dem altar eine collecten
entweder de tempore oder sunst eine die sich auf
die furfallende not schicket und lest das volk mit
dem segen widerumb zu haus. Das weret ungeferlich drei vierteil einer stunde, oder aufs lengste
eine ganze stunde.

Wie ichs nu zu Belerith halte am freitag,
eben also halt ichs auch am dienstag zu Einhausen,
an einem ort wie am andern, als mir dann nicht
allein diese meine schrift zeugen soll, sondern
auch alle, die mich hören.

Die furnembsten festa Christi et apostolorum
halt ich alle, wie sie in der agenda gesetzt sind,
allein weil mit dem fest Petri und Pauli eine
enderung geschehen, las ichs bei derselbigen auch
bleiben.

Etliche furtreffliche historien, als von der tauf
Christi, von S. Paulus bekerung, von der offenen
sunderin, von Johannis enthauptung, item das
evangelium von den engeln, predige ich auf gelegene zeit in der wochen uber .an stat der catechismi predigt.

Die fasten aber les ich am freitag zu Belerith und am dinstag zu Einhausen an stat des
catechismi alle wochen ein sttick der historien
vom heiligen bittern leiden und sterben unsers
herrn Jesu Christi, nach den vier evangelisten,
mit erklerung etlicher furnembsten puncten, aus
den predigten m. Veit Dieterichs, wie die in der
wittenbergischen hauspostillen verzeichnet sind.

Auf den grunen donnerstag les ich fur dem altar an stat des capitels die wort S. Pauli 1. Cor. 11, auf der canzel an stat des evangelions die historiam des grünen donnerstags, nach den vier evangelisten mit einer kurzen erklerung vom heiligen abendmal, was es sei, worzu es nütze, und wie sich ein jeder bereiten sol, das ers wirdiglich empfahe.

Auf den karfreitag les ich das 53. capitel Esaiae fur dem altar, auf der canzel die historiam des karfreitags nach den heiligen vier evangelisten mit sampt einer erklerung, was und warumb Christus gelitten habe und wie wir sein leiden seliglich und wol gebrauchen können.

Und singen diese zeit uber solche geistliche lieder die sich auf die historia fein reimen, wie wir, gott lob, der viel haben in unsern gebreuchlichen gesangbüchlein und dieselbigen fein rein.

Aber dis und anders alles, was ich sunst von ampts wegen zu thun habe in und ausser der kirchen, als, kranke zu berichten, verstorbene zur erden zu bestatten, kindlein zu teufen, beicht zu hören, eheleut einzuleiten, das thue ich alles in einem gewonlichen chorrock und nach der forma, die im agendbuch verzeichenet ist. Das hab ich auf meines gnedigen fürsten und herrn christliches und gnediges ansinnen untertheniger meinung, unangezeiget nicht wollen lassen, und versehe ich mich zu im aller gnaden. Datum Belerith, donnerstags nach reminiscere [14. märz] anno 66.

Pangratius Treutel
pfarherr zu Belerith.

Dingsleben.

Der Pfarrer Georg Planck erstattete 1566 (vgl. oben S. 271) folgenden Bericht über seine Kirchen-Ordnung, den wir im Hennebergischen Gem. Archiv finden. (Nr. 54.)

54. Kirchen-Ordnung. 1566.

Ich Georg Planck itziger zeit pfarrer zu Dingsleben halt diesen brauch in meiner kirchen.

Erstlich auf den sontag und sonsten auf alle fest, so lass ich meinen kirchner umb 7 uhr die glocken leuten dreimal nacheinander. Als dan wan das volk beieinander ist, so fahe ich mit dem volk ein teutschen psalmen zu singen, als do ist Erbarm dich mein o herre gott etc. oder das vater unser etc. oder sonsten einen. Wan solches vollendet ist, so sing ich ein gebetlein, wie sie dann in dem agendbüchlein verfasset sind. Nach solchem so verlese ich dem volk die epistel, so in christlicher gemein zu lesen verordnet, und nach solchem wiederumb ein teutschen psalmen gesungen. Darnach fur die ander lectio lese ich etwa ein capitel aus den propheten oder ex actis apostolorum und nach vollendung desselbigen fahe ich an den glauben zu singen und flux darauf Nun bitten wir den heilgen geist etc. welches alles ohngefehr ein halbe stund oder ein wenig lenger sich verzeucht. Darnach so gehe ich auf die canzel, erstlich mit dem eingang das mir gott der vater aller gnaden durch Jesum Christum seinen einigen sohn sampt dem heilgen geist mir mein mund und herz füllen, auch den zuhörern die thür ihres herzen eröffnen, das solches durchs herz dringen nnd sie erweichen möge, mit einem vater unser zu beschliessen. Nach solchem so verlese ich das heilig evangelium den zuhörer, theile hernach dasselbig in zwei, drei oder vier stücklein und erklere inen disselbige, so vil mir gott gnade und seinen heilgen geist verleihet, inen solches auszulegen, und solches verzeucht sich ohngefehr ein stund. Wan die sand wir ausgelofen ist, so fahe ich wiederumb an die erklerte stück wiederumb zu erholen, damit sie desselbige desto ehe verstehen lernen, sie auch desto leichter behalden, und nach vollendung der predigten so bite ich auch für die stende der ganzen christenheit, für allerlei not und anliegen, für krankheit, pestilenz etc. So balt ich von der canzel heraber gehe, so lese ich die ermanung zu dem volk, nach solchem so fahe ich an das vater unser zu singen, und nachfolgends die verba coenae dominicae etc. Nach solchen worten so fahe ich dem volk an zu singen Jesus Christus unser heiland etc. oder aber Gelobet seistu Jesu Christ etc. under des so reiche ich den communicanten sovil ir sind, erstlich das beede den waren leib Christi, darnach den kelch das blut Jesu Christi, welches er für unser sund vergossen etc. und nach verrichtung solches hoen theuern werks und hochwirdig sacrament so singe ich die danksagung und lass alsdan das volk mit dem segen, wie in dem agendbüchlein verzeichnet ist, wiederumb zu haus. Das geschicht also und würd gehandelt auf den sontag frue.

42*

Darnach auf den sontag nachmittag lass ich umb eilf uhr widerumb drei zeichen leuten. Do singe ich mit dem jungen volk die zehn gebot und auch das Nun bitten wir den heilgen geist darauf etc. alsdan so neme ich fur mich ein stück aus dem catechismo ein gebot oder ein bit und dasselbig ordenlich nacheinander und erklere es inen auf das allerkürzst und einfeltigst. Ist es in den zehen geboten, so zeige ich inen an, was gott in einem jeden gebot geboten und verboten hab, was wir thun und lassen sollen, und so fortan in allen stücken des catechismi, was sie aus einem jeden stück zu lernen haben. Nach solcher erklerung des catechismi, so fordere ich von dem jungen gesind und volk die sechs stück sampt der auslegung, underricht und lehre sie solches, das sie mir solches von wort zu wort alle sontag nach der mittag predig müssen erzelen, mit andern fragstücklein so m. Christophorus Fischer erster superintendens hat trucken lassen, dem jungen volk zu gut, damit sie lernen was stünd sei, wodurch man die stünd erkene etc. Nach solcher erforderung so sing ich mit dem jungen volk Erhalt uns herr bei deinem wort etc. mit disen hinan gehenkten worten Gib unserm fürsten und aller obrigkeit fried und gut regiment, das wir under im ein geruhlichs und stilles leben füren mögen in aller gottseligkeit und erbarkeit amen. Auf solches so sing und beschlisse ich die mittag predig wiederumb mit einem gebetlein und lass das volk also wiederumb zu haus gehen, das würd zu mittag auf den sontag von mir in meiner kirchen gehandelt.

Auf den freitag so las ich umb 6 uhr leuten, in dem winder umb 7 uhr und wan das volk zusammen kompt, so fahe ich an einen teutschen psalmen zu singen das vater unser oder aber, so ich gehülfen hab, so singe ich die teutsche litanei mit dem volk und darauf ein gebetlein gesungen. Darnach so gehe ich auf die canzel und verlese die epistel, welche am sontag zuvor gebreuchlich ist, theile diselbige auch in etliche stück und erklere diselbige stück auf das kürzst; ist es aber umb die fasten, so handele ich das leiden und sterben unsers hern Jesu Christi wie solches die vier evangelisten fein ordentlich beschriben und theile dasselbige in 16 predigten, wie dan uber solche gnadenreiche historien auch gemelter m. Christophorus Fischer unsers gnedigen fürsten und herren oberster superintendens sehr weitleuftig geschrieben und in truck verfasset, damit allen armen dorfpfarhern zu dinen.

Auf die andere fest, so in der wochen sich zutragen, halt ich eben den brauch allein das ich nur ein lection verlese, so ich aber communicanten hab, zu gleicher weis wie auf den sontag und in summa ich halt es in allen stücken wie es meinen antecessori in jungst gehaldener visitation ist eingehalden worden. Ist derwegen mein freundlich vleissig underthänige bitt, man wolle mit diser meiner kirchenordnung auf dismal zufrieden sein und sich dran gnüg lassen, und wil hiemit alle frome getreuherzige bischof pfarhern und seelsorger in die selige gnad Jesu Christi befohlen.

Datum Dinstleben den 11. mai anno 1566.

G o l d l a u t e r.

Der Pfarrer Conrad Eberhard berichtete im Jahre 1566 (vgl. oben S. 271) seine Kirchen-Ordnung, wie sie hier nach dem Original im Hennebergischen Gem. Archiv wiedergegeben wird. (Nr. 55.)

55. Kirchen-Ordnung. 1566.

Kirchenordnung wie ichs Cunradus Eberhardt dieser zeit pfarherr in der Goldlauter die funf jahr lange, so ich alda gewesen, gehalten habe und noch halte.

An sontagen durchs jar pflegen wirs also zuhalten.

Weil bei uns keine schüler seind, die do singen konnen und aber das gemeine volk und gesinde der christlichen geistlichen liedern, wie die im gesangbüchlein beschriben, gewohnet und gelernet so singen wir erstlichen

Kom heiliger geist herre gott. Darnach wenn communicanten furhanden seind, singet man das kyrie deutsch. Darauf volgt Gloria in excelsis deutsch und singet man alsbalt

Allein gott in der höhe sei ehre.

Demnach wende ich mich zum volk und singe

Der herr sei mit euch.

Antwort das volk

Und mit seinem geist.

Demselben folget die collecten nach gelegenheit der zeit und fur allerlei anligen der christenheit.

Nach dem gebet lese ich ein capitel aus dem alten testament und singet man nach demselben einen deutschen psalmen, als Ach gott vom himel etc., Wo gott der herr etc., Durch Adams fall etc.

Darnach lese ich wider ein capitel aus dem neuen testament aus den evangelisten, ex actis apostolorum, aus den epistel Pauli, Petri, Johannis etc. nach dem es die ordnung gibt. Darauf singt das volk den glauben deutsch.

Nach solchem gebe ich auf die canzel, vermane das volk zum gebet und hebe an zu singen Nu bitten wir den heiligen geist. Darauf verlese ich das evangelium, daraus ich erstlich die summam des evangelii anzeige, darnach in welche stück des catechismi gehoret. 3. Neme ich aufs allermeist zwei oder drei stück und artikel darauf und in einem jedlichen stück ein lehr, trost und vermanung, die trage ich insonderheit dem volk aufs einfeltigst deutlichs mit sprüchen der heiligen schrift ercleret und nach dem pfündlin, das mir gott verlihen hat, vor und im beschlus widerhole ich die stück alle mit einander aufs kürzest, das also die predigt etwan drei virtel stund weret. Darnach vermane ich das volk, weiter ihr gebet zu thun zu gott dem vater aller gnaden und barmherzigkeit fur die not der ganzen christenheit, für das geistlich, weltlich und hausregiment. Nach gethanem gebet zu gott befehle ich das volk in den schutz und schirm des allmechtigen gottes.

Nach der predigt singt das volk Verleihe uns friede gnediglich, darauf thue ich von stund an die vermanung an diejenigen, so das heilig hochwirdig sacrament empfahen wollen (derer beicht ich den abent zuvor angehöret) und sing dann das vater unser und die wort des nachtmals wie in der agend Viti Diterichs stehet, alsbald singt man Jesus Christus unser heiland etc. oder Gott sei gelobet oder Ich danke dem hern von ganzem herzen, nach dem viel oder wenig communicanten vorhanden seind, nach dem singe oder lese ich die gewonlichen collecten und lass das volk mit dem segen wider zu haus gehen.

Wo aber keine communicanten vorhanden, so unterlassen wir das kürie und Allein gott in der höhe sei ehr und singen sonst an stad desselben ein deutschen psalmen. Mit dem lesen und anderm wirds gehalten wie vor stehet, nach der predigt singt man Verleihe uns friede, oder Es wolle uns gott gnedig sein und beschliesse mit einer collecten.

Auf die sontagen zu mittage.

Erstlich singet man das Veni sancte deutsch in der kurzen melotei.

Darnach die zehen gebot oder das vater unser oder Christus unser herr zum Jordan kam oder Erbarme dich mein o herre gott oder Herr gott dich loben wir, nachdem ich ein stück des cat-

echismi handele. Forder lese ich nun ein capitel aus den propheten, ex psalmis oder aus den sprüchen Salomonis etc. Nach verlesenem capitel singt man Gott der vater wone uns bei oder sonst ein geistlich lied. Darauf erzele ich die stück des heiligen catechismi aufs einfeltigst und neme denselbigen stück eines für mich und erclere es etwas weitläuftiger und nach der predigt singt man das magnificat deutsch und beschliesse mit einer collecten. Nach solchem examinire ich die kinderlein im catechismo. Also pfleg ich es auch zu halten auf die hohe fest, wie oben stehet, one allein die lieder von einem idlichen fest werden gesungen an statt der vorigen und auf weinachten feiern wir drei tage, auf ostern und pfingsten nur zwen wie in der agend stehet.

Am werkeltage.

Auf den freitage halt ichs also. Erstlich singt man das Veni sancte kurz, darauf sing ich die litanei furm altar vor und antwort das volk darauf, volgends die collecten und darauf lese ich ein capitel aus dem neuen testament. Darnach singt man das Wir gleuben all an einen gott und thue dann ein predigt aus den epistel Pauli etc. etc. Nach der predigt singt man Verleihe uns friede etc., Es wolle uns got gnedig sein und dann die collecten.

Weil aber im sommer sonderlich in der heu- und schneid-ernd das gemein volk auf dem felde zu arbeiten pflegt und in die kirchen nicht kommen kann, so unterlasse ich die wochenpredigt von S. Johannistage an bis auf S. Bartholomei, es sei denn das ungestüm wetter ist und das volk auf dem feld nicht sein kan, so fare ich mit der predigt fort.

Mit dem teufen halt ichs wie in der agend stehet, desgleich mit heimsuchung der kranken.

Auf wirtschaften.

Wenn wirtschaften bei uns auf den montag sind, so pfleg man erstlich zu singen das Veni sancte in kurzer melodei und balt darauf Ein feste burg und darnach den glauben, unterdes gehen die leut zum opfer. Demnach thue ich ein hochzeitpredigt auf der canzel. Nach der predigt singt man: Wol dem der in gottes furchten stehet und werden beide eheleut, so zuvor dreimal öffentlich nacheinander ausgerufen, zusamen gegeben und eingeleitet nach der ordnung wie in der agend stehet. Zum beschluss singt man wider das sechste gebot: Dein ehe soltu bewaren rein, und Das helfe uns der herr Jesus Christ, und beschliss ichs mit einer collecten.

In begrebnüssen.

Hab ichs bis anher gehalten wie mein antecessor herr Niclas Heyden. Da pflege ich und mein kirchner vor der leicht her zu singen: Mitten wir im leben sind. Darnach beim grabe auf dem gottsacker: Nu last uns den leib begraben. Nach dem begrebnis gehen wir in die kirchen und heben an zu singen den glauben oder Aus tiefer not. Alsdann thue ich ein leicht predigt, es sei gleich ein altes oder jungs gestorben und nach dem beschluss singen wir Mit fried und freud oder Nu lassen wir ihn hie schlafen oder lasse es nur bei der collecten bleiben.

                                            Laus Deo anno 66.

Herpf.

Für die Gemeinde Herpf berichtete der Pfarrer Georg Weithner im Jahre 1562 (vgl. oben S. 271) eine Gottesdienst-Ordnung, die sich im Hennebergischen Archive vorfindet.

Im Jahre 1566 hatte Georg Weithner einen weiteren Bericht über seine Ordnung einzuliefern. Letzterer gelangt aus Hennebergischem Gem. Archiv zum Abdruck. (Nr. 56.)

56. Kirchen-Ordnung für Herpf. 1566.

Von der heiligen tauf.

Erstlich wird die heilige christliche tauf aufs forderlichst allermass wie in der agenda Viti Theodorici begriffen den jungen kindern auf irer eltern vleissig ansuchen und begeren mitgetheilt. Doch dass zuvor die gevatter in meiner pfarr behausung von ursach der gevatterschaft, von der taufe was sie sei, nutz und bedeut vleissig unterricht werden und der mann zuvor ein guet lang zeichen leut, damit die geladene christen, nach oft auf der canzel geschehener ernstlicher vermanung zur tauf komen, nicht allein fur das kindlein das es gott zu gnaden aufnemen und zum ewigen leben erhalten wolle mit dem pfarherr zu bitten, sondern sich selbst auch irer eigenen tauf und des nutz derselbigen, sampt der geluebnus von inen gott darinnen gethan, zuerinnern, zugetrosten und ir leben vleissig darnach alweg zu richten.

Von der feier und sonnabenten.

Auf die feier und sonnabent halt ich gemeiniglich das abentgebet (bishero vesper genant) furnemlich umb derer willen, so des volgenden tags das heilig hochwirdige sacrament des altars gesinnet zu gebrauchen und erstlich singe ich mit dem schuelmeister und den schuelern einen kurzen psalm, darauf den hymnum vom fest oder der gegenwertigen zeit, so man den haben kann. Indessen samlen und finden sich etlich zur kirchen. Denen list man nach beiden gesengen ein capitel ganz oder halb vor dem altar nach der ordnung aus dem alten testament mit der summarien Viti Dieterichs. Darnach singt man das deutsch magnificat und auf dasselbig das Veni sancte etc. auch deutsch. Darauf recitiren alle schueler ein stueck aus dem kleinen und heiligen catechismo, mit der auslegung des seligen und hocherleuchten d. Martini Luthers, welchs mit dem Verleihe uns frieden mit der gewonlichen collecten umb den gemeinen frieden zu bitten, beschlossen wird. — Auf solche action werden von mir diejenigen, so das heilig abentmal des herren des volgenden tags entpfangen wollen, vor dem altar stehend beicht gehört und von der buess, vergebung der stünden und dem hochwirdigem sacrament des altars unterricht und zur besserung des lebens vermanet.

Von den festis, feier und sontagen, so man communicanten oder keine hat.

Auf die festa, feier und sontag des herrn Jesu Christi der rainen und ewigkeuschen jungfrauen Marie und der heiligen apostel, so die christliche gemein zusamen gemessen ist durch den gewönlichen klocken klang man helt das abentmal oder nicht, wird es mit ceremonien gesengen und predigen vor und nach mittags nachvolgender ordnung gehalten.

Vor mittag.

So man communicanten hat, singt man das benedictus deutsch, darauf auch das deutsch kyrie eleison summum oder vom gegenwertigen fest. Darnach wende ich mich zum volk und singe: Der herr sei mit euch. Darauf der chor: Und mit seinem geist. Auf solchs lese ich an stad der epistel die lection, so auf die festa in der kirchenordnung von d. Joann Forstero in der ersten gehaltenen visitation aufgericht und angenomen worden ist, verordnet, oder ein capitel ganz oder halb aus den episteln Pauli nach der ordnung volgend. Sind aber keine communicanten vorhanden, so singt man nur allein ein deutschen psalm und list auf denselbigen das gewonlich capitel aus dem heiligen Paulo etc.

Nach dem gelesenen capitel, man helt das abentmal des herrn oder halte es nicht, singt man entweder einen christlichen gesang vom feste so verhanden oder und auf die sontag einen psalm aus dem wittenbergischen gesangbüchlein und zu ende desselbigen liese ich wiederumb auf die festa an stat des evangelii die in der nechst berürten kirchenordnung d. Forsteri angezeigten lection, auf die sontag aber und aposteltag ein capitel ganz oder halb nach erforderung und gelegenheit der zeit aus den heiligen evangelisten ordentlich.

Auf dis singt die ganze christliche und versamelte kirch Wir glauben all an einen gott etc., darnach Nun bitten wir den heiligen geist etc., oder auf die festa der geburt, auferstehung und himelfart ohn stad des Nun bitten wir den heiligen geist etc. die gewonlichen geseng Ein kindelein etc., Christ ist erstanden etc, Christ für gen himel etc. Nach demselbigen gehe ich auf den predigstuel, mit vleissiger und ernstlicher vermanung zum christlichen gebet, dem heiligen vater unser etc. umb fruchtbarliche handlung und hörung des allein seligmachenden worts gottes, darauf list und predigt man das verordnete heilige evangelion, mit kurzer auslegung und ordenung in nechst meinen uberraichten predigen des verlaufenen 1562 jars angezaigt. Nach gehaltener predig geschicht auf meine vleissige vermanung ein gemeine danksagung gott von der ganzen christlichen gemein für alle seine vor uns entpfangene wolthat und sonderlich für die offenparung seines göttlichen worts und ein gemein gebet für erhaltung desselbigen und das er seinen göttlichen segen und gedeien zur wolfart des geistlichen, weltlichen und hausregiment verleihen und geben und alle noth der ganzen christenheit und eines jeden christen anfechtung nach seiner verheissung durch Christum zum besten wenden und keren woll.

Und nach geschehener danksagung und volmbrachten gebet pflegt man die feiertag und anders zuverkündigen und geht also mit gesprochenem segen uber das volk vom predigstuel. Indessen singt der chor Verleihe uns friede etc., damit oder hierunter berait man die disch des herrn, mit brot und wein. So solchs geschehen, wird die vermanung an die communicanten mit der allgemeinen absolution in der gedruckten kirchenordenung verfast laut und deutlich fürgelesen. Auf dieselbigen singe ich niedergekniet vor dem altar erstlich das vater unser etc., darnach die wort der einsetzung des abentmals des herrn Jesu Christi.

Auf diese wird ausgetheilt unter brot und wein der warhaftig wesentlich leib und blut Jesu Christi denjenigen, so sich des vorigen abents in der beicht angezeigt. Unter dieser und der allerheiligsten action singt der chor das lerhaftig und trostlich lied des heiligen merterers Johannis Huss Jesus Christus unser heiland etc. und darauf die danksagung Gott sei gelobet etc. mit der gewönlichen colecten in der kirchenordnung gedruckt und lest alsden das volk mit dem segen num. cap. 6 heimgehen.

Wird aber die eucharistia nicht ausgetheilt und entpfangen, so singt man nach gehaltener predig danksagung und gemeinem gebet allweg: Erhalt uns herr etc. mit dem da pacem deutsch sampt der colecten für den frieden, darauf das volk auch mit dem gesprochenen segen zu haus gelassen wird.

Nach mittags.

Wenn auf obberürte festa, feier und sontag die christlichen gemein wiederumb in der kirchen zusamen kompt, so wird auf die festa ein christlicher psalm von fest gesungen und darauf die festes lection oder epistel oder dasjenig, so zu morgen frue von wegen der kurzen zeit nicht hat können gehandelt werden, an stad der lection oder epistel gehandelt mit vorhergehender vermanung zum gebet und nachvolgender danksagung und gebet. Darauf singt man wiederumb die christlichen psalm vom fest und list darnach ein colecten für dem altar und darauf singt man: Der nam des herrn etc. Dem antwort der chor: Von nun an etc. Auf alle sontag singt man gemeiniglich das stück aus dem kleinen catechismo, welchs man pflegt zu predigen. Darauf recitirn die knaben wiederumb ein stück aus dem kleinen catechismo mit seiner auslegung. Darnach gehe ich auf die canzel und erzele aufs deutlichst nach geschehener vermanung zum gebet die sechs hauptstuck der christlichen lehr, welche ich denn ordentlich eins nach dem andern das jar uber pflege zu erkleren nach der ordnung, die ich in erklerung der evangelien zu halten pflege. Auf solche des catechismi gehaltene predig wird ein kurzer deutscher psalm gesungen und mit der colecten und dem dank versiculo: Der nam des etc. beschlossen.

Von den zufelligen historien der fest und feiertag, so nunmals in dieser herschaft nicht mer gefeiert werden und der passional predig Christi.

Ich habe auch bishero gemeiniglich alle jar die zufellige historien und geschicht von der tauf Christi, von der bekerung des heiligen apostels Pauli, Marie Magdelenä, von der enthauptung Joannis und den lieben engeln auf zeit und ziel

in der agenda Viti Theodorici benampt an stad
der gewönlichen predig obangeregter ordnung nach
mit psalmen und colecten aufs einfeltigst erklert
und gepredigt, ungeacht ob man gleich ire tag
nicht mer umb etlicher ursachen willen zu feiern
abgeschafft. Die passional predig wird gemeiniglich von mitfasten an stad der gewönlichen predig
bis auf ostern gehalten.

In der wochen.

In der wochen, darein kein fest noch feiertag oder hochzeit fürfellet, pflege ich alweg zweimal zu predigen, zum ersten auf die mittwochen,
zum andern auf den freitag zu fruer tagzeit,
damit die leut desto ehr an die arbeit komen
mögen. Auf die mittwochen den kleinen catechismum d. Martini Luthers seligen, doch also das vor
der predig auch ein christlicher und trostlicher
psalm mit dem: Nun bitten wir den heiligen geist
oder für den psalm das stück des catechismi
denen predigen soll gesungen und die leut zuvor
zum gebet wie vor allen andern predigen wie lge-
hört vermanet und die sechs hauptstück der christlichen lehr zuvor von wort zu wort wiederumb
deutlich und klerlich erzelt werden. Auf den freitag aber wird aus den epistel Pauli eine und
itziger zeit die epistel an die Epheser geschrieben
gepredigt, vor welchen predigen auch ein psalm
mit dem: Nu bitten wir etc. gesungen wird, darauf
dann die vermanung zum gebet und die predigt
volgt. Und beide predigt des catechismi am mitwochen und der gedachten episteln werden mit
volbrachter danksagung und gemeinem gebet für
alle stend und noth der ganzen christenheit mit
dem: Erhalt uns herr etc. und der colecten für
den frieden zu bitten beschlossen.

Von hochzeiten.

Die jenigen, so sich einander ordentlicher weis
ehelich zusamen versprochen, pflegt man auf ihr
und irer eltern ersuchen und mit vorhergehendem
zeugnis, das sie sonsten nirgend ehelich verhafft
und einander nicht zu nahe befreundt, und das
es alles richtig zugangen, auszuruefen drei sontag
nach einander und so sie hochzeit machen oder
auch sonsten auf ir beger offentlich zusamen zu
geben und inen und andern zum untericht und
trost vom heiligen ehestand ein predig zu thun.
Vor welcher man singt: Den heiligen geist etc.

und nach gehaltener predig danksagung und gemeinem gebet, in welchem man auch neben anderm
für braut und breutgam pflegt zu pitten geschicht
ein vermanung an die hochzeit gest zum opfer,
welchs alsdenn von mir beineben den verordneten
kasten oder heiligen meistern armen leuten zum
besten wird ausgetheilt.

Von den kranken.

Die kranken werden von mir gefordert, oft
auch ungefordert williglich besucht, untericht und
aus gottes wort mit sprüchen und exempeln getrost und auf ir begeren mit dem heiligen hochwirdigen sacrament des altars versehen.

Vom begrebnus.

Die in dem herrn verstorbene christliche mitglieder des leibs Jesu Christi werden erlich mit
dem creuz und den gebreuchlichen gesengen:
Aus tiefer noth etc., Mitten wir im leben sein etc.,
Nun last uns den leib begraben etc. zur erden
bestattet zum zeugnus der frölichen auferstehung.
Dabei thut man auch eine christliche vermanung
oder predigt von der auferstehung von seliger be-
raitung zu sterben, von der sünden und dem gerechten zorne gottes etc., den jenigen so bei der
leicht erschienen zum untericht und trost und
werden solche predig mit den letzten zweien gesetzen des negst gedachten gesangs beschlossen,
und damit die leut heim gelassen. — Also habe ichs
bishero und noch in meiner bevohlenen pfarr
Herpf mit ceremonien, gesengen und predigen gehalten und dass alles und jedes im chorrock,
welchs ich auf genedigs begeren hochermelts
unsers durchleuchtigen und hochgebornen fürsten
und herrn, durch E. A. E. aus bevel des hoch-
achtparn und hochgelarten und erwirdigen herrn
m. Christophori Fischers unsers superintendentis
an mich gelangt seiner f. g. und beide E. A. E.
zu unterthenigem gehorsam nicht sollen noch wollen
verhalten, sich darnach haben zu richten. Hiemit
gott bevohlen. Geben und geschehen zu Herpf
mitwochen den 13. martii und in 1566. jare.

      E. A. E.
        dinstwilliger
          gevatter
          Georg Weithner
        zu Herpf itziger pfarrher.

Marisfeld.

Auf der Visitation von 1566 (vgl. oben S. 271) überreichte der Pfarrer Johannes Coloniensis folgende Gottesdienst-Ordnung, die hier erstmalig aus dem Henneberg. Gem. Archiv abgedruckt wird. (Nr. 57.)

57. Gottesdienst-Ordnung. 1566.

Ordnung wie die in der kirchen Marisfeld jeder zeit bei mir Johan Cöln zur vesper der hohenfest, sonabent, sontag und andern beweglichen feiertagen gehalten wurden.

Vom abent der hohen fest
Weigenachten, ostern und pfingsten.

Zu Marisfeld
helt man vesper umb 3 uhr.

1. Und singt einen deudschen psalm, so dem volgenden capitel gemes, oder einen deudschen himnum de tempore.
2. Lieset man das capitel nach ordnung der biblien mit der summaria m. Viti Diterichs.
3. Singt man darauf: Erhalt uns herr etc. oder das deutsche da pacem alleine nach dem communicanten vorhanden.
4. Eine collecten nach gelegenheit der zeit, sambt der benediction.
5. Werden die communicanten verhört und nach notturfte unterrichtet.

Am tage der hohenfest zu Marisfeld
helt man messe umb 7 uhr.

1. Und singt einen deudschen psalm dem evangelio gemes oder einen andern christlichen gesang de tempore.
2. Eine deutsche collecten aus dem evangelio, wie die in m. Viti Diterichs postillen verzeichnet.
3. Liest man desselbigen tages gewenliche episteln.
4. Singt man aber einen deudschen psalm oder gewönlichen gesang de tempore.
5. Das deutsche patrem.
6. Liset man den text dem evangelions mit nutzem und einfeltigem erclerung desselbigen auf 3 virteil einer stunde.
7. Zu ende der predigt volget das gebet fur alle noturft.
8. Singt man den ersten vers aus dem 42. psalm des deudschen miserere etc. Unter des schicken sich die communicanten vor den altar zu vermanung und communion.
9. Lieset man die vermanung verstentlich und laut von wort zu wort.
10. Singt man das vater unser deudsch, und
11. Darauf verba testamenti deudsch nach den noten in m. Viti Ditrich agenden verzeichnet.

12. Wird den communicanten das sacrament nach der einsetzung Christi gereichet, unterdes singt das volk den gesang: Als Jesus Christus unser herr etc. oder Johan Hussen lieder.
13. Volget gratiarum actio sambt der benediction Moisi.

Der 1. tag des hohen fest.

Dieser actus wird gleicher gestalt auch gehalten zu Dilstadt
am andern tag nach dem hohenfest mit seinem evangelio und epistel.

Zu Schmehem
am dritten tag nach dem hohem fest mit seinem evangelio und epistel.

Mittagspredig des hohenfestes zu Marisfeld
umb 12 uhr.

1. Singt man einen deudschen psalm und hymnum de tempore.
2. Lieset man ein stück der historien desselbigen tages dem volk fur oder die gewönlich epistel aufs einfeltigst ercleret auf 3 virteil einer stunden.
3. Wirt das volk zur danksagung vor die empfangene wolthaten und zum rechten brauch der feiertag ermanet.
4. Singt man aber einen christlichen gesang de tempore.
5. Singt man eine collecten cum benedictione.

Auf diesen tag werden auch die communicanten zu Dilstadt soviel auf das mal geschehen kan verhöret.

Der 2. tag nach dem hohen fest.

Zu Marisfeld
helt man frue predigt umb 5 uhr.

1. Nach dem acto wie drunden am sontag.

Zu Dilstadt
helt man messe ungeverlich halb acht uhr.

2. Nach dem acto wie droben vom hohenfest zu Marisfeld.
3. Nach mittage werden die communicanten zu Schmehem verhört.

Der 8. tag nach dem hohenfest.

Zu Marisfeld
helt man frue predigt um 5 uhr oder
1. Nachmittage umb 12 uhr nach dem acto wie
drunden vom sontag.

Zu Schmehem
helt man messe ungeverlich halb acht uhr.
2. Nach dem acto wie droben vom hohenfest zu
Marisfeld.

Von feiertagen.

Was für feiertage in m. Viti Diterichs agenden
verzeichnet werden gehalten, wie sie gefallen
allermas nach dem acto von hohen festen, so communicanten vorhanden, vormittage und hernach
mit ihren evangeliis und episteln.

Von dem sontag.

Helt man vesper zu Marisfeld umb 3 uhr.
Nach dem acto von der vesper der hohenfest.

Den 1. und 3. sontag.

So communicanten vorhanden helt man mess
umb 1 uhr.
Vor dem text des evangelii wird auf der canzel
dem volk die heubtstück christlicher lehr vor-
gesaget. Sonst helt man den actum in allermass
wie von hohenfesten geschrieben.
Desgleichen wirt auch gehalten den 2. sontag
zu Dilstadt und den vierten zu Schmehem.

Predigt des 1. und 3. sontags
zu Marisfeld, so keine communicanten vorhanden,
umb 1 uhr.
1. Singt man einen deudschen psalm, dem evangelio oder episteln desselbigen sontags gemes.
2. Lieset man die gewonliche epistel.
3. Singet man einen deudschen psalm.
4. Das deudsche patrem.
5. Sagt man dem volk von der canzel die stück
christlicher lehr vor.
6. Lieset man den text des evangelions mit einer
einfeltigen auslegung auf 3 virteil einer stund.
7. Betet man für allerlei noth der ganzen christenheit.
8. Singt man: Erhalt uns herr etc. oder: Es
wolt uns gott etc.
9. Volget eine collecten aus dem evangelio, wie
die in m. Viti Diterichs postillen beschrieben,
mit der benediction.

Diese ordnung wird auch zu Dilstadt den 2. und
zu Schmehem den 4. sontag gehalten.

Mittags predigt des 1. und 3. sontags
zu Marisfeld umb 11 uhr.

1. Singt man einen deudschen psalm.
2. Lieset man ein capitel nach ordnung der
biblien mit der summarien viti Diterichs.
3. Singt man: Gott der vater won uns bei etc.
4. Sagt man den kindern ein stück fur aus dem
catechismo zwei oder 8 mal repetirt mit seiner
einfeltigen auslegung, weil solchs zuvor gar
nicht mer mit ihnen getrieben wurden.
5. Werden die kindlein nach einander durch
den pfarherr und kirchner verhört.
6. Darnach betet man wider die feind götlichs
worts.
7. Singt man das stück aus dem catechismo,
welchs ihnen itzo vorgesagt wurden.
8. Beschleust man mit der collecten und benediction.

Von den werktagen.

Vom end des sommers bis zu pfingsten werden
wochenlich 2 predigten gehalten eine auf den
dinstag, die ander am freitage. Von pfingsten
bis zu end der ernten wirt nur eine predigt am
freitag gehalten, so doch das alle freitag nachmittags umb 4 uhr im catechismo unterrichtet
und befraget werden die kinder.

Predigt am dinstag zu Marisfeld umb 6 uhr.
1. Singt man einen deudschen psalm.
2. Darnach den glauben.
3. Lieset man den text auf der canzel aus der
epistel des vergangene sontags mit erclerung
auf ein halbe stunde.
4. Betet man fur allerlei noth der ganzen
christenheit.
5. Singt man: Erhalt uns herr etc.
6. Darauf eine collecten sambt der benediction.

Am freitage umb 6 oder 7 uhr
helt man den actum mit dem gesang und collecten
wie am dinstag. Allein das man etliche episteln
Pauli, welche der zeit und ort am bequemesten,
mit der zeit auslegt.

Zur kinderlehr am freitag zu nacht um 4 uhr.
1. Singt man einen deudschen psalm.
2. Lieset man ein capitel nach ordenung der
biblien mit der summarien.
3. Sagt man den kindern die einfeltigen wort
der heubtstück fur mit repetirung des stücks
am sontag gehandelt.
4. Werden die kinder nacheinander verhöret.
5. Betet man umb erhaltung des götlichen worts.
6. Singt man: Erhalt uns herr etc.
7. Darauf volget eine collecten sambt dem segen.

In der karwochen.

Nachdem die fasten uber die historien vom leiden unsers lieben herrn Jesu Christi gepredigt, wird als denn am grunem donnerstag vom fusswaschen oder abentmal des herrn geleret. Am karfreitag lieset man erstlichen zu Dil-stadt die ganze historien und tractatum der passion wie die durch die vier evangelisten beschrieben, welche ich also aus denselbigen zusamen vleissiglich gezogen. Desgleichen wird auch zu Marisfeld gehalten sambt einer kurzen summarien und furnemsten stücken.

Meiningen.

Über die Gottesdienst-Ordnung für die Stadt Meiningen wurde auf den Visitationen von 1562 und 1566 Bericht erstattet (vgl. oben S. 271). Es werden beide Berichte aus dem Henneberg. Gem. Archiv (erstmalig) abgedruckt. Der spätere ist um so interessanter, als er wiederholt auf die ersten Anordnungen Forster's verweist. Verfasser ist Mauricius Carolus. (Nr. 58 und Nr. 59.)

58. Gottesdienst-Ordnung. 1562.

Verzeichnis wie es in der stat Meiningen mit der predigt gehalten wird.

Die hohen fest, als auf weihnachten, ostern und pfingsten predigt man zue frue ohngeverlich umb 8 ohr (denn man pflegt alle wege mit den leuten umb sieben ohr anzufahen) die historien vom fest oder den artikel, darumb das fest eingesetzt; zur vesper nachmittag, welche umb zwei gehalten wird, predigt man widerumb die epistel oder etwas dergleichen auch vom fest. Die andern fest, als purificationis, annunciationis, visitationis, ascensionis, Joannis des teufers und der apostel predigt man gleichsfals die historien oder verordent evangelium, nachmittag die epistel oder auch etwas vom fest.

Die sontag das gewönlich evangelion zue frue mit kurzer auslegung, lere, trost, straf oder vermanung, nachdem es die zeit, umbstand und zuefellige ursachen geben, nachmittag zur vesper den catechismum, darauf recitirn die knaben den catechismum.

Die wochen uber list man alle morgen zum fruesten, sobald es tag wird, ein capitel aus dem neuen testament, darnach beschleust man mit einem gesang, collecten und segen; die dinstag und freitag predigt der pfarrherr etwa ein epistel Pauli oder evangelisten oder propheten, nach erforderung der zeit und umbstende. Mittwochen predigt der diaconus auch etwa ein epistel Pauli etc. Alle abent um drei uhr helt man vesper und list ein capitel aus dem alten testament.

59. Gottesdienst-Ordnung für Meiningen. 1566.

Auf des durchleuchtigen hochgebornen fürsten und herrn, herrn Georg Ernste graven und herrn zue Hennenberge etc. gnedigs begern hab seinen fürstlichen gnaden zue unterthenigem gehorsam, wie es zue Meiningen in der pfarrkirchen und irem eingeleibtem filial zum Dreissigacker mit gesengen, predigten, und allen ceremonien auf feste, sontag, feiertag und werkeltag gehalten wirt, euere ehrwürden ich solche anzeichung zu thun nicht unterlassen sollen und wollen.

Erstlich auf die hohe fest helt man auf den abent zuvor mit den lectionen, so doctor Forster seliger verordnet, darauf verhöret man einen iden in sonderheit, so morgens zue des herrn heiligen abentmal gehen wollen. Auf den volgenden morgen umb sieben uhr oder winterszeit halb umb achte leut man und hebt das ambt an, der organist oder schulmeister und figurirt den introitum lateinisch, wie vor alters gescheen, so anderst der text rein ist, darauf das kyrieeleison, Gloria in excelsis und Et in terra, volgends ein deutsche collecten und ein lection, wie doctor Forster seliger verordnet; nach derselbigen figurirt der schulmeister widerumb gemeiniglich ein lied vom fest, da das volk ein gesetz umbs ander mitsingt; darauf list man abermals ein lection an stat des evangelii nach obgemelter d. Forsters ordnung mit getreulichem beschlus, darnach figurirt man den glauben oder ein ander stück an stat des glaubens, hirauf: Nun biten wir den heiligen geist oder der zeit

43*

nach ein anders von den fest. Darauf folgt die predigt, in welcher ider zeit die historien von festen mit kurzen leren und vermanungen gehandelt wirt mit dem gewonlichen gemeinem gebet beschlossen wird. Nach volendeter predigt list man die vermanung an die, so das abendmal des herrn empfahen wollen, sambt angehefter gemeiner offentlichen absolution, darauf singt der diener das vater unser und die wort vom abendmal, und reicht darauf den comunicanten das h. nachtmal des herrn. Unter des singt der chor ein stuck vom fest, abendmal oder sunst ein gut stück. Wann solchs volendet, singt man die collecten und beschleust mit dem gewonlichen segen. Nachmittag umb zwei oder im winter um eins helt man vesper, da figurirt man erstlich einen psalm und darauf einen hymnum lateinisch oder teudsch, auf solches list man ein lection nach d. Forsters ordnung, zum fest gehörig, demnach singt man: Nun biten wir den heiligen geist oder ein kurz stück vom feste. Darauf predigt der diaconus, welcher auch gewönlich etwas zum fest gehörig und dienlich furnimbt, daraus er stück zwei oder drei mit leren und vermanen handelt, und auch mit gewonlichem gemeinem gebete beschleusst. Darnach list man wiederumb ein lection nach der ordnung vom fest, singt darauf das magnificat, das figurirt man oder ein ander stück, darnach: Verleihe uns frieden gnediglich, und beschleusst mit einer collecten. Die sontag und andere gemeine feiertag helt man wie auf die hohen fest, den abent zuvor vesper und verhoret die, so die morgens das hochwirdig sacrament empfahen wollen. Auf den morgen zue frue leut man wie auf die hohen fest und hebt das ambt an mit dem Veni sancte spiritus deutsch, darauf singt man einen psalm, das kyrie eleison deutsch, darauf das gloria (welchs man im winter da es zu lang werden will, auslesst) und das deutsch: Et in terra: Allein gott in der höhe sei ehr etc. Nach solchem list man die collecte sambt einer lection nach gewonlicher ordnung, in massen man zue Schleusingen auch thut; volgends singt man widerumb einen psalm oder figurirt etwas anders, darauf list man an stat des evangelii abermals ein lection nach ordnung sambt dem gewonlichen beschlus, nach solchem singt man den gleuben oder figurirt etwa ein ander stuck und darauf: Nun biten wir den heiligen geist etc. Darauf hebt man die predigt mit dem gebete an, handelt das evangelion nach ordnung des sontags oder feiertags und beschleust aller ding wie die hohe fest mit dem gewonlichen gemeinen gebet. Nach volendeter predigt list man wie auf die hohen fest die vermanung an die communicanten, singt das vater unser und die wort vom abentmal, communicirt die leut mit dem abentmal, darunter der chor singt das: Jesus

Christus etc. oder: Esaia dem propheten etc. oder dergleichen anders. Darauf beschleust der diaconus oder pfarrherr mit der collecten oder danksagung und dem gewonlichen segen, nachmittag helt mans die sontag und feiertag mit der vesper, wie die hohen fest, allein das man nicht allezeit figurirt oder orgel schlecht. In der predigt handelt man die sontag den catechismum nach der ordnung und die feiertag die historien oder sunsten etwas darzu gehörig, auf die predigt reciliren die knaben ein stuck aus dem catechismo nach der ordnung, darauf singt das magnificat deutsch, nach demselben: Verleihe uns frieden gnediglich etc. und beschleust mit einer collecten.

Die wochen uber helt man alle morgen frue das frue gebete, da singt man erstlich einen psalm, liest darauf ein capitel nach ordnung doctor Forsters aus dem neuen testament sambt gemeinem beschlus, nach demselben das gemeine gebete und sechs stück des catechismi. Volgends singt man: Erhalt uns herr bei deinem wort und beschleusst mit einer collect oder gebete.

Auf die dienstag, mittwochen und freitag predigt man umb acht uhr, da singt man erstlich einen psalm und darnach: Nun biten wir den heiligen geist etc. und darauf predigt man etwan ein epistel Pauli, evangelisten oder einen propheten aus dem alten testament, beschleusst mit einem psalm und collecten. Die freitag singt man vor der predigt die litanei sambt einer collecten, nach der predigt singt man das tenebre. Umb drei uhr nachmittag helt man alle tag vesper, da singt man ersten einen psalm oder zween, darnach sie lang oder kurz sein, darauf ein antiphon und hymnum. Auf solches liest man ein capitel aus dem alten testament, sambt den summarien m. Viti Ditrichs nach ordnung, darauf das magnificat lateinisch, darnach: Verleihe uns friden gnediglich und beschleusst mit einem gebet umb fride.

Mit der tauf helt mans aller ding nach der ordnung in magister Veit Ditrichs agenda festgestellet.

Zum begrebnis, welchs man entweder umb 9 uhr zue frue nach dem ambt oder predigt und die andern tag, so die knaben aus der schuel gehen, oder auf den abent nach der vesper zue halten pflegt, im hinausgehen entweder ein lateinisch responsorium als: Si bona suscepimus oder: Credo quod redemtor meus etc. oder: Deutsch den gleuben etc. oder: Mitten wir im leben sind etc. bis das volk auf dem gottsacker zuesamen kombt, darauf list man nach ordnung doctor Forsters ein lection. Nach derselben bestaten die treger den leib des verstorbenen, unterdess singt man: Nun last uns den leib begraben etc. oder: Mit friede und freude ich far dahin etc.

Das ist ehrwirdiger günstiger herr superintendens und gevatter die kirchenordnung, in massen ich die zue Meiningen in der pfarr zue allen zeiten mit gesengen, predigten, vesper und andern ceremonien gehalten habe.

Da nun etwas in derselben zuverbessern, das on nachtheil und ergernis gescheen kan, erkenne ich mich demselben volg zue geleben schuldig. Hiemit gott bevohlen.

Euerer ehrwürden
willigger
Mauricius Carolus
pastor Meiningensis.

Niederlauer und Haard.

Wolfgang Prasius, Pfarrer zu Niederlauer und Haard, berichtete 1566 (vgl. oben S. 271) die von ihm gehandhabte Kirchen-Ordnung und zugleich auch eine vom Landesherrn bestätigte Anordnung des Superintendenten Vischer vom 7. November 1563 über die Vertheilung der Gottesdienste zwischen der Hauptpfarrei Niederlauer und der Nebenpfarrei Haard. Dieselben werden als Nr. 60 und Nr. 61 aus dem Henneberg. Gem. Archiv erstmalig abgedruckt.

60. Vertrag zwischen der hauptpfar denen zu Niderlauer und denen zur Harte der predigten halben. Vom 7. November 1563.

Nachdem der durchleuchtige hochgeborne fürst und herr herr Georg Ernst grave und herr zu Henneberg bewegt und gnediglich zu gemüt gefüret, das seiner fürstlichen gnade nicht allein oblige, der armen unterthanen leib und gut zuvorwaren, sondern auch als ein christlicher fürst die seelen derselbigen unterthanen zu bedenken, hat sein f. g. mir dazumal unten verzeichneten superintendenten gnediglich befohlen, die arme leute zu Niderlauer und zur Hart mit einem christlichen seelsorger zuvorsehen, der inen mit heilsamer leer und unstreflichen wandel vorstehen möge. Damit nun künftiglich zwischen denen zu Niderlauer und denen zur Harte kein zwispalt oder misverstand erwachse, als hab ich m. Christofferus Vischer superintendens diese verordnung zwischen inen gemacht, welche auch hochgedachter mein gnediger fürst und herr gnediglich bewilliget. Nemlich das ein ider pfarher zu Niderlauer einen sontag vor und nachmittag zu Niderlauer und volgende alle freitag in der wochen auch alda gottes wort leren und predigen, die sacrament reichen und volgende des andern sontags desto fruer zu Niderlauer predigen, also das er denselbigen andern sontag frue und nachmittag und den in der wochen alle mitwochen predige zur Harte und das abendmal des herrn, so oft es die leut begeren, reiche. Die heuptfeste soll er alle zu Niderlauer in der heuptpfarre begehen, als weihenachten, neuen jars tag, epiphaniae, purificationis, annunciacionis, visitationis Mariae, charfreitag, ostertag, auffartstag, pfingsten, Johannis des teufers. Aber das dritte gemeine fest soll er zur Harte halten. Zu mehrer urkunt hab ich obgedachter superintendens diesen vertrag zwifacht mit meiner eigenen hand geschrieben und mit meinem gewönlichen betschaft bekreftiget. Ausgezeichnet aus der registratur den 7. novembris anno 1563.

M. Christophorus Vischer
propria manu scripsit et subscripsit.

61. Kirchen-Ordnung zu Niederlauer. 1566.

Volget kürzlich was ich vor ceremonien halte.

Erstlich. Was die tauf belangt, halt ichs, wie es in der agenda Viti Theodorici vermeldet wird an beden ortep.

2. Desgleichen halt ichs auch mit der absolution als in derselben agend stehet.

3. Wan ich aber das officium halte, so singe ich mit meinen kirchner und schülern kein introitum, sondern das Veni sancte etc. teutsch, darnach ein teutsch kyrieeleison. Darauf singe ich: Ehre sei gott in der höhe und darnach mit dem kirchner, schülern und andern: Allein gott in der höhe sei etc. Nachmals kere ich mich zum volk und sing entweder einen versiculum nach der zeit oder: Der herr sei mit euch und lese alsdan ein gebet nach gelegenheit der zeit entweder aus der kinder postill Viti Theodorici oder unsers hern superintendentis. Nach dem gebet les ich ein capitel aus den episteln der aposteln Pauli, Petri oder Joannis ordentlich nacheinander. Nach der epistel singen wir miteinander ein teutsch lobgesang oder psalm. Darnach recitire ich die 6 heuptstück christlicher lere und singen darauf mit einander den glauben. Nachvolgents gehe ich uf die canzel und nach der

anrufung gottes thue ich mit verleihung göttlicher gnaden am feiertag die gewönliche predig des evangelii. Nach gethaner predig volget die vermanung zum gemeinen gebet vor alle anligende notturft. Darauf singen wir: Erhalt uns herr etc. oder: Danksagen wir alle etc. Darnach verlese ich die vermanung zu des hern abentmal. Darnach sing ich das vater unser und folgends die verba coenae, unter des singt man: Jesus Christus etc., Gott sei gelobet etc. und nach der communication sing ich abermal zum volk: Der herr sei mit euch und das gewönliche gebet von sacrament, und beschlis endlich: Der nam des hern sei gebenedeit etc. und mit dem segen in der agend gemeldet.

4. Nach essen, dieweil das volk bald uber feld an den feiertagen eilet, so handle ich zwischen elf und zwölf ohne gefer den catechismum, also das wir erstlich ein teutschen gesang singen, darnach recitire ich wider die 6 heuptstück christlicher lehre und erklere alsbald ein gebot, artikel oder bitt. Nachmals frage ich das junge volk und beschlies endlich mit einem gesang als: Erhalt uns herr etc. oder: Es wölle uns gott gnedig etc. und einem gebet und segen wie oben vermeldet.

5. Mit den kranken halt ichs nach gelegenheit seiner wie auch in ermelter agend verordnet.

6. Mit der einleitung der eheleut halt ichs

auch, wie unsers g. f. und h. ehemandat geboten und in der agend auch vermeldet wird, allein das ich zuvor ein hochzeitpredig thue mit verleihung göttlicher gnaden vom ehestand und das ich bishero (weil es zu Smalkalden vor gut angesehen wurde) die wort nachzusprechen hab aussen gelasen: Ich N. neme dich N. zum ehelich etc.

7. Mit den begrebnus halt ichs also, das ich die leich mit dem kirchner, schülern und creuz hole und singen: Mitten wir im leben etc. oder: Aus tiefer not etc. und: Nun last uns den leib etc. Folgents thue ich ein leichpredig etc. und beschlis mit dem gebet und mit dem lobgesang: Mit fried und freud etc.

8. Wan ich die sacrament dispensire, brauch ich noch ein chorkittel, weil ich mitten unter den papisten.

9. Und deshalben zünden unsere kasthern noch bisweilen lichter an, wan ich viel communicanten hab, bisweilen las ich sie nicht anzünden, verhoff ich wölle sie mit gottes hülf bald gar hinweg thun, dan ich hab sie uberredet, das sie die leuchter sampt den mesgeret wöllen verkaufen.

10. Mit den predigten verhalt ich mich laut des vertrags ut supra.

Wolfgang Prasius
pfarrer zu Niderlauer.

Obermassfeld.

Pfarrer Nikolaus Heyden erstattete über die in seiner Pfarrei beobachtete Gottesdienst-Ordnung 1562 einen im Hennebergischen Gem. Archiv erhaltenen Bericht. Im Jahre 1566 lieferte er einen Ergänzungsbericht. Beide werden aus dem Henneberg. Gem. Archiv hier erstmalig abgedruckt. (Nr. 62 und 63.)

62 und 63. Kirchen-Ordnung für Obermassfeld. 1562. 1566.

a) 1562. Weil unser lieber gott der vater aller gnaden und barmherzigkeit mich armen unwirdigen, durch unsern gnedigen fürsten und hern von Henneberg und ihrer f. g. ehrwirdige, wolgelerte und hochachbare verordente superintendenten und visitatores, zum predigampt seines heiligen evangelions gefodert und berufen hat, habe ich bisanhero in das vierte jar, solchs mein befolenes ampt, so viel mir gott durch seinen geist gnade verliehen nach meinem vermögen verrichtet und verwaltet, gottes ehr und meiner befolenen pfarkinder seelen heil und seligkeit zum fördersten gesucht und mich bisher, wie andere meine wirdige hern und brüder in Christo, der gemeinen gebreuchlichen kirchenordnung gemes nach gehalten, und als nemlich alle verordente sontage, der

heiligen zwolf apostel tage, ausgenomen den tag Petri und Pauli, das fest von der frölichen gnadenreichen geburt unsers erlösers Jesu Christi und die zwene nachfolgende tage S. Stephani und Johannis evangelistae et apostoli, festum circumcisionis, epiphanias, purificationis Mariae, paschae et proximum sequentem, ascensionis Christi, pentecostes et proximum subsequentem, Johannis baptistae, visitationis Mariae gefeiert, umb sieben hor angefangen und mit predigen und andern heiligen christlichen werken zubracht, den text und materiam, so ich zu einer jeden gelegenen zeit furgehabt, erkleret, erstlich auf der canzel nach den erzelten sechs heuptstücken christlicher lere und nach kurzem exordio, wie das eine jede zeit und gelegenheit gegeben, des furgenomenen

texts kurze summa und inhalt angezeigt, und
darnach in seine locos oder furnemste punct,
welche sich am aller bequemsten auf meine zuhörer geschickt, geteilet und dieselbigen mit einem
oder zweien sprüchen und exempeln der heiligen
schrift confirmiret, und wie es die materia gegeben,
beide, was zur ler oder unterricht, zum trost, zur
strafe, zur vermanung und warnung dienet, angezeiget, kurzlich zum letsten repetiret und mit
der vermanung zum gemeinen gebet beschlossen.
Weil ich aber zwo gemeine zuversorgen, als nemlich die pfar zu Obermassfeld und das spital im
Grimtal, halte ich in meiner pfarkirchen zu Obermasfeld die sontage und andere heilige tage das
ampt mit der predigt des evangelions, welchs auf
jede zeit geleget ist. Nachmittag neme ich fur mich
den heiligen catechismum und explizir im selbigen
ein stück nach dem andern. In der fasten aber
neme ich an stat des catechismi die histori des
leidens und sterbens unsers herren Jesu Christi,
nach der predigt halte ich mit der jugent ein examen
des catechismi, in der fasten aber gebe ich ihnen
fur die fragen vom leiden und sterben unsers herren
Christi, welche vom ehrwirdigen herrn m. Christof-
fero Vischer unserm superintendenten gestellet sind.
Auf den freitag neme ich auch etliche stück aus
dem catechismo fur mich und itzunder hab ich
fur explicationem simboli apostolici, und so etwa
auf etzliche tage als conversionis Pauli, Mariae
Magdalenae, Michaelis und andere mer, welche
man nicht zu feiern pfleget, schöne ler und trost-
reiche evangelia furfallen, handele ich dieselbigen
auf den freitag in der fruepredigt. Die sonnabent
halte ich vesper mit verlesung eines psalmen mit
den kurzen summarien. In der kirchen im Grimtal predige ich auf den dinstag und habe auch
itzunder den catechismum fur, in welchem ich
nach den sechs erzeleten heuptstücken christlicher
lehr, auch ein jedes besonder nach ordnung auslege. Wan es aber des spitalmeisters und der spiteler
beger und notturft erfordert, reiche ich ihnen das
hochwirdige sacrament des waren leibs und bluts
unsers herren Jesu Christi. — Solchs habe ich etc.

b) 1566. Nachdem der durchleuchtige hochgeborne unser gnediger fürst und herr, aus hochwich-
tigem christlichem bedenken und erheblichen ursachen zu wissen begeret, wie es ein jeder pfarher in
seinem befolenen pfaramt die kirchenordnung
und anders anbelangend halte, wil ich auch kürzlich und einfeltig, wie ich es in meiner befolenen
pfarkirchen zu Obermassfeld und filial im Grimme-
thal zu halten pflege, anzeigen. Ich hab die wochen
vier predigten, auf den sontag las ich frue umb
sieben hor leuten und singt der schulmeister mit
den knaben und der kirchen, wan communicanten
vorhanden sind, erstlich das schöne christliche

gesang: Kyrie got vater in ewigkeit, gros ist
deine barmherzigkeit etc. Folgend darauf das
Gloria in excelsis deo wie dasselbige auch gesangs-
weis deutsch gestellet: Allein got in der höhe sei
ehr und dank für seine gnade etc. Wo aber
nicht communicanten vorhanden singen wir: Kom
heiliger geist, herre got, erfülle mit deiner gnad
gut etc. oder aber nach gelegenheit der zeit oder
des texts ein anders, als das vater unser, Erbarm
dich mein o herre got, Ach gott von himel sihe
darein.

Nach dem gesang lese ich eine collecten,
nachmals ein capitel aus dem alten testament,
wie ichs dan nach ordnung zu lesen furgenomen
habe. Nach verlesung des capitels singen wir
widerumb einen psalmen oder lobgesang, wie es
die zeit gibt und nachmals ein capitel aus dem
neuen testament, mit dem beschluss: Wollet solchs
wort gottes zu herzen nemen, unsern lieben got
und seinen geliebten son Jesum Christum unsern
hern und heiland daraus zu erkennen, euern
glauben zu erwecken und sterken etc. Wo aber
ein capitel zu lang teile ich es in zwei oder drei
teil. Nach diesem singen wir den glauben und
folgends neme ich den text des evangelii fur mich,
handele denselbigen vermittelst göttlicher hülf und
handreichung des heiligen geistes aufs deutlichst
und einfeltigst, teile in in etliche locos oder artikel,
die do dienen zur lere und trost, zur vermanung,
zur straf und züchtigung der boshaftigen und
halstarrigen, zur besserung des lebens etc. beschliesse mit der vermanung zum gemeinen christlichen gebet für alle stende, recitir zum beschlus
einen kurzen spruch, so die kinder und junge
leut aus dem evangelio merken und behalten
sollen, und das gebetlein aufs evangelium durch
den ehrwirdigen und wolgelerten hern m. Christoff
Vischer unsern hern superintendenten in seiner
kinder postilla gestellet. Singen nach der predigt:
Erhalt uns hern bei deinem wort etc. Sind communicanten vorhanden, lese ich die vermanung
und singe die verba consecrationis sampt dem gebet des vater unsers, wie es in Viti Dietrichs
agenda verzeichnet. Unter der communion singt
die kirch: Jesus Christus unser heiland etc. oder:
Got sei gelobet etc. oder: Esaia dem propheten
das geschach etc., beschlies mit der collecten und
segen: Der herr segne euch und behüte euch etc. —
Auf den sontag zu mittag umb eilf hor las ich
widerumb leuten, singen erstlich das Veni sancte
deutsch, darauf die zehen gebot, vater unser, die
taufe, Nu freut euch lieben christen gemein, das
Te deum laudamus deutsch oder was der text mit
sich bringt und predige den heiligen catechismum
oder die kinderler ein stück nach dem andern.
Nach der predigt gebe ich den kindern etwas auf,
das sie lernen, zwen knaben recitirn nach der

predigt alle mal das stück des catechismi, das in der predigt gehandelt worden und die kinder aufsagen sollen, nach dieser recitation verhore ich die kinder in den aufgegebenen fragstücken, die fasten über handele ich die gnadenreichen historien von dem leiden und sterben unsers hern und heilands Jesu Christi, zwen knaben recitirn nach der predigt die fragstück vom leiden und sterben Jesu Christi (wie auch sonst in hohen festen desselben festes fragstück) durch unsern hern superintendenten aufs allerfeinst und kürzest gestellet, beschlies widerumb mit einem gesang als dem deutschen magnificat oder einem andern mit der collecten, mit dem versikel und antwort drauf: Der name des herren sei gebenedeiet. — Auf den dinstag predige ich im spital und habe auch den catechismum für, dan weil her Johan Hoch auf die sontag den text des evangelions handelt, achte ich den armen leuten die sechs hauptstück christlicher ler zu hören und zu lernen hoch von noten sein, pflegen aber gar nichts weder vor oder nach der predigt zu singen, dan es an leuten mangelt.

Wan sie aber das hochwirdige sacrament empfangen, neme ich den schulmeister mit den knaben mit hinauf und halte es allerding, wie oben gemelt, wan ich zu Obermasfeld communicanten habe.

Auf den freitag hab ich gepredigt die sontags episteln historien von der sindflut, das vater unser, die evangelia, so auf die feiertag als Pauli conversionis, Mariae Magdalenae, Michaelis und andere, bei uns abgeschafft, geleget, und bin willens aus verleihung götlicher gnaden, nach ostern die fürnemsten heuptartikel christlicher lere, als von got, der schöpfung, vom freien willen des menschen, von der stünde etc. auf die freitag furzunemen, wan nur das volk vleissig zur predigt und kirchen sich hielte. Aber bei meniglichen leider ein ser grosser unvleis und verachtung des edelen teuren worts, auch grosse liederliche verseumnis und nachlessigkeit der eltern, ihre kinder zur kirchen und schuel zu halten und zihen, vermerket und gespueret wird. Der treue got aber, der vater aller gnaden und barmherzigkeit und gott alles trostes wölle sich unser allesampt erbarmen, uns unsere stünde aus gnaden vergeben, bei seinem wort, welchs ein wort der gnaden, der versönung, des trostes und lebens ist, wider alle pforten der hellen, gnediglichen erhalten. Amen.

Nicolaus Heyden
pfarher zu Obermasfeld.

Queienfeld.

Pfarrer Oswald Wissmann überreichte 1566 eine Gottesdienst-Ordnung (Henneberg. Gem. Archiv). (Nr. 64.)

64. Gottesdienst-Ordnung. 1566.

Kirche ordenung Oswaldi Wismans, wie ers helt in der kirchen zu Queienfelt.

Ich Oswaldus bleibe bei der kirchen ordenung des erwirdigen hern Viti Diterichs, wie mir die in der ersten visitation für 20 jaren uberantwortet ist worden, und gedenk auch darbei zu bleiben bis so lang mir ein andere und bessere wirt furgestellet.

Sontag und andere festa halt ich es also.

Frue zu rechter tag zeit lass ich leuten zur predigt, do lass ich singen ein psalm oder ein geistlichen gesang, wie dieselbigen stehen im gesangbüchlein des erwirdigen hern d. Martini Lutheri seligen. Darnach lese ich ein capitel (halb) aus dem neuen testament (juxta ordinem usque ad finem testamenti). Darauf lass ich wieder ein schönen psalmen singen, wen der auch aus ist, lese ich das ander theil des vorigen capitels,

darauf singen wir den glauben, darnach trete ich auf und predige das evangelium von der dominica oder feste. Nach der predigt, wen communicanten do sein, singen wir: Jesus Christus unser heiland etc. Darauf singe ich oder lese das vater unser. Darnach verba consecrationis. Darnach communicir ich die leut und das volk singt das: Jesus Christus vollend aus und: Gott sei gelobet und gebenedeiet etc. Darauf beschlies ich mit der collecten und benediction. Wan aber keine communicanten do sein, beschliessen wir mit dem gesang: Erhalt uns herr etc.

Nach essens uf die sontag und andere festa halten wir den catechismum des Viti Diterichs und lese alweg ein sermon oder stück daraus. Darnach wen schtüler do sind, lass ich sie den catechismum recitirn und aufsagen. Singen erstlichen im anfang die zehen gepot, so lang man leret von den zehen gepoten und darnach von den dreien heubtartikel des glaubens, so lang man auch davon predigt, und also fortan bis zu ende des catechismi, und, wens also aus ist, beschliessen wir mit dem psalm: Es wolt uns gott gnedig sein oder: Gott der vater wone uns bei etc. und das ist die mittagspredigt mit dem catechismo.

Mitwochen und freitag.

In der wochen pflege ich zwei mal zu predigen, als uf die mitwochen und freitag. Auf die mitwochen habe ich gepredigt das alte testament und habe gepredigt die fünf bucher Moisi und alwege ein capitel für mich genomen mit den summarien Wenzeslai Lincken, die haben mir am besten gefallen, den die summarien Viti Diterich uber das alte testament sind gar zu kurz, daraus der gemein man wenig daraus lernen kan. Das buch Josua habe ich auch gepredigt und habe itzt fur das buch der richter.

Freitag.

Auf den freitag habe ich fur das neue testament, pflege zu predigen den evangelisten Mattheum

und habe denselben volendet bis auf das 24. capitel. Vormals hab ich gepredigt den evangelisten Lucam und auch volendet. Nach der predigt singen wir das exaudi und miserere, den wir haben keine schüler, die do könten singen die litaniam.

Comunicanten.

Die comunicanten pflege ich auf die hohe festa nach der vesper zuvorheren und den morgen wie geheret zu comuniciren, sonsten auf die sontag pflege ich die comunicanten in der kirchen nach dem ersten puls zuverhören und nach der predigt zu comunicirn und vermane die pfarrkinder sich fein einzutheilen in die zeit, auf das wir alle sontag und festa communicanten megen haben und nicht sparen auf die weihenachten und ostern, wie im babstum, das sie alle mit haufen wolten kummen und sich comunicirn lassen und bleib also bei der nürnbergischen ordenung, wie oben bemelt ist.

Ritschenhausen.

Aus Anlass der Visitation 1562 (vgl. oben S. 271) berichtete der Pfarrer Georg Linke die von ihm beobachtete Gottesdienst-Ordnung; dieselbe wird aus dem Henneberg. Gem. Archiv erstmalig abgedruckt. (Nr. 65.) Linke schilderte 1566 seine Gottesdienst-Ordnung ausführlicher; diese drucken wir aus dem Henneberg. Gem. Archiv ebenfalls erstmalig ab. (Nr. 66.)

65. Gottesdienst-Ordnung. 1562.

Erstlich sovil belanget die zeit, so predige ich auf 1. die gewonliche und breuchliche fest, wie sie in den agend Viti Dieterichs ordentlich verzeichnet und zu Meiningen gehalten werden,

desgleichen auf die sontag, mittwochen und freitag; idoch kan ich hierin keine gewisse stund beite zu morgen oder mittag anzeigen, weil es bei uns keine uhr noch zeiger hat.

Zum 2. Wie? Solches solt billiger von anderen denn mir selbst angezeiget werden, idoch halte ich in meinen predigten gemeiniglich diesen proces aber ordnung.

1. Vermane ich das volk zum gebet, darnach vertir ich aus einem buch den text des ordentlichen evangelii oder historien und zeige kurzlich den inhalt, desgleichen, wo es in die stück christlicher lehr gehorig, an; nehme nochmals heraus 1, 2 oder 3 lehr nach gelegenheit der zeit und zuhorer, darauf ich die dieselbe applicire.

Entlichen widerhole ich kürzlich was gehandelt und beschlis die predigt mit dem gemeinem gebet für alle stend und anligende not der ganzen christenheit und weret die ganze predigt uber 3 virtel einer stund nicht.

Zum 3., wo ich predige, wisset ir selbst, nemlich in meiner bevolene pfar zu Ritschenhausen, wilche on einige filial ist, und geschicht solches offentlich für der gemein in der kirchen und keinem andern ort.

Zum 4., was ich predige auf ide zeit, fest, sontage und andere tage, hierin hat es mit mir diese gelegenheit. Auf die fest Christi als weinacht etc., item auf pfingsten und trinitatis handele ich zur ersten in der frue predigt die historiam oder evangelium ides fests, in der andern und mittags predig aber erklere ich den artikul des glaubens, darumb solch fest fürnemlich zu feiern verordnet ist.

Auf der aposteltage thue ich frue eine predigt aus dem ordentlichen darauf verordneten evangelio, zu mittag aber handele ich den catechismum. Auf die sontag predige ich zu morgen das gewonliche evangelion, nach mittage aber erklere ich aufs kurzst und einfeltigste den catechismum. Auf die mittwochen repetire ich ein stück christlicher lehr mit der auslegung d. M. Lutheri. Auf den freitag aber habe ich itziger zeit fur mir das 15. cap. 1. Corinth. Solches hab ich euch her decan etc.

66. Gottesdienst-Ordnung. 1566.

.... Und dieweil dan meine bevolene pfar Ritschenhausen on einiges filial ist, und dazu weder schul noch schüler bis anhero gehabt, habe ich je und alwegen in predigten, ceremonien und gesengen nach der ordnung gebraucht, wie ich von euch zue Meiningen angelernt und wie sie in der agenda Viti Diterichs angezeignet ist.

Erstlichen pflege ich auf alle sonabent ohn geverde umb drei uhr nach mittage einen puls oder zeichen leuten zu lassen, und darauf mit der kleinen glocken klengen, auf das wo personen sind, die da beichten wollen sich hiezu finden mogen, und wirt alsdan in der beicht eine ide person in sonderheit von mir verhöret, unterrichtet und absolvirt auf Christi bevel. Dergleichen geschicht auf alle ander feierabent durchs ganze jahr, wie dan derselbigen festen ordnung in der agenda Viti verfasset ist, ausgenommen die hohen festen, dann wir zugleich auch vesper zu halten pflegen.

Volgents auf die sontag und festa zu früer tagzeit im winter umb acht, im somer aber umb sieben uhr, wo comunicanten fürhalben, pflege ich den preces zu halten, wie in der agenda stet, singe sambt meinen kirchen das Veni sancte teutsch, volgents einen teutschen psalm, den das volk auch kan, oder, wenn hohe festen sind, das teutsch kyrie dreimal und das Et in terra teutsch sambt einer collecten nach gelegenheit der zeit. Nach der collect oder gebet lese ich ein capitul aus den episteln Pauli, Petri mit anfang und beschlus wie in der agenda stet, nach der epistel singen wir mit dem volk kürze halben den glauben teutsch. Darauf lese ich aus dem evangelisten ein capitul an stat des evangelii und beschlisse mit den gewonlichen worten: Wollen soliches gottes wort zu herzen fassen etc. Darauf singen wir den heiligen geist. Ausgenomen die feste weinachten, ostern und himelfart, darauf wir die gewonliche lieder vom fest singen. Als dan trete ich auf die canzel und vermane erstlich das volk zum gebet. Darnach recitir ich aus einem buch den text aus dem ordentlichen evangelii oder historiam, zeige desselben inhalt kürzlich an, auch wo es in die stück christlicher lehr hingehörig, nehme daraus eine lehr, zwo oder drei nach gelegenheit der zeit und zuhörer, darauf ich dieselbige applicire nach verleihung göttlicher gnad und meinem geringen verstand. Entlichen widerhole ich kürzlich was gehandelt und beschlis also die predigt mit dem gemeinen gebet für allerlei stände und anligende not der ganzen christenheit. Nach gethanem gemeinem gebet thue ich für dem altar die vermanung an die ganze gemein, mit angehangter forma publica absolutionis: Und dieweil wir alle

gesündiget etc. Darnach singe ich das vater unser, volgents die wort von abentmal in der agenda annotirt. Unter der comunion singen der kirchner mit dem volk: Jesus Christus unser heiland. Nach der comunion volget das gebet oder danksagung und darauf der segen. Wo aber keine comunicanten sind, singen wir fur der predigt erstens einen teutschen psalm, darauf lese ich ein capitul aus den episteln Pauli, Petri etc. sampt volgentem actu, wie oben verzeichnet. Nach der predigt und gemeinem gebet singen wir: Es wolte uns gott gnedig sein etc. sampt einer collecten und beschlisse mit dem segen numeri 6.

Zue mittag aber on geverde umb 11 oder 12 uhr, auf die gemeine sontag und feiertage, singen wir erstens einen teutschen psalm oder ein stück des catechismi, so wir zu handeln haben, darauf lese ich ein capitul aus dem alten testament mit den summariis Viti, volgent singet der kirchner mit dem volk: Nun bitten wir den heiligen geist etc. Als dan trete ich aufn predigstuel oder furn altar, vermane das volk zum gebet. Erkler nochmals ein stück des catechismi nach der auslegung d. Martini Lutheri ongeverde ½ stunde. Ausgenimmen die festa Christi als weinachten, in pfingsten und trinitatis, an welchen ich die artikel unsers christlichen glaubens, darumb den solche festa fürnemlich verordnet erklere. Beschlisse mit der vermanung zum gebet für alle stände sampt dem vater unser, glauben, zehen gebot von der taufe, vom ampt der schlüssel und abentmal des hern, wie in der agenda stet. Verhöre volgents die kinder im catechismo, wo ir anders in der kirchen sein. Zum beschlus singen wir: Erhalte uns herr bei deinem wort etc., darauf: Verleihe uns friede gnediglich mit der collect pro pace und beschlisse wie oben mit dem segen.

Die werken tage uber oder in der wochen halte ich diese ordnung. Auf die mittwochen singen wir die litanei sampt der collect, darauf lese ich ein capitul aus dem alten testament mit den sumariis Viti, repetire ein stück aus dem kleinen catechismo sampt der auslegung d. Martini und beschlisse mit der vermanung zum gemeinen gebet für alle stände sampt dem vater unser, glaube, zehn gebot etc., singen darauf: Verleihe uns frieden, sampt der collecten und segen.

Auf den freitag aber, wo anders leut zur kirchen komen, singen wir einen teutschen psalm, darauf den heiligen geist. Als dann trete ich auf die canzel und erkler volgents, was aus dem evangelio des vergangenen sontags oder fests uberblieben ist. Wo aber allein eins oder zwei in die kirchen komen, wie zum oftermale geschieht, so lasse ichs beim capitul bleiben und thue darauf die vermanung zum gebet etc. wie am mitwochen.

Und diese ordnung der werkentage uber verhalte ich im herbst, winter und lenzen, ehe dan die feldarbeit angeht und die leut zur kirchen komen, im sommer uber, wen iderman zu feld laufet, pflege ich auf den montag, mittwochen und freitag frue morgens, ehe dan der hirt treibet, wie zu Meiningen der brauch, doch aufs aller kürzte das frue gebet zu halten.

Was die action der heiligen taufe belanget,

halte ich mich der forma in der agenda, allein, dass ich zuvor diejenige, so zu gevatter gebeten, frage, was die taufe sei, wer und mit was worten sie eingesetzet, wann, wie, womit, und wozu man teufen soll und was die taufe bedeute.

Mit besuchung der kranken, dem begrebnus, item ausrufen und einleiten der eheleut hab ich mich bisher alzeit gehalten wie in der agenda Vıti stet und bei euch zu Meiningen breuchlich ist.

Solches hab ich euch etc.

Schmalkalden.

Über die kirchlichen Verhältnisse in der Stadt Schmalkalden sind wir einmal unterrichtet durch die Visitation des Jahres 1555. (Vgl. oben S. 270.) Hier erliessen die Visitatoren am 2. September 1555 eine Visitations-Ordnung für den Rath, welche wir aus Meiningen, St.A., Visitation von 1555, fol. 138 ff., erstmalig abdrucken. (Nr. 67.)

Im Jahre 1562 berichtete der Dekan Christoph Fischer die von ihm beobachtete Gottesdienst-Ordnung (vgl. oben S. 270). Dieselbe wird erstmalig nach dem Original im Hennebergischen Gem. Archiv abgedruckt. (Nr. 68.)

Die Schmalkaldener Bürgerschaft hatte sich an die Hennebergischen Einrichtungen, insbesondere die Agende, so sehr gewöhnt, dass die Einführung einer mehr reformirten Agende von Hessen her gerade in Schmalkalden auf den heftigsten Widerstand stiess. (Vgl. oben S. 282.)

67. Ordnung der Visitatoren für die Stadt Schmalkalden. Vom 2. September 1555.

[Aus Staatsarchiv zu Meiningen. Betr. Visitation von 1555, fol. 138 ff.]

Was in der gehaltenen hennebergischen visitation anno 1555 mit beiderseits superintendenten und amptbrüdern beteidiget und beschlossen ist.

Nachdem durch eine christlich heilsame visitation gottes ehr befürdert, sein wort ausgebreitet, christliche zucht und erbarkeit gestiftet, und dargegen alles das jenige, was gottes wort und ehr, auch christlicher disciplin zugegen, abgestalt werden solle, hat man auch in dieser löblichen christlichen hochnötigen visitation allein dohin gesehen, und demnach beiderseits volgende punct und artikel beschlossen.

Erstlich soll man ernstlich strafen alle verechter des heiligen gottlichen worts und der heiligen sacrament, gotteslesterer, zauber, cristalseher, die im langwirigen hass liegen, mit ehebruch, hurerei, unzucht, vollerei, wucher, ubersetzen u. s. w. befleckt sein, und sonderlich darob sein; das man unter der predige für und nachmittag am sonntage den leuten nicht gestate, das sie zechen, schlemmen, spaziren gehen, spielen, an leden oder an der kirchmauer stehen, noch unter der sontags predige genesch feil haben, und solche leut ernstlich strafen. Es haben auch

beiderseits, geistliche und weltliche, einem erbaren rath, kraft ihres inhabenden tragenden bevehls ernstlich bevohlen, das sie am sontage keinem nachgeben sollen zu handeln mit war, eisen, holz, zimmer, hau, oder was dergleichen mehr sein mag, unter dem ampt aus und einzuführen, sonder sie sollen so bald man zusamen schlegt, ihr thor bis nach dem ampt zuschliessen, die pfortlein allein offenlassen, domit das ergerniss hinfort verbleibe. Man soll auch niemands, do die jarmark auf die sontage oder feiertage gefielen, hinfort gestatten, für dem ampt, welchs desto früher soll gehalten werden, zu verkaufen oder zukaufen, sonder solches bis nach dem ampt aufgeschoben werden.

Auf die sontage und feiertage soll man niemand hochzeit zumachen gestatten.

Zum andern damit ein ernstes zusehen gehalten, sind vier eltesten, zwen aus dem rath, und zwen aus der gemeine verordnet, welche in gegenwertigkeit des pfarrherrn die berüchtigten personen für sich fordern und ernstlich von ihren sünden abzustehen, vermanen, und do sie keine buss thun, solches dem erbarn rath zustrafen (wo es weltlich ist) oder der christlichen kirchen, nach

44*

der regel des herrn Christi Matth. 18 anzeigen
sollen.

Zum dritten sollen die eingepfarten dörfer
den siebendentheil der unkost, so auf den gottes-
acker gangen und noch hinforter gehen mochten,
tragen. Do aber kein neue pfarre dem wald-volk
aufgericht würde, sollen sie den viertentheil darzu
zugeben schuldig sein.

Man soll aber den kirchhof in der stat und
gottesacker draussen ehrlich enthalten, nicht zimmer[1])
darauf legen, noch die küthe darauf gehen lassen,
oder spiel und ander leichtfertigkeit aldo treiben,
oder jemands zutreiben gestaten, sondern solche
der christen schlafkammer und ruhebettlein, zum
zeugniss der auferstehung der toden, ehrlich halten.

Es soll auch hinfort dem todengreber nicht
nachglassen werden die jüden zubegraben.

Zum vierten weil bis doher, heilgemeister-
ampt, brotspende, tuchspende, der kasten und das
ampt der kirchendiener besoldet, unterschieden
gewest, und aber solche weitlauftigkeit grosse unrichtigkeit gebieret, als hat man beschlossen,
einem erbarn rath auch ernstlich bevohlen, das sie
alle oberzelte stiftung in den gemeinen kasten
tranferiren und in ein ampt schlagen sollen, sollen
darüber vier christliche erbar gottfürchtige und
aufrichtige menner, zwen aus dem rath und zwen
aus der gemeine ordnen, welche solchs gelt einnemen, an gebürliche ort geben und der vorigen
ampt treulich und ernstlich verwalten sollen.
Solche mochten einen gewissen boten halten und
belohnen, welcher die ausstendige zins zu rechter
zeit einbrechtet und den verordneten castenherrn
uberantwortet. Domit man aber sehe, wem man
gebe, das das almosen nicht bösen unchristlichen
leuten zur sterkung ihrer und anderer bosheit gereicht werde, soll man niemand hinfort die brotspende volgen lassen, er sei dan vom superintendenten, pfarrherrn, einem erbarn rath und den
eltesten (welche je umb eines itzlichen wandel
wissenschaft tragen sollen) zuvor dazu für nottürftig erkand und angenomen, gleicher gestalt
soll man hinfort on gedachter person wissen,
niemand ins spital, siech oder franzosen heuser
einnemen, das man sich zuvor, wie sie ime catechismo gegründet und ir leben zugebracht, erkundigen möge.

Zum fünften sollen die kastenmeister jerlich
den bevelhabern beider unser gnedigen fürsten und
herren, und einem erbarn rath, in beiwesen des
superintendenten und eines pfarrherrn unterschiedliche klare und deutliche volstendige rechnung
und bezalung ires einnemens und ausgebens thun,
nicht schülde im hinderstant lassen, sondern die-

[1]) zimmer = bauholz.

selbigen für der rechnung mit hülfe der rentmeister,
schtildessen und eines erbarn raths (denn dan
hiemit ernstlicher bevehl geschehen, das sie inen
schleunige hülfe thun sollen) einbrengen.

Zum sechsten sollen duchtige, erfarne, gottfürchtige ammen von einem erbarn rath mit vorwissen des pfarrherrn angenommen und nach
notturft besoldet, auch inen vom pfarrherrn untersaget werden, was ihr ampt sei, wie sich die hierinnen halten sollen, das sie mütter und kind nicht
zu schaden bringen, sonder ernstlich mit dem
gebet und irem vleiss bei armen und reichen anhalten, das das kind zur welt gesund gebracht werde.

Item wie sie es mit der nottauf halten sollen.
Und sollen jerlich die ammen aufs neue vom erbarn rath in beiwesen des pfarrherrn, der dan
inen solchs aufs ernstlich[ste] fürhalten solle, angenommen und bestetiget, auch treulich ires ampts
unterrichtet werden. Sonderlich soll ein erbarer
rath inen untersagen, das sie sich der trunkenheit
enthalten, stets nüchtern, messig und gottfürchtig
leben.

Zum siebenten soll ein erbarer rath ein christliche und gottfürchtige matron oder einen erbarn
alten man verordnen, der eine jungfraue schule
anfahe, mit vorwissen des superintendenten und
pfarrherrn, die jungfrauen umb einen zimlichen
lon ime catechismo, geistlichen liedern und
psalmen unterweise, sie schreiben und lesen lere,
die litanei in der kirchen singen helfen. Dem
ein erbarer rath jerlich 20 fl. und 4 clafter holz
zur besoldung geben und ihn mit einem kirchen
haus versehen soll. Arme kinder sollen nichts geben,
die andern sollen im wochentlich 3 pfennig geben.
Domit man aber vleissig auf der schuldiener vleiss
achtung gebe, soll ein erbar rath zweien rathspersonen bevehlen, das sie alle monat ein mal
mit dem pfarrherrn in die knaben und jungfraue schule gehen, der diener vleiss und der
kinder aufnemen zu besichtigen, und im fall, do
die diener nachlessig, sie ernstlich zu reden setzen.
Deutsche knaben schule, welche den lateinischen zum
abbruch gereichen, sollen gar nicht gelieden werden.

Zum achten soll man hinfort allwege des
sommers umb 4, des winters umb 6 uhr in der
pfarre frühe gebet halten, die stück des catechismi
von wort zu wort erzelen, ein stück nach dem
andern auf ein viertel stunde auslegen, darnach
gott die noth der ganzen christlichen kirchen fürtragen, und das volk an ihre arbeit gehen lassen.
Und soll ein jeder hausvater und hausmutter für
sich selbs hinein gehen oder ire kinder und gesinde darzu halten.

Man solle auch wochentlich am mittwochen
umb zwelf uhr eine stunde halten, do man von
jungen und alten den catechismum reposciren und

widerfordern solle. Domit die jugent in der furcht gottes auferzogen werde.

Zum neunten. Dieweil viel fremder betler hirein schleichen, unsern armen das brot für dem maul hinweg schneiden, soll ihnen hinfort solches nicht gestattet werden. Do aber etliche arme leut unserer religion verwandt mit krankheit befallen, oder durch frühere not verderbet, soll ihnen aus dem gemeinen kasten eine mügliche gutwillige steuer gegeben, und für der kirchen zu stehen nicht gestattet werden.

Zum zehenden hat man einem erbarn rath bevohlen, dass sie die schotter und alle denn ausser den hochzeiten (die doch ehrlich, züchtig und messig sollen gehalten werden), item die licht oder spinnestuben genzlich abschaffen und die uberbrecher ernstlich strafen sollen. Dieweil augenscheinlich, das daraus unzehliger unrath und ergerniss ervolget.

Zum ailften. Die accidentalia und zugenge des pfarrherrn belangende, als opfergelt, erdengelt, auszurufen, einleiden, taufen und was dergleichen mehr ist, solches soll man an beide unsere gnedige fürsten und herrn gelangen lassen, sich aldo bescheides zuerholen und zum fürderlichsten sich darauf zu resolviren.

Zum zwelften soll ein erbarer rath hinfort keines wegs jungen und alten solchen mutwillen, schreien und andere leichtfertigkeit, wie bisanhero an der teufels fassnacht breuchlich, nachgeben, und die solch ergerniss begehen ernstlich strafen.

Zum dreizehenden soll ein erbarer rath hinfort hern Johan Steuerlein oder seinem successori 65 fl., 8 malder korns und 12 klafter holzes, desgleichen herr Johan Holandt oder seinem successori 60 fl., 8 malder korns und 12 klafter holzes geben.

Diese artikel alle semptlich haben beider unser gnedigen fürsten und herrn, Hessen und Hennenberg geistliche und weltliche visitatores und amptleute bewilliget und beschlossen, darob stet und vest hinfort zu halten. Wollen auch hiemit ernstlich allen amptleuten, rendmeistern, schuldessen und dem rath darob zuhalten, an stat hochgedachter unser gnedigen fürsten und herrn, bevohlen haben. Zu mehrer urkund haben sie sich alle semptlich mit eigener hand unterzeichnet und diese abschiede mit iren gewonlichen betschaften bekreftiget.

Actum Schmalkalden montags nach Egidii anno 1555.

Justus Hyberinus visitator diocoesis Rothbergen scrpt.

M. Christopherus Fischer hennebergensis superintendens scrpt.

Hessischer rentmeister zu Schmalkalden Bernhard Eckel scrpt.

Abwesens des hennebergischen amptmans Johan Steitz scrpt.

---

68. Gottesdienst-Ordnung. 1562.

[Aus Henneberg. Gem. Archiv.]

Das decanat Schmalkalden.

Stad Schmalkalden
predigt man am stift alle sontag zwie, frue das gewonliche evangelion, nachmittags den catechismum.

In der stad desgleichen und ist geordnet, das ein ider der lust darzu hat (wie denn von vilen geschicht) alle vir predigten ersuchen kan.

In der wochen helt man alle tag frue gebet.

Darnach predige ich am stift auf den dinstag genesin, auf den donnerstag harmoniam evangelicam.

Des mitwochs predigt der pfarher in der pfarr acta apostolorum, der caplan des freitags epistolam ad Colosenses.

Fellt daruber ein feiertag in der wochen ein, so predigt man auch, desgleichen predigt man bei allen leichen alt und jung, bei allen denen, die man ehelich vertrauet.

Suhl.

Die Gottesdienst-Ordnung für Suhl ersehen wir aus dem Berichte des Pfarrers auf der Visitation von 1562 (Henneberg. Gem. Archiv; vgl. oben S. 270). Derselbe wird erstmalig abgedruckt. (Nr. 69.)

69. Ordnung des predigamts und lektionen in der kirchen zu Suhla. 1562.

Gemeiner bericht von tagen und zeiten, daran predigte und lectiones in der kirchen gehalten werden.

Alle sontag, ausgenomen die merkte, werden mit zweien predigten verrichtet, deren eine geschicht zu rechter tagzeit aus dem verordneten evangelio, die ander zu mittag aus dem catechismo und wird alsbald mit und nach derselbigen vesper gehalten.

Desgleichen auf die feste Christi, als Nativitatis domini, und den nehst folgenden
S. Stefanstag,
Item circumcisionis domini,
Epiphanias domini,
Praesentacionis Christi,
Conceptionis Christi,
In die coenae domini,
Ostern sontag und montag,
Ascensionis Christi,
Pfingsten sontag und montag
geschicht frue ein predigt aus dem evangelio von der historia des fests und zu mittag die ander aus der ordenlichen epistel.

Die andern feiertag, als nemlich
Johannis apostoli et evangelistae,
Matthiae,
Philippi et Jacobi,
Joannis baptistae,
Visitacionis Mariae,
Jacobi maioris,
Bartholomaei,
Matthei,
Festum angelorum,
Simonis et Judae,
Andreae,
Thomae
werden wie andere fest zu feiern geboten, aber doch nur mit einer predigt verrichtet, nach altem brauch dieses orts. Ich hab auf ein zeit mich unterstanden, die mittagspredigt an bemelten tagen aufzurichten, ist aber ohne frucht erfunden, und widerumb in abfall gerathen.

Die tage Conversionis Pauli,
Petri und Pauli,
Magalene,
Decollationis Johannis
werden nicht gefeiert, doch predigt man die evangelia hierzu geordnet, entweder auf dieselbigen tage oder den nehsten darvor oder hernach, wenn ahn das ordenliche predigt mit einfallen.

Sunsten geschehen an werktagen in der wochen zwo predigt, eine auf die mittwochen durch den pfarher, die ander am freitag durch den caplan. In der mitwochens predigt hab ich vor dreien

jahren den propheten Micha gehandelt, itzt hab ich das evangelium Matthei für mir, welchs ich bis auf das 18. capitel gebracht. Umb oder vor mitfasten neme ich an mittwochen die historiam passionis Christi für mich und was daran uberbleibt wird in die karwochen gesparet, darinnen ich auf einen jeglichen tag ein predigt zu thun pflege. In der freitagspredigt handelt der caplan alweg die epistolam praecedentis dominicae.

Das früegebet wird am dienstag und donnerstag gehalten, im sommer umb fünf und im winter umb sechs uhr, ehe die knaben in die schul gehen. Am sonnabend wird es des wochenmarkts halber unterlassen. So fallen am montag gemeiniglich hochzeit ein und geschehen die andern tag sunst predigten, wie oben verzeichnet, umb des willen das frue gebet allein auf zwen tag in der wochen verschoben ist. Diese ordnung hab ich albie gefunden, da ich erstlich an das pfarampt hieher kommen bin und gibts die erfarung, dass mans in diesem offenen flecken mit kirchemptern nicht aller ding andern stedten gleich haben kan. Doch wenn es für gut angesehen würde, wolt ich selbs in eigner person alle jahr zweimal nemlich in der fasten und im herbst vier wochen aneinander alle morgen ausser den sontag früegebet halten und auf einen jeglichen tag ein predigt aus dem catechismo thun, weil sichs mit der sontagspredigt eben lang verzeucht, ehe der catechismus einmal zum end kompt.

Auch werden alle tag in der wochen vesper gehalten, an sontagen und mittwochen mit deutschen gesengen, die andern tag aber lateinisch.

Was insonderheit für ordnung gehalten wird bei den predigten und lectionen an feiertagen und werktagen.

Ordnung der predigt und communion an feiertagen.

An sontagen und fasten, wenn communicanten da sein, singt man anfenglich den deutschen gesang: Kom heiliger geist, herre gott etc.
Darauf folgt der introitus lateinisch.
Kyrie deutsch.
Gloria et in terra lateinisch.
Vers.: Der herr sei mit euch. Amen.
Collecta.
Lectio epistolae secundum ordinem.
Ein psalm de remissione peccatorum oder ein ander gesang, der sich zum evangelio dominicali reimet.
Lectio evangelii ex ordine cum usitata conclusione.

Das deutsch patrem.

Nu bitten wir den heiligen geist, oder ein kurzer gesang de tempore.

Concio cum finali precatione pro statibus trium hierarchiarum.

Erhalt uns herr, aut cantilena de tempore.

Praefacio communionis germanica ex agendis.

Oratio dominica juxta notas musicas.

Vers.: Der fried des herren.

Verba coenae.

Communio sub quam [sic!] canunt pueri de tempore aut sacramento, und wird gemeiniglich mit dem gesang: Christe du lamb gottes beschlossen.

Finita communione repet. Vers: Der herr sei mit euch. Collecta.

Benedicamus.

Der segen aus Mose.

Dis alles geschicht ohn liechter, und wehret mit leuten, singen, lesen, predigt und communion bei dritthalber stund.

Ordnung der predigte an feiertagen da keine communicanten fürhanden sind.

Erstlich singt man das kurz Veni sancte deutsch.

Darnach einen deutschen psalm, der nicht gar kurz ist.

Weiter wird das lesen, singen und predigen gehalten wie von den sontagen und festen angezeigt.

Nach dem gemeinen gebet wird etwas de tempore gesungen oder: Erhalt uns herr oder: Es wöll uns gott etc. Collecta.

Vers.: Der nam des herren, cum responsione sua.

Ordnung der predigt an werktagen.

Veni sancte spiritus deutsch.

Te deum laudamus deutsch an mittwochen, und die letanei an freitagen mit den gewohnlichen collecten. Lectio evangelii secundum ordinem.

Nu bitten wir den heiligen geist.

Concio.

Erhalt uns herr, oder: Es wölle uns gott gnedig sein an mittwochen, und das tenebrae am freitag, zu welchem ein puls mit dreien glocken geschicht nach altem brauch.

Collecta.

Vers.: Der nam des herren etc.

Ordnung des früegebets.

Veni sancte deutsch.

Ein deutscher psalm oder stück aus dem catechismo gesungen, oder ein ander lied de tempore.

Lectio capituli ex ordine evangelistarum.

Vermanung zum gebet ex agendis: Ejus initium est, Ir allerliebsten bittet gott den vater aller barmherzigkeit etc.

Das vater unser und folgende stück des catechismi nach dem text ordenlich recitiret.

Erhalt uns herr, oder ein gesang de tempore. Collecta.

Vers.: Der nam des herren etc.

Das hab ich also nach der kirchen zu Mainingen exempel hie angericht, allermeist umb der ursachen willen, auf das die bibel den leuten besser bekant würde, derhalben ich auch vor den predigten in der wochen ein lection geordnet denn als ich erstlich hieher kam, wurde kein capitel aus dem neuen testament in der kirchen gelesen, ohn allein auf die sontag und feiertag.

Wenn ein feiertag in der wochen auf den dienstag, donnerstag oder sonnabend gefellet, so wird gemeiniglich die predigt entweder auf mittwochen oder freitag unterlassen, und anstatt derselbigen ein lection gelesen, wie im früegebet. Aber die gesenge vor der lection und nach dem catechismo werden gehalten wie bei den predigten, als vorhin angezeigt ist.

Ordnung der vesper.

An sontagen.

Inton.: Kom heiliger geist.

Ein deutscher psalm ex ordine gesungen.

Veni sancte spiritus deutsch. Hymnus de trinitate aut tempore deutsch.

Lectio capituli veteris testamenti ex ordine cum summariis m. Viti Theodori.

Nu bitten wir den heiligen geist.

Concio catechismi.

Das magnificat deutsch.

Antiph.: Gott der do reich ist etc.

Collecta.

Ein stuck aus dem catechismo recitiret von den schülern mit frag und antwort.

Examen catechismi.

Verleihe uns fried gnediglich.

Collecta pro pace.

Vers.: Der nam des herren.

An mittwochen.

Anfenglich wird es mit singen gehalten wie auf die sontag. Aber nach dem Veni sancte folget alsbald das magnificat mit seiner antiphona und collecten. Darnach wird ein capitel gelesen juxta ordinem veteris testamenti mit den summarien.

Weiter recitiren die knaben den catechismum und wird endlich mit den: Verleihe uns fried sampt der gewohnlichen collecten beschlossen.

Und weil fast wenig leut in der wochen zur vesper gehen, hat es die noth erfordert, das examen catechismi von der mittwochen auf den sontag zuverlegen.

Lateinisch vesper am sonnabend und feiertagen, da kein mittags predigt geschicht.

Inton.: Deus in adjutorium, cum responsione. Psalmus latinus ex ordine.

Hymnus.

Lectio capituli cum summario, germanice.

Responsorium }
Magnificat
Antiphona } latine.
Collecta
Benedicamus

Ein stück aus dem catechismo recitiret. Verleihe uns friede etc.

Also wirds auch in festis Christi gehalten, ohn das zwischen dem responsorio und magnificat ein predigt geschicht.

Auf andere tag in der wochen.

Intonatio et psalmus ut in sabbato.

Vers.: Vespertina oratio, aut alius de tempore magnificat.

Antiphona ferialis et reliqua ut in sabbato, hoc uno excepto, quod post benedicamus legitur capitulum germanicum veteris testamenti cum summario ante recitacionem catechismi.

Es wird auch in allen vespern, nach dem catechismo, ehe man pro pace singet, ein deutsch kindergebetlin von den schülern recitiret, welches m. Veit Dieterich gemacht hat, umb erhaltung des gottlichen worts, mit diesem anfang: Herr gott himlischer vater, wir danken dir, dass du uns das selige liecht deines worts so gnediglich angezündet etc.

Auch geschehen bei den begrebnissen allwegen leichpredigt, aber keine hochzeitpredigt werden alhie gehalten, sondern man lieset nur ein capitel aus dem neuen testament, neben der ordnung in agendis Nürnbergensis ecclesiae begriffen.

Sulzfeld und Klein-Bardorf.

Pfarrer Caspar Engelhaubt erstattete am 13. März 1566 über die von ihm beobachtete Kirchen-Ordnung einen Bericht, der hier erstmalig aus dem Henneberg. Gem. Archive abgedruckt wird. (Nr. 70.)

70. Verzeichnuss, wie es mit allen ceremonien, gesengen und predigten in der kirchen zu Sulzfeld am Hassberg gehalten wird, gestellet durch Casparum Engelhaubt pfarhern desselbigen orts. 13. Martii anno 1566.

Am gemeinen sontag wird es zum ampt also gehalten.

Anfenglich an stat des introitus hebt der schulmeister mit den knaben zu singen das benedictus Zachariae deutsch und darauf die antiphon: Gelobet sei der herre der gott Israel, wie es die noten ausweisen.

Nachmals das kyrie deutsch dreimal, darauf singt der pfarherr: Ehre sei gott in der höhe und der chor sampt dem ganzen volk singt darauf das Et in terra deutsch, wilchs sich anfehet: Allein gott in der höhe sei ehre.

Darauf keret sich der pfarherr zum volk und singt: Der herr sei mit euch, dem antwortet der chor: Und mit deinem geist. Darauf lieset der pfarher die collecten (wilche zu ider zeit gewonlich) zum volk gekeret.

Hernach list der pfarherr ein capitel aus den evangelisten. Darzwischen fehet der schulmeister einen deutschen psalmen an nach gelegenheit der zeit, wilchen ihm der pfarher befilcht, darumb er ihn den auch alzeit zuvor fragt. Und darnach lieset abermals der pfarherr ein capitel aus den

epistolis Pauli, in wilchen die epistel so auf einen iden sontag gelegt ist, begriffen ist. Darauf fehet der schulmeister an: Wir gleuben alle an einen gott und so bald wird darauf ein zeichen mit der grossen glocken zur predigt geleutt. Nach dem glauben singt der schulmeister: Nu bitten wir den heiligen geist, ausgenommen die festa weihenachten, oster und himelfart, darauf man die gewonliche lieder vom fest singet. Auf dis folget die predigt.

Nach der predigt und gemeinem gebet singt man das lied: Erhalt uns herr mit den drei versen und: Verleihe uns friden gnediglich etc. Darauf folgt die exhortation an die ganz gemein, item das vater unser und die wort vom abentmal, wie solchs alles in der agenda Viti Dieterichs begriffen wird. Unter der communion singt der chor: Jesus Christus unser heiland etc., Gott sei gelobet etc., Isaia dem propheten etc. Nach der communion kniet das volk im chor nider, spricht mit dem pfarher die collecten und empfehet den segen.

Hat man aber kein communicanten, wird der actus doch vor der predigt, wie angezeigt, gehalten.

Und nach der predigt singt man das: Erhalt uns herr oder: Es wolt uns gott gnedig sein und beschleust der pfarher mit einer collecten.

Nach mittag am sontag zur vesper wird es also gehalten.

Erstlich singet der schulmeistern mit den schülern ein psalm aus dem deutschen psalterio Davidis wie es die ordnung gibt und darauf den gewönlichen hymnum deutsch (do man ihn anders rechtschaffen haben kan), darauf recitiren zwen knaben vor der gemein ein stück aus dem catechismo Lutheri mit der auslegung. Nach solchem fehet der schulmeister an das deutsch Te deum laudamus oder: Gott der vater wone uns bei etc. Darauf handelt der pfarher den catechismum, recitirt den kindern und dem ganzen volk von wort zu wort die heubtstück unser christlichen lehr, den morgen und abent segen, das benedicite und gratias, fodert auch und fragt solche stück von dem jungen gesind, nachmals gibt er ihnen widerumb auf ein gebot, einen artikel, eine bitt etc., wie es nu die ordnung bringt mit einer kurzen auslegung aus des Martini catechismi gezogen. Nach dem catechismo singt der schulmeister das deutsch magnificat mit dem versikel: Christum unsern heiland ewiger gott Mariae sohn preisen wir in ewigkeit. Darauf lieset der pfarher die collecten mit dem versikel: Danket dem herren, den er ist freundlich etc. und beschleust die vesper mit dem benedicamus domino etc.

Von hohen festen weinachten, ostern, himelfart, pfingsten.

Auf die hohe fest wird der actus vor der predigt gehalten, wie am gemeinem sontag, allein zu weinachten an stat des introitus singt der chor: Ein kind geboren zu Bethlehem, auf ostern und himelfart aber: Also heilig ist der tag etc. dreimal und an stat des psalmen zwischen den capiteln werden die gewönlich lieder von festen gesungen.

Zur vesper fehet der schulmeister mit den knaben an zu singen das kyrie deutsch, darauf ein psalm aus dem psalterio Davidis, item den gewönlichen hymnum deutsch, darauf recitiren die knaben die fragstück eines iden fest wie sie von dem ehrwirdigen herrn m. Fischero unsern superintendenten gestellt sein. Nach der predigt beschleust man mit einem gewonlichen lied desselbig fests sampt einer collecten.

Von andern feiertagen.

Auf gemeine feirtag, wen comunicanten vorhanden sein, wird der actus vor und nach der predigt gehalten, wie am gemeinen sontag. So

aber kein comunicanten vorhanden, wird es gehalten wie sonst am freitag. Nach der predigt beschleust man mit dem lied: Erhalt uns herr etc. oder: Es wölle uns gott gnedig sein sampt einer collecten.

Auf die freitag in der wochen wird es also gehalten.

Anfenglich singen die knaben die deutsch litaniam. Darauf lieset der pfarher die collecten mit dem versikel: O herr handel nicht mit uns und unsern stünden etc. und so bald lieset der pfarher ein capitel aus dem alten testament mit den summariis Viti Dieterichs.

Auf solch capitel fehet der schulmeister das: Wir gleuben etc. an und folgt drauf die predigt.

Nach der predigt singt man das agnus dei deutsch, wilchs sich anfehet: O lamb gottes unschuldig etc. Darauf lieset der pfarher die collecten mit dem versikel: Christus ist umb unser missethat willen verwundet etc.

Auf die sonabent zur vesper.

Die vesper fehet der schulmeister an mit einem deutschen psalmen aus dem psalterio Davidis, wie es die ordnung gibt. Darauf folgt der gewonlich deutsch hymnus. Darnach lieset der pfarher ein capitel aus dem alten testament mit den summariis Viti Dieterichs und wird die vesper beschlossen mit dem: Erhalt uns herr etc. und collecten etc. Darauf höret der pfarher beicht.

Von der tauf.

Die tauf wird allerding vom pfarherr verrichtet nach der form, wie die in der agenda Viti Dieterichs gestellet ist.

Von eheleuten wie die eingeleitet werden.

Erstlich so sie zu kirchen kommen, singt man ein deutsch psalm, Ein feste burg etc. Darauf den glauben: Wir gleuben alle etc. Nach diesem lieset der pfarher ein capitel mit der summarien oder thut ein kurz vermanung, und werden darnach die beide person, so willens sein zu greifen zum ehelich stand, nach der form, wie die in der agenda Viti Dieterichs verfasset ist, eingeleitt, allein im anfang redet der pfarher die mansperson also an: N. ich frag dich, ob du wöllest N. zu einem ehelich gemale haben, sie lieben und ehren, in allem creuz mit ihr gedult tragen und dich in keiner noth noch widerwertigkeit von ihr scheiden, es scheide euch den der tod, so sprich hie offentlich Ja. Darnach zum weibsbild spricht er: Ich frag dich gleichfals ob du wöllest N. zu einem ehelichen gemale haben, ihn lieben und gehorsam sein, in keinen noth etc. wie vorhin. Darauf spricht er ferner: So gebt ein ander die hende drauf und spricht ferner: Die eheliche pflicht, die ihr alhie vor gott etc. wie in der agenda folget. Darauf beschleust man mit dem psalm: Wol dem der in gottes furcht stehet etc. sampt einer collecten.

Von dem begrebnus.

Die knaben, schulmeister und pfarher holen das funus und indem es zum kirchhof getragen wird, singt man: Mitten wir im leben etc. Wen man es zur erden bestetigt, singt man: Nu last uns den leib etc. Nachdem es zur erden bestetigt ist, gehet man in die kirchen, fahet der schulmeister an das nunc dimittis deutsch. Darauf nimpt der pfarher einen schönen trostspruch vor sich, thut ein kurze vermanung. Darauf folgt die collecten, die man zum begrebnus pflegt zu singen.

Klein Bartrof, wilchs kein filial der pfar Sulzfeld sonder ein eigene pfarr ist, ist dis 65. jar uber durch vorbitt der unterthanen vom junker Stephan von Bibra dem pfarherr von Sulzfelt zuversehen befolen gewest, dis gegenwertig 66. jar aber noch nicht dem pfarher verlassen. Also aber ist sie vom pfarher von Sulzfeld verrichtet worden. Je uber den andern sontag, wen er in seiner pfarr das ampt verrichtet, ist er hinuntergangen und weil des orts weder schulmeister noch schüler, hat er anfenglich mit der gemein den glauben gesungen, folgens: Nu bitten wir etc. und darauf gepredigt. Nach der predigt und gemeinem gebet, die heubtstück unser christlichen lehr sampt morgen und abent segen, benedicite und gratias dem volklin vorgesagt und also mit dem lied: Erhalt uns her sampt der collecten drauf beschlossen.

Vachdorf.

Der Pfarrer Georg Gryphius lieferte auf der Visitation von 1562 (vgl. oben S. 271) zwei Berichte ein, einen kürzeren und einen längeren. [Vgl. zwei verschiedene Fascikel der Henneberg. Gem. Archive.] Der längere, welcher hier erstmalig publicirt wird, zeichnet sich noch besonders dadurch aus, dass der Pfarrer die Gedankengänge zu seinen sämmtlichen Predigten beifügt. Von letzteren werden die drei ersten als Proben mit abgedruckt. (Nr. 71.)

71. Kirchen-Ordnung. 1562.

Weil der hochgeborne fürst und herr, herr Georg Ernst graf und herr zu Henneberg, unser aller gnediger fürst und herr von mir und allen pfarrhern im ampt Meiningen und Massfelt warhaftig, begert zu wissen, was wir auf ein ider zeit unseren scheflein pflegen zu leren und wie wirs in unser kirchen halten, hab ich als ein, gehorsamer untertheniger nach meinem geringen mass als ein armer gethan, wiewol die zeit gar kurz darzu gewesen. Also hab ich Gürg Gryphius in der kirchen den brauch bisher zu Vachdorf gehalten.

Am sontag frue durchs ganze jar umb sieben uhr lassen leuten zur predigt, und one gefeher eine halbe oder drei virtel stund darnach das ampt angefangen, wann ich keine communicanten gehat, ein capitel aus den episteln Pauli und Petri gelesen, angefangen zu den Römern bis ich sie gar gelesen hab, wo ich aber communicanten gehat, hab ich auch ein capitel und darnach das evangelium for dem pult gelesen, nachmittag die kinder aus dem catechismo Lutheri verhört und gefraget.

Die fest gehalten, wie sie in unser agend vorzeichnet sein, gleicher gestalt wie am sontag.

An werkeltagen, den mittwochen darnach es in der zeit, den winter umb siben, den summer um fünf zur predigt lassen leuten und ihnen den catechismum prediget auf das aller kurzest, damit sie wider an ihr arbeit kommen seint.

Am freitag ihnen die sechs stück der ganzen kristlichen ler erzelet und den kindern einem ein gepet mit der auslegung des catechismi Lutheri, einem andern einen artikel des glauben, und wider einem andern eine pitt im vater unser aufgegeben, den andern freitag hiernach von inen solches gefordert.

Die sonnabent hab ich lassen zur vesper leuten und ein capitel aus dem propheten Esaia, und durch die propheten alle mit der summaria Viti Ditrichs gelesen.

Was ich aber gelert und wie ich meine scheflein mit gottes wort unterrichtet, hab ich nicht genzlich in solcher eil kunnen enttecken, wiewol billich, bitt aber untertheniglich gnädiger fürst wöllen mir zu gut halten wo ich etwas vorsehen hett.

Von der beschneidung

ler ich das: Es sei ein bild gewesen des glaubens und gehorsams dem Abraham gegeben anzuzeigen, das unser erste geburt sundig sei und nicht lenger hat sollen weren denn auf Christum, der ein ende ist aller gesetzt und gibt sich uns zugut unter das gesetz, der es nicht schuldig war. Denn er war one sunde, auf das er uns von der vermaledeiung erlösete und wir die kintschaft empfingen. Daher in der engel nennet Jesum, das er sein volk von seiner sund soll helfen und ledig machen Matt. 1. Ist auch kein anderer name sonst gegeben, dadurch wir menschen vermügen selig zu werden.

Von der offenbarung.

Dass Christus uns arme heiden auch zu seins ewigen reich berufen hat und das er uber seiner cristlichen kirchen wölle halten ihnen narung bescheren, wie arm und elend sie gleich sei. Die welt erger sich gleich daran so sehr sie will. Ob nun ihr vil das leben müssen einbüssen, schads nicht, das gericht gottes hebet am haus des herren an. Die tyrannen aber werden zuletzt ihre straf auch nemen und der juden kunig wol bleiben lassen.

Am 1. sontag nach der offenbarung.

Wie die eltern ihre kinder fleissig zur kirchen und gottes wort zihen und halten sollen wie Joseph und Maria thun. Wie sich auch die kinder sollen jegen ihren eltern gehorsamlich halten, die eltern ihre kinder nicht macht haben zu zwingen auf menschen ler, da sie sie vom gehorsam jegen gott wolten abzihen, sein die kinder auch nicht schuldig ihnen zu gehorchen, denn man muss gott mer gehorchen denn den menschen; sonst sein sie schuldig die eltern zu ehren und zu gehorchen nicht allein die kinder, sondern alle unterthanen ihrer oberkeit, so fern es nicht wider gott ist.

Am 2. sontag nach der offenbarung.

Dass der ehestand gott angenem sei und gefellet, beweiset der herr Christus selbs, da er ihn mit seiner jegenwertigkeit ehret mit seinem wunderwerk, da er creatur wandelt, welchs nimand thun kann dann allein gott. Offenbaret seine herlickeit seinen jüngern das sie solten an ihn glauben und wir in allen unsern nöten bei ihm hülf und trost suchen sollen.

Am 3. sontag nach der offenbarung.

Von den mirakeln und wunderwerken des herrn Christi in gemein, dass sie zeugniss sein, dass dieser Jesus allein der rechte messias und lehrer .... er will uns auch eben so wol helfen, als diesem aussetzigen....

Darnach seins auch exempel der verheissungen, davon die propheten soviel haben geweissagt..... Ob nun die hülf uns so schleunig nicht wider verfert als diesen beiden personen, sollen wir doch immer anhalten mit dem gebet....

[In ähnlicher Weise folgen Dispositionen für den 4.—8. Sonntag nach der Offenbarung, Sonntag Invocavit, Reminiscere, Oculi, Laetare, Judica, in die parasceves, in die coenae, Ostertag, Ostermontag, den 1.—6. „Sonntag nach Ostern", Himmelfahrt, Pfingsttag, Pfingstmontag, Sonntag Trinitatis, den 1.—8. Sonntag nach Trinitatis, Advent 2.—4. Sonntag „Adventus", den heil. Christtag.]

Wasungen.

Für die in der Gemeinde Wasungen beobachtete Gottesdienst-Ordnung erstattete Pfarrer Martin Keiser am 8. März 1566 einen Bericht, der hier erstmalig aus dem Henneberg. Gem. Archive abgedruckt wird. (Nr. 72.)

72. Kirchen-Ordnung. 1566.

Bericht auf des ehrwirdigen hern m. Christoffori Fischeri hennenbergischen superintendenten begern, wie es mit predigen, sacramenten und ceremonien in der pfarre Wasungen gehalten wirt.

Erstlich. In gemein vom ganzel zu reden hab ich mich nach Viti Dieterichs nürmbergischer agenda, wie ich sie in der kirchen alhie befunden, nach gelegenheit dises orts gerichtet.

Zum andern, dieweil m. Bartolomaeus Wolfart voriger superintendens begert, es sollten die pfarrer diser herrschaft nach der heuptpfarr Schleusingen, ihre ordnung anstellen, hab ich, der ich zuvor zu Schleusingen caplan gewesen, was fruegebet belanget, mich im selben gemess zu halten bevlissen.

Zum dritten will ich jetzo ordentlich nach einander anzeigen, wie es mit predigen und coeremonien jeder zeit gehalten wirt.

Von sontagen und festen, wenn man communicanten hat.

Die sonnabent und feirabent pflegt man umb 2 uhr nachmittag feierabent und vesper zu leuten,

45 *

da auch also bald vesper gehalten würt in der capellen, mit folgenden coeremonien.

Erstlich wenn man intonirt hat, singt die schul ein psalmen oder etlich versch, wenn der psalm zu lang ist, lateinisch, wie man pfleget, auf den psalmen ein antiphon nach gelegenheit der zeit.

Darauf folget der hymnus de tempore gemeinlich deutsch. Wen der hymnus aus ist, geet der pfarher auf die canzel, verliset den gesungenen psalm deutsch, und sagt ein summarien darüber.

Nach demselbigen singet die schul das deutsche magnificat und darauf: Verleihe uns friden, mit einer collecten beschlossen.

Den sontag und festa leutet man zu der ersten predigt umb siben uhr.

Wen nun die schul nach dem zusammenleuten in die kirch kompt, singt man erstlich das lobgesang Zachariae deutsch, darauf das kyrie und Et in terra alles deutsch.

Alsdann singt der pfarrer eine collecten oder gepet deutsch und liset bald darauf die epistel oder an statt der epistel ein capitel aus dem h. Paulo.

Nach der epistel singt man wider ein gemeinen deutschen oder figurirt ein stück de tempore.

Wenn dasselbig aus ist, liset man ein capitel aus den propheten, welches zum evangelio der zeit sich reimet, nach der ordnung von doctor Forster seligen hiebevor verordnet.

Nach dem capitel singt man den glauben deutsch und darauf: Nu bitten wir den heiligen geist, es sei dan auf hohe festa, so man an statt desselbigen von fest vor anfang der predig etwas gewonliches singet.

Auf solches folget die predigt über das gewonliche evangelion und das gemeine gepet.

Wenn der pfarrer von der canzel geet, singt man etwas kurzes deutsch, als gemeiniklich: Erhalt uns herr bei deinem wort die ersten drei versch.

Folget darauf die vermanung vor dem abendmal, das vater unser und consecration, wie in der agenda Viti verordent.

Unter der communion singt die schul deutsche gewonliche psalmen: Jesus Christus, gott sei gelobet etc.

So nu die communion geschehen, beschleust man mit der collecta und dem segen.

Verleihe uns friden mit der anhengten collecta hab ich hie also gefunden, das mans gar am ent gesungen und damit beschlossen, welches weil es nit zu strafen, hab ichs auch nit endern wollen.

Nachmittag auf die festa.

Pfleget man gemeiniklich die epistel oder propheten zu predigen mit disen coeremonien.

Das man anfenglich ein deutschen psalm singet de tempore.

Darauf die predigt und gemein gepet folget.

Zuletzt mit eim kurzen psalm, und collecta oder mit dem deutschen magnificat beschlossen.

Nachmittag auf die sontag.

Handelt man um der jugend und auch anderer willen den catechismum mit disen coeremonien.

Erstlich singet man ein gemeinen deutschen psalmen oder ein stück des catechismi, dorinnen man handelt.

Nach demselbigen recitieren zween knaben aus den schülern gegeinander stehend die sechs hauptstück ohn die auslegung, da einer den andern fraget.

Wen dis geschehen, so fehet der pfarherr an unter den schülern und andern kindern die gemeine auslegung eines jeden stücks, davon man handelt, zu fragen.

Und darauf gibt er ein ander gepot, artikel oder frag fur mit einer zimlichen erclerung.

Wenn das aus ist, würts mit einem gemeinem gepet und kurzen psalm oder magnificat deutsch gesungen, sampt einer collecten beschlossen.

Sontag und festa, wen keine communicanten verhanden.

Anfenglich singet die schul die deutsche letanei oder sonsten einen zimlichen laugen psalmen als das vater unser oder: Durch Adams fall oder mit den drei kurzen kyrie daran gehenget deutsch: O herre gott vater allen barmherzigkeit bist uns sündern gnedig etc. Darauf würt die epistel vom pfarrer gelesen.

Nach der epistel singet man einen kurzen deutschen psalm oder figurirt etwas.

Auf dises würt ein capitel aus dem alten testament gelesen wie oben gemeldet.

Darnach der glauben, und: Nu bitten wir den heiligen geist.

Folget bald darauf die predigt und gemeine gebet und wirt entlich mit eim kurzen deutschen psalm und collecten beschlossen.

Von apostels feirtagen und dergleichen.

Wiewol diese feirtag in dieser pfarre weder halb oder gar abgeschaffet worden sein, sonder vil mer allwegen zu feiren und zu heiligen verkündiget, so hat mich doch die not und andere ungelegenheiten gedrungen, auf solche festa und feirtag nur einmal vormittag zu predigen, do die ordnung gehalten wie oben feirtagen vermeldet, dann dieweil man an andern orten dise feirtag zum theil abgeschaffet und das geschrei gangen, sie sollen bald gar fallen, hat man auf solche feirtag, die der gemein man lose feirtag pflegt zu nennen, allerlei gemeine und eigene arbeit fürgenomen, als gemeine weg machen, in die landwer geen, bauholzfüren und dergleichen mer und wirt hie fürgewandt, man feire zu Schleusingen und daselbst droben gar nit. Zu frue thut man eine predigt. Darnach jage man oder erbeit jederman was er will. Es ist aber damit so fern komen, das man nit allein auf solche feirtag allerlei erbeit fürgenomen, es bringt es die noth oder nicht, sonder man hat in kurzen jaren angefangen weiter zu greifen, das auch nit die wenigsten am sontag handerbeit angefangen mit einernten, flachseinfüren, einlegen und dergleichen, welches alles ohngestraft hingeit, und lest sich allgemach fein an als wolle es alles zu werktagen werden, oder das man aus den feirtagen werkeltag und aus den werkeltagen feirtag macht, denn die wochen geet man zum wein oder bringt solche tag sonsten mit unnötigen dingen zu, darnach am feirtag will man erbeiten und alle sachen ausrichten, wie man wol handwerker unt als schumacher findet, die die guten montag ein oder zween schwelgen, darnach die sonnabend nacht und den morgen sitzen und schumachen, laufen den sontag damit überfeld, schlagen damit in den dörfen jarkmerk auf, darzu sein sonsten im jar gar vil heiliger sontag und festa dahin gerichtet, und würt täglich mer, das man allenthalben in den stetten und flecken jarmerkt oder kaufmerkt pflegt zu halten, eben als were sonsten kein zeit, zu kaufen und verkaufen brauchen könte, da lauft der gemeine man den merkten der narung halben nach, verseumet gottes wort und geet jemerlich zu, darnach lest mans am saufen auch nit feilen, das also heutiges tages bei uns evangelischen aus dem bethaus oder bettage ein kaufhaus und kauftag gemacht würt und keret sich alles um, darumb auch kein wunder, das es mit gewitter und allem, was man fürnimpt sich wendet, das hinterst das förderst würt, wenn es sommer soll sein, will es winterwetter geben, wenn es zuweilen winter sein solle, so ist's somer, welches aber wenig nutzes bringet. —

Es klagt Hieremias der prophet cap. 17 über dise unart gar heftig, setzet drauen und verheissung gegeneinander, wenn man den sabbathtag helt oder nit helt, und ist meines einfeltigen erachtens kein geringe sünd und schand uns evangelischen, das wir 6 tag zur erbeit und narung haben und den einen den sibenden, sabath oder rutag neben andern wenig festen unserm hergott nit gönnen mögen, welche tag unser herrgott selber geboten nicht allein um seines dienstes willen, sonder um unsers grossen nutzens willen, das wir die feier oder ru dem leib und das wort gottes zur labsal und heil der armen seelen gebrauchen mögen.

Darumb mögen geistliche und weltliche gubernatorn und oberste, die die gewalt von gott in der hand hie auf erden haben, wol zusehen, wie sie es am gestrengen gericht gottes verantworten wollen, wenn sie allerlei unordnung und hinderung des waren gottes dienstes nit abschaffen und gepürlich einsehen haben, weil sie ampts und gewalts halben solches thun können und sollen denn auch die papisten hierinnen nach irer weis sich steifer und emsiger erzeigen den wir evangelische.

Von den predigten auf die werktage.

Die zween tag in der wochen, als mitwoch und freitag, die man von altersher betetag genant pflegt man frue zu predigen. Die eine predigt thut der pfarher, die ander der caplan, der caplan predigt die sontägliche epistel, der pfarrer ein stück aus dem neuen testament als ein evangelisten, der apostelgeschicht oder einen psalmen und würt gehalten mit diser predigt coerimonien wie folget:

Erstlich am anfang singt man die litanei, dieweil nit allein dise tage betetage genent werden, sonder auch das stetige beten in diesen fehrlichen zeiten hoch von nöten ist. Auf die letanei das kurz Veni sancte deutsch, darauf folget die predigt und gemeine gepet.

Nach der predigt: Erhalt uns herr, oder: Verleihe uns friden mit der collecten beschlossen.

Von den fruegebeten.

Die fruegebet werden, wie in andern stetten, die andern werkeltag allzeit gehalten, zu morgens wenn der tag anbricht mit disen ceremonien.

Erstlich singet man einen deutschen psalmen.

Darnach tritt der pfarrer oder caplan ein wochen um die andere auf die canzel in der capellen und liset ein capitel aus der biblien, die man fornen anhebt und imer zu fortliset bis zum ende, wenn sie ausgelesen, fehet man sie fornen wider an.

Auf das capitel liset man die sumarien Viti über ein jedes capitel.

Wen das geschehen, so werden die sechs heuptstück des catechismi nacheinander erzelet.

Wenn die heuptstück erzelt und recitirt sein, würt allwegen ein stückle als ein gebot, artikel des glaubens, ein pitt im vater unser, oder ein frag in den heiligen sacramenten mit der auslegung gehandelt, bis man hindurch kommet, alsdann hebt man von fornen wider an.

Darauf das gemeine gepet und mit dem: Erhelt uns herr und einer collecten beschlossen.

Die fruegebet halten der pfarrer und caplan ein wochen um die andern, dabei auch zu erkennen, das ein pfarrer hie zu Wasungen in solchen fellen mehr mue hat denn kein pfarrer in der herrschaft oder ja wenig ausgenomen, denn in andern stetten halten die pfarrer kein fruegebet, sonder werden durch ihre caplan verrichtet.

In dorfen sein die pfarhern an die fruegebet nit gebunden, sonder wenn einer die wochen seine predigt thut, hat ers verrichtet. Alhie aber muss der pfarrer neben allen seinen predigten auch die fruegebet selber halten, desgleichen alle seine communicanten allein verhören, den der caplan kan ihm nit beisteen, dieweil er sonsten drei dorf zu curiren und zu belaufen hat, darumb es auch ein jeder bald müde würt, wie ich dann die sechzehen jar bei 8 caplan gehabt.

Vom teufen und besuchung der kranken.

Was das teufen und besuchung der kranken belanget, würt es gehalten wie in vorgedachter agenda geordent ist. Allein das die gevattern gemeiniklich zuvor von der gevatterschaft und von der h. tauf unterrichtet werden, besonder wenn es junge oder sonsten ungeschickte leut sein.

Und hat hierinnen der pfarrer ohn zur zeit der not auch kein diacon oder gehülfen, sonder geet allein über den pfarrer, weil ein caplan sonsten in seinen drei dorfen zu thun gnug hat.

Von hochzeiten.

Die eheleut werden ausgerufen und eingeleitet, wie es in der agenda bevolen ist.

Wie sich das volk zur predigt und h. sacramenten halte.

Ob wol das volk zu gottes wort und den heiligen sacramenten vleissig vermanet und getriben würt, und es auch ohne frucht nicht gar abgeet, das etliche wenig sich gehorsamlich und vleissig erzeigen, so ist doch in gemein der grosse hauf hierinnen seer lessig und allzu rohe. Auf die sontag vormittag und auf die festa find sich ein zimlich volk in die kirchen, aber die andern zeit ist es vil geringer, das zu besorgen, weil die welt gottes worts müde und überdrüssig, es werde damit zu grossen strafen ursach geben. Dieweil auch der gehorsam gegen den dienern des worts seer gering, sondern was etwas ansehenlich, ja auch wol gar geringe leut in beichthendeln und handlungen der eltesten den predigern sich heftig widersetzet, were es ein notturft das hierin ein gut einsehen getroffen würde. Dan wenn man schon gut ordnung helt oder macht, vil und wol prediget, et nemo sit qui obtemperet und niemand gehorcht, ein jeder thut ohne scheu, was er nur will, so ist es warlich ein schlechtes evangelisches leben.

So würt auch über den ausgegangenen ordnungen wider das zechen, spilen, schwatzbenken unter den predigten gar nichts gehalten, kein gotts lesterung wirt gestraft ohn in predigten. Buberei reisst gewaltig ein überall. Wucherische hendel und finanzereien nemen überhand, weil etliche gewaltige selber die treiben, das viehisch saufen und der hochmut hat gar eingewurzelt.

So will es mit userm predigen und vermanen nit ausgericht sein, wenn die weltlich gewalt neben den hausvätern die laster und öffentliche ergerniss nit straft oder oft im ergerniss und bösen exempel gar grob befunden wirt, darauf herr omnes bald pochet, argumento ab autoritate sumpto: Sei es den oberherrn recht, so sei es ihnen billich.

Von kirchenrechnungen, die bei uns weder geschehen noch bezalt werden, auch über die heuptsumma und zins die brief nit aufgerichtet, will ich jetzt, weil davon nit sonderlich bevel geschehen, nichts melden, sondern protestire, das ich an keinem irthumb oder verseumniss will schuld haben, dann ichs zuvor gnugsam angeregt, und nu in 16 jaren wenig fruchtbarliches erlangen mögen.

Dises reverende eximieque domine superintendens atque compater colendissime hab ich auf e. ehrwirden begern von predigten und ceremonien dises orts bericht thun wöllen. Da nu etwas nit gnugsam oder formlich angezeigt were, bin ich erpötig, mich weiter zu ercleren, und mich weisen zu lassen, mit angehefter vleissiger pitt e. e. wollten gute fürsorge tragen, das nit unsere kirchen, die gott lob zimlich angericht und ruwig sein, mit unnötigen enderungen oder cooremonien möchten unruig gemacht werden, wie denn anderer vorige exempel uns billich so davon abhalten sollen, da man erfaret, was unnötige neuerungen für tumultus und dissensiones in ecclesia gebracht und erweckt haben, welches alles e. e. als der mit hohem verstand und reicher erfarung mich und vil andere hoch übertrifft, ohn mein anregen sondern zweivel werden besser thun können, freuntlich und dienstlich pittend e. e. wolten alles im besten vermerken, bevele e. e. sampt allen treuen lerern und gubernatoribus atque patronis ecclesiae in gottes schutz und gnad, der wolle e. e. mit seinem h. geist sterken und regieren zu allem guten, das gottes nam gepreiset, sein reich gemeret und die kirchen Christi in itzigen tempestatibus wol regiert, getrostet und fur allen schedlichen rotten bewaret werde. Datum Wasungen freitag, nach invocavit 66 [8. März]. E. e. dienstwilliger Martinus Keiser, zu Wasungen unwürdiger pfarrer.

DIE MAINZISCHEN BESITZUNGEN
(EICHSFELD, ERFURT, QUERFURT).

Die mainzischen Besitzungen (Eichsfeld, Erfurt).

I. Eichsfeld.

Hilfsmittel: v. Wintzingerode-Knorr, Die Kämpfe und Leiden der Evangelischen auf dem Eichsfelde, Heft 1 und 2 (Halle 1892/1893) [in: Schriften des Vereins für Reformationsgeschichte]; Wolf, Eichsfeldische Kirchengeschichte. Göttingen 1816; Knieb, Geschichte der Reformation und Gegenreformation auf dem Eichsfelde. Heiligenstadt 1900 [beide Verfasser: katholisch]; Laspeyres, Geschichte und heutige Verfassung der katholischen Kirche Preussens. Bd. I. Halle 1840. S. 599, 606, 613, 626 ff.; Gebhardt, Thüring. Kirchengeschichte 2, 271 ff.
Archive: Magdeburg, St.A.

Ausser über Erfurt (vgl. darüber II) besass der Kurfürst von Mainz die Landeshoheit über das Obere und Untere Eichsfeld.

Auch im Eichsfeld gewann die Reformation zunächst, zumal Kurfürst Albrecht II. besonders starken Widerstand nicht entgegensetzte, rasch an Boden, namentlich in den Städten, wie Duderstadt, Heiligenstadt, Worbis u. s. w., und unter den Adligen, so dass bei der Kirchenvisitation, welche Kurfürst Daniel 1574 veranstaltete, in Duderstadt gar keine, in Heiligenstadt, sowie auf dem flachen Lande, sogar in den Besitzungen der Klöster, nur wenige Katholiken vorgefunden wurden.

Mit Kurfürst und Erzbischof Daniel begann die Gegenreformation, unter Leitung der Jesuiten. Durchgreifenden und dauernden Erfolg hatte dieselbe aber erst seit Beginn des 17. Jahrhunderts zu verzeichnen.

Das Eichsfeld bietet eines der interessantesten Bilder aus der Zeit der Reformation und Gegenreformation und ist daher mehrfach Gegenstand eingehender Studien von Seiten der Anhänger beider Parteien gewesen. Zur Ausbildung eigener Ordnungen scheint es nirgends gekommen zu sein; man wird sich wohl an vorhandene Vorbilder angelehnt haben. — Vgl. auch oben S. 250 ff.

II. Erfurt.

Hilfsmittel: Erhard, Überlieferungen zur vaterländischen Geschichte alter und neuer Zeiten. Bd. I. Heft 1 (Magdeburg 1828), S. 1 ff.; Gustav Schmidt, Justus Menius, der Reformator Thüringens. Gotha 1867, 1, 49 ff.; Gebhardt, Thüring. Kirchengeschichte 2, 47 ff., 73 ff.; Schum, Cardinal Albrecht von Mainz und die Erfurter Kirchenreformation, in: Neujahrsblätter, herausgegeben von der historischen Commission der Provinz Sachsen. Halle 1878; Beyer, Geschichte der Stadt Erfurt, in: Neujahrsblätter u. s. w. 1893; Kolde, Das religiöse

Leben in Erfurt beim Ausgange des Mittelalters, in: Schriften des Vereins für Reformationsgeschichte. Halle 1898; S m e n d , Die evangelischen deutschen Messen bis zu Luther's deutscher
Messe. Göttingen, 1896; M a r t e n s , Die formula visitationis ecclesiae Erfurtensis aus dem
Jahre 1557. Erfurt 1897. Programm des Real-Gymnasiums; D e r s e l b e , in: Jahrbüchern der
königl. Akademie gemeinnütziger Wissenschaften zu Erfurt. N. F. Heft XXIV. (Wann ist
das Erfurter Ministerium als geistliche Behörde entstanden?) Auch separat erschienen:
Erfurt 1898; D e r s e l b e , in: Mittheilungen des Vereins für die Geschichte und Alterthums-
kunde von Erfurt. Heft 18, 91 ff.; vgl. ferner Mittheilungen des Vereins für die Geschichte und
Alterthumskunde von Erfurt. 1877. Heft 8, 69 ff.

    Archive: Rathsarchiv Erfurt. Kgl. Bibliothek zu Berlin.

    I. Die staatsrechtliche Lage der Stadt Erfurt war zu Beginn der Reformationszeit
nicht völlig geklärt. Während die Stadt nach Reichsstandschaft strebte und auch in den Besitz von mancherlei Regalien gekommen war, musste sie im Vertrage zu Hammelburg 1530
wieder die Oberherrschaft von Kurmainz anerkennen.

    Wenn auch die evangelische Lehre, die frühzeitig Eingang gefunden hatte, der Stadt
erhalten blieb, wenn auch ferner die Gegenreformation, welche Kurfürst Daniel seit 1574 in
seinen thüringischen Gebieten ins Werk setzte (vgl. I.), in Erfurt wenig Erfolge zu erzielen
vermochte (vgl. G e b h a r d t , 2, 271 ff., 386 ff.), so war doch begreiflicher Weise die Situation
der evangelischen Kirche immer nur eine unsichere. Man vergleiche den Bericht des Mühl-
berger Pfarrers U l r i c h B ä r von 1548 (abgedruckt in: Mittheilungen des Vereins für die Geschichte und Alterthumskunde von Erfurt. 1877. Heft 8, 69 ff.) und M a r t e n s , Formula visitationis etc., S. 1 ff., welcher mit Recht hervorhebt, wie prekär die rechtliche Lage der Erfurter
Prädicanten war, die sich auf kein Anstellungsdecret des Rathes berufen konnten. So ist es
auch ganz erklärlich, wie M a r t e n s weiter ausführt, dass die Bildung der evangelischen Gemeinde, insonderheit die höhere Organisation des Ministeriums, sich ohne Mitwirkung des Rathes
aus eigenen Kräften vollziehen musste und vollzog. Erst als der Religionsfrieden von 1555 der
neuen Lehre reichsrechtliche Anerkennung gebracht hatte, durfte man sich freier regen und die
umliegenden evangelischen Gemeinden zu einem grösseren Verbande zusammenfassen. Man schritt
zu einer Visitation, welche namentlich die Verhältnisse der im Erfurter Landgebiete liegenden
evangelischen Gemeinden betraf. Es war dies die einzige Visitation, welche im 16. Jahrhundert
im Erfurt'schen stattfand. Die Pastoren in der Stadt (pastores in urbe) regten die Visitation
an, der Rath genehmigte dieselbe, und die städtischen Geistlichen führten sie aus. Das Protokoll der Visitation vom 22. Januar 1557 ist in zwei Abschriften des 17. Jahrhunderts erhalten,
von denen die eine — lateinisch, wohl das Original wiedergebend — in der königl. Bibliothek
zu Berlin (Manuscr. borussica, 4°, 140), und eine zweite — deutsche Übertragung — im Rathsarchive zu Erfurt (A. B. III, 115) liegt. Die erstere hat M a r t e n s , Die formula visitationis,
a. a. O. S. 4/5 abgedruckt.

    Diese wichtige Urkunde über die kirchlichen Verhältnisse des Erfurter Gebiets soll in
Ermangelung einer Ordnung auch hier nach dem M a r t e n s 'schen Drucke aufgenommen
werden. (Nr. 73.)

    Zu der deutschen Fassung vgl. die Anmerkungen von M a r t e n s . Bemerkenswerth ist
die Fassung der fünften Frage: „Ob sie in ihren kirchen auch christliche und gottselige ceremonien, wie die in der kirchenagenden dieser lande beschrieben und die gesenge Lutheri
brauchen und halten?" Im Schlussabsatz heisst es für „coram pastoribus": „bei dem ministerio".

    Wenn das Ministerium, d. h. die Gesammtheit der Pfarrer in der Stadt, mit Zustimmung
des Rathes durch Vertrag mit den Landpfarrern auch über diese Landgemeinden die Aufsicht in Kirchen- und Schulsachen erhalten hatte, so kann doch von einer wirklichen Organisation zu einer Art Consistorium, insbesondere von einer ausschliesslichen Competenz zur

Erledigung der Ehesachen, Ende der sechziger Jahre noch nicht die Rede sein (Martens, Wann ist das Erfurter Ministerium entstanden? S. 4 ff.). In Folge von Streitigkeiten unter den Geistlichen sah sich der Rath wiederholt genöthigt, in die internen Angelegenheiten der evangelischen Gemeinde einzugreifen und Anordnungen zu treffen. Von diesen ist besonders wichtig die „formula pacificationis"; der Rath gab hierin dem inzwischen zu einer wirklichen Behörde erwachsenen Ministerium am 30. December 1580 eine eigene Instruktion, die von den Mitgliedern des Ministeriums unterschrieben wurde.

In erster Linie bezweckte die Formula die Beseitigung der Streitigkeiten unter den Geistlichen. Dieser Zweck wurde, wie Martens (Wie entstand das Erfurter Ministerium? S. 7 ff.) an verschiedenen Vorkommnissen, namentlich an dem grossen Streit über die sonntäglichen Frühhochzeiten, zeigt, nur in geringem Maasse erreicht. (Streitigkeiten unter den Pfarrern waren überhaupt in Erfurt häufig. Im Jahre 1572 berief der Rath zur Schlichtung eines Zwistes zwei hallische Theologen, Superintendent Boëtius (s. unter Halle) und Mag. Caspar Cannengiesser. Der Streit wurde beigelegt, brach aber sehr bald von Neuem aus und nahm einen so ärgerlichen Charakter an, dass der Rath zu den strengsten Massregeln greifen musste. Es sei dieserhalb verwiesen auf den im Erfurter Rathsarchiv vorhandenen Druck „Gründlicher und warhaftiger bericht, unser des raths zu Erfurt, aus was bestendigen ursachen die beide pfarrer zun barfussern und zu Sankt Thomas, auch ire beide anhangende capellan von irem dienst und amt enturlaubt worden. Gedruckt zu Erfurt durch Melchior Sachsen".) Aber die Formula hat noch einen weit wichtigeren Inhalt. Sie war eine förmliche Dienst-Instruktion. Vgl. in dieser Hinsicht die schönen Ausführungen von Martens, Wie entstand u. s. w., S. 8 ff. Aus diesen sei hervorgehoben, dass dem Ministerium seit 1557 das Recht der Examinirung und der Ordinirung zugestanden war, während die Wahl der Gemeinde zustand; der Rath besass für die Landpfarren ein Vorschlagsrecht, indem er in der Regel der Gemeinde drei Candidaten präsentirte, aus denen die Gemeinde nach gehaltenen Probepredigten durch mündliche Stimmenabgabe den Pfarrer wählte. Die Bestätigung geschah durch die Stadtvögte, jedoch wurde eine schriftliche Bestätigungsurkunde erst in späterer Zeit ausgefertigt. Auch bei der Einführung war der Rath später betheiligt. Endlich regelte die Formula pacificationis auch die Thätigkeit des Ministeriums als Ehegericht.

Erst in den siebziger Jahren machte sich das Bestreben des Rathes bemerkbar, mit Umgehung der jurisdictio ordinaria des Erzbischofs von Mainz Ehesachen selbstständig zu erledigen, und gegen Ende dieser siebziger Jahre scheint der Rath solche Angelegenheiten auch dem Ministerium zugewiesen zu haben. In der Formula pacificationis wurde das Recht des Ministeriums ausdrücklich festgelegt.

Die Formula pacificationis befindet sich in der Bibliothek des Erfurter Rathsarchives, III, 18, in einer späteren, aus dem Ende des 17. Jahrhunderts stammenden Abschrift und gelangt hiernach (erstmalig) zum Abdrucke. (Nr. 74.)

Im Jahre 1663 wurde diese „Formula der Instruktion" „von neuem revidiret, gemehret und verbessert". Vgl. Erfurt, Rathsarchiv III, 18.

II. Die vom Rathe am 2. Juni 1551 erlassene, aber erst 1559 im Druck erschienene Polizei-Ordnung zeigt schon den Einfluss der Reformation. In besonderem Masse aber lässt die Polizei-Ordnung von 1583 erkennen, dass der Rath in durchaus evangelischen und in denjenigen Bahnen weiter wandelte, welche er selbst durch die Formula pacificationis vorgezeichnet hatte.

Exemplare dieser Polizei-Ordnungen befinden sich in Erfurt, Rathsarchiv, Bibliothek, III, 28ᵇ; die von 1583 auch in Jena, Univ.-Bibl., 4. Bud. Jus. Germ. 246(¹). Wir drucken die kirchenrechtlichen Bestimmungen der Polizei-Ordnung von 1583 erstmalig wieder ab. (Nr. 75.)

Die Ordnung von 1551 enthält nur zwei hierher gehörige Abschnitte: „Von gottes lästerung" (die Bestimmungen wiederholen sich in der zweiten Polizei-Ordnung) und „Von heimlichen Verlöbnissen" (den Eltern wird gestattet, solche Kinder auf den Pflichttheil zu setzen). Warum übrigens die erste, nach dem Texte des Gesetzes selbst (vgl. den Schluss) am 2. Juni 1551 erlassene Ordnung erst 1559 im Drucke erschien, vermag ich nicht festzustellen.

III. Aus der ersten Zeit ist überliefert, dass die Erfurter Geistlichkeit, an ihrer Spitze D. Johann Lang, eine deutsche Messordnung eingeführt hat. Lang sandte dieselbe 1525 an Luther, welcher das Vorgehen Lang's billigte, mittheilte, dass er gerade selbst darüber sei, eine deutsche Messordnung auszuarbeiten, und den Erfurtern anheimstellte, diese oder auch die ihrige zu benutzen. (Vgl. Brief Luther's an Lang vom 28. Oktober 1525 bei Enders, Luther's Briefwechsel, Bd. V, S. 287.)

Der Titel dieser Gottesdienst-Ordnung soll nach Hogel's Chronik und Erhard, a. a. O. S. 85 gelautet haben: „Die teutsche messe, das ist eine form oder weise des sontags in teutscher sprache mit singen und beten zu halten. 1525. 4°". Hiernach hätte man an eine ganz originale Schöpfung der Erfurter zu denken und nicht etwa an die in Erfurt erschienenen „teutschen kirchenämter", welche sich als Neugestaltungen der Münzer'schen Messe darstellen. (Vgl. Bd. I S. 470 unter Allstedt und die dort citirte Literatur; insbesondere Smend, Die evangelisch deutschen Messen bis zu Luther's deutscher Messe. S. 94 ff., 118 ff.) Leider ist es mir nicht gelungen, zu eruiren, worauf Hogel und Erhard ihre bestimmt auftretende Nachricht (man erfährt den Titel und sogar das Format!) stützen. Eine Ordnung unter dem von ihnen citirten Titel ist mir nicht zu Gesicht gekommen, wird auch in keiner neueren Schrift zur Erfurter Kirchengeschichte erwähnt. Martens hat nun in seiner Abhandlung in: Mittheilungen des Vereins für die Geschichte und Alterthumskunde von Erfurt, Heft 18, S. 91 ff., ausführlich über diese erste Erfurter Messe gehandelt. Er betrachtet als dieselbe gerade die in Erfurt erschienene Bearbeitung der Münzer'schen Messe. Für diese Meinung führt er an: dass 1525 die Erfurter Geistlichkeit thatsächlich die Messe reformirt habe (vgl. den Brief Luther's von 1525), dass eine Benutzung der „Ämter" in der Kirche schon ihr Titel vermuthen lasse, dass eine ungewöhnlich grosse Zahl von Drucken erhalten sei (die den Schluss zulasse, dass das Buch in sehr vielen Exemplaren hergestellt worden sei), dass es wiederholt in Erfurt bei demselben Drucker, aber auch bei verschiedenen, und zwar in dem für den Kirchengebrauch handlichen Octav-Format gedruckt worden sei. Martens druckt das älteste „Amt" von 1525 ganz ab, die Ausgabe von 1526 im Auszuge. Die nicht bedeutenden Abweichungen von dem Münzer'schen Originale stellt Martens übersichtlich zusammen. Ganz neu ist für die Erfurter Ausgabe das Trinitatis-Amt, welches den Münzer'schen Formularen nachgebildet und zugleich das einzige vollständige ist, so dass die anderen aus ihm ergänzt werden müssen. (Martens, a. a. O. S. 116.)

Ob wir nun wirklich in diesen Erfurter Ausgaben die Messe von 1525 vor uns haben? Die Martens'schen Gründe haben ja viel Gewinnendes für sich. Gegen ihn spricht, dass sich die Messe selbst nirgends als für Erfurt bestimmte oder von den Erfurter Prädicanten herrührende oder wenigstens überarbeitete bezeichnet; ferner die vernichtende Kritik, welche Luther über die Münzer'schen Formulare fällt (Smend, a. a. O. S. 115 ff.), nachdem er doch vorher, im Oktober 1525, wenigstens einen Theil der Erfurter Ordnung gebilligt hatte. (Martens. S. 117.) Allerdings ist diese Kritik vielleicht mehr dem späteren Zerwürfnisse mit Münzer als sachlichen Erwägungen zuzuschreiben. Und selbst wenn man sachliche Gründe — wie vielleicht das Missfallen über das Zurücktreten der Predigt bei Münzer — annehmen will, so wissen wir ja gar nicht, was Luther eigentlich 1525 vorgelegen hat. Vielleicht hatte Lang seine Ordnung nur „beschrieben" „forma descripta", d. h. in grossen Zügen Luther mitgetheilt, was man beabsichtige. Ich halte also die Frage, ob wir in den Erfurter Ämtern wirklich die Lang'sche Messe vor uns haben, noch nicht für ganz sicher entschieden, immerhin aber doch für derartig glaubhaft gemacht (wobei ich den Schwerpunkt auf die Thatsache der Hinzufügung eines ganz neuen Amtes legen möchte, welche doch Sachkenntniss und liebevolles Vertiefen in die Originale seitens eines Theologen voraussetzt), dass ich die interessante Bearbeitung von 1525 nach Martens, a. a. O. S. 98 ff. abdrucken möchte. (Nr. 76.)

Man hätte vielleicht die Abweichungen des ersten Erfurter Amts von der Münzer-schen Messe oben bei dieser in Bd. I S. 471 in Anmerkungen wiedergeben können. Aber einmal hat das Erfurter Amt ein ganzes Amt neu eingefügt und weiter sind die vielen kleinen Ab-weichungen (Umstellungen, Zusätze und Abänderungen einzelner Worte) doch so zahlreich, dass man so kein rechtes Bild von der Erfurter Bearbeitung erhalten hätte. Übrigens hatte Münzer in seiner Messe, Vorrede (vgl. Bd. I, S. 498, Spalte 2, Zeile 20 von unten) zu Zusätzen und Veränderungen geradezu aufgefordert.

Da eine andere Gottesdienst-Ordnung nicht bekannt ist, so dürfte Justus Menius diese im Sinne gehabt haben, als er in einem Briefe von 1551 an alle „Diener der Erfurter Kirche" von einer Kirchen- oder Gottesdienst-Ordnung sprach, welche durch ihrer aller Be-schluss eingerichtet sei. (Vgl. Martens, Formula visitationis, S. 9.)

Eine erschöpfende Kirchen-Ordnung hat Erfurt nie erhalten. [Vgl. die Klage des Seniors Melchior Weidmann (Martens, Wann entstand u. s. w., S. 41)]; nicht einmal eine „souderbare beschriebene Eheordnung" besass das Ministerium, sondern es procedirte „auf mass und weise, wie bei andern der augspurgischen confession zugethanen zu geschehen pflegt". (Vgl. Schreiben des Seniors Modestinus Weidmann vom 17. April 1616. Martens, Wie entstand u. s. w., S. 41.) Man richtete sich also nach anderen Ordnungen, wahrscheinlich den sächsischen.

IV. Nicht unerwähnt soll bleiben ein liturgisches Formular für die Taufe eines er-wachsenen Juden, vielleicht das erste in der evangelischen Kirche. In der Schrift „Underricht und verhör, Egidi Meche/lers und magistri Sigismundi Kirchners/eines jüdischen katechumenici, welcher sich zum/christenthumb begeben, und getauft ist, worden in Erfurd, im jar/1539, sontag Letare" bildet den Anfang eine „Ordenung der/heiligen taufe des/catechumenici/aus der jüden/schaft, gehalten in der predi-/ger kirche zu Erfurd durch/Egidium Mecheler als den/teufer, im jar 1539/sonntag Letare". Das Nähere über diese Schrift, welche gewiss allgemeines Interesse beansprucht, aber doch als zu konkret gedacht in unserer Sammlung nicht abgedruckt werden soll, vgl. bei Kawerau in: Zeitschrift für kirchliche Wissenschaft und kirchliches Leben 10, 598 ff.

Über das Schulwesen vgl. Erhard, a. a. O. S. 70 ff.; Martens, Formula visitationis, S. 17 ff. Über das Hospital- und Armenwesen vgl. Beyer, in: Mittheilungen des Vereins für die Geschichte etc. von Erfurt. 19, 127 ff.

78. Formula visitationis ecclesiae Erfurtensis. Vom 22. Januar 1557.

[Nach dem Druck von Martens, a. a. O. S. 4.]

Quod cedat in gloriam dei, aedificationem ecclesiae et animarum multarum salutem!

Cum varia hoc tempore fiant schismata in ecclesia variaeque corruptelae in doctrina, ut necessaria sit conjunctio et concordia docentium, cum etiam de quibusdam pastoribus extra urbem spargantur rumores, quod in doctrina sana parum sint confirmati et quod in vita sint culpabiles, ut necessaria sit inspectio, nos pastores ecclesiae Christi in urbe Erfurtensi permissione et consensu prudentissimi senatus nostri convocavimus pastores ecclesiarum extra urbem, quae sunt sub ditione reipublicae Erfurtensis, una cum ludimoderatoribus et aedituis, heimburgern et senioribus pagorum, et pastores de sequentibus articulis interrogavimus:

I. De doctrina: An evangelia in dominicas a veteribus distributa doceant juxta enarrationem, quae in postillis d. Mart. Luth. continetur?

II. De tabula, quae vulgo domestica vocatur: An tabulam, quae continet nuda verba decalogi, symboli, orationis dominicae, baptismi, caenae dominicae, recitent ante tractationem sancti evangelii?

III. De catechismo: An enarrationem decalogi, symboli, orationis dominicae et sacramentorum, quae extant in parvo catechismo Lutheri, diebus dominicis et in septimana proponant populo et juventuti?

IV. De diebus festis: An rejectis et abolitis papisticis et superstitiosis festis sanctificent praedicatione et tractatione verbi divini, oratione et administratione sacramentorum festa christiana nativitatis, circumcisionis, epiphaniae, passionis et resurrectionis dominicae, ascensionis, pentecostes, trinitatis. Item diem purificationis, annunciationis et visitationis Mariae?

V. De ceremoniis: An in ecclesiis suis utantur piis ceremoniis, quae continentur in agenda ecclesiarum harum regionum, et in libello cantilenarum a d. Mart. Luth. edito?

VI. De vita: An ducant conversationem evangelio et ministerio dignam et conformem?

VII. De disciplina ecclesiastica: An sceleratos admittant ad communionem sine paenitentia? An obnoxios manifestis criminibus, et contemtores verbi et sacramentorum permittant adstare ad baptisma, ut fiant compatres, qui pro baptisando fidem christianam profiteantur et spondeant? An eos, qui moriuntur sine paenitentia et usu sacramentorum, sepeliant christianis ceremoniis?

VIII. De libris: An habeant et legant biblia a d. Mart. Luthero in linguam germanicam traducta, an habeant et legant postillas ejusdem auctoris, an habeant et legant Augustanam confessionem anno 1530 imperatori exhibitam, an habeant et legant et profiteantur articulos a d. Mart. Luthero compositos, ut exhiberentur concilio Mantuae celebrando anno 1538?

Ludimoderatores et aedituos interrogavimus:

I. An ipsi amplectantur evangelium Jesu Christi et vivant digne evangelio?

II. An obsequantur pastoribus suis et sint diligentes et fideles in expediendo munere suo, quod pertinet ad ecclesiam?

III. An sint diligentes in tradendo catechismo, dum pastor propter ministerium, quo in altero pago occupatur, absens est?

IV. An sint seduli et fideles in instituenda juventute?

Heimbürger, altermannos et seniores interrogavimus:

I. De fide et vita sua: An ipsi profiteantur evangelium et vitam agant evangelio dignam?

II. De pastore: An pastori suo dent bonum testimonium doctrinae et vitae?

III. De reditibus parochiae: An pastori suo in doctrina sano et vita integro suppeditent debitam mercedem, juxta mandatum Christi: Operarius dignus est mercede sua?

IV. De ludimoderatore et aedituo: An ludimoderatori et aedituo dent testimonium diligentiae et fidelitatis in officio et obedientiae erga pastorem suum et honestae conversationis erga omnes?

V. De scholis: An pueros idoneos tradant ludimoderatori erudiendos?

VI. De disciplina: An prohibeant congressus et stationes horum in coemiterio sub concione sacra. Item, an prohibeant compotationes et alia scandala impedientia verbi ministerium in diebus festis?

Promiserunt etiam singuli pastores ecclesiarum extra urbem, stipulatis manibus et datis nominibus, se, ubi opus fuerit, velle comparere coram pastoribus et porro rationem reddere tum doctrinae tum vitae suae juxta doctrinam apostolicam, qua praecipitur, ut ministri ecclesiae Christi in doctrina sua sint διδακτικοί, recte secantes verbum veritatis, et habentes bonum testimonium, ab iis qui foris sunt, ut non in opprobium incidant et laqueum diaboli. Rursus nos pastores in urbe promisimus, quod in postulanda ratione et doctrinae et vitae cum pastoribus extra urbem velimus agere secundum verbum dei et adversus quemque nullam instituere accusationem absque duorum aut trium pastorum vicinorum testimonio juxta praeceptum apostoli 1. Tim. 5. Adversus presbyterum accusationem noli accipere, nisi sub duobus aut tribus testibus.

Actum anno salutis 1557 d. jan. 22.

Georgius regularium. Hieronymus minoritarum.
Joan Harckberg d. Michaelis. Andr. Poach
Augustinian.
Samuel Gallus d. Andreae. Leonhard Palhoffer
ad praedicatores.
Johan Caesarius ad d. Thomae. Jonas Arnoldus
diaconus mercatorum.

74. Formula pacificationis. Vom 30. December 1580.
[Nach einer Abschrift des 17. Jahrhunderts im Rathsarchive zu Erfurt III, 18.]

Wir ratsmeister und rat der stadt Erfurt thun kund und zuwissen. Demnach unter unsern praedicanten, desselben collegen und fratribus eines ehrwürdigen evangelischen ministerii allhier von wegen vorgefallener beschwerlichen reden, sachen und händeln allerlei missverstand und misstrauen erreget und entstanden, dardurch ihre fraterna conjunctio nicht geringschätzig getrennet und zerschlagen, dass wir uns wie freundliebende obrigkeit unsers tragenden und befohlenen ambts nicht alleine als politische regenten, sondern auch als nutritii ecclesiae mit emsigen fleis erinnert, darum so vielmehr zu christlicher, endlicher, gründlicher und beständiger durch göttliche reiche gnade und segen, hinlegung und abschaffung, dero erwachsenen in den gemütern gebrechen, missverstand und misstrauen und dargegen zuwideraufrichtung, anstiftung und erinnerung christlichen heilsamen friedens, brüderlicher correspondenz und freundlicher vereinigung (so neben reiner gottseliger

lehr und aufnehmung der kirchen gottes (per
vinculum spiritus sancti zum höchsten von nöten)
uns mit ernstem fleiss bemühet zwischen vor-
gemelden collegen und fratribus, so jetzund allhier in unser stadt und in unserer ministerio
verbi et sacramentorum seind, vorerzehlte gebrechen
und irrungen abzuhandeln und fruchtbärlich beizulegen.

1. Horridarum phrasium ἀμνηστία.

Es ist aber solche tractation und handlung in
dem namen des allmechtigen aus christlichem
eifer und inniglich gewünschtem friede von uns,
dem rate und ganzem ministerio unserer evangelischen kirchen allhier also vorgenommen und
angestellet:

Dass nemblich über und von wegen etzlicher
mit missverstande aufgenommenen reden, darvon
und dahero die fürgefallene irrungen sich verursachet und weiter beschwerung künftiger zeit
daraus hetten entstehen und erwachsen können,
nach eines jeden person und der zugetragenen
händel nothurft und gelegenheit erforderung gepflogen; derowegen ist ein jeder insonderheit befraget, dass er frei und ohne scheu vermelden und
anzeigen wolte, was er an ein oder der andern
oder mehr personen in ministerio für mangel und
fehl an lehr, leben und wandel hette und wüste,
warumb und was ursachen, darauf die erklärung,
so ein jeder insonderheit endlich und schliesslich
gethan, dahin mit allen fleiss gerichtet und vorbracht worden: das sie ingemein und insonderheit
ihr lehr und predigamt daher angestellet, auch in
künftiger zeit durch verleihung gottes des allmächtigen unbegreifliche gnad und segen in dieser
kirchen und ihnen anbefohlenen und vertrauten
schäflein und zuhörern an- und vortragen bedacht,
welches durchaus ohne einige corruptelen, allein
aus gottes wort und h. göttlichen schrift, den
dreien fürnehmen und von der ganzen algemeinen
christenheit angenommenen und beliebten symbolis [am Rande: symbola: nicenum, athanasianum, augustana confessio] apostolico, niceno
et athanasiano, darzu augustana a. dreissig in
der grosen reichsversamlung keisers Caroli des
fünften, von den protestirenden ständen, klär-
lichen confessione und erfolgeten apologia den
büchern des herrn Lutheri und herrn Philippi,
beeder christlicher gedächtniss, soferne sie der
normae doctrinae nemlich h. schrift gemäss gegründet, gleichstimmig und darmit einhellig überein-
treffe, welche diese jetzo insonderheit von ihnen
eingenommene erklärung sie nochmals in ge-
sambter und gemeiner vorvorderung einhellig erinnert, und darauf bis auf ihr sterbstündelein zu
beruhen und zu beharren, endlichen und schliesslichen erkläret und mit beständiglichen bejahen
bewilliget und bestädiget.

Was dann anlanget die beschwerliche angezogene reden, inspecie: 1. als solte im ministerio
und sonsten geredet worden sein, das gottes wort
mutabile und dispensabile sei, 2. das man Lutherum
nicht gros achtete, 3. das man synergistische worte
gebrauchte, und was dergleichen reden mer angezogen und fürbracht worden, weil aus fleisigen
genommenen erkundigen und nachforschung, auch
der personen eigenen erklärung, das jetzt berührte
reden von keinem unter den collegen und brüdern
des ministerii gebraucht und ausgeredt und allein
in missverstande aufgenommen, sondern sie mit
der beschehenen erklärung sämbtlich und sonderlich wol zufrieden; so sind derowegen solche reden
dergestalt beigelegt, verworfen, abgetödtet und in
vergessenheit gestellet, ob weren dieselben nie geschehen oder erfolget. Es sollen auch vorgemelde
reden auf einen oder den andern des evangelischen
ministerii jetzo noch in künftigen zeiten, do solche
in ihren predigten ohngefehrlich wider die papisten
oder andere schwermer, so dieselben zu gebrauchen
pflegen, erwehnet und geführet werden solen, nicht
gemeinet, verstanden noch aufgenommen werden,
auch keiner den andern zu einiger uneinigkeit in
ihren predigten noch sonsten in andere wege die
geringste ursache bei entsetzung seines amts und
anderm gebührlichen einstehen nicht geben. Dann
weil uns und einem christen und friedliebenden
bewust, was solche und dergleichen uneinigkeiten
der theologen vor schaden, ergernüss und unheil
in der christlichen gemein und bei unsern widersachern wirken und schaffen thun, so viel weniger
wollen hinforder einige dissidia und contentiones
dulden und leiden, sondern mit mehrem ernst,
fleiss und eifer demselben widerstehen und begegnen, und sollen also abgesatzte reden wie denn
auch andere mit vorgefallene personalia mehr
auf deroselben allen vorgehenden consens und
guten willen zu grunde beigelegt und aufgehoben
sein und bleiben, haben auch darauf in unser
gegenwart sämtlich einer den andern dextras
fraternae conjunctionis et societatis gegeben und dem
allmächtigen frommen gott von herzen gebeten,
dass er sie per vinculum pacis in solcher einigkeit
erhalten und alle distractiones, causas und occa-
siones ad discidia gnädiglich abwenden und hinfürder sie dafür behüten wolle.

2. Ordo sessionum.

Wir wollen auch ferner und ist unser wille
und meinung, weil bis dahero licentiatus d. Galle
das seniorat ambt in userm ministerio mit unser
bewilligung und zulassung verwaltet, und jederzeit,
da es von nöten gewesen, die andern herrn des
ministerii zusammenfordern lassen, dass er auch
nochmals darbei gelassen und von uns darzu verordnet und gesetzet sein soll, und soll sonst die
ordnung und sessiones im ministerio und von den

collegen gehalten werden wie bevor, alleine, dass in der ordnung der licentiatus Gall die erste session und stelle als der senior, den der herr mag. Melchior, folgends m. Erbenig, und so fortan haben und halten sollen.

3. Quomodo in constitutionibus dogmaticis procedendum; deliberationes in rebus theologicis.

Und sollen nunmehr und in zukunft die herren des ministerii, wann theologische und dogmatische händel vorfallen, für sich alleine uf erfordern des senioris zusammenkommen und vorgetragenen händeln und sachen christlich, gottfürchtig, friedsam und mit bescheidenheit einer nach dem andern und ihre meinung offenbaren, und soll keiner dem andern, ehe dann die ordnung ihn erlangt, einreden, wie bis dahero von etlichen soll geschehen sein, dann solches nicht allein ein übelstand ist, besondern es macht und bringt auch allerlei verbitterung und benachtheilung.

[Am Rande: Adhibitis politicis.] Deme auch allen vorzukommen, so wollen wir in nach gelegenheit und in fall der not, auch solchen versamlungen und theologicis deliberationibus etzliche unsers mittels darzu ordnen, die fleisige achtung darauf haben, dass es alles göttlichem worte und dieser ordnung gemäss, christlich, friedsam und erbarlich verrichtet und gehandelt werden möge.

4. De loco publicorum examinum.

Wir wollen auch zuforder, dass die examina an keinem andern orte, dann zu der augustiner schule, daselbst einen jeden, wer da will, hineinzugehen und dieselbe examina anzuhören, bevorstehen, gehalten werden.

5. Modus sopiendi lites exortas, si quis desideret aliquid in altero.

Wir haben sie auch fleissig erinnert, vermahnet und mit ernst untersaget, do etwas in künftiger zeit vorfallen würde, dass einer dem andern an der lehre oder an dem leben mangel und fehl zu haben vermeinet, dass zu verhütung gefährlicher und besorglicher weitläuftigkeit, ehe dann es weiter ausgebreitet und unter den gemeinen mann gebracht werde, erstlich einer mit dem andern brüderlich und freundlich sich darvon unterreden wolle, dass er auch zum andern etzliche aus dem ministerio und dessen mittels oder auch nach gelegenheit das ganze ministerium darzu zihe.

Ferner zum dritten, da es von nöten auch die kirchväter adhibiren und folgendes da es nachdem allen die not erfordert und jetzt erzelten mitel den sachen nicht könte noch wolte gebühr-

liche mass gegeben werden, durch die kirchvater an uns den rath als die hohe obrigkeit gelangen und gebracht werden möge.

6. De causis matrimonialibus.

Dieweil auch bis daher der ehesachen halber, wegen der noch zum theil dieses orts noch haftender päbstlichen beschwerungen, dardurch wir zu einem ordentlichen consistorio nach zeit nicht wol füglich kommen können allerlei confusion. müssverstand und gefährlichkeiten zugetragen; auch die armen geängsten gewissen oftmals mit leibes und seelen gefahr höchlichen betrübet und beschweret worden: So wollen, ordnen und befehlen wir hiermit und in kraft dieser ordnung, dass ungeachtet, was für disputationes bei den gelährten und wem und wohin die ehesachen gehören zu befinden, hiehero das ganze ministerium nebenn zuziehung derer jederzeit verordneten kirchvätern, vorgemelten beiwohnen, dieselbe verrichten, und soviel müglichen gütlichen behandeln und beilegen sollen, doch folgender masse:

Primum ad conciliationem vocandi.

Erstlichen da ehe und gewissens sachen, die weren geschaffen, wie sie wollen, vorfielen, welche gütliche handlung bedürftig, auch in der güte verhoffentlich möchten ohne verletzung der gewissen beigeleget werden, sollen unsere jetzt gemelde darzu verordnete an müglichen fleiss, die parten in der güte zu vergleichen, nichts erwinden lassen.

Zum andern [am Rande: Si illa deficit], da aber die güte ensttünde (sic!) oder da die sachen an ihnen selber also gewandt, dass sie zu recht gedeien und nach rechtlichen erkändnüss müssen entschieden werden, und es aber an deme, dass gemeiniglichen solche sachen dermassen prolongiret, das nicht nötig, weitläuftigen oder sonst gemeinen rechts process anzustellen, sondern mögen darin de simplici et plano procediren [am Rande: Jure summario procedendum], sollen unsere darzu deputirte und verordnete darinnen weitläuftigkeit auch meiden, und da die sache nicht sogar verwirret, dass sie konnen summarie in eine frage gestellet werden, auf dem fall die sache wol einnehmen, und darzu das factum und merita causae in eine frage stellen und bringen, ferner den parteien vorhalten, ob sie darmit zufrieden oder darneben etwas erinnern oder einwenden wollen und alsdann uf beder parten unkosten, auf ein unverdächtig consistorium, juristen facultät oder schöppen stuel zu versprechen überschicken. Woferne aber die sachen zu rechtlicher ausübunge und erörterung geraten, und durch obgesagte mittel nicht füglichen entschieden werden möchten, auf den fall, zu verhütung vergeblicher unkosten und weiterung, sollen die verordnete die parteien folgender massen verrichten lassen:

[Am Rande: Vel per compromissum.] Nachdem sich irrungen und gebrechen zwischen N. klägern an einem und N. beklagten anders theils wegen eines ehegelöbnüs zugetragen, derowegen sie heute dato vor uns denen von einen erbarn rate zu denen ehesachen verordneten commissarien vorbeschieden und aber über allen angewanden fleiss die güte nicht stattfinden wollen, aber die sachen also geschaffen, dass sie an der güte noch durch eine rechtsfrage und belernung eines urthels sobald nicht haben können entschieden werden, als sind bede theile mit ihrer selbstbewilligung zu recht verfasset wie folget: [am Rande: Actor libellum edat intra quaterdenam]. Dass kläger seine klage innerhalb vierzehn tagen gezweifacht bei uns den commissarien gerichtlichen einlegen, darvon soll dem beklagten die eine abschrift von der klage zugeschicket, und von der zeit an er solche empfehet gleiche frist als vierzehen tage zugelassen sein [am Rande: Reus intra totidem dies excipiat et simul in eventum litem contestetur], auf dass er darwider seine exceptiones dilatorias, ob er deren etzliche vorzuwenden hätte, zusamt der litis contestation und antwort auf die klage auf einmal, auch gedoppelt, einbringen, darauf [am Rande: Actor replicet] alsdann kläger seine replicam wieder gezweifacht und in vierzehn tagen, und beklagter [am Rande: Reus duplicet, absque novitate] ferner seine duplicam in gleicher frist, jeglicher bei verlust des satzes, einwenden, und soll also jeder mit zweien sätzen seine notdurft deduciren und zum urthel beschliessen, doch dass im letzten satze keine neuerung eingeführet werde. [Am Rande: Acta transmittentur ad collegium sapientum.] Solche acten sollen hernach auf der parteien unkosten zum versprechen überschicket werden, da auch beweisung den parten zu verführen uferlegt, sollen dieselben in sechs wochen und dreien tagen, wie gebräuchlich, soviel an dem zeugführen ist, vollführen, wieder mit zweien sätzen abgewechseleter weise solches zu disputiren abgesetzter massen zugelassen werden, und weil es bei der obrigkeit stehet in solchen privilegirten sachen summarie oder servato juris ordine zu procediren, welchen wir darnach uf überschickte fragen oder acten gesprochenen urteln von den commissarien oder parteien was weiter gelanget oder gesuchet nach gelegenheit und umbstand der handel uns unverweislich zu bezeigen wissen.

Dieweil auch sonderliche und gewisse tage zu solchen handlungen zu ernennen und zu bestimmen und wegen vielen schreibens einen schreiber anzuordnen von nöten, als wollen wir den dinstag und donnerstag darzu benant, auch den verordneten commissarien freigelassen haben, einen aus ihren mitteln, so die acten mit fleiss registriren und aufzeichnen wird, zu ernennen und anzuordnen.

8. Extra judici aliter nihil esse decernendum.

Wir wollen auch, das unser senior und sonsten von denen verordneten commissarien vor sich alleine und ohne rat und wissen und meinung der andern allen oder des mehren theils ausserhalb des ordentlichen orts der zusammenkunft nicht decisive oder schliesslichen den parteien rate, sondern es sollen alle parteien an die ordentliche stelle und zeit gewiesen, und von solchen händeln communicato concilio nach noturft geredet und gehandelt, und was von ihnen allerseits beschlossen in ein besonder handelbuch eingeschrieben und einverleibet werden.

9. De malitiosis desertoribus quomodo in causa desertionis procedendum.

Wann dann auch bis daher vielfältige klagen vor uns kommen, wie etzliche eheleute aus lauterem vorwitz, muthwillen und frevel von ihren ehegemahlen laufen und viel jahr im elend sitzen lassen, darmit nun in diesem fall dem unschuldigen theil in seinem gewissen auch geraten und gedienet sein möchte, so sollen dieselben malitiosi desertores, nachdem sie zwei oder drei jahr aussenblieben und sich in der zeit nicht wiederfinden lassen wollen, auf gebührliche ansuchung des unschuldigen theils vor dem pfarrherrn, in welcher der malitiosus desertor oder sein verlassen ehegenossen häuslichen wohnet, öffentlich von der cantzel oder auch dem orte, da die persona desertrix bürtig oder vermutlich wesentlich sich aufhalte, auf einen genugsamen geraumen terminum vor den deputirten herrn commissarien insiegel und secret, so sie zur denen und gerichtlichen noturften haben und brauchen sollen, an kirchenthüren öffentlichen drei sontage nach einander angeschlagen werden. Würde er nun gehorsamlich erscheinen, so hette es seine im rechten gewisse wege; do er aber auf solchen angesetzten termin verechtlichen aussenbleiben würde, so soll er anderweit zum überfluss ad purgandam contumaciam mit angehefter commination, wo er auf jetzt gemelten termin ungehorsamlich aussenbleiben würde, dass nichtsdestoweniger ergehen solle, was sich nach gelegenheit dieser sache gebührte, gleicher gestalt citiret werden, würde er zum andermal ungehorsamlichen aussenbleiben, so soll und mag er alsdann zum dritten mal zur anhörung des urthels und seiner desertion erklärung angesetzter massen endlichen vorgeladen werden, und da er nicht erscheinen, sondern wie zuvor aussenbleiben, für einen offentlichen und mutwilligen desertoren seines weibes erkleret und der unschuldige theil von ihme der eheverpflichtung halber ledig gezehlt ihme auch zu rettung seines gewissens sich anderweit zu verehelichen, doch mit rat seines seelsorgers, der obrigkeit oder freundschaft und dass sie das ehelich beilager ohne gepräng und öffentlicher sollenität aus bewegender ursachen unterlassen erläubet sein. — Dargegen wir uns gegen den boshaftigen desertorem oder desertricem mit gebührender strafe zu bezeigen wissen wollen, denn unsere meinung nicht ist, dieselben bei uns oder in unsern gebieten zu dulden, noch einigen unterschleif nachzugeben.

10. Magnifica promissio ampl. senatus.

Bei dieser jetzo erzehlten vereinigung, getroffenen ordnung und satzung hat ein erbarer rat sich erkleret, dass sie als christliche obrigkeit darüber ex officio mit ernst und gutem fleiss zuhalten, das ministerium und alle darzu gehörige personen gebührlichen schützen und handhaben, sie sämbtlichen und sonderlichen lieben ehren und fördern, auch am gebührlichen einsehen execution und hülfe nichts erwinden lassen.

11. Ministerii debita repromissio.

Dargegen das ministerium hinwiederum zugesagt und angelobt, einem erbaren rate, als irer ordentlichen und christlichen obrigkeit, gebührliche reverenz und obedienz zu erzeigen, auch dasjenige, so an sie von bösen missgünstigen leuten wider e. e. rats und der ihrigen oftmals gelanget, darmit nicht sobald unerhörter sachen und ohne genugsamen gegenbericht auf die canzeln, dahin solche händel nicht gehören, wie von etzlichen bis daher geschehen, gebracht werden.

12. Officium pastorum, ἐπανορθωτικὸν.

Dardurch wollen wir aber ihren gebührlichen notwendigen christlichen strafamts, wie das nach anweisung der h. schrift ihnen gebühret, nichts

vorgegriffen noch genommen haben, welches alles dann sie sämbtlichen und sonderlichen mit handgelöbnis treulich zu halten und dem allen also nachzusetzen uns zugesaget, auch darauf einer dem andern und uns e. e. raths und uns aus desselben mitteln zugeordneten personen und obristen, als er Andreas Schulzemeister, er Sever Milwitz, er Rudolf Ziegler, er Jacob Naftzer, er Nicolaus Keyser, Georg Lassmann und Wilhelm Fechen, beide der rechte doctorn und syndicen die hände geben.

Zu urkunde und steter fester haltung ist solches alles schriftlichen verfasset und mit e. e. rats secret und eines jeden eigenen handschrift bekräftiget, geschehen in Erfurt freitag den 30. decembr. anno 1580.

Dieweil auch m. Melchior Wedmann sich beschwert vermerkt, vor lic. Gallen der gestalt wie in der formula concordiae begriffen sich fordern zulassen; als wird solcher punkt dahin erkleret, dass wo er also erfordert würde, ihme ohne einige gefahr frei stehen soll zu erscheinen oder nicht, hinwiederum solle es auch dem seniorn bevorstehen zu den künftigen versamlungen den herrn Melchiorn zu fordern oder auszurlassen. Signatum anno et die in formula pacificationis.

Licentiat Gall.
M. Wedmann.
M. Nicolaus Erbenius.
Johann Eckel.
Johann Hering.
Bartholdus Sprocovius.
Theodoricus Geringius.
M. Wilhelm Königrodt past. S. Thomae.
Caspar Läuffer.
Adolarius Praetorius.
Volcmarus Cremerus.
Valentinus Pilgram.
Nicolaus Laute.
Valentinus Nicolai.
Sebast. Hugius.
Franciscus Gersbach.

---

75. Der stadt Erfurt erneuerte policei und andere ordnung, sampt erklerung etlicher fäll, wie es darinnen auf irem rathause und bei iren unterthanen auf dem lande gehalten werden sol. 1583.

[Nach dem Drucke: Titelblatt mit der Jahreszahl 1583 und einem schönen Wappen der Stadt Erfurt; am Schlusse: Gedruckt zu Erfurt durch Melchior Sachsen.]

Wir rathsmeistere und rath der stad Erfurt, fügen allen und jeden unsern unterthanen, einwonern und denen, so unserer obrigkeit und gebieten unterworfen sind, hiemit zu wissen. Demnach gott der allmechtige aus sonderlicher gnediger erbarmung uns bis daher eine gute zeit das licht seines heiligen, allein selig machenden worts hell und klar scheinen lassen, wir derowegen billich seiner göttlichen allmacht, nicht allein von grund

unsers herzens loben und danken, sondern auch unsere dankbarkeit mit einem busfertigen, christlichen leben und wandel zu beweisen verpflichtet,

dieweil aber nicht geringer fehl und mangel daran im werk und in der that doher befunden, in dem nicht allein der meiste teil in grosser unbusfertiger, ruchloser sicherheit und uppigkeit, beides mit verachtunge göttliches worts und ubung aller hand groben sünden, schanden und lastern

wider gott und eigen gewissen gelebt und zu-
genomen, so hat auch gott der allmechtige seinen
gerechten zorn nicht unbillich uber uns daher mit
krieg, pestilenz und andern vielfeltigen krankheiten
und seuchen, auch theurung, hunger, feuersgefahr
und allerlei misgewechs ergehen lassen, können
aber gleichwol bei uns anders nicht erachten noch
vermerken, denn das der allmechtige und barmherzige gott durch solchen uns erbermlichen gewiesenen zustand und betrübte zeit, als ein treu-
herziger vater, erinnern und vermanen wolle, von
unserm sundlichen, bösen und unbusfertigen leben
abzustehen, uns zu bessern, zu bekeren, und zu
im hinfurd mit warer rechtschaffener buss ganz
und gar zu begeben.

Damit aber auch solchem von menniglichen,
innerlichen und eusserlichen im werk und in der
that gottfürchtiglich und gehorsamlichen mit treuen
fleis möge nachgelebt werden,

so haben wir uns demnach erstlichen gott
dem allmechtigen zu ehren, zu fortpflanzung seines
heiligen göttlichen namens und abwendung seines
gnedigen und gerechten zorns, zu erhaltung guter
policei, erbarkeit und guten sitten und dann zu
wolfart und bestem unserer getreuen bürgerschaft
und unterthanen auf dem lande beflissen, sind es
auch unsers von gott auferlegtem und verlihenem
ampte zu thun verpflichtet, mit beliebung der herrn
eltesten, meister und vieren, auch vormunden von
virteiln und handwerken, unserer vorfarn im vorlangst verschienen ein und funfzigsten jar der
mindern zal in druck verfertigten christliche und
notwendige policei ordnung, so zum teil in zerrüttung und verachtung komen, zum teil nach gelegenheit und erheischung itziger leufte und
hendel in etlichen puncten zu erkleren und zu
vermehren sein, alles aus gottes wort und göttlichen geboten, aus den bewerten keiserlichen
rechten, des heiligen reichs zu mehr und unterschiedlichen malen ausgekündigten abschieden, und
unserer stad althergebrachten statuten, rechten
und löblichen gewonheiten, widerumb in druck,
menniglichen sich darnach zu richten habend, anstellen und verfertigen zu lassen.

Der stadt Erfurt policei und andere
ordnung, etc.

I.

Von gottesfurcht.

Weil die furcht gottes ein ursprung ist aller
weisheit und reichen segens, hinwider die verachtung gottes und seines worts ein ursach alles
unglücks, zerrüttung und unfals, in deme, das die
grosse verachtung gegen gott und seinem wort in
diesen letzten gefehrlichen zeiten, grosse strafen
dreuen, so erinnern wir einen iglichen in gemein,

das er sein selbs glück, wolfart, heil und seligkeit warneme und vor augen habe, gottes wort
liebe und gerne höre, sich gegen dem ganzen
ministerio ehrerbietig erzeige und, wie einem
christen gebüret, verhalte.

Insonderheit aber wollen wir, das sich menniglich zur anhörung gottes worts emsig halte, und
zuförderst an den sontagen und andern festen
fleissig zur kirchen gehe und andere gescheft und
arbeit die zeit uber, da gottes wort und die heiligen
sacramenta gehandelt, einstelle, wie wir denn auch
hiermit ernstlich gebieten und wollen, das alhie
in unserer stad und sonsten in allen unsern emptern, flecken und dörfern unter den predigten, an
den feier und sontagen, weder in wein, bier oder
brantweinheusern, noch sonsten durchaus kein gelag, zechen, spielpletze, oder dergleichen, gehalten
werden solle. Und da solchs von jemands ubertreten würde, sollen die verbrecher mit einer zimlichen geltbus, am pranger oder gefengnis, nach
gelegenheit der fälle, gestraft werden.

Denn wir einige leichtfertigkeit, furwitz oder
mutwillen, so da gereicht zur unehre gottes, seines
heiligen und seligmachenden worts und des lieben
ministerii, ungestraft nicht wollen passiren lassen.

II.

Von einigkeit der lehr und predicanten.

Wir setzen, ordnen und wollen vor allen
dingen, das alle und jede unsere predicanten sich
ires von gott aufgetragenen ampts und berufs
dermassen erinnern, damit von inen allerseits
dahin mit fleis und ernst getrachtet und gesehen
werden möchte, das sie nicht allein fur sich selbs
bei der reinen, gesunden lehr des heiligen göttlichen, allein seligmachenden worts, so uns in den
prophetischen und apostolischen schriften heilsamlich geoffenbaret, und in den dreien, von der allgemeinen christlichen kirchen bewerten, an-
genomenen und daher bekanten und erkanten
symbolis, in der augsburgischen confession in
kurze artikel verfasset ist, eintrechtiglich, einhellig,
und christgleubig, bestendiglich verharren und
bleiben, sondern das sie auch sich in das unnötige, gefehrliche und ser ergerliche disputirn
und zanken, so von etlichen theologen hin und
wider, zu wenig zunemung und erbauung der
christlichen kirchen und einfeltigen zuhörern erregt
worden, nicht einmengen, sondern sich derselben
durchaus genzlichen enthalten und enteusern, ihre
zuhörer und das volk von den artikeln unsers
christlichen glaubens und warer religion, mit hind-
ansetzung aller unfruchtbaren fragen, die nach der
lehr des h. apostels auf die canzel gar nicht gehörig, einfeltig und nach dem grunde göttlichs
worts und der augsburgischen confession unterrichten, leren und unterweisen.

47*

III.
Von der predicanten leben und wandel.

Dieweil auch von nöten, und einem christlichen lerer wol anstehet, das er eines erbarlichen, aufrichtigen und unstreflichen lebens, wesens und wandels sei, und seinen pfarkindern mit guten exempeln vorgehe, damit er nicht in bösem ergerlichem leben daejenige wider zurstöre, was er mit guter lere gebauet hat,

so ordnen und wollen wir, das alle und jede unsere predicanten, auch fur sich selbs, ein gottfürchtigs, christlichs, erbars leben füren wollen, mit fleissiger verrichtunge ihres befohlnen ampts mit predigen, administration der sacramenten, visitation der kranken, und das sie nicht leben in hass, neid, widerwillen, das sie sich in politische gezenk und hadersachen, so einem predicanten seines berufs und ampts halben nicht gebürt noch anstehet, und zu öffentlichem ergernis der gemeine gereichen thete, nicht mengen.

IV. Vom rechtlichen prozess. V. Ordnunge der redner und fürsprachen. VI. Auf was tage meister und vier, das ist gericht gehalten werden sol. VII. Von citationen und vorgeboten. VIII. Von relationen der vorgeboten. IX. Von ungehorsam des klegers. X. Von ungehorsam des beklagten. XI. Von einbringung der klagen. XII. Von landgericht. XIII. Von exekution und volstreckung gesprochener urteil. XIIII. Von angriff und pfandung, und was darinnen für ordenung gehalten werden sol. XV. Von vormunden, wie die aufgenommen, bestetiget und ir ampt treulich verrichten sollen. XVI. Von den gütern, welche auslendische in unsern gebieten haben oder bekommen. XVII. Von verpfendung der ligenden güter. XVIII. Vom vorkauf des getreidichs und andern waren. XIX. Von verkeufung der früchte auf dem felde. XX. Vom wucher. XXI. Das den kindern, die in gewalt irer eltern oder vormünder sind, nichts sol geliehen werden. XXII. Vom brantwein brennen. XXIII. Heusliche wonungen im baulichen wesen zu erhalten. XXIV. Von reinigung der felder und grenzen.

XXV.
Von denen in ehesachen verbotenen und unzuteslichen gradibus der blutverwantnis und schwegerschaft.

Nachdem auch die ehe nicht one unterscheid menniglichen erlaubt, sondern vielen personen in den göttlichen und keiserlichen rechten, auch von natürlicher zucht und erbarkeit wegen, zusamen sich zu verheiraten, verboten, und wir nicht weniger alle zucht und erbarkeit bei unsern unterthanen aufzupflanzen und zu erhalten geneigt und gemeinet sind, dessen auch uns schueldig erkennen, als haben wir nicht unterlassen können, hierin auch gute versehung zu thun und ordnung aufzurichten, deren nach unsere unterthanen in ihrem heiraten sich zu richten und vor denen in obbestimpten rechten, auch sonst von erbarkeit wegen abscheulichen und unzuleslichen ehen zu enthalten wissen.

Darumb ordnen, setzen und wollen wir erstlich und in gemein, das keiner unter unsern unterthanen und angehörigen, was wirden, stands oder wesens der sei, mit denen personen sich ehelich verpflichte, welch in den göttlichen und keiserlichen rechten, auch von wegen natürlicher zucht und erbarkeit, es sei von wegen der blutfreundschaft, oder namen der schwägerschaft zusammen zu verehelichen, verboten ist, welche recht dann auch wir von unsern unterthanen und angehörigen ernstlich und festiglichen wollen gehalten haben.

Sonderlich aber ist denen personen, so in auf und absteigender linien, sie sind nahe oder ferne verwand, zusamen zu heiraten, verboten, dieweil die in aufsteigender linien alle fur unsere lieben eltern, vater und mutter, und die in absteigender linien alle fur unsere liebe kinder, söne und töchtere gehalten werden.

Ob auch wol im Moise am achtzehenden capitel des dritten buchs in der seitwarts linien, desgleichen in den alten keiserlichen rechten, allein der erste grad verboten, jedoch, dieweil in alle wege nach der gemeinen regel die nahe sipschaft und verwandnis umb zucht und erbarkeit willen in dem heiraten und ehegelöbnissen zu vermeiden, so setzen, ordnen und wollen wir, das in unsern obrigkeiten und gebieten auch der ander und dritte grad der blutfreundschaft und schwägerschaft beides in gleicher und ungleicher linien, menniglichen verboten, und niemands, der sei gleich wer er wolle, erleubt sein solle. Und do itzt vorgemelten rechten und dieser unser ordnung zuwider, in oberzelten linien, einige person zusamen heiraten, und sich verehelichen würden, so sollen dieselb nicht allein von . der canzel nicht aufgeboten, noch in der kirchen eingesegnet werden, sondern wir wollen auch dieselb sonsten nach verordnung der rechten in ernste strafe nemen zu lassen wissen.

XXVI.
Von heimlichen verlöbnissen.

Demnach auch die heimliche verlöbnis weit einreissen und uberhand nemen, das es fast von dem jungen volk dafür geachtet werden wil, wann nur eins von dem andern ein heimliche zusage und erwenung der ehe halben erlangt, das daraus ein eheliche verbindung erfolgen müsse, solches aber nicht allein den von gott dem allmechtigen eingesetzten und gesegnetem ehestande zu sondern unehren, darzu den eltern zu abbruch ires väterlichen und gebürenden gehorsams, dem vierden gebot gottes zu wider gereicht, auch etwan durch geschenk oder kuplereien den eltern ihre kinder, ehe sie zu irem rechten alter und verstande komen, entzogen und soviel als abgestolen werden, sondern auch durch solche vielfeltige schande und uppigkeiten der zorn gottes gehenfet und gemehret wird, damit dann dieser leichtfertigkeit mit ernst begegnet, auch das gemeine volk obermeltes ires hierunter gefasten wahns und unverstands öffentlichen berichtet werde und so viel mehr ursach haben möge, sich fur solchem, gott dem herrn misfelligen und zum höchsten strafbarn händeln zu hüten, und solche heimliche versprechung und verheiratung, wie angezeigt, den göttlichen, natürlichen und keiser rechten zuwider, auch derwegen viel christliche, gottselige, frome obrigkeiten im heiligen reich solche heimliche verlöbnisse (ungeacht das sie sonsten in den bäpstlichen rechten zugelassen) bei schweren strafen verboten haben, als setzen, ordnen und wollen wir, das hinfurd in unsern gebieten und obrigkeiten, menniglichen, wes stands ein jeder sei, der heimlichen eheverlöbnissen und viel mehr der unördentlichen, gott dem herrn zum höchsten misfelligen vermischungen sich genzlichen bei ernster straf, die nicht allein den personen, so sich heimlich verloben und zur ungebür vermischen, sondern auch allen denen, die darbei sind, oder sonsten in einigem wege darzu hülf, rath und vorschub geben, unnachlesslich widerfaren sol, eussere und enthalte und die ehe anders nicht, dann nach gottes ordnung, in seinem namen, mit wolbedachtem mut, herzen und sinn, und seiner eltern, oder in mangel derselben derjenigen, so an stat der eltern sind, als vormunder und anderer nechst gesipten und angewandten freunde, oder auch, do zwischen eltern, vormunden oder andern freunden und den kindern, misverstand und irrunge vorfiele, mit unserm rath und vorwissen, christlich und erbarlich anfahe.

Deshalben denn nicht allein unsere predicanten jederzeit und furnemlichen auf die sontage, wenn man die vertraueten auf der canzel aufbieten thut, das junge volk treulich erinnern und vermanen, sondern auch die eltern und hausherrn selbs ire kinder und gesinde in sonderheit hierinnen unterrichten und verwarnen, auch fleissig mitzusehen und die iren in acht nemen sollen, das sie in solche und dergleichen schande und laster nicht geraten, noch auf ein solche unchristliche, unartige und verbotene weise die ehe anzufahen, sich unternemen.

Wurde aber jemands, wer der were, itzt gemelter unserer ordnung zuwider und zu entgegen handeln, die wollen wir nach gestalt der sachen, personen und umbstenden, ernstlichen mit gefeng-

nis oder verweisung unserer gebieten und obrigkeiten, oder sonsten wilkürlich nach gelegenheit der umbstende [fehlt: strafen], und darinnen niemands verschonen.

Wir wollen auch, das solch wider gottes gebot und christlicher ordenung angefangen verlöbnis unkreftig, unbündig, von unwirden und nichtig sein, und in unserer obrigkeit pfarren oder kirchen nicht ausgerufen noch eingeseguet werden sollen, es were denn, das der verlobten eltern, oder diejenigen, so an stat der eltern sind, iren willen zu solcher verehelichung ernach geben würden, oder sonsten im rechten ergründete ursachen, warumb ein solch ehegelöbnis zuzulassen furbracht werden könte, darauf sol alsdann was recht und billich erkand werden.

Es sollen auch unsere pfarherrn frembde, unbekante personen, ehe und zuvor sie ires herkommens, wesens und wandels ehrlichen und genugsamen schein vorbringen, zu heiraten nicht nachlassen, noch sie aufbieten oder copuliren, denn sichs oft zutreget, das solche unbekante personen anderer örter mit ehe auch verbunden, dadurch dann allerlei beschwerung verursacht werden.

Als uns auch glaubwirdig vorkömpt, das etliche mit zweien oder dreien unterschidliche verlöbnis halten, und aber unbillich, das solcher betrug und leichtfertigkeit denselben personen zum besten kommen solte, derowegen wollen wir solchs nicht dulden, sondern wider sie mit gebürlicher rechtlicher straf verfaren, doch sol das unschuldige teil, so von den andern vorigen verlöbnissen keine wissenschaft trüge, mit einiger straf nicht beleget, sondern damit verschonet bleiben.

Wir befinden und erfaren auch teglich, das diejenigen, so öffentlich verlobt gehalten, vor der zeit des ordentlichen kirchgangs sich zusamen finden, und also die kindteufte oft mit oder bald nach der hochzeit geschehe, welches dann sehr ergerlichen, guten sitten, und der erbarkeit zuwider, dieweil dann dieselb ihrer ehr nicht erwarten und die gemeine ergern, sollen dieselbe personen semptlichen zwenzig pfund uns zur strafe verfallen sein, auch nach gelegenheit der personen die straf zu erhöhern,

Da aber sie an gelde solchs nicht vermöchten, wollen wir dieselbe wilkürlichen etliche zeit mit gefengnis oder verweisunge strafen.

Wir wollen auch nicht gestatten, das jemands, wes stands der sei, in unsern obrigkeiten und gebieten, mit concubinen oder unehelichen weibern sol haushalten und sich mit denselbigen vermischen, sondern dieselbe unehliche haushaltung gar verboten haben und uns gegen den verbrechenden mit ernster straf zu bezeigen wissen.

XXVII. Von hochzeiten. XXVIII. Von kindteufen in der stad und auf dem lande. XXIX. Von
kirmessen. XXX. Von kleidung und geschmuck.
[Diese Capitel treffen lediglich luxus - polizeiliche
Vorschriften.]

XXXI.
Von gotteslesterung.

Als auch in dieser letzten bösen welt unter
andern vielfeltigen, schweren stünden und lastern
die unchristliche gotteslesterung und hoch ergerliche verunehrung des heiligen und theuren namens
gottes und der hochwirdigen sacramenten unsers
herrn und heilandes Jesu Christi nahe bei jederman hoch und nidern ständen, alt und jungen,
mannes und frauen personen, dermassen eingewurzelt, und im schwang gehet, das gott der
allmechtige nicht allein itzt gemelten gottes-
lesterern, sondern auch den obrigkeiten, die solche
laster zu wehren schüldig sein, aber gedulden,
mit zeitlicher und ewiger straf zu belegen, be-
drauet.

So wollen wir hiemit ernstlich, das unsere
pfarherr und prediger in der stad und auf dem
lande das volk allezeit fleissig verwarnen, damit
sie gotteslesterung, und bei dem namen gottes,
seiner heiligen marter, wunden, elementen, kraft
oder macht, und dergleichen zu schweren, genzlichen vermeiden und sich desselben enthalten
sollen, mit dieser angehefteten ernsten bedrauung,
da einer oder der ander von seinem ergerlichen
leben, fluchen und schweren nicht abstehen, noch
sich zur besserung begeben würde, das er zum
heiligen nachtmal des herrn, auch gefatterschaften
und andern christlichen ceremonien und werken
nicht gelassen, dazu so er ubereilet und in solchem
sundlichem und ergerlichem wesen aus diesem
zeitlichen leben abgefordert würde, nicht christlich, noch wie andere busfertige, frome christen
zur erden bestattet werden sol.

Uud do solche zum ersten, andern und dritten
mal beschehene verwarnung ohne frucht abginge,
sollen unserer zweiermenner darzu verordente
diener und auf dem lande unsere amptleute,
heimbürger, landknecht und schulthessen, denen
wir auch fur sich selbst hierauf fleissige achtung
zu geben hiermit auferlegen und befehlen, eine
solche verderbte und ergerliche person anzuzeigen, die erstmals durch unsere verordente jedes
orts, da solches geschehen, acht tage mit wasser
und brod im gefengnis gespeiset, wo aber der
oder dieselben zum andern mal in solcher lesterung
befunden und ergriffen, alsdann an öffentliche
pranger oder halseisen gestellet, oder nach gelegenheit der personen und gestalt der uberfahrung an
ihrem gut gestraft, das gelt in gemeinen kasten
geleget und förder unter hausarme leut geteilet
werden.

Do aber jemands, wes standes von mannes
oder weibes personen die weren, solch freventlich
boshaftig fluchen und schweren ofter treiben und
darvon durch diese gelinde straf zu ein, zwei oder
drei malen nicht abzuweisen were, sondern eine
unchristliche und unleidenliche gewonheit daraus
machen wolte, der sol in unsern gebieten nicht
geduldet oder auch dazu nach gelegenheit des
boshaftigen ubertretens und so oft gepflogen und
iterirten lasters am leibe gestraft werden.

Es sollen auch die jenigen, so bei solcher
gotteslesterung sind · und die anhören, schüldig
sein, dieselben der obrigkeit jedes orts anzuzeigen,
oder, do sie es verschweigen, darumb auch nach
unserer messigung, als ein mitverhetzer solcher
gotteslesterungen, nach erwegung der sachen, in
gebürliche straf genomen werden, denn gott sagt,
wer seinen namen lestert, sol des todes sterben,
darumb so sol keine obrigkeit solch laster ungestraft und ungeeifert hingehen lassen.

XXXII. Von zauberei, warsagern und teufels-
beschwerern. XXXIII. Vom spielen. XXXIV. Von
müssiggengern und unbekanten, unbessenen [wohl:
unbesessenen] leuten. XXXV. Von völlerei und
zutrinken. XXXVI. Von unmessigkeit des trinkens
in den schenkheusern. XXXVII. Von ehebruch,
todschlagen und allen andern lastern und miss-
handelungen in gemein. XXXVIII. Von eltern
schmehen oder schlagen.

XXXIX.
Von eheleuten, die one erhebliche ursach von
einander laufen.

Dieweil sichs denn auch zum oftern begibt,
das eheleute je zu zeiten on erhebliche ursach
leichtliche weise von einander laufen, und aber
solchs wider gottes ordenung und gebot ist, so
wollen wir auf ein oder des andern teils ansuchen
müglichen fleis fürwenden lassen, das solche eheleute widerumb verstünet und zusamen bracht
werden.

Do aber nach verhör der sachen und auf
gnugsame beschehene christliche vermanung sie
widerumb zusamen nicht wollen, sol der schüldige
teil aus unser obrigkeit und gebiete verweiset
werden, wo sie aber beiderseits schüldig befunden
und dennoch sich mit einander nicht verstünen
lassen wolten, so sollen sie beide unserer stadt
und gebieten sich so lange enthalten, bis sie sich
mit einander verstünet, und wie christliche eheleute hinfurd bei einander friedlich zu halten,
sich vereiniget, und nichts desto weniger von
wegen ires begangenen frevels und ungehorsams
uns in zehen gülden straf verfallen sein.

XL.
Von eheleuten, die sich ubel miteinander begeben.

Demnach auch viel eheleut befunden werden,
die je zu zeiten und umb geringe ursachen eins

das ander ubel tractiret, reu* reuft, schmeisset und schleget, so wollen wir solchs, weil es unchristlich, ernstlich verboten haben, mit befehl, das sich die eheleut nach gottes ordnung friedsam und christlich wol begehen und vertragen sollen, würde aber von einem oder dem andern teil wegen des ubel tractirens klage geschehen, so wollen wir den schüldigen in ernste strafe, andern zur abscheu, nemen zu lassen wissen. XLI. Von leichtfertigen gemeinen weibern. XLII. Von kopler und koplerinnen. XLIII. Straf der jungfrauschwecher. XLIIII. Von denen so den dieben helfen, sie hausen oder hegen. XLV. Von meuterei und aufruhr. XLVI. Von schmehesachen der handwerksleute. XLVII. Von injurien und schmehungen wider dem rath oder eine raths person in rechtsgescheften. XLVIII. Von famosschriften. XLVIIII. Von wörtlichen schmehen in gemein. L. Von den dienstboten, knechten und megden. LI. Von reinhalten des wassers. LII. Von unkost peinlicher rechtfertigung.

Beschluss.

Gebieten demnach und befehlen hiermit allen und jeden unsern bürgern, unterthanen und angehörigen in der stad und auf dem lande ernstlich, das ir euch, so viel einen jeden betrifft, dieser ordnung gemes in aller gebür und gehorsam verhaltet und darwider nicht handeln, noch zu handeln gestatten, bei der peen, so bei einem jeden punct verleibet, und sonsten unserm ernsten einsehen zu vermeiden.

Wir behalten aber gleichwol hiermit uns und unsern nachkommen bevor, da nach gelegenheit der leuft und andern umbstenden, was zu verbessern oder zu endern, unserer gemeinen bürgerschaft und unterthanen notturft und wolfart erfordert, oder sonsten in einem oder mehr artikeln, irrung und missverstand fürfielen, zur zeit durch weitern zeitigen rath hierin enderung zu machen und fürzunemen. Publicirt den 10. martii, im jar nach Christi unsers erlösers und seligmachers geburt, 1583. [Folgt Inhaltsangabe und Druckfehler-Verzeichniss. Gedruckt zu Erfurt durch Melchior Sachsen.]

76. Deutsches Kirchenamt. 1525.

[Nach dem Drucke von Martens in: Mittheilungen des Vereins für die Geschichte Erfurts. Heft 18, 98—110. Separatabdruck S. 8—20.]

Kirchen ampt/deutsch von der auferstehung/Christi, oder wie man auf den ostertag/pflegt zu singen gar christlich.
Volgt auch das deutsch kir-/chen ampt von dem heiligen geist, das/man singt auf den pfingstag/1525.

Introitus pascali: Ich bin wider erstanden und bin noch mit dir. Alleluia. Du hast dein hand auf mich geleget. Alleluia. Dein kunst ist wundersam von mir worden. Alleluia, alleluia. Herr, du hast mich beweret und erkant, du hast erfaren mein ruge und mein auferstehung. Ehre sei dem vater und dem sone und dem etc.

Kyrieleison: Kyrieleison, Christe etc.

Gloria in excelsis deo: Preis sei got in den hö[ch]sten. Und auf erde frid den menschen eines guten willens. Wir loben dich. Wir gesegnen dich. Wir anbeten dich. Wir ehrwirdigen dich. Wir danksagen dir von deines grosen preises wegen. Herre got, himelischer könig, o got vater almechtiger. Herre du eingeborner son Jesu Christe. Herre gott, ein lamp gottes, ein son des vaters, der du tregest die sunde der welt, erbarm dich unser. Der du tregst die sunde der welt, nim auf unser inniges bitten. Der du sitzest zu der rechten deines vaters, erbarm dich unser. Dan du bist allein heilig, du bist allein ein herr,

du bist allein der höchste, Jesu Christe, mit dem heiligen geist im preise gott des vaters. Amen.

Darnach spricht der pfarher: Der herr sei mit euch. Ant.: Und mit deinem geist.

Lasst uns beten: O ewiger gott, der du uns durch deinen einigen sohn eröffnet hast den zugang zum ewigen leben, noch dem er den sieg des todes behalten hat, erwecke die begir unsers herzens und hilf sie uns volfuren, durch Jesum Christ etc. Antwort das volk: Amen.

Der sendebrief des heiligen Pauli zun Colossern am anderen [muss heissen: 3.] capitel: Ir lieben brüder, seit ir mit Christo erstanden, so suchet, was droben ist, do Christus ist, sitzend zu der rechten hand gottes, nemet die ding zu sinnen, die droben seind, nicht des, das auf erden ist. Dann ir seit gestorben, und euer leben ist verborgen mit Christo in gott. Wann aber Christus, euer leben, sich offenbaren wurd, dann werdet ir auch offenbar werden mit im in der herligkeit. So tödet nu euer glider auf erden in Christo Jesu, unserm herrn.

Alleluia: Alleluia. Unser osterlamp Christus ist geopfert.

Sequentia: Heut sollu alle christen loben das osterlamb mit freuden. Solchs lamp hat got versunet, seinem vater, unser schult und sein schaf erlost mit seiner unschult. Tod und leben die stritten umb Christ, den waren mitler. Der herre des lebens regirt ewig. Sag uns nu, Maria, was fanstu am weg aldo? Das grab des lebenden gottes und den preis Christi, der erstanden ist. Der engel gezeugniss zeigt, das Christ erstanden ist, sein schweisstuch und heilgen kleider, bescheit in zu sehn in Galilea. Es ist viel mehr zu gleuben allein Marie warhaftig, dan was die juden sagen unnützlich. Wir wissen, dass der Crist vom tod erstanden ist warlich; drumb gib uns, herr, dein freuden ewiglich. Alleluia.

Darnach spricht der pfarher: Der herr sei mit euch. Ant.: Und mit deinem geist.

Die nachvolgende wort dis heiligen evangelii beschreibt uns der heilige Marcus am 16. cap. Antwort: Ehre sei dir, herre. Do der sabbath vergangen war, kauften Maria Magdalena und Maria Jacobi und Salome specerei, auf das sie kemen und salbten Jesum. Und sie kamen zum grabe an einem der sabather ser frue, do die sonne aufging. Und sie sprachen unter einander: Wer welzet uns den stein von des grabes thür? Und sie sahen do hin und wurden gewar, das der stein abgewelzet war. Dan er war ser gross. Und sie gingen hinein in das grab und sahen einen jüngling sitzen, der hatte ein weiss kleid an, und sie entsatzen sich. Er aber sprach zu inen: Entsetzt euch nicht, ir sucht Jesum von Nazareth, den gekreuzigten, er ist auf erstanden und ist nicht hie, sihe do die stedte, da sie in hin legten. Gehet aber hin und saget seinen jüngern und Petro, das er vor euch hin in Galileam gehen wurd; do werdet ir in sehen, wie er euch gesagt hat.

Offertorium: Die erde hat erbidmet und geruget, do got wolt zum urteil auferstehn. Alleluia.

Prefatio: Durch alle ewigkeit etc. wie im ampt der heiligen dreivaltigkeit. Warlich, es ist wirdig und recht billich und gleich und ist heilsam, das wir, herr, almechtiger got, dir allenthalben danksagen und sonderlich in dieser zeit höcher preisen. Dan Christus, unser osterlamp, ist fur uns geopfert. Er ist das ware lamp gottes, wilchs do weg genomen hat die sunde der werlet. Der do durch seinen tod unsern ewigen tod verstöret hat; und als er auferstanden ist, hat er herwider bracht das leben. Darumb singen wir mit allen engeln der himlischen scharen ein leisen deines preises one ende, sagende.

Sanctus: Heilger, heilger, heilger herre got sabaoth. Himel und erde seind vol deines preises. Ozianna in den höchsten. Gesegnet sei, der do kumpt im namen des herren. Ozianna in den höchsten.

Agnus dei: O lamp gottes, welchs du tregst die sunde der welt, erbarm dich unser. O lamp gottes, wilchs du tregst die sunde der welt, erbarm dich unser etc.

Commun.: Unser osterlamp Christus ist geopfert fur uns. Alleluia, alleluia.

Hirnach spricht der pfarherr zu dem volk: Der herre sei mit euch. Antwort das volk: Und mit deinem geist. Darnach der pfarherr: Last uns beten: O herr, geuss in uns den geist der liebe und, die du hast gesettiget mit deinem osterlamp, mache eintrechtig in deiner liebe, durch Jhe. etc.

Benedicamus: Last uns gesegnen den herren. Alleluia. Gott sei ewiglich dank. Alleluia.

Volgt das ampt von dem heiligen geist.

Introitum: Der geist des herren hat erfullet den umbkreis der erden. Alleluia. Und das do all ding beschleusset, hat die kunst der stimme. Alleluia, alleluia, alleluia. Got der ste auf, das sich zurstrauen seine feinde und, die in verhassen, flihen vor seinem angesicht. Ehre sei dem vater etc.

Kyrieleison summum: Kyrieleison. Christeleison. Kyrieleison.

Gloria in excelsis deo: [Von wenigen ganz unbedeutenden Abweichungen abgesehen, wie oben].

Volgt das gebet von dem heilgen geist: O barmherziger got, der du geleret hast die herzen deiner getreuen durch die erleuchtunge des heiligen geistes, verleihe uns im selben geist die gerechtigkeit zubetrachten und besinnen, des [muss heissen: das] wir seines trostes mögen frauen. Durch Jesum Christum, unsern herren. Amen.

Dis geless ist beschrieben in den geschichten der heiligen boten gottes am 2.: Und als der tag der pfingsten erfullet war, waren sie alle einmütig zu hauf. Und es geschach schnell ein rauschen vom himel, als eines gewaldigen windes, und erfullet das ganz haus, da sie sassen. Und man sahe an in die zungen zerteilet, als weren sie feurig. Und er satzt sich auf einen jeglichen unter in, und wurden alle voll des heiligen geists und fingen an zu predigen mit andern zungen, nach dem der geist in gab auszusprechen.

Alleluia: Alleluia. O heilger geist, kum und erfulle die herzen deiner getreuen und zund an in in das feuer deiner liebe.

Sequentia: Kum, du tröster, heilger geist, aus deins lichtes brun uns leist einen durchleuchtigen stral. Kum ein vater der weisen, hilf uns auf dieser reisen hie aus diesem jammerthal. O du allerhö[ch]ster trost, der seelen ein suesser gast, eine süsse erzenei. In der arbeit unser rug, im sturmwetter guter fug, im elend dich zu uns neig. O allerseligstes licht, der menschen herzen aufricht, die im rechten glauben seind. On dein hulf und hulde zwar ist im menschen ganz und gar anders nicht dan schult und pein. Wasche, das do unrein ist; küle, das do erhitzt ist; heile, das do verwundt ist. Beug zurecht, was streidt und strebt; bedeck, das von kelte webt; breng zum weg, was verirrt ist. Gib den auserwelten dein, sieben mal gewertig sein deiner gaben miltiglich. Gib der tugend iren lohn, der du selber bist gar schon; mach aus uns dein himelreich.

Die nachvolgende wort dis heiligen evangelii beschreibt uns der heilige Johannes am 14.: Zu einer zeit sprach Jesus zu seinen jüngern: Wer mich liebet, der wurd meine wort halten, und mein vater wurd in lieben, und wir werden zu ihm kommen und wonunge bei ihm machen. Wer aber mich nicht liebet, der helt meine wort nicht. Und das wort, das ir etc.

Offertorium: O gott, bestetige das in uns, welchs du in uns hast gewirket von deines tempels wegen, der do ist zu Jerusalem. Alleluia.

Prefatio: Warlich, es ist wirdig und recht billich und ist heilsam, das wir dir, herr, almechtiger, ewiger gott, alzeit und allenthalben danksagen durch Christum, unseren herren, der do aufgestiegen ist in himel und sitzt zu der rechten des vaters und hat heut den heilgen geist, den er verheissen hatte, ergossen in die auserwelten kinder. Darumb ist die ganze welt voll freuden im ganzen umbkreis der erden. Darzu singet alle himlische schar ein leisen deinem preise one ende, sagende.

Sanctus: (Wie oben).

Agnus dei: (Wie oben).

Commun.: Der heilge geist, der vom vater abgeht. Alleluia. Derselbige wurd mich erkleren. Alleluia, alleluia.

Gepet am ende des ampts: O herr, verleihe uns die genad des heiligen geists, auf das der thau deiner güte unsern grund des herzens in seiner besprengung fruchtbar mache, durch Jesum Christum etc.

Benedicamus: (Wie oben).

Volget das ampt von der heiligen dreivaltigkeit.

Introitus: Gebenedeiet sei die heilge dreivaltigkeit und auch die ungeteilte einigkeit. Wir loben und danksagen ir; wan sie hat uns gethan nach seiner [ihrer] barmherzigkeit. Wir gebenedeien den vater und den son mit dem heiligen geiste. Ehre sei dem vater und dem son und etc.

Kyrieleison: (Wie oben).

Gloria in excelsis deo: (Im Wesentlichen wie oben; nur statt „Und auf erde frid den menschen eines guten willens": „Und den menschen auf erden frid eines guten willens", hinter „eingeborner son Jesu Christe" eingeschoben: „allerhöchster", statt „welt": „werlet".)

Hirnach hebt der pfarherr an: Der herr etc. Darnach spricht der pfarher wider: Lasst uns beten: O almechtiger, ewiger got, der du hast verlihen uns, deinen dienern, zu erkennen die herlichkeit der ewigen dreivaltigkeit in dem bekenntnuss des heiligen glaubens und anzubeten die einigkeit der kraft der götlichen maiestet: Wir bitten, auf das wir in der bestendigkeit gleich des selbigen glaubens beschutzt werden vor aller widerwertigkeit. Der du lebest und regirst, gott, mit dem son und heiligem geiste von ewigkeit zu ewigkeit. Antwort: Amen.

Der sendbrief des heiligen Pauli an die christliche versamlunge zu den Römern am 11. capitel: O wölch ein tiefe des reichtumbs, beide der weisheit und der erkantniss gottes! Wie gar unbegreiflich sind seine gericht und unerforschlich seine weg! Dann wer hat des herren sinn erkant? Oder wer ist sein ratgeber gewesen? Oder wer hat im etwas zuvor geben, das im werde wider vergolten? Dan von im und durch in und zu im sein alle ding. Im sei preis in ewigkeit. Amen.

Alleluia: Alleluia. Gebenedeiet bistu, herre, o gott unserer veter, und bist zu loben in ewigkeit. Alleluia.

Nach dem hebt der pfarher an: Der herre sei etc.

Darnach spricht der pfarher: Die nachvolgende wort dis heiligen evangelii beschreibt uns der heilige Johan. am 15. [und 16.] cap. Ant.: Ehre sei dir, herre. In der zeit sprach der herr zu seinen jüngern: Wen der tröster komen wurd, welchen ich euch senden werd vom vater, der geist der warheit, der vom vater ausgeht, der wurd zeugen von mir. Und ir werdet auch zeugen, dann ir seit von anfang bei mir gewesen. Solchs hab ich zu euch geredt, das ir euch nit ergert. Sie werden euch in bann thun. Es kompt die zeit, das, wer euch tödtet, wurd meinen, er thue gott einen dienst dran. Und solchs werden sie euch darumb thun, das sie weder meinen vater noch mich erkannt haben. Aber solchs hab ich zu euch geredt, auf das, wann die zeit kommen wurd, das ir daran gedenkt, das ichs euch gesagt habe.

Patrem: Ich gleube in einen got vater, almechtigen schepfer himels und der erden, aller sichtigen ding und unsichtigen. Und in einen herren Jesum Christum, den eingebornen son gottes und vom vater geborn vor aller werlet, ein got vom gotte, ein licht vom lichte, ein war got vom waren gotte, der do ist geborn und nicht geschaffen und eins gleichen wesens mit dem vater, durch welchen alle ding gemachet seind; der umb unser willen und von unsers heils wegen ist abgestiegen vom himel und ist vormenschet von dem heiligen geiste; aus Maria, der junkfrauen, ist er mensch geboren; dazu gekreuziget fur uns unter Pontio Pilato, hat er geliden und ist begraben und auferstanden am dritten tage nach inhalt der schriften und ist aufgestigen in himel, sitzet zu der rechten des vaters und ist wider zukunftig mit preise, zu richten die lebenden und todten, wilches reichs wirt sein kein ende. Und in den heiligen geist, unsern herren, der do lebendig machet, der do abgeht vom vater und dem sone, der mit dem vater und dem son gleich wurd angebetet und gleich gepreiset, der geredt hat durch die propheten; und eine heilige christliche kirche; ich bekenne eine taufe in vergebung der sunde und erwarte der auferstehung der todten und eins zukunftigen ewigen lebens. Amen.

Fur das offertorium singt man ein psalm oder sunst ein geistlich lobgesang.

Prefatio: Durch alle ewigkeit der ewigkeit. Amen. Der herre sei mit euch. Und mit deinem geiste. Unser herzen in die höe. Habe[n] wir zu dem herren. Wir sagen dank dem herren, unserem gotte. Es ist wirdig und ist recht. Warlich, es ist billich und recht und ist heilsam, das wir dir, herr, o heiliger vater, almechtiger, ewiger got, allzeit und allenthalben danksagen. Dan du dein heilige menscheit von der junkfrauen Maria hast empfangen durch die umbschetigung des heiligen geistes, [das] sie mit unverruckter keuscheit das ewige licht zur welt gebracht hat, Jesum Christum, unseren herren, durch welchen loben die engel dein herligkeit und ehrerbieten die engel, do du inen hirschest; es unterlass die gewaltigen engel; darzu die himel und die himmel krefte und die heilgen seraphin preisen dich on unterlass mit einmütiger freuden. Drumb bitten wir dich, o herr, das du woltest unsere stimmen mit in zu lassen, das wir dich mit warem bekentnuss mögen loben ane ende, sagende.

Sanctus: (Wie oben).

Verba promissionis: Einen tag zuvorn, do Jesus wolte leiden, nahm er das brot in seine heiligen hende und hub auf seine augen in himel zu dir, got, seinem almechtigen vater, und sagte dir dank und gesegnete es und brach es und gab es seinen jungern, sagende: Nempt hin und esset darvan. Das ist mein leichnam, der fur euch dargegeben wurd. Desselbigen gleichen, do man gessen hatte, nahm er den kilch in seine heiligen wirdigen hende und sagete dir dank und gesegnete den und gab in seinen jungern, sagende: Nehmpt hin und trinket all daraus. Dis ist der kilch meines blutes des neuen und ewigen bundes, ein geheimniss des glaubens, der fur euch und fur viel vergossen wurd in vergebunge der sunde. So oft ir dis thut, sollt ir meiner dabei gedenken.

Darumb last uns alle bitten, wie uns Jesus Christus, der son gottes, hat geleret, sagende: Vater unser, der du bist in himmelen. Geheiliget werde dein name. Zukum dein reich. Dein will geschee als im himmel und auf erden. Unser teglich brot gib uns heute. Und verlass uns unsere schulde, wie wir verlassen unseren schuldigern. Und fur uns nicht in versuchunge, sonder erlöse uns von ubel. Amen. Das geschehe durch unsern herren Jesum Christum, deinen son, welcher mit dir und dem heilgen geist, ein warer got, lebet und hirschet in ewigkeit. Amen. Durch alle ewigkeit der ewigkeit. Amen. Der fride des herren sei allzeit mit euch. Und mit deinem geist.

Agnus dei: (Wie oben).

Gebet am ende des ampts: O herre got, lass uns zu nutz kummen des leibes und der seelen die eutphahunge des heiligen sacraments und das ewige bekentnus des [der] heiligen und der selbstendigen, ungetheilten dreivaltigkeit. Der du lebest und regirest, got, mit dem son und heiligem geiste von ewigkeit zu ewigkeit. Amen.

Volgt das ampt von der zukunft Jesu Christi, das ist das rorate.

Introitus. Rorate celi: Ir himel, tauet hernider, und ir wolken, regnet den gerechten; es thu sich auf die erde und auspreuse den heiland. Die himel vorzelen den preis gotes, und das firmament vorkundiget die werk seiner hende. Ehre sei dem vater und dem sone und dem heiligen geiste. Als es war im anfang, jetzund und immer und von ewigkeit zu ewigkeit. Amen.

Kyrieleison, } wie in ampt der heiligen dreivaltigkeit.
Gloria in excelsis, }

Das gebet von der zukunft Christi: O milder got, der du dein ewiges wort der menschen natur hast lassen an sich nemen von unverrucktem leibe der junkfrauen Marie, verleihe deinen auserwelten, urlob zugeben den fleischlichen lüsten, auf das sie alle deiner heimsuchung stat geben, durch den selbigen Jesum Christum, deinen lieben son, unsern herren, der mit dir lebet und regiret in ewigkeit des heiligen geists, von welt zur welet. Amen.

Dis geles hat beschrieben der heilige Esaias, der prophete: Dis saget gott der herre: Ein ruthe wurd ausgehn von der wurzel Jesse, und ein blüt wurd auf steigen von irer wurzel. Und auf der blüt wurd rugen der geist des herren, der geist der weisheit und des verstandes, der geist des raths und der sterke, der geist der kunst und der gütigkeit. Und es wurd der geist der forcht des herren die blüt erfullen. Die blüt wurd ir urteil nicht volfuren nach dem anseben der leute und ire straf vorenden, nach dem die welt gerne höret, sonder wurd urteilen die dürftigen in der gerechtickeit

und wurd strafen die sanftmütigen der erden in
der billickeit und wurd schlahen das erdreich mit
der ruthen ires mundes, und mit dem geist irer
lippen wurd sie tödten die gotlosen. Und die
gerechtickeit wurd ir ein gürtel an den lenden
sein und der glaube ein schurz irer niren.

A l l e l u i a : Alleluia. Herr, erzeig uns deine
barmherzigkeit und gib uns deinen heiland.

D i e n a c h v o l g e n d e w o r t d e s h e i l i g e n
e v a n g e l i i beschreibt uns der heilige Lucas an
dem ersten capitel: Im sechsten monat ward der
engel Gabriel gesant von got in ein stat in Galilea,
die heisst Nazareth, zu einer junkfrauen, die vertrauet war einem manne, mit namen Joseph, von
dem hause David, und der junkfrauen namen
hiess Maria. [etc.]

O f f e r t o r i u m : O herr, zu dir hab ich erhaben meine sele. O got, mein got, auf dich verlass ich mich und werd nit zu schanden, das mich
meine feinde nicht bespotten.

P r e f a t i o , s a n c t u s , v e r b a p r o m i s-
s i o n i s , a g n u s d e i wie ampt der heiligen dreivaltigkeit.

F u r d a s c o m m u n s i n g t m a n e i n p s a l m
o d e r e i n a n d e r g e i s t l i c h l o b g s a n g .

O herre gott, ste hart bei uns, das wir von
unsern greulichen lastern mögen abzichtung thun,
nach dem wir uns durch den geist Christi, deines
sones, mit dir unwidertüflich verbunden haben
durch dis heilige zeichen seines zarten fleischs und
theuren blutes, der mit dir lebet und regiret in
einickeit des heiligen geistes. etc.

V o l g t d a s a m p t v o n d e r g e p u r t C h r i s t i .
I n t r o i t u s : Uns ist ein kind geboren, und
ein sohn ist uns gegeben, welches hirschaft ist
auf seiner schuldern. Und sein nam wurd geheissen ein engel des grossen rathes. Singet got
dem herren ein neues lied; dan er hat wundersam
ding gemachet. Ehre sei dem vater und dem etc.

K y r i e l e i s o n , g l o r i a i n e x c e l s i s wie
im ampt des heiligen geists.

O allmechtiger gott, verleihe, das die neue
geburt deines einigen sones, im fleisch volfuret,
uns erlöse vom endchristischen regiment der gotlosen, das wir durch unsere sunde verdienet haben,
durch den selbigen Jesum etc.

D e r s e n d e b r i e f des heiligen Pauli an
seinen schuler Titon am ersten [dritten]: Du aller
liebster. Es ist erschinen die güte und leut-
selickeit gottes unsers heilands. Nicht umb der
werk willen der gerechtigkeit, die wir than hatten,
sonder nach seiner barmherzigkeit machte er uns
selig, durch das bat der widergeburt und erneurunge
des heiligen geists, welchen er ausgossen hat uber
uns reichlich durch Jesum Christ, unsern heiland,
auf das wir durch desselben gnade gerechtfertigte

erben sein des ewigen lebens nach der hoffnunge;
das ist je gewiss war in Christo Jesu, unserm herren.

A l l e l u i a : Alleluia. Der geheilgte tag ist
uns erschienen. Kumpt her und ehrerbietet dem
herren; dan heut ist ein gross licht hernider
kummen auf die erden.

S e q u e n t i a : Lasst uns nu alle danksagen
dem herren gott, welcher durch sein heilge geburt
uns all erlost hat von der grausamen teuflischen
gewalt. Dem steht allein zu, das wir mit den
engeln singen allzeit: Preis sei got in den höchsten.

D i e n a c h v o l g e n d e w o r t d i s h e i l i g e n
e v a n g e l i i beschreibt uns der heilige Lucas am
andern capitel: Zu einer zeit waren die hirten in
der selben gegene auf dem felde bei den hütteren
und hüteten des nachts irer herde. Und sihe, der
engel des herren trat zu in, und die klarheit des
herren leuchtete umb sie, und sie forchten sich
seer. Und der engel sprach zu inen: Furchtent
euch nicht, sehent, ich verkundige euch grosse
freude, die allem volk widerfaren wurd. Dan
euch ist heute der heiland geboren, welcher ist
Cristus der herre, in der stadt David. Und das
habt zum zeichen: Ir werdent finden das kind in
windeln gewickelt und in einer krippen ligen.
Und alsbald war da bei dem engel die menige der
himmelischen heerscharen. Die lobeten gott und
sprachen: Preis sei gott in der höhe und frid auf
erden und den menschen eines wolgefallen.

O f f e r t o r i u m : Die himmel seind dein, und
die erde ist dein, den umbkreis der erden hast
du ergrundet, die gerechtigkeit und das urteil ist
die bereitung deines stules.

P r e f a t i o : Dan durch das geheimniss des
vormenschten wortes ist das neue licht deiner
klarheit den augen unsers gemütes erschinen, auf
das, so wir got sichtbarlich erkennen, mögen
kummen zu dem erkentnis der unsichtbaren gottheit. Darumb singen wir mit allen engeln und
erzengeln und mit den, do got innen hirschet,
darzu mit aller himlischer geselschaft singen wir
eine leisen deinem preise one ende, sagende.

S a n c t u s , a g n u s d e i wie im ampt des
heiligen geists.

C o m m u n . : Alle grenze der erden haben ge-
sehn den heiland unsers gottes.

O gütiger gott, eröffne uns den abgrund unser
seelen, das wir die unsterblickeit unsers gemütes
mögen vernehmen durch die neue geburt deines
sones in der kraft seines fleischs und theuren
blüts, der mit dir lebet und etc.

V o l g t d a s a m p t v o n d e m l e i d e n J e s u
C h r i s t i .
I n t r o i t u s : Im namen Jesu sollen sich beigen
alle knie der himlischen, irdischen und der hellischen; dan der herr ist gehorsam worden bis in

den tod, in den tod des kreuzes. Darumb ist der herr Jesus Christus im preis seines vaters. O herr, erhör mein gebete und lass mein geschrei für dich kummen. Ehre sei dem vater und dem etc.

Kyrieleison, gloria in excelsis wie im ampt der heiligen dreivaltickeit.

O gütiger gott, du willt viel lieber deinem volk gnedig sein, dann deinen zorn uber jemand ergiessen. Verleihe allen auserwelten durch das leiden deines sones zuverhassen ihre sunde, auf das sie deinen trost mögen entphahen, durch Jesum Christum, deinen lieben sohn, unsern herrn, der mit dir lebet und regiret in einigkeit des heiligen geistes von welt zu werlet. Amen.

Der sendebrief des heiligen Pauli zun Philippern am andern capitel: Ir brüder, Christus ist gehorsam worden bis zum tode, ja zum tod am creuz. Darum hat in auch got erhöhet und hat im einen namen geben, der uber alle namen ist, das in dem namen Jesu sich biegen sollen alle knie, die im himel und auf erden und unter der erden sind und alle zungen bekennen sollen, das Jesus Christus der herr sei, zum preis got des vaters.

Gradual: Christus ist worden für uns gehorsam bis zum tode, zum tode des creuzes. Darumb hat in gott auch erhöhet und hat im einen namen gegeben, der uber alle namen ist.

Alleluia: Alleluia. Christus ist gehorsam worden seinem vater bis in tod, und in tod des kreuzes.

Die nachvolgende wort des heiligen evangelii beschreibt uns der heilige Mattheus am 20. capitel: Zu einer zeit zoch Jesus hinauf gen Jerusalem und nahme zu im die zwölf jüngern besonder auf dem weg und sprach zu inen: Sihe, wir zihen hinauf gen Jerusalem, und des menschen son wurd den hohen priestern und schriftgelarten uberantwort werden, und sie werden in verdammen zum tod und werden in uberantworten den heiden zu verspotten und zu geisselen und zu creuzigen, und am dritten tage wurd er wider auf erstehen.

Volgt das patrem oder ein geistlich gesang.

Offertorium: Die gerechte hand des herren hat kreftiglich gewirket, die rechte hand hat mich

erhaben. Ich will nicht sterben, sonder ich will leben, bis das ich die wege des herren vorzele.

Prefatio anfang mit sampt dem beschluss wie im ampt der heiligen dreivaltigkeit. Durch alle ewigkeit etc. Warlich es ist wirdig und recht billich und ist heilsam, das wir dir, herr, almechtiger, ewiger got, allzeit danksagen. Der du das heil des menschlichen geschlechtes am hols des creuzes dargestellt hast, auf das, do der tod her entsprossen war, sollt wider erstehn das leben, durch Christum, unseren herren, durch welchen loben dir die engel dein her. etc.

Sanctus, verba promissionis, agnus dei wie im ampt der heiligen dreivaltigkeit.

Commun.: Vater, so dieser kilch nicht kan weg gehn, es sei dan, das ich ihn trinke, so geschee dein wille.

Darnach spricht der pfarher: Der herre etc. Lasst uns beten. O herr, gib deinem armen volke zuerkennen deine veterliche zucht und ruthe, auf das deine gemeine möge geübet werden und zunemen im glauben, wie diese theuren geheimniss uns underrichten, durch Jesum Christum etc.

Benedicamus: Lasst uns gesegnen den herren. Gott sei ewiglich dank.

Benedictio: In dem buch der zal am 6. capitel: Der herre gebenedei dich und behuete dich und erleuchte sein angesicht uber dich und erbarm sich dein und wende sein angesicht zu dir und geb dir den frid † amen.

Antiphen, veni sancte spiritus.

Kum, heiliger geist, erfulle die herzen deiner glaubigen und entzunde in in das feuer deiner gotlichen liebe, der du durch manigfaltickeit der zungen die völker der ganzen welt versamlet hast in einigkeit des glaubens. Alleluia, alleluia.

Spricht der pfarher: Lasst uns beten: O barmherziger gott, der du gelert hast die herzen deiner getreuen durch die erleuchtunge des heilgen geistes, verleihe uns im selben geist die gerechtigkeit zu betrachten und besinnen, das wir stets uns seines trostes mögen freuen. Durch Jesum Christum, unsern herren.

Gedruckt zu Erfurt zum schwarzen horn. 1525.

DIE REICHSSTÄDTE
MÜHLHAUSEN UND NORDHAUSEN.

Mühlhausen.

Hilfsmittel: Frohne, Synodalprogramme, 1708 ff.; Eilmar, Kirchenhistorie der kaiserl. freien Reichsstadt Mühlhausen. Mühlhausen 1714 und 1715 (2 Hefte); Stephan, Grundzüge zu einer Geschichte der Reichsstadt Mühlhausen, in: Förstemann, Neue Mittheilungen aus dem Gebiete historisch-antiquarischer Forschungen, V, 4 (1841), S. 84 ff.; Ameis, Das dritte Reformationsjubelfest der Stadt Mühlhausen am 14. September 1842. Mühlhausen 1843 [die darin angekündigte ausführliche Reformationsgeschichte Mühlhausens von Stephan ist nicht erschienen]. Eine Beleuchtung dieser Schrift vom katholischen Standpunkt s. in: Historisch-politische Blätter für das katholische Deutschland. 12 (1843), S. 265 ff.; Schollmeyer, M. Hieronymus Tilesius, der Reformator Mühlhausens. Halle 1883; Thilo, Ludwig Helmbold. 2. Ausgabe. Berlin 1856; Gustav Schmidt, Justus Menius. Gotha 1867. 1, 263 ff.; Jordan, Chronik der Stadt Mühlhausen. Mühlhausen 1900. Bd. 1. (bis 1525); Derselbe, Mühlhausen und das Restitutions-Edict von 1629. [In: Neue Mittheilungen aus dem Gebiete historisch-antiquarischer Forschungen. Thüring.-sächs. Verein. 20, 211 ff. (woselbst S. 216—227 ein Bericht über die Reformation der Stadt Mühlhausen aus dem Jahre 1629 abgedruckt ist).] Eine Reformationsgeschichte von Nebelsieck ist in Vorbereitung.

Archive: Rathsarchiv zu Mühlhausen. Weimar, Ges.-A. Dresden, H.St.A.

Zu den Anfängen der Reformation, die in Mühlhausen zumal durch den Einfluss Münzer's vielfach einen tumultuarischen Charakter aufweisen, vgl. Schmidt, a.a.O. 1, 263 ff.; Jordan, Chronik, S. 175 ff. Nach dem Berichte des von Jordan abgedruckten Chronikon hat Münzer auch in Mühlhausen seine „Kirchenämter" eingeführt und vielleicht auch dort drucken lassen. (S. Sehling, Kirchenordnungen, Bd. I, S. 470 unter Allstedt; Bd. II unter Erfurt.)

Mühlhausen hatte an den Folgen des Münzer'schen Aufruhrs schwer zu tragen. Zwar blieb es Reichsstadt, aber es wurde unter die Aufsicht dreier Fürsten gestellt, des Kurfürsten von Sachsen, des Herzogs Georg von Sachsen und des Landgrafen von Hessen, welche abwechselnd je ein Jahr das Regiment führten. Das erste Jahr 1526 fiel Herzog Georg von Sachsen, dem erbitterten Gegner der neuen Lehre, zu. Jedoch verhinderte der Einfluss der übrigen Schutzherrn, dass die neue Lehre ganz ausgerottet wurde.

Man vergleiche die beiden Instruktionen an die kursächsischen Gesandten, Eberhard von der Tann, Amtmann zu Wartburg, und Dr. Johann von der Sachsen, von 1529 (Weimar, Reg. B, fol. 95ᵃ [roth] 400) sowie Schmidt, Justus Menius, 1, 277 ff. In einer Instruktion Johann Friedrich's an seine Räthe vom Montag nach Johannis Baptistae (25. Juni) 1526 schreibt der Kurfürst: Nachdem sich sein Vater und er selbst alle erdenkliche Mühe gegeben und den Rath oft ermahnt hätten, sich nach seiner Visitations-Ordnung zu halten, Alles aber nichts genutzt habe, so sei er in seinem Gewissen beruhigt, und müsse bedenken, dass Mühlhausen dem Kaiser und nicht ihm, als Landesherrn, unterworfen sei. Wolle aber der Landgraf, als der jetzt regierende Fürst, wider des Rathes Willen einen evangelischen Prediger einsetzen, so wolle sich dies der Kurfürst gern gefallen lassen. Was dagegen die Dörfer in der Vogtei und Pflege anlange, so sollten drei Dörfer, die reformirt seien, es auch in Zukunft bleiben. Man vergleiche auch die Darstellung bei Gustav Schmidt, 1, 279 ff.

Erst nach dem Tode Georg's von Sachsen und dem Übergange der Regierung auf Herzog Heinrich konnten die Erbschutzherrn einig vorgehen. Schon die Instruktion von 1539 (Weimar, a. a. O. Nr. 402) schilderte die veränderte Rechtslage und suchte in diesem Sinne auf den Rath einzuwirken. Dieser Rath berief sich aber auf das kaiserliche Mandat, wonach er bei der alten Religion bleiben müsse. In einer neuen Instruktion von 1540 (Weimar, a. a. O. Nr. 402) wurden die Gesandten angewiesen, sie möchten den Rath bereden, die neue Lehre anzunehmen, und ihn, wenn er sich auf kaiserliche Mandate beriefe, auf den Reichsabschied verweisen, in welchem in Religionssachen Jedem freie Hand gelassen sei. Die Räthe verfuhren, wie der Bericht ausweist, wenn auch vergeblich, nach der Instruktion.

1541 aber machten die Erbschutzherrn endlich Ernst und liessen zunächst in der Vogtei und Pflege zu Mühlhausen durch eine Visitation die neue Lehre einführen. Die Visitatoren, Eberhard von der Thann, Amtmann zu Wartburg, und Justus Menius von Eisenach, erliessen auch eine Ordnung, welche sich 2 Blatt stark in Weimar, a. a. O. Nr. 402, auch in Dresden, H.St.A. 8211 [gleichzeitige Abschrift von 1543] befindet. (Nr. 77.) Ein Nachtrag dazu erging bei der zweiten Visitation 1542. Dresden, H.St.A., Loc. 8211. (Nr. 78.)

Im September 1542 fand die Visitation in der Stadt Mühlhausen statt. Visitatoren waren: von Seiten des Kurfürsten Johann Friedrich Friedrich von Wangenheim, Amtmann zu Salzungen, und Justus' Menius, Superintendent zu Eisenach; von Seiten des Landgrafen Philipp von Hessen Amtmann Valentin Tolde (Toll), Superintendent Justus Winter zu Rodenburg, Pfarrer Johann Lenning zu Melsungen. Diese richteten die neuen Verhältnisse ein und publicirten eine Ordnung in 18 Punkten. Siehe Weimar, a. a. O. Nr. 402. Das untersiegelte Original ist im Mühlhauser Archiv K. 8. Darnach wird hier auf Grund einer von Pfarrer Nebelsick gefertigten Abschrift der Abdruck veranstaltet. (Nr. 79.) Vgl. für die weitere Geschichte Schmidt, a. a. O. S. 288 ff.; auch Weimar, Ji. Nr. 1845.

Nach der Schlacht bei Mühlberg 1547 trat der Rath wieder offen für die alte Lehre ein. Und in der Zeit des Interims, in welcher der Rath dem Kaiser gehorchte, blieb die Stadt ohne evangelische Pfarrer, bis 1557 durch Vermittlung des Comthurs der deutschen Ordensballei Thüringen, Johann von Germar, welcher Patron war, vom Rathe eine Kirche an die Evangelischen eingeräumt wurde.

Wegen Berufung der Prediger wandte sich der Rath nach Leipzig mit der Bitte, ihm einen evangelischen Pfarrer und einen Gehilfen zu benennen. Es reisten daraufhin Professor Salmuth und Mag. Johann Henning von Leipzig 1557 nach Mühlhausen. Beide überreichten dem Rathe einige Artikel, nach denen sie ihre Aufgabe zu lösen beabsichtigten, die Grundlinien der Kirchenverbesserung. Der Rath hatte gegen dieselben nichts einzuwenden. Diese Artikel, welche wir als eine „Ordnung" betrachten können, werden von Frohne im Programm von 1709 abgedruckt, S. 10 ff. Darnach bei Schollmeyer, a. a. O. S. 8; darnach hier. (Nr. 80.)

Ob diese auch die Kirchen-Ordnung ist, welche Salmuth nach einer Schrift des Superintendenten Petrejus (Frohne, Programm, 1709, S. 11) gestellt haben soll, oder ob Salmuth noch eine besondere Kirchen-Ordnung verfasst hat, ist nicht festzustellen. Wahrscheinlicher ist das erste.

Salmuth reiste aber bald nach Leipzig zurück, und nun wurde durch Vermittlung der Leipziger Hieronymus Tilesius von Delitzsch berufen, welcher im September 1557 in Mühlhausen eintraf. Er trat alsbald mit einer Reihe von Verbesserungsvorschlägen hervor. Unter Anderem erbat er die Erlaubniss, die evangelischen Prediger von den Dörfern zu einer synodus exploratoria [s. meine Ausführungen zu Bd. I S. 71 ff.] versammeln zu dürfen. Und am 22. April 1558 hielt er den ersten Synodus mit den evangelischen Geistlichen der Stadt und der Dörfer ab. Auch die Schultheissen, Vormünder und Altarleute beschied er zu Visitationszwecken vor sich. Die Einrichtung der Synoden erhielt sich in Mühlhausen Jahrhunderte hindurch. Frohne verfasste 1708 ff. zu solchen Synoden die Einladungs-Programme, die bis heute die wichtigste Quelle der Mühlhausener Reformationsgeschichte bilden.

Auf Tilesius folgte 1567 als Superintendent Boëtius, der schon von 1544—1547 in Mühlhausen gewirkt hatte, dann aber nach Halle berufen war; auf diesen 1568 Stössel (während Boëtius 1568 wiederum nach Halle ging). Von Letzterem berichtet Frohne (Programm, 1710, S. 30) eine bemerkenswerthe Anordnung: „Anno 1569 hat d. Joh. Stoesselius verordnet, dass die catechismuspredigten in der sogenannten barfüsser-kirchen alle jahr zweimal mit summarischer repetition und erklärung des ganzen catechismi solten gehalten werden, welche ordnung auch noch itzo bei uns beobachtet wird, dass jährlich zweimal der ganze catechismus in bemelter kirche vierzehn tag aneinander durchgeprediget wird."

1570 wurde als Superintendent Petrejus berufen. Am 17. Januar 1571 wurde er „im rathe der eltesten" confirmirt und in sein Amt eingewiesen. Die ihm dabei ertheilte Instruktion gewährt so interessante Einblicke in die Verfassung der Mühlhäuser Gemeinde, dass wir dieselbe nach Frohne, Programm, 1711, S. 8, hierher setzen:

„Er wolle erstlich ihm die kirchen und schulen sammt den herren prädicanten und schuldienern allhier in der stadt und vorstädten fleissig befohlen sein lassen in seine inspection, und bei denselben verfügen und verschaffen, dass es allenthalben ordentlich und christlich zugehe, und sonderlich in den schulen gebührlicher fleiss angewendet werde.

Am andern wolle ew. ehrw. auch die pfarr herren auf e. e. rats dorfen, derer ungefer 12 sind, und an ew. ehrw. nach gelegenheit angeweiset werden sollen, gleicher gestalt befohlen sein lassen, dieselben vor sich bescheiden und verhören, und da irgend eine unrichtigkeit bei denselben an ihrer lehre oder leben befunden, dieselben abschaffen, und es also bei ihnen verordnen, dass ein einheiliger consens in der lehre und gebührlicher fleiss angewendet und gehalten werde, darzu dann wie auch zu andern sachen ew. ehrw. drei herren aus den räten zugeordnet werden sollen, welche ew. ehrw. jederzeit auf ihr begehren beiwohnen und beistand leisten sollen. Da auch unter denselben pfarrherren einer oder mehr sich befinden würden, welche ihrer lehr oder sträflichen, ärgerlichen lebens halber länger nicht zu dulden wären dass ew. ehrw. durch dieselben ihre zugeordnete herren solches e. e. rathe anmelden lassen wolle, damit dieselben durch e. e. rat oder wem sonst das jus patronatus zuständig mit e. e. rate abgeschaffet werden möchten.

Zum dritten da irgend auf eine pfarr ein neuer pfarrherr angenommen werden sollte, dass alsdenn ew. ehrw. neben den verordneten herren mit vorwissen e. erbaren raṭs derselben gemeine eine person vorstellen wolle, welche, da sie von der gemeine vociret und von e. e. rate oder den patronen mit der pfarr beliehen würden, ew. ehrw. samt den verordneten herren alsdann dieselben gebührlichen introduciren und der gemeine daselbsten vorstellen und commendiren, und dass dieses alles auch also mit den kirchen dienern auf den dorfen gehalten werde.

Zum vierten dass auch ew. ehrw. neben den verordneten herren die streitigen ehe und andere geistliche sachen allhier in der stadt und dem gerichte für sich bescheiden, dieselben verhören und die parteien gebührlichen weisen wolle, da auch unter denselben parteien etliche befunden, welche um misshandlunge halber strafe zunehmen, dass ew. ehrw. dieselben e. e. rath anzeigen lassen wolle, der dann dieselben in gebührliche strafe nehmen und die parten ew. ehrw.

zu gehorsamen in alle wege, so viel an ihnen, weisen, auf ew. ehrw. begehr derselben hülfe, schutz und beistand leisten wollen.

Dieweil auch (gott lob) bis anher die kirchen allhier vor dem unnöthigen ärgerlichem gezänke, so itzo an vielen orten im schwange gehet, gnädiglich behütet und fein erhalten worden, und auch die vorigen gewesenen herren superintendenten bei aufnehmunge dieses amts e. e. rat zugesaget, auf die zeit sie allhier gewesen es also gehalten, dass sie sich solches gezänkes halben mit niemanden eingelassen, vielweniger dasselbige auf die canzel jemals, damit sie der kirchen und e. e. rathe keine unruhe oder anhang machten, gebracht haben, als will sich ein erbar rath zu ew. ehrw. vertrösten und versehen, sie werde sich gleicher gestalt auch in dem erzeigen und sich von hinnen aus in keine schriftliche disputation, dar durch dieser stadt und gemeine ärgernis oder nachtheil erfolgen möchte, einlassen, sondern ihres ambts in friede allhier abwarten, darumb sie dann auch freundlich bitten thun, in betrachtung, dass solch gezänke wenig in der kirchen bauet, und auch dieses orts nicht ausgeörtert werden kan.

Neben dem bittet e. e. rat freundlich, ob ew. ehrw. irgend durch mär-träger etwas von e. e. rat oder dem regiment, darob ew. ehrw. ein missfallen, vorbracht würde, ew. ehrw. wolle solches in alle wege christlich und freundlich mit den herren bürgermeistern reden und sie dessen berichten, welche denn erbötig nicht allein ew. ehrw. gerne zuhören, sondern auch da etwas irgend in einer sache zuviel geschehen, dasselbige abzuschaffen und sich in alle wege in gebürlichen sachen christlich und dermassen zubezeigen, dass ew. ehrw. oder die andern herren praedicanten darob sich nicht zu beklagen haben sollen. Es wolle auch ew. ehrw. mit den andern diaconis, dass sie solches, ehe dann sie eines jedes ihnen fürgebrachtes anbringen auf der canzel ausrufen thun müssen verschaffen. Dieses alles um ew. ehrw. zu verdienen seind die herren erbötig und jederzeit willig." —

Als Petrejus 1574 gestorben war, wurde Sebastian Starcke, Pfarrer in Greussen, zum Superintendenten berufen. Von ihm rührt u. A. die Einrichtung der Circularpredigten her, wonach die Geistlichen der Superintendenz alle drei Jahre einmal der Reihe nach in der Stadt Mühlhausen zu predigen hatten.

Mit den Geistlichen der Stadt hielt er monatliche Zusammenkünfte ab, in welchen brennende Fragen besprochen wurden. So wurde einmal die Frage behandelt, ob die Kinder vor der Zulassung zum Abendmahl einem öffentlichen Examen vor der Gemeine zu unterwerfen seien [was als zur Zeit inopportun abgelehnt wurde]; im Oktober 1585 stellte der Superintendent folgende Anträge, die allgemein angenommen wurden:

1. Dass wir geistlichen auch die privat-confession und -absolution gebrauchen sollen.
2. Dass unser einer allezeit der erste sei, wenn des sonnabends die vesper und des sontags das amt sol angefangen und gehalten werden. Derowegen soll auch denen cantoribus befohlen werden, dass sie ohne gegenwart eines geistlichen nicht sollen anfangen zu singen.
3. Dass bei der austheilung des leibes und bluts Christi von den priestern einerlei wort gebraucht und dass mit einem jeden communicanten nicht in plurali, sondern in singulari solle geredet werden.
4. Dass ein jeder unter den geistlichen solle die wochen über die predigten fleissig besuchen und also einer in dem andern das ministerium ehren und den leuten mit guten exempeln vorgehen solle, es sei denn, dass einer seines amts oder sonst unvermeidlicher geschefte oder krank- und schwachheit halber abgehalten würde.
5. Dass ein jeder des ministerii dahin trachte und arbeite, dass er neben einer feinen haushaltung auch eine erbauliche hauskirche halte.
6. Dass die geistlichen dohin sehen und streben solten, dass unter ihnen und allen den ihrigen ein christlicher friede .... erhalten werde.........

1579 ward die Höchstdauer der Predigten auf ³/₄ Stunde festgesetzt.

Aber auch selbständig traf der Superintendent Anordnungen, welche der Fortbildung des Kultus und des Rechts dienten. Die Passions- und ordentlichen Wochenpredigten verlegte er in die „barfüsser oder catechismus-kirchen"; er verordnete, dass die Kinder und andere Personen, „so zuvor zum hochw. sacrament nicht gangen seien, ehe sie sich zur beichte und absolution begäben, sich erstlich privatim bei den priestern im hause angeben sollten, damit man sie zuvor verhören und in dem was sie nicht wissen sie desto eigentlicher berichten könne", und weiter, dass „die mägdelein des sonntags nach der nachmittags predigt sollten auftreten und den catechismum öffentlich beten und dabei ein examen gehalten werden". Zu diesem Zwecke setzte er 1577 ein Spruchbüchlein zum Catechismus hinzu. Die Pastoren auf den Dörfern sollten jeden Freitag den Katechismus „von stücken zu stücken" predigen. —

Was das Spruchbüchlein anlangt, so seien hier folgende Bemerkungen gestattet. Gewöhnlich wird das Jahr 1580 als Entstehungsjahr genannt (so bei Thilo, Helmbold, S. 92, und darnach in Schmid, Encyklopädie des gesammten Erziehungs- und Unterrichtswesens, IX, 121). Aber Frohne nennt ausdrücklich (Programm, 1712, S. 15) das Jahr 1577, und in der Zwickauer Rathsschulbibliothek XV, VIII, 20 habe ich einen Druck in 8⁰ von 1577 gesehen. Derselbe führt den Titel: „Für der stadt Mühlhausen kinder etzliche furnemen sprüche aus dem alten und neuen testament. Mühlhausen 1577". Zur Würdigung dieser Spruchsammlung vgl. Thilo, Helmbold, S. 92 ff.; Schmid, a. a. O.

Auch die Synoden wurden von ihm regelmässig veranstaltet.

1581 ertheilte der Rath dem Ministerium das Recht, die Kirchendiener selbst zu examiniren und zu ordiniren, während bisher die Candidaten nach auswärts geschickt worden waren. Die Concordienformel wurde unterschrieben.

1586 starb Petrejus. Am 29. September 1586 erliess der Rath eine Ordnung über die Zeit der Taufen und der Hochzeiten. Die „Brautmesse" wurde auf „punkt elfe", die Taufe auf „punkt zwei" angesetzt. (Frohne, Programm, 1713, S. 2.)

1586 wurde Mag. Ludwig Helmbold, ein Mühlhäuser Stadtkind, zum Superintendenten gewählt. Unter ihm beschloss das Ministerium, das Katechismus-Examen für Brautleute einzuführen „ob sie auch ihren catechismum könnten, wo nicht die auslegunge, doch die gründlichen worte eines jeden hauptstücks". Im Übrigen förderte Helmbold durch wissenschaftliche Anregungen und strenge Handhabung der Aufsicht die ihm unterstellte Geistlichkeit, sowie durch Visitationen das gemeindliche Leben. Zu einer Visitation liess der Rath am 15. Juli 1592 folgendes Decretum von den Kanzeln verkünden: „Auf e. e. rats dieser stadt befehl wird allen bürgern und einwohnern der kirchspielen in den vorstädten angekündigt und ernstlich auferlegt, dass sie sammt ihren weibern, kindern und gesinde auf die zeit, tage und stunde, wenn der herr superintendens die visitation nechst-künftig anordnen und fürnehmen würde, sich fleissig zur kirchen finden und keinesweges ihren geschäften und andern dingen nachgehen, noch sich davon absondern sollen. Darnach sich zu richten. Signatum Mühlhausen anno 1592 den 15. julii. Adspiret dei gratia. Amen."

Ein bleibendes Denkmal hat sich Helmbold durch seine Dichtungen, namentlich durch seine geistlichen Lieder, gesetzt. Vgl. dazu die schöne Biographie von Thilo. —

Wenn wir auch im Vorstehenden manche Verfügung des Rathes oder der Superintendenten, manchen Beschluss der Geistlichkeit hervorheben konnten, die eine Fortbildung des Kirchenrechts bezweckten, so ist es doch bei der rechtlichen und politischen Situation Mühlhausens erklärlich, dass der Kurfürst von Sachsen auch in kirchlichen Dingen einen grossen Einfluss behielt, und dass man sich in Mühlhausen nach den kursächsischen Kirchen-Ordnungen, soweit man eigene nicht besass, richtete. Als am 24. Mai 1570 Kurfürst August die Mühlhausener durch ein Schreiben vor den Flacianern warnte, schrieb der Rath zurück, dass seine Geistlichen dieser Richtung ganz ferne ständen, und dass der Rath nur darauf bedacht sei, „kirchen und schulen nach ihro kurfürstl. gnaden christlich-gestellter kirchenordnung zu erhalten" (Frohne, Programm von 1711, S. 5).

77. Kirchen-Ordnung für die Dörfer der Stadt Mühlhausen und die Vogtei. 1541.

[Aus Weimar, B., Nr. 202. Dresden, H.St.A. 8211.]

Nach deme die pfaren der pflege durch gottes gnaden mit zimlichen pfarhern versehen, so soll keinem unberufenen schleicher oder schwermer weder in offendlicher gemeine noch sonst in sonderheit zu predigen oder sacramenta zu handeln gestattet, sondern do dieselbigen sich einiges orts ahn bevel unterschleifen und ergriffen würden, von der obrickeit angenomen und gestraft werden.

Die pfarher und seelsorger sollen ein ider in seiner gemein mit predigten des evangelii und reichunge der sacramenta sich der augspurgischen confession gemess halten und diejenigen, so derselbigen zuwider leren oder handeln, im amt der selsorge nicht geduldet werden.

Insonderheit sollen sie fleissig sein, den catechismum wol zu treiben, damit beide junge und alte in christlicher lare und glauben nottürftigen unterricht empfaen mogen.

Mit reichunge der heiligen sacrament und des catechismi predigt, desgleichen auch mit andern christlichen ceremonien die pfarherrn sovil inen moglich gleiche forme und weise halten, damit durch ungleichheit solcher eusserlichen übungen das gemeine volk an der lahr dester weniger vorhindert und geergert werde.

Es sollen auch die selsorger sampt den kirchdienern für ire person ein nüchtern züchtig und unergerlich leben und wandel füren samt iren weib und gesinde, uf das nimand irenthalb die lahr und ir amt zu verachten und zu scheuen billiche ursachen furzuwenden haben moge.

Die kirchendiener sollen eins iden orts jerliche von pfarher und gemeine zugleich ufgenomen und enturlaubt werden. Die sollen auch ires kirchamts zu gepürlicher zeit mit allem vleis beineben dem pfarher abwarten und doran durch niemandes abgezogen oder vorhindert werden.

Idermann soll sich seines ordentlichen gepürlichen kirchgang halten und ein ider hausvater darob sein, das er selbst sein weib, kind und gesinde zu gepürlichen zeiten daran nicht seumig erfunden werde.

Unberufene landleufer und schleicher, so sich in winkeln predigens und sacrament handlung unterstehen, sol niemand horen viel weniger sie hausen oder herbergen, sondern wo die selbigen ir unterschleich haben wulten, der obrickeit solchs vormelden.

Unter gotlichen amten, als wan man prediget und sacrament handelt, sollen keine zechen in schenkheusern oder sonst dergleichen, auch keine sammlung auf den gassen oder anderswo, keinen tanz noch spiel geduldet, sondern wo solche leichtfertigkeit unter den gotlichen amptern erfaren wurd, gestraft werden.

Gottes lesterung mit fluchen, schweren oder welcherlei weise dieselbigen wider die allerhochste gottliche majestät und ihr heiliges wort von imandes vormarkt wurde, soll alleweg ernstlich gestraft werden.

Ehebruch, hurerei, fullerei, spiel und wucher sambt ander unchristlichen unzucht und laster sol von den seelsorgern auf der canzel mit allem vleis und ernst, dergleichen auch von der obrickeit zur besserung gestrafet werden.

Der kirchen guter und was zu gottes dienst gestiftet, sol niemand in sein eignen nutz wenden, sondern sollen bei den kirchen erhalten, durch die kirchveter oder altarleut treulich eingebracht, zu gepürlichen milden sachen widerumb aufgewandt und jerlich ordentlicher weise berechnet werden.

Es soll ein jede gemeine samt den eingepfarten dorfschaften und hofen ire pfarr- und kirchhause zu erbauen und sovil die haupt- oder erbgebäude betrifft, in baulichem wesen zu erhalten verpflicht sein. Was aber ausserhalb der hauptgebäude bei einem jeden pfarherr wandelbar und zu flicken wirt, solchs sol er von dem seinen selbst bessern.

Es sol auch dem pfarherrn und kirchdienern ir zinse, dezem, zehend und anders, so man inen kegen iren diensten zu geben schuldig ist, von einem idermann zu gepürlicher zeit und mit dem, das tüchtig ist, entrichtet und bezalt werden.

Kein pfarherr sol macht haben von den pfargütern ichtes erblich [von: durchgestrichen] der pfarr zu entwenden, auch keinen contract weiter dan so lange er die pfarr in verwaltunge und geprauch haben wurd, zu erstrecken.

Und als oftmals durch unfleis und nachlessigkeit der pfarherrn der pfarlichen güter und einkommen fast geschmelert und geschwecht werden, so sol den pfarherrn gesagt und bevolen werden, das ir jeder sein pfarr register von jaren zu jaren underschiedlich und ordentlich halte, damit nach ihm andere seine nachkommen derselbigen zugebrauchen und die pfarrer bei den iren bleiben mogen.

Wann pfarren je zu zeiten vorlediget und

mit andern pfarhern zu bestellen sein, so sollen die personen, so man uf solche pfarreu vorordnen wil, allewege dem nehesten superattendenten des dazumal regierenden cur- oder fürsten zu exami-niren presentirt und furgestalt werden, damit die armen leute mit tuchtigen personen versehen werden mogen.

78. Zusatz zur Kirchen-Ordnung für die Dörfer der Stadt Mühlhausen. Von 1542.

[Aus Dresden, H.St.A. 8211.]

Als auf montag nach conversionis Pauli und folgende tage wir die pfarner, kirchdiener, heimburgern und altarleut in der pflege und voigtei nach einander verhort und wie es mit der visitation verordnung gehalten wurde und erkundung gesagt, haben wir befunden, das über vorige vorordnung weiter auch dises, so hiernach folget, zu verordenen und zu halten von noithen sein woll.

Erstlich das die jerliche kirchrechnung eines iden orts im beisein des pfarners gehalten, und allewege der einnahme und ausgabe ordentlich vorzeugnus dem schosser zugestalt werden soll.

Das man den gemeinden gar mit nichten gestatt, das alde gewonliche kirchlehen zu endern und die kirchdiener ires gefallens ufs neherlichst zu dingen, sondern das die alden gewonlichen kirchlehen erhalden werden.

Weil auch mit den kindern teufen und hochzeiten seer ergerlich und unardig geparet wird, das mit beiden gute ordnung gehalten werde, namlich also, das man bei der kinder tauf gar keine schlemmerei gestatte, und alles fressen und saufen abschaffe, das alleine die kinder zur kirchen und tauf getragen werden, mit zucht und erbarkeit, und nach der taufe nicht mehr dann etwa ein par kuchen ader kes und brote zu trunk gegeben werde und das man aufs allerlengste über ein halbe stund nicht sitzen pleibe.

Item das man mit dem geschenke mass gebe als namlich ufs hochste ein halb schock wie man bedenken mochte.

Das man mit den hochzeiten auch gewisse ordenung stellete, als nemlich das ein ide hochzeit uf einem tag mit dem abentessen, nachdem breutigam und braut zusammengegeben, angefangen, und uf den folgenden morgen, wan man nach dem kirchgange das mittagsmal gehalten und der braut das gewonlich geschenk gegeben hat, volendt wurde.

Item das ein ide malzeit ir gewisse anzal hette wie viel man gericht darauf geben solt als drei oder ufs meiste vier.

Item das man uf den morgen fur dem kirchgang, bissolang breutigam und braut aus der kirchen kommen, gar kein suppen geben must.

Das es mit den gesten eine masse hette uf ein bestimpte anzal tisch 6, oder 8, wie man das bedenken mocht.

Item das uf den nachtag zu einer einichen malzeit nicht mehr dann ufs meiste 2 tische geben wurden.

Mit dem geschenk auch mass zu geben. Nachdeme auch von vielen pfarnern geklagt, das sie der pfarrgebäude halb mangel haben, so vermuge voriger aufgerichter visitacion-ordnung gepurlich einsehen und vorfugung gescheen, das die gebeude angericht werden.

Uneeliche beiwonung maus und weibs personen, item trennung elicher leut, deren in der pflege und voigtei etliche befunden, sollen in keinen weg geduldet werden. —

Am Schlusse der Verhandlungen über die einzelnen Dörfer, die meistentheils auf Gehaltsverhältnisse sich beziehen, findet sich folgender Anhang:

„Nachverzeichnete articul sollen über die gemeine articul der visitacion mit den pfarnern verschafft werden."

Das ein ider pfarrner den catechismum selbst halte, und nicht dem kirchner alleine bevel.

Das ein ider pfarher über die bücher, so aus den kirchen erkauft werden, ein recognition und verzeichnus von sich gebe, das in der kirchen behalten und die bücher nicht verrückt werden.

Das ein ider sein amt nach inhalt der agenden und furgestalten kirchordenung in der kirchen halte und aufrichte und ir keiner etwas besonders mache.

79. Kirchen-Ordnung der Stadt Mühlhausen. 1542.

[Original im Mühlhäuser Archiv, K. 3. Verglichen mit Weimar, B, Nr. 408.]

Auf entpfangenen gnedigen bevelich der durchleuchtigsten hochgebornen fürsten und herrn, herrn Johansen Friederichs herzogen zu Sachsen, des heiligen romischen reichs[1]) erzmarschall und churfürst, landgrafen in Doringen, marggrafen zu Meissen und burggrafen zu Magdeburg u. s. w., und herrn Philipsen landgrafen zu Hessen, graven zu Katzenellenbogen, Ditz, Ziegenhain und Nidda, unser gn. f. und gn. herren, haben ibrer chur und f. g. vorordnete und gesandte, wir Friedrich

---

[1]) „reichs" fehlt in Weimar.

von Wangenheim, amtmann zu Salzungen, Justus Menius, pfarrherr und superattendens zu Eisenach, Valentin Toll, amtmann zu Wanfrieden, Justus Winter zu Rottenbürg und Johannes Lenningus zu Melsingen pfarhern, in der kirchen und schulen der stadt Molhausen nachfolgende ordnunge aufgericht und gemacht.

Uf erst. Nachdem bis daher die rechte wahre christliche lar, wie die in heiligen prophetischen und apostolischen schriften gegründet, fast genzlich samt dem rechten gotsdienst vortauschen und geschwiegen, dagegen aber allerlei unchristliche irrthumb und greuliche abgottische missbreuche, so weiland um unser sunden willen under dem babstthum durch gottes vorhenknus ahne zal und mass ingerissen, allein gehalten und getrieben wurden, so seind solche greuliche irrthumb und missbreuch allerding abgeschafft und dagegen vorordnet, das hinfordan zu Molhausen nicht anderst dan die rechte wahre christliche laer des heiligen evangelii, wie dieselbige in der heiligen propheten und aposteln schriften gegründet, rein und lauter gepredigt, die heiligen hochwirdigen sacramenta von dem son gottes unserm heiland Jesu Christo selbst ingesetzt, nach desselbigen einsetzunge und bevelich gehandelt und allerlei andere ceremonien dem heiligen evangelio gemess angerichtet und gehalten werden sollen.

Zum andern sollen die amter des gottesdiensts mit predigen, reichunge der sacramenten, samt anderen ceremonien und ubunge zum anfang allein iu zwo kirchen, als nemlich beatae virginis und S. Blasii, gleichformig und ordentlich gehalten und aufgerichtet werden, also das in jeder kirchen ein pfarher sei, samt einem diacono oder capellan, kirchendiener und organisten.

Demnach so sol den kirchen- und schulpersonen aus dem kirchkasten diser zeit zu jerlicher besoldunge gegeben werden.

Einem jeden pfarher ader predicanten
100 schock an gelde,
20 malder an korn,
10 malder an gersten,
10 malder an hafern.

An holze:
10 fuder so der schosser sal furen lassen.
8 schock stroh halb winter und sommer.
1 fuder heues.
1 fuder koln.
Einem jeden diacono gleich so vil[1]).
Dem schulmeister:
80 schock,
10 malder korn,
5 malder gersten,
5 malder hafern,

5 fuder holz,
1 karrn koln.
Einem jeden seiner gesellen:
45 schock,
4 schreckenberger[1]) von einem jeden stadtkinde, allen schuldienern zu gleich zu teilen.

Was frombde geben, sal dem schulmeister die helfte und die ander helfte dem gesellen zugleich zu vorteilen werden.

Uber dieses alles sollen alle der kirchen und schulendiener mit bequemen erbaueten freien herbergen, deren jeden zwo stuben und andere notwendige hausgemach habe, versehen und was an allen erb und heubtgebauen je zu zeiten von noten aus dem kirchkasten erhalten, was aber an ofen, fenstern und andern dergleichen bei einem jeden baufellig wirde, solchs sol von einem jeden einwoner, so ofte es von noten, gebessert und erhalten werden.

Was accidentalia vom begrebnis der toten, spreng- und messgeld samt andern dergleichen teglich und jerlich gefallen, solche sollen der stadt durch die zwene[2]) kirchener beatae virginis und S. Blasii einsamlen lassen und davon den kirchnern und organisten ire besoldunge gegeben werden.

Zum dritten, das auch eine stattliche schule darinnen die jugent in guten künsten unterricht und gelart und in feiner christlichen zucht zu tugend und erbarkeit uferzogen werden moge, angerichtet, und ufs wenigste mit einem wolgelarten und zu dem amt woltüchtigen, geübten, erlichen und fleissigen, treuen schulmeister samt zweien, ader do es die notturft erfordern, und das einkommen des kirchkastens ertragen wurd, mit drien oder mehr geschickten gesellen bestalt und vorsehen werden.

Zum vierden zu ehrlicher und notturftiger underhaltung itzt erzelten kirchen- und schulenpersonen sollen alle gütere und einkommen nachvorzeichneter pfarren, closter, geistlicher lehen und stiftungen innerhalb stadt und vorstedte zu Molhausen begriffen, sovil der diser zeit erlediget und durch totlichen obgang der itzigen possessorn und inhaber mit der zeit vorledigt werden, gebraucht werden, als mit namen alle güter und einkommen, erstlich des deutschen ordens, der pfarrkirchen beatae virginis und Sancti Blasii zustendig, samt dem gut zu Pfaffenrode und allen andern gar nichts ausgeschlossen, zum andern alle gütere und einkommen des junkfrauen closters auf der brücken und aller zugehorender gerechtickeit, zum dritten alle güter und einkommen des barfüsser und prediger kloster.

---

[1]) „gleich so viel" fehlt in Weimar.

[1]) Weimar: „schneberger".
[2]) Weimar: „zwene" fehlt.

Zum vierden alle güter und einkommen aller vikarien und commenden, so im junkfrauen closter uf der brücken gestift sein, die rüren zu lehn, von wem sie wollen. Zum fünften alle güter und einkommen aller pfarlehen Antonii, Johannis, Petri, Nicolai, Martini und wie die sunst namen haben, beide in der stadt und vorstetten. Zum sechsten alle güter und einkommen aller pfarlehen [1]) aller der vicarien commenden und geistlicher stiftungen, so den vicariis als zur presenz in gemein und einem jeden von seines lehens corpore insonderheit zustendig. Zum siebenden alle gütere und einkommen des kalandes, so alhie zu Molhausen uf 12 person etwan gestift wurden. Was kirchen cleinoden allenthalben vorhanden, solches sol in kegenwerticeit etlicher personen des rates und der pfarherrn gewogen beim rat in verwarunge bis auf weiter verordnung behalten werden.

Zum 5. Solche güter zuvorsehen ufs nützlichsts und traulichste zu bauen, die zinse und einkommen jerlich uf gebürliche zeit einzubringen, widerumb auszugeben und underschiedliche ordentliche und volstendige rechnunge eines jeden jars darvon zu thun, sollen des rats die sechs zinsmeister als procuratores darzu verordnet und denselbigen ein schreiber, des sie zu einsamlung der zinse, erhaltunge der register und rechenung gebrauchen mogen, sampt einem vogt gehalten werde.

Zum 6. Was briefliche urkunden und verschreibungen obverzeichneter pfarre, clostern, und andere geistlichen stiftungen zustendig, die seint beim rat oder sonst anderst wo in verwarunge hinterlegt, die sollen alle sampt erstlichen mit gutem fleis vorlesen, was derselbigen zu einer jeden pfarr, closter und anderer geistlicher stiftunge gehorig, in unterschiedliche capiteln mit kurzer anzeigung, uf welchem gute, umb wievil hauptgeldes, in welchem jahr und von wem es erkauft sei etc., ufs ordentlichst ausgezogen und verzeichnet, und volgends solche verschreibunge und urkunden, ein jeder in irer sonderlichen schachtel ader kestlin, in eine sonderliche güter vorwarunge, darzu die sechs ratszinsmeister einen und die zwene pfarrner den andern schlüssel haben sollen, zusammen gethan und behalten werden.

Und weil noch zurzeit viel geistlicher lehen unverledigt, zu dem auch etliche derselbigen besitzer und inhaber ausserhalb der stadt Molhausen in andern gebieten und herrschaften entsessen und unbekant sein, soll der rat den zinsmeistern allen verordenten procuratoribus mit schriften und sonst allerlei anderer zimlichen und muglichen forderung darzu behulflich sein, das sie solcher lehen und

stiftung halb gründlichen bericht entpfahen und die zugehorenden verschreibungen und iura in des kirchkastens gemeine verwarunge auch bringen mugen.

In sonderheit aber sol mit allem fleiss auf gesehen und vorhut werden. das berurten stiftungen wider von den patronen, noch besitzern oder innehabern nichts entzogen, sondern wo solchs von jemand geschee, das derselbige zu gebürlicher restitution gewisen und compellirt werde.

Zum siebenden dieweil die güter und einkommen obbenanter pfarren, closter und andere stiftungen noch zur zeit nicht genzlich vorlediget und aber gleichwol solche stiftunge von den stiftern der kirchen zugute, domit zu gottes ehre, zu heil und selickeit der christgleubigen die rechte ware christliche lar sampt dem rechten waren gottesdienst angericht und erhalten würde, furnemlich und eigentlich gestiftet wurden, derowegen die besitzer und inhaber derselbigen die christliche lare sampt dem rechten waren gotsdinste in der kirchen ausrichten zu helfen, irer gewissen halb schuldig und aber ire etliche darzu wider gesinnet noch geschickt seind, demnach soll man sich mit fleis und eigentlich erkundigen, zu wievil messen im babstthumb ein ieder belehnter verpflichtet gewesen und von demselbigen fordern, das sie kegen einer jeden lesemess jerlich zwen, kegen einer singemesse drei gulden in kirchkasten geben müssen, bis so lang das nach irem absterben die stiftunge dem kirchkasten ganz und gar ledig heimfallen.

Zum achten, das auch noch in clostern etliche personen vorhanden, so vielleicht der merer teil in solcher versorgunge ir leben lang bleiben mochten, damit nur unnotiger vorgeblicher uncost vormiden und gleichwol dieselben ordenspersonen keinen gebrech noch mangel irer notturftigen underhaldung halber leiden dorfen, so wird vor gut angesehen und hiermit vorordnet, weil im junkfrauen closter auf der brücken am meisten personen vorhanden, von denen bis anher ausm closter probst, capellan, schreiber etc. mit dem tisch versehen worden und diser zeit im barfusser closter nit mer dan ein einiger, im pfarhofen des deutschen ordens zwo und im prediger closter auch zwo personen vorhanden, das fortan dieselbigen fünf personen aus gedachtem junkfrauen kloster uf der probstei mit notturftigem essen, trinken und cleidung sollen versehen und dakegen das inkommen beide der barfusser und prediger closter hinfurtan ganz und gar im kirchkasten vorsamlet werden.

Gleichfalls sol auch dasjenige, so vom einkommen des junkfrauen closters über die unterhaldunge der obangezeigten [1]) ordens personen eines jeden jars erobert wird, in bemelten kirchkasten auch geschlagen werden.

[1]) Weimar: „aller pfarlehen" fehlt.

[1]) Weimar: „angezeigten".

Zum neunden, nachdem auch die eingezogene priesterschaft zu Molhausen ein besonder stiftung des kalands gehapt, welches einkommen under 12 person eines ides jars vorteilet worde, so sol hinfurtan, sovil des selbigen eines jeden jars durch die sechs zinsmeister des kirchkastens procuratores eingebracht wird, in 12 gleiche teil geteilet und denjenigen, so in der stadt Molhausen residiren oder ausserhalben am evangelion uf pfarren dienen oder studieren, der noch sechs am personen am leben seind, einem jeden seinen gebürenden 12. teil gegeben werden und die übermasse zu besoldunge der kirchen- und schulenemptern bleiben. Es soll auch über die personen, so in solchem des kalands distribucion von alters gehoren, weiters niemant wider um gelt noch um gunst eingenomen werden. Desgleichen[1]) auch in ander bruderschaft und lehen.

Zum zenden. Nach dem diser zeit was ein ide stiftunge güter und inkommens habe, ganz und eigentlich nicht wol mag erkundiget werden, so ist befelich, das die sechs des rats zinsmeister alle und ide stiftunge sich aufs eigentlichste erkundigen, dasselbige in ordentlicher registracion vorzeichnen lassen, den kirchen und schulendienern ire besoldunge darvon, wie volgts angezeigt wird, entrichten und der chur und fürsten zu Sachsen und Hessen, unsere gnedige fürsten und gnedige herren rethen und gesandten davon genugsam berichten thun, auch weiter vorschaffunge und bevel gewarten sollen.

Zum eilften, domit auch in zukunft die kirch geschickte und tüchtige leute bekome, desgleichen auch gemeine stadt zu irem regiment und die bürger, deren etliche geistliche lehen iure patronatus zu verleihen gehapt, solcher stiftunge zu gnissen und zu gebrauchen haben mogen, so ist hiemit vorordnet, was über die bestimte besoldunge der kirchen und schulen personen überig sein wirdet, das man von demselben geschickten bürgerskindern zum studio sonderlich in der heiligen schrift idem des jars mit ungeverlich 20 fl. uf ein anzal jar helfen soll und damit in dieser forderung nicht mehr eigennützlich nach gunst oder ungunst gehandelt, sondern allein geschicklichkeit der knaben und gemeiner nutz der kirchen und stadt betracht und angesehen werde, so sol man solche stipendia keinen verlihen, er werde den durch den schulmeister in kegenwertikeit der pfarherrn mit fleis examinirt und tüchtig erkant, zu dem das er auch folgens so ein zeitlang studirt, der kirchen und stadt Molhausen vor anderen dienen wolle, welches einem iden zur zeit, wan imen solche stipendia vorlihen, zuvor angezeigt und vorgehalten werden solle. Doch soll allewege einem erbarn rathe frei stehen, die dritte person nicht in theologia, sondern

entwer in jure oder medicina studiren lassen, da[1]) die patronen etlicher lehen zum studio geschick das dieselbigen für andern uf eine zeitlang mit solchen stipendiis gefordert werden.

Zum zwelften, so oft und wan es sich zutragen wird, das etzliche kirchen und schulendiener durch todesfall abgehen oder sich sunst anderst wohin vorwenden würden, an derer stat andere zu berufen und anzunemen, von noten sein wolt, ist verordnet, das der rat mit zuthun der pfarherrn, so noch vorhanden, nach einer tüchtigen person, so an die stat des vorledigten ministerii zu vorordnen sein mochte, trachten, und da es ein pfarherr sein würd, denselben demnechst besessenen superattendenten der dreier chur- und fürsten zu Sachsen und Hessen unsern gn. f. und g. h. etc. zu fertigen und furstellen und in von demselbigen zu seinem amt confirmiren lassen sollen, da es aber ein diaconus, schulmeister, oder seiner gesellen einer sein würde, der soll von dem rat und pfarherrn zu Molhausen confirmirt werden, kirchendiener und organisten sollen wie das von altersher üblich und gewonheit gewesen, ider pfarherr in seiner pfarkirchen mit rath und zuthun der altarleute eintrechtig ufnehmen und urloben.

Zum drizenden, die gebeude der pfarrkirchen, darinnen man die gotliche ampter helt, sollen ein jeder durch ire besondere altarleute von nachfolgendem einkommen erhalten und dasselbige einkomen bis auf vorentnus durch die altarleute der pfarrkirchen b. virginis und S. Blasii jerlichen einbracht, ausgewendt und berechnet werden, als nemlich alles einkommen unser lieben frauen, Sancti Blasii, Sancti Jacobi, omnium sanctorum, Kiliani, Georgii, Martini, Nicolai, Petri, Johannis, samt den zwo bruderschaften corporis Christi zu unser lieben frauen und S. Blasii gestift.

Was uberiger unnotiger kirchen oder capellen beide in der stadt und vorstetten seind, derselben mag der rat nach notturft zum besten gebrauchen, do aber von denselben etwas sonderen person verkauft wurd, so sol solch erkauft gelt under die pfarrkirchen, darinnen die gotlichen empter gehalten, gleich vorteilet und zu erhaltung derselbigen angelegt werden.

Zum vierzenden. Nun das volk beide in der stadt und vorstetten dieser zeit in zwo pfarrkirchen zusammen gehen und sich darinnen aller pfarrechten erhalten soll, wird hiemit dem rate heimgestellt zu bedenken, ob die begrebnis der todten uf denselbigen kirchhofen allein fortan gehalten oder aber ausserhalb der stadtmauer au andern bequemern ort transferirt und verlegt werden soll.

Zum funfzenden, als auch ein erbar rat und rete in sonderheit gebeten den pfarhern und

---

predigern, so anher vorordnet sollen werden, mit ernstem vleis zu undersagen und zu befelen, das sie in predigten und sonst allenthalben zu fride, ruhe und einickeit reden und vormanen und dakegen unnotiges scheldens und schmehens in predigen, sampt andern so zu aufruhr und zweitracht ursach geben und in sonderheit die underthanen zu ungehorsam und mutwilligen aufstand wider die oberkeit bewegen und reizen mocht, aufs allerfleissigst eussern und müssigen solten, so ist solchs auch bescheen und sol auch hinfurt an dem, so uns gepürt und meglich ist, kein mangel gespürt werden.

Zu dem das die personen, so anher vorordent, von gots gnaden des vorstantes guten gewissens und hergebrachten redlickeit sind, das solche ungesteume und leichtferticeit zu imen sich gar nicht zu vormuten, insonderheit da ein erbar rat und rethe irem erbitten nach der gebür und christlich sich erzeigen und do sie aus billichen ursachen von den pfarherrn und predigern je zu zeiten solches geschee gleich irer eigenen person und sachen oder aber ires bevolen ampts und regiments halben angesucht und erinnert wurden, das sie dorauf sich allen wege zum besten erzeigen wollen.

Demnach wie wir den pfarherrn und predigern fride, ruhe und einickeit zu halden und zu furdern, und allen denen, so zu unruhe und zweitracht ursache geben mochten, ites hochsten vormogens und aufs fleissigst zu wehren, ernstlich bevolen mit vorwarnunge, do je einer oder mehr hierinnen sich ungebürlich erzeigen, das er darumb, so bald ers mit warheit uberkommen, gewisser ungenode und ernster strafe unser allerseits gn. f. und g. herrn gewarten solle. Also wollen wir gleichfalls einem erbarn rate und rethe hinwider auch ufs treulichst hiermit vormanet und kraft des chur- und f. befelichs, so wir disfalls tragen, ernstlichen befolen haben, die wollen erstlich vor ire personen sampt den iren sich also halten, dergleichen in irer regierung sich also erzeigen, das vor allen gots ehre, die heilige ware, rechte lehr des evangelii sampt dem rechten waren gottesdienst und christliche zucht und erbarkeit zum besten gefordert und was demselbigen zuwider, sündlich und ergerlich ist, mit ernstem fleis vortreten, wehren und strafen, damit die prediger von wegen solches fleis sie mehr zu loben uud rühmen dan zu schelden und zu strafen billig ursach haben mogen und sollen in sonderheit rat und rete offintliche gotteslesterunge, ehebruch, hurerei, füllerei, gebrannten wein saufen und anderer zechen under den gotlichen amptern heimliche gelubden der kinder ahue wissen und willen der eldern vorbieten und ernstlichen und zur besserung strafen.

Item mit hochzeiten und kindertauf erbare und gu'e ordenunge stellen, uf das bei solchem heiligen und gotlichen werken mit christlicher zucht und erbarlich gebart werde.

Item mit dem geschenke leidelich masse zusetzen, damit die leute, so zu gefattern gebeten, nicht zu fiel beschwert und ime gefatter bitten mehr die gotselickeit dan zeitlicher nutz und gewin gesucht werde.

Zum sechzenden. Nachdem in ehesachen die bischofe ire jurisdiction übel bestalt und die officiales uftmals wider gotlich recht den gewissen zu beschwerunge zu handeln pflegen, zu dem das den partieen schwer ist, so ferne überland den sachen mit grossen unkosten abzuwarten, derwegen sol der stadt Molhausen sindicus, sampt den pfarherrn und etlichen der zugeordneten ratspersonen allewege in 14 tagen uf einen bestimten tag zusamen komen und der ehesachen, so sich beide in der stadt und pflege zutragen werden, abwarten, und do die sachen aus der pflege sein werden, dem schosser dazu auch ziehen.

Ob auch dise personen semtlich eines spruchs, darnach die parteien zu weisen, sich nicht würden vorgleichen konnen, so sollen die acta uf der partien darlegen allewege an des regierenden chur ader fürsten rechtverstendigen zu Wittemberg, Leipzig ader Markburg zu versprechen überschickt werden.

Zum 17. Nun hinfurtan die junkfrauen uf der brücken mit singen und lesen, weiter nicht beschwert, sol der rat mit inen vorschoffen, das sie der bürger tuchterlein des tages zwo stunden vor und zwo stunden nach mittage schriben, lesen, den catechismum und feine christliche zucht lehren, dan solche schulen anfenglich die closter gewesen sind.

Zum 18. Mit den hospitalien und sichenhofen in und ausserhalb der stadt Molhausen sol es wie bis anhero mit der formuntschaft bleiben, alleine das ein rat ein fleissiges aufsehen haben, damit denselbigen aufs treulichste vorgestanden werde. Und weil den pfarhern und predigern das christliche volk in predigten aufs fleissigste zum almussgeben zu vormanen und anzuhalden, sollen dieselbige je zu zeiten um der armen noth sich erkundigen und damit sie wie treulich mit den almusen gebart werde, vor der gemein zeugen und rümen mogen, alle zeit zu den rechnungen eines ides hospitals und siechenhofs vom rat beneben andern erfordert werden.

Dies alles wie obstet haben hochgedachte chur- und f. zu Sachsen und Hessen, unserer gn. f. und g. hern gesante dermassen und gestalt vorordnet, das iren chur- und f. g. zu allenzeiten nach derselbigen hohen bedenken enderung zu machen, zu und abzuthun in allerwege freiheit vorbehalten. Zu urkunde mit unserm unten aufgedruckten angeborenen und gewonlichen pitschaften vorsigelt. Gescheen fritags am tage

Mauricii im fünfzehnhundert und zwei und vierzigsten jahre.

[4 Siegel [1]).]

[1]) Sind in Weimar abgefallen.

80. Artikel der Leipziger Prädikanten. 1557.

[Abgedruckt von F r o h n e, Programm zur Synode 1709. Mühlhausen 1709. S. 10 ff.]

„1. Wollen sie die reine göttliche prophetische und apostolische lahr, wie dieselbe in der augsburgischen confession kürzlich verfasset, lehren und predigen, und dagegen, was derselbigen lahr zuwider, mit christlicher massen und bescheidenheit aus gottes wort widerlegen, und das volk vor irrthum warnen.“

„2. Die hochwürdigen sacramenta der heiligen taufe und abendmal des herrn nach Christi einsetzung, ordnung und befehl mittheilen und reichen, denen die es begehren, und solches alles in bekannter deutscher sprache, laut der agenden so in Sachsen gebraucht wird. Auch keinen zum hochwürdigen sacrament zulassen, er habe denn zuvor den trost der absolution begehrt und empfangen.“

„3. Mit der predigt wollen wir diese ordnung halten, dass wir am sonn-tage frühe das gewöhnliche evangelium auslegen, und die communion, da communicanten vorhanden, halten wollen. Nachmittage den catechismum d. Mart. Lutheri dem volk vortragen. In der wochen am dienstag und donnerstag auch predigen. Item die kinder-lehr in der wochen zweimal, als am mittwochen und freitag halten mit dem examen der jugend.“

„4. Christliche und reine gesänge, lateinische und deutsche mit schülern und der versammlung singen, und darbei die orgel gebrauchen, und wird sich der schul-meister und seine gehülfen mit gesang und kirchen-ceremonien nach den prädicanten gehorsamlich zu richten und verhalten wissen. Desgleichen wollen gedachte prädicanten auf die schule gute achtung haben, dass sich die schuldiener vor ihre person christlich und in ihrem amt fleissig erzeigen, und die schüler im catechismo

und sonsten treulich gelehret und unterwiesen werden.“

„5. Mit vertrauung braut und bräutigams uns nach der Wittenbergischen und Leipzig'schen kirchen-ordnung verhalten gegen denen, so der reinen lehr zugethan, und das hochwürdige sacrament des leibes und bluts Christi nach seiner ordnung und befehl gebrauchen.“

„6. Bitten wir ein erbar und hochweiser rat wolle zur predigt göttlichen worts und verrichtung aller erzehlten göttlichen ämter uns die pfarrkirchen S. Blasii öffnen und einräumen.“

„7. Denen künftigen prädicanten das pfarrhaus bei S. Blasius zur wohnung eingeben und in baulich wesen bringen.“

8. Mit dem begräbniss der verstorbenen wollen wir diejenigen, so in bekenntniss christlicher lehr des offenbarten heiligen evangelii und empfahung des hochwürdigen sacraments nach Christi einsetzung verscheiden, in welche pfarr sie gehören, mit christlichen gesängen und ceremonien zur erden bestatten.

Da aber ein sonderlicher gelegener ort zum gemeinen begräbniss und gottes-acker könnte verordnet werden, weil die kirchhöfe enge sind, achten wir für bequem und nöthig, dass solches fürderlich geschehe.

Was ferner andere artikel, so zur kirchenregierung auch nöthig, anlangt, wollen wir allwege in allen auf die sächsische agenda uns referiret haben etc. befehlen hiermit e. e. a. h. samt ganzer regierung der gnaden gottes, und uns in euren schutz.

Die prädicanden von Leipzig.

Nordhausen.

Hilfsmittel: L e o p o l d, Kirchen-, Pfarr- und Schul-Chronik der Gemeinschaftsämter Heringen und Kelbra, der Grafschaft Hohenstein, der Stadt Nordhausen und der Grafschaften Stolberg-Rossla und Stolberg-Stolberg seit der Reformation. Nordhausen 1817; L e s s e r s, Historische Nachrichten von Nordhausen, umgearbeitet von Ernst Günther Förstemann. [Nach dem Tode Förstemann's herausgegeben Nordhausen 1860]; E. G. F ö r s t e m a n n, Mittheilungen zu einer Geschichte der Schulen in Nordhausen. Nordhausen 1824 (dort die ältere Literatur); F ö r s t e m a n n, in: Neue Mittheilungen aus dem Gebiete historisch-antiquarischer Forschungen, II, 3, S. 657; V, 4, S. 94 ff.; P e r s c h m a n n, Die Reformation in Nordhausen 1522—1525, in: Neujahrsblätter, herausgegeben von der historischen Commission der Provinz Sachsen. Halle 1881.

Archive: Städtisches Archiv zu Nordhausen.

Im Gegensatz zu Mühlhausen, dessen Verfassung einen ausgesprochen aristokratischen Charakter aufweist, und welches in der Lage war, nach und nach ein verhältnissmässig grosses Gebiet von 19 Dörfern und wichtige Hoheitsrechte vom Kaiser zu erwerben, war die Reichsstadt Nordhausen seit 1375 durchaus demokratisch organisirt und blieb arm an Gebiet und Rechten. Aber an geistiger Regsamkeit fehlte es dem gesunden Mittelstande, der in Nordhausen herangewachsen war, nicht. Und so ist es erklärlich, dass, wie Luther rühmend hervorhebt, Nordhausen als eine der ersten Städte dem Evangelium gewonnen wurde. Nordhausen war die Geburtsstadt von Justus Jonas. Auch Luther und Melanchthon wirkten öfter dortselbst.

Schon im Jahre 1522 wurde mit Billigung des Rathes Lorenz Süsse als erster evangelischer Prediger an St. Petri gewählt (zu Süsse vgl. Leopold, a. a. O. S. 205). Als der eigentliche Reformator Nordhausens ist aber Johannes Spangenberg anzusehen, welcher 1524 als Pfarrer an St. Blasii berufen wurde. Während das Capitel des Stifts S. Crucis dem Eindringen der Reformation heftigen Widerstand entgegensetzte, hingen Rath und Bürgerschaft um so fester der neuen Lehre an, insbesondere nachdem die Stürme der Münzer'schen Bewegung, welche sich auch in Nordhausen, wenn auch nicht gerade in besonders starkem Maasse, geltend gemacht hatten, überwunden waren. Johannes Spangenberg traf die nöthigen Ordnungen. Ihm verdankt Nordhausen die Gründung des Gymnasiums.

1546 ging Spangenberg als Generalsuperintendent nach Eisleben. —

Kirchliche Ordnungen der Stadt sind mir nicht bekannt geworden. Nur eine Polizei-Ordnung vom Jahre 1549 ist zu erwähnen, welche auch einige kirchliche Bestimmungen enthält. Interessant ist die Bestimmung über das Fasten und das Verbot des Fleichessens, welches offenbar mit dem Interim zusammenhängt und in ähnlicher Weise vom Rathe entschuldigt wird wie in dem Bd. I dieser Sammlung S. 102 erwähnten Fastenmandate des Kurfürsten Moritz von Sachsen.

Förstemann druckte diese Ordnung nach einer gleichzeitigen Abschrift im Stadtarchive zu Nordhausen in: Neue Mittheilungen aus dem Bereiche historisch-antiquarischer Forschung, Bd. 5, Heft 4, S. 94 ff. ab. Wir geben die kirchlichen Bestimmungen wieder. (Nr. 81.)

In den Jahren 1530, 1546, 1559 ergingen Mandate wider die Juden, und 1557 eine Ordnung wegen der Hochzeiten und Taufen. Letztere ist nur luxuspolizeilichen Inhalts.

In der Abschaffung der alten Kirchengebräuche war man übrigens in Nordhausen bedächtig vorgegangen. So wurden im Jahre 1556 zwei Geistliche suspendirt, weil sie ohne Vorwissen des Rathes die Elevation abgeschafft hatten. Sie wurden nur wieder eingesetzt, weil die gesammte Geistlichkeit der Stadt unter Berufung auf ein Gutachten Melanchthon's für sie eintrat. Der Rath erliess aus diesem Anlasse am 8. September 1556 eine Verordnung, „dass künftighin von den Pfarrherrn oder ihren Kirchendienern von den Ceremonien ohne des Raths Vorwissen nichts geändert werden solle". — Man sieht, auch in Nordhausen ging die eigentliche Regierung in kirchlichen Dingen in die Hand der Obrigkeit über.

Nicht ganz klar ist die Zuständigkeit zur Ernennung der Geistlichen geregelt. Die ersten Pfarrer von 1522 berief der Rath; im Jahre 1547 beriefen die Kirchenvorsteher und die Ältesten, der Rath bewilligte das Einkommen; 1589 schlug das Ministerium der Gemeinde einige Candidaten vor. Dagegen stand die Verwaltung und Beaufsichtigung des Kirchengutes unbestritten dem Rathe zu. Vgl. hierzu Leopold, a. a. O. S. 52 ff. —

Wenn somit der Magistrat die Kirchenregierung im streng juristischen Sinne des Worts führte, so war doch der Einfluss der zum Ministerium vereinten Geistlichen nicht gering. Dieses Collegium berieth die Vorlagen an den Magistrat, wurde geschlossen bei ihm vorstellig und ertheilte Gutachten. Auch gab es als Gesammtheit Erklärungen ab, wie die „Declaratio ministerii Nordhus. de formula concordiae d. d. 9. Jan. 1581" (s. Unschuld. Nachr., 1729, S. 192),

50*

welche als officielle Lehrnorm für Nordhausen anerkannt und von den Lehrern unterschrieben werden musste. (Vgl. die Denkschrift der zur Ausarbeitung der Nordhausener Schul-Ordnung von 1583 eingesetzten Commission, Nr. 1, abgedruckt bei Vormbaum, Evangelische Schul-Ordnungen 1, 363.) Der Rath ernannte einen Superintendenten, oder „Primarius ministerii", d. h. den Vorsitzenden des Ministeriums, der aber auch die üblichen Geschäfte des Superintendenten versah. Dieses Ministerium berieth auch die Kirchengesetze von 1592, welche der Rath sanktionirte. Im Jahre 1593 wurde ein eigenes Consistorium gebildet, bestehend aus vier Geistlichen und vier weltlichen Personen, unter dem Vorsitze des Syndikus. Hauptaufgabe bildete hier, wie überall, die Entscheidung in Ehesachen. (Vgl. hierzu Leopold, S. 56, 58—62.)

In das Jahr 1592 fällt auch die Einrichtung ständiger Synoden oder Colloquia theologica, welche anfänglich regelmässig monatlich stattfanden, dann aber in Abgang geriethen.

Die Schul-Ordnung des Gymnasiums der freien Reichsstadt Nordhausen am Harz vom Jahre 1583 ist in Mittheilungen der Gesellschaft für Erziehungs- und Schul-Geschichte 2, 65 abgedruckt. Auch bei Vormbaum 1, 362. Einen Auszug gab E. G. Förstemann im Programm des Nordhäuser Gymnasiums von 1826. Vgl. auch Müller, Nordhäuser Schulverhältnisse an der Hand der Schul-Ordnungen von 1583, 1640, 1658, in: Zeitschrift des Harzvereins 30, 331—362.

81. Polizei-Ordnung der Stadt Nordhausen. 1549.

[Nach einer gleichzeitigen Abschrift im Stadtarchive zu Nordhausen abgedruckt von Förstemann, in: Neue Mittheilungen aus dem Bereiche historisch-antiquarischer Forschungen, 5. Heft, 4, S. 94.]

Wir bürgermeister und rat der stadt Nort-hausen, haben zu lob dem almechtigen gott, zu wolfart und güte al unsern bürgern und einwonern diese nachvolgende artikel gesetzt und geordnet. Und wollen das ein jeder denselbigen bei vormeidung vorgeschriebener straf leben soll.

Von gotteslesterunge........

Von vermeldung der übertreter........

Von feiren.

Weiter sollen alle unser burger und inwoner auf die sontage und feiertage oder wan es sonst jemands ohne merklich vorhindern gelegen, mit seinem weibe, kindern und gesinde, wan man das heilige evangelium prediget, in die kirchen gehen, denselbigen sontag oder fest mit beten und gottes furcht vollenden und sonst keiner leichtfertigkeit gebrauchen. Was aber erwachsen kinder und gesiude zu der frue prediget und ampt nit komen kunten, die solten doch zu der mittages predigt und vesper davon nicht gehalten werden Und soll sich zu der zeit niemand jung oder alt vor den freitoren zum bornewein[1]) oder anderer ende und anderst den in der kirchen finden lassen. Wird aber jemands der ort betroffen, der soll mit gefengniss, einlager oder sonst mit allem ernst gestraft werden.

Von übrigem essen und trinken........

Von notigen des zutrinken........

[1]) D. i. Branntwein.

Von ehebruch........

Von fleisch essen und der fasten.

Und deweil wir befinden, das der fleischkauf je lenger je mehr in grosse theurungen erwechst, so wollen wir, dass sich ein ider die wochen zwene tage, freitages und sonnenabends, des fleischessens enthalte, ausgeschlossen alte kranke leute, hartarbeiter, junge kinder, kindbetterin, oder den es auf befel der erzte erlaubt, doch das hierinne kein frevel oder missbrauch gesucht. Doch sol dieser artikel von niemand vorstanden werden, als ob es stünde und von gott vorboten were, die abgemelten zeit kein fleisch essen, welches auch von uns gar nicht gemeint, sondern wir wollen alles das, so gott der herr frei und ohne stünde zu gebrauchen gelassen hat, frei und ohne stünde bleiben lassen, und hierinne nicht anderst denn gehorsam und gut ordnunge, policei und messigkeit gesucht und gemeinet haben.

Von feiertagen.

Die feirtage, sontage, christtage, ostern, pfingsten, jedes fest mit zweien folgenden tagen, unser lieben frauen und der heiligen apostel und der heiligen tage, so von der heiligen christlichen kirchen zu feiren eingesatzt, sol man mit besuchung der predigt, gottes dienst, auch übung im gebet christlich feiren, one bewilligung auch nicht brauen oder die laden auf gemeine festtage aufthuen.

Von kleidungen........

Von hochzeiten...... Von gevatterschaft...... [Vorschrift gegen den Luxus.]

DAS ERZBISTHUM MAGDEBURG
UND DAS BISTHUM HALBERSTADT.

Das Erzbisthum Magdeburg.

Hilfsmittel: v. Seckendorf, Historia Luth.; Dreyhaupt, Saalkreis. Halle 1749. 1, 190 ff.; Erhard, Überlieferungen zur vaterländischen Geschichte alter und neuer Zeiten. 1. Bd., 3. Heft, S. 1 ff. [Zur Geschichte der Reformation, vornehmlich in Magdeburg, Halle und benachbarten Orten]; Danneil, Protokolle der ersten lutherischen General-Visitation im Erzstift Magdeburg, anno 1562—1564. Magdeburg 1864. Heft 1—3; Nebe, Die Kirchen-Visitationen des Bisthums Halberstadt in den Jahren 1564—1589, in: Geschichtsquellen der Provinz Sachsen und angrenzender Gebiete. Halle 1880; Arndt, in: Halberstädter Zeitung und Intelligenzblatt. Unterhaltungsblatt 1898, Nr. 91, 92; Jacobs, in: Zeitschrift des Harz-vereins 30, 113 ff.; Riemer, Die Einführung der Reformation in den Dörfern des Holzkreises auf Grund der Protokolle der Kirchenvisitationen in den Jahren 1562, 1563, 1564 (Magdeburger Geschichtsblätter, Bd. 36); Götze, Protokolle der ersten Kirchenvisitation im Lande Jüterbogk (Magdeburger Geschichtsblätter 10, 117 ff., 209 ff., 378 ff.); Hertl, Zur Geschichte der Reformation im Erzstift Magdeburg (Magdeburger Geschichtsblätter 15, 416). S. auch die Literatur zum Bisthum Halberstadt, die Literatur zu den einzelnen Städten: Magdeburg, Halle, Halberstadt, Aschersleben, Burg, Jüterbogk u. s. w.

Archive: Magdeburg, St.A. Zerbst, Sup.-Archiv. Rathsarchiv zu Halle. Rathsarchiv zu Burg.

I. Seit dem Jahre 1513 war Markgraf Albrecht von Brandenburg, Bruder des Kurfürsten Joachim I. von Brandenburg, Erzbischof von Magdeburg und Bischof von Halberstadt. Seit 1514 auch Erzbischof von Mainz und seit 1518 Cardinal, versuchte er vergeblich, das Vordringen der Reformation in seinen Landen, insbesondere in den Städten, wie Mageburg, Halle und Halber-stadt, zu verhindern. Man vgl. unsere Darstellung bei diesen Städten, sowie Danneil, a. a. O. Heft 1, S. VI, für Grosssalza, Neuhaldensleben, Buckau, Fermersleben, Gudenswegen u. s. w.; Nebe, a. a. O. S. 11 ff., für Aschersleben, Ermsleben, Osterwick, Croppenstedt u. s. w.

Ja, der Cardinal sah sich durch die Verhältnisse sogar gezwungen, auf dem Anfangs des Jahres 1541 zu Calbe a./Saale abgehaltenen Landtage den Ständen, jedenfalls der Ritter-schaft in den beiden Stiftern, Religionsfreiheit — wenigstens durch mündliche Zusage — zu gewähren. Er verlegte seine Residenz nach Mainz und starb im Jahre 1545.

Das Domcapitel zu Magdeburg war dem Ansturme erst recht nicht gewachsen, flüchtete daher 1546 von Magdeburg nach Egeln und kehrte erst 1558 zurück. Dem Eindringen der Re-formation in Stadt und Land war somit freie Bahn gegeben. Daran hinderte nicht, dass der Nachfolger Albrecht's, sein Vetter Johann Albrecht, ein überzeugter Gegner der Reformation war. (Johann Albrecht war am 3. Januar 1547 gezwungen worden, die beiden Stifter an den Kurfürsten von Sachsen, Johann Friedrich, abzutreten, war aber am 12. Juli 1548 vom Kaiser wieder eingesetzt worden.) Er starb am 17. Mai 1550.

Sein Nachfolger, Friedrich, Sohn des evangelischen Kurfürsten Joachim II. von Brandenburg, starb schon 1552.

So war denn die Reformation in beiden Stiftern bislang ohne jede officielle Billigung Seitens der Landesobrigkeit.

Als Nachfolger Friedrich's wurde Sigismund gewählt, Sohn des Kurfürsten Joachim II. von Brandenburg. In Halberstadt war die Wahl nicht einmüthig gewesen; ein Theil des Capitels hatte den Dompropst Christoph Grafen von Stolberg gewählt. Rom bestätigte aber Sigismund auch für Halberstadt.

Dieser Erzbischof — der letzte Erzbischof von Magdeburg, denn nach ihm wurde der Titel „Administrator" geführt — war ganz von den neuen Ideen getragen. Einige Massnahmen zur Verbesserung des Kirchenwesens — so vom Jahre 1557, das Mandat vom 12. September 1561 an die Klöster in den beiden Stiftern, in welchem das schlechte Wirthschaften mit den Klostergütern getadelt und genaue Inventarisirung befohlen wird — lassen sich zwar noch ganz in den Rahmen der kanonischen Befugnisse des Ordinarius judex einreihen. Aber der Erzbischof ging bald weit darüber hinaus.

Die Rückkehr des Domcapitels nach Magdeburg 1558, die Beilegung der Streitigkeiten mit der Stadt gaben Anlass zu Gerüchten, dass auch die alte Religion im Magdeburgischen wieder hergestellt werden sollte. Da beschlossen die Landstände auf dem Landtage zu Halle, ein ernstes Warnungsschreiben dieserhalb an den Erzbischof Sigismund zu richten. Dieses Schreiben vom Freitag nach Judica 1558 (1. April 1558) ist erhalten in Zerbst, Sup.-Archiv, Nr. XVIII, Bl. 47 ff.:

Die Stände hätten gehört (so beginnt das Schreiben), „dass die gebrechen, welche bisher zwischen dem domcapitel und der stadt Magdeburg bestanden, durch fleissige verhandlungen stattlicher, vornehmer fürsten und herren gänzlich" und zwar dahin verglichen seien, „dass die herren des domkapitels zu aller dignität und gütern wiederumb vollenkomlich restituirt werden sollten, die wiederaufrichtung der alten papistischen ceremonien aber, ob und wie dieselbige zu geschehn, auf seiner fürstlicher gnaden gnedigste resolution und verordnung gestalt sein solle". Die Stände fürchteten, dass die Domherren daraus Veranlassung nehmen möchten, alle Dinge in den früheren Stand zu versetzen und damit die „Abgötterei" wieder aufzurichten. Das sei aber eine Sache, die nicht bloss Seine Fürstliche Gnaden, sondern Aller Gewissen angehe. Fürstl. Gnaden dürfe unter keinen Umständen die alten Gebräuche wieder herstellen. Das Domcapitel könne um so weniger auf solcher Restitution bestehen, als es zur Zeit der Belagerung von Magdeburg stets ausdrücklich versichert habe, „dass der krieg allein zur abwendung des zeitlichen, der Altstetter ungehorsam geführt, und nicht zur verdrängung der reinen lehre des evangelii, als allerwenigste aber zu künftiger aufrichtung des pabstthums"; darum hätten sie ihr Leben und Gut geopfert. Wenn sie jetzt erkennen sollten, dass sie ihr und ihrer Freunde Leben und Gut in Wahrheit zur Verdrängung der göttlichen Wahrheit eingesetzt haben sollten, so wäre ihnen das im Gewissen zum höchsten beschwerlich und schmerzlich, und Seine Fürstliche Gnaden könnten sich vorstellen, wenn wieder in Magdeburg Empörung ausbräche, wie lustig sie sich dann in Harnisch und Kosten stürzen würden. In weltlichen Dingen seien sie ihm Gehorsam schuldig, aber sie könnten nicht finden, dass es sich hier um weltliches Regiment handle; deswegen wiederholten sie dringend ihre Bitte, unter Berufung auf den Reichsabschied, in welchem die augsburgische Confession einem jeden freigelassen und auch sonderlich vorgesehen sei, „dass die alte papistische religion an den orten, da sie gefallen, wider der leute willen nicht wiederum eingedrungen werden" solle. Wenn dieser Fall hier auch nicht ganz zuträfe, so sei doch Gottes Wort mehr zu gehorchen als allen Menschen Gesetzen. —

Eine Nachschrift lautet: „Und dieweil auch aus vielen christlichen ursachen, so euern fürstl. gnaden als einem hochverständigen und gottesfürchtigen fürsten selbst zum besten bewusst, auch itzo von unnothen, dieselben zur vorlengerung dieser schrift zu erzelen, zum hogsten von nothen, dass auch beneben der lehre des allein seligmachenden göttlichen worts auch visitationes und consistorien mochten verordnet werden, auch hierinne die schaffung und fleis geschehe, das die güter, welche der kirchen ausser und innerhalb der stette und ufm lande von etzlichen entzogen und zu der kirchen gehorig, wiederum dohin mochten gebracht werden, damit also gemelte kirchen deste besser und bequemer zu verhalten." Der Fürst möge deswegen diese Punkte bedenken. —

Die hier von den Ständen vorgetragenen Wünsche nach Visitationen und allgemeiner Einführung der Reformation sollten bald in Erfüllung gehen.

II. Am 5. December 1561 fasste der Erzbischof mit seinen Ständen den Beschluss, in beiden, Stiftern durch eine General-Kirchen-Visitation die Reformation officiell einzuführen.

Erzbischof und Stände erwählten die Visitationscommission, welche aus vier Adligen vier Geistlichen und zwei Juristen zusammengesetzt war.

Man berieth auch sofort eine Instruktion, nach welcher die Commission zu verfahren hatte. Es sind uns drei Gestaltungen derselben überliefert. Die erste, eine kurze Skizze, ist in den zweiten, ausführlichen Entwurf ganz aufgenommen. Letzterer ist von Danneil, a. a. O. S. VII aus dem Staatsarchiv zu Magdeburg (M. II, 510, Bl. 1 ff.) abgedruckt.

Die definitive Fassung hat zuerst Dreyhaupt. a. a. O. 1, 290 abgedruckt, darnach Danneil S. IX, und darnach hat Richter 2, 228 einen kurzen Auszug gegeben. Ein Auszug auch bei Arndt, a. a. O.

Von dieser Instruktion habe ich in Magdeburg, A. 13, Nr. 846 und Erzstift Magdeburg, II, 510ᵃ zwei gleichlautende Exemplare eingesehen. Sie stimmen nur in einigen Punkten nicht mit Dreyhaupt und Danneil überein.

Bei der Wichtigkeit dieses ersten Gesetzgebungsaktes protestantischen Charakters drucken wir denselben ab, und zwar nach Danneil.

Die Abweichungen der Magdeburger Handschriften werden unter M. in Anmerkungen wiedergegeben. (Nr. 82.)

Nach dieser Instruktion begannen die Visitatoren am 15. Januar 1562 ihr Visitationswerk. Als Visitatoren begegnen wir in den Quellen: Boetius, Superintendent von Halle, Valentin Sporer, Superintendent von Calbe, Jacob Prätorius, Pfarrer in Neustadt-Magdeburg, Dr. Anton Freudeman, Kanzler Joh. Trauterbuhl, Bartholomäus Uhden, Magdeburger Hofrath. Von Adligen wechseln mit einander ab die Herren v. Alvensleben, v. Meindorf, v. Arnim, v. Trotha. Für das Bisthum Halberstadt wurden obigen vier Geistlichen zugeordnet: Johann von Barby, Christoph von Hoym, Caspar Breitsprach, Jodocus Otto und Matthias Schwein.

Die Protokolle des Holzkreises, des Jerichow'schen, des Jüterbogk'schen und eines Theiles des Saalkreises liegen im Staatsarchiv zu Magdeburg. (A. 6, Nr. 544, 545; M. II, Nr. 510; A. 50, I, Nr. 323, 326; Kultusarchiv Nr. 2434, 2435, 2436.)

Die Protokolle des Holzkreises und des Jerichow'schen Kreises hat Danneil, a. a. O. wörtlich abgedruckt. Eine Verarbeitung des Materials für die Dörfer des Holzkreises bietet Riemer, in Bd. 36 der Magdeburger Geschichtsblätter. Die Protokolle des Jüterbogk'schen Kreises hat Götze in Bd. 10 der Magdeburger Geschichtsblätter, S. 117—162, 209—259, 378 bis 390, wenn auch zum Theil nur auszugsweise, publicirt.

Die Protokolle für das Stift Halberstadt, wo die Visitation am 8. Juni 1564 begann und bis zum December 1564 dauerte, hat Nebe, a. a. O. zum Theil wörtlich, zum Theil im Auszuge, zum Theil modernisirt abgedruckt. Die Quelle giebt er nirgends an. Sie ist aber offenbar das Staatsarchiv zu Magdeburg, Cop. 600 (jetzige Bezeichnung: Rep. 13, 848ᵃ).

Von den Visitationsprotokollen hat D a n n e i l zunächst diejenigen für die Städte des Holzkreises abgedruckt, nämlich für Grossensalza, Stassfurt, Alten-Stassfurt, Wanzleben, Calbe, Acken, Schönebeck, Neustadt-Magdeburg, Sudenburg-Magdeburg, Frose, Hadmersleben, Egeln, Wolmirstedt, Obisfeld, Neu-Haldensleben.

Von der Alt-Stadt Magdeburg meldet das Protokoll: „hat sich der visitation nicht unterwerfen wollen."

In Heft 2 werden von D a n n e i l die Flecken und Dörfer des Holzkreises behandelt. In Heft 3 Städte und Dörfer im Lande Jerichow. Hierher gehörten namentlich die Städte Burg, Loburg, Möckern, Sandau.

Bei dieser Visitation wurden von den Räthen oder den Geistlichen der Städte verschiedene Ordnungen überreicht, welche autonom in den Städten entstanden waren und nunmehr, soweit sie von den Visitatoren nicht beanstandet wurden, die Anerkennung der Landesobrigkeit erhielten. Solche sind:

für Grossensalza eine Schul-Ordnung (D a n n e i l S. 8—9),

für Hadmersleben eine Gottesdienst-Ordnung (D a n n e i l S. 36),

für Neuhaldensleben eine Gottesdienst-Ordnung (D a n n e i l S. 53) und eine Schul-Ordnung (D a n n e i l S. 55). Auch regelten die Visitatoren einige wenige Punkte (D a n n e i l S. 52).

Für Stassfurt trafen die Visitatoren Freitags nach Martini (17. November) 1564 eine Anordnung allgemeinen Charakters (D a n n e i l S. 14—15).

Aus dem Kreise Jerichow sei eine Schul-Ordnung für Burg erwähnt (D a n n e i l S. 92). Burg besass übrigens eine Kirchen-Ordnung aus dem Jahre 1542. (Vgl. unter Burg.)

Die von D a n n e i l nicht behandelte Visitation des Jüterbogk'schen Kreises lernen wir aus Magdeburg, St.A., A. 6, Nr. 545 kennen. Die Protokolle sind theils wörtlich, theils im Auszuge von G ö t z e, in: Magdeburger Geschichtsblätter 10, 117 ff. abgedruckt. Im Allgemeinen bieten sie dasselbe Bild wie die anderen Kreise. Ich hebe folgende Ordnungen hervor:

Luckenwalde überreicht eine Schul-Ordnung.

Für Jüterbogk ist zu erwähnen eine Verordnung der Visitatoren (Magdeburg, St.A., A. 6, Nr. 545, S. 116 ff.), eine überreichte Schul-Ordnung (eodem Bl. 173—197, abgedruckt bei G ö t z e, a. a. O.), und eine „Form wie man mit öffentlichen sündern allhie zu Jüterbock mit öffentlicher christlicher buss procediren oder verfahren soll" vom Jahre 1562 (Magdeburg, St.A., A. 6, Nr. 545, Bl. 198—204, bei G ö t z e nur auszugsweise abgedruckt).

Über den Saalkreis giebt uns wenigstens bezüglich der Stadt Halle das Staatsarchiv zu Magdeburg, A. 50, I, Nr. 325, 326 Auskunft. Es sei auf die Darstellung bei Halle verwiesen.

Wir drucken von vorstehenden Ordnungen ab: die Gottesdienst-Ordnung für Hadmersleben, die drei Ordnungen für Neuhaldensleben, die Ordnung für Stassfurt, und die Buss-Ordnung für Jüterbogk. Vgl. bei den betreffenden Städten.

Die Anordnungen der Visitatoren sind im Übrigen ganz specieller Natur und beziehen sich überwiegend auf Einkommensverhältnisse. Das Land war ja schon zumeist längst protestantisch geworden. Die Visitatoren brauchten daher keine grundlegenden Ordnungen erst aufzurichten. Man beliess es da bei den bestehenden Zuständen. Die Gemeinden hatten ja wohl alle anerkannte Agenden im Gebrauch, und zwar zumeist die sogenannte Wittenberger (1559), d. h. die mecklenburgische Agende von 1552. Auf diese haben denn auch die Visitatoren gemäss der Instruktion als Richtschnur verwiesen (D a n n e i l, Heft 2, S. XIX, XXI).

Nach beendeter Visitation überreichten die Visitatoren auf dem „grossen ausschuss-tage" zu Magdeburg, Samstags am Tage Petri und Pauli (30. Juni) 1564, der Landschaft einige „nothwendige artikel", das sind neun Punkte, die den Visitatoren als besonders verbesserungsbedürftig entgegengetreten waren. [Vgl. Magdeburg, St.A., M. II, Nr. 510, Bl. 10.] Dieselben betrafen die Exekution der Visitation, „durch was personen die consistorial- oder offizialhendel furderhin zu verrichten", Errichtung von Schulen und Hospitälern auf dem Lande, Geldangelegenheiten, Punkt 9: „weil mit den synoden im lande hin und wieder grosse unordnung gehalten wird, wie solche in eine feine christliche ordnung zu bringen".

Der Administrator fasste diese Wünsche und die sonstigen Ergebnisse der Visitationen in einem „Verzeichniss etzlicher vornehmen mengel" zusammen, welches wir in Magdeburg, St.A., M. II, Nr. 510, Bl. 11 ff. finden, und welches Danneil Heft 1, S. XVI abgedruckt hat. Dasselbe lautet:

Verzeichniss der bei der visitation festgestellten mängel.

„Vorzeichnis etzlicher vornehmen mengel, so in gehaltener visitation des erzstifts Magdeburg anno 63 und 64 befunden worden, darauf unser gnedigster herr der administrator etc. eines hochwirdigen thumbcapitel und gemeiner landschaft redlichs bedenken gnediglich suchen und begeren thut.

Erstlich weil in etzlichen klostern des erzstifts die papisterei noch im schwange und teglicher ubung gehet, daraus bei den benachbarten allerhand ergernus entstehet, ob nicht derentwegen eine christliche reformation anzustellen.

Zum andern, weil in ehesachen und andern consistorial-hendeln teglich viel irrungen und unrichtigkeiten furfallen, ob nicht ein consistorium anzurichten oder sonst eine ordnung zu machen sein mochte, wie in solchen hendeln zu procediren.

Zum dritten, ob nicht notig sein sollte, superintendenten oder andere inspectores, so auf der pfarher und pfarkinder lehr und leben achtung geben mochten, zu ordenen und uf was mass.

Zum vierden, ob nicht eine ordenung zu machen, wie es mit der vocation, beleihung und einweisung der kirchen- und schuldiener zu halten, weil derenthalben oftmals irrungen vorfallen.

Zum funften, weil an vielen orten befunden, das die pfarrer und custer von der pfarrgütern, so doch nicht ir eigen seind, die landsteur geben, auch an etzlichen ortern die pfarher iren lehenhern und andern jerliche pension reichen mussen, ob solche beschwerung nicht billich abzuschaffen.

Zum sechsten, wie es mit denjenigen zu halten, so kirchen- oder pfarguter an sich gezogen oder sich selbst oder die ihren mit den pfarren und derselbigen gutere belehnen lassen.

Zum sibenden, wie es mit den geistlichen lehen in stetten und dorfern zu halten, so von leuten, die doch den kirchen nicht dienen und zum theil im erzstift nicht gesessen, gebraucht werden.

Zum achten, wie es mit den desolirten lehen als kalant und dergleichen zu halten.

Zum neunden, ob nicht notig sein solte, das jerlich oder ja zum wenigsten in zwei oder drei jaren einmal eine specialvisitation im erzstift vorgenommen und gehalten wurde.

Zum zehenden, ob nicht uber der vorigen gestalten ordenung der disciplina und was dem anhengig, nochmals billig gehalten wurde, weil es an vielen orten wiederumb gar in unordnung gerathen.

Zum eilften, weil an etzlichen orten die einkommen der pfarren, so gar geringe, das sich die pfarhern mit grosser not darauf behelfen konnen, wie demselbigen zu rathen.

Zum zwolften, ob nicht nochmals eine durchgehende vorordenung zu machen, wie es mit den hospitalien, spenden, gemeinen gottskasten und kirchen-rechnungen zu halten.

Zum dreizehenden, ob nicht das cathedraticum, so an etzlichen ortern nach dem papistischen gebrauch noch genommen wird, billich abzuschaffen sei. Es ist aber das cathedraticum, so vor jaren in der papisterei, wan ein pfarrer verstorben, seine gelassen concubina und uneheliche kinder, do sie ihren vater haben erben wollen, geben mussen, das beste pferd, das beste kleit, die zwei besten betten, und eine grosse zermern [zinnerne?] kannen.

Zum vierzehenden, ob nicht der leikauf, so die custer auf den dorfern jerlich den pauern geben mussen, abzuschaffen.

Zum funfzehenden, ob nicht ein ordenunge billich zu machen, wie den pfarhern und anderen kirchen- oder schuldienern an denen ortern, da sie den zehenden im felde zu heben haben, solcher zehende solle gegeben werden, weil ihnen gemeiniglich das geringste getreidich im felde gelassen wird.

Zum sechzehenden und letzten, ob nicht die notturft sein wolte, von einer ordenung zu reden und zu schliessen, wie allen andern mengeln, so in nechst gehaltener visitation befunden worden, und die visitation acta ausweisen, fuglich und nach billigkeit abzuhelfen."

Man sieht, ausser den leidigen Finanzen waren es im Wesentlichen drei Punkte, über welche die Visitatoren Klage führten und der Administrator das Gutachten der Landschaft zu hören begehrte: der Zustand in den Klöstern, das Darniederliegen von Zucht und Sitte und der Mangel einer Verfassung, insonderheit eines Ehegerichts, eines Consistoriums und einer Synodal-Ordnung.

Der erste Punkt fand seine Erledigung durch spätere Visitationen. Solche sind uns überliefert aus den Jahren 1570 (D a n n e i l S. VII), 1573 (D a n n e i l, 2. Heft, S. XIX, zwei Klostervisitationen), 1577 (D a n n e i l, Heft 2, S. XXI, drei Klostervisitationen). Vgl. Staatsarchiv zu Magdeburg, A. 2, Nr. 1033, Acta, betr. die von dem Erzbischof Sigismund und Joachim Friedrich angeordneten Visitationen der Klöster 1563/81. Ebenda M. II, Nr. 510, Bl. 37 ff. steht die Instruktion Joachim Friedrich's für die Klostervisitationen.

Was den zweiten Punkt anlangt, so hatte der Erzbischof schon Freitags nach Trinitatis (30. Mai) 1562 eine Ordnung erlassen zur Hebung von Zucht und Sitte im Lande. Diese Verordnung steht im offenbaren Zusammenhange mit den Visitationen und ist sicherlich durch die Berichte der Visitatoren veranlasst.

Diese landesherrliche Ordnung hat A r n d t in der Halberstädter Zeitung und Intelligenzblatt erstmalig nach der Handschrift im Staatsarchiv zu Magdeburg (Erzstift Magdeburg III, Nr. 57), „Mandat des Erzbischofs Sigismund wegen der Kirchendisciplin in Beziehung auf das bürgerliche Leben, 1562" veröffentlicht. Ausserdem soll A r n d t die Ordnung in ein Exemplar von „M e n g e r i n g, Scrutinium conscientiae catecheticum" auf der kgl. Bibliothek zu Berlin hineingeschrieben sein, worauf ein Vermerk hinweist: „Die erste Kirchen - Ordnung im Erzstift Magdeburg, die hernach von M. Tilemann Olearius anderweit zum Druck befördert worden, aber dennoch überaus rar ist, ist hier S. 1378—1384 ganz einverleibt." Ich habe einen Druck dieser Ordnung gefunden in einem Sammelbande der Universitätsbibliothek zu Jena, Thl. XXXVI, o. 32, und zwar in folgendem Schriftchen dieses Bandes: „Speculum disciplinae ecclesiasticae et civilis oder kirchen- und welt zuchts-spiegel, das ist kurzer bericht, wie vor 100 jahren die öffentliche kirchen- und civil-buss, sonderlich im stift Magdeburg praescribirt, demandiret und getrieben worden, wie aus des weiland hochw. u. s. w. fürsten und herrn, herrn Sigismundi, erzbischofen zu Magdeburg etc. (so d. M e n g e r i n g in seinem kirchenordnungsauszuge 'Scrutinio conscientiae' ihn ausführet) zu ersehen, samt anführung in etzlichen hauptpunkten unsers hohen landes fürstl. hochrühmlicher interims-ordnung in ersten puncten geistlichen und weltlichen zum unterricht und löblichen nachfolge in diesen zeiten vorgestellet von M. J. S. Güstrow 1666."

Die Ordnung gelangt hier nach dem Magdeburger St.A. unter Angabe der von A r n d t angegebenen Varianten bei M e n g e r i n g und der Varianten des von mir eingesehenen Druckes zum Abdruck. (Nr. 83.)

In dem „Verzeichniss etlicher vornehmer mengel" des Administrators von 1564 wird in Punkt 10 darüber geklagt, dass die „vorige gestalte ordnung der disciplina" an vielen Orten „wiederumb in unordnung gerathen".

Man wird es also wohl bei einer neuen Einschärfung haben bewenden lassen.

III. Dagegen bedurfte der dritte Punkt eingehender Berathungen, denn er betraf einen Kernpunkt des Kirchenwesens. Wir finden daher eine ganze Reihe interessanter Gutachten im Magdeburger St.A., M. II, Nr. 510, so Bl. 17 ff. über die Stellung der Obrigkeit, über Kirchendisciplin, über Errichtung eines Consistoriums, Reformation der Klöster. (Aus letzterem Gutachten, welches nur wenige Jahre nach der Visitation Sigismund's liegen kann, ersehen wir ferner, dass auf die Visitation in Folge des am 13. September 1566 eingetretenen Todes des Erzbischofs keine „Exekution" gefolgt war.) Ebenda Bl. 65 ff. lesen wir ein Bedenken, welches sich der Erzbischof „der synoden, partikular-visitation und der ordination halben" erstatten liess. Hier wird das Verfahren Georg's von Anhalt als Vorbild empfohlen. Dieser habe zwei Arten von Visitationen eingeführt: generales und particulares. Die ersteren habe er in der Weise gehalten, dass er alle Superintendenten zusammen kommen liess und sie examinirte, die zweiten so, dass er alle Pfarrer seines Stifts einmal im Jahre zusammen kommen liess und jeden einzelnen examinirte; darauf seien dann die Lokal-Visitationen der einzelnen Superintendenten gefolgt. [Vgl. hierzu auch Bd. I S. 70 ff., Bd. II S. 4 ff. und Sehling, Kirchengesetzgebung unter Moritz von Sachsen und Georg von Anhalt. Leipzig 1899. S. 81 ff.]

Das Gutachten äussert sich auch über materielles Eherecht. Es bemerkt, dass die Cellische Ordnung, nach der man sich bisher gehalten habe, zwar für den Anfang gut gemeint gewesen sei, jetzt aber nicht mehr ausreiche, und macht dann interessante Verbesserungsvorschläge. [Zu der Cellischen Ordnung vgl. Bd. I S. 97 ff.]

Die Berathungen über diese wichtige Angelegenheit führten nicht so rasch zum Ziele.

Der Nachfolger Sigismund's († 15. September 1566), Joachim Friedrich von Brandenburg, verfolgte den Plan weiter. In seine Regierungszeit fällt der umfangreiche Entwurf einer Consistorial-Ordnung für das Erzstift, welcher sich im Staatsarchive Magdeburg (Erzstift M. II, XXIII, Religion pp. 19; andere Bezeichnung: II, Nr. 517) in einer Handschrift des 16. Jahrhunderts auf 38 Blättern vorfindet.

Diese umfangreiche Ordnung ist ein Entwurf, welcher etwa 1580 verfasst ist. Derselbe bedeutet einen gewissen Abschluss langjähriger Verhandlungen und bietet so viel Interesse an sich, dass ein kurzer Bericht über die für das Erzstift vorgeschlagene Ordnung gewiss am Platze ist. So wie er uns vorliegt, ist er eine Vorlage an den Fürsten. Im Auftrage desselben ist der Entwurf übersehen und verbessert worden; auch sind einige Punkte, z. B. zu Punkt IV, im Namen des Fürsten entschieden werden. Anderes dagegen hat auch diese Correctur dem Fürsten selbst (so zu Punkt IV i. pr.) bezw., wo es sich um Geldfragen handelt, der Landschaft anheimgestellt.

Ob der Entwurf ganz oder theilweise Gesetz geworden ist, vermag ich nicht zu sagen. Er ist aber auch ohnedies so bemerkenswerth, dass er ausnahmsweise mitgetheilt werden soll, und zwar auszugsweise. (Nr. 84.)

Ich spreche die Vermuthung aus, dass diese Consistorial-Ordnung oder der unten zu nennende Entwurf von 1585 die dritte Quelle ist, welche bei der Ausarbeitung der Kirchen-Ordnung des Schwedenkönigs Gustav Adolf für die Fürstenthümer Magdeburg-Halberstadt vom Jahre 1634 zu Grunde gelegt wurde, und dass diese Consistorial-Ordnung oder dieser Entwurf von 1585 mit der „Magdeburgischen Handschrift" gemeint ist, welche nach dem Befehl des Königs neben der kursächsischen Kirchen-Ordnung von 1580 und der coburgischen Kirchen-Ordnung von 1626 (der sogen. Casimiriana) als Quellen dienen sollten. Zur Entstehungsgeschichte der Kirchen-Ordnung Gustav Adolf's vgl. Arndt, in Deutsche Zeitschrift für Kirchenrecht 11, 254 ff.

IV. Unter Joachim Friedrich nahm der Ausbau des Kirchenwesens seinen rüstigen Fortgang.

Vor allen Dingen ist hier eine Visitation hervorzuheben. Die Quelle dafür ist Magdeburg, St.A. 2, Nr. 511. Hier finden wir Bl. 1 ff. das Projekt der Instruktion zur Visitation. Das Domcapitel äusserte Bedenken über die Visitationsform, weil die Visitations-Ordnung Sigismund's aufgegeben werden solle; es würde lieber sehen, wenn nach dieser verfahren würde; auch bitte es um Mittheilung der Namen der zu Visitatoren ausersehenen Persönlichkeiten. (Ebenda Bl. 59.)

Die Antwort des Fürsten zerstreute die Bedenken des Capitels (Bl. 63 ff.), und das Verzeichniss der Visitatoren wurde überschickt (Bl. 71 ff.). — Unter dem 10. Juni 1581 erging ein gedruckter Befehl des Administrators, dass, nachdem er beschlossen habe, die christliche Visitation nunmehr in's Werk zu setzen, für jede Kirche ein Exemplar der Augsburger Confession und der Concordienformel in deutscher Sprache angekauft werden solle.

Die Visitation zog sich aber doch bis 1583 hinaus. Am 25. Mai 1583 erging ein Befehl an die Visitatoren, am 10. Juni 1583 in Halle einzutreffen und die Visitation zu beginnen.

Die Visitations-Instruktion findet sich im Original, vom Administrator Joachim Friedrich unterschrieben, in Magdeburg, a. a. O. Bl. 74—95, und wird, da aus ihr die Bedeutung der Visitation am besten erkannt werden kann, erstmalig abgedruckt. (Nr. 85.)

Die Visitation fand in den Jahren 1583/1584 statt. Die von mir eingesehenen Visitationsakten bieten keine Ausbeute. Ein ausführlicher officieller Bericht der Visitatoren (eodem loco, Bl. 100—115) giebt Auskunft über die „Ordnung, so in der christlichen visitation anno 1583 und 1584 im erzstift Magdeburg gehalten". (Derselbe noch einmal ebenda Bl. 196—206.)

Über die Thätigkeit der Visitatoren werden wir bei den einzelnen Städten Näheres berichten; vgl. besonders unter Halle und Burg. Ausserdem ersehen wir dieselbe, abgesehen von den sonstigen Aktenstücken im genannten Bande des Magdeburger Archivs, aus Folgendem.

Die Visitatoren gebrauchten nämlich zur Verarbeitung des Materials ziemlich 3—4 Jahre. Erst am 23. Mai 1588 waren sie im Stande, dem Administrator einen ausführlichen Bericht darüber zu erstatten, was jetzt nach geschehener Visitation noch zu thun sei. (Magdeburg, St.A., cit. loco, Bl. 186 ff.). Diesem Berichte fügten sie eine Reihe von Beilagen bei: A) die von ihnen beobachtete Visitationsordnung [Bl. 196—206, vgl. vorhin]; B) „Judicia de pastoribus, d. i. verzeichniss der designation wie die pfarhern im erzstift in examine befunden" (Bl. 209 ff.); C) „Spezialbericht aus dem amte Zinna 1584, etliche grobe, unleidliche mengel so in itziger visitation fürnehmlichen im jüterbockischen kreis in genere befunden"; D) „Spezial mängel etlicher pfarrherrn"; E) „Bericht ausm amt Calbe und Stassfurt". —

Man sieht, die Visitatoren hatten ihre Aufgabe gründlich genommen. Das ganze Material wurde dem Administrator zugesandt. Ein Wunsch der Visitatoren ging dahin, dass den Pfarrherren und Gemeinden ein gemeiner Abschied, gewissermassen als bleibendes Ergebniss der Visitation, und eine allgemeine Kirchen-Ordnung zugestellt werden möge.

Der Administrator scheint dieser Anregung entsprochen zu haben. In demselben Bande des Archives, Bl. 242—254, finden sich „Artikel, aus der fürstlichen instruktion, so nach gehaltener visitation an jedem orte fürderlichst möchten gedruckt und den gerichtsherrn und pfarrherrn überantwortet werden, sich darnach künftig zu halten" (a. a. O. Bl. 242—254).

Da aber der Charakter dieses Stückes doch nicht völlig klar erhellt, unterbleibt der Abdruck.

Hier muss auch des Entwurfes einer Kirchen-Ordnung gedacht werden, der in das Jahr 1585 fällt. Offenbar im Anschlusse an die Visitation arbeiteten die Visitatoren im Auftrage des Fürsten eine allgemeine Kirchen-Ordnung aus, in der sie die Ergebnisse und Erfahrungen der Visitation verwertheten, zugleich aber auch, wie wir aus der Einleitung des Entwurfes entnehmen, andere Ordnungen excerpirten. Der Fürst liess dann den Entwurf durch das Domcapitel, die Hof- und Landräthe weiter berathen. Der fertige Entwurf liegt in einem sehr schön geschriebenen Bande des Staatsarchivs zu Magdeburg, Kultusarchiv Nr. 2442, vor uns. Er ist 210 Blätter stark und führt den Titel: „Des durchlauchtigsten ..... herrn Joachim Friedrichen ..... christliche ordnung, generalarticul, auch gemeiner bericht und befehl, wie es in den kirchen dieses erzstifts mit den pfarrern, kirchendienern, schulmeistern, küstern, den eingepfarrten und sonst allenthalben, auf jüngst beschehene visitation hinfüro gehalten werden soll". Der Schluss lautet: „Urkundlich mit unserem hier unten aufgetruckten sekret besiegelt. Geschehen und gegeben zu Halle, auf unserem schloss Sankt Moritzburg. Am tage anno 1585." Man sieht: der Entwurf war völlig fertig vorbereitet; es fehlte nur Datirung und Unterschrift. Diese ist aber offenbar nicht erfolgt. Wenigstens wissen wir nichts davon. Und deshalb unterbleibt hier auch der Abdruck.

Über die Beziehungen dieser Ordnung zur Kirchen-Ordnung Gustav Adolf's habe ich oben eine Vermuthung geäussert.

Einige kleinere Verfügungen des Administrators Joachim Friedrich auf kirchlichem Gebiete, wie z. B. das Ausschreiben wegen des Gottesdiensts in der Domkirche zu Halle vom 5. August 1896, werden bei den betreffenden Städten Erwähnung finden.

82. Visitations-Instruktion. 1562.

[Nach Danneil S. IX ff. Die Abweichungen der Handschrift des Magdeburg. St.A., Erzstift Magdeburg II, 510ª (früher A. 13, Nr. 846), sind unter M. in Anmerkungen gegeben. Mit diesen ist gleichlautend ein weiteres Exemplar im Staatsarchiv zu Magdeburg. Stift und Fürstenthum Halberstadt II, 846.]

Auf empfangenen befehlich des hochwürdigsten etc. herrn Sigismunden erzbischofen zu Magdeburg etc. marggrafen zu Brandenburg etc. haben sich die ehrenvesten Moritz von Arnim hauptmann zum Giebichenstein, Andreas von Meyendorf und Christof von Trota, beneben dem ehrwürdigen herrn m. Seb. Boetio, superint. zu Hall, und m. Jac. Prätorio pfarrer zu Magdeburg, und Bartol. Uden secretario, in abwesen Joachim von Alvensleben, d. Antoni Freudemans, mag. Joh. Sporers pfarrers zu Calbe[1]), in beisein des herrn canzlers d. Joh. Trauterbuhl, einer christlichen visitation halben durch beide stift Magdeburg und Halberstadt in dem namen gottes des allmächtigen, zu ehre seines geliebten sohnes und unseres heilandes Jesu Christi, und der kirchen zur erbauung und besserung christlich vereiniget und verglichen, als nemlichen im Saal-kreise zu Halle und im amt Giebichenstein auf den 14. jan. des 1562 jahres anzufahen auf folgende articul und weise.

Erstlich[2]) was die lehre, dass die nach gottes wort in allen kirchen reine sei, nach der augspurgischen confession, und dass die heil. sacramenta Christi nach des herrn einsetzung recht administrirt werden. 2. Dass mit den ceremonien rechte ordnung gehalten werde. 3. Dass eine ordentliche weise sei . in städten und dorfschaften, die pastores zu berufen, auch wie superintendenten bestellet und ordinatio in beiden stiften eingerichtet werde. 4. Was die disciplina betrifft, eine christliche zucht anzurichten und zu erhalten. 5. Der kirchen und pfarrer güter und einkommen halber, gebeude und dergleichen, dass die nicht in abnehmen kommen sondern in esse erhalten, auch was alienirt, oder sonsten unrichtig, wieder zu recht und besserung gebracht werde[1]). 6. Was die schulen betrifft in städten und flecken darauf zu sehen, und da es vonnöthen schulordnung anzurichten. 7. Aufzusehen, wie es mit den almosen, spitalen, gemeinen kasten zugehe, auch wie geistl. lehnen und prebenden hin und wieder recht gebraucht werden. 8. Der clöster halber etc.[2]). Diesen articul will u. g. herr einstellen, bis zu die gemeine reformation, dazu des canzlers und gemeiner landschaft rath vonnöten.

1. Von der lehre. Hier ist erstlich vonnöthen alle pfarrer und kirchen-diener durch beide stifter jeden insonderheit zu examiniren, wie sie die christl. lehre verstehen, und ihnen ernstlichen

---

[1]) Die Visitatoren lauteten in M.: „Moritz von Arnim, hauptmann zu Giebichenstein, Andreas von Meindorf, Joachim von Alvensleben, Christof von Trota, beneben dem ehrwirdigen Sebastiano Boëtio, superintendenten zu Halle, m. Johann Sporer, pfarrher zu Halle, m. Jacobo Praetorio".

[2]) M. hat hier eine Überschrift: Auf welche artikel die visitation in beiden stiftern Magdeburg und Halberstadt gerichtet sein.

[1]) M.: das die nicht in abnehmen kommen, sondern erhalten werden, auch das unrichtig, wider zurecht und in besserung gebracht werde.

[2]) M.: die abgötterei und missbrauch darinnen zu abrogiren und do es von noten die seelsorge recht anzurichten.

fürzuhalten, dass sie bei der reinen lehre des
evangelii bleiben, die biblia fleissig lesen, und die
pfarrleute treulich lehren, nach erklärung der
augsp. confession, dass sie auch alle corruptelen
und secten, so in der augsp. confession condemniret und der zuwider sein mögen, meiden, fliehen
und strafen sollen.   Hierbei ist vonnöten, dass
sie den catechismum d. M. Lutheri fleissig
treiben, auch das junge volk selbst verhören sollen,
und eine gleichförmige weise [1]) mit dem catechismo
durch alle kirchen gehalten werde.   Dass sie
auch mit den hochwürdigen sacramenten
Christi der taufe und den h. abendmahl recht umgehen, nicht anders denn nach Christi des herrn
ordnung und einsetzen, und in diesen hohen gottes
sachen nicht ein jeder seinen gutdünken volge,
nicht abergläubige zusätze, oder sonst was ärger-
liches halte, sollen die pfarrer die Wittenbergische agenda in allen kirchen haben
und sich darnach richten, in allen wie es die
agenda ausweiset, durch bede stifte, und dabei
bleiben.

Soll auch den pfarrern befohlen werden, die
beichtkinder jedes insonderheit zu verhören,
zu unterrichten und die absolution zu sprechen.

Würde nun in der lehre, in handlung der
sacramente an einigen orten was unchristliches
befunden, dass solches alsbalde die visitatores abschaffen und nach gottes wort allein richten sollen.

Die pfarrer, so zum predigtamte untüchtig
befunden und bei denen keine besserung zu gewarten, sollen alsbalde abgesetzt, und andere
tüchtige an die statt verordnet werden, und dass
man hierauf fleissige achtung habe, vornemlich
gottes ehre und der menschen seligkeit zu bedenken. Wenn der pfarrer verhöret worden, sollen
auch die pfarrleute, wo nicht alle, doch etliche
in beisein der andern verhört werden, wie sie
beten, die stücke des catechismi, die zehen gebot,
und die articul unsers christl. glaubens wissen,
item ob sie auch als christen sich zur kirchen, der
h. communion halten, da jemand roh [2]), ergerlich
befunden, den sollen die visitatores zur besserung
ernstlich vermahnen und dem pfarrer befehlen,
dass er auf seine schäflein sehe, und die pfarrleute zusagen lassen, dass sie als christen sich
erzeigen und ihren seelsorger folgen.   Darum
werden neben dem pfarner und custos aus einer
jeglichen dorfschaft die gemeine, sonderlich die
hauswirthe vorgefordert und also sehr verhör sollen,
und einen jeden superintendenten zu bevehlen,
ferner auf die leute zu sehen, dass auch an einem
jeden orte der hauptmann, vogt oder befehlshaber,
auch die junkern, so der orte gerichte haben,

darbei sein und bevohlen sein lassen, neben den
superintendenten gottes ehre und erbauung der
christenheit treulich zu fordern.

2. Von ceremonien. An eusserlichen
ceremonien ist gottes ehre und dienst auch die
religion und menschen trost nicht gelegen, darf
auch gleichförmigkeit in allen kirchen in solchen
euserlichen weisen nicht nothhalben angerichtet
werden, weil aller orte gelegenheit nicht gleich,
doch sollen die visitators auch einsehen haben,
dass nach dem spruch Pauli omnia decenter et
secundum ordinem fiant, in kirchen-amte, in festen,
in singen, lesen, reichung der sacramente, hoch-
zeit-segen, begräbnis etc. feine ordnunge, und dass
nicht ein jeder pfarrer ihme ein sonderliches mache,
uneinigkeit und ärgerniss anrichte, so soll ihnen
die agenda, davon oben gesagt, befohlen werden,
messgewand, chorröcke, lichter aufs altar, altar-
tücher, singen lateinisch oder teutsch soll man
bleiben lassen zu halten oder nicht, wie es einer
jeden kirche in gebrauch ist, dass hier mit enderunge,
abthuung oder aufrichtung keine unruhe in kirchen
angerichtet werde, nach dem spruch Christi: Regnum domini non venit cum observatione, aber
ärgerliche, abergläubische ceremonien, ob die wol
alt wären, soll man doch abschaffen, als abgöttische
bilder, da etwan ein cultus wäre angewandt worden,
sacrament-häuslein, monstranz, elevatio, adoratio,
circuitus, kirchweihe, taufweihe [1]) u. d. gl.

Diesen artikel soll man nicht setzen, aber
nach gelegenheit verrichten [2]).

3. Von der vocation der kirchen-
diener [3]). Dass ohne beruf sich niemands unterstehe offentlich oder in winkeln zu lehren, oder
andere sachen, so dem kirchen - amt zustehen,
ausser der not zu verrichten, sondern dass sich
jeder pfarr leute [4]) an ihren ordentlichen pfarrer
halten, und bei ihme sich der seelsorge erholen,
so sollen die visitatores ordnung machen, wie die
vocationes pastorum geschehen sollen, dazu in allen
vornehmen stedten superintendenten verordnen,
das [5]) aufsehen auf die kirchen und pfarrer auferleget werde, jeden in seinen creise.

Wann nun eine pfarr verlediget, so
sollen die pfarrleute ohne verzug dem superintendenten und collatorn, der das jus patronatus hat,
um einen pfarrer ersuchen, der collator habe jus
nominandi, und der superintendens zu examiniren,
und da die person tüchtig ist, zu confirmiren,
doch also dass die pfarrleute erst den, so zu ihrer
kirche soll berufen werden, hören, und ob sie gefallen zu ihm haben, sich erkleren, denn mit

---

[1]) M.: form.
[2]) M.: roh, irrig, ergerlich.

[1]) M.: kirchen weihung, tauf weihung.
[2]) M.: Dieser Satz fehlt.
[3]) M.: diener.
[4]) M.: „pfarrleute" fehlt.
[5]) M.: den das.

gewalt wegen des juris patronatus soll kein pfarrer in die kirche mit unwillen eingedrungen werden.

Die pfarrleute sollen dem berufenen pfarrer f u h r e a u s r i c h t e n, ihn mit den seinen und seinen gerethe zu holen. Kein collator soll die lehen thuen dem, der zum kirchen-amt untüchtig, oder sonst das amt nicht könne verwalten, dass es heisse beneficium propter officium, und da schon jemand ein pfarlehn in besitz hätte, und die pfarre nicht verwaltet, dass er davon ohne einig reservat abstehen[1] muss. Die collation[2] soll umsonst und ohne alle anforderung geschehen, und obschon eingerissen wäre der missbrauch, dass die collatores ihnen etwas von einkommen der pfarre fürbehalten, so soll solches abgeschaffet werden, und die pfarren von den unrechten beschwerungen ganz und gar befriedet[3] werden. Einen c u s t o s a u f n d o r f e soll der pfarrer und die gemeine annehmen, und erlauben; wo hiermit uneinigkeit einfiele, soll es alsdann vor den superintendenten gebracht werden. In städten soll der rath einen pfarrer vociren, doch also, dass er von der kirchen erstlich öffentlich gehöret werde, und etliche als die kirchväter oder sonst verordnete aus der gemeinde sollen ihre stimme dazu gegeben haben. Ein s u p e r i n t e n d e n s soll von dem consistorio, so viel die superattendenz betrifft, geordnet werden. Die d i a c o n i in städten sollen vom pfarrer und rathe vociret werden, desgleichen wo mehr[4] denn ein pfarrer in einer stadt wäre, und dass der vocation halber nicht zwiespalt in städten angerichtet werde, in dem allen werden die herren visitatores nach der orte gelegenheit ordnung zu machen, fleiss thun.

Es wollen auch die visitatores, so balde die visitatio im schwang gebracht, darauf bedacht sein, in einer oder zwei vornehmen städten, als M a g d e b u r g, H a l l e, H a l b e r s t a d t d i e o r - d i n a t i o n oder priesterweihe a n z u r i c h t e n, weil es ubel stehet und unbequem, dass die ordinanden in andern fremden fürstenthum sollen gewigen[5] werden.

4. V o n d e r d i s c i p l i n a. Zu verhüten unchristlich und ergerlich leben, dem heil. evangelio zugegen, will vonnöthen sein, erstlich dass die s u p e r i n t e n d e n t e n auf die pfarrer in jedem creise gute achtung haben, dass sie selbst nicht sträflich leben, und da etwan ein pfarrer sein würde, der ein säufer, spieler, unzüchtiger, haderer, wucherer, jäger oder vogelsteller wäre, den soll der superintendens mit ernste vermahnen, und ihn die schenke und ärgerlich leben verbieten, wo er

nach beschehener vermahnung sich nicht bessern würde, soll der superintendens und amtmann ihn entsetzen, und dem ärgerlichen wesen in keine wege zu sehen noch nötigen[1]).

Die p f a r r e r sollen das v o l k in den predigten und beicht vermahnen, dass sie als christen leben[2]) und niemand ärgernis geben, sollen auch öffentliche stünde und ärgernüs in genere und in specie strafen öffentlich, und da sie sähen unter ihren pfarrleuten lästerer, trunkenbolzen, unzüchtige, oder die in hass und feindschaft und verachtung der predigten und hochwürdigen sacramenten dahin gehen, sollen sie sie fürnehmen, und zur busse vermahnen, da sie sich nicht zur besserung schicken, soll er sie zur communion item zur taufe zu stehen nicht zu lassen, und da jemand darüber in seinen stünden beharren und darinnen sterben würde, soll sie der pfarrer nicht mit christlichen gesängen begraben, und ob man ihme den gottes acker nicht weigern wolte, soll doch der pfarrer noch die schüler nicht mitgehen, nicht läuten noch singen, dergleichen soll gehalten werden mit denen, so in todstünden ohne besserung[3]) sterben, die so in völlerei, im[4]) balgen, über den spielen ermordet werden, und dis soll ohne ansehen der person oder freundschaft in dörfern oder städten gleich gehalten werden, doch wisse der pfarrer hierinnen seuberlich zu fahren und zu verdammen nicht zu schnelle sein.

In b a n n öffentlich zu erklären soll kein pfarrer für sich macht haben, sondern die cognitio und erkäntnüss, welche durchs consistorium geschehen muss, soll vorher gehen. In e h e - s a c h e n soll kein pfarrer zu sprechen haben, sondern die sachen den verordneten oder consistorio zu weisen. Ein pfarrer soll niemand fremdes, die gelaufen kommen, c o p u l i r e n oder zusammengeben.

Das a u f b i e t e n werde gehalten nach der agenda.

Das auch allenthalben in stedten und dörfern verhütet oder verboten[5]) werde, dass an son · tagen, festen, unter den göttlichen ämtern kein schenken, zechen, spielen, hantieren, schiessen u. d. gl. gelitten werden, hievon soll dem amtmann und rathe allenthalben befehl geschehen. Dass auch niemand die f e i e r t a g e zu felde oder holze fahre, sondern der kirche warnehme, soll bei einer busse verboten werden. Unter der predigt sollen die pfarrleute nicht auf dem kirchhofe oder andern plätzen spaziren, da dis an einen

---

[1]) M.: abtreten.
[2]) M.: die collation oder beleihung.
[3]) M.: befreiet.
[4]) M.: wo nicht mehr.
[5]) M.: geweiht.

[1]) M.: nachgeben.
[2]) M.: „dass sie als christen leben" fehlt.
[3]) M.: busse.
[4]) M.: über dem.
[5]) M.: statt: verhütet oder verboten: „verschafft".

jeden orte also geordnet, und darnach[1]) darüber gehalten werde.

5. **Von einkommen und gütern.** Im examen werde fleissig erkundigung gehalten und ordentlich unterschiedlich in registration gebracht, der kirchen, pfarren, custodien güter, liegende gründe, zinse, zehende, item was jura parochialia oder accidentalia von taufen, opfergelde, sprengelde, aufbieten, copulation, introduction, begräbnis von alters sei gegeben worden, diese registration soll alsdann hernach dem erzbischoflichen hofe zugestellet werden, dem fürstl. rathe und notario, die zur visitation verordnet, untergeben, auch einen jeden superintendenten eine copei, so viel seinen creis betrifft, dass auch alles, was in der visitation verschafft, in das visitation-buch verleibet werde, auch was unrichtig ist stecken blieben, um der nachrichtung willen. Wo jemand von einer kirche, pfarre oder custodie etwas von gütern, eckern, holz, wiesen, werdern, zinse, zehenden u. s. w. entzogen hette, dem soll das alienirte gut wieder zu restituiren durch die herren visitatorn befohlen werden, und hierinnen ja niemanden aus gunst oder furcht etwas[2]) nachgehenget werden. Da die pfarrer klagen, dass ihnen ihr einkommen, zehende, zinse böslich bezahlet würde, soll den leuten alsobalde auferleget werden, dass sie was sie schuldig sein geben, und wo mangel, dass der amtmann oder rath an einem jeden orte darüber helfe und darob halte. Der zehende soll nicht nach dem geringsten ausgeschoben[3]), sondern gleichförmig, wie es im felde liegt, dem pfarrer einzuführen, zugelassen werden. Die pfarren[4]) und custodien sollen die pfarrleute zu bauen schuldig sein und auch allezeit was an hauptgebeuden mangelhaftig wäre zu erbauen, doch also, dass die pfarrer solches nicht verwüsten, sondern erhalten.

Die pfarrleute sollen den kirchhof ums begräbnis willen verwahren, dass nicht das vieh darauf laufe; das gras oder was sonst darauf wächset, soll dem pfarrer gehören, doch also, dass er sein vieh nicht darauf treibe. Wo eine pfarre zu geringe, dass sich ein pfarrer nicht ernehren kann, sollen die visitatorn zwo pfarren zusammen schlagen, oder wo solches nicht geschehen kan, bei dem erzbischof damit den armen pfarren eine zulage geschehe, mit bitten zu erlangen anhalten[5]), sonderlich wo eine pfarre einem closter wäre incorporirt gewesen, und das closter in enderung kommen wäre, dass die pfarren nicht bloss gelassen werden, sondern wieder bewidmet[6])

werden, ist hoch von nöten Die pfarrgüter sollen mit schatzung oder sonsten anderer beschwerung ganz und gar verschonet und hievon frei gemacht werden, item dass die collatores der pfarren oder kirchengüter die, wem sie wollen auszuthuen, selbst nicht anmassen sollen, sondern die altar männer sollen wegen der kirchen solches zu thun macht haben, und ein jeder pfarrer die pfarr-äcker selbst zu treiben oder auszuthuen, unverhindert sein. Die altarmenner sollen jährlich in städten und dörfern in beisein des pfarrers, der pfarrleuten ihr kirchen-rechnung thuen und register darüber halten; würde hierinnen was unrichtiges einfallen, dass der amtmann und superintendens, sich einsehen[1]) haben, wo die pfarrleute mit bestellung der äcker, fuhren oder dienst dem pfarrherr von alters sein verhaft gewesen, das soll ins visitations-buch, mit andern einkommen verleibet werden. Wo ein alter oder sonst gebrechlicher pfarrer zum amte nicht mehr tüchtig müsse abgesetzet werden, soll er nicht an den bettelstab gewiesen, sondern dass ihme etwa aus dem nechst gelegenen closter eine provision auf sein leben gemacht werde, auch wo grosse noth vorhanden mit verlassenen armen witwen und kindern solches werden die herren visitatorn beim erzbischove suchen und befordern.

6. **Von schulen.** In allen städten gross und klein, und was sonst flecken sein, sollen allenthalben schulen gehalten werden, die visitatorn aufsehen, selbst in die schulen gehen, und die schulmeister examiniren, und wo es fehlet, schulordnungen machen und fürschreiben[2]). Die schulmeister soll ein rath in einer jeglichen stadt mit zuthun des pfarrers und superintendenten annehmen und urlauben[3]). Welcher gestalt die schulmeister unterhalten und besoldet werden, soll in die registration neben der pfarren einkommen auch gesetzet werden.

7. **Von geistlichen lehen.** Man soll sich allenthalben erkundigen, was in einer jeden kirchen und capellen in städten und dörfern vor geistliche lehen, brüderschaften, vicarien, commenden u. s. w. sein. Item, was ihr einkommen sei. Item, wer der besitzer sei. Item, bei wem die jura oder briefliche urkunden verwahret werden, dass hierinnen dis einsehen geschehe, dass solche einkommen nicht verrücket, oder in profanos usus, sondern zur erhaltung der kirchen, kirchen-ämter, schulen, armen knaben, so studiren, gewendet und gebraucht werde.

8. **Von clöstern[4]).** In den clostern da

---

[1]) M.: der ernst.
[2]) M.: „etwas" fehlt.   [3]) M.: ausgezogen.
[4]) M.: pfarrhöfe.
[5]) M.: mit beclagende anhalten.
[6]) M.: bestalt.

[1]) M.: ein aufsehen.
[2]) M.: „und fürschreiben" fehlt.
[3]) M.: versorgen.
[4]) In M. lautet dieser Abschnitt:
„In clöstern da noch die alten missbreuche und abgötterei weren, werden die visitatoren ihrem befelich

noch die alten missbreuche und abgötterei wären etc. Dieser articul soll noch zur zeit eingestellet werden.

Da auch vorfiele, dass etliche punkte der nothdurft nach nicht bewogen, und die visitatores be-

finden würden, dass gleichwol daran gottes ehre und der menschen seelen seligkeit gelegen, sollen sie die visitatores in deme christliche ordnung zu machen, und billiche beschaffung zu thun, gemächtiget sein.

---

nach dasselbig was unchristlich abrogirn und rein und gar abschaffen und verordnen, das die personen so im closter bleiben und unterhalten werden müssen, mit der seelsorge so viel als andere pfarrleute christlich und wol versehen werden. Und da jemand in seinem irrthumb und abgöttischen wesen halsstarrig befunden und sich zu einer rechten lehre und gottes dienst nicht begeben wolt, soll mit demselbigen gleichwol das verschafft werden, das sie ihre mess halten, oder ander abgötterei nicht treiben, noch jemals wiederumb aufrichten, auch sich lesterung wider die christliche lehre und reformation enthalten müssen. Dem pfarrher, dem

solche seelsorge bevohlen wird, soll sein unterhaltung aus dem closters guter haben.

Es sollen auch hinfurter gar keine personen in die closter gekleidet, noch eingesegnet werden.

Beschlus: Es wird auch für notwendig geachtet, das in die instruktion und zu ende derselben clauseln mit einverleubt werden, da etwan furfiele, das etzliche punkt der notturft nicht bewogen (wie oben, bis zum Schluss).

Hierauf folgt dann noch in M.: Item da der amptleute in der instruktion gedacht, das die vom adel und andere, so jedes orts ire eigene gerichte haben, mit gemeinet und eingezogen werden. —

83. Mandat des Erzbischofs Sigismunds, betr. die Kirchendisciplin. Vom 30. Mai 1562.

[Aus dem Magdeburger St.A. III, 57 abgedruckt von Arndt, a. a. O. Die Abweichungen des Druckes von Mengering und des von mir verglichenen Druckes (vgl. oben S. 404) stehen in Anmerkungen.]

Wir Sigismund von gottes gnaden, erzbischof zu Magdeburg, primas in Germanien, administrator des stifts Halberstadt, marggrafe zu Brandenburg, zu Stetin, Pommern, der Cassuben und Wenden, und in Schlesien zu Crossen herzog, burggrafe zu Neuenburg, und furst zu Rugen, hiermit bekenen, dass wir von unseren verordneten visitatorn berichtet worden, dass unsere underthanen, hin und wieder, in eine rohe, wuste, wilde, ungezogen leben also geraten, dass die liebe, beide gegen gott und dem nechsten, bei vielen genzlich erloschen, auch on alle gottesfurcht, sonderlich in dorfschaften, wie die wilden thiere, ir leben mit öffentlichen sunden, ohne scheu zubringen, und wo deme nicht vorkommen, endlich ein heidenschaft und untergang gottesworts und sacrament, auch unablessliche strafe erfolgen muste.

Derwegen wir unsers erzbischoflichen und furstlichen ampts und dass solchs, wo wirs also hingehn liessen, uf unserm gewissen bleiben wurde, uns erinert und auf vorgehenden rath, nachvolgende ordnunge, die hin und wieder, in flecken und dorfern, beides unsers erz- und stifte, Magdeburg und Halberstadt, öffentlich angeschlagen werden solle, geschlossen, wollen auch dieselbige ernstlich, stark und on einige nachlassen, gehalten haben, nemlich:

1. Vom amt der seelsorger.

Dass zum ersten die pfarherr ires ampts der seelsorge treulich warnemen, und fleissig anhalten, mit reiner lere des göttlichen worts, auch die sunden mit ernste strafen, das volk zum christlichen gebete, zu gottesfurcht, zu busse und besserunge ernstlichen vermanen, weil die zeit itzt so gar schrecklich, und gott die strafe

uber unser sunde heufet, wie vor augen, dass ein jeder christenmensche sich selbst prufe, und gott nicht mit sunden zu grösserm und ewigem zorne uber sein leib und seele reize und verursache.

2. Von muthwilligem versäumen des gottes-dienstes.

Demnach das volk sich zum wort gottes, das zu hören und zu lernen, vleissig halten und nicht verachten sol, und weil vermerkt wird, dass viel menschen so gar rohe und gottlos sein, dass sie oft des feiertags umb irer arbeit, ja umb unnutzer gescheft willen, die predigten ganz vorechtlich verseumen, damit dann gottes zorn uber die lande verursacht wird, so sol den altermennern, richtern und bauermeistern, in flecken und dorfern aufzumerken bevohlen sein, welcher des sontags oder fests aus der kirchen bleibt, der solle der gemeine funf groschen busse verfallen sein, so oft er des sontags oder auf ein feste die predigt verseumen wird, und da diejenigen, den das aufsehen bevohlen, hierinne seumig sein werden, sollen sie bemelte busse, dem ampte oder gerichtshalter jedes orts selbs geben, wurde aber jemands ein ehehaft furfallen, dadurch er des sontags oder festes zur kirchen zukommen vorhindert, der solle mit seinem nachbar einem zum pfarrher kommen und zuvor seine not anzeigen, der solle hernach mit der busse verschonet werden. Es sollen auch alle diejenigen, welche, wen man des sontags oder fests in der kirchen angefangen, draussen stehen bleiben oder hinaus laufen, ehe die predigt aus ist, auf dem kirchhofe oder sonst gewesch halten, die halbe busse, nemlich drittehalben groschen vorfallen sein, welche die gemeine einnemen, und ires gefallens anwenden mag, und solle hierüber der pfarher oder kuster verzeichnus halten, und den amptman oder gerichtshalter alle quartal berichten, obs also gehalten werde oder nicht.

3. Von verächtern des worts und der h. sacramenten[1]).

Welche ganz und gar von der kirchen und dem heiligen sacrament bleiben, die solle der pfarher erstlich selbs vermanen, wo es vonnöten, sollen sie auch vor der superattendenten, letzlich vor unser verordnet consistorium gefordert und verhört werden. Do keine besserung sein will, sollen sie nicht gelidden werden, den solche leute zu den heiden und turken gehören und nicht bei christlichen gemeinen wonen sollen.

4. Vom gottlosen gesinde.

Hette auch jemand solch gesinde, knechte oder megde, die solle er dem pfarher anzeigen, wo sie sich nicht als christen halten wöllen, sollen sie nicht geduldet werden.

5. Vom saufen vor und unter der predigt.

Unter der predigt und messe soll niemands in schenkheusern wein oder bier, es were dann ein wanderer, gereicht werden, viel-weniger solle man unter den gottlichen empter auf dem kirchhofe, oder sonst an andern ortern brantewein zechen oder feile haben, bei verlust der ware, die daselbst ausgelegt, die der richter alspald nemen solle.

6. Vom aufsagen des catechismi.

Weil den pfarherren befohlen, dass sie alle sontage nachmittage den catechismum predigen sollen, so solle auch das volk, sampt iren kindern und gesinde, sich fleissig dazu halten, dass sie dem pfarherr aufsagen, wie sie beten konnen, dass sie nicht als die heiden aufwachsen.

7. Von allerlei leichtfertigkeit vor und unter dem gottes-dienste.

Und des sontags solle kein zechen, spielen, rasseln, schiessen, rennen, fechten noch tanzen gelidten werden, die vesperpredigt sei dann gar aus, oder wo solches ubertreten, solle die ganze gemeine darumb gebusset werden, und dem gerichtshalter ein gulden zu geben vorfallen sein.

8. Von zäubern und wahrsagern.

Wo in einer gemeine weren zeuberer oder zeuberine, die sich cristallkucken, warsagen, segens understunden, die sollen nicht vorschwiegen werden, sondern der pfarherr und richter sollens dem ampte oder gerichtshalter anzeigen, dass solchen grossen sunden gewehret, und greuel hinweg gethan werde.

9. Von schweren und fluchen.

Dass auch niemands aus seinem munde gottslesterunge, schweren, fluchen horen lasse, wie solche schreckliche sunde bei jung und alt schier in gewonheit kommen, und solle ein jede gemeine die flucher und lesterer selbs dergestalt strafen, dass sie dieselbigen erstlich in ein halseisen schlahen und also etliche stunden, andern zum exempel, offentlich stehen lassen, folgents nach gelegenheit der verwirkung umb etliche groschen bussen. Do aber jemands hierüber mit seinem gottslestern und fluchen mutwillig fortfahren wurde, der solle dem ampte oder gerichtshalter namhaftig gemacht und alda one gnade gestrafet werden.

10. Von entrichtung der pfarr-gebühr

Die pfarleute sollen irem pfarherren, was sie von alters zu geben und zu thun schuldig, willig geben, und sich also gegen inen halten, dass nicht klage uber sie komme.

11. Von kirchen und schul-gebäuen.

Dass auch ein itzliche gemeine ire gottsheuser, pfar und custereien bauen, und die pfarher solche gebeu und pfargueter nicht vorwusten, noch vorwusten lassen.

12. Von kirch-rechnung und altar-leuten[1]).

Und damit die kirchguter nit von abhanden gepracht, sondern ordentlich und wie sichs gebühret, darmit umbgangen werde, sollen in jedem flecken und dorfe zwen erbare, gottsfurchtige menner zu alterleuten durch die gemeine, doch mit rath und vorwissen des pfarrherren erwelet werden, die dasjenige, was zum gottshause gehorig, jerlich einnemen und zu notturft der kirchen anwenden, und alle jar auf ein namhaftigen tag der gemeine, in beisein des pfarrherren und gerichtshalters, oder wenne derselbige an seine stat darzuschicken wurde, berechenen, und sollen dieselbigen altermenner, allemal zum wenigsten acht oder zehen jar an solchem ampte gelassen, und ohne grosse

---

[1]) Bei Mengering steht am Rande: „NB. Vorzeiten/sind im/erz-stift Magde/burg su/peratten/denten und/consisto/rium ge/wesen." Fehlt in dem von mir eingesehenen Drucke.

[1]) Sonst heisst es stets: „alter-leuten". Der von mir eingesehene Druck hat durchweg „altarmänner".

erhebliche ursachen davon nicht entsetzt werden, die auch sonderlich darauf sehen sollen, dass von solchem einkommen nichts vordrunken oder sonsten zur ungebur entwant werde.

13. Von kind-täufen.

Auf den kindteufen solle kein volsaufen geschehen; wo dieses erfahren wird, solle des kinds vater unter dem ampte oder gerichtshalter in willkorliche strafe vorfallen sein.

14. Von täglichem saufen und spielen.

Und nachdeme man erfahret, das hin und wider leute gefunden, die teglich nur in schenken liegen, der seuferei und dem spiele nachgehen, oft die ganze nacht uber saufen und spielen, sollen dieselbigen nicht gelidten werden, und die solchs ubertreten, sol der schenke, so oft er spieler aufgehalten, oder zechleute bis uber neun uhr gelidden, und denselbigen bier oder wein aufgetragen hat, umb einen halben gulden vom ampte oder gerichtshalter gestraft werden.

15. Von abschaffung der kirch-mess und pfingst-bier.

Wir wöllen auch insonderheit das pfingstbier und [1] kirchmessen in allen flecken und dorfern unser beider erz- und stifte hiermit bei unser ungnade und unser amptleute und eines jeden gerichtshalters wilkirliche strafe genzlich abgeschafft und verboten haben, darnach sich ein jeder zu richten.

16. Von zanken und schlagen.

Wo in zechen einer den andern ubergeben, ausheischen, schlahen, schlahen anbieten, oder sonst offentlich drauen wurde, daraus mord und ungluck zu besorgen, das soll der richter dem ampt oder gerichtshalter nicht verschweigen, dass der schuldige gebusset und schade verhutet werde.

17. Von hurerei, ehebruch, blut-schanden.

Unzuchtige personen, so unzucht nachliefen, oder die unehelich bei einander liegen, ehebrecher oder ehebrecherin, oder eheleute, so von einander

laufen, sollen von niemands [1] ufgehalten, gehauset noch geheget werden, bei schwerer busse, und dass keine blutschanden geschehen, und niemand [2]) in den verbotenen graden zu freien nachgegeben, sollen die pfarher aufsehen; wurde jemand hiemit mutwillig fahren, der solle in unsern stiften gar nicht gelidden werden,

18. Von unzüchtigen tänzen.

Wan man tenze helt auf hochzeiten und dergleichen, soll kein unzuchtig wesen getrieben werden mit verdrehen und schwenken; wer hierine [3]) ubertrit, solle von der gemeine gebusset werden, und wo sie nicht aufsehen, sollen sie dem ampte oder gerichtshalter die busse geben.

19. Von leichtfertigen worten und liedern.

Desgleich, wo jemand mit unzuchtigen worten oder liedern sich wurde horen lassen.

20. Von keifen und schelten und andern ärgernüssen.

Wo sichs zutruege, dass etliche, man oder weib, sich offentlich schelten und ubel ausrichten wurden, die solle der richter, wan ers horet, anzeigen und nicht verschweigen, sollen in geburlich strafe genommen und solche [4]) und dergleichen laster, was ergerlich und unehrlich ist, mit ernst gestrafet werden, das die bösen exempel und unzuchtiges wesen nicht so gar uberhand nemen, wie leider sonst geschiet, und gebieten darauf allen und jeden unser prelaten, denen von der ritterschaft, amptleuten, schössern, bevehlhabern, auch burgemeistern, rathmannen, richtern, schultheissen, bauermeistern, und ganzen gemeinden, beider unser erz- und stifte Magdeburg und Halberstadt, dass sie dieser unser ordnunge und satzung in allen puncten und artikeln vestiglich geleben und nachgehen und darwider in keine wege handeln, noch solchs jemands zuthun gestatten, bei vermeidung unser ungnad und schweren strafe. Urkundlich mit unserm hierunten aufgedruckten secret besiegelt, geschehen und geben zu Halle, auf unserm schloss Sanct Moritzburg, freitags nach trinitatis. Anno 1562.

---

1) Druck: und die.

1) Druck: jemands.
2) Druck: niemands.
3) Druck: hiemit.
4) Druck: „und solche" fehlt.

84. Consistorial-Ordnung. Entwurf. 1580.

[Auszug nach Magdeburg, St.A., M. II, Nr. 517.]

Die ordnung:

I.

Von kirchen rath, superintendenz und visitation ordenung bei der kirchen.

Zur Erhaltung der reinen Lehre [heil. Schrift, Augsb. Confession, Apologie, Schmalkaldische Artikel, die drei Symbole, und Catechismus Lutheri, „darauf sich dann auch die formula concordiae gründete"] [die „ersten Loci communes Philippi" sind wieder durchstrichen], Gleichmässigkeit der Ceremonien, Erhaltung von Zucht „haben wir mit rath und bewilligung unsers thumbcapitels und landschaft, in unserm erzstift Magdeburg, nachfolgende zwo superintendenzen und visitationen, auch zwei consistoria und kirchen-rethe aufstellen" lassen.

II.

„Wo unser kirchen rat, consistorium oder obirste superattendenz und inspection sein soll."

Die Consistorien sollen bestehen zu Halle und Magdeburg, besetzt sein mit einem oder zwei vom Adel, einem Juristen und Theologen. Halle ist das oberste Consistorium, (die Regierung dort soll einige Theologen hinzuziehen) für den Fall, dass das Consistorium zu Magdeburg und die Superintendenten einen Fall nicht zu entscheiden wissen.

III.

Vom ampt der superintendenten.

Sie sollen die Geistlichen ihrer Inspektion nach Lehre und Lehre beaufsichtigen; jährlich einmal visitiren. Jährlich zwei synodi veranstalten, um Ostern und Michaelis. Bisweilen sollen sie auch unangemeldet visitiren. Die Introduktion der neuen Pfarrer erfolgt „durch den superintendenten, unsern amptmann, patrono oder jedes ortes obrigkeit".

„Die ortination aber geschicht billich in der heuptkirchen und an den orten, do consistoria sein, durch den super intendenten, denen es bevohlen und ampts halben gebuhret. Wann demnach neue pfarrer sollen angenommen werden, sollen dieselben erstlich an das consistorium geschickt und doselbst verhoret werden, ob sie auch zum ampt duchtig, item ob sie gute testimonia haben in der lehre richtig und unvordechtig und was dergleichen mehr vonnöthen.

Wan sie nun tuchtig erkant, ordentlich berufen,

und von unserm gnedigsten hern confirmiret sein, sollen sie am selben publice aus der lehre, davon oben gemeldet, examiniret und darnach ortiniret werden. Wann das geschehen, sollen sie ihrem ordinario superintententi commendiret und ihm die introductio, neben den, so wir aus unsern emptern darzu ordenen, dem patrono oder ides orts obrigkeit bevohlen werden, ob auch gleuch einer zuvor anders wo ordiniret, ist doch nötig, das er examiniret werde, damit man wissen moge, welcher lehre er zugethan."

Introduktion geschieht so: Der Superintendent tritt vor den Altar und hält eine Ansprache an den Pfarrer, indem er ihm sein Amt ans Herz legt (Lehre, Schlüsselgewalt), „doch das sie niemand offentlich ane unser vorwissen in bann thun, oder ihn specie uf der canzel angreifen, oder sonst dermassen taxiren, daraus die person zu vermerken, doch mugen sie die unbussfertigen in gemein uf der canzel ader privatim zur besserung vermahnen". Darauf empfiehlt er der Gemeinde den neuen Pfarrherrn, nachdem dieser „belehnet, von unserm gnedigsten herrn confirmiret, examiniret, ordiniret, und nun auch eingeführet". Folgt Vater unser. Gesang: Nun bitten wir den heiligen Geist, oder Herrgott, dich loben wir.

Nun erkundigt sich der Superintendent nach dem Einkommen, dem Inventar und dem Tauf-Pathen- und Heirathsregister.

Die Superintendenten versammeln sich jährlich einmal zu einer freundlichen Aussprache.

IV.

Von aufteilunge der superintendenzien.

[Hier findet sich ein Randvermerk von der Hand, welche überhaupt die Verbesserungen geschrieben hat: „Diesem artikel wird unser gn. b. auf beschehene erinnerung ferner nachdenken."]

Salkreis.

1. Halle	} 56 pfarhern,
2. Canern oder Alsleben .	
3. Quernfurt	8 „
4. Jüterbogk	} 42 „
5. Dahme	

Holzland.

6. Magdeburg	3 pfarhern,
7. Calbe	8 „
8. Egeln	18 „
9. Wanzleben	27 „
10. Haldensleben	24 „
11. Alvensburg ader Hundisburg	13 „
12. Sommirschonburg . . .	16 „
13. Obisfeld	5 „

Land zu Jerichau.

14. Leburg oder Werkern . }
15. Borch . . . . } 28 pfarhern,
16. Sandau . . . . . . }
18. Jerichau . . . . . } 44 „

Summa: 17 superintendenten, 319 pfarhern.

Dieser artikel stehet zu unsers gnedigsten herrn ferner erclerung, ob zwen oder drei superintendenten zu ordnen. [Randnotiz: Sollen zween superintendenten sein.]

V.

Von den visitationibus.

[Die vorige General-Visitation hat viel Mängel gezeigt. Deshalb soll eine weitere General-Visitation gehalten werden. Nachdem dies geschehen, sollen die Superintendenten jährlich einmal, oder zweimal alle ihre Kirchen visitiren.]

VI.

Was vor fragen in der visitation von nöthen und angestelt werden sollen.

Fragen nach reiner Lehre, Halten des Gottesdienstes. Ob der Catechismus Sonntags nach Mittag getrieben, alle Vierteljahr repetirt wird und die Kinder examinirt werden? Finden Wochenpredigten statt? Ordnung mit dem Aufbieten. 3 Register; bei den Verstorbenen soll aufgezeichnet werden, wie sie gestorben. Krankenbesuch. Leben und Wandel der Pfarrer, „ob sie auch medici, procuratores". Studium. Bibliothek. Leben der Gemeindeglieder. Einkommen. Bauwesen. Hospitäler und Arme. Diese Fragen sollen jährlich etliche Tage vor der Visitation dem Volke vorgelesen werden, damit dieses Anzeige an die Visitatoren erstatten könne. Revision des Schulwesens.

VII.

Von synodis.

Jährlich soll wenigstens einmal ein Synodus stattfinden, Ostern oder Michaelis. Dazu erhalten die Pfarrer Zehrung von den Kirchhütern. Der Synodus beginnt mit Ermahnung des Superintendenten zu reiner Lehre, Studium, fleissiger Amtsführung, und gutem Wandel. „Namentlich in diesem lande, wo beinahe ein jeder dorfpfarrher seine eigene opiniones hat, ist die mahnung ad concordiam in doctrina nöthig." Vortrag über etwa neu aufgetretene Lehren. Übelthäter wird der Superintendent (zuerst privatim ermahnen und, wenn dies ohne Erfolg) vor dem ganzen Synodo zur Besserung ermahnen, widrigenfalls Anzeige an das Consistorium erfolgen muss. Hierauf folgen Berichterstattungen der einzelnen Pfarrer über das kirchliche Leben in ihren Gemeinden, über ihre Einkünfte, Leben mit ihren Collegen und Nachbarn.

Der Superintendent erstattet über den Synodus Bericht an das Consistorium. Dieses ertheilt Auskunft und trifft Anordnungen.

Convente der Superintendenten (auch Synodi genannt) sollen nach Bedürfniss stattfinden, namentlich wenn neue disputationes auftauchen. Die Superintendenten berichten dann an ihre Pfarrer.

Lehrstreitigkeiten gehören in letzter Instanz vor den Landesherrn.

Vom consistorio.

Das Consistorium oder der Kirchenrath sind zur Erhaltung der reinen Lehre, guter Ordnung und Disciplin, auch Zucht und Ehrbarkeit angestellt. Das Consistorium sorgt für Anstellung tüchtiger Pfarrer, entscheidet die Ehesachen und führt die allgemeine Aufsicht.

Von personen und assessorn der beiden consistorien.

In Halle soll N. Präsident sein, die anderen Räthe (der Regierung) Assessoren; sie sollen drei oder vier Theologen zuziehen.

In Magdeburg: zwei Herren des Capitels, Abt zu Berga, der Official herr Wüstenhoff, und Dr. Geltmann, welchen Dr. Saccus und N. sollen zugesetzt worden.

Von underhalt der personen.

[Verbesserung: Wird die Landschaft ordnen. Die Rückseite des Blattes ist unbeschrieben geblieben, offenbar um dieselbe nach den Beschlüssen der Landschaft auszufüllen, was dann aus irgend einem Grunde unterblieben ist.]

Vom notario und gerichtschreiber, seinem ampt und besoldung.

[Bestimmung über Amtsführung.]

Von dem procuratore fisci.

[Verbesserung: Soll noch bleiben.]

Vom boten. Was vor sachen vor diese gerichte sollen gehören und bescheiden werden.

Zum Competenz des Consistoriums gehören nur „geistliche und der gewissen sachen", nämlich: Irrungen zwischen Kirchendienern, Schuldienern, wegen Lehre, Leben, Wandel, Amtsführung, Streitigkeiten betr. Kirchenvermögen, Gebäude und Kirchhöfe, Einkünfte der Kirchendiener und Schuldiener. Öffentliche Sünden und Laster soll die weltliche Obrigkeit am Leibe oder sonst mit Verweisung strafen oder dem Consistorium vermelden. Das Gleiche soll gelten von Kindern, welche ihre Eltern lästern und schlagen. Zeigen die Eltern nicht an, so sollen es die Nachbarn thun. Auch alle Ehesachen, Ehebruch, Blutschande u. s w., soweit die Competenz dem Kirchengericht zusteht. Verwandtschaftsverbote. Feststellung der Gültigkeit einer Ehe, „daraus die liberi legitimi seien". Niemand soll verdächtige und verbotene Schriften verkaufen. Jeder Autor soll seine Schriften vor dem Drucke beiden Consistorien zur Censur vorlegen.

Vom process und was demselben angehörich.

„Gerichtsweitläufigkeit" ist zu vermeiden. Mündliches Verhör der Parteien soll Schriftsätze überflüssig machen. (Zwischen den einzelnen Schriftsätzen soll eine Frist von 2—4 Wochen liegen.) Bei Beweisauflage entsteht eine Frist von 4—6 Wochen. Das Juramentum calumniae ist in geistlichen Sachen, in mere spiritualibus (also Ehesachen) abgeschafft; an dessen Stelle dient das juramentum de veritate dicenda. Juramentum calumniae soll nur bei Streit um Kirchengut auf Ermessen des Gerichts stattfinden. Bei dem juram. de veritate dicenda ist Vorsicht zu gebrauchen, da beide Theile zu schwören haben.

Nach was rechten zu sprechen.

„Wenn der fal, so vorkompt, in gottlicher schrift ergründet, so sol derselbigen erfolgt werden, ungeacht das sonsten die canones, soviel gotlichen und natürlichen rechten zuwider, in verfassung der urteil zu folgen sein."

In wes namen citation, urteil etc. zu verfassen.

Citationen, Urtheil, Abschiede erfolgen im Namen des Fürsten. Mandata und andere extraiudicialia im Namen des Präsidenten.

Vom sigel.

Zeigt den Namen des Fürsten und das Wappen des Erzstifs.

Wie und wie oft diese gericht zu halten.

Alle Monate ist ein Tag (Mittwoch) bestimmt.

Von termin der citation und ungehorsamb des clegers und des beclagten.

Zwischen Ladung und Termin sollen mindestens 8 Tage liegen (bei grösserer Entfernung 14 Tage). Die Zustellung wird durch den Boten oder andere Zeugen bewiesen. Bleibt Kläger ohne Entschuldigung aus, so wird der Beklagte von der Citation absolvirt, und der Kläger in die Kosten verurtheilt; dem Kläger wird eine anderweite Citation nicht mitgetheilt, wenn er nicht zuvor 1 Gulden Strafe erlegt hat. Der Beklagte, der zum ersten Male ungehorsam, zahlt die Kosten und 1 Gulden Strafe. Beim zweiten Ungehorsam wird Kläger bei dinglichen Klagen in den Besitz eingewiesen; bei Forderungen erfolgt Einweisung in fahrende Habe, eventuell in liegendes Gut. Der Schuldige kann das Pfand innerhalb 6 Wochen einlösen. Sonst wird dasselbe verkauft oder dem Kläger in solutum gegeben.

Bei Ungehorsam in betreff ehelicher Beiwohnung oder Vollziehung des Verlöbnisses „ist ein unterschied zu machen, und uf vorgehenden summarischen process rechtlich zu erkennen, ob er malitiose, oder aus noth seiner hantierung, und mit vorwissen seiner vertrauten ader ehegattens sich absentiret, und darauf zu erörtern, ob seiner ankunft zu erwarten, oder aber ob die verlassene person, da sie sich ane gefahr ihres gewissens nicht enthalten konte, zu absolviren, und ihr anderweit zu verehelichen, zu erlauben sei oder nicht."

Von execution der urteil und vertragenen sachen.

Aus Vergleichen und Urtheilen erfolgt Exekution. Die Fristen sind in persönlichen Klagen: 2 Monate; bei dinglichen: 10 Tage, was die Gerichte erstrecken können. Die Exekution wird durch die exceptio nullitatis nicht aufgeschoben. Jedoch hat der Exequent Caution zu stellen. Bei dinglichen Klagen erfolgt Einweisung in den Besitz. Bei persönlichen Klagen erfolgt Pfändung der Mobilien; wenn diese nicht ausreichen, Einweisung in die Immobilien, zuletzt „anweisung an nomina debitorum". Die Urtheile werden vom Consistorium an die Obrigkeit geschickt. Diese nimmt die Exekution vor und hat die Parteien zur Exekution zu citiren bei Strafe von 20 Gulden (für die Obrigkeit!). Ist diese nachlässig, so wird die Exekution bei der höchsten Stelle nachgesucht, die Obrigkeit aber bestraft.

„Von sonderlichen specificirten fellen, die sich in ehesachen begeben, wie darinnen zuurteilen.

Obwohl die canones mehr dann die keiserliche rechte die felle, welche sich in ehesachen pflegen zugeben, beschreiben, so stimmen sie doch in vielen mit gotlicher schrift nicht uberein, als das sie den consens der eltern vor nötig zum ehegelobnuss nicht erfordern, in sachen . . . . . . desertion desgleichen des ehebruchs den unschuldigen teil nicht frei achten, noch seinem gewissen helfen; item wan einer unwissentlich eine jungfrau oder witwe, die von einem andern beschlafen, zur ehe nimpt, der hat nach den canonibus keine errettung; item von ehescheidungen, item wie gehorsamb erhalten werde wider das weib, saevitiam maritorum zu strafen, item, wann eheleute in uneinigkeit leben, allerlei ergernuss anrichten, und sich nicht wollen versönen lassen, und dergleichen; so machen sie auch aus der gefatterschaft eine sonderliche cognation, welchs alles craft gotlicher heiliger schrift verworfen wird, und darumb achten wir nötich mit rat gelarter theologen und juristen sich sonderlich in vorberurten und andern fellen der ehesachen decision, darnach in diesem consistorio fur und fur geurteilt werden mochte, zuvergleichen.

Dieweil aber solchs in der eile nicht geschehen kan, so mugen mitler weil die consistorial in vorberurten und andern fellen, nach gotlicher schrift, und des doctor Martini Lutheri seligen buchlein von ehesachen, neben des herrn Philippi Melanthonis bedenken in dem examine theologico, sub titulo de conjugio und dann nach den canonibus, so fern dieselben gotlichen und naturlichen rechten nicht widderich, inmassen sie ordentlich in 4. libro decretalium zusammen gezogen, item, wie es doctor Melcher Kling in tractatu suo de nuptiis zusammengebracht, sich richten, so hat Erasmus Sarcerius theologen schriften in ehesachen zusammengezogen, welche zum teil mit guter vorsichtigkeit und cum judicio zu lesen.

Wurden aber so ganz zweifelhaftige unrichtige sachen fur obberurter vorgleichung sich begeben, daruber mogen sie auf der parteien unkosten bei andern bewerten consistorien des rechtens sich erholen."

Von verjarunge und praescription wider der kirchen und gotlichen milden sachen, schuld und gutern.

Die Consistorien sollen, wenn die Einrede der Verjährung vorgeschützt wird, die substantialia präscriptionis gründlich erwägen: Zeitablauf, bona fides aller Besitzer. Denjenigen, die über 44 Jahr nicht gemahnt sind, ist der Eid „ihrer wissenschaft zu entdecken" aufzuerlegen. Wird der Eid geleistet, so ist er von dem Anspruche zu absolviren, es sei denn, dass die Kirche justa ex causa oder probabili ignorantia Restitution in integrum gegen die Verjährung verlangen könne.

Taxa. Damit niemands zur ungebuhr ubernommen oder beschweret, sollen die gerichtsfelle sein angeschlagen etc.

Vor ein endurteil auf mundlich verhör 1 gulden.

Vor ein beiurteil ader abschied auf mundlich verhör 1 ort.

Vor ein endurteil uber acta 2 gulden ader mehr nach gelegenheit der sachen, personen, arbeit etc.

Vor ein recess der vertragenen sachen jedes teil 1 gulden.

Vor ein beiurteil uber acta item vor ein commission, zeugen zuverhoren, ader verordenung eines krigischen vormunden in sachen vor dis gerichte gehorig 1 gulden.

Vor eine citation uber offintlich edict vor eine kuntschaft, auch vom compulsorial 1 gulden.

Item vor eine schlechte citation oder mandat mit einverleibter citation, auch vor ein schreiben umb beferderung der execution und was sonsten nötig.

Item dem notario ader seinem substituten von jedem blat, dergleichen urteil und abschied 1 groschen copisten gelt.

Und soll dermassen unkosten vor den eroffenten urteiln, oder ehe die parteien die briefe bekommen, durch den notarium registrirt und in die buxe, welche der superintentens bei sich haben wird, vermittels notarii eids einbracht werden.

Von gradibus consanguinitatis et affinitatis.

Dieser Abschnitt war im Entwurfe offen gelassen. Dazu hat die Hand des Correctors geschrieben: „Unser gnedigster herr ist geneiget die ehe im dritten grade zuzulassen."

Von der kirchen disciplin. De censura ecclesiastica.

Wenn einer trotz gütlicher Mahnung der Obrigkeit und des Pfarrers in seinen Stünden öffentlich verharrt, soll er mit Rath und Vorwissen des Fürsten und des Consistorii „von seiner f. gnaden gestraft" werden; das es also nicht alsbalt bei einem jeden pfarrer allein stunde, seines gefallens die leute zu tirannisiren causa non bene cognita. Item darnach muss ordnung gemacht werden, wie man dieselben wiederumb uf und zu gnaden annehmen solle.

Wir wollen uns in alle wege hiermit vorbehalten haben, diese consistorialordnung zu mehren, zu mindern, oder zu verbessern."

85. Instruktion zur Visitation. Vom 25. Mai 1583.

[Aus Magdeburg, St.A. II, Nr. 511.]

Instruction, darauf von gottes gnaden wir Joachim Friederich, postulirter administrator des primats und erzstifts Magdenburg, marggraf zu Brandenburk, in Preussen zu Stettin Pommern der Cassuben Wenden, auch in Schlesien, zu Crossen herzog, burggraf zu Nurmberg und furst zu Ruegen, den wirdigen, vesten, und hochgelarten, unsern lieben andechtigen rethen, und getreuen [1]), -ern Petro abten unsers closters Berga, vor unser altenstadt Magdenburg, ern Johann Schultheissen unserm hofprediger, oder wen wir kunftig an seine stat verordnen werden, ern doctori Sigfrido Sacco, thumbpredigern unsern primat erzstift kirchen, binnen unser altenstadt Magdenburg, ern doctori Johann Oleario pfarhern unser stadt Halle, ern Antonio Freudeman der rechten doctorn, ern Bartolmeen Uden, Joachimen von Alvensleben zu Alvensleben, Achatiussen von Veltheim zu Harpke, Gebhardten von Alvensleben uf Friedeburg, Danieln von der Schulenburg zu Aldenhausen, Christoffen von Trotha zu Krosigk, Casparn ausm Winkel zu Wettin, Adolfen von Krosigk zu Zeits, Volradten von Krosigk zu Besem, Andreassen Redeckin zu Ferchland, Christoffen von Biern zu Popelitz, Baltzern von Arnstedt zu Mockern, Albrechten von Britzka zu Benstorf, Christoff Hacken zur Stulpe und Lippolden von Klintzing zur Dahme, als unsern verordenten visitatorn eine christliche gemeine visitation in unserm erzstift Magdenburg vorzunehmen und zu halten, gnediglich bevohlen.

Dieweil aber den benannten personen sehr ungelegen sein, auch grosse unbequemickeit und unkosten geberen wolte, wan sie sambelich dieser visitation vom anfange bis zum ende beiwohnen solten, so ist unser wille und meinung, das sie unter sich ordnung machen mugen [2]), wie sie jederzeit mit einander abwechseln und dieses christlichen werks abewarten wollen, doch dass allemal der abt zu Berga [3]), und zum wenigsten zweine theologen, einer von unsern rethen und einer oder zwene von der ritterschaft, so hierzu deputirt, darbei sein,

Und sollen alsdan dieselbigen verordenten zum forderligsten ufziehen, die visitation im namen gottes anfahen, und nicht alleine unsere ambter, stedte und dorfer, sondern auch unsers thumb-capitels und der andern prelaten und closter, auch der von der ritterschaft unsers erzstifts stedte, flecken und dorfer, wie in nechster visitation auch gehalten worden, visitirn und besuchen.

Ehe [1]) sie aber an einem jeglichen orte zur stelle gelangen, sollen sie ihre zukunft, einen tag oder zwene zuvorn dem amptman, rathe oder gerichtshern daselbst zuerkennen geben, pfarher, capellan, schulmeister und andere kirchendiener auf ihre der visitatorn zukunft zuvorwarnen, und sich einheimisch zu enthalten, und wan sie nun hernacher zur stelle kommen, sollen sie den pfarhern, predigern, capellanen, schulmeistern und andern kirchendienern in beisein des ambtmans, raths, oder gerichtshern, wie es eines jeglichen orts gelegenheit geben wirt, die ursachen ihrer ankunft vormelden und von ihnen anhören oder das concept ihrer predigten von ihnen fordern [2]), und sich daraus mit vleiss ersehen, was ein jeder prediger für einen methodum und ordnung [3]) in seinen predigten gebrauche, was für sachen er jederzeit handele, ob sie zu der zeit, an dem orte und für diese pfarkinder nützlich, notig und erbaulich, wie er jede lehr mit gottes wort bestetige und zeugnussen der heiligen schrift in seinen predigten anziehe, ob er sie selbst in der heiligen schrift gelesen und nachgeschlagen, oder nur bloss aus den postillen aus geschrieben, ob er sie latine oder teutsch schreibe, und was er in solchen allen prästiren kunne, inmittelst sollen sie auch bevehlen, dass der pfarherr daselbst, sonderlich in stedten und an denen orten, do es gelegen sein wirt, eine predigt vor ihnen den visitatorn thue [4]), darinnen unter andern das volk berichtet werden soll, dass diese visitatio zur ehre gottes, erhaltunge unserer christlichen reinen religion und zu erbauung und besserung der christenheit von uns gemeinet, sollen uns auch im besten entschuldigen [5]), dass wir solch nothwendig und christlich werk der visitation, wie gerne wir unsers teils gewollt und so viel an uns gewest, nicht ehe hetten anstellen und halten lassen konnen.

Nachdem sollen sie die pfarrer, capellan, und kirchendiener auf nachvolgende articel und dergleichen befragen.

---

[1]) Am Rande: Vorordente visitatores.

[2]) Am Rande: Visitatores mügen miteinander abewechseln.

[3]) Am Rande: Der herr von Berge, 2 theologi, 1 von rethen, 1 ader 2 vom adel.

[1]) Am Rande: Ankundigung der visitation an jedem orte.

[2]) Am Rande: Concept der predigten von den pfarhern und diaconen zu fordern.

[3]) Am Rande: Ordnung im predigen.

[4]) Am Rande: Die prediger sollen vor den visitatorn eine predigt thun.

[5]) Am Rande: Unsern gnädigen hern zu entschuldigen, das sichs mit der visitation verzogen.

Zum ersten.

Von weme die pfarre zur lehen gehe,
Von seinem alter,
Was das predigambt für ein ambt sei,
Was gott fordere von seinen kirchendienern, wie sie mit der haushaltung seiner geheimnus sollen umbgehen,
Wie er zum predigambt berufen sei,
Wie und aus was ursachen er wisse, dass sein beruef recht und gottlich sei,
Wo er ordiniret, und das er sein testimonium vorlege,
Wieviel jahr er die pfarre gehabt.

Zum andern.

Von der lehr,
Was gottes wort sei,
Was die summa sei unser christlichen religion,
Wohero und aus was ursachen er wisse, das die bucher der propheten und aposteln, welche man nenne das alte und neue testament, wahrhaftig gottes wort, und nicht weltliche ungewisse bucher seint, darinnen man die seligkeit suchen und sich genzlich darauf verlassen muge.
Welche gemeine offentliche schriften und confessiones neben den prophetischen und apostolischen schriften und den dreien haupt symbolis das rechte corpus doctrinae, das ist summarischer inhalt, furbilt und richtschnur der reinen lehr sei, ob er seine lehr in allen seinen offentlichen predigten, auch in bericht bei den schwachgleubigen und kranken, vormuge prophetischer und apostolischer schriften, den dreien haupt symbolis, der augspurgischen unvorenderten confession, welche Carolo quinto anno etc. 30 ubergeben, derselben apologia, schmalkaldischen artikeln, grossen und kleinen catechismos Lutheri, darauf sich die anno etc. 80 publicirte formula concordiae grundet, fur sich selbst halte und gleube und seiner bevohlenen kirchen vortrage und lehre.
Und sollen unsere visitatorn in vleiss haben, das sie die pfarhern, capellâne und kirchendiener zu obberurter regel und richtschnur reiner lehr anweisen.
Ob er auch treulich daruber bis an sein ende zu halten gedenke,
Von der einigen gottheit, wider die blindheit der Manicheer und heiden, die viel gotter halten, und die papisten soviel nothelfer anrufen und ehren,
Woher man das erkenne, das nur ein gott sei,
Ob auch mehr dan ein gott sei,
Wer oder was gott sei,
Ob nur ein einige person in gottlichen wesen sei,
Von der heiligen dreifaltigkeit und zeugnussen, das drei personen seint,

Wie die personen zu unterscheiden sein,
Ob auch mehr personen zuzulassen,
Wer gott der vater sei,
Wer gott der sohn sei,
Wer gott der heilige geist sei,
Wie eine person von der andern unterschiden werden,
Was einer jedern person eigenschaft sei,
Was jeder personen ambt und wolthaten kegen uns sein,

Von der person Christi,

Von beiden naturen in Christo und ihren eigenschaften,
Von der personlichen voreinigung der gottlichen und menschlichen naturen in Christo,
Von der person und gottlichen majestât der menschlichen natur unsers hern Jesu Christi, zu rechten des almechtigen kraft gottes eingesetzet,
Wie man den willen gottes erkennen solle aus dem gesetz und evangelio,
Was die sunde sei, woher sie komme,
Von gottes ernsten zorn wider die sunde,
Von der erbsunde,
Was fur ein unterschied sei, zwischen todsunde und teglicher sunde,
Von der sunde wider den heiligen geist,

Von der busse.

Was rechte busse sei,
Von freien willen,
Von gesetz und evangelio,
Was das evangelium sei,
Vom unterschiede des gesetzes und evangelii,
Was das gesetze gottes sei,
Vom dritten brauch des gesetzes,
Von Christi vordinst,
Vom glauben,
Von der gerechtigkeit des glaubens,
Ob die proposition recht sei, wir werden allein durch den glauben gerecht fur gott,
Was gerechtigkeit sei, die vor gott gilt im glauben,
Ob er von Osiandri irthumb wisse,
Worinne die papisten abgewichen sein vom glauben und vordienst Christi,
Ob auch, und was fur wichtige ursachen die stende der augspurgischen confession gehabt, darumb sie billich zur reinen evangelischen warheit getreten, und das pabstumb vorworfen,
Von den fruchten des glaubens,
Von guten werken,
Welchs gute werk sein,
Von belohnung guter werke,
Ob gute werk zuthun nötig sei,
Ob gute werk notig sein zur gerechtigkeit und seligkeit,

58*

Worinnen die papisten unrecht lehren und
halten von guten werken,

Ob auch muncherei, walfarten, heiligendinst
gute werk sein,

Von gottlichen stenden von gott eingesetzet,

Vom ehestande,

Von weltlicher obrigkeit,

Vom christlichem gebet,

Wie sie das gemeine gebet halten.

Und sollen die kirchen diener auf den dorfern
und in den kleinen stedten alhier von unsern
visitatorn erinnert werden, das sie in dem gemeinen gebet[1]), so alzeit nach der predigt geschicht,
den barmherzigen gott danken für die offenbarung
und erhaltung seines gottlichen worts und darneben bitten sollen, das er seine heilige kirche
mit ihren dienern, wechtern und hirten durch
seinen heiligen geist regieren, auf das sie bei der
rechtschaffenen weide seines almechtigen und
ewigen worts erhalten werde, dardurch der glaube
kegen ihn gesterket und die liebe jegen allen
menschen in uns erwachse und zunehme, das er
auch der weltlichen obrigkeit, dem romischen
keiser, allen christlichen konigen, churfursten,
fursten und hern, insonderheit aber uns als den
landesfursten, unser freundlichen herzlieben gemahl, junger herschaft und freulein, auch dem
ganzen hochloblichen chur- und furstlichem hause
Brandenburg, langes leben, bestendige gesundheit
und gluckliche regirunge sambt aller zeitlichen
und ewigen wolfart, desgleichen allen unsern
rethen und ambtleuten vorstand, gnade und einigkeit vorleihen wolle, die unterthanen nach seinem
gottlichen willen und wolgefallen zu regiren, auf
das die gerechtigkeit gefordert und die bosheit
gehindert und gestraft werde, damit wir in stiller
ruhe und gutem friede, als christen gebueret,
unser leben volstrecken mugen, und wie sonst die
form des gemeinen gebets weiter zu geschehen
pflegt, vor die fruchte der erden, vor alle betrubte,
arme, kranke, so vom teufel oder menschen angefochten, vor die so umb seines heiligen namens
und der warheit willen gefangen oder sonst verfolgung leiden und was dergleichen trubsal und
beschwerung mehr sein.

Ob der heiligen anrufung recht und aus was
ursachen sie zu vordammen sei,

Von der kirchen,

Welche die rechte kirche sei,

Ob die kirche gewalt habe uber das evangelium, sacrament etc.,

Ob die kirche durch ein leiblich haupt als
den papst müsse regirt werden,

Ob die kirche auch irren konne,

Von der ewigen vorsehung oder wahle gottes
zur seligkeit.

Zum dritten.

Von sacramenten,

Was ein sacrament sei,

Wieviel stucke gehören zu einem sacrament
im neuen testament,

Warumb Christus neben dem worte auch die
sacramente eingesatzt,

Wieviel sacramenta Christus im neuen testament eingesazt habe,

Ob der papisten lehr von siben sacramenten
recht sei,

Von der taufe,

Was die taufe sei,

Was ihre kraft sei,

Ob es recht, das man junge kinder taufe,

Ob er auch der wiederteufer irthumb wisse
zu widerlegen,

Vom heiligen abentmahl,

Ob er auch der calvinisten, zwinglianer und
anderer sacramentirer irthumb wisse zu strafen,

Worzu das sacrament nutze,

Von der papisten opfermesse,

Von der beichte und absolution,

Vom jungsten gerichte und auferstehung der
toden.

Zum vierden.

Von den ceremonien[1]),

Welche feste er halte,

Wie oft er predige,

Ob er auch catechismum predige,

Wie ers halte bei der taufe, item mit der
nottaufe,

Ob er das wasser, feur, salz, kreuter und
andere creaturen weihe,

Wie ers halte mit der copulation der eheleute,

Dass er die vorbotenen gradus nicht zulasse,

Ob er auch aufbiete,

Ob er die sechswocherin einleite,

Was er singe zur messe,

Ob er auch messgewand gebrauche und elevation halte,

Ob auch die leute zum sacrament gehen,

Wie er es halte mit der communion der kranken,

Wie mit den begrabnussen.

Zum funften.

Wie sich seine pfarkinder halten[2]),

Ob auch vorechter darunter sein, die das

---

[1]) Am Rande: Erinnerung des gemeinen gebets halben.

[1]) Am Rande: Von ceremonien.
[2]) Am Rande: Ergerliche personen.

predigambt, evangelium und sacrament vorachten und lestern,

Ob auch sacramentirer und calvinisten darunter sein,

Ob auch zauberer da sein,

Ob leute da sein, die in offentlicher unzucht liegen,

Wie sich die leute zur kirchen halten.

Zum sechsten.

Von der pfarre einkommen,

Vom pfargebeude,

Ob auch guter von der pfar gekommen,

Ob er auch ein inventarium bei der pfarre habe.

Zum siebenden.

Die altermenner zu fragen, was die pfarleute dem pfarner vor ein zeugnus geben,

Von der kirchen einkommen,

Von des kusters einkommen,

Wieviel er zuhörer habe.

Es soll aber gleichwol auch unsern verordneten visitatorn unvorboten, sondern vielmehr hiermit committirt und bevolen sein, ihrer discretion und legalitet auch der gelegenheit nach weniger oder mehr fragen zu gebrauchen, als,

Warumb der sohn gottes im Johanne das wort genant wirt,

Warum der mittler zwischen gott und dem menschen habe zugleich gott und mensch sein mussen,

Wie der spruch Christi zu verstehen: · mihi est data omnis potestas,

Und was dergleichen quaestiones und dicta mehr sein.

Von der vocation der kirchendiener.

Was dan ferner den ersten punct dieser visitation von der vocation der kirchendiener anlangt, sollen unsere vorordente visitatorn ja vleissige achtung darauf haben, dass ohn ordentlichen beruf sich niemand es understehe, offentlich oder in winkeln zu lehren, oder andere sachen, so dem kirchenambt zustehen, ausser der noth zu vorrichten, dass sich auch jede pfarleute an ihren ordentlichen pfarhern halten und bei ihme sich der selsorge erholen, und soll demnach mit der vocation der kirchendiener nun hinfurder diese ordnung gehalten werden[1]). Wan eine pfarre erledigt, sollen die pfarleute ohne vorzug den patron oder lehnhern der pfarre, der das jus nominandi und conferendi, das ist einen pfarhern zu wehlen, hat, umb einen pfarhern ersuchen. Darauf soll der patron innerhalb vier wochen einen ernennen und

der gemeine daselbst furstellen, dass sie ihn hören. Wo dan die gemeine mangel an seinen gaben oder lehren oder sonst einen unwillen zu ihm hetten, und solchs mit einfeltigen christlichen herzen thun und sichs in warheit also vorhalten werde, so soll der lehnherr oder patron einen andern ihnen vorschlagen, bis die gemeine mit einem solchen vorgeschlagenen zufrieden, und soll alsdan der vorgeschlagene, wan er vom lehnhern und der gemeine ordentlich berufen, unsern bevehlhabern der officialei offentlich vorgestellt werden, welche ihnen an die obberurte regel und richtschnur der lehr weisen und daraus examiniren sollen, und wan nun die person tuglich befunden, soll die selbige wie üblich und gebreuchlich confirmirt und alsdan introducirt und eingewiesen werden, jedoch dass unsere ambtleute in unsern ambtern oder ein jeder gerichtsherr in seinen gerichten darbei sei.

Die pfarleute sollen dem berufenen pfarner fuhre ausrichten, ihnen mit den seinen und seinem gerethe zu holen.

Kein collator soll die lehn thun deme, der zum kirchenambt untuchtig oder sonst das ambt nicht konne vorwalten, oder uns oder unsern ambtleuten zuwider sei, dan es heisse beneficium propter officium, und do schon jemande ein pfarlehn in besitz hette und die pfarre nicht selbst vorwaltet, das er davon ohne einig reservat abstehen musse.

Die collation[1]) soll umb sonst und ohne alle anforderung geschehen, und ob schon eingerissen were der missbrauch, dass die collatores ihnen etwas von einkommen der pfarre vorbehalten, so soll solchs abgeschafft und die pfarren von den unrechten beschwerungen ganz und gar befreiet werden.

Einen custodem ufm dorfe soll der pfarner und die gemeine mit rathe und willen des gerichtshalters annehmen[2]) und vorurlauben; wo hiermit uneinigkeit vorfiele, soll es als dan fur unsere officialei rethe gebracht werden.

In stedten[3]) soll der rath, so fern sie das jus conferendi haben, und die pfarner von dem ihren besolden, einen pfarnern vociren, woferne es nicht anders herbracht, doch also, das er erstlichen von der kirchen offentlich gehort werde, und etzliche als die kirchveter oder sonst vorordente aus der gemeine sollen ihre stimmen darzu gegeben haben.

Die diaconi[4]) in stedten sollen vom pfarhern und rathe vociret werden, desgleichen wo

---

[1]) Am Rande: Ordnung, wie es mit der vocation zu halten.

[1]) Am Rande: Die collationes der pfarren sollen umbsonst geschehen.

[2]) Am Rande: Annehmung der kuster.

[3]) Am Rande: Vocation der pfarhern in stedten.

[4]) Am Rande: Annehmung der diacon in stedten.

mehr dan ein pfarherr in einer stadt weren, und
das der vocation halber nicht zwispalt in stedten
angericht werde. In dem allen werden die visitatores nach der orte gelegenheit ordnung zu
machen vleiss thun, doch das wir dessen berichtet
werden.

Und weil es ubel stehet und unbequemb, das
die ordinanden[1]) in andern frömbden fursten-
thumben sollen ordiniret werden, und aber die
vorigen visitatores albereit verordnet, dass die
ordination in unsern stedten Magdenburg und Halle
solle gehalten werden, so lassen wir es auch nochmals darbei beruhen.

Von der lehr und sacramenten.

Bei dem andern und dritten punct dieser
visitation, die lehr und sacrament belangende, ist
erstlich hoch von nöten, das[2]) alle pfarhern und
kirchen diener in unserm erzstift durch unsere
verordente visitatorn treulich vormahnet und angehalten werden,

Erstlich die biblia, augspurgische unvor-
enderte confession, derselben apologiam, schmalkaldische artikel, grosse und kleine catechismos
Lutheri, sonderlich aber die formulam concordiae
nicht alleine vleissig lesen und in kopf fassen,
sondern auch nach derselben regel und richtschnur
ihre predigten anstellen, alle corruptelen[3]) und
secten, so darinne vordammet und der zuwider
sein mugen, für sich meide und fliehe, auch bei
ihren zuhorern strafen.

Zum andern[4]), ist auch von nothen, das sie
treulich und zu rechter zeit in der kirchen auf
ihr ambt warten mit predigen, sacramentreichen,
beichte hören, absolviren und teufen.

Zum dritten[5]), dass sie den catechismum
Lutheri des sontags nach mittage vleissig treiben,
auch alle halbe oder viertel jahr repetiren und
das junge volk selbst verhoren, desgleichen, dass
eine gleichformige weise mit dem catechismo durch
alle kirchen gehalten werde.

Zum vierden[6]), ist hoch von nöten, dass sie
von den hochwirdigen sacramenten Christi der
taufe und dem heiligen abentmal anders nicht
lehren noch anders damit umbgehen, dan wie es
Christus selbst vorordnet und eingesetzt und in
den catechismis Lutheri und formula concordiae
davon geleret wird, damit in diesen hohen gottes-
sachen nicht ein jeder seinen gutdunken volge,

nichts aberglaubiges darzu satze oder sonsten was
ergerliches halte.

Zum funften[1]), ist auch nicht wenig von
nöthen, dass die kirchen personen der lehre halben
einig und sich sonst allenthalben freundlich mit
einander vortragen, es soll aber gleichwol dero
wegen einem frommen pastorn nicht vorboten sein,
seine zuhörer vor den schwebenden corruptelen
bescheidentlich zu warnen, und do nun ein ander,
der villeicht nicht so gesinnet, sondern heimlich
und offentlich es mit den vortuschern helt, solches
nicht leiden und vor ein schelten deuten oder sich
dessen uber ihn beschweren wurde, so sollen unsere
verordenten der officialei solchen streit aus gottes
wort und der formula concordiae entscheiden,
ausserhalb aber dessen sollen die pfarhern und
kirchendiener kein weitleuftigkeit und unnötig
disputiren oder zank vor das gemeine volk bringen,
noch einer auf deu andern schelten oder stechen[2]).

Zum sechsten[3]), sollen unsere visitatorn die
pfarherr und kirchendiener für calvinischen und
andern unreinen büchern treulich warnen, mit vormeldung, dass wir darauf achtung geben lassen
wurden, bei weme man solche unreine bucher
finden, der dieselbig zu der kirchen schaden
brauchen wurde, soll derselbig gestraft werden.

Und[4]) soll ein jeglicher pfarherr und kirchendiener angehalten werden, dass er neben der bibel
die kirchen und hauspostill Lutheri, desselben
catechismum, die formulam concordiae, und so sie
die vormugens, die ganzen opera Lutheri, Augustini
und anderer christlichen und unvorfelschten lehrer
bucher mehr haben. Wurde nun in der lehr oder
handlung der sacrament an einigem orte was unchristlichs oder die pfarhern zum predigambt un-
duchtig[5]) befunden und bei ihnen keine besserung
zu hoffen, soll das unduchtige durch unsere visitatorn alsbalt abgeschafft und nach gottes wort
und der obberurten regel und richtschnur allein
gerichtet, die pfarhern aber auch alsbalt mit unsern
vorwissen abgesetzt[6]) und andere reine und tuch-
tige an ihre stat verordnet werden, und das ja
hierinnen vornemblich gottes ehre und der menschen
seligkeit bedacht werde.

Wan nun die pfarhern also examiniret und
vorhort worden, so werden neben ihnen auch der
custos[7]) und etzliche furnehme pfarleute in
stedten, in einer itzlichen dorfschaft aber die

---

[1]) Am Rande: Ordination zu Magdeburk und Halle.
[2]) Am Rande: Vermahnung der kirchendiener.
[3]) Am Rande: Corruptelen zu strafen.
[4]) Am Rande: Prediger und kirchendiener sollen
ires ambts mit vleis warten.
[5]) Am Rande: Catechismum vleissig zu treiben.
[6]) Am Rande: Sacramenta.

[1]) Am Rande: Kirchendiener sollen einig sein.
[2]) Am Rande: Keiner sol uf den andern stechen.
[3]) Am Rande: Die pfarhern vor calvinischen und
andern unreinen buchern zu warnen.
[4]) Am Rande: Bücher so die pfarhern haben sollen.
[5]) Am Rande: Untüchtige kirchendiener.
[6]) Am Rande: Untüchtige pfarhern sol mit vor-
genantes hern vorwissen entsatzt werden.
[7]) Am Rande: die custodes und pfarkinder zu befragen.

gemeine, sonderlich die hauswirte, furgefordert und nachvolgender gestalt gefraget:

Ob[1]) sich auch die zuhörer vleissig zum wort, beichte und abentmal finden,

Ob auch die wochen uber predigten geschehn und die hohen fest, desgleichen die fest apostolorum und andere gute ceremonien[2]) gehalten werden,

Wie sich die pfarkinder und schueldiener schicken kegen die obrigkeit jedes orts, ob sie sich auch in unnötige weltliche sachen mengen, oder res ad se non pertinentes curiose reformiren,

Ob die obrigkeit auch treulich uber den pastorn, kirchen und schueldienern halte, ob sie auch der lehre halben zuweit ins kirchenregiment greifen[3]),

Wie man mit den armenheusern, testamenten und allem, was den armen zu gute verordnet, umbgehe[4]),

Ob[5]) auch die ordnung mit dem aufbieten braut und breutigams gehalten werde, damit nicht die leichtfertigkeit derer, so sich zwei oder dreimal vorlobet haben, gesterkt werde,

Item[6]) ob auch vleissige achtung gegeben, damit keine zusammen gegeben werden, die in vorbotenen gradibus sich zu vorehelichen furnehmen,

Ob auch einig gar volks, so an andern ortern sich verlobt und nicht zusammen gegeben werden wollen, allhier im erzstift ohne der obrigkeit jedes orts vorwissen copuliret werden.

Ob[7]) auch die getauften kinder aufgezeichnet werden sambt ihren baten,

Item[8]) braut und breutigam wan sie aufgeboten und hochzeit gehabt,

Item[9]) von den todten, wan sie gestorben und begraben,

Ob[10]) auch die kranken visitiret und mit notturftigem trost und dem abentmahl versorget werden, und wie es mit den begrebnussen gehalten,

Und[11]) hierneben sollen unsere visitatores vleissige nachforschung haben, wie die armen leute, beide, in heusern und hospitalien, mit speise, trank, tuchtigen balbirern und anderer wartung vorsorget werden, und do sie bei ihnen in dem

mangel spuren wurden, sollen sie solchs dem rathe, auch den vorstehern der hospitalien und gemeine kasten, auf den dorfern aber den junkern, schulzen, kirchvättern und gemeinen bauren vormelden, ihnen geburliche hulfe und rath zu schaffen,

Ob[1]) auch die kirchenpersonen in euserlichen leben, in kleidung und sonsten ihrem stande nach sich ohne ergernuss und ehrlich bezeigen,

Ob sie sich der kretzschmer, vorbotenen weren und ergerlicher gefehrlicher geselschaft enthalten,

Ob sie auch medici, procuratores sein,

Wie der pfarher seinem eigenen hause vorstehe, sein weib und kinder regire, damit er niemant ergernus gebe,

Ob[2]) einigkeit unter den kirchenpersonen und schuldienern sei und wie sie sich mit einander vortragen, ob auch einer auf den andern in der kirchen schelte und steche,

Ob[3]) in der stadt oder im kirchspiel personen seint, die in offentlichen sunden leben, als im todtschlage, ehebruch, unehelicher beiwohnunge oder anderer unzucht, diebstal, in abgotterei, zeuberei und anderer gotteslesterung, in vorachtung der predigt, und der heiligen sacrament, in wucher etc.

Ob etzliche ihren seelsorger schenden oder pochen, ihren eltern ungehorsam sein oder dieselben schlagen,

Ob[4]) etzliche eheleute von einander gelaufen oder sonsten in uneinigkeit leben,

Und do nun jemants roholos (so!) oder ergerlich befunden, denselben sollen unsere visitatores zur besserung ernstlich vormahnen[5]) und den pfarhern bevelen, auf die leute ferner zu sehen, auch die pfarleute zu sagen lassen, dass sie als christen sich erzeigen und ihrem selsorger volgen wolten.

Es soll[6]) auch an einem jeglichen orte dem gerichtsherrn angezeigt werden, das er ihm bevolen sein lassen solle, neben dem pfarhern und kirchendiener gottes ehre und erbauung der christenheit treulich zu fordern.

Von ceremonien.

An den eusserlichen ceremonien, welcher der vierde punct dieser visitation ordnung, ist gottes ehre und dienst, auch die religion und menscheutrost nicht gelegen, darf auch gleichformickeit in allen kirchen in solchen euserlichen weisen nicht

---

[1]) Am Rande: Wie sich die zuhörer halten.
[2]) Am Rande: Ceremonien.
[3]) Am Rande: Schutz der pastorn.
[4]) Am Rande: Hospitalia etc. wie dar mit umbgangen.
[5]) Am Rande: Ordnung mit dem aufbieten und copuliren.
[6]) Am Rande: Vorbotene gradus.
[7]) Am Rande: Vorzaichnus der getauften kinder.
[8]) Am Rande: Braut und breutgam.
[9]) Am Rande: Vorzaichnus der todten.
[10]) Am Rande: Kranken zu visitirn.
[11]) Am Rande: Erkundigung wie es mit den armen leuten in spitaln gehalten.

---

[1]) Am Rande: Wie sich die kirchendiener im eusserlicher wandel vorhalten.
[2]) Am Rande: Ob einickeit zwischen den kirchen und schuldienern sei.
[3]) Am Rande: Ergerliche personen.
[4]) Am Rande: uneinickeit zwischen eheleuten.
[5]) Am Rande: Vormahnung der ergerlichen personen.
[6]) Am Rande: Vormahnung der gerichtsherrn.

nothhalber angerichtet werden, weil aller orte gelegenheit nicht gleich,

Doch sollen die visitatores auch einsehen
haben, dass nach dem spruch Pauli Omnia decenter et secundum ordinem fiant, im kirchen ambt,
im singen, lesen, reichung der sacramente, hoch-
zeitsegen, begrebnussen, feine ordnung gehalten[1])
werde, damit nicht ein jeder pfarherr ihme ein
sonderliches mache, uneinigkeit und ergernus anrichte; messgewand[2]), chorröck, lichter ufs altar,
altartucher, singen lateinisch oder teutsch soll man
pleiben lassen, zu halten oder nicht, wie es ein
jede kirche im gebrauch ist, das hiermit durch
enderung, abthuung oder aufrichtung kein unruhe
in kirchen angerichtet werde nach dem spruch
Christi: Regnum dei non venit cum observatione.

Aber ergerliche[3]) abergleubige ceremonien,
ob die wol alt weren, soll man abschaffen, als abgottische bilder, da etwas ein cultus were angewandt
worden, sacrament heuselein, monstranz, elevatio,
adoratio, circuitus, kirchweihe, taufweihe und dergleichen.

Von der disciplina.

Zu vorhutung unchristlichs und ergerliches
leben, so dem heiligen evangelio zu kegen, will
von noten sein,

Erstlich, dass die pfarhern in jederm kreise
gutachtung haben, dass sie selbst nicht streflich
leben, und do etwan ein pfarhern sein wurde, der
ein seufer, spieler, unzuchtiger, wucherer oder
jeger were, den soll der vicinus pastor mit
ernste vormahnen und ihme das tegliche liegen
in der schenken und ergerliches leben undersagen;
wo er nach beschehener vormanung sich nicht
bessern wurde, soll derselbe der pfar entsatzt und
seinem ergerlichen wesen in keinem wege zugesehen noch nachgehenget werden.

Die pfarherr[4]) sollen das volk in der predigt
und beichte vormahnen, das sie als christen leben
und niemande ergernus geben sollen, auch offentliche sunde und ergernus in genere strafen, und
do sie sehen under ihren pfarleuten[5]) lesterer,
trunken polzen, unzuchtige oder die im hass und
feintschaft und vorachtung der predigten und hochwirdigen sacramenten dahin gehen, sollen sie dieselben fur sich nehmen und zur busse vormahnen.
Do sie nun mutwillig und halsstarrig befunden
und christlicher vormahnung nicht volgen, noch
sich unterweisen lassen und zur besserung schicken

wollten und ein pfarner bedenken hette, jemant
zur taufe oder communion zuzulassen, soll er denselben itzo unsern visitatorn, kunftig aber unser
officialei namhaftig machen, die sollen alsdan
darauf wieder den bezugtigten ordentlich inquiriren, ihn auf solche inquisition mit seiner notturft ordentlich hören und alsdan mit unser vorbewust und bewilligung nach billigkeit vorfahren.
Und do jemand daruber in seinen sunden beharren[1]) und darinnen sterben wirt, soll er ohne
einige christliche ceremonien, als singen, leuten
und dergleichen begraben, doch an einen sonderlichen hierzu verordenten ort ufm gotsacker oder
kirchhof gelegt werden.

Ingleichen soll es auch mit denen, so in tod-
sunden, ohne besserung, sterben, die so in vollerei,
im balgen, uber dem spiel ermordet, gehalten
werden, und wisse der pfarher hierinnen seuberlich zu fahren und das er zuvordammen nicht zu
schnell sei.

Im ban[2]) offentlich zu erkleren, soll kein
pfarherr fur sich macht haben, sondern die cognitio
und erkentnus unserer officialei soll mit unserm
vorbewust und bewilligung vorhero gehen.

In ehesachen[3]) soll kein pfarherr zu sprechen
haben, sondern die sachen unsern verordenten
bevelhabern der officialei alhier zu Halle und
zu Magdenburg zuweisen.

Ein pfarherr soll niemandes frömbdes, die
gelaufen kommen, copuliren oder zusammen geben.

Das aufbieten werde gehalten nach der agenda,
wie in negster visitation verordnet.

Dass[4]) auch allenthalben in stedten und
dorfern vorhutet und vorboten werde, dass an
sontägen, festen und den gottlichen embtern kein
schenken, zechen, spielen, hantieren, schiessen
oder dergleichen gelitten werde; hiervon sollen
unsere visitatores den gerichtshaltern bevel thun.

Dass auch die feiertage uber ein jeglicher
sich vleissig zur kirchen halte.

Unter der predigt sollen die pfarleute nicht
auf den kirchhofen oder andern pletzen spazieren
gehen, welchs alles an einem jedern orte also geordnet und darnach daruber gehalten werden soll.

Von einkommen und gutern.

Unsere[5]) visitatores sollen auch vleissige erkundigung nehmen und in eine ordentliche underschiedliche registration bringen der kirchen,

---

[1]) Am Rande: Einerlei ceremonien soviel muglich
in kirchen zu halten.
[2]) Am Rande: Adiaphora.
[3]) Am Rande: Ergerliche ceremonien abzuschaffen.
[4]) Am Rande: Öffentliche sunde und ergernus in
genere zu strafen.
[5]) Am Rande: Process mit den ergerlichen personen.

[1]) Am Rande: Unbussfertige, wie die sollen begraben werden.
[2]) Am Rande: Ban.
[3]) Am Rande: Ehesachen.
[4]) Am Rande: Unordnung in festen und unter den
gottlichen ambtern.
[5]) Am Rande: Einkommen der kirchen, pfarren und
custodien.

pfarren und custodien guter, liegende grunde, zinse, zehende, item was für jura parochialia und accidentalia[1]), von taufen, opfergelde, aufbieten, copulation, introduction und begrebnussen vor alters sei gegeben worden,

Diese registration soll alsdan unsern räthen zugestalt werden.

Es soll[2]) auch alles, was in der visitation zur gebuhr vorschaffet, item was unrichtig ist stecken blieben, uns mehrer nachrichtung willen in das visitationbuch vorleibet werden.

Do[3]) auch von kirchen, pfarren oder custodien etwas an gutern, eckern, holz, wiesen, wordern, zinsen, zehenden oder sonst entzogen, sollen unsere visitatorn sich grundlich erkundigen, auf was zeit und durch wen dasselbe geschehe, damit wir der restitution halber darauf geburliche bevehlich ergehen lassen mugen.

Do[4]) die pfarner klagen, dass ihnen die einkommen, zehenden, zins boslich bezalt wurde, soll den leuten als balde auferlegt werden, das sie, was sie schuldig sein, geben und wohe mangelt, das der gerichtshalter[5]) an einem jedern orte daruber helfe und darob halte.

Der zehende soll nicht nach dem geringsten ausgeschoben, sondern gleichformig, wie es im felde ligt und vom zehentner[6]) ausgezehlet, den pfarnern einzuführen zugelassen werden.

Die pfarren und custodien sollen die pfarleute zu bauen[7]) schuldig sein und auch allezeit, was an hauptgebeuden mangelhaftig, wiederumb zuerbauen, doch also, das' die pfarner[8]) solchs nicht vorwusten, sondern erhalten.

Die pfarleute sollen den kirchhof[9]) umbs begrebnus willen vorwahren, dass nicht das viehe darauf laufe; das gras[10]) oder was sonsten darauf wechset, soll den pfarhern oder custodi gehoren, wie solchs an einem jeden orte herbracht, doch also, dass er sein viehe nicht darauf treibe.

Wo eine pfarre zu geringe[11]), das sich ein pfarher nicht ernehren kan, sollen die visitatorn zwo pfarren mit unserm vorwissen zusammen schlahen.

Die pfarguter sollen mit schatzungen oder sonsten anderer beschwerung[1]) ganz und gar verschonet und hiervon frei gemacht werden, hette aber der pfarher eigene guter, sollen dieselben hiermit ungemeinet sein.

Die collatores sollen der pfarren oder kirchen guter[2]) die, weme sie wollen, auszuthun sich selbst nicht anmassen, sondern die altarmenner sollen wegen der kirchen mit rath des collatoris oder gerichtshalters solches zu thun macht haben und ein jeder pfarherr die pfarecker selbst zutreiben oder auszuthun unvorhindert sein.

Die altarmenner sollen jehrlichen in stedten und dorfern in beisein des gerichtshalters und pfarhers den pfarleuten ihre kirchenrechnung[3]) thun und register daruber halten. Wurde hierinnen was unrichtiges furfallen, das der gerichtshalter und pfarherr einsehen haben, wo die pfarrleute mit bestellung der ecker, furen oder dienste dem pfarher fur alters seint vorhaft gewest, das soll ins visitationbuch, wie andere einkommen, vorleibet werden.

Wo ein alter[4]) oder sonst gebrechlicher pfarherr unter unsern embtern zum ambte nicht mehr duchtig musste abgesatzt werden, soll er nach gelegenheit in ein kloster zum freien tische befordert, die armen witwen[5]) und kinder aber nach ihres mannes tode etwa noch ein halbjahr uf der pfarre gelassen werden und das die vicini pastores[6]) das amt mitlerweile vorsorgen.

Von schuelen,

In allen stedten gross und kleinen und was sonst flecken sein, sollen allenthalben schulen gehalten werden,

Und sollen unsere visitatores selbst in die schulen gehen und sich erkundigen, was glauben oder religion, auch geschicklichkeit zu lehren der schulmeister und seine collegae, und ob sie in ihrem ambt vleissig und unvordrossen seint,

Ob die schuel an lehr und disciplin, auch mit dem gesang und andern rechtschaffen angericht, und do etwas mangeln wurde, sollen unsere visitatores in gute richtigkeit bringen.

Und obwol die schuelmeister von einem rath einer jeglichen stadt, wofern dieselben von den ihren besoldet, mit zuthuung des pfarners angenommen und vorurlaubet werden mugen, do

<hr>

[1]) Am Rande: Accidentalia.
[2]) Am Rande: Mangel zuvorzaichnen.
[3]) Am Rande: Erkundigung der entwandten kirchen und pfarguter.
[4]) Am Rande: Den pfarhern ire einkommen treulich zu entrichten.
[5]) Am Rande: Hulfe wider diejenigen, so das ire nicht verrichten.
[6]) Am Rande: Zehenden.
[7]) Am Rande: Baue der pfarren und custodien.
[8]) Am Rande: Die pfarhern und kuster sollen die gebeude erhalten.
[9]) Am Rande: Kirchhof zu befriedigen.
[10]) Am Rande: Gras ufm kirchhofe.
[11]) Am Rande: Geringe pfarren.

[1]) Am Rande: Pfarrgüter sollen aller beschwerung frei sein.
[2]) Am Rande: Kirchenguter.
[3]) Am Rande: Kirchen rechnung.
[4]) Am Rande: Alte und unvormugende pfarhern.
[5]) Am Rande: Der vorstorbenen pfarhern witwen und kinder sollen noch 1/2 jahr uf der pfarre gelassen werden,
[6]) Am Rande: Vicini pastores sollen das ambt vorsorgen.

aber gleichwol ein schuelmeister unrichtig befunden, wollen wir ihnen abzuschaffen uns vorbehalten haben.

Von geistlichen lehnen,

Unsere visitatores sollen sich auch allenthalben erkundigen, was in einer jeden kirchen und capellen in stedten und dorfern vor geistliche lehen, bruderschaften, vicarien und commenden sein,

Item, was ihr einkommen,

Item, wer sie besitze,

Item bei wem die jura oder briefliche urkunden vorwaret werden. Darauf wollen wir alsdan nach gelegenheit voordnung zu thun wissen.

Von clöstern.

Dieweil nunmehr gottlob alle klöster unsers erzstifts sowol als unser thumbcapitel reformiret und der augspurgischen confession zugethan, so wollen wir uns nicht vorsehen, dass in einigem closter von den alten missbrauchen und abgotterei noch etwas vorhanden, do aber je uber zuvorsicht noch etwas davon an einigem orte zu befinden sein sollte, sollen unsere visitatores dasselbe mit christlichen unterricht und vormahnen, und wo dasselbe nicht helfen wolte, mit ernst abrogiren und abthun, auch die papistischen bucher, so sie in den klostern haben und zuwider unser christlichen religion gebrauchen, abschaffen.

Was aber die enzlichen closterpersonen anlanget, so noch im papstumb ersoffen sein möchten, sollen unsere visitatores vleiss thun, alle geburliche mittel und wege zu gebrauchen, dieselben closterpersonen auch zu christlichem vorstandnus zubringen, auch die personen, so in embtern seint, so sich dieser unser ordnung zuwidersetzen, mit unserm vorwissen degradiren und eine andere ebtissen wehlen lassen.

Do auch furfiele, das etzliche punct der notturft nach in dieser unser instruction nicht erwogen, und die visitatores befinden wurden, dass gleichwol daran gottes ehre und der menschen selen seligkeit gelegen, sollen sie solches an uns gelangen lassen, seint wir alsdan in dem christliche ordnung zu machen und pilliche voordnung zuthun, auch gnedigst gemeinet.

An deme volbringen unsere vorordente visitatoren unsern gefelligen willen und meinung, und wir seint es in allen gnaden zuerkennen geneigt.

Geben zu Halle uf unserm schlosse S. Moritzburg den 25. monatztag mai anno der weniger zahl im drei und achtzigsten.

Papiersiegel Joachim Friederichs.

Joachim Friderich manu propria subscripsit.

Städte und Ortschaften des Erzbisthums Magdeburg.

Burg.

Hilfsmittel: Kretschmann, Eine evangelische Kirchen-Ordnung der Stadt Burg. 1542. Magdeburger Geschichtsblätter 9, 70. Handschriftliche Aktenstücke über die Einführung der Reformation 1542 liegen im Pfarrarchiv. Vgl. Hortzschansky in: Neue Mittheilungen des thüring.-sächs. Alterthumsvereins 17, 197.

Archive: Staatsarchiv zu Magdeburg. Rathsarchiv zu Burg.

Aus dem Rathsarchiv hat Kretschmann in: Magdeburg. Geschichtsblätter 9, 70 erste von der Gemeinde selbstständig geschaffene Ordnung aus dem Jahre 1542 publicirt. Wir wiederholen den Abdruck. (Nr. 86.)

In der Visitation des Jahres 1563 erwies sich die Stadt Burg als völlig organisirt. Es wurde eine Schul-Ordnung überreicht. (Abgedruckt bei Danneil S. 92.) Aus späterer Zeit finden wir im St.A. Magdeburg II, Nr. 920 eine Hochzeit-, Kindtauf- und Begräbniss-Ordnung der Stadt Burg von 1576. Darin die Bestimmung: „Diejenigen, so allhie hochzeit halten und zu wohnen bedacht, sollen sich an ehrlichen gebräuchlichen orten, im beisein guter redlicher leut verbinden und sollen den nehisten freitag darnach, wenn das verlöbnus gehalten, zu rathause den ehestift verzeichnen lassen, bei poena 3 thaler." — Die sonstigen Bestimmungen sind rein polizeilicher Natur.

Auf der Visitation von 1583/1584 überreichte der Rath auf die ihm zugestellten Visitationsartikel am Sonntag nach Joannis Baptistae, d. i. am 28. Juni 1584 einen ausführlichen Bericht. Derselbe steht in einer im Jahre 1665 gefertigten Abschrift in Magdeburg, St.A. 2, Nr. 921, Bl. 2 ff. Er giebt fast nur Auskunft über die Einkommensverhältnisse. Bemerkenswerth ist, dass der Rath sich darüber beschwert, dass der Superintendent Joachim Simonis sich ohne Vorwissen des Rathes vom Rathe zu Haldensleben habe als Prediger bestellen lassen. Ebendaselbst Bl. 45 finden wir eine Schul-Ordnung, welche auf der Visitation von 1583 überreicht wurde.

86. Kirchen-Ordnung der Stadt Burg. Vom 3. Juni 1542.

[Aus dem Rathsbuch der Stadt Burg mitgetheilt von Kretschmann in: Magdeburger Geschichtsblätter 9, 70.]

Ordo atque ritus evangelicus.

Ein ordenunge, der sich ein ersamer rath zu Borch mit ihren predicanten, den wirdigen und wolgelarten hern Mathes Schroder und hern Johan Friederichs uber das predigtamt und was dor zu von den schulmeister und kirchendienern observirt und gehalten sal werden, vorgelichen am sönnabent vigilia sanctissime trinitatis anno d. 1542.

Erstlich alle sonnabende und in vigiliis der hohen feste auch anderer evangelischer viertage sal in beiden pfarkirchen von dem pfarrer oder seinem diacon vesper gehalten werden, dor zu sal der schulmeister mit der helft der schuler zu unser lieben frauen und sein baccalaureus mit der anderen helfte zu sanct Nicolaus sampt dem kirchendiener in einer jeden pfarkirchen schuldig und verpflicht sein, die vesper zu singen nach dem befel des predicanten. Und so es vor not und biqueme eracht und angesehen und sonderlich in den vigilien der hohen feste, so sal nach der vesper auch geprediget werden von dem diacon oder von dem pfarrer selbst.

Zum anderen, das auch alle sontage und festtage des morgendes um fünfen oder halbeweges sechsen, wenn geleut wurden, auch inne metten in beiden pfarkirchen gesungen werden von den personen wie vorbemeldt. Und nach der metten sal der diacon oder capellan predigen, so einer vorhanden.

Und zur hohepredigt und zum testament unseres herrn Jesu Christi sal um acht schlege in jeder pfarrkirche mit der grossen glocke geleut werden. Dar nach sal das ampt des testaments mit dem officio und gesange de tempore eherlichen angefangen, der sermon des evangelii vom pfarrer getan und das testament volendet werden. Das es dor mit geleichformig gehalten wie das in anderen evangelischen stetten und pflecken geschihet.

Zum dritten so sal auch alle sontage und festtage nach mittage zu unser schlage im closter geleut werden. Dor silbest sollen der schulmeister mit den seinen und beide custodes aus den pfarkirchen zu erscheinen schuldig sein, nach dem geheiss oder befel der predicanten eine vesper zu singen. Und die predicanten und ihre diacon sollen ordenen und vorfügen, das alle wege und unnachlässig zur selbigen zeit alda im closter geprediget, und das sal unter ihnen alternis vicibus gehalten werden und nach dem sermon oder predigt sal man mit dem magnificat und da pacem concludiren.

Zum virden alle dinstage und alle dönnestage in der woche sal im kloster gepredigt werden, des sommers von sechsen bis umme siben, und im winter von sieben bis umme achten. Der predicant zu sanct Nicolaus sal predigen des dinstags und der predicant zu unser lieben frauen des dönnstages vel vicissim juxta placitum eorum.

Zum fünften. So aber vor gut eracht und angesehen würde, das 1 quadragesimali des freitages auch ein sermon geschen solle, weil alse dan der fischmarkt nicht am freitage sonder des sonnabents gehalten wird, das wil ein rath zu erfordern sich vorbehalten haben, nud das dan beide diacon einer nach dem andern (alternatim) zur abentzeit umme seigers vieren alse man salve zu singen in übunge war, eine predigt und underrichtunge oder vermanunge hetten, die mit gut und dienstlich wer, vor dem jungen volke.

Zum sechsten. So haben auch die predicanten einen ersamen rathe uf ihr beger und bitte zusage gethan, gut zuversicht bei den schulen zu haben, in der woche einmal, zwei oder drei, nach ihrer gelegenheit die schule zu visitiren, und mit einzurathen, das die jugent nicht verseumet, sonder gehandelt und gelesen werde vom schulmeister und seinen gesellen, das vor solche junge knaben alse hier sein, nutze und dienstlich und das alle wege von den schulern in den kirchen auch under dem sermon zucht, ehr, ehrbarlich gehorsam und reverenz gehalten werde.

So sollen der schulmeister, seine gesellen und kirchendiener nach aller billigkeit den predicanten gehorsam sein, sonderlich in dem, das da anlanget kirchendienst und schulregiment, und seint dar ob vom ersamen rathe an sie remittirt und gewiesen.

Zum siebenden und letzten sal diese ordenunge von den predicanten mit fleisse observirt und bei den dienern der schulen und kirchen erfordert werden. Das die ehr gottes des almechtigen dor

54*

mit gesucht und einigkeit, liebe und friede bei den leuten gehalten werde. Und das auch alle werkeltage von dem kirchendiener oder custer in jeder pfarkirche, des morgents umb 5 schlege oder kurz dornach metten geleutet und des abends umb 2 slege vesper geleutet werde, dor nach das volk sich zu richten habe, alles getreulich und sonder gefer.

Nu volget die belonunge der predicanten und der custer, das ihnen uf ein jar gelobet von einem ostern bis zum andern.

Nemlich jeder predicant, der pfarrer ist, sal haben 40 gulden an gelde, 2 wispel roggen, 2 wispel malz, 2 feiste schwein, einen frischen gras ochsen, einen engelschen rok, frihe furunge, frie wonunge und grases uf 8 oder 10 heupt kavihes. Dar gegen sollen sie mit ihren capellan und kustern alle dienstbarkeit den leuten gratis und umbsonst thun, alse kintdeufen, sacrament reichen, begrauen, brauttrauen und auch keinen vierzeitenpfennig vom volke fordern noch haben.

Her Johan Roden, der diacon oder capellan zu Sanct Niclaus kirchen, sal haben 24 gulden an gelde, 1 wispel roggen, 1 wispel gerste, vier gulden zu einem rinde und schweine, und ein sechziger holz sampt friher wonunge.

Jeder custer sal uf jedes viertel jars haben 3 gulden und 3 sceppel roggen, item 2 gulden vom seiger stellen und 2 gulden von der pulsatur der grossen glocken von den vorstendern zu bekommen, was die pulsatur anlanget, und der rath wil das andere geben. Doch aus gute sal jeder custer des jars noch 3 scheppel gersten vom rath bekommen und über das sollen sie nicht mehr zu fordern haben.

Item wie man die todten sal beleuten lassen. Wer der kirchen ein schock geben wil, der sal der beiden grossen glocken mächtig sein.

Wer aber wil geben ein halb schock, der mag leuten lassen die apostelglocke mit einer missglocken.

Wer aber arm ist und nicht hat zu geben, der sal 2 glocken von den kleinen zu leuten mächtig sein. — Und es sei einer arm oder reich, so sol er doch nicht mehr dan zwei pulse leuten lassen, den ersten puls sofort, wan der mensche verscheiden, den andern puls über dem begrebnis, wen der corper wird zur erden bestettiget.

Des alles sich ein ersamer rath mit der ganzen gemein eindrechtiglich vereiniget und entschlossen, quod ego Johannes Parey notarius publ. sub manu mea propria protestor. In fidem J. P.

Zu dieser selbigen zeit ist das vordeck oder krone in unser lieben frauen kirche über dem predigerstule dem almechtigen gotte und seinem seligmachenden worte zu ehren zugericht und gebauet worden.

Hadmersleben.

Auf der Visitation von 1563 wurde eine Gottesdienst-Ordnung überreicht (vgl. oben S. 402). Dieselbe hat Danneil, a. a. O. Heft 1 S. 36 aus dem St.A. zu Magdeburg abgedruckt. Ich wiederhole den Abdruck. (Nr. 87.)

87. Gottesdienst-Ordnung. 1563.

Bericht des rathes.

Erstlich was die kirchenbestellung bei uns belangt, halten wir es also: sonnabents secunda hora wirt vesper gesungen. Vor das erst singen zwene knaben die lateinischen antiphen super psalmos, dornach wird der hymnus gesungen, dan singt ein knabe die sontagliche epistel lateinisch und intonirn darnach die antiphena super magnificat, denn singt der pfarher die collecten und beschlissen die knaben mit dem benedicamus und letzlich sitzt der pfarher beicht.

Sontags frue wirt septima hora geleutet, dornach hebt man an zur mess den introitum, kyrie, gloria in excelsis, sequenz de tempore, singt der pfarher ordenlich die collecten, episteln und evangelia, den singt man das deutsche credo, deinde concionator ascendit sugestum. Finita contione singt man wieder ein psalmen, den hebt der pfarher die prefation oder das vater unser an, darnach die verba Christi im abendmal, reicht darnach also die sacrament nach einsetzunge und bevelich des hern Christi, deinde canit benedictionem und singen letzlich die knaben, got sei gelobet und gebenedeiet. Nach essens leut man umb zwolf uhr und singen 2 knaben die lateinische antiphen super psalmos, darnach das deutsche quicunque mit der antiphen, auch zu zeiten den hymnum, so handelt darnach der pfarher den catechismum, demnach singt man das deutsche magnificat mit der antiphen (Christum unsern heiland), darnach das deutsche (nunc dimittis), den beschleust der pfarher mit der collecten und die knaben mit dem benedicamus.

Dinstags frue media sexta singt man das

deutsche quicunque mit der geburlichen antiphen, darnach list der pfarher eine ordentliche lection aus der bibel mit einer kurzen summa. Letzlich singt man ein lobgesang und concludirt mit dem benedicamus.

Dornstags sexta hora singt man ein par psalmen, darnach wirt die sontagliche epistel tractirt, nach der predigt concludirt man mit dem „Erhalt uns her", da pacem domine und mit der addition D. Pomerani, Gib unsern fürsten und unser obrigkeit fried und gut regiment.

Freitags wirds gleich gehalten wie des dingstags. Wissen derwegen uber unsern pfarhern in der lehr und leben nicht zu clagen. Got helf lange mit gnaden. Amen.

Halle.

Hilfsmittel: Heineccius, Denkmal der Reformation. Halle 1718; Dreyhaupt, Beschreibung des Saal-Creyses. Halle 1749; Ehrhard, Die ersten Erscheinungen der Reformation in Halle. Ledebur's Archiv II, 1830, S. 97, 252; Ausfeld, Aktenstücke zur Geschichte der Reformation in Halle (Magdeburg. Geschichtsblätter 34, 163 ff.); Franke, Geschichte der Halleschen Reformation. Halle 1841; Hertzberg, Geschichte der Stadt Halle a. d. Saale. Bd. 2. Halle 1891; Briefwechsel des Justus Jonas ed. Kawerau. 2. Hälfte (Halle 1885), Nr. 557 ff.; Sarau, in: Neue Mittheilungen des thüring.-sächs. Vereins, 18 (1894), S. 81 ff.; Kohlmann, Zur Halle'schen Reformationsgeschichte, in: Neue Mittheilungen des thüring.-sächs. Vereins, 19 (1898), S. 153 ff.

Archive: Rathsarchiv Halle. Magdeburg, St.A.

In Halle hatte die Reformation einen schweren Stand gegenüber dem Erzbischof Albrecht. Doch fasste die Reformation trotz aller Hindernisse festen Boden. Am Charfreitage, den 15. April 1541, hielt Justus Jonas in der Kirche Unserer Lieben Frauen die erste evangelische Predigt, und am Weihnachtstage 1541 Mag. Benediktus Schumann in der Kirche zu St. Ulrich. Als weiterer evangelischer Pfarrer wirkte Mag. Matthias Wankel. Daneben wirkten verschiedene Diaconi. Am 26. August 1542 predigte Jonas erstmalig in St. Moritz. Jonas war die leitende Persönlichkeit; seit 1542 führte er den Titel Superintendent; ihm fiel daher auch die Aufgabe zu, die ersten kirchlichen Ordnungen auszuarbeiten.

Jonas war der rechte Mann für solche Aufgaben. An der Abfassung der sächsischen Kirchen-Ordnungen hatte er einen grossen Antheil gehabt, wie aus unseren Ausführungen in Bd. I ersehen werden mag. Er liess sich eine Abschrift der Kirchen-Ordnung für die Stadt Wittenberg vom Jahre 1533 (vgl. Bd. I S. 700) kommen. Diese Abschrift befindet sich noch in Halle, Rathsarchiv, Fach 110, Kirchensachen Nr. 661. Unter dem Titel „Registratur der stat Wittenberg durch die verordenten visitatores bei der visitation gemacht und aufgerichtet" trägt sie, von einer anderen Hand des 16. Jahrhunderts geschrieben, den Vermerk „So vil als doktor Jonas hat begert geen Halle." [Es ist nämlich nicht die ganze Wittenberger Kirchen-Ordnung abgeschrieben, sondern von einzelnen Capiteln sind nur die Überschriften mitgetheilt.] Diese Abschrift hat Wagnitz in: Magazin für das Kirchenrecht, die Kirchen- und Gelehrtengeschichte, Bd. II, Thl. 2, S. 277—305, abgedruckt.

Von der Kirchen-Ordnung des Jonas besitzen wir nur folgende Nachrichten. Wie Kawerau, Briefwechsel des Justus Jonas 2, 191 Anm. angiebt, befindet sich davon eine alte Abschrift in: Magdeburger Consist.-Akten, Tit. XIII, III b, Nr. 19 mit der Nota: „Herr m. Martinus Röber, pfarrher zu S. Ulrichen, hat den 30. dez. anno 1623 berichtet, dass er von d. Joh. Oleario sel. [Kawerau: an U. L. Fr. 1581—1623] vernommen hette, das diese kirchenordnung von h. d. Justo Jonae sel. dem ersten ev. prediger in Halle rechtlich abgefasset, hernach von h. d. Martino Luthero revidiret und durch e. e. rath autorisiret, ihme Oleario auch bei eintritt seines ambts, sich darnach habende zu richten, von wohlgemeldten rathe uberantwortet worden seie." Diese Nachricht ist irrig. Die Magdeburger Abschrift betrifft die an zweiter Stelle zu nennende Kirchen-Ordnung Halles, bei welcher allerdings die Ordnung von Jonas zu Grunde liegt. (S. auch unten S. 432.)

Im Rathsarchiv Halle befindet sich ein Aktenstück, welches die Aufschrift führt: „Kirchenordnung der stadt Halle, 1541, 1552, 16 .., 1640, 1660." Das erste Stück in diesem Bande trägt den Titel „Kirchenordnung der christlichen gemeine zu Halle." Darunter steht von einer anderen Hand: „Temp. d. J. Jonae, qui advenit anno 1541, abiit anno 1552 concipiret, aber nicht vollendet."

Wir haben hier in der That die erste Kirchen-Ordnung von Halle vor uns.

Einleitung und Inhalt lassen darüber auch nicht den mindesten Zweifel. Es werden von Jonas die ersten kirchlichen Verhältnisse, die Vertheilung der Amtsgeschäfte unter die (mit Namen genannten) Pfarrer geregelt u. s. w. Nur Eines ist fraglich. Ist das, was wir in Halle vor uns sehen, wirklich die definitive Ordnung des Jonas, oder nur eine Vorarbeit für dieselbe, ein Entwurf? Denn die Handschrift hört im Abschnitt „Einzelner personen communion" auf; Franke, a. a. O. S. 295 ff. spricht daher von einem „Entwurf". Seine Ansicht erhellt allerdings nicht deutlich. S. 152 spricht er von einer „vorläufigen kirchenordnung", und auch S. 296 hat er wohl mehr eine solche im Auge, als einen blossen Entwurf. Und das dürfte auch wohl das Richtigere sein.

Die Namensnennung der Prediger ist unmöglich ein Grund dafür, einen blossen Entwurf anzunehmen. Ebensowenig die geringe Ordnung in den Artikeln; sie erklärt sich aus der Natur der Dinge, und kann Niemanden überraschen, der die sonstigen zeitgenössischen Kirchen-Ordnungen kennt. Allerdings bricht die besprochene Abschrift mitten im Artikel über „Einzelner personen communion" ab. Deshalb aber einen „unvollendeten Entwurf" zu vermuthen, hiesse doch zu weit gehen. Kann man nicht an ein Versehen des Abschreibers denken? (denn das Halle'sche Exemplar ist nicht von Jonas' Hand geschrieben, sondern von einer Copisten-Hand: vgl. auch Franke gegen Wagnitz), oder kann nicht auch Jonas selbst diesen letzten Abschnitt unvollendet gelassen haben? Die Handschrift sagt ja ausdrücklich, dass sie die Dinge nur regeln wolle „bis .... vollkomenliche kirchenordnung daraus konnte gemacht werden".

Dass Jonas nicht bloss einen „Entwurf" gestellt, sondern eine wirkliche Ordnung verfasst hat, steht fest. Wendet sich doch 1547 der Rath zu Querfurt mit dem Ersuchen an Jonas, „die hallische kirchenordnung, wie es allhier in kirchen mit ceremonien zu halten, schriftlich mitzuschicken, dass den predigern diese, sich darnach zu richten, möge vorgelegt werden", und bis zum Brande von 1678 war die von Jonas gesandte Abschrift in Querfurt vorhanden (Franke, S. 296).

Aus dem Umstande nun, dass diese hallische Handschrift nach Einleitung und Inhalt eine von Jonas herrührende erste Ordnung für Halle darstellt, dass kein zwingender Grund vorliegt, anzunehmen, dass Jonas auf der Grundlage dieses Schriftstückes als eines Entwurfes erst eine eigentliche Kirchen-Ordnung verfasst habe, hiergegen vielmehr spricht die Vereinigung der Handschrift in einem Fascikel mit den sämmtlichen Kirchen-Ordnungen zu Halle 1552, 16 .., 1640, 1660, sowie die Thatsache, dass der Ordnung von 1552 „unverkennbar der frühere Entwurf [d. i. unsere Handschrift] zu Grunde liegt" (Franke 297), eine weitere Kirchen-Ordnung des Jonas aber zur Zeit nicht bekannt geworden ist, schliesse ich, dass wir es mit der ersten Kirchen-Ordnung des Jonas in einer (leider nicht vollständigen) Abschrift zu thun haben. —

Sollte dies aber doch ein Irrthum sein und wir in der Halle'schen Handschrift wirklich nur ein Concept für die Kirchen-Ordnung vor uns haben, so wäre dieses in Ermangelung der eigentlichen Ordnung doch für das Verständniss der ersten Regelung der kirchlichen Dinge in Halle so wichtig, dass wir es abdrucken würden.

Wir drucken also die Ordnung nach der Halle'schen Handschrift erstmalig ab. (Nr. 88.)

Was das Entstehungsjahr anlangt, so hat man sich früher durch die Aufschrift „1541" auf dem Aktenstück irreführen lassen. Aber schon F r a n k e hat nachgewiesen, dass sie später liegt; er setzt sie in das Jahr 1542.

So auch K a w e r a u, a. a. O. II, 191 Anm. 1; H e r z b e r g II, 177. Aber K o h l m a n n, a. a. O. S. 156 hat mit Recht die Entstehungszeit noch später angesetzt, nämlich in das Frühjahr 1543.

Bemerkenswerth ist, wie in der Handschrift der anordnende mit dem rein gutachtlichen Tone abwechselt. Auch das liegt in dem provisorischen Charakter der Ordnung begründet.

Es wurde früher gewöhnlich angenommen, dass die in dem erwähnten Bande des Rathsarchivs Halle unter Nr. 2 geschriebene „Kirchenordnung der christlichen gemeine zu Halle in Sachsen" die eigentliche Kirchen-Ordnung des Jonas sei. Diese letztere Ordnung nämlich hat bis zum Jahre 1640 fast unverändert im Gebrauche gestanden. 1640 wurde sie auf Anordnung des Raths revidirt, erweitert und 1660 mit einigen weiteren Zusätzen publicirt und gedruckt unter dem Titel „Kirchenordnung der stadt Hall in Sachsen, wie solche e. e. hochweiser rath daselbst anno 1541 zuerst abfassen, ánno 1640 revidiren und anno 1660 sambt dem anhang und beilagen publiziren lassen. Gedruckt zu Hall. Mit Christoph Salfelds schriften."
In der Vorrede wird bemerkt, dass die Kirchen-Ordnung des Jonas (d. i. die unter Nr. 2 des Rathsarchivs erwähnte) sich darin „also bald vorn an mit grosser schrift unverändert befinde, darauf sub signo § die revision de anno 1640 mit mittelschrift und dann, was nach der zeit hinzugethan, sub signo §§ mit kleiner schrift, samt den literirten beilagen und chorordnung folge". Nach diesem Druck von 1660 hat D r e y h a u p t die Kirchen-Ordnung in seiner Beschreibung des Saal-Creyses 1, 993 ff. abgedruckt und darnach im Auszuge R i c h t e r 1, 339, unter der Überschrift „Hallische kirchenordnung von 1541". Diese Notizen sind aber unrichtig. Wie schon F r a n k e S. 297 ff. bemerkt hat, hat der auf Jonas und das Jahr 1541 zurückgeführte (Haupt)bestandtheil dieser Ausgabe — der wörtlich übereinstimmt mit Nr. 2 des Rathsarchivs — zwar die Kirchen-Ordnung Nr. 1 zur Grundlage, rührt aber selbst nicht von Jonas her, sondern stammt vielmehr aus der Zeit zwischen 1561 und 1573.

Die Angaben im gedruckten Exemplare von 1660 sind nicht ausschlaggebend, ebensowenig wie diejenigen in der Handschrift. Vgl. auch die durchschlagenden Gründe von S a r a u, a. a. O. S. 81 ff. Wir haben es hier also mit einer neuen Redaktion der Kirchen-Ordnung des Jonas zu thun, welche zwischen 1561 und 1573 fällt. Vielleicht ist sie am besten in historischen Zusammenhang mit der Visitation des Erzbischofs Sigismund vom Jahre 1573 zu bringen.

Als Verfasser wäre dann wohl an Boëtius zu danken.

M. Sebastian Boëtius wirkte in Halle als Gymnasiallehrer, als er am 5. September 1544 einen Ruf als Superintendent nach Mühlhausen erhielt. Als dort im Jahre 1547 die katholische Lehre wieder vorherrschend wurde, wurden die evangelischen Pfarrer beurlaubt. Boëtius ging nach Halle als Pfarrer zu Unser Lieben Frauen und trat 1548 das Pfarramt in Abwesenheit des Dr. Jonas an. Als Jonas 1553 von Halle ganz verzog, rückte Boëtius in seine Stelle als Superintendent ein und 1554 wurde ihm vom Bischof Sigismund auch die Superattendenz auf dem Lande befohlen. (Am 30. September 1566 hat er über diesen am 13. September gestorbenen Bischof eine Leichenpredigt gehalten, welche in demselben Jahre in Mühlhausen gedruckt wurde.)

Im Jahre 1567 folgte Boëtius wieder einem Rufe als Superintendent nach Mühlhausen, um jedoch in demselben Jahre wieder in sein Amt nach Halle zurückzukehren, wo er am 8. Juni 1573 starb.

Diesen Abriss seiner Lebensbeschreibung entnehme ich dem Programm von F r o h n e, Mühlhausener Synodalprogramm von 1710, S. 6 ff., der seine Nachrichten aus B. D. Gottfr. Olearius, Haligraphia, S. 76 ff., schöpft.

Aus der Thätigkeit des Boëtius heben die Genannten noch Folgendes hervor: Er legte den Grund zur Librarei oder Bibliothek über der Sakristei in der Kirchen B. Virginis; am 23. August 1564 ertheilte Boëtius einem Taubstummen das Abendmahl (sein Consilium darüber ist zu lesen bei Dedeken, Vol. I, Consil. part. 2, fol. 299, ibidem p. 278); am 11. März 1573 taufte er einen Türken, Salomo Bugalli; besonders wichtig war aber seine Thätigkeit als Visitator im Stift Magdeburg und Halberstadt, bei der Visitation, die Bischof Sigismund im Jahre 1563 vornehmen liess. Bischof Sigismund ist die „gottselige obrigkeit", welche die Kirchen-Ordnung von Halle rühmt. In diesen historischen Rahmen fällt auch wohl die Revision der ersten Halleschen Kirchen-Ordnung. Boëtius ist auch der Verfasser des „Bekenntnisses der prediger in Halle vom heiligen abendmahl, 1551" (abgedruckt in: Fortgesetzte Sammlung von theologischen Sachen, 1748, S. 642).

Von dieser zweiten Halle'schen Ordnung — denn so kann man die Revision wohl bezeichnen — habe ich zwei Exemplare im Rathsarchiv zu Halle benutzt, Fach 111 Nr. 671 und Fach 110 Nr. 668. Das erstere Exemplar ist sehr schön geschrieben, das zweite mit Correcturen versehen.

Ein drittes Exemplar soll nach Sarau sich in dem Archive der Moritz-Kirche unter Nr. 19 vorfinden. Es stimmt, nach Sarau, a. a. O. S. 80, mit den grossgedruckten Theilen bei Dreyhaupt I, 993 ff. überein.

Ein viertes Exemplar findet sich in Magdeburg, St. A., 50, I, Nr. 326 (frühere Bezeichnung: Consistorial-Akten, Tit. XIII, III^b, Nr. 19). [Vgl. auch oben S. 430.] Hier berichtet das Ministerium zu Halle bei Gelegenheit der Visitation von 1640 über seine „Kirchenordnungen": Dr. Justus Jonas habe die erste Kirchen-Ordnung verfasst, „dessen autor primus herr d. Luther selbst sein soll". Bei dieser Kirchen-Ordnung habe sich die liebe Stadt Halle diese 200 Jahre wohl befunden. Diese Kirchen-Ordnung sei dann 1640 revidirt und neu publicirt worden. Ausser dieser Kirchen-Ordnung sei noch die Pacifikationsformel des Herrn Dr. Chemnitz zu nennen. Die Kirchen-Ordnung wird in schöner Abschrift beigefügt. Sie ist aber nicht, wie angegeben wird, die erste, sondern die zweite Kirchen-Ordnung von 1561—1573. Dass die Angaben des Berichtes ungenau sind, erhellt schon aus der eigenen unbestimmten Fassung, z. B. „dessen Verfasser Luther sein soll". Erwähnenswerth scheint es mir zu sein, dass in Halle, Rathsarchiv, Fach 110, Nr. 671, die vom hallischen Ministerium gewissermaassen als zweite Kirchen-Ordnung Halles bezeichnete Pacifikationsformel des Dr. Chemnitz mit der vom Ministerium wörtlich mitgetheilten Kirchen-Ordnung (d. i. unserer zweiten von 1561—1573), von derselben Hand auf zusammenhängenden Bogen geschrieben steht.

Nach dem Druck von 1640 hat Dreyhaupt dann, wie schon oben erwähnt, die zweite Halle'sche Kirchen-Ordnung wiedergegeben (darnach auch Richter). Der Druck von Dreyhaupt stimmt nicht ganz mit der von dem hallischen Ministerium mitgetheilten (in Magdeburg, A. 50, I, 326 befindlichen) Abschrift überein.

Wir drucken nach der Vorlage im Rathsarchiv, Fach 110, Nr. 668, und geben die wenigen Varianten von Nr. 671, sowie von Magdeburg, St. A., 50, I, Nr. 326 in Anmerkungen. (Nr. 89.)

Mit den vorstehend erwähnten Pacifications-Artikeln des Dr. Chemnitz hat es folgende Bewandtniss. Zur Beilegung von unter der Geistlichkeit ausgebrochenen Lehrstreitigkeiten liess der Rath Dr. Chemnitz aus Braunschweig kommen. Dieser entwarf eine Vereinigungsformel, welche sämmtliche Geistliche am 4. Juli 1579 unterschrieben. Dieser und ein ähnlicher Vertrag von 1586 finden sich im Rathsarchiv zu Halle, Fach 110, Nr. 671; auch in Magdeburg, St. A., 50, I, Nr. 326. — In den Rahmen der Lehr-Auseinandersetzungen gehört auch neben dem Bekenntniss von 1551 die „Formula confessionis et subscriptionis pastorum et omnium ministrorum verbi dei in ecclesia Halensi anno 1573 post obitum reverendi viri D. M. Sebastiani Boëtii superintendentis piae memoriae." Erhalten in Magdeburg, St.A., A. 50, I, Nr. 326.

Von den Visitationen der Jahre 1563/1583 besitzen wir in Magdeburg, St.A., A. 50, I, Nr. 323 [alte Nummer: Akten des Consistoriums Magdeburg, Tit. XIII, III*, Nr. 17] die Visitations-Protokolle „derer kirchen und schulen und hospitalien, auch armenbecken der stadt Halle".

In der Visitation von 1563 wurde dem Rathe im Namen des Administrators Joachim Friedrich eine Anzahl Frageartikel übergeben, auf welche er Bericht erstatten sollte. Aus diesem Bericht heben wir den Abschnitt über die Berufung eines Pfarrers hervor:

„Dess und wo mangel an einem pfarherrn und kirchendiener in einer kirchen alhie vorfelt, so pflegen erstlichen kirchen veter und achtmann daselbst darvon zu reden, und auf ein oder zwo personen zu rathschlagen und alsdann dieselbe an ein rath zu bringen, und ob nun ein rath sich mit ihnen der person halben als zum ampt tuglik verglichen, so wird solchs durch einen rath dem herrn superintendenten und den andern beiden pfarrherrn vermeldet, auch hierüber ihr bedenken gehört, ob ihnen dieselbe vorgeschlagene person bekannt, auch ob sie an solcher der lehr und lebens halben einen mangel wüssten oder nicht. Und do nun an solcher person kein mangel befunden und man derselben allenthalben zufrieden, so wird alsdann auf solche vorgehende sämptliche beratschlagung dieselbe person durch einen rath und im namen eines raths, auch der kirchveter und achtmann, anhero beschrieben, berufen und vocirt. Und dieser gebrauch ist nun also viel jahr her mit einhelligem bedenken des raths, der kirchveter und acht mann, auch des superintendenten und der pfarrherrn gehalten worden."

Ähnlich lautet der Bericht der Kirchväter zu St. Moritz zu diesem dritten Artikel (a. a. O. Bl. 39). Ebenda Bl. 103 ff. finden wir das Protokoll von 1583. Hier wurden in ähnlicher Weise dem Rathe und der Gemeinde Frageartikel vorgelegt; der dritte Artikel handelte wieder von der Besetzung der Pfarrstellen und der Bericht des Raths lautete genau so wie derjenige von 1563. Am Rande lesen wir die Notiz: „diese ordnung lassen inen hern visitatores also gefallen."

Auf der Visitation von 1583 wurde auch eine lateinische Schul-Ordnung überreicht (Magdeburg, St.A., eodem loco Bl. 194 ff.).

Wenn Halle auch in der Zeit des Schmalkaldischen Krieges manche Drangsale über sich ergehen lassen musste, so hielt es doch an der Reformation fest, und unter dem Erzbischof Sigismund (1552—1566) blieb die neue Lehre sichergestellt. Sigismund war der letzte katholische Erzbischof. Nach ihm regierten nur weltliche Erzbischöfe oder Administratoren. Die Grundlage für das neue Kirchenwesen war so gut gelegt, dass man nach derselben bis weit in das 18. Jahrhundert hinein lebte. Im Jahre 1640 wurde diese Ordnung einer Revision unterzogen und nach im Jahre 1642 erfolgter Bestätigung seitens des Landesherrn im Jahre 1660 durch den Rath publicirt. Über einen Kirchenordnungs-Versuch des Raths aus den Jahren 1677—1679 vgl. die lehrreiche Abhandlung von Saran in: Neue Mittheilungen des thüring.-sächs. Vereins 18, 81 ff.

Die Ordnung von 1677 liegt in Halle, Rathsarchiv, Fach 110, Nr. 667. Zu den Vorbereitungen und den einzelnen Entwürfen sind die Akten im Rathsarchive zu Halle, Fach 110, Nr. 667, Fach 111, Nr. 676, Fach 112, Nr. 688, 689 zu vergleichen. Die Verwerthung geht über den Rahmen dieser Arbeit hinaus.

Aus dem Ausgange des 16. Jahrhunderts möge jedoch noch eine bischöfliche Anordnung Platz finden, nämlich ein Schreiben von „Joachim Friedrich, postulirtem Administrator des Primat- und Erzstiftes Magdeburg, Markgrafen zu Brandenburg, in Preussen Herzog", vom 5. August 1596, welches in der Domkirche zu Halle „uber vorige verordente predigen und kirchenceremonien auch sonntags frühpredigten" anordnet. Dieses Schreiben sowie die dagegen remonstrirende Eingabe der Geistlichen finden sich im Rathsarchiv zu Halle, Fach 110, Nr. 665.

88. Kirchen-Ordnung der christlichen Gemein zu Halle. 1543.

[Aus Rathsarchiv der Stadt Halle a. d. Saale, Fach 110, Nr. 668.]

Nach dem der heilige apostolus Paulus zun Corinthern schreibt, das in allen christlichen gemeinden der gottes dienst mit dem predigampt und der lere, auch eusserlichen ubungen ordentlich sol bestalt werden, ist es gotlich und christlich, das man zu furderung gottlicher ehre in den dingen alles in nützliche gute ordnungen fasse, doch der christlichen freiheit ane nachteil und ane ungegründte verpflichtung der conscienz und gewissen.

So dann durch gottes gnade das heilige evangelium in dieser loblichen stadt und gemein Halle ein zeitlang gepredigt, damit in dieser neuen kirchen in obgemelten stücken gute christliche ordnung möcht gehalten werden mit dem predigampt und lere, zeit, person und stunden, die zum gottes dienst gebraucht werden mögen, solte es mit den dreien pfarron S. Marie, Udalrici und Mauricii, bis durch gotliche hülfe mit den closterkirchen auch ordnung gemacht, volgendermass und gestalt gehalten werden.

Erstlich, die lere und fürnemste artikel christianae doctrinae belangend, als vor rechter busse, vom glauben an Christum, von guten werken und christlicher liebe, von sacramenten der taufe und des leibs und bluts unsers hern Jesu Christi, etc. sol die lere gehen, wie in den 18 artikeln des buchs der visitation der chur und fürsten zu Sachsen, zu Wittenberg ausgangen, verfasset ist, und wie die summa der ganzen christlichen lere und hochsten fürnemsten stück in der confession und apologia, anno 1530 zu Auspurg der keiserlichen majestät überantwortet, begriffen, und sol der superattendens und predicanten sich vleissigen, das der höchste hauptartikel justificationis und vom waren erkenntnis Christi mit vleis getrieben werde, auf welchen, als fundament, der ander bau erfolgen möge.

Erstlich, was da belangt ministerium verbi, id est das predigampt.

Wiewol etliche meinen, die fruepredigt, sonderlich winter zeit, sei in dieser stat zuthun ungelegen, haben wir doch wichtige christliche ursachen, darumb wir vor uns schliessen, das eine früepredigt alle sonntage und heilige tage in allewege solle bestelt werden und gescheen, des sommers umb vier öhr jetzt zu ostern anzugehen. Nachdem aber ein erbar rath bedenket, dieselbig predigt solle zu winters zeit umb zwolf uhr nach mittag gescheen, soll es den nechstkünftigen winter

das halbe jar umb zwolf versucht werden; wo es sich nit schicken will, sol es noch frue um fünf uhr bleiben. Gemelte fruepredig sol dem armen gesinde und dienstboten, in massen wie es zu Wittenberg im schwang geet, zu gute gescheen, und soll in derselbigen nichts anders, dan der catechismus treulich und mit fleis eingebildet und getrieben werden, und soll nach dieser zeit und gelegenheit solche fruepredigt auf dasmal er Franzen aufgelegt und durch den superattendenten befohlen worden, doch allein in einer kirchen, nemlich zu unser lieben frauen, dahin sich das gesinde in allen pfarren, oder ie, die es warten können, zu finden haben, hiernach den andern diaconi auch befohlen werden, winterzeit um fünf uhr zu predigen, sol es ehrlich mit lichten bestalt werden, das, unfug zu vorhüten, finstere winkel in der kirchen nicht gelassen werden, dan hat man unter dem bapstumb soviel unnötiger wachslicht mit so grossen unkosten brauchen können, wird bei dem götlichen worte auch billig fleiss fürgewendet.

So soll auch der clüster Spies und der alte man zu unser lieben frauen unter der predigt in der kirchen umbher gehen, fleissig achtung zu geben, das niemands seiner untugend bei der nacht oder im finstern verholung suche. Eher man die fruepredigt anfehet, sollen geordnet werden eine anzal schüler, aufs wenigste an 15 oder 16, also durch die ganze schule umbzuwechseln, welche christliche gesenge oder psalmen für der predigt singen mögen, und was vor gesenge darzu gebraucht sollen werden, hat der schulmeister und cantor sich bei dem herrn superattendenten und pfarhern der andern zweien pfarren Ulrici und Mauricii zu erkunden.

Es sol aber gemelte fruepredigt des catechismi für das gesinde über drei viertel stunde nicht weren, also, das das gesenge und predigt alles in einer stunde aus sei.

Am sonntag zur communion.

Sol predigen das evangelium dominicale in unser l. frauen kirchen superattendens d. Jonas, zu S. Ulrich unter derselben stunde magister Benedictus, zu S. Moritz m. Mathias.

Und er Johan sol jezund bis auf weiter bestellung und bis das die kirche volkomlich kan geordnet werden, von dem superattendenten dem m. Benedicto ganz als sein diacon befohlen werden, auf seine ler, wandel und leben zusehn, und so gemelter m. Benedictus uf die pfarre S. Ulrici nun gesetzt und bestetigt ist, wird weiter bestellung gescheen mussen, und er um der beichte und kranken willen wird zweier diacon bedorfen.

Was belangt die wochenpredigten, solt es gehalten werden, wie es jetzt gehet im werk:

M. Benedictus die zwen tage montag und dinstag in actis apostolorum, mittwoch superattendens d. Jonas in locis communibus, in einem evangelisten oder Esaia,

die andern zwei tage, donnerstag er Franz, oder er Johann zu S. Ulrich, freitag m. Mathias zu S. Moritz.

Sonnabends sol forthin ufn abend zur vesper allein ein predig gescheen zu unser l. frauen, sollen die diacon thun.

So nun m. Audreas angenommen und ein rath willens, wie diese ordnung meldet, unser l. frauen pfar neben dem superattendenten mit dreien, die andern zwei pfarren S. Ulrici und S. Maurici mit zweien gehülfen zu bestellen, sol jtzlich pfarre am sonntag und heiligen tage nach mittage ein predigt haben, und die nachmittags predigt zu unser l. frauen sol durch m. Andream und er Johann alternis, das einer um den andern predige, gescheen.

Und sol das noch ein jar also gehen in ansehung, das das volk nun solcher ordnung gewonet mit den wochenpredigten, und ein schon teglich frequenz und versamlung geschen wird, do solche predigt viel grosses nutzes geschafft auch bei den widersachern. Und were unbequem, vielleicht auch nachteilig, solche geübte ordnung plötzlich zu vorrücken. Doch bedenken wir, ob unser herrn eins erbarn raths über ein jar oder zwei deliberiren wolten, das dieselbigen hauptpredigten, so bisanher fast alle tage gescheen, und sonst alle tage durch die ganze woche die underdiacon predigte thun aus nützlichen büchern der heiligen schrift oder catechismo frühe.

Dies ist wol zu erwegen und zu bedenken, ob es nach gelegenheit und umstende zu thun will sein oder nicht, und ist nicht darmit zu eilen, bissolang es mit den clostern auch enderung gewinnet, durch göttliche schickung und hulf und volkomliche kirchenordnung durchaus konnt gemacht werden, damit nicht zurruttung der itzigen, geordenten predigt und frequenz möge furfallen.

Der zeit halben, wann der catechismus sol gepredigt werden.

Bedenken wir, das nach gelegenheit dieses orts und stat solte solchs des jars uf zweimal gescheen, als nemlichen acht tage vor Michaelis und Reminiscere, in der fasten (dan 14 tage uf ein quatember zubrauchen ist ser kurz)

Darum solte uf die halbe jar monatsfrist oder drei wochen darzu genomen werden und alle wochen vier tage, also wurde der catechismus des jars zwier mit vleiss gehandelt in allen funf stücken der christlichen lere.

Uf dieselbige zeit wan der catechismus gepredigt wird, solte gesungen werden symbolum Athanasii, an stat der psalmen geteilt in drei teil, am ersten tage das erste teil, am andern das ander, am dritten tage das dritte teil, das die christliche jugent sich gewehne, die hochsten und heuptartikel christlicher lere zu lernen und zu behalten.

Nach dem symbolo sollen recitirt werden die funf furnemsten stucke des catechismi aus doctoris Martini büchlein, oder m. Spangenbergs fragen, mit iren auslegungen, die erste woche die zehen gepot, die ander woche symbolum mit seinen dreien stucken, die dritte Vater unser oder oratio dominica, die vierte von der tauf und sacrament des leibs und bluts unsers herrn Jesu Christi.

Nach der recitation des catechismi soll gesungen werden canticum: Dis sind die heilig zehen gebot etc., und das durch die erste woche.

Die ander woche soll gesungen werden: Wir glauben all an einen gott etc.,

Die dritte woche: Doctoris Martini Vaterunser.

Die vierte woche wird gesungen von der taufe d. Martini lied, und vom sacrament: Jesus Christus unser heiland.

Was do belangt die zeit, tage etc., den catechismum zu predigen, sol das erste halbe jar anfenglichen den catechismus predigen m. Benedictus, das ander halb jar m. Matthias. Und sollen, den catechismum zu predigen, der her superattendens und die zween pfarher S. Ulrici und Mauricii abwechseln, das es umgehe, das dritte halb jar allezeit einem der dreien gebüre.

Und sollen die ordentlichen wochenpredigten, in obgemelten kirchen mit abwechselung, wie ob angezeigt, der zweier kirchen gleichwol für sich gehen; sol auch der mitwoch und sonnabentstag durch den superattendenten oder die andern diaconi gleichwol versorget werden, es wurde dan fur gut angesehen, das unter der catechismuszeit etliche wochenpredigten solten nachbleiben.

Aber dieselbigen vier wochen durch des catechismi solte d. Jonas superattendens allezeit vor m. Benedictum montag oder dinstag predigen; also auch under beiden noch zur zeit, m. Benedicto und m. Matthia, welcher den catechismum nicht predigt, sol den andern mit einer predigt releviren und ime helfen, als, so m. Benedictus catechismum predigt, sol m. Matthias für inen ein predigt zu unser l. frauen thun et contra.

55*

Das die wochenpredigte solten alle zu unser lieben frauen gescheen, sehen superattendens und wir andern nicht für gut an und haben des ursache:

Es were ein missstand, das die ganze woche andere pfarren solten wüste stehen, hat kein gleich exempel in ander kirchen und stetten, so bringts auch bei den eingepfarten unwillen.

Die stunde des catechismi zupredigen alle halbe jar auf die beramte tage sol sein um zwei oder drei uhr, wie es vor das gelegenste wirt angesehen, allzeit zu S. Ulrich, oder ein halb jar um das ander mit den kirchen abzuwechseln.

Die communion und christliche messe belangend.

Die communion und messe sol gehalten werden in der form, wie in der kirchen Wittenberg, Torgau, Leipzig im schwang gehet und bisanher alhier auch geübt und angefangen. Alleine wird bedacht zu nuz der kirchen, das über vierzehn tage ein mal, das ist allzeit auf den dritten sontag oder andern, symbolum Athanasii gesungen werde vor den introitum, und, wo mit der zeit zu dem deutschen text gute deutsche melodei und noten konten gemacht werden, were auch nuzlich, darzu man den musicum alhier Wolf Heynzen mecht vermanen und brauchen.

Pro introitu solten genommen werden, ie zu zeiten, was reine und der heiligen schrift gemess were, introitus de tempore, auch sol under zeiten kirie eleison gesungen werden, deutsch oder lateinisch, item das deutsche Et in terra, item, das deutsche Benedictus, welchs der her doct. Martinus der kirchen Torgau gemacht, doch das dis nicht zuviel oder ungewönlich verendert oder variirt, sondern mehrer teil bei einer form geblieben und alles ordentlich durch den schulmeister und cantor bestellet.

Ob man aber zun festen etwas sonderlichs in den stücken singen wolte, sol durch den superattendenten und izlichen pfarher in seiner kirchen bedacht und mit rathe fürgenomen werden.

Wan man Aus tiefer noth, oder andere deutsche psalmen pro introitu singet, sollen dieselbigen dahin gericht werden, das die ganze kirche etlicher gueter trostlicher nützlicher psalmen gewiss gewone, und man kente mit der zeit anrichten, das aller psalmen im ganzen psalter das volk durch solche fleissige übung, wan man der psalmen nacheinander brauchet, gewenete, wie in etlichen kirchen, als zu Jena und andern orten nützlich angericht.

Die evangelia und episteln under der messe und communion, so bisanher lateinisch gesungen, sollen um der jugent willen noch ofte dermassen lateinisch gesungen werden, doch sol auch frei sein, dieselbigen deutsch singen zu lassen, wie zu Wittenberg, und sonderlich, wan man gute melodei, die zum deutschen dienstlich, zur hand bracht, und die ministri sich zum deutschen geübt, alsdan sollen von denen, welche darzu bestimmet, die evangelia und episteln auch deutsch gesungen werden.

Zu grossen festen bleiben auch die lateinischen prefationes, die do christlich und der schrift gemess seind,

item, das sanctus aus dem Esaia und agnus dei wird auch gesungen wie jetzt in ubung.

Einzeler person comunion.

Sie geschee im fall der notturft mit schwachen personen in der sacristei oder heusern, do man einen einzelen menschen comunicirt, so sol diese gewisse eintrechtige form und nicht anders gehalten werden.

---

89. Kirchen-Ordnung der christlichen Gemein zu Hall in Sachsen. 1573 (?).

[Aus dem Rathsarchive zu Halle, Fach 111, Nr. 671; verglichen mit Rathsarchiv zu Halle, Fach 110, Nr. 668. Die Abweichungen des letzteren Exemplars stehen in Anm. unter B. Die Abweichungen eines dritten Exemplars in Magdeburg, St.A., A. 50, I. Nr. 326 stehen in Anm. unter C.]

Nachdem der heilige apostel Paulus zun Corinthern schreibet, dass in allen christlichen gemeinen der gottesdienst mit dem predigamt und der lehre, auch eusserlichen übungen soll ordentlich bestalt werden, ist es göttlich und christlich [1]), dass man zu förderung göttlicher ehre in den dingen alles in gute nuzliche ordnung fasse, doch der christlichen kirchen und freiheit ohne nachtheil und ohne ungegründte vorpflichtung der conscienz oder gewissen [2]).

So dann durch gottes gnad das heilige evangelium in dieser löblichen stadt und gemein Halle eine zeit lang gepredigt und nun nach gottes verleihung durch gottselige obrigkeit der missbrauch und falsche gottesdienst in der closter kirchen abgethan, damit auch in den andern dreien angerichten pfar-kirchen in obgemeldem stücken gute christliche ordnung möchte gehalten werden mit dem predigamt und lehre, zeit, personen und stunden, den zum gottesdienst gebrauchet werden, soll es mit ernannten pfarren S. Mariae, Udalrici und Mauritii folgender mass und gestalt gehalten werden.

---

[1]) C.: christlich und göttlich.
[2]) C. nur: des gewissens.

Erstlich, die lehre und fürnemste artikel christianae religionis belangende, als von rechter busse, vom glauben an Christum, von guten werken und christlicher liebe, vom sacrament der taufe und des leibes und blutes unseres herrn Jesu Christi etc., soll die lehre gehen wie sie[1]) in den achtzehen artikeln etc. des buchs der visitation der chur und fürsten zu Sachsen, zu Wittenberg anno 1528[2]) ausgangen, verfasset ist, und wie die summa der ganzen christlichen kirchen und lehre und höchsten fürnemsten stücke in der confession und apologia anno 1530 zu Augspurg der kaiserlichen maistet überantwort begriffen. Und soll der superattentens und predicant[3]) sich fleissigen, das der hohe haubtartikel justificationis und vom wahren erkenntniss mit fleiss getrieben werde, auf welchen als das fundament der ander bau folgen müge. Und weil von wegen unserer undankbarkeit und lessigkeit gegen dem licht der reinen lehre von anfang her der satan verfelschung derselbigen durch rotten und secten alle zeit erwecket und gott solches vorhanget hat, entweder zur prob der bestendigen oder zur straf der sichern und ekeln menschen, so die liebe zur warheit nicht haben, so sollen alle treuen lehrer neben der pflanzung und erhaltung des worts, das gewiss und in obgemelden schriften der heiligen bibel begriffen und von dem greulichen irthumb des bapstumbs gereiniget ist, alle einreissende irrige lehre und corruptelen, so wider die reine lehre von gottes wort, wesen und willen, im gesetz und evangelio offenbaret, ist, auch wider die stiftung und rechten brauch der hochwürdigen sacramente streiten, bestendiglich und bescheiden widerlegen, strafen und von dieser kirchen abwenden und mit gutem grund ausrotten und hierinnen sollen sie zur anweisung folgen den dreien symbolis, apostolico, Niceno, Athanasiano, den schmalkaldischen artikuln, den schriften Lutheri und Philippi und dem büchlein d. Urbani Regii, darinnen er die extrema, das ist die unbequeme neue fehrliche reden zu meiden, und fürsichtiglich ohne ergernuss von den fürnembsten artikeln christlicher lehre jungen predigern einfeltig zu reden, nötigen bericht gethan hat, desgleichen auch alle einreissende laster ohne bitterkeit und gesuchtes personengezänke mit ernst, wo es der text mitbringet, strafen, damit also die beilage der heilsamen reinen lehre und christlicher ehrbarer wandel erhalten und auf die nachkommen gebracht werde, auch sollen alle collegen dieser kirche fleissig sein, zu haben die einigkeit im geist durch das band des friedens und nach der regel, darein wir kommen sind, als die unver-

werflichen arbeiter, untadelich wandeln und gleich gesinnet sein. Wie aber nun die verrichtung der predigten und amtsgeschäfte auf gewisse zeit durch gewisse personen in der kirchen soll geschehen, soll ordentlich folgen, wie es dan, gott lob, auch zum mehrern theil ins werk gerichtet ist.

Vom heiligen sontag.

Erstlich ist eintrechtiglichen beschlossen, dass eine fruepredigt alle sontage, des sommers um vier uhr und des winters um fünf[1]) in unser lieben frauen pfarkirchen, von den diaconis umzuwechseln, dem gesinde und dienstboden zu gut, soll gehalten werden, dahin[2]) aus den andern pfarren das gesinde zukommen oft soll vermanet werden. Darinnen aber soll der h. catechismus mit fleiss erkleret werden, also dass man in einem jahre denselbigen mit allen zugehörenden stücken vollende. Zu dieser fruepredigt sein in anzahl schüler, durch die ganze schule umzuwechseln, alwege ufs wenigste 15 oder 16 geordnet sein, welche christliche gesenge und psalmen vor und nach der predigt singen, wie sie in der choragenda verzeichnet sind und soll gemelte frue predigt des catechismi für das gesinde über dreiviertel stunden nicht wehren, also dass gesenge und predigten in einer stunden verrichtet werden.

Winter zeit sol es mit lichtern bestalt werden, dass, unfug zu vorhüten, finstere winkel nicht gelassen werden; so sollen auch der cüster und kirchhüter fleissige achtung geben, dass nichts unrichtiges bei tag oder nacht in oder um die kirchen fürgenommen werde.

Communion oder ampt.

Das ampt der communion samt der predigt, dorinnen das evangelium dominicale oder de festo ordentlich erkleret wird, soll mit gesengen, ceremonien, und lichter, ornats etc. wie es bisher geblieben ohne superstition gehalten werden in allen und jeder pfarkirchen zugleich, dass das ganze amt gewöhnlich zwischen 10 und 11 uhren aus sei und an jeden orte die verordnete pfarher die predigt thuen uud die auslegung dahin richten, dass die lehre des buss getrieben werde samt andern nöthigen hauptlehren, wie oben im dritten[3]) punct vermeldet ist, und mit ernstlichen gebet für alle stände und noth der christlichen gemeine beschliessen. Man könnte auch eine kurze vermahnung vom abendmahl des herren an die communikanten verordenen. Die communion sollen die diaconi, wie es izo im brauch, einer um den andern halten. Was mehr zu guter ordnung und besserung der jugend mit umwechselung der ge-

---

[1]) C.: „sie" fehlt.
[2]) C.: „anno 1518" fehlt.
[3]) In B. steht statt „predicant": „oberste pfarher".

[1]) C.: fünf uhr.   [2]) B.: „dahin — vermanet werden" fehlt.   [3]) C.: ersten.

seng nach erförderung und unterschied der zeit,
entweder izt, nach anweisung der chorgesängordnung
im brauch ist, oder künftig solte zu verbessern
von nöthen sein, soll allezeit durch den
superattendent und izlichen pfarherr in seiner
pfarr und kirchen bedacht werden. Jedoch dass
nicht ohne grosse ursach neuerung gesucht, sondern
die guten alten gesänge der kirchen und d. Lutheri
gesangbüchlein behalten werden und soviel möglich
in der forma, wie in benachbarten kirchen,
Wittenberg, Leipzig, Torgau bisher angerichtet ist,
desgleichen soll es auch mit den lesen oder singen
der episteln und evangelien, praefation auf die hohen
feste gehalten werden, dass man mit deutschen
und lateinischen texten das volk und schuljugend
zur besserung umwechsele.

Von der mittags predigt oder vesper am sontag.

In allen dreien pfaren sollen auf die sontag
und hohen fest mittags- oder vesper-predigton geschehen,
darzu man nach 1 uhr lautet, dass alles
für dreien verrichtet werde. Diese predigt soll geschehen
von den diaconis zu unser lieben frauen,
dass einer um den andern die episteln dominicales
oder feste auslege. Die umwechselung soll
also gerichtet sein, dass wer die fruepredigt hat,
soll denselbigen tag verschonet werden, der andere
aber soll das amt haben und die mittags predigt
verrichten, wie dann auch die andern amtsgeschäfte
unter ihnen sollen gleich ausgeteilet und umgewechselt
werden. Mit den gesengen helt man es
billig nach der gewöhnlichen ordnung im cantional
verzeichnet, in den andern zweien pfar kirchen
S. Ulrich und S. Mauritii soll gleicher gestalt die
predigt von dem einen diacono geschehen, doch
nur aus dem heiligen catechismo, darinnen ein
stück nach dem andern also[1]) erkläret würde, dass
man in einem jahr allwege denselbigen vollende.
Bei diesen vesperpredigten wäre gar nötig und
nützlich, dass man examina des heiligen catechismi
nach gehaltener predigt mit der jugend anrichte,
wie es denn in vielen wolbestalten kirchen der
brauch ist, dass man in stück nach dem andern
aufgebe und wieder von den kindern fragte und
hörte, denn das ist eigentlich der rechte brauch
und rechte weise, den catechismum von alters her
zu lehren, davon er auch den namen hat. Solde
es aber ja auf den sontag nicht können geschehen,
so könte man einen andern tag in der wochen
darzu ordnen, da man zur vesper oder im mittag
die litanei singe und solches kinder examen des
catechismus hielte. Darzu aus allen pfaren die
diaconi und cüster möchten gebraucht werden,
damit man es in einer stunde alles zugleich verrichten
könnte. Der nuz dieser examinum würde
sich finden, dass die jugend desto geschickter zur
beicht käme, da man nicht zeit hat zum examiniren,
item, zur anleitung zur gottseligkeit in allen ständen,
und man sollte nur bei den einfeltigen fragen
doctoris Lutheri bleiben.

Von den täglichen lectionen der metten in der wochen.

Die metten wird im sommer umb vier uhr,
im winter umb fünf uhr gehalten. Darinnen singt
man den deutschen psalter nach der ordnung
einen oder mehr psalmen, nur in unser lieben
frauen kirchen. Darinnen helfen singen dem cüster,
die ersten drei tage, montag, dienstag, mittwoch,
der cüster zu S. Moritz, die andern drei tage,
donnerstag, freitag, sonnabend der cüster zu
S. Ulrich. Die lectiones werden ordine continuiret
aus der bibel ein ganz oder halb capitel, mit den
summariis Viti Dieterichs und kurzen gebet beschlossen,
darauf singt man montag oder dienstag
symbolum Athanasii, jeden tag die hälfte, mittwochen
Te deum laudamus, donnerstages Benedictus
Zachariä, alles deutsch, freitag, Erhalt uns herr,
sonnabends benedictus. Mit den lectionibus aber
wechseln die drei jüngsten diaconi ab, dass montag
und dienstag der hospitalis S. Mauritii, mittwoch
und donnerstag der junior zu unser lieben
frauen, freitag und sonnabend junior zu S. Ulrich
die metten versorgen, am sontag aber weil die frue
predigt an statt der lectionen gehalten wird, davon
droben gesagt ist, sollen zum gesang eine anzahl
schüler und ein collega umzuwechseln hinein
kommen. An den hohen festen sollen alle collegae
mit der ganzen schulen die metten besuchen.

Nota.

Weil die beide jüngste diaconi sonsten in
der wochen keine ordentliche predigt haben,
möchte man ihnen die metten allein auftragen und
des zu S. Mariae verschonen, sintemal auch dieselben
keine sonnabends vesper haben.

Von den wochenpredigten morgens für mittage[1]).

Die wochenpredigten auf die werkeltage sollen
sommer zeit nach fünf und winters zeit nach
sechs uhr gehalten werden, wie bisher im brauch ist.

Erstlichen auf den montag in unser lieben frauen
kirchen soll der pfarher genesin, Danielem oder
einen aus den prophetis minoribus ordentlich auslegen,
auf den dienstag zu S. Ulrich soll der pfarher
doselbst epistolas Pauli ordentlich predigen,

---

1) B.: „also" fehlt.

1) C.: Wie man die wochenpredigten morgens für
mittage anstellen soll.

die mittwochen ist des markts halben ungelegen, soll derowegen in bedenken stehen, ob man nicht denselben tag das examen des catechismi samt der litanei ordnet, auf eine stunde alles zu verrichten, weil sonsten die schulen ferias halten.

Donnerstag zu S. Moritz[1]) der pfarher daselbst einen evangelisten unter den ersten dreien, oder epistolas Pauli ad Timotheum et Titum, am freitag zu S. Ulrich der diaconus primus Johannem evangilistam oder epistolas Johannis, und wann die mittwochs predigt abginge, sollte zu unser lieben frauen diaconus primus auch predigen epistolas Petri cum sequentibus, desgleichen der diaconus zu S. Moritz epistolas dominicales, dass man also vier tage in der wochen fruepredigten hette, aber an sonnabend soll der diaconus secundus ad divam virginem zu vesper zeit eine predigt thun aus den geschichten der apostel, hette also ein in der kirchen in der wochen eine predigt alleine, und am freitag alle drei zugleich. Diese materiam concionum möchte man abwechseln, dass wann man in einer kirchen einen evangelisten absolvirt hette, dass man eine epistolam Pauli fürneme und wiederum, dies soll in bedenken genommen werden um der gleichheit willen und andern ursachen guter ordnung und übunge, gewisse stund des lautens und predigens sommer und winter, damit nötige amtsgeschäfte[2]) nicht verhindert werden.

Von den täglichen vesperpredigten in der wochen.

Dieweil an stat des catechismi, der erstlich in den täglichen vespern zu üben verordnet ist, nun die predigten im brauch sind und das volk derselben gewöhnet ist, lass mans billich darbei bleiben, sollen derhalben in der wochen zu unser lieben frauen vier lectionen zur vesper geschehen. Montags lieset und erklärt der pfarher zu S. Moritz die libros historicos des alten testaments, wie sie in der ordnung folgen, dienstag der pfarher Salomonis, Sirach, Sapientiae, Hiobs, donnerstag der pfarherr S. Ulrich den propheten Esaiam und Jeremiam, freitag pastor ad Mariä psalterium Davidis. Bei dieser ordnung soll man bleiben und explicationem des textes richten zur lehre, trost und vermahnung, das gesang, lesen und predigen um 3 uhr geendet werde, mit dem gewöhnlichen gebet beschliessen, mittwochen ist bisher frei blieben und stehet im bedenken, ut supra.

Von der sonnabendes vesper und beicht hören.

Auf den sonnabend und vigilias der apostelfeste und andrer feste, wird bisher nur[3]) zu unser lieben frauen vesper gehalten. Da geschiehet eine predigt von dem diacono secundo aus den geschichten der apostel, und werden nach der predigt ein jeder, besonders diejenigen, so sich zum heiligen abendmahl angeben, gehört und mit auflegung der hände die absolution den bussfertigen mitgetheilet. In den andern kirchen zu S. Ulrich und zu S. Moritz wird nach 12 uhr die beichtstunde gehalten von pfarhern und diaconis und soll nach gelegenheit der personen der unterricht, trost und vermahnung auf jedes beruf nach anweisung d. Lutheri und Viti Diedrichs gerichtet werden. Wann[1]) aber mit etlichen personen schwere fell und öffentliche ergerniss fürgelaufen, mit denen soll vom superintendenten und des orts pfarhern sonderliche unterredung geschehen und nach befindung der gewissen niemand ohne trost gelassen werden, er[2]) würde denn **halstarig und unbussfertig befunden, soll auch der kirchen ihre versöhnung nach des ministerii erwegung unbenommen sein.**

Da aber personen aus inficirten heusern tempore pestis, oder sonst die krank gelegen und nich volkömlich gesund worden, sich zur beichte angeben, sollen sie ermahnet werden, aus christlicher liebe sich nicht unter die andern zu mengen, sondern sie sollen am sontage, und wan sie kommen, am morgen frue, nach der predigt oder metten besonders gehöret und communicirt werden. Die communicanten und[3]) hausväter sind nach ihren namen ordenlich zu verzeichnen.

Von den predigten des heiligen catechismi und zeit darzue.

Es ist bedacht und auch nun ins werk gerichtet, dass der heilige catechismus jährlich 2 mal von den 3 pfarhern in unser lieben frauen kirch durch abwechselung soll ordenlich vollkommen gepredigt werden, dass allwege das dritte halbe jahr einem der dreien S. Marien, S. Ulrich und S. Moritz gebeure und monats frist oder vier wochen und jede woche vier predigten, nemlich montag, dienstag, donnerstag und freitag darzu genommen werde. Die eine zeit soll sein, die woche nach invocavit in der fasten anzufahen, das für judica geendet werde, die andere, die woche crucis im september anfahend, bis es zum ende und mit fleiss gehandelt werde. Diese zeit über bleiben die gewöhnlichen wochenpredigten des morgens in andern kirchen nach[4]), ausgenommen die mittwochs und sonnabends-predigten, die von den diaconis ordentlich gehalten werden. Die ordnung der gesäng nach den stücken des catechismi

---

¹) B.: „zu S. Moritz" fehlt.   ²) B.: geschefte.
³) C.: wie.

¹) C.: weren.
²) Der gesperrt gedruckte Satz fehlt in B.
³) C.: was.   ⁴) B.: „noch" fehlt.

samt der recitation der haubtstück desselben, soll wie es izt im werke oder übung ist, bleiben, wann aber was nötig darinnen zu verbessern, soll es mit rat fürgenommen werden, dieser[1]) gesäng ordnung soll auch in die chorordnung gebracht werden. Es sollen auch alle diaconi dieser dreien kirchen in diesen und andern predigten ihrem pfarhern, da sie verhinderung hätten und solches von ihnen begehren würden, unweigerlichen behülflich sein und sich sonsten gegen den superattendenten und ihren pfarherr gutwillig, dienstlich und bescheiden erzeugen, derselben rat und meinung fürfallender irrungen oder fellen, damit nicht zu eilen anhören, und folgen, damit kein missverstand noch befremdung unter ihnen fürfalle.

Von der heiligen taufe und ihrer reichung.

Nachdem es den dienern des göttlichen worts und auch den gefattern beschwerlich ist, dass auf die taufstunde nicht gewiss gewartet wird, soll hinfort alle zeit um drei uhr zur vesper zeit die taufstunde sein, in allen[2]) pfarren, ausgenommen den fall der noth, und sollen die leute in den predigten vermahnet werden, wo sie die stunde nicht halden, um[3]) drei uhr oder kurz zuvor, nicht gewiss in der kirchen sein, mit den kindelein und gebedenen gefattern, soll die schuld der versäumniss ihr sein, und den tag keine taufe geschehen, es fielen denn wichtige ursachen für zur dispensirung. Fielen aber taufen des sonnabends oder sontags für, sollen sie bald nach der predigt der vesper gehalten werden. Diejenigen, so unser lieber gott im ehestand segnet, dass sie kindelein zur taufe zu bringen haben, sollen sie bei zeit für sich selbst oder durch einen verständigen diener oder person, zu solcher tüchtig, in ihrer pfarr dem wöchentlichen diacono oder in dessen abwesen dem cüster daselbst anzeigen, und um die taufen ansuchen, damit alsdann der taufen soll nothwendiger bericht geschehen können der eltern und gefattern halben, dass, wo erinnerung bei denselbigen sollt von nöthen sein, solches in der still zuvor geschehen möchte. Dieweil aber die wehmütter oft von den kindbetterin nicht abkommen mögen, auch wohl von der einen zu der anderen eilen müssen, ja auch oft gar vergessen wird, sollen sie billich mit dieser mühe verschonet bleiben. Fielen aber sachen für in missgeburt oder andern fällen, darinnen sie oder die eltern bericht oder trost bedürfen, so können sie solches allezeit bei dem pfarher bescheidentlich sich erholen. Die form der taufe soll mit vorgehender vermahnung nach dem taufbüchlein reverendi

---

d. doctoris Lutheri ganz gleichförmig gehalten werden von allen dienern und soll ohne ursach mit reden oder vermahnung keine weitere verlengerung geschehen. Man soll aber von der heiligen tauf und christlichem brauch derselbigen und was guter ordnung darbei anhengig sonst in catechismo und, wo es von nöthen, fleissig das volk in predigen unterrichten.

Dieweil auch um vielerlei ursach willen verzeichniss der tauf kinder gehalten werden, soll darzu in jeder pfarr[1]) ein register bereit werden, darin ordentlich, alsbald die taufe geschiht, der tag des monats und des kindes, des vaters und gefattern namen verzeichnet werden. Auch soll bei den wehemüttern der unterricht geschehen, dass nicht um geldes oder leichtfertiger ursach willen niemants mehr denn drei gefattern bitten soll, und wo sie es inne werden, sie es den kindervätern anzeugen, dass man bei gewöhnlicher ordnung bleibe.

Von der nottaufe.

Wann solche noth fürfelt, dass ein kindlein eilents im namen des vaters, des sohnes und des heiligen geistes mit wasser getauft wird, so sollen die ministri dasselbige nicht noch einmal taufen, denn die rechte taufe ist dem kinde gereichet nach dem befehl des herrn Christi. Wie es aber weiter mit dem segen und gebet über das kindelein soll fürgenommen werden, da es zeit hat und das kind beim leben bleibet, soll mit rat des pfarhers an jeden ort und nach anweisung der kirchenagenda geschehen und sollen die wehemütter oder die jenigen, so die nottaufe gethan haben, fleissig befragt werden, da sie solch kindelein zum gebet in die kirchen bringen oder daheim der diener gefordert wird, denn es müssen beide die eltern und die kindlein um vieler ursach willen der tauf gewiss sein.

Was weiter die wehemütter zu erinnern sein möchten, als dass kein kindelein, ehe es ganz geboren, soll getauft werden, dass man mit gebet und trost den weibern in schwacher geburt beistehe, darum sollen sie bei annehmung ihres berufs oder sonst im jahre einmal von superintendenten besonders unterrichtet werden, auch wohl in predigten in gemein, soviel es leiden wil, verecunde gedacht werden, damit nichts ungebürlich darinnen geübt werde.

Nachdem auch conditionalis baptisatio wider die schrift ist, sollen die diener sich derselben enthalten, denn wir müssen von den sacramenten, als gottes wort und werk, gewiss sein. Dieweil auch bisweilen die missgeburt, nicht aus einerlei mitteln verursacht werden, und die

---

leute entweder trost oder vermahnung, auch wol strafens bedörfen, ist es gut das dieselben dem pfarherr des orts angezeigt werden, damit man sich nach befindung der sachen gegen ihn erzeigen könne, denn es nicht geringe sachen sind und oft die gewissen bekümmern, und weil man dieses orts die abortus zum begräbniss zu belauten pflegt, soll die anzeigung billich zuvor geschehen und mit den vätern geredt werden.

Von ordnung den h. ehestand und sponsalia belangende.

Diejenigen, so zum heiligen ehestand greifen wollen, sollen in ihrer pfarr ihren pfarherrn mit zweien personen beiderseits der nächsten freundschaft, so umb das verlöbniss wissen haben, den tag zuvor, ehe sie sich wollen ausrufen lassen, besuchen, und alda bericht thun auf des pfarhers erkundigung, ob nicht hinderung sein möchte, von wegen naher freundschaft, der eltern consens, oder sonst unordnung, darüber man billig bedenken hätte. Alda können nötige erinnerung geschehen zur gottseligkeit dienstlich. Darauf sollen sie drei sontage in ihrer pfarr, oder da sie in zweierlei pfarr gehörig in denselben mit gebet proclamiret werden, und ohne verrückung fest mit einem als dem andern gehalten werden, aber frembde leute sollen nicht eingelassen noch alhier copuliret werden, sie bringen denn genugsam zeugniss, dass ihrer ehe kein hinderung und sie ledig sein.

Zur hochzeitlichen ehren, in pompa nuptiali soll man gewöhnlicher weise zur kirchen gehen, jetzliche pfar kinder in ihrer pfarr. Mit gesang, copulation, und fürlesung göttlichs worts und gebet soll es nach anweisung des traubüchleins und agenda gehalten werden. Wann aber jemand die cantoren und organisten begehret und bestalt, so hat es auch sein ordnung und mass, sich mit ihnen zu vergleichen. Was auch von sponsalibus oder aufbieten und andern bisher den pfarhern gebürt hat, desgleichen den diaconis, ministris, cantoribus und kirchendienern, soll man ihnen und jeglichen in ihrer pfarr bleiben lassen. Es soll keine copulation in heusern geschehen, sondern die ehe personen zu der[1] kirchen gehen, wie man sagt vom volzogenen ehestand, zur kirchen und strassen gangen. Wo aber bewegende ursachen fürfielen in heusern zu copuliren, die sollen dem superattendendi und beiden pfarherrn S. Ulrich und S. Moritz angezeuget werden, nach gelegenheit davon zu deliberiren. Es sollen auch die bräutgam erinnert werden, dass sie nach ihrem stand die hochzeiten anstellen, und nichts mit ihren schaden prachts halben, dass ohne ergernuss nicht abgehet, fürnehmen, auch wissendlich keine verruchte person,

so gotteswort und die sacrament verachtet, zur hochzeit bitten wollen.

Es soll auch gute ordnung der zeit halben gehalten werden, dass diejenigen, so frue morgens die copulation begeren, sollen in der metten oder frue predigt in die kirchen sich finden, die aber mittags hochzeiten oder kirchgang halten, sollen für 10 uhr in die kirchen kommen, die aber auf den abend wollen copulirt sein, sollen für 4 uhr sich einstellen, und solches alles bei strafen drauf gesetzet, damit ohne zerrüttung ordnung gehalten werde.

Besuchung[1] der kranken und communion in heusern.

In besuchung der krankeu sol der superattendens selbst, auch iglicher pfarherr in seiner pfarr, wo sie begert und erfordert[2], sich gutwillig, fleissig und christlich erzeugen. Die diaconi aber und sonderlich die unterdiaconi sollen diejenigen, so sie in leibesschwacheiten communicirt haben, unerfordert in ihrer krankheit zu besuchen verpflichtet sein. In zeit der sterbens leufte und tempora pestis sollen die leute vermahnet werden, das sie bei gesunden leibe beichten, mit dem heiligen sacrament sich versehen, den kirchendiener mit gefahr in die inficirten heuser so viel möglich zu verschonen. Wo aber darüber gleichwol noch fürfiele, das leute beicht, sacrament, trost in ihren nöthen begehren, sollen und wollen superattendens, die pfarher und ihre diaconi und diener des göttlichen worts ihren ampt nach sich mit fleiss und christlichen beistand, trost und allen treuen erzeugen.

Von der sepultura oder begrebnüssen.

Die christliche begräbnussen sollen zu ehren und bekentnuss der seligen künftigen auferstehung des fleisches (welches der gröste und herlichste trost ist der christenheit) ehrlich und sollenniter geschehen, mit beleitung der schulen, kirchendiener und gesängen, inmassen es im brauch ist. Die gesäng sind im gesangbüchlein verzeugnet, Si bona, scio quod redemtor, Durch Adams fall. Zur solchen beleiten sollen die predicanten und schuldiener, einer oder mehr, ganze schul oder ein theil schüler, nach der person und freundschaft gelegenheit, wie auch das geleit, ersucht und bestalt werden, und was für funeralia in den ort und personen sich gebürt und bisher im brauch gewesen, soll billich gegeben werden, sintemal es pfarrrechte sind und von den alten auch wol mehr zu aberglauben und missbrauch gegeben ist. Doch kann man allezeit mit den armen dispensiren.

---

[1] C.: in die.

[1] C.: Von besuchung.
[2] C.: erfordert werden.

Und weil anfänglich die leichvermahnungen oder leichpredigten bei den begrabnussen sind in bedenken genommen, ohne zweifel angesehen, das[1]), wo es bei allen leichen solte gleichmässig geschehen, dem predigampt grosse mühe daraus erwachsen würde, so ist doch denen, so leichpredigten begeren würden, solches nicht abzuschlagen und sind weg und mittel darzu in unterredung fürzuschlahen, denn es sind ja kreftige und wirkliche predigten, wann uns gott heimsucht, die mehr denn andere zu herzen gehen.

Die stunden aber, da das begrebniss soll gehalten werden, sind bisher drei jedes tages, nämlich umb 9, 12 und 3 uhr, jedoch soll des sonnabends nur 9 und 12, des sontags aber nur 12 und 3 uhr wegen der beicht und communion begrebniss gehalten werden, dass sie in general leichen der schulen zu weniger verhinderung nur 12 und 3 uhr benennen wöllen. Es soll auch niemand für acht oder zehen stunden, nachdem es verschieden, begraben werden, und dass die gräber auf ein gewiss mass tief gnug gemacht werden, soll durch sonderliche person bestellet sein.

Von pfarkindern und ihrer ordnung.

Es sollen die pfarherrn und ihr zugeordneten diaconi, wo sie hin verordnet, in ihren kirchen bleiben, mit beicht hören, sacrament reichen, item communion zu halten wo es noth auf die hohen fest der superattendens selbst, ohne dass gemeldter superattendens des beicht hörens relevirt soll sein, ausgenommen diejenigen, so seiner sonderlich begehren. Man soll auch die pfar kinder vermahnen, dass sie mit ihren kindern und zugehörigen gesinde gute ordnung halten, und jeglichs in seiner pfarr mit pfarrecht bleibe. Desgleichen sollen die vorstadte als Märtensberg und Petersberg, und was unter einem erbarn rat liegt, ordentlich zu den pfaren abgetheilt werden, damit sie in der zeit der noth und sonsten mit ihren pfarherrn an gewissen orten sich wissen zu erholen, und ihnen nicht frei sei[2]), jedermann und wen sie wollen hinaus zu fordern, und da solches in ordnung kommen, dass man darüber halte.

Von ordentlicher vocation und bestallung der kirchendiener und pfarherrn.

Es ist itzt und zukünftigen zeiten, zu erhaltung eintrechtigkeit, in der reinen[3]) lehre, sehr nötig und nützlich, dass itzt bestelte oft ernannte drei pfar kirchen S. Mariae, S. Ulrici und Mauritii, und mit drei personen, nämlichen einen pfarher und zweien diaconis versehen und erhalten werde,

die alle zu predigen, sacrament zu reichen und andere kirchengeschäfte zuverrichten tüchtig sind. Und weil die grösseste mühe und arbeit der kirchen zu unser lieben frauen heimfelt, auch anfänglich daselbst drei diaconi zu ordnen bedacht ist, sollen die in andern kirchen in fall der noth desto williger zuspringen und behülflich sein, dieweil die seelsorge in diesen volkreichen kirchen und der ganzen stadt notthürftig möge verrichtet werden, und so oft durch gottes schickung enderung in diesen berufenen aller kirchen fürfellet, soll kein pastor, seelsorger oder diaconi beschrieben, vocirt, gehört oder aufgenommen werden, ohne vorgehenden rat, unterredung oder zeitig bedenken eines erbarn rats, superattendenten, auch derselben kirchen, da es einen diaconus betreffe, pfarherrn und kirchenväter, die sich hierinnen vergleichen und erkundigen sollen, damit in der ganzen kirchen auf erhaltung reiner lehr der superattendent acht gebe, damit auch nicht untüchtige personen plötzlich angenommen werden, dardurch oftmal, wie es die erfahrung giebt, in wohlbestelten kirchen viel zerrüttung gebracht wird.

Von den cüstern oder kirchnern oder kirchhütern.

Die küster und kirchendiener sollen in jeder pfarr, wie sie bestalt, schuldig und verpflicht sein, zu der arbeit, die ihnen aufgetragen worden, fleissig und willig zu sein, mit lauten, singen, aufwarten der ansuchenden personen umb gebet und anderer amptsgeschäfte, taufe, communion[1]) der kranken, begrebnüssen oder was es sein mag, das zu ihren ampt gehörig ist. Sollen derhalben mit ihren superattendenten, pfarherrn, diaconi und wem sie zugeeignet oder zugethan, in ihren amptern mit fleiss bei tag und nacht aufwarten, und soll das volk dahin angehalten werden, dass sie im fall der noth, wan sie des predigampts bedürfen, bei dem custoden zeitlich ansuchen. Der cüster aber soll solche dem ministris, denen es gebürt, austrücklich und mit umbstenden vermelden, fiel auch für, dass dem custodi unordnung in solchen fällen bewust, die bedenken brächten, soll er es ohne scheu und richtig den ministris vermelden. Umb allerlei ursach halben sollen bei nächtlicher weile die ministri nicht von jederman ohne beisein der cüster gefordert werden.

Dargegen ist einsehen zu haben, dass denselben kirchnern oder custodibus ihre gebürliche besoldung und accidenz, damit ihr täglich klagen abgeschnitten, geordnet und erhalten werde, davon sie dann mit weib und kind ihre notturft haben mögen.

Und weil sie auch der predicanten und diaconi

---

[1]) Der gesperrt gedruckte Satztheil fehlt in B.
[2]) C.: stehet.
[3]) C.: statt in der reinen: „reiner".

---

[1]) C.: communiciren.

accidentia neben der kirchen zufällen vom gelaut einnehmen, sollen sie darinne gute und treue rechnung zu thun schuldig sein, auch ihre inventaria und was[1]) ihnen vertrauet in der zeit in gute verwahrsam nehmen und fleissig aufheben.

Von kirchen gesängen in gemein.

Die gesänge in der kirchen, so zur communion, vesper[2]), predigten, catechismo, metten, hochzeiten, begräbnüssen gebraucht werden, sind zum theil droben gemeldet. Sie sollen aber doch in gemein auf die zeit, fest, materien der predigten gerichtet sein, dass sie de tempore lauten und darinnen die unordnung nicht gestattet werde, dass man ohne noth und mit ergernuss ohngefähr oder fürsätzlich die gesänge, die sich auf die zeit nicht schicken, einmenge, denn christliche freiheit ist nicht

[1]) C.: so.
[2]) C.: „vesper" fehlt.

wider gute ordnung daraus niemand denn eigensinnige geister schreiten.

Wie aber solche gesänge auf benannte zeit nach einander gehen sollen, und ordentlich durch das jahr gebraucht werden, das ist in ein schriftlich verzeichniss verfasst worden, und was mangelt, sol noch darzu verzeichnet werden, allen schuldienern und cantoribus künftig sich darnach zu richten, derhalben unter nöthen geachtet, hier einzuverleiben. Soll es aber für nötig angesehen werden, kann es jeder zeit, nach jeder kirchen gelegenheit geschehen[1]).

[1]) C. hat noch folgende Note:
„Nota. Herr m. Martinus Röber, pfarrher zu S. Ulrich, hat den 30. dezember 1623 berichtet, dass er von d. Johan Oleario sel. vernommen hette, das diese kirchenordnung von h. d. Justo Jona sel. dem ersten ev. prediger in Halle erstlich abgefasset, hernach von h. d. Martino Luther revidiret, und durch e. e. rath autorisirt, ihme Oleario auch bei eintritt seines amts sich darnach habende zu richten, von wohlgemeldtem rathe uberantwortet worden sei."

Jüterbogk.

Hilfsmittel: Förstemann, Neue Mittheilungen aus dem Gebiete historisch-antiquarischer Forschungen. Bd. 4. Heft 3. S. 114 ff. (enthält: Telle, Urkundliche Nachrichten zur Geschichte der Kirchenreformation in der Stadt Jüterbogk, mit einer Excommunication. Weihnachten 1562.) Bd. 6. Heft 3. S. 16 (enthält: Telle, Anderweite Nachrichten zur Geschichte der Kirchenreformation in der Stadt Jüterbogk); Götze, Protokolle der ersten Kirchenvisitation im Lande Jüterbogk (Magdeburger Geschichtsblätter 10, 117 ff., 209 ff., 378 ff.).

Archive: Magdeburg, St.A., A. 6, Nr. 545.

Auf der Visitation des Jahres 1563 erliessen die Visitatoren eine Ordnung (Magdeburg, St.A., A. 6, Nr. 545, S. 116 ff.). Es wurde ihnen eine Schul-Ordnung überreicht (Magdeburg, St.A., A. 6, Nr. 545, Bl. 173—197. Abgedruckt bei Götze), sowie eine „Form, wie man mit öffentlichen sündern in der kirchen alhier zu Jüterbock mit öffentlicher christlicher buss procediren oder verfahren soll, durch die prediger daselbst aus gottes wort gestellet und von einem erbaren rathe, richtern und schöppen, auch ganzer gemeine bewilligt, angenommen und bestätigt, anno 1562" (Magdeburg, St.A., A. 6, Nr. 545, Bl. 198—204). Diese Buss-Ordnung theilt Götze im Auszuge mit. Wir drucken sie erstmalig ganz aus Magdeburg, St.A., A. 6, Nr. 545, Bl. 198—204, ab. **(Nr. 90.)**

90. Form der öffentlichen Busse. 1562.
[Aus Magdeburg, St.A., A. 6, Nr. 545, Bl. 198—204.]

Forma oder weis, wie man mit öffentlichen sündern in der kirchen alhier zu Jüterbock mit öffentlicher christlicher buss procediren oder verfahren soll, durch die prediger daselbst aus gottes wort gestellet und von einen erbaren rath, richter und schöppen auch ganzer gemeine bewilligt, angenommen und bestätigt anno domini 1562.

So oft als bei uns zu Jüterbock imands öffentlichen sünde und laster, darein er aus verführung des teufels und seines eigenwillens gefallen, genugsam überzeugt ist, und er mit christlicher kirchen wiederumb versöhnet zu werden begehret, soll man mit ihme öffentliche busse zu thun, uf die form und masse procediren wie folgt.

56 *

Drei sontag nach einander sollen sie in der kirchen in trauer kleidern stehen, an einen gewissen orte, da sie der pfarrherr hinweisen wird, von anfange des ambts bis zum ende.

Die ersten zwei sontage sollen sie nach der predigt vor den altar knien und mit aller demuth und sanftmuth fein laut antworten uf alle fragen, darum sie der pfarher fragen wird. Nach geschehener antwort und gemeinen gebet sollen sie wiederumb in ihren stuhl treten, und des segens gewarten, dar nach soll das andere volk mit der communion berichtet werden.

Uf den dritten sontag sollen sie den sonnabend zuvor beichten und die privat absolution empfangen und gewisslich glauben dass sie dadurch vergebung aller stünden entpfangen, und gleich wohl auch uf den sontag darnach nach der predig vorm altar nieder knien, und uf alle frage stucken des pfarrers antworten, wie an den vorigen beiden sontagen geschehen, darnach sollen sie durch die offentliche absolution von all ihren stünden, und sonderlich von dem offentlichen laster, darum sie diese offentliche busse thun, absolvirt und los gesprochen werden und in die gemeinschaft der christlichen kirchen wiederumb angenomen.

Nach gemeiner offentlicher absolution und danksagung sollen sie vorm altar knien bleiben, weil der priester das vater unser und die wort der einsatzung des hochwürdigen sacrament des leibs und bluts unsers heilandes Jesu Christi list, und darnach zur communion zu gelassen, und in der ordnung die ersten sein, und nach empfangenem sacrament wieder vor dem altar nider knien und alda kniend des gebets und segens des herrn abwarten.

Finis.

Fragestücke,

darauf man die übertreter vorm altar fragen soll,

N. Bekennestu für gott und dieser christlichen gemeine, dass du dich durch verführung des bösen geists und aus nachhengung deines selbst eignen willens wider gebot und alle weltliche erbarkeit im ehebruch besudelst oder verunreinigt hast?

Respondeat: Ja.

2. Gläubestu auch, dass diese stünde so gross sei, und gott darumb so heftig zurnet, dass, wo er sie durch warhaftige buss aus gnaden umb seines einigen lieben sohnes willen, unsers erlösers Jesu Christi nicht vergebe, das er nicht allein dich besondern die ganze stadt, ja das ganze land mit zeitlichen und ewiger strafe zu verterben oder vertilgen, fug, fug und recht hätte?

R. Ja.

3. Gläubestu auch, wenn du gott warhaftig anrufest und umb seines lieben sones Jesu Christi willen umb vergebung der stünden bittest, das er diese deine stünde, sambt allen andern gnädiglich und gewisslich vergeben will?

R. Ja.

Begerestu dann auch und bittest, dass dir solche gnädige vergebung izo durch die offentliche absolution uf gottes befehl möchte mitgetheilet werden?

R. Ja.

Sequitur forma absolutionis publicae.

Der ewige allmächtige, einige, gütige gott und vater unsers heilands Jesu Christi, sambt seinen einigen ewigen sohne und heiligen geist, ist dir gnädig und barmherzig und vergibt dir alle deine stünde umb seines lieben sohnes willen. Und nach dem er uns dienern seiner lieben kirchen befohlen hat, dass wir allen armen stündern (die sich durch warhaftige busse zu ihme bekehren und umb Jesu Christi seines sohns willen ihnen anrufen und um vergebung der stünden bitten) in seinen namen vergebung der stünden verkündigen und zu sagen sollen, da er spricht, nehmet hin den heiligen geist, welchen ihr die stünde erlasset, den sind sie erlassen, und welchen ihr sie behaltet, den sind sie behalten (Joh. 20, Math. 16 et 18), uf solchem befehl unsers herrn Jesu Christi ich als ein verordneter diener dieser christlichen gemeinde, sage dich N. N. dieser schrecklichen grossen stünden des ehebruchs, sambt allen andern deinen stünden ledig und los und vergebe dir sie in namen des vaters und sohnes und heiligen geistes, amen.

Postea iterum interroget.

Gläubstu auch gewiss und feste, das dir durch diese absolution gott alle deine stünde vergeben hat?

R. Ja.

Subjungat pastor.

Gott sterke und erhalte dich in reinen und festen glauben bis ans ende. Und du solt auch fleis vorwenden, dass du dich forthin in gottes furchte haltest und für stünden fleissig hütest, uf dass dir hernach nicht etwas ärgers wiederfahre.

Commonefactio ad populum.

Lieben freunde in Christo. Es soll niemand denken, dass dis spectakel oder handel der offentlichen buss, wie ihrs sehet und höret, allein umb dieser armen verführten und gefallenen unser bruder und schwestern willen geschehen und von gott also zu geschehen verordnet und befohlen sei, sondern dass solche öffentliche busse der armen offentlichen stünder allem volk soll ein exempel und spiegel sein, dardurch es aus gottes wort er- innert würde, auch solche spectakel ihme in die augen leuchten solte, die grausame schwerheit oder last der erbstünden und den schrecklichen zorn gottes über die stünde zu erkennen, dann es aller menschen weisheit und verstand unmüglich ist zu erkennen und gläuben, das ein solcher grosser ernst des schrecklichen zorns gottes über die stünde und alles gottlose wesen dahinten steckete, wens uns gott in seinen worte nicht verkündiget und geoffenbaret hette und durchs lehr ambt in die ohren schallen und durch euserliche zeichen, unter welchen dis (der offentlichen busse), das ihr izo gesehen und gehört habt, auch eins ist, in die augen scheinen liesse. Derohalben billig solch spectakel der offentlichen busse niemand als ein schlecht oder unnütz ding verachten, besondern ein jeder gotsfürchtiger mensch es als ein sehr nütze und hochnötige ceremonien der christlichen kirchen achten sol, der man ohn grossen unver- windlichen schaden der christlichen buss predigt (sonderlich zu dieser unser lezten bösen zeit) gar nicht entbehren kan, dann solches von gott selber also zu halten befohlen, auf dass in der christlichen kirchen allzeit ein eusserlich zeichen sei, daraus

das volk lerne, die grausamkeit der stünden und gottes zorns erkennen und alzeit ein rechtschaffen bussfertig leben führe, nach dem auch gottes wort lehret, dass auch die allergeringste stünde, die ein mensch thut, würdig sei des zorn gottes und zeitlichen und ewigen verdamniss, wo sie nicht aus gnaden allein durch den glauben an den einigen mitler Christum vergeben wird.

Weil es aber gewiss und war ist, dass wir alle mit der erbstünde, darin wir leider entfangen und geboren werden, auch mit gleichen und grossen stünden angefochten und beschweret, und da gott mit uns in gerichte gehen solte viel schweren strafe, denn diese, mochten würdig erfunden werden, so last uns auch mit diesen armen stün- dern in rechter christlichen busse unsers herzens und herzlicher demuth für unserm heiland Christo nieder-fallen und ihme umb gnade und ver- gebung der stünden bitten, unzweiflicher hoffnung, er werde uns seiner zusage nach gnädiglich er- hören, uns unsere stünden vergeben und die wohl- verdiente strafe unserer stünde nach seiner grossen barmherzigkeit gnädiglich wegnehmen oder lindern und uns entlich ewiglich selig machen, das helf uns gott der vater und sohn und heiliger geist, amen.

Stadt Magdeburg.

Hilfsmittel: F u n c k e, Kirchenhistorische Mittheilungen aus der Geschichte des evangelischen Kirchenwesens in den sechs Parochieen der alten Stadt Magdeburg. Magde- burg 1842; H o f f m a n n, Geschichte der Stadt Magdeburg. Magdeburg 1856. Neubearbeitung (1885) von Hertel u. Hülsse; H ü l s s e, Die Einführung der Reformation in der Stadt Magde- burg. Magdeburg 1883, auch in: Geschichtsblätter für Stadt und Land Magdeburg. 18. Jahr- gang. 1883. Bl. 209 ff.; W a l d e m a r K a w e r a u, Eberhard Weidensee und die Reformation in Magdeburg. 18. Heft der Neujahrsblätter, herausgegeben von der historischen Commission der Provinz Sachsen. Halle 1894. (S. auch sächsisches Kirchen- und Schulblatt, 1894, S. 321 ff.); G u s t a v H e r t e l, Historia des Möllenvoigts Seb. Langhans, betr. die Ein- führung der Reformation in Magdeburg. (1524.) Jahrschrift des Pädagogiums zum Kloster Unserer Lieben Frauen. 26 S. Programm Nr. 202; D e r s e l b e, Die Gegenreformation in Magdeburg. Neujahrsblätter, herausgegeben von der historischen Commission der Provinz Sachsen. Halle 1886; J a n i c k e, Magdeburg beim Beginn der Reformation, in: Magdeburger Geschichts- blätter 2, 5 ff.; B r a n d t, Die erste evangelische Predigt im Dom zu Magdeburg, am ersten Advent 1567. Magdeburger Geschichtsblätter 2, 384 ff.; F i s c h e r, Die Ordnung der evan- gelischen Gottesdienste in der Metropolitankirche zu Magdeburg, zu Beginn des 17. Jahrhunderts, in: Magdeburger Geschichtsblätter 7, 129 ff.; W o l t e r, Geschichte der Stadt Magdeburg. Fest- schrift. Magdeburg 1890.

Archive: St.A. zu Magdeburg. Ernestin. Ges.-Archiv zu Weimar.

Über die Anfänge der Reformation s. S e c k e n d o r f 1, 246; H o f f m a n n 2, 39 ff., Neubearbeitung 1, 307 ff.; H ü l s s e S. 1 ff.; K a w e r a u, a. a. O. S. 1 ff.; ungedrucktes Material im Ges.-Archiv zu Weimar.

Am 25. Juli 1524 fand in der Johanniskirche und am 28. Juli 1524 in der Kirche zum heiligen Geist der erste evangelische Gottesdienst statt. 1524 verlangten die lutherisch Gesinnten vom Rathe die Erlaubniss zur Wahl von Männern, die sich mit den evangelischen Predigern über weitere Maassnahmen verständigen sollten. Nach geschehener Erlaubniss und erfolgter Wahl vereinbarten die Vertrauensmänner der Gemeinden mit den Predigern am 22. Mai einige Artikel und legten sie dem Magistrate vor. Dieselben befinden sich in zeitgenössischer Handschrift im Ernestin. Gesammtarchiv zu Weimar, Reg. H, p. 1, A, fol. 51. Nach Jacobs, Geschichte der in der preussischen Provinz Sachsen vereinigten Gebiete, Gotha 1883, S. 342, sollen sie 1524 zu Eisleben im Druck erschienen sein. Ich habe aber keinen Druck gesehen. In den meisten Darstellungen wird von 22 Artikeln gesprochen (z. B. bei Hülsse, S. 53), die Handschrift zu Weimar enthält aber nur 10 Artikel, die sich auf kirchliche Dinge beziehen; weitere Artikel betreffen andere Materien. Der Rath nahm die Artikel entgegen, liess sie aber nicht publiciren, und so sind auch manche derselben praktisch nie verwirklicht worden. Immerhin haben wir hier das erste Aktenstück über die evangelischkirchlichen Verhältnisse in Magdeburg vor uns; wir drucken die Artikel daher nach dem Archive zu Weimar ab. (Nr. 91.)

Der Rath sah sich aber doch veranlasst, der Gemeinde in einigen Punkten nachzugeben. So richtete er eine Armenpflege ein, durch eine „Ordenung der gemeinen kasten". Diese Ordnung ist enthalten in der Schrift „Ursach und handelung in der keiserlichen löblichen und christlichen stadt Magdeburg, ein christlich wesen und wandel belangende, dornstages nach Margarethe, des 14. tages Juli, in den zwei kirchspilden S. Johannis und S. Ulrich, durch di christlichen gemeinen und versamlungen offentlichen gehandelt und beschlossen. Anno 1524. Gedruckt zu Magdeburg, durch Hans Knappe den jüngern. Im 1524. jare." Abgedruckt bei Wolf, Das glücklich wiedergefundene Alte Magdeburg. Helmstedt 1701. S. 43—46; Richter, Kirchen-Ordnungen 1, 17; Kirchenverfassung S. 21. Vgl. Funcke, Mittheilungen aus der Geschichte des evangelischen Kirchenwesens in Magdeburg. Magdeburg 1842. S. 210; Feuerlin S. 265. Ich drucke nach dem Drucke von Knappe 1524. (Nr. 92.)

Noch in demselben Jahre war die Durchführung der Reformation vollendet. Nikolaus von Amsdorf richtet den Gottesdienst nach Wittenberger Vorbild ein.

Eine Ordnung des Magistrats vom Jahre 1544, „Ordenungen aver ehebrock, gelöfte, werthschop und kleidunge", lässt zwar auch den Einfluss der Reformation nicht verkennen, bietet aber doch überwiegend nur polizeiliche Vorschriften. Vgl. den Abdruck bei Hoffmann, a. a. O., 1. Aufl., 2, 413 ff.

Am 3. April 1554 vereinbarten die sämmtlichen Pfarrer Magdeburgs auf einer Synode „Etliche artikel zu notwendiger kirchen ordnung gehörig, welcher sich die pfarherrn und diener zu Magdeburg, wie sie den meisten teil bereit bisher breuchlich gewesen, einmütiglich vereiniget und entschlossen haben, darüber mit gottes hülfe hinforder auch festiglich zu halten". Sie erschienen auch alsbald im Druck. Diese Artikel wurden, nachdem sie bei Amsdorf, Mörlin, Sarcerius und anderen Theologen, auch bei den Kirchen zu Lüneburg, Hamburg und Lübeck Billigung gefunden hatten, vom Rathe genehmigt und von den Kanzeln verlesen. Die Prediger sahen sich trotzdem veranlasst, die Artikel in einer besonderen Schrift, „Ursache, grund und erklerung der magdeburgischen kirchenordnung, das sie aus gottes wort gezogen, christlich und nützlich sei, durch die prediger in der alten stadt Magdeburg", 3 B., 8°, zu vertheidigen.

Funcke, Mittheilungen; Feuerlin 327; Richter, Kirchenverfassung S. 141, 142. Kirchenordnungen 2, 147. Exemplare des Originaldruckes in Celle, Kirchen-Ministerialbibliothek, und in Halle, Universitäts-Bibliothek, Ponickau'sche Bibliothek. Wir drucken nach dem Originaldruck. (Nr. 93.)

Die Regelung der Kirchenzucht muss den Magdeburgern ganz besonders am Herzen gelegen haben, denn in demselben Jahre 1554 vereinigten sich die Geistlichen dahin, den Kirchenbann wieder einzuführen.

Der (leider nicht vollständig erhaltene) Beschluss findet sich im St.A. Magdeburg, II, 509, 4 Blätter. Er hängt natürlich mit den Artikeln von 1554 zusammen.

Am 17. Januar 1569 wurde zwischen dem Rath und dem Ministerium eine „Ordnung von kirchengericht, bann, auch beruf und enturlaubung der prediger" verglichen und im Druck publicirt. Ein solcher Druck findet sich in der Universitäts-Bibliothek Halle (Ponickau'sche Bibliothek). Da er nur die Vorderseite eines Blattes in Gross-Folio ausfüllt, so wurde er wohl als Anschlag verwendet. Wir drucken denselben als Nr. 94 ab. Vgl. dazu den „Kirchen- und welt-zuchts-spiegel, d. i. kurzer bericht wie vor 100 jahren die kirchen- und civil-buss, sonderlich im stift Magdeburg präskribirt, demandiret und getrieben worden, wie aus des weiland hochwürdigsten, durchlauchtigsten, hochgebornen fürsten und herrn, herrn Sigismundi, erzbischofen zu Magdeburg etc. (so d. Mengering S. in seinem kirchenordnungs auszuge Scrutinio conscientiae ihm ausführt) zu ersehen, sambt anführung in etzlichen hauptpunkten unsers hohen landes fürstl. hochrühmlichen interimsordnung in ersten punkten geistl. und weltlichen zum unterrichten und löblichen nachfolge in diesen zeiten vorgestellet von M. J. S. Güstrow. Gedruckt durch Christian Scheippeln anno 1666."

Als Regimentsorgan bestellte der Rath einen Superintendenten. Als erster Superintendent und „fürnehmlicher anrichter der kirche" [wie ihn der Rath nannte] fungirte Nicolaus Amsdorf. Die Bestallungsurkunde des Superintendenten Dr. Tilemann Hesshusius vom Montage am Vorabende Annunciationis Mariae (24. März) 1561 liefert den besten Einblick in die Organisation der Kirche zu Magdeburg. Wir drucken dieselbe daher nach demjenigen Abdrucke ab, den Kappe, Kleine Nachlese 4, 694 nach dem auf Pergament geschriebenen Original veranstaltet hat. (Nr. 95.)

Hesshusius wurde auf die Augsburgische Confession verpflichtet und auf diejenigen Artikel „so anno 1550 alhier mit rat des hochwirdigen herrn Niclas von Amstorf, exulirenden bischofen zu Naumburg unsern etwan gewesenen superattendenten und furnehmlichen anrichter unserer kirchen und schulen, in gottlichem wort, durch unser lieben pfarrer und prediger begriffen und mit wissen und willen eines damals regierenden rats im druck ausgangen".

Darunter ist offenbar zu verstehen die Schrift „Bekenntniss, unterricht und vermanung der pfarrhern und prediger der christlichen kirchen zu Magdeburg, den 13. april 1558", wovon ich ein Exemplar in der Universitäts-Bibliothek zu Jena (Bud. Ded. q. 54 [10]) eingesehen habe.

Von der Vortrefflichkeit des Schulwesens giebt die Schul-Ordnung von 1553 Kunde, welche erstmalig 1553 in Magdeburg, sodann erneut 1587 („Institutiones literatae etc., Thorunii Boruss. Tom. II, p. 504 ff.") und neuerdings von Vormbaum, Evangelische Schul-Ordnungen 1, 412 ff. gedruckt worden ist.

Als endlich auch der Landesherr sich der Reformation zuneigte und als im Jahre 1562 die erste Visitation stattfand, war in der Neustadt Magdeburg nichts mehr von grundlegender Bedeutung anzuordnen. Das eigentliche erzstiftische Gebiet innerhalb der Stadt, mit dem Dom und den vier Collegiatstiftern blieb katholisch. Aber allmählich wurde auch dieses Gebiet erobert; am 1. Adventssonntag 1567 fand die erste evangelische Predigt im Dom statt, und beim Ausgang des 16. Jahrhunderts war nur noch das Kloster Unserer Lieben Frauen mit Prämonstratensern besetzt. Bemerkenswerth ist die Thatsache, dass sich im Dome eine eigene, reichere Gottesdienst-Ordnung lange behauptet hat. Vgl. Magdeburger Geschichtsblätter 7, 129 ff.

91. Reformations-Artikel für Magdeburg. Vom 22. Mai 1524.

[Aus dem Ernestin. Gesammtarchiv Weimar, Reg. H, p. 1, A. fol. 51.]

Articuli quos plebs Magdeburgensis suo senatui obtulit.

Zum ersten, nachdem mal als sich der ersame rath mit der gemein geredt hat und bewilligt, das sie aus itzlicher pfar sollen kiesen menner, die das beste unter der gemein handeln, uf das die lere Christi und das heilige evangelium einen vorgang hette, welchs also gescheen und haben etzliche personen erwelet, welche zusamen gekomen sein in der augustiner closter den negsten sontag nach pfingsten den mersten teil zu einem heer nach montage im 24. jar und einen rathschlag gehalden und darneben den wirdigen, hochgelarten doctor Melcher augustiner ordens neben den andern 7 predigern der evangelischen lere etliche artikel darauf sie sich alle zusamen beraten haben und irn rath mitgetheilt, als wie hernach volget.

Zum ersten hat er von aller wegen gebeten und vermanet, solchen handel mit der forcht gots, christlicher lieb und einigkeit und frundschaft angefangen werde, wan das wort gots will nicht mit buchen und drauen gefurdet werden. Auch gehoret christen nit mit aufrur und ungeduld zu handeln, sunder mit den wappen, da Paulus von saget, glaube liebe gerechtigkeit und sachen die ere gots seligkeit der seeln und ausbreitung gemeines gotlichs worts und nicht eigenwillen und muth.

Zum andern, das man von etlichen innung vier fordern solde und dise hernach geschriben artikel mit irn innigsbrudern verbringen, von ine fordern ein antwort ab sie auch bei der handlung der evangelischen lere und vorgelegten artikeln stahen wollen und ab sich imands desselben welde wegern, den sall man nit zu dem wort gots dringen und das wort gots selben lassen handeln wan got waiss woll die seinen und der vater weiss wol das Christi gehört.

Zum dritten sintemal, das einige wort gots uber alle ding ist uber alle uberkeit in himel und in erden und alle ding ordiniret und schicket und nicht bei sich leiden kann menschenlere oder vernunft, welche doch finsternuss ist, so ist unser christliche meinung und vleissig bite an einen wolweisen rath aufzurichten, was das wort gots fordert und mitbrengt und niderlegen etlich artikl hernachfolgende und die andern mit limpflicher zeit mugen angezaichent werden.

Zum virden. Das wort gots nicht kan leiden zusatz ader abbruch. So ist unser andechtige beger, das man die mess woll halden nach evangelischer ler, als Christus der her eingesazt hat und seine aposteln und die heiligen in der christlichen

kirchen so lange gebraucht und gehalden haben, uf das das selbige testament dem christlichen volk, die das sein begern, von irn pfarrern capellanen und selwartern, uf welche zeit und tage sie das begerende sein, mug gerahet werden under beiderlei gestalt, ausgeschlossen alle menschlich insetzung und abbruch, die der heiligen schrift nit gleichmessig.

Zum funften volget aus diesen vorgeschribenen artikeln, dieweil die mess kein opfer ist als den felschlichen bisher zu halden und gepredigt worden ist, sunder ein testament in Christo, in welchem er uns beschaiden hat vergnugung aller unser freude, welche er uns erworben und befestigt hat mit seinem tod und blute, darumb sollen aufhorn alle opfer pfaffen in der pfarkirchen und klostern und ire brif und rente der fundation in den gemeinen casten verordent und geleget werden, aus welchem sie ehrlichen und loblichen ir leben lang sollen besorgt werden und weiter ir lehen soll nimand verlehent werden, es sei den sach, das sie konnden nach der evangelischen einsetzung mess halden. Auch sollen und mussen aufhorn alle opfer und messen und jar gedechtnis vor die seelen und dieselben stiftung rente und testament in den gemeinen casten geschlagen werden mit irn haubtsumen und haubtbrifen, dieweil das meiste teil leseleut fremde betler und buben darvon genert und gespaist werden.

Zum sechsten soll verboten werden alle die obersten aus allen clostern in der alden stat auf das rathaus und ine angesagt werden, das sie sollen aufhorn vor disen opfern messen und das heilige evangelium predigen lauter und rein an menschen zusetzung, als in den andern von den evangelischen predigern gethan wirt oder ganz und gar stil schweigen, uf das nit einer baue und die andern brechen und das arme volk in irthumb gefurt werde. Wue sie aber nicht schweigen werden, so wird man dazu gedenken, das sie schweigen mussen. Ist aber sache, das sie falsch wurden predigen, sall man bestellen menner, die ine zuhorn und iren irthumb ausschreiben und mit der schrift dawider setzen und sie sollen gedrungen werden zu der widerrufung, dasselbige sall widerumb ine auch freisten.

Zum sibenden sollen sie ire closter frei aufthun und ihre kappen und heuchlerei leben weg thun und wer sich gut gewissen macht, das er sein sele darinne nicht selig machen kan, sall frei heraus gehen, welcher aber darinnen bleiben will, den soll man zimblichen besorgen und sein leben lang und die ubern guter in den gemeinen kasten legen, uf das es nit entfrembdet, sunder bewart werde. So soll der ersame rat von in fordern ir jaren tarmin und daraus lassen verzaichen alle ire clenodia rente und einkomen und was in irem vorrat keller, kochen und auf den sullern, und das darinne ein gut bequeme ordnung muge gemacht werden, wurzu man das mit der zeit gebrauchen sall.

Zum achten gleicherweis soll man handeln mit den neuen clostern. Welche ein recht gut gewissen machen, darinne zu bleiben, mit vordamnus der selen, mogen sie balde heraus gahn, den andern aber soll man ein monat lang das evangelium predigen. Darnach mogen sie sich bedenken und einen freien ker geben daraus zu gehen oder darinne zu bleiben. Die darinne bleiben, soll man zimlich besorgen ir leben lang, sunst sall man in allen dingen mit ine handeln, als in den vorigen artikeln mit den monchen verzeichnet ist, mit disem anhange, das sie furtmehr kein schwester, auch die vorgeschriben monch keine bruder aufnemen sollen und vorfuren mit argelist und die bosen manchfeldigen secten in der christlichen kirchen mugen zutrennet werden.

Zum neunden ist verordent ein gemeiner kasten, darinne fallen sollen die uber bleibenden vorgeschrieben guter der geistlickeit und der stiftungen, selmessen, der jar gedechtnussen, der spende, der bruderschaften, item die testament und almusen der christgleubigen menschen. Auch sollen vorordent werden in allen pfarren fromme menner, burgermeister, rathleute als in der wurdigen stat Nurmberg und in andern mehr verordent seint, solch almusen von christlichen leuten den armen cristen aus bruderlicher liebe zu gut und das lohn von got nemen.

Zum zehenden soll man aus disen kasten zimlichen und erlichen zum ersten die pfarhern und ire capellan und ire prediger, so ferne sie das evangelium recht predigen und mit gutem leben und exempeln beweisen und das volk nicht ergern. Ist aber imands unter ine, der das nicht thun wolde, so sol man pfarner erwelen, die dasselb gerne thun. Ist aber auch imands unter ine, den

die gnade der keuscheit nicht gegeben were, moge frei ein ehelich weibe nemen. Denen sollen sie allen iren pfarkindern das heilige sacrament umb gots willen geben und raichen und alles was in noth ist, also begraben, breute sechs wochen einleiten etc. Auch sollen daraus versorgt werden schulmeistern, custer und ander diner der kirchen, item die armen, spitaln und ire diner, haus arme leute, auch arme hantwerksleute, witwen und weisen und einheimische betler, die des raths zaichen tragen sollen. Aber alle die andern frembden betler abweisen, es sei dan das man imand aus christlicher lieb etwas mitteiln wolte, welchs alles gescheen solt durch die erwelten darzu gekorn und vorstende des kastens, welchs in bequemer zeit dem rath und gemein oder irn geschickten denen gute rechenschaft thun.

Alle dise artikel haben wir erwelten vor die ganze gemein mit rath gnug aller unser prediger bedacht, gehandelt und aufgeschrieben und alle mit der ganzen gemein gesint sein leib und leben daruber zu lassen, so es noth und die ere gots wurde fordern, wan solche artikel sein gleichmessig und gegrundet in der heiligen schrift. Auch vermeldet es keys. mandats, welches gebeud das evangelium recht zu predigen und darnach zu leben und sein anzaigen die liebe gots und des negsten.

Darumb bittet die ganz gemein ganz demütiglich und vleissiglich den erbarn weisen rat diser stat, zu solchen dingen die ere gots und seins gotlichen worts und seligkeit der seln und liebe und notturft des negsten belangende wolle behelflich sein, das dise artikel aufs allererst aufgerichtet wurden und in ir wesen gestalt neben uns mochte gehanthabt werden. Das will ein ganze gemein umb den ersamen rath in schuldiger gehorsamer untertenigkeit widerumb erkennen.

Uber dise angezaigte artikel haben die gemeinde dem rat der alten stat Magdeburg noch etzlich ander artikel in welchen sie begern sollen alle innungen abezuthun.

---

92. Ordenung der gemeinen kesten, dem dürftigen armut zu gute, in der löblichen stadt Maydeburg aufgerichtet. 1524.

[Nach dem Drucke von Hans Knappe. Magdeburg 1524.]

Ein erbare rath der keiserlichen stadt Maydeburg hat aus hohem bedenken und durch vleissige anregen in heiliger schrift vorständiger personen sampt den gemeinen bürger sich voreiniget, das das armut und kranke nothdorftige volk möchte erquicket und erhalten werden, demselbigen als unseren nehsten hülf und trost vorzuschiben und zu leisten, ist derhalben in S. Joannes kirchen ein kasten gesatzt und zu S. Augustin auch einer, dar ein man vorsamlen soll, was durch milde

hende frömer leute gegeben wird, zu disen zweien kasten sein 10 schlüssel verordnet, also das ein erbar rath einen hab, di kirchveter auch einen, und itzlicher von den acht personen aus den purgern und der gemeinheit sal auch einen haben.

Item auf das förmlich und recht hir pei gehandelt mag werden, so hat ein erbar rath under sich erwelet 4 personen, dorunder ein purgermeister ist, dise 4 personen wollen di ganze stadt durchgehen unde sich vleissiglich bekunden, wu hausarme

leute seind ader sunst andre kranke und nothdorftige menschen, diselbigen in ein register vorzeichnen, und alle 14 tage ader umb die 4 wochen
wollen si all dijenigen zusammen fordern, di zu
den küsten di schlüssel haben, unde alldo den
armen und dürftigen hantreichen und mitteilen,
einen iden zu seiner nothdorft, eintweder am gelde,
ader was itzlichen vor das gelt zu kaufen nothdorftig ader nutzlichen erkennet wirdet. So aber
jemandes nothdorftig were diser almüsen, den di
herrn nicht besuchet hetten ader nicht finden
kunden, der keme selbst ader gebe sich an, höret man
das er benötiget, so sal ihm hülfe gethan werden.

Item so hat auch ein erbar rath under sich
und seinen ratvorwanten stünderliche 10 personen
auf dise meinung erwelet, das 2 von den herrn
in S. Joannes kirchen ein halbe ader ganze
stunde vor der predig in der kirchen mit dem
peutel ader hemlen[1]) umb sollen gehen, und den
nothdorftigen leuten von dem volke do selbst das
almüs zu pitten gevlissen sein. Desgeleichen zu
S. Ulrich auch 2 person und zu S. Katherinen
2 personen und zu S. Jacob 2 personen und zu
S. Peter sollen dor zu in den 2 klöstern S. Augu-

stini und S. Marie Magdalenen, so do selbest ein
sermon ader predig gethan würde, auch umbgahn
und der geleichen almüs zu piten, und alles was
di selbigen 10 personen also versamlet haben,
sollen si von stund an ungezelet in den zu
S. Joannes ader zu S. Augustini, wu das itzlichen
am negsten ist, einstecken, und dor pei also
handelen als recht frömen und redlichen leuten
zu geptirt, do vor man auch diselbigen angesehen,
erkennet und gehalten hat und noch diselbigen
zu sein vor ungetadelt erkennet und haldet.

Item was man hinförder mehr hülfe und vor-
dorunge zu disen kasten gethuen kan mit testamenten und dergeleichen was grosses hir zu
zubringen, will man sich nach allem vermögen
bevleissen, uf das man auch armen elenden jungfrauen zum eelichen stande zu berathen, und der
geleichen witwen und weisen hülflich und tröst-
lichen zu sein mit der zeit durch gotliche genade
kunden vormöglichen werden.

[Es folgen einige Bestimmungen gegen fremde
Bettler.]

Dises ist von eim erbarn rath der ganzen stat
zu einem anheben gemeiner christlichen wolfart
vorgenomen, was wu gott forder will vorleihen,
das selbige von tag zu tag verhoffen si mit gotlicher hülfe zu pessern.

¹) Ein sackförmiges Fangnetz. Lexer, Mittel-
hochdeutsches Wörterbuch unter ham.

**93. Etliche artikel zu notwendiger kirchenordnung zugehörig, welcher sich die pfarherr und diacon der
kirchen zu Magdeburg, wie sie den meisten teil bereits bisher breuchlich gewesen, einmütiglich vereiniget
und entschlossen haben, darüber mit gottes hülf hinförder auch fleissiglich zu halten. Vom 3. April 1554.
Johan. 16.   1. Tim. 5.**

[Nach dem Originaldrucke. Die (hier fortgelassene) Einleitung motivirt die Vereinbarung der Geistlichen mit
dem Zunehmen der Laster und der Nachlässigkeit der weltlichen Obrigkeit.]

Der erste artikel.

Von etlichen fellen, in welchen die schuldige
personen aufs wenigste einmal auf der kanzel
sollen namhaftig gemacht werden, ehe man sie zu
dem gebrauch der sacrament zulesset.

Diejenigen, so in affentlichem ehebruch begriffen, mans ader weibs personen, jungfrau oder
megde geschwechet oder die geschwechet werden,
im fal so es gleich personen weren, die aneinander
heimlich verlobet und doch noch nicht zur kirchen
gegangen, einen todschlag gethan und wider ein-
geteidingt werden etc., sovil als uns davon bewust
wird sein, wollen wir hinforder nicht lassen zum
sacrament des altars gehen, noch bei der taufe
gevatter stehen, noch ehelich zusamen geben, es
sei denn das sie von ersten aufs wenigst einmal
mit ausgedruckten namen sich auf dem predigstuel
vom pfarherr lassen nennen und anzeigen, das sie
unrecht gethan, lassen gott für ihn anrufen und
weil da kirchspiel durch sie geergert, auch umb
verzeihung gebeten werde und solchs aus folgenden
ursachen.

Erstlich weil die stünde offentlich, damit jederman erkenne, das gottswort solche stünde strafe und
die gefallenen personen zu ernster bekerung verursacht werden, den sonst gehen ir viel dahin,
denken nicht einmal, das sie wider gott oder den
nechsten˗gestündiget, wie wir oft erfaren haben.

Zum andern haben solche personen das ganze
kirchspiel mit einer greulichen stünde geergert, da
sind sie schuldig sich wider damit zu verstühnen.

Zum dritten bedürfen ja solche gefallene personen des gebets. Hat man sich nu der stünden
nicht gescheuet noch geschemet, solte man billich
sich auch nicht scheuen noch schemen desjenigen,
das zu zeitlicher und ewiger wolfart gereichet.

Zum vierten andern zu einem abscheu, denen
man auch dienen sol. Denn wie solche leute
andern exempel zustündigen gegeben, also sollen
sie nu widerumb auch andern exempel und anreizung sich zu bekeren und von stünden abzu-
halten, geben. Davids ehebruch hat müssen in
die heilige schrift gebracht werden, damit in jederman wuste und lernte sich nicht schemen, die
stünde zu erkennen.

Solches gereichet auch nicht zu schaden 'oder schande, den man sich bereit zu schanden gemacht, sondern zu ehren bei gott und den menschen und zu gedeien an leib und seele, welches wir denn auch nach unsern ampt alleine darinne suchen.

Es solten auch diejenigen, so mit solchen fellen übereilet wurden, neben iren eltern und freunden billich von inen selbs auch one solche kircheuordnung drumb bitten.

Der ander artikel.

Welche nicht zum abendmal des herrn, noch zur taufe solleu zugelassen werden. Diejenigen, so in offentlichen stadtrüchtigen überwiesenen sünden stecken, da von sie fürsetziglich und trotziglich nicht wollen ablassen, konnen noch sollen, solang bis sie enderung und besserung zusagen, nicht zum brauch des hochwirdigen sacraments des altars, noch bei der taufe gevatter zustehen zugelassen werden, als da sind verharliche lesterische papisten, die sich nicht bekeren wollen, die in offentlichem hurenleben ligen und nicht ablassen wollen oder von iren menern oder weibern gelaufen und noch nicht rechtlicher weise von einander gescheiden sein, sich an andere buben oder belge gehenket; die in übermessigem unzimlichem unchristlichem wucher liegen und wollen nicht ablassen; die kirchen güter zu sich on alle billigkeit gerissen, der kirchen entwendet und in iren nutz angeleget und die geschenkten almosen nicht wollen soviel inen möglich wider der kirchen zuwenden; in langwirigem hass und feindschaft verharren und wollen nicht verzeihen oder mit andern der gleichen groben sünden verhaftet sind etc. Denn solche empfahen das sacrament unwirdig und nemen inen selbs das gerichte, das ist die ewige verdamnis wie Paulus sagt. Bei der taufe aber können sie nicht beten noch iren christlichen glauben bekennen.

Item diejenigen, so sich des sacraments genzlich oder ein oder aufs meiste zwei jar enthalten, sollen auch nicht bei der taufe gevatter zustehen zugelassen werden aus gleichen ursachen, wie gemeldet. Vermanen auch christliche eltern, fals sie wollen solche leute iren kindern nicht zugevattern bitten. Es soll auch hinfürder der vater selbs komen und umb die taufe seines kindes wie billich bitten, das man sich bei ime der gevattern erkundigen könne.

Der dritte artikel.

Welche man mit christlichen ceremonien, das leuten und singen nicht wil lassen begraben.

Diejenigen so entweder gar nicht oder in einem oder zweien jaren nicht das sacrament des leibs und bluts Jesu Christi empfangen haben und also drüber versterben, sollen vorthin nicht mit gewonlichen und christlichen ceremonien und also one gesang und geleute zu der erden bestatet werden. Denn solche können nicht für christen geachtet werden, sintemal sie nicht mit dem herrn Christo haben wollen gemeinschaft halten, seines leidens und sterbens nicht wollen geniessen.

Es solten auch billich solche auf den gotsackern und begrebnüssen einen sonderlichen ort oder schlaf stete haben, da sie hingeleget würden.

Item gleiches falles wollen wir uns halten gegen denen, die über dem spielen und in den zechen in hader und trunkenheit erwürget werden, balde tod bleiben und nicht mit dem geringsten eine ernste bekerung zuverstehen geben können, denn solche in einem sehr bösen werke durch gottes gericht ergriffen werden und ir leben lassen.

Der vierde artikel.

Von denen, so lautere papisten sein und bis an ir ende bleiben.

Welche als pure verstockte papisten und feinde des evangelii Christi des rechten kirchen verstehen der sacramenteu und der rechten kirchen versterben, denen solte man billich unsern kirchhof, da die christen auf ligen und schlafen, genzlich abschlagen, damit man nicht eine vermengung machete zwischen den gepeinen der christen und der offentlichen abgesagten und endlichen feinden Christi. Denn auch hie auf dieser welt ein unterscheid zwischen gleubigen und ungleubigen, zwischen christlichen und antichristischen personen und gemeinen soviel immer müglich solte gehalten werden. Dazu brauchen die papisten gegen uns evangelische solchen ernst, das sie uns nicht wollen auf ire vermeinte geweihete kirchof lassen begraben, das, wie sie fürgeben, ire heilige orter nicht mit unsern leiben möchten verunreiniget werden. Wieviel mehr sollen wir christen in solchem stücke einen christlichen eifer erzeigen.

Aber weil wir hoffen, solcher leute sind nicht viel, sonderlich unter unsern pfarrkindern, müssen wirs noch zur zeit geschehen lassen, das sie auch auf unsere begrebnis, doch an einen sondern ort gar beseits von den andern gelegt werden und dasselbige on alle christliche ceremonien. Aber doch mit dem bescheid, das, wo derselbigen zuviel wolte werden, wir inen das begrebnis unter uns gar abzuschlagen verursacht werden.

Wollen auch bitten, andere christen wollen von dem begrebnis solcher leute als der personen, welche dem antichrist verwandt, sich enthalten.

So aber auch baalitische pfaffen, mönche, nonnen oder des geistlichen gesinds oder geschmeisses unter uns weren, denen on alle bekerung die seele ausfüre, denselbigen wollen wir den ort unsers begrebnis genzlich abgeschlagen

57*

haben. So sich aber etliche bekeren mit den hats ein andere gelegenheit.

Der fünfte artikel.

Von denen, so von den papisten ordines oder weihe oder prebenden für sich, ire kinder oder freundschaft empfahen. Dieweil auch leichtfertige epicurische leute erfunden werden, welche umb genies willen gott, die religion und die seele gering und nur für ein adiaphoron oder mittelding achten und sich nicht scheuen mit den gottlosen papisten verbündnus zu machen, das sie nur etwas für den bauch davon haben mügen, müssen wir auch denselbigen, so vil wir nach unserm ampt können, wehren. Derhalben welche von dem antichrist oder denen, die noch ganz unbekerete papisten sein, ordines, weihe, prebenden, pfründe annemen für sich, ire kinder oder freunde, dieselbigen können wir nicht für christen halten, sintemal sie von dem antichrist besoldung nemen und sich mit im und seinen gliedern verpflichten, das sie oder ire kinder oder freunde im mit dienst wollen verhaftet sein. Denn es geben die antichristischen wölfe solche güter gewislich nicht nerrisch umb sonst dahin, sondern denen, die irgend auf eine weise inen widerumb zu ihrem gottlosen stand, wesen und leben mit höchstem schaden der armen christen dienstlich sind etc.

Wir können sie auch nicht lassen zum sacrament gehen oder gevatter bei der taufe stehen, auch nicht mit christlichen ceremonien begraben, wo sie sich nicht bekeren. Hiemit aber sollen nicht alleine diejenigen begriffen sein, die solches thun, sondern auch welche es den iren nicht, wie sie denn zuthun schuldig, widerrathen, wehren hindern. Als da sind eltern, vormünde, freunde, welche die iren dem antichrist und das zeitliche verkaufen und unterwerfen. Denn es heisst, ziehet nicht im joch mit den ungleubigen und gott will nicht, das wir den teufel anbeten oder mit der babilonischen huren bulen, auf das wir weltlich gut von im bekomen und haben mögen.

Wir hetten auch wol hie sollen etwas mit gedenken von denen, die entweder gar nicht oder gar selten zur kirchen in die predigt komen, dem predigampt und gottes wort übel nachreden und sonderlich von den schendlichen pfaffen knechten, welche sich zu den antichristlichen pfaffen und baals dienern, die da Christi und seiner kirchen ergeste feinde und verfolger sind, freundlich halten, zu inen nötigen, laufen, inen nach lecken ihre teller und sind ire tegliche zechbrüder. Aber weil solche sünde so mancherlei gewirre und umbstende hat, wollen wir gleich wol solches uns vorbehalten haben und wie es sich gebüren wird gegen sie erzeigen.

Hierinnen suchen wir nichts anders, denn unserer pfarrkinder seelenheil und seligkeit, sampt dem zeitlichen gedeien. Denn es ist uns gleichwol auch von gott hoch und theur befohlen, das wir die perlin gottes worts und sacramenten nicht sollen für die seu werfen. Nu werden aber die leute je lenger je epicurischer, und gilt inen eine religion wie die ander, ein gotteslesterischer papist, jude, türke eben so viel als ein rechtschaffener christ. Es ist inen alles ein mittelding. mit jederman sind sie gute gesellen und zechbrüder, nur um des lieben bauchs und mammons willen. Bei solchem wesen und thun aber kan fürwar nicht lang der heilige geist oder ein christlich herze sein. Derwegen müssen wir nach gottes befehl und als hirten zusehen, das nicht die wölfe gar in die herde Christi einnisteln, item das auch das jenige, was reudig, nicht den andern ganzen haufen beschmeisse und verderbe. Denn wie Paulus bezeuget gar ein wenig sauerteig versäuret den ganzen teig.

Solche kirchordnung ist auch nichts neues, sondern ist nur eine deutliche und klare widerholung desjenigen, das sonst von gott dem predigampte auferleget ist und den meisten teil zuvor in unser kirchen bisanher gehalten worden.

Verhoffen aber auch genzlich, alle christliche und ehrliebende herzen werden inen solches gefallen lassen und gott bitten, das darüber gehalten und viel frucht und nutz dardurch geschaffet und ausgerichtet möchte werden.

Dieweil nu solche kirchenordnung ein nötig und christlich werk ist, welches in gottes wort gegründet und sonder zweifel zu heilsamer bekerung und abwendung vieler strafen, so für augen, dienlich, wird es der teufel und der welt nicht ser wol gefallen, sondern aus der massen ser faul thun nach altem gebrauch, derwegen sie sich etwas sperren und iren vleis, das sie es verhindern mögen, nicht sparen werden. Derhalben bittet, das der liebe gott zu solchem seinem werk seinen heiligen geist, welches das ampt die sünde zu strafen ist, kraft und segen verleihen wolt und den satan unter unsere füsse treten. Actum Magdeburgae in synodo omnium pastorum et ministrorum verbi dei tertia aprilis anno 1554. (Hesekiel 3.)

94. Ordenung vom kirchengerichte, bann, auch beruf und enturlaubung der prediger. Vom 17. Januar 1569.

[Nach dem Originaldrucke.]

Ordenung vom kirchengerichte, bann, auch beruf und enturlaubung der prediger, als sich ein erbar rath der altenstadt Magdeburg samt den alten herrn und einem erbarn ausschosse mit dem ehrwirdigen ministerio daselbst, anno 1569 verglichen, lautet wie folget:

Erstlich, so ein mann oder weib aus den einwohnenden bürgern und bürgerinnen, wes standes sie sein mögen, mit einem laster verhaft, welchs noch der zeit nicht mit ergernus der gemein offenbar, sonder heimlich und in vertrauen den kirchendienern fürgebracht, sollen die pfarrer und kirchendiener solche personen nicht alsbalt auf dem predigstuhl ausrufen, sonder für sich erfordern, deshalben anreden und aus gottes wort der begangenen stünde halben strafen und freundlich ermahnen, von derselben abzustehen und das leben zu bessern.

Da aber solche warnung und beschehene freundliche ermahnung nichts ausrichten, die angezeigte person in ihren stünden fortfahren, darzu mit vorergernus der christlichen gemein offenbar würde, soll gedachter pfarer oder kirchendiener noch einen oder zween aus seinen brüdern zu sich nehmen und die berüchtigte person für sich erfordern, derselben ir ergerlich stündlich leben vorhalten, aus gottes worte mit ernst strafen und zur vorbesserung desselben treulich vormahnen und auf versprochene besserung noch ferner zusehen und sie weder von der heiligen tauf noch dem hochwirdigen sacrament des leibs und bluts Christi abhalten, sonder noch ein zeitlang derselben zugesehen werden.

Da aber nachmals nicht besserung erfolgen, sonder die berüchtigte person in ihrem stündlichen lesterlichen ergerlichen leben über alle beschehene vermanung und strafen vortfahren und also neben ihrer seelen ewig verderben auch die gemein gotts unaufhörlich vorergern würde, alsdenn soll dergleichen person für das ganze ministerium erfordert, dazu allwegen neben den kirchvetern in einer jeden pfarr nach gelegenheit derselben etzliche mann beides aus dem rathstuhl und sunst fürnehmen erbarn leuten, so der reinen lehr des heiligen evangelii verwandt, auch aller christlichen zucht, erbarkeit des friedens und einickeit liebhabern, mit zeitigem rath vorordnet, gezogen, die berüchtigte ergerliche person fürgefordert, alles ihres ergerlichen lebens, welcher gestalt sie über alle warnung und strafen in denselben fortgefahren, erzehlet und mit ernst aus gottes wort gestraft und davon abzustehen mit höchster bedräuung

ermahnet werden, da sie von solchen laster nicht abstehen wolte, das sie in den öffentlichen bann erkennet und von der ganzen christlichen gemein ausgeschlossen werde, darnach sie sich hette zu richten.

Im falle nun auch solche vermanung im namen der kirchen beschehen, nichts ausrichten würde, alsdenn erst, und ehe nicht, soll desselben orts pfarer solche person von der canzel herab auf form und weis, wie sich das ehrwirdig ministerium samt den kirchvetern und zugeordenten persouen vergleichen und der gemein gottes auch der strafbarn person zur besserung am allerdienstlichsten sein würde und nicht ehe namhaft machen und in bann thun.

So dann sich ermelte person bessern und von ihrem stündlichen leben abstehen und begehren würde, das sie wiederumb in die gemein gottes aufgenommen werde, sollen sich das ministerium samt den kirchvetern und verordenten mit einander bereden, ob die person, so in bann erkannt, dermassen bus gethan, darbei abzunehmen, das ihr besserung ein ernst, wann und welcher gestalt sie wiederumb aufgenommen und mit der gemein gottes versönet werden solle.

Damit auch ein pfarrer, beides in verkündung des bannes oder aufnehmung der person nicht sein eigen affectum wider den willen des ministerii und der verordenten gebrauchen oder sonst aus unverstand etwas mit laufen lasse, dadurch die gebannete person verbittert, oder die gemein gottes verergert werden möcht, soll dem pfarherrn allwegen ein form, deren sich das ganz ministerium samt den kirchvetern und verordenten verglichen, schriftlich zugestellet und auferleget werden, nichts darzu, noch darvon zu thun, sondern wie der buchstabe vermanet, mit gebührender bescheidenheit von der canzel ab vorlesen.

Es sollen auch hinfüro die pfarer und kirchendiener, da ein person, so mit öffentlichen lastern beschreiet und ungestraft blieben, ein erbarn rath auf der canzel nicht ausrufen, dann solches oftermals einem erbarn rath verborgen sein und bleiben möcht, sonder da sich dergleichen fehl und mangel zutragen würden, sollen sie einem erbarn rath dessen ad partem berichten, welche alsdann unvormehret ihrer person gegen denselben gebürende straf fürnehmen sol, damit also beides die kirchenstraf und ernstlich einsehen der obrigkeit einander die hand bieten und nicht mit ergernus wider einander laufen.

Solcher gestalt würden die laster nicht ungestraft bleiben, niemand unbedacht und nachtheilig auf der canzel verrufet noch ungebürlich und ohne rechtmessiges ördentliche christliche verhör, vermanung und warnung übereilet, sonder ein solcher process gehalten, dessen sich niemands einigs wegs billich zu beklagen hette.

Gleicher gestalt, da zwischen den pfarrern und caplanen selbst sich spaltung in der lehr, leben oder wandel zutragen würde, sollen sie nicht alsbald auf der canzel in den predigen auf einander stechen oder mit namen ausrufen, sonder die sachen gleicher gestalt für das ministerium, kirchvetern und verordneten kommen lassen, daselbsten mit allem vleis verhöret und durch gebührende wege verglichen, abgeschafft und gebessert, darmit solchs nicht offenbar gemacht, sonder in der still vertragen und beigelegt und die gemein gottes durch spaltung und trennung der kirchendiener nicht vorergert, sonder durch derselben gut exempel aufgebauet und gebessert werde.

Do aber ein kirchendiener auf seinem fürnehmen verharren und entweder falsche lehr in der gemein gottes pflanzen oder sunst sich understehen würde, die gemein gottes zu trennen, parten machen und wider einander vorhetzen, in dergleichen sachen sol das ministerium samt den kirchvetern und verordneten nichts endlichs beschliessen, noch die sachen aufziehen, sonder alsbalt an einen erbarn rat gelangen lassen, welcher alsdann mit einhelligem rathe der sachen genzlich abhelfen, oder da es anderst nicht sein kann, den ergerlichen pfarrer oder caplan seines diensts erlassen, damit under den andern kirchendienern in reiner lehr, cristliche einigkeit erhalten und die gemein gottes mit dergleichen sachen nicht vorergert werde.

Es sol auch allen kirchendienern, so künftiglich in dieser stadt zum kirchendienst auf- und angenommen, diese artikel fürgehalten und von ihme erfordert werden, zu vorsprechen, das er denselben gemess in allweg gehorsamlich verhalten und darwider nichts gegen dem erbaren rathe, ehrwirdigen ministerio und gemeiner bürgerschaft fürnehmen, sonder beides in der lehr, brauch des heiligen sacraments und seinem ganzen amt verhalten wölle, damit neben der reinen lehre und rechten gebrauch der heiligen sacramente, auch christlicher frid und einigkeit erhalten werden möge.

Damit auch künftiglich der vocation halben

und entsetzung der kirchendiener von ihrem amt irrung und gefehrliche ergerliche spaltung zwischen einem erbarn rath, dem ehrwirdigen ministerio und der gemein möchten verhütet werden, ist nachvolgende, vorordnung einhellig beschlossen worden, weil solchs der kirchen befohlen und demnach beides die obrigkeit und christliche gemein neben den kirchendienern ihr stim billich haben und behalten sollen.

So oft in einer pfarr ein pfarrer oder caplan durch den tod oder anderer ursachen halben von seinem erbarn rath fürschlagen, mit vermeldung, die gerbkammer[1]) und kirchveter zusammen kommen und auf ein person bedacht sein, der zum dienst ihrer kirchen nützlich zu gebrauchen.

Do sie nun eine taugentliche person befunden und derselben einig werden, so reiner lehr, friedliebend, auch eines unergerlichen und unsträflichen lebens befunden, sollen sie die ermelte personen einem erbarn rath fürschlagen, mit vermeldung, das sie auf vorgehend examen und probpredig solche person zum kirchdienst wol leiden möchten.

Darauf ein erbar rath den superintendenten, wo der vorhanden, desgleichen auch die andern pfarrer zu sich erfordern und derselben meinung anhören sollen, ob die furgeschlagen person in dieser stadt an ein solch ort nützlich zu gebrauchen.

So dann ein erbar rath mit dem superintendenten, pfarrern und kirchvetern einig, alsdann soll in namen eines erbarn raths solcher person geschrieben und vocirt, durch das ministerium in beisein der kirchveter examinirt, und öffentlich in der predigt, mit was gaben zu lehren er von gott gezieret, von der ganzen gemein gehöret werden.

Und da er taugenlich im examine und gethaner predigt erfunden, sol durch den superintendenten oder in mangel des durch den eltisten pfarher der neu kirchendiener mit predigt gottes worts von dem ministerio und öffentlichem gebet der kirchen befohlen, eingeführt und bestetiget worden.

Gleicher process sol auch mit verleubung und erlassung des diensts der prediger und caplan gehalten werden.

Actum 17 januarii. Anno ut supra.

1) Sakristei, Paramentenkammer.

95. Bestallungsurkunde für den Superintendenten. Vom 24. März 1561.

[Nach Kappe, Kleine Nachlese 4, 695—701.]

Wir burgermeister, rathmann und innungsmeister der alten stadt Magdeburg, bekennen und thun kund hiemit, das wir aus hochbewegenden ursachen zuforderst gott dem allmechtigen zu gebührlichen ehren, uns und unser gemein zum besten, damit bei uns die wahre göttliche religion,

so wir aus gottes milden gnaden bis anher gehapt und noch haben, mit seiner göttlichen hulf umb so viel richtiger und bequemer, in guter ordenunge und einigkeit, rein und unverfelschet erhalten und uf unser nachkomen gebracht, darneben auch ein ufrichtiger christlicher wandel gestiftet und bestetiget, und also gott geehret, unser aller selen heil und wolfahrt befordert und allgemeiner kirchen, soviel an und bi uns stehet, mit gedienet werde, nach demutiger und embsiger anrufunge gottlicher gnaden, und der alten herrn burgermeister vorwissen und beisein, auch rat der wirdigen unserer lieben pfarren und prediger, den ehrwirdigen und hochgelarten unsern besundern lieben herrn und freund herrn Tilemannum Hesshusium, der heiligen schrift doctorn alhier bei uns zu Sanct Johanns pfarrern, zu unsern superattendenten und ufseher unserer kirchen, schulen und gemein, eintrechtlich und ordintlichen im namen gottes erwehlet, berufen, bestellet und verordnet, auch allem und itzlichen unsern pfarrern und predigern, kirchvetern und kirchendienern, desgleichen den rectorn sampt seinen gehulfen in der schulen gegenwertiglichen commendirt und sie allesampt und besunderlich an sein ehrw. gewiesen, inmassen wir dann auch denselben herrn doctorem Tillemannum hiemit jegenwertiglichen also bestellen und verordnen: Das sein ehrw. der bekentnus rechter warer in gottlicher schrift des alten und neuen testaments gegründeter christlicher religion, lauts der artikel, so etwan anno und dreissig domals keiserl. majestät durch herzog Johansen Friederich churfürsten zu Sachsen christlicher gedechtnus und ander s. f. g. verwanten ubergeben, desgleichen auch derer, so anno etc. funfzig alhier mit rat des hochwirdigen herrn Niclas von Amstorf, exulirenden bischofen zu Naumburg, unsern etwan gewesenen superattendenten und furnehmlichen anrichter unser kirchen und schulen, im gottlichen wort, durch unser lieben pfarrer und prediger begriffen und mit wissen und willen eines damals regirenden rats im druck ausgegangen, mit uns, und wir mit seiner ehrw. aller dinge einig sein, und mit gottlicher verleihung beiderseits dabei bestendiglichen vorharren wollen, und demnach sein ehrw. ein fleissiges ufsehen haben, damit solche reine ware christliche lehre und bekentnus alhier in kirchen, schulen und ganzer gemein eintrechtlichen, unverrukt und unverfelschet geführt, gepflanzet, ausgebreitet und vor allen hin und wider schwebenden und kunftigen irthumen und curruptelen unbefleckt vorwaret und erhalten, darneben auch ein ufrichtiger christlicher wandel gestift und gefordert werde. Sein ehrw. will auch ob den christlichen ceremonien, auch kirchen und schulen disciplin und ordenungen halten, und da etwa darinnen bessrunge bedacht wurde, soll dieselbe nach gestalten sachen mit dem ministerio oder unsern mitverordneten schulherrn berathschlaget und dann nach gelegenheiten uns gebracht und mit unserm wissen und willen zu werke gerichtet werden, ab sich auch in der kirchen disciplin felle begeben, darinnen aus gegrunten und wichtigen

ursachen linderunge der strafen von nothen, sol solche moderation, linderunge oder scherfunge, bei uns dem rath, ganzen ministerio und zugeordinten censoribus, mechtlichen beruhen, doch will sein ehrw. darob sein, das in exequution der strafen, mass und ordenunge nach form des bevehlichs unsers herrn und heilandes Jesu Christi treulich gehalten und alle mugliche mittel den sünder zu gewinnen bei den seelsorgern in geheim vor zeugen, vor seiner ehrw. als dem superintendenten, vor dem ministerio und den eltesten, so aus einer iglichen pfarr, eine ader zwo gottfurchtige christliche rats oder andere personen, welche untadelhaftiges wandels sein, von dem ausschoss der pfarren sollen erwehlet, und neben vorgemelten herrn superintendenten und ministerio gleiche voces decisivas und gewalt in vorhoer und vorteilunge haben, in stat der ganzen gemeinen kirchen vorgewandt werden. Ferner hat auch sein ehrw. um mehrer befürderung unserer wahren religion bewilliget, in der hiligen schrift wochentlich eine stunde, der wir uns mit seiner ehrw. vorglichen, in unser schulen vor idermenniglichen dem zu horen geliebet zu lesen. So will auch sein ehrw. ehesachen, da sich felle und questiones juris divini vormuthlich zu tragen mochten, neben andern unsern dazu verordneten uf gelegne zeit, derer man sich vergleichen wird, anzuhören und zu entscheiden, unbeschwert erzeigen, ob auch religion sachen halben hendel vorfielen darzu wir seiner ehrw. bedurften, will sein ehrw. sich zu denselben in und ausserhalb der stadt, neben andern unsern verordineten, wie es der sachen und handelungen gelegenheit nach beiderseits vor gut geachtet wirdet, gutwillig gebrauchen lassen. Wir haben uns auch des drucks halben mit seiner ehrw. also vorglichen, das alhier keine theologische oder theologei belangende schriften zu drucken vorstattet werden sollen, sie sein dan zuvor durch sein ehrw. und ander unser voordinte besichtiget, unterzeichnet, und von uns dem rat zugelassen, und damit hierinnen gefahr und unrichtigkeit umb soviel mehr nach müglichen dingen vorkommen, sollen die streit schriften, so man alhier abzudrucken begehrt, zweifach gleichs lauts ubergeben und nach geschehener besichtigunge und unser zulassunge in unser schreiberei eins zum abdruk wideromb hingegeben und das ander verwahrlich behalten und im abdrucken ohne vorwissen und zulassen, wie obstehet, nichts verandert werden, und wan der druck gefertiget, sol von den gedruckten exemplaren etzliche in unser schreiberei uberantwortet werden, eins darinnen vor wahrlich ufzuheben und jeden inspectorn eins zuvorreichen. Jedoch was nicht personalia oder streitschriften, sondern bloss und schlecht lehrbucher seint, daraus man sich keines streits zuvormuthen, ab in denselben vor oder unter dem abdruck eine ungefehrliche emendation zu richtiger und mehrer erclerunge der lehre gescheh, soll seiner ehrw. und andern unser verordinten inspectorn, darinnen zu dispensiren, anheim gestellt sein, doch das in solcher correctur oder emendation keine personalia oder streiten eingefuhrt werden, uf welchen fall mit unsern vorwissen verfahren werden soll, wie oben ercleret. Damit auch umb so viel mehr und besserer einigkeit einer reiner lehr und bekantnus uns derselben zu erhalten und zu befurden, haben wir uns mit seiner ehrw. voreiniget, das hinfuro kein pfarrer, rector, kirchen oder schuldiener im predig und lehr ampt seines ampts und dienstes entsatzt, auch keiner bestalt und angenomen werde, es geschehe dann mit unser des rats, seiner ehrw. und des ministerii vorwissen. Gleicher gestalt soll auch kein prediger ohne erhebliche ursachen und vorwissen des rats, seiner ehrw. und ganzen ministerii urlaub nehmen, idoch den kirchen an ihrer freiheit der wahl und berufs ihrer pfarrer und kirchendiener dergleichen auch an bestallunge der custereien und geringen diensten hiermit nichts benomen. Der ordination halben ist vor gut angesehen, das die ordinanden vor allen dingen unserer waren christlichen religion und bekantnus erinnert und derselben vorwandt und verpflicht gemacht, und diejenigen, die alhier binnen der stadt berufen in den kirchen, da sie dienen sollen, vor ihrer gemein geordiniret werden, und entlichen das alhier in unsern kirchen von gottes gnaden habende reine lehr in allewegen unverrukt und unverfelschet

auch christliche ceremonien, kirchen und schul disciplin und ordnunge, wie die itzo seint, oder kunftiglichen mit gemeinen rathe und unser bewilligunge malen uf und angerichtet werden. Auch christliche gute einigkeit alhier allenthalben zu erhalten und zu befurdern will und wirt sein ehrw. an guten fleiss nichts erwinden lassen. So wollen wir seiner ehrw. in ihrem ampte jederzeit christliche und gebührliche handreichunge, schutz und schirm leisten, wollen auch seiner ehrw. aldieweil die bei uns in diesem ampt jedes quartal negst kunftig Johannis anzufangen, fünf und zwenzig und also jerlichs ein hundert gulden ganghaftiger münz aus unser kammerei zu ihrer ergetzunge reichen und geben lassen. Und ob sein ehrw. nach gottes willen in solchem unserm ampt mit tod abginge, welches aber die göttliche allmacht aus gnaden lange fristen und verhüten wolle, so wollen wir seiner ehrw. als dann gelassen witwe und kinder in veterlichen guten bevelch haben, sie mit aller bürgerlichen beschwerungen und verpflicht verschonen und uns sunsten gegen denselben erzeigen, wie das sein ehrw. bitt und vortrauen zu uns gestellet und einem christlichen rat wol anstehet, alles treulich und ungefehrlich. Dieses zu urkund und vester haltunge haben wir unser stadt grosse ingesiegel an diesen brief wissentlich heugen lassen. Dargegeben nach Christi unsers herren geburt funfzehen hundert darnach im ein und sechzigsten jare montags am abende annunciationis Mariae virginis.

Neuhaldensleben.

Hilfsmittel und Archive: Vgl. unter Erzbisthum Magdeburg.

Die Stadt Neuhaldensleben überreichte auf der Visitation von 1563 eine Gottesdienst-Ordnung und eine Schul-Ordnung. (Vgl. oben S. 402.) Auch trafen die Visitatoren einige Anordnungen. Diese drei Ordnungen sind aus dem Staatsarchiv zu Magdeburg abgedruckt von Danneil a. a. O., I. Heft, S. 53 ff. Wir drucken die Ordnung der Visitatoren und die Gottesdienst-Ordnung ab. **(Nr. 96 und Nr. 97.)**

Schon am 12. Juli 1540 hatte die Bürgerschaft zu Neuhaldensleben an des Erzbischofs zu Magdeburg Statthalter und Hofräthe eine Beschwerde in Religionssachen gerichtet und diesem Schreiben eine Zuschrift der Bürgerschaft zu Neuhaldensleben an den Rath dortselbst angeschlossen. (Vgl. Erhard, a. a. O. S. 51 ff.) Klar und deutlich wird hier das Verlangen nach Einführung der Reformation ausgesprochen und seit 1540 wirkte auch ein evangelischer Prediger in Neuhaldensleben. Die Visitation von 1563 traf also schon geordnete Verhältnisse an.

96. Verordnung der Visitatoren vom 1. Mai 1564.

Die erzbischoflichen visitatores haben folgende ordnunge gemacht, der sich die prediger zu Haldesleben verhalten sollen:

1. Das man alle sontage den catechismum nachmittage predigen und nach der predigt die jugent, knaben und medlein, verhören solle.

2. Das in entpfahung des hochwirdigen sacraments das volk ordentlich umb den altar gehen soll und nicht under einander, wie vor geschehen, laufen, unordnung und gefar zu verhtüten.

3. Das aufbieten sol nach der ubergebene agenda drei sontage geschehen.

4. Die braut sol nicht des sontags zu abend, sondern den montag zu 9 uhr copulirt und gesegnet werden vorm altar; ehe der kirchgang geschieht,

sol den gesten weder essen noch trinken gegeben werden.

5. Obwol die beide ministri an besoldunge und arbeit gleich sein, ist doch M. Lazaro gesagt, das er er Johan als dem elteren volgen solle, damit nicht uneinickeit unter ihnen entstehe, und sol er Johann pfarrer sein.

Actum 1564 in vigilia Philippi et Jacobi.

97. Ordo caeremoniarum ecclesiae Haldenslebensis. 1564.

Nos infra subscripti ministri ecclesiae Haldenslebiensis hoc nostro scripto testamur, nos hic pro tenuitate nostra per dei gratiam unanimi consensu verbum dei, hoc est, legem et evangelium iuxta prophetarum, apostolorum ac confessionis Augustanae doctrinam et reverendi patris d. Martini Lutheri, d. Philippi Melanthonis atque aliorum orthodoxorum scripta, tum in publicis concionibus tum etiam in privata absolutione profiteri et sacramenta novi testamenti ut baptismum ac caenam domini Jesu Christi [fehlt etwa: iuxta] institutionem et vicinarum ecclesiarum harum regionum [fehlt etwa: modum] administrare. Subjicimus quoque nos doctrinam atque vitam nostram iudicio verae ecclesiae et nostrorum auditorum. Servamus autem in caeremonis nostris hunc fere ordinem et modum.

I. De absolutione privata. Diebus Saturni hora 2 dato signo campanae ingredimur nos ambo templum sub precibus vespertinis audituri seorsim confitentes, quos postquam fidem ac doctrinam ipsorum exploravimus verboque dei de sacramento altaris instruximus iuxta domini mandatum absolvimus.

II. De concionibus. Conciones ordinarias per septimanam quinque habemus hoc ordine:

1. Tres fiunt diebus dominicis: Prima intra horam 6 et 7, ante hanc canuntur a custode et populo aliquot psalmi germanici. Secunda evangelii dominicalis ab hora 8 usque 9. Hanc per vices suscipimus. Tertia epistolae dominicalis ab hora prima usque ad secundam.

2. Diebus Martis una fit concio ab hora 6 usque ad 7, praecinuntur autem semper a schola et populo aliquot germanici psalmi.

3. Diebus Jovis fit itidem una eodem plane modo, quo diebus Martis.

III. De missa. Missam, quam sic vocant, ad eundem modum, qui nunc in vicinis saxonicis ecclesiis usitatus est, alternatim cum ornatu, ut nominare solent, singulis diebus dominicis celebramus.

1. Canit chorus introitum latine choraliter vel figurate.

2. Kyrie latine cum Et in terra. Interdum vero germanicum: Allein gott.

3. Celebrans missam recitat canens quandam precationem, cui addit epistolam dominicalem, ad populum omnia germanice.

4. Chorus iterum canit aut latinam cantionem figurate vel choraliter aut psalmum quendum germanicum.

5. Post haec celebrans canit evangelium dominicale germanice, deinde incipit populus symbolum: Wir glauben etc. et mox fit concio evangelii dominicalis.

6. Post concionem vero accedunt ad altare communicaturi per campanulam quandam a custode convocati.

7. His primum praelegitur a celebrante oratio dominica cum expositione et adhortatione d. Martini Lutheri germanica.

8. Statim fit recitatio verborum institutionis caenae germanice.

9. Mox porrigitur iis, qui adunt, corpus et sanguis domini. Interea canit populus psalmum: Jesus Christus unser etc.

10. Postremo fit gratiarum actio, benedicitur populus ac ita dimittitur.

IV. De baptismo. Infantes solent plerumque certa hora, nimirum secunda sed non certo die septimanae baptizari. In hac re omnino sequimur modum a d. Mart. Luthero in ipsius catechismo praescriptum, praeterquam quod ad astantes et patrinos brevem quandam de baptismo commonefactionem praetermittere soleamus. Baptizamus etiam infantes interdum prorsus nudos. In casu vero necessitatis baptizamus in aedibus quavis hora, ac si nos adesse non possumus, permittimus id fieri ab obstetricibus.

V. De funerum sepultura. Funera sepeliuntur aut hora octava aut secunda, praecedimus cum scholasticis funus, sequuntur cives; fit pulsus una dumtaxat campana, offert quilibet nummum in usum pauperum. Denique a nobis brevis quaedam in templo ad populum fit exhortatio. Infantes quoque, qui absque baptismo discesserunt, honeste sepelimus.

VI. De copulationibus. Copulationes contrahentium matrimonium fiunt diebus dominicis hora quinta et sequenti die hora decima repetunt templum, ubi post cantiones, quae a choro fiunt, praelegitur ipsis de verbo ad verbum libellus d. Lutheri das traubuchlein, quo finito post orationem benedicuntur et dimittuntur.

VII. De visitatione aegrotorum. Corporaliter aegrotos per vices in aedibus suis visitamus, consolamur et si cupiunt, corpus et sanguinem domini post absolutionem eis porrigimus.

Haec septem capita sunt fere huius nostrae ecclesiae praecipuae caeremoniae seu ritus, quos ut invenimus ita quoque ad hoc usque tempus bona fide ac mediocri diligentia retinuimus et observavimus, ut testes nobis erunt omnes nostri pii, candidi ac non supecti auditores. Offerimus autem ea nunc magnificis reverendis nobilibus atque doctissimis dominis visitatoribus et rogamus obnixe, ut si hos nostrae ecclesiae ritus approbaverint, sua autoritate et mandato eos apud auditores nostros confirmare, sin autem videbitur aliquid in eis aut superfluum abolere aut deesse, augere aut sane inconveniens seu inordinatum, quo minus omnia decenter et κατὰ τάξιν (ut Paulus 1. Cor. 14 praecipit) fiant, mutare emendareque velint.

Johannes Praetorius Soltquellensis propria manu script.

M. Lazarus Arnoldi Halberstatensis manu propria subscripsit.

Querfurt.

Hilfsmittel: Acta historico-ecclesiastica VII (Thl. 37—42); Dietmann, Kursächsische Priesterschaft 3, 373; Förstemann, in: Neue Mittheilungen aus dem Gebiete historisch-antiquarischer Forschungen I (1834), S. 125 ff.; Heine, Erhaltene Nachrichten über die Pfarrkirche S. Lamperti zu Querfurt, in: Zeitschrift des Harzvereins 13, 31 ff.; Derselbe, ebenda 20, 441 ff.

Archive: Magdeburg, St.A.

Querfurt war die Hauptstadt der reichsunmittelbaren Herrschaft Querfurt, welche nach dem Aussterben der Edlen von Querfurt 1496 von Magdeburg als eröffnetes Lehen eingezogen worden war.

Unter dem Erzbischof Albrecht blieb der Katholicismus längere Zeit erhalten. Erst seit 1542 gewann die Reformation Eingang. (Acta historico-ecclesiastica. Tom. VII, Thl. 37—42.) In diesem Jahre hielt Mag. Valentin Pacaeus die erste evangelische Predigt in S. Lamberti.

Der Rath liess sich 1547 von Halle die von Jonas ausgearbeitete Kirchen-Ordnung zusenden. Die Abschrift, welche geschickt wurde, befand sich in Querfurt bis zum grossen Brande von 1678, in welchem sie unterging. (Vgl. meine Ausführungen unter. Halle.) Über die Kirchenvisitation vom Jahre 1555 hat Förstemann in: Neue Mittheilungen aus dem Gebiete historisch-antiquarischer Forschungen (thüring.-sächs. Verein), I (1834), 3, S. 125 ff., auf Grundlage des Querfurter Amtshandelbuches berichtet. Vgl. weiter Dietmann, Kursächsische Priesterschaft 3, 743, wo auch die in 8 Capitel eingetheilten Artikel abgedruckt sind, „über welche die einzelnen pfarrherrn gefragt wurden". Dieselben lauteten:

Im 1. capitel wurde gefraget:

1. Von des pfarrers beruf zu seinem pfarramte, wie er wisse, dass sein beruf recht und göttlich sei.
2. Von wem die pfarre zu lehen gehe?
3. Wo er ordiniret, und dass er sein testimonium vorlege.

Im 2. capitel wurden die prediger von denen visitatorn gefraget:

1. Was sein recht amt sei?
2. Was die summa sei christlicher lehre und religion?
3. Von der einigen gottheit, wider die blindheit der Manichaer und heiden, die viel götter haben, und die papisten, welche viel nothhelfer anrufen und ehren.
4. Von der heiligen dreifaltigkeit, wie die personen zu unterscheiden sein, ob auch mehr personen zuzulassen.

5. Wie man den sohn gottes Jesum Christum recht beschreiben solle; von seiner göttlichen und menschlichen natur, wider den ketzer Arium.

6. Wie man den willen gottes erkennen solle aus dem gesetz und evangelio?

7. Was rechte busse sei?

8. Woher die sünde komme, was sünde sei? und von gottes ernst wider die sünde, nach seinem gesetz.

9. Vom gesetze gottes, wie man lehren soll wider die sünde.

10. Was das evangelium sei?

11. Woher die gnade komme?

12. Von Christi verdienst.

13. Vom glauben.

14. Ob diese proposition recht sei: Wir werden allein durch den glauben vor gott gerecht?

15. Was gerechtigkeit sei, die für gott gilt, im glauben.

16. Ob er von Osiandri irrthum wisse?

17. Worinnen die papisten abgewichen sind vom glauben und verdienst Christi.

18. Von denen früchten des glaubens.

A. Von guten werken, welche gute werke sein?

  1. Von belohnung guter werke?

  2. Ob gute werke zu thun nöthig sei?

  3. Ob gute werke nöthig sein zur gerechtigkeit und seligkeit.

  4. Worinnen die papisten unrecht lehren und halten von guten werken?

  5. Ob auch möncherei, wallfahrten, heiligen dienst gute werke sein?

B. Von göttlichen ständen von gott eingesetzt:

  1. Vom ehestande.

  2. Von weltlicher obrigkeit.

C. Vom christlichen gebete:

  1. Wie sie das gemeine gebet halten?

  2. Ob der heiligen anrufung recht sei? und aus was grunde sie zu vermeiden sei?

D. Von der kirchen:

  1. Welche die rechte kirche sei?

  2. Ob die kirche gewalt habe, über das evangelium, sacramente etc.

  3. Ob die kirche durch ein leibliches haupt, als einen pabst, müsse regiert werden?

  4. Ob die kirche irren könne?

Im 3. capitel: Quaestiones:

  1. Von sacramenten: Was ein sacrament sei? Wie viel sacramente Christus eingesetzt habe? Ob der papisten lehre von sieben sacramenten recht sei?

  2. Von der taufe: Was sie sei, und was ihre kraft sei? Obs recht sei, dass man junge kinder taufe? Ob er auch der widertaufer secte wisse zu widerlegen?

  3. Vom abendmahle Christi: Ob er auch der sacramentirer irrthumb wisse zu bestrafen? Wozu das sacrament nütze? Von der papisten opfermesse.

  4. Von der beichte und absolution, wie er es halte?

  5. Vom jüngsten gerichte und auferstehung der todten.

  6. Ob er auch bei solcher lehre beständig gedenke zu verharren?

Im 4. capitel: Von ceremonien, quästiones:

  1. Welche feste er halte?

  2. Wie oft er predige?

  3. Ob er auch den katechismum lehre und predige?

4. Wie er es halte bei der taufe? Ob er auch das wasser weihe, salz, licht und chrysam gebrauche?

5. Mit der nothtaufe?

6. Wie man es halte mit denen copulationen der eheleute?

7. Dass er die verbotenen gradus nicht zulasse.

8. Ob er auch aufbiete?

9. Ob er die sechswöchnerin einleite? [Diese Sitte war zwar in Querfurt selbst schon abgeschafft, aber z. B. in Lodersleben und Obhausen noch im Gebrauche. Es soll von nun an eine Danksagung von der Kanzel oder vor dem Altar stattfinden, wenn die Wöchnerin zur Kirche geht.]

10. Ob er singe zur messe.

11. Ob er auch messgewand brauche? [In Querfurt wurden seit dieser visitation die Messgewänder bei der Communion und bei den drei Hauptfesten auf der Kanzel gebraucht. Letzteres fiel später fort.]

12. Elevation halte? [Diese war noch auf den meisten Dörfern in Gebrauch.]

13. Ob auch die leute zum sacrament gehen?

14. Wie er es halte mit der communion der kranken?

15. Wie mit dem begräbniss?

Im 5. capitel: Quaestiones:

1. Wie sich seine pfarrkinder halten?

2. Ob auch verächter darunter sind, die das predigtamt, evangelium und sacramente verachten und lästern?

3. Ob auch zauberer da sein?

4. Ob leute da sein, die in öffentlicher unzucht liegen?

5. Wie sich die leute zur kirchen halten?

Im 6. capitel:

1. Von der pfarr einkommen.

2. Vom pfarrgebäude.

3. Ob auch güter von der pfarre gekommen?

Im 7. capitel:

1. Die altar-männer zu fragen: Was die pfarrleute dem pfarrhern für ein zeugniss geben?

2. Von den kircheneinkommen.

3. Von des küsters einkommen. —

Die Visitatoren schrieben dem Rathe einige Artikel vor, welche Förstemann im Auszuge S. 126 abdruckt. Wir drucken sie nicht ab.

Der Bericht sagt zum Schlusse, dass nach gehaltenen Examinibus den Pastoren „in beisein der altarleute aus idern dorfschaft“ (die Visitation erstreckte sich auch auf die umliegenden Dörfer) die mecklenburgische Agende übergeben wurde, „darnach ihr ampt zu furen“. Der Pfarrer zu Querfurt wurde zum Superintendenten bestimmt. „Elevation, dieweil sie vorhin an vielen orten gehalten, hat man gar abgethan laut der agenda. Introduktion soll, soviel die ceremonien betrift, noch bleiben, aber an stat einer danksagung gehalten werden vor der canzel oder furm altar, wen die sechswocherin zur kirchen geht. Messgewand sol man behalden; chorrock mag brauchen, wer in hat und brauchen woll ....“

Über Anordnungen, welche namentlich der mitvisitirende Superintendent von Halle, Boëtius, für das Schulwesen, z. B. zur Vermeiduug der übermässigen Belastung der Schüler mit Cicero traf, vgl. Dietmann, a. a. O. S. 748.

Verschiedene Mängel, die sich im Kirchenwesen gezeigt hatten, und namentlich die Lehrstreitigkeiten der Theologen veranlassten den Erzbischof von Magdeburg, im Jahre 1563 eine neue Visitation zu veranstalten. Bei derselben fungirten als Visitatoren Peter Ulner, Abt zu Kloster Berge, D. Siegfried Sack, Pastor in Magdeburg, D. Johann Olearius, Pastor in Halle, Noa Freudemann, Superintendent in Querfurt, Barthol. Ude, fürstl. Rath, Heine Broesicke, Hauptmann zu Querfurt. Diese Visitation von 1563 besonders betraf die zwischen Strigel und Flacius ausgebrochenen Streitigkeiten über die Erbsünde, welche Streitigkeiten auch in Querfurt Irrungen hervorgerufen hatten.

Aus des Rathes Kirchen- und Schul-Ordnung, also wohl der Jonas'schen Ordnung für Halle, wurde ein Auszug angefertigt und die Prediger bei ihrer Einführung in das Amt darauf verpflichtet. Dieser Auszug befindet sich im Staatsarchiv zu Magdeburg, Erzstift Magdeburg II, XXIII, Religion pp. 24ª. Neue Bezeichnung: Erzstift Magdeburg, Nr. 523. Er ist von einer Hand des 16. Jahrhunderts geschrieben. Der Umschlag trägt die moderne Aufschrift: „Ordnung eines ehrbaren raths und der ältesten zu Querfurt vom leben und wandel der pfarherrn kirchen- und schuldiener. Etwa in den jahren 1580—1590 aus dem sogenannten schwarzen buche geschrieben." Das „schwarze Buch" konnte ich nicht ermitteln. Die Ordnung selbst bringe ich erstmalig zum Abdruck. (Nr. 98.)

98. Ordnung eines ehrbaren raths und der ältesten zu Querfurt, vom leben und wandel der pfarrherrn, kirchen- und schuldiener.

[Aus Magdeburger Staatsarchiv, Erzstift Magdeburg II, XXIII, Religion pp. 24ª. Neue Bezeichnung: Nr. 523.]

Abschrift

aus dem schwarzenbuche, so in privilegio gnedigst, von herren zu herren, mit confirmiret worden, nach des rats kirchen- und schulordnung gesatzt, welches diaconis und schuldienern für deren introduction ufn schatthause fürgelesen wird, und sie demenach sich zuverhalten angeloben müssen.

Ordnung eines erbaren rats und eltesten zu Querfurt, vom leben und wandel der pfarherrn, kirchen- und schuldiener.

Damit hinfüro, so viel immer müglich, schädliche ergernüss allenthalben vorhütet, christliche zucht und erbarkeit durch gottes gnade und segen gepflanzet und erhalten werden möge, so will ein rat und die eltesten, das der pfarrherr, kirchen- und schuldiener, nicht alleine in der lehre rein und richtig, auch in ihrem ambte treu und vleissig, sondern auch in ihrem leben, und wandel sich in worten, werken, geberden, kleidungen, und allen andern erbarlich, gegen menniglich freundlich, züchtig, bescheiden, und demütig und in summa allenthalben und in allem christlich und also vorhalten, das sie menniglichen, sonderlich ihren pfarr- und schulkindern, kein anstos noch ergernüss geben, sondern dermassen mit guten exempeln vorgehen, das die pfarkinder und sonsten menniglich denselbigen mit lust und frucht seliglichen und ohne ergernüss volgen möge, Derowegen sie sich aller menschlichen uppigkeit und volgenden vordachts vor allen dingen

hüten und, da sie noch frei, in den heiligen ehestand begeben und sich in demselben in christlichen frieden und einigkeit, der ganzen gemeinde zum löblichem vorbilde, vorhalten, ihres ambts und studirens vleissig abwarten, saufens, spielens, unvorsöhnlichen hass, zank, hader, unzucht, spaziren gehen und ausreissens, auch anderer leichtfertigkeit, wie auch der tabernen und schenkheuser enthalten, und also mennigllich zu vleissiger anhörung gottes worts und ofter empfahung des hochwürdigen sacraments des leibes und blutes Christi reizen. Daneben sollen sie untereinander sittlich und friedlich leben mit ihren collegis, sich nicht in främbde händel mengen, die nicht ihres berufs sein, nicht gezenke und parteien unter den leuten anrichten, ihre pastores und superattendenten in gebührlichen ehren halten, in billichen sachen gehorsam sein, sie nicht bei der gemeine verkleinern, nicht wider sie practiciren oder rotten anrichten, die gewaldigen oder den böbel nicht wider sie vorbittern oder vorhetzen, der hoffnung, sie endlich müde zumachen, oder gar auszubeissen.

Damit auch zwischen dem gemeinen manne und den kirchendienern unterschied gehalten, und einer vor dem andern in seinem staude auch etüsserlich erkant werde, so sollen sich die kirchen- und schuldiener hinfüro aller leichtfertigen, kurzen, zerhackten, zerschnittenen kleidungen, mit vorbremung, und was dergleichen geschicht, gentzlichen enthalten. Sie sollen auch ihr weib und kind zu gottes furcht, aller erbarkeit und zucht, sonderlich aber zur wahrhaftigen christlichen demuth ziehen und keines weges gestatten, das sie andere leute in der hoffart sterken oder andern ergerlichem leben mehr ursach geben, das heilige predigt ampt zu lestern, zu schenden und zu schmehen, und den stand der prediger vorachtet und vorhast zu machen, darkegen aber sich beneben der ernstlichen draunng Christi, wehe deme, der ergernüss gibet, auch St. Peters vormahnung erinnern, was derselbige in gemein aller christen weiber vorgeschrieben, das ihr schmuck nicht soll auswendig sein, sondern der verborgene mensch des herzens unvorruckt mit sanftem und stillem geiste, das köstlich vor dem herren ist, darinnen sie vornehmlich, nach der lehre Pauli unstreflich, und ein fürbilde in allen tugenden der herde sein sollen.

Hierüber sollen sie sich auch aller unehrlichen hantierungen, wein- bierschenkens, kaufmanschaft, vorkaufs auf wucher und dergleichen händel genzlichen enthalten, ex affectu auf der canzel die leute nicht schmehen, sondern die biblia, die bücher Lutheri, locos theologicos Philippi, die augsburgische confession, ihnen und ihren pfarkindern zum besten, oft und vleissig lesen, und alle ihre predigten auf dieselbige confessiones und declarationes gründen und richten, damit einerlei form und eintrechtigkeit in der lehr erhalten, die zuhörer ihnen so viel desto eher einbilden, und auf ihre nachkommen könne gepflanzet werden.

Wofern sich nun einer anderst, den wir hiervor gemellet, vorhalten würde, soll er seines ambts entsetzt werden.

Stassfurt.

Hilfsmittel und **Archive** vgl. unter Erzbisthum Magdeburg.

Für Stassfurt erliessen die Visitatoren Freitags nach Martini (17. November) 1564 eine Ordnung (vgl. oben S. 402). Sie ist aus dem Magdeburger Staatsarchiv von Danneil, a. a. O. S. 14—15 abgedruckt, und darnach hier. (Nr. 99.)

99. Ordnung der Visitatoren. 1564.

Artikel zu Stasfurt beigelegt und vortragen freitags nach Martini anno 1564 durch m. Sebastianum Boetium, superintendenten zu Halle, Moritzen von Arnym, Melchiorn von Wellen, ambtman zu Calbe und Bartolomeen Uden.

1. Die eingerissene verbitterung und beschwerlicher misverstand zwuschen dem pfarhern und rathe ist genzlich ufgehoben, beigelegt und vortragen, und sol desselbigen von keinem teil ferner in ungutem gedacht werden, wie sich dann itzo alsbald miteinander versunet.

2. Wann dem pfarhern etwas strafliche furkumpt, sol ers nit alsbalt glauben und uf die canzel bringen, sondern von erst bericht nehmen und den rath freuntlich und gutlich darumb anreden, alsdan sich auch der rath ires ambts erinnern und allem straflichem wesen mit geburenden ernst steuren und wehren sol.

3. Der pfarher mag seinem ambte nach die sünden in genere und spetie strafen und in deme niemand schonen, doch das er nit ad individua gehe, auch ahne vorgehenden process und geburlich erkentnus, welchs der obrickeit zustehet, niemants in deme declarirn noch erkleren.

4. Der pfarher sol auch die kranken, wan er von inen zum trost erfordert, mit unnotigen beschwerlichen fragen vorschonen, wie er dann dessen, so ime derwegen hat wollen zugemessen werden, nit gestanden.

5. Die kirchenrechnung sol jarlich uf einem namhaftigen tak vorm rathe in beisein des hern pfarhern gehalten und ordentlich darmit umbgangen werden.

6. Der kirchgang uf den hochzeiten sol nit des sontags ufen abend, sondern des montags frue umb zehen uhr gescheeen und alsdan das trauen und segnen braut und brautgams zugleich gehalten werden, und ist vor gut angesehen, das die brautpredig hinfurder nachbleibe; wil jemants alsdan neben dem breutgam und der braut opfern, sol frei stehen, und was also gefelt, sollen der pfarher und caplan zugleich mit einander teilen.

7. Der soelguter halben, so zur kirchen und den geistlichen lehnen geboren, sol sich der rath nochmals erkundigen und dem secretario Bartolomeo Uden zuschreiben, wer die itzigen possessores seint, und ist von den erzbischoflichen commissarien bedacht, weil solche soelguter vor ein gar geringe gelt von der kirchen wegen verlassen, das uf jede pfanne sole nach 5 fl. jarlich zinses mit 100 fl. haubtsumme abzulosen und uf ein ganz koth 10 fl. zins solten geschlagen und darjegen die possessores bei den gutern hinfurder geruiglich gelassen werden. Der rath hat uf jedes koth erstlich 100 fl. letzlich an 150 fl. und also uf $7\frac{1}{2}$ fl. zins uf 2 pfannen zu legen vorgeschlagen, hiervon sol unserm gnedigsten hern bericht gescheen und s. f. g. declaration und beschied gebeten und erwartet werden.

Das Bisthum Halberstadt.

Hilfsmittel: Winningstadt bei Abel, Sammlung rarer Chroniken; Langenbeck, Reformation im Stift Halberstadt. Göttingen 1886; Nebe, Die Kirchenvisitationen des Bisthums Halberstadt in den Jahren 1564 und 1589, Halle 1880, in: Geschichtsquellen der Provinz Sachsen. Bd. 12; Jacobs, Heinrich Winkel und die Einführung der Reformation in den niedersächsischen Städten Halberstadt u. s. w., in: Zeitschrift des historischen Vereins für Niedersachsen, 1896; Derselbe, in: Zeitschrift des Harzvereins, 30. Jahrgang, S. 113 ff.; Arndt, in der „Halberstädter Zeitung und Intelligenzblatt", Unterhaltungsblatt 1898, Nr. 91 und 92; Derselbe in der D. Zeitschrift für Kirchenrecht, 11 (1901), S. 247 ff. Die lokalgeschichtliche Litteratur vgl. bei den betreffenden Städten. Ausser den dort Genannten vgl. Dümling, Geschichte von Hedersleben; Gödicke, Geschichte von Gross-Quenstedt; Kunze, Geschichte von Schwanebeck.

Archive: Magdeburg, St.A.

I. Im Bisthum Halberstadt wurde am 17. December 1513 Markgraf Albrecht von Brandenburg, der in Magdeburg bereits am 30. August erwählt worden war, zum Bischof gewählt. Der Papst bestätigte die Wahl. Wie in Magdeburg, so auch in Halberstadt versuchte der Erzbischof Albrecht, der später auch Erzbischof von Mainz und Cardinal geworden war, vergebens dem Eindringen der neuen Lehre Einhalt zu thun. Die Augustinermönche des Johannisklosters zu Halberstadt scheinen die ersten Verbreiter lutherischer Ideen gewesen zu sein. Und schon 1521 wurde in der Martinikirche in Halberstadt evangelische Predigt gehalten. Vgl. Nebe, Kirchenvisitationen, S. 3 ff.; Jacobs, in: Zeitschrift des histor. Vereins für Niedersachsen, 1896, S. 155.

Vorübergehende Hemmungen (Nebe, a. a. O. S. 5 ff.) konnten das Endergebniss in der Stadt Halberstadt nur verzögern, während es den übrigen Städten schon früh gelang, evangelische Predigt einzurichten und dauernd zu erhalten.

So erhielt Aschersleben 1527, Ermsleben 1535, Osterwieck 1535, Croppenstedt 1538 evangelische Pfarrer, während dies bei anderen Städten, wie Cochstedt, Wegeleben, Weferlingen, Schwanebeck, Gröningen u. s. w., und erst recht natürlich in vielen Dörfern erst später der Fall war.

Endlich musste auch Erzbischof Albrecht den neuen Verhältnissen Zugeständnisse machen. Über den Landtagsabschied von 1541 vgl. oben unter Magdeburg.

Unter dem ebenfalls streng katholisch gesinnten Bischof Johann Albrecht schritt die Entwicklung weiter und besonders natürlich unter dem evangelisch gesinnten Bischof Friedrich. Dieser starb aber, ehe er selbst irgend welche Maassnahmen treffen konnte.

Nach seinem Tode konnte das Domcapitel zu Halberstadt sich nicht über die zu wählende Persönlichkeit einigen. Ein Theil wählte den Domprobst Christoph von Stolberg, der andere den Markgrafen Sigismund von Brandenburg, der bereits in Magdeburg gewählt worden war. Die Curie bestätigte den Letzteren.

Unter Bischof Sigismund fällt die officielle Einführung der Reformation durch die auf dem Landtage zu Calbe am 5. December 1561 beschlossene allgemeine Visitation. Über die Visitations-Instruktion vgl. unter Magdeburg. Als Visitatoren fungirten für das Bisthum Halberstadt ausser dem Superintendenten M. Sebastianus Boëtius zu Halle, dem Pfarrer M. Jacobus Prätorius zu Magdeburg, dem Pfarrer M. Valentinus Sporer zu Calbe, und dem Secretär Bartholomäus Uden: Johann von Barby, Christoph von Hoym, Caspar Breitsprach, Jodocus Otto, Pfarrer zu Halberstadt, und Matthias Schwein, Pfarrer zu Halberstadt.

Die Visitation begann am 6. Juni 1564 (mit Ausnahme von Aschersleben, welches bereits am 8. December 1562 visitirt worden war) und dauerte bis zum 3. December 1564 (Langenbeck, S. 40 ff.; Nebe, S. 15 ff.).

Aus den im Staatsarchiv zu Magdeburg unter Rep. 13, 848ᵃ (frühere Bezeichnung Cop. 600) erhaltenen Visitationsakten, welche Nebe, der seine Quellen nirgends angiebt, offenbar auch benutzt hat, und den neuerdings in das Archiv abgegebenen und Kultusarchiv Nr. 2486 bezeichneten Stücken habe ich mir folgende Ordnungen notirt:

Für Halberstadt: 1. Eine Schul-Ordnung [Rep. 13, 848ᵃ, frühere Bezeichnung Cop. 600, Bl. 394 ff.]. 2. Eine „Ordnung auf die wirthschaften in der stadt Halberstadt" [eodem Bl. 415 ff.] Das ist eine Luxus-Polizei-Ordnung. 3. Verzeichniss, wie dem herrn pfarrherrn in S. Johannis kirche von wegen der ganzen gemeinde das pfarramt befohlen wird [eodem Bl. 507 ff.]. 4. Eine Altarmanns-Ordnung für die St. Johanniskirche [eodem Bl. 511 ff.] und eine Armen-Ordnung [eodem Bl. 531 ff.]. 5. Eine weitere Schul-Ordnung [eodem Bl. 571 ff.]. Ich drucke Nr. 3 und 4 nach dem Magdeburger St.A. ab. Der Abdruck bei Nebe, a. a. O. S. 46, 49, 50, 55, ist zum Theil nur ein Auszug, zum Theil nur eine freie Wiedergabe des Inhalts.

Für Ermsleben ist [eodem Bl. 207] eine Gottesdienst-Ordnung und [eodem Bl. 210 ff.] eine lateinische Schul-Ordnung (Nebe S. 250) zu notiren. Für Cochstedt eine Gottesdienst-Ordnung und eine Schul-Ordnung. (Der Abdruck von Nebe S. 167 ist nicht genau.) Für Wegeleben eine Schul-Ordnung [eodem Bl. 282 ff.] (Nebe S. 176). Für Osterwieck eine Schul-Ordnung [eodem Bl. 340 ff.] (Nebe giebt S. 102, 103 einen freien Auszug). Für Gröningen eine Schul-Ordnung (s. Nebe S. 160). In Magdeburg, St.A. II, 848 finden sich weiter für Ermsleben eine lateinische Schul-Ordnung und für Osterwieck eine Schul-Ordnung. In Magdeburg, St.A., Cultusarchiv Nr. 2486, finden sich auch die bei Halberstadt Nr. 2 und 3 erwähnten Ordnungen.

Ich drucke nur die Gottesdienst-Ordnungen für Ermsleben und für Cochstedt ab. Bezüglich der Ordnungen der Stadt Aschersleben s. unter Aschersleben.

Das Mandat Sigismund's über die Kirchendisciplin von 1562 erging auch für das Bisthum Halberstadt. S. unter Magdeburg.

II. Nach dem Tode Sigismund's wählte das Domcapitel Heinrich Julius von Braunschweig zum Bischof (1566—1613), während Magdeburg Joachim Friedrich von Brandenburg zum Bischof erkor. In Folge dessen geht vom Jahre 1566 ab die kirchliche Entwickelung der beiden Fürstenthümer getrennte Wege.

Heinrich Julius (geb. 15. October 1564) war bei der Postulation erst zwei Jahre alt; in Folge dessen verwaltete das Capitel das Bisthum. Obwohl protestantisch erzogen, liess er sich am 27. November 1578 die erste Tonsur ertheilen, was in protestantischen Kreisen grosses Aufsehen erregte, von den Meisten herb getadelt, von Andreae aber für ein Adiaphoron erklärt wurde. Als er jedoch am 8. December 1578 das Bisthum übernahm, erklärte sein Vater, Herzog Julius, dass die Augsburger Confession der Bekenntnissstand auch seines Sohnes sei.

Zur Förderung des Kirchenwesens diente auch diesem Bischofe die Visitation. Auf einem Landtage zu Wegeleben, im December 1587, wurde die Visitation beschlossen. Am 8. August 1588 ertheilte der Bischof den Visitatoren eine Instruktion. Als Visitatoren waren bestellt: Stiftshauptmann Heinrich von der Lühe, Hofprediger Mag. Heimbertus Oppechinus in Wegeleben, Hofmeister Wiprecht von Tresskow, Erbkämmerer Christoph von Hoym, August v. d. Asseburg, Matthias von Veltheim, Hans Gebhard von Hoym, Pfarrer Mag. Christ. Gundermann zu Halberstadt, Pfarrer Mag. G. Zimmermann in Aschersleben.

Die Instruktion hat Nebe S. 17 ff. (ohne Angabe seiner Quelle) im Auszuge und bisweilen frei mitgetheilt. Da diese Instruktion die Richtschnur für die Weiterbildung des Kirchenrechtes im Halberstädtischen abgegeben hat, drucken wir sie nach dem Magdeburger Staatsarchiv vollständig ab. (Nr. 100.)

Sie befindet sich dort in mehreren Exemplaren. So in A. 16, Nr. 113, Kirchenvisitation de anno 1588/1589 (eine Vorarbeit dazu A. Rep. 13, 854ᵃ, frühere Bezeichnung: A. 50, VI, Nr. 16). Ich drucke nach A. 16, Nr. 113, Bl. 1—27ᵃ.

Wenn in dieser Visitationsinstruktion von einer „gewissen Agende und bisher gebräuchlichen Agende" gesprochen wird, welche Erzbischof Sigismund bei der jüngst gehaltenen Visitation an alle Pfarren habe übergeben und verordnen lassen, so ist darunter die sogenannte Wittenberger, richtiger Mecklenburger Kirchen-Ordnung von 1552, in der Ausgabe von 1559 zu verstehen, welche Sigismund in der That als die massgebende Agende bezeichnet hatte. (S. unter Magdeburg.) Trotz dieser wiederholten landesherrlichen Anweisungen behaupteten doch die Pfarrer, wie ja im ganzen 16. Jahrhundert, in der Auswahl ihrer Agenden grosse Freiheit. Und als der mit dem kirchlichen Organisationswerk betraute schwedische Gesandte, Dr. Botvidi, am 7. Mai 1632 die Stände in Halberstadt fragte, ob man im Halberstädtischen jemals eine allgemeine, einheitliche Gottesdienst-Ordnung besessen habe, wurde dies verneint und hervorgehoben, dass es den Pastoren freigestanden habe, die wittenbergische, oder die sächsische, oder die braunschweigische, oder eine andere Agende zu benutzen. (Vgl. Jacobs, a. a. O. S. 195; Arndt, in: Deutsche Zeitschrift für Kirchenrecht 11, 252.) Über die Durchführung der Visitation vom April bis zum October 1589 vgl. Langenbeck, a. a. O. S. 69 ff., und Nebe, a. a. O. S. 29 ff.

Von den Ordnungen, welche bei Gelegenheit der Visitation gegeben bezw. von den Gemeinden, die zumeist schon autonom vorgegangen waren, überreicht wurden, hebe ich aus den Akten des Magdeburger Staatsarchivs folgende hervor:

Für Aschersleben: Aus A. 16, Nr. 113, Bl. 49: „Christliche Artikel und Bericht für Aschersleben" [übergeben vom Rathe am 8. und 9. April 1589]. (Der Abdruck bei Nebe S. 200 ist nicht genau.) Ebenda Bl. 62 wird eine Kirchenagende, „deren sich der Rath mit dem Ministerium anno 1575 verglichen", überreicht (abgedruckt bei Nebe S. 206). Bl. 86 ff. eine lateinische Schul-Ordnung [Nebe S. 199]. Dieselben Ordnungen finden sich auch im Staatsarchiv Magdeburg, Kultusarchiv, Nr. 2486, Bl. 26 ff.

Für Croppenstedt: Eodem Bl. 237 ff. eine Schul-Ordnung.

Für Wegeleben: Eodem Bl. 323 ff. eine Schul-Ordnung.

Für Halberstadt: Eodem Bl. 405 ff. drei verschiedene Schul-Ordnungen (Bl. 451 ff., 497 ff., 521 ff.).

Für Hornburg: Eodem Bl. 646 eine Schul-Ordnung (s. Nebe S. 118).

Für Osterwieck: Eodem Bl. 718 ff. eine Schul-Ordnung (s. Nebe S. 108).

Für Stötterlingburg: Bl. 693 eine Schul-Ordnung (Nebe S. 99).

In Magdeburg, Staatsarchiv, A. 13, Nr. 855 finden wir nochmals die Schul-Ordnungen für Croppenstedt (Nebe S. 173), Osterwieck, Wegeleben (Nebe S. 178), und Stötterlingburg.

Ausserdem eine Schul-Ordnung für Schwanebeck und einen kleinen lateinischen Schullehrplan für Ermsleben (Nebe S. 255).

Weiter aber eine Kirchen-Ordnung für Croppenstedt (Nebe bringt darüber a. a. O. S. 169 eine kurze Notiz).

Endlich enthält dasselbe Aktenstück Bl. 1 ff. einige „Beschwerungspunkte", welche der Rath von Halberstadt am 27. Mai 1589 den Visitatoren übergab; eine ähnliche Eingabe des Rathes wegen Mängel im Kirchenwesen nach geschehener Visitation 1588 findet sich in Magdeburg, St.A., Halberstadt II, 855.

Die Visitations-Protokolle und -Akten beschäftigen sich im Übrigen vorwiegend mit finanziellen Regelungen. Es kommen somit, da wir die Schul-Ordnungen nicht abdrucken wollen, für uns nur die Ordnungen für Aschersleben und Croppenstedt in Betracht. Vgl. unter den betreffenden Städten.

Die letzten Reste des alten Kirchenwesens hatten sich in den Stiftskirchen und den Klöstern erhalten. Bischof Julius ging auch dagegen vor. Im Dom wurde am 21. September 1591 die erste evangelische Predigt gehalten; ihm folgten bald das Pauls- und Moritz-Stift. Im Liebfrauen-Stift dagegen fand die erste evangelische Predigt erst am 1. Januar 1604 statt. Die katholischen Klöster erhielten sich jedoch noch länger in ihrem Bestande.

100. Instruktion für die Visitation. Vom 8. August 1588.
[Aus Staatsarchiv zu Magdeburg, A. 16, Nr. 113.]

Instructio visitationis.

Instructio, darauf von gottes gnaden wir Heinrich Julius bischof zu Halberstadt und herzog zu Braunschweig und Lüneburg etc. den ehrenvesten würdigen und wohlgelahrten, unsern andächtigen räthen und lieben getreuen Heinrichen von der Lühe stiftshauptmann, m. Heimberto Oppichino, hofpredigern. Wiprecht von Treskow hofmeistern, Christoffen von Hoym erb-cämmeren, Augusten von der Asseburg, Matthiassen von Veltheim, Hans Gebhard von Hoim, m. Christof Gündermann, m. Georgio Zimmermann pfarherr zu Halberstadt und Aschersleben, also unsern verordenten visitatorn, eine christliche visitation in den reformirten örtern unsern stifts Halberstadt vorzunehmen und zue halten gnädiglich bevohlen.

Erstlich sollen sie sich irer gelegenheit nach forderlichst an einem gewissen ort unsers stifts zusammen bescheiden und von dannen in alle unsere stedte, flecken, klöster und dörfern gemeltes unseres stifts begeben. Ehe sie aber an einen izlichen ort zuer stelle kommen, sollen sie ihre ankunft einen tag oder zwene zuvor dem amptmann, rathe, oder gerichtsherren daselbst, zuerkennen geben, damit die pfarherren, cappalanen, schulmeister und andere kirchendiener auf ihre, den visitatorn, ankunft verwarnet und sich einheimisch halten, auch die ausrichtung desto bequemer bestelt werden möge.

Wann sie hernach jedes orts anlangen, sollen die pfarhern, predigern, caplanen, schulmeister und andern kirchendiener, wie es eines izlichen orts gelegenheit geben wird, die ursachen ihrer ankunft vermelden, und von ihnen anhören, oder das concept ihrer predigten von ibnen fordern und sich daraus mit fleiss ersehen,

Was er für einen methodum, ordnung in seinen predigten gebrauche, was für sachen er jederzeit handele,

ob sie zu derzeit, an dem orte, und für die pfarrkinder nützlich, nötig und erbaulich,

Wie er jede lehre mit gottes worte bestätige und die zeugnüssen der heiligen schrift in seinen predigten anziehe,

Ob er sie selbst in der heiligen schrift gelesen und nachgeschlagen oder nurt bloss aus der postillen abgeschrieben,

Ob er sie teutsch, oder lateinisch begreife und disponire und was er in solchen allen praestiren könne. Inmittels sollen sie auch befehlen, das der pfarrher daselbst an den örten, da es gelegen sein wird, eine predigt vor ihnen thue, darinnen unter andern das volk berichtet werden soll, das diese visitation zur ehre gottes, erhaltung unserer christlichen religion und zu erbaung und besserung der christenheit gemeinet sei. Sollen uns auch entschuldigen zum besten, dass wir solch nothwendig und christlich werk der visitation, wie gern wir unsers theils gewolt, und soviel an uns gewesen nicht ehe hetten anstellen wollen und halten lassen können,

Folgends sollen sie die pfarhern und kirchendiener auf nachfolgende articul und dergleichen befragen.

Der 1. articul von der vocation, lehr und leben des kirchendieners etc.

1. Und von weme die pfarr zu lehen gehet?
2. Wie alt der kirchendiener sei?
3. Was das predig ampt für ein ambt sei?
4. Was gott fordere von einem kirchendiener?
5. Wie sie mit der haushaltung seiner geheimnüssen sollen umbgehen?
6. Wie er zum predigambt berufen sei?
7. Wie und aus was ursachen er wisse, das sein beruf göttlich und recht sei?
8. Wie und wo er ordinirt sei?
9. Das er sein testimonium vorlege?
10. Wie viel jahr er die pfarre gehabt?

Bei diesem artikel sollen unsere verordente visitatorn ja fleissig achtung darauf haben, das ohne ordentliche berufung sich niemand unterstehe, öffentlich oder im winkel zu lehren oder andere sachen, so dem kirchen ampt zustehn, ausser der noth zu verrichten.

Das sich auch jede pfarr leute an ihren ordentlichen pfarrherren halten, und bei ihme und nicht anders wo der selsorge erhole.

Wie wir den gnädiges vorhabens eine sonderliche ordnung zumachen, wie die vocationes und examina pastorum geschehen soll.

Wann aber bisweilen eine pfarre erledigt, sollen die pfarrleute ohne verzug den patronum oder lehnherren der pfarren, der das jus nominandi und conferendi, das ist einen pfarrherrn zu wehlen hat, umb einen pfarrherrn ersuchen, darauf soll der patron innerhalb vier oder zum lengsten sechs wochen einen ernennen, und der gemeine daselbst vorstellen, das sie ihn hören. Wo dan die gemeine, mangel an seiner gaben, lehren oder sonst einen unwillen zu ihme hetten, so soll der lehenherr oder patron einen andern ihn vorschlagen, bis die gemeine mit einen solchen vorgeschlagenen zufrieden, und soll alsdann die vorgeschlagene, uns oder unserm darzu gevolmächtigten commissarien oder bevehlhabern in solchen sachen vorgestellet werden, welche ihnen an die folgende regul und richtschnur der lehre weisen und daraus examiniren sollen, und wan nun die person tüchtig befunden, soll der patron denselben zu confirmiren schuldig sein, darauf also dan die introduction, oder einweisung geschehen mag, jedoch das unser amptmann, oder wer sonst die gerichte hat, dabei sei.

Die pfarleute sollen den berufenen pfarrherrn fuhre ausrichten, ihne mit den seinen und seinen gerethe ab und zu sich holen etc. Kein collator soll die lehen thuen dem, der zum kirchen ampt untüchtig, oder sonst des ampt nicht könne verwalten, oder uns oder unsern ambtleuten aus erheblichen ursachen zuwider sei, dan es heist beneficium propter officium, und da schon jemand ein pfarlehn im besitz hette und die pfarre nicht selbst verwaltet, das er davon ohne einig reservat abstehen müsse.

Die collation soll umbsonst und ohne alle anforderung geschehen, und obschon eingerissen weren der missbrauch, das die collatores ihnen etwas von den einkommen der pfarre vorbehalten mügen, so soll solches, was bei unsern zeiten geschehen, abgeschafft und die pfarren von den unrechten beschwerungen ganz und gar befreiet werden.

Ein custodem aufn dorfe soll der pfarrherr und die gemeine mit raths und willen des gerichtshalters annehmen und beurlauben; wo hierüber uneinigkeit vorfiele, soll es dan vor uns oder unsern commissarien und räthen gebracht werden.

In stedten soll der rath, so fern sie das jus conferendi haben und die pfarherrn von den ihren besolden, einen pfarren vociren, wofern es nicht anders hergebracht, doch also das er erstlich von der kirche öffentlich gehöret werde, und etzliche, als die kirchväter oder sonst verordente aus der gemeine, sollen ihre stimmen darzu gegeben haben.

Die diaconi in stedten sollen vom pfarherrn und rath vocirt werden.

Desgleichen wo mehr den ein pfarherr in einer stadt weren und das der vocation halber in stetten nicht zweispalt angerichtet werde, in deme werden die visitatores nach der örter gelegenheit ordnung zu machen, fleis thun, doch das wir dessen berichtet werden, und weil es übel stehet und unbequem, das die ordinanden in andern frömbden stiftern oder fürstenthümern sollen ordiniret werden, so wollen wir sonderliche ordnung machen, wie und welchergestalt die ordination alhier im stift zu richten.

Der 2. articul von der lehre.

Die lehre soll geführt und gehalten werden, allermassen, wie sie zu anfang der reformation in diesem unsern stift wohlhergebracht und bis anhero bestätiget worden, nemblich das die heilige göttliche schrift und gottes offenbartes und unwandelbares wort, wie es in den propheten und apostolischen schriften, nemblich in der heiligen bibel begriffen, getreulich getrieben und zu erklärung der texte im lehren gegen einander gehalten, und also durch sich selbst bestetiget werde, darauf auch der grund der ewigen unfehlbaren warheit wie auch der seligkeit beruhet,

So sollen auch die drei haubt symbola, apostolicum, Nicaenum und Atanasium als bewehrte und aus gottes wort bestätigte bekäntnüssen und glauben wider allerhand ketzereien bestendig verfasset und von anfang der christlichen kirchen in übung geblieben den leuten bekand gemacht, eingebildet und im öffentlichen gebrauch stets geblieben.

Desgleichen seind wir gemeinet unsere unterthanen dieses stifts reformirten religion beider bekantnüss der einmal beliebten und angenommenen augspurgischen confession und derselben apologien vermittels gotlichen hülf zu schützen und zu handhaben.

Und die weil unser nehister vorfahre, erzbischof Sigismund, hochlöblichster gedechtnüs, in der jüngst gehaltener visitation eine gewisse und bisher gebruchliche kirchen agenda und ceremonien samt dem angehengten lehrbüchlein, ruiglich bleiben lassen,

uber das und zu mehrer erklerung und guter richtigkeit, wollen wir auch den kirchen die schmalkaldische articul und catechismos Lutheri bestätiget und bevohlen haben, wie dan solche lehrschriften auch dem corpore doctrinae, so unser gnädiger und vielgeliebter herr vater in den braunschweigischen kirchen löblich verordnet, einverleibet und in demselben begriffen sein, welch corpus wie anderer vornehmen und erleuchten theuren theologen schrifte in widerlegung allerlei schwebenden irrthumb und religionsstreiten die pfarherrn nach gottes wort nützlich gebrauchen sollen, können und mögen und sich hiermit treulich und fleissig erzeigen, nach dem spruch Pauli attende lectioni, exhortationi et doctrinae, das sie ihrer selen huet und wache und das ampt, so ihnen vom herrn Christo vertrauet ist, mit freuden mögen vollenden, falsche lehre mit gebührlichem ernst und eifer strafen und vorlegen, der kirchen aber mit unartigen gezenke und mutwilligen dräuungen verschonen.

Darauf können ferner die pastorn und lehrer mit solchen oder derogleichen nötigen fragen examinirt und gefragt werden,

1. Was gottes wort sei?
2. Was die summa sei unserer christlichen religion?
3. Woher und aus was ursachen er wisse, das die bücher der propheten und aposteln, welche man nennet das alte und neue testament, wahrhaftig gottes wort, und nicht weltliche ungewisse bücher seind, dorin man die seligkeit suchen und sich ganzlich darauf verlassen möge?
4. Woher das man erkenne und wisse, das nur ein gott sei?
5. Ob auch mehr dan ein gott sei?
6. Wie viel personen im göttlichen wesen?
7. Was für zeugnüsse von dreien personen?
8. Wie die drei personen zu unterscheiden?
9. Ob auch mehr personen zuzulassen?
10. Wer gott der vater sei?
11. Wer gott der sohn sei?
12. Wer gott der heilige geist sei?
13. Wie eine person von der andern unterschieden werde?
14. Was einer jeden person eigenschaft sei?
15. Was einer jeden person ampt und wolthaten gegen uns sei?
16. Was und wie viel naturen in Christo?
17. Was einer jeden eigenschaft sei?
18. Wie die persönliche vereinigung der göttlichen und menschlichen natur in Christo geschehen?
19. Was communicatio itiomatum sei?
20. Wie man den willen gottes erkennen solle aus dem gesetz und evangelium?
21. Was die sünde sei und woher sie komme?
22. Was erbsünde sei?
23. Was für unterschied sei zwischen tot- und täglichen sünden?
24. Was sünde sei wider den heiligen geist?
25. Was rechte busse sei?
26. Was gesetz und evangelium sei?
27. Was unter denselben für unterschied?
28. Was der freie wille sei?
29. Was er glaube von Christi verdienst?
30. Was der glaube sei?
31. Was gerechtigkeit des glaubens?
32. Ob und was für wichtige ursachen die stende der augsburgischen confession
33. gehabt, darum sie billig das pabstum verworfen und zur reinen evangelischen warheit getreten?
34. Was gute werke sein und welche?

35. Ob sie zur seligkeit nötig?
36. Ob auch moncherei, walfarten, heiligen dienst gute werke sein?
37. Ob der ehestand ein göttlicher stand?
38. Ob die weltliche obrigkeit ein götlicher stand?
39. Wie sie das gemeine gebet halten?

Alhier sollen die kirchendiener auf den dörfern und kleinen städten von unsern visitatorn erinnert werden, das sie in den gemeinen gebet, so allezeit nach der predigt geschicht, dem barmherzigen gott danken für die offenbarung und erhaltung seines göttlichen worts, und darneben bitten sollen, das er seine kirchen mit ihren dienern, wächtern und hirten durch seinen heiligen geist regieren und sie bei der rechtschaffenen weide seines worts erhalten werde, dadurch der glaube an ihnen gestärket, die liebe jegen alle menschen in uns erwachse und zunehme, dos er auch der weltliche obrigkeit, den römischen keiser, allen christlichen königen, churfürsten, fürsten und herrn, insonderheit aber uns, als den landes fürsten, auch dem ganzen hause Braunschweig und Lüneburg langes leben, bestendige gesundheit und glückliche regierung, samt aller zeitlichen und ewigen wohlfahrt, desgleichen allen unsern räthen und dienern verstand, gnade, und einigkeit verleihen wolle, die unterthanen nach seinen göttlichen wort zu regieren, auf das die gerechtigkeit gefordert, die bosheit gehindert und gestraft werde, damit wir in stiller ruhe und guten frieden, als christen gebühret, unser leben vollenstrecken mögen, und wie sonst die formb des gebets weiter pfleget zu geschehen etc.

Der 3. articul von sacramenten.

Was ein sacrament sei?
Wie viel stück darzu gehören?
Warum die neben dem wort eingesetzet?
Was die tauf und ihre kraft sei?
Obs recht, das die kinder getauft werden?
Was das abendmahl Christi sei?
Worzu dasselbe nützlich?
Wie er die worte verstehe?
Was der papisten oppermesse sei?
Was er von der beicht und privat absolution, item vom jüngsten gerichte und anferstehung der toten halte?

Bei diesen puncten der visitation die lehre und sacrament belangende, ist höchst von nöten, das alle pfarrhern und kirchendiener in unsern stifte durch unsere verordente visitatorn treulich vermahnet und angehalten werden:

Erstlich evangelia und epistolas dominicales getreulich und ohne verseumbnüss zu predigen, auch nach gelegenheit andere ganze schriften aus der heiligen schrift darzu thuen, darneben die biblia, augsburgische confession, derselben apologia, schmalkaldische articul, catechismos Lutheri, wie auch das corpus doctrinae in der braunschweigischen kirchen ordnung nicht allein fleissig zu lesen und in kopf zu fassen, sondern auch nach derselben richtschnur und regul ihre predigten anzustellen, alle corruptien und verfälschungen, so sich darjegen ereugen und einreissen möchten, für sich selbst zu meiden und zu fliehen, auch bei ihren zuhörern zu strafen.

Zum andern. Das sie treulich zu rechter zeit in der kirchen auf ihr ampt warten und predigen, sacrament reichen, absolution sprechen und taufen.

Zum dritten. Das sie den catechismum des sonntages nachmittage fleissig treiben, auf alle halbe jahre oder viertel jahr repetiren, und das junge volk selbst verhören.

Zum vierten. Das sie von den heiligen sacramenten der heiligen taufe und abentmahl Christi anders nichts lehren, noch anders damit umbgehen, den wie es Christus selbst eingesetzet hat, damit in diesen hohen gottes sachen nicht ein jeder seinen gutdünken folge, nichts abergleubisch darzusetze, oder sonst was ergerliches halte.

Zum fünften. Ist hoch vonnöten, das die kirchen personen der lehre halben einig, und sich sonsten allenthalben freundlich mit einander vertragen, kein unnötig disputiren oder gezenke vor das gemeine volk bringen, noch einer uf den andern schelten oder stechen etc.

Zum sechsten. Wurde auch in der lehre oder handlung der sacramenten an einigen ort was unwissliches oder die pfarherrn zum predigampt untüchtig befunden und bei ihnen keine besserung zuverhoffen, soll das untüchtige durch unsern visitatorn alsbald abgeschaffet, und nach gottes wort und der obberührten regul und richtschnur allein gerichtet, die pfarherrn auch alsbald mit unserm vorwissen abgesetzet und andere tüchtige männer an ihre stat verordnet werden, und das ja für allen dingen hierinne vornehmlich gottes ehre und der menschen seligkeit bedacht und befordert werde.

Wann nun die pfarherrn also examiniret und verhöret werden, so muss neben ihnen auch der custos und etzliche vornehme pfarleute in stetten, in einer iglichen dorfschaft aber die gemeine sonderlich die hauswirthe, vorgefordert, und nachfolgender gestalt gefragt werden:

Ob sich auch die zuhörer fleissig zum wort, beicht und abendmahl finden?

Ob auch die wochen über predigten geschehen und die hohen festa, desgleichen festa apostolorum, und andere ceremonien gehalten werden?

Wie sich die pfarherrn und schuldiener schicken jegen die obrigkeit jedes orts, ob sie sich auch in unnötige weltliche sachen mengen, oder res ad se non pertinentes curiose reformiren?

Ob sich auch die pfarherrn in ihren eigenen privat sachen und controversiis mit den zuhörern selbst zu richter machen und die, damit sie irrung haben, auf der kanzel ubel ausrichten und verdammen?

Ob die obrigkeit auch treulich über den pastoren, kirchen und schuldienern halte ob sie zu weit ins kirchen regiment greife etc.?

Wie man mit den armen heusern, testamenten und allen, was dem armut verordnet, umbgehe, ob auch die ordnung mit dem aufbieten braut und bräutigambs nemblich drei sontage nach einander gehalten werde, damit nicht die leichtfertigkeit, derer so sich 2 oder 3 mal verlobt haben, gesterket werde.

Ob auch einig paar volkes, so an andern orten sich verlobet und nicht zusammen geben worden, wollen alhier im stift ohne der obrigkeit jedes orts vorwissen copulirt werden?

Ob auch fleissige achtung gegeben werde, damit keine nicht zusammen gegeben werden, die in verbotenen gradibus sich zu verehligen vornehmen?

Ob auch die getauften kinder samt ihren gevattern, item braut und bräutigamb, wen sie aufgeboten und hochzeit gehalten,

Item die todten, wen sie gestorben und begraben, aufgezeichnet worden?

Ob auch die kranken in sterbensleuften visitirt und mit nottürftigen trost und dem abendmahl versorget werden?

Item wie es mit den begräbnüssen gehalten werde; hierbei sollen unsere visitatores gute nachforschung haben, ob auch gotteskasten gehalten werden, wie man damit umbgehe.

Wie die armen leute beide in heusern und hospitalen mit speiss und trank, tüchtigen balbierern und andere wartung versorget werden, und da sie bei ihnen in deme mangel spüren würden, sollen sie solches dem rathe, auch den vorstehern der hospitalen und gemeinen kasten, auf den dörfern aber den junkern, schulzen, kirchvatern und gemeinen bauren vermelden, ihnen gebührliche hülf und rath zu schaffen.

Ob auch die kirchendiener oder personen in ausserlichen leben, in kleidung und sonsten ihren stande nach sich ohn ergernüs und ehrlich erzeigen?

Ob sie sich auch der krüge, bierheusern oder anderer ergerlichen gelage, und anderer gefehrlichen geselschaft enthalten?

Ob sie auch der medicin, procuratur, notarien ampt unternehmen?

Wie der pfarher seinen eigenen hause vorstehe, sein weib und kind regiere, damit er niemand ergernus gebe.

Ob einigkeit unter den kirchen und schuldienern sei, und wie sie sich mit einander vertragen?

Ob auch einer uf den andern in der kirchen oder sonsten schelte oder steche?

Ob in der stadt oder kirchspiele personen sein, die in öffentlichen stünden leben, als in todtschlege, ehebruch, unehrlicher beiwohnung oder anderer unzucht, diebstahl, abgotterei, zaubere oder anderer gotteslesterung in verachtung der predigt und der heilsamen sacramenten, in wucher?

Ob etzliche ihren seelsorger schenden, oder pochen, ihren eltern umgehorsamb sein, oder dieselben schlagen?

Ob etzliche eheleute von einander gelaufen oder sonst in uneinigkeit leben?

Da nun jemand ruchlos oder ergerlich befunden, demselben sollen unsere visitatores zur besserung ernstlich vermahnen, und dem pfarhern bevehlen, auf die leute ferner zu sehen, auch die pfarleute zu sagen lassen, das sie als christen sich erzeigen, und ihrem selsorger folgen wollen.

Es soll auch an einem iglichen orte den gerichtshalter angezeiget werden, das er ihme bevohlen sein lassen solle, neben dem pfarhern, und kirchendienern, gottes ehre und erbauung der christenheit treulich zu befördern.

Der vierte artikel von den ceremonien.

Welche festa gehalten werden?

Wie oft er prediget?

Ob er auch catechismum predige?

Wie er es mit der taufe halte?

Ob auch in der nothtaufe missbrauch vorlaufe?

Ob er das wasser, feuer, salz, kreuter und andere creaturen weihe?

Wie er es halte mit der copulation der eheleute?

Ob er auch aufbiete?

Ob er auch die sechs wöcherin einleute oder einsegne?

Was er singe zur messe?

Ob auch die leute fleissig zum sacrament gehen, oder des nachtmals Christi gebrauchen?

Ob auch die elevatio und adoratio allenthalben abgeschafft?

Wie er es halte mit der communion der kranken, item wie mit den begrebnüssen?

Bei diesen punct sollen unsere visitatorn in acht haben, obwohl an den ausserlichen ceremonien gottes ehre und dienst auch die religion und menschentrost nicht gelegen ist, darauf auch gleichförmigkeit in allen kirchen des stifts in solchen ausserlichen wesen nicht noth anzurichten, weil aller örter gelegenheit nicht gleich, so sollen sie doch hierbei einsehen haben, das nach dem spruch Pauli omnia decenter et secundum ordinem fiant, im kirchen ampt, im singen, lesen, reichung der sacrament, hochzeit, segen, begräbnüssen feine ordnung gehalten werden, und damit nicht ein jeder pfarherr ein sonderliches mache, un-

einigkeit und ergernüs anrichte; messgewand, chorrock, leuchter nfs altar, altar tücher, singen lateinisch oder teutsch, solt man bleiben lassen, zu halten, oder nicht, wie es in jeder kirche im gebrauch ist, das hiermit durch enderung, abthuung, oder aufrichtung keine unruhe in kirchen angerichtet werde, nach dem spruch Christi, regnum dei non venit cum observatione, aber ergerliche abergleubische ceremonien, ob die wol alt weren, soll man abschaffen, als abgöttische bilder, da etwa ein cultus würde angewant, sacrament haus und monstranz, elevatio, adoratio, kirchweihe, taufweihe und dergleichen.

Der fünfte articul von der disciplin.

Wie sich seine pfarkinder halten?

Ob auch verechter darunter sein, die das predig ambt, evangelium und sacrament verachten und lestern?

Wie sich die leute zur kirchen halten?

Ob auch leute da sein, die in öffentlichen stünden und unzucht leben, oder mit zauberei umbgehen?

Da ergerliche personen sein, derselben namen mit allen umbständen zu verzeichnen.

Alhier will hoch vonnöten sein, dass zu verhütung unchristliches und ergerliches lebens, so dem heiligen evangelio zuentgegen, die pfarherrn gute achtung geben, das sie selbst nicht sträflich leben.

Und da etwa ein pfarherr sein würde, der ein seufer, spieler, unzüchtiger, haderer, wucherer etc. were, den soll der vicinus pastor mit ernst vermahnen und ihme das tägliche liegen in der schenke und ergerliches leben untersagen, wo er nach beschehener vermahnung sich nicht bessern würde, soll derselben der pfarn praevia cognitione entsetzet, und seinem ergerlichen wesen in keine wege zugesehen werden.

Die pfarherrn sollen auch das volk in der predigt und beicht vermahnen, dass sie als christen leben und niemand ergernüss geben sollen, auch öffentliche stünde und ergernüss in genere strafen, und da sie sehen unter ihren pfarkindern lesterer, trunkenpolten, unzüchtige oder die in hass und feindschaft, auch verachtung der predigten und heiligen sacramenten dahin gehen, sollen sie dieselben für sich nehmen und zur busse vermahnen; da sie nun muthwillig und halsstarrig befunden und christlicher vermahnung nicht folgen, noch sich unterweisen lassen und zur besserung schicken wolten, sollen sie dieselben mit vorwissen der obrigkeit nicht zur communion oder zur taufe zustehen lassen.

Jedoch soll kein pfarrer macht haben, die leute von dem sacrament der taufe und communion seines gefallens zu stossen, besondern wen ein pfarrer bedenkend hette, jemand zur taufe oder communion zuzulassen, soll er dasselbe mit gutem rath thuen und damit also umbgehen, das ers aus gottes wort habe zu verantworten, auf das darbei keine unbesonnenheit oder motio affectus gespüret werden möge.

Die eingeführte gewonheit wegen öffentlicher abbitte im ganzen stifte, wie die alhier und zu Halberstadt gebreuchlich ist, nemblich das man in genere anzeige, das eine sünderin verhanden so, die gemeine geergert. Die verechter der sacrament, so innerhalb drei jahren zum nachtmahl des herrn nicht gewesen, sollen ad sacramentum der tauf nicht zugelassen, auch nach gelegenheit von der obrigkeit mit verweisung oder sonsten gestraft, auch wo sie in unbussfertigkeit sterben, ohn geleut und gesange begraben werden.

Die so gefattern bitten wollen, sollen dieselben mit namen und zunamen dem pfarhern zuvor anzeigen. Da sich dan befünde, das unter denselben, so nützlichen puncten unser religion zuwider verhanden, die gleichwol eines erbaren unstreflichen lebens und kein gotteslesterer oder öffentliche sacrament schender were, sondern unsere taufe wie dieselbe verrichtet wird approbiren, sollen dieselben von erwehnten pfarhern, ohne sonderbare erhebliche ursache, von der taufe nicht abgewiesen werden.

Numerus der gevattern gehöret zur policeiordnung bleibet billig bei deme, wie es itzo verhalten wird.

Imgleichen auch wie es mit denen, die in totstünde ohne besserunge sterben, da sie in vollerei und balgen über den spiel ermordet, gehalten werden soll, und wisse der pfarherr hierin sonderlich zu fahren und das ers zu verdammen nicht alzuschnel sei.

In ban öffentlich zuerklären, soll kein pfarherr für sich selbst macht haben, sondern die cognitio und erkantnüs unseren commissariis soll mit unsern vorbewust und bewilligung vorher gehen.

In ehesachen soll kein pfarherr zu sprechen haben, sondern die sachen unsern verordenten bevehligshabern loco officialis aufn peters hofe zu Halberstadt zuweisen.

Ein pfarherr soll niemand frembdes, die gelaufen kommen, copuliren oder zusammen geben.

Das aufbieten in den kirchen, werde gehalten, wie es hergebracht, und oben gemeldet ist. Das auch allenthalben in stedten, flecken, und dörffern verhütet und verboten werde, das an sontagen, festen unter den göttlichen emptern kein zechender, schenken, spielen, hantieren, schiessen, oder dergleichen gelitten werde, hiervon sollen unsere visitatores den gerichtshaltern mit unserm vorwissen bevehl thuen; das auch die feiertage über ein jeder sich fleissig zur kirchen halten, und

unter der predigt sollen die pfarrleute nicht auf dem kirchhofe oder andern plätzen spazieren, das dis also an einem jeden ort geordnet und darnach darüber gehalten werde.

Der 6. articul von der pfarr einkommen und von kirchen gütern geistlichen lehnen etc.

Die visitatores sollen sich auch allenthalben erkundigen, wos der pfarherr item kustos für einkommen habe.

Wie die pfarr gebauet sei, wie die kirche gebauet sei?

Ob auch güter von der pfarr weggenommen und bei andern sein, was für clenodia bei der kirchen, was für jura oder briefliche urkunden bei der kirchen,

Was für privilegia der kirchen, und weme die verwahret werden,

Was in einer jeden kirchen und capellen in stetten und dörfern für geistliche lehn sei?

Ob auch geistliche bruderschaften, caland?

Ob auch missbräuche dabei einreissen?

Was für vicarei bei der kirchen?

Item was für commenden?

Was ihr einkommen?

Wer dieselben besitze?

Was für stipendia oder stiftung bei der kirchen?

Ob er auch ein inventarium über solches alles bei der kirchen halte? etc.

Bei diesem articul sollen unsere visitatores fleissige erkundigunge einnehmen und in eine ordentliche unterschiedlich registratur bringen der kirchen, pfarhern, custodien güter, liegende gründe, zinsen, zehenden,

Item was für jura parochialia und accidentalia vom taufen, opfergelde, aufbieten, copulation, introduction und begräbnüssen von alters sei gegeben worden.

Die registratur soll alsdan unsern stetten zugestellet werden.

Es soll auch alles, was in der visitation der gebür verrichtet etc., item was unrichtig ist stecken blieben, umb mehrer nachrichtung willen in das visitation buch verleibet werden.

Da auch von kirchen, pfarhern oder custodien etwas an gütern, äckern, holz, wiesen, weiden, zinsen, zehenden, oder sonsten entzogen, sollen unsere visitatorn sich gründlich erkundigen, auf was zeit und durch weme dasselbige geschehen, damit wir der restitution halben darauf gebührlich bevehl ergehen lassen mögen.

Da die pfarhern klagen, das ihnen die einkommen, zehenden, zins ubelbezahlt werden, soll den leuten alsbald auferlegt werden, das sie, was sie schuldig sein, geben, und wo etwas mangelt, das der gerichtshalter an einem jeden orte darüber helfe und darob halte etc.

Der zehenter soll nicht nach dem geringsten ausgeschobenen, sondern gleichförmig, wie es im felde lieget, und vom zehender ausgezehlet den pfarrer einzuführen, zugelassen werden,

Die pfarrheuser und custodien sollen die pfarrleute zubauen schuldig sein, und auch allezeit was an haupt gebenden mangelhaftig wiederumb zu repariren, doch also das die pfarrer solches nicht verwüsten, sondern erhalten etc.

Die pfarleute sollen umbs begräbnus willen den kirchhof verwahren, das nicht das viehe darauf laufe.

Das gras oder was sonst darauf wechst, soll dem pfarner und custodi gehören, wie solches an einem orte hergebracht, doch also das er sein viehe nicht darauf treibe.

Wo eine pfarre zugeringe, das sich ein pfarner nicht ernehren kan, sollen die visitatorn zwo pfarren doch mit unsern wissen zusammen schlagen.

Die pfar güter sollen mit schatzungen oder sonst mit anderer beschwerung ganz und gar verschonet und hiervon frei gemacht werden.

Hette aber der pfarherr eigene güter, sollen dieselben hiemit ungemeinet sein.

Die collatores der pfarren oder kirchen güter sollen sich die, wem sie wollen auszuthuen, sich selbst nicht anmassen, sondern die altar menner sollen wegen der kirchen, mit rath des collatoris oder gerichtshaltern, solches zuthuen macht haben, und ein jeder pfarrer die pfarecker selbst zutreiben oder auszuthuen unverhindert sein.

Die altar menner sollen jährlich in stedten in beisein des gerichtshalters und pfarhern den pfarleuten eine kirchrechnung thuen und register darüber halten, würde hierin etwas unrichtiges für fallen, das der gerichtsherr und pfarrer einsehen haben.

Wo die pfarleute mit bestellung der äcker fuhren oder dienst dem pfarrer vor alters sein verhaftet gewesen, das soll ins visitation buch verleibet werden.

Wo ein alter oder sonst gebrechlicher pfarrer, unter unsern emptern zum ambte nicht mehr tüchtig, müste abgesetzet werden, soll er nach gelegenheit in ein kloster zum freien tisch befordert, oder sonst versorget werden, die armen witwen und kinder aber nach ihres mannes tode sollen etwa noch ein halbjahr uf der pfarre gelassen werden, und die vicini pastores das ambt mitler weile versorgen.

Der siebende articul von schulen etc.

In allen stedten gross und kleinen, und was sonsten flecken sein, sollen allenthalben schulen gehalten werden, und sollen unsere visitatores selbst in die schule gehen und sich erkundigen was glauben oder religion, auch was geschicklichkeit die schulmeister zu lehren, und seine collegae,

Ob sie in ihrem ampt auch fleissig und unverdrossen sein?

Ob die schule an lehre und disciplin, auch mit den gesengen rechtschaffen angerichtet?

Und da etwas mangeln würde, sollen unsere visitatores dasselbige in guter richtigkeit bringen.

Und obwohl die schulmeister von einem rath in einer jeglichen stadt, wofern dieselben von den ihren besoldet, mit zuziehung des pfarhers angenommen und verurlaubet werden mögen, so gleich wohl ein schulmeister unechtig würde, wollen wir ihn abzuschaffen uns vorbehalten haben.

Es soll aber unsern verordenten visitatorn gleichwol unverboten sein, sondern vielmehr hiemit committirt und befohlen sein, ihrer discretion und legalitet, auch der gelegenheit nach, in dieser instruction nicht erwogen, und die visitatores befinden würden, das gleichwohl an gottes ehre und der menschen heil und seligkeit gelegen, sollen sie solches an uns gelangen lassen, seind wir alsdann in demselben auch christliche ordnung zumachen und billige verschaffung zu thun, in gnaden gemeinet etc.

An deme allen volbringen unsere verordente visitatorn unsere eigentliche meinung und seind uns dieselbe in gnaden, damit wir ihnen gewogen, sambt und sonders zuerkennen geneigt.

Geben zu Halberstadt, auf unserm petershofe am achten augusti anno eintausend fünfhundert acht und achtzig.

Städte und Ortschaften im Bisthum Halberstadt.

Aschersleben.

Hilfsmittel: N e b e, Die Kirchenvisitationen im Bisthum Halberstadt, in: Geschichtsquellen der Provinz Sachsen, Bd. 12, S. 11; S t r a s s b u r g e r, Die Reformation in Aschersleben, in: Jahresbericht des Realgymnasiums zu Aschersleben. 1884.

Archive: Magdeburg, Staatsarchiv.

Aschersleben war, unbekümmert um die Verbote des Landesherrn, des Erzbischofs Albrecht, selbstständig zur Reformirung geschritten. Als der katholische Pfarrer 1527 abdankte, berief der Rath den Cantor Peter Lenz von Halle, nach dessen Tode 1531 Andreas Sachse, und 1536 noch Georg Drosin als evangelische Prediger. Über die ersten kirchlichen Einrichtungen, welche sich Aschersleben wie die anderen Städte im Stifte autonom geben musste, erhalten wir Kenntniss aus den Visitationsakten von 1562. [Aschersleben wurde schon in diesem Jahre visitirt, während die Visitation im übrigen Stift Halberstadt erst 1564 stattfand.] (Magdeburger Staatsarchiv A. 13, Nr. 847.) Hier erfahren wir z. B., dass der Gotteskasten schon 1542 eingerichtet worden war und alle Sonntage in der Kirche nach der Nachmittagspredigt Brot verabreicht wurde.

Über die Visitation von 1562 vgl. weiter auch Magdeburger Staatsarchiv, Halberstadt II, 848. Über eine dortselbst 1564 überreichte Schul-Ordnung s. Magdeburger Staatsarchiv, Repert. 13, 848ᵃ, frühere Bezeichnung Cop. 600, Bl. 177 ff.

Auf dem Wege selbstständiger Rechtsbildung schritt Aschersleben weiter und konnte somit auf der Visitation von 1589 am 8. und 9. April den Visitatoren zwei förmliche Ordnungen überreichen, nämlich: 1. „Christliche artikel und bericht, wie es in den kirchen zu Aschersleben mit den pfarhern und kirchendienern allenthalben ordentlich soll gehalten werden"; 2. „Kirchenagenda, deren sich der rath mit dem ministerio verglichen anno 1575". Dieselben sind bei N e b e, a. a. O. S. 206 bezw. 200 (aber nicht wortgetreu) abgedruckt. Wir drucken sie erstmalig genau nach den handschriftlichen Vorlagen im St.A. Magdeburg, Kultusarchiv Nr. 2486, Bl. 26ᵇ ff. bezw. A. 16, Nr. 113—Bl. 49, 62. (**Nr. 101** und **Nr. 102.**)

Die ebendort Bl. 86 ff. ersichtliche lateinische Schul-Ordnung wird nicht abgedruckt. Dieselbe ist bereits abgedruckt von J. D. B u r c k h a r d t im Ascherslebener Schulprogramm von 1829, S. 9 ff. Darnach bei V o r m b a u m, Evangelische Schul-Ordnungen 1, 639 ff. Dass der Rath bei der Agende im Einverständnisse mit der Geistlichkeit handelte, ist selbstverständlich. Mehr hat der Ausdruck „verglichen" in formaler Hinsicht nicht zu bedeuten.

Eine lateinische Schul-Ordnung mag auch noch aus dieser Visitationszeit erwähnt werden. Magdeburg, St.A., A. 16, Nr. 113, Bl. 86 ff.

101. Christliche articul und bericht, wie es in der kirchen zu Aschersleben mit den pfarherrn und kirchendienern allenthalben ordentlich soll gehalten werden.

[Aus Magdeburg, St.A., Kultusarchiv gen. 2486, Bl. 26ᵇ ff.]

Von der wahl, beruf und annehmung des pfarhern und diakon.

Wan der pfar- oder diakon ampt eins vaciren und erledigt sein wurde, soll erstlich durch die anwesende diener göttlichs worts in dieser cristlichen gemein das volk nach danksagung, das gott uns zum licht seines heiligen evangelii berufen und getreue prediger gegeben hat, zur fleissigen anrufung, das gott der almechtige einen getreuen arbeiter in seine ernten dieser armen gemein senden wolte, vermanet und angehalten werden.

Folgends sollen alle drei rethe zusamen bescheiden und erfordert durch den regierenden borgemeister jeglicher bei sein eiden und pflichten mit zeitlichem guten naehdenken uf eine tüchtige, gottfürchtige person, die guter gesunder reinen

S e h l i n g, Kirchenordnungen. Bd. II.   60 lehr, leben und wandels, welcher die tugenden, so S. Paulus 1. Tim. 3 von den predigern fordert, habe und guter verständiger sprache und ausrede in diese kirchen dienlich zu forschen und zu trachten vermanet werden. Da dan also nach geschickten personen, so hiebevorn in ambten gewest, hin und wieder mit guter muessen getrachtet, soll man dieselbe dem rath insinuiren und angeben.

Darauf dan derer geschicklichkeit und gelegenheit an lehr, leben und ausreden mit vleiss von etlichen vielen gründlich erforschet und erlernt, auch durch etzliche verständige des raths selbst in concionibus, da sie sesshaftig gehört und dan eins jeglichen gelegenheit dem rath eingebracht und angezeigt werden solle. Und da 2, 3 oder mehr tüchtige personen erforschet und fürgeschlagen, sollen alle geschworne des raths nach anrufung des heiligen geistes darüber rathschlagen und aller affection, nutz, freundschaft, liebe, hass oder neid hindangesetzt, in betrachtung ihrer aide einen aus den fürgeschlagenen frei eligiren, also das der prozess in electione gehalten, das alle hern der dreier rethe entweichen, die 3 bürgermeister allein bleiben und sich unterlang berathschlagen und jeder seine stimm geben und folgents ein herr nach dem andern inbesonder verhört und wo er aufstimmt, verzeichnet werden soll. Auf welchen dan die meisten des raths stimmen werden, derselbe soll im namen des hern ordentlicher weis schriftlich oder mündlich vocirt und berufen werden.

Wan aber im fall keine tugliche person, so albereit im ministerio gebraucht, kan augetroffen und derwegen eine aus den universitäten darzu berufen muss werden, soll es mit derselben election und vocation aller umbstende halber, wie obberürt, zu erkunden und zuverfaren gehalten werden.

Und wan der electus und vocatus consentirt und sich zu uns zu begeben geneigt, soll er gebeten werden, sich alhie hören zu lassen. Nach gethaner predigt soll durch den anwesenden predikanten der gemein, das der gehörte herr zum ministerio und unser kirchen diener berufen, angekundet und zum fleissigsten gebeten, das gott ime gnade gebe, solch ambt zu göttlicher ehre und unser seligkeit zu folenden, vermanet werden.

Wan dan der pfarher oder predicanten einer angenommen wirt, soll ihnen ihr besoldung alsobald angezeigt und das sie höher nicht erstreckt, dan sie an sich selbst ist, verwarnet werden. Ob dann jemands damit nicht content, das er solchs nicht uf der canzel stets anstecke, besondern das beim rath suche. Und wie wol sich ein jeder seins ambts zu bescheiden wird wissen, sollen sie doch uf folgende condition und bescheid bestellt werden.

Von der lehr und ambt der prediger in gemein.

1. Erstlich das sie das heilige evangelium eindrechtig und gleichförmig vermög und inhalts der heiligen, göttlichen prophetischen und apostolischen schriften, auch der augsburgischen confession rein predigen und lehren, sich gesunder wort und reden nach dem bevehl S. Pauli stets fleissigen, sich aller rotten, secten, verdächtiger bücher, lehr und disputirlicher sachen und fremder hendel, so in die schulen gehörig, dadurch die kirche und gemeiner mann mehr verwirret dan unterrichtet wirt, auf der canzel, auch sonsten sich genzlich enthalten solle.

2. Den gotteskasten getreulich helfen fördern, die schule, hospitalen aufs wenigste in der wochen zweier, und kranke ofte besuchen, blöde. arme, trostlose gewissen in der beicht auch sonsten fleissig, willig und unverdrossen unterrichten und trösten.

3. Sollen sich auch in irem leben und wandel unanstössig erzeigen und den pfarkindern mit gutem exempel vorangehen, auch die irigen zu aller christlicher zucht und erbarkeit zihen und halten.

4. Auch mit den andern ein gut friedlich sittig einig leben füren, keiner uf den andern stechen und predigen noch einig ergerniss geben, do sich aber span und gebrechen unter dem pfarhern und predicanten (das göttliche almechtigkeit gnediglichen verhüten wolle) zutragen würde und durch einen erbarn rath nicht können concordirt werden, sollen die irrungen vor das consistorium welches unsers verhoffens in diesen landen soll angerichtet werden oder in mangel dessen an etzliche unverdächtige, wolgelerte personen in umbligenden stedten, die der augsburgischen confess. gemäs rein lehren, gelangt und durch dieselben mit zuthun eines erbarn raths verhört und concordirt werden. Und do dan einer oder mehr unrecht in seinen sachen befunden, und in die concordien sich nicht schicken würde, soll dem oder denselbigen ihr bescheid gegeben werden.

5. Auch das sie uf der kanzel iren affecten nicht folgen noch nachhängen oder ire dreum und privatos dolores, noch was zur aufruhr und verachtung des raths dienstlich predigen oder lehren sollen, dan do sie mengel oder gebrechen am rath oder sonsten etwas an sie gebracht, das sie dasselbe erst nach genommener gründlicher erkundigung in geheim gütlich melden und freundlich suchen und nicht sobalde uf der kanzel, in collation und sonsten ex affectu darauf stechen, damit nicht uneinigkeit erwecket und der pöfel zu ungehorsamb gereizt auch jemand an seinem leumuth verletzet werde. Doch soll inen hiermit alle sünde in genere und öffentliche ärgerniss in unser

gemein in specie als seuferei, wucher, geiz zu strafen nicht verboten sein, dan sie solchs ambtshalber schuldig, aber das die person öffentlich unvermeldet bleibe und nicht solches animo injuriandi sed corrigendi gemeinet. Wären aber etliche unter der gemein, so in offentlicher stünde, schande und laster, in verachtung der predigt und heiligen sacramente lebten, so sollen sie erstlichen dieselbigen zuvor vleissig nach der regel Christi Matth. 18 einmal oder zwei zur besserung vermahnen. Wo aber die person hierüber auf ihrem verstockten sinn und herzen verharrete und keine besserung zu sehen, soll der pfarrer solchs dem rath anzeigen, will der rath 2 oder 3 gottfürchtige christliche rathspersonen inen zuordnen, für welchen allen der stünder oder lesterer soll gefordert und zur besserung vermanet werden. Do er dan besserung zusagen würde, hat es seinen bescheid, wo aber nicht, soll man ine mit der kirchenstrafe, als aufsagung des kirchenrechts (ausgenommen predigt hören) bedreuen und ein zeit lang acht uf ihn geben, ob er sich bessern wollte. Wo dan kein besserung erfolget, so will ein rath neben dem pfarrern die sache an das consistorium oder an den hern superintendenten gelangen lassen, bei welchem sie dan weiter genugsam verhört und erkant und der lesterer zum abstehn letzlich soll ermahnt werden. Bleibt dann abermal die besserung aussen, oder wird besserung zugesagt und nicht erfolgt, so folge endlich die excommunication nach dem bevehl Christi.

6. Wan ehesachen fürfallen, die zu hader und zank gedeien möchten, das ein part oder beide muthwillig und freventlich handlen wollen wider gott und die sache also geschaffen, das sie rechtlicher verhör bedarf, so will ein rath solche sache für ein christlich consistorium oder vor die verordnete bevehlhaber in ehesachen des bischöflichen hofes mit schriften weisen und ohne erkenntnuss niemands in unser stadt gestatten seins gefallens wider gottes ordnung zu fahren, in verbotnen graden zu freien, heimbliche verlöbniss zu stiften, ehe zu trennen oder dergleichen ergernussen anzurichten. Was aber heimblich ist und conscientien betrifft, das soll den predigern vermöge ires tragenden ambts darinnen zu verfaren heimgeschoben sein.

7. In summe was ires ambts und berufs ist, dasselbe treulich warten und pflegen und weltlicher hendel, so ufs rathhaus gehören, genzlich sich eussern und enthalten, in frembde hendel sich nicht mengen, noch gezenk unter den leuten anrichten sollen. Nach der lehr des heiligen apostels Petri 1. Petri 4 „das niemand in ein frembd amt greife,“ item des heiligen Pauli 1. Thess. 4. Und wie solchs der herr Phil. Melanthon, gottseliger gedechtniss, in seinem commentario über die epistel

weiter ausbreitet, auch sonsten andere christliche kirchenordnungen ferner mitbringen.

8. Der kirchenordnung, so jetzt anno 75 aufgerichtet, sich gemess zu halten und das sie ires gefallens aus eignem fürnemen ohn vorwissen des raths kein neue fest oder ceremonien über diese dieser zeit in dieser kirche im gebrauch mehr anrichten, noch einige neuerung einfüren sollen.

9. Ob sich auch in der kirchendisciplin felle begeben, darinnen aus gegründeten und gewissen ursachen schärfung oder linderung der strafe von nöthen, soll solche moderation, linderung oder scherfung erstlich von dem ministerio berathschlagt und im rath fürgetragen, daruf bei andern kirchen rath gesucht und alsdan dem nachgesetzt werden. Der pfarher aber vor sich soll nichts neues ohne vorwissen und consens in disciplina setzen und ordnen.

Belangende des pfarhern, und predicanten unterhalt, sollen sie aller burgerlichen beschwerung, als: herrendienst, schoss etc. wie die namen haben gefreiet sein.

Nemblich, soviel ihre besoldungen und behausungen anlaget, auch was ihnen sonst durch fromme christgleubige herzen testamentsweise vorschaffet und legiret wird, betrifft. Von dem jenigen aber, was sie in der stadt alhier erfreien, ererben, und sonsten an sich bringen werden, gleich andern bürgern dem rathe gebuerliche dienste und gerechtigkeit thuen und leisten, und in deme ungefreiet sein. Ihre behausungen, weil die mit eines erbarn raths schweren kosten nothwendig angerichtet, soll jeglicher die fenster, kachelofen und kleinflickwerk von dem seinen in besserung halten, ausbescheiden, was an grossen zufelligen schadhaften gebeuden furfielen, die sollen durch eines erbarn raths unkosten verbessert werden.

Desgleichen soll auch ein jeglicher seinen garten in gewehr und besserung halten.

So soll auch uber dasjenige, was jeglichem in seiner behausung uberantwortet oder jeglicher darin gefunden, sonderlich auf der pfarr, ein bestendig inventarium beschrieben und gehalten, und was vermöge desselben entpfangen, wiederumb gelassen werden.

Und wan sich dan je zu zeiten zutrüge, das in und uber vorgeschriebenen puncten und articuln, auch sonsten mängel, irrungen und gebrechen furfallen möchten, damit dieselben ordentlich gehört und abgeschafft werden. Ist ferner vor heilsamb und nötig erachtet, das jährlichen hierumb eine sonderliche visitation und dieselbe alle jahr exaltationis Crucis gehalten werde, und zu solcher visitation geordnet sein die zwo nicht regierende burgermeistere und zwene rathspersonen, als der stadtvoigt, und obérster reitmeister, durch welche allerseits allerdinge fleissige nachforschung und eingehens geschehen solle.

Und wiewol von künftigen sachen oder mängeln kein gewisse gesetz oder ordnung mag begriffen werden, das doch die pfarhern und predicanten auf nachfolgende articul vornemblich durch dieselben befragt und gehört und fort alle irrungen, soviel mueglich, abgeschafft und entscheiden werden.

1. Erstlich ob ihnen an ihrer geordenten besoldung einkommen, nutzung und guetern durch jemands etwas abgebrochen oder abgekürzt wurde, oder sie der einig mängel hetten.

2. Ob der lehre ceremonien, lebens, und wandels halben mit ihnen zu reden furfiele.

3. Ob sich hader und unwill zwischen ihnen und den schueldienern hat rügen, das sie solches den hern visitatorn anzeigten, oder ob sich der eins sonsten unter ihnen ereugen wurde, das ihnen solches fur gehalten, und laut furgeschriebener articul mit allem fleis entscheiden werden.

4. Ob sie gebrechen am rath, rathspersonen, oder am regiment hetten, das sie solches den hern visitatorn anzeigen, solches dem rath ferner freundlich zuvormelden, laut vorgeschriebener articul. Item. Do unter den burgern vorechter göttliches worts und der heiligen sacrament, die auf freundliche vormahnung von ihrem gottlosen wesen nicht abstehen, oder sonsten an denselben mängel, solches durch die hern visitatorn gleichergestalt von ihnen zuerfragen und zuerkunden, obs nötig das, wie vorgeschrieben, vorgenommen und von ihrem gottlosen wesen abgemahnet werden, item zuerkunden, ob die pfarre und andere praedicanten heuser und kirchengueter in ihrem esse gehalten, wo das nicht, das ihnen durch die visitatorn darob untersagt werde.

Des pfarhern ambt in specie.

Es soll der pfarher allen müglichen fleis ankehren, das er die kirche des sohns gottes mit göttlicher himlischer lehr recht unterrichte, vermane, tröste und strafe und daran nicht lass oder seumig sei, auch mit gutem exempel und vorbild vorgehe, vor allem ergernuss hüte, mit den diakonis friedlich und einig lebe und einig als ein getreuer haushalter der kirchen treulich anneme, der gestalten kirchenordnung sich gemess halte.

Auch soll er uf seine diaconos, das sie solchs auch mit worten und werken thun, ein fleissig aufsehen haben und do er an denen einig mangel spüre, in der visitatio solches anzeigen. Des sonnabends soll er neben den diaconis beicht sitzen, auch uf die diaconos acht haben, das sie die beichtkinder und sonderlich die kinder und unverständigen nicht übel anfaren noch abschrecken, sondern fleissig und freundlich unterrichten, trösten und den löseschlüssel willig mittheilen und nicht mehr den pfenning, dann der leute seligkeit suchen.

Des sonntags soll er früh vormittags von 8—9 das evangelium auslegen, je bisweilen eine offene beicht vorlesen und die generalabsolution sprechen und darauf die ermahnung zum gebet thun. In der wochen soll er des donnerstags eine frtepredigt thun aus dem alten oder neuen testament in ³/₄ stunden. Freitags soll er von der kanzel ablesen die 3 symbola, die 17 artikul d. Lutheri, eins ums andere wechselsweis und darauf die vermahnung zum gebet thun, wie die kirchenordnung solches mitbrenget.

Gegen die grossen feste, weinacht, ostern und pfingsten soll er zur vesper eine kurze predigt de festo ½ stunde thun, damit die beichtiger desto zeitlicher absolvirt werden mögen.

Auf obgedachte 3 feste soll er das officium selbst halten.

Auf die schulen soll er gut aufsehen haben, dieselben wöchentlich visitiren und eine theologische lection den knaben dienlich eine stunde drin halten.

Desgleichen die jungfrauenschule ihnen lassen befohlen sein, auch bisweilen, wenn mit denselben durch den diacon in der kirchen katechisirt, aufsehung haben.

Item achtung haben, dass schulmeister sammt seinen collegis an heiligen und werkeltagen vor- und nachmittags in der kirche singen und lesen was christlich und dienlich, darmit gute ordnung halten, auch dass die knaben die psalmen, lobgesänge und lectionen lateinisch und deutsch fein langsam und verständig singen und lesen.

Die hospitale soll er nach gelegenheit visitiren, zu erkundigen, ob die, so leibesschwachheit halben am besuch der kirche verhindert, mit tröstung und sacramenten versehen werden.

Des gotteskasten eingedenk sein, denselben befördern mit ermahnung, dass jeder nach vermögen und willig gebe und verbessere.

Item soll auch keine fremde personen oder wittwen ohne e. e. raths zettel aufbieten noch copuliren. Die aufgebots und bettepfennig sollen ihm wie vor alters bleiben. Die copulation soll er selbst thun, wenn er nicht durch ehehaft verhindert ist, wie die kirchenordnung solches vermerkt.

Do auch in ehesachen citationes anher geschickt, soll er dieselben ohne bewusst des raths nicht intimiren. Soll auch ohne verwilligung des raths keine fremde person auf die kanzel lassen.

Von den diaconis in specie.

Die diakoni sollen unserer kirchenordnung und den general-artikeln, den wir uns verglichen, nachkommen und sich der gemess bezeigen, ihren pastoren in ehren halten, ihm billigen gehorsam leisten, ihn nicht bei der gemeinde mit ihrer lehr und leben verkleinern, nicht wider ihn practiciren, oder rotten und parteien anrichten, noch die zuhörer wider ihn verbittern oder verhetzen, noch hessig machen, der hoffnung ihn endlich müde zu machen oder gar auszubeissen, sondern da sie mängel an dem pastor haben, sollen sie es in visitatione oder sonst dem rath melden und heimstellen.

Sollen ohne des pastors vorwissen keine materiam zu tractiren sich unterstehen oder einige neuerung vornehmen, auch ohne des pastors erlaubniss sich nicht absentiren.

Sollen auch mit den beichtkindern um des pfennigs willen nicht eilen, sondern die, so unterrichts bedürfen, examiniren, freundlich unterrichten und trösten und niemand mit erzählung heimlicher stünde beladen, sondern zur besserung vermahnen.

Auf der kanzel die leute ex affectu nicht schmähen, oder imands ohne gründliche wahrheit suggerirn oder ihrer rache üben.

Auch die sacramente mit besonderer andacht und reverenz administriren, damit nicht etwa schimpflich und ergerlich umgehen. In summa: ihres studii und amts fleissig abwarten mit lehren, die schulen fördern, begräbniss warten, kranke besuchen, verurtheilte menschen trösten und sich sonderlich mit einander friedlich begehen, aller ärgerlichen leichtfertigkeit sich enthalten und allenthalben gut exempel geben, damit soviel immer möglich ärgerniss verhütet und also männiglich zu fleissiger anhörung gottes wortes und ofter entfahung der h. sacramente durch ihr exempel gereizt werde.

Und da sich einer anders verhält, soll zu des raths wahl stehen, ihn seines amts zu entsetzen.

---

102. Kirchen-Agenda, derer sich der rath mit dem ministerio verglichen, anno 1575.

[Aus Staatsarchiv Magdeburg, Kultusarchiv gen. 2486, Bl. 35ᵇ, Z. 4—Bl. 47ᵃ, Z. 18.]

Wie es am sonnabent mit der vesper soll gehalten werden.

Umb zwei uhr soll man zur vesper leuten, da sollen sich die knaben zuvorn in der schulen gesamlet haben, und wan man ausgeleutet, bei paren in gegenwart aller präceptoren in die kirchen gehen.

Ordnung der vesper.

1. Erstlich soll die vesper angefangen werden mit dem veni sancte spiritus, welches die knaben kniende singen wollen, darauf soll man singen eine antiphon und psalm de tempore.

2. Furs ander sollen die knaben eine lateinische und deutsche lection, furnehmlich aus dem Syrach und proverbiis Salomonis lesen, also, wen ein buch aus ist, das andere wieder angefangen werde, der knabe auch der teutsch lieset, soll sein ex secunda classe, damit er distincte und vornehmlich lese.

3. Darauf soll das responsorium de tempore, doch das post trinitatis eine variatio sei, gesungen werden, und das der organist darzwischen schlage.

4. Folget der hymnus auch de tempore, doch das post trinitatis auch eine variatio desselben sei.

5. Soll das magnificat mit abwechselung des organisten gesungen werden, doch das der tonus behalten, welchen die antiphon gibt.

6. Soll der wöchner eine collect de tempore lesen.

7. Pro conclusione das benedicamus.

Von der metten am sontage.

1. Die metten soll winters und sommerszeit, in puncto sextae angefangen werden, auch mit dem veni sancte spiritus, wie die vesper, darauf die antiphon, mit einem psalm.

2. Hierauf folget die lectio der epistel und

3. Evangelii teutsch und lateinisch die knaben, die alsdan lesen, sollen ex tertia und quarta classi sein.

4. Das responsorium de tempore.

5. Die andere antiphon, darauf das benedictus, oder te deum laudamus, oder das symbolum Athanasii einen sontag umb den andern.

6. Darauf lieset der wöchner eine collecten.

7. Wird die metten mit dem benedicamus geschlossen. Aus der metten sollen die knaben in die schuel gehen, und alda bis man zur predigt geleutet erwarten.

Von hospital predigten.

Damit die leute dardurch von der pfarkirchen nicht abgehalten, sollen sie früe angefangen, sobald die schueler in die pfarkirchen zur metten kommen, auch bald geendet werden.

Also das man nach dem gloria in excelsis,

oder sonsten einen psalmen de tempore, die epistel vor dem altar lese, darauf alsopalt das „Wir gleuben" etc. gesungen, das evangelium auf der canzel gelesen und kurz und einfeltig ausgelegt, und keine communion gehalten, besondern ein psalm, oder „Erhalt uns herr" etc. gesungen, und mit der collecta geschlossen werden; dan die armen, so in der pfarkirchen gebeichtet, daselbst auch des abendmals des hern geniessen sollen, den armen aber, so schwachheit halber zur pfarkirchen nicht kommen, soll das heilige sacrament unweigerlich gereicht werden.

Von der messe.

1. Der custer soll nach dem geleute einen teutschen psalmen de tempore singen, darauf soll er mit dem kleinen glöcklein den knaben in der schuelen, das sie in die kirchen kommen, ein zeichen geben, alsdan sollen die praeceptores auch alle mit in die kirchen gehen.

2. Nachmals soll der introitus de tempore gesungen werden, nach trinitatis kan man ein abwechselung halten.

3. Das kyrie pro tempore.

4. Darauf lese der wöchner eine collectam de tempore und darauf des sontags epistel.

5. Darnach soll man den sequenz singen, da man auch post trinitatis abwechseln kan.

6. Wird das evangelium gelesen.

7. Schlegt der organist, und singt der cantor darauf das „Wir gleuben" etc.

8. Es soll aber auch der cantor einen sontag teutsch, den andern lateinisch singen, darzu dan das patrem auch gehört, den dritten sontag figuriren, und den vierten die litaniam singen.

9. Folget die predigt und nach derselben eine kurze offene beicht.

10. Nach der predigt helt man die communion, da man die vormahnung vorher lieset, ehe man das vater unser singet und consecrirt.

11. Nach der communion lieset man die gewohnliche collecten, und dimittiret das volk mit dem segen.

12. Pro conclusione soll der cantor etwan de tempore pro gratiarum actione und pro necessitate, wie es die zeit und noth erfordert, singen.

Die kleinesten knaben in sexta classe sollen dimittiret werden, dieweil nicht sonderlicher raum in choro ist, bei den andern aber sollen zwen ex infimis collegis stehen, die sie in furcht und zucht halten.

Von der mittags predigt.

Zu derselben soll man halbwege eins, ausgeschlossen die ernte, da man media duodecima soll leuten.

1. Nach dem geleute singet der custos erstlichen drei teutsche psalmen vor der predigt, also das der letzte sei von dem heubtstücke der christlichen lehre, davon im catechismo gehandelt wird; wan aber die epistolae und haustafel gepredigt, soll zuletzt allezeit das vater unser gesungen werden.

Man soll den catechismum der gemeine fleissig furtragen, im predigen desselben nicht grosse kunst und geschickligkeit beweisen, sondern aufs einfeltigste lehren und einbilden, damit das einfeltige volk nicht mehr irre gemacht, dan unterrichtet werde.

Es soll auch aller mueglicher fleis angewendet werden, das der heilige catechismus in einem jahre geendet, und man darnach die episteln auch predige.

Wan auch die episteln gepredigt, sollen die festa uber, des dienstags die episteln, so auf dieselben sontage geordnet, gehandelt werden.

2. Concio.

3. Nach der predigt singt man das teutsche te deum etc. Darauf dan die knaben fur dem altar in der gemein ein stuecke aus dem catechismo mit der auslegung d. Martini Luthers recitiren.

Darauf folget die vesper.

1. Singet man ein antiphon mit einem psalm.

2. Darauf lesen die knaben wie am sonnabent.

3. Nach der lection singet man das teutsche magnificat.

4. Eine collecta pro tempore.

Werden die preces vespertinae mit dem benedicamus geschlossen.

Von den heubtfesten nativitatis, resurrectionis Christi und missionis spiritus sancti.

Auf die abende dieser feste soll man umb ein uhr leuten.

1. Die vesper soll angefangen werden mit einer antiphon, darnach soll der cantor einen psalm figural darauf singen.

2. Lesen die knaben latine und teutsch de festo.

3. Soll der hymnus de festo gesungen werden.

4. Soll eine kurze predigt geschehen vom kunftigen fest und vor der predigt auf der canzel das vater unser gebeten werden.

5. Nach der predigt soll der cantor ein teutsch lied de festo singen,

6. Darnach das magnificat mit einer antiphon.

7. Darauf folget die collecta de festo.

8. Schliesse man mit dem benedicamus.

Von der metten.

Man soll allezeit winter und sommer umb fünf uhr leuten.

1. Erstlichen singet man das venite oder invitatorium.

2. Darnach ein psalmen mit einer antiphon.

3. Sol ein knabe die lateinische epistel lesen.

4. Sol ein ander psalm mit einer andern antiphon gesungen werden.

5. Darauf lieset ein knabe das evangelium latine.

6. Sol ein ander psalmus mit einer andern antiphon gesungen werden, das also in diesen festen drei psalmen zur metten gesungen werden.

7. Darauf folget die lectio der episteln und evangelii teutsch.

Dieses soll nun also gehalten werden allein den ersten tag des festes.

Hierauf soll nun weiter gesungen werden.

8. Das responsorium figural.

9. Das te deum laudamus auch figural.

10. Darauf die collecta de festo.

Letztlichen soll mit dem benedicamus beschlossen werden.

Von der messe.

Damit soll es nun durchaus gehalten werden, wie an den sontagen, allein das in den gesängen und im lesen auf das fest gesehen, gefiguriret, und die praefatio latine nur den ersten tag gesungen werde.

Wie man es mit den nachmittags predigten halten soll.

Da soll ein viertel nach zwelfen geleutet werden.

1. Nach dem leuten soll der custos drei teutsche psalmen singen de festo.

2. Darauf folget die predigt.

3. Nach der predigt helt man die preces vespertinas, wie sonsten am sontage, doch also, das man das fest halte und figurire, auch soll man alhier guete achtung haben, das ein delectus puerorum, die da lesen sollen, gehalten werde, und das man de festo lese etc.

Uber die drei heubtfeste, sollen auch in dieser christlichen gemeinde diese nachfolgende gehalten werden.

1. Circumcisionis domini.

2. Epiphanias domini.

3. Purificationis Mariae.

4. Annunciationis Mariae.

5. Ascensionis domini.

6. Johannis baptistae.

7. Visitationis Mariae.

8. Michaelis.

In diesen festen soll es durchaus, wie an sontagen gehalten werden, allein das mit singen und predigen auf die fest gesehen und figurirt werde.

a) Allein ist zu merken, wan das festum annunciationis Mariae in der marterwochen felt, das es auf den palmensontag frue soll gehalten werden, dan des sontags evangelium auch im advent geprediget werde.

Nachmittage fehret man mit der historia passionis fort.

b) Die 3 feste, als purificationis Mariae, Johannis baptistae und visitationis Mariae, sollen zur vesper predigt die drei cantica: Nunc dimittis, Benedictus, et Magnificat [fehlt etwa: gesungen und das evangelium], welches auf ein jedes festtag gehöret, explicirt werden.

c) Diese 2 festa, als ascensionis Christi und Michaelis werden die predigten nachmittage, wie dan den sontag vor Margaretae, des jahrmarkts halber unterlassen.

d) Es soll auch der cantor die sontage nach diesen festen die sequentien in der kirchen singen.

Von den festis apostolorum.

Andreae, Thomae, Matthiae, Philippi Jacobi, Petri et Pauli, Jacobi, Bartholomaei, Matthaei, Simonis et Judae:

Sollen in unser gemeine fruebe eine predigt und das officium gehalten werden vormittage alleine. Die arbeitsleute aber mögen ein jeder seiner hantierung warten, wie bishero, das es also angefangen, das es des sommerszeit halbwege sieben, des winters halbwege achte, wie es den in allen wochenpredigten gehalten, alles geendiget werde.

Wan auch ein apostelfest in wochen kumbt, auf den montag, dinstag, oder mitwochen, dieselbe predigt thue der diacon, so da wöchener ist, der ander aber helt das ambt und die dienstags ordinaria concio, so darauf das fest felt.

Kompt es aber auf den donnerstag oder freitag, so prediget der pfarher und wird die donnerstagspredigt, wen das fest nicht darauf felt, unterlassen.

Wan aber das fest auf einen sonnabent felt, so wird es vorlegt bis auf den sontag nachmittage. Weil auch der tag Jacobi apostoli in der ernten kompt, pflegt man das fest, wan es auf einen freitag oder sonnabent gefelt, auf den nechsten sontag darnach nachmittage zuhandeln.

Auch sollen die zwo trefliche und tröstliche evangelia, als auf Mariae Magdalenae, Luc. am 7. und conversionis Pauli nicht ubergangen werden, sondern wie sie fallen werden, den negsten sontag vor oder nach zur vesperpredigt explicirt werden.

Von der vesper an der apostel abend.

Die vesper soll gehalten werden wie am sonnabende, doch das man de festo singe und auch die collecten de festo lese.

Von der messe an der apostel tage.

1. Nach dem geleute, welches geschehen soll, wie an einem werkeltage, hebt der cantor alspalt mit dem introitu an.

2. Darauf folget das kyrie apostolicum.

3. Nochmals wird das teutsche „Allein gott in der höhe“ etc. gesungen.

4. Collecta de festo apostoli, darauf die epistel gelesen.

5. Wird ein teutscher psalm, der sich auf das fest schicket, gesungen.

6. Wird das evangelium gelesen.

7. Darauf singet man das „Wir gleuben“ etc.

8. Geschicht die predigt vom fest.

9. Nach der predigt, da keine communicanten weren, soll der cantor mit einer muteten de festo schliessen.

Von der vesper an der apostel tage.

Die vesper wird gesungen ohne den organisten wie sonsten am werktage, dieweil keine predigt gehalten.

Wie es in der wochen soll gehalten werden.

In der wochen geschehen zwo predigten, eine, des dinstags, thuet der Diacon, so wöchener ist, die andere des donnerstags thuet der pfarherr.

Vor diesen wochenpredigten wird gesungen.

1. Eine antiphon mit dem psalmen.

2. Repitirt der cantor die antiphon und singet darauf einen teutschen psalmum de tempore.

3. Darauf schlegt der organist „Wir gleuben“ etc.

4. Singet der cantor „Wir gleuben“.

5. Geschicht die predigt.

6. Nach der predigt soll der cüster pro conclusione einen kurzen teutschen psalmen singen.

Die donnerstagspredigt wird nach den dreien heubtfesten unterlassen und davor eine lection wie sonsten gehalten.

Dienstags und donnerstags singt man zur vesper.

1. Der cantor ein hymnum oder das magnificat.

2. Darauf wird ein capitel aus dem neuen testament gelesen mit den summarien Viti Dieterichs; thuet der diacon, so wöchener ist.

3. Auf die lection singet man „Erhalt uns her“ etc.

4. Pro conclusione wird gelesen die collecta pro pace und der segen gesprochen.

Den freitag frue helt man betetag.

1. Wird erstlich gesungen das responsorium de tempore oder Tenebrae factae sunt.

2. Darnach ein teutscher psalm de tempore oder Vexilla regis, teutsch.

3. Darauf collecta de tempore oder de passione domini, wenn das tenebrae gesungen wird.

4. Singet der cantor „O lamb gottes unschuldig“.

5. Darauf lieset der pfarherr von der canzel die drei symbola, und 17 articul d. Mart. Luth., doch also das sie alternatim gelesen werden. Und wan die symbola gelesen, sollen die ursachen. warumb solches geschehe, das beides die symbola und articul gelesen, vormeldet werden, auch soll die vermahnung zum gebet aufs kurzste geschehen.

6. Nach dem ablesen der symbolorum oder articulorum auch nach geschehenem gebet soll der cantor mit dem choro anfangen zu singen „Nim von uns her gott“ etc. Darauf sollen die knaben die litaniam anfangen.

7. Letzlichen schleust man mit der collecta und segen.

Montags, mitwochens und sonnabends wird es frue also gehalten.

1. Sobald geleutet, singet der cantor ein antiphon und psalmen.

2. Darauf folget die lection eines capitels des alten testaments mit den summariis Viti Dieterichs, thuet der diacon, so wöchener ist.

3. Darauf thuet er die vermahnung des hern Petri Plateani zum gebet, und so für kranken zu bitten, geschicht solches auch.

4. Nach gehaltenem gebet wird eine collecta pro pace, tempore et pro necessitate gelesen. Doch soll in und allewege des sonnabents für ostern die lectio exodi 12, de agno paschali, gelesen, für pfingsten exodi 19 und für dem christtage Esaiae 9. cap. gelesen werden.

Montags, mitwochens und freitags wirds zur vesper also gehalten.

Diese 3 tage wird der h. catchismus mit den megdlein aus der meidleinschulen, wan kein feiertag ist, getrieben, folgendergestalt:

1. Erstlich singet der kuster einen teutschen psalmen, so da begreift das stucke des heiligen catechismi, so die stunde gehandelt wird; bei der weile wird auch ein teutscher palm de tempore gesungen.

2. Darauf trit der diacon, so wöchener ist, fur den altar in der kirchen und recitiret die funf heubtstucke des heiligen catechismi, ordine nacheinander, ohne auslegung.

3. Darnach recitirt ein meidlein, so von der schuelmeisterin darzu verordnet, die definitionem dei, teutsch.

4. Nochmals trit ein ander meidlein auf, und fraget ein anderes meidlein ein stück aus dem catechismo mit der auslegung d. Martini Lutheri.

5. Darnach fraget (!) ein andere meidlein auf und fraget ein ander meidlein, so auch von der schuelmeisterin darzu verordnet, weiter ein stuck, aus der christlichen haustafel.

6. Nach diesem fehet der diacon, so wöchener ist, an, die kinder aus dem stuck des catechismi, das recitirt ist, zu examiniren und darinnen mit schönen fragen und antwort zu unterrichten.

7. Wan das examen geschehen, singet man: „Erhalt uns herr" etc. Darauf die collecta pro pace und der segen.

Kindtaufe.

1. Das hochwurdige sacrament der heiligen taufe sol mit sonderer reverenz, wie bishero, gehandelt werden und in der noth zu tage und nacht willig damit sein.

2. Weil es auch neulich eingeführt, das man die kinder in dem gewinde teufet und nicht nackend, und aber allerlei unrath daraus oder dardurch zubefahren, soll man die kinderlein, wie an andern örtern und von altersherogebracht nackend teufen, und der kuster warm wasser oder do es noth ein kohlfeuer die hände zu wermen haben soll, jedoch soll die zeit und noth der armen kinderlein angesehen werden.

3. Auch soll man den kinderlein umb der eltern stünde und unbussfertigkeit willen die taufe nicht vorsagen, auch nicht mit der taufe lange vorziehen.

4. Es soll auch ein gewis register, wie viel, und wes kinder und leute, teglichen und jederzeit getauft, copulirt, und im ehestande eingesegnet, mit fleis gehalten werden, sich derer im nothfall zugebrauchen.

Von begräbnüssen.

1. Zum ersten ist geordnet und fur gelegen angesehen, das die, so bishero umb 8 uhr gehalten, abgeschafft und zu mittag umb 12 uhr, desgleichen auf den abend umb 3 uhren aus vielen und gewissen und bedenklichen ursachen geschehen sollen, das geleute auch, so um eilf schlege bishero geschehen, vorbliebe, und nur alzeit ein viertel stunde vor 12 und 3 mit einer grossen glocken, das volk zum begrebnus zusammen berufen, aber im austragen der leichen, das ganze geleute, nach eines jeden stande geleutet werden.

2. Zum andern ist fur gelegen angesehen, das die bestellung der leichen bei den hern prädicanten stehen soll, wan es ihnen bequemlich, doch das unter 24 stunden so leichtlich die leiche nicht ausgetragen werden soll.

3. Zum dritten, sollen die leichpredigten aus allerhand ursachen durchaus abgeschafft sein und an stat deroselben die alte verordente vermahnung, so ein generale funus, durch den hern pfarhern bei der hauswirt oder alten leichen, und die collecta, so man vor den heusern pflegt zulesen, bei der kinder und jungen leute begräbnus gelesen und die benedictio daruf gesprochen werden, damit die leute zulange nicht aufgehalten und die jugend in der schuelen verseumet werde[1]).

4. Die spenden, so bishero nach der sepultura von etzlichen gegeben worden, soll in betracht, das es etzliche opinione meriti gethan und thuen, auch etzlichermassen ubel angelegt wird, vorpleiben, und da vermuegende leute verstürben, solches in die currend der armen schüler zu ihrer unterhaltung gewendet, doch das davon ein vierte pfenning ins hospital S. Elisabeth soll gereicht werden.

Weil auch die kirche je ehrlicher, dan andere gemeine heuser soll gehalten und geehret werden, und bishero die leute aus der Halken allerlei auf linien an der kirchen, auch fur den thüeren hero aufhengen, welches ein übelstand, als will ein erbar rath, das solches abgeschafft einsehens thun.

Copulation und hochzeitpredigten.

Es sollen forthin alle hochzeitpredigten abgeschafft sein, braut und breutgamb mit ihren geladenen gästen nur einmal des montags und nicht auch des sontags, wie bishero geschehen, in die kirchen zur trauung gehen, und also des montags die copulation und segen zugleich ohne alle predigt geschehen. Dem pfarhern auch sambt dem wöchener und custer soll wie vor die freiheit ohn geschenk zur hochzeit zu gehen, ferner pleiben, weil sie des opfers entrathen mussen.

Aldieweil auch oftmals zu ganz ungelegenen zeiten wirtschaften angestellet und gehalten, ist ferner aus erheblichen ursachen verordnet, das in nachgeschribenen zeiten des jahrs wirtschaften nicht angestellet, besondern auf die vergönnete zeiten verschoben werden, und seind die verbotene sontage, wie folget, als nemblich: vom advent bis aufs neu jahr inclusive, von invocavit bis auf den sontag quasimodogeniti, vom sontag exaudi bis auf den sontag trinitatis, vom sontag Margarethae bis auf Bartholomaei, und alles inclusive verstanden werden.

---

[1]) Von anderer Hand ist an den Rand geschrieben: Sieder anno 89 ist geordnet, das alle die, so ehelich sind, leichpredigten bekommen.

61

Ordnung der hospitalen.

Erstlich sollen auf einem jedern hospital zwene vorsteher aus den burgern, welche guetes geruchts, christliches und ehrliches lebends und wandels, gesetzt und verordnet, aus dem rathe voreidet werden, das sie dem hospital getreulich vorsein, die zinse fleissig einmahnen und daran sein wollen, das alles in wehrung und besserung gehalten, und was den armen vermacht, ihnen zu gebuerlicher zeit willighlichen reichen und geben wollen, welche alle jahr umb pfingsten dem rath aller einnahme und ausgabe gnungsame rechnung thuen sollen. Es sollen die beide hern burgermeistere, so nicht im ambte, neben dem pfarhern und andern prädicanten die hospitalien, so ofte ihnen geliebet, doch zum wenigsten alle quartal in gemein visitiren, und do mangel oder gebrechen befunden, dem rathe anmelden.

Der prädicant aber, so nicht hebdomadarius ist, soll die wochen uber die hospitalia zum wenigsten zweimal besuchen, und die kranken trösten. Do nun arme leute bei den vorstehern sie aufzunehmen, ansuchen werden, sollen sie mit denselben zu den anwesenden visitatorn gehen und mit ihnen sich nach erforschung der personen, gelegenheit, leben und wandels darob befragen und dan ferner derselben bedenken, dem sitzenden rathe furbringen, und wes sie sich darob zuverhalten, erforschen, und soll also ohne vorwissen des raths niemandt aufgenommen werden.

Und was den vorstehern furfelt, das sollen sie bei den visitatorn suchen, ehe sie den regirenden burgermeister anlaufen.

Und sollen auf S. Johannis hospital nicht mehr den 26 personen, S. Catharinae 24 personen und S. Elisabethe 12 personen aufgenommen und gehalten werden. Also sollen fur allen alte vorlebte oder sonst gebrechliche burger und burgerskinder, es sei man oder fraues person, so alhier ihr leben in gottesfurchten gefuhrt, sein heiliges wort mit fleis gehoret und des heiligen sacraments nach einsetzung des hern Jesu Christi oft gebraucht, auch sonst gutes geruchts, auch das zeugnus von den nachbarn haben, das sie alters oder schwacheit halber ihr brot nicht erwerben können, desgleichen auch gebrechliche burgerskinder umb billige gebuer, wie von altershero, aufgenommen werden.

Wan aber etzliche kammern ledig und keine burger oder burgerskinder vorhanden, dan und nicht eher sollen die frembden aus den benachbarten stedten, flecken und dörfern, nachdeme sie gnugsam zeugnus von ihrer obrigkeit, das sie gottfurchtig, fromb, und ehrlich, wie oben gedacht, sich die zeit ihres lebends erzeigt und vorhalten, gebracht, und ihre gelegenheit sonsten woll erkundiget, mit wissen des raths umb die gebuer aufgenommen werden.

Do auch arme burger, burgerinnen, oder gebrechliche kinder in der stadt, welche die präbende zubezahlen unvormuegens und ein zeugnus, wie vorberurt, haben, die sollen aus befehl des raths umb gottes willen umbsonst, nur das sie das stuelgeld geben, aufgenommen und erhalten werden.

Niemand soll mit kindern aufgenommen und erhalten werden, das sie kinder wesentlich auf dem hospital enthalten, und soll niemand die kinder nach sich ziehen, und denen etwas zuwenden, bei aufhengung des korbes.

Es sollen die personen auf dem hospital alle tage in des hospitals- und pfarkirchen mit fleis und ohne hinderung, das ist ehehaft, predigten, catechismus, singen, lesen, und gemein gebet nicht vorseumen, und da etzliche den burgern arbeiten wollen, sollen sie doch gottes wort erstlich hören und suchen, und dan die arbeit ihnen frei stehen. Do sich aber jemand unfleissig in deme verhalten und predigt und sacrament verachten wurde, soll der meister oder meisterin, so unter ihnen jehrlichs verordnet, den vorstehern solches ansagen, alsden sollen die vorechtere und unfleissige, so ofte dies geschiehet, mit vorwissen der hern visitatorn mit aufhengung des korbes eine wochen gestraft werden, do aber der meister oder meisterin solches nicht melden und vorschweigen wurden, sollen sie gleicher gestalt der straf gewertig sein.

Alle jahr soll auf jedem hospital unter den armen ein meister oder meisterin, welche den andern, was ihnen von den vorstehern gesatzt und geordnet oder sonsten gegeben, treulich und fleissig austheilen, und was sonsten ihres ambts ist treulich ausrichten, von den vorstehern gesetzt und geordnet werden, und so bei einige untreu gespüeret und befunden, sollen dieselben mit vorwissen der hern visitatorn vom hospital vorwiesen und daroben nicht gelitten, oder sonst nach gelegenheit gestraft werden.

Auch soll ein jeder sich haders und zanks uber tisch, auch allerlei gotteslästerung, wie die namen haben mag, dadurch gott, gottes sohn, sein heiliges wort und sacrament, auch werke verunehret und geschendet werden, enthalten. Wurde aber jemand dieses uberschreiten, demselben soll zum ersten der korb 14 tage, zum andern 4 wochen aufgezogen werden; wo er aber zum dritten des fluchens nicht abstehen wird soll er aufm hospital keinesweges gelitten werden, besondern nach dreien tagen das hospital reumen und ein jahr davon religirt sein; kan er dan ausgangs des jahrs wiederumb gnade erlangen, sol bei dem rathe stehen.

Die frauen, so auf die hospitalia aufgenommen, sollen angeloben, da man ihrer zu wartung und dienst der kranken bedarf, und bei den meistern ansuchung derwegen geschicht, des sie sich auf befehl des meisters, der es dan ordentlich einer nach der andern (wo nicht ein burger namhaftig umb eine bittet) ansagen soll, das sie geruhlich sein, das sie kranken dienen können, und selbst kein kranken haben, willig und unweigerlich umb billiges lohn den vermuegenden darzu sollen und wollen gebrauchen lassen, wegen der unvormuegenden, derer sie warten, sollen ihnen die gotteskastenherrn lohnen.

Wollen aber solche frauen nicht dienen und der kranken warten und kuntens doch wol thuen, die sollen mit aufhengung des korbes mit vorwissen der hern visitatorn gestraft werden.

Sonst sollen sie sich alle untereinander brüederlich lieben und friedlich leben, einer des andern, so er schwach und krank, fleissig warten, und wie gethan nehmen und bruederlich erzeigen.

Wurde aber einer den andern mit scheltworten ankommen, lügen strafen, oder sonst uneinig würden, soll ihnen unterlang sich christlicher weise zuversöhnen und zuvortragen vergönstiget sein.

Do aber jemands den andern an seine ehr und guet gerüchte, das er deme nicht uberweisen kan, schelten, und des schmehens zu viel würde, sollen solches die meistere den hern vorstehern anmelden, welche nach gehabten rathe der visitatorn die beclagte mit aufhengung des korbs oder höher nach gelegenheit zu strafen, macht haben sollen.

Do auch etzliche hurerei oder ander unthaten bezichtiget und sich nicht gnungsamb entschuldigen können, sollen sie vom hospital genzlich vorwiesen werden.

So soll auch keiner person, so sich bekauft auf den hospital, sich zuvoreheligen nachgegeben werden, so er aber das thuet, soll er seiner präbende verlustig sein und nicht wiederumb aufgenommen. Und was eine jede person auf die hospitalien bringen und nach seinem tode hinterlassen wird, solches soll ohne alle sperrung der erben dem hospital und armen pleiben, darane auch ein erbar rath, es sei heergewett, gerade oder sonsten seine gerechtigkeit will fallen lassen.

Und wer sich dieser ordnung nicht gemess halten wird, soll auf dem hospital nicht gelitten werden.

Uber eine nacht sollen die frömbden bettler nicht beherberget werden, do aber etzliche ofte kommen, soll man sie nicht einnehmen.

Wan sich auch unter denen etzliche ungebuerlich mit worten oder werken halten, sollen die meister solches dem rathe bei tage oder nacht ansagen, soll ihrem muthwillen gesteuret werden. Kein feuer oder licht soll den betlern gethan oder gelassen werden.

Auf einem jeden hospital soll eine bequeme stueben oder gemach vor das kranke gesinde und dienstboten der burger angerichtet und mit betten und anderer notturft vorsehen werden. Und sollen die frauen auf dem hospital derselben zugeschickten kranken, auf begehr der burgerl fleissig warten und wahr nehmen.

Weil auch etzliche gebrechen in der schue, gespueret, hat ein erbar rath mit denen hierzu verordneten hern sich zur ordnung vorglichen.

Cochstedt.

Die Stadt Cochstedt hatte sich autonom eine Gottesdienst-Ordnung im Jahre 1556 gegeben und überreichte diese Ordnung unter dem Titel „Kirchenordnung, wie sie ist bis daher seit 1556 gehalten worden", in der Visitation von 1564. Wir drucken dieselbe erstmalig genau, da der Abdruck bei Nebe, a. a. O. S. 167, frei und modernisirt ist, nach dem Magdeburger St.A., Rep. 13, 848ᵃ (frühere Bezeichnung Cop. 600, Kirchen-Visitationssachen im Erzstift Halberstadt, 1564) ab. (Nr. 103.)

Die Schul-Ordnung, welche 1564 mit überreicht wurde, wird nicht abgedruckt.

103. Kirchen-Ordnung der Stadt Cochstedt. 1556.

[Aus Magdeburg, St.A., Rep. 13, 848ᵃ; frühere Bezeichnung Cop. 600, Kirchen-Visitationssachen im Erzstift Halberstadt.]

Kirchenordnung, wie sie ist bis daher seit 1556 gehalten worden.

Alle sonnabend nach der institution der wittenbergischen kirchenordnung wird ein lateinische vesper gehalten und gesungen. Darauf werden die communicanten verhört. Auf die hohen feste wird das responsorium, hymnus und magnificat figuraliter gesungen.

Sonntag: Um 7 uhr wird das amt angefangen und folgende stücke gesungen, so communicanten

61*

vorhanden, als: Veni sancte spiritus, benedictus mit antiphon, introitus, Kyrie eleison, Et in terra pax, Allein gott in der hohe, collecte deutsch mit der epistel, sequenz oder 1 psalm Lutheri mit dem patrem omnipotentem, contio, Isaia dem profeten, die communio.

Auf das fest wird das amt figuraliter gesungen.

Nachmittags, wenn es fest ist, wird abermal die vesper figuraliter nach unserm vermögen gesungen. Sonst auf die gemeinen sonntage 3 psalmen Lutheri. Nach der predigt wird der katechismus Lutheri durch alle stücke durch die knaben in der schule und den medlein recitirt.

Wenn auf etliche sonntage keine communi-

canten vorhanden, alsdann wird das te deum laudamus, Wohe gott der herr nicht bei uns, und die litanei gesungen.

Freitags wird gehalten eine gemeine danksagung für das leiden Christi, und wird gesungen das responsorium „Tenebrae factae sunt", Vexilla regis deutsch. O lamm gottes. Litania. Nach der predigt die 7 worte Christi mit der collecte „Respice quis" deutsch.

Zur taufe wird gesungen durch die schüler: Christ unser herr zum Jordan.

Zum begräbniss die responsoria: Si bona suscepimus, oder „Si credimus". Nun lasst uns den leib. In der kirche Jam moesta quiesce mit der collecte.

Croppenstedt.

In der Stadt Croppenstedt wirkte schon seit 1538 Augustinus Steinkopf als evangelischer Pfarrer. Die Stadt gab sich eine eigene Kirchen-Ordnung, welche sie den Visitatoren auf der Visitation von 1589 vorlegte. Dieselbe gelangt hier erstmalig aus Magdeburg, A. 13, Nr. 855. zum Abdruck. Nebe, a. a. O. S. 165, giebt nur eine kurze Notiz. (Nr. 104.)

104. Kirchen-Ordnung zu Croppenstedt, im Erzstift Magdeburg, übergeben in der Visitation 1589.
[Aus Staatsarchiv Magdeburg, A. 13, Nr. 855.]

Christliche kirchenordnung der ceremonien und gesenge, die hie zu Croppenstedt gehalten werden.

Auf hohe feste und sonsten alle sonnabent wird vesper gesungen, die knaben intoniren die antiphona, der chor singt ein psalm Davids und wiederholt die antiphon. Der hymnus de festo vel tempore zu chor und orgel. Der sonntagsepistel liest ein knabe deudsch. Das magnificat lateinisch mit der orgel und zu chor gesungen die antiphona. Deo dicamus und collecta beschliessen die vesper. Pfarrherr und diakon warten zugleich auf die beichtkinder uf die hohen festa und alle sonnabend.

Sonntags frue 5 hora winter und sommer hebt man die mette an. Der pfarrher oder diakon singen Deus in adjutorium meum intende. Chorus respondet. Ein antiphon intonirt. Ein psalm gesungen. Das responsorium mit der orgel und zu chor. Das Te deum laudamus alzeit.

Der pfarr oder diacon lesen ein caput ex bibliis, sagen dazu ein kurze summam totius capitis zu lehr und trost. Das Deo dicamus ist der beschluss.

Auch diese wort: Est nomen domini benedictum. Chorus. Ex hoc nunc et usque in seculum. Zur andern predigt und communion der

introitus de festo vel de tempore. Das kyrie eleison. Gloria in excelsis. Et in terra oder Allein gott in der höhe. Die collecta. Epistel gesungen deutsch. Der sequenz oder ein deudscher geistlich psalm.

Der pfarr oder diacon singen das evangelium für dem altar.

Das credo. Das evangelium wirt abgelesen und geschieht ein deudsch auslegung zur predigt.

Es geschieht ein vermanung zum gebet und danksagen kegen gott. Beten für erhaltung der kirchen, rechter lehr, auch wahrhaftiger lehrer, für die obrigkeit und all andere not. Sofort wird vermahnt bei der communio zu bleiben.

Auf die hohen festa singt der pfarr die präfation. Des sonntags singt man das deudsche sanctus. Es geschiet ein kurz vermanung zum volk vom hochwirdigen sakrament. Nach solchem allem communiciren wir das volk mit beiderlei gestalt nach einsetzung unsers herrn Christi, nach der communion singt der chor und organista schlet das Jesus Christe. Ein collecta und kurzer psalm sind der beschluss.

Nachmittags um 12 hora feht man die dritte predigt an: Auf hohe festa mit dem responsorium und hymnus de tempore. Aber auf die sontage singt man die deudschen psalmen.

Darnach recitiren knaben am sontage ein

stück aus dem catechismus Lutheri mit der auslegung. Zuvor hat der diaconus die epistolas dominicales gepredigt.

Nach der predigt das magnificat, das Deo dicamus, oder ein deudscher psalm sint der beschluss.

Zur wochenpredigt hat der pfarr bevor ein psalm des freitags explicirt. Der pfarr erklert die festa über all tage umb 3 uf den abend den catechismum Lutheri den zuhörern. Nach lätare aber erklärt er täglich ein stücklein aus der passion Christi. Die betmesse halten wir zwischen ostern und pfingsten und sonsten des jahres etliche male, auf die apostolien festa predigen wir das evangelium de festo.

Die personen, so sich verehligen wollen, werden drei sontage aufgeboten, am dritten sontage publice copulirt. Ein brautpredigt geschiet den montag. Nach solcher giebt man braut und bräutigam den segen. Nach der geburt werden die kindlein um 12 oder 2 hora zur taufe gebracht, alsdann getauft. Die begrebnus geschiet 9 mane oder 2 vesperi.

· E r m s l e b e n.

Die Stadt Ermsleben hatte sich schon 1535 einen evangelischen Prediger in der Person des Johann Senger erwählt. Selbstständig hatte sie den Gottesdienst geregelt und konnte bei Gelegenheit der Visitation von 1564 eine förmliche Gottesdienst-Ordnung überreichen. Dieselbe gelangt hier aus Magdeburg, St.A., Repert. 13, 848ᵃ, frühere Bezeichnung: Cop. 600, Kirchen-Visitationssachen im Erzstift Halberstadt, zum Abdruck. (Nr. 105.) Vgl. auch Nebe, a. a. O. S. 250.

Die lateinische Schul-Ordnung steht ebenda Bl. 210 ff. und in Magdeburg, St.A. II. 848. Eine weitere Schul-Ordnung für Ermsleben förderte die Visitation des Jahres 1589 zu Tage. Vgl. Magdeburg, St.A., 13, Nr. 855. Vgl. oben.

105. Kirchen-Ordnung der Stadt Ermsleben. 1564.

[Aus Magdeburg, St.A., Cop. 600, Kirchen-Visitationssachen im Erzstift Halberstadt. 1564.]

Euch erwürdigen, achtbarn und hochgelehrten, grossgünstigen lieben prälaten und hern. Auf eur christliche visitation gebe ich aufs underthenigste meinen claren bericht, wie die götlichen embter hier mit uns zu Ermsleben in unser pfarkirchen celebrirt und die sacramenta administrirt werden.

Alle sonnabende und andere festabende wird von unsern kirchendienern und schülern aufs erlichste vesper gesungen und unter dieser vesperzeit sitze ich beicht und warte auf das volk. Desgleichen auf den morgen metten; alsdan gehe ich frue in das filial Sinsleben und thue die erste fruepredigt.

Darnach umb 7 uhr wird in unser pfarkirchen auch gelaut und hebe an officium de sancta trinitate oder sonst nach gelegenheit der festtage die officia. Wan das gloria in excelsis, collecta, epistel und evangelium gelesen, alsdan gehe ich auf die kanzel und predige das heilige wort gottes mit ganzem vleis, soviel gott gnade dazu verleihet, vermahne, leite und führe die leute zum erkentnis irer sünde und bussfertigem leben und den lieben Christum, unsern heiland und seligmacher und sein heilig evangelium zum troste und seligmachung aller betrübten selen und gewissen, das ist nach bevehlich unsers lieben hern Jesu Christi „gehet aus verkündiget buesse und vergebung der stünde in meinem namen", desgleichen der liebe heilige Johannes in der wüsten auch gethan, und halte mich gründlich der heiligen christlichen augspurgischen confession. Darnach beschlies ich mit gebet und thue das vor alle stende, potentaten, prädicanten und sonderlich vor unsern gnädigen hern, seine angewaltigen und seiner gnaden beide bistumb oder stiften und aller nottorft der ganzen christenheit und sonderlich, das got seine heiligen kirchen wolt vor den Moscovitern, Türken und allen bösen feinden gnediglichen behüten und ihr ruhe, friede und einigkeit verleihen.

Nach der predigt versamlen sich die communicanten fein ordentlich vor dem altar, knien andechtig nieder, dan bete ich ihnen erstlich für, so beten wir mir heimlich nach, darnach thue ich die consecration, balde gehn sie mit grosser andacht und gebührlicher reverentia zum heiligen hochwürdigen sacrament. Wan sie das sumirt und entpfangen haben, müssen sie vor dem altar bleiben und dem lieben gott vleissig danksagen, erstlich vor die vergebung der stünde und alle wohlthaten und dem lieben Christo Jesu vor sein heiliges bitter leiden der ewigen erlösung und dem heiligen geiste vor seine erleuchtung und heiligung und auch die begniessung des hochwürdigen sacraments und gebe ihnen den segen. Dan singt der chor „Got sei gelobet".

Nachmittage umb 12 uhr wird gelaut und gesungen, gepredigt und auch mit dem gebet beschlossen. Darnach treten die knaben und kinder vor den altar, beten aus dem katechismus und den psalmis.

Alle aposteltage wird gepredigt und vor mittags gefeiret.

In den hohen festtagen feieret man den ganzen tag, predigt zweimal.

Alle freitage wird gepredigt und die litanei gelesen.

Mit dem hochwürdigen sacrament der taufe halt ichs, wan die gevattern das kindlein bringen, gebe ich ihnen erstlich ein unterricht von der taufe und müssen auch beten und bevehl den gevattern das kindlein ganz vleissig und taufe nach inhalt der Leipziger agende.

Wan die weiber mit den kindlein zur kirchen gehen, müssen sie vor den altar kommen, so spreche ich den segen über sie.

Die kranken werden besuecht und mit gottes wort und dem heiligen hochwirdigen sakramente getröstet und gespeiset und letzlich dem lieben gott treulich bevohlen.

Die todten werden fein bekleidet und ehrlich durch die kirchendiener und alle schueler zu grabe mit lateinischen und teutschen sengen getragen, dan lest man sie eine kleine zeit beim grabe stehn und singt vor allem volk vigil und beschleust mit der collecte, dan setzt man die leich ins grab. Darnach thut man eine kurze leichpredigt, vermahnt sie zur busse, das sie im glauben Jesu Christi auch durch Christum ein seligs ende schliessen mögen, den also sagt die schrift „Beati mortui, qui in domino moriuntur."

Stadt Halberstadt.

Zur Einführung der Reformation in Halberstadt, die mit grossen Schwierigkeiten zu kämpfen hatte und daher auch mancherlei Schwankungen ausgesetzt war, vgl. insbesondere Nebe, a. a. O. S. 3 ff. Über das Ansuchen des Raths vom Jahre 1548, „dass ihnen die communion unter beiderlei gestalt verstattet möchte werden", s. Boysens, Allgem. histor. Magazin 2, S. 295. Vgl. auch Jacobs, Die Briefe des Reformators Lampadius, 1537—50, in: Harzzeitschrift 23, 342; Streithorst, Geschichte des evangelischen Gottesdienstes in der Domkirche zu Halberstadt, 1792. Unabhängig von der Landesobrigkeit, die sich ablehnend verhielt, musste sich die Gemeinde eigene Satzungen geben. Bei Gelegenheit der Visitation von 1564 konnten dieselben den Visitatoren überreicht werden und wurden von diesen nicht beanstandet.

Es sind dies die oben S. 464 genannte Schul-Ordnung, die Kirchen-Ordnung für den Pfarrer der St. Johanniskirche, die Altarmanns-Ordnung für die St. Johanniskirche, sowie eine Armen-Ordnung für dieselbe. Die drei zuletzt genannten Ordnungen werden aus Magdeburg, St.A., Repert. 13, 848ᵃ, frühere Bezeichnung: Cop. 600, Kirchen-Visitationsprotokolle im Hochstift Halberstadt, Bl. 507 ff., 511 ff., erstmalig vollständig abgedruckt, (Nr. 106, 107 und 108.)

Bei der zweiten Visitation 1589 überreichte Halberstadt drei Schul-Ordnungen; vgl. oben S. 465. Wie sehr der Rath um die Hebung der kirchlichen und sittlichen Verhältnisse der Stadt besorgt war, ersieht man übrigens auch aus den oben S. 465 Z. 8 von unten citirten Eingaben des Rathes.

106. Verzeichnis wie dem hern pfarhern in S. Johannis kirch von wegen der ganzen gemein das pfarramt bevohlen wirdet. 1564.

[Aus Magdeburg, St.A., Repert. 13, 848ᵃ; frühere Bezeichnung: Cop. 600, Kirchen-Visitationsprotolle im Hochstift Halberstadt, 1564, Bl, 507 ff.]

Zum ersten, das er sich im lehren der augspurgischen confession gemess und sonst im leben treulich verhalte und den armen soviel als den reichen fürderlich und dienstlich sei.

Zum andern, das er der kirchenordnung in

aller mass, wie die vorigen pfarher gehalten, folge leiste und wie die von den andern predigern alhier zu Halberstadt gehalten wird.

Zum dritten, das er mit den andern hern prädicanten einigkeit halte, und wohe mangel vorfelt, mit denen rat nehme, wies die vörigen gemeiniglich alle dinstage gehalten haben.

Zum vierten, uf der canzel in gemein alle sunde und laster strafen, auf obrigkeit und besondere personen nicht stechen und wohe ihme in der gemeine auf ihme etwas mangelte, soll den altarleuten vorerst angezeigt und mit derselben wissen der handel vorgenommen, gehöret, und soviel muglich vorhandelt werden.

Zum funften, auswendig ohne der alderleut verlaubnus nicht verreisen, noch jemants auf den predigstuel kommen lassen.

Zum sechsten, auf den sonnabent umb eins vesper halten, darnach beicht sitzen.

Zum siebenten, sontag morgen, wen man zu S. Marten den ersten puls geleut, leuten lassen, die metten singen, darauf das ambt halten, ein stund predigen und darauf die sacrament reichen.

Zum achten, den sontag umb zwölf uhr, wen man zu S. Marten ausgeleut, leuten lassen und die gewohnliche epistel ein stund predigt und vesper halten.

Zum neunten, alle donnerstage, des sommers ein viertel vor sechsen, wintertags ein viertel vor sieben, leuten lassen, ein psalm und das vater unser singen und darauf alsbald ein stund predigt halten.

Zum zehenten, freitag zu morgen umb funf uhr, wen man zu Sanct Martin ausgeleut, in der pfarr auch leuten lassen, alsbald ein psalm und vater unser singen und drei viertel stund predigen und die letanei halten.

Zum eilften, die hohe und apostelfest, auch die braut predigt nach vorigem gebrauch halten.

Zum zwölften, teufen, begrebnus, kranken besuchen und alles, was die vorigen hern gethan, verfolgen, dargegen soll sich die ganze gemeine wiederumb in allen, wie kegen die vorigen prädicanten, verhalten.

Zum letzten, auf die schuel und arme haus nach allem vermugen achtung zu haben.

107. Ordnung auf was zeit und wie man jehrlichs einen neuen alterman oder vorsteher in der kirchen Johannis erwelen soll. 1543.

[Aus Magdeburg, Repert. 13, 848ᵃ; frühere Bezeichnung: Cop. 600, Kirchen-Visitationsprotokolle im Hochstift Halberstadt, 1564, Bl. 511 ff.]

Durch die wirdigen und ersamen hern, ern Clement Ursym, pfarhern, auch baurmeister eltisten beider nachbarschaft, als Curd Bucheister, Jacob Drosten, Hans Hacken, Jobsten Brughusen, Valtin Dorney, Jacob Roloffs, Christof Wernern, Hans Niegeman, Hans Schloten, Georgen Langjhan, Steffen Geitzman und viel andere mehr anno 1543 von wegen und bevelich der ganzen gemein geordenet und gemacht.

Uf den palmsontag soll der eltste alterman dem hern pfarher eine denkzedel geben, das er die ganze gemeine in der kirchen vermahne, den almechtigen gott anzurufen, das der almechtige gott wolte gnade geben, auch mit und bei denen sein, die den alterman wehlen, das sie einen treuen, frommen, gottfurchtigen man, der dem ambte genungsam sei, und weme gott darzu helfen will erwelen muegen.

Uf den gueten donnerstag soll der oldeste alterman die beiden baurmeistere ansprechen, das sie den freitag morgen, wen die predigt aus ist, in der kirchen bleiben und bleiben sein wollen, und ein iglicher in seiner nachbarschaft alle die vörigen alterleute, item vorstendere der nachbarschaft und die alten baurmeister mit sambt jegent dreissig personen ader mehr, sonderlich von den eltisten in jeder nachbarschaft durch den ummeklopfern bestellen lassen, das die alle wollen den freitag morgen in der kirchen sein, und wen die predigt aus ist, daselbst in der beichtcapellen erscheinen wollen und, wie sich das gebührt, einen neuen alterman erwehlen helfen.

Uf den carfreitag, wen die predigt aus ist, so soll man in der capellen einen neuen alterman wehlen, der bleibt allemal zwei jar und also, uf das die wahle ohne verdacht zugeen soll, so sollen die nachbarschaft im Westendorf ein jar einen alterman unter der ganzen gemein uf der voigtei erwehlen, und das ander folgende jar sollen die voigteischen wiederumb einen alterman im Westendorfe wehlen und so fort ein jar umb das ander.

Wan den auch uf der voigtei viele personen sind, die zur pfarre gehören und auch zur pfarre ihr gebühr wie andere geben mussen, wohe nun uf der voigtei jemand befunden wurde, der zu einem alterman tuchtig were, so soll der seste alterman erwehlet werden.

Welche naberschaft nun die wale hat, da sollen alle jar folgende personen mit und beisein, erstlich der pfarherr soll die erste wahl haben, darnach die beide regierende alterleute, zum dritten beide wesende baurmeistere und die vorstender von derselbigen nachbarschaft mit sambt den nachbarn, die von der nachbarschaft darzu gefordert seint.

Volget wie der alterman soll bestetiget werden und was sein ambt ist, das ihme auch dermassen soll bevohlen werden.

Der pfarher mit sambt beiden alterleuten und baurmeister sollen den neuen erweleten alterman von wegen der ganzen gemeine vermelden, das er zum alterman erwehlet und das er solchs ohne weigerung soll mit vermeldung, was er zu wahrende hat und das er das treulich als er mag ausrichte und so lieb ihme seine selen selickeit ist.

Item, das er, so oft man in der kirchen Johannis predigt, darbei sein und vleissig in der gemeine ,den beutel umbtrage und samle zu erhaltung gottes wort.

Item zur notturft der hausarmen, die in der pfarre wohnen und auch zu der kirchen gebeude, und wenn er das gesamlet hat, das er es alsdan in den gotteskasten schutte, und wohe er ja ehehaftig gehindert, denne uf den fal, wohe es sontag ader ein ander feirtag den der alten alterleute einen an seine statt bitten lassen, solchs zuthuon hirmit derhalben nichts verseumet werde, ist aber werkeltag, denne solchs seinen mitalterman anzusagen, das er darauf warte.

Item, das er alle quartal als am tage Johannis, item am tage Michaelis, am dinstage in den heiligen weinachten und am dinstag in den heiligen ostern furdere, das durch die naberschaft, vorstender und die darzu verordnet sein die vierzeitiges pfennige von allen denen, die in die pfarre Johannis gehören, es sei aus der freiheit oder naber recht gesamlet und ihme gezahlt uberantwort werde und solchs zu register bringen.

Item, das er dem pfarhern seine freie wohnung vorschaffe und alle quartal seine besoldung, so ihme die naberschaft gelobt, ins haus bringe und uberantwurte und darzu zwischen pfingsten und ostern 24 malter grob holz und zehen schock wasen uf den hau keufen und die ackerleute nach laut und ordnung der register, das die es uf die zeit dem pfarhern vor sein haus fuhren.

Item, das er in der beiden nachbarschaft alle, die in der pfarre gehören, vleissig sueche und bei denen funf malter rocken und funf malter weizen erbitte und schicke die zehen malter korns in dem jare dem pfarhern in sein haus.

Item, das er den hausarmen in der pfarre nach vörigem gebrauche alle donnerstage in die kirchen bescheide und theile aus, nach eines jeden notturft.

Item, das er auch, so oft es noth ist, die hausarmen in der pfarre, die nicht gehen konnen, besuche, und ihnen handreichung, nach der kirchen notturft, mitteile.

Item, das er keinen armen handreichung thue oder gebe, es geschehe dan mit des pfarhern und seines mitaltermans wissen und willen.

Item, das er die gebeude der ganzen kirchen, was darzu gehöret, in besserung halte, und was nötig ist, machen lasse.

Item, das er von alle deme, was die kirche

vor gerechtickeit hat, nichts entwenden lasse, besondern darane sein soll, das die bei der kirchen bleiben, und soviel an ihme ist, mit gottes hilf vermeheret werde.

Item, das er achtung in der kirchen gebe, das niemands nach seinem gefallen ein gestuele baue oder einen stuel, der gebauet ist, einnehme, besondern wer des bedacht, das er ihnen darumb ansproche, und gebe der kirchen ihre gebuhr, als zwei oder drei pfund wachs. Darnach die personen vermuegens sein und von solchem wachse die lichte uf den altar, und die sonst nötig seind, darvon machen lassen.

Item, das er dem custer alle quartal seine besoldung gebe.

Item, das er alle quartal dem organisten, seine besoldung gebe.

Item, das er achtung darauf gebe, so oft es noth ist, das gotfurchtige und treue kirchendiener bestalt und angenommen werden.

Item, das er auf den sontag Quasimodogeniti, wen seine zeit ist, von aller einnahme und ausgabe dem pfarner und beiden nachbarschaften in seinem hause rechnung thuen soll, darzu soll er den vorigen sonnabend alle die bescheiden, die man pfleget zubescheiden, wenn man einen neuen altermann wehlen soll, und sich quitirn lassen.

Item, das er auch alsdan die kleinodien von kelchen, patenen, almen, cassulen, und alles, so zur pfarre gehöret, laut des registers den volgenden alterleuten ahne mangel uberantworten und zustellen soll.

Item, das erste jar hat er diese stucke, so vor angezeigt, nicht anderst alse ein mithelfer des vor eines erweleten altermans zuthuende und zuratende, und ob wol derselbe alterman davon alles register helt und berechnen muss uf den sontag quasimodogeniti, so soll doch der alterman ohne sein bewuest furnehmen oder ausrichten und er vleissig achtung darauf gebe, das er sich das folgende jar auch darnach zu richten habe.

Item, wenn ihme gelder nötig wurde sein ausserhalben der vier obenberurten quartalzeiten, so soll er dem pfarner ansprechen, desgleichen seinen mitalterman, und beide baurmeister die sollen die kisten offenen, das gelt daraus nehmen, und wen das gezahlt ihme uberantworten, und der pfarherr so wol als der alterman anschreiben, auf das, wen die rechenschaft geschicht, ohne verdacht muge durch den hern pfarner darvon bericht geschehen.

Item, der pfarner soll alle zeit zue dem gotskasten einen schlussel haben, darnach die beiden baurmeister iglicher einen, und der jungste alterman einen schlussel, und so fort, den es gehören viel schlussel zue dem gottskasten.

Item, wen in diesen oben beschriebenen stücken was vorfelt, das er den nicht zue raten weiss, so soll er die vörigen alterleute alle vier zue sich bescheiden und mit denen rat nehmen, wie denne weiter möge zu ratende oder zue thuende sein.

108. Ordnung so die pfarvorwanten zu St. Johannis zu erhaltung der rechten armen dem Westendorf und voigtei zum besten vorgeschlagen.

[Aus Staatsarchiv Magdeburg, Stift und Fürstenthum Halberstadt, Repert. 13, Nr. 848 ª, fol. 531—548.]

Es saget der sohn gottes Jesus Christus (Matth. 4), unser aller heiland zu dem abgunstigen und egennutzigen apostel Juda, ihr habt alle zeit armen bei euch und, wen ihr wollet, konnet ihr ihnen guets thuen, mich aber habt ihr nicht allezeit (Gal. 6), darumb auch der heilig apostel Paulus aufs vleissigst vermahnet, das wir guets thuen sollen jederman, allermeist aber des glaubens genossen (2. Cor. 8 et 9), und wir lesen auch wahrlich, das die christen zu Macedinia zu zeit des heiligen apostels Pauli, so arm und notturftig sie auch selbst gewesen, haben sie dannoch die armen daselbst reichlich erhalten, darmit sie der andern viel zum exempel der nachvelge, das sie sich auch für aller wohlthat gegen got miltiglich und dankbar erzeigt, gereizet haben.

Darumb wollen wir christen sein, so mussen wir das ja mit fruchten beweisen, ja wir mussen umbgehen mit dem rechten gottesdienst. Das ist mit rechten guten werken des glaubens, die uns mit ernst von Christo bevohlen sind, nemlich, das wir uns annehmen der notturft unsers nechsten, wie er sagt (Johann. 15), darbei sollen alle leute erkennen, das ihr meine junger seit, so ihr euch unter einander liebet, und sollen nicht umbgehen mit der munchen geukelwerk und ertichteten gottesdienst, davon wir von got keinen bevehl haben, aber notturft leibes und der seelen unser bruder und schwestern, sie seind reich oder arm, sollen wir uns annehmen, ihnen zu troste, in sonderheit der notturftigen und armen, die keine gesundheit oder gelt haben, und derhalben mussen mannichfaltig noth leiden, denen zuhelfen sind vor allen dingen schuldig die reichen, wie sie auch Paulus darzu vermahnet (1. Timoth. 6), und alle handwerksleute und arbeiter, denen got das gluck und segen gibt, das sie sich mit ihrer hand ernehren kennen (Eph. 4).

Das aber seind die rechten armen, nemlich arme hausleute, handwerksleute und arbeiter, die da vleissig arbeiten und das ihre warten, und das sie doch aus gottes verhengnis darneben schaden empfahen, oder schlecht sonst ein unglück mit zu, das sie arm sein, halten sich doch redlich, verzehren nicht das ihre unnutze, verspielens und versaufens auch nicht.

Item die aus krankheit ihres leibs oder ihrer gliedmass nichts erwerben kennen.

Item witwen und weisen, die nichts haben, kennen auch nicht arbeiten, oder erwerben, oder haben sonst keine freundschaft, die sich ihrer annimpt, so fern sie gotfurchtig sein, aufrichtig wandeln und ein ehrlich leben fuhren und sind nicht, wie Paulus von der geilen witwen schreibet, sind sie aber jung, so soll man ihnen helfen, umb gottes willen, ihrer gelegenheit nach, das sie wieder ehemenner bekommen.

Item elenden frommen jungfrauen und ehrlichen dinst megden, die ein guet gezeugnis haben, und ist niemand der sich ihrer annimbt, sondern sind von jedermann verlassen.

Item, den kranken, die sonsten mechten verderben, armuts wegen, soll man helfen zur gesundheit.

Fur allen dingen aber, soll man versehen und versorgen, die uns zu kommen, und bevohlen sind (Gal. 6), wie Paulus sagt (1. Tim. 5): so jemands die seinen, in sonderheit sein hausgenossen nicht versorget, der hat den glauben verleuknet und ist erger den ein ungleubiger. Darnach soll man achtung geben uf die nachbarschaft und andere bekanten in der gemeine, da wir sein, in sonderheit auf die, so mit uns dem evangelio gleuben, als Paulus lehret (Gal. 6), lasset uns guets thuen, jedermann, allermeist aber an des glaubens genossen.

Letzlich das man auch gerne hilft denen, die uns beleidiget haben, unsere feinde sind, so sie unserer hülfe bedurfen, diesen und dergleichen soll man dienen und helfen (Matth. 5).

Solcher und nicht der heuchler werk wird der sohn gottes Jesus Christus, am jungsten tage gedenken, wie geschrieben stehet mit diesem wort, kompt her ihr gebenedeiten meins vaters, ererbet das reich, das euch bereitet ist von anbegin der welt, den ich bin hungerich gewesen, und ihr habt mich gespeiset, ich bin durstig gewesen, und ihr habt mich gedrenket, ich bin ein gast gewesen, und ihr habt mich beherberget, ich bin nacket gewesen, und ihr habt mich bekleidet, ich bin krank gewesen, und ihr habt mich besuecht, ich bin gefangen gewesen, und ihr seit zu mir kommen, warlich ich sage euch, was ihr gethan habt einem under diesen geringsten meinen brudern, das habt ihr mir gethan.

Und so jemand were, der solchen christlichen sache feind were, und nicht allein darzue nicht helfen, sondern auch mit rat und that wider solchen gottes dinst streben, in sonderheit, so er des evangelii sich rümen wolte, der were billicher Judas, der sich auch beschwert, hierinne zuvergleichen, den einem christen, und denen kan und soll man verhalten die verheissung Christi, wie droben gehort zum theile, als da seind diese und dergleichen spruche, Selig seind die barmherzigen, sie sollen wieder barmherzigkeit erlangen, item machet euch freude (so!), mit dem ungerechten mammon, auf das wen ihr nun darbet, aufgenommen werdet in die ewigen hutten, und wie Salomon sagt, wer sich der armen erbarmet, der wuchert dem hern, und ist das ein grosser, heiliger, reicher vortheil, es haben aber wenig, ja, niemants lust darzu, aber summa summarum, mit solchem fruchten mussen wir beweisen, das wir guete beume seind worden durch den glauben an unsern hern Jesum Christum, auf das wir uns selbst nit betriegen.

Und were zwar eine grosse undankbarkeit, wen wir christen sein wolten und unsere armen liessen noth leiden, oder uns beschwerten, ihnen in ihrer noth furderlich zu sein, wir sind ja got lob und dank erlöset von so mannicherlei schinderei der munch und pfaffen, denen man soviel korns und biers gegeben und andere geschenk mehr fur ihre vigilien und seelmessen und für ihre geplerr, das keine messe gewesen ist, item viel geopfert uf die fest der Marien und der aposteln, und sonst ohne aufhören gegeben zu holzern bildern, tafeln, casseln, glocken, will geschweigen der ewigen beneficien und memorien, der bruderschaften, ablassbriefen, zue solchem narrenwerk hatten die reichen gelder gnung, ja auch eine arme spinnerinne, die sich der spindel ernehrete, die gab auch willig ohne beschwerung. Warumb wollen wir uns nu beschweren, got in seinen gliedern, das aller geringste, ein parteck, ein pfenning, oder groschen zugeben, wie oft geschicht das sich ihr viel zum hechsten beschweren, gedenken nicht was für ein grosse gnad gots ist, das sie durch offenbarung der wahrheit von luegen irtumb und verdamnis, da sie heufig ihr gelt zugeben musten, erlöset sein.

Und wiewol es sonst auch eben und gewisse wahr, das es mit dieser sache gehet, wie sonst mit dem ganzen evangelio, dan woe das gepredigt wird, da seet der teufel auch sein unkraut, und woe unser lieber got eine kirche bauet, da will der teufel auch eine capellen haben.

Den da bei uns wahrhaftige und notturftige arme leute sein, wie eben gehöret, da streuet der teufel auch seine bettler, die etwa nicht wahrhaftig arm und notturftig sein, den andern armen ihre parteken zuentwenden und die frommen christen mit dem mannichfaltigen prachern und betlern zu beschweren und uberdrussig zu machen,

als da mugen sein die landstreicher und landfehrer, verlaufene spitzbuben, toppeler, spieler, junge stark knechte und megde, menner und frauen, die noch stark sein und sich der arbeit und nicht des betlen schemen, sondern ein land, stadt, dorf und gemein nach der andern auslaufen, unterweilen mehr gelt und guet, beinander haben als ein redlicher handwerksman, wie es sich dan oft zuetregt, das wir mit unserm gelt, guet und almosen ursache sollichen gesellen zur toppelerei, spielen, faulheit, mord und unzucht geben, dafur sie uns hernacher lohnen, werden feinde, mordbrenner, strassenreuber und dergleichen und richten allerlei jamer und beschwerung an, wie die tegliche erfahrung fur augen, und itzunder also am tage ist.

Eine aber allem, vermittelst gotlicher hilf, auch rat und beistand frommer und ehrlicher leut haben wir die pfarverwanten der kirch zue Sanct Johannis unsern des Westendorfs und der voigtei, ja zne gottes lob und ehr, auch zum besten der wahren armen leute diese volgende ordnung, wie sichs aufs fuglichste, unsers erachtens nach, hat schicken wollen, aufs papier gebracht, und wo man nun mit gottes forcht, rechtem ernste, ohne heuchelei und eigennutz demselben wurde nachsetzen, wolten wir hoffen, es solte der beschwerung des mannichfaltigen und unerherten bettlens ein ende gewinnen, und die unsern solten nach notturft erhalten und ernehret werden, das wir belohnung fur got und lob bei den menschen, das wir doch hierin nicht suechen, entpfangen wurden, den allein gottes ehr und der wahren armen nutz hierinnen sollen gesuecht werden.

Bitten derwegen euch den hern richter, neben euern adjunctis, als unsern gunstigen hern, ihr wollen dieselbige ordnung lesen und, so etwas darinnen unformlich gestellet, bessern, das andere und ubrige aber mit ernst helfen fortsetzen, wie es nach ein ander in ordentliche artikel verfasset.

Der erste artikel.

Die inheimischen betler in unser pfarr S. Johannis wohnend von mannen, frauen und kindern sollen ufs forderlichste alle, auch die vetere und muttere der kinder, so betlen gehen, in die kirch zue Sanct Johannis gefoddert werden, und soll also erkundigung geschehen von armen mennern und frauen, die da notturftig sein und nicht arbeiten kennen, die sollen aufs papier gebracht, den andern, so nicht notturftig sein und auch arbeiten kennen, angesagt werden, das sie sich ihrer hende arbeit nehren und frommen leuten dienen und arbeiten sollen.

Der ander artikel.

Von frembden betlern soll niemants in der ganzen pfarr zue betteln gestattet werden, es were dan, das stedte und flecke mit brand und anderm schaden beschwert und das dieselbigen sonderliche personen mit glaubwirdigen versiegelten briefen (sintemal das oft grosse betriegerei mit solchem, zum oftermal geschicht) anher umb hilf geschicht, denen soll ein mal fur der kirchen zusamlen erleubet werden, oder das der bettelvoigt von hause zu hause einen halben tag mit den personen umbgehe, welchs unter den beiden vorschlegen am bequembsten und besten sein will.

Der dritte artikel.

Die veter und mutter derer kinder, so betlen gehen, sollen auch verhort werden, aus was notturft die kinder betteln gehen. Wo nun darunter leut, die 2, 3 oder mehr kinder haben, die da gebrechlich oder gar klein sein, und keine narung haben, damit sie die erneheren, so sollen die kinder aufs papier gebracht werden, sind aber kinder darunter, so zur schuel tüchtig, die sollen zur schuel gehalten und aus der currend versehen werden, das sie also ihre kinder von der gassen lassen, nicht pflasterwetter oder mussiggenger erziehen, sondern etwas redlichs lernen das sie sich ernehren kennen, da sie aber schwach und krank wurden, und die kinder noth leiden musten, so sollen dieselbigen veter und mutter durch zwene ihrer nachbar bei dem pfarhern und alterleuten ansuechen, die sollen ihnen hulf aus der armen kisten verschaffen.

Der vierte artikel.

Diesen vor angezeigten armen mennern, frauen und kindern, so aufs papier gebracht, den soll vergunt werden, in der wochen drei tage zwischen 10 und 11 uhr in der pfarre umbzugehen, als den sontag vor der hunersbrücken an bis an den tittenklapp, vom tittenklap an bis auf den hohen weck, den donnerstag von Sanct Johannis kirchen an bis an das weichbild, und diese alle sollen ein kupfern zeichen haben, wie es ihnen der herr richter wird zustellen.

Der funfte artikel.

Vor solche reiche underhaltung, da got der almechtige auch seinen segen auch reichlich zugeben wird, sollen die angezeigten umbgenger alle predigtage in Sanct Johannis kirchen sein und in sonderheit zue dreien dingen vermahnet werden.

Zum ersten, das sie got anrufen sollen, das got der almechtige die pfarverwandten reichlich segen und zue ihrer nahrung gedeien geben wolte, das sie alle muegen zugeben und die armen zuerhalten haben.

Zum andern, das der almechtige got auch die herzen derer leute mildern und eroffenen wolle, das sie reichlich denselben armen und auch den schuelern geben.

Zum dritten, got den almechtigen fur solche wohlthaten und dergleichen, die der ganzen christenheit aus lauter gnad erzeigt, danksagen, auch loben und preisen helfen und andern guete exempel geben.

Und alle die sich in diesem ohne redliche ursach nicht halten werden, denen soll der umbgang verboten werden, damit wir mit unserm almosen nicht ursach zue stündigen geben.

Der sechste artikel.

Item, so auch in der pfarre arme handwerksleute, arme taglohner sein, die etwa viel oder weinig kinder haben und sich in ihrer vocation vleissig zur arbeit halten, und doch der segen nicht volget, das sie die kinder nicht erneheren konnen, dieselbigen sollen sich auch durch zwene getreue nachbarn dem pfarhern und alterleuten angeben, so sollen sie gefurdert und ihre notturft augehöret werden, und sollen den alle ihre kinder vorstellen; befindet man aber, das sie ihre kinder haben, die zur schuele dienen, die sollen in die currend genommen werden; haben sie megdelein, die ihr brot verdienen konnen, die sollen sie vermieten, und zuerhaltung der ander kinder, der dan viel oder weinig sein, soll ihnen alle monat und etzliche umb 2 monat ein scheffel rocken oder mehl gegeben werden; zue beforderung derselben sollen die alterleute alle jar ein mal in der pfarre umb korn bitten und samlen, was aber mangeln wurde sollen sie den armen kasten zue hulf nehmen.

Der siebende artikel.

Item, die kranken und sonst notturftige hausarmen in der pfarre sollen die alterleute, zum weinigsten alle jar vier mal, von hause zue hause besuechen sambt dem pfarhern und ihre notturft bei den nachbarn erkunden, demenach soll den, nach vermuge des armen kasten, daraus handreichung geschehen, wie oben vermeldet, und nach eins jeden gelegenheit.

Woe nu diese verordnung dermassen soll ins werk gesetzet werden, soll dem betler voigt alle wochen 2 gr. darauf gegeben werden aus der armen kisten, welchs das jar 5 fl. machet bissolange das man sicht, das man es ihme verbessern konne, er sich auch vleissig in seinem bevehl verhelt, darzu soll er das trankgelt von dem begräbnus auf Sanct Johannis kirchhofe haben, von

62*

einer volstendigen person 2¹/₂ gr. von einem kinde, das 15, 16 oder 18 jar alt ist 2 gr., von einem kleinen kinde 1¹/₂ gr.; mehr soll er in allen brautheusern in unser pfarre vor den thuern aufsehen, darvon soll ihme sein gebühr gegeben werden.

Item, wenn er mit frembden betlern, so guet gezeugnis haben, umbgehet, muste ihme 18 pfennig zue trankgelde werden.

Des muste er alle sontag und festtage auf dem kirchhofe sein achtung geben, das die betler da nicht bettelten und hernach von einer thuer zur andern liefen.

Item die spazier junkern unter der predigt vor dem thor und auf dem kirchhofe mit einer peitschen in die kirche treiben, auch woe er die brantewein seufer unter der predigt vernimpt.

Item die töppeler und spieler, das er die dem pfarherr anzeige, das er die leute aus gottes wort davon abhalte und fur gottes zorne warne.

Item alle tage zwei mal, so weit sich die pfarre erstrecket, oder, so oft es nötig, umbgehe und die frembden betler wegtreibe.

Item, so auch aus dem weichbilde betler, es weren jungen oder medchen, wolten betlen, so muste er mit der peitschen, wenn sie sich in der guete nicht wolten lassen abweisen, wegtreiben, herwiederumb solten auch dieser pfarr die betler, auch jungen und medchen, in dem weichbilde zu betteln nicht gestattet werden.

Item alle vier wochen den umbgang uf dem kirchhofe einmal kehren und den unflat wegbringen.

Item so oft er ein grab gemacht hat, soll er umb den kirchhof gehen, eine schufel nehmen, das, woe etwa unflath hingemacht, er den uber die maure werfe, auf das der kirchhof in wirden gehalten, und wenn die leut zur begrebnis gehen, des unflats sich nicht scheuen, oder die kleider damit, wie oft geschicht, besudeln, auch wo er sicht einen mit unflat den kirchhof besudeln, das er den mit der peitsche darvon treibe.

Und was also mehr nötig und der pfarner, sambt den alterleuten, auf bevehlich der gemeine ihme dem bettelvoigt heissen wurden, des muste er sich treulich halten, oder gewer[tig] sein, das man ihme den korpf aufhinge.

Woe es nun auf diese weise keme, wie es leichtlich mochte angefangen werden, bitten wir pfarverwanten und ganze gemeine umb rat, hulf, beistand und execution, so wollen wir hoffen, unser armen sollen versorgt und vielen unglück gewehret werden.

Der sohn gottes Jesus Christus eroffene unsere herzen alle, das sie milde und geneigt zugeben sein, und gebe allen notturftigen und betlern, das sie sich bekehren und from werden und die almusen mit danksagung entpfahen muegen. Amen.

DAS FÜRSTENTHUM ANHALT.

Das Fürstenthum Anhalt.

Hilfsmittel: Beckmann, Historie des Fürstenthums Anhalt. Zerbst 1710; Acta historico-ecclesiastica, XX, 294 ff.; Stenzel, Handbuch der Anhaltischen Geschichte. Dessau 1820; Lenz, Historisch-genealogische Fürstellung des hochfürstlichen Hauses Anhalt. Cöthen-Dessau 1757; Lünig, Reichsarchiv. Part. spec. contin. II. Fortsetzung III; Dürre, Von dem hochw. heiligen abendmahl unsers herrn Jesu Christi glaube, lehre und bekenntniss des hochw. fürsten und herrn, herrn Georgen, fürsten zu Anhalt. Zerbst 1650; Waschke, Abriss der Anhaltischen Geschichte. Dessau 1895; Sehling, Die Kirchengesetzgebung unter Moritz von Sachsen und Georg von Anhalt. Leipzig 1899. Dortselbst S. 24, Anm. 1: Zusammenstellung der Literatur zu Georg von Anhalt; Schmidt, Nikolaus Hausmann. Leipzig 1860; Bossert, in: Zeitschrift für kirchliche Wissenschaft und kirchliches Leben. 1887. S. 345 ff.; Kindscher, Geschichte des hochfürstlich Anhaltinischen akademischen Gesammtgymnasiums zu Zerbst. (Gymnasialprogramm 1868, 1871); Derselbe, in: Anhalt. Staatsanzeiger, vom 26. Juli 1892; Becker, Des Zerbster Superintendenten Wolfgang Amling's Ordinationen, 1578 — 1606 (in: Theolog. Studien und Kritiken. 1897. S. 112 ff.); Derselbe, Aus Cöthener Kirchenvisitations-Akten von 1567, in: Zeitschrift für Kirchengeschichte. 1901. S. 269 ff.; Bobbe, Die Kirchen-bücher in Anhalt, in den Mittheilungen des Anhaltischen Geschichtsvereins, 7 (1895), S. 198 ff.; Becker, Eine theologische Hochschule Anhalts, ebenda 7, 423; Derselbe, Die ersten Ordinationen für die evangelische Kirche Anhalts, 1538—1578, ebenda 7, 565; Franke, Elisabeth von Weida, ebenda 8, 313 ff.; Becker, in: Correspondenzblatt des Gesammtvereins der deutschen Geschichts- und Alterthumsvereine. 1892; Schubart, Die Glocken im Herzogthum Anhalt. Dessau 1896; Waschke, Geschichte der Stadt Dessau. Festgabe zur Einweihung des Rathhauses. Dessau 1901. S. 36 ff.; Rümelin, Die Reformation in Dessau. Halle 1894; Hartung, Geschichte der reformirten Stadt- und Kathedralkirche zu St. Jacob in Cöthen. Cöthen 1898; Schubring, Die Einführung der reformirten Confession in Anhalt, in: Zeitschrift für lutherische Theologie 9, 291 ff.; Allihn, Die reformirte Kirche in Anhalt. Cöthen 1874; Derselbe, Alt oder Neu. Cöthen 1892; Johannsen, Der freie Protestantismus in Anhalt, in: Zeitschrift für die historische Theologie. 1846; Buchrucker, in: Zeitschrift für die gesammte lutherische Theologie und Kirche. 1864. 25, 336 ff.; Zahn, Das gute Recht des reformirten Bekenntnisses in Anhalt. Elberfeld 1866; Müller, Die evangelische Landeskirche des Herzogthums Anhalt. Cöthen 1889; Derselbe, Offener Brief an Consistorialrath Dr. Duncker. Cöthen 1892; Heine, Die Katechismusfrage in Anhalt. Cöthen 1890; Duncker, Anhalts Bekenntnissstand während der Vereinigung der Fürstenthümer unter Joachim Ernst und Johann Georg (1570—1606). Dessau 1892; Duncker, Nachwort zu der Schrift „Anhalts Bekenntnissstand während der Vereinigung der Fürstenthümer unter Joachim Ernst und Johann Georg (1570—1606)." Dessau 1892; Siedersleben, Geschichte der Union in der evangelischen Landeskirche Anhalts. Dessau (Rich. Kahle) 1894; Heine, Geschichte der Grafschaft Mühlingen. Cöthen 1900, in: Beiträge zur Anhalt. Geschichte, Heft 2; Derselbe, Geschichte von Wörbzig und Frenz. Cöthen 1902, in: Beiträge zur Anhalt. Geschichte, Heft 5; Becker, Die Art des deutschen Reformirtenthums nach seiner Ausgestaltung in Anhalt. Cöthen 1900, in: Beiträge zur Anhalt. Geschichte, Heft 3; Suhle, Der Einfluss des Reformationswerkes in Anhalt auf den Besuch der Universität Wittenberg, in: Mittheilungen des Vereins für Anhaltische Geschichte, 9 (1902), S. 218 ff.; Becker, Der Anfang der Reformation in Zerbst, in: „Unser Anhaltland", 1901, S. 357, 370. S. auch S. 513, 526; Windschild, Ein Blatt aus Anhalts Kirchengeschichte, in: „Unser Anhaltland", 1901, S. 431, 443, 453; Becker, Die Bartholomäuskirche zu Zerbst und die Reformation, in: „Unser Anhaltland", 1902, S. 338, 350, 361; Derselbe, Weiteres von der Reformation zu Zerbst, in: „Unser Anhaltland", 1902, S. 121, 133; Derselbe, Bischof Dietrich von Brandenburg und die Reformation, in: „Unser Anhaltland", 1902, S. 552, 561, 572, 582; Suhle, Die Reformation im Stifte Gernode, in: „Unser Anhaltland", 1902, S. 489.

Archive: Herzogl. Staats-Archiv zu Zerbst. Superintendentur-Archive zu Zerbst, Dessau, Cöthen. Herzog Georg's-Bibliothek zu Dresden. Ernest. Ges.-Archiv zu Weimar. H.St.A. Dresden.

Vorbemerkung.

In der Reformationszeit zerfiel das Anhaltische Fürstengeschlecht in zwei Linien: die Waldemarisch-Cöthen'sche Linie und die Ernestinisch-Dessauer Linie.

Die erstere Linie mit den Besitzungen an der Saale (Cöthen, Ballenstedt, Sandersleben, Freckleben, Bernburg, Coswig) bestand nur aus Wolfgang, dem treuen Bekenner der Reformation. Nach verschiedenen, durch die Ächtung Wolfgang's (1547) veranlassten Territorialverschiebungen gelangte Wolfgang nach dem Passauer Vertrage wieder in den Besitz seiner Lande, trat dieselben aber am 19. September 1562 an die Ernestinische Linie ab, mit Ausnahme von Schloss, Stadt und Amt Coswig. Dieses trat er aber auch noch im Jahre 1564 ab und starb am 23. März 1566.

Die Ernestinische Linie bestand aus den drei Söhnen des Fürsten Ernst und der Margarethe von Münsterberg: Joachim (unvermählt gestorben 1561), Georg (unvermählt gestorben 1553) und Johann II.

1562 bezw. 1564 erwarb die Ernestinische Linie auch die Landestheile der Waldemarschen Linie.

Im Jahre 1563 wurde deshalb eine neue Landestheilung vorgenommen. Die überlebenden Söhne Johann's II., Bernhard III. und Joachim Ernst, theilten das Land in folgender Weise: Bernhard III. erhielt Dessau, Zerbst, Lindau, Warmsdorf; Joachim Ernst: Bernburg, Cöthen, Sandersleben und die Besitzungen im Harz.

Als Bernhard III. 1570 kinderlos starb, vereinigte Joachim Ernst die gesammten Anhaltischen Lande in seiner Hand. Joachim Ernst wurde der Stammvater des noch jetzt regierenden Geschlechtes. Er starb 1586 und hinterliess sieben Söhne (ein achter Sohn, Joachim Christoph, geb. 1582, war 1583 verstorben): Johann Georg I. († 1618, Stifter der Dessauischen Linie), Christian I. († 1630, Stifter der Bernburger Linie), Augustus († 1653, Stifter der Plötzkauer Linie), Rudolf († 1621, Stifter der Zerbster Linie), Ludwig († 1650, Stifter der Cöthener Linie), Bernhard VIII. (geb. 1571, † 1596), Johann Ernst (geb. 1578, † 1606).

Zunächst führte Johann Georg die Regentschaft für seine jüngeren Geschwister. Im Jahre 1603 wurde ein Erbvergleich abgeschlossen, nach welchem Augustus auf einen Antheil (unter Vorbehalt des Erbrechts bei Aussterben einer anderen Linie) Verzicht leistete, die anderen vier noch lebenden Brüder das Land theilten. 1611 wurde dann aber auch für Augustus eine Herrschaft, nämlich Plötzkau, errichtet, die aber nicht selbstständig war.

Das Weitere entfällt für unsere Aufgabe.

Cap. I. Die Anfänge der Reformation.

I. Der äussere Gang der Reformation war der folgende. Zur Reformationszeit regierten in den Anhaltinischen Ländern zwei Linien. Die erste Linie, mit den Besitzungen an der Saale (Cöthen, Ballenstedt, Sandersleben, Freckleben, Bernburg mit Coswig), war repräsentirt durch den Fürsten Wolfgang. Fürst Wolfgang, bekanntlich einer der ersten Vorkämpfer und treuesten Bekenner der neuen Lehre, führte dieselbe schon früh in seinen Landen ein. Vgl. Bekker, in: Zeitschrift für Kirchengeschichte, 1901, S. 271 ff.; Bossert, in: Zeitschrift für kirchliche Wissenschaft und kirchliches Leben, 1887, S. 351 ff. Vgl. auch unter Cöthen. Die wichtigsten kirchenhistorischen Daten seiner Regierung sind in einem (offenbar bei Gelegenheit der späteren Bekenntnissstreitigkeiten angefertigten) Concept zusammengestellt, welches im Sup.-Archiv Zerbst, A. 28, Bl. 347 ff., aufbewahrt wird.

Am 25. Juni 1530 hatte Wolfgang mit anderen Fürsten die Augsburgische Confession überreicht. In den Zeiten des Interims erklärte er, dass er lieber Land und Leute verlassen wolle, ehe er diese Lehre dulde. Seine Haltung zum Interim erhellt auch aus einem interessanten Schreiben des Fürsten an den Burggrafen zu Meissen (Heinrich IV. von Reuss-Plauen) über die Einführung des Interims in den Anhaltischen Landen vom 11. Januar 1549. (Dasselbe ist nach dem Original abgedruckt im Lobenstein'schen Intelligenzblatt 4 (1787), S. 1 ff.) In die Reichsacht erklärt, verlor er thatsächlich Land und Leute und kehrte erst nach dem Passauer Vertrage in die Heimath zurück.

Im Jahre 1561 schrieb Wolfgang dem Kurfürsten August von Sachsen, dass er bei dem einmal zu Augsburg gethanen Glaubensbekenntnisse verbleiben wolle, und dass es eine Leichtfertigkeit sein würde, ein anderes Bekenntniss zu unterschreiben; bei der Landesabtretung vom 19. September 1562 liess er sich von seinen Vettern eine ausdrückliche Zusicherung betreffs der Erhaltung des alten Bekenntnisses geben; 1563 liess er durch die „Gelehrten" ein kurzes Concept der Lehrartikel ausarbeiten, um dieselben dem Kaiser zu überreichen.

Weniger orientirt sind wir über die sonstigen kirchenrechtlichen Vorgänge aus seiner Regierungszeit.

Von Regierungsmaassregeln Wolfgang's sind vor allen Dingen diejenigen hervorzuheben, durch welche er die finanzielle Lage der Kirchendiener und Lehrer beständig zu heben bemüht war, so von 1545, von 1562. [Vgl. Hartung, Geschichte der Kirche zu St. Jacob in Cöthen. S. 109 ff., 120 ff., 124 ff.] Abgesehen hiervon ist mir nur ein Rescript bekannt geworden, welches er unter dem 3. October 1541, zusammen mit seinen Vettern der anderen Linie, Johann, Georg und Joachim, an die Pfarrer ergehen liess, und welches wesentlich die Einführung der Bibelübersetzung Luther's zum Inhalt hat. Wir drucken dieses Aktenstück hier erstmalig aus dem Sup.-Archiv zu Zerbst, XXIX, Bl. 272ᵇ ff., ab. (Nr. 111.)

Der Superintendent Schlaginhaufen, welcher seit Ende des Jahres 1533 in den Landen Wolfgang's wirkte, war es, der auf energische Maassnahmen drang. Die vorgeschlagene Visitation wurde vom Fürsten, wie es scheint, erst nach einigem Zögern genehmigt. Ihre genaue Zeit steht nicht fest. aber da im Jahre 1534 auch in den anderen Theilen Anhalts visitirt wurde und 1534 auch Verhandlungen wegen der Reformirung des Klosters Nienburg mit dem Abte stattfanden, wobei Schlaginhaufen thätig war (vgl. Kawerau, Der Briefwechsel des Justus Jonas, II, 353 ff.), so dürfen wir die Visitation wohl auch in das Jahr 1534 versetzen. Der

Superintendent übergab den visitirten Pfarrern eine Darstellung der von ihm in Cöthen beobachteten Gottesdienst-Ordnung, mit dem Befehle des Fürsten, sich darnach zu richten.

„Wollen derhalben ir f. g. ernstlichen gehalten haben, nicht als notig zur selickeit, sunder auf das, wie wir alle eintrechtig in der lehre sein, auch mit kirchenbreuchen, taufen, beichten, sacramenten, messhalten, ehesachen, trostung der kranken, begrebnussen und anderen christlichen ceremonien einhellig stimmen und mit unser kirchen zu Kothen allermass vergleichen." (Vgl. Nota von Schlaginhaufen, abgedruckt in: Zeitschrift für kirchliche Wissenschaft und kirchliches Leben, 1887, S. 355.) Der Bericht Schlaginhaufen's über seine Cöthener Ordnung wird unter Cöthen abgedruckt. Zu Schlaginhaufen vgl. auch Hartung, Geschichte der reformirten Kirche zu St. Jacob in Cöthen, S. 210 ff.

In dieser Visitation erliessen die Visitatoren u. A. auch für Harzgerode eine grundlegende Anordnung. Als solche glaube ich nämlich die in Zerbst, St.A., zu V, 209ᵇ, Nr. 9, in zeitgenössischer Abschrift erhaltene „Kirchen-Ordnung zu Harzgerode" betrachten zu sollen. Ich stütze mich allerdings hierbei nur auf den Inhalt der Ordnung. Namentlich scheint der Eingang, wonach dem Pfarrer eine Agende zugeschickt werden solle, auf die Cöthener Agende hinzuweisen. Ich drucke die Harzgeroder Ordnung unter Harzgerode erstmalig ab.

Über die Einführung der Reformation in der Grafschaft Mühlingen, einem Afterlehn Anhalts, vgl. Heine, Geschichte der Grafschaft Mühlingen, in: Beiträge zur Anhalt. Geschichte, Heft 2, Cöthen 1900, S. 24 ff.

Es mag auch noch ein weiteres Vorkommniss aus Wolfgang's Regierungszeit für seinen Eifer in der Förderung der kirchlichen Ordnung und der Reformation Zeugniss ablegen. Aus einer Eingabe, welche die sämmtlichen Superintendenten und Kirchendiener zu Bernburg, Cöthen, Coswig, Sandersleben, Gernrode, Ballenstedt [von den Geistlichen unterschriebenes Original im St.A. Zerbst, K. 62, Vol. V, fol. 259ᵇ, Nr. 3] an den Fürsten richteten, ersehen wir, dass der Fürst ihr Gutachten über die Frage der Abschaffung oder Wiedereinrichtung der Elevation erbeten hatte. Das Gutachten spricht sich auf Grund der Äusserungen von Luther und Melanchthon (von Letzterem in einem Schreiben an Schlaginhaufen) für die gänzliche Abschaffung aus; diejenigen, die Anstoss daran nehmen würden, sollten bedenken, dass sie die richtige „lehre nun lange genug gehabt und zusehen, damit sie nicht stets schwach blieben". Die Geistlichen benutzten auch die Gelegenheit, dem Befehle des Fürsten, etwaige Wünsche in Betreff der Ceremonien geltend zu machen, zu entsprechen und mitzutheilen, dass sie darauf bedacht seien, eine „ernste kirchenstrafe" aufzurichten. Öffentliche Sünder sollten nicht zu den Sacramenten zugelassen werden, bevor sie öffentliche Busse gethan und mit Namensnennung von der Kanzel herab für sich hätten bitten lassen. Der Fürst möge sie — die Pfarrer — in ihren Bestrebungen fördern.

Das Schreiben ist nicht datirt. Aber da im Jahre 1552 auch in den anderen Landestheilen die Bestrebungen nach Einführung der öffentlichen Busse hervortraten, wird es wohl in das Jahr 1552 zu setzen sein. Die Entscheidung des Fürsten ist nicht bekannt, dürfte aber wohl bezüglich der öffentlichen Busse ebenso wie in dem Ernestinischen Theile abwehrend gelautet haben. —

Der Schwerpunkt der kirchenrechtlichen Entwicklung Anhalts lag in der Thätigkeit der Fürsten der anderen Linie, welche auch seit 1562 die Regierung über die Länder der mit Wolfgang aussterbenden Linie übernahmen und die einen Gesetzgeber wie Georg von Anhalt aufzuweisen hatten.

II. Die Ernestinische Linie besass die anderen anhaltischen Länder, an Elbe und Mulde. Zur Reformationszeit bestand sie aus der Wittwe des Fürsten Ernst, Margarethe von Münsterberg, und deren drei unmündigen Söhnen Johann, Georg, Joachim. Solange Margarethe die Vormundschaft führte, blieb die katholische Lehre die herrschende. Die mündig gewordenen Söhne wandten sich seit 1532 der neuen Lehre zu und beriefen als Reformator: Nikolaus Hausmann

nach Dessau. Vgl. D e l i t z s c h, in: Zeitschrift für Protestantismus und Kirche 10, 375; B e c k -
m a n n 6, 54 ff.

Hausmann verfasste eine Ordnung. Von ihr (ordinatio) ist in drei Briefen Luther's
vom 21., 23. und 28. März 1534 die Rede (de W e t t e 4, 525, 527). S t i e r, Regesten aus
Luther's Briefen, in: Mittheilungen des Vereins für Anhalt. Geschichte und Alterthumskunde
4, 1, S. 9, 10; S c h m i d t, Nikolaus Hausmann, Leipzig 1860, S. 66. Luther widerrieth die
Publication, um der Ordnung nicht einen gesetzlichen Charakter zu verschaffen; sie sollte sich
durch die Praxis in der Gemeinde einleben. Hausmann unterliess daher die Veröffentlichung.
Luther hatte übrigens, wie er selbst an Hausmann schreibt, auch einige Correcturen in dem
übersandten Exemplar vorgenommen. Leider ist Näheres darüber nicht zu ermitteln.

Diese Ordnung Hausmann's ist im Staatsarchiv zu Zerbst, G.A.R. V, 209, 9 erhalten
und wird hieraus erstmalig abgedruckt. (Nr. 109.) Sie zeigt, wie unfertig die Verhältnisse in
Dessau waren und wie erst Hausmann mit Hilfe der Fürsten den Grund legen musste.

Das Capitel über das Geläute ist übrigens schon von S c h u b a r t, Die Glocken im
Herzogthum Anhalt, Dessau 1896, S. 94 ff., abgedruckt.

In diese erste Periode fallen auch Visitationshandlungen, und zwar in das Jahr 1534.
Dieses Vorgehen der Fürsten gab Veranlassung zu Beschwerden Seitens des katholischen Ordi-
narius, des Erzbischofs von Magdeburg. Hierauf beziehen sich auch die im Staatsarchiv zu
Magdeburg, A., Erzstift Magdeburg I, 494 enthaltenen „Acta die von denen Fürsten zu Anhalt
in ihren Herrschaften ohne Vorwissen des Erzbischofs zu Magdeburg angeordnete Visitation und
Reformation des Kirchen- und Schulwesens. 1534."

Fürst Georg berichtete 1534 an Kurfürst Joachim I. von Brandenburg über die in Anhalt vorgenommenen Neuerungen und rechtfertigte dieselben. Mittheilung über diesen Bericht
giebt B e c k m a n n 6, 64.

Über diese erste Visitation geben uns die Akten im Herzogl. Staatsarchiv zu Zerbst V,
25—26ᵇ, 121 Aufschluss. Im Auftrage der drei Gebrüder veranstalteten die Pfarrer Nikolaus
Hausmann und Gregorius Peschel zu Dessau, sowie Servatius Kruger und Siegmund Bernetz
die Visitation. Dieselbe erstreckte sich über alle Städte und Dörfer des Landes, insbesondere
über Dessau, Rosslau, Wörlitz, Ragösen, Straguth, Ragun, Repichau u. s. w. Der erhaltene
ausführliche Bericht der Visitatoren berührt wesentlich nur finanzielle Angelegenheiten und
bietet kein allgemeines Interesse.

Aber alles dies waren nur provisorische Maassregeln. Zur durchgreifenden Neugestal-
tung der Dinge fühlten sich offenbar die Fürsten allein mit ihren Pfarrern nicht genügend
vorbereitet und beriefen daher Justus Jonas, mit welchem sie schon seit 1532 nahe Beziehungen unterhielten, im Jahre 1538 nach Dessau, mit dem Auftrage, einen Entwurf einer
Kirchen-Ordnung anzufertigen: „Faciam signaturam de ordinatione hic rerum ecclesiasticarum,
ut Vestrae Celsitudinis autoritate et consilio d. doct. Martini (Luther wollte im Juni nach Anhalt kommen) accedentibus aliquando concludi possit," schreibt Jonas. (Vgl. K a w e r a u, Briefwechsel des Justus Jonas, Nr. 383, 385.) Jonas nahm längeren Aufenthalt in Zerbst. Unter
dem 1. Juni 1538 (K a w e r a u, a. a. O. Nr. 385) schrieb er dem Fürsten Georg „quandam signaturam ordinationis ecclesiarum iam conscripsi breviter, quam et tunc ostendam V. C.", und
fragte, ob er nach Dessau kommen solle.

K a w e r a u versteht dies alles von einer localen Ordnung für Zerbst, offenbar verleitet
durch die Thatsache, dass Jonas sich in Zerbst aufhielt, und das Wörtchen „hic" im Briefe
Nr. 383. Dagegen spricht schon die Fassung „ordinatio e c c l e s i a r u m", welche offenbar weiter
geht. „Hic" bedeutet nur, dass Jonas seinen Aufenthalt in Zerbst benutzen solle, eine Ordnung
zu entwerfen.

Über das weitere Schicksal des Jonas'schen Entwurfes fehlen uns genauere Nachrichten.

Ich nehme an, dass die Fürsten die Ordinatio rerum ecclesiasticarum gebilligt haben, und dass diese, wenn sie auch nicht als Landesgesetz formell publicirt worden ist, so doch thatsächlich die Richtschnur für die erste Einrichtung des Kirchenwesens in Anhalt gebildet hat, indem die Fürsten den Entwurf den Landessuperintendenten zur Darnachachtung übersandt haben. Dies begründe ich folgendermaassen: der erste Superintendent Fabricius, dem als Organisator Anhalt ausserordentlich viel zu verdanken hat, fügte das von Justus Jonas unterschriebene Original der „Ordinatio" seinem (unten näher zu beschreibenden) „letzten Kirchenberichte" bei. Hierin hinterlässt er seinen Nachfolgern gewissermaassen sein Testament, indem er ihnen nicht nur eine Darstellung der wichtigsten kirchlichen Ereignisse giebt, sondern auch eine Zusammenstellung der kirchlichen Normen, nach welchen sie sich zu richten haben. Dieser Aufzählung der geltenden kirchlichen Gesetze fügt er die Ordinatio des Jonas im Original bei und nennt sie dabei ausdrücklich „Kirchen-Ordnung". Es kann also keinem Zweifel unterliegen, dass Fabricius sich nach dem „Vorschlage" des Jonas gerichtet hat und ihn als eine Norm seinen Nachfolgern mittheilt. Wir haben daher in der (übrigens ganz ausführlichen) Ordnung des Jonas eine der ersten Kirchen-Ordnungen Anhalts zu erblicken und drucken dieselbe nach dem von Jonas unterschriebenen Original im Sup.-Archiv zu Zerbst, A. Nr. 29 erstmalig ab. **(Nr. 110.)**

Jonas muss bei den Fürsten in besonderer Gunst gestanden haben. Einer der Fürsten übernahm Pathenstelle an seinem Sohne, Joachim, und beschäftigte ihn später auf seiner Kanzlei als Copist. Joachim muss sich aber dort nicht gut geführt haben, denn im Dessauer Sup.-Archiv, I. Hauptabtheilung, 7. Unterabtheilung, Nr. 8, findet sich ein Schreiben des Bruders von Joachim, des Licentiaten beider Rechte Justus Jonas, worin er unter Anrufung der Pathenschaft und des Gedächtnisses seines Vaters um Gnade für seinen Bruder bittet.

Von einer zweiten Visitation aus dem Jahre 1541 sind uns Bruchstücke in einigen losen Blättern im Staatsarchive zu Zerbst, Vol. VI, fol. 25, Nr. 122, erhalten. Diese beziehen sich auf die Visitation von Salegast. Auch finden sich in diesem Archive noch Protokollnotizen von Kirchenvisitationen in Altenburg, Ilberstedt, Güsten, Waldau, Aderstedt, Plötzkau, Gross-Wirschleben, Kölbigk. Es steht aber nicht fest, ob sie sich auf die Visitation von 1534 oder 1541 beziehen. Grösseres Interesse beanspruchen sie nicht.

Cap. II. Georg von Anhalt. Die Vollendung der Reformation.

I. Dem Lande war inzwischen im Fürsten Georg ein Reformator und Gesetzgeber erwachsen, wie ihn wenige Territorien ihr eigen nennen können. In meinem Buche „Die Kirchengesetzgebung unter Moritz von Sachsen und Georg von Anhalt." Leipzig 1899, habe ich versucht, die grosse Bedeutung, welche Georg von Anhalt für die kirchliche Entwicklung Sachsens besessen hat, in das gebührende Licht zu rücken. Im Folgenden werde ich das Gleiche für Anhalt versuchen und kann dabei vielfach auf die Ergebnisse meiner früheren Untersuchung verweisen, nicht nur bezüglich der Einzelheiten, sondern auch bezüglich des Gesammturtheils über diesen vortrefflichen Fürsten. —

Wenn man die kirchenrechtliche Bedeutung Georg's von Anhalt ganz verstehen will, so darf man sich nicht auf die kirchlichen Verhältnisse Kursachsens im Allgemeinen beschränken, sondern man muss auch ganz besonders seine Thätigkeit als Bischof von Merseburg in's Auge fassen. Kommt Georg für Kursachsen wesentlich nur als Gutachter in Gesetzgebungsfragen in Betracht, so konnte er in seinem Bisthum ganz als ordinarius iudex der alten Kirche — und in diesem Sinne fasste er seine Stellung als Bischof auf (vgl. Sehling, Kirchengesetzgebung, S. 83) — seinen Gedanken freien Spielraum gewähren und dieselben verwirklichen — allerdings selbst hier nicht völlig frei, denn der Landesherr, der Schützer der beiden Tafeln, griff auch hier wiederholt in die Entwicklung der Dinge ein, und Georg hatte sich nach seinen Wünschen zu richten.

Diese Schranke fiel in Anhalt fort; hier war Georg von Anhalt ja selbst der Landesherr und konnte demnach ungehindert von fremden Einflüssen schalten und walten. Für Kursachsen ersonnen, für Merseburg versucht und für Anhalt definitiv eingeführt, so lässt sich die Stufenfolge bezüglich mancher Einrichtung Georg's formuliren.

Hinsichtlich der Thätigkeit Georg's in Kursachsen bei den Leipziger, den Cellischen Berathungen und den Interims-Verhandlungen verweise ich auf meine „Kirchengesetzgebung" S. 21 ff.

Drei Ordnungen wurden in Altenzelle „in der Celle" 1545 beschlossen: eine Consistorial-Ordnung, eine Ehe-Ordnung und eine Kirchenagende.

Die beiden ersteren traten in Merseburg unverändert in Geltung. (Sehling, Kirchengesetzgebung, S. 45. Kirchen-Ordnungen Bd. II, S. 4.)

Anders die Kirchen-Agende. Zahlreiche Gutachten und Conferenzen offenbarten die grösste Verschiedenheit in den Meinungen der betheiligten Kreise. Bei dieser Agenden-Gesetzgebung trat eine eigenthümliche Richtung Georg's besonders hervor: seine Vorliebe für die reichen Formen der alten Kirche. Schliesslich war Georg von Anhalt die eigentlich treibende Kraft in der Agenden-Gesetzgebung, während die ihm unterstellte sächsische Geistlichkeit eine neue Agende überhaupt nicht wünschte, sondern bei der Heinrich's-Agende verbleiben wollte. Es kam denn auch in Sachsen zu keiner Publication der berathenen Agende, sondern Georg von Anhalt erhielt nur den Auftrag, die wichtigsten Ergebnisse zu einer Instruktion zu vereinigen, welche den Pfarrern auf den Synoden vorzuhalten sei. So entstand die Superintendenten-Instruktion, bei welcher Georg die Artikel zu Grunde legte, welche er auf einer Synode zu Merseburg bereits im Jahre 1544 seinen Pfarrern publicirt hatte. (Dieselben sind mit den Verbesserungen für Kursachsen oben S. 12 ff. abgedruckt.)

Noch weniger Freude erlebte Georg in Sachsen an der grossen Interims-Agende, als deren eigentlichen Urheber wir ihn zu betrachten haben. (Vgl. Sehling, Kirchengesetzgebung, Bl. 91 ff.) Seiner milden, vermittelnden Gesinnung entsprach das Nachgeben in den Nebendingen, und in gleichem Maasse befriedigte ihn die Aussicht, die alten Gebräuche wieder zu beleben, den Gottesdienst mit reichen Formen, namentlich auch musikalischen, auszustatten. Auch konnte er hier die in der Cellischen Kirchenagende von 1545 nicht verwirklichten Ideen realisiren. So hat er denn in die Interimsagende grössere Stücke aus der Cellischen Ordnung und aus den Ergebnissen späterer Berathungen zu Celle 1548 aufgenommen, z. B. das Capitel von der Beichte und der Absolution, während er z. B. die Buss-Ordnung aus einer Merseburger Vorlage entlehnte. Diese grosse (in der Dresdener Handschrift 325 Folioseiten umfassende) Agende wurde in Sachsen nicht publicirt; sie wurde aber trotzdem der Gegenstand heftigster Angriffe der Flacianer, nachdem die gefährlichen Zeiten des Interims überwunden waren. Und Georg von Anhalt musste sein Werk vertheidigen. Selbst noch nach seinem Tode war er deshalb Gegenstand gehässiger Vorwürfe. (Vgl. Sehling, Kirchengesetzgebung, S. 116.) Am 27. September 1548 legte Georg sein Amt als Coadjutor in geistlichen Dingen in Merseburg nieder und verlegte seine Thätigkeit ausschliesslich nach Anhalt, wo er aber schon 1553 starb.

II. Überschauen wir Georg's Wirken in Kursachsen und Merseburg, so richtete sich dasselbe

1. auf die Schaffung von Agenden und die Regelung der Ceremonien.

2. Mustergültig wurde sein Modus der Kirchenaufsicht: General-Visitationen, Partikular-Visitationen und Synodus. Vgl. hierzu im Einzelnen Bd. I dieser Ausgabe S. 72, Bd. II, S. 4 und S. 405; Sehling, Kirchengesetzgebung, S. 119.

3. War seine Sorgfalt gerichtet auf die Ausgestaltung der Kirchenverfassung, des Consistoriums und seiner Ordnungen, namentlich des Eherechts. Ausser der Cellischen Ehe-Ord-

nung sind für Merseburg noch zwei Ehe-Ordnungen zu erwähnen, namentlich der ausführliche „Einfeltige Unterricht", welcher 1548 gedruckt wurde. (Vgl. oben S. 6.)

4. Bezüglich des inneren kirchlichen Lebens beschäftigte ihn besonders die Handhabung der Kirchenzucht. Eine öffentliche Buss-Ordnung wurde von ihm ausgearbeitet und in Merseburg eingeführt.

Alle diese Maassnahmen und Ordnungen übertrug Georg mehr oder weniger auch auf Anhalt.

1. Wir beginnen mit der Regelung des Gottesdienstes und der Kirchenceremonien.

Ohne Bedenken können wir annehmen, dass Georg seine Merseburger Formen auch auf Anhalt ausdehnte. Aber für Anhalt hat er ausserdem noch eigene Anordnungen getroffen, in denen er seiner Vorliebe für schöne und reiche Ceremonien, für reiche Liturgie und Musik freieren Spielraum geben konnte, als ihm dies in Sachsen gestattet war.

Hierhin gehört eine kurze Agende aus dem Jahre 1548. Amling in seiner Schrift „Summarische Widerlegung" u. s. w., 1598/99 (Duncker S. 189, 190) spricht ausdrücklich von einer solchen Ordnung Georg's und hebt hervor, dass diese bis zum Ende des 16. Jahrhunderts in Geltung gestanden hat. Diese Geltung der Dessauischen Kirchen-Ordnung wird auch bestätigt in einem Gesuche, welches der Caplan Laelius am 6. März 1597 beim Fürsten Johann Georg einreichte und in welchem er hervorhob, dass ihm vor 14 Jahren bei Übernahme seines Amtes befohlen worden sei „...... die christlichen kirchen-ceremonien, in unserer kirchen üblich, die von der dessauischen kirchen-ordnung genommen ohne superstition .... zu erhalten" (Duncker, Bekenntnissstand, S. 133).

Diese Kirchen-Ordnung glaubte man bisher in einem Folianten Nr. 72 der Fürst Georg's-Bibliothek in Dessau zu erkennen, welcher den Aufdruck: 1555 trägt. Derselbe enthält jedoch etwas ganz Anderes, nämlich das für Anhalt bestimmte Exemplar der sächsischen Interims-Agende, worüber nachher zu reden ist.

Diese Kirchen-Ordnung Georg's ist uns vielmehr in einem Bande des Superintendentur-Archives zu Zerbst erhalten. Im Zerbster Superintendentur-Archiv XXIX, Bl. 30 ff. liegt sie eingeheftet in einer zusammenhängenden Lage. Der äussere Umschlag trägt in Fractur den Titel: „Fürst Georgen Kirchen-ordnung". Auf der Rückseite des Umschlags liest man von der Hand des Fabricius geschrieben: „Kyrchenordnung unser gnedigen fürsten und herrn zu Anhalt". Auf der Rückseite des letzten Blattes ebenfalls von Fabricius geschrieben: „Kyrchenordnung zu Cervest". Der Text trägt die eigenhändige Unterschrift Georg's von Anhalt, d. d. 3. August 1548. Wir drucken die Ordnung ab. (Nr. 115.)

Nach dem Wortlaut wurde die Ordnung dem Superintendenten, den Geistlichen und dem Rath zu Zerbst zur Darnachachtung übergeben; offenbar ist sie aber nicht auf Zerbst beschränkt geblieben, wie auch aus den Nachrichten von Amling und Laelius erhellt. Auch hier finden wir die Vorliebe Georg's für alte Gebräuche (hier namentlich Kleidung) ausgeprägt. Über die Frage, inwieweit sie innerlich mit dem Interim in Verbindung zu bringen ist, sogleich!

In denselben Rahmen gehört auch der „Ordo cantionum ecclesiasticarum sacrae missae secundum usum et morem ecclesiae Dessauiensis per totius anni circulum", der sich in einer schönen Handschrift des 16. Jahrhunderts auf 33 Blättern im Zerbster St. A. V, 209 b, Nr. 9, erhalten hat. Näheres hat sich über ihn nicht ermittelt.. Dass Georg von Anhalt gerade den musikalischen Theil des Gottesdienstes in sein Herz geschlossen hatte, ist bekannt. So liess er auch einen Ordo cantionum zum Te deum laudamus ausarbeiten. Ein Entwurf hierzu (4 Blätter) mit der Randnotiz „Was Euer fürstlichen gnaden gefellig" liegt in demselben Fascikel Nr. 9 des herzoglichen Staats-Archives zu Zerbst.

In demselben Zusammenhange ist zu nennen die: „Ordnung der deutschen geistlichen gesenge" (Zerbst, Superintendentur-Archiv XXIX, 363 ff.). Der Superintendent Fabricius verfasste auf Befehl des Fürsten einen Auszug aus der fürstlichen Ordnung, in welchem er die deutschen Gesänge für die einzelnen Festtage feststellte. Diese Ordnung hat Fabricius seinem „Kirchenbuche" (Zerbst, Sup.-Archiv 29, 363 ff.) einverleibt. Wir bringen sie darnach erstmalig zum Abdruck. (Nr. 116.)

Sie liegt vor dem 7. Februar 1551, denn in den unten zu nennenden „Verdracht artikel zwischen uns kirchendienern zu Zervest in S. Nicolaus kirche" von Sonnabend vor Estomihi 1551 wird ausdrücklich darauf Bezug genommen.

Die Interimszeiten waren auch für Anhalt und Georg schwierige. Gewiss war Georg bereit, in äusseren Dingen so viel als möglich entgegenzukommen. War er doch die Seele der nachgiebig gesinnten Partei auf lutherischer Seite. War er doch einer der Verfasser der sächsischen Interims-Agende. Aber auch für ihn gab es eine feste Grenze.

Am 18. October 1548 berieth man zu Torgau über die Frage, wie weit man in Mitteldingen nachgeben könne, und wie man eine wo möglich einheitliche Kirchen-Ordnung schaffen könne. Die Fortsetzung dieser Berathungen geschah in der Celle vom 19. November 1548 ab. Auf Grund eines von Georg gestellten Gutachtens einigte man sich über die Adiophora und fasste auf Grund von Vorlagen Georg's Beschlüsse über Confirmation und öffentliche Busse.

Kurfürst Moritz verabschiedete den im December 1548 versammelten Landtag mit der Erklärung, dass er weiter mit den katholischen Bischöfen verhandeln, auch eine Kirchen-Ordnung ausarbeiten lassen wolle. Georg übernahm die Fertigstellung des Entwurfes. In den Monaten Januar und Februar 1549 begann er die Arbeit. Zahlreiche Vorarbeiten und die Entwürfe für die beiden Theile der Interims-Agende sind im Zerbster Staatsarchiv erhalten; ich habe darüber in „Kirchengesetzgebung u. s. w." ausführlich berichtet.

In diese Zeit fallen auch Maassnahmen des Fürsten Georg im eigenen Lande. Der Kaiser hatte am 31. Juni 1548 wegen Einführung des Interims geschrieben. (Original in Zerbst, St.A., zu K. 54, Vol. V, fol. 195, a. XII, „Interims- und andere geistliche Ordnungen".) In ernsten Dingen wollte Georg aber um keinen Preis nachgeben. Die Abfassung des Antwortschreibens wurde darum lange überlegt. Wir finden verschiedene Concepte. Eines ist von Fachs durchcorrigirt, ein anderes trägt eine billigende Bemerkung von der Hand Melanchthon's. In diesem letzteren Concepte finden wir folgenden Passus: „Dass so viel wir in übersehung des interims, darvon vermeldet, vermerken, die alten löblichen gebrauch und ceremonien, sampt den festen, gesengen, gebeten, kirchenkleidungen, und anderen im ampt der messen sowol als in andern handlungen der hochwirdigen sacramente und kirchendienst bei uns in übung alles geblieben, wir auch darüber so viel uns immer möglich mit fleiss gehalten, und was des an etlichen orten gefallen, haben wir zum theil hiebevor sonderlich auch, do wir von dem interim gehort, ehe wir dis Euer keiserlichen majestat schreiben empfangen, dasselbe wieder anzurichten verfügt, auch noch in dem fürhaben sein ...."

Eine solche Concession in den äusseren Dingen (die ja Georg's Neigungen selbst entsprach) war auch die Ordnung, welche die Gebrüder Johann und Georg am 3. August 1548 publicirten (s. vorstehend S. 502 Z. 38), und worin speciell in Beziehung auf „Kirchenkleidung" das Alte wieder eingeführt wurde. Das Antwortschreiben der Anhalter an den Kaiser, welches endlich am 14. September 1548 abging, entsprach also durchaus den Thatsachen. Dem Kaiser, der auf dem Reichstag zu Augsburg recht ungnädig mit dem Fürsten Georg verfahren war (vgl. das tröstende Schreiben Melanchthon's an Georg vom 31. Juli 1548, Zerbst, St.A., K. 54, Vol. V, fol. 195, Art. XII, Copie) konnten diese Zugeständnisse nicht genügen. Immerhin war er für den ersten Moment beruhigt.

Inzwischen nahmen die Verhandlungen über die Interims-Agende in Kursachsen Georg vollkommen in Anspruch. Nach langen Berathungen war endlich der Entwurf fertiggestellt. Zwei von den Verfassern unterschriebene Exemplare existirten, von denen das zweite, von

Melanchthon erneut übersehene als der definitive Entwurf zu betrachten war und dem Kurfürsten zugesandt wurde. Von diesem letzteren liess sich Georg für seine Privatzwecke eine schöne Copie anfertigen (die sogleich zu nennende sogen. Dessauer Kirchen-Ordnung von 1555). Darüber, dass diese nicht sämmtliche Correcturen Melanchthon's aufweist, möge man das Nähere in meiner Schrift „Kirchengesetzgebung" S. 106, Anm. ² und S. 112 nachlesen.

Die Interims-Agende gelangte aber in Sachsen nicht zur Anerkennung. Weitere Berathungen folgten. Im Januar 1550 musste Melanchthon sie erneut prüfen. Seinem Zögern und den veränderten Zeitverhältnissen ist es zu danken, dass man die Agende schliesslich ganz fallen liess. (Vgl. das Nähere in meiner „Kirchengesetzgebung" S. 108 ff.) In drei handschriftlichen Exemplaren war die Agende vorhanden. Zwei von diesen liessen die Kurfürsten von Sachsen in ihren Archiven begraben.

Das dritte Exemplar nahm Georg mit sich nach Anhalt. Hier hoffte er sein grosses Werk doch noch verwirklichen zu können. Er sandte — wohl zu diesem Zweck — die Handschrift seinem Bruder Johann II. zu (vgl. einen Brief Georg's an die Hofräthe vom 3. Juni 1552 oder 1553 in: Zerbst, St.A., K. 55, Vol. V., fol. 206, Nr. 43. Johann starb am 4. Februar 1551). Auf diese Weise ist offenbar das dritte, existirende Exemplar der Interims-Agende nach Dessau gekommen.

Georg dachte offenbar ernsthaft an Einführung. Er liess deshalb eine neue Revision vornehmen, und zwar durch Dr. Johann Forster, der schon bei den früheren Berathungen seine rechte Hand gewesen war. Wie wir aus Zerbst, St.A. zu K. 54, Vol. V, fol. 195, a. 12 ersehen, kam Forster auf Bitten Georg's am 25. Juli 1551 nach Dessau.

Inwieweit hierbei die Rücksicht auf den Kaiser mitgewirkt haben mag, bleibe dahingestellt. Jedenfalls fällt in diese Tage eine ernste Mahnung des Kaisers. Dieselbe datirt vom 23. April 1551 (Copie im St.A. Zerbst a. a. O.) und erinnert an das Schreiben, welches er — der Kaiser — wegen des Interims an die Grafen geschickt habe, „worauf die grafen vertröstung und zusage gethan demselben nachzukommen doch mit der angehengten furgewanten entschuldigung, dass solches nicht gleich auf einmal ins werk gericht werden, sondern mit der zeit eins nach dem andern furgenommen und angestellt werden müsste"; er habe bis jetzt die Sache ruhen lassen; jetzt wolle er aber wissen, was die Grafen bis jetzt von seiner Ordnung angerichtet hätten. — Wenn Georg aus Anlass des ersten Schreibens des Kaisers von 1548 ein Zugeständniss in Gestalt der Ordnung vom 3. August 1548 gemacht hatte, so könnte man wohl verstehen, wenn er bei dem zweiten, energischen Verlangen des Kaisers an eine weitergehende Concession, an die Einführung der Interims-Agende, gedacht hätte.

Forster machte sich über die Revision. In dem Handexemplar Georg's, welches jetzt in der Herzog Georg's-Bibliothek zu Dessau sich befindet (der reich gepresste Ledereinband trägt die Jahreszahl 1555 und auf dem Schnitte die Aufschrift: Dessauer Kirchenordnung) finden wir von seiner Hand herrührende Verbesserungen. Dieselben sind zahlreich und gründlich. Vielfach sind sie nur redactioneller oder stilistischer Natur, vielfach aber auch von sachlicher Bedeutung; bisweilen hat Forster Zettel eingelegt, um grössere Zusätze oder Abänderungen anzubringen, so in den Abschnitten vom Fasten, vom Ehestand und im letzten Abschnitte der Ordnung.

Auf dem letzten Blatte hat Forster noch einige Notizen geschrieben. So: „Articulus vom fasten, besser ybersen folio 160." (Das bezieht sich auf den von ihm ganz neu ausgearbeiteten Abschnitt: Vom Fasten.) Das Exemplar war also schon zu Forster's Zeiten foliirt. Daraus folgt, dass der Einband aus späterer Zeit stammt, denn die Seitenzahlen sind zum Theil be- oder verschnitten; auch hat der Buchbinder das letzte Blatt, auf welches Forster seine Notizen schrieb, zum Bekleben des Deckels verwendet. Die Jahreszahl auf dem Einbande, 1555, beweist also nichts. — Dass Forster die kursächsische Agende in der That für Anhalt anpassen sollte, ergiebt sich zur Evidenz daraus, dass er überall in der Ordnung an die Stelle des Kurfürsten von Sachsen die Fürsten von Anhalt gesetzt hat; so hat er im Gebet im Abschnitte „Ordnung der Messe" die Worte „und unsere herrschaft herzogen Moritzen, kurfürsten und seiner kurfürstlichen gnaden bruder, gnediglichen bewahren" ersetzt durch „und unsere gnädige herrschaft und ihrer gnaden vettern" oder „und unsern gnädigen fürsten N. N. sampt dem löblichen ganzen hause Anhalt".

Als Ganzes wurde diese für Anhalt angepasste Interimsagende auch hier nicht publicirt. Aber mit vollem Herzen hing Georg an seiner Schöpfung, und wo sich Gelegenheit bot, griff er auf sie zurück. Als im Jahre 1551 ff. die Geistlichkeit die Einführung der öffentlichen Busse begehrte (worüber unten näher gehandelt werden wird), schlug Georg die Bussform der Interimsagende vor. Der Passus in dem Brief an die Hofräthe vom 3. Juli 1552 (oder 1553) lautete: „Die forma publicae poenitentiae davon wir an die geistlichen meldung thun und inen beineben zuschicken, werdet ir in der geschrieben grossen agenda, so wir unserm freundlichen lieben bruder selig zugeschickt haben, befinden."

Und in dem hier angezogenen Schreiben an die Geistlichen vom 2. Juli [beide Schreiben im Concept im St.A. Zerbst, K. 55, Vol. V, fol. 206, Nr. 43] klagt der Fürst: „Haben wir neben den andern herrn, so solches befehl gehapt, in gestalter kirchenordnung unter andern solchen process, davon wir euch hiebei abschrift zuschicken, verfasset und wie wol dieselbe kirchenordnung oder agenda in einer sonderlichen anzal erlicher gelerter doktoren, superattendenten und pastoren in sechsischen landen gelesen, belibet und approbirt, so haben doch etliche (aus was affect befelen wir got) dieses alles, wie wol sie es doch nicht gesehen zum ergesten ausgelegt und ausgeschrieben, dadurch es verhindert, diese und andere besserliche ordnung also stecken bliben und durchaus nicht in das werk gebracht."

Dieser Passus ist sehr bemerkenswerth. Man sieht, obwohl die Thaten des Kurfürsten Moritz auch Anhalt von den Gefahren des Interims und von der Nothwendigkeit irgendwelcher Rücksichtnahme auf die Wünsche des Kaisers befreit hatten, hielt Georg an der Interimsagende fest. Er war vom evangelischen Charakter und der Vortrefflichkeit seines Werkes überzeugt und blieb es bis zu seinem Tode.

Die hässlichen Angriffe der Flacianer (vgl. Sehling, Kirchengesetzgebung, S. 115 ff.), denen Georg allerdings völlige Unkenntniss der wahren Sachlage vorhalten konnte, hatten ihn in dieser seiner Überzeugung nicht wankend machen können. Aber ihnen schrieb er es (und mit Recht) zu, dass die Agende in Sachsen nicht in Kraft getreten war; und man kann es zwischen den Zeilen lesen, dass diese Angriffe auch Georg von der beabsichtigten Einführung der Agende in Anhalt abgehalten haben. Er beklagte es, aber den Muth, den Flacianern zu trotzen, hat er doch nicht besessen. Ja, sogar von der Einführung der Form der öffentlichen Busse nach der Agende, die er nach seinen eigenen Worten 1552 sehr gerne gesehen hätte, hat er in demselben Schreiben als zur Zeit noch unthunlich abgerathen. Dafür waren aber andere Erwägungen bestimmend. (Vgl. unten.)

Ist somit die Interimsagende weder in Sachsen noch in Anhalt thatsächlich in Kraft getreten, so ist sie doch ein höchst bemerkenswerthes Denkmal der evangelischen Kirchengeschichte und für Anhalt um so bemerkenswerther, als hier ihre Einführung von dem grossen anhaltischen Gesetzgeber projektirt war und von diesem bis zu seinem Tode für wünschenswerth gehalten wurde.

Ein Abdruck der vollständigen sächsischen Interimsagende mit den zum Theil sehr bedeutsamen Abänderungen für Anhalt würde sich daher gerechtfertigt haben. Nur Rücksichten auf den Umfang des Buches zwingen mich, davon an dieser Stelle Abstand zu nehmen.

Die forma publicae poenitentiae der Interimsagende, von welcher im Vorstehenden so

viel die Rede ist, findet der Leser übrigens in der oben Bd. II, S. 38 ff. abgedruckten Merseburger Form fast wörtlich wieder (vgl. auch oben S. 8).

2. Gehen wir zu Georg als Organisator des Kirchenwesens über.

Hier müssen wir zugleich die ersten Visitationen schildern, denn Visitationen waren
auch in Anhalt die Formen, in denen der Landesherr die Reformation durchführte. Und Georg,
dessen Thätigkeit in Sachsen gerade in dieser Hinsicht mustergültig und vorbildlich geworden
war, hat es natürlich an der Übertragung dieser Einrichtung auf sein Stammland nicht
fehlen lassen.

Die erste Visitation von 1545 bringt uns auch die erste landesherrliche Ordnung über
Organisation und Verfassung.

Indem wir auf den zusammenfassenden Abschnitt über die Kirchenverfassung Anhalts
verweisen, sei hier zunächst Folgendes bemerkt:

Als erstes höheres Organ des neu sich bildenden Kirchenwesens erscheint auch in Anhalt der Superintendent. Das Land wird in Superintendenturbezirke eingetheilt. Als erster
Superintendent für die Ämter Zerbst, Rosslau, Lindau tritt uns Fabricius entgegen. Ihm gab
Georg um Mitfasten, d. h. um den 15. März 1545 eine ausführliche Instruktion. Diese ist zugleich die erste umfassende Landeskirchen-Ordnung für Anhalt.

Sie hat auch dem Nachfolger des Fabricius, Abraham Ulrich, als Richtschnur gedient.
Fürst Joachim Ernst liess sie von ihm revidiren. Wir drucken diese erste anhaltische landesherrliche Kirchen-Ordnung aus dem Superintendentur-Archiv Zerbst, XXIX, Bl. 40 ff. erstmalig
ab und geben die Verbesserungen unter Joachim Ernst in Anmerkungen unter A. (Nr. 113.)

Mit dieser Instruktion wurde die Verfassung des Landes in die Wege geleitet. An der
Spitze der geistlichen Geschäfte steht der Superintendent, er ist in erster Linie als Aufsichts-
organ thätig. Die Instruktion gebietet dem Superintendenten, jährlich mit seinen Pfarrern
zu Zwecken der inquisitio particularis einen Synodus zu halten, und darauf die Visitationen
in den Orten vorzunehmen.

Synoden fanden auch alsbald statt. Nach Georg's Tode, nachdem die Seele dieser Einrichtung dahingegangen war, kamen sie aber wieder in Abgang. Später regte Fabricius die
Wiedereinführung bei dem Kanzler an, und dieser erstattete dem Fürsten Joachim Ernst Vortrag. Darauf erging unter dem 22. Juni 1554 eine Verordnung des Fürsten an die Regierung
zu Zerbst, in Betreff der Wiederaufrichtung des Synodus. Dieses Rescript, welches zugleich
eine Richtschnur für die Abhaltung des Synodus bildet, hat Fabricius seinem sogleich zu
nennenden Kirchenbuche (Zerbst, Superintendentur-Archiv 29, 26 ff.) einverleibt. Wir drucken
dasselbe hiernach erstmalig ab. (Nr. 117.) Die Partikular-Instruktion soll nach den von
Dr. Major gestellten Artikeln geschehen. Major war einer der Gehülfen Georg's in der bischöflichen Regierung zu Merseburg gewesen. Von ihm rührt auch eine der Vorhaltungen für die
Partikularsynoden zu Merseburg her, die unter Merseburg Nr. 4 (oben S. 25) abgedruckt ist.

Aber nicht aller Orten ist das Rescript nun auch wirklich beobachtet worden. Noch in
der unten zu nennenden Instruktion für die Visitation von 1557 spricht der Fürst den Wunsch
aus, in Dessau einen Synodus abhalten zu lassen.

Mit der Wiederbelebung des Synodus von 1554 steht offenbar das lateinische Einladungs-
schreiben zum Synodus, welches Fabricius und Mag. Abraham Ulrich an alle Pastoren,
Schulcollegen u. s. w. richteten, im Zusammenhange, welches sich, leider undatirt, in Zerbst.
Superintendentur-Archiv 18, Bl. 72 vorfindet. Es wird in demselben Folgendes ausgeführt: Die
Synoden seien eine Einrichtung der alten Kirche gewesen; auch in Anhalt seien sie von dem
Vater und den Oheimen der Fürsten eingeführt worden. Nachdem diese gestorben, seien sie

unterblieben. Jetzt wünschten aber die Fürsten die Einrichtung wieder aufleben zu lassen. Auf der ersten Synode werde ein freundliches Examen über die wichtigsten Glaubensartikel nach dem Catechismus stattfinden. Auf den späteren Synoden aber sollten einige Capitel des alten oder neuen Testaments zur Discussion gestellt werden. Darnach könne Jeder Wünsche und Anregungen vortragen, die an die Consistorien gebracht werden könnten. Der Fürst werde sodann sämmtliche Theilnehmer zu einem prandium et coena einladen.

Von den Visitationen sind uns die Akten in ziemlicher Vollständigkeit erhalten. Viel bieten sie allerdings für unsere Zwecke nicht. Das ist erklärlich, da ja die eigentlichen kirchlichen Ordnungen in Anhalt mehr als anderswo von der Centralstelle ausgehen konnten und ausgingen. 1545 nahm Fabricius die erste Visitation vor. Vgl. darüber Superintendentur-Archiv zu Zerbst, Bl. 174 ff. Fabricius hielt im Ganzen sieben solcher allgemeinen Visitationen ab, die letzte im Jahre 1567.

Wenn wir auch damit bereits in die Regierungszeit Joachim Ernst's übergreifen, so möge doch zunächst die Thätigkeit des Fabricius im Zusammenhange geschildert werden.

Fabricius hat nämlich alle wichtigen Ordnungen und Entscheidungen aus seiner Superintendentenzeit in einem Bande zusammengestellt und damit einen Bericht über seine Amtsführung verbunden, der eine Art Rechenschaftsablegung darstellt, seinen Nachfolgern aber auch zugleich als ein Vorbild und eine Richtschnur dienen konnte und sollte. Diese Arbeit vollzog Fabricius, als er seine letzte Visitation abhielt, im Jahre 1567. Sie liegt uns im Zerbster Superintendentur-Archiv Nr. 29 vor.

Die Überschrift lautet: „Kurzer bericht auf diese, wie ich hoffe, meine letzte visitation der kirchen in Anhaldischen emptern Zerbst, Rosslau und Lindau anno domini 1567 gescheen, darin man angewanten vleis auch bestendigen grund aller dieser kirchengüter, und wie ich die visitation nu fast siebenmal alle zeit gehalten habe, zu finden." [Die drei Worte: „nu fast siebenmal" hat Fabricius eigenhändig hinzugefügt.]

Diese zusammenfassende Betrachtung des Fabricius über seine Visitationen ist von höchstem Interesse. Sie erzählt nicht nur den Gang und den Inhalt der Visitationen, sondern sie schildert auch die verschiedenen Einrichtungen, welche die Visitatoren oder die Geistlichen getroffen haben, so insbesondere die Errichtung des Kirchenzwanges und die Regelung der Vermögensverwaltung in den Gemeinden.

Wir drucken daher diesen Bericht von 1567 erstmalig ab. (Nr. 121.)

Noch wichtiger sind die Beilagen zu diesem „Kirchenbuch" oder „Visitationsbuch", wie es Fabricius nennt. Fabricius motivirt dieselben so:

„Ich habe auch für diesem meinem, wie ich hoff, letzten kirchenbuch nach dieser vorrede die alte kirchenordnung setzen und heften lassen, welche seliger dr. Jonas dieser kirchen zu S. Niklas zum besten gestellet und underschrieben hat und hierin ein sonderlich bedenken gehapt. Desgleichen hab ich auch darnach etlich fürstlich vortrege, ordnung und bevehl für diesem visitationbuch setzen und heften lassen, damit meine nachfolger und leser dieses buchs sich desto besser hierin richten und wissen konnten, wie und warum volgende stück also ergangen seind."

Als erste Beilage erscheint das Bedenken des Jonas, als zweite die Kirchen-Ordnung Georg's vom 3. August 1548. Darauf folgen die Visitations-Iustructionen von 1545 und 1561, die Ordnung der deutschen geistlichen Gesänge, endlich verschiedene unten zu erwähnende Abmachungen zwischen Fürst und Rath zu Zerbst oder zwischen den Pfarrern u. s. w.

Die Vollmachten für die Visitationen von 1545 (vom 26. Juni) und von 1561 (vom 23. September) geben ein gutes Bild von der Bedeutung jener Visitationen. Sie werden erstmalig abgedruckt. (Nr. 112 u. 119.)

Bei der Instruktion zu der Visitation von 1561, welche die Brüder Joachim Ernst und Bernhard im Einvernehmen mit den Fürsten Wolfgang und Joachim beschlossen hatten, wurde eine Vorlage des Fabricius benutzt, die sich ebenfalls im Superintendentur-Archiv zu Zerbst, XXIX, Bl. 50 ff. befindet.

Aus der Visitation von 1545 sind uns eigentlich nur Nachrichten über Stadt und Amt Zerbst erhalten. Die Visitation fand Ostern statt. Zugeordnet waren dem Superattendenten: der Amtmann Hans Statius, Udalricus, Pfarrer zu St. Bartholomäi, Laurentius Furmann und Urbanus Seling. Näheres findet sich im Superintendentur-Archiv zu Zerbst, VI. Hier hat Fabricius aus dieser Visitation eine Reihe wichtiger Vorgänge zusammengestellt. So eine Vereinigung des Ministeriums unter sich und mit dem Rathe (Bl. 56 ff.). Diese wird unter Zerbst an vierter Stelle abgedruckt. Auch ein „Ordo lectionum et disciplinae, leges in utraque schola Cervestanae ecclesiae formandae" und eine Jungfrauen-Schulordnung sind im Superintendentur-Archiv zu Zerbst Bd. VI, 58ᵇ ff. zu lesen.

Besser sind wir über die Visitation von 1561/1562 unterrichtet. Sie wird in den Akten stets die „andere" genannt. Die Instruktion haben wir oben erwähnt.

In der Stadt Zerbst begann die Visitation Dienstag nach Mauritii, d. i. 28. September, 1561. Im Superintendentur-Archiv Zerbst Nr. 18 und Nr. 29 finden wir allerlei auf diese Visitation bezügliches Material. So in Nr. 29, Bl. 54 ff., einen Bericht der Visitatoren an den Fürsten vom 1. März 1562 über ihre bisherigen Erfolge. Die Kirchengüter seien „verrückt", bei den Pfarrern bestehe viel Unfleiss; es gebe kein besseres Mittel, dieser „weltsucht" zu steuern als einen jährlichen Synodum und ein scharfes Examen. Ebenda Bl. 71 ff. hören wir von Verhandlungen mit dem Rathe zu Zerbst. Ein Punkt betrifft die Einrichtung eines Zeigers in den Kirchen; die „Hohe-Mess-Predigt" solle 1 Stunde dauern, alle anderen Predigten nur ³/₄ Stunde.

Ein Bericht der Kirchendiener zu St. Bartholomäi an die Visitatoren von 1562 (Superintendentur-Archiv 18, 62 ff.) giebt vortreffliche Einblicke in die kirchlichen Zustände. Er sei hier im Auszuge wiedergegeben.

Was die Lehre anlange, so sei dieselbe Gottes Wort gemäss. „So wollen wir uns in ceremonien nach inhalt unserer kirchenordnung gern gehorsamlich verhalten und ane vorwissen unserer gnädigen fürsten und herrn, auch des herrn superintendenten darinnen nichts, das ergerlichen und zur erbauung unserer gemein hinderlichen sein kunt, aus eigener wal zu endern und vornehmen; allein das man in itzigen schwebenden controversien und unnötigen spaltungen auf wahrhafte, rechtschaffene mit gewalt nicht dringe und in denen keiner den anderen beschwere, wie denn bisanhero geschehen. Dieweil aber ohne das vermeldte kirchordnung bereit in etlichen stucken lang verandert, auch grosse unordnung in festen und sunsten vorfellet, achten wir für gut und bitten dienstlichen, man wolle die alde form der kirchenordnung verneuern und dermassen vergleichen, damit es in diesen landen allenthalben möchte einhellig und ordentlich gehalten werden und diese unordnung nicht zu mehr spaltung ursach geben, das etzliche in diesem fürstenthume die ordnung, darnach sie sich richten sollen, auch nicht gesehen oder gehort haben.

Ordnung der predigten belangende, soll von uns in der hohen mess predigen ein ganze stund, in anderen predigen uber ³/₄ stund nicht uberschritten werden, und dieweil die beiden diaconi ganz williglich die vesperpredigt auf die feiertage auf sich gänzlichen genommen und den pfarrherrn damit uf den dritten sontag verschonen wollen, also will der pfarher wiederumb nach volgender visitation die mittwochspredigt, so ein zeit lang gehalten, ins werk bringen und so lange ihm leibes vermogens halben muglich, darob halten. Sehen aber beineben dem herrn superintendenten und den vorstehern der gemein fur gelegen und gut an, dass man alle wegen uf den dritten sontag in unser kirchen für die vesperpredigt liss zwene knaben unter das volk treten und ein stück aus dem catechismus auswendig recitiren, dadurch die jugend sich übe und das gemeine volk und gesinde die hauptstück unserer christlichen religion desto öfter erinnert und dieselben zu lernen angehalten würde." Ihre Besoldung sei ungenügend. „Belangend den synodum können wir denselben wohl dulden, so er dahin gerichtet und angestellt, das under uns sämtlichen einigkeit und gleichförmigkeit in den artikeln unserer christlichen lehr und religion, nach forma und weis locorum Philippi, der Augsburg. confession, und den schriften Lutheri erhalten, und ergerlichem leben und gezenke gesteuert, auch dadurch die unvleissigen pastores ufm land zum studiren gedrungen wurden."

Sehr charakteristische Klagen werden über die Besoldung der Schullehrer vorgetragen. Die Schullehrer taugten deshalb nichts. „Sie wissen, das gelerte, betagte und ernsthafte gesellen zu dieser püffelarbeit mit solchem jemmerlichen lohne nicht zu vermogen sein. Darum muss man mit eulen beizen, wenn man habicht nicht erhalten kan und für kupfern geld kupfern seelmessen halten lassen, denn es will des heiligen grabes niemand umbsonst warten. Der custos soll die feiertage zur fruepredigt in puncto quintae, umb 8 zur messe, umb 1 zur vesper, und die wochentage um $^1/_27$ leuten." ....

In den Städten war, wie man aus dem Vorstehenden entnehmen kann, nicht mehr viel Grundlegendes zu ordnen. Deshalb betrafen auch die Verhandlungen dort, ausser nebensächlichen Dingen, zumeist nur finanzielle Angelegenheiten.

Anders stand es auf dem platten Lande. Hier mussten die Visitatoren Anordnungen schwerwiegender Art treffen. In den Ceremonien fanden sie grosse Verschiedenheiten vor. Sie ordneten an, dass sich alle Pfarrer bis zum Erlasse einer Landesagende nach der alten fürstlichen Kirchen-Ordnung, wie sie zu Zerbst im Gebrauch sei, richten sollten; der Katechismusunterricht wurde eingerichtet, die Ordnung der Predigten geregelt u. s. w. Alle ihre Anordnungen haben die Visitatoren in einer Ordnung vom 22. Juli 1562 vereinigt und den Geistlichen zur Darnachachtung publicirt. Der Landesherr hat diese Ordnung bestätigt. Wir drucken dieselbe nach dem von sämmtlichen Visitatoren unterzeichneten Exemplare, welches Fabricius seiner Zusammenstellung einverleibt hat, erstmalig ab. (Zerbst, Superintendentur-Archiv XXIX, Bl. 179 ff.) (Nr. 120.)

Die Visitation, welche Fabricius 1567/1568 vornahm, betraf vorwiegend finanzielle Angelegenheiten. Man vergleiche auch die sogleich zu nennende Visitation des Cöthen'schen Antheils und weiter unten die parallel gehende Visitation in Dessau unter Fürst Bernhard. Die Instruktion für diese Visitation war wörtlich einer Instruktion für den Superintendenturbezirk Dessau entnommen, welche Fürst Joachim 1557 erlassen hatte, und welche wir unten S. 510, Z. 31 ff. näher charakterisirt haben. Wenigstens stimmt die (im Superintendentur-Archiv Dessau, I. Hauptabtheilung, 3. Unterabtheilung, Nr. 1 erhaltene) Instruktion Bernhard's für die Visitation von 1567/1568 fast wörtlich mit ihr überein. [S. unten bei Bernhard.] Es ist wohl anzunehmen, dass Joachim Ernst für seinen Landestheil das Gleiche angeordnet habe.

Bemerkenswerth sind die Vereinbarungen, die mit den Gemeinden zur Hebung des Kirchenbesuches getroffen wurden. So findet sich bei der Gemeinde Steckby folgende „Wilkor wegen der predigt" (Zerbst, Superintendentur-Archiv XXIX, Bl. 187 ff.): „Es haben auch schultheiss und die ganze gemeine einmütiglich verwilliget anno domini 65 und 67 an dienstag nach vocem jucunditatis, dass sie sampt iren weibern und sovil muglich mit iren kindern und gesinde in der predigt des evangelii und catechismi kommen und bleiben wollen, und wer mutwilliglich ohne erlaubniss des pfarrhers und schultheissen ausbleibe, 5 dt. geben soll und sollen diese 5 dt. ein halb zum bau der kirchen und ein halb in die nachbarschaft gegeben werden. Der pfarrherr, kuster und schultheisse sollen sie anschneiden und die straf fordern, darzu inen der superintendens behufflich sein soll." Ähnliche Abmachungen bezw. Anordnungen finden sich in anderen Gemeinden. Die Beträge schwanken. In Bias: 20 dt., Eichholz: 14 dt., Nieder-Lepte: 10 dt., Hohen-Lepte: 20 dt., Steutz: 15 dt., Rietzmeck: 6 dt., Bone: 1 gr.,

Stackelitz: 1 gr., Gödnitz: 20 dt., Nedlitz: 1 gr., Reuden: 20 dt. — Im Amt Rosslau sind die Strafen überall in den Dörfern auf 1 gr. festgesetzt, im Amt Lindau auf 20 dt. — Was mit dem Antheil „für die Nachbarn" gemeint ist, wird im Dorfe Mühro, im Amte Rosslau, naiv, aber deutlich erklärt: „zu vortrinken". Deshalb wird bisweilen die zweite Hälfte zu Gunsten „der Gemeinde" angeordnet.

Über die Einkommensverhältnisse der Dorfpfarrer geben verschiedene Verschreibungen des Fürsten Bernhard Auskunft, die im Original bei den Visitations-Akten liegen. So z. B. für den Pfarrer zu Nedlitz und Reuden, vom 8. April 1569 (a. a. O. Bl. 228), für den Pfarrer zu Luso, vom 8. April 1569 (a. a. O. Bl. 233). An Nebengebühren erhält Letzterer z. B. von jeder Kindtaufe die Mahlzeit oder 1 Groschen, der Küster erhält 6 dt. Auch bei Begräbnissen vermöglicher Personen erhält der Pfarrer die Mahlzeit oder 1 Groschen. —

Übrigens wurden bei dieser Gelegenheit auch die dem Adel gehörigen Pfarren wieder visitirt. Es fand bei diesen erst die erste Visitation statt und auf der ersten, vor 23 Jahren vorgenommenen Visitation hatte Fabricius bei dem Widerstande des Adels nicht viel zu erreichen vermocht. Fabricius bemerkt, dass er nach den Erfahrungen der ersten Visitation nur auf dringendes Verlangen des Fürsten Bernhard zur Vornahme geschritten sei. Die Visitation begann am 24. Mai 1568 und erstreckte sich auf die Dörfer Kermen, Strinum, Dobritz, Polenzko, Hundeluft, Thiessen, Natho, Klein-Leitzkau, Lietzo, Nutha, Zernitz, Grimme, Garitz, Ragösen, Neeken, Meinsdorf, Trüben, Quast. Die Visitatoren forschten namentlich nach den verloren gegangenen Kirchengütern. Der Widerstand des Adels gegen die Visitation erscheint in diesem Zusammenhang nicht unverdächtig. Wir finden ähnliche Verwilligungen der Junker und ihrer „Unterthanen" wegen Versäumung des Gottesdienstes, wie oben. In Polenzko werden 4 Groschen Strafe versprochen. Die in dieser Visitation hervorgetretenen Mängel hat dann Fürst Bernhard am 9. October 1568 persönlich mit dem Adel in Beisein von Fabricius, Hauptmann Oswald Röder und Kanzler Anton Rosenauer verhandelt und verglichen (Zerbst, Superindentur-Archiv XXIX, Bl. 356 ff., 396 ff.).

Sind wir über die von Fabricius geleiteten Visitationen dank seinen Aufzeichnungen vorzüglich unterrichtet, so ist das Gleiche bezüglich der anderen Superintendenturbezirke nicht der Fall. Die Akten ergeben Folgendes: Der Amtsbezirk Dessau wurde im Jahre 1557 visitirt. Als Visitatoren bestellte Fürst Joachim: Nikolaus Kranke, Pfarrer zu Dessau, Hofprediger Jakob Steiner, Balthasar von Hünerberg und Alex Pulz, und gab ihnen auch eine Instruktion, welche wir aus einer gleichzeitigen Abschrift, die im Superintendentur-Archiv Dessau, I. Hauptabtheilung, 3. Unterabtheilung, Nr. 1, Bl. 19 ff. erhalten ist, erstmalig abdrucken. (Nr. 118.) Diese Instruktion wurde fast wörtlich bei der Visitation von 1567/1568 übernommen, wenigstens sicher von Fürst Bernhard. Die Visitation begann Montag nach Reminiscere, d. i. am 15. März. Ein Bericht der Visitation (cit. loco Bl. 31 ff.) giebt genaue Auskunft über die eingehaltene Ordnung.

Sehr befriedigende Kenntniss besitzen wir von der Visitation von 1567/1568, welche Joachim Ernst im Cöthen'schen Landestheile veranstalten liess; Bekker hat hierüber aus dem Cöthen'schen Superintendentur-Archiv in: Zeitschrift für Kirchengeschichte, 1901, S. 274 dankenswerthe Mittheilungen gemacht. Als Visitatoren fungirten M. Petrus Harringus, Superintendent zu Cöthen, Dionysius Brunstorf, Probst zu Wörlitz, Wolf Schlegel zu Trebichau, Benedikt von Kreuzen und Heinrich von Wulffen. Sie trafen für alle Gemeinden eine gleichmässige Ordnung, welche Hartung, a. a. O. S. 211 und Bekker, a. a. O. S. 287 abdrucken. „Der katechismus soll jährlich gepredigt werden zwischen Michaelis und weihnachten. Darnach sollen alle menschen beten aus allen heusern. Die litanei soll gesungen werden. Man sol mit dem seckel umgehen. Es sol schul gehalten werden. Den kranken sol das sacrament ohne gelt gereicht werden. Zum kindtaufen sol niemand gehen, auch der pfarher und küster nicht. Die schenke ist verboten dem pfarher und küster bei verlust ihres dienstes. Der pfarrherr hat nicht macht seinen küster zu vertreiben oder einen andern anzunehmen ohne des superintendenten vorwissen. Der superintendent soll zur kirchordnung [wohl richtiger: kirchrechnung] gefordert werden und sol kein gelt verliehen werden on sein bewusst. Der schenke sol kein gemeine weiber herbergen. Die in offentlicher feindschaft stehen oder in anderen offentlichen lastern leben sollen von beiden sacramenten abgeweist werden. Gotteslesterung ist verboten bei strafe des halseisens. Welcher zwischen hier und ostern von seinem gotlosen wesen nicht will abstehen und sich bessern und beten lernen, der soll das lant reumen." Vgl. auch H e i n e, Geschichte von Wörbzig, und F r e n z, in: Beiträge zur Anhaltischen Geschichte, Cöthen 1902, Heft 5, S. 64 ff., woselbst auch die speciell für Wörbzig erlassene Ordnung aus dem Cöthen'schen Superintendentur-Archive mitgetheilt wird.

Um die kirchlichen Maassnahmen, welche in diesen zeitlichen Rahmen fallen, abzuschliessen, sei noch ein Vertrag erwähnt, der Sonnabend vor Estomihi 1551 (7. Februar) unter Leitung des Superintendenten zwischen ihm und den anderen Pfarrern an St. Nikolaus (Johannes Reusner, Heinrich Dressler, Johannes Trebelius) abgeschlossen wurde. Ein weiterer solcher „Vertrag" wurde von denselben Persönlichkeiten im Januar 1558 abgeschlossen.

Es sind dies Abmachungen der betheiligten Geistlichen über Behandlung bestimmter kirchlicher Angelegenheiten, eine Kirchen-Ordnung in Vertragsform. Die Billigung des Landesherrn und des Rathes wurde von den Betheiligten natürlich vorausgesetzt. Wie wenig scharf im formal-juristischen Sinne die Competenzen gegen einander abgegrenzt waren, kann man am besten aus der von Fabricius 1545 aufgezeichneten Vereinigung des Ministeriums ersehen (vgl. S. 508, Z. 10). Hier wird bei einem Abschnitte die Bewilligung des Rathes zu der Vereinigung der Pfarrer ausdrücklich hervorgehoben, bei einem anderen Punkte dagegen nicht, und bei einem dritten Punkte sogar bemerkt, dass der „Rath sammt den Pfarrern" auch formell die Ordnung publicirt hätte. Wir drucken diese Abmachungen unter Zerbst an vierter Stelle ab.

3. Mit der Ernennung von S u p e r i n t e n d e n t e n war der erste Stein für die Neuorganisation des Kirchenwesens gelegt. Aber damit konnte man auf die Dauer doch nicht auskommen. Zwar so lange Georg von Anhalt selbst lebte, war ja in ihm die centrale Behörde ein evangelischer Bischof, der zugleich als Landesherr über die erforderlichen Zwangsmittel verfügte, gegeben. Nach seinem Tode aber musste sich das Ungenügende der bisherigen Verfassung mit besonderer Schärfe zeigen. Vor Allem fehlte es auch in Anhalt an einem Ehegericht.

Was das materielle Eherecht anlangt, so hatte Luther zwar das corpus juris canonici verbrannt, aber ein neues Recht nicht geschaffen. Georg von Anhalt war der Mann auch für diese Aufgabe. Er publicirte eine ausführliche Ehe-Ordnung: „Einfeltiger unterricht von verbotenen personen und graden, und wes sie sich in ehesachen halten sollen, vornehmlich vor die superattendenten und pfarherrn im stift Merseburg, darnach auch anderen pfarrherrn zu christlichem dienst und nutz gestalt. Anno 1548." (Vgl. oben S. 28 ff.) Diese Eheordnung führte Georg auch in Anhalt ein, indem er sie dem Superintendenten Fabricius zur Darnachachtung übergab. Fabricius nahm sie deshalb in sein Kirchenbuch auf. Ein zweites Exemplar findet sich im Zerbster Superintendentur-Archiv Nr. 14. Sie blieb auch dauernd in Anhalt in Geltung. In die grosse Codification des Jahres 1599 wurde sie als ein Bestandtheil aufgenommen, unter dem Titel „Einfeltiger unterricht von verboteten personen und geraden u. s w. Genommen aus vorordnung weiland herrn Georgen fürsten zu Anhalt hochlöblicher christlicher gedechtnus". Die Änderungen, welche 1599 vorgenommen wurden, haben wir oben S. 28 ff. in Anmerkungen abgedruckt.

Ausserdem benutzte man die sonstigen Ehe-Ordnungen Georg's, wie z. B. die Celler, und die bekannten Eheschriften der Reformationszeit. Im Kirchenbuche des Fabricius finden wir noch einen Druck: „De arbore consanguinitatis et affinitatis regulae et tabellae. Autore d. Georgio Majore. Additus est in fine: De eodem argumento libellus d. Philippi Melanchthonis." Der Druck Major's ist Georg gewidmet und die Vorrede ist datirt: Merseburgi, Reminiscere 1548. Das Buch stammt also aus der Zeit gemeinsamer Thätigkeit Major's und Georg's.

Es ist mir nur noch eine weitere Anhaltische Ehe-Ordnung aus dieser Periode bekannt geworden: ein Vertrag zwischen dem Fürsten und dem Rath zu Zerbst über die Behandlung zweier Fragen des Eherechts.

Dieser Vertrag wurde dem Superintendenten Fabricius vom Bürgermeister Baumgart in einem Briefe mitgetheilt und von Fabricius in die Reihe seiner Ordnungen im „Kirchenbuch" eingestellt. Wir bringen diesen Vertrag nach dem Originalschreiben des Bürgermeisters aus dem Superintendentur-Archiv zu Zerbst 29, 295 zum Abdruck. (Er ist schon abgedruckt in: Mittheilungen des Vereins für Anhaltische Geschichte 7 (1895). (Nr. 122.)

Was nun die formelle Seite der Eherechtspflege anlangt, so ist es damit in Anhalt ebenso ergangen wie in vielen anderen Ländern. Man versuchte zunächst mit einer Art nichtformirten Consistorium auszukommen. Dem Superintendenten Fabricius zu Zerbst wurde in der Instruktion von 1545 übertragen: „Bis auf ferner verordenung und mit vorwilligung des superattendenten soll unser superattendent zu Zerbst die ehesachen nicht allein in seiner superattendenz, sondern auch im lande unsers theils mit denen, so wir ime darzu ordnen wollen, verhoren und nach gottlicher schrift, erbarn beschribenen rechten, wie wir dis unser gemüth ime weiter eröffnen wollen, entscheiden."

Fabricius fasste die ihm hierdurch übertragenen Competenzen von Hause aus als diejenigen eines wirklichen Consistoriums auf. Bereits 1546 nannte sich Johann Mader „des consistorii schreiber", als er die „Imbreviatur der Superattendenz zu Zerbst", d. h. eine Registratur der Consistorialprotokolle und der wichtigsten consistorialen Vorgänge, Entscheidungen, eingeholten Gutachten etc. anlegte. Diese ist im Zerbster Superintendentur-Archiv Nr. 6 und auch Nr. 18 erhalten und gewährt einen vortrefflichen Einblick in die Thätigkeit der Behörde. Der Superintendent zu Zerbst wurde auf solche Weise den übrigen Superintendenten vorgesetzt; er wurde eine Art Consistorial-Präsident.

Wer sind nun seine „Zugeordneten?" Wahrscheinlich die anderen Visitatoren. Sodass also auch hier in Anhalt das Consistorium aus der Visitations-Commission erwachsen ist.

Im Superintendentur-Archiv zu Zerbst, Nr. 6 heisst es in einer der ersten Registraturen: „Sonnabend nach Estomihi anno 46 sind vor dem herrn superattendenten und seinen mitverordneten visitatoren erschienen". Doch stehen die Organisation dieser Behörde und ihre Competenzen weder in formeller, noch in materieller Beziehung irgendwie fest.

Bisweilen ist auch der Superintendent allein thätig. Die Citationen in Desertionsfällen erlässt er z. B. im eigenen Namen; die Aufforderung zur Rückkehr geschah durch Anschlag an den Kirchenthüren und Verlesen von den Kanzeln. Ein Beispiel einer solchen Citation findet sich in Zerbst, Superintendentur-Archiv, Nr. 18. Es ist dem Format nach offenbar das Original des Anschlags und lautet:

„Nach wunsch aller göttlichen gnaden und erbietung meines willigen diensts und gebets, kann ich dem christlichen leser nicht verhalten, das ungeferlich vor acht jaren einer genannt Blesius ..... sich zu Lindau bei Cerbst mit einer jungfrauen, Margarethe Schumans genand, ehelich verlobt und nach gewohnheit brautsemel mit ihr gegeben hat, und das bald hernach gedachte jungfrau ..... auf ihren bräutigam ein unwillen geworfen und das eheliche beilager verzogen, das sie auch der amtmann daselbst mit gewalt hat zwingen müssen, die ehe mit ihrem gedachten bräutigam zu fullziehen ......" (Blesius sei dann auf- und davon gegangen. Die Frau könne nicht länger so leben), „mich auch derwegen oft gebeten, das ich ihr anderweit zu freien erleuben sol, welchs mir ahn gerichtlichen process zu thun nicht geburt, so citire und lade ich, gedachten Blesium, das du an negesten freitag nach kunftigen ostern zu mir gegen Cerbst ...... kommest und ursach deines langen ausbleibens anzeigest. Du kommest also oder nicht, soll gleichwohl auf anhalten der klägerin geschehen, was recht ist, darnach ihr euch zu richten habt. Geschehen zu Cerbst im jar nach Christi geburt 1561 am tage S. Antoni Eremitae."

Auch der Fürst entschied persönlich. Jedenfalls war er von Anfang an die letzte Instanz. So wandten sich unter Joachim Ernst Superintendent Ulrich und die Räthe Heinrich von Wolf und Maximus von Kötschau an den Fürsten um Rath, und dieser entschied am 18. Mai 1571, „wie weiter in ehesachen zu prociren sei, aus tragendem amt". An Stelle des Fürsten reskribirten aber auch die „Räthe und Befehlshaber" zu Zerbst; sie ertheilten Rath, entschieden auch zuweilen oder holten ihrerseits Rath ein. Man vergleiche das Reskript der fürstlichen anhaltischen Räthe zu Dessau vom 29. September 1570. (Zerbst, Superintendentur-Archiv, Nr. XVIII, Bl. 86.)

Ebenso unsicher wie die allgemeine Rechtslage des Consistoriums, wie Joachim Ernst die Behörde später ausdrücklich nannte, war seine materielle Zuständigkeit. Weltliche Angelegenheiten sollten nicht vor dasselbe gehören. Aber sogleich in einer der ersten Sitzungen 1546 erledigte Fabricius mit seinen Zugeordneten güterrechtliche Fragen, Streitigkeiten aus Eheverträgen, Alimentations-Auseinandersetzungen u. s. w. Alle diese Streitigkeiten hingen ja zwar mit dem persönlichen Eherecht zusammen, waren aber doch gewiss bürgerlicher Natur und konnten höchstens als causae spiritualibus annexae im canonischen Sinne betrachtet werden.

Beschwerden über die Geistlichen wurden hier ebenfalls erledigt, dagegen Civilstreitigkeiten gegen Geistliche vom Amtmann in Gegenwart des Superintendenten. Ganz war also das privilegium fori, welches Georg für seine Geistlichen beansprucht hatte, nicht gefallen. Vgl. Zerbst, Superintendentur-Archiv, Nr. 6, Die Instruktion für Fabricius von 1545.

Eine durchgreifende Neuregelung des Ehegerichtswesens erfolgte unter Joachim Ernst durch die Landes-Ordnung von 1572. Auf diese kommen wir unten zu reden. Aber schon hier kann bemerkt werden, dass Anhalt das ganze Jahrhundert hindurch ein formirtes Consistorium und eine eigentliche Consistorial-Ordnung — trotz mehrfacher Anregung der Landstände und trotz fürstlicher Zusagen — nicht erhalten hat.

Im Übrigen bietet gerade die Entwickelung des Eherechts in diesen ersten Zeiten besonderes Interesse, und da die Protokolle des ersten Consistoriums zu Zerbst erhalten sind, so werden unsere rechtshistorischen Kenntnisse nicht unwesentlich bereichert. Einiges habe ich bereits mitgetheilt. Ohne einer eingehenderen Verwerthung an anderer Stelle vorzugreifen, hebe ich hier die häufig in die Protokolle aufgenommene „selbstschuldnerische" Bürgschaft für die Ledigkeit von Nupturienten hervor. Eine Rechtsform, die nicht gerade auf hohe juristische Bildung dieser geistlichen Behörde schliessen lässt.

Lehrreich sind weiter namentlich die Gutachten des Consistoriums zu Wittenberg, welche man häufig erholte. So sprach sich Wittenberg 1556 in einem Desertionsprocess für eine zweijährige Wartefrist aus; belangreich ist ein Gutachten in Betreff dreier mit einander concurrirender Verlöbnisse vom Jahre 1571. (Zerbst, Superintendentur-Archiv, Nr. 6.)

Man stand überhaupt mit Wittenberg stets in engster Fühlung. Man suchte und gewährte Rechtshülfe. Ich verweise auf das offenbar nach einem beliebten Formulare verfasste Rechtshülfeschreiben der „Verordneten commissarien des consistorii zu Wittenberg", vom 27. Juni 1567. (Zerbst, Superintendentur-Archiv, Nr. 18.)

Warum hatte Georg von Anhalt nicht sogleich ein wirkliches Consistorium formirt mit genau geregelten Competenzen, wie er es in Merseburg doch neben sich gehabt hatte, wie es in Meissen geschehen war, wie es in Kursachsen bestand? Noch im Jahre 1545 erwartete er den Übertritt des katholischen Episcopats, dem in solchem Falle die kirchliche Regierung im Lande geblieben wäre (s. die Instruktion für den ersten Superintendenten Fabricius). Gerade Georg

dachte möglichst lange an Erhaltung der alten Formen. Der Superintendent mit seinen Zugeordneten war als eine provisorische Behörde gedacht. Solange Georg dann lebte — 1548/49
mochte er vielleicht erst recht nicht mit durchgreifenden Neuerungen in äusseren Dingen vorgehen — war die .nothwendige Autorität ja thatsächlich vorhanden, und an Consistorial-Ord-
nungen war eigentlich auch kein Mangel. Georg hatte ja die Celler Consistorial-Ordnung für
Merseburg und Meissen ausgearbeitet. Nach ihnen richtete man sich offenbar auch in dem
nichtformirten Consistorium zu Zerbst, und nicht ohne Grund finden wir daher diese Consistorial-
Ordnungen noch heute in den Zerbster Archiven in seltener Vollständigkeit vor.

4. Das innere kirchliche Leben wurde unter Oberaufsicht Georg's nach dessen bewährten
Vorbildern von Fabricius und seinen Genossen durch die Visitationen eingerichtet und gefördert.
Es verdienen in diesem Zusammenhange zwei Ausschreiben Erwähnung. Das eine von Georg von
Anhalt, von Mittwochs nach Palmarum (13. April) 1541, welches die Geistlichen vor Zechen und
Disputiren warnte und zur Publication eines offenen (nicht mehr vorhandenen, aber wohl ebenfalls
die Zucht betreffenden) Schreibens an die Gemeinden aufforderte (Dessau, Superintendentur-Archiv,
I. Hauptabtheilung, 7. Unterabtheilung, Nr. 8), und ein Ausschreiben Johann Georg's und Joachim's
von Visit. Mar. (2. Juli) 1546, betr. eine allgemeine Landesbusse. Dieses Ausschreiben befindet
sich im Superintendentur-Archiv Dessau ebenda, im Original, mit den Siegeln der drei Fürsten
versehen. Die Pfarrer der Pflege Dessau, nämlich Johann Böttiger zu Raguhn, Georg Freitag
zu Jessnitz, Erasmus Riegel zu Capelle, Johann Jahn zu Quellendorf, Conrad Biegel zu Reupzig,
Bartholomäus Voitländer zu Lausigk, Johann Mohr zu Mosigkau, haben die Mittheilung des
Reskriptes durch Unterschrift bestätigt. Wir drucken das Ausschreiben erstmalig ab. (Nr. 114.)

Für die Kirchenzucht hatte Georg in seinem Stift Merseburg hervorragende Ordnungen
erlassen und zur Anwendung gebracht (vgl. oben S. 8). Und man sollte meinen, dass er
diese Einrichtungen auch auf Anhalt ausgedehnt hätte. Das ist aber keineswegs der Fall gewesen. Bis zum Jahre 1552 wurde ein öffentliches Bussverfahren nicht vorgenommen, hat ein
eigentlicher „Kirchenzwang" nicht bestanden. Es offenbarte sich dies bei einem speciellen Anlass im Jahre 1552, der zu einem stürmischen Verlangen der Geistlichkeit nach Einführung
einer ordentlichen Kirchenzucht führte. Die darüber zwischen Fabricius, als dem Vertreter der
Geistlichkeit, und dem Fürsten Georg gewechselten Schriftstücke bieten so gründliche Einblicke
in diese wichtige Seite des kirchlichen Lebens, dass wir die Vorgänge auf Grund dieses Brief-
wechsels ausführlicher schildern wollen. Leider ist die Correspondenz in St.A. Zerbst, K. 55,
Vol. V, fol. 206, Nr. 43 wohl nicht vollständig erhalten.

In einem Schreiben vom 27. Mai 1552 (Original in Zerbst, St.A., a. a. O.) klagte der
Superintendent Fabricius dem Fürsten Georg seine Noth. In Folge zu gelinder Strafen der
weltlichen Obrigkeit seien die Laster, namentlich dasjenige des Ehebruchs, zahlreich geworden.
Die Kirchendiener empfänden es sehr schwer, dass sie öffentliche Ehebrecher „an alle abbitten
und versumung der öffentlichen ergernuss" zum Sacrament zulassen müssten. Sie hätten sich
deshalb um Rath an das Wittenberger Consistorium gewendet und dieses habe die Weise vor-
geschlagen, welche es selbst nach dem Vorgange Luther's beobachte. Ein öffentlicher Ehebrecher
habe sich bereits zu öffentlicher Handauflegung werde er sich wohl
auch noch gefallen lassen. Der Fürst möge ihnen diese Form gestatten.

Das Gutachten der Wittenberger datirt vom 19. Mai 1552, ist mehrfach erhalten
(so in Zerbst, Superintendentur-Archiv XXIX, Bl. 73 ff.; in Zerbst, St.A., K. 55, Vol. V, fol. 206,
Nr. 43) und besagt: „Der sünder solle nach der landesgewohnheit beichten; nach geschehener confession solle der fall in der predigt mit den worten erwähnt werden, es sei einer in ehebruch gefallen, welches ihm von herzen leid sei, dass er die gemeinde Christi so gröblich geärgert, er
begehre, sie wolle ihm diese sünde und ärgerniss vergeben. Nach der predigt solle er vor dem

altar niederknieen und das sacrament cum manuum impositione entpfahen. So sei es von Luther gehalten worden. Der process in iure canonico sei nicht mehr üblich."

Fabricius hatte sich gleichzeitig auch an den Magistrat von Zerbst gewendet und ihm mitgetheilt, dass die Geistlichen vorhätten gegen den Ehebrecher Georg Cranz „ob er sich wol der weltlichen strafe halben mit dem rate vertragen hätte" auf Grund des Wittenberger Gutachtens zu verfahren. Sie wollten von ihrem Vorhaben aber zunächst der weltlichen Obrigkeit Mittheilung machen, erklärten aber zugleich, dass sie bei Verweigerung nicht im Amte verbleiben könnten. Der Magistrat wies sie an den Fürsten als den allein zuständigen Theil, „als obersten pastorem", und berichtete eingehend an den Fürsten. (Original vom 27. Mai 1552, in Zerbst, St.A., K. 55, Vol. V, fol. 206, Nr. 43.)

Die Entscheidung des Fürsten fiel nicht im Sinne der Antragsteller aus. Der Fürst schrieb an den Kanzler und an die Hofräthe, sowie an Fabricius. Die Concepte zu diesen Schreiben sind datirt vom 3. Juli 1552 und 2. (diese Zahl kann man übrigens auch als 3 lesen) Juli 1552. Ich glaube aber, dass sie später abgegangen sind als das Datum der Concepte angiebt. Denn das nachher zu nennende Schreiben des Fabricius, welches Bezug darauf nimmt, datirt vom 18. October 1552. In dem Schreiben an Kanzler und Hofräthe beklagt der Fürst das Zunehmen der Laster. Der „Bann" könne aber zur Zeit nicht aufgerichtet werden. Dagegen finde er es ganz in der Ordnung, dass man die mit öffentlichen Lastern Befleckten vor Besserung nicht zum Sacrament und Taufe zulasse. Auch würde er es gerne sehen, wenn die „öffentliche Busse" eingerichtet würde. Das könne aber nur in Übereinstimmung mit dem ganzen Ministerium geschehen. Und dazu sei wohl wegen der Pest keine Möglichkeit vorhanden. Er habe deshalb den Geistlichen mitgetheilt, wie sie einstweilen verfahren sollten. Die den Geistlichen zugeschickte Form der öffentlichen Busse sei der grossen geschriebenen Agende entnommen, die er seinem seligen Bruder Johann zugeschickt habe (d. i. der Interimsagende, vgl. oben S. 505).

Das Schreiben an die Geistlichen ist viel interessanter. Der Fürst beginnt mit einer Darstellung der Kirchenzucht in der alten Kirche. Da sei viel Missbrauch getrieben worden mit casus reservati, mit dem Verlangen einer Genugthuung, wodurch Christi Verdienst verachtet worden sei, mit dem Ablass u. s. w. Luther habe auch hier reformirt und die öffentliche Busse wieder aufrichten wollen, wie es das Wittenberger Consistorium berichte. Nach denselben Grundsätzen habe er — der Fürst — selbst in Merseburg mehrmals verfahren, und es sei in Synoden für gut befunden worden, diese Ordnung allgemein einzuführen. Er habe deshalb diese Merseburger Form in die grosse Agende aufgenommen; letztere sei aber wegen gewisser Angriffe nicht Gesetz geworden. (Vgl. den Passus wörtlich oben S. 505. Vgl. auch oben S. 8.) Er würde es nun zwar sehr gern sehen, wenn die Form der Agende in Anhalt aufgerichtet würde; er halte das aber zur Zeit für unthunlich, weil man die wünschenswerthe Einigkeit unter den Geistlichen doch nicht erreichen könne; „wie wir denn auch die zeit unsers amptes ad sententiam excommunicationis aus denselben ursachen zur zeit nicht schreiten dürfen, sondern die sachen durch andere wege verrichten müssen". Davon abgesehen solle aber alles nur Mögliche zur Bekämpfung der Laster geschehen. Die Prediger sollten warnen, die weltliche Obrigkeit sollte strenger strafen. Erfahren die Pastoren von Lastern, so haben sie den Thäter zur Busse und Besserung zu ermahnen, sollen aber die heimlichen Sünden nicht offenbaren und „ruchtig" machen, sondern alles unter der Hand abmachen, auch privatim absolviren. Wenn aber die Laster öffentlich bekannt geworden, so seien die Betreffenden vor der Besserung nicht zu den Sacramenten zuzulassen. Hier könne nun die öffentliche Busse nach den Vorschriften des Wittenberger Gutachtens oder der Agende stattfinden, und Zerbst könne hierin als gutes Beispiel den Anfang machen, jedoch müssten sich zuvor seiner jungen Vettern Räthe und der Rath der Stadt mit den pastoribus darüber vereinigen und dann müsse die Ordnung der Gemeinde publicirt werden,

damit sie für zukünftige Fälle beobachtet werden könne. In Merseburg sei die Praxis die gewesen, dass ein Missethäter, der sich mit der Obrigkeit vertragen gehabt hätte, von dieser der
Geistlichkeit ad publicam poenitentiam zugewiesen worden sei. Diese Praxis sei auch wohl für
Anhalt die bequemste. Doch halte er es zur Zeit für das Beste, dass auch solche Sünder, wenn
sie sich mit der Obrigkeit vertragen hätten und das Sacrament begehrten, nach Beichte und
Zusage der Besserung privatim absolvirt und dann zum Sacrament zugelassen würden. „Denn
die absolutio, sie geschehe privatim oder publice, nicht eine strafe, sondern ein trost ist den
gewissen, aber die absonderung von den sacramenten ist die strafe." Wenn die Aufrichtung
der öffentlichen Busse zur Zeit noch unthunlich sei, so sehe der Fürst doch keinen Grund ein,
weshalb die Geistlichen deshalb ihr Amt verlassen wollten. Letzteres würde weit mehr Ärgerniss erregen. Angehängt ist diesem Schreiben eine Wiedergabe der öffentlichen Bussform nach
der Merseburger Form und der Interimsagende.

    Was Georg hier den Geistlichen concedirte, erfüllte deren Ansuchen nur in geringem
Maasse. Bei geheimen Lastern sollte unter allen Umständen nur Privatbeichte und Privatabsolu-
tion stattfinden, damit die Laster nicht „ruchtig" würden. Hier ist wohl der Gedanke des
Beichtgeheimnisses das durchschlagende Motiv gewesen.

    Aber auch bei öffentlichen Lastern ist Georg zur Zeit für den privaten Modus, obwohl
er hier an sich gerne die Interimsagende in's Leben gesetzt hätte. Warum wohl? Offenbar
weil er die Ausübung der öffentlichen Busse durch die Geistlichkeit fürchtete; die Handhabung der kirchlichen Strafgewalt, insonderheit des Bannes, hatte anderwärts schon recht
ärgerliche Formen angenommen; Übergriffe in das weltliche Gebiet waren nicht ausgeblieben,
die Praxis war unter den Geistlichen keine gleichmässige gewesen. Alles das mochte Georg
bestimmen. Als einzige Kirchenstrafe wird die Verweigerung der Sacramente zugelassen;
Beichte, Besserungszusage und Absolution geschehen privatim.

    Welch' eine milde, wahrhaft evangelische und weit über die Zeit hinausragende Ge-
staltung der Strafgewalt! Aber welch' ein Abstand gegenüber dem canonischen Strafrecht!
Man kann es verstehen, dass dieses Schreiben Georg's auf Fabricius und seine Collegen geradezu
niederschmetternd wirken musste. Wir können daher aus dem Schreiben des Fabricius vom 18. October
1552 (Original in St.A. Zerbst a. a. O.) begreifen, in welchem er mittheilt, dass zu seiner grossen
Verwunderung der Fürst den gelinden processus Luther's nicht zulassen wolle, ja sogar die Ermahnung beifüge, „das man mit der öffentlichen kirchenbuss niemand sol anruchig machen und
in die weltliche hand bringen". Wiewohl er den Brief des Fürsten mehrfach durchgelesen habe,
so habe er „doch etlicher ursachen halben, swerlich bis anher kunnen gleuben, das alle diese
schriften von euer fürstlichen gnaden herkome". Der weitere Inhalt des Schreibens ist fast
unehrerbietig gegen den Fürsten und lässt die Erregtheit des Fabricius und seiner Collegen
deutlich erkennen. Es heisst darin u. A.: Nachdem jetzt die Ehebrecher vernehmen, „das
e. f. g. auch die gelinde öffentliche kirchenbusse Martini Lutheri nicht hie zu lassen und sie
nur auf ir roh gewissen on öffentliche busse zum sakrament und taufe gehen mugen, sind sie
viel erger worden, ... da der erbar rath das laster des ehebruchs heimlich in beutel strafe
und die kirche mit ihrer christlicher und gelinder straf auch stille halten muss und die fürsten
im lande durch die finger sehen", würden die Folgen nicht ausbleiben; die Kirchendiener wüschen
ihre Hände in Unschuld; der Fürst möge seine Handlung vor Gott selbst verantworten.

    Hierauf muss Georg eine beruhigende, auf die Zukunft vertröstende Antwort gegeben
haben, denn unter dem 16. November 1552 (Original in Zerbst, St.A., a. a. O.) bedankt sich
Fabricius zugleich im Namen seiner Collegen für die tröstliche Zusage des Fürsten bezüglich
der Aufrichtung der öffentlichen Busse. Der Fürst solle nun auch die erforderliche Anordnung
erlassen, „es were dan die Martini Lutheri oder die auf der agenda" [d. i. der Interimsagende].

„Sehen aber e. f. g. vor gut an, das man die öffentliche kirchenbusse noch eine weile sol lassen beruen, des bin ich wol zufrieden, mein gewissen ist nu hierin frei."

Damit schliesst die uns erhaltene Correspondenz ab. Zu erwähnen ist noch eine Immediateingabe des Cranz an den Fürsten vom 13. October 1552 (Original im St.A. Zerbst,. a. a. O.), in welcher er den Fürsten bittet, mit ihm nicht nach dem Wittenberger Gutachten verfahren zu lassen, da er sonst aus der Innung ausgeschlossen werden und damit seine bürgerliche Nahrung verlieren würde; er wäre zufrieden, wenn ohne Namensnennung sein Vergehen und seine Reue angezeigt werden würden; Christus habe die Ehebrecherin auch ohne einige publica satisfactio absolvirt; es wäre unbillig, dass mit dieser in Anhalt bisher unbekannten Form zuerst gegen ihn verfahren werden solle; anders wäre es für die Zukunft, wenn durch öffentliches Decret die neue Ordnung Jedermann bekannt gemacht worden wäre.

Die endliche Regelung der Kirchenzucht lässt sich aus dieser Correspondenz nicht ersehen, wohl dagegen aus dem unter Nr. 121 zum Abdruck gelangenden Bericht des Fabricius von 1567. Dieser schildert die thatsächlich beobachtete Praxis. Noch der Superintendent Ulrich berief sich 1575 auf dieselbe (vgl. unten S. 526). Eine ausdrückliche Billigung des Landesherrn kann er für sie nicht anführen, sondern stützt sich auf das Stillschweigen der Obrigkeit. Hiernach wurde bei öffentlichen, von der Obrigkeit bereits bestraften Lastern die Wittenberger Form mit öffentlicher Abbitte unter Namensnennung und öffentlicher Absolution mit Handauflegung beobachtet, dagegen bei den der Obrigkeit unbekannt gebliebenen Lastern nur eine „gemeine" Abbitte ohne Namensnennung durch den Pfarrer verlesen. Als Zuchtmittel kennt die Anhaltische Kirche bis 1575 nur die Verweigerung der Sacramente, der Pathenschaft und die Versagung des kirchlichen Begräbnisses.

Welch' ein bescheidenes Rüstzeug gegenüber dem Strafapparat der alten Kirche! Wie wenig mochte dasselbe den Wünschen der Geistlichkeit entsprechen! Die Unzufriedenheit damit spricht deutlich aus dem Berichte des Fabricius von 1567 (Nr. 121), und es ist leicht zu erklären, dass die Geistlichkeit jede Gelegenheit benutzte, ihre Competenzen zu erweitern, wovon unter dem Fürsten Joachim Ernst S. 526 ff. Näheres zu berichten sein wird.

III. Hier empfiehlt es sich, einen zusammenfassenden Blick auf die kirchlichen Verhältnisse Anhalts in dieser Periode zu werfen.

Von den Fürsten getragen, war auch in Anhalt das Werk Luther's allenthalben zum Durchbruch gelangt. Nach dem Vorbilde der kursächsischen Einrichtungen war die Kirchenneuerung durchgeführt worden. Im Vordergrunde stand die Persönlichkeit Georg's. So sind denn die folgenden Zeilen zugleich ein Nachtrag zu meinen Ausführungen in: „Die Kirchengesetzgebung unter Moritz von Sachsen und Georg von Anhalt", § 6, in welchem ich das „Evangelische Kirchenrecht nach den Anschauungen Georg's von Anhalt" zu schildern versucht habe. Man kann die dort gewonnenen Resultate auf Anhalt ohne Schwierigkeit übertragen. Natürlich musste die kirchliche Verfassung in Anhalt eine andere sein als in Merseburg. Hier war Georg an die Stelle des katholischen Bischofs getreten und fasste seine Thätigkeit wesentlich im Sinne eines solchen auf. In Anhalt war er nur einer der Landesherrn. Ein Summepiscopat des Landesherrn wäre für Georg ein unfassbarer Gedanke gewesen. Noch im Jahre 1545 hielt er es für möglich, dass die Bischöfe sich auf ihre wahre Pflicht besinnen würden, und gab in dem Superintendenten Fabricius und einigen Zugeordneten nur eine provisorische Verfassung. Für den Fall der dauernd ablehnenden Haltung des Episcopats fasste er die Ernennung eines Generalsuperintendenten (der also dann gewissermaassen die Rolle des Episcopus zu führen gehabt hätte) in's Auge.

Der Passus in der Instruktion von 1545 lautete: „Begebe sich auch (in mangel das die bischof wie bisher der evangelischen lar entkegen und ire amt underlassen) das wir neben

unsern freundlichen lieben vettern oder sunsten einen generalem superattendenten über das ganze fürstentum vorordnen musten, was alsdan im rath befunden, des sich ander orter unser herrschaft superattendenten jegen ime und sunsten hirinne halten sollen, dem sol sich der super-
.attendent zu Cerbst mit seinen zugeordneten auch gemess und gleichformig erzeigen."

In der Zwischenzeit übte er als der Landesherr thatsächlich die Rechtsame eines Bischofs aus. Denn seine Brüder traten naturgemäss ihm gegenüber in den Hintergrund. Er ordnete die Visitationen an, in seinem Namen wurden die Visitatoren thätig, in seinem Namen ergingen die Verordnungen, er ernannte die Beamten, er setzte die kirchlichen Behörden ein, u. s. w. Theoretisch that er dies als das praecipuum membrum ecclesiae, als christliche Obrigkeit, welche die Pflicht hat, für reine und einheitliche Lehre zu sorgen, und den Bischof in seiner Kirchengewalt zu unterstützen oder auch zu ersetzen. In Wahrheit war er damit an die Spitze der Kirche getreten und musste an der Spitze bleiben, da der Bischof sich nicht bekehren liess. Selbst sein „Generalsuperintendent" musste ein landesherrlicher, kein Beamter der Kirche werden. Nur vom Landesherrn konnte er seine Befugnisse, seine Autorität ableiten, weil er sie von ihm allein erhielt. Denn die Bewegung war eine territoriale geworden, die Kirchenbildung vollzog sich abschliessend je innerhalb des einzelnen Territoriums. Der Bischof der internationalen katholischen Kirche stand unter einem rein kirchlichen Organ, dem Papste. Der Generalsuperintendent Anhalts, das Consistorium Anhalts standen, da sie für sich selbst nicht stehen konnten, unter dem Landesherrn.

Theoretisch wurde die Thätigkeit der Landesherrn damals nicht als Regieren aufgefasst, sondern als Vollziehung der Pflicht der christlichen Obrigkeit, innerhalb der Kirche, d. h. der Christenheit, für reine Lehre zu sorgen. (Jedoch sei darauf hingewiesen, dass der Zerbster Rath den Fürsten Georg den Geistlichen gegenüber 1552 als „obersten pastorem" bezeichnet. Vgl. oben S. 515 Z. 8.) Was man damals theoretisch so auffasste, war aber im modernen Sinne betrachtet: Regieren. Damals kam es Niemandem in den Sinn, in diesen Zuständen eine Vermischung der staatlichen und kirchlichen Gewalten, eine Vermengung von Staat und Kirche zu erblicken. Denn Staat und Kirche waren nach der Anschauung der Zeit keine begrifflichen Gegensätze. Erst die naturrechtliche Schule hat bekanntlich mit der Theorie des Unum corpus christianum gebrochen. Die Welt ist die von Christus regierte Einheit. Weltliche und geistliche Obrigkeit wirken in ihr nebeneinander, zu gleichen Endzielen, wenn auch mit verschiedenen Mitteln und in verschiedenen Formen. Daher soll kein weltliches Organ in das geistliche Regieren, d. h. das Regieren mit dem Worte, d. i. die Kirchengewalt Luther's, eingreifen, und umgekehrt aber auch die Geistlichkeit nicht weltlichen Rechtszwang üben. Ganz im Einklange mit den sonst von Georg vertretenen Anschauungen (s. meine „Kirchengesetzgebung unter Moritz von Sachsen", S. 84) heisst es daher in der ersten Instruktion für Fabricius:

„Es sollen auch die pfarherr und diacon ..... keiner etwas sunderlichs thun oder furnehmen, sich auch in weltlich regiment oder fremde sachen ausserhalben ires ampts nicht einlassen ...."

Theoretisch war diese Abgrenzung möglich. In der Praxis erwies sie sich aber hier als ebenso schwer durchführbar wie anderwärts. Man denke doch nur an die Handhabung der Ehegerichtsbarkeit, die man nach wie vor als eine geistliche Angelegenheit (causa spiritualis) betrachtete. Man denke, wie flüssig die Grenzen bei der Behandlung von Delikten waren. Dazu kam, dass Georg ja mit besonderer Neigung an dem alten Rechte hing, in dem er auf-' gewachsen war. Wo dieses nicht mit den reformatorischen Grundlehren im Widerspruche stand, suchte er es möglichst zu erhalten. So in den Cultusformen, so auch in äusseren rechtlichen Beziehungen. Ich hebe hier als bemerkenswerth die Aufrechterhaltung der canonischen privilegia immunitatis und fori für die Geistlichen hervor; in Strafsachen nahm Georg für sie die alten Privilegien in Anspruch, die sie „nach Bischof Friedrich's Verträgen" genossen hätten. In Civilstreitigkeiten gegen Pfarrer entschied zwar der Amtmann, aber in Gegenwart des Superintendenten. Nach der Landesordnung von 1572 führten nicht nur die Superintendenten die Aufsicht über die Pfarrer, sondern auch „die Befehlshaber" und die Räthe in Städten u. s. w.

Diese unklare Grenzziehung rief in Anhalt keine sonderlichen Conflicte hervor. Denn es war ja doch alle Gewalt im Landesherrn verkörpert, und willig ordneten sich die staatlichen Behörden und auch die Geistlichkeit den frommen Persönlichkeiten unter, welche an die Spitze des Staats- und des Kirchenwesens gesetzt waren. Wenn die Landesherrn anfänglich ihre Entscheidungen in Ehesachen gewissermaassen entschuldigen und erklären, dass sie damit keineswegs in das geistliche Regiment eingreifen wollten (vgl. unten unter Joachim Ernst), so schwindet doch das Bewusstsein von vorhandenen Competenzgrenzen mehr und mehr. Wenn die Landesherrn auch wohl noch in späterer Zeit ihre Thätigkeit in geistlichen, in Kirchensachen mit dem praecipuum membrum oder dem Wächteramt der Tafeln rechtfertigen, so ist das nur eine althergebrachte und im Wesen gleichgültige Motivirung für das, was juristisch längst gegeben war, für das völlig ausgebildete landesherrliche Kirchenregiment.

Ja, dieses wird immer mehr ein absolutes. Der Einfluss der Geistlichkeit auf die Entscheidungen des Landesherrn ist kein rechtlich geregelter, sondern ein rein thatsächlicher, je nach der Bedeutung der betreffenden Persönlichkeiten ein grösserer oder geringerer.

Die Mitwirkung der Stände tritt in Anhalt nicht einmal so stark hervor, wie z. B. in Sachsen. Zwar mahnen und erinnern die Stände wohl auch in Anhalt. Sie wünschen Gleichförmigkeit der Ceremonien, sie wünschen die Errichtung eines Consistoriums, und der Landesherr erlässt auch mit ihrem Beirathe die Landes-Ordnung von 1572 mit kirchenrechtlichem Inhalte. Aber eine eigentliche Beschränkung des Landesherrn in der Regierung der Kirche war damit nicht gegeben. Gegen das Ende des 16. Jahrhunderts treten allerdings die Stände wieder mehr aus ihrer passiven Rolle hervor. Es hängt dies einmal mit den das Land besonders bewegenden Confessionsveränderungen und weiter auch damit zusammen, dass bei der zunehmenden Schuldenlast der Fürsten der Einfluss der Stände mehr und mehr erstarkt war.

Dagegen hatten die Fürsten mit einzelnen Adligen heftige Fehden auszufechten, ehe diese die unbeschränkte landesherrliche Gewalt in kirchlichen Dingen anerkannten. Die Visitationsakten von 1567 geben hierfür die bemerkenswerthesten Beispiele, und zwar spielten sich diese Kämpfe wesentlich auf dem Gebiete der Besetzung und Entsetzung der Pfarrstellen ab. Vgl. Bekker, in: Zeitschrift für Kirchengeschichte, 1901, S. 275 ff.; Heine, Geschichte von Wörbzig und Frenz, in: Beiträge zur Anhalt. Geschichte, Heft 5 (Cöthen 1902). Zielbewusst ist der Widerstand des Adels gebrochen worden.

Einer gewissen Selbstständigkeit erfreuten sich die grösseren Städte, wie namentlich Zerbst. Diese haben nicht nur vielfach selbstständig Kirchen-Ordnungen geschaffen, sondern der Landesherr liess sich sogar zu vertragsmässigen Abmachungen mit ihnen herbei. Oder der Rath vereinbarte mit den Pfarrern. Es kam aber auch vor, dass die Pfarrer unter sich Abmachungen trafen, theils mit, theils ohne Genehmigung des Rathes. Man vergleiche unter Zerbst. Die Competenzfragen spielten keine Rolle. Nur darauf wurde gesehen, dass die Ordnung gut und nützlich war.

Vom Vorstehenden abgesehen herrschte in Staat und Kirche nur ein Wille, derjenige des Landesherrn. Und unter Georg fand ein starkes, persönliches Regieren statt. Dann aber wurde die Ausübung des Regiments mehr und mehr den Hofräthen und den Superintendenten überlassen. Diese leiteten die Visitationen und die Partikularsynodi, welche Georg in seiner Diöcese Merseburg persönlich abgehalten hatte, aber in Anhalt, wo er nicht Bischof war, offenbar nicht abhalten mochte. Der Superintendent sollte den katholischen Bischof zunächst provisorisch und, wenn dieser nicht übertrat, definitiv vertreten.

Das Consistorium, welches für die Ehestreitigkeiten geschaffen werden musste, wurde daher auch nicht über ihm, sondern neben ihm gebildet. Superintendent Fabricius bildete mit den Zugeordneten das Consistorium. Dieses, ursprünglich nur als Ehegericht gedacht, wurde allmählich auch mit sonstigen Aufgaben betraut. Aber es war keine festgefügte Behörde, mit einer festen Organisation und sicheren Competenzen. Wie verschieden daher auch die formale Behandlung der Eheprocesse gewesen ist, haben wir oben gezeigt.

Der Superintendent in Zerbst war die erste kirchliche Autorität des Landes. Persönlichkeiten wie Fabricius und Amling haben daher nach dem Tode Georg's der Kirche Anhalts ihre Signatur verliehen. Wegen der Tüchtigkeit dieser Männer und wegen des persönlichen Einflusses der frommen Landesherrn hat sich das Land trotz dieser ziemlich unklaren Verfassung wohl befunden.

Soviel über die Gesammtkirche. — Was die Einzelgemeinde anlangt, so entsprach eine besondere Betonung des Gemeindegedankens und der Selbstverwaltung nicht den Wünschen Georg's (Sehling, Kirchengesetzgebung unter Moritz von Sachsen und Georg von Anhalt, S. 56, 88).

Fabricius fand bei seiner ersten Visitation, dass das Kirchenvermögen ausschliesslich von den Kirchenvorstehern verwaltet wurde und der Pfarrer auf die Verwaltung und die Verwendung des Kirchengutes gar keinen Einfluss besass. Fabricius änderte dies: „Und das der pfarrherr hier der oberster vorstender der kirchen sein, die schulde und zinse ufzeichnen, das register halten und dem superattendenten jerlich eine abschrift von seiner kirchenrechnung geben solle." Der Pfarrer ist aber doch nicht einfach als der Vorsitzende des „Vorstandes" gedacht, sondern die Kirchenvorsteher bleiben auch in Zukunft ein für sich bestehendes Collegium, welches nur nicht mehr ohne den Pfarrer und ohne „ihren Schultheissen" disponiren kann, und welches der Pfarrer beständig controlirt. Vor dem Pfarrer, der ganzen Gemeinde und dem Schultheissen legen die „vorstender" Rechnung. Die politische Gemeinde wählt die Vorsteher. Vgl. auch die Landes-Ordnung von 1572.

Andere Rechte stehen aber der Gemeine nicht zu. Von einem Antheil an der Pfarrbestellung hören wir nirgends. Diese geht entweder direct vom Landesherrn oder von seinen Hofräthen aus. Eigenartig ist die Stellung des Rathes in den Städten, besonders in Zerbst (s. unter Zerbst). Auch der Magistrat von Jessnitz hat 1564 einmal einen Geistlichen berufen (vgl. Becker, in: Mittheilungen des Vereins für Anhaltische Geschichte 7 [1897], 565 ff.). Jedenfalls blieb den Räthen der Stadt unverwehrt, eine Persönlichkeit dem Fürsten in unmaasgeblichen Vorschlag zu bringen.

Dass das eigentliche Patronatsrecht unberührt fortbestand, bedarf kaum der Hervorhebung. Dagegen wurde das vom Adel vielfach behauptete Recht der Besetzung und Entsetzung zielbewusst und auf das Energischste von den Fürsten bekämpft. (Bekker, in: Zeitschrift für Kirchengeschichte, 1901, S. 275 ff.; Heine, Geschichte von Wörbzig und Frenz, in: Beiträge zur Anhalt. Geschichte, Cöthen 1902, Heft 5, S. 60 ff.).

Die Kirchenzucht, wie sie oben S. 517 dargestellt ist, bewegte sich in durchaus evangelischen Grenzen. Sie athmet den milden, echt evangelischen Geist des Fürsten Georg.

In grösster Eintracht wirkten weltliche und kirchliche Organe zusammen. Bei den Visitationen zeigte sich dies besonders. Namentlich aber auch bei den Sequestrationen. Wie schonend, zugleich aber mit welchem Interesse für die Bedürfnisse der Kirche die staatliche Obrigkeit dabei vorging, zeigt unter Anderem die Urkunde vom 9. November 1540 (Zerbst, Sup.-Archiv, XXIX, Bl. 424), die zugleich auch für die Frage des Eigenthumssubjekts am Kirchengute Interesse bietet. Hierin erklären Wolfgang, Johann, Georg und Joachim, dass sie auf einen beständigen Wiederkauf an „die prediger, kastenmeister und diener, so den kirchen zu S. Bartholomaei der stadt Zerbst, welche jetzt vorstehen und in zukunft durch unsere verordnung vorstehen werden", verkauft haben 72 Gulden jährlich aus ihrem Renteneinkommen. Als Kaufpreis für diese wiederkäufliche Rente bezeichnen die Fürsten „171 mark und 14 loth silber in alten monstranzen, kelchen und bilden", welche sie aus denselben Kirchen zu Verhütung des Missbrauchs und zu eigenem Besten der Verkäufer mit ihrem guten Willen aufgenommen haben. Die Ausübung des Wiederkaufsrechts ist ein Vierteljahr vor Martini anzuzeigen.

Hohes Vertrauen setzte der Landesherr in seine tüchtige Geistlichkeit und liess ihr freie Hand. Umgekehrt aber erhob auch kein Geistlicher Widerspruch, wenn im Wege eines Vertrages zwischen Landesherrn und Stadtobrigkeit kirchenrechtliche Fragen erledigt und solche Abmachungen dem Superintendenten nur notificirt wurden. Ein anderes Mal wurden ähnliche Fragen durch Vertrag zwischen dem Superintendenten und dem Stadtrathe erledigt, ohne dass der Fürst Widerspruch erhoben hätte. Bei Erlass der Kirchen-Ordnung Bernhard's von 1568 verglich sich der Landesherr erst mit dem Bürgermeister und den Rathmannen der Stadt Zerbst, und diese sammt dem Superintendenten und Kirchendienern sich wiederum mit dem Landesherrn. Unter Joachim Ernst schloss der Superintendent mit dem Rathe zu Zerbst einen Vergleich über die Besetzung der Kirchendienerstellen ab. Diesen Vergleich bestätigte der Landesherr am 5. Juni 1572.

Es herrschte auf allen Seiten gegenseitig das grösste Vertrauen, und man stritt sich nicht um Competenzen, sondern nur darüber, ob etwas gut oder heilsam sei. Das Gute nahm man an, gleichviel von welcher Seite es stammte. —

Nimmt man zu dem Vorstehenden noch die herrlichen Kultus-Ordnungen und sonstigen vortrefflichen Einrichtungen Georg's, so bietet die Kirche Anhalts das erfreuliche Bild eines kirchlichen Gemeinwesens, welches einträchtig in sich, einträchtig mit der Landesobrigkeit seinen erhabenen Zielen nachlebte.

Cap. III. Bernhard III. Joachim Ernst.

Die überlebenden Söhne Johann's II., Bernhard III. und Joachim Ernst, nahmen im Jahre 1563 eine Landestheilung vor, bei welcher Bernhard III. Dessau, Zerbst, Lindau, Warmsdorf, Joachim Ernst Bernburg, Cöthen, Sandersleben und den Harz erhielt.

Die Brüder wandelten getreu in den Bahnen ihrer Ahnen. Sie bildeten die von Georg geschaffenen Institutionen weiter aus und sorgten noch mehr für ihre Aufrechterhaltung.

I. Aus der Regierungszeit Bernhard III. sind uns nicht viel selbstständige Maassnahmen überliefert.

Bernhard III. trug sich mit der Idee einer neuen Kirchen-Ordnung. Er fand allerlei Mängel und namentlich Ungleichheit in den Kirchenceremonien vor. Die freiheitliche Entwickelung der Dinge musste ja überall der bureaukratischen Uniformirung und gesetzlichen Normirung weichen. Wie schreibt doch der Superintendent Abraham Ulrich an Paulus Eber, 1569 (Zerbst, Superintendentur-Archiv, Nr. XVIII): „Freti sumus hactenus libertate necessaria in iis rebus, quae vere sunt adiaphora. Cum autem dissimilitudo principem offendat, sperantem ut per universum territorium uniformitas institueretur."

Am liebsten hätte Bernhard III. die ganze Kirchen-Ordnung Georg's wieder aufgerichtet; das ging aber nicht mehr an, und so begnügte er sich damit, davon so viel zu erhalten als nur irgend möglich war. So stellt sich denn seine Kirchen-Ordnung als eine Modernisirung der Ordnung Georg's dar. Sie ist nur eine Gottesdienst-Ordnung. Ursprünglich gingen die Pläne des Fürsten weiter: er dachte an eine grössere Codification. Dies ersehen wir aus einem Schreiben des Superintendenten M. Ulrich, welches wir in Zerbst, Superintendentur-Archiv, XXVIII, Bl. 108 ff., vorfinden. [Dieser Band ist eine Sammlung von allen möglichen Aktenstücken und Urkunden, besonders solchen auf die Confessionsstreitigkeiten bezüglichen, welche ein Superintendent aus der zweiten Hälfte des 17. Jahrhunderts zusammengetragen hat.]

In diesem Schreiben übersandte Ulrich dem Fürsten die mecklenburgische und wittenbergische Ordnung zusammengebunden. [Letztere ist die bekannte, von Melanchthon für Mecklenburg gefertigte Ordnung, welche wohl auch die Wittenberger Ordnung genannt wird.]

Diese Ordnung sei in vielen Fürstenthümern gebräuchlich und die Kirche Anhalts habe
billig stets auf Wittenberg und Leipzig diesfalls ein Auge gehabt und solle es noch haben;
er bitte, „man möge doch von dem fast allgemeinen haufen in ceremonien und kirchenordnung
sich nicht sondern"; solche Absonderung habe in der Kirche immer viel Unheil gebracht, so
könnten „auch schreckliche contentiones in articulo fidei aus errichtung neuer ceremonien sich
entspinnen." Die Geistlichen stimmten mit ihm — dem Superintendenten — überein.

Bernhard begnügte sich darauf mit einer Erneuerung und Verbesserung der Gottesdienst-
Ordnung Georg's. Und, wie ich oben bereits in anderem Zusammenhange erwähnt habe, er
verständigte sich zunächst mit dem Bürgermeister und den Rathsmännern der Stadt Zerbst, und
diese letzteren ihrerseits darauf mit dem Superintendenten und den sonstigen Kirchendienern
der Stadt „solche ordnung hinfurt einmütiglich zu halten".

Diese Kirchen-Ordnung vom 11. October 1568 finden wir im Original, auf Pergament
geschrieben und vom Fürsten eigenhändig unterschrieben im herzoglichen Staatsarchiv zu Zerbst,
Nr. 2512. Wir bringen dieselbe hiernach erstmalig zum Abdruck. (Nr. 124.) Sie ist für die
Stadt Zerbst bestimmt. Ob sie auch in anderen Gemeinden Eingang fand, ist unbekannt, aber
wohl anzunehmen.

Noch eine zweite Ordnung sei erwähnt: „Fürstlicher bevehl der kirchenlehn, stipendiaten
und des examens halben." Sie datirt vom 17. September 1565.

Diese Ordnung hat Fabricius in seine oft erwähnte Zusammenstellung der geltenden
Verordnungen aufgenommen (Zerbst, Superintendentur-Archiv, XXIX, Bl. 79 ff.) Dort liegt das
vom Landesherrn unterschriebene Original, zu welchem Fabricius den obigen Titel hinzugeschrieben hat. Darnach drucken wir sie erstmalig ab. (Nr. 123.)

Diese Verordnung wurde von Joachim Ernst unter dem Datum Dessau, den 8. Juli 1577,
und ein weiteres Mal unter dem Datum den 27. April 1584 durch Zuschrift an den Superintendenten Amling, die Bürgermeister und den Rathsmannen zu Zerbst erneut eingeschärft.
(Vgl. Zerbst, Superintendentur-Archiv, Nr. XXIX, Bl. 97, 97ª.)

Die vornehmlichsten Gehülfen des Fürsten waren die Superintendenten Fabricius und
Ulrich. Fabricius hat unter diesem Landesherrn verschiedene Visitationen vorgenommen, die
wir oben im Zusammenhange bereits besprochen haben, und Visitations-Ordnungen erlassen.
Diese sind also auch mit auf Rechnung des Landesherrn zu setzen, der seine schützende und
billigende Hand über seinen Landessuperintendenten hielt. Übrigens wurden die grossen Visitationen stets in Übereinstimmung mit den anderen Linien beschlossen. So die Visitation von 1561
von den Brüdern Joachim Ernst und Bernhard mit ihren Vettern Wolfgang und Joachim.

Sehr gut sind wir über die Visitation unterrichtet, welche im Jahre 1568 (ähnlich wie
im Zerbster Theil) Fürst Bernhard für seine Lande vornehmen liess. Ankündigungen der be-
vorstehenden Visitation an die Pfarrer der Gemeinden (Jessnitz, Raguhn, Pötnitz, Capelle,
Lausigk, Quellendorf, Reupzig, Mosigkau, Kühnau, Thurland), sowie an die adligen Familien
finden sich im Superintendentur-Archiv Dessau, I. Hauptabtheilung, 3. Unterabtheilung, Nr. 1.

Als Visitatoren bestellte Bernhard: Johann Gese, Pfarrer zu Dessau, Samuel Heinze,
Diacon, Hans Knoche und Christoph Medebach. Die Visitation begann Montag nach Cantate (17. Mai)
1568. Für die Visitation erliess der Fürst eine Instruktion. Dieselbe findet sich im Originale
vom Fürsten Warmsdorf, Montags nach Jubilate (10. Mai) 1568, unterschrieben und untersiegelt,
eodem loco Bl. 44 ff. Diese Instruktion ist eine wörtliche Wiederholung der Instruktion Joachim
Ernst's von 1557. Sie enthält nur eine einzige sachliche Abweichung. Im Abschnitt „Von
verwarnung des volks und pfarrkinder" wird Frist zur Besserung nicht bis Ostern, sondern bis
Pfingsten gegeben. Auch ein Bericht der Visitatoren über die von ihnen eingehaltene Ordnung
findet sich ebendort Bl. 40 ff. Ich hebe daraus hervor: Sie befehlen den Pfarrern „item den
catechismum mit vleiss zu treiben und sonderlich des sontags zur vesper die stunde darzu an-

zuordnen, und dem volk die tafel, darinnen die sechs stücke verfasset, deutlich vorzulesen, darmit sie die worte einmütig lernen mogen."

II. Fürst Bernhard III. starb 1570 kinderlos und nunmehr trat Joachim Ernst an die Spitze des ganzen Landes. Damit begann eine neue Periode für die kirchliche Rechtsbildung. Eine der ersten gesetzgeberischen Thaten aus der Zeit seiner Alleinregierung ist die Landesordnung vom Jahre 1572. Aus der Vorrede derselben erfahren wir die Veranlassung zu ihrer Publication. Der Fürst erzählt, dass Wolfgang, Joachim, Carl, Bernhard und er selbst im Jahre 1560 eine Polizeiordnung publicirt hätten. Diese Ordnung sei aber theils in Vergessenheit gerathen, theils sei sie überhaupt nicht ausreichend gewesen. Laut den Reichsgesetzen sei aber jeder Reichsstand verpflichtet, eine gute, christliche Polizei in seinen Landen aufzurichten; dieses sei auch von seinen Vorfahren bisher stets geschehen. Er — Joachim Ernst — habe sich deshalb seines fürstlichen, von Gott ihm verliehenen Amtes erinnert und mit Zustimmung der Landschaft etliche nothwendige Punkte aufgerichtet.

Diese Landesordnung, welche 1572 im Druck erschien (ein Exemplar in Jena, Univ.-Bibl. Bud. Jus Germ. 167[1]), enthält den zeitgenössischen Anschauungen entsprechend Regelungen der verschiedensten Art. Sie betrifft Civilrecht [im weitesten Sinne] und öffentliches Recht, von letzterem wieder Strafrecht, Verwaltungsrecht, Staatsrecht, Kirchenrecht, Civilprocess und Strafprocess, kurz und gut, fast sämmtliche Rechtsgebiete sind mit einer oder der anderen Vorschrift betheiligt. In einer Zeit, wo öffentliches und privates Recht nicht geschieden waren, wo Staat und Kirche eine begriffliche Einheit darstellten, darf der systematische Wirrwarr nicht Wunder nehmen. Uns interessiren von den 43 Capiteln nur Cap. I, II, III, XIV, XXXVIII. Diese werden daher zum Abdruck gebracht. (Nr. 125.)

Diese Landesordnung änderte die kirchliche Verfassung. Wir sahen, dass dem Lande eine centrale Behörde fehlte. Es bestand lediglich ein nicht formirtes Consistorium für Ehesachen und sonstige Streitigkeiten. Die Landesordnung gab auch noch dieses geringe Maass von Centralisation preis; sie gab das einheitliche Ehegericht auf und bestimmte, dass in Zukunft jeder Landessuperintendent die vor ihn und seine Zugeordneten gebrachten Streitigkeiten zu erledigen suchen solle, und zwar im Wege des Vergleiches. Gelinge ein solcher nicht und liege die Rechtsfrage einfach, so dass sie leicht formulirt werden könne, so solle der Superintendent dies thun und die Entscheidung einem Consistorium oder einem Schöppenstuhl (also, was sehr bemerkenswerth, einem rein weltlichen Gerichte) durch Aktenversendung übertragen.

Sei die Sache aber zu verwickelt oder sei die Formulirung der zu stellenden Frage nicht ohne Widerspruch einer der Parteien möglich, so sollten die Superintendenten und ihre Zugeordneten die Abfassung von Schriftsätzen veranlassen — (eine Anleitung dazu giebt die Landesordnung) — und daraufhin die Akten zum Spruche verschicken. [Ein Beispiel s. Dessau, Superintendentur-Archiv, I. Hauptabtheilung, 7. Unterabtheilung, Nr. 6, 1588. Superintendent Brendel instruirt und verschickt dann die Akten an den Schöppenstuhl zu Leipzig. Das Consistorium, an welches man sich mit Vorliebe wandte, war natürlich Wittenberg. Vgl. in Zerbst, Superintendentur-Archiv, Nr. XVIII.]

Was dann die Superintendenten auf die Entscheidung der Spruchbehörde verfügen würden, solle von den weltlichen Behörden vollstreckt werden. —

Eine sonderbare Regelung! In allen anderen Ländern war man mehr und mehr von der Nothwendigkeit der Consistorien durchdrungen; hier in Anhalt gab man die vorhandenen Ansätze eines solchen preis. Man verzichtete auf ein centrales kirchliches Verwaltungsorgan und begnügte sich mit der Regierung durch den Landesherrn und seine Räthe. Man verzichtete auf eine einheitliche Rechtsprechung in Ehesachen und anderen geistlichen Streitigkeiten und machte sich bewusst von ausländischen Behörden abhängig. Deren Entscheidung erging auf Grund der mehr oder weniger exacten Aktenlage, welche jeder Superintendent mit seinen Zugeordneten, d. h. wohl weltlichen Beigeordneten, als Vorinstanz zu schaffen hatte. Dass die weltlichen Behörden die auf Grund der Entscheidung getroffenen An-ordnungen des Superintendenten kritiklos executiren sollten, musste zu Reibungen führen. Glücklich kann auch die Bestimmung der Landesordnung nicht genannt werden, wonach nicht bloss die Superintendenten, sondern auch die Befehlshaber, die Ritterschaft und die Räthe in Städten über das Leben der Pfarrer und Kirchendiener Aufsicht üben sollten. Zum mindesten war sie unklar. Was den Fürsten zu dieser sonderbaren Regelung veranlasst hat? Ob er für seine Rechte fürchtete? Dem Wunsche der Stände entsprach die Regelung jedenfalls nicht. Denn diese hatten, wie aus der Landesordnung selbst hervorgeht, den Fürsten um Errichtung eines Landesconsistoriums gebeten.

Der Fürst liess zwar in der Landesordnung erklären, dass er dem Wunsche der Stände zu willfahren nicht abgeneigt sei, aber bei dieser Erklärung ist es auch geblieben. Das ganze 16. Jahrhundert hindurch hat Anhalt ein Consistorium nicht erhalten.

Übrigens sind die Ehesachen auch nicht immer verschickt, sondern wiederholt direct vom Fürsten oder den Hofräthen erledigt worden. Eine directe Entscheidung trifft z. B. Joachim Ernst am 4. Mai 1580 (Zerbst, Super-intendentur-Archiv, Nr. 18, Bl. 162). Es hat Jemand mehrere Sponsalien abgeschlossen und sich dann mit Anderen eingelassen. Er wird des Landes verwiesen. Über die Frau könne der Fürst nicht decidiren, weil sie seiner Botmässigkeit nicht mehr unterworfen sei. Ohne „hiermit als in gewissen sachen dem consistorio" vorzugreifen, könne er keinen Grund erfinden, „warum das brachium seculare sie zum zusammen leben anhalten solle; sie seien vielmehr beide von einander loszuzählen".

Dass der Fürst damit doch den Fall auch in spiritualibus entscheidet, scheint nicht empfunden zu sein. Da im Fürsten sich alle Gewalt concentrirte, war die Unterscheidung von Gewissenssachen und „weltlichem Arm" auch höchst problematisch. In dem Falle eines bestrittenen Eheversprechens wenden sich daher „die verordenten des ministerii und bürgermeister und rathmannen" zu Zerbst direct um Entscheidung an den Fürsten (16. September 1585).

An seiner Stelle entscheiden bisweilen auch seine Hofräthe. So am 29. September 1570 in einer Desertionssache des fürstlichen Koches (Zerbst, Superintendentur-Archiv, Nr. 18, Bl. 86). So rescribiren sie am 16. September 1586 auf eine Ehescheidungsklage wegen Ehe-bruches kurzer Hand, dass sich der Kläger bei der besonderen Lage des Falles nicht erst in einen sonderlichen weitläufigen Process einzulassen brauche, sondern sich sofort verheirathen dürfe.

Die rechte Hand des Fürsten war nach dem Tode des Fabricius zunächst der Super-intendent M. Abraham Ulrich geworden. Ihm erneuerte Joachim Ernst die im Jahre 1545 vom Fürsten Georg dem Fabricius ertheilte Instruktion. Die wenigen Änderungen sind bei dieser in Anmerkungen mit abgedruckt worden.

Visitationen stellte der Landesherr in der Landesordnung als regelmässige Einrichtung in Aussicht, und zwar, wenn es noth thun sollte, als jährliche Einrichtung. Dass dies aber durchgeführt worden ist, wissen wir nicht.

Von Visitationen aus seiner Regierungszeit erfahren wir überhaupt nicht viel. Über die Visitation 1567/1568 ist oben S. 509 gehandelt. Eine Visitation, die um 1571/1572 durch Ulrich vorgenommen wurde, scheint wesentlich finanzielle Fragen berührt zu haben. Von einer Visi-tation im Cöthen'schen Landestheile von 1574, welche der Superintendent Petrus Haring abhielt, wissen wir, dass dort namentlich über das unrechte Beten Klage erhoben wurde (Bekker, Zeit-schrift für Kirchengeschichte, 1901, S. 281). Unter „Beten" ist das Hersagen des Katechismus gemeint. „Beten heisst zur kinderlehre kommen." Die Visitatoren trafen für die Pfarreien eine gleichmässige Ordnung, welche Hartung, a. a. O. S. 211 und Bekker in: Zeitschrift für

Kirchengeschichte, 1901, S. 287 abdrucken. Sie ist der oben abgedruckten von 1567 sehr ähnlich und vielfach nur eine Erweiterung derselben. Vgl. auch H e i n e, Geschichte von Wörbzig, in: Beitr. zur Anhalt. Gesch., Heft 5, S. 65.

Die Visitation von 1582 bietet nach den Protokollen für uns nichts Bemerkenswerthes. Die Instruktion befindet sich im Original in Dessau, Superintendentur-Archiv, I. Hauptabtheilung, 3. Unterabtheilung, Nr. 1, Bl. 116 ff., und wird hieraus erstmalig abgedruckt. (Nr. 127.)

Was die Bestellung der Pfarrer anlangt, so hat sich unter Joachim Ernst an dem alten Rechte — vgl. S. 520 — wohl nichts geändert. Bemerkenswerth ist hier ein vom Landesherrn bestätigter und publicirter Vergleich zwischen dem Superintendenten Ulrich und dem Rathe zu Zerbst über die Bestellung und Entlassung der Kirchendiener vom 5. Juni 1572.

Wir drucken diesen Vertrag nach dem mit der Unterschrift des Fürsten versehenen Original im Zerbster Superintendentur-Archiv 29, 451 ff erstmalig ab. S. unter Zerbst.

Eine wichtige Neuerung aus seiner Regierungszeit ist hervorzuheben. Seit dem Jahre 1578 wurden die Ordinanden aus Anhalt nicht mehr nach Wittenberg geschickt, sondern wurden in Zerbst selbst ordinirt. Es hängt dies mit den Zerwürfnissen zusammen, die zwischen Anhalt und Kursachsen über die Concordienformel entstanden waren. Joachim Ernst war zur Unterschrift der letzteren nicht zu bewegen gewesen. Noch unabhängiger von Kursachsen stellte man sich durch die Errichtung des Gymnasium illustre, 1581. (Vgl. K i n d s c h e r, Gesch. des hochf. anhalt. akadem. Gesammtgymnasiums zu Zerbst. Gymnasialprogramme von 1868, 1871; B e c k e r, Eine theologische Hochschule, in: Mittheilungen des Anhalt. Geschichtsvereins 7, 423 ff.; D e r s e l b e, in: Theologische Studien und Kritiken, 1897, S. 116 ff.) Auf einer eigenen Hochschule wollte man den theologischen Nachwuchs heranbilden; unbeeinflusst von den neueren Wittenberger Lehren, insbesondere der Lehre von der Ubiquität Christi, sollte die anhaltische Geistlichkeit erzogen werden. Den Ordinationen ging in der Regel ein Examen vorher. Der zu Prüfende war von der Gemeinde bezw. dem Rathe der Stadt und, wenn die Stelle Patronatsstelle war, von dem Patron bereits für die Stelle in Aussicht genommen und dem Fürsten unmaassgeblich genannt bezw. vom Patron präsentirt worden. Der Fürst schickte den Bewerber in der Regel mit einem Schreiben des Kanzlers an Amling zur Prüfung und Ordination. Die Examina nahm Amling zumeist persönlich vor, und zwar allein; seltener wird die Anwesenheit weiterer Examinatoren hervorgehoben. Und wenn dies der Fall, so geschieht es ohne Namensnennung und in der Form, dass Amling deutlich als der ausschlaggebende Persönlichkeit hervortritt. Die Ordinationen geschahen für das ganze Land ebenfalls gleichmässig in Zerbst in der Nikolaikirche (auf Kosten der betreffenden Gemeinde). Der Superintendent Theodor Fabricius in Bernburg erklärt in einem Schreiben vom 1. October 1605 an Amling: „quum certas ob causas ad vestrum ministerium spectent examen et ordinatio." Der Superintendent von Zerbst war eben der höchste kirchliche Beamte des Landes, wenn auch die förmliche Bestellung als Generalsuperintendent nicht nachweisbar ist. Er war stets die rechte Hand des Fürsten und, zumal ein Landesconsistorium fehlte, die erste kirchliche Autorität.

In der Organisation der Einzelgemeinde blieb es ebenfalls beim Alten. Kirchenväter oder Kirchenvorsteher verwalten nach wie vor das Kirchengut. Sie haben alljährlich vor den Amtleuten, Schössern bezw. den Herren mit eigenen Gerichten, sowie vor den Superintendenten und Pfarrern Rechnung zu legen. Es besteht also keine kirchliche Verwaltung, sondern die kirchlichen Organe haben nur Antheil an einer Controle.

Die Klagen über Entwendung oder sonstiges Abhandenkommen von Kirchengut, die uns so häufig entgegentreten, sind auf diese Weise leicht erklärlich. Aber von dem Vorwurfe abgesehen, den man gegen den Fürsten und seine Rathgeber in der Richtung erheben könnte, dass sie das Übel nicht an der Wurzel anfassten, kann man dem Fürsten und auch den Superintendenten das Lob nicht versagen, dass sie das Möglichste zur Erhaltung des Besitzes der

Kirche gethan haben. Der Band Nr. 3 im Zerbster Superintendentur - Archiv enthält „Kirchen
und schulen-visitationen in allen vormaligen pfarreien des fürstenthums Zerbst, die dahin gehörigen
gravamina, desideria. Acta 1567—1674“, und diese gravamina betreffen vorwiegend Schuld-,
Lehns- und Patronatssachen. Zahlreiche Rescripte und Verfügungen richten sich gegen die Ver-
schleuderungen des Kirchengutes. So ein Originalschreiben Joachim Ernst's vom Jahre 1572 in
Betreff eines Kirchenlehns „daran unserm burgern, den sehlingen ius patronatus“ gebührt. So eine
Verordnung des Fürsten, datirt Dessau, den 4. September 1572, an den Superintendenten Ulrich
(Superintendentur-Archiv zu Zerbst, XXIX, 81 ff.), welche lautet:

„Unsern gnedigen gruss zuvorn erwirdiger liber andechtiger rath und getreuer,

Weil wir nach vorrichter visitation von euch berichtet, dass es mit den lehen juris
patronatus unordentlichen gehalten werde, und uns geburlich insehen zu haben geburt, damit
dieselbigen nicht vorsplittert, ader ad prophanos usus angewandt werden,

Also ist unser gnedigs begern und bevelich, dass ir aller der lehen, so itzund der rath
und weiland die schopfen in vorwaltung gehapt ein vorzeichnus fordert, und dasselb mit eurem
ordinanzbuch collationiret, auch dieselben mit eurem vorwissen und rath anlegen lasset, also
dass wir dessen zu jerlicher rechnung ein gnugen haben mugen,

Desgleichen die burger, so jus patronatus haben, vor euch ufs ehist bescheidet, und
ihnen von unsertwegen uferlegt, vor euch jerlichen ordentliche rechnung zuthun, und von den
lehen nichts zuvorleihen, zuvorsetzen ader entkommen zu lassen, ane vorwissen und mitbewilligung, auch was ir dessenhalb vor beschwerung befindet, an uns gelangen lasset, daran beschicht
unser gefellige meinung, und sind euch mit gnaden und guten geneigt, datum Dessau den
4. september anno etc. 72.   Joachim Ernst f. z. Anhalt manu pp.

Die Aufschrift des Schreibens lautet: Dem erwirdigen unserm lieben andechtigen rath
getreuen und gevattern m. Abraham Ulrich pfarherrn und superintendenten zu Zerbst.“

In Betreff der Cultusordnungen hat Joachim Ernst keine Änderung getroffen. Er hatte
zwar der Landschaft versprochen, auf Gleichförmigkeit der Ceremonien — auch in Anhalt
waren es, wie in Sachsen, die Stände, welche diesen Wunsch kleinmüthiger Seelen beständig
wiederholten — bedacht zu sein, er hat aber auch diesen Wunsch den Ständen nicht erfüllt.
Ob übrigens ein besonderes Bedürfniss dazu vorhanden war, kann angesichts der vorhandenen
vortrefflichen Ordnungen billig bezweifelt werden.

Das materielle Eherecht hat er in der Landesordnung von 1572 gefördert. Für Hebung
von Zucht und Sitte war er besorgt, wie die Landesordnung von 1572 in verschiedenen Capiteln,
besonders auch denjenigen über die Rügegerichte, beweist.

Die Geistlichkeit hielt an der alten, von Fabricius überkommenen Praxis (vgl. oben
S. 517) der Kirchenzucht fest. Joachim Ernst oder vielleicht noch mehr sein Kanzler und seine
Hofräthe scheinen aber diese öffentliche Form als zu weitgehend empfunden zu haben, und der
Fürst forderte seinen Superintendenten Abraham Ulrich zu einem Gutachten über die Gestaltung
der öffentlichen Kirchenbusse auf. Dieses Gutachten erstattete Ulrich Michaelis 1574. Das
ganz von der Hand Ulrich's geschriebene Original liegt im St.A. zu Zerbst, K. 62, Vol. V,
fol. 259ᵇ, Nr. 3. — Getreu der Überschrift der Eingabe „Vom unterscheid des bepstlichen
bannes, der rechtschaffenen warhaften excommunication und der offentlichen buss“ versuchte
Ulrich, dem Fürsten den Unterschiede dieser drei Zuchtformen klarzumachen. Er sei jetzt die
22 Jahre seit dem Tode des Vaters des Fürsten mit der öffentlichen Busse nach der Wittenberger
Form [er fügte das bekannte Gutachten der Wittenberger, oben S. 514 Z. 6 von unten bei] verfahren,
ohne dass je Seitens des Fürsten oder des Rathes, die sogar dem Akte beigewohnt, Widerspruch
erhoben worden sei. Diese Form sei eher zu verschärfen als zu mildern; er habe vernommen,
dass der Fürst diese Kirchenzucht zwar nicht ganz fallen lassen wolle, dieselbe aber nicht mehr
in Gegenwart der ganzen Gemeine, sondern lediglich etzlicher, neben dem Ministerium dazu Ver-

ordneter, wenn auch in der Kirche, vornehmen lassen wolle. Ulrich macht einen Vermitt-lungsvorschlag.

Diese Eingabe Ulrich's ist von einer anderen Hand (derjenigen des Kanzlers Traubot?) mit kritischen Randglossen versehen. Es finden sich allerdings in derselben auch Sätze, die den Wider-spruch der Hofräthe, die auf eine Verminderung der Strafgewalt hinausarbeiteten, herausfordern mussten. Ulrich möchte z. B. am liebsten den grossen Bann wiederhergestellt sehen und vertheidigt diesen Gedanken so: „Den grossen bann, anathema, haben wir nicht mehr in unserer kirchen, nicht das er unrecht were, wie oben gesagt, sondern das die welt dieses materni flagelli nicht mehr wirdig ist, als die zur ewigen excommunication mit haufen eilet. Und weil dieselbe, wie-wol aus gottes zorn und nachlessigkeit beider regiment gefallen, vermugen ihn auch die kirchen-diener ane hülfe der obrigkeit nicht zu restituiren, weil er äusserlichen leibeszwang in sich habet, der uns nicht befolen, auch die censura zu dem consistorium gehört, darin weltliche und geistliche richter beisammen sitzen sollen ......" Kanzler Traubot muss diese Eingabe dem Fürsten gegenüber stark abfällig kritisirt haben. Denn unter dem Datum Zerbst, 25. Mai 1575 reichen die Superintendenten und Pfarrer Abraham Ulrich, Wolfgang Amling, Markus Helse, Georg Roth, Clemens Streso, Gallus Dressler und Joachim Schulz einen ausführ-lichen Bericht ein, in welchem sie die gegen sie erhobenen Vorwürfe des Kanzlers einzeln bekämpfen und ihre Stellung zum Kirchenbann rechtfertigen (Original, von den Geistlichen unterschrieben, im St.A. Zerbst, a. a. O.). Sie bitten, wenigstens in dem gerade jetzt vor-liegenden Ehebruchsfalle nach dem bisherigen Brauche verfahren zu dürfen, für die Zukunft wollten sie sich nach dem Wunsche des Fürsten vergleichen und der Fürst möge dann den Vergleich bestätigen. Zur Entscheidung der Differenzen schlugen sie den Schiedsspruch eines Consistoriums vor.

Die Entscheidung des Fürsten ist mir nicht bekannt geworden. Es ist wohl Alles beim Alten geblieben.

Besonders rühmend muss die Fürsorge des Fürsten für die Wittwen und Waisen der verstorbenen Pfarrer hervorgehoben werden.

Schon Fabricius hatte auf diesen Punkt sein Augenmerk gelenkt und sich vom Con-sistorium zu Wittenberg die dort beobachtete Praxis berichten lassen. (Zerbst, Superinten-dentur-Archiv, XXIX, 75 ff.) Ich habe diesen Bericht in Bd. I S. 358 abgedruckt.

Joachim Ernst erliess eine diesbezügliche Ordnung unter dem 1. Januar 1580. Dieselbe ist mehrfach erhalten. So im Superintendentur-Archiv Zerbst, XXIX, S. 454, S. 479ᵇ, und XVIII, S. 160. Wir bringen dieselbe hiernach erstmalig zum Abdruck. (Nr. 126.)

Nicht unerwähnt darf endlich seine Fürsorge für die Förderung der gelehrten Studien bleiben, die er durch die Fundirung des akademischen Gymnasiums zu Zerbst bethätigte. An-halt blieb von den dogmatischen Streitigkeiten ebenso wenig verschont wie andere Länder. Führer der Anhaltiner Theologen war hierbei der Superintendent Mag. Wolfgang Amling.

Amling, geboren zu Münnerstadt, wurde im Jahre 1566 in der Zeit der Pest nach Zerbst als Schulrector berufen, wirkte in dieser Stellung dort bis 1569, kehrte nach Münnerstadt zurück, wo er bis 1573 privatisirte; dann, nach Coswig als Pfarrer berufen, unterwarf er sich dem Pfarrexamen und wurde von Mag. Abraham Ulrich ordinirt. In demselben Jahre folgte er aber einem Rufe als Pfarrer nach Zerbst, woselbst ihm, als Ulrich 1577 gestorben war, 1578 die Superintendentur übertragen wurde. Er starb am 18. Mai 1606.

Ich entnehme diese Notizen einer eigenhändigen Lebensskizze Amling's, die sich auf der Rückseite des ersten Blattes in einem Bande des Zerbster Superintendentur-Archivs Nr. 29 befindet. Im Übrigen sei auch auf Becker's Abhandlung in: Theologische Studien und Kritiken. 1897, S. 112 ff., verwiesen.

Joachim Ernst nahm in diesen theologischen Streitigkeiten stets den Standpunkt der Vermittlung und Versöhnung ein. Es ist unter seiner Regierung auch nicht zu den scharfen Kämpfen gekommen, wie sie sich in Sachsen um diese Zeit abgespielt haben. Und dies ist nicht zum Geringsten auf die Rechnung der einerseits sehr versöhnlichen, aber andererseits auch recht energischen Haltung des Fürsten zu setzen. So übte der Fürst eine strenge Censur. Selbst Amling durfte keine Predigt in Druck geben ohne vorherige Genehmigung des Fürsten. Zur Unterschreibung der Concordienformel war Joachim Ernst nicht zu bewegen. Über die Verhandlungen hierüber und die dadurch eingetretenen Zerwürfnisse mit Kursachsen vgl. man Becker in: Theologische Studien und Kritiken, 1897, S. 115 ff. Über das vom Fürsten 1585 publicirte „Bekenntniss vom heiligen Abendmahl" wird unten gehandelt werden.

Cap. IV. Die Zeit nach 1586.

I. Am 6. December 1586 starb dieser verdienstvolle Fürst. Nach seinem Tode hoben für die Kirche Anhalts schwere, unruhige Zeiten an. Confessionsstreitigkeiten stürmten auch auf Anhalt ein. Es ist hier nicht der Ort, auf diese, über welche gerade in neuerer Zeit eine reiche Literatur entstanden ist, ex professo einzugehen. Jedoch mögen folgende kurze Bemerkungen gestattet sein.

Es kann einem Zweifel wohl nicht unterliegen, dass die älteren Fürsten Anhalts, Wolfgang und Georg an der Spitze, auf rein lutherischem Boden stehen wollten und gestanden haben. Auch für Joachim Ernst kann dies, insbesondere nach seinem echt lutherischen Bekenntniss, ernsthaft kaum bestritten werden. Weiter steht fest, dass für die damalige Zeit das Bekenntniss des Landesherrn das officielle des ganzen Landes sein musste und war.

Deshalb verpflichteten die Ordinationsgelübde die in Zerbst Ordinirten auf die Bibel, die drei Symbole, die Augsburgische Confession, die Schriften Luther's, Melanchthon's und Georg's von Anhalt. (Vgl. Becker, in: Theologische Studien und Kritiken, 1897, S. 146 ff.). Aber gerade bei den Ordinationsgelübden zeigte sich, wie doch unter der Geistlichkeit mancherlei Selbstständigkeit in der Lehrweise eingetreten sein mochte. Die Gelübde lauten auch auf die Confessio Anhaltina und ihre Apologie. Dieses sind Privatarbeiten Amling's, in denen er die Lehrweise der Anhaltiner niedergelegt und vertheidigt hatte. Schon im März 1579 hatte Amling diese Schrift auf einem Convent in Cassel den hessischen und anderen Theologen überreicht. Sie sollte nicht gedruckt werden, wurde aber durch eine Indiscretion, ohne Vorwissen Amling's und der Anhaltiner Geistlichen, in „Neustadt a. d. Hardt in der fürstlichen Pfalz" 1581 gedruckt.

Sie ist, wie schon erwähnt, eine reine Privatarbeit und auch niemals von der Landesobrigkeit anerkannt worden. Nichtsdestoweniger stattete Amling diese Repetitio brevissima mit dem Titel „Confessio Anhaltina" bezw. „Apologia Anhaltina" aus — offenbar in Gegenüberstellung zur Augsburgischen Confession und deren Apologie — und liess, ohne irgendwie dazu autorisirt zu sein, die Ordinanden in Zerbst auch auf sie ihr Gelübde erstrecken.

Sonderbarer Weise ist eine Verpflichtung auf das (sofort näher zu behandelnde) Bekenntniss Joachim Ernst's von 1585 in den Ordinationsgelübden nicht zu finden. (Hierbei ist allerdings nicht zu übersehen, dass die im Amte stehende Geistlichkeit diese Confession unterschrieben hatte und dass Joachim Ernst bereits 1586 verstarb.) Dagegen fanden noch nach dem Jahre 1589 Unterzeichnungen der Confessio Anhaltina statt (Duncker, Bekenntnissstand, S. 56).

Amling, dessen Hauptzierde die Bescheidenheit nicht gewesen zu sein scheint, mochte es verdrossen haben, dass der Fürst, der vielleicht mit Amling's Polemik nicht mehr ganz einverstanden und auch wohl nicht ganz ohne Misstrauen gegen die Richtigkeit der Lehre Amling's war,

die vielfach so heftig angefeindet wurde, bei diesem seinem Bekenntniss von 1585 aus-
wärtigen Rathe das entscheidende Gewicht eingeräumt hatte; Amling hat später seine Unterschrift unter dieselbe auch, als irrthümlich abgegeben, zurückgenommen; es mochte seiner Eitel-
keit mehr entsprechen, seine eigenen Arbeiten als gleichwerthig neben die grossen Symbole der
Reformatoren und die Schriften Luther's, Melanchthon's und Georg's zu stellen.

Mochte sich nun auch die anhaltische Theologie, unter Führung Amling's vielfach eigene
Wege gehend, von derjenigen Kursachsens entfernt haben, so glaubte sie doch gewiss damit nur
die reine, überkommene Lehre zu vertreten. Im Jahre 1585 verwahrten sich die Anhalter ausdrücklich dagegen, dass in ihren Lehren, speciell in der zu Cassel übergebenen Confessio und
der darauf erfolgten deutschen Apologie, eine Abweichung von der Augsburger Confession und
dem Katechismus Luther's enthalten sei. (Duncker, Anhalts Bekenntnissstand, S. 25 ff.)

Zur officiellen sächsischen Theologie stand auch der Fürst im Gegensatz. Den neuen
Lehrmeinungen, die von der lutherischen Orthodoxie Sachsens ausgingen, insbesondere der Ubi-
quitätslehre gegenüber, hatte auch er sich ablehnend verhalten — alles aber nur in der festen
Überzeugung, dass er damit seinem Lande die reine, lutherische Lehre seiner Ahnen bewahre.

Übrigens neigte auch er zur Versöhnung und war wie Georg mehr für die Betonung
des Gemeinsamen als für die Hervorkehrung der Gegensätze, ein Anhänger der Denkweise
Melanchthon's. Verschiedene Convente unter seiner Regierung liefern hierfür Zeugniss, so der
Zerbster Convent von 1570 (vgl. Duncker, Anhalts Bekenntnissstand, S. 6 ff.; Allihn, a. a. O.
S. 12 ff); die Concordienformel schien ihm diesen Zielen zuwiderzulaufen, die Gegensätze erst
recht zu verschärfen, er war daher zur Unterschrift derselben nicht zu bewegen.

Mancher wegen Verdachts des Kryptocalvinismus aus Sachsen vertriebene Geistliche
fand in Anhalt Unterkommen und Anstellung. Dass der Fürst und das Land durch alle diese
Vorgänge bei der damaligen gereizten Stimmung und übergrossen Empfindlichkeit in diesen
Dingen leicht in den Verdacht des Calvinismus gerathen konnte, ist klar. Hierzu kam, dass in
den heftigen literarischen Auseinandersetzungen, wie sie wegen des Concordienwerkes zwischen
den anhaltischen Theologen, deren Führer Amling war, und den Gegnern, vor Allem Hesshusius,
geführt wurden, den Anhaltinern, besonders Amling, der Vorwurf sacramentirerischer Lehre
gemacht worden war. Um jedoch jedem Verdacht und Vorwurf vorzubeugen und durch einen
landesherrlichen Akt die Übereinstimmung mit dem Bekenntnisse seiner Vorfahren klar zu beweisen, berief der Fürst fünf seiner angesehensten Theologen (Amling, Dragendorf, Haring, Brendel,
Streso) nach Dessau, liess ihnen durch seine Hofräthe eine Vorlage (propositio) machen und
forderte ihre deutliche Erklärung namentlich in Bezug auf die Abendmahlslehre. Diese Erklärung vom 18. Februar 1585 fiel zwar im Wesentlichen in einem dem Fürsten erwünschten
Sinne aus. Der Fürst holte jedoch noch die Gutachten auswärtiger unparteiischer, lutherischer
Theologen ein. So schrieb er nach Nürnberg und Magdeburg. Von Magdeburg wurden über
die Erklärung der anhaltischen Theologen mancherlei Bedenken geäussert. Diese Bedenken
wurden den Verfassern der ersten Erklärung mit der Aufforderung mitgetheilt, ihre Confession
so klar und unzweideutig abzufassen, dass daran nichts zu tadeln sei. Theologen und Politici
traten in erneute Verhandlungen ein und verfassten das „Kurze und wahrhaftige bekenntniss vom
heiligen abendmahl, wie man in den kirchen des fürstenthums Anhalt von anfang des evangelii
bis auf diese stunde aus gottes wort einträchtig davon gehalten, geglaubt und gelehret hat,
und dabei auch ferner in gottes namen einfältig und beständiglich zu lehren, zu glauben und
zu verharren gedenket“.

Dieses Bekenntniss liess dann der Fürst von sämmtlichen Geistlichen des Landes unterschreiben. Vgl. das Nähere hierüber und über die älteren Abdrucke der Urkunde bei Duncker,
Anhalts Bekenntnissstand, S. 38 ff. Der Fürst ordnete weiter an, dass in Zukunft jeder Geistliche
sich durch Unterschrift zu dieser Confessio bekennen solle, und ertheilte seinen Räthen Sigmund

von Lattorf, Job von Mücheln, Johann Truckenroth, Johann Berthold und Bartholomäus Schwanberg, unter dem 11. Mai 1585 eine diesbezügliche Instruktion. In derselben führte der Fürst aus, dass er zur Herbeiführung einer herzlichen Einigkeit unter den Kirchendienern und um diese von jedem Verdacht zu reinigen, die Lehre vom Abendmahl in eine kurze Form habe bringen lassen, die der apostolischen Lehre, der augsburgischen Confession, den Katechismen Lutheri, den schmalkaldischen Artikeln und den Schriften Georg's gemäss sei. Hinfort solle kein Kirchendiener im Fürstenthum angestellt werden, der nicht dieses Bekenntniss unterschrieben habe; dasselbe solle eine klare, einhellige·und gleichförmige confessio im Fürstenthum bleiben. Einen genauen Abdruck giebt D u n c k e r, Bekenntnissstand, S. 247.

Dass der Fürst mit dieser seiner Confession auf dem Boden Luther's und seiner Vorfahren stehen wollte, ist unzweifelhaft. Dass die Confession nicht überall Billigung fand, dass z. B. Olearius in Halle, der Schwiegersohn des Hesshusius, dem Fürsten die Abtrünnigkeit von der reinen Lehre vorwarf, zu der er sich durch den Erzketzer Amling habe verführen lassen, vermag an diesem Gesammturtheil nichts zu ändern. Zuzugeben ist allerdings, dass die Lust Amling's am theologischen Streite manche Misshelligkeiten über das Land und den Fürsten gebracht hatte.

Als Joachim Ernst 1586 starb, war von seinen Söhnen nur der älteste, Johann Georg I., volljährig, wenn er auch erst 19 Jahre zählte. Bis zur Mündigkeitserklärung des jüngsten (1603) wurde die Theilung des Landes verschoben und Johann Georg führte die Alleinregierung.

Wir wollen zunächst die Frage nach dem Bekenntnissstande des Landes unter diesem Fürsten kurz erörtern. Obwohl wir uns dem Ende des 16. Jahrhunderts nähern, mag bei der Wichtigkeit dieser Frage für die spätere Entwickelung Anhalts ein näheres Eingehen gerechtfertigt erscheinen.

Johann Georg hatte die oben erwähnte Instructio seines Vaters vom Jahre 1585 mit seinem Bruder Christian unterschrieben und bei der Huldigung der Stände am 28. März 1587 die feierliche Erklärung abgegeben, dass er den Grundsätzen seines Vaters folgen und das Land bei der alten, reinen Lehre erhalten wolle. Eine seiner ersten Regierungshandlungen war eine Visitation. Dieselbe fand 1587 statt. In der Instruktion zur Execution dieser Visitation vom 21. September 1588 wird als Richtschnur für die Pfarrer vorgeschrieben: die Bibel, die drei apostolischen Symbole, die augsburgische Confession in der Fassung von 1530, die Apologie, die schmalkaldischen Artikel, die beiden Katechismen Luther's. Daneben sollen die Geistlichen fleissig die Schriften Melanchthon's, Luther's und Georg's von Anhalt studiren. (S. den Abdruck Nr. 129 aus Zerbst, Superintendentur-Archiv, XXIX, Bl. 257 ff., 12 ff.)

Und im Landtagsabschiede vom 5. Mai 1585 hatte er seinen Ständen nochmals feierlich zugesichert, dass er das Land „bei der rechten, wahren Religion, Lehre, Bekenntniss und Verständniss der augsburgischen Confession, wie sie bei seines Vaters Leben in Anhalt gelehrt und getrieben worden, und den gewöhnlichen hergebrachten Kirchengebräuchen und Ceremonien" belassen wolle. (Vgl. Zerbst, Superintendentur-Archiv 28, Bl. 99.)

Es kann also unmöglich angenommen werden, dass der Landesherr mit der Abschaffung des Exorcismus, die um diese Zeit bei ihm wohl schon beschlossene Sache war und ja auch unmittelbar darauf in Scene gesetzt wurde, an eine Änderung des Bekenntnissstandes gedacht hat — und das um so weniger, als eine solche ja auch objectiv genommen mit der Beseitigung dieses Adiaphoron gar nicht verbunden ist.

Andererseits ist nicht zu leugnen, dass die Stände durch diese Maassnahme in lebhafte Besorgniss wegen des Bekenntnissstandes geriethen, und dass viele Geistliche darin die ersten Anfänge zu einer Änderung desselben erblickten. So erklären sich die verschiedenen Supplicationen der Stände (vgl. z. B. vom 4. März 1590, Superintendentur-Archiv Zerbst, XXIX, Bl. 259) und der Geistlichen, wie derjenigen des Amtes Coswig (auf welche letztere der Fürst unter dem 26. März 1590 ablehnend rescribirte, Zerbst, Superintendentur-Archiv, XXVIII, Bl. 60), so der hartnäckige Widerstand, den die Geistlichkeit vielfach der Maassnahme entgegensetzte, und der sie in einen bis dahin in Anhalt unerhörten Gegensatz zu ihrem Landesherrn brachte.

Es sei im Einzelnen hier auf Beckmann, a. a. O. Thl. VI, Cap. 12, S. 128 ff.; Schubring, a. a. O. S. 50 ff.; Duncker, Bekenntnissstand, S. 57 ff. verwiesen. Über die literarischen Kämpfe, welche die Einführung des Exorcismus entfesselte, vgl. Duncker, a. a. O. S. 58 ff. Hier war namentlich wieder Amling, der damit seiner Neigung zu theologischen Fehden nachgeben konnte, ein Rufer im Streit. Der Befehl des Fürsten zur Abschaffung des Exorcismus datirt vom 27. Juli 1590.

Im Zusammenhange damit steht die erfolgte Herausgabe eines „Taufbüchlein für die kirche im fürstenthum Anhalt". Dasselbe wurde 1590 gedruckt. Es stimmt fast ganz mit Luther's Taufbüchlein überein. Die Exorcismusformel ist fortgelassen und als Eingangsvermahnung ist die Formel aus der Herzog Heinrich's-Agende hinzugefügt (Duncker, Bekenntnissstand, S. 58 ff., Nachwort S. 55 ff.). Der genaue Titel lautet:

„Taufbüchlein, für die kirchen im fürstenthum Anhalt, mit erzelung etlicher hochwichtigen ursachen, warumb der exorcismus abgeschafft. Daneben auch der notwendige trost erkleret wird, für die bekümmerten eltern, denen ire kinder, ehe sie können zur h. taufe gebracht werden, absterben, das sie darumb nicht verloren, viel weniger die frucht im mutterleibe für des teufels leibeigen, sondern für gliedmasse der christlichen kirchen warhaftig zu halten. Alles mit gottes wort von jemandes nachtheil treulich verwaret und bekreftiget. 1590. Psalm 94. Recht muss doch recht bleiben, und dem werden alle frome herzen zufallen."

Der Fürst sandte dieses Taufbüchlein dem Superintendenten Wolfgang Amling mit einem Rescripte zu, welches wir nach dem Original in Zerbst, Superintendentur-Archiv, XXIX, 462 ff., abdrucken:

„Aufschrift.

Dem wirdigen, unserm superintendenten, pfarhern zu S. Nicolai kirchen unser stadt Zerbst, und lieben andechtigen m. Wolfgang Amelingen.

Von gottes gnaden Johans George furst zu Anhalt graf zu Ascanien etc.

Wirdiger lieber andechtiger, demnach wir aus erheblichen, zu förderst aber in gottes wort wohl ergründeten ursachen den exorcismum bei der heiligen taufe in unser und unser freundlichen geliebten brudere lande und kirchen gar und ganz abzuschaffen und die heilige taufe also administriren zulassen, wie sie der sohn gottes ohne alle missbrauch selbst eingesetzt und verordenet, derowegen wir von unsern superintendenten ein taufbuchlein fassen und die ursachen warumb der exorcismus hinfurder nicht zuzugebrauchen in druck verfertigen lassen, damit sich nicht alleine die kirchendiener selbst umb so viel desto besser informiren, sondern auch ihre zuhörer und pfarkinder bescheidentlicher unterrichten könten,

als thun wir euch solche taufbuchlein hirmit uberschicken, mit gnedigem begehren, solchs euren fratribus und verwanten des ministerii zuzustellen und ihnen an unser stat zubefehlen, das sie dasselbige in gottes furcht vleissig erwegen, ihre zuhörer vernunftig hiraus unterrichten und hinfure in dero ihnen anbefohlenen kirchen nach solcher uberschickten und in benannten buchlein vorgeschriebenen form die heilige taufe administriren und zuvorhuetung aller hand ergernus es anders nicht halten sollen, hieran erstattet ihr zu förderst gotte dem stifter aller hochwirdigen sacramenten ein wohlgefelliges werk und unsern gnedigen willen, und wir seind euch mit gnaden geneigt, datum Dessau den 22. junii anno 90 etc.

Hans Georg f. z. Anhalt manu propria s."

Seit dieser Zeit bestand in weitesten Kreisen, nicht bloss in Anhalt selbst, die Besorgniss, dass das Land der reformirten Lehre entgegengehe, und dass der Fürst grundlegende

Änderungen beabsichtige, von denen die Abschaffung des Exorcismus nur der Anfang sei. In der That sollte diese Besorgniss wegen bedeutender Reformen im Cultus bald in Erfüllung gehen: das sogenannte Reformationswerk liess nicht mehr lange auf sich warten.

Die nahen Beziehungen, in welche Johann Georg im Jahre 1595 zu dem kurpfälzischen Hause durch Heirath getreten war, mögen die Reformgedanken des Fürsten in schnellere Bewegung gesetzt haben. Änderungen, die einzelne Pfarrer, vielleicht in übergrosser Gefälligkeit gegen die am Hofe herrschende Strömung, vornahmen, wie z. B. die Abschaffung der Crucifixe, wurden von Seiten des Fürsten nicht beanstandet. Durch derartige Vorgänge fühlten sich die Stände ernstlich beunruhigt und brachten ihre Befürchtungen in einer Eingabe vom 3. März 1596 zum Ausdruck. Diese sowie die Antwort des Fürsten liegen in einer vom Fürsten veranlassten Druckschrift aus dem Jahre 1596 vor, welche den Titel führt „Erinnerungsschrift etlicher von adel und städten an den durchlauchtigen hochgebornen fürsten und herrn, herrn Johann Georgen, fürsten zu Anhalt etc. sammt darauf erfolgter gnädiger verantwortung und erklärung".

Die Erregung der Zeitgenossen lässt sich am besten nach einem Flugblatt beurtheilen, welches damals in Anhalt in zwei verschiedenen Gestaltungen in 17 oder 18 Artikeln verbreitet wurde und in übertriebener Form die beabsichtigten Maassregeln des Fürsten darstellte, offenbar zu dem Zwecke, die Massen aufzureizen. Man nahm bisher an, dass dieses Machwerk nur handschriftlich verbreitet gewesen sei. So auch D u n c k e r, Bekenntnissstand, S. 80 ff. Ich habe aber einen Druck gefunden: „Articuli der neuen kirchenordnung, wie dieselbe im fürstenthum Anhalt soll gehalten werden. Gedruckt zu Zerbst, anno extremi temporis 1596." Die Rekonstruktion von D u n c k e r, a. a. O. S. 80 hat im Wesentlichen das Richtige getroffen. D u n c k e r hat dabei das Exemplar mit 18 Artikeln vor Augen gehabt, während mein Druck nur 17 Artikel zählt. Ich werde das Flugblatt an anderer Stelle veröffentlichen.

Zur Widerlegung dieses Flugblattes wurde eine „Nothwendige Verantwortung der 18 nicht allein in Deutschland, sondern auch bei fremden Nationen böslich ausgesprengten Artikeln von einer neuen Kirchen-Ordnung im Fürstenthum Anhalt zur Rettung der Wahrheit und Widerlegung der Lügen" ausgearbeitet. Verfasser dieser wie der oben erwähnten „Erinnerungsschrift" war wohl Amling.

Eine ähnliche Publication wie diejenige der 18 bezw. 17 Artikel sind die sogenannten 28 Artikel vom 2. März 1597. Man hat in diesen eine fürstliche Verordnung erblickt, durch welche officiell der reformirte Bekenntnissstand eingeführt worden sei. So H e r i n g, Geschichte der kirchlichen Unionsversuche seit der Reformation bis auf unsere Zeit (Leipzig 1836) 1, 226; Schubring, Einführung der reformirten Confession in Anhalt, S. 133; S c h u b e r t, Christenlehre nach Luther und Melanchthon, S. 14; Z a h n, Das gute Recht des reformirten Bekenntnisses und der Heidelberger Katechismus in Anhalt. Elberfeld 1860. S. 20, 21; A l l i h n, Die reformirte Kirche in Anhalt, S. 23 ff.; E b r a r d, Salmar's Harmonia confessionum fidei; Das einfältige Bekenntniss der reformirten Kirche aller Länder. Barmen 1887. S. 20. Nach den Ausführungen D u n c k e r's kann es aber keinem Zweifel unterliegen, dass die 28 Artikel keinen officiellen Charakter besitzen. Auch meine Archivforschungen haben dafür nicht den geringsten Anhalt gebracht. Ich betrachte die 28 Artikel als die Formulirung der Wünsche eines streng Reformirten, als eine Streitschrift aus jener aufgeregten Zeit, wodurch sich auch die derbe Ausdrucksweise und die stellenweise gehässige Form erklären.

Ich habe ein handschriftliches Exemplar der 28 Artikel im Superintendentur-Archiv zu Zerbst, XXVIII, Bl. 96 gesehen. Dieses ist ein Sammelband, in welchem ein Superintendent aus der zweiten Hälfte des 17. Jahrhunderts alle möglichen Urkunden, namentlich solche, die sich auf die Confessionsstreitigkeiten bezogen, zusammengetragen hat. Der Titel lautete:

„Reformation im fürstenthum Anhalt. Diese nachfolgenden punkte sollen die pfarrherrn im fürstenthum Anhalt bei vermeidung des landes und verlust ihrer pfarren unterschreiben. Dat. Dessau am 2. martii anno 1597." Diese Schrift stimmt mit dem Abdruck bei L e n z, Beckmannus enucleatus, Bl. 369, überein. Die Abweichungen betreffen nur Orthographie und unbedeutende Wortverschiedenheiten.

Der Abschreiber hat am Rande bemerkt: NB.! Artic. der Reform. und Kirchenordnung in der Grafschaft Lippe anno 1606, Nr. 17. Was es mit dieser Bemerkung für eine Bewandtniss hat, konnte ich bis jetzt nicht ermitteln. —

Wenn also diese 28 Artikel mit Recht nur als eine private Arbeit betrachtet werden können, so sind sie doch immerhin genau so charakteristisch und bezeichnend wie die 18 oder 17 Artikel. Jene kennzeichnen die Hoffnungen, welche die Reformirten auf die Reformen des Fürsten setzten, und diese die Befürchtungen, welche die Anhänger lutherischer Lehre begen zu müssen glaübten. Eine höhere Bedeutung kann aber beiden Schriftstücken nicht zuerkannt werden.

Die Reformmaassnahmen des Fürsten, welche die grösste Aufregung im Lande hervorriefen und die heftigsten literarischen Fehden entfesselten (welche hier nicht erörtert werden sollen; man vergleiche u. A. die Zusammenstellung in der Schrift „Drei schriften von der anhaltischen reformation, das ist von der frage, obs recht sei, dass man die götzenbilder und andere vom pabstthumb bis daher in etlichen evangelischen kirchen überbliebenen missbräuche vollends abschaffe, item, dass man das brotbrechen beim h. nachtmahl gebrauche, und das volk gottes anweise, dass sie die zehn gebot gottes ganz und also wie sie in der bibel stehen, lernen sollen. Auf gnädigen befelch, vor ungefähr acht jahr erstlich zu Amberg gestelt und jetzund wiederumb in druck gegeben durch die prediger in der churfürstlichen pfalz Neustadt a. d. Hardt. 1606"), betrafen ausser der oben erwähnten Abschaffung des Exorcismus zunächst nur einige Ceremonien und hätten wohl, an sich betrachtet, zu jener Erregung nicht den Grund zu bieten brauchen, wenn man nicht in jener für die Fragen des Bekenntnisses äusserst nervösen Zeit der geringsten Änderung die schwersten Folgen beigemessen, wenn man nicht von ultra-lutherischer Seite schon seit den Zeiten Joachim Ernst's auf Anhalt mit einem gewissen Misstrauen geblickt gehabt hätte, ein Misstrauen, welches durch die neuerlichen Beziehungen zur Kurpfalz noch ausserordentlich gesteigert worden war.

Johann Georg und sein Bruder Christian, der mit einer Tochter des reformirten Grafen von Bentheim verehelicht war, hatten einige Reformen, besonders in der äusseren Darreichung des Abendmahls, beschlossen und erliessen eine Reihe gleichlautender Befehle an die Superintendenten und Pfarrer der einzelnen Ämter. So schrieb Johann Georg unter dem 17. November 1596 an die Superintendenten und Pfarrer von Amt und Stadt Coswig (vgl. Superintendentur-Archiv Zerbst, XXVIII, Bl. 94): Er habe sich mit seinem Bruder Christian entschlossen, „das nachtmahl nach der einsetzung des herrn anzurichten, die tafeln und hölzernen crucifixe, so auf und über den altären bishero an vielen orten gestanden und gehangen, auch zum theil noch stehen und hängen, neben den lichtern und messgewändern hinweg zu thun, und die altäre in form eines tisches, oder einen hölzernen tisch, unten beschlagen, (wie es am füglichsten schicken will,) anstatt derselben anrichten, vermachen zu lassen, damit ein jeder prediger hinter dem tische, er sei steinern oder hölzern, sein angesicht zum volke kehren, und die administranda mit dem brotbrechen, das wir auch nach der lehre Lutheri, an vielen orten seiner schriften gefordert, als Christi einsetzung für ein nothwendig stück der handlung des heiligen nachtmahls halten, verrichten können". Die Pfarrer sollen ihre Gemeinden gründlich hierüber unterrichten.

Eine ähnliche Verordnung datirt vom 3. Nov. 1596. S. Zerbst, Superintendentur-Archiv, XVIII, Bl. 247. Wir bringen diese unter Nr. 131 zum Abdruck. Über weitere Verfügungen desselben Inhalts s. D u n c k e r, S. 112, 113. Es ist also gewiss richtig, dass sich das Reformwerk

zunächst nur auf Abschaffung einiger Gebräuche richtete, die als Adiaphora an sich den Bekenntniss-
stand nicht berührten. Die Fürsten motivirten daher auch ihre Reformen mit Aussprüchen
Luther's. Und man darf doch auch den wiederholten Versicherungen des Fürsten, dass eine
Änderung in der Lehre nicht beabsichtigt sei, wie z. B. vom 3. Juni 1597 (Duncker, a. a. O.
S. 139), den Glauben nicht versagen. Auch die Streitschriften der Anhaltiner und der
Wittenberger (die ich hier nicht näher behandeln kann, die ich aber sämmtlich durchgesehen
habe), betreffen immer nur vier Punkte: Abschaffung der Bilder, das Brotbrechen beim Abend-
mahl, Einführung ausschliesslich deutscher Gesänge und die Änderung der Anordnung der zehn
Gebote. (Über letzteren Punkt sofort.)

Wenn diese Änderungen an sich auch verhältnissmässig unbedeutend waren, so kann
man doch die Erregung verstehen, welche sie im Lande hervorrufen mussten. Denn es war doch
nicht zu leugnen, dass sie thatsächlich dem reformirten Ritus entsprachen und es lag nahe, in
ihnen die Anfänge noch viel weiter gehender Reformen zu erblicken.

Die Vorschrift, die 10 Gebote in reformirter Zählung zu lehren, stiess auf ganz besonderen Widerstand, denn man hielt dadurch den ganzen Katechismus Luther's, dieses dem Volke
so sehr an's Herz gewachsene Buch, für gefährdet, und übereifrige Diener des Fürsten mögen
auch schon damals weiter gegangen sein als der Fürst selbst. (Vgl. z. B. Duncker, a. a. O.
S. 115.) Dass in der Umgebung des Fürsten Persönlichkeiten vorhanden waren, die zu weiteren
Reformen drängten, wie insbesondere Curt von Börstel, und dass der Bruder des Fürsten,
Christian, der als Statthalter in der Oberpfalz residirte, für energischere Maassnahmen war,
blieb nicht unbekannt und musste die Erregung steigern, so dass die Ritterschaft sogar die
Intervention des Kurfürsten von Brandenburg anrief.

Trotz aller Verklausulirungen war es doch gewiss auch nicht unbedenklich, dass Amling, der erste Theologe des Landes, in einer Schrift 1588/1599 seine Unterschrift unter das
Bekenntniss Joachim Ernst's als aus Irrthum abgegeben erklären konnte.

Es ist wohl dem gesunden Sinne des Fürsten Johann Georg, der auch durch den un-
leugbaren Widerstand weitester Kreise bedenklich geworden sein mochte, zuzuschreiben, dass es
zu einer plötzlichen und gewaltsamen Umänderung des Kirchenwesens nicht kam, sondern dass
lediglich im Wege einzelner Reformen eine langsame Annäherung an den Typus der pfälzischen
Kirche versucht wurde.

So konnte denn der Fürst im Landtagsabschiede vom 6. April 1598 den Ständen be-
ruhigende Erklärungen abgeben, wenn er auch nicht gesonnen war (wie aus diesen Erklärungen
vielfach irrig entnommen wurde; Zerbst, Superintendentur-Archiv, XXVIII, Bl. 100; Duncker,
S. 179 ff.) seine Reformen wieder rückgängig zu machen oder auf ihre Durchführung zu
verzichten.

Bemerkenswerth ist in diesem Abschiede einerseits, dass die Stände sich, wie aus dem
Wortlaut des Abschiedes erhellt, bei einer mündlichen Erklärung des Fürsten nicht beruhigen zu sollen glaubten, sondern ihre Aufnahme in den Abschied verlangten — und
andererseits, dass der Fürst seine Erklärung nur unter einem Vorbehalt abgab „unserem iure
supremae inspectionis hiermit keineswegs icht was begeben", womit er natürlich alle
möglichen Maassnahmen rechtfertigen konnte. Er war in der That zu weiteren Reformen
entschlossen. Und diese sollten sich nicht bloss auf äussere Ceremonien beschränken. Eine
Commission von Theologen und weltlichen Räthen, die im Februar 1599 tagte, machte u. A.
den Vorschlag: „Allhier ist unser einfältig bedenken, dass zur erbauunge am erspriesslichsten
sei, weil auf e. f. g. gnädigen befehl der catechismus Lutheri albereit vom ministerio revidirt
und durch ergänzung des decalogi samt erklärung der lehre von den beiden sakramenten mit
hinzusetzung ezlicher wenig fragen vermehrt, dass neben dem kleinen heidelbergischen catechismo, hierbei überschicket, und zwanzig bekannten für die gar einfältigen solch büchlein als

enchiridion und manual zusammengedruckt und in die schulen anfänglichen etliche exemplar von e. f. gn. verehret würden. Darauf sontäglichen in städten vor der vesperpredigt ein stück nach dem andern von zweien knaben auswendig dem volk durch frag und antwort fürgesagt und innerhalben sechs oder sieben wochen allewege vom anfange bis zum ende wiederholet würde. Dies sollte unsers erachtens den kirchen dieses löblichen fürstenthums am erspriesslichsten sein, zu verhüten allerlei vorwürfe und die benachbarten selbst desto ehe zu stillen."

Johann Georg hat hierzu aber folgende schriftliche Randbemerkung gemacht: „Unsere herren brüder, fürst Christian und fürst Augustus sind mit derselben revision nicht zufrieden, sowohl auch die churfürstlichen heidelbergischen theologen, sondern halten es dafür, man soll es bei dem heidelbergischen catechismo bewenden lassen, der meinung sind wir auch."

Man sieht, die Fürsten waren im Jahre 1599 für durchgreifende Anlehnung an die Pfalz; die Commission dagegen nur für Revision des Katechismus, also für Aufrechterhaltung einer confessionellen Sonderstellung Anhalts.

Die Fürsten ergriffen daher gern die Handhabe, welche ihnen die Commission dadurch geboten hatte, dass sie in ihrem Berichte auf das Fehlen einer Agende hingewiesen hatte, durch welche eine Gleichheit im Singen, Lesen, Predigen und anderen Ceremonien erzielt werden könne und solle. Unter dem 4. März 1599 ertheilte Johann Georg Amling den Auftrag, eine Kirchenagende auszuarbeiten, und zwar in möglichster Anlehnung an die pfälzische Agende. Wir bringen das Anschreiben des Fürsten nach dem unterschriebenen Original im Superintendentur-Archiv zu Zerbst, XVIII, Bl. 262 ff., zum Abdrucke:

„Von Gottes gnaden, Johans George, fürst zue Anhalt, graf zu Ascanien.

Würdiger lieber andechtiger. Das zue Warmsdorf, auf unsern gnedigen befehlich und commission, gesambt gefastes bedenken, was massen den impedimenten, so unser gesambt wohl angefangenes christliches reformation werk bis an izo, dass es zue keiner rechtschaffenen, entlichen volkommenheit gereichen will, noch hindern, zuhelfen, haben wir nicht alleine zue unsern handen gestern wohl empfangen, sondern dasselbe auch ezlicher massen durchlesen, und ferner der notturft nach, zudurchlesen, und den sachen mitnachzudenken, in gnaden erbötig.

Nachdem wir aber bei dem sechsten articul desselben befinden, dass für vorstehender notwendigen visitation umb der discrepanz willen, so in unsern kirchen mit singen und andern noch seind, eine gleichheit getroffen werden muss, als hielten wir demnach darfur, wollen es hirmit auch euch gnedig comittiret haben, eine algemeine agenda dieses fursten thums kirchen, auf uni nach der pfälzischen gerichtet und derselben gleichförmig, zuvorfassen, und dass in derselben der apostel und andere festa eingestellet, und in den dreien haubt festen mehr nicht dann zwene tage gefeiert, der dritte aber gar abgeschaffet, woferne ihr mit uns deswegen einigs, oder ander ursachen, warumb es nicht sein mochte, die ihr uns hinwieder zuvormelden, damit also communicato consilio gehandelt, nach solcher vorfassung und befindung dan zue den sachen ferner geschritten, und darinnen vorfahren werden kann. Mochten wir der notturft nach unerinnert nicht lassen. Und wir seind euch zur gnaden genaigt, datum Dessau, den 4. martii anno 99.

Hans Georg, fürst zu Anhalt, manu propria scripsit."

Amling erhielt auf Wunsch einige Mitarbeiter zugeordnet, nämlich Johannes Brendel, Georgius Krüger, Caspar Ulrich, Kurt von Börstel; später wurden noch Theodor Fabricius und M. Johannes Theobaldus in die Commission berufen. In einem Memorial theilte der Fürst seine Wünsche mit, die unter Anderem auf Abschaffung der lateinischen Gesänge, der Orgeln, der Privatbeichte und der Apostel- und Marienfeste gingen, sowie die Vermahnung vor dem Abendmahl betrafen. Bezüglich des Katechismus bemerkte der Fürst, dass der neue Entwurf desselben seinen Brüdern Christian und August und auch den kurpfälzischen Theologen mifsfallen habe; bezüglich des Taufbüchleins stellte der Fürst anheim, ob man sich lieber nicht ganz der pfälzischen Kirche anschliessen solle; die Communion möge nur aller vier Wochen stattfinden, da aller acht Tage zu wenige kämen.

Eine Vorarbeit Amling's, welcher Amling eigenhändig die Aufschrift: „Kirchenordnung, wie es mit der christlichen lehre, heiligen sakramenten und ceremonien im fürstenthum Anhalt gehalten wird" gegeben hat, findet sich auf 28 Seiten Quart schön geschrieben im Staatsarchiv zu Zerbst, K. 55, Vol. V, fol. 199, Nr. 9. Sie handelt von der Lehre, der Ordnung der Feste, von Sonntags- und Wochenpredigten, Vermahnung zum Gebete vor der Communion, von Ordnung der Taufe („Allhie soll das anhaltische taufbüchlein von wort zu wort eingebracht werden. Darnach kann man den catechismum auch von wort zu wort hinzudrucken") von der Vorbereitung zum Abendmahl, von Kranken und Gefangenen; „Folgt ferner das traubüchlein des Dr. Luther", sodann „Die form der gewöhnlichen ordination, item die ordnung von der verstorbenen begräbniss. Zum beschluss der agend sollen die gemeinen gebet, so man collecta nennt, gedruckt werden." Amling hat am Eingange noch bemerkt, „so es für nötig erachtet wurde, könnte in des g. landesfürsten namen ein kurze politische vorrede furher gedruckt werden". (Der hier erwähnte Katechismus ist wohl der bei Allihn, a. a. O. Anhang, und Schubert, Christenlehre nach Luther und Melanchthon, Dessau 1860, S. 19 ff. abgedruckte.)

Während der Verhandlungen hatte Amling eine Reise nach Heidelberg und der Vorsitzende der Agendencommission, Kurt von Börstel, eine solche in die Oberpfalz zum Fürsten Christian unternommen. Hier hatte von Börstel mit dem theologischen Beirath des Fürsten Christian, dem Lic. Salmuth, über die Agende gründliche Aussprache gepflogen. Das Ergebniss dieser Conferenz wurde dann verwerthet und der Entwurf einer Agende festgestellt und mit einem ausführlichen Berichte vom 18. December 1599 dem Fürsten überreicht, damit er mit seinen Brüdern und seinen Räthen die Sache weiter berathen möge. Der Bericht ist erhalten im Superintendentur-Archiv Zerbst, Nr. 14, und ist wörtlich abgedruckt bei Duncker, Bekenntnissstand, S. 248—256.

Der Entwurf der Agende ist mehrfach erhalten. Ein sehr schön geschriebenes Exemplar — wohl das für den Fürsten bestimmte — liegt im Staatsarchiv Zerbst, Vol. V, fol. 207 b, Nr. 1. Ein anderes im Superintendentur-Archiv zu Zerbst, Nr. 14. Die Agende zählt über 400 geschriebene Seiten. Ihr Titel lautet: „Kirchenordnung, wie es mit der christlichen lehre, heiligen sakramenten und ceremonien im fürstenthum Anhalt gehalten wird." Sie zerfällt in 15 Abschnitte:

1. Der erste handelt von der Lehre.

2. Der zweite bringt den oben erwähnten (bei Allihn und Schubert abgedruckten) Katechismus.

3. Die Ordnung der Taufe.

4. Von der Vorbereitung zum heiligen Abendmahl und wie das nach des Herrn Stiftung zu halten. (Die Abendmahlslehre ist reformirt.)

5. Ordnung der fürnemsten feste oder feiertage, sowol der sontags und wochenpredigten darüber.

6. Von besuchung der kranken.

7. Von besuchung und trostung der gefangenen.

8. Von der kirchendisciplin. „Ein exempel censurae et disciplinae ecclesiasticae in specie zu gebrauchen und zu statuiren sol nicht in eines oder zweier prediger zelo, iudicio und gutdüncken stehen, sondern zuvor alle gelinde media sanationis adhibiret und gebraucht, und die sach in des ganzen collegii und inspectoris, sowohl der politicorum, so von der hohen obrigkeit darzu geordnet fleissigen reifen rat gezogen ...... werden." [In der Verfassung ist also von reformirten Ideen nichts bemerkbar.] In diesem Abschnitt stehen auch noch allerhand Bestimmungen über Verhalten der Geistlichen und Kirchendiener, der Gemeindeglieder u. s. w., über Kirchengüter, Kirchenstühle u. s. w.

9. Von der Schul-Ordnung.

10. Von der kirchen- und schuldiener vocation und ordination. [Die Agende bringt hier zuerst die Ordinatio ministrorum verbi, welche Rietschel, Luther und die Ordination, Wittenberg 1883, Bl. 17, S. 12—15 abgedruckt hat, bis zu den Worten „die unverwelklich kron der ehren empfahen", woran sich der Satz schliesst: Benedicat vobis dominus ut faciatis fructum multum. Amen. Und dann folgt wörtlich die „Formula ordinationis latina, quae usurpatur quando peregrini accedentes ordinationis petendae causa, germanicam linguam non intelligunt", welche Rietschel, a. a. O. S. 17 abgedruckt hat.]

11. Die Visitation. [Die Superintendenten oder, wenn deren Bezirke zu gross, die deputirten Dekane sollen jedes Vierteljahr einmal ihre fratres versammeln und über Fragen des Glaubens und der Lehre mit ihnen conferiren. Die Inspectores versammeln sich zu einer Synode. Visitationen finden alle zwei Jahre statt. Die Visitatoren treten alle Jahre zweimal, in Zerbst oder in Bernburg, zur Berathung und Begutachtung vorgelegter Fragen zusammen.]

12. Vom heiligen ehestand. Form der Copulation [diese bringen wir als offenbar das geltende Recht wiedergebend zum Abdruck] (Nr. 132); hierauf folgt der „Einfältige unterricht von verbotenen personen und graden", welchen Georg von Anhalt für seine Merseburger Diöcese publicirt hatte, mit einigen Änderungen. Ich habe diesen „Unterricht" unter Merseburg, oben S. 28 ff. unter Nr. 6 abgedruckt und dabei die Abweichungen der Anhalter Agende von 1599 in Anmerkungen wiedergegeben.

13. Von der armuth.

14. Von christlichen begrebnissen.

15. Forma etlicher, eusserlicher kirchengebete.

Es ist nicht zu leugnen, dass diese Agende in vieler Beziehung eine starke Annäherung an die reformirte Kirche darstellt. So besonders in der Abendmahlslehre. Aber es ist doch die Verpflichtung auf die augsburgische Confession und deren Apologie geblieben, der Schwerpunkt auf das corpus doctrinae Philippicum gelegt; im Katechismus ist zwar die Zählung der Gebote die reformirte, die Auslegung ist aber diejenige Luther's geblieben; es ist also nicht der Heidelberger Katechismus eingeführt worden. Auffallend ist, wie wenig die pfälzische Agende direct wörtlich benutzt ist (von ihren Collecten ist fast keine entnommen), und wie selbstständig die Commission unter Benutzung der alten anhaltischen Vorlagen vorgegangen ist. Es stellt also diese Agende einen durchaus selbstständigen, zwischen den lutherischen und reformirten Kirchen vermittelnden Typus dar.

Es ist daher wohl verständlich, dass sie, als sie von Johann Georg seinem Bruder Christian und dessen Theologen zu Amberg mitgetheilt wurde, diesen sehr wenig gefiel. Das Gutachten der Amberger vom 25. Juni 1600 lautet stark absprechend und verlangt von den Anhaltern, sie sollten sich deutlich erklären, ob sie lutherisch oder reformirt sein wollten; an Stelle des veränderten Katechismus Luther's sollten sie den Heidelberger einführen u. dgl. Zu einem derartigen entschiedenen Schritte war man aber in Anhalt offenbar nicht entschlossen und der Fürst liess deshalb die ganze Kirchenordnungs-Idee fallen; weder die Agende noch der in ihr enthaltene Katechismus wurden publicirt. Der Fürst beliess es bei den oben erwähnten Reformen und nur bezüglich eines einzigen Punktes vermag ich noch aus den Archiven eine weitere Maassnahme des Fürsten festzustellen.

Es ist dies ein Rescript vom 17. Juni 1600, durch welches die Feste an einigen Wochentagen, insbesondere der Johannistag, abgeschafft wurden. Der Befehl, welcher mit dem bestehenden abergläubischen Wesen und der nothwendigen Gleichförmigkeit motivirt wurde, erging an Amling, der ihn an seine Pfarrer weiter expedirte. (Zerbst, Superintendentur-Archiv, XXVIII, Bl. 107.)

Wie bereits erwähnt, wurde im Jahre 1603 das Land in vier Theile getheilt (Dessau, Bernburg, Zerbst und Cöthen), aber erst 1606 gelangte die Theilung wirklich zur Durchführung.

Die fürstlichen Brüder wollten jedoch in kirchlichen Dingen die Einheit aufrecht erhalten. In dem Vertrage vom 18. Mai 1606 machten sie miteinander aus, „damit wir auch neben der einträchtigen reinen lehre einerlei ceremonien in unseren kirchen und schulen haben, so wollen wir uns so viel möglichen denjenigen kirchengebräuchen und catechismo, so in der kurpfälzischen kirche gewöhnlich, bequemen, und nach gehaltenem brüderlichen rath solche förderlichst publiciren." —

Rudolf nahm die Sache ernst. Er erliess, nachdem offenbar Anregungen und Vorschläge verschiedener Art vorhergegangen waren (man vergleiche das Projekt, in einer grossen Landesordnung die Kirchenordnung als Theil zu publiciren; Zerbst, Superintendentur-Archiv, XVIII, 299 ff.), ein Rescript vom 1. April 1608 an Sigmund von Lattorf, M. Caspar Ulrich, Superintendent zu St. Bartholomäi, und Amtmann Friedrich Graube, dass es immer noch an einer gleichförmigen Agende fehle, und dass er deshalb mit Zustimmung seiner Brüder beschlossen habe, eine gemeine Kirchenagende einzuführen. Die Adressaten sollten die pfälzische Agende von 1601 durchsehen und begutachten, was dort zu revidiren und zu ändern wäre[1]).

Man sieht hieraus zweierlei:

1. Die Agende von 1599 war Entwurf geblieben und die Fürsten hielten dieselbe für abgethan.

2. Die Einführung der pfälzischen Agende war immer noch die Lieblingsidee der Fürsten — aber sie einfach herüberzunehmen, hielten sie nicht für opportun.

Übrigens ist auch aus diesem neuen Agendenplane nichts geworden. —

Im Cöthen'schen Theile ging Fürst Ludwig mit einzelnen Reformen weiter, aber auch er hat weder die Anhalter noch die Pfälzer Agende publicirt. In Wörbzig wurde in Folge des bewaffneten Widerstandes, den Frau Maria von Diesskau organisirte, von Weiterungen abgesehen. Vgl. Heine, Geschichte von Wörbzig, in: Beiträge zur Anhalt. Geschichte, Heft 5 (1902), S. 75.

Im Bernburg'schen Theile führte dagegen Christian im Jahre 1616 die pfälzische Agende und den Heidelberger Katechismus ein. Vgl. die Darstellung von Windschild, in: „Unser Anhaltland", 1901, S. 431, 443, 453.

Auf verschiedenen Gesammtlandtags-Abschieden, so vom 22. Juni 1603 und besonders vom 3. Mai 1611, gaben sämmtliche Fürsten von Anhalt die feierliche Erklärung ab, dass sie sich zwar für ihre Person volle Freiheit des Bekenntnisses und der Ceremonien vorbehielten,

---

[1]) Das Schreiben lautet wörtlich (Zerbst, Superintendentur-Archiv, Nr. 18, Bl. 311, vom Fürsten unterschriebenes Original): „Von gottes gnaden, Rudolf, fürst zu Anhalt, graf zu Ascanien. Unsern gruss zuvorn. Ernveste, würdige und erbare räthe. Lieben andächtige und getreue. Wir haben dahero bei unsers fürstlichen antheils angenommener regierung umbstendig erfahren, wie sunderlich ufm land ..... im predig ampt, auch administrirung der heiligen sigillen vast ungleiche ceremonien gehalten, auch anders unordnung eingerissen sein sollen. Daher erfolget, das der weniger teil ihme das christentumb kein richtiges angelegensein und eifriger ernst sein lesset; wie wir nun erinnern, das alle regiment in guter ordnung gefast standhaftigkeit, hiergegen aber unordnung und missbreuche zerrüttung derselben verursachen, als haben wir mit zuthuunge hochwichtigen bedenkens unserer freundlichen geliebten herrn gebrüdern, fürsten zu Anhalt, den sachen reiflichen nachgedacht und befunden, das eine gemeine kirchenagende gar fuglich einzuführen stunde. Wann wir uns dann der curfürstl. pfalz. kirchenordnung, so 1601 zum truck geben, mehrenteils wol belieben und dieselbe auch bei den unserigen einführen zu lassen nicht ungeneigt weren, als begehren wir .... aus der bibliotheka allhier ein exemplar benanter kirchenordnung aufzusuchen, dasselbe euer förderlichsten gelegenheit nach an die hand zu nehmen, die capita zu durchsehen, fleissig nach erwegunge und betrachtunge mit zusammengesetztem rate uns euer wolgemeintes gutachten und bedenken und was sonst hiebei zu erinnern und wie dem werke an ihme selbst nachzugehen, damit die christliche gemeine nicht stutzig gemacht, auch was in angezeigter agenda abzustellen oder zu verbessern sein mochte, in schriften unterthenig zu eröffnen. Wollen wir uns also dan hierauf nach gepflogener einhelligen vereinigunge der hochgedachten unsern geliebten herrn gebrudern mit weiterer geburenden anstellungen gnädig vernehmen lassen. Hievon erstattet ir unser gefällige meinung und seind euch zu gnaden geneigt. Datum Zerbst, den 1. aprilis anno 1608. Rudolf."

andererseits aber ihren Unterthanen in dieser Beziehung keinen Zwang auferlegen wollten — ein Zeugniss aufgeklärter Anschauung, wie es für diese Zeit äusserst selten ist, ein Zeugniss wahrhaft landesväterlicher und friedliebender Gesinnung.

Zum Abschlusse möge noch der Familienvertrag zu Bernburg vom 15. April 1635 Erwähnung finden, in welchem es nach der Versicherung, dass die Fürsten bei der Lehre ihrer Vorfahren bleiben wollen, heisst: „Was aber die kirchenceremonien anlangt, wollen wir uns auch darüber nach anleitung der am 7. august 1606 und am 19. märz 1611 aufgerichteten verträgen einer conformität vergleichen und es dahin richten, dass alle jahre auf einen tag des monats mai ein disputation etlicher unser räthe und theologen angeordnet ist."

Eine Zusammenfassung aller Reversalien und Zusagen der Fürsten bezüglich des Confessionsstandes finden wir noch in einer Supplik des Rathes der Stadt Zerbst, vom 12. Januar 1643 (Zerbst, Superintendentur-Archiv, Nr. 28). Diese Supplik und ihre Schicksale werden hier aber nicht weiter dargestellt.

III. Werfen wir zum Schlusse einen Blick auf die Fortentwicklung des eigentlichen Kirchenrechts in dieser letzten Periode des 16. Jahrhunderts, so sind sonderliche Fortschritte nicht zu verzeichnen. Es kann uns dies nicht Wunder nehmen. Die ganze Kraft der Betheiligten, der Fürsten an der Spitze, war auf die Lehrfragen und die Einführung der oben erwähnten liturgischen Veränderungen gerichtet, und ihr Interesse durch diese sowie durch die hierdurch entstandenen Streitigkeiten völlig in Anspruch genommen.

Nicht unerwähnt dürfen wir aber die Visitation vom Jahre 1587 lassen. Johann liess dieselbe bald nach seinem Regierungsantritte, vom 9. Mai 1587 ab, veranstalten. Ihr Zweck und ihre Bedeutung erhellen am besten aus einem uns überlieferten Auszuge aus der Instruktion für die Visitation und aus der Instruktion für die Execution der Visitation, vom 21. September 1588. Bei der Seltenheit rechtlicher Maassnahmen aus dieser letzten Periode bringen wir sie. aus Zerbst, Superintendentur-Archiv, XXIX, Bl. 12 ff., 257 ff., zum Abdruck. (Nr. 128 u. Nr. 129.) Stark ausgebildet tritt uns das landesherrliche Regiment entgegen. Die kirchliche Überzeugung des Landesherrn ist die maassgebende. Die Neuerungen gehen ausschliesslich vom Fürsten selbst aus; die ganze reformirte Strömung ist wesentlich ein Ausfluss des Willens des Landesherrn. Er regiert. Zwar wird dies theoretisch noch nicht behauptet. Die Landesherrn rechtfertigten ihr Vorgehen immer noch mit dem religiösen Berufe der weltlichen Obrigkeit und ihrer Pflicht, für das Seelenheil der Unterthanen zu sorgen. Das „fürstliche, tragende Amt", das jus supremae inspectionis (vgl. Landtagsabschied Dessau, 6. April 1589), berechtigen und verpflichten den Fürsten. Aber auch in Anhalt tritt uns die zweite Gedankenreihe, mit welcher das thatsächlich vorhandene Regiment des Landesherrn im 16. Jahrhundert theoretisch erklärt und begründet wurde (vgl. Rieker, Die rechtliche Stellung der evangelischen Kirche Deutschlands. Leipzig 1893, S. 208 ff.), die Übertragung der bischöflichen Jurisdiction entgegen. In einer Supplik vom Jahre 1609 machen 30 adlige Familien den Fürsten darauf aufmerksam, dass alle seine Anordnungen, die er sub praetextu episcopalis audientiae vel supremae inspectionis zu treffen sich erlaube, ungesetzlich seien.

Die Supplik motivirte ihren Vorwurf mit Verletzung der feierlichen Versprechungen und Landtagsabschiede und mit Verletzung der Rechte der Stände.

Gegen Ende des 16. Jahrhunderts treten nämlich die Stände wieder stark in den Vordergrund. Sie benutzen bei den finanziellen Schwierigkeiten der Fürsten das Steuerbewilligungsrecht, um politische Rechte zu erringen. Sie beanspruchen, wie man aus der Supplik ersieht (Duncker, Nachwort, S. 18), dass der Fürst ohne ihre Mitwirkung, ja ohne ihre Zustimmung keine Änderungen in kirchlichen Dingen vornehmen, insbesondere keine Ordnungen erlassen solle.

Die Stände sind es auch, welche die Fortbildung der Kirchenverfassung wiederholt anregen. Das erfahren wir aus der Landesordnung von 1572, das ersehen wir aus dem Landtagsrecesse vom 5. Mai 1589. Die Stände wünschen die Errichtung eines Consistoriums. Die Landesherren haben ihnen ein solches 1572 und 1589 mehr oder weniger bestimmt zugesagt, aber während des ganzen 16. Jahrhunderts hat Anhalt ein Consistorium nicht erhalten. Es hat bei der oben geschilderten Verfassung sein Bewenden gehabt. Die Ehesachen wurden nach wie vor an auswärtige Gerichte zum Spruche verschickt, oder direct vom Hofe aus erledigt. Andere Functionen eines Consistoriums versah ebenfalls die Regierung. Die Hofräthe sind es, welche z. B. am 18. Februar 1581 zur Investitur der neu ernannten Superintendenten die Pfarrer einberufen (Dessau, Superintendentur-Archiv, I. Hauptabtheilung, 3. Unterabtheilung, Nr. 1); sie sind es, die die kirchlichen Beamten, bis zum Küster herunter, ernennen. So wird die Bestallungsurkunde für den Küster zu Törten vom Kanzler Biedermann unterschrieben. Wir drucken diese Urkunde, welche zugleich eine Küsterordnung darstellt, nach dem Original (Dessau, Superintendentur-Archiv, I. Hauptabtheilung, 7. Unterabtheilung, 8) erstmalig ab. (Nr. 130.) Eine ähnliche Bestallung für den Küster zu Kühnau vom 1. Mai 1586 findet sich Dessau, Superintendentur-Archiv, I. Hauptabtheilung, 7. Unterabtheilung, 6.

109. Die von Nicolaus Hausmann verfasste Ordnung. 1532.
[Aus Zerbst, St.A., G.A.R. V, 209, 9. Vgl. oben S. 499.]

Des hern pfarners ordnung, in der kirchen.

Ordenunge in der kyrche zu Dessau, wachen, leuten, singen, lesen, predigen, beten, teufen, beichten und communiciren in heusern, hochzeit halten, begrebnus und ander ubunge belangende etc.

Ufs erst wirt von nothen sein, das dem heiligen Sanct Paulo nachgegangen werde, der zun Corinthern am 14. c. spricht in der ersten episteln und seint die letzten wort: Lasset alles züchtiglich und ordentlich zugehen. Nu ist kein besser zucht[1]) dan fru aufstehen und auch leiplich wachen, dan davon wirt der mensch den ganzen tag nüchtern und geschickt, auch lustig zu allen sachen auszurichten und sunderlich got zu dinen. Darümb auch unser g. h. ire f. g. semptlich und besundern haben für bequem angesehen, weil zuvor fru alzeit die winkelmessen gehalten wurden (dan man wust es nicht besser) und dennocht das volk darzu quam, so solts nu vil bequemer sein zur zeit des evangelii und warheit Jesu Christi das volk im zaume und gotisfurcht zu gewenen. Dasselbige mag nu nicht füglicher gescheen, dan am morgen fru, auf das fleisch ein wenig eingezogen und getodet, durch den geist, darnach alle ordenunge mit lust und libe mochten folgen zur besserunge des armen einfeldigen volks und sunderlich der jugend und gesinde. Amen.

Leuten[2]).

Man sal teglich alle morgen, heilige und werkeltage, es sei im winter oder im summer, fru leuten. Doch der winter[3]), wan die tage kurz sein, mus sein zimliche stunde haben, als zwischen 5 und sechsen wirt das erste puls geläutet und ers

sechs schleget, das lezt; und wans sechs geschlagen, eher die metten wirt angehaben, sal fluchse pro pace geschlagen werden, do bei das volk kan merken, das zeit ist zu kommen ane vorzug. Dinstag, dornstag und sunabent[1]) wirt auf ein halb stunde die predigt gehalten in der wochen und die metten gesungen, wie zuvor, aber montag, mittwoch und freitag[2]) wird nach den psalmen eine deuzsche lection aus dem alden oder neuen testament furgelesen werden umb besserunge des volks, drauf ein latinisch responsorium oder deuzsches lidlein gesungen, folgende das deuzsch benedictus, ein chor umb einen andern oder gar deuzsch mit dem gemeinen volk, dornach eine antiphen, catechismus, litanie oder was sich reimen wirt und die zeit leidet, mit beschlus einer collecten zur danksagunge und dem segen[3]) drauf gegeben.

In der fasten[4]) werden am montag, mitwoch und freitage auch die deuzschen litanie gesungen, dan in diser zeit sunst vil geistliches gesanges und ubunge gehalten, dan unser her Christus hat sich zum leiden die zeit bereitet und uns erloset, billich, das wir uns auch (doch mit christlicher freiheit) mit messikeit leiplich und geistlich erzeigen, der wolthat nicht zu vorgessen.

Im summer[5]), wan der tag lang ist, wirt man zum ersten umb 4 leuten und wans schir halben weg wil schlaen auf fünfe, das lezte puls gehalten werden und darnach, wie oben vormelt, da pacem[6]), anzuzeigen, das zeit ist zum tempel, und des mit gebetet, das der ewige got wolde uns erstlich durch den glauben an Christum im herzen fridlich machen für im und gnade geben, das eusserlich in der welt auch mochte (wo's wider sein veterlichen willen nicht wer) in einikeit und fride zu-

---

[1]) Am Rande der Handschrift sind die Stichworte hervorgehoben, wie folgt: Vigilia.   [2]) Quotidie ad matutinas pulsus.   [3]) hiems.

[1]) Conciones 3.   [2]) Aliis diebus ordo.
[3]) Benedictio.   [4]) Quadragesima.   [5]) Aestas.
[6]) Da pacem.

gehen, wie dan der engel in der geburt Christi auf erden friede gewünscht hat: Auf erden etc.

Wil man im advent[1]) noch etwas got zu lobe latinisch zur metten, als den sequenz oder den hymnum halten, mag wol on beschwerunge zu gehen, davon gotis gûte gelobet und der frolichen gesenge zu der zeit nicht vergessen und dem ewigen got gedankt würde. In der predigt kann das jargedechtnis sunst wol gedacht werden.

Umb achte[2]) sollen die hore, wie zuvor, gehalten, alle tage, am freitage umb neun hor gesungen werden und complirt; so aber zu teufen irgent ein kint bracht, darzu sall mit dem glocklein gestimpt werden, das volk und pathen damit zuerinnern, zur teufe mit andacht zu kommen und mit zu beten oder singen, dan es sal dis sacrament[3]) herlich, wi das ampt der messen von allen christen geeret, mit zucht und gotisfurcht gehalten werden und bei dem ampt mit gebogenen knien sein heubt und innikeit mit danksagunge erzeigen, also sein leben lang des bunds nicht vergessen und darinnen aufwachsen.

Zur metten am suntag[4]) wirts gehalten wie zuvor, alleine zur andern stunde, sunderlich im summer sal am langen tage umb 4 geleutet werden, dan es geschicht umbs wachens willen, doch halben weg zu fünfen wirt zusammen geschlagen werden, auf das die schüler mügen gerüst sein, in die metten zu kommen und das gemeine volk an heiligen tagen alzugleich gemüssiget sich dister eher zur prediget schicken mag, dan umb des gesindes willen wirt am mesten die morgenstunde fürgeschlagen, nach mittage ists schleferlich und verdrossen, so haben auch vil aus dem gesinde unter der hochmesse daheim zu schaffen und wirt also am füglichsten gehalten.

Am suntage[5]) und andern grosen feiertagen zur vesper sal ein ubunge auch gehalten werden mit singen, wie zum teil in weinachten fur genommen, das volk sich mit iren kindern gewene, den feiertag zu heiligen und got zu loben, dan sunst alleine spacirt wirt und gesoffen. Es wirt auch ein deuzsch capitel aus Sanct Paul wie sunst an dem tage die epistel zur hochmesse gelesen, das gemeine volk zu erinnern zu guten werken, darauf das magnificat gesungen und pro pace etc. in deuzscher sprach. Am werkeltage, so imands müssikeit halben kommen mocht, on verhinderunge zur vesper[6]), und sunderlich wan ein kindlein wer zu teufen, wirt auch ein deuzsch capitel furgelesen[7]), aber eins zu erinnern die christen und trosten die vorzagten, dan es sal alles zur besserunge in der kirchen geubet werden, domit nimant klagen dürfe, er habe nicht zeit zu horen und lernen; es sal aber

alles kurz voramt [= veramtet] werden, den uberdrus[1]) zuvorhüten.   Pulpitum in altari crucis.

Baptismus.

Sal alzeit zur taufe umb achte ader zwei umb die vesper ein zeichen mit der glocken gegeben werden, das müssige volk und kinder zu vorsammeln, dan dis hochwirdige erste sacrament sal nicht im winkel und heimlich gebraucht werden, sundern offentlich und herlich in deuzscher sprach wie angefangen, dan ir nutz und noth sal iderman wol wissen, dan die taufe ist der bund[2]), den got mit allen christen gemacht, wie die beschneidunge Abrahe entpfolen war, wilche ein figur der tauf gewesen, nud von der taufen an der mensch sein bussfertig leben anfehet den alten menschen zu todten, darumb zur zirheit und auch das volk zur andacht werde gereizt; wan der prister das kind hat exorzirt und die umbstehenden pathen unterricht, sal als balde, weil das kindel zur s. taufe bereitet, ein gesang[3]), nemlich der glaub, ader nu bitten wir den heiligen geist eintrechtig gesungen werden. Wil man auch zur danksagunge nach der taufe was singen, ist auch nicht bose.

Sepultura.

Zu begraben ist keine bequemer stunde, dan nach der vesper und wan man wil begraben, sol ein puls geleutet werden oder mit einer glocken ein zeichen gegeben, das volk zu fodern oder zu erinnern und das begrebnus sol, wie am ersten ist angefangen, gehalten werden mit procession und gesange und so balde die leich ist ins grab gelegt[4]) und der her pfarrer die erde mit den worten: „Du bist ein erde klos etc." ins grab geworfen, soln die schuler und das gemeine volk mit dem gesange in die kirche gehen, alda zuweilen eine vormanunge horen, mit einer deuzschen collect gelesen. Dan es ist im winter ser kalt und im summer der luft halben nicht sicher, lange beim grabe zu stehen. Dan in der kirchen sal das volk zum almusen[5]) denarmen zu geben, nicht der selen zu gut, sundern aus libe, vormanet werden.

Die kleinen kinder[6]), so man sie begraben will, sollen mit frolichem gesange bestetiget werden, dan sie nu in der unschult Christi ganz rein vorschiden sein und entschlafen.

Mit dem leuten[7]) sols nicht zugehen wie vor zeiten, sundern im holen und gehen mus dis gescheen und nicht das ein jeder macht habe, die strenge zu zihen, sundern die vorordnet dem kirchner aus der freundschaft oder sunst bestalt, auf das nicht ein unordenlich gemenge und geschrei wie vorzeiten gehort.

Es wer noch fein, das ein sunderlicher todengreber[8]) verordnet würde und ein zimliche besol-

---

[1]) Adventus.   [2]) hora.   [3]) baptismus.   [4]) In dominica et festis ad matutinas.   [5]) Dominica in vesperis.   [6]) Vespere in feriis.   [7]) Deutsch capitel lesen alle tage in der vesper.

---

[1]) Fastidium.   [2]) Bund.   [3]) Cantilena.   [4]) Ein becken zu sezen.   [5]) Eleemosynae.   [6]) Parvuli.   [7]) Pulsus.   [8]) Polynctor [= pollinctor, Leichenwäscher].

dunge hette[1]), dan es ist beschwerlich armen leuten, die nimants haben, zu bestellen und bringt auch ein geseufe, so man die greber umb sunst nicht haben mag, wie davon geredt wirt.

Puerpera.

Es solt auch nicht unbequem sein, obwol durch Christum unsern hern und heiland g. das gesez von der reinigunge Mosi im buch der prister die sechswocherin betreffen erfullet wer[2]), das es georduet (wan ein weib wolt zur kirchen gehen) mit des hern pfarrers wissen geschee, und weils nicht oft kümpt, das dem hern pfarner sein gebür gefallen mocht, es weren dan sogar arme person, dens billich nachgelassen würde, dieweil nichts anders ime an die stat zum einkommen vorordnet. Man soll aber hirinne der christlichen freiheit gebrauchen und nit den eingang so notig machen, davon die gewissen beschwert, sundern aus demut und dem almechtigen got umb sein wolthat zu danken, wie dan purificacionis davon alwege sal gepredigt werden.

Nupciae[3]).

Wan auch ein hochzeitlicher tag ist unordenunge aber zu vorhüten, sal ein gewisse stunde sunderlich fru vorordnet werden, dornach sich braut und breutgam auch die geladene geste wissen zu richten, und wer gar fein, das zwischen neun und zehen solch puls gethan würde. damit die in der hochzeit mit der kuchen und speise sich wüsten eigentlich zu richten und der breutgam sich auch zur kirchen mocht finden.

Das auch dem hern schulmeister[4]) und cantori würde, auch kirchner und wer sunst die von alters zu fodern het, wo darnach geschickt, willig ein suppe gereicht und geben werde.

Confessio.

Die beicht sol auch ire stunden haben nach der vesper bis umb vier oder fünf. Da sollen die communicanten sich finden, wos müglich ist, iren glauben und stünden zubekennen, sich auch eusserlich rüsten und zimlich schmücken, auch nüchtern sein, damit ein unterscheit gemacht zwischen des hern abentmal und dem teglichen essen. Fru am heiligen tage wil sichs beichten sparen, übel schicken, dan es nimand mag warten. So machts auch den hern pfarrer nach seiner predigt vordrossen und unleidlich, auch beschwerlich, dan predigt macht einen müde, und viel singen und reden ist schwer arbeit, sunderlich dem koppe.

Communicacio infirmorum et visitacio domestica.

Die kranken[5]) sollen vleissig besucht werden und getrostet[6]), dan krank man arm man. Sie

haben vil bekommernis und sorgen, konnen nicht essen noch schlafen, doch einer mehr dan der ander. Es hat auch Christus und seine libe jünger gethan.

Wo aber imands wil beichten und daheime das sacrament entpfaen[1]), das ers nicht am suntage nach abent oder nach mittage vorzihe, dan vorzug ist schedlich, dan die stunden seint nicht bequem, so kan mans an heiligen tagen ubel warten, am ersten, wan die krankheit gespürt, solt die geistlich arznei vorgehen, wie auch die canones zeigen, und nicht damit so langsam vorzogen, bis schir die sele wil ausfaren, wie dan ein alter brauch lengst gewesen.

Sacerdotes sint jeiuni semper et temperati, ne sacramenta inhonorentur.

Reinlich lichte nackparn in communione adsint.

Foesta in anno Christi et Marie aliorumque sanctorum.

Festa im jar sollen frei gehalden werden, zum exempel des glaubens zu uben, damit das junge und grobe volk gemussiget mügen zur prediget kommen, singen und beten und dem barmherzigem got unserm liben vater im himmel danken von des jargedechtnis wegen, betrachten und bedenken, was got uns zu gute gethan, mit flehen, er wolle uns sein ein gnediger got durch seinen liben sun Jesum Christum, für uns geboren und gestorben und durch gotliche kraft widerumb auferstanden, wie dan allezeit in der predigt angezeigt sol werden, und sint mit namen dise:

Nativitas Christi mit zweien tagen[2]).

Neu jar, circumcisionis.

Epiphanie, wilchs heist drei könig.

Purificationis Christi et Marie.

Annunciacionis Christi.

Pascha mit zweien tagen, ostern.

Ascensionis, himmelfart Christi.

Pentecostes, pfingsten mit zwei tagen.

Corporis Christi, des heiligen warlichnames tag.

Johannis baptiste.

Visitacionis, conceptionis Marie.

Magdalene.

Laurencii.

Assumpcionis } Marie.
Nativitatis }

Michaelis.

Omnium sanctorum.

Martini.

Aller apostel tage fur mittage.

Vigilia { paschce.
          { natalis.

Es wer auch nicht bose, das die christnacht und ostern[3]) mit der wache gehalden wurden, wie für alters. Man weis aber den grosen misbrauch und zeuberei, leichtferticket, auch fleischlich woll-

---

[1]) fossarii. [2]) Die quesserei der weiber zu messigen.
[3]) Terna proclamatio retineatur et diligens inquisicio impedimentorum habenda. Psalmus canendus: Beati omnes qui timent deum. [4]) Scholasticus. Cantor. Custos. Offer. [5]) Infirmi. [6]) Oraciones ad communionem.

[1]) Communicatio domestica. [2]) Festa in anno.
[3]) Vigilia noctium.

lust, die sich begeben haben, davon dan mehr sunden kommen, wan gote gedint und sein ere gesucht. Das junge und grobe volk kan kegen dem morgen[1] gleichwol zu gotis furcht und zucht gehalten [fehlt: werden] wie in mitternacht, und bas. Es ist auch iderman schleferig und ungeschickt zum gebete. Darumb wers fein kegen dem morgen mit wachen, als umb drei, das man das erste puls geläutet het und umb halben weg zusammen ge-schlagen. So kondeu auch, die wolten, communi-ciren[2]), sich bequem darzu machen und zu der fru messe ire andacht behalten.

Mit den gesengen[3]) latein und deuzsch ist auch wol rat und weis zu, die selben ordenlich zu stellen, wie dan heuer auch gescheen, und zu ostern, wers erlebt, gehalden mag werden, davon hie nicht notig vil zu schreiben.

Dem hern pfarrer sollen auch die vier opfer[4]), der groschen zum aufbiten (er wolte sie dan inen lassen abgehen), begrebnusgelt, die genge und von den sechswocherin, was vor alters gefallen, nicht aufgehaben werden, bis ein ander ordenung mittler zeit mocht gemacht werden.

Unser g. h. ire f. g. wollen mit sampt dem ganzen hofe[5]) und rathe zum hohen altar gehen, alda ire 4 opfer thun und des pfarners besoldunge nider legen.

Vom gemeinen volk solt der rath[6]) zu Dessau von haus zu haus, von jung und alt, meide und knechte, aus hausgenossen mit vleis solche opfer solt eingefordert lassen[7]), dem pfarner zu uber-antworten.

Visitacionis negocium.

Des herrn thumprobst seiner f. g. gemüt und rat ist, das noch ausgang der weinacht heilige tage imands vorordent[8]), der in izlich ampt züch und die pfarner hin und wider predigen horet nnd was dan für gebrechen an inen befunden wurden angezeigt, sie zu warnen.

Zum andern solt man in auch anzeigen die statut[9]), was lere, eintrechtikeit und das leben, auch ordenunge der kirchen angehort, auf das sie vleis hette das entpfolne volk zu vorsorgen, das sie nicht rauchlos würde, mit vormanunge zu guten werken, dan es vormutlich ist, wie gros unordenunge ungleicheit und unvleiss gehalten.

Das auch den pfarner geboten würde, wilche im unelichen leben gesessen, ire unzüchtige weiber[10]) zu vorlassen. Wolte sich aber imands vorelichen, das wolte man nicht weren. Dan solten sie zur ehe genotiget werden, so mocht unricktikeit draus erwachsen, wie man wol hat zu ermessen etc.

Dergleichen, das alle diejenigen, uber wilche klage kommen, als hetten sie den pfarnern oder kirchengütern etwas entzogen[1]), sampt den pfarneren furbescheiden oder nach gelegenheit den ampt-leuten solchs zu committiren und was dan auf-funden, das entwant, das mit ernst beschafft zu restituiren, auch ausstehende schulde und vor-sessene zinse zu bezahlen, auf das die kirchen und pfarner geburlich mochten wider vorsehen werden und sich enthalden.

Es sal den superintendenten[2]) auch angezeigt werden, was ein izliche kirche und pfarner hat jerliche zinse und einkommen[3]), damit, so klage furfelt, sich darnach habe bas zu entrichten und die schulde mit hülf und rat bas einzubringen.

Dergleichen auch, das den amptleuten[4]) be-folen, die amptsvorwanten zur kirchen mit ernst zu halten, das izlicher in seiner selsorge befunden werde, vil aber unrichtigkeit zu vorneiden, zank und hader zu weren, und wider das spacieren aufm kirchof und anderswo ein gebot und straf zu sezen, das auch fluchen, goteslesterunge, spielen, zusaufen, offentlich hurerei und unzucht mit einer unnachlesslichen strafe zu vorbitten, damit aber eins gros ergernus vorhutet wurde.

Das auch einsehen geschee, damit die pfar-heuser in beuelichen wesen[5]) gehalten und ge-bessert, dan weil die pfarner ungewis und nichts eigens haben, ists schwer ire heuser bauhaftig zu halten, es ist auch wider ir vermügen, dan ezliche sint arm.

Auch sal uber dem opfer[6]) und andern irem einkommen und gerechtikeit, auch zimlichen zu-gengen, das sie wissen von alters anzuzeigen, fest gehalten werden.

Mit den pfarren[7]), so hin und wider vaciren mochten, das man nach frummen mannen auch so müglich gelerten getractet hat sie damit zu be-lehenen, doch mit vorgehender examinacion, wie gescheen.

Es hat Adam Bone[8]), secretarius, einen vor-geschlagen, des namen heist Paulus Weiss. Wan er gefraget, wirt sein schicklichkeit und wesen wol anzeigen. Ilverstet gehe irre und die armen leute seint nicht vorsorget. Es were hoch zeit, das sie einen frommen man hetten, dan sie zwir alhier zu Dessau ire merkliche anligende noth ge-klaget haben.

Was nu mehr sal angezeigt werden belangende den schulmeister, cantorem und custodem, das sal einem izlichen aufs erste müglich mit kurzen worten vorzeichnet und uberantwort werden, dar-nach sich ordentlich haben zu richten.

---

[1]) Scriptum est: Surgens Jesus mane primo sabathi.
[2]) Communia. Communicantes.   [3]) Cantilenae.
[4]) Offertorium. Stipendium.   [5]) Principes et aulici.   [6]) Senatus.   [7]) Der Text ist verändert und nicht ganz correct. Statt „solt eingefordert" muss es heissen „einfordern".   [8]) Superintendens.
[9]) Statuta ecclesiastica.   [10]) Concubina.

[1]) Debita.   [2]) Gradus. Jurisdictio.   [3]) Regesta.
[4]) Statuta civilia.   [5]) Domicilia pastorum.
[6]) Offertoria et reliqua debita.   [7]) Vacantes pasturae.   [8]) Adam, secretarius.

110. Die von Justus Jonas verfasste Ordnung. 1538.

[Aus Zerbst, Superintendentur-Archiv, XXIX. Vgl. oben S. 500.]

Titel des Umschlages:
Ungeverlich[1]) bedenken und vorschlag,
wasser gestalt die pfarren, predigstuel,
kirchensachen und gotts dienst alhier
zu Zerbst, christlich und ordentlich
muge bestellet werden[2]).
Anno domini M.D.XXXVIII.
Innerer Titel: 1538.
In nomine Jesu Christi.
Ungeverlich bedenken uf verbesserung[3])
und vorschlag, wasser gestalt die pfarreien predigstuel, kirchen sachen und
gottsdienst alhier zu Zerbst christlich
und ordentlich muge bestellet werden.

Nachdem der hochste furnemste befel unsers
herrn Christi und des heiligen geistes an alle
geistlich hirten und seelsorger doruf stehet, das
den aposteln allen iren nachkomen befolen, das
evangelium und reich gottes zu predigen, wie
Matthei und Marci am letzten geschrieben stehet,
Gehet hin und leret alle volker und teufet sie etc.,
item Gehet hin in alle welt und prediget das
evangelium aller creatur, item so Paulus der
apostel in geschichten der aposteln am 20. und
Petrus 1. Petr. 5 so treulich vleissig und ernstlich
vermanen alle prediger und hirten, das sie die
scheflein und die herde Christi weiden sollen,
vleissig auf sie sehen, und dieselbigen treulich
bewachen und vorwaren, so ist vor allen dingen
hoch nötig, in sachen gotts ehre und rechten
gottesdienst belangend, doruf zusehen, domit furnemlich dasselbige hirten, seelsorger und lerer
ampt mit vleis bestelt werde.

Darumb ist in diser kirchen bestellung Zerbst
erstlich doruf vleissig achtung zu geben, das der
furnemste pfarrer und seelsorger in der christlichen lere wol bericht und gelert, an lere und
leben unstreflich sei, das er gut gerücht und
namen habe, das er furnemlich die bibel und
heilige schrift, auch die schriften blücher doct.
Martini und Philippi vleissig gelesen habe, nit be-
rüchtiget sei mit ungegrunten, röttischen loren der
widerteufer, Carldstads, des Zwinglii dergleichen,
das er auch mit dem herzen hango an der rechten
lere, und nit (wie itzund zuzeiten funden wird)
mit dem munde das evangelium und doct. Martini

lere bekenne ader nenne, heimlich mit dem herzen
falschen leren vom sacrament anhange, ader die
geschwetz und lesterschrift Coclei und Witzels,
ader dergleichen, (do nit ein titel ader buchstab
rechter christlicher lere inne ist) gerne habe und
beliebe, in summa das er der reinen christlichen
lere, so in der confession und apologia korz begriffen, ein gewissen bericht habe, und das es ime
ein ernst sei, nit sein eigen ehre ader nutz, sonder
der seelen heil, so ime befolen, trost der gewissen,
gottes ehre und frucht des evangelii zu suchen.

Erstlich nun und vornemlich in diser kirchen
und gemeinde zu Zerbst soll hochster vleis vor-
gewendt werden, das die beide pfarren und gemeinde zu S. Niclas, und S. Bartholomei mit
seelsorgern und pastorn bestellet worden, wilche
die reinen christlichen leren darzugeben und gegen
die widersprecher zuvorfechten geschickt sein
mochten.

Der pfarrer und seelsorger zu Sanct Niclas
soll licentiat ader doctor sein, der theologia gelert und geubt in der heiligen schrift, der auch
ein ubung habe latinisch zu reden und zu schreiben,
domit das er den anderen diacon kirchenpersonen
unter zeiten die wochen etliche lection thuen muge.

Demselbigen pastor und oberpfarrer sollen
geben werden zu besoldung hundert und funfzig
gulden.

Diesem furnemsten pfarrer sollen zugeordent
werden 2 diacon, wilcher itzlichem sollt geben
werden 60 fl.

Zu Sanct Bartholomei sollt vorordet werden
auch ein magister, ader wolgelerter man in der
heiligen schrift, unstreflich an lere und leben, dem
solt salarium geben werden 80 fl.

In derselbigen kirchen zu S. Bartholomes
solten sein neben dem pfarrer zween diacon, auch
gelert in der heiligen schrift, geschickt zu predigen, den solte geben werden zu solde itzlichem
50 fl.

Dor uber solten vorordet werden 2 diacon,
auch geschickt zu predigen, gevlissen latinisch zu
studiren, ad quotidianum perfectum, die solten mit
beicht hören, die kranken in hospitalen und sunst
in der stadt zu besuchen, teufen, catechismus
predigen, kindbetterin einleiten, begrebnis ader beleitung der leichen den zween diacon in S. Niclas
pfarren helfen, furnemlich auch dazu vorpflicht
sein, domit die ober diaconi des besser ires studirens, predigens auch lesens warten mochten.

Item dor uber solten vorordent werden, noch
2 diaconi auch geschickt zu predigen wan es not,
gevlissen latinisch zu studiern ad quotidianum

---

[1]) „Ungeverlich" von Jonas hinzugeschrieben.
[2]) Zusatz von Jonas' Hand: „Doch uf weiter be-
ratschlahn und verbesserung wan das einkomen der
lehen zusamen bracht und entlich beschlus geschihn
soll." Dann ist dieser ganze Titel des Umschlages
durchstrichen.
[3]) Die Worte „Ungeverlich" und „uf verbesserung"
sind von Jonas in den Text hineingeschrieben.

perfectum, die solten in nehst vormelden artikeln, wie die itzt gemelten zu S. Niclas in der pfarre zu S. Bartholomei helfen und itzlichem diser vier unterdiacon solt geben werden zu solde 40 fl.

Weiter solt verordent werden ein schulmeister, wilcher in der kirchen zu S. Bartholomei[1]) pflegt mit den jungen knaben zu singen, wilcher allzeit von d. Philippo Mel. Wittembergk, aber sunst einen gelerten mann solt vorhoret werden, ehr er zum ampt angenommen, das er latine scribendo ein gut ubung habe, auch in greca lingua etwa ein guten bericht, ader ufs wenigst hoflichen anfang habe, dem sol zu solde geben werden, 60 floren.

Dem solten zugeordnet werden zween cooperarii ader hypodidascali, wilche in latino colloquio und stilo latino tuchtig, itzlichem zu solde 40 floren.

Die schuel zu S. Bartholomes solte auch zu nutz der jugend mit vleis mit gnugsam personen bestellet werden, der schulmeister solt haben 40 floren.

Es solt auch furnemlich aus vorordnung und comission der landsfursten m. g. fursten und herrn zu Anhalt volgend durch ein erbarn rath und den obern pfarrer zu S. Niclas ein befelhaber und commissarius bestellet werden, vor wilchem alle kirchen sachen, so pfarrer, prediger mit iren pfarkindern, eingepfarreten, hetten ader haben mochten, alle matrimonial und ehesachen gewisen werden mochten, damit die seelsorger, pfarrer und prediger, so mit der seelsorge gnug zuthun haben, nit mochten in ministerio evangelii gehindert werden.

Zu disem ampt solt erfordert werden ein wolgeschickter auch welderfaren man, der nit allein in der heiligen schrift, sunder auch jurisprudentia ein bericht und ubung hette etc. und was vor sachen als nemlich prister, kirchen, und pfarren hendel vor dise commissare gehören solten, was auch sein jurisdictio und gewalt sein solle, do muste ein eigen rathschlag ufgefasset und gestellet werden, ader nachdem m. gnädigster herr der churfurst auch willens, mit solchen consistoriis s. churf. g. land zubestellen, hetten m. g. h. (wo es iren f. gnaden gefellig) derselbigen bestellung exempel nach zu folgen.

Dor uber solt vorordent werden ein gelert, wolgeschickt man, der ein ehrlich, zuchtig eheweib hette, zu einem meidlein ader jungfrau schulmeister, dem solt geben werden solt 20 fl. und sein schuel lon von einem itzlichen kind 1 quatember 2 g.

Auch solt allzeit bestellet werden 2 custer ader kirchen diener, dem furnemsten custer 30 gulden, der ander 20.

Item es solt bestelt werden ein procurator und dispensator, der alles einkommen, rente, gulte, zinse und zugenge, so in disen kirchen sachen und gotts dienst verordet, und ordentlich ein mane dor uber sein gewisse richtige vorstendliche register halde.

Die canonici und erliche alden personen, so ufm stifte, auch alde priester in pfarren, altaristen, solten bei iren einkommen der lehen, so inen gelihen, gelassen werden, die zeit irs lebens ane imands vorhinderung geruclich zu brauchen, aber nach irem absterben hetten unser gnedige fursten und hern, alle vier fursten zu Anhalt sampt dem rath und stad Zerbst uf weg zudenken, das man solche einkommen und reditus der lehen und prebenden zum teil wendete uf stipendien von sechs studenten, wilche in artibus und in theologia in namhaftigen universiteten studirten, kunftig in emptern, bei den fürsten, auch in der kirchen und stadt Zerbst mochten gebraucht werden, zum teil mochten sie zu besserung der solde obangezeigter ampte auch zu andern nutzlichen almosen gebraucht werden.

Ob man es aber ein stift wil bleiben lassen, doch das es dem evangelio und der schrift gemess reformirt, der gestalt das so viel studenten uf die prebenden gehalten werden, als zuvor canoniken, und des dieselbigen gleichwol ein psalmo dei halden, ist dasmal vileicht nit zu schlissen, stehet uf m. g. hern der fursten allenthalb berathschlahen und bedenken.

Doch mocht bedacht werden, das die solde besser angelegt sind, so man junge wolgeschickte leute domit uf zuge in rechtbestalten und namhaftigen universiteten, wo Philippus, d. Martinus, der massen andere lectores weren und ubung mit disputation etc. Dan in den kirchen schulen unter 10 ader 15 personen sind doch die studia nit[1]) vleissig als in den publicis gymnasiis, do die lectiones und exercitia literarum allzeit im frischen treiben und werk gehen.

Doch ist doch vor allen dingen achtung zu geben, das solch prebenden nit zu weltlichem brauch gezogen werden, sonder es solten personen mit den und dergleichen kirchegutern ufgezogen werden, domit man allzeit mit gelerten personen hab nach zu setzen, domit auch geschickte leute aufwachsen, wilche die reine christliche lere und das heilig evangelium und den waren rechten gotts dienst bei den nachkommen erhalden, dan vor solche hohe notige sache gottes ehre, erhaldung christlichs namens und der kirchen belangt, sind christlich fursten und oberkeiten sorge zu tragen schuldig, sonderlich so wir diser letzten ferlichen zeit vor dem jungsten tage stehen, das wie der her Christus selb prophetiet hat, das glaube jegen

---

[1]) Dafür corrigirt: Niclas.

[1]) Jonas setzt hinzu: also.

gott, liebe jegen nehsten in vielen erkalden und zu besorgen, das kunftig wenig konig, fursten und potentaten zu finden, wilche so viel zu kirchen und schuelen so reichlich zu geben werden gneigt sein, als Carolus magnus, Otto primus, Henrichus auceps, auch die alden churfursten zu Sachsen, die alden fursten Anhalt etc. ander in deutscher nation geben haben, doch wirt got etlicher fursten, andern gotforchtigen leuten ir herz und gemut erwecken, und den rechten waren gotts dinst, die heilig religion, das das ministerium verbi, das reich Christi und recht pristerthumb der lere und gebets, do Christus der oberst lerer, pfarrer, hirt, und priester ist, wie der 110. psalm sagt[1]), erhalden, wie seer auch die welt die kirchen güter strauet und wustet, wie unwillig auch man sich gleich zu kirchensachen und recht gotts dinst zu fodern und zu erhalden stellet.

Das jungfrau kloster belangend, bin ich bericht von der abbatissin ader domina selbst, das 24 personen noch dor inne sind, wilche mehr teils nun also alt, das inen der tisch und die almos wol vonnöten.

So das klosterleben nun und sein missbrauch auch am tage ist, were zuvorordenen, das sie kunftig niemands mer ufs neu von personen solten einnemen, und wan dise personen vorstorben, das alsdan das einkomen des klosters zu andern rechten gottsdienst, predigampt, schuelen, dergleichen kirchesachen gebraucht worde, so auch itzund vil weniger person im kloster, dan der zeit, do es noch in unvorrückter klosterordenung gestanden, were von dem einkommen den personen, so am leben, ir notturft (doch das sie nit klagten) zuvorordenen, mit dem andern einkomen hett man die prediger und schuele zuvorbessern, ander notig empter zubestellen.

Ceremonien, geseng und ritus in der kirchen belangt, hab ich mit dem herrn doctorn Conrado Figenbutz mich dor vor unterredt, derselbige bericht, das m. g. fursten und hern, furst Wolfgangs, auch m. g. h. der dreier fursten gemuter allzeit wol also gewest, das der eusserliche gottsdinst mit der messe, communion, festen, solten gehalten werden allenthalb in form und mass, wie zu Wittemberg, aber er hab es also funden, wie es itzund stehet, darum hab er es also lassen bleiben. Nachdem aber m. g. fursten und hern, auch die stadt und kirche Zerbst, in den furnemsten stucken, als namlich mit der lere, so auch in der apologia und confession in ein summa gefasset ist, alles der kirchen Wittemberg eintrechtig halden und leren, so brengets bei einfaltigen vil vordacht und ergernis, das es nit mit der communion, mit den festen und

christlichen feiertagen durchs jar, mit den sacramenten, mit andern dingen, nit auch gleichformickeit solt gehalden werden.

Dorumb sollen beide pfarrer zu S. Niclas und S. Bartholomeus forthin sampt iren diacon und mitgehulfen alle eusserlichen ceremonien und gottsdienst mit der kirchen Wittemberg (wie es do itzund durch doctor Martinum geordet in werk und ubung gehett) gleichformig halden.

Darumb sollen in der christlichen communion ader messe die verba consecrationis forthin nit also geteilet, ader interpolata verba, sonder korz uf einander, wie zu Wittemberg gesungen werden und an einem ort des altars corpus Christi, am andern calix sanguinis Christi gereicht werden.

Und in etlichen predigten solln der pfarrer, die diaconi darvon das volk unterrichten, das solchs umb gleichformigkeit willen geschicht. und das es an substanz der communion kein enderung brengt, und so in der pfarre und kirche zu S. Bartholomes in etlichen dingen ungeleicheit bis anher furgefallen, sol es doselbs forthin auch in massen wie zu S. Niclas gehalden werden.

Und sollen die pfarrer beide, auch die diacon vleis vorwenden, das sie, so viel imer muglich durch gottes gnade und hulfe, im [sic!] und eintrechtiger reiner lere, in ceremonien und kirchordnung gleichformicker halden etc.

Und domit also in diser kirche zu Zerbst gleichformickeit mit Wittemberg muge gehalden werden (bissolange das gott gnade vorleihet, das in vielen andern steten und kirchen durch ein national concilium etc. ader sunst einigkeit in lere und eusserlich gottsdinsten muge aufgericht werden, so sol der pfarrer zu S. Niclas doctori Pommerano, ader doctori Martino Luthero selb[1]) schreiben, die kirchenordenung zu Wittemberg zubekommen und mit derselbigen so vil muglich sich vorgleichen.

Was auch den gemeinen kasten belangt zu erhaldung der kirchen empter und hulfe jegen die armen, sollen die beide pfarrer itzlicher in seiner pfarre mit zu der rechnung gezogen werden und soll aller vleis furgewendet werden, domit der gemein kasten mit solchen personen und vorsteher bestellet, wilche treulich und vleissig der gemeind vorstehen.

Und wue ein commissarie aus befel der landfursten vorordet, uf die pfarrer zusehen, das sie ires ampts vleissig warteten, sol derselbige sampt dem obern pfarrer zu S. Niclas mit sonderm hohen vleis darauf merken und acht geben, das eintrechtig lere unter den predigern, auch guter friede, liebe, freuntliche wille und einickeit erhalten werde, dan wo unter denen zwispalt, irrung

---

[1]) Tu es sacerdos in aeternum (hinzugeschrieben von Jonas).

[1]) Von Jonas corrigirt: oder mir.

vorfallen und sie zu vorbitterung geraten, brengt es gros nachteil nnd schaden, das sie ubel miteinander ader nach der kirchen vorstehen, vorursacht auch ergernis und allerlei unrat.

Darumb alsbald ein superattendent ader commissarius das vormerkt, soll er die jenigen, so irrig stehn, vorfodern, die gebrechen vorhoren, sie durch gotlich wort vorinnern, vormanen, und entlich guticklich wider vorstünen, allen unwillen stillen, hinlegen und vertragen, und die jenigen, die sich do wolten lassen mit eignem harten sin ader gemut ader halstarrikeit vermerken, bedrauen, und so es not, auch ex autoritate commissionis geburlich strafen.

Nachdem auch das jenige, was zu ordentlich kirche bestellung gehort, durch doct. Mart. Luther und durch d. Philip. Melanchton selb vleissig in ein summa gefasset in buchlin, wilchs titel hat ordenung ader unterricht der visitator in der chur zu Sachsen, soll der her pfarrer zu S. Niclas und ministri huius ecclesiae das selbig buch mit vleis lesen, dorneben der ordnung, so itzund zu Wittenberg im werk gehet, bericht nehemen und allen vleis haben, wie auch apostel Paulus 1. Corinth. 14 befilet, das in der kirchen alles ordentlich mit aller zucht, gottes furcht und ernst soll zugehen, dan was wolt das zuletzt vor ein zaruttung brengen, das in einer stadt, do nit mehr dan 2 ader 3 pfarre sein, ungleicheit im gottsdienst, ofte zwispalt in der lere, auch vorbitterung unter den kirchdinern sein solte, ader das itzlicher nach seinem eigen heupt die ceremonien wolt zuvorrucken und zuvorendern habe sein gefallens. Aber neben diesem allen sollen beide seelsorger und pfarrer den furnemsten hochsten vleis vorwenden, ire herde zuweiden mit der trostliche lere des heiligen evangelii von Jesu Christo, das volk zu unterrichten in den hochsten aller notigsten artikeln und mit vleis einzubilden doctrinam fidei ader de justificatione, das ist die lere von erkentnis Christi von vorgebung der sunde etc., item was gesetz, was evangelium ist, item von rechten christlichen werken, von der tauf, vom sacrament, von der oberkeit, von dem ehestand, vom gebet, von menschlichen satzungen etc. alles dermassen, wie in der confession und apologei der fursten, do Anhalt auch unterschrieben, gefasset, item das volk zu unterrichten von christlicher freiheit, worzu eusserlich gut kirchnordnung nutz ist, item das

keine eusserlich ordenung ader ceremonien dorumb gehalden werde, domit den himmel und vorgebung der sunde zuvordienen, sonder das dis leben uf erden, umb der unerfarnen und jungen leut willen, auch umb der einfeltigen gemeinen leut willn, nit ane ceremonien sein mag, etliche anleitung haben muss, wie aller kirchen regiment exempele und ecclesiarum formae et status von der apostel zeit her anzeigen.

Entlich nachdem kirchen regiment nit so ein geringe sach ist, (als sich itzund die weld dorzu stellet), als solle sich die kirchen selb regiren, selb in ordnung christlich zucht bauen und erhalden, sonder ein hohe gottlich ampt ist, zu bewachen, zu weiden die scheflin und herde Christi, wie der apostel Paulus in act. 20 anzeigt, und wie auch gottfurchtige christliche lerer ein sprichwort gehabt, ars artium cura animarum, so ist nit alles muglich in korz schrift zu fassen.

Der christlichen kirchen ligt die grossmacht doran, das die lere rein und lauter gehe, das das heilich predigampt und vera apostolica sedes ader cathedra wol bestallt und erhalden werden, dorvon des babsts decretales, wie weitleuftig sie sind, nit vil meldung thuen, mit statuten ists doch nit alles zu fassen, vleissige und gottfurchtige seelsorger, so sie das evangelium mit ernst meinen und der seelen heil suchen, werden wol doruf acht geben, das auch in eusserlichem gotts dienst und geburlich kirchen reverenz und zucht kein unordnung, kein wust zaruttung geliden werden, wue aber etwa gebreche furfiele an der lere ader ander, soll all zeit mit vorwissen der landsfursten m. g. h. und durch den rath und oberpfarrer rath bei berumbten universiteten und gelerte der heiligen schrift gesucht werden. Gott gebe sein gnade. Amen.   Justus Joas doctor[1].

[Darunter drei Abkürzungen, die ich als: praepositus Wittenbergensis subscripsit entziffern zu sollen glaube.]

Zusatz von Jonas' Hand: 1. Vom hospital, wilcher mir wol gefellet und ein christlich bestellung ist, ist weiter zu reden.

2. Item von einem treuen vleissigen medico, stadtarzte, dorvon m. g. h. auch erwänung von getan, ist weiter vor zu ratschlahen und zu reden.

---

[1] Die Unterschrift mit den Abkürzungen rührt von Jonas selbst her.

111. Ausschreiben der Fürsten Wolfgang, Johann, Georg und Joachim. Vom 3. October 1541.

[Aus Zerbst, Superintendentur-Archiv, XXVIII, Bl. 272b. Vgl. oben S. 497.]

Von gottes gnaden wir Wolfgang, Johanns, Georg dumbprobst zu Magdeburg etc. und Joachim vetter und gebrüder, fürsten zu Anhalt, grafen zu Ascanien und herrn zu Bernburg etc.

entbieten allen und jeglichen pfarrherrn und unsern unterthanen, wes standes sie sind, unsern gruss und gnädigen willen zuvor.

Würdige, erbare und ersame, lieben, andächtigen und getreuen. Nachdem der ehrwürdige und hochgelahrte, unser besonders geliebter und gevatter, herr Martinus Lutherus, der h. schrift doctor, von gott dem herrn hoch erleuchtet und mit trefflichen gaben begnadet, nu viel jahr her mit der h. schrift ohn unterlass umbgangen, darinnen sich tag und nacht geübet, und dadurch aus gottes gnaden und segen zu solchem verstande, geistlicher weissheit und erkäntniss kommen, dass er die h. biblia, darinnen das ware, gewisse, göttliche wort verfasset, aus ihr ursprünglicher, nemlich ebraischer und grichischer zungen in unser teutsche sprache ganz klärlich und verständlich, nicht ohne hohe mühe und grossen fleiss, gebracht, für welch werk allein, (wollen des andern nutzens schweigen, so gott durch ihn in der heiligen christenheit geschafft), alle fromme christen gott danken sollen, wie sie es denn auch gewisslich thun, und er nu widerumb seine[1]) translation zur hand mit besondern fleiss genommen, dieselbe ferner zu bessern, damit der sinn göttlicher schrift, aufs klärlichste im deutschen dargegeben, möchte auch von den gemeinen mann, so der sach mit ernst nachdenket, ersehen und erkant und also die h. bibel von jederman, dem got gnade darzu verleihet, mit grosser freude, lust und liebe, zu trost und stärkung ihres glaubens und hoffnung gelesen werden, und nu verordnet in der churfürsten zu Sachsen unsers lieben herrn und oheimen stadt Wittenberg aufs reinlichste mit grosser aufmerkung gedruckt, und zu befahren, dass in nachdrucken derselben nicht solcher fleiss und fürsichtigkeit mögte fürgewandt werden, zu dem dass sie [muss heissen: sich] bemelter herr doctor mit solcher arbeit, wie itzt, so oft, auch schwacheit halben, nicht beladen kan, oder auch solche fleissige und treue correctores nicht allewege zur hand sein, daraus dem [muss heissen: denn] allerlei mängel in andern exemplaren zu besorgen,

so haben wir im besten bestellet etliche exemplaria desselben drucks, in disen 41 jahr ausgegangen, für die kirchen unsers landes, und für, euch, unsere unterthanen mit zu verfertigen. Diselben wollet also als die rechten unverfälschten originalia mit dankbarkeit aufnehmen, dafür halten und in den kirchen brauchen, auch den nachkommen zu gute, mit fleiss bewahren.

Und diweil aller irrsal ursprünglich daher fleust, dass man erstlich die h. göttliche schrift unachtsam und nachlessig handelt, und denn mit der zeit gar davon kömpt und liegen lest, wie die historia des jüdischen volks und sonderlich das 4. buch reg. am 22. cap. ausweiset, da es so übel stunde, dass das gesetzbuch lange verloren und zur zeit Josiä des frommen königes im 18. jahr seines regiments erst wiedergefunden ward,

¹) Correctur: solche sein.

wie denn desgleichen, ja grösser, fährlicher schaden und unaussprechlicher jammer, und verderben viel unzehlicher seelen sich auch in der h. christenheit nu leider sehr eine lange zeit her begeben und zugetragen hat, aus sicherheit und unfleiss deren, so sich ihres ambts nicht angenommen, nur das ihre, nicht das Jesu Christi ist, gesuchet, und doch gar herrlich den namen und titul geführet haben, als weren sie die rechten hirten und heupter gottes volks und die h. kirche, dass man auch des göttlichen worts menschentand und gutdünken in die kirchen gebracht, dadurch mancherlei erwehlte vermeinte gottesdienst, durch eigen werk und heiligkeit gott zu versöhnen, neben unzehlichen irrthümen und missbräuchen eingeführet, und also die lehre und erkäntniss des reinen glaubens an Jesum Christum unsern herrn und einigen heiland und trost vertunkelt und zugeschorren, darzu auch die h. hochwürdigen sacramenta, anders denn von Christo unsern herren selbst eingesetzt, zu handeln und zu gebrauchen fürgenommen, bis der allmächtige und barmherzige gott seine gnade verliehen, dass solche grosse greuliche irrthumb und missbrauche durch obbemelten herrn doctorem Martinum entdecket und das licht des h. evangelii wiederumb an tag gebracht, welchs viel gelehrte, verständige, auch fürsten, lande und leute, durch gottliche gnade, nicht ahn geringe verfolgung der widersacher angenommen, desgleichen auch wir, sampt euch, unsern lieben unterthanen durch göttliche verleihung dazu kommen, mit abstellung obberürter irrsalen und missbrauche, wie denn auch, gott lob, je mehr und mehr in andern landen dieselbe heilsame lehre erkant und angenommen und die missbräuche abgestellet werden, dazu der allmächtige barmherzige gott und vater durch Jesum Christum ferner seine gnad verleihen wolle:

Demnach ermahnen wir euch, alle und jegliche seelsorger hin und wider in unsern landen bei pflicht euers ambts, darfür ihr am jüngsten gericht Christo werdet müssen antworten, ihm auch rechenschaft geben für alle seelen, so er euch mit seinen wort zu weiden und regiren befohlen und vertrauet hat, wollet je mit allem ernst und treuen fleiss anhalten, das göttliche wort zu lesen und betrachten, und dasselbige einfältig, rein und lauter euren volk zu trost und heil euer und ihrer seelen seeligkeit fürhalten und predigen, auch fest und beständig bis ans ende dabei bleiben und beharren, damit aus euren unfleiss und verseumniss nicht dergleichen oder andere noch schädlicher irrsal und missbräuche, der göttlichen schrift entgegen, zu verderb der seelen, die gott durch sein theuer blut erworben hat, wiederumb einreissen.

Desgleichen auch begehren wir von euch

andern unsern lieben unterthanen, wollet ja das h. göttliche wort, auch die diener desselben (dabei man sonderlich spüret, obs ein rechter ernst sei oder nicht) lieb und werth halten und euch davon in keinerlei wege abwenden lassen, sondern durch göttliche hülfe bis in den tod dabei verharren und denselben folgen, und euch auch zu christlichem wandel zu bessern aufs höchste befleissigen, damit der allmächtige gott durch unser allerseits undankbarkeit und missbrauch der unaussprechlichen gnaden und gaben, damit er uns, ohn alle unser verdienst, reichlich überschüttet, nicht erzürnet, uns über andere vielfältige göttliche strafe und plage (die gewiss grösser und greulicher, denn jemand sagen kan, so wir uns nicht bessern, folgen werden) auch solches theuraren schatzes widerumb be-

raube, sondern vielmehr denselbigen unverrücket auf unsere nachkommen wolle gnädiglich kommen lassen.

Welche wir auch hirmit wollen gebeten haben, sie wolten ihnen solch göttlich wort und dise translation treulich lassen befohlen sein, und sich für allen lehren und gebräuchen, so dem h. göttlichem wort, in der schrift verfasset, nicht gemäss sind, hüten, und wiederumb auf menschliche ungegründete satzung nicht führen lassen, und solche treue ermahnung und warnung von uns, als die wir unser land und leute bestes, zuföderst gottes ehre und ihrer aller seligkeit zu fordern schuldig, wolmeinentlich vermerken. Gegeben, am 3. oktober im jahr 1541.

112. Vollmacht für die Visitation. Vom 26. Juni 1545.

[Aus Zerbst, Superintendentur-Archiv, XXIX, Bl. 22 ff. Vgl. oben S. 507.]

Von gotts gnaden[1]), wir Johans, Georg coadjutor in geistlichen sachen zu Merseburg und thumprobst zu Magdeburg und Joachim gebrudere, fursten zu Anhalt, graven zu Ascanien und hern zu Bernburg bekennen offentlich fur jedermenniglich, das wir dem wirdigen, achtbarn und hochgelarten, unserm besonder lieben andechtigen, ern Theodoro Fabricio, von Anhalt, der heiligen schrift doctor und pfarrer zu Sanct Niclas, in unser stadt Zerwist, sampt seinen zugeordenten visitatorn, von unserntwegen alle und volle macht gegeben haben, und geben ihm die hiemit, und in kraft dieses brives, alle und igliche kirchen unser herschaft, ampten und stadt Zerwist, mit geschickten

uud bequemen kirchendinern zuvorsehen, und in denselbigen christliche ceremonien von gesengen, haltung des ampts der messe, communion, vesper, des gemeinen gebets und andern gotts wort und der heiligen schrift gemess, zuvorordenen und anzurichten, und was er dergestalt und also von ceremonien in unser herschaft kirchen anrichten und vorordenen wirdet, die wollen wir, von allen und iglichen gemelter unser herschaft underthanen, pfarhern, caplenen, diakon und kustern, denen von der ritterschaft, rath und gemeinen in den stetten, und den baurn ufm lande unweigerlich und ahne abbruch gehalten haben. Zu urkunde mit unsern furst Johansen, und furst Joachims secreten vorsecretirt, actum Dessau freitags nach Johannis baptiste (= 26. Juni) anno domini 1545.
(2 Siegel.)

---

[1]) Von Fabricius am Rande bezeichnet als „Fürstliche fulmacht in der ersten visitation zu Cervest“.

113. Kirchen-Ordnung der Fürsten Johann, Georg und Joachim. Vom März 1545.

[Aus Zerbst, Superintendentur-Archiv, XXIX, 40 ff. Die Abweichungen der Revision, welche Joachim Ernst nach 1570 vornehmen liess, sind in Anmerkungen unter A. hervorgehoben. Vgl. oben S. 506.]

In[1]) dem namen der heiligen gottlichen dreifaltigkeit und von derselbigen gnaden wir[2]), Johannes und Georg coadjutor in geistlichen sachen zu Merseburg tnmprobst zu Magdeburg und Joachim gebruder, fursten zu Anhalt, graven zu Ascanien, hern zu Berneburg und Zerbst etc. bekennen und bezeugen in und mit disem unserm brive offentlich vor jedermenniglichen.

Nachdem der eingeborn sohn gottes, der herr Jesus Christus, unser lieber her und seligmacher,

seines himlischen vaters gnedig herz und willen gegen uns selbst geoffenbaret und sein heiliges gottliches wort, durch eingebung des heiligen geistes, in den schriften der heiligen propheten und apostel vorfasset, und das heilige evangelium und unser erlosung durch sein teures blut, am stamme des heiligen creuzes geschehen, in die ganze welt durch seine diener vorkundiget und ausgebreitet, entlich auch in diese teutsche sexische lande durch gottliche gnade gebracht, und von denen lobilichen keisern, fursten, auch unsere liebe voreltern und furfaren und andere gottfurchtige leute zuerhaltung der kirchen diener stadtliche vorsorgung uud stiftung gemacht und darzu von

---

[1]) Titel geschrieben von Fabricius: Die erste instruction des superattendenten zu Cervest.
[2]) A.: Joachim Ernst furst zu Anhalt-Cervest.

gotfurchtigen leuten vile milde handreichung geschehen, sodann durch sonderliche gottliche gnade zu unsern zeiten die grossen irsalen mit vorkerter lar auf eigen vordienst und wirdigkeit, auch voranderung der hochwirdigen sacramenten und unchristlichen ceremonien, under falschem namen und schein der heiligen christlichen kirchen wider gottes wort und ordenung sampt ungepurlichem gebrauch der kirchendiener mit der. zeit eingefurt, durch den erwirdigen hochgelarten, unsern[1] besondern lieben und gefattern herren Martinum Luther, der heiligen schrift doctorn, auch ern magister Philippus Melanchthon und andere gelerte der heiligen gotlichen schrift eroffent und die reine lahr des heiligen evangelii, so dadurch fast vortunkelt, ans leicht gott lob wider gebracht und wir neben andern durch gottliche vorleihung zu solcher erkenntnis gekomen, haben wir uns schuldig erkennt, als christliche obrigkeit bei unsern lieben underthanen, so vil derer der almechtige in unser vorsorgung vorordent, nicht allein ihre zeitliche wolfart sonder auch solche heilsame lar, darin unser aller seligkeit stehet, zu befordern, auch darob zu sein, das sie mit christlichen seelsorgern vorsehen, kirchen und schuelen dienern ihre notturftige underhaltung haben mochten und wie wol wir auch lengst[2] begierig gewesen, das in unser stadt Cerbst solche bestellung aufs erlichst und beste hette mogen ausgericht werden, so haben wir doch bis hieher[3], vil unvormeidlicher vorhindernis halben, auch das die lehn in unser stiftkirchen daselbst und andere kirchen gueter, davon solche vorsorgung zu machen, unvorledigt gewesen, darzu noch zur zeit nicht komen konnen, do aber nun der mehrer teil vorledigt und auch von dem allerdurchlauchtigsten gromechtigsten keiser Karolo dem funften, unserm allergnedigsten hern[4], eine besonder privilegium erlangt, das wir[5] die vorledigten kirchen guter in unser[6] herschaften und zu underhaltung der kirchendiener schulen und andern milden sachen vorordenen mogen[7],

also haben wir gott dem allmechtigen zu lobe, zu fordernis seines heilsamen worts, unser lieben underthanen, sonderlichen auch obgedachter unser stadt Zerbst, auch uns und unser allerseits nachkomen zum besten, damit dise heilsame lar unvorruckt auch auf sie durch getreue selsorger

gebracht und furder misbrauchs vorhutet, und es an tuglichen dienern nicht mangeln durfe nach wolbedachtem rath der unsern folgende ordenung aufgerichtet[1], auch mit den hochgelerten wirdigen ersamen unsere lieben andechtigen und getreuen der cleresei und rath itz gedachter unser stadt Zerbst gnediglichen diser kirchen bestellung und vorsorgung der diener voreinigt und vorglichen sein wollen, voreinigen und vorglichen uns auch der himit in craft dieses brives, underscheidlichen wie folget.

Erstlich, dieweil die notturft erfordert, das wir alhier in unser vornembsten stadt einen superattendenten haben, welcher auf die anderen mitvorordenten pfarher und kirchendiener, lar und leben einen gepurlich aufsehen haben solle[2],

demnach haben wir zu solchem ampt und superattendenz erfordert und geordent, den hochgelarten und wirdigen ern[3] Teodorum Fabricium von Anhalt itzund pfarher zu S.[4] Niclas, welcher sich darzu auf unser begehr gehorsamlich ergeben hat, auch dem durch gottliche vorleihe treulich vorzusein zugesagt.

Hirauf wollen wir ime hirmit auferlegt haben, das er selber das gottliche wort fleissig wolle predigen, auch darauf gut aufsehung thun, das es auch in der stadt und auf dem lande von den vorordenten pfarrern und kirchen dienern, so zu seiner superattendenz geschlagen und auch nach gelegenheit ime[5] angeweiset werden[6] sollen, dem bevolenen volke ane vorfelschung in allem vleis furtragen und darin nichts vorseumpt werde.

In sonderheit aber sol er darauf achtung haben, das die pfarner und prister die heilige bibel mit vleis lesen, auch die simbola in der kirchen wol wissen, und sich in der lar nach der christlichen augspurgischen confession und apologia, so in der heiligen schrift gegrundet, richten, und wider dieselbige kein alte vordampte irtumb oder neue sonderliche opinion oder unnotige disputation einfuren, sundern viel mehr das sich befleissigen gotte zuerzeigen recht geschaffene und unstrefliche arbeiter, die da recht underscheiden das wort der warheit und die stucke im catecismo begriffen, darin die summa unser seligkeit gefasset, mit emsigen vleis treiben und den leuten das gottliche gesetz treulichen auslegen, sie zu erkenntnis gott-

---

[1] A.: unsers geliebten herrn vettern weiland bes.
[2] A.: statt: „wir auch lengst" unser hochlobliche vorfahren weiland von herzen.
[3] A.: sie doch damals.
[4] A.: oft und secher milder unser vorfaren.
[5] A.: sie.   [6] A.: iren.
[7] A.: Zusatz: und wir in hochgedachten unser gelibten vorfahrn gotselige fussstapfen zu treten, durch gottes gnad entschlossen, und uns von herzen im werk zu beweisen vorgenommen, als haben wir u. s. w.

[1] A.: ordnung weiland von unsern vorfaren ufgericht auch itzund repetiren und erneuern wollen, derwegen uns.
[2] A.: und in der ehrwirdige erste vorordente superintendent Theod. Fabritii der h. schrift doctor christlicher gedechtnus todtlich abgegangen, das wir demnachen. „Demnach haben wir" fällt weg.
[3] A.: statt „Teodorum Fabritium": M. A. v. Cranach (das ist Mag. Abraham Ulrich).
[4] A.: Bartholomei.   [5] A.: ferner.
[6] A.: mochten.

liches willens, reu ihrer sunden, und zu recht geschaffener busse furen, auch von dem wahren glauben, durch dem wir allein der unvordienten gnade Christi empfenglich, vorgebung der sunde und die ewige seligkeit erlangen muegen, klerlich und underscheidlich underrichten, sie auch zu den rechtschaffnen fruchten der buss und des glaubens, vormahnen und halten und von dem rohen und unchristlichen wesen abwenden, dafur in der predigt und beicht treulich vorwarnen, mit erinnerung gottlicher straf und zum christlichen wandel anleiten und bringen, auf das sie allerseits gott bereiten ein angenehm volk, das da fleissig sei zu guten werken,

Ferner das sie von den hochwirdigen[1]) sacramenten der heiligen tauf und des wahren leibs und bluts unsers herren Jesu Christi christlich und einfeltig nach den hellen und gewissen worten der heiligen schrift lehren und dabei unnotige fragen und disputacionen underlassen, sondern vielmehr den grossen unaussprechlichen nutz desselbigen den leuten oft furhalten, auch die mit aller andacht, ehrerpitung und erbarkeit handeln und reichen und das volk darzu halten, und do under geistlichen oder weltlichen imandes, dafur gott sei, erfunden, welcher der vordampten secten der widerteufer oder sacramentirer[2]) zugethan oder des vordechtig ungeschickt oder disputirlich von der jegenwertigkeit des wahren leibs und bluts, unsers hern Jesu Christi im hochwirdigen sacrament oder sunsten von dem wort gottes, sacramenten oder kirchen diensten vorechtlich reden, oder damit unerparlich gebaren wurden, das soll dem superattendenten angezeigt werden, welcher denselbigen mit allem ernst wehren und do es die noth erfordert, ferner an uns gelangen solle, damit in dem gepurlich einsehen gesche.

Er sol auch mit ernst sie dahin halten, das sie die kranken fleissig besuchen und trosten und sie mit den hochwirdigen sacramenten keines weges verseumen.

Und wiewol an den anderen ceremonien[3]) und eusserlichen kirchen ubung unser seligkeit nicht gebunden und freikorig ist, die nach gelegenheit der zeit und personen zur besserung zu gebrauchen, als fern sie nicht wider gottes ordenung sein, so geburt sichs doch, das es alles in christlichen samlungen ordentlich und ehrlich zugehe, zu dem das auch durch mannigfeltige unnotige handelung der ceremonien der gemeine man geergert und vorwirret und, do auch die gottlichen ampte ane eusserliche zucht und erbarkeit unordentlich und ro gehalten, grosse vorachtung

daraus erfolgt, derwegen soll der herr superattendenz auf solche ceremonien auch acht haben, damit der keine, so dem gottlichen wort entkegen, gehalten, darneben die zu gueter ordenung und andacht mit singen, lesen, lateinisch und teutsch, auch eusserliche zucht und erbarkeit dienstlich nicht voracht noch abgeworfen werden.

Und dieweil gott lob die offentlichen unchristlichen ceremonien, so wider gottes bevehlich eingefurt, in unserm lande abgethan, soll hinfurder der her superattendent nicht gestatten oder für sich selbst furnehmen, hirinnen ferner ichtes abzuthun oder neues aufzurichten, sundern wie wir des uns allerseits vorglichen, dabei pleiben lassen, und so in dem ichtes bedenklichs furfallen wurde, dasselbige soll an uns allerseits gelangt, damit mit gutem rate, da es von noten, auch anderer gottfurchtiger gelerter leute das furgenommen, das nach gelegenheit nutzlich und besserlich und dadurch ergernis vorhutet werde.

So auch das gemeine volk je so sehr auf dem eusserlichen wandel der prister sihet, als auf die lar, und die prister mit dem leben so wol als mit dem worte lehren und ein furbilde der herde sein sollen, und an vielen ortern befunden wird, das ihr eusserlich ungeschickt wesen vil gueter herz ergert und das wort vorechtlich macht, so soll der herr superattendent sie zu guten christlichen erbarn wandel, wie dann ihnen der heilige Paulus vorschreibet, auch in lieb und einigkeit under sich und mit den leiten zu leben, anhalten und ungeburliche hantirung oder leichtfertigkeit und das sie in bierheusen oder offentlich toppeln spielen sein wolten, nicht gestatten, auch das sie nicht leichtfertige berte oder ergerliche tracht, so auch den leigen ubel anstunde, gebrauchen, sondern solche gewonliche erliche pristerliche kleidung haben, dabei man sie ihrem stande nach erkenne, dergleichen ihre weiber hirinnen uberflus meiden, und sich allerseits erzeigen, denen ziemet und ihro gottseligkeit beweisen sollen durch guete werk[1]).

Es sollen aber zu seiner superattendens gehorn die ganze cleresei in der stat Zerbst und zu Ankuen, und alle pfarner in unserm ampt Cerbst, im ampt Roslau, im ampt Lindau, under uns oder auch under denen vom adel und sunst der orter unser obrigkeit gesessen, welche wir zu gelegener zeit an ihnen weisen wollen, da sie ime auch gepurlichen gehorsam in geistlichen sachen zusagen sollen.

Wir wollen alle die pfarner in gedachter attendenz oder so weit sunst nach gelegenheit[2])

---

[1]) A.: als denen ziemet ire gottseligkeit zu beweisen durch gute werk.
[2]) A. liest hinter „gelegenheit" noch: wir sie.

an ihnen weisen werden[1]), so von neuen von uns
belehent werden, ime zuvor presentirn, dergleichen
die vom adel und die, so von alters jus patronatus
haben, auch thun sollen, und[2]) die er dann neben
seinen zugeordneten vleissig vorhoren und darauf
so sie ruchtig befunden, instituiren[3]) und in die
pfarren durch die negsten zwei oder drei pfarner
erlichen einweisen lassen; do sie aber untuchtig,
soll er das uns oder den andern patronen vermelden, in welcher stadt andere presentirt und
vorhort und sunst keiner zu einer pfar zugelassen
soll werden. Kein pfarner soll nicht macht haben,
seines gefallens umb geringe besserung willen
seine pfarre zuvorlassen, widerumb sol auch kein
pfarher unvorhort ane gnugsame ursachen und
erkenntnis vorurlaubt werden.

Wo auch imand uber einen pfarrer in sachen,
die da geistlich weren oder sich dahin zogen, zu-
clagen het, soll solchs vor den superattendenten
und seinen zugeordneten geschehen und vorhandelt
werden, do es aber gulde, schulde betreffe, soll
die clage vor dem amptmann ihres orts, da die
pfarner gesessen, gelangt und in beisein des superattendenten gehort und geordent werden, do es
im aber entstunde die zur entschaff oder vortrage
zu bringen, solt es als dann an die herschaft geweiset und fur ihr oder ihren commissarien ausgetragen werden.

Es sol auch jerlich der superattendenz[4]) zu
gelegener zeit die zugeordneten pfarrer zum
synodo erfordern, do der laren[5]) gleubens soll
mit vleis erforschung geschehen und die gebrechen
vorhandelt werden, auf solche erforderung die
pfarrer gehorsamlich sich erzeigen[6]).

Er sol auch die pfarren seiner superattendenz[7]),
wenn es die not erfordert, neben etlichen andern
geistlichen und weltlichen zugeordneten visitiren
und das denselbigen nichts entzogen, uud sie die
pfarner selbst die pfargueter nicht ungeburlichen
gebrauchen oder vorwusten, vleissig darauf acht
haben, und was des befunden, uns vormelden,
damit darinnen wir gepurlichen einsehen thun
mogen, es sol auch ime neben den zugeordenten
in dem ampte, darin er visitiren wurde, ausrichtung
geschehen und aus demselbigen ampt fure darzu
vorschafft werden.

Begebe sich auch (in mangel, das die bischofe
wie bisher der evangelischen lar entkegen und
ihre ampt underlassen) das wir neben[8]) unserm
freundlichen lieben vettern oder sunsten einen

generalem superattendenten uber das ganze furstenthumb vororden musten, was alsdann im rath befunden, das sich ander orter unser herschaft
superattendenten jegen ime und sunsten hirinne
halten sollen, dem sol sich der superattendent zu
Cerbst mit seinen zugeordenten auch gemess und
gleichformig erzeigen.

Mittler weile er[1]) ins werk gefurt, und[2]) bis
auf ferner vorordenung und mit vorwilligung des
superattendenten soll unser superattendent zu Cerbst
die ehesachen nicht allein in seiner superattendenz
sondern auch im lande unsers teils mit denen, so
wir ime darzu ordenen wollen, vorhoren, und nach
gottlicher schrift, erbarn beschriben rechten, wie
wir dis unser gemueth ime weiter eroffenen wollen,
entscheiden und soll sich sunst kein ander stadt
oder dorfpfarner in ehesachen personen von ein
ander oder zusamen zusprechen, propria autoritate
underwinden, sondern die sachen vor unsern superattendenten jegen Cerbst weisen, noch[3]) sich allerseits in weltliche sachen, so ihrem ampt nicht zustendig, nicht einlassen, ob wir auch des hern
superattendenten ferner in andern geistlichen
sachen oder auch zur visitation ander orter unser
herschaft zu gebrauchen oder[4]) das etzliche ihnen
nach gelegenheit weisen wurden.

In dem soll er sich auch unweigerlich halten
und wilferig erzeigen, er soll auch in sonderheit
auf beide schuelen zu Cerbst[5]) mit vleis sehen
und dieselbigen ofte zu gelegener zeit besuchen,
damit die jugent zu gottes furcht und dienst, auch
dem gemeinen nutz zu gute in guten kunsten erzogen werden, dem auch die schulmeister und
andere collaboratores gepurlichen gehorsam[6]) leisten
und under seiner straf ausserhalb peinlichen sachen
sein sollen.

Darauf er uns auch vorsprochen, solchem
ampte treulich vorzusein, unser und unser underthanen bestes zu fordern, auch allen gehorsam und
treu[7]) jegen uns, als kegen seiner weltlichen obrigkeit gepurt, mit hande und munde zugesagt, auch
sich von uns und solchem ampte ahue unser
wissen und bewilligung und sonderlich wichtige
ursachen nicht abzuwenden.

Wiederumb haben wir ihme gnediglichen vorheischen, ihne neben unsern lieben underthanen
vor unsern superattendenten zu Cerbst zu haben,
in allem gutem zu fordern uud in gnedigen schutz
und schirm behalten, und da er sich christlich

---

[1]) A.: statt „werden so von neuen“: „wurden
wenn sie“.
[2]) A.: „und“ gestrichen.   [3]) A.: investiren.
[4]) Randbemerkung: synodus.
[5]) A.: lare und.   [6]) A.: sollen.
[7]) Randbemerkung: pfarguter und visitationes.
[8]) A.: Die Worte: „neben — sunsten“ sind gestrichen.

[1]) A.: „er“ gestrichen, dafür: und er solches.
[2]) Randbemerkung: ehesachen.
[3]) A.: „noch sich allerseits“ gestrichen, dafür:
„auch sich sonsten“.
[4]) A.: „oder — wurden“ gestrichen.
[5]) Randbemerkung: Zu Zerbst 2 schulen belangend.
[6]) Randbemerkung: Repetitio infra in articulis de-
cretis ante visitationem folio ab hoc 25.
[7]) A.: als sichs.

und gepurlich, wie wir nicht zweifeln, halten wird ane seinen willen und gepurlichen erkenntnis nicht abzusetzen,

Behalten uns auch fur, wen nach dem willen des almechtigen die superattendenz wieder vorledigt, einen andern tuglichen mann aus der pfar zu Sanct Bartolomei oder S. Niclas oder auch von einem andern ort in oder ausserhalb unser herschaft zu solchem ampt mit rat gelerter gottfurchtiger leut zuerforderen und zuvorordenen.

Es sollen auch die pfarher und diacon in beiden kirchen dem hern superattendenten gehorsam sein und sich eintrechtig und gleichformig halten und keiner etwas suunderlichs thun oder furnehmen, sich auch in weltlich regiment oder frembde sachen ausserhalben ihres ampts nicht einlassen, sondern die pfarner sollen sowol als die diacon in predigen, beichthoren, reichung der sacrament, besuchung der kranken, begrebnissen und anderen, ihrem ampt zustendig, wie sie des per vices durch den hern superattendenten und[1] vorwissen der herschaft und rats sollen vorglichen werden, allen ihren vleis anwenden und daran nichts manglen lassen, und soll dem superattendenten freistehen[2], nach gelegenheit in ider kirchen zu predigen, und so under den kirchen personen imandes mit krankheit befallen oder in notwendigen gescheften abreisen musen, sollen die anderen nach vorordenung des superattendenten dieselbigen zuvorhegen sich nicht weigern.

Wir haben auch den superattendenten ein eigen siegel[3] vorordent, welchs in geistlichen und kirchen sachen gebraucht werden soll.

So sollen auch die geistlichen und[4] kirchen diener nach dem privilegio Constantini, sie oder ihre weiber, gesinde, habe und gueter, von der kirchen einkommen zu keiner steur, schos oder schatzung, dienst oder wachen oder andern beschwerungen gezogen werden, es wurde dann in hoher furfallender noth durch das ganze reich etwas ihnen auferlegt, wes sich des die benachtparten hielten, denn sollen sie sichs gemess machen, wurden sie aber oder ihre weip und kinder burgen oder unfreie heuser keufen oder erlicher burgerlicher narung zu ihrem merern enthalt doch ane

hindernis ihres ampts gebrauchen, davon sollen sie wie ein ander gepurliche pflichte tragen.

Welche kirchenpersonen in lar oder leben[1] strafbar oder in ihrem ampt unfleissig befunden und nach vermanen sich nicht bessern wollen, die sollen nach genugsamen vorhor und erkenntnis der sachen wie sie augenomen ane imandes widerrede entsatzt, oder auch, so die ubertretung gross, sonderlich das imandes, dafur gott sei, spaltung oder parterei zwischen geistlichen oder weltlichen onrichten oder ufrur anstiften, oder auch im ebruch wider andern peinlichen sachen, das gott gnedig umb der ehren wille seines namens abwende, ubertreten wurde, der sol auch gepurlicher weise mit ernst ane imandes hindernis gestraft werden und soll mit den gerichten uber die geistlichen und dem angriff in vorwirkung und peinlichen fellen bei den alten vortregen bleiben, und sonderlich nach bischof Friederichs vortrage gehalten werden.

Wir behalten uns, unsern erben und nachkomen auch fur, wo diser ordenung halben einiher misvorstand oder irrung vorfiele, das wir dieselbigen mit rath gelerter, vorstendiger, erliebender leute interpretiren, erlernen und nach gelegenheit bessern mugen.

Wurde auch im heiligen reich oder durch alle evangelische stende eintrechtiglich in christlichen religion und kirchen ordenung, einmutige vorgleichung dem gotlichen wort zu fordernis gemacht, damit hirin etwas nach gelegenheit zuvorandern oder zu bessern, das soll uns, unsern erben und nachkomen auch furbehalten sein, ahne das soll diese unsere aufgerichte vorordenung kirchen und schuelen bestellung nu hinfurt angezeigter masse stede, vest und unvorbruchlich gehalten werden.

Des zu urkund haben wir obgedachte fursten[2] diese vorschreibung[3] dreifechtig, eine vor uns, die ander vor unser cleresei, die dritte vor den rat unser stadt Zerbst, ein ider mit seinem anhangenden siegel bekreftiget.

Hierbei sint gewesen etc.

---

[1] Randbemerkung: peinlich process gegen geistliche.
[2] A.: obgedachter furste.
[3] A.: „vorschreibung" gestrichen. Dafür: „vorordnung widerumb renoviren lassen, dieselbige mit unserm insigel und eigen handschrift underschrieben actum Dessau" („den 19. martii" gestrichen).

---

[1] „und" gestrichen, dafür „mit".
[2] Randbemerkung: frei in jeder kirchen zu predigen.
[3] Randbemerkung: sigillum.
[4] Randbemerkung: immunitas.

---

114. Ausschreiben Johann's, Georg's und Joachim's, betr. allgemeine Landesbusse. Vom 2. Juli 1546.

[Original aus Dessau, Superintendentur-Archiv, I. Hauptabtheilung, 7. Unterabtheilung, Nr. 8. Vgl. oben S. 514.]

Von gottes gnaden wir Johans, Georg coadjutor in geistlichen sachen zue Merseburg, thumprobst zue Magdeburg und Joachim gebrüdere, fürsten

zue Anhalt, graven zue Ascanien und hern zue Bernburg enpieten allen und iglichen unsern pfarherrn und selsorgern in stedten und uf dem

lande in unser herschaft begriffen, so mit diesem
unserm offenem schreiben angetroffen und ersucht
werden, unsern grus und thun ihnen hirmit kunt
und zu wissen: Nachdem itziger zeit aus vorhenknus des almechtigen die leute sorglich und
fehrlich, also das, wo man mit rechter ernstlicher
und warhaftiger reue und pusse unsers suntlichen
und gottlosen lebens gottes zorn nicht abwenden
wirdet, das Deutschland derhalben in fahr gesatzt
und mit einem erschrecklichen krige und grausamen blutvorgiessen ubereilet und vorderbt werden
mochte, davor der almechtige mit gnaden lange
sein wolle. So ist unser ernstlich begebr mit bevehl, ein itzlicher pfarner und selsorger wolle in
seiner kirche das volk mit ernst und allem vleis
zue warhaftiger ernstlicher und christlicher reue

und puss vormanen und anhalten, das der almechtige seinen zorn von uns nehmen, mit der
straf innehalten und umb seines lieben sohns
unsers hern willen solch grausam blutvergiessen
mit gnaden abwenden, unser sunde gnedig sein
und uns mit der wolvordienten straf verschonen
wolle und wollen das ein itzlicher pfarner alle
sontage und darzu in der wochen einmal die
letanei mit vleis halten und singen lassen und das
ir ein mensch zum wenigsten aus einem iglichen
hause darzu komen. Daran erzeigt ihr dem almechtigen ein angenehm und gefellig werk und
geschicht uns von euch zugefallen in gnaden zu
erkennen. Zue urkunde mit unsern secreten vorsecretirt datum Dessaue am tage visitationis Marie
anno 1546.

115. Kirchen-Ordnung der Fürsten Johann und Georg. Vom 3. August 1548.
[Aus Zerbst, Superintendentur-Archiv, XXIX, Bl. 30 ff. Vgl. oben S. 502.]

Aus beweglichen ursachen seind von deme
durchleuchten, hochwirdigen, hochgebornen furst
und herren, herren Johannsen und herren Georgen
coadjutoren in geistlichen sachen des stifts Merseburg thumprobst zu Magdeburg, fursten
zu Anhalt etc. nachvolgende artikel zuvor-
besserunge der kirchordnunge den ehrwirdigen
hochgelarten, wirdigen herren superattendenten,
pfarner und diacon, auch den ersamen weisen
burgermeistern und rathmannen der stadt Cerbst
furgehalten und von ihnen als ein christliche
reformation angenommen worden actum 3. augusti
anno 1548.

Sonnabend und an den feier abend soll durch
den pfarher ader diacon die vesper mit dem versikel Deus in adjutorium angefangen, darnach die
psalmen, wie gewanlich, gesungen, hernach ein
capitel aus der bibel erstlich lateinisch und volgendes deutsch gelesen, darauf ein responsorium
ader hymnus de tempore ader, so man keinen ge-
haben kante, ein deutscher psalm, alsdan das
magnificat mit der antiphona und collecte de tempore gesungen und entlich mit dem benedicamus
beschlossen werden.

Nach der vesper soll man zur beicht sitzen
und die confitenten vleissig vorhoren und underrichten, und darauf die absolution mit auflegunge
der hand sprechen.

Zur metten soll man singen Domine labia
mea aperies, deus in adjutorium, das invitatorium
mit dem venite, sonderlich an den hohen festen,
darnach die psalmen nach der ordnunge, es were
dan an den hohen festen, die da besondere psalmen
haben, volgents das responsorium, darnach das
Te deum laudamus entweder lateinisch ader deutsch,
eine collecta, und zu lezten sols mit der recitacio
catechismi beschlossen werden.

Nach der metten soll die prediget gotliches
worts gehalten werden, wie gewonlich.

Von der messe.

Die messe soll alzeit gehalten werden in ge-
wanlichen kirchen ornat, soll aber der priester
erstlich fur dem altar knieend die confession und
daruf der minister die absolution sprechen, under
des singe man den introitum kirie leison, darnach
das Et in terra nach gelegenheit der zeit, die collecta praemissa salutacone, darauf die epistel an
hohen festen lateinisch, sonst deutsch, dergleichen
auch an hohen festen das alleluia und sequenz, an
andern sontagen ader feiertagen ein deutscher gesang, wie es dann der pastor vor gut ansiehet,
darnach das evangelium lateinisch ader deutsch,
wie oben van der epistel angezeigt, volgend das
symbolum credo in unum deum, das patrem und
furnemblich an hohen festen. Darnach singe das
volk: Wir gleuben all an einen got etc. Daruf
volget die prediget götlichs worts. Nach der prediget weil die communicanten in den chor gehen,
die menner zur rechten, die weiber zur linken hand,
soll ein deutscher psalm gesungen werden, bis das
sie alle knien, und volgents an hohen festen singe
der priester die praefacio und die schueler das
sanctus. An andern son- und feiertagen soll gelesen werden die vermanunge doctor Mart. Luthers
an die communicanten. Darnach singe der priester
orationem dominicam und verba consecrationis.
Daruf volge die comunio wie gewonlich, idoch der
ander diacon, so den kilch reichet, sol den chor
rock antragen. Under der communion aber an
hohen festen soll gesungen werden das agnus dei
und andere gesenge nach gelegenheit der zeit und

des volks, wie es den pfarhern vor gut gefellet, aber an andern tagen ein deutschen gesang vom sacrament ader die litania, lezlich aber soll die messe beschlossen werden mit der dangsagunge und segen. Es sollen aber die diaconi, so an hohen festen dem pastor ministriren, mit einem diacon rocke ader in mangel des mit einem chorrock becleidet sein, wie auch droben gemeldet.

An den werkeltagen soll es also gehalten werden. Fruehe soll eine kurze metten gesungen werden; so aber communicanten vorhanden, mag solche metten underlassen, und das ganze officium coenae in gleicher mass und gestalt, wie oben angezeigt, doch ferialiter ut vocant gehalten werden, als nemblich introitus dominicalis ader ein deutscher psalm kirieleison, doch ane gloria in excelsis, collecta, epistola ex Paulo nach der ordnunge, ein deutscher gesang, das evangelium aus den evangelisten nach der ordnunge, darnach: Wir gleuben etc., das kurze, und volgendes bis ans ende nach der prediget gehalten, wie an sontagen oben vormeldet worden.

Die jenigen aber, so die sacramenta, sonderlich aber an den hohen festen und sontagen reichen und messe halten, sollen mit den andern gleubigen communicanten auch das hochwirdig sacrament entpfangen und geniessen. Es were dan, das er ein verhindernis seines gewissens halben hette, oder sonsten ungeschicke, soll er einen andern an seine stat vorordenen, der ihnen vertrete, ader, so da einig in pfarkirchen und nit andere mitgehulfen hetten, die werden sich disfals auch christlich und aue ergernis wissen zu halten und uber den andern ader dritten sontag auch mit den andern communiciren und entpfahen.

So oft die diaconi teufen werden, sollen sie solches thun im chorrock, auch vor aue die pathen vleissig vermanen, dass sie die kinder, da sie erwachsen, getreulich in christlichem glauben und religion underweisen und zu tuegentsamen gotseligem leben und wandel halten und ziehen wollen.

Hochgedachte fursten sehen auch fur gut an, das die, so da predigen, auch den chorrock gebrauchen.

Item dass auf den festen der apostoli Joannis baptiste, Magdalene, conversionis Pauli, Michaelis darvon gepredigt, und, so communicanten verhanden, das ampt ehrlich gehalten werde, und ende desselben ein iglicher sich anheim zu seinem handel ader arbeit verfuegen mag.

Und in der sepultur soll ein knabe aus der schuele ein creuz an der stange vor der procession furtragen. Und wen sie in die kirche gehen, den armen zu opfern, das dau ein kurze verfaste vormanung ader lektion von der auferstehunge der verstorbenen zu troste gelesen, und alsdanne mit christlichen gesange und gebet beschlossen werde.

Hierbei ist aber bedacht, weil dies eine grosse stedt ist und der sepultur fast viel sein, dass der her superattendens auch die andern kirchendiener nicht zu einer ider. sepultur in sonderheit zu predigen mochten beschwert werden, so solte die predigt, da bei einer leiche 30, 40, 50 ader auch mehr personen weren, nach pleiben, wo aber ein solemnis sepultura gehalten und ein anzal volk darbei sein wurde, das alsdann von einem diacon ein predigt solle gethan, darvon demselben diacon ein groschen aus dem becken, darein die milden almusen gereicht, soll gegeben werden.

Es sollen auch die diacon irem pfarner, sovil die kirchensachen und ihr ampt betreffend, willigen gehorsam leisten und volge thun, auch sie beide, pfarher und diaconi, ein vleissig aufmerk in sinodis und sonsten auf den herren doctorn, als irem uberstem bischofe und superattendenten, haben, ane und ausserhalb seinem vorwissen in den kirchen nichts anrichten noch endern, und, wo es sache, dass sich zwischen kirchendienern und sonst etwo ein unrichtigkeit zutruege, sollen sie bei denselben rats und entscheids gewertig sein, im fall aber so jemand derselben vermeint, beschwerde vom herren doctor zu haben, soll auch macht haben, bei dieser kirchen uberstem patron als nemblich dem hochgebornen hern furst Johannsen etc. zu suchen.

Georg f. z. Anhalt[1]).

---

[1] Eigenhändige Unterschrift. Die Unterschrift Johann's fehlt.

[Aus Zerbst, Superintendentur-Archiv, XXIX, 363 ff. Vgl. oben S. 503.]

Ordnung der deutschen geistlichen gesenge, in dieser kirchen gebreuchlich und bequemlich, nach befehl unsern g. hern von Anhalt gericht.

An die hohe festage als christag, ostern, pfingsten und trinitatis mag man die mess und vesper in latin und discant singen. Doch das under die sequentien vor dem evangelio die deudsche gesenge, zu den festagen gehorig, mit angeflochten, und da und sunst allenthalben vor der predig des evangelii der glaube zu deudsch gesungen werde, wie dan solchs bis anher gebreuchlich.

In der advent.

Auf die sontage in der advent vor der fruepredig: Nu bitten wir den heiligen etc. In der

70*

mess vor dem evangelio: Nu kome der heiden
heiland etc. Vor der vesper predig: Her christ
der einig gottes etc.

Am christag.

Am christag und ezliche tage daruach singe
man vor der fruepredig drei versen von dem lob-
sang: Gelobet seistu Jesu Christ etc. und die
ander versen nach der predig, in der messen vor
dem evangelio singe man: Gelobet seistu Jesu
Christ gar aus. Vor der vesper predig: Christum
wir sollen loben etc., oder: Von himel hoch da
kom ich her, oder man singe dasselbige nach der
vesperpredig.

Am tage Epiphaniae.

Singet man vor der vesper predig: Was
furchstu feind Herodes etc.

Am tage praesentati Christi.

Singet man vor der frupredig vor dem
epistel[1]) und vor und nach der vesperpredig:
Mit fried und freude etc.

In der fasten.

Vor der predig frue: Nu bitten wir den
heiligen geist, vor dem evangelio: Nu freut euch
lieben christen etc. Vor der vesperpredig: Christ
der du bist tag und licht.

Am ostertag bis auf pfingsten.

Singe man vor der frupredig: Jesus Christus
unser heiland.

Am ostertag und etzliche heilige tage darnach
singe man vor dem evangelio die sequentia,
victimae pascali, darnach vor dem evangelio:
Christ lag in todes banden, vor der vesperpredig:
Christ lag in todes banden etc.

Am himelfartstag.

Singe man vor der frupredig: Nu bitten wir
dem etc. Vor dem evangelio in der messen: Nu
freuet euch lieben christen, vor der vesperpredig
singe man den gesang halb: Nu freuet euch
lieben etc. Das ander das singe man nach derselbigen predig.

Am pfingstag.

Vor der frupredig singe man: Nu bitten wir
den heiligen etc., in der mess vor dem evangelio
die sequentia und: Nu bitten wir dem etc., oder:
Kome heiliger geist herre got, vor der vesperpredig: Kom gott schepfer heiliger geist.

[1]) Verbessert an Stelle von: evangelio.

Am tage der heiligen dreiheit.

Sol man vor der frupredig singen: Got der
vater wone uns bei etc. In der mess vor dem
evangelio die sequentia und: Got der vater wou etc.
Vor der vesper predig: Gott der vater etc.
und nach der predig.

Nach Trinitatis.

Bis auf die advent singe man allezeit vor der
frupredig: Nu bitten wir den heiligen, in der
messen aber sol man diese nachfolgende gesenge
vor dem evangelio, etwan vier sontag nach einander bis auf den advent singen, damit die gemein
des zu leichtlicher lerne und behalde:

Erbarm dich mein o herre gott,
Vater unser im himelreich,
Es ist das heil uns komen her, etwan halb
und die ander helft darnach,
Ach got von himel sich drein,
Es spricht der unweiser mund wol,
Ein feste burg,
Es wolt uns got gnedig sein,
Aus tiefer not,
Ich rufe zu dir her Jesu Christ und der-
gleichen. Vor der vesper predig singe man hie
solche gesenge:
Dis sind die heiligen zehen gebot,
Wir gleuben,
Vater unser etc.,
Christ unser her im Jardan,
Jesus Christus unser heiland oder: Got sei
gelobet, und wo diese gesenge vielleicht etzlich
zu lange weren, mocht man hie auch etzliche
versen abekurzen und nach der predig singen.

Diese nachfolgende geistliche gesenge
soll man am werkeltage vor der predig
singe.

Etzliche tage nach dem christage: Gelobet
seistu Jesu Christ,
Etzliche werkliche tage nach ostern: Christ
lag in todes banden,
Am donnerstag im abendmal vor der predig:
Wir gleuben,
Es wolt uns gott gnedig sein,
Ein feste burg,
Aus tiefer not,
Mitten wir im leben sind,
Erbarm dich mein o herre gott,
Ich ruf zu dir herr Jesu Christ,
Ach gott von himel sich drein,
Vater unser,
Es spricht der unweisen muud wol,
Dis sind die heiligen zehen gebot, und wo
diese gesenge etliche zu kurze weren, mag man
noch wol einen andern kleinen gesang dran hengen.

Aber nach der predig am werkeltage sol man diese kurze psalmen singen: Gott der vater wone uns bei,

Were got nicht mit uns etc.,
Herr Christ der einig gottes son,
Verleihe uns frieden gnediglich,
Erhalt uns herr bei deinen wort,
Dank sagen wir alle,

Mit friede und freude,
Wol dem, der in gottes furchten stehet.

Nach der mittel predig

singe man: Danksagen wir alle, oder einen vers von einem deudschen geistlichen gesange des gegenwertigen festages oder sonst einen kurzen gesang nach furstlicher ordnung.

117. Verordnung des Fürsten Joachim, betr. die Wiedereinführung von Synoden. Vom 22. Juni 1554.

[Aus Zerbst, Superintendentur-Archiv, XXIX, 26. Vgl. oben S. 506.]

Von gots gnaden Joachim furst zu Anhalt etc.

Unsern grues und geneigten willen zuvor, erbare und achtpare lieben getreuen, wir muegen euch nicht vorhalten, dass die ehrwirdigen, achtpare und wolgelarte unsere besonder lieben andechtigen, er Theodorus Fabricius der heiligen schrift doctor etc. und kleine er Johann unsers abwesens unsern canzler angesprochen, ihme auch zwei schreiben an uns dar neben zugestalt und uberschickt und bei uns suchen lassen, wie es mit dem ausgeschriebenen synodo uf negsten dinstag nach Johannis zu Cerbst gehalten werden solte etc., wie wir des zur notturft und nach der lenge von unserm canzler seind berichtet worden,

Und segen doruf uf euer vorbessern in allewege vor not und guet an, wie es von weilant den hochgebornen hochwirdigen fursten, hern Johansen und hern Georgen fursten zu Anhalt etc. unsern seligen und freundlichen lieben brudern hochlöblicher milder gedechtnuss und uns aus christlicher, gueter vorbetrachtunge und mit zeitlichem rat ist bedacht und vorordnet worden, dass die synodi ihrer ordenung nach alle jar gehalten werden, und darinnen keine anderung furgenomen, darumb ihr dan auch dem ern superattendenten angezeiget hettet, dass er mit seinen zugethanen und kirchendienern zu Cerbst den itzo ausgeschriebenen und angesatzten synodum halten und fortgengig sein lassen, und da es nicht geschehen, das die pfarhern in der herschaft Cerbst nochmals darzu vorschrieben wurden, und damit die sache desto ehr gefordert und ausgerichtet, liessen wir uns gefallen, dass der doctor unter ihnen die operas ausgeteilet und den pfarhern zu

Sanct Bartholmeus, desgleichen ern Johann Ertmann darzu gezogen, wie es auch an andern orten also gehalten wurdet, dass dieselbigen neben dem doctor die pfarhern ufm lande nach der ordenunge und uf die artikel, wie sie von doctor Maior gestalt, gutlich vorhort und examiniret, und von einem jedern rationem, intellectum et explicationem verae, propheticae, et apostolicae doctrinae, wie das unter latine oder deutsch pro suo dono am besten thuen und berichten konte, genomen, und sie daruf freundlich, was ihnen mangeln wurde, unterrichtet hetten, und das hirneben unter ihnen gleich wol auch collatio scripturarum von notwendigen stucken und artikeln reverenter et pie ad aedificationem geschehen möchte.

Und wöllen uns zu ihnen vorsehen, sie werden sich hierinnen dermassen unter einander erzeigen und vorhalten, dass solcher ihrer fleiss dem almechtigen zu lob und ehren und zu aufnehmunge und besserunge seiner kirchen gereichen muege, darane sie got ein augenehm christlich wolgefellig werk, dass er ihnen hie zeitlich und dort reichlich und ewiglich belohnen wurdet, und geschicht uns von ihnen darane zugefallen, in gnaden und allem gueten zu bedenken. Datum Dessau freitags nach Marcelli den 22. junii anno domini tausent funfhundert und funfzig.

Aufschrift: Den erbarn und achtbarn unsern lieben getreuen den verordneten reten zu Cerbst.

Belangend den angesatzten synodum, so uf nehesten dienstag nach Johannis babtiste zu Cerbst solle gehalten werden.

118. Instruktion zur Visitation des Amtsbezirks Dessau. 1557.

Aus Dessau, Superintendentur-Archiv, I. Hauptabtheilung, 3. Unterabtheilung, Nr. 1, Bl. 19—24. Vgl. oben S. 510.]

Instruction unser von gottes gnaden Joachims fürsten zu Anhalt etc. auf die von uns verordneten visitatorn, die wirdigen und erbarn unsere liebe andechtigen und getreuen, ern Niclasen Kranken, pfarhern alhie zu Dessaue, ern Jacoben Steiner, unsern hofprediger, Baltasarn von Hünerberg und

Alexen Pulzen, wie sie sich allenthalben in der itzigen visitation, so negst kommendes montags nach Reminiscere disen 57. jares angefangen werden, halten sollen.

Erstlich sollen sie die pfarher, diaconi, auch alle andere kirchen und schuldiener examiniren und fragen von den furnemsten stücken unser christlichen religion und glaubens und sonderlich, ob sie obbemelter lehr, in berurter confession begriffen, gemesse lehren und derselben gemesse die hochwirdigen heiligen sacramenta reichen.

Und damit auch solche lahr einhelliglich in den kirchen unserer lande erhalten werde, sollen die visitatores anfenglichen sich erkunden, ob auch in einer iden pfarkirchen ein biblia d. Martinus Luther verdeutscht vorhanden und in welcher pfarr kirchen keine vorhanden, sollen sie vorordenen, das nach bequemickeit aus dem gotteshause oder sonsten von der gemeine eine gekauft werde, und dieselbe sol fur und fur bei der pfarren bleiben, dergleichen die confession und apologia.

Die pastores sollen vleissig befragt werden, wie sie es halten mit dem catechismo und sollen die visitatores ihnen bevehlen und auflegen, das sie zu bestimpter zeit nach eines iden ortes gelegenheit das junge volk im catechismo obberurter unser christlichen religion hören, den die jugent fasset die lehre nicht, so sie nicht zu ausdrücklichem nachsprechen gehalten wird, sonderlich sol am sontage die nachmittagspredigt darzu angewandt, das die jugent im catechismo verhoret werde, das die pfarher die jugent und andere unvorstendige in der beicht, wan sie darzukommen, auch sonsten zu ider bequemickeit und noturft von dem klaren vorstande der zehen gebot, simboli, des sacrament und oracionis dominice fragen und in den allem besten vleis christlich unterrichten.

Es sollen auch die visitatores den pfarhern mit vleis einbinden, das sie die kranken nit verseumen, sondern oftmals besuchen und trösten und in christlicher lahre unterrichten, sonderlich, wan sie in geferlichen krankheiten oder todesnöten seint.

Item von berufung und ordination der pfarher und kirchendiener zu fragen.

Wo auch ein pfarher einem jungen gesellen, der in der heiligen schrift studirt, zuvorsuchen oder ubung vergonnen wolte, eine predigt zu thun, sol derselbige junge geselle oder man vom pfarher hieher remittirt werden, da er den bei dem superintendenten sich angeben und ihme das concept seiner predigt zustellen solle, damit es der superintendent ubersehe und darinnen ferner ordenung zu thun habe.

Wir fürst Joachim wollen auch darauf guediglichen bedacht sein, das jerlich alhir zu Dessau ein synodus soll gehalten und die pfarher erfordert werden, damit abermals von ihnen der lahr auch anderer mangel halben, do der furgefallen, bericht genommen.

Es sol keiner vom adel oder andere, der mit den pfarlehn beliehen, sich understehen, seinen pfarher one unser fürst Joachims vorwissen zu entsetzen oder andere anzunehmen. Zu fragen nach bequemickeit umb der pfarher, lahr, leben und wandel.

Von ceremonien.

Mit den ceremonien bei der tauf, communion, festen, gesengen und kleidung sol keine enderung geschehen, sondern bleiben, wie es im fürstenthumb bisher damit gehalten worden.

Item zu fragen, wie sie es halten.

Von der priester, kirchen und schuldiener sitten, wandel und leben.

Wo auch einer oder mehr kirchen oder schuldiener gleich an der lehr rechtschaffen befunden und doch am leben, wesen und wandel streflich gespurt, als das er in unzucht und schwelgerei lege, soln die visitatores ihn darvon abweisen mit verwarnunge, do er darvon nit abstehen würde, das wir enderung mit denselben furzunehmen nit unterlassen konten, den unser gemuth, das sie sich auch in ihrem leben und wandel unstreflich halten sollen.

Zu forschen, ob sich etwan diaconi, schuldiener oder custodes understünden, wider ihre pastores unruhe und zwitracht zu machen und, so sie des oder sonsten unter ihnen widerwillen befunden, sollen sie denen untersagung thun. Da sie aber darvon nit ablassen wolten und es hieher gelangen würde, solle darinnen billichs einsehen nach gelegenheit fürgewandt werden.

Es sollen auch unsere visitatores den pfarhern, diaconis und kirchendienern strack verbieten, sich der kretzschmar, wirtsheuser und seuferei zu enthalten, bei unser ernsten straf, die wir uns darinnen wollen vorbehalten haben.

Von vorhorung des volks und pfarkinder.

Es sollen unsere visitatores in den stedten und dörfern die leute soviel moglich und was nach gelegenheit geschehen kan, im catechismo examiniren und verhören. Und sollen den eltern ernstlich einbinden, das sie ihre kinder in der ubung des catechismi vleissig anhalten, und sollen den pfarhern auflegen, wan auf ihr beschehen ermahnen die eltern ihre kinder darzu nit halten wolten, das sie deren ungehorsam an uns hieher gelangen wolten.

Ferner sollen unsere verordente vleissige erkundung nehmen, ob etwan in stedten unter der gemeine oder sonsten aufm lande vom adel oder auch in dorfern einer oder mehr weren, die do verechter gotlichs wortes und die entpfahung des hochwirdigen sacraments und communion etliche jar unterlassen, und so sie der befunden, sollen sie die vornehmen, ihre ursachen horen und ferner darzu vermahnen, mit verwarnung, do sie sich nit bessern würden, das ihnen solches in keinen wege kont geduldet, sondern musten dargegen bequeme wege furgenommen werden.

Und damit das volk mit mehrer furcht zum gebrauch des hochwirdigen sacraments des altars, auch zue vleissiger anhörung gotliches wortes gebracht und angehalten werden, sollen die pastores das volk zum ofternmal treulich vermahnen, sich zum sacrament und gotlichen worte zu halten, mit ernstlicher angehefter bedrauunge, do solche verechter sich nit bessern würden, darzu sie dan bis auf ostern itzt kommend und lenger nicht frist haben sollen, das sie zur gefatterschaft und gemeinschaft der heiligen taufe nit sollen zugelassen, auch ihnen das hochwirdige sacrament in ihren todesnöten, welches sie in ihrem gesunden leben mit rohem gewissen verachtet, ohne vorgehende, rechtschaffene reue und busse mitzuteilen versagt werden, dergleichen auch derselben verstorbenen leib mit der kirchen und schuldienern gegenwertickeit und christlichen gesengen und ceremonien zu dem begrebnus keins wegs zu beleiten.

Doch sollen die pastores mit derselben excommunicatio nichtes vor sich thun oder furnehmen, sondern do der verechter einig sich in benanter zeit nit gebessert, solches hieher gelangen und sich darinnen ferners beschieds erholen, damit es nicht dafür geachtet, das solches aus ihren eignen affecten imande zu sonderlichen widerwillen furgenommen.

So wollen wir auch, das das offentlich schenken, spielplez, quaserei, tenze, spazieren gehen und stehen auf den kirchhofen, kremerei und alles, was vom gottesdinst abziehen mocht, unter der predigt, vor und nachmittage, durch unsere visitatores ernstlich sollen abgeschaffet werden.

Von guetern, so zu den pfarren, schuelen und andern geistlichen emptern verordent.

Darinnen sollen unsere visitatores fleissige erkundung haben, ob was darvon entzogen (bona surrepticia), und wer solches in gebrauch hat und uns dasselbige berichten, damit wir darinnen ferner billige verordenung thun konnen.

Und sollen die visitatores aller pfarren diaconen und schulendiener einkommen in ein richtig verzeichnus bringen.

Von kirchengebeuden.

Die visitatores sollen auch vleissig nach der pfarren gebeude fragen, ob darane mangel und etwas zu bauen notturftig, welches sie auch verzeichnen und uns berichten sollen; welcher wonheuser aber wolgebauet, bei denen sollen sie anhalten, das sie dieselbigen in beulichem wesen, wie guten hauswirten zustehet, erhalten.

Vom gemeinen kasten.

Die visitatores sollen auch in stedten und dorfern von der kirchen und gemeinem kasten einkommen und wie das angewandt wirt, erkundung haben und bevehl thun, das solch einkommen treulich einbracht und den kirchen zu gut angewandt und nicht untergeschlagen oder zu etlicher personen vorteil der kirchen entzogen werde.

Von hospitalien.

Sollen die visitatores sich derselben gelegenheit und einkommens auch erkunden und bei denen, so der hospitalien vorsteher seint, die furwendung thun, auf das den hospitalien getreulich vorgestanden werde.

Von den schulen.

Die visitatores sollen sich erkunden, wie es in den schulen gehalten und sollen den schulmeister und schuldiener vermahnen, das sie bei den knaben vleis thun und sie wol instituiren wolten, damit sie in der grammatica nit verseumet und sollen den pfarhern ides orts befelen, das derselbige alle quartal einmal neben dem burgemeister oder sonsten einem aus dem rathe in die schulen gehen und die schueler examiniren und verhören etc.

Die leute zum almosen zu geben vermahnen.

119. Vollmacht und Instruktion [1]) zur Visitation. Vom 23. September 1561.

[Aus Zerbst, Superintendentur-Archiv, XXIX, Bl. 36 ff. Vgl. oben S. 507.]

Von gotts gnaden wir Joachim Ernst und Bernhart gebruder, fursten zu Anhalt, grafen zu Ascanien, hern zu Zerbst und Berneborg, entbieten allen und jeden unsern underthanen und vorwanten geistlichs und weltlichs standes unsern grus und geneigten willen zuvor, bekennen darneben mit disem unsern brife vor jedermenniglich, nachdem wir uns mit den hochgebornen fursten, hern Wolfgangen und hern Joachim fursten zu Anhalt etc. unsern freundtlichen lieben

[1]) Überschrift von der Hand des Fabricius: Furstliche instruction und befehl der visitation halben anno domini 1561 zu thun.

hern und vettern entschlossen haben, eine christliche visitation in unsern kirchen unserer herschaft, als der herschaft und empter Zerbst, Rosslau, Lindau, Worlitz und Plotzigk furnemen und
halten zulassen, das wir demnach darzu vorordent
und bestalt haben, vorordenen und bestellen darzu
hiermit wissentlich in kraft dises brifes die gestrengen vesten, erwirdigen, wirdigen, achtbarn,
ersamen, unsere rethe, andechtigen und getreuen,
hern Theodorum Fabricium der heil. schrift doctorn
und superintendenten obberurter unserer herschafte
und empter, hern Abraham Ulrich Cranach, magistern, pfarhern zu Sanct Bartolmes, Maximum
von Kotzschau, heuptman, Antonium Roseman
canzlern, Adamum Lamprecht magistern und
Georgen Zitzdorf, der geistligkeit procuratorn, auflegen und bevehlen inen darneben semptlichen
und sonderlichen, nemlich das er der superintendent, sampt bemelten zugeordenten, so jeder zeit
mit vorhinderung anderer unserer geschefte bei
ime sein konnen, neben anderen pfarhern in unsern
flegken und dorfern, die leute erstlich im catechismo vorhoren und kurzlich unterrichten sollen
oder do inen die zeit wegen anderer kirchen sachen
zu kurz sein würde, das der superintendent sie
die leute uf einen gelegenen tag zu sich bescheide
und vorwarne, der vorhör und underrichtung zu
gewarten, vor eins.

Zum andern, das der superintendent und seine
zugeordenten die kirchenguter vleissig aufzeichnen
lassen, erkundigung und bericht davon nemen,
und do es vonnöten rechnung darvon hören, und
die schuldiger zur bezalung als dessen, was sie
der kirchen ader gottsheusern schuldig ernstlichen
dringen und anhalten, was sie aber zu erheben
nicht mechtig, solchs uns berichten sollen, einsehen zu haben.

Zum dritten, do auch pfarhern und custer in
stedt, flegken oder dorfern einige mengel wider
die gemeine und alterleute, oder aber auch sie
die gemeine und alterleute einige beschwerung
wider ire pfarher oder custer hetten, sollen die
vorordenten solche mengel horen, und sie nach
muglichen vleis vorrichten, do sie aber keine solche
bei inen hetten, von denen sachen uns auch bericht
thun.

Zum vierden, das sie die gebeude der kirchen,
pfar und custer heuser, desgleichen auch das altar-
gerethe, besichtigen, und den befundenen mangel
auch uf einen weg richten.

Zum funften sollen sie sich der pfarher lehr,
leben und wandel mit vleis erkunden und alle
ergernis derselben, mit welchen sie den gemeinden
böse exempel geben, bei inen abschaffen und vorbieten.

Zum sechsten sollen sie den underthanen in
flegken und dorfern unsernt wegen ernstlich bevehlen, iren pfarhern den gebuhrenden zehnden,
den sie zu geben schuldig nicht vorzuenthalten,
sondern inen denen williglich zuvorreichen, das
auch sie hinfort die fruchte nicht ehr von agker
abfuren, es kabe dann der pfarher seinen zehnden
alle bekommen.

Zum siebenden und zum letzten sollen und
werden sie an irem vleis nichts erwinden lassen,
allerhant nutzung und noturft der kirchen und
kirchenheuser zu bedenken und was zur gottseligkeit der christlichen gemeine dinet, von unserent-
wegen, soviel muglich, zu befordern oder do ir
einiger mangel gespuret, der nicht verricht werden
konnt, uns darvon vormeldung thun, darauf nach
erwegung die gebur zuvorfugen haben mugen.

Und dieweil dann auch jerlich einen sinodum
halten zu lassen vonnoten, den wir auch zu furderlicher gelegenheit ausschreiben wollen, sollen sie
die pfarher vormanen, sich kegen denselben geschickt zu machen und zu uben, damit sie uf
erfordern soviel desto bass bestehen mugen, und
vorgleichung in lehr, kirchenordnungen und ceremonien gewarten und derselben nachleben, und
sollen auch unsere vorordenten allen pfarhern und
kirchendienern dis anzeigen, das sie wissen, das
wir hinfort nimand zum kirchendinst gestatten,
oder wissen wollen, er sei dann zuvor examinirt,
ordinirt, und habe darauf von uns eine schriftliche
presentation erlanget.

In disem allen, was also obberurte unsere
vorordente visitatores furnemen werden, wolle sich
menniglich gehorsamlich und unwidersetzig erzeigen, bei vormeidung unserer ernsten ungnade
und straf, darnach sie sich zu achten.

Des zu urkund haben wir obgemelte furst
Joachim, Ernst und Bernhart gebruder fursten zu
Anhalt, unsere secrete hiruf wissentlich andrugken
lassen.

Geschehn zu Zerbst, dinstag nach Mauritii
23. september anno domini 1561.

[2 Siegel.]

120. Kirchen-Ordnung auf dem Lande. Vom 22. Juli 1562.

[Aus Zerbst, Superintendentur-Archiv, XXIX, Bl. 179 ff. Vgl. oben S. 509.]

Was[1]) die verordnete visitatores der fursten und hern zu Anhalt etc. lauts irer instruction in anhaldischen kirchen in und um Zerbst in der andern visitation in gemein verordnet und bevohlen haben.

Nachdem und als die durchleuchtige hochgeborne fursten und hern, hern Joachim Ernst und Bernhard, gebrudere, fursten zu Anhalt, graven zu Ascanien, herren zu Berneburg und Zerbst, unsere gnedige fursten und herren, uns hernachgenannte irer furstlichen gnaden diener im jar nach Christi geburt 1562 am sontag esto mihi, ire kirchen in und nechst umb Zerbst widerumb neben den dingtagen zu visitiren und allen mangel drin mit muglichen vleis zuvorhoren und zuverichten bevohlen und ausgesandt haben, also haben wir vor und neben dem geding die schulde mangel und sachen der kirchen vor uns genomen, und die, soviel in solcher eil muglich, nach einer iglichen kirchen notturft verrichtet und in visitation buch bracht, wie da alles zu sehen.

Aber daneben haben wir in gemein lauts unser instruction verordnet und bevohlen, erstlich das alle pfarhern und kirchendiener in der stadt Zerbst und in allen anhaldischen flecken und dorfern um Zerbst, nach der augspurgischen confession das gesetz und evangelium Christi rein und treulich predigen, die sacramenten Christi ehrwirdiglichen handeln, den catechismum vleissig treiben, das volk zu gotteswort erkentnis, furcht, zucht und zum gebet vleissig furen sollten, auch das sie vor sich selbst gotseiglich ohne aller ergernissen wandeln, alle leichtfertigkeit in saufen, spielen, fluchen, weltlichen hendlen, kleidung und dergleichen auch bei furstlicher ungnade und straf vermeiden sollen, damit sie niemand ergern und sich selbst mit fremden sunden und gottlichen zorn nicht beschweren, da sie irgend in hochzeiten, kindtaufen ader ander wozu gast geladen wurden, das sie da den andern zum gueten vorbilt ir gebet und danksagung zu gott uber tisch theten und nach gehaltener malzeit dem saufen abbrechen, zum ersten aufstehen und heimgehen solten, auf das ir heiliges ampt nicht verlestert und sie selber veracht werden und nach dem sie von irem ampt zu mehrem theil zimliche underhaltung haben, so haben wir ihnen auch bevohlen, das sie inen nicht allein deutsche, sondern auch lateinische bibel, locos communes Philippi Melanchthonis, die vornembste bucher Martini Lutheri und der andern

reiner lehrer bucher zeugen, vleissig dariunen studiren, sich auch in der lateinischen und erlernten kunsten stetlich uben sollen, damit sie der nicht vergessen, dester treulicher lehren und im synodo bestehen kunten und das sie iren superattendenten alle bewuste abgotterei, ebruch, hurerei und zanberei in irer gemein, diesen laster, soviel muglich, zu wehren, anzeigen, und das sie keine unbekante personen ohn gnugsame bezeugnissen und vorwissen ires superattendenten copuliren sollen, also haben wir sie auch fleissig gebeten und ernstlich bevohlen, das keiner uf den andern wider heimlich noch offentlichen stechen, noch schmehen, sondern in einigkeit mit einander leben sollen, hette aber jemand eine beschwerung auf den andern, das er den nach dem bevehl Christi Matthei 18 zuvor vermane und vermanen lasse, do solchs nicht helfen muge, dem superattendenten ader seiner weltlichen obrigkeit anzeige und richten lasse, die solchs verrichten werden. Nach furstlicher instruction haben wir auch verordnet und bevohlen, das sich alle pfarhern dieser superattendenz alle jar in der wochen nach trinitatis uf weiter erforderung des superattendenten hieher bei ime zum christlichen sinodum und freuntlicher underredung in artikeln unsers heiligen glaubens und gottlicher schrift verfugen und sich darnach gefast machen sollen.

Zum andern haben wir vor gut angesehen, und bevohlen, das man die alte furstliche ordnung der kirchen in der stadt Zerbst bleiben lassen und das alle pfarhern und kirchen diener in der stadt Zerbst und in allen umbliegenden anhaldischen flecken und dorfern dieser cervesischer superadtendens[1]), soviel muglich, in feiertagen, predigen, ceremonien und dergleichen nach gedachter furstlicher kirchen ordnung, in dieser stadt gebreuchlich, richten und halten sollen, bis uns gott in diesem lande auch eine eintrechtige kirchen ordnung gebe.

Zum dritten, dieweil hie umher auf dem lande etliche pfarkirchen um besser underhalten willen der kirchen diener zusamen geschlagen seint, so haben wir verordnet und bevohlen, das alle pfarherrn diser superattendens[2]), soviel immer

---

[1]) Aufschrift von Fabricius: Unser kirchenordnung auf dem lande.

[1]) Correctur von Fabricius
[2]) Von Fabricius hinzugeschrieben: Dis kan ich aber meinem gnedigen fursten und herrn hie nicht verschweigen, dass wol hie zu Cervest am tage der apostel, der heimsuchung Mariae, am tag Sanct Johannes des teufers, Magdalene und Michaelis das verordente evangelium predige und in der metten die responsoria im chor singe, aber nach alten brauch werden die heilige tage hie des nachmittages nicht weiter gefeiret.

muglich in allen iren kirchen nach dem gebrauch der kirchen Zerbst in allen hohen festen sontagen, aposteltagen, am tage der heimsuchung Mariae matris virginis, am tage Sanct Johannis baptiste, Magdalenae und Michaelis in iren kirchen umb einander, in einer frue, in der andern etwan umb neun uhr das evangelium predigen, und da die letzte predig geschihet, des hern mahl halten sollen, do anders communicanten vorhanden weren, das also soviel immer muglich in allen dorfern und flecken unser g. f. auf gnante heilige tage das evangelium gepredigt wurde, da aber solchs nicht gescheen konte, das ja beide negste dorfer in eine kirchen zu einer predigt komen.

Zum vierten haben wir in allen flecken und dorfern dieser superattendens verordnet, das die pfarrhern sampt den custern um den anderen festage ader sontage, da sie die letzte predigt gethan und vieleicht das heilige mahl des hern gehalten haben, auch des nachmittags etwan um ein uhr den catechismum treulich handeln, den alten und jungen leuten oft vorsagen und verkleren und sie zu erkentnus und furcht gottes und zum gebet fuhren und ihnen die schonen deutsche kirchen lieder Martini Lutheri von den festagen und hohen werken Christi vorsingen und ire pfarkinder auch also die wunder werken Christi nicht alleiu verstehen und reden, sondern auch lernen singen sollen, uf das sie desto ehr zu gottes erkentnus komen und ire christliche ubung in der gemein Christi haben und ime fur seine wolthat loben mugen, die schultheisse und richter derselben gemein sollen inen auch hirzu getreulich helfen und niemand, wider junge noch alte, ohne sonderliche hohe ursache aus der kirchen und predig des catechismi und evangeliums willen [1] lassen bleiben, und wo der catechismus des nachmittags gepredigt wird, doselbst wollen und sollen [2] die menner irem pfarhern und kuster nach irem vermugen die malzeit geben [3].

Zum funften haben wir aus bedenklichen ursachen verordnet und bevohlen, das in allen kirchen neben den vorstendern der pfarrherr oberster vorsteher sol sein und das register der kirchen schult und der einnahme und ausgabe vleissig verwaren [4], das gebeu der kirchen und kirchen heuser fordern und des jar einmal neben den vorstehern vor der gemeine rechnung thun,

und dem superattendenten gethaner rechnung ein abschrift geben sollen, damit der auch wissen muge, wie doselbst mit den kirchen gutern geburt wird [1]).

Zum sechsten, haben wir auch allen pfarherrn und vorstehender bevohlen, das sie iren altar und tauf stetlich rein halden mit weissen leinen tuchern ader tapeten zieren, ir [2]) gemess gewand und was sonst zum gebrauch des heiligen mahls Christi gehort, desgleichen auch das crucifix, als ein erinnerung des leidens Christi, vor uns zur seligkeit geschehen, im zierlichen wesen und ehren halten sollen.

Zum siebenden haben wir den custern allenthalben bevohlen, das sie iren pfarhern treu und in kirchen sachen gehorsam sein, alle morgen und abende zum gebete leuten, ire kirchen des jars viermal kehren, das altar und tauf fass rein halten, das messgewand, wie ihnen angezeigt, ordentlich zusamen legen, und die vornembste deutsche psalmen, zu Zerbst unsern kirchen gebreuchlich, neben den pfarhern in irer gemein unter der mess und catechismo fein ordentlich singen, und die gemein mit zusingen anfuhren sollen, auf das die ire christliche ubung habe, und gott auch lerne loben, wie sie dan solchs alles hie in unsern kirchen des ir gut exempel haben [3]).

Zum achten, haben wir den burgern in flecken und bauern in dorfern ernstlich bevohlen, das sie iren pfarhern als iren seelsorger in ehren und wirden halten, und nach gebrauch dieser lande von iren eckern die dreissigste garbe und alle geburliche pflicht, im visitationbuch verzeichnet, getreulich geben, und keine frucht von acker fuhren, noch furen sollen lassen, es habe daun der pfarherr seinen geburlichen theil davon oder haben ihme denn zuvor ausgesetzt und angezeigt, wie auch unsere gnedige fursten inen selber uf dem landtage anno domini 1561 zu Zerbst im schlosse ernstlich bevohlen haben, auch das sie irem kuster seine geburliche umgenge und lohn, auch im visitation buch angezeigt, unweigerlichen geben, und wider im, noch mit iren pfarhern keinen zank noch uneinigkeit anrichten sollen, do sie aber mangel an sie und die iren hetten, das sie solchs dem superattendenten oder der obrigkeit zuverrichten anzeigen sollen, desgleichen

---

[1] „willen" gestrichen.
[2] „und sollen" von Fabricius hinzugeschrieben.
[3] Von Fabricius: Hie muss auch eine zimliche furstliche straf angehangen werden, dass wer on erheliche ursach und erleubnis des schultheisen oder pfarherrn aus itz gemelten predigten bliebe und sein gesinde draussen hielte, einen groschen zur strafe gebe, halb der nachbarschaft und halb der kirchen.
[4] Von Fabricius: ader die vorstender sollen das gelt einnemen und ausgeben.

---

[1] Von Fabricius: Die barschaft aber, so in einer iglicher kirchen ist, sol nicht der pfarher, sondern umb bedenklicher ursachen willen die vorstender im gottes kasten haben und wie furgesagt mit des pfarhern wissen und willen innemen ausgeben und verwalten.
[2] Korrigirt: messgewand.
[3] Von Fabricius: Wa aber keine köster in dorfen wonen, und derhalben, wie fur gesagt, zum gebet nicht leuten kunten, da sollen die nachbarn umbher nach einander da zu leuten, wie denn nu an vielen orten im gebrauch ist.

haben wir ihnen auch bevohlen, das sie ahn wissen und willen ires pfarhers keinen kuster annehmen, noch verurleiben sollen.

Zum neunten haben wir den burgern in flecken und bauren in dorfern ernstlich und bei straf unser gnedigen obrigkeit bevohlen, das sie ire alte kirchen schulde auf angesetzte und angenommene termin bezahlen sollen, und wer der kirchen von iren gutern oder sonst jerlich zinse gibt, wie dan alles in visitation buch verleibt, das er die vorbeschlossene jerliche rechnung erlegen soll, do aber jemand so mit vorwilligung der pfarhern und vorstender der kirchen[1]) geborget hette, das er davor gnugsam vorsicherung thue, und vom gulden des jars einen groschen der kirchen zu zins, vom halben gulden sechs pfenning, und so fort geben sollen, von diesem geld und vorrath der kirchen sol man furnemblich die kirchen und kirchöfe in beulicher werung halten, alle notturft der kirchen bestellen, die heuser des pfarhern und kusters, wie volget, bauen und bessern, hievon sol man auch den fromen hausarmen derselbigen gemein nach vermugen in iren nöten dienen und, da uber diese notige ausgab etwas in der kirchen ane barschaft ader frucht uberig bliebe, das mochten pfarher und vorstender mit vorwilligung der gemein, wie vorgesagt, under iren nachbauern auf zinse thun.

Zum zehenden, haben wir auch mit wisseu und rath und[2]) furstlichen rethe zu Zerbst in allen flecken und dorfern verordnet und bevohlen, das man daselbst dem pfarhern und kuster geburliche auch notige wonunge stelle, wende, zeune und dergleichen, dem pfarhern auch eine scheune, zu seinen fruchten notig, bauen, und inen solche gebeu einmal neu und wol bestendig uberantworten und in thun sol, wie auch in andern furstenthumen geschihet. Wurden aber dieselbigen gebeu gedachter kirchendiener etwa vom ungewetter, fremden feuer und dergleichen vorletzet und wandelbarer gemachet, so soll man inen billich die auch widerum ergeuzen, denn es sind nicht ire, sondern der kirchen und der gemein heuser. Den unkosten aber, darauf diese gebeu und ergenzung gehet, sol man nach erkentnis des

superattendenten, zum theil aus obgedachtem gottes kasten ader kirchen gutern nehmen, die gemein aber sol auch etwas von den iren hirzu thun, was aber sonsten an solchen heusern, scheunen, stellen, wenden, zeunen, und dergleichen des pfarhern und kusters mit der zeit und gebrauch, auch durch verwarlosung des pfarhers und kösters oder ires gesindes wandelbar und baufelig wurde, sollen sie billich ahn beschwerung der kirchen von den iren ergenzen und in beulicher werung halden, und in irem abzog uberantworten, domit sie und ir gesinde auch ire wonung desto besser zuverwaren verursacht werden, do sie aber hierin beschwerung trugen, mugen sie solche dem superattendenten, ader irer obrigkeit anzeigen, die hierin wol ein mittel schaffen werden.

Also haben wir uns auch nach furstlicher instruction verglichen, dass wir die stipendiaten zu Zerbst in gegenwertigkeit der lehnhern des jars zwei mal examinirn wollen, damit sie des zu vleissiger studiren und der kirchen almosen nicht unnutzlich verzeren.

Was wir aber in einer iglichen kirchen nach gelegenheit derselbigen in sonderheit verordnet haben, ist im visitations buch nach einander ordentlich verfasset und doselbst zufinden. Zu urkund der warheit haben wir verordnete visitatores dem durchleuchtigen, hochgebornen fursten und hern, hern Joachim Ernsten fursten zu Anhalt etc. unsern gnedigen fursten und hern undertheniglich ersuchet zu bestetigung dieser ding seiner f. g. secret hieran zu drucken, wie dann wir von gotts gnaden Joachim Ernst furst zu Anhalt etc. vor uns und abwesens unsers freuntlichen lieben brudern furst Bernten also geschehen sein bekennen, und bis zu weiterm unserm nachdenken und verordnen dis also wollen gehalten haben, das wir visitatores uns auch mit eigner hand underschrieben, geschehen nach Christi geburt 1562 am tage Marie Magdalenae.

(Siegel.)

Theodorus Fabricius d. subscripsit.

M. Abraham Ulrich Cranach pfarher zu Bartholmess manu sua subscripsit.

Georgius Stur magister subscripsit.

Benedictus Nawen mi. manu sua propria subscripsit.

---

[1]) Hinzugeschrieben: etwas ab-. [2]) „und" gestrichen.

121. Bericht des Superintendenten Fabricius über seine Amtsführung. Vom 28. October 1567.

[Aus Zerbst, Superintendentur-Archiv, XXIX, Bl. 1 ff. Vgl. oben S. 507.]

Kurzer bericht auf diese, wie ich hoffe, meine letzte visitation der kirchen im anhaldischen emptern Zerbst, Rosslau und Lindau anno domini 1567 gescheen, darin man angewanten vleis, auch bestendigen grund aller dieser kirchenguter und wie ich die visitation nu fast siebenmal[1]) alle zeit gehalten habe zu finden.

Nachdem ich, christlicher und lieber leser, zu Wittenberg ein publicus professor hebreae linguae und anno 1544 durch angebung der durchl. . . . . herrn Georgen fürsten zu Anhalt etc. und seines frommen praeceptors mag. Forchheims von dannen hierher gegen Zerbst vom erb. rathe zum pfarherrn in St. Niclas kirchen gewählt und berufen und bald darauf von allen fürsten und herren zu Anhalt bestetiget war, blieb ich bei diesem einigen beruf ganz williglich, predigte oft in einer wochen 4 oder 5 mal . . . . wart ich unwirdig auch vom hochgedachten unserm gnedigen fürsten und herrn zum superintendenten ihrer kirchen in den emptern Zerbst, Rosslau und Lindau bestellt und hie fur alle drei rethe, scheppen, kirchen und schuldiener bestetigt; es worden mir auch bald darnach zur volgenden visitation als mithelfer zugeordnet die erbarn junker Hans Statius, hauptmann, herr Huldreich Bullinger, pfarrherr zu St. Bartholomä, Laurentius Furmann, bürgermeister, Andreas Lamprecht, scheppe, und Urban Selnigk, schosser. Da[2]) haben wir auch alsbald nach pfingsten die visitation der kirchen angefangen, in ceremonien der kirchen auch aus gnediger erinnerung unserer landesfürsten nichts geendert, sondern wir forderten zu uns . . . . . . vom lande alle pfarherrn, schulcollegen und altarleute und fragten fleissig nach allen kirchengütern und register, aber da waren die güter und register der kirchen, auch der kirchendiener unterhaltung zum mehreren teil verrückt und hinwegkommen. . . . . [Die Visitatoren hätten darauf sich vertheilt und alle Hausväter und Hausmütter im Catechismus examinirt und dann jeden einzeln für sich nach den verbliebenen Kirchengütern auf seinen Eid gefragt; auf diese Weise hätten sie die Kirchengüter wieder zusammengebracht und die Register wieder aufgestellt. Er, Fabricius, habe aber 24 Jahre lang die Nachforschung weiter betrieben und noch manchen

Erfolg erzielt. Besondere Mühe habe er mit dem Hospital und den Kirchengütern zu St. Nikolaus, mit den Gütern „zum bau St. Bartholomäuskirchen gehörig" und mit den Klostern zu St. Johannis und Augustin gehabt.]

In den klostern zu Sanct Johannes und Sanct Augustin funden wir wieder briefe, register, ligende grunde, zinse, noch klenodien nicht. Dann solches alles war zuvor mit den mönichen verkommen, allein hatte der alte Zalmstorf hie zu einem itzlichen mans kloster funf gulden jerlicher zinsen zu einer tunnen herings gestiftet, diese zinse haben sie nicht kunnen wegbringen.

Des stiftes und der jungfrauen klosters guter waren zuvor von hochgedachten unsern genedigen herren und fursten inventiret und in vorwahrung genomen, darumb wir die auch bis anher haben lassen bleiben und hie nicht vorzeichnet.

Die jungfrauen schul, so hie gefallen war, hab ich auch mit gottlicher und des erbarn raths hulf balt nach der ersten visitation wiederumb aufgerichtet und gute jerliche zinsen dazu bracht, wie in diesem buche vorzeichnet. Denen vom adel kirchen in oftgemelten emptern begunten wir auch nach furstlichen befehl und instruction zu visitiren, da wider fuhr uns und vornehmlich mir soviel widerstandes, das wir davon abstehen und die in ihrer wirden musten lassen bleiben, mitler zeit hab ich die auch nicht durfen besuchen, darumb auch, gott lob, beide, alte und junge leute in oftgemelten unser genedigen herren emptern im catechismo und gottes furcht besser geschicket sind, den dem vom adel leute, in unser genedigen fursten kirchen und kirchenheusern und kirchenordnung stets auch ungleich besser, den in der edelleute kirchen, was aber weiter noch daraus erwachsen wirt, ist dem lieben gott bewust.

Wie wir die visitationes gehalten.

In der ersten visitation hab ich stadliche hulf vom furstlichen hof gehapt, wie oben gesagt, in etlichen andern visitationibus, hernacher gehalten, hat nur unser gnediger herr die ausschreibung zur visitation und einem diener vom hof durfen thun. Darzu nam ich alle zeit neben dem schreiber magister Adam und etliche kirchendiener mit, die mir das volk im catechismo hulfen verhoren und underrichten. Erstlichen aber besahen wir der kirchen und kirchen heuser gebeu und mangel, desgleichen der pfarherren bucher und vleis im studio, wie auch in der ersten visitation gescheen, darnach liessen wir das volk, beide junk und alt, so zu lernen und beten geschickt, in die kirche

[1]) „nu fast siebenmal" hat Fabricius eigenhändig in den Text hineingeschrieben.
[2]) Am Rande hat hier Fabricius eigenhändig bemerkt: „wie die kirchen vor meiner ankunft hie gestanden und was wir darin gethan".

fordern, und gehen, sungen erstlich da: Nu bitten wir den heiligen geist, darnach saget ich ihnen den catechismum deutlich fur und vorkleret die heuptstucke gar kurzlich, nach diesem teilten wir uns an underscheiden orten der kirchen, darnach die gemeine gross war, und forderte der custer an einem itzlichen ort je drei oder vier hauswirte sampt ihrem gesinde, welche wir vorhoreten und underrichten im catechismo auf das allerfreuntlichst und kurzte; wie die vorhort waren, that ich am iglichen ort den vorhorten eine kurze vormanung zur bestendigkeit in gotlicher bekanter lehr und gottseligem wandel, und erleubte damit die vorhorte hausmutter und ihre gesinde zu haus zu gehn, die hausveter aber behielt ich bei uns in der kirche und liess ihnen und ihren kirchendienern die furstliche kirchenordnung vorlesen, darnach liess ich das inkommen ihrer kirchen und kirchendiener vorlesen, horet die rechnung und wie es mit den kirchengutern gehalten ward. Mitler zeit erkundiget ich mich auch heimlich und offentlich, wie sich die gemeine gegen ihre kirchendiener und die kirchendiener gegen ihre gemein hielten, auch aller gezenke und laster in der kirchen, und, was wir konten verrichten und bessern, das theten wir mit muglichen vleiss, was uns aber unstund, wart aufgezeichnet und nach gehaltener visitation zu hof gefordert und verrichtet.

Der uncost, so auf die visitation ging, war nicht gross; unser genediger herr lies vom inkommen des stiftes und klosters die fuhr, das trinken, under zeiten auch das pferdfutter erlegen, der pfarherr und die alterleute gaben uns eine, under zeiten auch wol zwen nicht kostliche malzeiten, und assen mit uns sampt dem schultheisen und custer.

Es ging aber die gröste sorge und arbeit uber mich. Die hab ich nun, lieber leser, darumb kurzlich erzelet, auf das man sehen möge, wie es hie vor meiner zeit in den kirchen gestanden habe, und was fur vleis damit geschen sei, auch das niemand an der gutern und zinsen aller kirchen und hospitals, in diesem buch vorzeichnet, zweifeln dorfte, wil die so treulich zusamen gesucht, vorwilliget und nun so lange im geruigem brauch geblieben sind, letzlich das auch ein superintendens, der nach mir kommen wurde, wuste, wie ich nun oftmals die kirchen Christi gevisitirt und geregirt habe, da er es nicht besser wuste oder konte, unserm exempel volgen mochte.

Von unserm kirchenzwang.

Dieweil wir hier auch keinen christlichen ban noch kirchenzwang haben, und durch nachlessigkeit weltlicher ubrigkeit die leute roh, gottlos und mutwillig werden, und gleichwol auch eine eusserliche zucht, ordnung und buss in der kirchen Christi sein musse, haben wir kirchendiener zu Zerbst aus etlichen gehalten urteln nun lange zeit in unsern kirchen diesen gelindesten gebrauch gehapt.

Wo jemand offentlich in ehebruch, hurerei, todschlag und andere offentliche ergerliche laster befunden und nach gnugsamer vormahnung sich nicht bessern wolte und von der obrigkeit darumb gestraft, das wir den oder die nicht ehe liessen zum tisch des herren gehn, gefater stehn, auch, do er also unbusfertig sturbe, nicht christlich auch gebreuchlich begraben liessen, er hette dann zuvor solche seine offentliche ergernussen durch dem pfarherren namhaftig der gemeine abe bitten lassen und mit uflegung unserer hende fur dem altar die absolution entfangen.

Wor er aber von der weltlichen ubrigkeit ubersehn und ungestraft blieben, und doch seine laster und ergernussen offentlich wabren, liessen wir die obgemelte offentliche absolution, desgleichen auch die namhaftige bitte fallen, er muste aber zuvor seine offentliche ergernusse durch dem pfarherren ins gemeine also abbitten lassen, es were einer oder eine da, der hette die gemeine Christi offentlich geergert, er hette sich aber nach christlicher vormahnung gebessert, bete umb gottes willen, man wolle in solche seine ergernusse vorgeben, gott vor im bitten, das er bestendig bliebe, und wer sich an im geergert hette, sich nun an seiner bekehrung auch besserte. Desgleichen, da uns einer oder mehr in unsern visitationibus ungehorsam war und uf furstlichen bevehl seinen christlichen glauben und catechismum nicht lernen noch bekennen wolte, den liessen wir auch nicht ehr zum heiligen mahl des herren gehn, gefater stehn und christlich begraben, er hette dan zuvor seinen glauben und catechismum nach der predigt fur seinem pfarherren und ganze gemeine offentlichen bekant.

Andern kirchen zwang haben wir hie nicht gehapt, noch gebraucht, wir haben auch niemand umb einen pfenning oder pfenniges wert, wie streflich er auch gewesen, gestrafet oder brüchen von im genomen; ist der bruchfelliger aber vormuglich gewesen, haben wir im wol uferleget, das er nach itzgemelter buss, absolution und abbitt etwas in seinem gottes kasten geben solt.

Mit dieser gelinden buss und straf haben wir dennoch in unsern kirchen bisanher zimliche eusserliche zucht, frieden und gunst erhalten.

Von den vorstendern der kirchen.

Diewil auch fur meiner zukunft die vorstender der kirchen in flecken und dorfern dieser superattendens die kirchenguter allein unter henden gehapt und damit ihres gefallens ohn wissen und willen ihres pfarherren gebehret haben, daruber dan die kirche und kirchöfe, pfarheuser und kustereien vorfallen und viel kirchenguter vorruckt sein, wie droben weiter gesagt, haben wir in allen kirchen bevohlen, das sie alle jar nach ihrer rechnung neben einem oder zwen noch einen neuen vorstender der kirchen erwehlen sollen, welche die kirchenguter handhaben, die zinsen inmahnen, kirche und kirchenheuser bauen und ihrem pfarherrn sampt der ganzen gemeine des jars ein mal rechnung davon thun solten, und das der pfarher hier der uberster vorstender der kirchen sein, die schulde und zinse ufzeichnen, das register halten, und dem superattendenten jerlich ein abschrift von seiner kirchen rechnung geben solte, auf das die vorstender ohn wissen und willen ihres pfarhers nichtes theten oder ausgeben, was die kirchen und ihre guter sonderlich belanget. Der pfarherr aber soll umb vordachtes willen der kirchen gelt nicht unter henden haben, sondern die vorstender. Es sollen auch pfarherrn und vorstender sampt ihren schultheisen vom inkomen der kirchen erstlich und vornemlich ire kirchen und kirchöfe, darnach ihre pfarhaus und kusterei in beulicher wehrung halten; do es aber mit den kirchengutern nicht kont ausgericht werden, soll die gemeine auch etwas von den ihren zum bau ihrer kirchen und kirchenheuser legen, domit die nicht vorfallen; bleibet aber was ubrig, da sollen sie ihren kranken hausarmen in der noth etwas von mitteilen und die nicht lassen bei ihnen vorterben; da aber ubrige barschaft vorhanden were, die man nicht notlich zum gebeu bedderf, die soll man bewerten leuten uf zinse thun, geht fur ein gulden des jars einen groschen zu geben, wie dis alles hernacher in furstlicher kirchenordnung weiter zu sehen.

Ordnung dieses volgenden buchs.

Ich habe auch fur diesem meinen (wie ich hoff) letzten kirchenbuche nach dieser vorrede die alte kirchenordnung setzen und heften lassen, welche seliger doctor Jonas dieser kirchen zu S. Niclas zum besten gestellet und underschrieben hat, und hirin ein sonderlich bedenken gehapt.

Desgleichen hab ich auch darnach etliche furstliche vortrege, ordnung und bevehl fur diesem visitationbuch setzen und heften lassen, domit meine nachvolger und leser dieses buchs sich desto besser hirin richten und wissen konten, wie und warumb volgende stuck also ergangen seind.

Nachdem auch die vorstender beider kirchen und des hospitals zu Zerbst die ligende grunde, zinse und schulde ihrer kirche und des hospitals in unser ersten und andern visitation schriftlich, auch clerlich gnugsam entpfangen und nun viel jar lang her im gebrauch gehapt, keine clage, noch mangel darinne befunden, und itzo auf meine frage dabei bleiben wollen und keine weitere enderung noch hulf begeren, hab ich auch die guter und zinse beider kirchen und des hospitals also wollen bleiben und nicht weiter abschreiben lassen, sondern die also, wie sie in vorgangenen visitationibus gestelt und bewerlich erfunden, bleiben lassen und in diesem buch nach der ordnung bracht, desgleichen auch hab ich alle geistliche lehn, de iure patronatus des erbarn raths, der weisen herren scheppen, der burger, innungen und bruderschaften, so bisanhero keiner enderung bedorft, also aus der andern visitation hieran gesetzt, alles nach der ordnung, wie es anfenglich ergangen ist.

Epilogus.

Ich kan auch meinen lieben successoribus nicht vorhalten, das ich hie eine lange zeit her, beide von wegen meiner pfarr zu S. Niclas und meiner schweren superattendens, jerlich nicht viel mehr dan zweihundert gulden wert zur belohnung entpfangen habe, und mein lebenlang von keinem pfarherren, kirchendienern oder leute, die schwere sachen gehapt, keinen pfenning, noch pfenniges wert zu geschenk oder strafe entpfangen, wie mir des gott und alle ehrliche leute, so meines ampts halben mit mir zu thune gehapt, wol bekennen werden, sondern ich bin mit meiner geringen besoldung zufrieden gewesen, habe niemands beschweret, und die arbeit gethan, auch leibes gefahr ausgestanden, welche vor mir in diesem amt niemand gethan, und habe sorge, das einer nach mir um solche geringen besoldung nicht balt und so lange thun wirt.

Hiemit will ich dem christlichen leser dieses visitation buchs, vornemlich aber meinen lieben und gottseligen nachvolgern in diesem amt dem lieben gott zum langen leben und sanfter regierung bevohlen und in freundlich gebeten haben, das er mir diese arbeit, welche ich mit grosser muhe, wenich hulf, um geringe besoldung zu wege gebracht habe, gunstiglich zu gute halten und darin nicht balt ahn wissen und vorwilligung unserer genedigen herrschaft etwas endern.

Gegeben zu Zerbst im jahre nach unsers herren Christi geburt 1567 am tage Simonis et Judae apostolorum (d. i. den 28. October).

(Eigenhändige Unterschrift.)   Theodorus Fabricius von Anholt, doctor, pfarherr und superadtendens zu Cervest, mit eigner hand underschrieben.

122. Verdracht unser g. f. und herrn und des ehrbarn rats zu Cervest der ehleute halben.

[Aus Zerbst, Superintendentur-Archiv, XXIX, Bl. 295. Vgl. oben S. 512.]

Der effect der zwein artikel, so aus bevehlich unser g. f. und hern durch den canzler und heuptman, Hansen Stacius, der gemeine ist abgerufen etc. mitwochs nach Marcelli.

Item welche sich ehelich verlobt, sollen nicht beieinander zu hause sein, odir eins zum andern vil aus und eingehen, ehe dan sie nach christlicher ordenung aufgeboten und vertrauet werden, bei straf funfzig gulden dem gemeinen kasten; wer aber soliche strafe sich wurde weigern, odir zu geben nicht vermugens, sol 6 jar lang aus der stat verwisen werden und dieselbie binnen der zeit meiden.

Item die eheleute, so von einander laufen und von den kirchendienern oder rate widerum zusamen gehandelt, sich christlich und freuntlich, wie es eheleuten gezimet, beienander zuhalten, und darnach wider von einander laufen, welche person soliches thete, odir ein ursach were, das es geschege, sol aus der statt aue einiche widerstattunge ires einbrengens verweiset werden.

Baumgart burgermeister.

(Adresse): Domino doctori Fabricio. articuli senatus et principum de matrimonio.

123. Furstlicher bevehl der kirchenlehn, stipendiaten, und des examens halben [1]). Vom 17. September 1565.

[Aus Zerbst, Superintendentur-Archiv, XXIX, Bl. 79 ff. Vgl. oben S. 522.]

Von gottes gnaden wir Bernhart, furste zu Anhalt, grave zu Aschcanien, herr zu Zerbst und Bernburg, entpieten den ersamen unsern lieben getreuen burgermeister, rath, richter, scheppen, und ganzer gemein unser stadt Zerbst, auch andern unsern underthanen, denen dieser brief zu lesen furkomt, sonderlich den jenigen, so geistliche guter in vorwaltung haben, ader denen daruber das jus patronatus und die vorleihung derselben zustendig, unsern gruss.

Nachdem wir die zeit her unserer sonderlichen regierung, darein wir durch gottes gnade und vorleihe und durch erbliche bruderliche teilung dieses orts landes gekommen, befunden, dass die geistlichen gueter, an welchen unsern underthanen der burgerschaft dieser stadt alleine das jus patronatus zustehet, in merklichen missbrauch und abfall gekommen, dass die von einander gerissen, vorspildet, zum teil vorsetzt und gleich andern erbguetern darmit gebaret worden, zu dem oftermals von den patronen junge kinder darmit belehnet zum schein, als wurden sie dardurch zu gutem werk angewendet, und nichts weniger unter solchem schein in andere unzimbliche wege vorbraucht, unbedacht, wie es damit von den alten und vorfaren seligen so treulich gemeint, die es mildiglich von sich gegeben, in der meinung, gottes ehre darmit zu suchen, so haben wir bewogen, dass demselben uns, als von got geordenten uberkeit, lenger also zuzusehen ader zugedulden,

keines weges geburen will, sondern zubeschaffen, dass solche gueter, sovil muglich, widerumb zusammen gebracht, gotte zu lob und ehren und zu erhaltung kirchen, schulen, hospitalien und sonderlich zu fortsetzung der lieben jugent studiis ordentlich angewant, weil aus derselbigen jugent kirchen, schulen und weltlich regiment mussen vorsehen werden.

Demnach konnen wir wol geschehen lassen, dulden und leiden, dass hinfurt ein ider patron bei seinem jus patronatus, solchs zuvorleihen auch die lehen, bei einem idem geschlechte, so tuchtig hierzu ist, und sich dieser ordenung underwurfig macht, pleibe, darneben aber wollen wir und bevehlen hirmit ernstlich, gut aufachtung zu haben, dass die nicht kindern, die erst zur schulen gefurt, ader andern, die es nicht wirdig, vorliehen werden, wie bishero gescheen, sondern denen, so in particularschulen albereit so weit gekomen und im lateinischen catechismo und in der grammatica also gefast sein, ex tempore zimblich latine zu reden, zu schreiben und zu antworten und in greca lingua auch etwas instituirt sein, und wenn sie die geschicklickeit erreicht, dass sie in universiteten zu senden und gedenken darzu der lehen vehig ader habhaftig zu sein, dass gleichwol diese ordenung mit ihnen gehalten werden, dass sie zum anfang und darnach volgende jerlich zwei mal, als des montags nach Quasimodogeniti das erste und den montag nach Michaelis das andere mal,

---

[1]) Dieser Titel ist von Fabricius geschrieben.

vor unsern hierzugeordenten, nachbenanten examinatoribus alhier zu Zerbst erscheinen, geschickt sein rede und antwort zu geben, wie sie in irem studio, wie zuvorn gemeldet, und dan volgende in artibus zugenommen haben, und alwege von einem examen zum andern in den sorgen stehen, so sie nicht in gutem vleiss und zunehmen des studii, auch sonst in gutem leben und wandel befunden, dass ihnen das geordente stipendium wider genommen und andern tuchtigern, so gleich ausserhalb ires geschlechts weren, vorliehen werde, darinne die patronen uf den fall kein hinderung zuthun ader die lehnen einen andern, der auch nicht töchte, zuvorleihen, viel weniger in eigen nutz zu weiden, sollen macht haben. Welche aber guter vernunft und geschicklickeit, auch guts lebens und wandels sein und in iren studiis wol zugenommen und sich im examen dessen beweiset haben, sollen die zeit, derer wir auch in ordenung uns ercleren werden, darbei gelassen und wie billich zu besserung gefordert werden, doch dass sie sich zuvor und ehe ihnen einich stipendium vorliehen wird, vorpflichten, sich unser und der unsern ordentlichen vocation zu undergeben, also

in was faculteten sie von got dem almechtigen gnade erlangen, uns ader den unsern darvor herwiderum vor andern zu dienen, und sollen die examinatores sein die ehrwirdigen, wirdigen, wolgelarten, unsere lieben, andechtigen und getreuen superattendens und pfarrer beider kirchen, rectores und conrectores der schulen, so iderzeit sein werden, und wer darnach sonst mehr darzu gefordert, auch von den unsern geordent wirt, die uns gelegenheit geschener examination auch den zustand der geistlichen guter, wie die vom lehenhern geordent und von den belehnten gebraucht, berichten, ferner einsehens zu haben,

Darnach sich meniglich zu achten. Urkuntlich haben wir, obgedachter furst, diesen brief mit unserem furstlichen secret bekreftiget. Gescheen am montage nach exaltationis crucis nach Christi unsers lieben hern und seligmachers geburt im tausent funfhundert funf und sechzigsten jare.

(Siegel.)

Bernhardt f. z. Anhaltt
manu propria subscr. [1]).

_____

[1]) Unterschrift des Fürsten.

124. Kirchen-Ordnung des Fürsten Bernhard.   Vom 11. October 1568.

[Aus Zerbst, Herzogl. St.A., Nr. 2512. Vgl oben S. 522.]

Nachdem wir von gottes gnaden Bernhart, fürste zu Anhalt, grave zu Aschcanien, herre zu Zerbst und Bernburg, die zeither unserer regirung befunden, das albier in unserer stadt Zerbst allerlei mengel an der kirchenordnung vorgefallen, welche kirchenordenung etwa durch unsere herren vatern und vettern, sonderlich furst Georgen zu Anhalt seliger christlicher hochloblicher gedechtnis, getreuer, gutherziger und christlicher meinung ufgerichtet, zudem auch in beiden kirchen eine ungleichheit eingerissen, welchs wir bishero mit bekummernis ansehen mussen, so hetten wir wol am liebsten gewollt, das die gedachte kirchenordnung, mit alle dem, was darinnen begriffen, widerum ins werk gebracht, dasjenige, was gefallen, aufgerichtt, und damit zu einmutiger gleichheit were geschritten worden, weil aber all dasjenige, so gefallen, so genau und volkomlich nicht wider hat konnen ersetzt werden, so haben wir, soviel muglich, mit gehabtem rathe dasjenige, so noch erhalten werden kann, zusammen ziehen und das ubrige an seinen ort pleiben und passiren lassen, und uns demnach mit den ersamen, unsern lieben, getreuen burgermeistern und rathmannen unser stadt Zerbst, und sie sich herwider mit uns, sampt superintendenten, pfarhern, caplenen und kirchendienern, vorglichen, solche ordenung hinfurt einmutiglich zu halten, darvon hinfurt

nichts fallen zu lassen, alles gotte zu lob und ehren, der kirchen zu loblicher zier und ordenung und den kirchendienern zu fried und einigkeit.

Volget erstlich die ordenung, wie es zu allen vespern solle gehalten werden.

Zum anfang

1. Deus in adiutorium; darauf
2. Die psalmen. Es were dann in funeribus, das man umb derselben willen die psalmen abkurzen muste.
3. Ein capitel aus der bibel deutsch ader lateinisch zuverlesen.
4. Ein deutscher gesang.
5. Die predigt des sontags und festtages, aber nicht des sonnabents.
6. Responsoria und hymni de tempore, also auch in festen de tempore und nach ordenung der evangelien sollen pleiben.
7. Magnificat.
8. Antiphona.
9. Collecta.
10. Benedicamus.

Zum andern, zu den metten zeiten soll man singen, anfenglich des sontags:

1. Domine labia mea aperies,
2. Deus in adiutorium,

3. Psalmen nach gewonlicher ordnung, ausserhalb der hohen feste, weil die ihre sonderliche psalmen haben,

4. Responsorium,

5. Te deum laudamus,

6. Benedicamus,

7. Collecta,

8. Nu bitten wir den heiligen geist, ader: Kom heiliger geist,

9. Die predigt, darauf

10. Ein deutscher gesang pro pace ader anders.

Zu den wochenpredigten sol man des morgens umb sechse leuten und das geleute nicht zu lange machen, das mit den gesengen dester eher angefangen werde und sich die ein virtel vor sieben enden, damit die knaben um sieben wider in der schule sein, ihre lectiones anfahen und dester besser warten mugen. Aber in der kirchen uf die werkeltage soll man singen:

1. Domine labia mea aperies,

2. Deus in adiutorium,

3. Lateinische psalmen,

4. Antiphona anfang,

5. Benedictus deus Israhel,

6. Antiphona zum ende,

7. Benedicamus,

8. Collecta,

9. Ein kurzen deutschen psalm,

10. Darauf die predigt und wider

11. Ein kurzen deutschen psalm.

Von den messen.

Nachdem die messen zweierlei, als figuraliter und coraliter, gehalten werden, so ist vor gut bedacht, das man einen sontag figural, den andern coral singe, und damit alle sontage umwechsele. Wurden aber die schulen darmit zu sehr ader die knaben an ihrem studiren vorhindert, so solte frei sein, in vier wochen einmal figural zu singen, doch nicht weniger, es were dann, das die herschaften hier weren ader bestellungen theten. Die ordenung aber der messen soll also gehalten werden, wie volget:

1. Erstlich den introitum zu singen ader in organis zu schlahen,

2. Kirioleison, Gloria in exelsis,

3. Et in terra, ein mutet, ader einen deutschen gesang,

4. Collecta,

5. Epistel,

6. Sequens, ader ein mutet, ader einen deutschen gesang. Wolte sichs aber zu lange vor ziehen, mocht man der eins nachlassen.

7. Evangelium,

Der priester credo in unum deum,

8. Wir glauben all an einen gott,

9. Die predigt,

10. Darauf eine kurze mutet, oder: Sei lob und ehr mit hohem preis, zu singen ader orgel zu schlahen,

11. Vormahnung Lutheri mit dem gebet,

12. Vater unser,

13. Verba consecrationis,

14. Abentmal wird gereicht,

15. Gratiarum actio,

16. Benedictio Moisis.

Zu merken. Wen man nicht figuriret, so soll die messe angehoben mit dem Veni sancte spiritus, alsdenn alles nach einander, wie oben gesetzt, gesungen werden, und, wenn das evangelium vom priester gesungen, soll er singen Credo in unum deum, alsdann singet man das Patrem und dan den deutschen glauben, darauf die predigt, volgent Sei lob und ehr, und dan furder wie oben.

Zu hohen festen soll man zwene heilige tage figural und den dritten tag den lateinischen coral und den sequens de tempore singen.

Von den festen.

Der apostel fest ader feiertage sollen hinfurt von den canzeln abgekundiget und dieselben mit predigten und sonst, wie gebreuchlich, gehalten werden.

Weiter sol man halten:

Festum Joannis baptiste	
Maria Magdalene	wie apostelfeste,
Festum purificationis	
Annuntiationis	
Michaelis, das ist	solenne zu begehen.
Festum angelorum	

Do aber festum annuntiationis in der marterwoche gefiele, sol mans ufn palmabend halten, visitationis und nativitatis Marie ferialiter mit den gewonlichen evangelien zu halten.

Der passion Christi soll drei sontage vor ostern figuraliter, ufn grunendonnnerstag aber lateinisch, des stillen freitags deutsch gesungen werden, mit underschietlicher teilung der personen.

Und sollen hinfurt alle sontags und festpredigten nicht lenger dann eine stunde, die werkeltagspredigten aber nur drei virtelstunden gehalten, auch die nachpredigten des gebets eingezogen, damit die zuhorer nicht in vorgessen gebracht desjenigen, was sie aus den predigten gefast, oder sonst verdrossen gemacht werden.

Mit hochzeiten und begrebnussen

soll es pleiben wie bisher. Wer eine predigt begert, wird sich das ministerium wol zuhalten wissen. Sonst zu gemeinen hochzeiten und begrebnissen bleibt es bei gewonlichen ceremonien und gesengen.

Weil die elevation des hochwirdigen sacraments des waren leibes und blutes Christi in einer kirchen gefallen, in der andern aber nicht, so sollen die hern kirchendiener in hohen festen eleviren, ausserhalb denselben ist hochgedachter fürst Bernhart zu frieden, das es nach pleibe, desgleichen soll des sontags zu allen dreien predigten der chorrock gebraucht, die wochen uber auch nachgelassen werden.

Do aber in zukunftigen zeiten der almechtige gott neben seinen claren und hellen gotlichen wort und reiner lehre, wie die itzt gehet, darvor wir seiner gotlichen almacht danken, in kirchenceremonien ein general ader national vorgleichung ufgericht ader gemacht wurde, und wir unser

erben ader nachkommen uns derselbigen underwerfen wurden, uf den fall sollen und wollen wir mit dieser ordenunge unvorbunden sein.

Zu urkunde haben wir diese ordenung, mit unserm fürstlichen secret vorsecretiret und mit eigenen handen underschrieben, auch dieselbige gemelte unsere underthanen, ein rath zue Zerbst, vorsiegeln, desgleichen superattendenten, pfarhern und caplene beider kirchen underschreiben lassen, derer eine bei uns behalten, und eine dem rathe zugestellt, auch in ide kirchen eine uberantworten lassen. Welchs alles wir, die wir gesieglt und uns underschrieben, also geschen sein, hirmit wissentlich bekennen. Actum Zerbst montags den eilften october anno tausend funfhundert act und sechzig. Bernhard fürst zu Anhalt cet.

manu propria subscripsi.

125. Des fürstenthumes Anhalt policei und landes ordenung. 1572.

[Auszug nach dem Originaldruck 1572. Vgl. oben S. 523.]

Von gottes gnaden wir, Joachim Ernst, fürst zu Anhalt, graf zu Ascanien, herr zu Zerbst und Berneburg etc., entpieten allen und itzlichen unsern prelaten, ritterschaften, heupt und amtleuten, schössern, schultheissen, gleitzleuten, voigten, richtern, rethen der stette, gemeinden und allen anderen unsern unterthanen und vorwandten, geistlichs und weltlichs standes, unsern grus und gnade zuvorn. Wirdige, veste, liebe, andechtige rethe und getreuen. Nach deme weiland die hochgeborne fürsten, herr Wolfgang, herr Joachim, herr Carl und herr Bernhard, fürsten zu Anhalt, grafen zu Ascanien, herrn zu Zerbst und Bernburg etc. unsere freuntliche liebe vettern und brüdern, christlicher milder gedechtnus, neben uns in vorschienem sechzigstem jahre notwendige gebürende vorordenung etzlicher artikel gethan, christliche disciplin und policei belangend, wie es in ihrer liebden und unsern landen damit solte gehalten werden, solche auch offentlich ausgekündiget und publiciret, und es aber gott der almechtige sieder der zeit nach seinem göttlichen willen und wolgefallen also gefügt, das ihre liebden selige aus der sorgfeltigkeit, last und beschwerunge dieses zeitlichen vorgenglichen lebens in das ewige gesetzet, das also nuemehr nach ihrer tödtlichen abgang die bürde der regierunge dieses ganzen fürstenthums uns alleine obligst und zu tragen, von gott vorsehen und auferleget, so haben wir im eingange solcher unser volligen regierunge befunden, das hin und wider solche ordenung, zum teil in zerrüttunge kommen, zum teil und nach gelegenheit itziger leufte und erheischunge dieser unser volstendigen regierunge, nicht allein obberürte artikel mehr erklerunge bedürfen, sondern das auch in viel andern und

mehr puncten vorsehunge und ordenunge zuthuen und zu machen, höchlich von nöthen, wie dann auch an ime selbsten billich, auch im heiligen römischen reich und desselbigen abschiede heilsam bedacht, erwogen und beschlossen, das ein itzlicher stand christliche gute policei und ordnung in seinen landen und gepieten anstellen und erhalten solle, inmassen wir befunden, das unsere vorfahren sich allezeit löblicher ordenunge, zu beförderung der ehre gottes, fortpflanzunge warhaftiger religion und zu erhaltunge erbarkeit und guter sitten bevlissen,

dem allem nach wir uns unsers tragenden fürstlichen, von gott vorlihenen ampts und, was sich disfals gebüren wöllen, erinnert, und mit zeitigem rathe, auf unterthenige beliebunge unser landschaft, etzliche notwendige puncten, artikel christlicher policei und ordenunge, zu wolfart und bestem unser lande und unterthan begreifen und vorfassen lassen, wie underschiedlich hernach volget.

I.

Von gottes furcht.

Weil die furcht gottes ein ursprung ist aller weisheit und reichen segens, hinwider die verachtunge gottes und seines worts ein ursache alles unglücks, zerrüttunge und unheils, in deme, das die grosse verachtung gegen gott und seinem wort in diesen letzten, geschwinden, fehrlichen zeiten grosse strafe drauen, so erinnern wir einen iglichen in gemein, das er sein selbsten glück, wolfart, heil und seligkeit wahrneme und für augen habe, gottes wort liebe und gerne höre, sich gegen dem ganzen ministerio ehrerbitig erzeige und sich, wie einem christen gebüret, vorhalte, dann rohlose, mutwillige vorechtere gottes und seines worts sind wir nicht gemeint, noch schuldig in unsern landen wissentlich zu gedulden.

In sonderheit aber wöllen wir, das sich menniglich zu anhörunge gottes worts vleissig halte und zu förderst an den sontagen oder andern festen vleissig zur kirchen gehe und andere geschefte und arbeit die zeit uber, da gottes wort und die heilige sacramenta gehandelt, einstelle, und sol in allen unsern emptern, stetten und dörfern verboten sein, das unter den predigten an feier und sontagen kein gelag, zechen, spielpletze oder dergleichen gehalten, sondern, da solches uberfahren, mit einer ziemlichen geltbusse, oder auch am pranger oder gefenknns, nach gelegenheit der stelle, gestraft werden, daran denn die superintendenten und prediger jedes orts bei den gerichtsbevehlhabern erinnerunge thun und darob sein sollen, das deme also nachkommen, oder, do nachlessigkeit gespüret, uns gebürlichs einsehen zu haben, berichten.

Es sol auch ein itzlicher wissen und vorwarnet sein, das wir alle leichtfertigkeit, fürwitz, mutwillen, so gereicht zur unehre gottes, seines heiligen und seligmachenden worts und des heiligen ministerii, nach scherfe der rechte und mit ungnaden zu strafen, nicht unterlassen wollen.

Hinwider sollen die superintendenten, desgleichen unser befehlhabere, ritterschaft und rethe der stedte in unserm lande auf die pfarrher und kirchendiener gut achtunge geben, damit sie mit guten exempeln iren zuhörörn vorgehen, sich alles ergerlichen rohen lebens enthalten, und, do sie mengel fünden, die sie nicht abwenden könten, uns berichten, darmit ergernus vormieden, auch nicht falsche lehre einreisse.

Wir wollen auch zum oftern und, do es die notturft erfördert, alle jahr in unsern landen visitiren lassen, damit kirchen und schulen erhalten, und das, was ergerlich einreissen wolte, abgeschafft würde, und wollen der unterthenigen erinnerung und bitt unser gesampten landschaft, das gleichförmige ceremonien in allen unser lande kirchen sollen gehalten werden, mit gnaden eingedenk sein; was wir auch hierin mit rat unser geistlichen vorordnen, deme sol sich menniglich in unsern landen gemess und gehorsamlich vorhalten.

II.

Geistliche gerichte.

Als auch teglich allerlei irrunge in ehe- und andern gewissen-sachen fürfallen, sol ein itzlicher superintendent in seiner befohlenen superintendenz und craise, so weit sich der erstrecket,

solche sachen zu verrichten und volgender massen darinnen zu gebaren haben.

Erstlichen, do solche sachen zwischen den parten vorfielen, welche gütliche handlung bedürftig, auch in der güte vorhoffentlich möchten ohne vorletzung der gewissen beigelegt werden, sol ein jeder superintendent, neben seinen zugeordneten, an müglichen vleisse, die parten in der güte zuvorgleichen, nichts erwinden lassen.

Zum andern aber, do die güte entstünde, oder do die sachen sonsten an ir selbsten also gewandt, das sie zu rechte gedeien und nach rechtlichem erkentnus müssen entscheiden werden, und es aber an deme, das gemeinlich solche sachen dermassen privilegirt, das nicht nötig, weitleuftigen oder sonsten gemeinen rechts-process darin zuhalten, sondern möge darin de simplici et plano procedirt werden, so sollen unser superintendenten darin auch weitleuftigkeit meiden, und, do die sache nicht sogar vorwirret, das sie können summarie in eine frage gefast werden, auf den fall die sache wol einnemen, eine frage stellen und auf beider part unkosten auf ein consistorium oler scheppenstuel zuvorsprechen schicken.

Were aber die sache disputirlich oder die parten weren mit der frage nicht einig, sollen die parten zugelassen werden, mit setzen gegen einander zuvorfahren und ire notturft selbsten zu deduciren.

Und damit gleichwol hierin vorgeblicher unkosten und weiterung vorhütet, sollen sie die superintendenten folgendermassen ungefehrlich vor anlassen:

Nach deme sich irrungen und gebrechen zwischen N. clegern an einem und N. beklagten anderstils in N. sachen zugetragen, derwegen sie heute vor mich N. superintendenten und meine zugeordnete vorbeschieden, und aber uber alles eingewanten vleis die gute nicht stet finden wollen, oder die sachen also geschaffen, das sie in der güte nicht haben können entscheiden werden, als habe ich beide teil mit irer selbstbewilligunge zu rechte vorfasset, wie folget, und also:

Das cleger seine clage innerhalb vierzehen tagen, gezweifachet, bei mir gerichtlich, mit und neben angelobunge der gewehr, einlegen, davon sol dem beklagten die eine abschrift von der clage zugeschickt, und von der zeit an er solche empfehet, gleiche frist, als vierzehen tage, zugelassen sein, dawider seine exceptiones dilatorias, ob er der etzliche fürzuwenden hette, zusampt der antwort auf die clage und litis contestation, auf ein mal auch gedoppelt einzubringen.

Darauf als dann cleger seine replica, wider gezweifacht, und in vierzehen tagen, und beclagter seine duplica, in gleicher frist, sol für mir einbringen, itzlicher bei vorlust des satzes, das also jeder mit zweien satzen seine notturft deduciren und zum urteil beschliessen müge und solle, doch das im letzten satze keine neuerung eingeführet.

Solche akten sollen hernach auf der parten uncosten vorschicket und vorsprochen, do auch beweisungen zuvorfüren den parten auferlegt, sollen dieselbigen in sechsischer frist, wie breuchlich, volfüret, und, do es publicirt, jederm teil wider mit zweien satzen, abgewechselter weise, solches zu disputiren, zugelassen, und sonsten one unser vorwissen keine leuterung weiter nachgegeben werden, dann weil es bei dem richter stehet, in solchen privilegirten sachen summarie oder servato iuris ordine zu procediren, wöllen wir uns uber obberurte unsere vorordenunge, ob an uns von den geistlichen richtern oder den parten was weiter gelanget, nach gelegenheit und umbstende der hendel unvorweislich zubezeigen wissen.

Was aber in solchen processen vor unsern superintendenten erkant, sollen unsere amptleute, ritterschaft, richter, voigte und rethe der stedte, weme es gebüret, darüber die gebürliche execution unwegerlichen thun und ergehen lassen.

Do aber in diesen fellen was fürstünde, daraus uns oder unser herschaft land und leute nachteil zu befaren, soll uns nicht vorhalten, sondern jeder zeit angemeldet werden.

Als was aber von unser landschaft, sonderlichen den stedten, undertheniglichen angelangt, das wir in unserm lande selbsten ein consistorium anrichten wolten, do wir nun zur fürderlicher gelegenheit und mit zeitigem rath ein consistorium bestelleten, sollen darnach vor demselbigen diese sachen geörtert werden, wie wir solches alsdann weiter wollen vorordenen und der notturft nach publiciren lassen.

III.
Ehesachen.

Als wir hiebevorn, neben obgemelten unsern freundlichen lieben vettern und brüdern seligen, in unsern landen die heimliche winkelvorlöbnis, sonderlich welche one vorwissen und bewilligung der eltern oder derer, so an der eltern stat sind, geschehen, nicht geduldet, weil wir dann nochmals anderst nicht befinden, dann das daraus allerlei unrichtigkeit, auch vorwirrunge erfolget, und hierdurch den eltern und obrigkeit schuldiger gehorsam, göttlichem gebot zuwider, entzogen wirdet,

so seind wir nicht bedacht, zugestatten, das solche personen in unsern landen sich aufbieten lassen oder ire hochzeit halten mügen, ob wir wol dem ublichem rechten hierin, ob solche ehe kreftig oder nicht, vorzugreifen nicht gemeinet. Were es aber sache, das etzliche eltern oder gefreunden unbillicke hertigkeit gebrauchten und one erhebliche rechtliche ursachen der kinder oder vorwandten ehe hinderten, (wie oft zu geschehen pflegt) auf den fall wollen wir mit linderung der strafe und sonsten uns der billigkeit zu erzeigen wissen. Sonsten sollen unser superintendenten die irrungen und gebrechen in ehesachen vleissig in gütlicher handelunge erwegen, damit den gewissen geholfen und wider die verbotene gradus, wie von etzlichen unsern vorfahren hierin auch vorsehung geschehen, nicht freventlich gehandelt.

Es sollen aber die superintendenten und pfarherrn frembden unbekanten gemeinen personen, ehe und zuvor sie ires herkommens, wesens und wandels ehrlichen und gnugsamen schein fürbringen, oder sonsten nach gestalten sachen mit gewissen bürgschaften vorsicherunge thuen, zu heirathen nicht nachlassen, noch sie aufbieten, oder sie copuliren, dann sich oft zutregt, das solche unbekante personen anderer örter mit ehe auch vorbunden, und sich allerlei weiterunge darnach vorursachet.

Als uns auch glaublich fürkümpt, das etzliche mit zweien oder dreien underschiedliche vorlöbnus halten, und aber nicht billich, das solcher betrug und leichtfertigkeit denselben personen, so es wissentlich gübt, zum besten komen solte, derwegen sollen dieselbigen in unsern landen nicht geduldet, sondern daraus ewig vorwiesen werden.

Welche personen auch sich nur einsten mit einer andern, so albereit mit andern vorlöbnus gehalten, einliesse und von berurter ander person vorigen vorlöbnus wissenschaft trüge, sol dieselbige gleicher gestalt des landes vorwiesen werden, aber welch teil des betrugs unschüldig und unwissend, soll mit dieser strafe verschonet sein.

Do aber jemandes von unsern unterthanen in seiner gewahrsam betrügliche gelübnus wissentlich gestattet und vorhelete, der oder die sollen den gerichten dreissig taler zur strafe vorfallen sein, oder, do er es an gelde nicht hette, der gerichte vorwiesen werden.

Es wird uns auch fürbracht, wie sich viel exempel teglich zugetragen, das diejenigen, so öffentlich vorlöbte gehalten, für der zeit des ordentlichen kirchganges sich zusammen finden, und also die kindtaufe ofte vor oder mit oder bald nach der hochzeit geschehe, welches ergerlich und guten sitten zuwider.

Weil dann dieselbigen irer ehre nicht erwarten und die gemeine ergern, sollen dieselbige personen semptlichen dreissig taler zur strafe vorfallen sein, welche die gerichtshalter jedes ortes auf den fall werden unseumlichen von inen einzubringen wissen, oder, do sie es an gelde nicht vormöchten, auf ein halb jar sich unser lande zu eussern, angehalten werden.

Damit auch solchem ergerlichen wandel, so viel müglichen, vorkommen, gepieten wir bei peen zwanzig taler, das die verlobte personen, under bürger und bauersleute, uber nacht beisammen in einem hause nicht bleiben sollen, solche strafe, so oft es geschicht, unwegerlichen zu erlegen.

Do auch ledige personen mit einander in unzucht begriffen oder dessen genugsam uberwiesen, ob sie gleich vorwendeten, sie hetten einander die ehe zugesagt oder wolten einander noch ehelichen, sollen sie doch nach der hochzeit auf ein jahr lang in unser lande nicht geduldet werden.

Do aber ledige personen einander fleischlichen erkennen würden, welche einander keiner ehe gestünden, noch solche zu volziehen willens, sollen beide teil gestraft, und der geselle zwanzig, die geschwengerte aber zehen taler zu erlegen, angehalten werden.

Do sie aber solche strafe zuerlegen unvormügens weren, sollen sie doch mit zimlichem gefengnus gestraft werden. Es were dann, das die ledige weibesperson gedrungen oder genötiget. Da solches wie zu rechte genugsam erwiesen, sol nach ordenunge der rechte hierin vorfahren werden.

Wir wollen auch nicht gestatten, das jemandes, wes standes der sei, in unsern landen mit concubinen oder unehelichen weibern solle haus halten und sich mit denselbigen vormischen, sondern dieselbige uneheliche haushaltunge gar vorboten haben und uns gegen den vorbrechenden mit ernster strafe zuerzeigen wissen.

Dieweil auch der ehestand ein unauflöslich band sein sol und nach gottes ordenunge stette und veste zu halten, so befinden wir doch tegliche clage, das etzliche eheleute das wenig betrachten, sondern von einander laufen, nicht beisammen wonen wollen und gleichwol in unsern landen, auch wol in einer stadt wonhaftig bleiben.

Derwegen und, wo solche durch vleis unser rethe, amptleute und superintendenten nicht können zusammen getheidinget, sollen sie in unsern landen auch keines weges geduldet werden. Aber gleichwol, do das eine teil gar unschuldig und es bei uns erlangen würde, das es in unsern landen geduldet, sol das ander ungehorsame, so lang sein ehegenosse lebet, von diesen gütern nichts zu fordern, sondern das unschuldige und gehorsame teil solche die zeit seines lebens zugebrauchen haben, wir befünden dann ursachen, warumb der güter halben andere vorsehung zu thun nötig sein wolte, darin wollen wir uns alsdann der gebür und unvorweislich zuzeigen wissen.

Nachdeme auch etzliche eheleute aus fürwitz und mutwillen von einander weichen und etzliche jahr keine eheliche beiwonnge haben, sondern sich von einander und an unterschiedlichen örtern enthalten, letzlich aber eins zu dem andern sich nötigen und dringen thut, wiewol wir nu diese zusamenhaltunge des ehestandes zuvorhindern nicht gemeinet, so wollen wir doch den mutwillen und fürwitz, den sie zuvor geübet, keines weges ungestraft hingehen lassen, sonderlich aber, do befunden, das einer sein weib und kinder lange zeit vorliesse, nichtes zu entpöte oder handreichung thete, der soll durch öffentliche mandat erfordert und eine bestimpte zeit angestelt werden, das er sich wider zu haus mache oder seines abwesens erhebliche ursachen anzeige, wo der keines geschehe, wolten wir inen darnach in unserm lande nicht dulden.

Es soll aber kein weib in abwesen ires ehemannes, sich mit einem andern ehelichen verloben, viel weniger beischlafen, sie sei dann ires mannes tods gewisse berichtet und habe es mit genugsamen urkunden zubescheinen, ohne unser sonderlich vorbewust und nachlassung, darin wir uns nach umstenden der sachen der gebür wollen zuerzeigen wissen.

Do sich aber ein weibesperson darwider zu handeln unterstehen würde, die sind wir neben deme, so sich mit ir eingelassen, in unsern landen zugedulden nicht gemeinet.

XIV.

Ruhe gerichte.

Damit nun obberürte felle und ander misshandelunge gebürlichen gestrafet, sollen die ruhegerichte in unsern landen mit vleis erhalten, auch, wo keine bishero gehalten, aufgericht werden, dann hierdurch viel ubels gestrafet, und mancher dardurch böses zu thun, abgehalten wirdet. In sonderheit aber wollen wir, das die jenigen, so wider diese unsere ordenunge vorbrechen, sollen gerüget und der obrigkeit jedes orts angezeiget werden.

XXXVIII.

Kirchenveter, vorsteher und derselbigen renten- und gefellen-rechnunge.

Wie die kirchen den pupillen und unmündigen vorglichen wirdet, also sollen ire vorwalter und vorsteher gleiche sorgfeltigkeit und vleis, derselbigen güter zu mehren und bestes zubefördern, anwenden.

Derwegen wollen wir, das alle jahr unsere amptleute, schösser, oder wen wir sonderlich darzu ordenen, in unsern ampten und die andern, so ir eigen gerichte haben, in iren gepieten, neben den superintendenten und pfarherrn in stedten und auf den dörfern, kirchenrechnunge halten und alsbald, was die pfarrgebeude und ander der kirchen notturft anlanget, besichtigen und vorrichten sollen, doch das auf solchen rechnungen uberflüssige und ubermessige zerunge vormiden, wie wir dann, das von etzlichen geschehen solle, glaubwirdig berichtet werden.

Wo dann befunden, das in einigem gotteskasten so viel vorhanden und ubrig, das auf wiederkauf, armen damit zu dienen und der kirchen nutz zu schaffen, auszuleihen müglich, sollen die vorsteher und gottesveter mit rath und wissen derer, so die kirchenrechnunge anhören, solches rechtmessiger weise zu thun macht haben.

Sie sollen auch die schulden und retardaten vleissig und unangesehen einer jeden person einmahnen, desgleichen gut achtung geben auf die hypothecirte gründe, das dieselbigen nicht von den schuldigern verkauft, zerteilet, oder andern vor mehr summa eingesetzet, auch sich von den einmal eingesatzten gründen auf andere geringe güter oder ungewisse bürgen nicht verweisen oder sonsten ohne gebürliche solennitet und ursachen die kirchengüter alieniren lassen.

126. Privilegium, belangende der verstorbenen pastorum vorlassene witwen. Vom 1. Januar 1580.

[Aus Zerbst, Superintendentur-Archiv, XXIX, 454. Vgl. oben S. 527.]

Von gottes gnaden wir Joachim Ernst, fürst zu Anhalt, grave zu Ascanien, herr zu Cerbst und Berneburg, bekennen hirmit:

Nach deme alle unsere superintendenten unsers fürstenthums und lande uns unterthenig fürbracht, wie sich mit den inventarien nach der pfarher tödtlichem abgang, so ofte sich solche felle begeben, allerlei irrung zwischen derer nachgelassenen witwen und den neuen pfarhern des inventarii und abtretung der pfarre halben zu trügen, und dero wegen gesucht und gebeten, das wir hirin ein gnediges einsehen und verordenung thuen wolten, als haben wir uns mit ihrem underthenigen rath und bedenken nachfolgender ordnung entschlossen, welche hinfurt in unserm furstenthum solle bei allen pfarren gehalten werden.

Es sollen alle und jede superintendenten ihre widumsbücher, darin aller pfarher einkommen, in ihre superintendens gehorig, richtig vorzeichnet, mit vleis fertigen und halten und in allen pfarren ein inventarium ufrichten, dasselbe sol nicht geringert werden.

Do aber ein pfarher vorstirbet, sol die witwe zeit haben, das ire aus der pfarre weg zu schaffen, und das inventarium volstendig zu compliren.

Und domit sie dorin nicht ubereilens sich zu beklagen, so soll ihr ein halb jar zeit darzu gelassen, auch das einkommen desselbigen halben jars nach des pfarhern tode ihr gevolgt werden.

Was dann die bestellung der kirchen und predigten belanget, soll der superintendens den vicinis pastoribus die curam ecclesiae befehlen, da sie ohne belohnung laboriren, wie sie sich denn alle erboten haben in unserm ganzen furstenthum, und komt einem so wol als dem andern zum besten. Treulich und ohne geverde. Zu urkunt mit unserm furstlichem anhangenden secret wissentlich besiegelt. Geschehen und geben zu Dessau den ersten januarii anno etc. 1580.

127. Instruktion zur Visitation. Vom 26. April 1582.

[Aus Dessau, Superintendentur-Archiv, I. Hauptabtheilung, 3. Unterabtheilung, Nr. 1, Bl. 116 ff. Vgl. oben S. 525.]

Instruction unser von gottes gnaden Joachim Ernsts, fürsten zu Anhalt, grafen zu Ascanien, herrn zu Zerbst und Bernburg.

Was die ehrenvesten, wirdigen und erbarn, unsere heubtleute, liebe getreuen und andechtige, Job von Mücheln, Heinrich von Boro Kessel genant, er magister Johann Brendel superintendens, er Samuel Heinitz diacon alhier und unser seretarius Jacob Müller als unser verordnete visitatorn auf der angestalten visitation vornehmen, vorrichten und sich hierin allenthalben vorhalten sollen.

Erstlichen sollen unsere visitatores in stedten und dörfern von der kirchen und gemeinen castens einkommen und, wie das angewandt wirdet, erkundigung haben und desfals rechnung anhören, auch bevehl thun, das solch einkommen an retardata einbracht und der kirchen zum besten gewissen leuten ausgeliehen, damit nicht etzliche personen ir vorteil hierin suchen und der kirchen ufnahmen gehindert.

Unsere visitatores sollen ferner fleissige erkundigung haben, ob was von pfar, schuln und andern geistlichen guetern entzogen, wer solches gebrauchen mochte und uns dasselbe berichten, damit wir ferner hierin bevehlen können, und soll ein jeder pfarner, diacon und schuldiener ihr einkommen, wo es albereit nicht beschehen, schriftlich ubergeben, und dabei ihre gravamina oder mangel, do sie derer anzuziehen hetten, setzen.

Die kirchengebeude und pfarheuser sollen von unsern visitatorn in augenschein genommen werden, ob besserung daran zu thun vonnöten und das

127. Instruction zur Visitation. Vom 26. April 1582.

575

zu berichten, wollen wir in allen gnaden uns darauf ercleren.

Der hospital einkommen und gelegenheit sollen sich unsere visitatores auch in vleis erkunden und bei den vorstehern derselben die ernste vormahnung thuen, das denen vleissig vorgestanden und auch register darueber gehalten.

Weil auch die schulen billich in acht zu haben, damit denen, wie sich gebueret, in ernstem aufsehen vorgestanden, so wollen unsere verordente die schulmeister und schuldiener darzu vormittelst ihres ambts vormahnen, bei den knaben schuldigen vleis zu haben, das sie in gottes wort und dan in freien künsten und sprachen wohl instituiret und erzogen werden, da wir dan nötig erachten, damit die schueler jederzeit in furcht und gehorsamb erhalten, das jedes quartal im jare der pfarner mit einer vorstendigen rathsperson in die schule kommen und die knaben, was sie von einer zeit zur andern proficiret und zugenommen, vleissig examiniret und vorhöret, auch die schulen uf den dörfern angerichtet und gehalten werden.

Darnach sollen sie die pfarhern, diacon, auch alle andere kirchen- und schuldiener von den haubtstücken unser christlichen religion, in der augspurgischen confession begriffen, examiniren und doch vor ihre person mit ihnen von itzigen certaminibus reden, damit zu sehen, wie sie hierin fundiret sein. Weil aber gleichwol dieses grosse und wichtige sachen, darin sich die arme einfalt und laien nicht zu unterrichten, sondern vielmehr damit irre gemacht werden, als sollen sie uf der canzel solches nicht gedenken, sondern nach der augspurgischen confession in einfalt die rechte reine lahr, wie die bishero in unsern landen durch gottes gnade erhalten, ferner handeln, führen und den leuten furtragen.

Und damit auch die bishero in unsern landen getriebene christliche lahr ferner in den kirchen eintrechtiglich erhalten werde, sollen die visitatores sich erkunden, ob auch in jeder pfarkirchen eine biblia vorhanden; dan do in etzlichen noch nach der nechsten visitation keine gekauft, soll dieselbige nochmals aus den gotshauses einkommen oder von der gemeine gekauft werden, neben der confession und apologia, die fur und für in der pfarre bleiben sollen.

Die pastores sollen auch vleissig befraget werden, wie sie es halten mit dem catechismo, und sollen die visitatores ihnen bevehlen und uferlegen, das sie zu bestimter zeit nach eines jeden orts gelegenheit auch in den bevolenen filialn das jung und alte volk im catechismo nach obberurter unser christlichen religion hören, sonderlich dazu die sontags nachmittags predigt anwenden, und zum wenigsten in der wochen auch einmal den catechismum tractiren, auch in der beichte die unverstendige jugent und das gesinde aller stücke christlicher lahr mit allem treuen vleis craft ihres ambts unterrichten.

Es sollen auch die visitatores den pfarhern in gemein und sonderlich mit vleis einbinden, das sie die kranken nicht versäumen, sondern die oftmals nach erforderter notturft, es werde bei ihnen gesucht oder nicht, besuchen und trösten in ihren krankheiten und todesnöten und sie nicht verlassen in oder ausserhalb sterbens leuften.

Nachdem auch bishero aus dem heiligen sacrament des altars fast kremerei gemacht, das diejenigen, welche es begeret den pfarhern geld gegeben, so wollen wir hirmit ernstlich durchaus verboten haben, das keiner weder von reichen, noch armen in dergestalt das geringste nicht fordern soll.

Wolt aber ihnen aus guten willen jemandes etwas geben, das soll ihnen nicht abgeschnitten sein, doch das keine schuldige gebuer hieraus gemacht werde. Desgleichen, nachdem wohl erfahren, das durch unachtsamkeit, schwelgerei und beiwohnung der gelage kleine kinder etzliche tage an der heiligen tauf vorhindert, welches schwerlich in dergestalt zuvorantworten, so sollen sie alle pastorn in ernst ermahnen, ihres berufs mit vleis zu warten und nicht durch eigene hantierung, gewerb, reisen und anders ursach geben, dergleichen clage zu erfahren, bei vormeidung unser straf, auch nach befindung der gelegenheit entsetzung der pfarre. Wie dan auch uf ihr anzeige niemandes ohne erleubnus unsers superintendenten ein nacht auswarts seiner pfarre bleiben soll und nichts wenigers, do kindteufen oder andere noth vorfiele, seinem nechsten vicino an seine stat dergleichen zuvorrichten, allewege bescheid hinter sich lasse.

Dieweil auch das predigtamt kein andere gewerb dulden kan, und der jeder prediger, do er seinem amte, wie sich gebueret, wil treulich vorstehen, jederzeit zu studiren hat, so sollen unsere visitatorn sich erkunden, do einer oder mehr hendel und gewerb triebe, dadurch er seine studia negligirte und demselben obzuliegen vorhindert und also im ministerio ein hendler sein wolt, dan oder den sollen sie solches untersagen, das sie dergleichen weltlichen hendel müssig gehen und sich auch nicht in jeder pauersache mengen, noch denselben anleitung geben.

Wan auch einer oder mehr seinen pfarkindern ausser unser kirchenordnung, wie es je und allwege in unserm fürstenthum gehalten, oder sonsten wolte neuerung einführen, worin es auch were, so soll die gemeine jedes orts befraget werden, do dan unsere verordente die anordnung thun sollen, das es gehalten werde, wie vor alters. Do ihnen aber solches zuvorrichten zu schwer, sollen sie es uns fideliter berichten, darauf wir

uns alsdan wohl wollen zu erkleren und zu bevehlen wissen.

Es ist auch unsere meinung gar nicht, das
ein jeder studiosus theologiae zugelassen werde,
das er sich zur ubung oder vorsuchung an einem
oder dem andern ort wolt hören lassen, und die
pfarherrn sollen auch solches ohn unsern bevehl
oder erklerung nicht zulassen, bei vormeidung
unser ungnade, wie dann unsere visitatores dieses
puncts halber mit einem jeden nottürftige unterredung pflegen sollen, und do gleich einer
schwacheit halber vorhindert zu predigen, auch
desselbigen vicinus die bestellung nicht thuen
könte, soll doch ohn unser oder des superintendenten vorbewust niemandes frembdes ufzutreten
und zu predigen erleubt sein, wie wir uns den
vorbehalten, do wir einen algemeinen synodum
anstellen würden, das wir in dem und andern
neben gebuerlicher examination ordnung machen
wollen.

Do auch einer vom adel oder andere, so mit
dem pfarlehn beliehen, sich unterstehen würden,
ohn unser vorwissen seinen oder ihren pfarhern
zu urlauben, zu entsetzen oder andere auf und
anzunehmen, so soll solches ohn unser vorwissen
und erhebliche ursach nicht furgenommen werden.
Ingemein sollen auch sonsten unsere visitatores
umb der pfarher lahr, lebens und wandel erkundigung nehmen, davon oben albereit etwas erwehnet,
dann do gleich priester, kirchen und schuldiener
an lahr rechtschaffen und doch am leben und
wandel streflich befunden, also das einer in unzucht, hurerei, wucher, schwelgerei und andern
offenbaren lastern lege, sollen unsere visitatores
sie desfals mit ernst zu rede setzen mit vorwarnung,
do sie davon nicht abstehen würden, das wir einen
eifer wider sie gebrauchen und fürnehmen wolten,
das sie unser missfallen hierin spüren solten, dieweil ein jeder priester nach inhalt der schrift soll
unstreflich sein.

Es sollen auch fur allen dingen unsere visitatorn pfarhern und kirchendiener ins gemein
strack vorbieten, sich der kretzschmar, wirtsheuser
und seuferei, dabei gottes heiliger name sehr geunehret und dadurch ihre gute lahr niedergedrückt,
verachtet und menniglich merklich geergert und
zu bösen exempeln und volge angeleitet und gereizet wirdet, bei unser ernsthafen straf genzlich
zuenthalten und zu eussern und, do sie gleich in
hochzeiten oder kindtaufen geladen, nicht der letzte
gast sein, sondern hirin messigkeit gebrauchen,
damit sie in furfallenden nothen ihrem ambt
nüchtern und recht vor sein, und sonsten das
jung volk in dergleichen zusammenkunft zu bösem
ergerlichen leben nicht vorursachen.

Wan auch etliche der pfarhern wegen ihrer
bevolenen filial bei den pauren und sonsten nach

getaner predigt ihre malzeit haben, sollen sie nach
dem essen sich wieder von dannen begeben und
den leuten uber gebuerliche zeit nicht beschwerlich sein, darumb unsere visitatores denjenigen,
so malzeiten ihren pfarhern auszurichten schuldig,
uferlegen sollen, die pastorn nicht uber zwo stunden
nach dem essen ufzuhalten, noch sie zum langen
sitzen selbst anreizen, bei unser strafe.

Do sie auch in der visitation erfahren würden,
das die diaconi, schuldiener oder custodes sich
unterfingen, zwietracht und unruhe untereinander
zu erwecken oder sonsten heimliche odia und
affecten spuereten, sollen sie dem mit gebürlicher
untersage zuvorkommen und an dem der mangel
ernstliche untersuchung thun, damit dem ministerio
zu unehr nicht scandalisiret werde, wo sie sich
aber daran nicht keren wolten, soll es uf ihren
bericht an unserm ernsten einsehen nicht mangeln.

Es sol auch kein pfarher seinen custodem
ohne vorwissen unsers superintendenten enturlauben, auch denselbigen in seinen privatsachen
keinesweges uber felt schicken, dadurch die schulen,
so uf den dorfern erhalten, vorseumet werden.

Die visitatorn sollen auch die pfarhern uf
den dörfern vleissig fragen, ob auch die hochzeiten,
kindteufen und kirchengenge nach unser landesordnung angestalt und gehalten werden, und wer
dergleichen bei den pfarhern zu suchen, soll der
vor seinen schaden gewarnet werden, damit unser
vorige ordnung in dem nicht uberschritten werde.

Sie sollen auch vorbieten, das keinem landstreicher ohne guugsame kundschaft seines armuts
oder gebrechligkeit uf den dörfern zu betteln von
den pfarhern nachgelassen, dardurch den hausarmen leuten die almosen vorm maule weggenommen
werden.

Dieweil auch oftmals sich zutregt, das frembde,
auslendische personen uf ihr anhalten, umb eigenes
nutzes und geniesses willen (derer gelegenheit
man doch nicht erfaren) copuliret und getrauet
werden, so wollen wir ernstlich, das solche copulation hinforder von keinem vorgenommen werde,
es were den, das einer guugsame kundschaft vorzulegen, soll es doch mit vorwissen unsers superintendenten geschehen.

Unsere visitatores sollen auch in stedten und
dörfern die leute im catechismo examiniren und
vorhören und sollen den eltern ernstlich einbinden,
das sie ihre kinder in der ubung solcher lahr
des catechismi vleissig anhalten, daraus sie got erkennen und sich in desselbigen erkentnis zu aller
gotseligkeit gewehnen und sie in ehren halten, uf
das zu beiden teilen dem almechtigen allezeit lobe
geschehe. Wo aber von etzlichen halsstarrigkeit
und ungehorsam befunden, sollen die pfarhern
an nothwendiger ermahnung nichts unterlassen,
und, do dan keine besserung volgete, soll es an

uns gelanget werden, andern mutwilligen kindern zu abscheu ein exempel mit gebürlicher straf bevohlen werden.

Ferner sollen unsere visitatores in den stedten ufm lande und dörfern diese erkundigung nehmen, wo jemandes were, wes standes der auch zu achten, der do ein vorechter götliches worts und der heiligen sacramenta were und etzlich jahr sich der communion enthalten, do er des uberfundig, sollen sie seine ursachen hören und ihnen ferner darzu vormahnen, mit der commination, wo sie von ihrem gotlosen leben nicht umkeren und sich bessern würden, das ihnen solches in keinem wege solle geduldet werden.

Die pastores sollen aber, damit ihre zuhörer zum oftern brauch des hochwirdigen sacraments des altars und zu embsiger anhörung götliches worts, auch zu werken der liebe, als almosen geben und andern christlichen tugenden, so aus rechtem glauben fliessen, gereizet, jederzeit in predigten, wann es die gelegenheit giebet, sie treulich vormahnen und ihnen das einen sonderlichen ernst sein lassen, mit harter bedrauung, do die mutwilligen vorechter sich nicht bessern würden, das sie zu gevatterschaft und gemeinschaft der heiligen taufe nicht sollen zugelassen, auch ihnen das hochwirdige sacrament in ihren todes nöten, welches sie in ihrem sichern leben und rohem gewissen verachtet, ohne vorgehende rechtschaffene reu und busse mitzuteilen vorsagt werden, dergleichen auch ihr vorstorbener leib mit der kirchen und schuldiener kegenwertigkeit, christlichen gesengen und ceremonien zum begrebnis zu beleiten. Jedoch sollen die pastores mit der excommunication nichtes vor sich fürnehmen, sondern, do sich der vorechter einer in einer ihme gesatzten zeit nicht bessern het wollen, solches an uns zuvor gelangen und ferners bescheids sich erholen, damit es nicht dafür geachtet, als das solches aus ihren affecten jemandes zu vordriess vorgenommen würde. Wir wollen auch ernstlich, das die offentliche schenken, bierhäuser, spielpletz, tenze, spacieren gehen und ledig stehen uf den kirchöfen, kremerei und anders mehr, was vom gottesdienst abehelt, unter der predigt vor und nachmittage durch unsere visitatores sollen abgeschaft werden.

Letztlichen, was die ceremonien bei der heiligen taufe, communion, item der hohen feste, in gesengen und kleidungen anlanget, darin soll keiner eigene enderung vornehmen, sondern, wie es bishero damit in unserm fürstenthum gehalten, dabei soll es hinfurd noch bleiben.

In dem allen geschicht unsere ernste und genedige meinung. Urkundlich mit unserm fürstlichen secret bekreftiget und mit eigener hand unterschrieben. Geschehen und geben zu Dessau den sechs und zwenzigsten aprilis anno zwei und achzig.

(Siegel.)

Joachim Ernst f. z. Anhalt
manu propria.

128. Auszug aus der Visitations-Instruktion. 1587.

[Aus Zerbst, Superintendentur-Archiv, XXIX, Bl. 12 ff. Vgl. oben S. 539.]

1. Die norma der christlichen lehre, die biblia altes und neues testaments, der 3. haupt-symbola, apostolicum, Nicänum, Athanasianum, die auspurgische confession und derselben apologia, wie dieselbe anno 1530 unter keiser Carln uberantwortet, die schmalkaldische articul von d. Martin. Luthero anno 37 verfertiget, item desselben klein und grossen catechismus, welche sie confessionis und norma sanct. verborum halden und darbei in christlicher einfalt bleiben, auch alle andern weitleuftige unnotige, ärgerliche gezänke meiden.

Nebenst den sollen sie fleissig lesen scripta Philippi Melanchtonis, des herrn Lutheri und furst Georgen zu Anhalt.

2. Die dorfpfarrherrn sollen ihre sontagspredigten schriftlich fassen, auch ein dorfpfarrherr um den andern in der wochen in der stad predigen.

3. Der kleine catechismus soll nach dem text und inhalt Lutheri sel. gedechtnuss, desselben auslegung, in der kirchen und schulen fleissig getrieben, auch dahin gesehen werden, dass er des jahrs 2 mal ausgepredigt werde.

4. Diejenigen, so das jus patronatus haben, oder die räthe in den städten, denen die geeignet, sollen gemächtiget sein, die personen zu präsentiren, der superintendens aber nebenst unsern ampt- und rath-, auch schul-herren jedes ortes sollen cognosciren und nach befindung abweisen oder zulassen; die diaconi sollen mit des landesfursten vorwissen bestellt, die schuldiener von den superintendenten jedes orts angenommen werden, von den superintendenten in beisein des raths zuvor vorhört und, da sie tüchtig befunden, von der obrigkeit confirmirt werden.

5. Die uber hospitals und kirchengüter zu vorstehern erwehlet sollen von den fursten bestetigt werden etc.

6. Die leute zu ermahnen, dass sie ein gotfurchtiges, eingeheges leben führen, gottes wort fleissig hören, die absolution und diese sacramenta mit christlicher andacht oft gebrauchen. Welche beampte sich diesen ordnung nicht gemess halten, wollen s. f. d. in deren dienst nicht wissen.

7. Es sollen auch die kornschreiber zwischen

galli und fastnacht uf den amptern, und auf den furwerkern der hofmeister das gekinde beisamm behalten, ihm ein stuck aus den catechismo Lutheri mit der auslegung furlesen, sontags und fest aber sollen ihnen die evangelia aus der hauspostilla Lutheri an des catechismi stat furgelesen werden, und allezeit mit dem vater unser und abendsegen beschlissen.

In den artikeln von der instit.

8. Wie der rath acht tage fur ihren abgange volstendige abschriften ihrer jares rechnung nebenst

ein extract vorsigelt in der renterei unnachlessig ein und ubersenden soll, vide ibid.

9. Die forma der eide vor den räthen abzufordern und mit fleiss zu ubersehen.

10. Pfingstbiere und kirchmessen sollen ganz abgeschafft sein.

11. Wie mit den stipendiis furst Wolfgangs und fürst Bernhards aufn rathause gebaret werde. Item nachforschung der kirchenrechnung in städten und dörfern.

129. Instructio commissariorum in potestate executionis der vorgenommenen Visitation. Vom 21. Sept. 1588.

[Aus Zerbst, Superintendentur-Archiv, XXIX, Bl. 257. Vgl. oben S. 539.]

Christus.

Instructio

Unser von gottes gnaden Johanns Georgen, fürsten zu Anhalt, grafen zu Ascanien, herrn zu Zerbst und Bernburg etc. was gestalt in unser und der hochgebornen fürsten, 'unsern freundlichen, lieben, jüngern und unmündigen gebrüder fürstenthum, emtern, räthen und dörfern die ehrenveste, ehrenhaftige unsere räthe und liebe getreuen, Christoph von Hine, unser cammerer, Siegmund von Lattorf, hauptman zu Lindau, Curd von Börstel, hauptman zu Cöthen, Johan Troldenierer, cammermeister und Ulrich Keulich, stadtvoigt zu Bernburg, die würkliche execution der hiebevor im abgelaufenen sieben und achtzigsten jahres gehaltenen visitation nunmehr zu werk richten und .... an unserer als des regierenden landesürsten stat beschaffen und anortnen sollen.

Nachdem weiland der hochgeborne fürst und herr, herr Joachim Ernst, fürst zu Anhalt etc. unser gnädiger geliebter herr und vater hochlöblicher und christseliger gedächtnis durch den allmächtigen gott von dieser betrübten welt abgefodert und in die ewige ruhe und seligkeit aufgenommen und uns als s. g. eltesten sohn die regierung des ganzen fürstenthumbs von den keiserl. bestetigte chur- und fürstl. vormunden mit gewisse mass aufgetragen, haben wir bald im eingang unser regierung vor nothwendig erachtet, eine allgemeine visitation in allen unsern amtern, städten und dörfern anzustellen, wie dan dieselbe den 9. mai des abgewichenen sieben und achtzigsten jahres glücklich in unserm ambt Ballenstädt angefangen und volbracht, uns auch die geordneten visitatores ihren schriftlichen bericht und relation ausführlich gethan und übergeben, welches wir von ihnen zu besondern gnaden vormerket, und, damit dis angehabene werk seinen rechten nutz erreichen möchte, ferner nach fleissiger christlicher erwegung und reifer rathschlagung diese execution darauf

eingeordnet, wie unterschiedlich hernach folget. Und erstlich ist jederman offenbar, das aller und jeder obrigkeit fürnehmstes amt ist, dahin zu sehen und zu trachten, das in ihren von gott verliehenen und befohlenen landen und gebieten das göttliche wort rein und unverfälschlich möge gelehret und geprediget, auch demselben gemess gelebet und gewandelt werde, darum wir auch dieses als zum christlichen fundament billich voransetzen und wollen, das unsere hierzu verordnete in einem jeden amt und stadt, ob die gerichte uns oder dem rathe daselbst zukommen, sowohl auch auf den dörfern, die superintendenten, pfarrer, diaconos, rectores scholarum, collaboratores, auch ingemein schulmeister und küster vor sich erfordern uud sie sampt und besonders ihres tragenden amts erinnern sollen, das ein jeder respective in wahrer gottes furcht dasselbige wolte wahrnehmen, getreulich verrichten und daran frühe und spat nichts vorseumen, in erwegung, was vor beschwere verantwortung darauf stunde, welche nicht allein uns, als dem landesfürsten und obrigkeit, sondern auch gott im himmel dermaln eines thun und von allen eine genaue rechenschaft geben musse.' Solte derohalben den superintendenten, pfarrern, diaconis und allen andern kirchendienern hiermit von uns ernstlichen auferleget sein, das sie ihren befohlenen und vortrauten schäflein und pfarrkindern nichts anders den gottes heilsames wort solten vortragen, als die einige, rechte weide der seelen, die heilige absolution alleu bussfertigen mittheilen, die hochwürdigen heiligen sacramenta der taufe und abendmahls des herrn nach seiner einsetzung administriren und reichen, die kranken und betrübten oft besuchen und mit gottes wort trösten, zuförderst aber bei den sterbenden ihren euersten fleiss anwenden, in der letzten noth sie nicht vorlassen, damit ihre seelen dem einigen, rechten erzhirten, Jesu Christo in seine hände zu ihrer ewigen seligkeit mugen überantwortet werden und darbei wissen, do sie hieran durch ihre nachlässigkeit oder trägheit eine einige seele solten versäumen, und dieselbe durch des teufels list und betrug (welcher mit seinen anfechtungen unaufhörlichen anhalten thut und sonderlich der todesnoth wohl wahrnimpt) verleitet werden, dass man solch blut am jüngsten tage von ihren händen fordern wird, und, damit sie einige normam haben christlicher lehre und bekenntnüss, thun wir ihnen darzu folgende bücher benennen, als die heilige biblia des alten und neuen testaments, die drei haupt symbola, apostolicum, Nicaenum et Athanasianum, die augspurgische confession und derselben apologia, wie die anno 30 und 33 keiser Carln den fünften allerhochlöblichster, christlicher gedächtnüss übergeben und in offenen druck ausgangen, welche auch weiland der hochgeborne fürst herr Wolfgang, fürst zu Anhalt etc. hochlöblicher christseligster gedächtnüss etc. unser geliebter vater mit eigener hand neben andern chur und fürsten und ständen unterschrieben, die schmalkaldischen artikul von d. Martino Luthero anno 37 verfertiget, und itzt gemeldes herren doctoris klein und grossen catechismos, welches sie pro confessione und norma sanctorum verborum halten und dabei in christlicher einfalt bleiben, auch alle weitläuftige, unnötige, ärgerliche gezänke meiden, und nach der lehre und vormahnung des heiligen Pauli sich derselbigen entschlagen sollen; neben solchen gebühret ihnen fleissig zu lesen die scripta Philippi Melanchtonis, des herren Lutheri und unsers abermals gottseligen vetters, fürst Georgen zu Anhalt etc. hinterlassene bücher und schriften, welche wir ihnen als ein besonders anhaldisch kleinod hiermit vorstellen und befehlen, s. seel. liebden in derselben christlichen lehr und wandel als einen rechten bischof eiferig nachzufolgen. Es gehöret aber nechst christlicher lehre auch ein gottseliger erbar wandel darzu etc. et paulo post. Desgleichen sollen unsere verordnete befehlen, dass der kleine catechismus Lutheri seel. gedächtnüss nach den text und inhalt derselben auslegung in den kirchen und schulen fleissig getrieben und zum wenigsten des jahres zweimal um der jugend, des gemeinen mannes und gesindes willen in jeder kirchen ausgeprediget werde, damit sie die fundamenta pietatis daraus fassen und ihnen dieselben gemein und läuftig machen mögen etc., zu welchen unsern christlichen und väterlich vorhaben uns und unsern abgesanten gott, der allmächtige, aus gnaden um Christi willen seinen heiligen geist und frieden segen geben wolle. Geschehen und gegeben zu Dessau nach Christi, unsers lieben herren geburt im funfzehenhunderten acht und achtzigsten jahre am tage Matthaei apostoli den 21. tag des monats september.

Hans Georg f. z. Anhalt
manu propria.

130. Ordnung für den Küster zu Törten. Vom 8. November 1594.

[Aus Dessau, Sup.-Archiv, I. Hauptabtheilung, 7. Unterabtheilung, Nr. 8. Vgl. oben S. 540.]

Als vorruckter weil die gemeine zu Torten uf die kirchrechnung und sonsten zu unterschiedenen malen ihnen einen eignen custodem doselbst, welcher schule halten und in abwesen des pfarners in der kirchen lesen konte, zuzuordenen, im ampte alhier gebeten, darauf ihnen dan der besoldung wegen sich mit einander entlich zu vorgleichen auferlegt, uf das also dan der fürstlichen anhaldischen hofregierung alhier solchs vorgetragen und bei derselben die confirmation gesucht werden mochte, demnach weil dinstags den 3. septembris bemelte gemein zu Torten sich einer gewissen anlage im ampte vorglichen und durch den superintendenten und amtsvorwalter zu volnziehung dieses christlichen werkes mit eingerathen, und den fürstlichen anvorordenten herrn hofräthen hirvon relation gethan worden, als haben heute dato obgedachte herrn hofräthe die ganze gemein zu Torten vor sich erfordert und uf ihrer aller ingemein, auch eines jeden insonderheit einwilligung und vorpflichtung, was des custodis amt und besoldung sein sol, domit weder die leut künftig uber gebuer beschweret, noch auch der custos seiner besoldung ungewis werden mochte, dieses alles in einen schriftlichen abschied bringen lassen, wie volgt.

Der custos sol nicht allein in gemein alles, was ihme mit leuten, singen, kirchof und zuschliessen, kehren, altar und taufstein bereiten, an und auskleidung des pfarners, nichts ausgenommen, zustendig und gehorig, hochstes und treues vleisses vorrichten, sondern auch insonderheit alle tage in der wochen, wie in schulen breuchlich, vor und nachmittage idesmals zwo stunden, darzu er mit den kleinen glöcklein klingen sol, vor knaben und megdlein (die ernte ausgenommen) schule halten, sie vleisig beten, lesen und schreiben lehren und alle mitwochen und sontage im mittage die kinderlehre halten, sowohl alle son- und festage frue, wen der pfarner doselbst entweder gar nicht oder zum wenigsten erst nach mittage predigt, die lectiones der episteln und evangelien aus der kirchenpostil mit ihren summarien lesen und alle morgen frue umb funf uhr und abends, wan die sonne zu rüste gehen wil, den gewohnlichen puls leuten, ohne des pfarners vorwissen nicht vorreisen noch aussenbleiben, sondern dem pfarner in allen billichen sachen ohn

73*

widerspensigkeit und murren gehorsam leisten, sich der schenke eussern und nicht allein vor sein person stil eingezogen und friedlich vorhalten und keine uneinigkeit zwischen dem pfarner und nachbarn, noch auch unter den nachbarn selbst stiften, sondern auch bei den seinen dergleichen anordenen und verschaffen und uber das, wie es hiebevor bräuchlich gewesen, den pfarner uf dem kahne uberfuehren oder, do er es nicht vormag, einen darzu uf seinen unkosten schaffen und halten, alles bei vorlust des dienstes, welcher dan einem jeden custodi nur ein jahr lang sol zugesagt werden, und er schuldig sein, kurz vor michaelis bei dem pfarner von neuen darumb zu werben.

Dargegen sol er haben ein frei wonung, welche die gemein in beulichen wesen uf ihren unkosten erhalten wil (darzu bauholz, was aus dem küstergut entrathen werden kan, gegeben werden wird), und hat der durchlauchtige, hochgeborne fürst und hern, hern Johans Georg, fürst zu Anhalt etc. u. g. f. und hern, von s. f. g. furwerge doselbst zwei scheffel korn beneben zwolf schocken reissholz zur besoldung dem custodi gnediglich verordenet. Es sollen und wollen auch die hufener, deren fünfe seind, ider ein scheffel rogen, kosseter aber, deren drei und zwenzig sind, ider ein halben scheffel, sowol ein ider hausgenossen ein vierteil rogen, halb uf fassnacht und halb uf michaelis, geben. Desgleichen sol ihm aus iderm hause uf

ostern und michaelis idesmals acht pfennige, sowohl von iderm knaben oder medlein, so in die schule gehen, ides quartal ein groschen und aus dem gotthause vier gulden besoldung, halb uf wihenachten nechst kommende anzufahen und halb uf Johannis baptistae, unweigerlich zu ewigen zeiten geraicht werden. Hirüber wil die gemeine zu Torten ihme jerlich drei rinds nöser und zwei schwein, soviel daz hirtenlohn belangen thut, vorschütten, auch die gemeine gräserei und holzungen einem einwohner gleich ohne dienst mitgebrauchen und geniessen lassen, hirmit er dan begnugig sein und das neue jahr sowohl alles, was sonsten aus Torten dem custodi zu Pettenitz gegeben wird (ausgenommen das acht pfennige jahrgeld sampt dem hauszinse) bemeltem custodi zu Pettenitz unweigerlich und ungeschmälert bleiben sol.

Zu urkund und steter haltung dessen, wie obstehet, haben mehr und wolgedachte fürstliche anhaltische vorordente herrn hofräthe diesen abschied der fürstlichen canzlei handelbuch einvorleiben und unter ihrem canzlei secret zwo copien verfertigen lassen, deren eine die gemein, die ander des gotshauses vorstehern, in der lade zu bewahren, zugestellt worden ist.

Actum Dessau den 8. novembris anno Christi 1594.

Bidermann, canzler.

181.　Verordnung Johann Georg's.　Vom 8. November 1596.

[Aus Zerbst. Superintendentur-Archiv, XVIII, Bl. 247. Vgl. oben S. 533.]

Von gottes gnaden Johans George, fürst zu Anhalt, grafe zu Ascanien.

Unsern gnedigen grus zuvor. Wirdiger, ernvester, liebe, andechtiger und getreue. Demnach wir und unsere freundliche, liebe brüdere, fursten zu Anhalt, durch gottes gnedige erleuchtung der warheit gottliches erkentnus so nahe kommen, das wir zu unterscheiden wissen unter rechter und unrechter lehre und unter ceremonien, die gott geordenet und selbst gebrauchet, und unter denen, die aus den vorfluchten pabstum bei den kirchen dieser unser laude und furstenthum noch ubrig geblieben, darunter dan mesgewand, corröcke, altarlichter uf den altar und dergleichen gefunden werden, die wir aus tragender landesfürstlichen obrigkeit und ampte genzlich abzuschaffen, darkegen aber diejenigen gebreuche, die der sohn gottes sonderlichen bei einsetzung seines heiligen nachtmals gebrauchet und zu brauchen befolen, wieder einzusetzen, und also die kirchen unsers furstenthums von deme noch uberigen päbstischen sauerteige zuerleidigen, durch gottliche vorleihunge

uns entschlossen, als ist demnach an euch beiderseits unser gnediges begeren mit befelich, das ihr forderlichst einem jedem pfarher, so wohl schulzen und kirchenväter unsers und unser bruedere amts Zerbst vor euch ins amt erfordert, ihnen allerseits diesen, unsern gnedigen furstlichen und christlichen befehlich vorhaltet und den predigern uferleget, das sie und ein jeder insonderheit solchen noch uberigen päbstischen ceremonien halben und, das dieselbe gotte, seinem wort und stiftung zuwider, mit allem vleis unterrichten, die lichter uf den altaren, mesgewant und caseln ablegen, das administrirung und auspendunge des heiligen nachtmals des herren hinter dem dische (er sei steinern oder holzern) treten, das angesichte zu den volke kehren und geheiligte brot bei der austheilunge brechen und dem volke nach Christi wort und einsetzunge dasselbe geben solle, und das die schulzen und vorsteher die tafeln von dem altarn und die geschnitzte holzerne crucifix aus der kirchen hinweg thun, und anstatt des altars einen steinern oder holzern tisch also zurichten lassen, dass der prediger darhinder stehen, sein angesichte zu dem volke kehren und sein amt nach gottes wort und befehlich vorrichten möge, und dieses alles uf das allerforderlichste. Hieran erstattet ihr gottes zuforderst und

unsere als der obrickeit wolgefellige meinunge, und seint euch mit gnaden geneigt. Datum Dessau den 3. novembris anno 96.

132. Kirchenordnung, wie es mit der christlichen lehre, heiligen sacramenten und ceremonien im fürstenthumb Anhalt gehalten wird. 1599. [Entwurf.]

[Aus Zerbst, Superintendentur-Archiv, XIV. Vgl. oben S. 537.]

. . . .

XII. Vom heiligen ehestand.

. . . .

Form der copulation.

Nach dem breutgam und braut erbar und züchtig und also menniglich von den eingeladenen freunden und gästen möchten in die kirche zu bestimter stunde kommen, und die sponsi an gebürlichen ort gegen einander mit ihrer freundschaft sittiglich getreten (nur solchs auf die sontag oder fest zu geschehen, hiemit nochmals, wie auch von den christseligen eiverigen vorfahren nicht one ursach geschehen, ernstlich verboten) soll der minister sich auch in die mitte finden und in der furcht gottes ungefehr, nach des umstands und der angehenden eheleut notturft und gelegenheit, mit kurzen worten also und dergleichen erbeulichen inhalts den eingang machen, das er erstlich erinnert. 1. Das alle werk und ordnung gottes und also der ehestand auch sei löblich und herrlich, Psalm 111, V. 3. Zum andern, dass solcher stand derwegen mit aller ehrerbietung und gebet in der furcht gottes und in seinem namen soll angefangen und darinnen durch gottes segen eine hauskirche in das himmelreich mit heiligkeit und gerechtigkeit in frid und einigkeit und daneben im schweis des angesichts, nach eines jeden stand und beruf, gepflanzet werden; Colos. 3, V. 17. Und zum dritten, wie gott so schrecklich alle unzüchtige leut und verächter oder verbrecher des h. ehestandes strafen wolle, neben andern angehefften ursachen, warum alle christen, die da wollen selig werden, sich der keuschheit und zucht ausser und inner dem ehestand bevleisigen, und ja niemand sein ehelich gelübdnis brechen und dem unreinen garstigen geist zur verdamnis, sondern vilmehr gott, der ein reiner keuscher geist ist, und seinen h. engeln mit treuem herzen zur seligkeit nachfolgen soll.

Darauf der prediger pro circumstantia personarum sponsos praesentes also vernemlich und devote ferner anzureden: Weil ich mich denn der waren furcht gottes, auch aller christlichen tugend und herzlicher treu zu euch beiden personen billig versehe, und ihr drum itzt nach vorhergegangenem

gebet zu gott und ordentlichen proclamation oder abkündigung in seiner gemein erscheint, das ihr auch volgends nach euer herzen selbst eigener freien bewilligung durch gottes wort und offentliche ordentliche trau alhir vor seinem angesicht zusammen ehelich und erlich, ja vor menschen unumstösslich verbunden werden möget, als frage ich euch N. den breutgam, ob ihr gegenwertige jungfrau N. begeret zu euern christlichen gemahl, sie auch als euers leibs und lebens von gott bescheret gehülfin mit bestendiger lieb und treu in unverletzter ehelicher pflicht meinen, sie ehren und ernehren, und euch in lieb und leid nichts von ihr, als gott und den zeitlichen tod, wollet scheiden lassen, so sagts gott und ihr von herzen zu und sprechet vernemlich Ja.

Eben also frage ich euch jungfrau (frau) N. ob ihr gegenwertigen N. begeret zu eurem christlichen gemahl, ihn auch als euers leibs und lebens von gott bescheret gehülfen mit bestendiger lieb und treu in unverletzter ehelichen pflicht meinen, ihm in allen billigen sachen ehr und gehorsam an gottes stad erzeigen, und euch in lieb und leid nichts von ihm, als gott und den zeitlichen tod, wollet scheiden lassen, so sagets hiemit auch gott und ihm von herzen zu und sprechet vernemlich Ja.

Drauf sage der diener:

So tretet nu in gottes namen zusammen und gebet einander die rechte und den trauring.

Und, wenn dies geschehen, spreche er andechtig und laut also:

Was gott zusamen füget, sol kein mensch scheiden. Weil denn diese beide christliche personen einander zur ehe begehren und solchs hie offentlich vor gott und der welt bekennen, darauf sie die hende und trauringe einander gegeben haben, so spreche ich an gottes stad sie ehelich zusammen im namen der h. hochgelobden dreifaltigkeit, gottes des vaters, und des sons, und des heiligen geistes, amen.

Der segen des herrn sei mit euch beiden reichlich an leib und seel, hie zeitlich und dort ewig, amen.

Hierauf und nach abtritt der sponsorum in ein gewönlichen kirchstul, wird einer oder zwen christliche tröstliche hochzeitgesang, wie gebreuchlich, gesungen, und, do es des orts und der zeit gewonheit und gelegenheit gibet oder begert worden, eine kurze, züchtige, christliche hochzeitpredigt (hindangesetzt alle ungeistliche, possirliche phrases und unzimliche sprichwörter, dadurch züchtige ohren der jugend leichtlich können verletzet werden) zur besserung gehalten, dazu denn die leut nüchtern und attent kommen sollen. Als dann oder auch, wenn keine predigt gehalten, fluchs nach den gesängen treten breutgam und braut wider herfür und zum disch des herrn, und werde der ganze actus mit ablesung göttliches worts gebet und segen, wie volget, geschlossen, auf das es eines neues process und gebrengs auf den künftigen tag in der kirchen nicht von nöten, weil bisher aus alter ubelhergebrachter gewonheit neben fleischlichem pracht mit drunkenem zusammenlaufen auf solche zeit und ungelegenheit an etlichen orten am andern hochzeittage gottes wort und name leider mehr in der kirchen wider

das dritt gebot geunehrt und profanirt, als ein cultus oder erbauung gestift worden.

Es folgen die bibelstellen über die ehe:
Gen. 2, 18,
Eph. 5, 24,
Gen. 3, 16,
Gen. 1, 27,
Proverb. 18, 22.

Es folgt ein Gebet,
Vaterunser,
Segen,
2 liederverse,
Aufstellung des almusenbeckens.

[Hierauf folgt der in diesem Bande S. 28 ff. abgedruckte „Einfältige unterricht von verbotenen personen und graden u. s. w." Die Abweichungen der Anhalter Agende sind dortselbst in Anmerkungen wiedergegeben.]

Städte im Fürstenthum Anhalt.

Cöthen.

Litteratur s. unter Anhalt.

Cöthen war die Residenz des Fürsten Wolfgang. Schlaginhaufen, den der Fürst Ende des Jahres 1533 als Superintendenten nach Cöthen berufen hatte, ordnete den Gottesdienst nach dem Wittenberger Vorbilde; auf der von ihm abgehaltenen Visitation erstattete er Bericht über diese seine Ordnung, damit auf Befehl des Fürsten sich sämmtliche Pfarrer des Landes nach dieser Ordnung richten möchten.

Wir finden den Bericht Schlaginhaufen's in Zerbst, St.A., Vol. V, fol. 219, Nr. 41, und in einer modernen Abschrift ebenda Vol. V, fol. 209ᵇ, Nr. 9. Bossert hat ihn in Zeitschrift für kirchliche Wissenschaft und kirchliches Leben, 1887, S. 354 ff., abgedruckt. Wir drucken ihn nach dem Zerbster Staatsarchiv erneut ab (Nr. 133). — Über finanzielle Anordnungen des Fürsten Wolfgang in der Stadt Cöthen, namentlich solche zur Hebung des Einkommens der Kirchendiener, vgl. Hartung, Geschichte der Kirche zu St. Jacob in Cöthen, S. 109 ff., 120 ff. Vgl. auch oben unter Fürst Wolfgang.

133. Bericht des Superintendenten Schlaginhaufen über die von ihm in Cöthen beobachtete Gottesdienst-Ordnung. 1534.

[Aus Zerbst, St.A., Vol. V, fol. 219, Nr. 41.]

Pfarrherr zu Koten wunscht seinen mitdienern des worts gottes gnade[1]).

Nachdem der durchleuchte und hochgeborne furst Wolfgank, furst zu Anhalt, graf zu Aschkanien

und her zu Bernburg unser gnediger furst und her ein visitation bestelt, auf das di armen pfar-

vorstendigen etlicher mass ergernus volgt. Wollen derhalben ir f. g. ernstlichen gehabt haben, nicht als notig zu selickeit, sunder auf das, wie wir alle eintrechtig in der lehre sein, auch mit kirchenbreuchen, taufen, beichten, sacramentis, messhalten, ehesschen trostung der kranken, begrebnussen und andern christlichen ceremonien einhellig stimmen und mit unser kirchen zu Kothen allermass vergleichen.

---

[1]) Über das haben auch i. f. g. beherzigt, wi es allenthalben ser ungleich und ungeschicklich zugehet in den ceremoniis, wi ichs dann auch von den pfarhern befunden, das es fast keiner helt wie der ander in seiner pfarr, dordurch bei den einfeldigen und noch un-

hern auf den dorfern mit teglicher underhaltung vorsehen mochten werden, dorneben mir auch aus gnaden angezeigt, wie das etzliche unter iren pfarhern unfleissig zu iren emtern mit predigen und studieren sein solten, dass auch aus solchem unvleis gottes unehre und unwillen der vom adel und anderer gemeiner leut erwachsen mocht, dieweil aber i. f. g. nicht alleine gesinnet und gnediglich verschaffen wollen, damit gedachte pfarher vorsehen mit irer leibs narung, so wolle auch iren gnaden gezimen als einer christlichen frommen obrickeit gnedigs einsehen zu haben, damit auch irer gnaden underthanen mit dem gotlichen wort sacrament und anderer der seelen nottorft gleicher massen trewlich und wol vorsehn wurden, derhalben i. f. g. an mich gesunnen, das ich mich an den dorfpfarhern wolte erkunden, wie und was geschicklickeit ein ider sei, welchs ich ihren f. g. undertheniglich nicht hab wollen apschlagen, mich hierauf aufs vleissigst erkundet, von einem itzlichen unterricht seiner lehr, glaubens und anderer nottorft, einem seelsorger zu wissen, welchs alles ich iren f. g. auch schriftlich zugestelt.

Welche ceremonien wir halten in form und weise, wie sie hernach volgen.

Am ersten aber sollen alle pfarhern wissen, das ich mich mit meiner kirchen zu Cöthen und allen ceremonien richte nach der wittenbergische kirche, alleine das ich das evangelion in der mess lass lesen gegen dem volke, welche man zu Wittemberg singt. Ich habs aber mit willen und wissen unsers lieben hern und vatern, doctor Martins gethan, welcher auch gesagt, wens zu Wittemberg nicht wer angefangen zu singen, er wolts auch lassen lesen.

Vom sacrament der heiligen tauf.

Wir taufen wie unsers lieben hern und vater d. M. taufbuchlein ausweist, vermanen auch am ersten die gevattern, das si mit grossem ernst treulich sich umb das kindlein annemen und mit ihrem glauben dem hern Jesu bringen mit herzlichen bitten und flehen um einen eignen glauben; dornach hebt der priester an zu bitten, wie im buchlein bezeichnet.

Vor allen dingen aber fragt der pfarher, ap das kint auch jach tauft sei oder nicht. Ist es jachtauft, das ers bei leibe nicht wider taufe, dann was einmal getauft ist, es sei geschen durch mann oder weib, vater oder mutter in der not, sols nicht wider getauft werden, dan, was got einmal redet, das widerruft er nicht.

Auch sollen die pfarhern auf der canzel das volk unterweisen, das man ja kein kint tauf, das nicht volkomen geboren ist, dann es heist nisi quis

renatus etc. Dornach, wenn man nicht gewiss leben im kind sihet, als es oft kumt, das mans auch nicht tauf.

Zum drittem das man wasser dorzu neme und nicht wein oder bier. Auch sollen alle leute vleissig erinnert werden der wort Christi: Ich taufe dich im namen des vaters und des sones und des heiligen geistes amen, damit sie in der not die wor(t) der taufe diserte konnen ausreden.

Auch will ich hie vormant haben, das die pfarher das volk treulich unterrichten, das si nicht gevattern bitten um gelds willen, das man auch vorruchte wilde und unchristliche leut nicht lasse gefatter stehen, sunderlich di nicht zum sacrament gehen ohne sunderlich orsach, item di iren catechismum nicht konnen auch nicht lernen wollen oder di alweg in einem fullen unchristlichen rohen leben hergehn. Es deucht mich auch gut, das man alzeit, wann man taufen welt, am ersten mit der glocken leutet, auf das sich das jung volk in di kirche versamlet und die tauf anhoret und sehe, domit dis heilig sacrament mit ehrerbitung gehandelt wurd, zu trotz dem teufel und seinen vorterplichen schentlichen widerworfern.

Von der beicht.

Mit der beicht halten wirs also, das wir alweg am sunobent oder feuerabent das volk beicht horen, ein iden in sunderheit, domit man in trosten kann nach seiner gelegenheit und anliegen, auch fragen wir nimantz wie di papisten in der beicht, alleine umb seinen catechismum; wer den nicht kan, underweise wir treulich, das er in lerne; wu nicht, so lassen wir in hinfort zum sacrament nicht gehen. Dornach was stands ein ider ist, hot er ehr sein vormanung in der beicht. Ist es ein kint sagen wir im vom gehorsam gottes und seiner eltern, vormanen auch gots wort treulich horen und lernen. Ist es ein knecht oder magt, her oder frau, muss ein iglichs dornach underweist, zum erkentnus seiner sunde und zu Christo gefurt werden, es soll auch kein pfarherr mehr dann ein person auf einmol beichte horen und absolviren, wie herum in diesem land gescheen.

Von der mess und sacrament des altars.

Es sol ein itzlicher pfarher, wan er communicanten hot, meshalten und das mesgewant anziehen und nicht aus frevel das heilig sacrament handeln in seinem kleide, dorinnen er teglich geht oder im kretzmer unter den pauern sitzet, nicht das das kleit etwas dorzu thu, wi wir gotlop wissen, sundern von der ergernus wegen und der fromden leut, weil hirum um uns ander herschaft gesessen, do das evangelion noch nicht gepredigt ist, auf das der selbigen noch ein zeitlang verschonet werde.

Wo man nicht schuler hot, mog der pfarher mit seinem custos das volk die christlichen gesauge, wie im letzten doctor M. gesangbüchlein vorzeichenet, lernen und mit andacht vor das introitum singen, dornach di colecten de tempore, doruf singen sunderlich im advent, weinachten, neuen jorstag, epiphanie, purificationis, fasten, ostern, pfingsten; darnach ker er sich kegen dem volk und lese die epistel von der zeit mit heller stim, das er von allem in der kirche gehort werde, nach der epistel sing man ein ander deutsch gesang, dernach kehr er sich wider gegen dem volke und lese das evangelion, nach dem evangelion singe er: Wir glauben all an einen gott, am suntag predigt man das evangelion von der zeit, nach dem essen die epistel ader den catechismum, balt nach der predigt thut man das gemein gebet fur alles anligen und sunderlich vor alle prediger, vornemlich aber vor unseren lieben hern und vater d. M. und alle gelerten zu Wittemberg und in der ganzen welt, die das evangelion rein predigen, das sie got sterk und erhalte in der rechten lehre und behute vor schwermer und vor rotten.

Dornach bitte er vor unsern gnedigsten herrn den keiser, vor alle stende des reichs, das in gott helf zum erkentnus des lieben evangelii samp iren underthanen, auch fride und einigkeit gebe und sunderlich um unsern gnedigen fursten und herrn, um unsere gnedige furstin und alle irer g. amtleut, vor alle vervolgte, vorjagte umb evangelii willen, vor alle kranken, schwangere, seugende, vor alle betruckte, traurige, angefochtene gewissen vom teufel und der welt, bitte um seligs gewitter, auch das uns got behut vor pestilenz, teurzeit, blutforgisen und, wo sunderlich kranke sein, das man sich irer treulich anneme und vleissig vor sie bit.

Nach der predigt gee der pfarher zum altar, hebe an und sing das vaterunser in eodem hinweg und darnach die wort des testaments Jesu Christi, wi in doctor M. messbüchlein verzeichnet und gebe ime keine papistische melodei und consecrir beiderlei gestalt nach einander und gebs dornach dem volk, auch ermane man das volk, das man zuchtig und ehrlich sich halt und nicht mit geprenge und hochfart hierin treten, nach der emfaung des sacraments so sing man die colecte und sprech den segen gegen dem volke, wi im buch verzeichnet. Auch sehe ein iglicher pfarher vleissig zu, das er wein guug neme und beileib nicht thu, wie etwan gescheen, das einer, do er zu wenig im kelch hate und des sacraments nicht genug war, goss er wein zu und vermeinte es were recht gewesen. Es ist vil besser, wenn einer an einem kelch nicht guug hot, das er zwene neme. Auch soll man keinen menschen, der alle tage voll ist oder ein offentlich bos leben furt, leichtlich zum sacrament lassen, er stelle es dann abe und besser sich.

Die kranken, so das sacrament begeren, zu denen sol der pfarher komen samt seinem custos, brot und wein mit sich nemen und nicht doheime consecriren, wie etwan gescheen, sunder ingegenwertigkeit des kranken das testament Christi andechtiglich handeln.

Von dem ehelichen stande.

Wir geben niemants zur ehe, er sei denn drei suntag zuvor auf der canzel aufgeboten, auch trauen wir niemants fremds, er bring dann gnugsame kuntschaft, von wanne er oder si sei, das er oder sie nicht vor mit andern verlobt seint. Wer solche kuntschaft nicht hat, den trau man nicht, wenn er schon burgen wil setzen, denn es macht oft vil muhe und arbeit bei der obrickeit. Es sollen auch die pfarhern vleissig warnen die jungen leute fur dem heimlichen winkelgelubde, aus welchem oftmals alles ungluk erwechst, auch sellen di pfarhern ahn sunderliche ursach die breut nicht in winkel, sundern in der kirchen trauen, dornach den segen uber sie lesen, das es also alles ehrlich in gottes namen angefangen und volendet werde.

Von den kranken.

Wo kranken seint, di wir wissen oder sie unser be(r)gern, zu den gehn wir, trosten si, so vil uns muglich, mit dem gotlichen wort, vormanen sie zu gedult, glauben und dorin zu verharren, fragen, ap sie mit dem sacrament vorsehen sein ader nicht, auch, ap sie feintschaft haben, und richten uns nach dem büchlein d. M. von der zubereitung zum sterben und halten uns nach eins itzlichen gelegenheit vleissig und treulich, gehen auch alletage zu inen, sie zubesuchen, dann es ist nicht gnug, wie etzliche faule pfarhern thun, wen sie das sacrament gereicht, lassen sie di kranken liegen und fragen nicht mehr nach inen, so es doch am allernotigsten ist, das man am mersten helfe troste und rathe, wens ans treffen gehet und dem tode am nechsten ist. Wir brauchen auch noch crucifix bei den kranken. Auch sollen di pfarhern das volk treulich vormanen, das si das heilig sacrament des altars nicht vorachten in tods noten und nicht harn und vorzien, bis sie numer reden konnen oder kein vernunft mehr haben, sunder sich in der zeit dorzu schicken.

Von der begrebuus.

Wenn man ein tods zu bestetigen hot, sollen di pfarhern das volk treulich vormanen, das ein iglicher vleissig mitgehe, gote danke, das er den verstorbenen in der bekentnus des evangelii erhalten hab und ein iglicher, der mit gehet, sich seins sterbens auch erinnere und sein leben bessere.

Danksagung der weiber nach der geburt.

Wenn sie mit dem kindlein komen, lassen wir di mutter samt andern weibern vor den altar knien und beten den 137. psalm: Wu der herr das haus nicht baut, darnach den 128. ps.: Wol dem der den hern furcht etc., Vater unser etc. Herre got, der du mann und weib zu dem estande verordnet hast, dorzu mit frucht des leibs gesegnet und das sacrament deines lieben sons Jesu Christi und der kirchen seiner braut dorin bezeichnet, wir bitten deine grundlosen gute, du wollest solchs dein geschopfe ordnung, und segen nicht lassen vorrucken noch verderben, sondern gnediglich in uns bewaren durch Jesum Christum unser herrn.

Allmechtiger barmherziger vater, der du diesem weibe in irer grossen angst und kindsnoten geholfen und eine froliche frucht beschert, mit der taufe und heiligen geist begnadet hast, wir loben dich und danken dir ewiglich und bitten dich durch Jesum Christum deinen lieben son, du wollest dich uber dis kintlein erbarmen, welches man dir itzunt mit danksagung in den tempel opfert, das auch behuten vor allen ubel, sterken mit deinem geist, erhalten in deinem reinen worte, sein pflegen und warten, damit es in rechten glauben erzogen und bestendig dir alzeit gehorsam zusein, dich lobe, ehre und preise mit allen auserwelten hie und dort ewiglich. Amen. Dornach lege er di hende auf das kint und spreche: Der herr gesegne dich auf allen deinen wegen von nu an bis in ewigkeit.

Collecta in adventu domini.

Wir bitten dich almechtiger herre got, dass du wollest deine ohren unserem gebet gnediglich zuneigen und di finsternis unserer herzen mit der gnade deiner heimsuchung erleuchten umb Jesus Christus unsers herrn willen.

Natalis domini.

Wir bitten dich almechtiger herre got das du uns, so mit der erkentnus der neuen geburt deines sons übergossen, wollest vorleihen in den werken zu beweisen, das wir durch den glauben im herzen bekennen durch des selbigen Jesu Christi unsers herrn willen.

Epiphanie domini.

Almechtiger herre got vater erleuchte alle volker, der du heunt deinen eingebornen son durch leitung des sternes host wollen offenbaren, gib deinem volke im ewigen fride sich zu freuen und dasselbige scheinende licht geus in unser herzen, das du in der weisen gemute hast aufgeblasen durch Jesum Christum unsern hern.

Parasceves.

Almechtiger vater ewiger got, der du vor uns hast deinen son des crucis pein lassen leiden, auf das du von uns des feindes gewalt treibest, vorlei uns also zu begeben und danken seinen leiden, das wir dardurch der sunden vorgebung und von ewigem tode erlosung erlangen umb des selbigen Jesu Christi willen.

Pasche.

Herre got vater, der du hast durch deinen einigen son den tod uberwunden und uns den eingang zum ewigen leben eroffnet, du wollest unser bitt, di du uns zuvor eingibst, fordern und helfen, auf das wir di volkomene freiheit erlangen und zum ewigen leben komen um desselbigen unsers hern Jesu Christi willen.

Pentecoste.

Herre got der du an diesem tagen deiner glaubigen herzen durch des heiligen geists erleuchtung host geleret, gib uns das wir auch durch den heiligen geist recht vorstand haben und seiner trostung uns alzeit freuen um deines sons Jesu Christi unsers hern willen.

Annuntiationis Marie.

Herre got himlischer vater, der du die menschwerdung deines lieben kindes, unsers hern Jesu Christi, der reinen junkfrauen Marie durch den engel Gabriel host verkundigen lassen, wir bitten, du wollest gnediglich vorleihen, das wir durch dieselbig heilige empfaung geheiliget, dir in deiner gemeine frolich mogen dovon dinen und danken, der du lebest von ewickeit zu ewickeit.

Harzgerode.

Für Harzgerode wurde, wie angenommen werden darf, auf der ersten Visitation von 1534 von den Visitatoren eine Kirchen-Ordnung publicirt. (Vgl. hierzu oben S. 498.) Ich drucke dieselbe erstmalig aus Zerbst, St.A., V, 209, Nr. 9, ab. **(Nr. 134.)**

134. Kirchenordnunge zu Hatzkerode. 1534 (?).

[Aus Herzogliches Haus- und Staatsarchiv zu Zerbst, Abth. G.A.R. V, 209, Nr. 9.]

Es soll dem pfarher furderlich ein agenda zugeschickt werden. Nach inhalt derselbigen sollen administratio sacramentorum und officia ecclesiastica vorbracht werden, und alle sonnabent und feirabent soll vesper gehalten werden, und umb der schule willen die gewonliche psalmen mit einem antiphon, responsoria oder himni de tempore oder festo latinisch gesungen werden. Und an stat eines capituli sol ein kurze lection durch den pfarher oder diacon fur dem pult gegen dem volk gelesen werden, deuzsch ex Paulo oder Jesu Sirach, oder ein deuzscher psalm, oder was sich sonsten nach gelegenheit der zeit und festen oder nach gefallen des pfarhers schicken wirdet.

Darauf das magnificat mit der antiphon und collect de festo oder de tempore; volgend sollen die knaben singen das Benedicamus und darauf da pacem domine drei mal, und darnach Vorleihe uns friden gnediglich mit dem versicul und deuzsche collecta, und auf den grossen festen sol man zur vesper die orgel gebrauchen. Darnach sol mit vleis beicht gehort werden, ide person privatin insonderheit auch nach der form der agenden absolvirt werden.

Des morgens sol die metten gehalten werden und lectiones ex novo testamento gelesen werden. Darnach die frue predigt, wie gewonlich.

Zum hohen amt.

Für den hohen amt oder messe sol der chor singen Veni sancte spiritus vel Cor mundum vel Deus qui corda und das auf die grosse feste, aber auf die gemeinen sontag Kom heiliger geist mit dem deutschen versikel und collect, darnach den introitum von fest ader de tempore, zuweilen de S. Trinitate nach gefallen des pfarhers, wo die sontage introitus den knaben zu swer weren. Doch sollen sie die, weil sie aus der schrift genommen, mit der zeit auch lernen.

Volgende das Kyrie eleison auf die grosse feste mit dem Gloria in excelsis und Et in terra auf der orgel und chor, und zu weinachten mag man nach alten gebrauchen die Kyrie dies est laeticie cum sequentibus latine und deutsch mit dreinsingen. Aber an die gemein sontag sol man umb einander einen sontag das latinsche gloria und Et in terra dominicale, den andern das deutsche singen; im winter an gemeinen sontagen mag man auch wol nur das kyrie allein ane Et in terra singen. Hernacher volget die salutatio zum volk Der herr sei mit euch, sampt der collecten, deutsch mit gewanten angesicht zum altar.

Darauf sol der diacon im chorrock auf den pult gegen dem volk die ordentliche epistel alwege nach der zeit deutsch singen in gewonliche melodei, mit dem anfang, exempli gratia: Als schreibet der heilig apostel Paulus in der ersten zu den Corinthern im 11. capitel: Ich habs vom herrn entpfangen cet. ader: Also schreibt der heilige Petrus in der 1. oder 2. epistel in dem capitel cet. wie ane die epistel, so gelesen werden sol, geschrieben stet.

Nach dem singet der chor das alleluja de festo vel tempore, und auf die hohen fest die prem. (?) sequenz auf der orgel und chor, und zu weinachten werden in der sequenz Grates nunc omnes, die deutschen gesetz Gelobet seistu mit dem volgenden, vom volk mit drein gesungen, auf Oestern die sequenz Victime paschali sampt dem Christ ist erstanden, pfingsten die sequenz Veni sancte spiritus et Emitte celitus und darzu die gesetz Nu bitten wir den heiligen geist mit den andern, auf die gemeine sontag an stat des sequenz ein deutsch lied ader psalm, auf unser frauen fest das lied Her Christ der einig gots son cet.

Alsdan sol der diacon, wie oben berurt, auf dem pult gegen dem volk das evangelium nach der zeit singen zuvoren mit der salutatio Der herr sei mit euch cet., auch mit diesem anfang: Die nachvolgende worte des heiligen evangelii beschreibt der heilig evangelist N. am N. capitel wie das nue geschrieben stet. R. Chorus: Ehr und preis sei dir. Hier singet der diacon furder: Jesus sprach zu seinen jünger, oder wie sich sunst der text anfahet cet.

Und wer der diacon der orgel halben vorhindert ader sunst nicht aldar, sol als dan der pfar ader, wer die messe helt, nach gelesener collect fur den altar mit dem chor amen singet, für den pult gehen und dan selbst gegen den volk die epistel und evangelium, wie izt gemeldet, selbst singen.

Nach dem evangelio sol der priester lateinisch gegen den altar anfahen Credo in unum deum und der chor darauf das latinsche perm. singen und volgende das volk Wir glauben, wie es in d. Martini sangbüchlein stehet und in andern kirchen gesungen wirt. Mogen auch, ehe die leut das lernen, und sunst zuweilen den glauben singen, wie es alhir zu Hatzkerode gebreuchlich.

In des sol der pfarher auf den predigt stul gehen und beten ader singen lassen das vater unser oder was im nach gelegeheit und kurz der zeit gefellig. Die sontag und feiertag soll er alwege die gewonliche evangelia mit vleis tractiren.

Item was zuvorkundigen und sonderlich die aufgebot der, so sie sich in ehestand begeben, wollen zur hohen predigt gescheen, damit es idermann wissen moge.

Nach geschener predigt sol ein deutsch lied ader das deutsche sanctus Jesaia, dem propheten, das geschach nach gefallen des pfarhers, gesungen werden. Indes sol mit der glocke ein zeichen geben werden, alsdan sollen die communicanten in den chor gehen und zur rechten die manne, zur linken die frauen und junkfrauen treten.

Als dan sol sich der priester umb keren und die exhortatio, wie die in der agende stehet, inen vorlesen. Auf den grossen festen aber sol an des stat die prefatio de festo gesungen werden mit dem gewonlichen sanctus latinisch.

Nach solcher exhortatio ader prefatio und dem sanctus sol der prester das vater unser singen, wie in der agende stehet, und das sol alzeit geschehen und nicht nachgelassen werden. Under des sol die ganze kirche andechtiglich niderknien bis zu ende der communication.

Uf das vater unser sol der priester wie bisher verba testamenti singen und, wie itzo ublich, beides, die ostie und kilich, balt nach einander consecriren, und, als es itzo gebreuchlich, darmit halten. Alsdan sol man singen Jesus Christus, und als balt sollen die communicanten zum altar gehen, auf der rechten seiten von der hant des pfarhers den leib des hern, auf der linken seiten das blut von dem diacon oder, so der nicht vorhanden, auch von dem pfar entpfahen, und soll auf beiden seiten viregte seidene tücher underhalten, und von [es folgt ein unleserliches wort, vielleicht: particulas] oder den blut Christi nicht ubrig gelassen, sondern von dem prister oder communicanten alles genossen werden.

Auf die grossen feste mag man under der communion und, so der vil sein, auch das lateinsche agnus dei singen.

Es soll auch zur communion erst gehen die knaben und männer und darnach die junkfrauen und frauen.

Wan nu der priester (welchs er an sonder ursach nicht nachlassen wolle) und auch die communikanten alle communirt haben, auch der priester das alleluga u. s. w. und den gesang vollendet, sol er sich umb keren und die salutatio singen: Der herr sei mit euch, dann wider zum altar gewant, die complende: Wir danken dir cet. oder dergleichen; zuletzt sol er sich wieder umb wenden und den segen singen: Der herr segne dich cet. Darnach singet das volk: O du lamb gots, oder: Got sei gelobt oder was sunst nach gelegenheit dem pfar gefallen.

Es soll auch zum ampt der ornat und anders, wie bis anher gewonlich, gebraucht, und ohne vorwissen der herschaft nichts abgethan werden.

Die ander vesper.

Des feiertags sol auch widerumb vesper zu gelegener zeit gehalten werden, wie am feierabend, anc das man an stat des evangeli auf die gemeine sontag den catechismum und hohe feste von festen oder die epistel auch ein halb stunde predigen, sol unangesehen werden, wens volk darinne kommen mochte, wiewol der amtman und rat mit ernst darob sen zu der zeit, bei der straf nicht zu schenken cet.

Nach der predigt sol das magnificat deutsch gesungen werden uf der orgel und dem volk oder der chor und volk umbenander, darnach sie andechtig mit der collecta und benedictione, darnach da pacem ut supra.

Von ubung in der kirchen uber die ganze woche.

Wir wolten auch gerne, das do teglichen in der kirchen der leute willen so do mussig, etwas mocht gehalten werden, frue im sommer und winter nach gelegener zeit, und erstlich das der schulmeister mit den knaben einen psalmen oder, so der kurz, zwene, nach der ordnung des psalters, mit der antiphon gesungen, und darauf der schulmeister ader caplen eine deutsche lection aus der bibel auch nach der ordnung, damit die leute die historien lernen, gelesen hette, und volgendes: Verleihe uns frieden genediglich.

Zu vesper an werkeltagen sol der chor etwau einen himnun nach gelegenheit der zeit singen, als

In adventu	Veni redemptor gentium,
Nativitatis Christi	Corde natus,
In der fasten	Christe qui lux,
Auf ostern	Ad cenam agni,
Auf ascensionem	Jesu nostra redemptio,
Auf pfingsten	Veni creator,
[zwei unleserliche worte; ich lese: post annum]	Auffer immensam oder [mehrere unleserliche Worte; ich vermuthe: Te lucis ante terminum]

ader sonsten, und darnach von zweien knaben ein artikel des deuzschen catechismus um ein ander von wegen der kleinen kinderlein recitiret, und das die eltern, dieselbigen die zeit hinein gehen zu lassen, vormahnet werden, volgende da pacem.

Am donnerstage sol die predigt, wie bisanhero gebreuchlich, bleiben und gehalten werden.

Des freitages kont man des morgens zu gelegener stunde das responsorium tenebre singen, mit den versikel (?) Proprio et unigenito filio et collecta [unleserliche Worte; ich lese: Christe regnum tuum] cet. und alsdan ein kurz deuzsche lection aus der passion, volgende darauf die knaben die deuzsche litanei singen lassen mit der collecten. Und alwege zu ende der

74*

emter sol der segen gegeben werden gegen dem volk.

Und alle deutsche lection sollen uf den pult gegen dem volk, die collecten aber gegen dem altar gelesen werden.

Von hochzeiten.

In hochzeiten ist es ganz misstendig, das braut und breutigam zur kirche alleine kommen, sondern es sollen die leute dazu erinnert werden, das sie den breutigam und braut zu bequemer gelegener zeit ehrlichen hinein beleiten, und sollen als dan die nach der form Martini copulirt und gesegnet werden.

Von begrebnus.

Die leiche der verstorben sollen ehrlich bestatet werden, und, wan die bestattung geschehen, sollen als dan die priester samt dem chor und dem volk in die kirche gehen und ein deuzsch lied, als Aus tiefer not, singen, und darauf sol der pfarher oder caplan ein lection aus der epistel Pauli ad Thessalos oder ex Johanne gelesen, und das opfer, so von den leuten gefellet, für die armen gebraucht werden.

Item die sechs wochenerin sollen auch eingeleitet werden mit einem gebet und nach der predigt ihr opfer auf den altar zu den gebetenen frauen bringen.

In besuchung der kranken wollen die kirchen diner auch vleissig sein, und mit der communion sich auch nach inhalt der agenden halten. Desgleichen wol der pfar auf die schule gut acht mit haben, damit sie in der furcht gottes erzogen und an der lahr nicht verseumet werden.

Zerbst.

Litteratur s. oben unter Anhalt.

Zerbst war die bedeutendste Stadt des Landes und der Sitz der hervorragenden kirchlichen Persönlichkeiten, die als Superintendenten von Zerbst den in Zerbst residirenden Fürsten zur Seite standen. Ich erinnere nur an Fabricius, Ulrich und Amling. Es ist daher erklärlich, dass Zerbst sowohl in der Reformationsgeschichte des Landes eine ganz hervorragende Rolle spielte, als auch, dass es sich mancher Vorrechte erfreuen durfte.

1. Was die äussere Geschichte anlangt, so bezeichnet man das Jahr 1522 als dasjenige des Beginnes der Reformation und nimmt die letztere als im Jahre 1524 unter Leitung des Bürgermeisters Gysicke durchgeführt an (Wäschke, a. a. O. S. 38 ff.; Becker, Der Anfang der Reformation in Zerbst, in: „Unser Anhaltland", S. 357, 370. S. auch S. 513, 526). Für die Lokalgeschichte giebt der Band XXIX des Superintendentur-Archivs zu Zerbst werthvolle Aufschlüsse. Dieser Band enthält u. A. auf der Rückseite des ersten Blattes eine eigenhändige Lebensskizze Wolfgang Amling's. Diese zählt die Pastoren an St. Nicolaus von 1521 auf: Mathäus Mesebach, D. Cyriacus Jericken, M. Joan. Grunart [hierauf ist aus einem anderen Verzeichnisse in demselben Bande eingeschoben; D. Nicolaus anno uno], D. Conradus Feigenbutz, Superintendent M. Joan. Rosenthal, D. Theodorus Fabricius, Superintendent [von anderer Hand beigefügt: 1544 — † 16. September 1570], M. Mathäus Joannes, H. Heinrich Dressler, M. Wolfgang Amling, Munerstadensis Fr. [soll heissen: Franconiae; von anderer Hand beigefügt: † 18. Mai 1606]. Die Pfarrer an St. Bartholomäi werden in demselben Bande an anderer Stelle genannt: Johannes Luco, Henricus Rossinger, Ulricus Pollinger, Joannes Mumii, M. Lazarus Eissenberg, M. Abraham Ulrich († 1557), M. Clemens Streso († 1586), M. Nicolaus Kindig († 1598), M. Caspar Ulrich († 1608). Auf der Vorderseite des ersten Blattes hat Jemand einen Auszug aus der Leichenpredigt aufgezeichnet, welche Wolfgang Amling am 14. März 1589 dem M. Georgius Rothe, Prediger zu St. Nikolaus, gehalten hat. In diesem Auszuge wird Folgendes mitgetheilt: An St. Nikolaus sind während der Zeit Rothe's in wenigen Jahren drei pastores gestorben: Theodor Fabricius, M. Mathäus Joannes, Heinricus Dressler, und ein Diaconus M. Gallus Dressler; zu St. Bartholomei aber hat Rothe alle drei Collegen überlebt: M. Abraham Ulrich, M. Marcus Hesen und M. Clemens Streso. „Dadurch haben die uberlebeuden pfarrer

viel mehr arbeit gehabt, namentlich in den sterbenszeiten von 1576, 1577, 1578, 1582, 1584, da das predig ampt freilich nicht auf rosen gehet. Anno 1566, da fast uberall in diesen landen die schwere seuche grassiret und uber 6000 menschen in dieser stadt allein weggereumet. wurden, oft in einer wochen über 300 menschen daran gestorben, ist auch damals mit weggeraffet Johannes Reusner und Johann Trebelius, beide diacon zu St. Nikolaus, deren einer gemelter Rothe succediret. Er ist der erste gewesen, der in der kirchen zu S. Niclas den exorcismum hat fallen lassen, als ein liebhaber der wahrheit, stehet in der gedachten leichenpredigt (das es aber auf verordnung der obrigkeit geschehen, wird nicht gemeldt)". Damit schliesst der Auszug.

2. Die Stadt erfreute sich einer grösseren Selbständigkeit als andere Städte im Lande. In welchem Maasse diese vom Fürsten anerkannt wurde, zeigt der Umstand, dass derselbe mit dem Rathe zu Zerbst eine Abmachung über einige Fragen des Eherechts traf; wenn dabei auch natürlich die Meinung des Landesherrn die durchschlagende war und die Abmachung auch vom Landesherrn publicirt wurde, so ist doch nicht zu übersehen, dass die Artikel ausdrücklich als „Verdracht" oder „Articuli senatus et principum de matrimonio" vom Superintendenten bezeichnet werden. (Vgl. oben S. 512 und den Abdruck Nr. 122.)

Als Fürst Bernhard III. einige Verbesserungen im Cultus anbringen bezw. die Kirchen-Ordnung Georg's wieder beleben wollte, verglich er sich erst mit dem Bürgermeister und den Rathmannen der Stadt, und diese letzteren wiederum paktirten mit den Superintendenten, Pfarrern und Caplänen, und dann wurde die Ordnung als Landes-Ordnung 1568 publicirt.

Die Berufung der Pfarrer erfolgte in Anhalt zumeist ohne Betheiligung der Gemeinden durch den Landesherrn. Vgl. oben S. 520, 525. Der Rath zu Zerbst besass hier Sonderrechte.

Wir erfahren aus Zerbst, Superintendentur-Archiv, XXVIII, Bl. 56 ff., dass die Fürsten Johann, Joachim und Georg dem Rathe das jus vocandi in der Kirche zu St. Nikolaus „doch mit gewisser masse" zugestanden hatten, dass der Rath aber „dessen sich wider gebühr gebraucht" habe. In Folge dessen habe der Rath am 31. März 1571 einen Revers unterschreiben müssen: „Wir bürgermeister, rathmannen der stadt Zerbst ..... versichern in kraft dieses unseres reverses, dass hinfüro wir mit vocirung eines pfarrers ordentlich wollen verfahren, dergestalt, dass die pfarrer mit der ganzen gemeinen vorwissen und derselbigen gewönlichen versamlung vociret werden und fur allen dingen, ehe derselbige angenommen und .... mit ihm in icht was einlassen, unserm landesfürsten durch uns selbst präsentirt und gnedige confirmation unterthänige ersuchung geschehen solle, die alsdenn auch nach beschehener gnädigen confirmation den confirmirten pfarrer darauf durch den herrn superintendenten allhier gebürlichen investiren lassen."

Dieser Revers findet sich auch im Superintendentur-Archiv Nr. V und ist daraus wörtlich von Becker, Die ersten Ordinationen für die evangelische Kirche Anhalts, 1538—1578, in: Mittheilungen des Vereins für anhaltische Geschichte und Alterthumskunde, Bd. VII (Dessau 1895), S. 565 abgedruckt.

Im Jahre 1572 entstanden wieder Schwierigkeiten in Betreff der Besetzung der Diaconenstellen, und zwar dieses Mal zwischen dem Rath und dem Superintendenten. Man erledigte dieselben durch einen Vergleich und regelte dabei zugleich die Frage der Besetzung der Schulstellen, sowie die Stellung der Schule zum Superintendenten und Ähnliches. Diese Abmachung zwischen dem Rathe und dem Superintendenten Ulrich wurde vom Landesherrn am 5. Juni 1572 bestätigt. Wir finden sie zweimal im Superintendentur-Archiv zu Zerbst. XVIII, 131 ff. und XXIX, 451 ff. Nach letzterem Exemplare drucken wir sie ab. (Nr. 135.)

3. Zweifelhafte Punkte und Streitigkeiten erledigten die Geistlichen zu Zerbst mit Vorliebe durch Vergleiche. Diese wurden dann als solche formulirt und aufgezeichnet. Zwei solcher Abmachungen, oder, wie sie Fabricius in seiner Zusammenstellung nennt, „Verdracht-

Artikel", vom Sonnabend vor Estomihi (7. Februar) 1558 und vom Januar 1551 finden sich im Superintendentur-Archiv zu Zerbst, XXIX, 338 ff. Vgl. auch oben S. 511. Wir drucken beide ab. (Nr. 136 und Nr. 137.)

　　　Weitere Abmachungen des gesammten Ministerium zu Zerbst unter einander und mit dem Rathe [vgl. hierzu oben S. 508, 511] hat Fabricius in seinem oft erwähnten Superintendentur-Buche aufgezeichnet. Die Zusammenstellung stammt aus der ersten Visitation des Fabricius 1545, Superintendentur-Archiv Nr. VI, 56 ff. Vgl. auch Superintendentur-Archiv Zerbst, XXIX, 71 ff. Ich drucke sie ab. (Nr. 138.)

　　　Im Übrigen sei auf die Darstellung unter Anhalt verwiesen, bei welcher wiederholt im Zusammenhange mit den Visitationen die Zustände in Zerbst beleuchtet und auch mancherlei Ordnungen erwähnt wurden. So besonders von 1545 und 1562. Vgl. oben S. 508 ff.

135. Vergleich zwischen dem Rath und dem Superintendenten zu Zerbst. Vom 5. Juni 1572.

[Aus Zerbst, Superintendentur-Archiv, XXIX, 451 ff.]

Zu wissen, das zwischen dem ehrwirdigen hochgelarten und achtbarn hern m. Abrahamo Ulrichen, furstlichem anhaldischem superintendenten und pfarhern zu S. Bartholomes, alhier zu Zerbst, und einem erbarn wolweisen rathe hieselbsten freundliche unterredung etzlicher sachen halben gepflogen, insonderheit aber, wie es mit berufung, annemung und enturlaubung kirchen und schuldiener alhier zu Zerbst hinfurder sol gehalten werden, und ist demnach uf solche gepflogene freuntliche unterredung diese voreinigung geschehen und aufgerichtet.

Erstlich, wann alhier zu Zerbst mangel eines diacon, schulmeisters oder collegen vorfallen wurde, und der rath, deme die vocation on alle mittel zustendig, eine person zu solchen vorledigten schuel oder kirchenemtern zu fördern und zu vociren bedacht, als sol dieselbige dem hern superintendenten und dem pfarhern zu S. Niclaus zeitlichen angemeldet und ir räthlichs bedenken darin ersucht und gebeten werden. Wan alsdan der herr superintendens und pfarherr zu S. Niclaus der person halben mit dem rate einig, soll dieselbige vom rathe anhero vociret, der diaconus mit einer predigt uf der canzel sich offentlich hören lassen, und volgends dem hern superintendenten und dem ganzen ministerio in beisein etzlicher geordneter rathspersonen freundliche unterredung in religion sachen mit ihme gehalten und seiner lahr erkundigung genommen werden, und, do an lahr und leben kein mangel befunden, von dem rathe bestalt und angenommen und volgends von dem hern superintendenten und vom rathe investiret werden.

Wann ein schulmeister auch nach vorgehender gepflogener sämptlichen deliberation, wie oben von den diaconis beruret, vom rathe anhero vorschrieben und vocirt, soll der herr superintendens in beisein des pfarhern zu S. Niclaus und derer vom rath zugeordneten inspectorn der schuelen gleicher gestalt unterredung in religion sachen

mit ihme halten, sich seiner lahr und lebens zu erkundigen, und, wann an ihme kein mangel befunden, und er zu regierung der schuelen tuchtig, soll er vom rathe bestalt, angenommen und introducirt werden, und ihme durch den superintendenten von wegen des raths die schuelregierung bevolen und die jugent an ihn gewiesen werden.

Es soll auch der introducirte rector scholae an den hern superintendenten und die inspectorn der schuelen, so vom rathe jehrlichen geordnet werden, von dem rathe in continenti angewiesen und ihnen geburliche volge und gehorsamb zuleisten ermanet werden.

Also soll es auch mit annemung eines collegae in der schuelen gehalten werden, das derselbige vom rathe mit vorwissen und mit bewilligung des hern superintendenten, so fern das rathe dessen nicht erhebliche ursachen vorzuwenden, darum er die mitbewilligung billicher und notwendiger weise suspendirte oder auch vorwegerte, angenommen, von dem hern superintendenten und dem rectore scholae in lahr und leben durch freundliche unterredung erkundigt und volgends durch den hern superintendenten und des raths vorordenten inspectorn eingeweiset und commendiret werden.

Do auch irrungen, missvorstende, uneinigkeit, unrichtigkeiten an unfleiss, ergerlichem leben, bösen sitten, oder wie das namen haben muge, vorfallen wurden, und nicht in die peinlickeit gehört, soll der herr superintendens, der pfarherr und des raths vorordente inspectores scholae dieselbigen in guete zu entscheiden haben, do aber dieselbigen von itzgedachten nicht vorglichen, ferner an den rath gelanget werden. Do auch die sachen so gewant, das eine enturlaubung geschehen muste, sol dieselbige uf erkentnis des raths gestalt und mit vorwissen und mit bewilligung des hern superintendenten geschehen und vorgenommen werden.

Do aber uber zuvorsicht zwischen dem superintendenten und pfarhern zu S. Niclaus, eins, und denen diaconis oder rectore scholae oder seinen collegis daselbst, andersteils, missvorstende vorfielen, so durch den hern superintendenten und seine adjunctos, als den pfarhern zu S. Niclaus und die vorordente inspectorn scholae, nicht könten vorglichen werden, könten superintendens und seine adjuncti, wie oben vormeldet, auch wol etzliche von dem gemeinen ministerio beider pfarkirchen zu sich ziehen, und in entstehendem guetlichem vortrage die clagen, so fern sie des raths kirchen und schueldiener betreffen wurden, an den rath und dann uf ferner unfruchtbare entscheidung von dannen an den landesfursten gelangen.

Dessen allen zu steter und vester haltung haben mit gnediger bewilligung des durchleuchtigen, hochgebornen fursten und hern, hern Joachim Ernsten, fursten zu Anhalt, grafen zu Ascanien etc. als des landes fursten, beides, der herr superintendens und der rath, diese freundliche vorgleichung aufgerichtet, dieselbige mit ihren ampts secreten becreftiget und mit eigen handen underschrieben. Geschehen ufm rathhause zu Zerbst, in beisein des ganzen ehrwirdigen ministerii und mit bewilligung der dreien rethe, den 5. junii, im

jahre nach Christi unsers seligmachers geburt, tausent funfhundert zwei und siebenzig.

Und von gottes gnaden, wir Joachim Ernst, furst zu Anhalt, graf zu Ascanien, herr zu Zerbst und Bernburg, vor uns unser erben und nachkommen, hiermit urkunden und bekennen, das diese vorgleichung, wie es in kunftigen fellen mit annemung und bestellung der diacon, schulmeister und collegis in unsere stadt Zerbst soll gehalten werden, mit unserm gueten rath und vorbewust aufgericht und volnzogen worden, ratificiren und belieben dieselbig hiermit und in craft diz briefs in allen ihren puncten und begreifungen, wissentlich und wolbedechtig und des zu urkund haben wir auch mit unserm furstlichen handsecret diese vorgleichung in zwei originalia zu bringen, davon eins dem superintendenten, das ander dem rath zugestalt worden, die wir auch mit unserm furstlichen handsecret bedrucken lassen, und mit eignen handen underschrieben. Geschehen im jahre und tag wie oben.

Joachim Ernst fürst zu Anhalt
manu propria subscripsit.
(2 Siegel.)

186. Verdracht artikel zwischen uns kirchendiener zu Cervest in S. Niclaus kirch [1]). Vom 7. Februar 1551.

[Aus Zerbst, Superintendentur-Archiv, XXIX, Bl. 338 ff.]

Auf das konftiger unwil und hader zwischen uns, nach benante diener der kirchen Christi, nicht erstee, und da erstunde, des zu besser verhutet wurde, haben wir auf nachfolgenden artikel einmutlich gewilliget, beschlossen, und die mit eigener hand underschrieben.

Zum ersten, da unser einer oder mehr etwas unwillens wider den andern, es were dann in ler, leben, oder andern sachen kriegen und haben wurde, das er oder die den selbigen erstlich nach der regel Christi Matt. 18 selber allein zur besserung freundlich vermanen wil, und wa das unfruchtbarlich were, zwen andern zu sich nemen und ihn gleicher gestalt vermanen, da aber solchs auch unfruchtbarlich sein wurde, ihn darnach vor alle diener dieser dreien kirchen zu Cervest zur besserung vermanen wolle, da alsdann solchs auch nicht helfen wurde, ihn vor unsere christliche obrigkeit verklagen, und denselbigen seinen widerwertigen nicht ehe verachten, heimlich oder öffentlich hindersetzen, viel weniger auf den kanzel auf ihm stechen wil, auch von andern ungern hören wil, es sei dann solche abgedachte vermanung gescheen. Da aber nach gedachter christlicher vermanung keine besserung folgen wurde, muchte der mutwilliger widerwerdiger als ein zolner

und sunder gehalten und von der obrigkeit gestraft werden.

Zum andern verwilgen wir hiemit auch einmutlich, das wir auf unser gnedigen fursten und hern und des ehrbarn rath kirchenordenung und auf der deutschen gesenge ordenung, aus furstliche kirchenordnung gezagen, semptlich und in sunderheit halden wollen.

Zum dritten verwilligen wir auch, das unser keiner hinder der andern dreien mitdienern . wissen und willen etwas anrichten und praktiziren oder annemen wil, welches zur gemein regierung der kirchen gehort, vil weniger das den andern ohn seinem wissen und willen ins ampt fallen wil.

Zum vierten, das her Johan Trebelius neben den andern diaken mir Theodoro Fabritio als seinem pfarherrn geburlichen gehorsam liesten wil.

Zum funften, das sich her Johan Trebelius zur gleicher arbeit mit den andern diaconis zu tragen verpflichten wil, so bin ich obgedachter ihr pfarher auch zufrieden, wie sie sich denn vergleichen.

Zum sechsten, das die diaconi zu meiner ihres pfarhern notdurft auf mein ansuchen vor mich predigen, so wil ich auch, wenn sie krank und

---

[1]) Diese Aufschrift stammt von Fabricius.

wio folget todt sind, auch nach meinen vermugeu gern vor sie predigen.

Zum siebenden, da in unser kirchen ein pfarherr oder diacon mit todes halben abeging, so verwilligen wir auch hiemit, das wir semptlich und mit hulf unsern nachbarn priestern diese unsere befolene kirche in dem quartal, darin unser pfarher oder mitdiener stirbt, und ein halb jar darnach mit predigen und regiren gern versorgen wollen, of das des verstorben erbe die besoldung obgedachter zeit geruglich bekommen mugen. Darumb wir auch nach todlichem abgang seligen hern Johan Ertmans lenger den ein halb jar die kirche versorgt haben, auf das seine erben die helfte des geldes und des rokens, so in diesen 51 jar minoris numeri gefelt, haben und einnemen mugen.

Zum achten verwilligen wir auch, das, wer in seligen hern Johann Ertmans wonung zihen wird,

hinfordern durch den [1]) pfarhof aus den pfarborn kein wasser holen wil, dogegen sich auch der pfarher erboten hat, zum bau eines born zum beiden nechsten diaconis dele und gelt zu lenen und zur not vergunnen durch das pfarhaus kochwasser zu holen.

Geschehen anno domini 1551 am sunnabend vor Esto mihi.

Wir nachgenante diaconi verwilligen auch, do unser pfarher noth halben an helligen tag die fruepredige thun wolde, das wir auf sein ansuchen die mess predige thun wollen.

    Thedorus Fabricius d. pastor propria manu subscripsit.

    Johannes Reusnerus manu propria subscripsit.

    Henricus Dressler manu propria subscripsit.

    Joannes Trebelius propria manu subscripsit.

---

[1]) Dieser 8. Punkt ist durchstrichen.

187. Vergleich zwischen den Kirchendienern an St. Nikolai zu Zerbst. Vom Januar 1558.

[Aus Zerbst, Superintendentur-Archiv, XXIX, 339 ff.]

Und nachdem am heiligen tage die mess und die andere predig balt nach der fruepredig folget, und wen nu die lenger dan drei viertel stunde weret, oft viel verhinderung an der beicht und an wiederkomen des volks und am opfer in der ander predig bringet, und manchen unwillen unter uns machet, so verwilligen und verheissen wir, so folgens diesen artikel underschrieben haben, einmutlich, das wir semtlich und ein ichlicher in sonderheit da zu helfen und verschaffen wollen, das der custer an gemeinen heiligen tagen zum wenigsten zur metten ein halb viertel stunde vor funf schlegen mit der kleinen klöckin stimmen und umb funf schlegen ausleuten soll, darauf dan balt die metten mit den gebete Domine labia mea aperies sol angefangen und wie geburlich mit der antiphon und einen kurzen oder messigen abgekurzten psalmo und mit dem gesange Te deum laudamus on urgeln, zwen collecten, auch deutsche gesenge geendet und die fruepredig drauf sol angefangen werden, wie bisher geschehen.

Und umb vor gemelten ursachen willen verwilligen und verheissen wir auch hirmit, das wir die frue predig ungeferlich nicht lenger dan drei viertel stunde machen und die an gemeinen

heiligen tagen etwen vor halb sieben schlegen enden wollen.

Dieweil aber an den hohen festagen die metten nach furstlicher ordnung mit dem urgel und anderen gesengen lenger weret, und man auch alsdan mit der mess und ander predig um grosser mennige der communicanten und gesengs willen ehe anfangen mus, wollen wir einmutlich verschaffen und druber halten, das der custer ein viertel nach vier schlegen zur metten stimmen und umb halb funf ausleuden soll, drauf dan die metten nach furstlicher ordnung angefangen und gesungen und etwen um halb sechse geendet werde. Wir wollen auch alsdan die fruepredig ungeferlich in drei viertel stunden enden, das sie etwen ein viertel stunde nach sechs schlegen auskommen Damit die obgedachte verhindernis der kirchen und ursach vieles zankes nach bleibe, verwilliget und underschrieben anno domini 1558 in januario.

    Theodorus Fabricius pastor subscripsit.

    Johannes Reusnerus diaconus subscripsit.

    Henricus Dressler diaconus subscripsit.

    Joannes Trebelius diaconus subscripsit.

188. Vereinbarungen des gesammten Ministeriums zu Zerbst unter einander und mit dem Rathe zu Zerbst, zusammengestellt vom Superintendenten Theodor Fabricius. 1545.

[Aus Zerbst, Superintendentur-Archiv, VI, S. 56 ff.]

Theodoricus Fabricius d. t. pfarrer und superattendens zu Zerbst allen predigern und gleubigen in Christo.

Nachdem, lieben und günstigen hern und bruder in Christo, unser her Jesus Christus, der einige geborne gottes sohn seinen lieben jüngern so hochlich bevohlen hat, das sie sollen gehn in alle welt und das evangelion predigen allen volkern und sie teufen in dem namen des vaters, des sons und heiligen geistes, Matth. und Marci am letzen, und auch der apostel Paulus in den geschichten der apostelen am 20., und der apostel Petrus in seiner ersten epistel am 5. alle hirten und prediger so getreuelich ermanen, das sie uf sich selbs sehen und die herde Christi mit dem evangelio speisen sollen, so ist keine bessere und got gefelligere kirchen ordenung zu machen und aufzurichten, dann das wir diener des theuren evangelions uns in demselbigen stetlich befleissigen und die schofelein Christi damit getreulich speisen, auch das scharfe gesetz Mosi allen hands mit under dise stsse und himliche speise mengen, weil es doch in der predige des evangelions verfasset ist, damit die scheflein Christi durch diese stsse speise des evangelions nicht faul werden und ewiglich sterben, darneben, das wir die sacramente der heiligen tauf und des leibs und bluts Christi, von im ingesetzt und bevohlen, getreulich reichen und treiben, und die scheflein Christi zu guten werken und zu einem christlichen wandel treiben und halten, damit sie geübet und getrieben werden und in der furcht gottes bleiben mogen, zulest, das wir auch uf uns selbs sehen und neben der reinen lehr auch einen gotseligen wandel furen, uns undereinander nicht hassen, ubel nachreden und in gotlichen dingen unsern obersten gehorsam sein, damit wir mit unseren ergerlichen leben nicht verderben, das wir mit reiner lehr gebauet haben. Doch damit diese bruderliche [fehlt etwa: eintracht] desto vester gehalten werde, haben wir uns undereinander vergleichen und vor gut angesehen, wo einer under uns dienern des worts krank wurde oder uber feld ziehen musste, das die anderen wo moglich ihm seine predigt verhegen sollen, wo aber seine krankheit oder ausbleiben zu lange verztge, das als dann seiner predigt zwo sollen fallen und ein erbar rath sampt der gemein mit uns gedult tragen, bis der widerumben anheimisch kem oder gesund wurde. Doch das in der andern kirchen mitler zeit uf die stunde eine predigt geschehe.

Dieweil auch in dieser stat, bis anher von

unsern fornfarn wir diese festage entpfangen haben, als die geburt Christi mit zweien nachvolgenden tagen, die beschneidung Christi, die berufung und besuchung der heiden, die opferung Christi, die entpfengnis Christi, den ostertag und pfingstag mit zweien nachvolgenden tagen, item die himmelfart Christi, desgleichen auch den heiligen sonntag, so lassen wirs hierbei bleiben bis zu einer gemeinen reformation der kirchen.

Wir haben auch mit wissen und willen eines erbarn rats uns vereiniget und beschlossen, das man in einer itzlichen kirchen 12 korales halten solle, die des morgens mit der schulmeistern einen die metten singen sollen, und darvor alle quartal ein itzlicher vor solch 3 groschen nehmen, desselbigen auch von begräbuis der reichen 1 pfennig oder semel. Desgleichen hat sich auch ein erbar rath mit beden pfarhern vorglichen, das man wie zu Wittemberg, und anderswo des heiligen tages in der frupredigt und in der vesperpredigt, desselbigen gleichen auch in allen andern predigen, so am werktage geschehen, nicht lenger soll dann drei virtel[1]) von einer stunden, und des sontages zur hochmessen eine stund [fehlt etwa: predigen], damit die zuhörer im gotlichen wort nicht verdrossen werden. Uf das aber solliches gehalten moge werden, soll ein seiger von drei virtel stunden vor dem canzel stehen, damit der prediger sehen moge, wann er schliessen soll, und der custer soll auch zween zaiger, einen von einer stunden, den andern von dreien virtel stunden bei sich behalten, und den saiger von einer stunden zur hochmessen, und den zeiger von dreien virtel stunden aber zu allen andern predigen gebrauchen und umkeren, so bald der predicant uf die canzel gehet, und wann also der seiger vor einer oder dreien virtel stunden ausgelaufen, so soll er mit einer darzu verordenten schellen clingen, damit der predicant schliesse und der gemeine urlauben moge. Solliges soll geschehen in beiden pfarkirchen zu Zerbst.

[Es folgen eine lateinische Schul-Ordnung (Ordo lectionum) und eine deutsche Jungfrauenschul-Ordnung. Dieselben werden nicht abgedruckt.]

Von der begrebnüss.

Weil aber bis anher die begrebnus der armen in beiden kirchen etwas einsam und verechtlich gewesen ist, so hat ein erbar rath sampt beden pfarhern vor gut angesehen und verordnet, das kein mensch soll begraben werden, er sei reich oder

---

[1]) Am Rande: ³/₄ stund predigt.

arm, es sei dann der schulmeister einer mit seinen coralibus dabei und singe vor dem leiche her bis zu dem kirchhof etliche geistliche gesenge, von Martino Luthero darzu verordenet und gestellet. Diejenige auch, so es vermogen, sollen demselben schulmeister einen groschen zu geben schuldig sein, den choralibus aber jedem ein semel oder ein pfennig.

Weil auch bis anher keine sonderliche zeit zur begrebnis verordent gewesen, und derhalben die knaben oftmals an ihrer besten und nutzesten lection verseumet gewesen, so hat ein erbar rath sampt iren beden pastoribus vor gut angesehen und beschlossen, das man ausserhalben gemeinen sterben des tags nur einmal begraben solle, nemlichen des werktages nach neun uhren, wann die knaben aus der schulen kommen, und des heiligen tages und heiligen abends zu einer uhr, uf das sie von der begrebnis fort zu der vesper gehn.

In gemeinen sterben aber mag man des tages zweimal begraben, nemlich nach neun und drei schlege, wann die knaben aus der schulen kommen.

Die Abtei Gernrode.

Litteratur: Vgl. unter Anhalt, insbesondere: Popperod, Annales Gernrodenses, bei Beckmann, Historie des Fürstenthums Anhalt. Accessiones Zerbst 1716, S. 27 ff.; Kindscher, in: Anhalt. Staatsanzeiger vom 26. Juli 1892; Franke, Elisabeth von Weida, in: Mittheilungen des Vereins für Anhalt. Geschichte 8, 313 ff.; Suhle, Die Reformation im Stift Gernrode, 1521, in: Unser Anhaltland. 1902. S. 489.

Archive: St.A. zu Zerbst. St.A. zu Magdeburg.

Das reichsunmittelbare Jungfrauenstift Gernrode, welches unter der Vogtei der Anhaltiner stand, wurde durch die Äbtissin Elisabeth von Weida († 1532) der Reformation zugeführt. Über den Zeitpunkt herrscht Streit. Kindscher, a. a. O. ist für 1525, Franke, a. a. O. für 1526, und Suhle, a. a. O. bricht eine Lanze für das althergebrachte Jahr 1521. Ich möchte aus allgemeinen Gründen den Termin nicht zu früh angesetzt sehen. Stephan Molitor wird als erster Pfarrer genannt. Dass man sich auch in kirchlichen Dingen nach Anhalt richtete, ist erklärlich. Es befindet sich im Staatsarchiv zu Zerbst (V, 2) ein Brief der Äbtissin Anna an den Fürsten Georg von Anhalt vom 23. Juli 1541. Hier schreibt die Äbtissin u. A.: „Auch haben wir die ordnung, wie es mit den frauchen gehalten wird, so gut sie auf diesmal zusammengetragen hat werden mugen, sonderlich einschliessen und e. l. zuschicken wollen, die werden e. l. ubersehen und uns ir freundlichs bedenken nicht verhalten."

Diese Ordnung der Äbtissin liegt offenbar in einer im Zerbster Staatsarchiv, Vol. V, 209, 9 erhaltenen zeitgenössischen Aufzeichnung, welche die Aufschrift „Ordnung wie es mit dem gottesdienst in der kirchen gehalten wird zu Gernrode" trägt, vor uns. Dafür spricht der Inhalt und die wiederholte Bezugnahme auf „Euer liebden" als Gutachter. Ich drucke diese Ordnung ab. (Nr. 139.) — [Franke hat dieselbe in: Mittheilungen des Vereins für Anhalt. Geschichte 8, 313 ff. ohne jede Bemerkung abgedruckt.]

Als Gutachter liess man sich fremde Fürstlichkeiten gefallen, Visitationen dagegen lehnten die Äbtissinnen als Eingriffe in ihre landesherrlichen Rechte entschieden ab. So als im Jahre 1564 halberstädtische Räthe in Gernrode visitiren wollten (Magdeburger St.A., A. 13, Tit. 1, Nr. 8). Andererseits konnte sich die Abtei dem Einflusse der Anhaltischen Fürsten nicht ganz entziehen: Im Magdeburger St.A., A. 13, Tit. 1, Nr. 24 finden wir ein Rescript Joachim Ernst's an den Prediger zu Gernrode, das Schulwesen betr., vom Jahre 1585. Es ist dies um so leichter erklärlich, als seit dem Jahre 1565 nur Damen aus dem Anhaltischen Fürstengeschlechte regierten. [Auf Anna von Plauen 1532—1548 folgten Anna von Kittlitz 1548—1558, Elisabeth von Gleichen 1558—1564, sodann: Elisabeth von Anhalt 1565—1568, Anna Maria von Anhalt

1570—1577, Sibilla von Anhalt 1579—1481, Agnes Hedwig von Anhalt 1581—1586, Dorothea Maria von Anhalt 1586—1593, Sophie Elisabeth von Anhalt 1593—1614.] Bei Vermählung dieser Äbtissin im Jahre 1614 wurde das Stift von Anhalt eingezogen.

139. Ordnung wie es mit dem gottesdinst in der kirchen gehalten wird zu Gerenrode.

[Aus Zerbst, Herzogl. Staatsarchiv, Vol. V, fol. 209 b, Nr. 9.]

Erstlich hat doctor Martinus ime nicht gefallen lassen, das die freuchen alleine in vorschlossener kirchen (wie vormals geschehen) lateinische psalmen singen, sondern das sie viel mehr mit dem ganzen chor in gemein deudsche gesenge, die sie vorstehen, und litanias singen helfen sollen, darzu man teglich für mittage eine stunde und darnach auch eine stunde vorordenen möchte. Were es auch, das man gelerte leute und prediger haben kont, were es gut, das man teglich, oder ja uber den andern tag, für mittage eine predige bestellete und die freuchen gots wort hören und lernen liesse. Dieweil man auch eine schule angerichtet und schüler hette, das also lateinische geseng und sonderlich psalmen zur vesper mit unter laufen möchten, welche die freuchen nicht vorstünden, so solt man sie unter des bei inen selbs im neuen testament oder anderer götlichen schrift etwas lesen lassen, domit die zeit nicht vorgeblich hin ginge. Wen nun solchs geschehen und der gots dinst in der kirchen volbracht, salt man die freuchen in andern ubungen, so zur haushaltung und sonst dienlich und von nöthen, auferziehen und sich brauchen lassen. Hierauf ist die ordnung bestellet und vorfasset wie volget.

An sontagen und feiertagen leutet man um sieben, und, wo communicanten sein, wird eine messe, wie euer lieb selbs in beisein geschen, bestellet und gehalten. Nemlich das zum ersten die zehen gebot gottes, in gesangs weise vorfasset, oder zu etzlichen festen der introitus lateinisch, darnach das kirieeleison mit dem gloria in excelsis · und wird gesungen, darauf ein collect und die epistel, als den ein deudsch lied oder der sequens, und volgend das evangelion fürm altar gelesen, darnach das deudsche patrem und die predige. Nach der predigen, wen das gemeine gebet und alles volendet, singt man das sanctus, wie es aus dem propheten Isaia gezogen und in ein deudschen gesang bracht ist, darauf sein bisher die wort der einsetzung des hochwirdigen sacraments furm altar als bald gesungen (itz aber aus e. l. rat haben wir aufahen lassen, für der consecration das vater unser zu singen), darnach den leuten das sacrament gereicht, und letzlich mit dem gesang: Got sei gelobet, einer collecten und dem segen die mess geendet. Wen aber keine communicanten sein, das sich doch an sontagen sehr selten oder fast kein mal zu tregt, singt man allein für und nach der predigen geistliche lieder deudsch.

Nach essens umb zwelf wird wider zur predigen und vespern geleutet, do singt man erstlich mit dem ganzen chor die zehen gebot, wie die aufs kurzest in dem gesang Mensch wiltu leben seliglich seind beschlossen, und das deutsche Te deum laudamus mit zweien chören, als den wird der catechismus recitirt und nach einander ordentlich ausgelegt; wen die predige geschehen, singt man ein deudsch lied und darauf die vesper lateinisch, letzlich pro pace mit der collecten.

Die feiertage, so man helt, sein diese.

Aller apostels fest.

Marien lichtmess, vorkundigung und heimsuchung.

Des neuen jars tag.

Der heiligen drei könige tag.

Himelfart Christi.

Joannis des teufers tag.

Mariae Magdalenae.

Michaelis.

Doch werden die fest, so nicht aus dem evangelio ergrundet, alleine fur mittage und nicht darnach gefeiert.

Dinstags, mitwochs, donnerstags und freitags

lesset man umb achten leuten, ob jemand sich zur kirchen finden wolte. Alsden singet man mit dem ganzen chor erstlich die zehen gebot oder ein ander geistlich lied, wie am sontage, darnach die deutsche litanias und wider ein geistlich lied. Alsden wird ein predige [fehlt: gehalten] und nach der predigen mit aber einem deudschen lied und einer collecten beschlossen.

Nach mittage, wen der seiger zwei schlehet, alle tage, ausgeschlossen den sontag und die feiertage, so leutet man zur vesper; die wird lateinisch mit den schülern alleine gesungen, die freuchen aber haben dieweil itzligs sein buch und lesen etwas aus der heiligen schrift und wort gottes. Wen die vesper vollendet, so singt man wider ein geistlich lied mit ganzem chor, und darnach zwen knaben für dem altar kniend pro pace, denen der ganze chor antwortet, darauf also bald eine collect pro pace gelesen und also den tag beschlossen.

Nachtrag.

Gottesdienst-Ordnung in der Domkirche zu Naumburg 1543 (1541?).

Als Nachtrag zu meinen Ausführungen unter „Naumburg", insbesondere oben S. 58, Abs. 4, sei auf eine Abhandlung verwiesen, die Albrecht in den „Theologischen Studien und Kritiken, 1904, Heft 1" veröffentlichen wird. Aus dieser entnehme ich mit gütiger Erlaubniss des Verfassers die nachfolgende Ordnung. Das Domcapitel schickte sie am 13. November 1543 an Kurfürst Johann Friedrich als Beilage zu einem Briefe, in welchem sich die Capitularen gegen allerlei Vorwürfe, insbesondere denjenigen, dass sie die wahre christliche Religion und Jugenderziehung hinderten, vertheidigten.

Albrecht macht es wahrscheinlich, dass die Ceremonien-Ordnung für den Dom bald nach der ersten Predigt Medler's (11. September 1541), also wohl im October 1541 zwischen dem Domcapitel einerseits und den kurfürstlichen Räthen (vielleicht auch Medler) andererseits wenigstens in den Grundzügen vereinbart worden ist.

Das Manuscript liegt im Archiv des Domcapitels zu Naumburg.

Kurzer bericht wie es mit predigen, singen und lesen in der thumstifskirchen zur Naumburg teglichen gehalten wird.

Morgens in precibus matutinis werden gehalten drei psalm, drei lectiones mit responsoriis de tempore und von den festen, welcher historien in der heiligen schrift gegruendet.

Unter dem Te deum laudamus geschiecht ein sonderlicher puels zu der teuzschen lection.

Nach deme Te deum laudamus werden gehalten psalmi de laudibus mit dem cantico Zacharie, und concludirt mit der collecten de tempore die metten.

Darauf wirt gelesen auf teuzschs ein capitel aus der biblien mit einem summario und das volk vormanet zum gebete, und mit einem deuzschen gesinge und collecten beschlossen.

Umb die sechste stunde werden die prime und terz gehalten de tempore, unter der terz am mitwochen und freitag geschiecht ein puls zuer predigte, noch der terz gehen die schueler äufn chor und singen mit dem volke ein psalm als ein vers umb den anderen, volget die predigt, darauf mit einem gesenge und collecten beschlossen.

Umb die neunde stunde werden gehalten sext und nona.

Vespertine preces und completorium werden zwischen zweien und dreien gehalten.

Aufn dinstag und dornstag helt man den catechismum vor die jugent.

Am sontage und festtagen werden die hore als matutine preces, prime, terz, sext, nona ordentlich nach einander gehalten. Unter der sext geschiecht mit der grossen glocken ein puls, unter der none geschiecht der compuls zu der predigt und zum abentmal des hern Jesu Christi.

Noch mittage umb eilf uhr wird geprediget.

Chronologisches Register

der in diesem Bande ganz oder theilweise abgedruckten Ordnungen.

Die hier erstmalig nach handschriftlichen Vorlagen abgedruckten Ordnungen sind mit einem *, die nach Originaldrucken erstmalig wieder abgedruckten Ordnungen mit einem † versehen.
Die bloss citirten Ordnungen sind im Personen- und Orts-Register an entsprechender Stelle zu suchen.
Die hinter den Ordnungen stehende Zahl bedeutet die Seitenzahl.

Personen- und Orts-Register.

Carolus, Moritz 268, 271, 277, 278, 339.
Chemnitz 46, 146, 165, 262, 432.
Christian, von Anhalt 537 ff.
Clemen 188.
Clettenberg 250, 259.
Coburg 55, 277, 326.
Cochstedt 463, 464, 483.
Cochlaeus 544.
Cölius, Michael 180.
Cöln, Johann 271.
Colditz 46.
Coloniensis, Johannes 337.
Cordes, Daniel 271.
Coswig 496, 497, 498, 527, 530.
Cöthen 496, 497, 498, 510, 582 ff.
Cranach s. Ulrich, Abraham 563.
Crassdorf 149.
Crato 110.
Cremer s. Kremer.
Creuciger 55, 60.
Croppenstadt 271, 399, 463, 465, 484.
Crusius, Ph. 182.
Cyriacus 267.

Dahme 414.
Daniel, Erzbischof von Mainz 361.
Delitzsch 384.
Denschmann 84.
Dermbach 270.
Dessau 496, 499, 510.
Deutschmann 84.
Deyling 187.
Diesskau, Maria, von 538.
Dietrich, Veit 153, 154, 268.
Dilstadt 337, 339.
Dingsleben 270, 271, 331.
Dobna 145.
Dobritz 510.
Dollendorf 125.
Dorney, Valentin 487.
Dorothea Maria von Anhalt 595.
Dostitz, Wolf von 9.
Dragendorf 529.
Dreissigacker 271, 339.
Dresden 46.
Dressler, Gallus 527, 588.
— Heinrich 511, 588.
Drosin, Georg 473.
Droste, Jakob 487.
Duderstadt 361.

Eber, Paul 521.
Eberhard, Conrad 270, 271, 332.
Eckartsberga 3.
Eckel, Bernhard 349.
Eckel, Johann 370.
Eckstädt, Vitzthum von, Georg 184.
Egeln 399, 402, 414.
Ehrenstein 121.
Eichholz 509.
Eichsfeld 361.
Eigenfels 125.
Eimbeck 260.
Einhausen 271, 329.
v. Einsiedel 57.
Eisenberg 54, 588.
Eisleben 179, 180, 182, 183, 395.
Elisabeth von Anhalt 594.
Ellingshausen 271.
Ellrich 251.
Elsterberg 150.

Emylius 249.
Engelhaubt, Caspar 271, 352.
Erbenig (Erbenius), Nikolaus 368, 370.
Erdmann s. Ertmann.
Erfurt 361.
Ermsleben 399, 463, 464, 465, 485.
Ertmann 557, 592.
Eschwege, Friedrich von 251, 252.
Exdorf 270, 271.

Fabricius 500, 502, 503, 506, 507, 535, 549, 559, 560, 588 ff.
Fachs, Ludwig Dr. 12, 163, 503.
Fambach 271, 282.
Fechen, Wilhelm 370.
Feigenbutz, Konrad 546, 588.
Ferchland 418.
Fermersleben 399.
Fischberg 268.
— Christoph 269 ff., 273, 276, 277, 278, 332, 341, 347, 349.
Flacius 461.
Fohrmann, Jakob 272.
Forchheim, Magister 564.
Forster, Johann Dr. 5, 267 ff, 334, 339, 356, 504.
Frankenhof 150.
Frankenhausen 122, 125.
Frankenthal 149, 150.
Franz, Pfarrer in Halle 434.
Frauenbreitungen 268, 271, 276.
Frauenwald 271.
Freckleben 496, 497.
Freiberg 46.
Freising 53.
Freitag, Georg 514.
Frenz 511, 519.
Freudemann, Anton 401, 407, 418.
— Noah 461.
Friedeburg 418.
Friederichs, Johannes 427.
Friedrich 280.
Friedrich, von Brandenburg, Erz- bischof 400.
Friedrich Wilhelm, Herzog zu Sach- sen 128
Frohne 385.
Frose 402.
Fues, Wolfgang 262.
Furmann, Lorenz 508, 564.

Gäntzer, Wolf 215.
Gall (Gallus), Samuel 366, 368, 370.
Gallus, Mag. 55.
Garitz 510.
Geitzmann, Stefan 487.
Geltmann, Dr. 415.
Georg von Anhalt 3 ff., 42, 45, 57, 405. 500 ff.
Georg, der Bärtige, von Sachsen 163.
Georg Ernst, von Henneberg 268 ff.
Gera 106, 141, 142, 143, 144, 145, 146, 147, 149. 150, 151, 157, 165.
Gerbstedt 179, 180.
Gerhardsgereuth 271.
Gering, Theodor 370.
Germar, Johann von 384.
— Sebastian von 126.
Gernhart, Bartholomäus 125.
Gernrode 498, 594.

Gersbach, Franz 370.
Gese, Johann 522.
Giebichenstein 408.
Gieboldehausen 252.
Glaser, Friedrich 147.
Glauchau 146, 163 ff., 175.
v. Gleichen, Elisabeth 594.
Goednitz 510.
Göttingen 252.
Goldacker, Georg 262.
— Hartmann 123.
Goldbach 105.
Goldlauter 270, 271, 332.
Goldritt, Veit von 278.
Gotteberger, Franz 150.
Grabus, Wolfgang, Superintendent 145, 160.
Gräfendorf, Wolf von 144.
Graube, Friedrich 588.
Grehle, Philippus 271.
Greiz 142, 143, 144, 146, 164.
Greussen 122, 327, 386.
Gries, Nikolaus 271.
Grimma 91.
Grimmen 510.
Grimmenthal 343.
Gröningen 463, 464.
Grossaga 399.
Gross-Quenstedt 463.
Grosssalza 399, 402.
Gross-Wirschleben 500.
Grunart 588.
Gryphius, Georg 270, 271, 354.
Gudenswegen 399.
Günther, XXXIX. von Schwarzburg 121.
— XL, der Reiche 122.
— der Streitbare 124.
Güsten 500.
Güstrow 447.
Güttel, Caspar 180, 186.
Gundermann, Christian 464, 466.
Gustav Adolf 405.
Guthentheter, Daniel Dr. 126.
Gysicke 588.

Hacke, Christof 418.
— Hans 487.
Hadersleben 463.
Hadmersleben 402, 428.
Hain 46, 329.
— Friedrich von s. Hayn.
Halberstadt 249, 399 ff, 401, 409, 422, 435, 486.
— Bisthum 463 ff.
Haldensleben 427.
Halle 363, 399, 401, 406, 407, 409, 414, 418, 429 ff., 458, 473.
Hallenberg 267.
Hamburg 446.
Hanstein, Caspar von 280.
Haring, Peter 510, 524, 529.
Harkborg, Johann 366.
Harring s. Haring.
Harta 341.
Hartenstein 163.
Hartmann, Jacob 270.
Harzgerode 498, 588.
Hauck, Daniel 270, 271.
— Georg 270.
Haugwitz, Johann von 103, 104.

- Anna III, von Stolberg 262.
- Albrecht, Graf zu Stolberg 250.
- Botho, Graf zu Stolberg 248, 261.
- Christoph von Stolberg 399.
- Christoph von Stolberg, Domprobst 463.
- Ludwig, Graf zu Stolberg 249.
- Wolfgang, Graf zu Stolberg 54, 248.
Stolpen, Amt 103.
Stossel, Mag. 282.
Stosser, Johan 32, 61.
Straguth 499.
Straus, Michael 280.
Streck, Petrus 272, 279, 280.
Streitberg, Dr. 279.
Streitberger 84.
Streso, Clemens 529, 588.
Strigel 461.
Strinum 510.
Stur, Georg 563.
Stuttgart 274.
Sudenburg-Magdeburg 402.
Süsse, Lorenz 395.
Suhl 267, 268, 271, 272, 280, 325, 349.
Sulzfeld 270, 271, 278.
Sulzfeld und Klein-Bardorf 352.

Tann, von der, Eberhard 383, 384.
Tanna 142.
Tastungen 251, 252, 259.
Tautenberg, Hans zu 250.
Teichrode 125.
Tempel, Joachim 102.
Tenzel, Wilhelm 275.
Tettelbach, Superintendent 146.
Tham, Jacob 165.
Thann, Melchior von der 274.
Themar 267, 268, 271, 275.
Theobaldus, Andreas 182.
- Johannes 535.
Thiessen 510.
Thurland 522.
Tilesius, Hieronymus 383, 384.
Tinz 152.
Törten 540, 579.
Tolde, Valentin 384, 390.
Toll s. Tolde.
Toman 280.
Traubot, Kanzler 527.
Trauterbuhl, Johannes 401, 407.
Trebelius, Johannes 511, 589, 591.
Trebichau 510.
Treskow, Wiprecht von 464, 466.
Treutel, Pankratius 271, 329.
Troldenirer, Johann 578.
Trotha, Christof von 401, 407, 418.
Truber, Primus 276.
Truckenroth, Johann 529.
Trüben 510.
Trusen 271.

Tschillen 164.
Tuchel 125.
Tübingen 279.
Tusemer, Nikolaus 111.

Udalrikus 508.
Ude (Uden) (Uhden), Bartolomäus 401, 407, 418, 461, 462, 463.
Ulner, Peter 461, 462.
Ulrich, Abraham 506, 524 ff., 560, 563, 588 ff.
- Caspar 535, 538, 588.
- Liborius 125.
Unger, Basilius 277.
Ungnad, Hans 276.
Unter-Greiz 147.
Urach 276.
Ursym, Clemens 487.
Useleuber, Wilhelm 278.
Utzinger 279, 280.

Vachdorf 270, 271, 354.
Veltheim, Achatius 418.
- Mathias von 464, 466.
Vischer s. Fischer.
Völker, Johannes 270.
Voigtsberg 106, 142, 144.
Voit, Gregor 151.
Volkmar, Johann 147.

Wacker, Andreas 252, 259.
Walchhausen, Lorenz von 4.
Waldau 271, 500.
Waldenburg 146, 163 ff.
Waldhausen, Lorenz von 11.
Walkenried 250, 251.
Walldorf 271.
Walther, Johannes 271.
Walthurn, Ulrich von 149.
Wanfried 390.
Wangenheim, Friedrich von 390.
Wankel, Mathias 429.
Wanzleben 402, 414.
Warmsdorf 496.
Wasungen 268, 271, 272, 275, 278, 355.
Watzdorf, Heinz von 144.
Weberstedt 262.
Wechselburg 164.
Wedmann, Mag. 370.
Weferlingen 463.
Wegeleben 463, 464, 465.
Wehlen 164.
Wehnde 251.
Weida 106, 141.
- Elisabeth von 594.
Weidensee, Eberhard 445.
Weidmann, Melchior 365.
- Modestinus 365.
Weimar 282.
Weiss, Paul 543.

Weissenfels 3, 262.
Weissensee 3.
Weithner, Georg 270, 271.
Weller, Hieronymus Dr. 55.
- Melchior von 462.
Werdau 142.
Werkern 415.
Werner, Christoph 487.
- Joachim 271.
- Wolfgang 153.
Wernigerode, Stadt 249.
Wertern, Christoph von 11.
Westendorf 487, 489.
Wettin 418.
Wichtshausen 271.
Wiedersbach 271.
Wildenfels, von 115.
Wildungen 251.
Wilhelm, Volkmar 270.
Winkel, ausm, Caspar 418.
- Heinrich 463.
Winter, Justus 384, 390.
Wintzingerode 250.
- Johann, Bertram, Friedrich, Wilke, Johann Friedrich, Heinrich, von 251, 259.
Wissmann, Oswald 271, 344.
Wittenberg 149, 155.
Witzel 544.
Witzleben, Sigismund 123.
Wladislaw, König 141.
Wörbzig 511, 519, 538.
Wörlitz 499, 510.
Wolf, Heinrich von 182, 513.
Wolfart, Bartholomäus 355.
Wolfersdorf, Götz von 149.
Wolfgang, von Anhalt 496 ff.
- von Zweibrücken 249.
Wollersleben, Lutz von 121, 123, 128.
Wolmirstedt 402.
Worbis 361.
Wüllersleben s. Wollersleben.
Wüstenhoff 415.
Wulff s. Wolf.
Wurzen 91.

Zalmsdorf 564.
Zeitz 56.
Zerbst 496, 499, 506, 519, 520, 527.
Zernitz 510.
Ziegler, Rudolf 370.
Zimmer, Heinrich 271.
- Petrus 271.
Zimmermann, G. 464, 466.
Zinna 406.
Zipser, Dr. 124.
Zweibrücken, Wolfgang von 249.
Zwister, Christoph 121, 128.
- Johann 121, 128.

Sachregister.

Berichtigung.

Auf S. 359 Z. 2 ist das Wort „Querfurt" zu streichen.

Pierersche Hofbuchdruckerei Stephan Geibel & Co. in Altenburg.